汉译经济学文库

应用宏观经济研究方法

［意］ 法比奥·卡纳瓦 (Fabio Canova) 著
周 建 译

上海财经大学出版社

图书在版编目(CIP)数据

应用宏观经济研究方法/(意)卡纳瓦(Canova,F.)著;周建译.
—上海:上海财经大学出版社,2009.7
(汉译经济学文库)
书名原文:Methods for Applied Macroeconomic Research
ISBN 978-7-5642-0481-5/F·0481

Ⅰ.应… Ⅱ.①卡… ②周… Ⅲ.宏观经济学-研究方法
Ⅳ.F015

中国版本图书馆 CIP 数据核字(2009)第 055382 号

□责任编辑 温 涌
□封面设计 钱宇辰

YINGYONG HONGGUAN JINGJI YANJIU FANGFA
应 用 宏 观 经 济 研 究 方 法

[意] 法比奥·卡纳瓦 (Fabio Canova) 著
周 建 译

上海财经大学出版社出版发行
(上海市武东路 321 号乙 邮编 200434)
网 址:http://www.sufep.com
电子邮箱:webmaster@sufep.com
全国新华书店经销
上海市印刷七厂印刷
上海远大印务发展有限公司装订
2009 年 7 月第 1 版 2009 年 7 月第 1 次印刷

787mm×1092mm 1/16 26.25 印张(插页:2) 588 千字
印数:0 001—4 000 定价:55.00 元

图字：09-2008-486 号

Methods for Applied Macroeconomic Research

Fabio Canova

译者序

Methods for Applied Macroeconomic Research 一书的中文翻译版《应用宏观经济研究方法》，经过一年多的艰苦努力工作终于问世了。该书系统全面地介绍了20世纪70年代以来在宏观经济学应用研究领域的各种主要分析方法和模型，内容丰富且体系庞大，具有显著的学术研究价值和应用价值。

原著自2007年出版以来，在学术界曾引起强烈的关注。20世纪70年代以来至今已近四十年，世界政治与经济形势及其格局发生了巨大的深刻变化，指导经济政策制订的宏观经济理论和方法也随之发生了显著的改变，特别是20世纪80年代以来，随着苏联解体、东南亚金融危机的蔓延、欧盟组织的一体化进程推进和最终形成、美国次贷危机所进一步演化的金融危机等众多重大事件的深远影响，世界各国政府不得不重新反思和审视它们曾经备受推崇和实施的各种经济政策的合理性和科学性。政府政策的制订自然离不开众多经济学家的聪明才智和卓越贡献，为了解决现实世界中眼花缭乱、错综复杂甚至是令人极其困惑乃至迷茫的经济难题，各种经济学派及其从事理论研究和实践政策分析的经济学家们也都陆续提出了层出不穷的相应"理论"和"观点"。然而，"理论"和"观点"虽多，但是真知灼见却寥寥无几；空谈容易，严格论证却十分困难，而伴随着各种形形色色"理论"和"观点"的重要支撑则是实证分析或者经验分析的检验和证明。因此，宏观经济研究的各种方法和手段也就成为在现代经济学理论研究和确认其理论正确性的过程中不可或缺的重要基石。

在经济学作为一种社会显学而被越来越多的人所认可的今天，其理论研究固然重要，但是作为理论检验的"试金石"——方法也绝不可少；特别是在伴随着现代计算机技术突飞猛进发展的当代，这点显得尤为重要，因为计算技术的发展和前进使我们各种先进和前沿方法的实现已变得不再是遥不可及。四十年前只能由经济学权威和大师们在实验室里进行应用的分析手段和方法，如今在被普通大众研究者所掌握的同时，再也不会因为计算技术等方面的障碍而成为一座不可逾越的大山。现代计算机的分析能力远非四十年前，甚至是十多年前、五年前可比拟，即使是相当繁琐和巨大的计算工作量，大多数也只需要在个人的笔记本电脑中就能够轻而易举地完成。在作为各种宏观经济研究的计量分析方法的应用条件——计算技术日新月异的今天，如果对宏观经济学的各种现代和科学方法的研究跟不上时代发展的话，那么所谓的宏观经济学"理论"或"思想"研究自然也就暗淡无光，这是因为，经济学分析方法不仅是在相关理论指导下被动地进行实证分析和经验检验，而且方法似乎也更应该在检验各种"理论"的同时去发现新的"理论"。自然而然地，方法研究也就理所应当地成为理论产生和创新的重要源泉之一，所以方法不仅可以检验"理论"，同时也可以发现和创造"理论"。如果没有方法对于经济学理论推动的能动作用，全世界就只能产生和充斥着所谓的各种空洞"理论"或"假说"及其"思想"而已。本书原著正是以现代宏观经济研究方法为主题内容的一部专著。

《应用宏观经济研究方法》之所以能够受到众多学者的关注，其原因自然有很多，但是在众多原因之中，最不可忽视的便是，本书有着与其他类似相关书籍不同的四大特色：

1. 本书内容全面。20 世纪 70 年代应用于宏观经济学的最重要的分析方法在本书中都有所体现和涉猎，具体包括：动态随机一般均衡模型、向量自回归方法、广义矩估计法、广义模拟方法、校准法、动态宏观面板方法、贝叶斯结构向量自回归方法等。这些方法和模型无论是在一般的宏观经济学分析中，还是在专门的计量经济学研究中都占据着非常重要的位置，只不过它们在不同的研究体系中侧重点不同，有所差异而已。在计量经济学领域中，以上方法更多偏向于理论研究和方法本身的分析；而在宏观经济研究中，它们则更多偏向于实践应用。当然，无论什么体系，本书都从应用分析的角度把它们包含。

2. 本书内容前沿。本书涉及的所有方法都是 20 世纪 70 年代以来新近发展的领域，有的方法在现代宏观经济研究和计量经济学分析中都已高频率地被多次使用，例如，动态随机一般均衡模型、向量自回归方法、校准法等；但是，还有类似于动态宏观面板方法、贝叶斯结构向量自回归方法等众多学术前沿领域，虽然它们的理论研究也在进一步推进和发展之中，但是本书把它们作为非常重要的内容也都进行详细讲解。科学使用这些方法无疑将显著地提高我国现代宏观经济学的整体研究水平和能力，由此也能够为更加深入分析越来越复杂的经济问题提供新颖的研究手段和途径。因此，这些前沿方法内容的介绍为现代宏观经济学的研究注入了新鲜血液和活力。研究者们在使用这些分析方法的过程中，也容易产生新的灵感和研究成果。

3. 本书应用性强。在本书中，所有的方法都是以应用分析和政策研究为主，并不过重地去讨论方法本身及其性质问题，这对于做实证研究和经验分析的学者来讲，具有极其重要的现实意义。当然，方法本身更需要长时间地进行深入研究，只有这样，才可能使我们的应用分析有所依靠。方法的研究需要靠计量经济学家去推动，而应用者则更应关心如何将这些方法"用得好"、"用得巧"、"用得妙"。随着自 21 世纪以来，我国经济学研究现代化的深入推进，大多数国内外经济学家都有一致共识——不懂分析方法的经济学研究范式会越来越多地受到各种限制，而采用科学的研究方法和规范的分析模式来研究经济问题已经成为主流趋势。以上共识已是无须争论的话题，因为在经济全球化的今天，各种经济问题错综复杂，相互影响，如果没有科学的方法进行系统分析，很难想象仅靠一个人的思辨能力能够做出更加符合现实价值的前瞻性成果。本书所涉猎的方法都从应用角度出发，集中于讨论如何解决和研究现实经济问题，毫无疑问，这对于数理基础不强的研究者们来讲大有裨益，他们可以通过本书的应用举例和分析过程，将已有方法“移植”到自己所要研究的问题中去，为真正深入分析经济现象提供坚实的数理基础。当然，在“移植”过程中不能简单地照搬照用，而更应当注重科学合理性。

4. 本书案例分析新颖，富有深刻的经济理论指导和现实应用价值。本书中使用了大量的实际经济问题案例，详细充分地采用现代方法对其进行细致剖析，这些案例普遍基于世界各国的经济现实而提出，无论是从理论层次分析上，还是从应用政策研究上，均具有显著的学术意义和重要的研究价值。读者完全可以通过本书中的案例分析而受到较大的启发，甚至也可以直接选取这些重要的相关问题做进一步深入研究。因此，本书拓宽了已有经济学相关领域的研究范围，为进一步加强和提高现有经济学理论和应用研究水平，提供了更加广阔的分析思路和方法。

翻译本书的原著是一件极其艰苦的事情，好在有我的众多学生的大力支持和帮助。为了使本书能够高质量出版，我们曾经组成一个非常高效、善于合作和极其团结的研究团队。我们定时召开讨论和分析工作，从名词术语的翻译和解释、内容的科学理解、文字的润色和加工到排版格式的统一等，无一不渗透着我们集体工作的付出和所有人员的全部智慧。令我感到十分欣慰的是，我的这些学生不仅英语水平高、基础知识扎实，而且勤奋、敬业，我经常把他们聚在一起进行相关问题的分析和讨论，他们都能够提出自己深刻而独到的见解，这些都为本书保质保量的完成奠定了坚实的学术基础。我在引导学生进行讨论的过程中，对原著内容进行了相应分工，具体为：张译文、韩丹负责第1～3章，刘畅负责第4～5章，丁海琼负责第6～7章，龚玉婷负责第8～9章，顾柳柳负责第10～11章。在我和他们充分讨论的基础上，以上同学都将相应章节进行过初译，然后我将初译稿进行加工、润色以及审校，最终将它们合并成集系统性、学术性、应用性于一体的一本译著。

上海财经大学出版社温涌女士是本书的策划和责编，我翻译此书的初衷也是被她长期工作的高涨热情所打动。在合作过程中，我们曾对译著的修正和审校进行了多次探讨。在极其繁琐的校对细节中，她依然能够保持高度的认真和勤奋的敬业精神，令人感到钦佩，这也是本书得以较高质量完成的重要保障之一。在此，我要向温涌编辑表示感谢！

由于我们的水平和能力有限，难免对原著内容把握不准，也会在翻译过程中出现错误，在此恳请读者批评指正，以便再版时进行修正。

周　建

上海财经大学经济学院

2009年6月

序 言

在过去20年中，可用于进行宏观经济分析的数学、统计学、概率论和计算工具得到了长足的发展，这些最新扩展的工具已经逐渐改变了研究人员进行参数估计、验证理论或者简单识别数据正则性的方法。理性预期和校准革命也迫使学者们尝试在理论研究和实际应用之间搭建一座桥梁，而这座桥梁正是在20世纪七八十年代的研究及应用工作中所欠缺的。

本书力求将动态总体平衡理论、数据分析、高级计量分析和计算方法相结合，为广大学术、商业和中央银行经济学家们提供一系列全面的方法来解决在宏观经济和商业周期分析、经济增长，以及货币、金融和国际经济学中所产生的问题。本书主要讲述应用经济学家如何处理时间序列数据（有时是来自不同国家的面板数据），通过这些内容的讲解来帮助应用经济学家验证动态理论的预测结果，并且给予模型及理论研究人员建议来对当前的模型进行修正，以获得数据和模型间更好的匹配，以及从实践中获得政策性结论。本书阐述了一些可用于解决我们感兴趣的问题的一些技巧，并且评价它们的实用性以便给读者带来更多相关的信息；同时给出了本书所讲述的方法如何应用或者不可应用的实例，并指出在研究时间序列时使用微观经济数据的过程中所产生的问题。

不可避免地，这一复杂问题的现代解决方法需要定量的分析、坚实的动态理论背景以及经验和数量方法的建立。数量分析可以将理论应用于实践；经验方法可以在经济理论和实际数据之间建立有效的联系；数学技巧帮助我们解决动态随机一般均衡模型（DSGE）和进行高级计量经济估计，在古典理论和贝叶斯传统框架下都是如此。在一些情况下，经验方法是和我们所选定的数学方法紧密联系的；在另外一些情况下，它们仅仅是受经济理论施加于数据上的约束条件的制约而形成的。

鉴于此种背景条件，本书的结构与一般用于研究生阶段的宏观和计量经济学教材相比，有很大不同。本书从一族DSGE模型开始讲起，为决策准则提供一个近似的表达式，给出估计/选择它们参数的方法，提供检验它们对数据拟合性的途径以及做出政策性决策的步骤，而不是简单地列举一系列估计量以及它们对于不同数据生成序列的性质。本书前三章所涵盖的内容是基础知识，帮助我们回顾曾经学过的并将在本书之后的章节中得到广泛应用的知识。具体来说，第1章给出了时间序列和概率论的基本概念以及大数定律和中心极限定理的内容，这些将在第4～8章中得到应用；同时，也给出了一些关于谱分析的基本内容，这将在第3章、第5章和第7章中得到广泛应用。第2章介绍了一些现在普遍应用的宏观经济模型，并讨论了一些求解它们的数学方法。本书的大部分例题和练习都是基于这些模型的简化或扩展形式而进行的。第3章讨论了如何获得长期和周期性数据中信息的步骤。

在其余的章节中，我们给出了对数据应用模型的方法，并且讨论如何应用它们来解决实际经济问题。从我们的经验来看，一些正式的结论往往不附加证明，而是主要关注它们在特定宏观经济问题中的应用上，这似乎更有现实意义。第4章讲述了向量自回归(VAR)方法，这里只应用了很少的经济理论来整合数据。第5章讲述了有限信息方法，例如，广义矩估计法(GMM)、模拟矩估计法(SMM)和广义模拟方法。第6章检验了完全信息最大似然法，第7章讨论了校准的技巧。在第8章，我们讨论了动态宏观面板方法，这一方法可以广泛地应用于对一些跨国问题的分析。在本书的最后，我们给出贝叶斯方法的广泛描述，以及它们在VAR模型、面板VAR模型、高级时间序列设定以及DSGE模型领域中的应用(第9～11章)。

本书所介绍的方法与汉密尔顿(Hamilton，1994)或是林文夫(Hayashi，2002)有很大的区别，他们都是基于计量分析而不是验证DSGE模型。同时，本书的重点也不同于以宏观经济分析为主的萨金特和利奎斯特(Sargent and Liungqvist，2004)，或是以计算方法见长的贾德(Judd，1998)；此外，在米兰达和法克勒(Miranda and Fackler，2002)的著作中，经验方法起到了重要的作用，并且清楚地说明了理论、数学和经验工具之间的联系。

本书的绝大部分内容是自成体系的，但是也运用了现代宏观经济理论(例如，部分宏观经济学的博士生课程)、标准计量分析(例如，部分计量经济学的博士生课程)的基础知识以及部分编程技巧(例如，RATS、Matlab、Gauss)。本书计划授课时间为一年，建议按照如下顺序进行：从第一年第二学期讲授计量经济学或者应用宏观计量经济学课程开始，直到第二年第一学期的宏观计量经济学课程结束。大体上，本书前五章和第7章可以应用于上述第一部分，第6章及后四章可用于第二部分的学习。这是我多年以来教授这门课程的基本方法，也自然地将课程分成了基础和高级两个部分。

来自布朗大学、罗切斯特大学、庞培法布拉大学、那不勒斯大学、波尔图大学、南安普顿大学、伦敦商学院、博克尼大学、米兰—博可卡大学的博士生；来自巴塞罗那宏观经济学暑期班(BSSM)、欧洲经济学学会(EEA)宏观经济学暑期班、金融研究中心(CFS)宏观经济学暑期班、ZEI暑期班、Genzersee(瑞士)中央银行进修班的参与人员；来自欧洲中央银行、英格兰银行、意大利银行、加拿大银行、匈牙利银行、瑞典中央银行、德意志联邦银行、阿根廷银行、瑞士国家银行、欧盟委员会、欧盟商业周期网络(EABCN)各个短期集中培训的参与人员，也查阅了本书的几个版本，并利用一些实际例子按照本书中的准则进行讨论研究。有些人不是很理解其中的部分内容，有些人很欣然地接受了本书中的一些方法，有些人很挑剔，也有一些人提供了一些有用的建议以此帮助修正本书中的一些准则，但是他们都给予了我们极大的鼓励，我在这里诚挚地感谢他们。在撰写和教授本书的过程中，我自己也学到了很多东西，就如我的学生学习讲义和进行实际研究一样。

有三个人教导我要用一种合理且严谨的方法去解决实际问题，将经济理论和高级统计学与数学工具相结合，并对研究问题的主要内容保持一种质疑的态度。克里斯托弗·西姆斯(Christopher Sims)和汤姆·萨金特(Tom Sargent)使我了解到，理论和计量经济学交叉的灰色区域是很难去研究的，但是非常有意思，他们的学术好奇心、严谨的直觉以及对经济学和政策的深刻理解是本书强大的后盾。安德里安·帕冈(Adrian Pagan)教授了我利用数据和模型能进行哪些分析。我一直很喜欢和他进行讨论，因为他的一些非传统的观点总是能引发我们对已经被遗忘的方法及其实际应用的思考。在大多数应用宏观经济学家所感兴趣的问题中，他总是有着很正确的见解。正是他们最基本的贡献促成了本书的成功出版；作为导师，他们是无与伦比的。在此，我同样要感谢爱德·普雷斯科特(Ed Prescott)，正是他坚定地拒绝沿袭传统计量经济学方法的态度，才促使我去理解在理论、计量和统计技巧与数据之间建立坚实联系的必要性。我的一些同事，艾伯特·马塞特(Albert Marcet)、莫藤·拉文(Morten Ravn)、若尔迪·加利(Jordi Gali)、卢克雷齐娅·莱希林(Lucrezia Reichlin)、哈拉尔德·乌利希(Harald Uglig)、卡洛·法尔罗(Carlo Favero)、马尔科·马费佐利(Marco Maffezzoli)和卢卡·萨拉(Luca Sala)对本书中一些观点的形成和发展做出了杰出的贡献。我同样要感谢汤姆·多恩(Tom Doan)、克里斯·西姆斯(Chris Sims)、科尔·丹利斯(Kirdan Lees)和安德里安·帕冈，他们在本书早期的手稿中发现了一些错误和不准确的术语。我还要特别感谢马尔科·戴尔·内格罗(Marco del Negro)，他耐心地梳理了本书的结构，并利用他的宝贵时间提供了大量有用并且深刻的建议。

编写一部教材是很艰难的，编写一部需要整合不同领域内容的高级教材更是一项艰巨的任务。有很多次我感到迷茫和厌倦，已经打算放弃它去做一些其他的事情，然而当我发现一个新的例子从而能够使本书的观点得以应用时，我就会重拾在早期编写本书时的那种兴奋感。我同样感谢我的家人在编写本书这么长时间以来的耐心和支持。动态宏观经济学中的一部分是关于不同时期间的替代关系。耐心可能是建立在相同的准则之上的。

目录
CONTENTS

1 准备知识

本章主要为那些不熟悉时间序列概念、随机序列性质、渐近理论的结果以及谱分析理论的读者做一个介绍。对于已经熟悉这些概念的读者，可以跳过本章直接学习第2章。

由于这部分知识内容繁多且复杂，我们尽量简单讲解。内容主要是那些与本书有关的话题，并重点强调所涉及的知识。本书的主要内容是比较动态随机一般均衡模型（dynamic stochastic general equilibrium，DSGE）和实际数据的差距，这就意味着我们需要严格的数学证明，而不是凭直觉推断。很多学者都曾经出版过著作，对这一问题进行了深入全面的研究，例如，布洛克韦尔和戴维斯（Brockwell and Davis，1991）、戴维森（Davidson，1994）、普里斯特利（Priestley，1981）以及怀特（White，1984）。

当讲解背景知识的时候，经常容易讲得过于基础，或者试图把所有知识都重新解释。为了避免这一弊端，我们认为，读者已经熟悉一些简单的微积分概念，譬如函数的极限、连续、一致连续等概念；此外，读者还了解分布函数、估计以及概率空间等。

本章分为六个部分。第一部分定义了随机过程。第二部分检验了随机过程的极限行为，并且介绍了四个收敛的概念以及它们的性质和关系。第三部分主要讲解时间序列的概念。第四部分介绍大数定理。这些定理主要用于确保随机过程的函数收敛于适当的极限。我们检验以下三种情况：随机过程的元素相互独立且服从相同的分布；随机过程的元素相互独立，但是服从不同的分布；这些元素是鞅差分的。第五部分描述了与第四部分相对应的三个中心极限定理。要得到随机过程的函数的极限分布，需要用到中心极限定理，同时，中心极限定理也是假设检验和某些模型的评价标准的基础。

第六部分介绍了谱分析。当我们需要把经济时间序列分解成各个部分（例如，趋势、循环等）的时候，谱分析就显得非常有用。谱分析还可以用于建立对波动反应的持续性度量，计算某些估计量的渐近相关矩阵，以及度量数据和模型之间的差距。这在开始可能显得有些困难，但是，读者会很快意识到，日常生活中能用到的很多函数都用了谱的方法（例如，音响系统的频率调节、手机的接收频率带宽等），这样，这部分知识也就显得不那么陌生了。谱分析也为分析时间序列提供了另一种方法，把序列相关的时间序列观测量转换为同时发生且独立的频率观测量。这一等价转换有利于我们分析组成时间序列的原始循环，并分析它们的步长、振幅和持续性。

当没有特别说明的时候，本章所提及的机制同时适用于标量和矢量的随机过程。本书关注的对象都是定义在一个概率空间$(\mathbb{K},\mathcal{F},P)$上的；这里，$\mathbb{K}$是自然数$\varkappa$的可能状态空间，$\mathcal{F}$是$\mathbb{R}^m_\infty=\mathbb{R}^m\times\mathbb{R}^m\times\cdots$的波瑞尔集(Borel sets)的集合，$P$是$\varkappa$的概率函数，决定了随机过程向量的联合分布。$\{y_t(\varkappa)\}_{t=-\infty}^{\infty}$表示序列$\{\cdots,y_0(\varkappa),y_1(\varkappa),\cdots,y_t(\varkappa),\cdots\}$，这里，对于不同的$t$，随机变量$y_t(\varkappa)$是自然数$\varkappa$的状态的可测函数[1]；也就是说，$y_t(\varkappa)$：$\mathbb{K}\to\mathbb{R}^m$，这里，$\mathbb{R}$是一条实线。我们假设，对于任意的$t$，$\{y_\tau(\varkappa)\}_{\tau=-\infty}^{t}$都属于$\mathcal{F}_t$，所以任何函数$h(y_\tau)$都可以被看作$\mathcal{F}_t$。为了简化这一标记，我们有时把$\{y_t(\varkappa)\}$记作$y_t$。一个均值为0、方差是$\Sigma_y$的正态随机变量记作$y_t\sim\mathbb{N}(0,\Sigma_y)$；一个在$[a_1,a_2]$上均匀分布的随机变量记作$y_t\sim\mathbb{U}[a_1,a_2]$。最后，“i. i. d”表示独立同分布的随机变量，白噪声就是一个均值为0、方差相同的独立同分布的过程。

1.1 随机过程

定义1.1(随机过程) 随机过程$\{y_t(\varkappa)\}_{t=1}^{\infty}$是定义在实向量序列的集合上的概率测度(即该过程的“路径”)。

这一定义表示，对于任意的$\varrho\in\mathbb{R}$和固定的t，集合$\mathbb{X}=\{y:y_t(\varkappa)\leqslant\varrho\}$有明确的概率。也就是说，选择不同的$\varrho\in\mathbb{R}$，给定$t$、执行可数联集、有限交集，补充以上路径的集合，我们可以得到有一定概率的事件的集合。对于所有的$\tau\leqslant t$，y_t是无限制的，这意味着它的实现仅仅在t处不一定超过ϱ。可观测的时间序列是在给定$\varkappa$的情况下随机过程$\{y_t(\varkappa)\}$的实现[2]。这里给出两个简单的随机过程的例子。

例题1.1 (i) $\{y_t(\varkappa)\}=e_1\cos(t\times e_2)$，这里，$e_1$和$e_2$是随机变量，$e_1>0$，$e_2\sim\mathbb{U}[0,2\pi]$，$t>0$。其中，$y_t$是有周期性的，$e_1$是振幅，$e_2$是$y_t$的周期。

(ii) 对于所有的t，$\{y_t(\varkappa)\}$满足$P[y_t=\pm1]=0.5$。这个过程是没有记忆的，并且在t变化的时候，它在-1和1之间变动。

例题1.2 由简单的随机过程，我们可以很容易得到复杂的随机过程。例如，如果$e_{1t}\sim\mathbb{N}(0,1)$，$e_{2t}\sim\mathbb{U}(0,1]$，并且$e_{1t}$和$e_{2t}$是相互独立的，$y_t=e_{2t}\mathrm{e}^{e_{1t}/(1+e_{1t})}$就是一个随机过程。相似地，$y_t=\sum_{t=1}^{T}e_t$，$e_t\sim$i. i. d. (0,1)也是一个随机过程。

1.2 收敛的概念

在经典的理论框架中，估计量的性质可以由带有样本容量编号的估计量的序列得到。当样本容量趋向于无穷大的时候，这些序列可以逼近真实值(未知的)。

---

〔1〕 函数h是$\mathcal{F}$-可测的：如果对于任何实数ϱ，集合$[\varkappa:h(\varkappa)<\varrho]$属于$\mathcal{F}$。

〔2〕 一个随机过程也可以被定义为联合可测的随机变量的一个序列。

因为估计量是数据的连续函数，我们有必要确保数据有合理的极限，而且数据的连续函数也符合这些性质，这可以通过几个收敛的概念来验证：前两个概念是关于序列收敛的，第三个概念是关于序列矩的，最后一个概念是关于序列分布的。

1.2.1 几乎完全收敛

几乎完全收敛(a. s.)的概念是实数序列收敛到某一极限这一概念的扩展。

就像我们在前面看到的，序列 $y_t(\varkappa)$ 的元素是自然状态的函数。然而，如果 $\varkappa=\bar{\varkappa}$ 是已知的，$\{y_1(\bar{\varkappa}),\cdots,y_t(\bar{\varkappa}),\cdots\}$ 看起来就像是一个实数序列。因此，在给定 $\varkappa=\bar{\varkappa}$ 时，收敛也可以以类似的方法定义。

定义 1.2(几乎完全收敛) 对于 $\varkappa\in\mathbb{K}_1\subseteq\mathbb{K}$ 和任意 $\varepsilon>0$，如果有 $\lim_{T\to\infty}P[\|y_t(\varkappa)-y(\varkappa)\|\leqslant\varepsilon,\forall t>T]=1$，则 $y_t(\varkappa)$ 几乎完全收敛于 $y(\varkappa)<\infty$，记作 $\{y_t(\varkappa)\}\xrightarrow{\text{a. s.}}y(\varkappa)$。

根据定义 1.2，当 T 足够大时，如果找到一条使 y_t 收敛于 $y(\varkappa)$ 的路径的概率是 1，则 $\{y_t(\varkappa)\}$ 是几乎完全收敛的，这一概率与 $\varkappa$ 的取值有关。从这个概念可以看出，不收敛的可能性是存在的，只是这种情况发生的概率很小。如果 $\mathbb{K}$ 是无限维的，几乎完全收敛被称作几乎处处收敛，有时几乎完全收敛被记作：以概率为 1 收敛，或强一致准则。

下面，我们描述几乎完全收敛的函数的极限性。

结论 1.1 设 $\{y_t(\varkappa)\}\xrightarrow{\text{a. s.}}y(\varkappa)$，$h$ 是 $n\times1$ 维向量的函数，在 $y(\varkappa)$ 上连续，那么有 $h(y_t(\varkappa))\xrightarrow{\text{a. s.}}h(y(\varkappa))$。

结论 1.1 扩展了"收敛序列的连续函数也是收敛的"这一事实。

例题 1.3 给定 $\varkappa$，令 $\{y_t(\varkappa)\}=1-1/t$，$h(y_t(\varkappa))=(1/T)\sum_t y_t(\varkappa)$。那么，$h(y_t(\varkappa))$ 在 $\lim_{t\to\infty}y_t(\varkappa)=1$ 和 $h(y_t(\varkappa))\xrightarrow{\text{a. s.}}1$ 处连续。

练习 1.1 设 $\{y_t(\varkappa)\}=1/t$ 的概率是 $1-1/t$，$\{y_t(\varkappa)\}=t$ 的概率是 $1/t$。$\{y_t(\varkappa)\}$ 能几乎完全收敛于 1 吗？设 $h(y_t)=(1/T)\sum_t(y_t(x)-(1/T)\sum_t y_t(x))^2$，它的极限是什么？

在实际应用中，我们对检验哪些情况不符合几乎完全收敛很感兴趣。例如，观测量的概率密度函数随时间改变，或者矩阵出现在估计量不收敛于固定极限的公式中，都属于这种情况。然而，即使 $h(y_{1t}(\varkappa))$ 不收敛于 $h(y(\varkappa))$，也有可能当 $t\to\infty$ 时，$h(y_{1t}(\varkappa))$ 和 $h(y_{2t}(\varkappa))$ 的距离无穷小，这里，$(y_{2t}(\varkappa))$ 是另一个随机变量序列。要想在这种情况下得到收敛，我们需要加强条件，要求 h 一致连续(例如，假设它在致密集上连续)。

结论 1.2 令 h 是致密集 $\mathbb{R}_2\in\mathbb{R}^m$ 上的连续函数，设 $\{y_{1t}(\varkappa)\}-\{y_{2t}(\varkappa)\}\xrightarrow{\text{a. s.}}0$，并且存在 $\epsilon>0$，对于所有的 $t>T$，y_{2t} 在 $\mathbb{R}_2$ 的范围内随 t 均匀变化。那么有 $h(y_{1t}(\varkappa))-h(y_{2t}(\varkappa))\xrightarrow{\text{a. s.}}0$。

这里给出结论 1.2 的一个应用：设 $\{y_{1t}(\varkappa)\}$ 是实际的时间序列，$\{y_{2t}(\varkappa)\}$ 是在给定变量和 $\varkappa$ 时的估计，h 是连续的数据，譬如变量的均值。那么，由结论 1.2 可以得出,当$t\to\infty$时,通过模拟得出的结果与实际的路径很接近,由这些路径得到的数据也很接近。

1.2.2 依概率收敛

依概率收敛的概念要比几乎完全收敛弱。

定义 1.3(依概率收敛) 如果存在 $y(\varkappa)<\infty$,那么对于任意 $\epsilon>0$,$P[\varkappa:\|y_t(\varkappa)-y(\varkappa)\|<\epsilon]\to 1$。当 $t\to\infty$ 时,$\{y_t(\varkappa)\}\xrightarrow{\text{P}}y(\varkappa)$。

$\xrightarrow{\text{P}}$比$\xrightarrow{\text{a. s.}}$要弱,因为在依概率收敛中,我们仅仅要求$(y_t(\varkappa),y(\varkappa))$的联合分布,而不是$(y_t(\varkappa),y_\tau(\varkappa),y(\varkappa))$的联合分布,$\forall\,\tau>T$。$\xrightarrow{\text{P}}$表示当 $t\to\infty$时,$\{y_t(\varkappa)\}$中的一个元素与 $y(\varkappa)$的距离比ϵ大的可能性很小。$\xrightarrow{\text{a. s.}}$表示在 T 之后,$\{y_t(\varkappa)\}$的路径与 $y(\varkappa)$的距离不大于ϵ。因此,很容易找到满足$\xrightarrow{\text{P}}$而不满足$\xrightarrow{\text{a. s.}}$的情况。

例题 1.4 令 y_τ 和 y_t 是相互独立的,$\forall\,t$、τ,令 y_t 只取 0 或 1,并且:

$$P[y_t=0]=\begin{cases}\dfrac{1}{2},\ t=1,2\\[2ex]\dfrac{2}{3},\ t=3,4\\[2ex]\dfrac{3}{4},\ t=5,\cdots,8\\[2ex]\dfrac{4}{5},\ t=9,\cdots,16\end{cases}$$

那么,对于$t=2^{j-1}+1,\cdots,2^j$,$j>1$,有 $P[y_t=0]=1-1/(j+1)$,从而有$y_t\xrightarrow{\text{P}}0$。这是因为 y_t 在以上任意一个范围内的概率是 $1/j$,而且当 $t\to\infty$时,划分范围的个数趋近于无穷大。但是,y_t 并不是几乎完全收敛于 0,因为得到一个收敛路径的概率是 0;也就是说,对于任意的 $t=2^{j-1}+1,\cdots,2^j$,$j>1$,y_t 等于 1 的概率很小。但是,因为 $2^{j-1}+1,\cdots,2^j$ 这一范围很大,得到 1 的概率是 $1-[1-1/(j+1)]^{2^{(j-1)}}$,当 j 趋向于无穷大的时候,这一概率是收敛于 1 的。总的来说,$y_t\xrightarrow{\text{P}}0$ 收敛的速度很慢,不能保证 $y_t\xrightarrow{\text{a. s.}}0$。

尽管依概率收敛并不能保证几乎完全收敛,下面这个结论说明了,怎样从依概率收敛得到几乎完全收敛。

结论 1.3 如果 $y_t(\varkappa)\xrightarrow{\text{P}}y(\varkappa)$,存在序列 $y_{t_j}(\varkappa)$,使得 $y_{t_j}(\varkappa)\xrightarrow{\text{a. s.}}y(\varkappa)$[参见卢卡奇(Lukacs,1975),第 48 页]。

自然地,因为依概率收敛比几乎完全收敛允许收敛序列中出现更多的异常行为,我们可以忽略这些异常的元素,从依概率收敛得到几乎完全收敛。依概率收敛的概念经常应用于研究某些估计量的弱一致性。

例题 1.5 (i) 令 y_t 是独立同分布的随机变量序列,那么有:$(1/T)\sum_{t=1}^{T}y_t\xrightarrow{\text{a. s.}}E(y_t)$[柯尔莫哥洛夫(Kolmogorov)强大数定理]。

(ii) 令 y_t 是不相关的随机变量序列，$E(y_t)<\infty$，$\mathrm{var}(y_t)=\sigma_y^2<\infty$，$\mathrm{cov}(y_t,y_{t-\tau})=0,\forall\tau\neq 0$。那么有：$(1/T)\sum_{t=1}^{T}y_t\xrightarrow{\text{a.s.}}E(y_t)$［契比雪夫（Chebyshev）弱大数定理］。

在例题 1.5 中，强一致性要求随机变量是独立同分布的；而对于弱一致性，我们仅仅要求集合中的随机变量有相同的均值和方差，而且是不相关的。还需注意的是，弱一致性要求在序列的第二个时刻有所限制，而强一致性则没有这个要求。

我们还可以得到一些与结论 1.1 和结论 1.2 相似的关于依概率收敛的结论。

结论 1.4 令$\{y_t(\varkappa)\}$满足$\{y_t(\varkappa)\}\xrightarrow{P}y(\varkappa)$。那么，对于所有的连续函数 h，都有 $h(y_t(\varkappa))\xrightarrow{P}h(y(\varkappa))$。［参见怀特（White，1984），第 23 页。］

结论 1.5 令 h 是致密集 $\mathbb{R}_2\subset\mathbb{R}^m$ 上的连续函数。令$\{y_{1t}(\varkappa)\}$和$\{y_{2t}(\varkappa)\}$满足$\{y_{1t}(\varkappa)\}-\{y_{2t}(\varkappa)\}\xrightarrow{P}0$，而且对于较大的 t，y_{2t}在 $\mathbb{R}_2$ 的范围内，并且在 t 处一致。那么有：$h(y_{1t}(\varkappa))-h(y_{2t}(\varkappa))\xrightarrow{P}0$。［参见怀特（White，1984），第 25 页。］

有时 y_t 的极限可能不属于组成序列的随机变量所在的空间。例如，序列 $y_t=\sum_j e_j$，这里，e_j 是独立同分布的，但是它的极限却不在独立同分布变量的空间内。在其他一些例子中，极限点可能是未知的。对于所有的情况，我们可以用柯西序列（Cauchy sequences）重新定义几乎完全收敛和依概率收敛。

定义 1.4（几乎完全收敛和依概率收敛） $\{y_t(\varkappa)\}$几乎完全收敛，当且仅当对于所有的$\epsilon>0$，有 $\lim_{T\to\infty}P[\|y_t(\varkappa)-y_\tau(\varkappa)\|>\epsilon$，对于某些 $\tau>t>T(\varkappa,\epsilon)]\to 0$ 存在。$\{y_t(\varkappa)\}$依概率收敛，当且仅当对于所有的$\epsilon>0$，有 $\lim_{t,\tau\to\infty}P[\|y_t(\varkappa)-y_\tau(\varkappa)\|>\epsilon]\to 0$。

1.2.3 勒贝格L^q-收敛

几乎完全收敛和依概率收敛主要关注的是 y_t 的路径，而 L^q-收敛则关注的是 y_t 的第 q 个时刻的情况。我们主要研究以下几种情况下的 L^q-收敛：$q=2$（均方收敛）、$q=1$（完全收敛），以及 $q=\infty$（极小极大收敛）。

定义 1.5（依正态分布收敛） 如果对于给定的 $q>0$，存在 $y(\varkappa)<\infty$ 使得 $\lim_{t\to\infty}E[|y_t(\varkappa)-y(\varkappa)|^q]=0$，$\{y_t(\varkappa)\}$依 L^q 正态收敛（或者在第 q 均值收敛），记作 $y_t(\varkappa)\xrightarrow{\text{q.m.}}y(\varkappa)$。

显然，如果第 q 个时刻不存在，L^q-收敛也就不适用（也就是说，如果 y_t 是柯西随机变量，L^q-收敛对于所有的 q 都不存在），但是依概率收敛即使在更多时刻不存在的情况下仍然适用。自然地，这两种收敛的不同之处在于，后者允许 y_t 和 y 之间的距离变大的速度比概率变小的速度快，而这在 L^q-收敛中是不可能的。因此，L^q-收敛比依概率收敛要强。

练习 1.2 令 y_t 服从勒贝格 L^q-收敛，收敛于 0。可以看出，y_t 依概率收敛于 0。（提示：用契比雪夫不等式。）

结论 1.6 如果 $y_t(\varkappa)\xrightarrow{P}y(\varkappa)$，而且 $\sup_t\{\lim_{\Delta\to\infty}E(|y_t|^q\mathcal{I}_{[|y_t|\geqslant\Delta]})\}=0$，这里，

$\mathcal{I}$是一个指数函数，那么 $y_t(\varkappa)\xrightarrow{\text{q. m.}}y(\varkappa)$[参见戴维森(Davison,1994),第 287 页]。

因此，依概率收敛加上$|y_t|^q$ 是一致可积，确保了 L^q 正态收敛。总的来说，L^q 和几乎完全收敛之间是没有联系的。下面将给出这两个概念的区别。

例题 1.6 当$\varkappa\in[0,1/t)$时，令 $y(\varkappa)=t$；当$\varkappa\in(1/t,1]$时，令 $y(\varkappa)=0$。那么，集合$\{\varkappa: \lim_{t\to\infty}y_t(\varkappa)\neq 0\}$只包含元素$\{0\}$，所以 $y_t\xrightarrow{\text{a. s.}}0$。然而，$E|y_t|^q=0\times(1-1/t)+t^q\times(1/t)$。因为 y_t 不是一致可积的，对于任意的 $q>1$(对于 $q=1$，$E|y_t|=1,\forall t$)，它不能收敛于均值 q。因此，y_t 的有限期望不同于它的几乎完全收敛的极限。

练习 1.3 令 $y_t=\begin{cases}1, & \text{概率是 } 1-1/t^2\\ t, & \text{概率是 } 1/t^2\end{cases}$

表明在第一个时刻和第二个时刻的 y_t 是有界的，证明 $y_t\xrightarrow{\text{P}}1$，但是 y_t 并不收敛于 1。

第二个结论证明了当 L^q-正态发生时，$q>q'$，我们也能在 $L^{q'}$-正态中得到收敛。这一结论用到了詹森(Jenson)不等式，我们将在下面讲解。令 h 是 $\mathbb{R}_1\subset\mathbb{R}^m$ 生成的凸函数，y 是随机变量，满足 $P[y\in\mathbb{R}_1]=1$，那么有 $h(E(y))\leqslant E(h(y))$。如果 h 是 $\mathbb{R}_1$ 上的凹函数，有 $h(E(y))\geqslant E(h(y))$。

例题 1.7 对于 $h(y)=y^{-2}$，有 $Eh(y)=E(y^{-2})\leqslant 1/E(y^2)=h(E(y))$。

结论 1.7 令 $q'<q$，如果 $y_t(\varkappa)\xrightarrow{\text{q. m.}}y(\varkappa)$，那么有 $y_t(\varkappa)\xrightarrow{\text{q'. m.}}y(\varkappa)$。

例题 1.8 令 $\mathbb{K}=\{\varkappa_1,\varkappa_2\}$，$P(\varkappa_1)=P(\varkappa_2)=0.5$。令 $y_t(\varkappa_1)=(-1)^t$，$y_t(\varkappa_2)=(-1)^{t+1}$和 $y(\varkappa_1)=y(\varkappa_2)=0$。显然，$y_t$ 在L^q-正态上收敛。为了证明这一点，记$\lim_{t\to\infty}E[|y_t(\varkappa)-y(\varkappa)|^2]=1$。因为 y_t 收敛于均方，所以它一定收敛于绝对平均值。事实上，有 $\lim_{t\to\infty}E[|y_t(\varkappa)-y(\varkappa)|]=1$。

1.2.4 *依概率收敛*

定义 1.6(依分布收敛) 令$\{y_t(\varkappa)\}$是一个 $m\times 1$ 的向量，联合分布为$\mathcal{D}_t$。如果当$t\to\infty$时，$\mathcal{D}_t(z)\to\mathcal{D}(z)$对于所有的 z 都成立[这里，$\mathcal{D}$是随机变量 $y(\varkappa)$的分布函数]，那么有 $y_t(\varkappa)\xrightarrow{\text{D}}y(\varkappa)$。

依分布收敛是最弱的收敛概念，在一般情况下并不适用于所有的随机变量序列。并且，前面三个收敛概念要求$\{y_t(\varkappa)\}$和 $y(\varkappa)$的极限要在同一个概率空间内，而依分布收敛并没有这一要求。

这里很有必要说明一下依概率收敛和依分布收敛之间的关系。

结论 1.8 假设 $y_t(\varkappa)\xrightarrow{\text{P}}y(\varkappa)<\infty$，$y(\varkappa)$是不变的，那么 $y_t(\varkappa)\xrightarrow{\text{D}}\mathcal{D}_y$。这里，$\mathcal{D}_y$是随机变量 z 的分布函数，$P[z=y(\varkappa)]=1$。相反，如果 $y_t(\varkappa)\xrightarrow{\text{D}}\mathcal{D}_y$，那么有 $y_t\xrightarrow{\text{P}}y$[参见拉奥(Rao,1973),第 120 页]。

注意，结论 1.8 的第一部分可以直接从结论 1.4 得到，我们假设$\mathcal{D}_y$ 是 y 的连续函数。

下面两个结论在证明一些动态模型中的估计量的有限性质时会更有用。如果

存在一个$O(1)$非随机序列y_{2t}，满足$(1/t^j)y_{1t}(\varkappa)-y_{2t}\xrightarrow{\mathrm{P}}0$，则记$y_{1t}(\varkappa)$是$O_p(t^j)$；如果对于一些$0<\Delta<\infty$，存在一个$T$使得$|y_{2t}|<\Delta$对于所有的$t\geqslant T$都成立，则记$y_{2t}$是$O(1)$。

结论 1.9 如果$y_{1t}\xrightarrow{\mathrm{P}}\varrho$，$y_{2t}\xrightarrow{\mathrm{D}}y$，那么有$y_{1t}y_{2t}\xrightarrow{\mathrm{D}}\varrho y$，$y_{1t}+y_{2t}\xrightarrow{\mathrm{D}}\varrho+y$，这里，$\varrho$是常数[参见戴维森(Davison,1994)，第355页]。如果y_{1t}和y_{2t}是随机向量的序列，$y_{1t}-y_{2t}\xrightarrow{\mathrm{P}}0$和$y_{2t}\xrightarrow{\mathrm{D}}y$意味着$y_{1t}\xrightarrow{\mathrm{D}}y$[参见拉奥(Rao,1973)，第123页]。

当y_{1t}不能直接被决定的时候，结论1.9就非常有用。事实上，如果我们发现y_{2t}在渐近分布上依概率收敛于y_{1t}，那么y_{1t}的分布就可以自动得到，我们将在第5章讨论两步估计的时候使用这个结论。

收敛到分布函数的连续函数的极限行为是很好定义和研究的，事实上，我们有以下结论。

结论 1.10 令$y_t\xrightarrow{\mathrm{D}}y$，如果$h$是连续函数，则有$h(y_t)\xrightarrow{\mathrm{D}}h(y)$[参见戴维森(Davison,1994)，第355页]。

1.3 时间序列概念

本书中的多数分析假设可观测的时间序列是平稳的，而且有记忆性，记忆性随时间加速而减弱。在一些例子中，我们用弱一点的假设来替换它，允许被选择的形式不是固定的这一假设可以适用于更广义的记忆要求。这一部分提供了这些概念的定义，并比较了各种可以用来替换的情况。

我们先介绍两个基本定义。

定义 1.7(滞后算子) 滞后算子是由$\ell y_t=y_{t-1}$和$\ell^{-1}y_t=y_{t+1}$来定义的。矩阵滞后算子$A(\ell)=A_0+A_1\ell+A_2\ell^2+\cdots$，这里，$A_j$，$j=1,2,\cdots$是$m\times m$的矩阵。

定义 1.8(自协方差矩阵函数) $\{y_t(\varkappa)\}$的自协方差矩阵函数是：$\mathrm{ACF}_t(\tau)\equiv E[y_t(\varkappa)-E(y_t(\varkappa))][y_{t-\tau}(\varkappa)-E(y_{t-\tau}(\varkappa))]'$；它的自协方差矩阵函数是：

$$\mathrm{ACF}_t(\tau)\equiv\mathrm{corr}(y_t,y_{t-\tau})=\frac{\mathrm{ACF}_t(\tau)}{\sqrt{\mathrm{var}(y_t(\varkappa))\mathrm{var}(y_{t-\tau}(\varkappa))}}\tag{1.1}$$

总的来说，自协方差矩阵和自协方差矩阵函数是随时间以及y_t和$y_{t-\tau}$之间的距离而变化的。

定义 1.9(平稳性 1) $\{y_t(\varkappa)\}_{t=-\infty}^{\infty}$是平稳的，如果对于所有的路径$\mathbb{X}=\{y_t(\varkappa):y_t(\varkappa)\leqslant\varrho,\varrho\in\mathbb{R},\varkappa\in\mathbb{K}\}$，$P(\mathbb{X})=P(\ell^{\tau}\mathbb{X})$，$\forall\tau$。这里，$\ell^{\tau}\mathbb{X}=\{y_{t-\tau}(\varkappa):y_{t-\tau}(x)\leqslant\varrho\}$。

如果一个时间序列的路径随着时间发生改变，但是它的概率分布却不改变，那么这个时间序列就是平稳的。在这个例子中，对于任意t，联合分布$\{y_{t_1},\cdots,y_{t_j}\}$和联合分布$\{y_{t_{1+\tau}},\cdots,y_{t_{j+\tau}}\}$是一样的。一个稍微弱一点的概念将在下面给出。

定义 1.10(平稳性 2) 如果$E(y_t)$是常数，则$\{y_t(\varkappa)\}_{t=-\infty}^{\infty}$是协方差(弱)平稳的；$E|y_t|^2<\infty$；$\mathrm{ACF}_t(\tau)$独立于时间$t$。

定义 1.10 比定义 1.9 要弱，因为它只关注 y_t 的前两阶矩，而不是联合分布。显然，平稳过程是弱平稳，而逆命题只有在 y_t 是正态随机变量的情况下才成立。事实上，当 y_t 是正态时，前两阶矩描述了整个分布的情况，并且$\{y_t\}_{t=-1}^{\infty}$路径的联合分布是正态的。

例题 1.9 令 $y_t=e_1\cos(\omega t)+e_2\sin(\omega t)$，$e_1$、$e_2$ 是零均值且互不相关的单位变量，$\omega\in[0,2\pi]$。显然，y_t 的均值是常数，而且 $E|y_t|^2<\infty$。同时，$\mathrm{cov}(y_t,y_{t+\tau})=\cos(\omega t)\cos(\omega(t+\tau))+\sin(\omega t)\times\sin(\omega(t+\tau))=\cos(\omega t)$。因此，$y_t$ 是协方差平稳的。

练习 1.4 当 t 是奇数时，令 $y_t=e_t$；当 t 是偶数时，令 $y_t=e_t+1$，这里，$e_t\sim$ i.i.d.$(0,1)$。试证明 y_t 不是协方差平稳的；$y_t=\bar{y}+y_{t-1}+e_t$ 也不是协方差平稳的过程，这里，$e_t\sim$ i.i.d.$(0,\sigma_e^2)$，并且 $\bar{y}$ 是常数；但 $\Delta y_t=y_t-y_{t-1}$ 是平稳的。

当$\{y_t\}$是平稳时，它的自协方差矩阵函数有以下三个性质：对于所有的 τ，满足：(i) $\mathrm{ACF}(0)\geqslant 0$；(ii) $|\mathrm{ACF}(\tau)|\leqslant\mathrm{ACF}(0)$；(iii) $\mathrm{ACF}(-\tau)=\mathrm{ACF}(\tau)$。更重要的是，如果 y_{1t} 和 y_{2t} 是两个平稳的不相关过程，则 $y_{1t}+y_{2t}$ 是平稳的，并且 $y_{1t}+y_{2t}$ 的自协方差函数是 $\mathrm{ACF}_{y1}(\tau)+\mathrm{ACF}_{y2}(\tau)$。

例题 1.10 考虑过程 $y_t=\bar{y}+at+De_t$，这里，$|D|<1$ 而且 $e_t\sim$ i.i.d.$(0,\sigma^2)$。显然，y_t 不是协方差平稳的，因为 $E(y_t)=\bar{y}+at$ 是随时间而变化的。做一阶差分，我们有 $\Delta y_t=a+D\Delta e_t$。这里，$E(\Delta y_t)=a$，$E(\Delta y_t-a)^2=2D^2\sigma^2>0$，$E(\Delta y_t-a)\times(\Delta y_{t-1}-a)=-D^2\sigma^2<E(\Delta y_t-a)^2$，并且 $E(\Delta y_t-a)(\Delta y_{t+1}-a)=-D^2\sigma^2$。

练习 1.5 设 $y_{1t}=\bar{y}+at+e_t$，这里，$e_t\sim$ i.i.d.$(0,\sigma_e^2)$，$\bar{y}$、a 是常数。定义 $y_{2t}=(1/(2J+1))\sum_{j=-J}^{J}y_{1t+j}$。计算 y_{2t} 的函数的均值和自协方差矩阵。y_{2t} 是平稳的吗？y_{2t} 是协方差平稳的吗？

定义 1.11(自协方差矩阵生成函数) 当所有的收敛序列 z 满足 $\varrho^{-1}<|z|<\varrho$ $(\varrho>1)$ 时，平稳过程 $\{y_t(\kappa)\}_{t=-\infty}^{\infty}$ 的自协方差矩阵生成函数是 $\mathrm{CGF}(z)=\sum_{\tau=-\infty}^{\infty}\mathrm{ACF}(\tau)z^{\tau}$。

例题 1.11 考虑过程 $y_t=e_t-De_t=(1-D\ell)e_t$，$|D|<1$，$e_t\sim$ i.i.d.$(0,\sigma_e^2)$。这里，$\mathrm{cov}(y_t,y_{t-j})=\mathrm{cov}(y_t,y_{t+j})=0$，$\forall j\geqslant 2$，$\mathrm{cov}(y_t,y_t)=(1+D^2)\sigma_e^2$，$\mathrm{cov}(y_t,y_{t-1})=-D\sigma_e^2$，$\mathrm{cov}(y_t,y_{t+1})=-D^{-1}\sigma_e^2$。因此，有：

$$\begin{aligned}\mathrm{CGF}_y(z)&=-D\sigma_e^2z^{-1}+(1+D^2)\sigma_e^2z^0-D\sigma_e^2z^1\\&=\sigma_e^2(-Dz^{-1}+(1+D^2)-Dz)=\sigma_e^2(1-Dz)(-Dz^{-1})\end{aligned}\tag{1.2}$$

例题 1.11 可以被推广到更复杂的过程。事实上，如果 $y_t=D(\ell)e_t$，则 $\mathrm{CGF}_y(z)=D(z)\Sigma_e D(z^{-1})'$，而且这一条件对于单变量和多变量的 y_t 都适用。有趣的是，当 $z=\mathrm{e}^{-\mathrm{i}\omega}=\cos(\omega)-\mathrm{i}\sin(\omega)$，$\omega\in(0,2\pi)$，$\mathrm{i}=\sqrt{-1}$，在这里：

$$\mathcal{S}(\omega)\equiv\frac{\mathrm{CGF}_y(\mathrm{e}^{-\mathrm{i}\omega})}{2\pi}=\frac{1}{2\pi}\sum_{\tau=-\infty}^{\infty}\mathrm{ACF}(\tau)\mathrm{e}^{-\mathrm{i}\omega\tau}\tag{1.3}$$

是 y_t 的谱密度。

练习 1.6 考虑 $y_t=(1+0.5\ell+0.8\ell^2)e_t$，而且$(1-0.25\ell)y_t=e_t$，这里，$e_t\sim$ i.i.d.$(0,\sigma_e^2)$。这些过程的协方差是平稳的吗？如果是，请写出自协方差矩阵和自

协方差矩阵生成函数。

练习 1.7 令$\{y_{1t}(\varkappa)\}$是平稳过程，h 是 $n\times 1$ 阶连续函数向量。证明 $y_{2t}=h(y_{1t})$也是平稳的。

平稳性是比独立同分布弱一点的要求，它对序列中的元素相关性没有要求，但是它比同分布(不一定是独立的)的假设要强一点。

例题 1.12 令 $y_t\sim$ i. i. d. $(0,1)$，$\forall t$，任何有限序列 $y_{t_{1+\tau}},\cdots,y_{t_{j+\tau}}$ 有相同的分布，所以 y_t 是平稳的。容易发现，平稳序列不一定是独立同分布的。例如，令 $y_t=e_t-De_{t-1}$，如果$|D|<1$，那么 y_t 是平稳的，但不是独立同分布的。

练习 1.8 给出一个过程的样本，是同分布的(不一定独立)，但不是平稳的。

本书中，平稳的过程有时会被记作 $I(0)$，d 阶差分后是平稳的过程记作 $I(d)$。

平稳序列的遍历性保证了样本均值收敛于总体均值(参见 1.4 节)。遍历性是特别定义在不变事件上的。

定义 1.12(遍历性 1) 设 $y_t(\varkappa)=y_1(\ell^{t-1}\varkappa)$，$\forall t$，那么$\{y_t(\varkappa)\}$是遍历的，当且仅当对于所有的路径$\mathbb{X}=\{y_t(\varkappa): y_t(x)\leqslant\varrho,\varrho\in\mathbb{R}\}$的集合，有 $P\{\ell^\tau\mathbb{X}\}=P(\mathbb{X})$，$\forall\tau$，$P(\mathbb{X})=0$，或者 $P(\mathbb{X})=1$。

注意到，遍历性的概念仅适用于平稳序列，而且并不是所有的平稳序列都是遍历的。事实上，仅仅对于路径 $\mathbb{X}$ 的集合本身非可变的情况才适用于这一定义。自然地，如果一个过程是平稳的，它的路径就收敛于某一极限。如果它是平稳且遍历的，所有的路径都将收敛于某一极限。因此，一个路径足以说明分布的情况。

例题 1.13 考虑在单位圆上的路径，令 $\mathbb{X}=\{y_0,\cdots,y_t\}$，这里，序列的任何一个元素满足 $y_j(\varkappa)=y_{j-1}(\ell\varkappa)$。令 $P(\mathbb{X})$是$[y_0,y_t]$组距的长度；令 $\ell^\tau\mathbb{X}=\{y_{0-\tau},\cdots,y_{t-\tau}\}$置换 $\mathbb{X}$ 半个圆周。因为 $P(\ell^\tau\mathbb{X})=P(\mathbb{X})$，$y_t$ 是平稳的。然而，$P(\ell^\tau\mathbb{X})\neq 1$ 或 0，所以 y_t 不是遍历的。

例题 1.14 考虑过程 $y_t=e_t-2e_{t-1}$，这里，$e_t\sim$ i. i. d. $(0,\sigma_e^2)$。容易证明 $E(y_t)=0$，$\mathrm{var}(y_t)=5\sigma_e^2<\infty$，$\mathrm{cov}(y_t,y_{t-\tau})$不随 t 的改变而改变。因此，这个过程是协方差平稳的。为了证明它是遍历的，当 $T\to\infty$时，考虑样本均值$(1/T)\sum_t y_t$ 收敛于 0。样本方差是$(1/T)\sum_t y_t^2=(1/T)\sum_t(e_t-2e_{t-1})^2=(5/T)\sum_t e_t^2$，当$T\to\infty$时收敛于$\mathrm{var}(y_t)$。

例题 1.15 令 $y_t=e_1+e_{2t}$，如果 $e_{2t}\sim$ i. i. d. $(0,1)$，$e_1\sim$ i. i. d$(1,1)$，显然，y_t 是平稳的，而且$E(y_t)=1$。然而，$(1/T)\sum_t y_t=e_1+(1/T)\sum_t e_{2t}$，而且 $\lim_{T\to\infty}(1/T)\times\sum_t y_t=e_1+\lim_{T\to\infty}(1/T)\sum_t e_{2t}=e_1$，因为$(1/T)\sum_t e_{2t}\xrightarrow{\text{a. s.}}0$。因为 y_t 的时间均值(等于 e_1)不同于 y_t 的总体均值(等于 1)，y_t 不是遍历的。

例题 1.15 错在哪里呢？很明显，y_t 不是遍历的，因为它的记忆太多了(e_1 在每一个 y_t 中都出现)。事实上，当遍历成立时，过程必须以一定的速度“忘记”一些过去。1.4 节中的大数定理给出了保证过程中的记忆性不是那么强的条件。

练习 1.9 设 $y_t=0.6y_{t-1}+0.2y_{t-2}+e_t$，这里，$e_t\sim$ i. i. d. $(0,1)$。y_t 是平稳的吗？它是遍历的吗？在 y_{t+3}上找出一个 e_t 的统一变化，对于 $y_t=0.4y_{t-1}+0.8y_{t-2}+e_t$，重复以上练习。

练习 1.10 考虑双变量过程：

$$y_{1t}=0.3y_{1t-1}+0.8y_{2t-1}+e_{1t}$$

$$y_{2t}=0.3y_{1t-1}+0.4y_{2t-1}+e_{2t}$$

这里，当 $t=\tau$ 时有 $E(e_{1t}e_{1\tau})=1$，在其他情况下有 $E(e_{1t}e_{1\tau})=0$；当 $t=\tau$ 时有 $E(e_{2t}e_{2\tau})=2$，在其他情况下有 $E(e_{2t}e_{2\tau})=0$；对于所有的 t、τ，$E(e_{1t}e_{2\tau})=0$。以上系统是协方差平稳的吗？它是遍历的吗？对于 $\tau=2,3$，计算 $\partial y_{1t+\tau}/\partial e_{2t}$，当 $\tau\to\infty$ 时它的极限是什么？

练习 1.11 设在 t 时刻，$\{y_t\}_{t=1}^{\infty}$ 由下式给出：

$$y_t=\begin{cases}1, & 概率是\dfrac{1}{2}\\ 0, & 概率是\dfrac{1}{2}\end{cases}$$

证明 y_t 是平稳的但不是遍历的。证明单路径(也就是说，一个只含有 1 秒和 0 秒的路径)是遍历的。

练习 1.12 令 $y_t=\cos\left(\frac{1}{2}\pi t\right)+e_t$，这里，$e_t\sim$ i. i. d. $(0,\sigma_e^2)$。证明 y_t 既不是平稳的，也不是遍历的。证明序列 $\{y_t, y_{t+4}, y_{t+8}, \cdots\}$ 是平稳且遍历的。

练习 1.12 证明了一个重要的结论：如果一个过程是非遍历的，有可能在其中找到一个序列是遍历的。

练习 1.13 证明如果 $\{y_{1t}(\varkappa)\}$ 是遍历的，h 是连续的，那么 $y_{2t}=h(y_{1t})$ 是遍历的。

一个和遍历相似的概念是混合。

定义 1.13(混合 1) 令 $\mathbb{B}_1$ 和 $\mathbb{B}_2$ 是波瑞尔代数[1]，$B_1\in\mathbb{B}_1$，$B_2\in\mathbb{B}_2$，那么 ϕ-混合和 α-混合定义为：

$$\left.\begin{aligned}\phi(\mathbb{B}_1,\mathbb{B}_2)&\equiv\sup_{\{B_1\in\mathbb{B}_1,B_2\in\mathbb{B}_2:P(B_1)>0\}}|P(B_2|B_1)-p(B_2)|\\ \alpha(\mathbb{B}_1,\mathbb{B}_2)&\equiv\sup_{\{B_1\in\mathbb{B}_1,B_2\in\mathbb{A}_2\}}|P(B_2\cap B_1)-P(B_2)P(B_1)|\end{aligned}\right\}\tag{1.4}$$

自然地，ϕ-混合和 α-混合衡量了时间之间的独立性。如果 ϕ 和 α 都为 0，我们认为 $\mathbb{B}_1$ 和 $\mathbb{B}_2$ 中的事件是独立的。ϕ 函数可以用来衡量相对相关性，α 函数可以用来衡量绝对相关性。

对于一个随机过程，α-混合和 ϕ-混合是这样定义的：令 $\mathbb{B}_{-\infty}^{t}$ 是由从 $-\infty$ 到 t 的 y_t 值产生的波瑞尔代数，$\mathbb{B}_{t+\tau}^{\infty}$ 是由从 $t+\tau$ 到 $+\infty$ 的 y_t 值产生的波瑞尔代数。自然地，$\mathbb{B}_{-\infty}^{t}$ 包含了直到 t 的信息，$\mathbb{B}_{t+\tau}^{\infty}$ 包含了从 $t+\tau$ 开始的信息。

定义 1.14(混合 2) 对于随机过程 $\{y_t(\varkappa)\}$，混合系数 ϕ 和 α 定义为 $\phi(\tau)=\sup_t\phi(\mathbb{B}_{-\infty}^{t},\mathbb{B}_{t+\tau}^{\infty})$，$\alpha(\tau)=\sup_t\alpha(\mathbb{B}_{-\infty}^{j},\mathbb{B}_{t+\tau}^{\infty})$。

$\phi(\tau)$ 和 $\alpha(\tau)$ 分别称为一致混合和强混合，用来度量 $\{y_t\}$ 中被 τ 个时期分隔的元素的相关性。如果 $\phi(\tau)=\alpha(\tau)=0$，$y_t$ 和 $y_{t+\tau}$ 是独立的；如果 $\tau\to\infty$ 时，$\phi(\tau)=$

---

〔1〕 一个波瑞尔代数是事件空间的最小子集，我们可以用代数集合的形式来表达一个事件的概率。

$\alpha(\tau)=0$,它们是渐近独立的。值得注意的是,因为 $\phi(\tau)\geqslant\alpha(\tau)$,$\phi$-混合也就意味着 α-混合。

例题 1.16 对于某些 τ_1,令 y_t 满足 $\mathrm{cov}(y_t y_{t-\tau_1})=0$,那么有 $\phi(\tau)=\alpha(\tau)=0$,$\forall\tau\geqslant\tau_1$。令 $y_t=Ay_{t-1}+e_t$,$|A|\leqslant 1$,$e_t\sim\mathrm{i.i.d.}(0,\sigma_e^2)$。那么当 $\tau\to\infty$ 时,有 $\alpha(\tau)=0$。

练习 1.14 证明如果 $y_t=Ay_{t-1}+e_t$,$|A|\leqslant 1$,$e_t\sim\mathrm{i.i.d.}(0,\sigma_e^2)$,当 $\tau\to\infty$ 时,$\phi(\tau)$不趋近于 0。

混合比遍历有更强的记忆要求。罗森布莱特(Rosenblatt,1978)证明了以下结论。

结论 1.11 令 y_t 是平稳的。如果当 $\tau\to\infty$ 时,$\alpha(\tau)\to 0$,那么 y_t 是遍历的。

练习 1.15 用结论 1.11 和 $\phi(\tau)\geqslant\alpha(\tau)$的事实证明:如果 $\tau\to\infty$ 时,$\phi(\tau)\to 0$,那么 ϕ-混合是遍历的。

遍历和混合都很难在实际中确认。一个和它们有关并且容易证实的概念将在下面给出。

定义 1.15(渐近不相关) 如果存在常数 $0\leqslant\varrho_\tau\leqslant 1$,$\tau\geqslant 0$ 满足 $\sum_{\tau=0}^{\infty}\varrho_t<\infty$,而且 $\mathrm{cov}(y_t,y_{t-\tau})\leqslant\varrho_\tau\sqrt{\mathrm{var}(y_t)\mathrm{var}(y_{t-\tau})}$,$\forall\tau>0$,其中,$\mathrm{var}(y_t)<\infty$,$\forall t$,那么 $y_t(\varkappa)$有渐近不相关元素。

自然地,如果我们能找到 y_t 和 $y_{t-\tau}$的相关系数的上限,$\forall\tau$,而且对 τ 的积累的上限是有限的,那么这个过程有渐近减弱的记忆。

例题 1.17 令 $y_t=Ay_{t-1}+e_t$,$e_t\sim\mathrm{i.i.d.}(0,\sigma_e^2)$。这里,$\mathrm{corr}(y_t,y_{t-\tau})=A^\tau$,如果 $0\leqslant A<1$,有$\sum_\tau A^\tau<\infty$,则 y_t 有渐近不相关的元素。

注意,在定义 1.15 中,仅仅要求 $\tau>0$,在例题 1.17 中,很显然,当 $\mathrm{var}(y_t)$是常数而且 y_t 和 $y_{t-\tau}$的相关系数仅仅依赖于 τ,渐近不相关性和协方差平稳性是一样的。

练习 1.16 证明$\sum_{\tau=0}^{\infty}\varrho_t<\infty$成立的必要条件是当 $\tau\to\infty$ 时,有 $\varrho_\tau\to 0$;充分条件是当 $b>0$ 并且 τ 足够大时,有 $\rho_\tau<\tau^{-1-b}$。

练习 1.17 设 y_t 满足当 $\tau\to\infty$ 时,y_t 和 $y_{t-\tau}$的相关系数趋近于 0。这能否保证 y_t 是遍历的?

如果没有平稳和遍历或者混合的假设,我们可以假设 y_t 满足其他条件。这些条件可以大大拓宽时间序列的研究范围。

定义 1.16(鞅) $\{y_t\}$相对于信息集 $\mathcal{F}_t$ 是一个鞅序列,如果满足 $y_t\in\mathcal{F}_t$,$\forall t>0$,而且 $E_t[y_{t+\tau}]\equiv E[y_{t+\tau}|\mathcal{F}_t]=y_t$,$\forall t$、$\tau$。

定义 1.17(鞅差分) $\{y_t\}$相对于信息集 $\mathcal{F}_t$ 是一个鞅差分序列,如果满足 $y_t\in\mathcal{F}_t$,$\forall t>0$,而且 $E_t[y_{t+\tau}]\equiv E[y_{t+\tau}|F_t]=0$,$\forall t$、$\tau$。

例题 1.18 令 y_t 是独立同分布的,并且 $E(y_t)=0$。令 $\mathcal{F}_t=\{\cdots,y_{t-1},y_t\}$,而且 $\mathcal{F}_{t-1}\subseteq\mathcal{F}_t$,那么 y_t 是鞅差分序列。

鞅差分是一个比平稳和遍历更弱的要求,因为它仅仅涉及对一阶矩条件的限制。因此,更容易建立符合鞅差分但是非平稳的过程。

例题 1.19 设 y_t 是独立同分布的,均值是 0,方差是 t^2,那么 y_t 是鞅差分非平稳过程。

练习 1.18 令 y_{1t} 是随机过程，$y_{2t}=E[y_{1t}|\mathcal{F}_t]$ 是它的条件期望。证明 y_{2t} 是鞅。

利用定义 $y_t=y_t-E(y_t|\mathcal{F}_{t-1})+E(y_t|\mathcal{F}_{t-1})-E(y_t|\mathcal{F}_{t-2})+E(y_t|\mathcal{F}_{t-2})\cdots$，我们可以写出：$y_t=\sum_{j=0}^{\tau-1}\mathrm{Rev}_{t-j}(t)+E(y_t|\mathcal{F}_{t-\tau})$，其中，$\tau=1,2,\cdots$。这里，有 $\mathrm{Rev}_{t-j}(t)\equiv E[y_t|\mathcal{F}_{t-j}]-E[y_t|\mathcal{F}_{t-j-1}]$ 是 y_t 的向前一阶，由从 $t-j-1$ 到 $t-j$ 累积的新信息得出。$\mathrm{Rev}_{t-j}(t)$ 在得到平稳过程函数性质的时候很重要，而且在第 4 章和第 10 章有广泛应用。

练习 1.19 证明 $\mathrm{Rev}_{t-j}(t)$ 是鞅差分序列。

1.4 大数定理

大数定理描述的是保证诸如 $(1/T)\sum_t x_t'x_t$ 或者 $(1/T)\sum_t z_t'x_t$ 这些常常出现在 OLS 或 IV 函数中的估计量随机收敛到某一极限的情况。因为不同的条件适用于不同的经济数据，我们考虑宏观时间序列的情况。利用 1.2 节中的结论，我们仅仅描述强大数定理，因为弱大数定理可以由前者得出。

给定相关性的限制和观测量的异质性，或者某些矩条件的限制，大数定理常常以下列形式出现：

$$\frac{1}{T}\sum y_t-E(y_t)\xrightarrow{\text{a.s.}}0 \tag{1.5}$$

我们考虑以下三种情况：(i) y_t 的元素是相关的，而且有相同的分布；(ii) y_t 有相关且异质的元素；(iii) y_t 有鞅差分的元素。为了更好地了解每种情况的应用，假设在所有的情况下，观测量都是连续相关的。在第一种情况下，我们要求观测量的分布在 t 不同时是一样的；在第二种情况下，我们允许某些被挑选出的异质性存在（例如，均值或方差或条件异方差中的结构变化）；在第三种情况下，我们不限制过程的分布，但是限制某些矩条件。

1.4.1 *相关性和同分布的观测量*

为了描述平稳过程的大数定理(LLN)，我们需要序列的记忆状态。特别地，假设遍历性成立，因为这表示 $\{y_t(\varkappa)\}$ 序列中的元素平均渐近不相关。

大数定理具有如下性质。令 $\{y_t(\varkappa)\}$ 是平稳遍历的，$E|y_t|<\infty$，$\forall t$，那么有 $(1/T)\sum_t y_t\xrightarrow{\text{a.s.}}E(y_t)$［参见斯托(Stout,1974)，第 181 页］。

为了用这一定理处理计量经济估计量，设对于任意可度量的函数 h 满足 $y_{2t}=h(y_{1t})$，如果 y_{1t} 是平稳且遍历的，那么 y_{2t} 也是平稳且遍历的。

练习 1.20(OLS 和 IV 估计量的强一致性) 令 $y_t=x_t\alpha_0+e_t$；令 $x=[x_1,\cdots,x_T]'$，$z=[z_1,\cdots,z_T]'$，$e=[e_1,\cdots,e_T]'$。假设：

(i) $x'e/T\xrightarrow{\text{a.s.}}0$，$x'x/T\xrightarrow{\text{a.s.}}\Sigma_{xx}$，$\Sigma_{xx}$ 有限，$|\Sigma_{xx}|\neq 0$；

(ii) $z'e/T\xrightarrow{\text{a.s.}}0$，$z'x/T\xrightarrow{\text{a.s.}}\Sigma_{zx}$，$\Sigma_{zx}$ 有限，$|\Sigma_{zx}|\neq 0$；

(ii') $z'e/T \xrightarrow{\text{a.s.}} 0$，$z'x/T - \Sigma_{zx,T} \xrightarrow{\text{a.s.}} 0$，其中，$\Sigma_{zx,T}$是$O(1)$随机矩阵，与$T$相关，是均匀连续分布的列向量矩阵。

证明当T足够大，以及在情况(i)下，$\alpha_{\text{OLS}} \xrightarrow{\text{a.s.}} \alpha_0$；在情况(ii)下，$\alpha_{\text{IV}} \xrightarrow{\text{a.s.}} \alpha_0$时，$\alpha_{\text{OLS}}=(x'x)^{-1}(x'y)$和$\alpha_{\text{IV}}=(z'x)^{-1}(z'y)$存在几乎完全收敛。证明在情况(ii')下，当$T$足够大时，$\alpha_{\text{IV}}$存在几乎完全收敛，且$\alpha_{\text{IV}} \xrightarrow{\text{a.s.}} \alpha_0$。(提示：假设$A_n$是$k_1 \times k$阶矩阵，如果存在一系列$k \times k$阶一致非奇异子矩阵$A_n^*$，那么$A_n$为一致非奇异矩阵。)

1.4.2 *相关且异质分布的观测量*

为了得到相关且异质分布的观测量的大数定理，我们放弃遍历性假设，用混合来代替。除此之外，我们需要定义混合状况的规模大小。

定义 1.18 令$1 \leqslant a \leqslant \infty$，那么当$b > a/(2a-1)$时，$\phi(\tau)=O(\tau^{-b})$表示$\phi(\tau)$大小为$a/(2a-1)$。如果$a>1$而且当$b>a/(a-1)$时，$\alpha(\tau)=O(\tau^{-b})$，$\alpha(t)$就是$a/(a-1)$的大小。

定义1.18可以让我们对过程的记忆进行精确的描述。事实上，a规范了过程的记忆。当$a \to \infty$时，相关性增强；当$a \to 1$时，序列表现出越来越少的序列相关性。

大数定理阐述如下。令$\{y_t(\varkappa)\}$是一个序列，$\phi(\tau)$的大小是$a/(2a-1)$，或者$\alpha(\tau)$的大小是$a/(a-1)$，$a>1$，$E(y_t)<\infty$，$\forall t$。如果对于某些$0<b\leqslant a$，$\sum_{t=1}^{\infty}(E|y_t-E(y_t)|^{a+b}/t^{a+b})^{1/a}<\infty$，那么有$(1/T)\sum_t y_t - E(y_t) \xrightarrow{\text{a.s.}} 0$[参见麦莱什(McLeish，1974)，定理2.10]。

在这一定理中，y_t的元素被允许存在时间差异分布[例如，$E(y_t)$可能和t相关]。但是，$((E|y_t-E(y_t)|^{a+b})/t^{a+b})^{1/a}<\infty$限制了过程的矩条件。注意，对于$a=1$和$b=1$，以上定理变成了柯尔莫哥洛夫大数定理。

如果我们愿意再给第$(a+b)$个矩条件加强限制，则矩条件可以被弱化。

结论 1.12 令$\{y_t(\varkappa)\}$是一个序列，$\phi(\tau)$的大小是$a/(2a-1)$，或者$\alpha(\tau)$的大小是$a/(a-1)$，$a>1$，对于所有的t，满足$E|y_t|^{a+b}$都是有界的。则$(1/T)\sum_t y_t - E(y_t) \xrightarrow{\text{a.s.}} 0$。

下一个结论和平稳遍历过程中得到的结论是对应的。

结论 1.13 令h是可度量的函数，$y_{2\tau}=h(y_{1t},\cdots,y_{1t+\tau})$，$\tau$是有限的。如果$y_{1t}$是混合的，则满足$\phi(\tau)(\alpha(\tau))$是$O(\tau^{-b})(b>0)$；如果$y_{2\tau}$是混合的，则满足$\phi(\tau)(\alpha(\tau))$是$O(\tau^{-b})$。

从以上结论可以很快得出，如果$\{z_t, x_t, e_t\}$是一个混合过程向量，则$\{x_t'x_t\}$、$\{x_t'e_t\}$、$\{z_t'x_t\}$和$\{z_t'e_t\}$也是同样大小的混合过程。

以下结论在观测量异质的情况下非常有用。

结论 1.14 令$\{y_t(\varkappa)\}$满足$\sum_{t=1}^{\infty}E|y_t|<\infty$，那么$\sum_{t=1}^{\infty}y_t$几乎完全收敛，而且$E(\sum_{t=1}^{\infty}y_t)=\sum_{t=1}^{\infty}E(y_t)<\infty$[参见怀特(White，1984)，第48页]。

对于有渐近不相关元素的过程，大数定理有如下表述：令$\{y_t(\varkappa)\}$是有渐近不相关元素的过程，均值为$E(y_t)$，方差为$\sigma_t^2<\Delta<\infty$，那么有$(1/T)\sum_t y_t - E(y_t) \xrightarrow{\text{a.s.}} 0$。

与结论 1.12 相比，我们放宽了相关性的限制，只要求渐近不相关，但是对 $a+b$ ($a\geqslant 1, b\leqslant a$)阶矩的限制换成了对二阶矩的限制。值得注意的是，因为渐近不相关过程的函数不是渐近不相关的，当回归是渐近不相关的时候，为了证明计量经济估计量的一致性，我们要直接对诸如$\{x_t'x_t\}$和$\{x_t'e_t\}$等数据做一些假设。

1.4.3 *鞅差分过程*

在这类过程中，大数定理是这样应用的。令$\{y_t(\varkappa)\}$是鞅差分，如果对于 $a\geqslant 1$，$\sum_{t=1}^{\infty} E|y_t|^{2a}/t^{1+a}<\infty$，那么有$(1/T)\sum_t y_t \xrightarrow{\text{a. s.}} 0$。

鞅大数定理要求对过程的矩条件有所限制，这比其他诸如在 y_t 独立的情况下的假设要强。结论 1.12 的一个类似表述将在下面给出。

结论 1.15 令$\{y_t(\varkappa)\}$是鞅差分，对于 $a\geqslant 1$ 和所有的 t，满足 $E|y_t|^{2a}<\Delta<\infty$，那么有$(1/T)\sum_t y_t \xrightarrow{\text{a. s.}} 0$。

练习 1.21 假设$\{y_{1t}(x)\}$是鞅差分，证明对于任何 $z_t\in\mathcal{F}_t$，$y_{2t}=y_{1t}z_t$ 也是鞅差分。

练习 1.22 令 $y_t=x_t\alpha_0+e_t$，假设 e_t 是鞅差分，而且$E(x_t'x_t)$是正的且有限的。证明 α_{OLS}存在，并且 $\alpha_{\text{OLS}}\xrightarrow{\text{a. s.}}\alpha_0$。

1.5 中心极限定理

讲解中可以用到的中心极限定理有很多。显然，它们的适用性依赖于在研究中可以得到的数据类型。在本节中，我们讲解的中心极限定理适用于在第 1.4 节中描述的情况。罗伊(Loeve，1977)和怀特(White，1984)提供了用于其他相关情况的理论。

1.5.1 *相关且相同分布的观测量*

适用于相关且相同分布的观测量的中心极限定理可以由以下两种情况得到。首先，我们需要限制过程的方差。其次，要加入条件：当 $\tau\to\infty$时，$E(y_t|\mathcal{F}_{t-\tau})\to 0$(参考第 4 章的线性一致性)；或者当 $\tau\to\infty$时，$E[y_t|\mathcal{F}_{t-\tau}]\xrightarrow{\text{q. m.}} 0$。第二种情况显然比第一种要强。对于过程波动性的限制是有必要的，因为当 y_t 是相关且同分布的过程的时候，它的方差是对每一个 t 的对预测修正的方差之和，而且这个结果可能不收敛于某一个有限的极限。我们请读者证明以下两道练习题。

练习 1.23 令 $\text{var}(y_t)=\sigma_y^2<\infty$。证明 $\text{cov}(\text{Rev}_{t-j}(t), \text{Rev}_{t-j'}(t))=0, j<j'$，这里的 $\text{Rev}_{t-j}(t)$ 已经在练习 1.19 中定义过了。注意，这里暗示 $\sigma_y^2=\text{var}(\sum_{j=0}^{\infty}\text{Rev}_{t-j}(t))=\sum_{j=0}^{\infty}\text{var}(\text{Rev}_{t-j}(t))$。

练习 1.24 令 $\bar{\sigma}_T^2=T\times E((T^{-1}\sum_{t=1}^{T}y_t)^2)$，证明 $\bar{\sigma}_T^2=\sigma_y^2+2\sigma_y^2\sum_{\tau=1}^{T-1}\rho_\tau\times(1-\tau/T)$，其中，$\rho_\tau=E(y_t y_{t-\tau})/\sigma_y^2$。请给出 y_t 的条件，使 ρ_τ 独立于 t。证明当 $T\to\infty$ 时，$\bar{\sigma}_T^2$ 趋近于∞。

足以保证 $\bar{\sigma}_T^2$ 收敛的情况是：

$$\sum_{j=0}^{\infty}(\text{var Rev}_{t-j}(t))^{1/2}<\infty \tag{1.6}$$

一个中心极限定理可以这样表述。令(i) $\{y_t(\varkappa)\}$是平稳且遍历的过程，$y_t\in\mathcal{F}_t,\forall t>0$；(ii) $Ey_t^2=\sigma_y^2<\infty$；(iii) 当 $\tau\to\infty$ 时，$E(y_t\mid\mathcal{F}_{t-\tau})\xrightarrow{\text{q.m.}}0$；(iv) $\sum_{j=0}^{\infty}(\text{var Rev}_{t-j}(t))^{1/2}<\infty$。那么，当 $T\to\infty$ 时，有 $0\neq\bar{\sigma}_T^2\to\bar{\sigma}_y^2<\infty$，并且：

$$\sqrt{T}\frac{(1/T)\sum_t y_t}{\bar{\sigma}_T}\xrightarrow{\text{D}}\mathbb{N}(0,1)$$

[参见高登(Gordin,1969)。]

例题 1.20 当 $\bar{\sigma}_T^2=0$ 时，可以得到一个有趣的例子。例如，考虑 $y_t=e_t-e_{t-1}$，$e_t\sim\text{i.i.d.}(0,\sigma_e^2)$，那么有 $\bar{\sigma}_T^2=2\sigma_e^2-2\sigma_e^2=0$。因此，$(1/T)\sum_t y_t=(1/T)(y_t-y_0)$，而且$\sqrt{T}((1/T)\sum_t y_t)\xrightarrow{\text{P}}0$。

练习 1.25 假设(i) $E[x_{tji}e_{tj}\mid\mathcal{F}_{t-1}]=0,\forall t,i=1,\cdots,j=1,\cdots$；(ii) $E[x_{tji}e_{tj}]^2<\infty$；(iii) 当 $T\to\infty$时，$\Sigma_T\equiv\text{var}(T^{-1/2}x'e)\to\text{var}(x'e)\equiv\Sigma$ 是非奇异且正定的；(iv) $\sum_j(\text{var Rev}_{t-j}(t))^{-1/2}<\infty$；(v) (x_t,e_t)是平稳遍历的序列；(vi) $E|x_{tji}|^2<\infty$；(vii) $\Sigma_{xx}\equiv E(x_t'x_t)$是正定的。证明$(\Sigma_{xx}^{-1}\Sigma(\Sigma_{xx}^{-1})')^{-1/2}\sqrt{T}\times(\alpha_{\text{OLS}}-\alpha_0)\overset{\text{D}}{\sim}\mathbb{N}(0,I)$，这里，$\alpha_{\text{OLS}}$是 α_0 在模型 $y_t=x_0\alpha_0+e_t$ 中的 OLS 估计，T 是样本容量。

1.5.2 *相关异分布观测量*

这种情况下的中心极限定理阐述如下。令$\{y_t(\varkappa)\}$是混合随机变量的序列，$\phi(\tau)$或$\alpha(\tau)$的容量为 $a/a-1,a>1,E(y_t)=0$，而且 $E|y_t|^{2a}<\Delta<\infty,\forall t$。定义 $y_{b,T}=(1/\sqrt{T})\sum_{t=b+1}^{b+T}y_t$，假设存在 $0\neq\bar{\sigma}^2<\infty$，当 $T\to\infty$时，满足 $E(y_{b,T}^2)\to\bar{\sigma}^2$，在 b 中一致。那么当 $T\to\infty$并且 $\bar{\sigma}_T^2\equiv E(y_{0,T}^2)$时，有：

$$\sqrt{T}\frac{(1/T)\sum_t y_t}{\bar{\sigma}_T}\xrightarrow{\text{D}}\mathbb{N}(0,1)$$

[参见怀特和多莫维兹(White and Domowitz,1984)。]

与前面的中心极限定理一样，我们要求 y_t 的波动是一致估计。注意，混合的假设替换了平稳遍历的假设，我们需要 $E(y_{b,T}^2)$在 b 中一致收敛于$\bar{\sigma}^2$。也就是说，当 T 增大时，异方差在 y_t 中逐渐减弱[参见怀特(White,1984)，第 128 页]。

1.5.3 *鞅差分观测量*

这种情况下的中心极限定理是这样的。令$\{y_t(\varkappa)\}$是鞅差分过程，$\sigma_t^2\equiv E(y_t^2)<\infty,\sigma_t^2\neq0,\mathcal{F}_{t-1}\subset\mathcal{F}_t,y_t\in\mathcal{F}_t$；令$\mathcal{D}_t$ 是 y_t 的分布函数；令 $\bar{\sigma}_T^2=(1/T)\sum_{t=1}^{T}\sigma_t^2$。如果对于所有的$\epsilon>0$，有：

$$\lim_{T\to\infty}\frac{1}{\bar{\sigma}_T^2}\frac{1}{T}\sum_{t=1}^{T}\int_{y^2>\epsilon T\bar{\sigma}_T^2}y^2\mathrm{d}\mathcal{D}_t(y)=0,\ \text{以及}\ \frac{1}{\bar{\sigma}_T^{2}}\Big(\frac{1}{T}\sum_{t=1}^{T}y_t^2\Big)-1\xrightarrow{\text{P}}0$$

那么，当 $T\to\infty$时，有：

$$\sqrt{T}\frac{(1/T)\sum_t y_t}{\bar{\sigma}_T}\xrightarrow{D}\mathbb{N}(0,1)$$

[参见麦克利什(McLeish,1974)。]

最后一种情况有点复杂：它要求极限尾部对 y_t 波动性的平均贡献的极限是 0。如果这个条件成立，那么 y_t 满足一致渐近可忽略的情况。换言之，$\{y_t(\varkappa)\}$ 的元素都没有能够控制 $(1/T)\sum_t y_t$ 波动性的方差。我们将用下面的例子来解释这种情况。

例题 1.21 设 $\sigma_t^2=\rho^t, 0<\rho<1$。那么当 $T\to\infty$ 时，有 $T\bar{\sigma}_T^2\equiv\sum_{t=1}^T\sigma_t^2=\sum_{t=1}^T\rho^t=\rho/(1-\rho)$。可知，$\max_{1\leqslant t\leqslant T}\sigma_t^2/T\bar{\sigma}_T^2=\rho(\rho/(1-\rho))=1-\rho\neq 0, \forall T$。因此，渐近可忽略的情况就不成立了。现在，设 $\sigma_t^2=\sigma^2, \bar{\sigma}_T^2=\sigma^2$，那么当 $T\to\infty$ 时，$\max_{1\leqslant t\leqslant T}\sigma_t^2/T\bar{\sigma}_T^2=(1/T)(\sigma^2/\sigma^2)\to 0$，渐近可忽略的情况成立。

鞅差分假设让我们可以减弱几个在平稳遍历的情况下证明中心极限定理的条件，而且这将是在本书的其他几个部分中所应用的假设。

自然地，因为将在以后的章节中应用，收敛随机过程函数的渐近分布值得关注。

结论 1.16 设 $m\times 1$ 维向量 $\{y_t(\varkappa)\}$ 是渐近正态分布，均值为 $\bar{y}$，方差为 $a_t^2\Sigma_y$，这里，Σ_y 是对称非负定矩阵，当 $t\to\infty$ 时，$a_t\to 0$。令 $h(y)=(h_1(y),\cdots,h_n(y))'$ 满足任意 $h_j(y)$ 在 $\bar{y}$ 周围是连续可微的，令 $\Sigma_h=(\partial h(\bar{y})/\partial y')\Sigma_y(\partial h(\bar{y})/\partial y')'$ 有非零对角元素，这里，$\partial h(\bar{y})/\partial y'$ 是 $n\times m$ 矩阵。那么，有 $h(y_t)\xrightarrow{D}\mathbb{N}(h(\bar{y}),a_t^2\Sigma_h)$。

例题 1.22 设 y_t 是独立同分布，均值为 $\bar{y}$、方差为 $\sigma_y^2, \bar{y}\neq 0, 0<\sigma_y^2<\infty$。那么，由中心极限定理可得 $(1/T)\sum_t y_t\xrightarrow{D}N(\bar{y},\sigma_y^2/T)$，由结论 1.16 可得 $((1/T)\sum_t y_t)^{-1}\xrightarrow{D}N(\bar{y}^{-1},\sigma_y^2/T\bar{y}^{-4})$。

1.6 谱分析的元素

时间序列分析的一个中心目标就是谱密度(或谱)。

定义 1.19(谱密度) 平稳序列 $\{y_t(\varkappa)\}$ 的频率是 $\omega\in[0,2\pi]$，它的谱密度是 $\mathcal{S}_y(\omega)=(1/2\pi)\sum_{\tau=-\infty}^{\infty}\mathrm{ACF}_y(\tau)\mathrm{e}^{-\mathrm{i}\omega\tau}$。

我们已经提到过，谱密度是协方差生成的函数的再参数化，可以通过定义 $z=\mathrm{e}^{-\mathrm{i}\omega}=\cos(\omega)-\mathrm{i}\sin(\omega)$ 得到，这里，$\mathrm{i}=\sqrt{-1}$。定义 1.19 还证明了谱密度是 y_t 自协方差的傅里叶(Fourier)变换。因此，谱密度只是用正弦和余弦函数作为权重，重新描述了 y_t 自协方差矩阵，但是它比自协方差矩阵更有用，因为如果 ω 选择恰当，它的元素是不相关的。

事实上，如果我们用傅里叶变换衡量谱密度，也就是说，当 $\omega_j=2\pi j/T, j=1,\cdots,T-1$ 时，对于所有的 $\omega_1\neq\omega_2$，频率 $\mathcal{S}(\omega_1)$ 和频率 $\mathcal{S}(\omega_2)$ 是不相关的。注意，傅里叶变换随 T 变化，这会使谱分析的递归度量显得非常困难。

例题 1.23 谱密度的两个元素很有趣：$\mathcal{S}(\omega=0)$ 和 $\sum_j\mathcal{S}(\omega_j)$。容易证明：

$$\mathcal{S}(\omega=0)=\frac{1}{2\pi}\sum_\tau\mathrm{ACF}(\tau)=\frac{1}{2\pi}\Big(\mathrm{ACF}(0)+2\sum_{\tau=1}^{\infty}\mathrm{ACF}(\tau)\Big)\qquad(1.7)$$

也就是说，谱密度在频率为零的时候是自协方差函数的所有元素之和。当 $\omega_j=2\pi j/T$ 时，有：

$$\sum_j \mathcal{S}(\omega_j)=\frac{1}{2\pi}\sum_j\sum_\tau \mathrm{ACF}_y(\tau)\mathrm{e}^{-\mathrm{i}(2\pi j/T)\tau} \tag{1.8}$$

因为当 $\tau\neq 0$ 时，$\sum_{j=1}^{T-1}\mathrm{e}^{-\mathrm{i}(2\pi j/T)\tau}=0$，$\sum_j \mathcal{S}(\omega_j)=\mathrm{var}(y_t)$。也就是说，过程的方差是谱密度的面积。

为了解释谱密度是怎样转换自协方差矩阵函数的（例如，$\omega=\pi/2$），记 $\cos(\pi/2)=1$，$\cos(3\pi/2)=-1$，$\cos(\pi)=\cos(2\pi)=0$，$\sin(\pi/2)=\sin(3\pi/2)=0$，$\sin(0)=1$，$\sin(\pi)=-1$。并且，因为正弦函数和余弦函数是周期性的，这些值自我重复。

练习 1.26 计算 $\mathcal{S}(\omega=\pi)$。当频率是 π 时，自协方差矩阵是什么？

对于傅里叶频率，相对应的周期是 $2\pi/\omega_j=T/j$。

例题 1.24 假设你有季度数据。傅里叶频率是 $\pi/2$ 时，周期等于 4。也就是说，当频率是 $\pi/2$ 时，你会得到以年为周期的波动。同理，在频率是 π 的时候，周期是 2，也就是说，在 π 处半年循环一次。

练习 1.27 商业周期经常被认为是在 2～8 年之间。假设你有季度数据，请描述商业波动的傅里叶频率。用年度数据和月度数据重复这一练习。

给定计算周期的公式，我们可以马上得出与长周期震荡相联系的低频率。也就是说，数据不是经常在最高点和最低点之间波动，而高频率则和短周期相对应，也就是说，数据经常在最高点和最低点之间波动（见图 1.1）。因此，趋势（例如，无限周期的循环）位于谱的最低频率处和最高频率的无规则波动中。因为谱密度是周期为 2π 的函数，而且在 $\omega=0$ 周围对称，这足以检验 $\mathcal{S}(\omega)$ 在区间 $[0,\pi]$ 的情况。

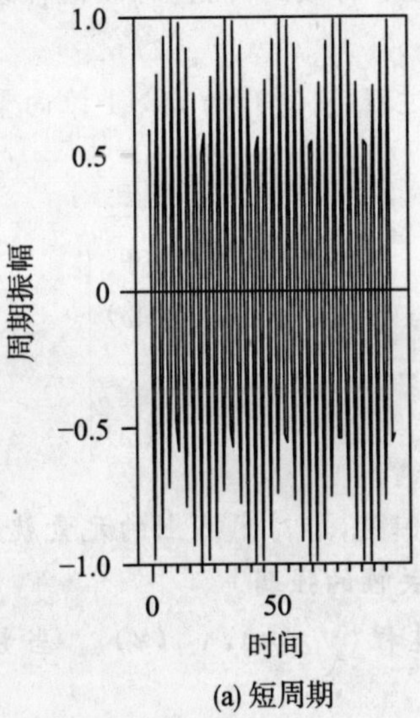

(a) 短周期

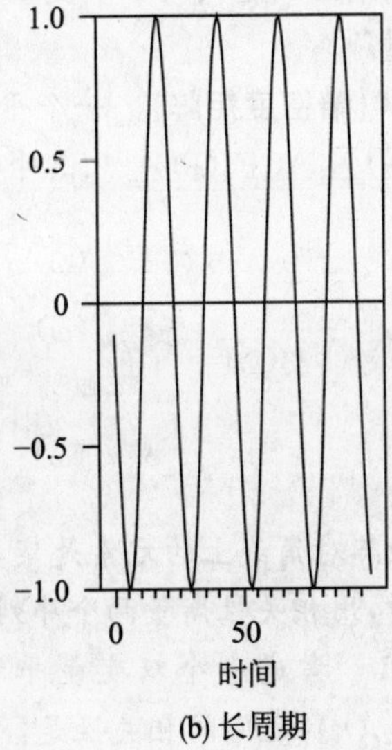

(b) 长周期

图 1.1

练习 1.28 证明 $\mathcal{S}(\omega_j)=\mathcal{S}(-\omega_j)$。

例题 1.25 设$\{y_t(\varkappa)\}$是 i. i. d. $(0,\sigma_y^2)$。那么，当 $\tau=0$ 时，$\mathrm{ACF}_y(\tau)=\sigma_y^2$；否则，$\mathrm{ACF}_y(\tau)=0$。并且 $\mathcal{S}_y(\omega_j)=\sigma^2/2\pi, \forall \omega_j$。也就是说，独立同分布过程的谱密度对于所有的 $\omega_j\in[0,\pi]$是常数。

练习 1.29 考虑平稳的 AR(1)过程$\{y_t(\varkappa)\}$，自回归系数等于 $0\leqslant A<1$。计算 y_t 的自回归函数。证明谱密度是随 $\omega_j\to 0$ 单调递增的。

练习 1.30 考虑一个平稳 MA(1)过程$\{y_t(\varkappa)\}$，MA 系数等于 D。计算自协方差函数和 y_t 的谱密度。作图说明当 $D>0$ 和 $D<0$ 时它们的形状。

经济时间序列有一个典型的铃状谱密度(见图 1.2)，大量的波动集中在谱的低处。给出练习 1.29 的结论，可以合理地推测出大多数经济时间序列可以由相对简单的 AR 过程表示。

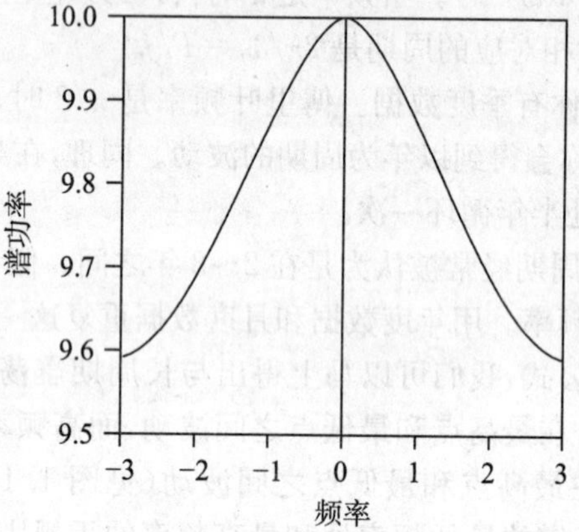

图 1.2 谱密度

我们前面给出的定义对于单变量过程是有效的，而且可以很容易地推广到随机过程的向量。

定义 1.20(谱密度矩阵) 一个平稳过程$\{y_t(\varkappa)\}$的 $m\times 1$ 维向量的谱密度是 $\mathcal{S}_y(\omega)=(1/2\pi)\sum_\tau \mathrm{ACF}_y(\tau)\mathrm{e}^{-\mathrm{i}\omega\tau}$，其中：

$$\mathcal{S}_y(\omega)=\begin{bmatrix} \mathcal{S}_{y_1y_1}(\omega) & \mathcal{S}_{y_1y_2}(\omega) & \cdots & \mathcal{S}_{y_1y_m}(\omega) \\ \mathcal{S}_{y_2y_1}(\omega) & \mathcal{S}_{y_2y_2}(\omega) & \cdots & \mathcal{S}_{y_2y_m}(\omega) \\ \cdots & \cdots & \cdots & \cdots \\ \mathcal{S}_{y_my_1}(\omega) & \mathcal{S}_{y_my_2}(\omega) & \cdots & \mathcal{S}_{y_my_m}(\omega) \end{bmatrix}$$

谱密度矩阵对角线上的元素是实数，但是，非对角线上的元素就相当复杂了。当频率是 ω 时，用相关性衡量两个序列相关性的强弱。

定义 1.21 考虑一个双变量平稳过程$\{y_{1t}(\varkappa), y_{2t}(\varkappa)\}$。当频率为 ω 时，$\{y_{1t}(\varkappa)\}$和$\{y_{2t}(\varkappa)\}$之间的相关性是：

$$\mathrm{Co}(\omega)=\frac{|\mathcal{S}_{y_1,y_2}(\omega)|}{\sqrt{\mathcal{S}_{y_1,y_1}(\omega)\mathcal{S}_{y_2,y_2}(\omega)}} \tag{1.9}$$

相关性是用频率表示的相关系数。注意,Co(ω)是一个有真实数值的函数,这里,|y|表示复数 y 的实数部分(或者是模)。

例题 1.26 设 $y_t=D(\ell)e_t$,其中,$e_t\sim$i. i. d. $(0,\sigma_e^2)$。可以很容易证明,在所有的频率下,e_t 和 y_t 之间的相关系数是 1。另一方面,假设当 ω 从 0 到 π 移动时,Co(ω)单调趋向于 0。那么,e_t 和 y_t 有相似的低频和不同的高频元素。

练习 1.31 设 $e_t\sim$i. i. d. $(0,\sigma_e^2)$,令 $y_t=Ay_{t-1}+e_t$,计算 $\mathrm{Co}_{y_t,e_t}(\omega)$。

y_t 有趣的转化可以通过滤波得到。

定义 1.22 滤波是一个随机过程的线性转化,也就是说,如果 $y_t=\mathcal{B}(\ell)e_t$,$e_t\sim$i. i. d. $(0,\sigma_e^2)$,那么 $\mathcal{B}(\ell)$ 就是一个滤波。

因此,一个移动平均(MA)过程是一个滤波,因为一个白噪声被线性转化成了另一个过程。总的来说,随机过程是白噪声过程经过滤波的结果。为了学习滤波过程的谱的性质,令 $\mathrm{CGF}_e(z)$ 是产生 e_t 的方程的协方差。那么,产生 y_t 的方程的协方差是 $\mathrm{CGF}_y(z)=\mathcal{B}(z)\mathcal{B}(z^{-1})\mathrm{CGF}_e(z)=|\mathcal{B}(z)|^2\mathrm{CGF}_e(z)$,这里,$|\mathcal{B}(z)|$ 是 $\mathcal{B}(z)$ 的模数。

例题 1.27 设 $e_t\sim$i. i. d. $(0,\sigma_e^2)$,那么它的谱是 $\mathcal{S}_e(\omega)=\sigma^2/2\pi,\forall\omega$。考虑过程 $y_t=D(\ell)e_t$,这里,$D(\ell)=D_0+D_1\ell+D_2\ell^2+\cdots$。通常我们把 $D(\ell)$ 理解为 y_t 在 e_t 处单一变化的对应函数。那么,$\mathcal{S}_y(\omega)=|D(\mathrm{e}^{-\mathrm{i}\omega})|^2\mathcal{S}_e(\omega)$,这里,$|D(\mathrm{e}^{-\mathrm{i}\omega})|^2=D(\mathrm{e}^{-\mathrm{i}\omega})D(\mathrm{e}^{\mathrm{i}\omega})$ 和 $D(\mathrm{e}^{-\mathrm{i}\omega})=\sum_\tau D_\tau \mathrm{e}^{-\mathrm{i}\omega\tau}$ 度量当频率是 ω 时,一单位 e_t 的改变对 y_t 的影响。

例题 1.28 设 $y_t=\bar{y}+at+D(\ell)e_t$,这里,$e_t\sim$i. i. d. $(0,\sigma_e^2)$。因为 y_t 表现出的(线性)趋势不是平稳的,$\mathcal{S}(\omega)$ 不存在。差分该序列,我们有 $y_t-y_{t-1}=a+D(\ell)(e_t-e_{t-1})$。如果 e_t-e_{t-1} 是平稳的,且 $D(\ell)$ 所有根的绝对值都大于 1,那么 y_t-y_{t-1} 是平稳的。如果这些条件都符合,Δy_t 的谱的定义就很明确了,它等于 $\mathcal{S}_{\Delta y}(\omega)=|D(\mathrm{e}^{-\mathrm{i}\omega})|^2\mathcal{S}_{\Delta e}(\omega)$。

计量 $\mathcal{B}(\mathrm{e}^{-\mathrm{i}\omega})$ 被称为滤波的转化函数。这种计量的不同函数都很有趣。例如,$|\mathcal{B}(\mathrm{e}^{-\mathrm{i}\omega})|^2$ 是转化函数模的平方,度量了由滤波引起的 e_t 的方差变化。而且,因为 $\mathcal{B}(\mathrm{e}^{-\mathrm{i}\omega})$ 很复杂,存在两个转化函数。第一个转化函数把它分解为实数和虚数部分,也就是说,$\mathcal{B}(\mathrm{e}^{-\mathrm{i}\omega})=\mathcal{B}^{\dagger}(\omega)+\mathrm{i}\mathcal{B}^{\ddagger}(\omega)$,这里,$\mathcal{B}^{\dagger}$ 和 $\mathcal{B}^{\ddagger}$ 是实数。再进行变化 $\mathrm{Ph}(\omega)=\tan^{-1}[-\mathcal{B}^{\ddagger}(\omega)/\mathcal{B}^{\dagger}(\omega)]$,它度量了 e_t 的滞后关系是如何被滤波改变的。第二个转化函数可以表述为 $\mathcal{B}(\mathrm{e}^{-\mathrm{i}\omega})=\mathrm{Ga}(\omega)\mathrm{e}^{-\mathrm{iPh}(\omega)}$,这里,Ga(ω)是正数。$\mathrm{Ga}(\omega)=|\mathcal{B}(\mathrm{e}^{-\mathrm{i}\omega})|$ 度量了由滤波引起的周期变化。

滤波在日常生活中经常会被用到[例如,调整收音机到某一滤波,过滤掉其他所有的信号(波动)]。几个滤波的例子被用于现代宏观经济学中。图 1.3 描述了三种主要的滤波:低道滤波、高道滤波和带道滤波。低道滤波使谱的低频率不变,取出高频。高道滤波则恰恰相反。带道滤波可以被认为是低道和高道滤波的结合:它去除了非常高的和非常低的频率,使中间部分的频率保持不变。

当样本长度有限时,我们不可能建立像图 1.3 那样的目标,从这种意义上说,低道、高道和带道的滤波是不能实现的。事实上,通过相反的傅里叶变换,我们可以证明这三种滤波[分别记作 $\mathcal{B}(\ell)^{\mathrm{lp}}$、$\mathcal{B}(\ell)^{\mathrm{hp}}$、$\mathcal{B}(\ell)^{\mathrm{bp}}$]有以下的公式表述。

- 低道：$\mathcal{B}_0^{\mathrm{lp}}=\omega_1/\pi$；$\mathcal{B}_j^{\mathrm{lp}}=\sin(j\omega_1)/j\pi$，$\forall j>0$，$\omega_1\in(0,\pi)$。
- 高道：$\mathcal{B}_0^{\mathrm{hp}}=1-\mathcal{B}_0^{\mathrm{lp}}$；$\mathcal{B}_j^{\mathrm{hp}}=-\mathcal{B}_j^{\mathrm{lp}}$，$\forall j>0$。
- 带道：$\mathcal{B}_j^{\mathrm{bp}}=\mathcal{B}_j^{\mathrm{lp}}(\omega_2)-\mathcal{B}_j^{\mathrm{lp}}(\omega_1)$，$\forall j>0$，$\omega_2>\omega_1$。

如果 j 是有限的，这些滤波的盒状光谱图只能用铃形函数来模拟。这意味着相对于理想的、可实现的滤波会造成带的边缘力量的损失（一种被称为漏损的现象），而且带中间的频率的重要性也会提升（一种被称为压缩的现象）。对这些理想滤波的模拟将在第 3 章讨论。

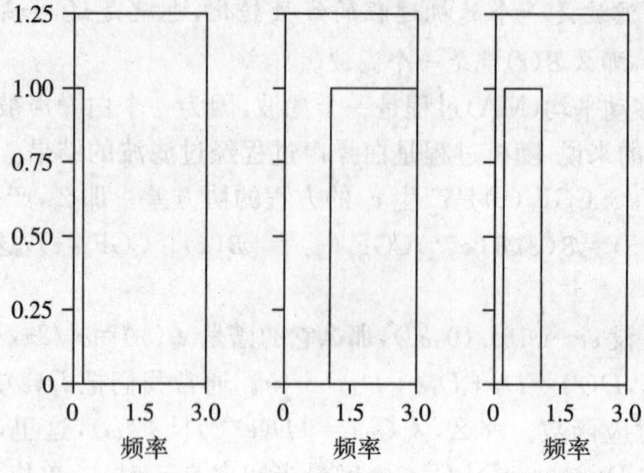

图 1.3　滤波

定义 1.23　平稳的 $y_t(\varkappa)$ 的周期图是 $\mathrm{Pe}_y(\omega)=\sum_\tau \widehat{\mathrm{ACF}}(\tau)\times e^{-i\omega\tau}$，这里，$\widehat{\mathrm{ACF}}_y=(1/T)\sum_t[y_t-(1/T)\sum_t y_t][y_{t-\tau}-(1/T)\sum_t y_{t-\tau}]'$。

周期图是谱的一个非连续估计量[参见普里斯特利（Priestley，1981），第 433 页]。自然地，这是因为它只是在一定的频率（而不是每一个频率）上一致地捕获了 y_t 的力量。为了得到一致估计，有必要使这些用滤波估计的周期图更“圆滑”，这个平滑的滤子称作“核”。

定义 1.24　对于任意的 $\epsilon>0$，如果对于 $|\omega|>\epsilon$，当 $T\to\infty$ 时，$\mathcal{K}_T(\omega)\to 0$ 是一致的，则滤子 $\mathcal{B}(\omega)$ 被称作核。

核可以应用于自协方差矩阵和周期图的估计。当用于周期图的时候，核用 ω 邻域的周期图的值加权平均产生频率为 ω 的谱的估计。注意，这个邻域是随 T 趋向于∞而缩小的，因为自协方差矩阵函数（ACF）估计的渐近性消失了。因此，在极限里，$\mathcal{K}_T(\omega)$ 看起来像 δ-函数，也就是说，它把所有的质量都集中在了一点上。

还有几种特殊的核。下面将列出本书中所用到的核。

(1) 棚车（Box-car，缩略的）：

$$\mathcal{K}_{\mathrm{TR}}(\omega)=\begin{cases}1, & \text{如果}|\omega|\leqslant J(T)\\ 0, & \text{其他情况}\end{cases}$$

(2) 巴特利（Bartlett）：

$$\mathcal{K}_{\mathrm{BT}}(\omega)=\begin{cases}1-\dfrac{|\omega|}{J(T)}, & \text{如果}|\omega|\leqslant J(T)\\ 0, & \text{其他情况}\end{cases}$$

(3) 帕森(Parzen)：

$$\mathcal{K}_{\mathrm{PR}}(\omega)=\begin{cases}1-6\left(\dfrac{\omega}{J(T)}\right)^2+6\left(\dfrac{|\omega|}{J(T)}\right)^3, & 0\leqslant|\omega|\leqslant J(T)/2\\ 2\left(1-\dfrac{|\omega|}{J(T)}\right)^3, & J(T)/2\leqslant|\omega|\leqslant J(T)\\ 0, & \text{其他情况}\end{cases}$$

(4) 二次项谱(Quadratic spectral)：

$$\mathcal{K}_{\mathrm{QS}}(\omega)=\frac{25}{12\pi^2\omega^2}\left(\frac{\sin(6\pi\omega/5)}{6\pi\omega/5}-\cos(6\pi\omega/5)\right)$$

这里，$J(T)$是一个截断点，作为样本容量为 T 的函数。注意，二次项谱核没有截断点，然而，它在定义$\mathcal{K}_{\mathrm{QS}}$第一次与0相交的时候[记作 $J^*(T)$]非常有用，而且这一点和 $J(T)$在其他三个滤子中所起的作用是一样的。

巴特利滤子和二次项谱滤子是最常用的。巴特利核的宽度是 $2J(T)$，形状像帐篷。为了确保谱估计的一致性，选择 $J(T)$要标准，这样，当 $T\to\infty$时，$J(T)/T\to 0$。在图 1.4 中，我们有集合 $J(T)=20$。二次项谱核呈波浪状，有无限的环，但是在第一个交叉之后，侧环都很小。

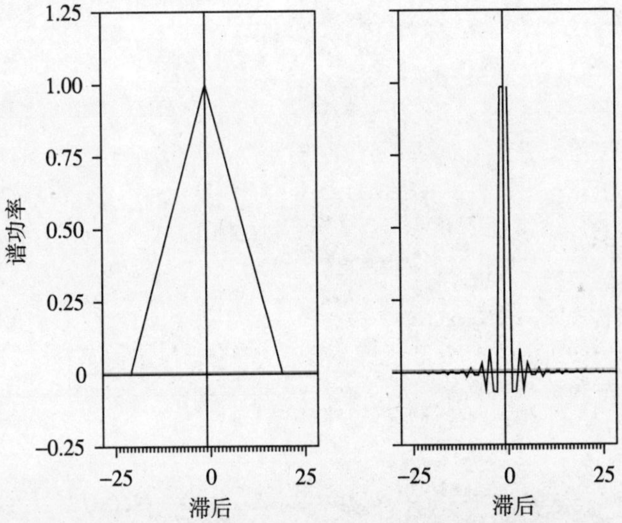

(a) 巴特利滤子　(b) 二次项谱滤子

图 1.4

练习 1.32　证明$\widehat{\mathrm{Co}(\omega)}=|\hat{\mathcal{S}}_{y_1,y_2}(\omega)|/\sqrt{\hat{\mathcal{S}}_{y_1,y_1}(\omega)\hat{\mathcal{S}}_{y_2,y_2}(\omega)}$是一致的，这里，$\hat{\mathcal{S}}_{y_i,y'_i}(\omega)=(1/2\pi)\sum_{\tau=-T+1}^{T-1}\widehat{ACF}_{y_i,y'_i}(\tau)\mathcal{K}_T(\omega)\mathrm{e}^{\mathrm{i}\omega\tau}$，$\mathcal{K}_T(\omega)$是核，$i$、$i'=1,2$。

在本书中，我们主要考虑平稳过程，有时也会涉及一些只在某一部分平稳的过程(例如，协方差随时间变化的过程)。对于这些过程，谱密度是不确定的。但是，我们可以定义一个“部分”谱密度，这样我们描述的所有性质就都可以适用了，具体细节参见普里斯特利(Priestley，1981，第 11 章)。

练习 1.33 用美国的季度数据计算消费、投资、产出、工时、实际工资、消费者价格、M1 和名义利率的谱密度，并计算它们与产出的对偶相关性。其中有没有你想强调的商业循环频率的有趣特征？用欧盟地区的数据重复这一练习，其结果和美国数据得出的结论有什么不同吗？（提示：注意数据中可能存在的非平稳性。）

2

动态随机一般均衡模型的解答和模拟

本章对一些标准动态随机一般均衡(DSGE)模型进行了讲解和解答,这些模型将会在全书的例子和练习中用到。本章的目标是使读者熟悉这些讲解对象,而不是向读者全面介绍 DSGE 模型。除非在很特殊的情况下,一般我们考虑的模型没有确定形式的解,本书中还描述了可得到最优化问题近似解的几种方法。

在宏观经济分析中,有很多种模型可用,大多数建立在两个简单的层次上:一个是竞争层次,总的来说,该层次上的配置是帕累托最优的;另一个是垄断竞争层次,机构可以决定其所提供商品的价格,这种配置是次优的。特别地,外生变量的表达和状态可以由以下两种方式建立。自从人们知道了动态程序的原理并确立了它的独特性后,当竞争配置是帕累托最优时,就要用到这一原理,而贝尔曼等式的重复则被用来计算价值函数和政策规则,就像我们即将看到的,否则计算价值函数是一件复杂的事,但是简单的方法常常不能适用于经济研究。对于一般偏好和技术设定,通常使用的方法是效用函数的二次项估计和动态过程的离散化。

当均衡配置被扭曲的时候,我们必须改变动态过程。在这种情况下,用标准的随机拉格朗日乘数法求解贝尔曼等式是没有边界的,这里我们要用一阶条件、限制性条件以及横截性条件来求解。拉格朗日法很难求解的原因是因为该问题是非线性的,而且还与未来变量的期望值有关,同时近似于一阶条件的欧拉方程法、期望等式或者政策方程也可以应用于这些分析框架中。其实还有许多方法可以讲解,这里我们主要关注三种广泛应用的方法:状态和震动空间的离散化、对数线性和二阶近似、确定期望参数。有关各种方法的完整讨论,参见库利(Cooley,1995,第 2~3 章),或者马里蒙和斯科特(Marimon and Scott,1999)。

下面两部分解释了各种模型的特征和不同解法的原理,伴有例子和练习作为辅助。本章还包括了不同方法的比较。

2.1 一些有用的模型

我们不可能完整描述现在宏观经济中应用到的所有模型。因此,本书着重介绍两个典型的结构:一个仅仅涉及实际变量,另一个考虑了名义变量。在每种情况下,我们用有代表性的和特殊的个体来分析模型;同时需要考虑最优的和被扭曲了的两种情况。

2.1.1 一个基本的实际商业循环（RBC）模型

现在的许多宏观经济讲义都用单个部门增长模型联合解释数据循环的长期性质。在基本组织结构中，我们认为存在很多相同的家庭，他们有同样的时间，可以在休闲和工作之间分配这些时间；他们有 K_0 单位的生产资本，折旧的速率在每周期为 δ，满足 $0<\delta<1$。政策制定者选择 $\{c_t, N_t, K_{t+1}\}_{t=0}^{\infty}$，使得：

$$E_0 \sum_t \beta^t u(c_t, c_{t-1}, N_t) \tag{2.1}$$

最大化。这里，c_t 是消费量，N_t 是总小时数，K_t 是资本，$E_0 \equiv E[\cdot \mid \mathcal{F}_0]$是期望算子，给定条件信息集$\mathcal{F}_0$以及 $0<\beta<1$。同时，在所有情况下，效用函数是有界、二次连续可微、严格递增、严格凹的函数。解释可能的消费习惯要依赖于 c_t 和 c_{t-1}。序列的条件：

$$c_t + K_{t+1} \leqslant (1-T^y) f(K_t, N_t, \zeta_t) + T_t + (1-\delta) K_t,\quad 0 \leqslant N_t \leqslant 1 \tag{2.2}$$

决定了(2.1)式的最大化。这里，$f(\cdot)$是一个技术生产函数，满足二阶连续可微并严格递增；K_t 和 N_t 为严格凹函数；ζ_t是技术扰动；T^y是（常数）所得税率；T_t 是支付转移总额。

政府财政用税收收入和支付转移总和支持随机的现金流出：支出是无效率的，并且没有对任何机构产生任何效用。我们假设一个周期的收支平衡有以下形式：

$$G_t = T^y f(K_t, N_t, \zeta_t) - T_t \tag{2.3}$$

当资源不足的时候，经济活动会停止，由此我们可以描述国家账户：

$$c_t + K_{t+1} - (1-\delta) K_t + G_t = f(K_t, N_t, \zeta_t) \tag{2.4}$$

注意到在(2.3)式中，我们假设政府在每个时刻都达到收支平衡，这不是限制性的，因为这个经济体中的代表性家庭符合李嘉图学派假设；也就是说，政府的额外债务不改变最优分配。这是因为如果平衡中考虑了债务，它也要用和资本相同的回报率来计算，则有$(1+r_t^B) = E_t[f_K(1-T^y) + (1-\delta)]$，这里，$f_K = \partial f / \partial K$。换言之，债务是额外的资产，一旦$(\delta, T^y, f_K)$已知，债务就可以被用来套利。

练习 2.1 离散 RBC 模型，从而得到一个有代表性的家庭和一个有代表性的公司。假设家庭做出最初投资决定，而公司利用家庭提供的资金和劳动力。分散分配的结果和政策制定者得到的结果一样吗？需要满足什么条件？假设由公司做出投资决定，重新做这一练习。

练习 2.2 令(2.1)式中的 $c_{t-1}=0$，假设 $T^y=0, \forall t$。

(i) 定义描述经济状态的变量，在每一个时刻 t 定义选择变量（控制变量）。

(ii) 证明：公式(2.1)～(2.4)中的问题可以被等价地记作：

$$\begin{aligned} \mathbb{V}(K, \zeta, G) = \max_{\{K^+, N\}} u\{&[f(K, N, \zeta) + (1-\delta) K - G - K^+], N\} \\ &+ \beta E[\mathbb{V}(K^+, \zeta^+, G^+) \mid K, \zeta, G] \end{aligned} \tag{2.5}$$

这里,价值函数 $\mathbb{V}$ 是最优计划的效用值,给定(K_t,ζ_t,G_t),$E(\mathbb{V}|\cdot)$是给定可用信息情况下 $\mathbb{V}$ 的期望,上标"+"表示未来值,$0<N_t<1$。

(iii) 假设 $u(c_t,c_{t-1},N_t)=\ln c_t+\ln(1-N_t)$,$\text{GDP}_t\equiv f(K_t,N_t,\zeta_t)=\zeta_t K_t^{1-\eta}N_t^{\eta}$。当 ζ_t 和 G_t 被设定为它们的非条件值时(我们称之为经济的稳定状态),求解$(K_t/\text{GDP}_t,c_t/\text{GDP},N_t)$。

注意,(2.5)式定义了所谓的贝尔曼等式,已知下一时期的函数值是最优选择的,一个递归函数等式给出了每一个状态和冲击问题的最大值。

如果要模型满足贝尔曼等式的形式,有几个条件需要满足。首先,偏好和技术必须定义在一个凸性最优化问题上。其次,在现有的控制和状态变量中,效用函数必须可以和时间分离。第三,目标函数和限制必须满足现行的决定影响现在和未来效用这一要求,而不是影响过去的效用。当这些条件都得到满足的时候,贝尔曼等式(以及和它相关的最优化理论)仍然有可能不能描述特定的经济问题。其中一个就是时间不一致的问题[参见基德兰德和普雷斯科特(Kydland and Prescott,1977)],下面的例子将具体讲述这一问题。

例题 2.1 设一个有代表性的家庭,在 $c_t+B_{t+1}/p_t\leqslant w_t+B_t/p_t+T_t\equiv \text{We}_t$ 的条件下,当 T_t 和 p_t 一定时,通过选择 c_t 和 B_{t+1} 的序列,使 $E_0\sum_t\beta^t(\ln c_t+\gamma\ln B_{t+1}/p_t)$最大化。这里,$B_{t+1}$ 是政府的名义资产,p_t 是价格水平,w_t 是劳动力收入,T_t 是一次总缴的人头税(转移价格),We_t 是 t 时刻的财产。政府预算限制是 $g_t=B_{t+1}/p_t-B_t/p_t+T_t$,这里,$g_t$ 是随机的。我们假设政府选择 B_{t+1} 来使家庭福利最大化,家庭的问题是递归的。事实上,贝尔曼等式是 $\mathbb{V}(\text{We})=\max_{\{c,B^+\}}(\ln c+\gamma\ln B^+/p)+\beta E\,\mathbb{V}(\text{We}^+)$,限制条件是 $\text{We}=c+B/p$。这个问题的一阶条件可以总结为 $1/(c_t,p_t)=E_t[\beta/(c_{t+1}p_{t+1})+\gamma/B_{t+1}]$。因此,应用前面的解和资源限制条件,我们有:

$$\frac{1}{p_t}=(w_t-g_t)E_t\sum_{j=0}^{\infty}\beta^j\frac{\gamma}{B_{t+j+1}} \tag{2.6}$$

政府认为,(2.6)式是外生的,效用的最大化取决于资源限制。用效用函数代替(2.6)式,我们有:

$$\max_{B_t}E_0\sum_t\beta^t\left(\ln c_t+\gamma\ln\left\{B_t\left[\gamma(w_t-g_t)\sum_{j=0}^{\infty}\frac{\beta^j}{B_{t+j+1}}\right]\right\}\right) \tag{2.7}$$

显然,在(2.7)式中,B_t 的未来值影响现在的效用。因此,政府的问题不能被应用于贝尔曼等式。

(2.5)式的解是很难求的,因为 $\mathbb{V}$ 是未知的,而且也没有对它的分析说明。一旦解能得出,我们就能用(2.5)式来定义函数 h,把所有的(K,G,ζ)转化为能得出最大值的(K^+,N)。

虽然 $\mathbb{V}$ 是未知的,但是已经有办法证明它的存在性和唯一性,我们还可以描述它的性质[参见斯多基和卢卡斯(Stokey and Lucas,1989)],这就为计算(2.5)式的解提供了一种方法,对此我们将在下面讲解。

算法 2.1

(1) 选择一个可微的凹函数 $\mathbb{V}^0(K,\zeta,G)$。

(2) 计算 $\mathbb{V}^1(K,\zeta,G)=\max_{\{K^+,N\}}u\{[f(K,\zeta,N)+(1-\delta)K-G-K^+],N\}+\beta E[\mathbb{V}^0(K^+,\zeta^+,G^+)|K,\zeta,G]$。

(3) 令 $\mathbb{V}^0=\mathbb{V}^1$,重复步骤(2),直到 $|\mathbb{V}^{l+1}-\mathbb{V}^l|<\iota$,$\iota$ 很小。

(4) 当 $|\mathbb{V}^{l+1}-\mathbb{V}^l|<\iota$ 时,计算 $K^+=h_1(K,\zeta,G)$ 和 $N=h_2(K,\zeta,G)$。

因此,当 $l\to\infty$ 时,$\mathbb{V}$ 可以由 $\mathbb{V}^l$ 的极限得出。在正常情况下,这一极限是存在且唯一的,被算法 2.1 定义的重复序列可以实现它。

对于简单问题,算法 2.1 既快速又准确。但是对于更复杂的问题,联合状态的数目和冲击数目都很大,计算起来可能很吃力。而且,除非 $\mathbb{V}^0$ 选择恰当,重复过程可能是很费时的。在一些简单例子中,贝尔曼等式的解有一个已知的形式。我们将在下面的例子中分析这些情况。

例题 2.2 假设在基本 RBC 模型中,$u(c_t,c_{t-1},N_t)=\ln c_t+\vartheta_n\ln(1-N_t)$,$\delta=1$,生产函数是 $GDP_{t+1}=\zeta_{t+1}K_t^{1-\eta}N_t^{\eta}$,资源限制是 $GDP_t=K_t+c_t$,这里,ζ_t 是一个 AR(1)过程,持续 ρ,令 $G_t=T^y=T_t=0$。问题的状态是 GDP_t 和 ζ_t,控制是 c_t、K_t、N_t。我们猜测,价值函数的形式是 $\mathbb{V}(K,\zeta)=\mathbb{V}_0+\mathbb{V}_1\ln GDP_t+\mathbb{V}_2\ln\zeta_t$。因为贝尔曼等式把对数函数映射到了对数的形式,那么如果极限存在的话,也应该是对数的形式。为了求得 $\mathbb{V}_0$、$\mathbb{V}_1$、$\mathbb{V}_2$,我们首先用效用函数来替换限制性条件,用猜测消除未来 GDP。即:

$$\begin{aligned}\mathbb{V}_0+\mathbb{V}_1\ln GDP_t+\mathbb{V}_2\ln\zeta_t=&\ln(GDP_t-K_t)+\vartheta_N\ln(1-N_t)+\beta\mathbb{V}_0\\&+\beta\mathbb{V}_1(1-\eta)\ln K_t+\beta\mathbb{V}_1\eta\ln N_t\\&+\beta(\mathbb{V}_2+\mathbb{V}_1)E_t\ln\zeta_{t+1}\end{aligned}\tag{2.8}$$

相对于(K_t,N_t),令(2.8)式最大化,我们有 $N_t=\beta\mathbb{V}_1\eta/(\vartheta_N+\beta\mathbb{V}_1\eta)$ 和 $K_t=[\beta(1-\eta)\mathbb{V}_1/(1+\beta(1-\eta)\mathbb{V}_1)]GDP_t$。利用 $E_t\ln\zeta_{t+1}=\rho\ln\zeta_t$,把它们代入(2.8)式,我们得到:

$$\begin{aligned}&\mathbb{V}_0+\mathbb{V}_1\ln GDP_t+\mathbb{V}_2\ln\zeta_t\\&\quad=\text{const.}+(1+(1-\eta)\beta\mathbb{V}_1)\ln GDP_t+\beta\rho(\mathbb{V}_2+\mathbb{V}_1)\ln\zeta_t\end{aligned}\tag{2.9}$$

使等式两边的系数相配,我们可以得到 $1+(1-\eta)\beta\mathbb{V}_1=\mathbb{V}_1$ 或者 $\mathbb{V}_1=1/(1-(1-\eta)\beta)$,以及 $\beta\rho(\mathbb{V}_2+\mathbb{V}_1)=\mathbb{V}_2$ 或者 $\mathbb{V}_2=\beta\rho/(1-(1-\eta)\beta)^2$。用 $\mathbb{V}_1$ 的解来表述 K_t、N_t,我们有 $K_t=(1-\eta)\beta GDP_t$,$N_t=\beta\eta/[\vartheta_N(1-\beta(1-\eta))+\beta\eta]$。从资源限制,我们能得到 $c_t=(1-(1-\eta)\beta)GDP_t$。因此,在这种偏好下,保持时间不变,无论状态和冲击的情况如何,都很容易确定最优劳动力提供量。

练习 2.3 假设在基本 RBC 模型中,有 $u(c_t,c_{t-1},N_t)=\ln c_t$,$\delta=1$。生产函数的形式是 $GDP_t=\zeta_tK_t^{1-\eta}N_t^{\eta}$,$G_t=T_t$,而且$(\zeta_t,G_t)$是独立同分布的。猜测价值函数是 $\mathbb{V}(K,\zeta,G)=\mathbb{V}_0+\mathbb{V}_1\ln K_t+\mathbb{V}_2\ln\zeta_t+\mathbb{V}_3\ln G_t$,预测 $\mathbb{V}_1$、$\mathbb{V}_2$、$\mathbb{V}_3$,并求对于 K^+ 的最优政策。

有关贝尔曼等式的解的另外两个例子,将在下面的练习中分析。

练习 2.4 (i) 假设在基本的 RBC 模型中,$u(c_t,c_{t-1},N_t)=a_0+a_1c_t-a_2c_t^2$,$G_t=T_t=T^y=0$,$\forall t$。证明价值函数的形式是 $\mathbb{V}(K,\zeta)=[K,\zeta]'\mathbb{V}_2[K,\zeta]+\mathbb{V}_0$,求出 $\mathbb{V}_0$、$\mathbb{V}_2$ 的值。[提示:利用 $E(e_t'\mathbb{V}_2e_t)=\mathrm{tr}(\mathbb{V}_2)E(e_t'e_t)=\mathrm{tr}(\mathbb{V}_2)\sigma_e^2$,这里,$\sigma_e^2$ 是 e_t

的协方差矩阵，$\mathrm{tr}(\mathbb{V}_2)$ 是 $\mathbb{V}_2$ 的迹。]说明怎样确定 c，并证明 K^+ 关于 K 和 ζ 是线性的。

(ii) 设 $u(c_t, c_{t-1}, N_t) = c_t^{1-\varphi}/(1-\varphi)$，$K_t=1$，$\forall t$；假设 ζ_t 可以有三个值。令 ζ_t 依照 $P(\zeta_t = i \mid \zeta_{t-1} = i') = p_{ii'} > 0$ 而演变。假设对以股票 S_t 的形式存在的产出有索赔权，价格是 p_t^S，股息为 sd_t。写出贝尔曼等式。令 $\beta=0.9$，$p_{ii}=0.8$，$i=1,\cdots,3$，$p_{i,i+1}=0.2$，$p_{ii'}=0$，$i'\neq i, i+1$。计算价值函数的前两步迭代。你能猜出极限是什么吗？

我们可以放宽某些假设(例如，我们可以采用更一般的冲击运动)，但是除了这些简单的例子，甚至最简单的基本随机 RBC 模型都不能有准确形式的解。就像我们在下面即将看到的，存在确定形式的解并不是估计模型结构参数(在这里，是 β、δ、η)的必要条件，也不是估计 G_t 和 ζ_t 过程参数的必要条件，也不是检验是否符合数据的必要条件。然而，当我们想要模拟模型、比较动态和数据或者进行政策分析的时候是需要一个解的。

有一种方法可以替换贝尔曼等式方法来求解简单最优化问题，这会涉及替换所有效用函数中的限制，减少对无限制结果的表述；或者，如果这些方法不可能用到的话，可以用随机拉格朗日乘子法。我们用例子来解释以上方法。

例题 2.3 设一个有代表性的家庭从耐用商品和非耐用商品的服务中获得效用。根据 $E_0\sum_t \beta^t(\mathrm{cs}_t - v_t)'(\mathrm{cs}_t - v_t)$，其中，$0<\beta<1$，$v_t$ 是一个偏好冲击；服务消费 cs_t 满足 $\mathrm{cs}_t = b_1\mathrm{cd}_{t-1} + b_2 c_t$，其中，$\mathrm{cd}_{t-1}$ 是耐用商品的冲击，$\mathrm{cd}_t = b_3\mathrm{cd}_{t-1} + b_4 c_t$，各个参数满足 $0<b_1, b_3<1$，$0<b_2, b_4\leqslant 1$。技术产出 $f(K_{t-1}, \zeta_t) = (1-\eta)K_{t-1} + \zeta_t$，其中，$0<\eta\leqslant 1$，$\zeta_t$ 是生产扰动，产出在消费和投资之间依照 $b_5 c_t + b_6\mathrm{inv}_t = \mathrm{GDP}_t$ 划分。实体资本的积累依照 $K_t = b_7 K_{t-1} + b_8\mathrm{inv}_t$，其中 $0<b_7<1$，$0<b_8\leqslant 1$。

利用($\mathrm{cs}_t, \mathrm{cd}_t, K_t$)的定义和资源限制，我们有：

$$\mathrm{cs}_t + \mathrm{cd}_t = (b_1+b_3)\mathrm{cd}_{t-1} + \frac{b_2+b_4}{b_5}\Big((1-\eta)K_{t-1} + \zeta_t - \frac{b_6}{b_8}(K_t - b_7K_{t-1})\Big) \quad (2.10)$$

令 $b_9 = b_1 + b_3$，$b_{10} = (b_2+b_4)/b_5$，$b_{11} = b_{10}b_6/b_8$，$b_{12} = b_{11}b_7$，并且利用效用函数中的(2.10)式，这一问题可以被转化为：

$$\max_{\{\mathrm{cd}_t, K_t\}} E_0 \sum_t \beta^t \{\mathcal{C}_1[\mathrm{cd}_t, K_t]' + \mathcal{C}_2[\mathrm{cd}_{t-1}, K_{t-1}, \zeta_t, v_t]'\}' \times \{\mathcal{C}_1[\mathrm{cd}_t, K_t]' + \mathcal{C}_2[\mathrm{cd}_{t-1}, K_{t-1}, \zeta_t, v_t]'\}$$

这里，$\mathcal{C}_1 = [-1, -b_{11}]$，$\mathcal{C}_2 = [b_9, b_{12} + b_{10}(1-\eta), b_{10}, -1]$。如果 $\mathcal{C}_1'\mathcal{C}_1$ 是可翻转的，而且在每一个时刻 t，冲击(ζ_t, v_t)是一致的，模型的一阶条件告诉我们，$[\mathrm{cd}_t, K_t]' = (\mathcal{C}_1'\mathcal{C}_1)^{-1}(\mathcal{C}_1'\mathcal{C}_2)[\mathrm{cd}_{t-1}, K_{t-1}, \zeta_t, v_t]'$。已知($\mathrm{cd}_t, K_t, \zeta_t, v_t$)，$\mathrm{cs}_t$ 和 c_t 的值可以由(2.10)式和消费服务限制得出。

带有二次目标函数和线性限制的经济模型也可以被归类为标准最优控制问题。我们可以用简单便捷的算法来求解这类问题。

练习 2.5 以例题 2.3 中的模型为例，令 $v_t=0$。把它视为最优线性的调整问题，形式是 $\max_{\{y_{1t}\}} E_0\sum_t \beta^t(y_{2t}\mathcal{Q}_2 y_{2t}' + y_{1t}\mathcal{Q}_1 y_{1t}' + 2y_{2t}\mathcal{Q}_3 y_{1t}')$，在 $y_{2t+1} = \mathcal{Q}_4 y_{2t} + \mathcal{Q}_5 y_{1t} + \mathcal{Q}_6 y_{3t+1}$ 的条件下。这里，y_{3t} 是冲击向量，y_{2t} 是状态向量，y_{1t} 是控制向量。

请给出Q_i 的形式，$i=1,\cdots,6$。

在不能使用贝尔曼等式的时候，可以用随机拉格朗日乘数法，但是它要求一些更强的假设条件。基本上，我们需要目标函数是严格的凹函数、可微分，并且其派生函数具有有限的期望；约束条件是凸函数、可微分，并且具有有限的期望；最优变量在 t 时刻是可观测的；效用函数的期望是有界的，而且当 $T\to\infty$时收敛于某一极限；在库恩—塔克条件的最优化被满足时，乘子 λ_t 序列的概率是 1［参见西姆斯(Sims,2002)对这些要求的正式解释］。

我们可以很容易地检验这些条件是否满足简单的 RBC 模型。令 $f_N=\partial f/\partial N$，$U_{c,t}=\partial u(c_t,c_{t-1},N_t)/\partial c_t$，$U_{N,t}=\partial u(c_t,c_{t-1},N_t)/\partial N_t$，资本积累的欧拉公式是：

$$E_t\beta\frac{U_{c,t+1}}{U_{c,t}}[(1-T^y)f_k+(1-\delta)]-1=0 \tag{2.11}$$

消费和劳动之间的跨期边际条件是：

$$\frac{U_{c,t}}{U_{N,t}}=-\frac{1}{(1-T^y)f_N} \tag{2.12}$$

从而，我们有了等式(2.11)和(2.12)、预算约束、横截条件，以及 $\lim_{t\to\infty}\sup\beta^t\times(U_{c,t}-\lambda_t g_{c,t})(c_t-\hat{c}_t)\leqslant 0$，$\lim_{t\to\infty}\sup\beta^t(U_{N,t}-\lambda_t g_{N,t})\times(N_t-\hat{N}_t)\leqslant 0$，这里，$g_{j,t}$是当 $j=c$ 和 N 时推导得到的，$\hat{J}_t$ 是最优选择，j_t 是所有其他选择，已知(G_t,ζ_t,K_t)，需要求解(K_{t+1},N_t,c_t)。这并不容易，因为等式系统是非线性的，而且与未来变量的期望有关；总的来说，还没有非常好的解。

练习 2.6 用拉格朗日乘数法求解例题 2.3 中的问题。像例题 2.3 一样给出你在证明时需要的条件。

在基本 RBC 模型中附加其他约束条件；例如，在生产函数中使用其他的投入，或者有不同的市场结构，这已经在大量的宏观经济文献中有所研究。我们将在下面的练习中分析几种扩展。

练习 2.7(效用产生的政府支出) 考虑基本的 RBC 模型，假设政府支出为有代表性的家庭提供效用，私人和公共消费是效用函数的替代品，而且不考虑消费习惯，也就是说，$U(c_t,c_{t-1},G_t,N_t)=(c_t+\vartheta_G G_t)^{\vartheta}(1-N_t)^{1-\vartheta}$。

(i) 用平稳状态关系描述私人和公共消费是怎样联系的。这里存在挤出效应吗？

(ii) 在平稳状态的横截面中，政府消费较高的国家的闲暇时间一定较少吗？也就是说，当 G 更高的时候，税收扭曲的收入效应会增大吗？

练习 2.8(非竞争性劳动力市场) 假设在基本的 RBC 模型中，有一阶段劳动力合同。在劳动力的期望边际生产力的基础上，这个合同规定了实际工资。公司选择能使利润最大化的工作时间。写出合同工资等式和公司的最优决定法则，把它和传统的菲利普斯曲线 $\ln N_t-E_{t-1}(\ln N_t)\propto\ln p_t-E_{t-1}(\ln p_t)$相比较。

练习 2.9(产能利用) 假设 $G_t=T_t=T^y=0$，生产函数依赖于资本(K_t)和它的使用情况(ku_t)，它的形式是 $f(K_t,\mathrm{ku}_t,N_t,\zeta_t)=\zeta_t(K_t\mathrm{ku}_t)^{1-\eta}N_t^{\eta}$。即使当资本是固定的时候，这个生产函数也能使公司利用不同的产能来应对冲击。假设资本随着使用而贬值，特别地，假设 $\delta(\mathrm{ku}_t)=\delta_0+\delta_1\mathrm{ku}_t^{\delta_2}$，这里，$\delta_0$、$\delta_1$、$\delta_2$ 是参数。

(i) 写出公司问题的最优条件和贝尔曼等式的最优条件。

(ii) 证明,如果资本立即贬值,这一问题的解和练习 2.2 中标准 RBC 模型的解是一样的。

练习 2.10(生产外部性) 在基本 RBC 模型中,假设有了公司特别的投入和总资本,才有了产出,也就是说,$f(K_{it}, N_{it}, \zeta_t, K_t) = K_t^{\aleph} K_{it}^{1-\eta} N_{it}^{\eta} \zeta_t$,$\aleph > 0$,而且 $K_t = \int K_{it}\,\mathrm{d}i$。

(i) 计算一阶条件,并讨论怎样求出最优分配。

(ii) 贝尔曼等式能被用于求解这个问题吗?哪些假设没能满足?

尽管用索洛残差来表示技术扰动的情况很常见,但是这种方法经常受到批评。主要原因是,这种替代容易夸大冲击的波动性,还可能包括除了技术扰动以外的其他扰动。我们用下面的例子来说明。

例题 2.4 假设产出是由兼职打工时间(N^{PT})和全职工作时间(N^{FT})根据技术共同确定:$GDP_t = \zeta_t K_t^{1-\eta}(N_t^{FT})^{\eta} + \zeta_t K_t^{1-\eta}(N_t^{PT})^{\eta}$。特别地,索洛残差假设兼职和全职工作时间是完全可以替换的。基于这两个假设,用生产函数 $GDP_t = \zeta_t K_t^{1-\eta} \times (N_t^{FT} + N^{PT})^{\eta}$ 的总工作时间来解释收入。ζ_t的一个估计是通过$\widehat{\ln\zeta_t} = \ln GDP_t - (1-\eta)\ln K_t - \eta\ln(N_t^{FT} + N_t^{PT})$得到的,这里,$\eta$ 是劳动力收入所占的百分比。很容易证明$\widehat{\ln\zeta_t} = \ln\zeta_t + \ln[(N_t^{FT})^{\eta} + (N^{PT})^{\eta}] - \eta\ln(N_t^{FT} + N^{PT})$,那么$\widehat{\ln\zeta_t}$的变化夸大了 $\ln\zeta_t$的变化。这是一个很普遍的问题:当变量被从一个估计出的等式中去除的时候,估计量残差的变化至少要和真实值一样大。还需注意的是,如果 $N_t^{FT} > N_t^{PT}$,并且对于冲击,N_t^{FT}比 N_t^{PT}更没有弹性(例如,如果全职和兼职的调整成本不同),那么有$\ln[(N_t^{FT})^{\eta} + (N^{PT})^{\eta}] - \eta\ln(N_t^{FT} + N^{PT}) > 0$。在这种情况下,即使$\zeta_t = 0$,$\forall t$,任何改变了 N^{FT}和 N^{PT}相对量的(偏好)冲击都可以引起劳动生产率的变化。

本书中的几个例子关注劳动时间和生产率的复杂关系。因为在完全竞争市场中,劳动生产率和实际工资相等,我们可以等价地运用这两者,除非有特殊说明。现行的工作时间和劳动生产率的关系是接近于零的,然而这一数值在 RBC 模型中却是一个很大的正数。我们将研究需求冲击是怎样影响这种关系的。在下面的例子中,我们检验在技术扰动的其他来源存在的情况下,政府资本的存在是怎样改变这种关系的。

例题 2.5[芬恩(Finn)] 假设 $u(c_t, c_{t-1}, N_t) = [c_t^{\vartheta}(1-N_t)^{1-\vartheta}]^{1-\varphi}/(1-\varphi)$,预算约束是$(1-T^y)w_t N_t + [r_t - T^K(r_t - \delta)]K_t^P + T_t + (1+r_t^B)B_t = c_t + \mathrm{inv}_t^P + B_{t+1}$,私人资本 $K_{t+1}^P = (1-\delta)K_t^P + \mathrm{inv}_t^P$,这里,$T^K(T^y)$是所得税,$r^B$ 是实际债券的净利率,r_t 是私人资本的净回报率。假设政府预算限制是 $T^y w_t N_t + T^K(r_t - \delta)K_t^P + B_{t+1} = \mathrm{inv}_t^G + T_t + (1+r_t^B)B_t$,并且政府投资增加政府资本:$\mathrm{inv}_t^G = K_{t+1}^G - (1-\delta)K_t^G$。生产函数是 $GDP_t = \zeta_t N^{\eta}(K^P)^{1-\eta}(K^G)^{\aleph}$,$\aleph \geqslant 0$。产出用于私人消费和投资。

这个模型没有很好的解,但是直觉告诉我们,时间和劳动生产率的变动可以通过分析政府投资这一随机变量的效果得出。假设 inv_t^G 比期望值要高,那么可用于私人消费的收入就会变少,同时,公共消费会增多,这将成为依赖和$\aleph$有关的投资规模增长大小的主要因素。如果这个值很小，则会有一个正的短期财富效应，那么时间、投资和产出都会随着消费和劳动生产率的增加而减小；如果这个值很大，负的财富效应就会起作用，那么时间、投资和产出都会随着消费和劳动生产率的减小而增大。在这两种情况下，无论 RBC 结构如何，时间和劳动生产率在同一时刻的相关系数都是负的。

2.1.2 *异质性代理模型*

尽管有代表性的代理模型构成现代动态宏观经济学中的主要组成部分，但有关文献都是从检验各种异质性开始的，例如，偏好、收入或者约束等。异质性并不改变该问题的结构：仅仅要求单个个体的总和符合一个代表性的总体即可，并且该计划者的问题是被理性定义的。求解仍然用到贝尔曼等式，或者需要建立一个随机拉格朗日乘数结构。

我们给出几个模型作为例子，因为这个问题是很容易理解的，我们主要关注只有两种代理的情况，并且很容易拓展到更多但有限的代理类型。

例题 2.6(资本完全流动情况下的两国模型) 给定两个国家，设每个国家有一个代表性家庭。国家 i 中的家庭选择一系列的消费、时间、资本额和可能发生的财产索赔权来使 $E_0\sum_{t=0}^{\infty}\beta^t[c_{it}^{\vartheta}(1-N_{it})^{1-\vartheta}]^{1-\varphi}/(1-\varphi)$最大化，其约束条件是：

$$c_{it}+\sum_j B_{jt+1}p_{jt}^{\mathrm{B}}\leqslant B_{jt}+w_{it}N_{it}+r_{it}K_{it}$$
$$-\left(K_{it+1}-(1-\delta)K_{it}-\frac{b}{2}\left(\frac{K_{it+1}}{K_{it}}-1\right)^2K_{it}\right) \tag{2.13}$$

这里，$w_{it}N_{it}$是劳动收入，$r_{it}K_{it}$是资本回报，B_{jt}是阿罗—德布鲁(Arrow-Debreu)一阶段可能发生的财产索赔权的集合，p_{jt}^{B}是价格，b 是调整成本参数，δ 是资本折旧率。因为金融市场是完善的，家庭能保证自己没有任何特别的风险。

我们假设生产要素都是不可移动的，国内家庭向国内公司出租资本和劳动力，这样可以以不变的科技增长规模来生产相同的中间产品。国内的生产要素和产品市场都是竞争性的，而且中间公司以利润最大化为目标，中间产品出售给本国和外国的最终产品生产公司。资源约束是：

$$\mathrm{inty}_{1t}^1+\mathrm{inty}_{2t}^1=\zeta_{1t}K_{1t}^{1-\eta}N_{1t}^{\eta} \tag{2.14}$$

$$\mathrm{inty}_{1t}^2+\mathrm{inty}_{2t}^2=\zeta_{2t}K_{2t}^{1-\eta}N_{2t}^{\eta} \tag{2.15}$$

这里，inty_{2t}^1是从国家 1 出口的产品，inty_{1t}^2是从国家 2 进口的商品。

最终产品是两国中间公司生产的产品总和，最终产品是用不变的技术规模增长来衡量的：$\mathrm{GDP}_{it}=[a_i(\mathrm{inty}_{it}^1)^{1-a_3}+(1-a_i)(\mathrm{inty}_{it}^2)^{1-a_3}]^{1/(1-a_3)}$，其中，$a_3\geqslant -1$，$a_1$ 和$(1-a_2)$衡量了国内消费，最终产品市场的资源限制是 $\mathrm{GDP}_{it}=c_{it}+\mathrm{inv}_{it}$。两国对技术冲击的实现不同，我们假设 $\ln(\zeta_{it})$是一个 AR(1)，持续时间是$|\rho_{\zeta}|<1$，方差是 σ_{ζ}^2。

把这些步骤映射到贝尔曼等式中，假设有一个社会计划者来分配两国家庭效用，权重分别为 $\mathbb{W}_1$、$\mathbb{W}_2$。令计划者的目标函数为 $u^{\mathrm{sp}}(c_{1t},c_{2t},N_{1t},N_{2t})=$

$\sum_{i=1}^{2}\mathbb{W}_i E_0\sum_{t=0}^{\infty}\beta^t[c_{it}^{\vartheta}(1-N_{it})^{1-\vartheta}]^{1-\varphi}/(1-\varphi)$；令 $y_{2t}=[K_{1t},K_{2t},B_{1t}]$，$y_{3t}=[\zeta_{1t},\zeta_{2t}]$，$y_{1t}=[\text{inty}_{it}^1,\text{inty}_{it}^2,c_{it},N_{it},K_{it+1},B_{1t+1},i=1,2]$。那么，贝尔曼等式由 $\mathbb{V}(y_2,y_3)=\max_{\{y_1\}}u^{\text{SP}}(c_1,c_2,N_1,N_2)+E\beta\mathbb{V}(y_2^+,y_3^+\mid y_2,y_3)$给出，限制性条件是等式(2.14)和(2.15)，冲击影响和资源约束条件是：$c_{1t}+c_{2t}+K_{1t+1}+K_{2t+1}=\text{GDP}_{1t}+\text{GDP}_{2t}-\frac{1}{2}b(K_{1t+1}/K_{1t}-1)^2K_{1t}-\frac{1}{2}b(K_{2t+1}/K_{2t}-1)^2K_{2t}$。

显然，该函数和(2.5)式有相同的形式。因为两国的效用函数形式是相同的，效用函数对于社会计划者来说应该也会有相同的形式。有关模型的性质和最终产品生产函数的性质的一些信息可以通过检验一阶条件得出。事实上，我们有：

$$c_{it}+\text{inv}_{it}=p_{1t}\text{inty}_{it}^1+p_{2t}\text{inty}_{it}^2 \tag{2.16}$$

$$\text{ToT}_t=\frac{p_{2t}}{p_{1t}} \tag{2.17}$$

$$\text{nx}_t=\text{inty}_{2t}^1-\text{ToT}_t\text{inty}_{1t}^2 \tag{2.18}$$

等式(2.16)表示最终产品的产出是由它们的价格分配的，$p_{2t}=\partial\text{GDP}_{1t}/\partial\text{inty}_{1t}^2$，$p_{1t}=\partial\text{GDP}_{1t}/\partial\text{inty}_{1t}^1$；(2.17)式给出了交易形式；(2.18)式定义了交易平衡的表达式。

练习 2.11 (i) 证明国家 1 中对两种产品的需求函数是：

$$\text{inty}_{1t}^1=a_1^{1/a_3}[a_1^{1/a_3}+(1-a_1)^{1/a_3}\text{ToT}_t^{-(1-a_3)/a_3}]^{-a_3/(1-a_3)}\text{GDP}_{1t}$$

$$\begin{aligned}\text{inty}_{1t}^2=&(1-a_1)^{1/a_3}\text{ToT}_t^{-(1-a_3)/a_3}\\&\times[a_1^{1/a_3}+(1-a_1)^{1/a_3}\text{ToT}_t^{-(1-a_3)/a_3}]^{-a_3/(1-a_3)}\text{GDP}_{1t}\end{aligned}$$

(ii) 描述交易是怎样和最终产品需求的可变性联系在一起的。

(iii) 记 $\text{ToT}_t=(1-a_1)(\text{inty}_{1t}^2)^{-a_3}/(a_1(\text{inty}_{1t}^1)^{-a_3})$，证明当国内外产品的替代弹性 $1/a_3$ 很大时，根据交易和数量上大的变化，任何一国的任何额外的需求都会引起小的变化。

练习 2.12 考虑例题 2.6 中的两国模型，但是现在假设金融市场不是完全竞争的。也就是说，家庭只能交易一期债券，假设债权是零净供给的（例如，$B_{1t}+B_{2t}=0$）。你会怎样求解这个问题？非完全竞争的市场说明了什么？如果国家 1 的家庭借款能力是有限的，例如，$B_{1t}\leqslant K_{1t}$，情况会有什么不同吗？

当某些代理不是最优时，可以对基本的 RBC 模型进行有趣的深入研究。

例题 2.7 假设经济体是由标准的 RBC 家庭（他们在总体中的比例是 ψ）组成的，他们要使得 $E_0\sum_t\beta^t u(c_t,c_{t-1},N_t)$最大化，其约束条件是：$c_t+\text{inv}_t+B_{t+1}=w_tN_t+r_tK_t+(1+r_t^{\text{B}})B_t+\text{prf}_t+T_t$，这里，$\text{prf}_t$ 是公司的利润，T_t 是政府的转移支付，B_t 是实际债券。假设资本根据 $K_{t+1}=(1-\delta)K_t+\text{inv}_t$ 积累。剩余的 $1-\psi$ 个家庭是没有远见的，他们每期都会消费掉全部的收入，也就是说，$c_t^{\text{RT}}=w_tN_t+T_t^{\text{RT}}$；在每个时间 t，他们的工作时间是没有弹性的。

依照经验，家庭在国家整体经济中起到了缓冲作用。因此，总工作时间、总产出和总消费对冲击的灵敏度就会比所有家庭都追求目标最优的经济体要低。例如，政府支出引起消费的挤出效应减少，在一些有效的工资政策下，他们可以让这种效应增加。

练习 2.13［清泷信宏和穆尔(Kiyotaki and Moore)］ 考虑仅有两种商品的模型，土地 La 的供给是固定的，水果是不可存储的，两种代理是一个连续统：农民的估计是 1，批发商的估计是 ψ。效用形式是 $E_t\sum_t\beta_j^t c_{j,t}$，其中，$c_{j,t}$ 是对 j 种水果的总消费，j=农民数，这里，$\beta_{农民}<\beta_{批发商}$。令 $p_t^{\rm L}$ 是水果的土地价格，r_t 表示单位水果当天和第二天出售的价格比例。存在生产水果的技术。农民使用函数为 $f({\rm La}_t)_{农民}=(b_1+b_2){\rm La}_{t-1}$，这里，$b_1$ 是可用于交换的部分，b_2 是损坏的部分（不能交换的）；批发商使用函数 $f({\rm La}_t)_{批发商}$，这里，$f_{批发商}$ 代表了规模报酬的递减，同时所有的产出都是可以交换的。两个变量的预算约束是 $p_t^{\rm L}({\rm La}_{jt}-{\rm La}_{jt-1})+r_tB_{jt-1}+c_{jt}^{\dagger}=f({\rm La}_t)_j+B_{jt}$。对于农民，有 $c_{jt}^{\dagger}=c_{jt}+b_2{\rm La}_{t-1}$；而对于批发商，有 $c_{jt}^{\dagger}=c_{jt}$。B_{jt} 是贷款，$p_t^{\rm L}({\rm La}_{jt}-{\rm La}_{jt-1})$ 是新获得的土地的价值。农民的技术是特定的，也就是说，只有农民 i 有生产水果的技术；对于批发商的技术没有特殊要求。注意，如果没有劳动力，水果产出是零。

(i) 证明在均衡的情况下，$r_t=r=1/\beta_{批发商}$，而且农民租借需要担保。证明最大的租借量是 $B_t\leqslant p_{t+1}^{\rm L}{\rm La}_t/r$。

(ii) 证明如果没有总体的不确定性，农民将从批发商处借额达到最大，对土地投资，并且消费 $b_2{\rm La}_{t-1}$。也就是说，对于农民，有 ${\rm La}_t=(1/(p_t^{\rm L}-r^{-1}p_{t+1}^{\rm L}))\times(b_1+p_t^{\rm L}){\rm La}_{t-1}-rB_{t-1}$，这里，$p_t^{\rm L}-r^{-1}p_{t+1}^{\rm L}$ 是土地的成本（购买土地的首付款），$B_t=r^{-1}p_{t+1}^{\rm L}{\rm La}_t$。如果 $p_t^{\rm L}$ 增加，因为 $b_1+p_t^{\rm L}>rB_{t-1}/{\rm La}_{t-1}$，${\rm La}_t$ 和 B_t 都会增加。因此，土地价格越高，农民的净价值和他们要借的钱就越多。

2.1.3 *货币模型*

下面的一系列模型特别包括了货币因素。在总体均衡模型中找到货币的作用是很困难的：正如阿罗—德布鲁所声称的那样，货币是剩余资产。因此，如果要包括货币的作用，就要介绍某些类型之间的摩擦，这意味着竞争均衡中产生的分配不再是最优的，而且考虑了这些因素，贝尔曼等式的形式也需要调整［参见库利(Cooley，1995)，第 50～60 页］。我们主要关注两个最受欢迎的论点——一个有短暂摩擦的竞争模型和一个垄断竞争结构（价格和工资都不变，或者两者都是外生的），并检验它们对于两个宏观经济问题的解释：货币冲击会产生流动性效应吗？也就是说，货币冲击代表了短期利率和货币的负相对移动吗？扩张的货币冲击一定意味着扩张和持续的产出效应吗？

例题 2.8［库利和汉森(Cooley and Hansen)］ 有代表性的家庭最大化 $E_0\times\sum_t\beta^t u(c_{1t},c_{2t},N_t)$，这里，$c_{1t}$ 是现金产品的消费，c_{2t} 是信用产品的消费，N_t 是工作时间。预算约束是 $c_{1t}+c_{2t}+{\rm inv}_t+M_{t+1}/p_t\leqslant w_tN_t+r_tk_t+M_t/p_t+T_t/p_t$，这里，$T_t=M_{t+1}-M_t$，$p_t$ 是价格水平，现金提前流入约束表明强制家庭用现金购买 c_{1t}。我们要求 $p_tc_{1t}\leqslant M_t+T_t$，假设货币发行机构规定 $\ln M_{t+1}^s=\ln M_t^s+\ln M_t^g$，这里，$\ln M_t^g$ 是一个均值是 $\overline{M}$ 的AR(1)过程，持续时间是 ρ_M，方差为 σ_M^2。家庭选择两种消费品：工作时间和投资，并且要满足预算约束条件。我们假设冲击在每一个时间 t

的初期都能实现，所以家庭做决定的时候知道冲击的价值。资源约束是 $c_{1t}+c_{2t}+\mathrm{inv}_t=f(k_t,N_t,\zeta_t)$，这里，$\ln\zeta_t$是一个持续时间为 ρ_ζ 的 AR(1)过程，方差是 σ_ζ^2。因为资金期望回报率比资本期望回报率低，未来现金流入的限制会很有约束力，代理一定会持有恰好可以购买 c_{1t}的现金。

当 $\overline{M}>0$，货币（和价格）随时间增长。为了把这个映射到固定性问题中，我们定义 $M_t^*=M_t/M_t^s$和 $p_t^*=p_t/M_{t+1}^s$。价值函数是：

$$\begin{aligned}&V(K,k,M^*,\zeta,M^g)\\&\quad=\max\Big[U\Big(\frac{M^*+M^g-1}{p^*M^g};wN+[r+(1-\delta)]k-k^+-\frac{(M^*)^+}{p^*};N\Big)\Big]\\&\qquad+\beta EV[K^+,k^+,(M^*)^+,\zeta^+,(M^g)^+]\end{aligned}\tag{2.19}$$

这里，$K^+=(1-\delta)K+\mathrm{INV}$，$k^+=(1-\delta)k+\mathrm{inv}$，$c_1=(M^*+M^g-1)/(M^gp^*)$，$K$代表了资本总体。如果再加入一致性条件 $k^+=h_1(K,\zeta,M^g)$，$N=h_2(K,\zeta,M^g)$，$p^*=h_3(K,\zeta,M^g)$，其中，h_j 函数把总冲击和状态映射到人均决定变量和总体价格水平最优中去，这样问题就完整了。

不需要近似，这个模型也可以有很大用处。但是，我们可以证明，货币扰动有很强的产出效应，产生了预期的通货膨胀，但是没有流动性效应。假设 $c_{2t}=0,\forall t$，那么 M_t^g中意外的增长使代理从 c_{1t}（现在价格更贵）中被替换掉，换成信贷产品——休闲和投资，这是价格较便宜的商品。所以，当投资增长的时候，消费和时间降低，标准柯布—道格拉斯(Cobb-Douglas)生产函数产出降低。而且，因为正的货币冲击增加通货膨胀，名义利率会增加。因此，M_t^g中的意外冲击并不产生流动性效应或带来产出的增长。

有几种方法可以修正货币和产出之间缺少正相关性的缺陷。例如，引入一阶段劳动力合同（就像我们在练习 2.8 中做的那样），会改变产出对货币冲击的回应。通过引入借款市场，下面的练习会提供产生正确产出和利率效应的方法，强迫家庭在冲击发生之前做出决定，也强迫公司通过借款来支付工资。

练习 2.14（流动资本） 考虑和例题 2.8 相同的经济体，$c_{2t}=0,\forall t$，但是假设在每个时间 t 的初期，家庭储存一部分钱。假设储存的决定是在冲击发生之前做出的，有代表性的公司面临流动资本的限制；也就是说，它不得不在拿到销售收入之前支付购买生产资料的钱。有代表性的家庭通过选择消费、劳动、资本和存款使其效用最大化，即 $\max_{\{c_t,N_t,K_{t+1},\mathrm{dep}_t\}}E_0\sum_t\beta^t\times[c_t^\vartheta(1-N_t)^{1-\vartheta}]^{1-\varphi}/(1-\varphi)$。这里有三种限制：首先，商品一定是用现金购买的，即 $c_tp_t\leqslant M_t-\mathrm{dep}_t+w_tN_t$；其次，有预算约束 $M_{t+1}=\mathrm{prf}_{1t}+\mathrm{prf}_{2t}+r_tp_tK_t+M_t-\mathrm{dep}_t+w_tN_t-c_tp_t-\mathrm{inv}_tp_t$，这里，$\mathrm{prf}_{1t}$（$\mathrm{prf}_{2t}$）代表公司（银行）的利润，$r_t$ 是实际的资本回报率；第三，资本积累与成本调整 $b\geqslant0$ 有关，也就是说，$\mathrm{inv}_t=K_{t+1}-(1-\delta)K_t-\frac{1}{2}b(K_{t+1}/K_t-1)^2K_t$。代表性公司租用资本和劳动，向代表性银行借入现金，以便支付工资账单。问题是 $\max_{\{K_t,N_t\}}\mathrm{prf}_{1t}=p_t\xi_tK_t^{1-\eta}N_t^\eta-p_tr_tK_t-(1+i_t)w_tN_t$，其中，$i_t$是名义利率。代表性银行接受存款，并把它贷给公司。利润和 prf_{2t}按比例分配给家庭。货币发行机构实施政策工具的标准依据是：

$$M_t^{a_0}=i_t^{a_1}\mathrm{GDP}_t^{a_2}\pi_t^{a_3}M_t^g \tag{2.20}$$

这里，a_i 是参数，$\mathrm{GDP}_t=\zeta_t K_t^{1-\eta}N_t^{\eta}$。例如，如果 $a_0=0$、$a_1=1$，货币发行机构规定名义利率是产出和通货膨胀率的函数，而且随时准备在经济需要时提供资金。令 $(\ln\zeta_t,\ln M_t^g)$ 是 AR(1)过程，持久性分别为 ρ_ζ 和 ρ_M，方差分别为 σ_ζ^2 和 σ_M^2。

(i) 令 $b=0$。证明劳动需求和劳动供给是 $-U_{N,t}=(w_t/p_t)E_t\beta U_{c,t+1}p_t/p_{t+1}$，以及 $w_t i_t/p_t=f_{N,t}$。随着通货膨胀预期，劳动力供给会改变，当劳动力需求直接受利率变动影响时，产出和货币冲击正相关。

(ii) 证明最优存款决策满足 $E_{t-1}U_{c,t}/p_t=E_{t-1}i_t\beta\times U_{c,t+1}/p_{t+1}$，并与例题 2.8 中基本未来现金流入(CIA)模型相比较。

(iii) 证明货币需求可以被写成 $p_t\mathrm{GDP}_t/M_t=1/(1+\eta/i_t)$。得出结论：周转率 $p_t\mathrm{GDP}_t/M_t$ 和名义利率是正相关的，并且流动性效应是由货币扰动而产生的。

练习 2.15［邓洛普—塔希斯(Dunlop-Tarshis) 问题］ 假设有代表性的家庭使 $E_0\sum_{t=0}^{\infty}\beta^t[\ln c_t+\vartheta_{\mathrm{m}}\ln M_{t+1}/p_t+\vartheta_N\ln(1-N_t)]$最大化，其约束条件为 $c_t+M_{t+1}/p_t+K_{t+1}=w_tN_t+r_tK_t+(M_t+T_t)/p_t$。令 $\pi_{t+1}=p_{t+1}/p_t$ 是通货膨胀率。代表性公司从家庭借用资本，生产 $\mathrm{GDP}_t=\zeta_tK_t^{1-\eta}N_t^{\eta}$，这里，$\ln\zeta_t$是技术扰动和资本在某一时期的折旧。令资金数量根据 $\ln M_{t+1}^s=\ln M_t^s+\ln M_t^g$而变化，假设在任意的时刻 t，政府拿走 G_t 单位的产出。

(i) 假设 $G_t=G,\forall t$。写出家庭和公司最优问题的一阶条件，并找出$(c_t,K_{t+1},N_t,w_t,r_t,M_{t+1}/p_t)$的竞争均衡。

(ii) 证明在均衡的情况下，工作时间是独立于冲击的，产出和时间是不相关的，实际工资是和产出完全相关的。

(iii) 证明货币失灵是中性的，它是超中性的吗？也就是说，增长率的改变会有实际作用吗？

(iv) 假设劳动力合同规定正常的工资率在未来一个时期是固定不变的，根据 $w_t=E_{t-1}M_t+\ln(\eta)-\ln(\vartheta_{\mathrm{m}}(\eta\beta)/(1-\beta))-E_{t-1}\ln N_t$。证明货币扰动使工资和产出之间产生暂时的负相关性。

(v) 现在假设 G_t 是随机的，令 $\ln M_t^g=0,\forall t$。政府支出冲击对实际工资和产出之间的相关性有什么影响？给出一些例子，说明为什么增加劳动合同或者政府支出能减少工资和从(ii)中得出的产出之间的相关性。

在最后一个模型中，我们要考虑在生产中间产品的垄断竞争公司的结构上增加名义刚性，这些公司将中间产品出售给竞争性的最终产品生产商。

例题 2.9(粘性价格) 假设有代表性的家庭通过选择 c_t、N_t、K_{t+1}、M_{t+1}来使 $E_0\sum_t\beta^t[c_t^{\vartheta}(1-N_t)^{1-\vartheta}]^{1-\varphi}/(1-\varphi)+(1/(1-\varphi_{\mathrm{m}}))(M_{t+1}/p_t)^{1-\varphi_{\mathrm{m}}}$最大化，其预算约束为 $p_t(c_t+\mathrm{inv}_t)+B_{t+1}+M_{t+1}\leqslant r_tp_tK_t+M_t+(1+i_t)B_t+w_tN_t+\mathrm{prf}_t$，资本积累等式是 $\mathrm{inv}_t=K_{t+1}-(1-\delta)K_t-\frac{1}{2}b(K_{t+1}/K_t-1)^2K_t$，其中，$b$ 是成本调整参数。这里，$\mathrm{prf}_t=\int\mathrm{prf}_{it}\,di$ 是从中间公司得到的收入。有两种类型的公司：垄断竞争性的生产中间产品的公司和完全竞争性的生产最终产品的公司。生产最终产品的公

司连续使用中间产品，对它们进行再加工，产出最终产品。最终产品的生产函数是：$\mathrm{GDP}_t=\left(\int_0^1 \mathrm{inty}_{it}^{1/(1+\varsigma_p)}\mathrm{d}i\right)^{1+\varsigma_p}$，其中，$\varsigma_p>0$。利润最大化意味着每一单位投入 i 的需求是 $\mathrm{inty}_{it}/\mathrm{GDP}_t=(p_{it}/p_t)^{-(1+\varsigma_p)/\varsigma_p}$，其中，$p_{it}$ 是中间产品 i 的价格，p_t 是最终产品的价格，$p_t=\left(\int_0^1 p_{it}^{-1/\varsigma_p}\mathrm{d}i\right)^{-\varsigma_p}$。

生产中间产品的公司要求最小化成本，并且选择价格以最大化利润。价格不能在每一个时期都重新决定：只有$(1-\zeta_{\mathrm{p}})$的公司可以在时间 t 改变价格。它们的成本最小化问题是 $\min_{\{K_{it},N_{it}\}}(r_tK_{it}+w_tN_{it})$，约束条件为 $\mathrm{inty}_{it}=\zeta_tK_{it}^{1-\eta}N_{it}^{\eta}$；它们的利润最大化问题是 $\max_{\{p_{it}+j\}}E_t\sum_j\beta^j(U_{c,t+j}/p_{t+j})\zeta_{\mathrm{p}}^j\mathrm{prf}_{it+j}$，这里，$\beta^jU_{c,t+j}/p_{t+1}$ 是单位利润的价值，prf_{it} 是下一阶段给股东的股利，这是由最终产品公司的需求函数决定的。这里，$\mathrm{prf}_{t+j}=(p_{it+j}-\mathrm{mc}_{it+j})\mathrm{inty}_{it+j}$，$\mathrm{mc}_{it}$ 是名义临界成本。

我们假设货币发行机构使用公式(2.20)的规则。因为只有一部分公司可以在时间 t 改变价格，总体的价格根据 $p_t=(\zeta_{\mathrm{p}}p_{t-1}^{-1/\varsigma_p}+(1-\zeta_{\mathrm{p}})\tilde{p}_t^{-1/\varsigma_p})^{-\varsigma_p}$，这里，$\tilde{p}_t$ 是在以下最优化条件（去掉下标 i）中的一般解（因此，可以改变价格的公司都是相同的）：

$$0=E_t\sum_j\beta^j\zeta_{\mathrm{p}}^j\frac{U_{c,t+j}}{p_{t+j}}\left(\frac{\pi^jp_t}{1+\varsigma_p}-\mathrm{mc}_{t+j}\right)\mathrm{inty}_{t+j}\tag{2.21}$$

这里，π 是稳定时期的通货膨胀率。因此，中间产品公司选择价格，以使打折的边际收入等于打折的边际成本。注意，如果 $\zeta_{\mathrm{p}}\to 0$，并且没有资本存在，(2.21)式就会减少到实际工资等于边际劳动生产率的标准情况。表达式(2.21)就是所谓的新凯恩斯菲利普斯曲线[参见伍德福德（Woodford，2003），第 3 章]的基础，它是联系当前通货膨胀和期望的未来通货膨胀以及当前边际成本的表达式。为了清楚地得到这一关系，(2.21)式需要在平稳状态下进行对数线性变换。

为了证明表达式(2.21)，考虑效用是消费的对数，也就是说，$U(c_t,N_t,M_{t+1}/p_t)=\ln c_t+(1-N_t)$，产出是由劳动力生产的，每两个时期定价一次，而且在每一个时期内，一半数量的公司改变价格。最优价格设定为：

$$\frac{\tilde{p}_t}{p_t}=(1+\varsigma_p)E_t\left(\frac{U_{c,t}c_tw_t+\beta U_{c,t+1}c_{t+1}w_{1+t}\pi_{t+1}^{(1+\varsigma_p)/\varsigma_p}}{U_{c,t}c_t+\beta U_{c,t+1}c_{t+1}\pi_{t+1}^{1/\varsigma_p}}\right)\tag{2.22}$$

其中，$\tilde{p}_t$ 是最优价格，p_t 是总体价格水平，w_t 是工资率，$\pi_t=p_{t+1}/p_t$ 是通货膨胀率。在理想情况下，公司希望它们的价格能一直比边际劳动力成本高$(1+\varsigma_p)$，但是，因为个别价格是由两个阶段决定的，当价格可以改变的时候，公司不能随意提高价格，价格必须被设定为现行和期望未来边际成本的固定比例。注意，如果没有冲击，则 $\pi_{t+1}=1$，$w_{t+1}=w_t$，$c_{t+1}=c_t$，$\tilde{p}_t/p_t=(1+\varsigma_p)/w_t$。

练习 2.16 (i) 把例题 2.9 中的家庭问题归为贝尔曼等式的形式，定义状态、控制和价值函数。

(ii) 证明如果价格在未来一个周期是确定的，则(2.21)式的解是：

$$p_{it}=(1+\varsigma_p)E_{t-1}\frac{E_t(U_{c,t+j}/p_{t+j})p_t^{(1+\varsigma_p)/\varsigma_p}\mathrm{inty}_{it}}{E_{t-1}(U_{c,t+j}/p_{t+j})p_t^{(1+\varsigma_p)/\varsigma_p}\mathrm{inty}_{it}}\mathrm{mc}_{it}$$

给出保证中间产品公司定价为边际成本的固定比例的情况。

(iii) 直观地解释为什么货币扩张可以产生正的产出效应。在什么情况下需要通过满足货币扩张来产生流动性效应。

很显然,这一模型的扩展也可以应用于粘性工资。在下面的练习中,我们请读者用粘性价格和粘性工资来分析模型。

练习 2.17(粘性工资) 假设家庭在劳动力市场是垄断竞争的,这样它们可以选择工资。假设资本是固定供给的,一个时段的效用函数是 $u_1(c_t)+u_2(1-N_t)+(M_{t+1}/p_t)^{1-\varphi_m}/(1-\varphi_m)$。假设家庭的名义工资不确定,其中,比例为 $1-\zeta_w$ 的一部分可以在每一个时期被设定。当家庭可以重新确定工资的时候,它们要在预算约束下使效用的贴现和最大化。

(i) 证明效用最大化导致:

$$E_t\sum_{j=0}^{\infty}\beta^j\zeta_w^j\Big(\frac{\pi^j w_t}{(1+\varsigma_w)p_{t+j}}U_{1,t+j}+U_{2,t+j}\Big)N_{t+j}=0 \tag{2.23}$$

这里,β 是折现率,劳动力总体为 $N_t=\left[\int N_t(i)^{1/(1+\varsigma_w)}\mathrm{d}i\right]^{(1+\varsigma_w)}$,$i\in[0,1]$,$\varsigma_w>0$ 是其中的一个参数。(注意,工资率不可能改变为 $w_{t+j}=\pi^j w_t$,这里,π 是稳定期的通货膨胀率。)

(ii) 证明,如果 $\zeta_w=0$,(2.23)式可以减化为 $w_t/p_t=-U_{2,t}/U_{1,t}$。

(iii) 当价格和工资都可变时,计算均衡产出、实际产出率和实际工资。

练习 2.18(泰勒合同) 考虑没有资本的粘性工资模型,这里,劳动需求是 $N_t=\mathrm{GDP}_t$,实际边际成本是 $\mathrm{mc}_t=w_t=1$,w_t 是实际工资,$\mathrm{GDP}_t=c_t$。假设消费和实际均衡是不能替换成效用的,也就是说,货币需求函数是 $M_{t+1}/p_t=c_t$。假设 $\ln M_{t+1}^s=\ln M_t^s+\ln M_t^g$,这里,$M_t^g$ 是独立同分布的,均值 $\overline{M}>0$,假设有两个时期的劳动力合同。

(i) 证明 $w_t=[0.5(\widetilde{w}_t/p_t)^{-1/\varsigma_w}+(w_{t-1}/p_t)^{-1/\varsigma_w}]^{-\varsigma_w}$,这里,$\widetilde{w}_t$ 是 t 时刻重新设定的名义工资。

(ii) 证明 $\pi_t\equiv p_t/p_{t-1}=[(\widetilde{w}_{t-1}/p_{t-1})^{-1/\varsigma_w}/(2-\widetilde{w}_t/p_t^{-1/\varsigma_w})]^{-\varsigma_w}$,以及 $N_{it}=N_t[(\widetilde{w}_t/p_t)/w_t]^{-(1+\varsigma_w)/\varsigma_w}$(如果工资是在 t 时期设定的),或者 $N_{it}=N_t[(\widetilde{w}_{t-1}/p_{t-1})/(w_t\pi_t)]^{-(1+\varsigma_w)/\varsigma_w}$(如果工资是在 $t-1$ 时期设定的)。

(iii) 证明如果效用在 N_t 是线性的,货币冲击没有持续性。

当模型中扩张的货币冲击和名义刚性产生产出的扩张效应时,它们的规模很小,而且持续性也减小,除非名义刚性是极端情况。从下一个例子可以看出货币冲击的产出效应的大小。

例题 2.10[本哈比(Benhabib)和农民] 考虑效用:$E_0\sum_t\beta^t[c^{1-\varphi_c}/(1-\varphi_c)-(1/(1-\varphi_n))(n_t^{1-\varphi_n}/N_t^{\varphi_N-\varphi_n})]$,这里,$n_t$ 是个体就业量,N_t 是总体就业量,ϕ_c、ϕ_n、ϕ_N 是参数。假设产出是通过劳动力和实际均衡的生产方式来进行的,也就是说,$\mathrm{GDP}_t=(a_1N_t^\eta+a_2(M_t/p_t)^\eta)^{1/\eta}$,这里,$\eta$ 是参数。消费者的预算约束是:$M_t/p_t=M_{t-1}/p_t+f[N_t,(M_{t-1}+M_t^g)/p_t]-c_t$,假设 M_t^g 是独立同分布的,均值 $\overline{M}\geqslant 0$。劳动力市场的均衡意味着 $-U_N/U_C=f_N(N_t,M_t/p_t)$,货币需求是 $E_t(f_{M,t+1}U_{c,t+1}/$

$\pi_{t+1})=E_t(i_{t+1}U_{c,t+1}/\pi_{t+1})$，这里，$1+i_t$ 是一个时期债券总的名义利率，π_t 是通货膨胀率，$f_M=\partial f/\partial(M/p)$。这两种标准情况在此处有点特殊，在竞争性的均衡分化下，使劳动力市场对数线性化，我们可以得到：$\varphi_c\ln c_t+\varphi_n n_t-(\varphi_N+\varphi_n)\ln N_t=\ln w_t-\ln p_t$。因为代理是相同的，总体劳动力供给是一个相对实际工资向下倾斜的函数，由 $\varphi_c\ln c_t-\varphi_N\ln N=\ln w_t-\ln p_t$ 表示。因此，劳动力需求的一个小小改变会增加消费（等于均衡的产出）而且使实际工资降低、就业率增加。结果是，需求冲击可以产生扩大经济周期的消费和就业路径。还应该注意到，因为货币进入了生产函数，货币的增加会改变劳动需求，就像在流动资本模型中一样。然而，对比那个例子，总体的劳动力供给曲线的斜率使劳动力市场效应可以更大，这种情况即使在货币作为生产资料变得相对不重要时也会发生。

我们将在练习 2.34 中见到其他的传统方式，它们在伴随着货币冲击的同时增加产出的持续性，而且保持低的价格粘性。

粘性价格模型还适用于国际范围，有两个有意思的应用：决定汇率和分散国际化风险。

例题 2.11［奥布斯特菲尔德和罗戈夫(Obstfeld and Rogoff)］ 考虑像例题 2.9 那样的结构：价格是在一个阶段以前决定的，有两个国家实行购买力平价理论，国际金融市场是不完全的，即从某种意义上讲，只有一种实际债券，主要交易的是混合消费产品。在这个经济体中，国内的名义利率是由套利决定的，满足 $1+i_{1t}=E_t(p_{1t+1}/p_{1t})(1+r_t^{\mathrm{B}})$，其中，$r_t^{\mathrm{B}}$ 是国际交易债券的实际利率，即利率平价，也就是说，有 $1+i_{1t}=E_t(\mathrm{ner}_{t+1}/\mathrm{ner}_t)(1+i_{2t})$。这里，$\mathrm{ner}_t=p_{1t}/p_{2t}$，$p_{jt}$ 是第 j 国消费的货币价格指数，$j=1,2$。而且，欧拉等式说明国际的风险分摊条件满足 $E_t[(c_{1t+1}/c_{1t})^{-\varphi}-(c_{2t+1}/c_{2t})^{-\varphi}]=0$。因此，消费增长不需要满足随机游走，消费的一阶差分则是鞅差分序列。

货币需求在第 j 国是 $M_{jt+1}/p_{jt}=\vartheta_{\mathrm{m}}c_{jt}[(1+i_{jt})/i_{jt}]^{1/\varphi_{\mathrm{m}}}$，$j=1,2$。使用无抛补利率评价和对数线性，满足 $\hat{M}_{1t}-\hat{M}_{2t}\propto(1/\varphi_{\mathrm{m}})(\hat{c}_{2t}-\hat{c}_{1t})+[\beta/(1-\beta)\varphi_{\mathrm{m}}]\widehat{\mathrm{ner}}_t$，这里的“ˆ”表示偏离稳定状态。因此，无论何时 $\hat{M}_{1t}-\hat{M}_{2t}\neq 0$ 或者 $\hat{c}_{2t}-\hat{c}_{1t}\neq 0$，都表示名义汇率会跳转到新的均衡。

价格（工资）技术的变化或调整也可参见罗滕伯格（Rotemberg，1984）和多森等人（Dotsey et al.，1999）。因为这些调整与本章内容不相关，请有兴趣的读者查看原始资料来了解其细节。

2.2 近似方法

就像前面提到的，总体来说，找到贝尔曼等式的解是很复杂的，贝尔曼等式是基本关系，需要在函数空间里确定出一个固定的点来满足这些条件，当正常条件存在且唯一性满足时，计算这个固定的点需要重复进行，这就需要计算其期望，并使价值函数最大化。

我们已经在例题 2.2 和练习 2.3 中看到，当效用函数是二次型（对数）的、时间是可分的、约束条件是线性的时候，价值函数的形式和决定规则是已知的。在这两种情况下，如果已知解是唯一的，则可以用不确定系数的方法来求解未知的参数。二次效用函数不是很吸引人，因为它们表示了不可能的消费行为和资产回报。对数效用函数则易于操作，但是，考虑到代理对风险的态度，它们仍然有局限性。给予大样本的经验研究，宏观经济讲义特别对偏好使用了广义指数描述。我们可以采用这一选择，通过重复贝尔曼等式，或者求助于近似方法来求解。

我们还提到过求解一般非线性期望等式，例如，那些从随机拉格朗日乘数问题的一阶条件产生的等式，这些问题是复杂的。因此，也会用到近似方法来分析这些情况。

本节主要关注现在使用的几种近似方法。第一种方法估计了稳定状态下的二次目标函数。第二种方法是通过强迫状态变量和外生变量只取有限可能值来估计的，这种方法可以用于价值函数和一阶条件。还有两种方法直接估计了问题的最优条件。在一个例子中，在稳定时期，一个对数线性（或者二阶）近似是可以计算的。在其他例子中，期望等式由非线性函数来近似，并且解是由求解这些函数的参数得到的。

2.2.1 *二次型近似*

二次型近似是很容易计算的，但是需要两个限制条件。第一个条件是存在一个点，特别是在平稳状态下，在这个点周围可以进行估计。尽管这个要求看起来无关紧要，我们仍需要注意，有些模型是没有平稳状态的，在其他情况下，平稳状态则可能是多重的。第二个条件是，局部的动态是由线性差分方程来进行估计的。因此，当研究中引入偏离估计点较大的扰动（例如，政治变革）、动态路径非线性，或者需要考虑过渡期情况时，这样的估计则是不合适的。而且，它们可能对不等量限制的问题（例如，借款或者不可抗拒性）给出错误答案。

目标函数的二次型近似被用于社会计划者决定产生竞争性均衡配置的情况。当情况改变时，这种方法需要考虑总体变量和个体变量之间的区别［参见汉森和萨金特（Hansen and Sargent，2005）；库利（Cooley，1995），第2章］，针对这些事实做某些改变，但是在这些情况下，原理都是相同的。

二次型近似可以应用于价值函数和拉格朗日乘数问题。我们只讨论第一种问题的应用，因为第二种问题相对简单。令贝尔曼等式是：

$$\mathbb{V}(y_2, y_3)=\max_{\{y_1\}} \tilde{u}(y_1, y_2, y_3)+\beta E\, \mathbb{V}(y_2^+, y_3^+ \mid y_2, y_3) \tag{2.24}$$

这里，y_2 是一个 $m_2\times 1$ 维的状态向量，y_3 是一个 $m_3\times 1$ 维的外生变量向量，y_1 是一个 $m_1\times 1$ 维的控制向量。假设限制是 $y_2^+=h(y_3, y_1, y_2)$，外生变量的移动法则是$y_3^+=\rho_3 y_3+\epsilon^+$，这里，$h$ 是连续的，ϵ 是一个鞅差分扰动的向量。用（2.24）式中的限制条件，我们可以得到：

$$\mathbb{V}(y_2, y_3)=\max_{\{y_2^+\}} u(y_2, y_3, y_2^+)+\beta E\, \mathbb{V}(y_2^+, y_3^+ \mid y_2, y_3) \tag{2.25}$$

令 $\bar{u}(y_2, y_3, y_2^+)$ 是 $u(y_2, y_3, y_2^+)$ 在 $(\bar{y}_2, \bar{y}_3, \bar{y}_2)$ 的二次型近似。如果 $\mathbb{V}^0$ 是二次型，那么（2.25）式就把二次型函数映射成二次型函数，$V(y_2, y_3)$ 的极限值也是二

次型。因此，在某些正常的条件下，等式的解是二次的，y_2^+ 的决定法则是线性的。当(2.25)式的解是已知且唯一的，它的近似可以通过从二次型的 $\mathbb{V}^0$ 开始重复(2.25)式而得到，也可以通过估计 $\mathbb{V}(y_2, y_3)=\mathbb{V}_0+\mathbb{V}_1[y_2, y_3]+[y_2, y_3]\mathbb{V}_2[y_2, y_3]'$，并且求出 $\mathbb{V}_0$、$\mathbb{V}_1$、$\mathbb{V}_2$。

需要重点强调的是，当求二次型近似解的时候，要求确定性等价。这一原理让我们消除(2.25)式中的期望算子，一旦解求出来了，可以在未来的未知变量前面重新插入。这一方法是可行的，因为冲击的协方差矩阵并没有进入决定法则。也就是说，确定性等价表示，我们可以规定冲击的协方差矩阵为零，用它们的非条件均值替换随机变量。

练习 2.19 考虑基本的 RBC 模型，消费没有惯性延迟，效用由 $u(c_t, c_{t-1}, N_t)=c_t^{1-\varphi}/(1-\varphi)$ 给出，没有政府部门，没有税收，考虑贝尔曼等式提供的递归公式。

(i) 计算效用函数的稳定状态和二次型近似。

(ii) 计算价值函数，假设初始 V^0 是二次型，计算资本、劳动力和消费的最优决定法则。

练习 2.19 通过强制的方式来重复，我们要记住，近似二次型价值函数问题属于最优线性规划问题。因此，函数等式(2.25)的一个近似解也可以通过用控制论的方法得到。我们已经在练习 2.5 中见到了最优线性规划问题的一个例子。回忆在那个例子中，我们想要最大化 $E_t\sum_t\beta^t([y_{2t}, y_{3t}]'\mathcal{Q}_2[y_{2t}, y_{3t}]+y_{1t}'\mathcal{Q}_1 y_{1t}+2[y_{2t}, y_{3t}]'\mathcal{Q}_3' y_1)$，$y_{1t}$ 和 y_{20} 是已知的，约束为 $y_{2t+1}=\mathcal{Q}_4' y_{2t}+\mathcal{Q}_5' y_{1t}+\mathcal{Q}_6' y_{3t+1}$。贝尔曼等式是：

$$\begin{aligned}\mathbb{V}(y_2, y_3)=&\max_{\{y_1\}}[y_2, y_3]'\mathcal{Q}_2[y_2, y_3]+y_1'\mathcal{Q}_1 y_1+2[y_2, y_3]'\mathcal{Q}_3' y_1\\&+\beta E\,\mathbb{V}(y_2^+, y_3^+ \mid y_2, y_3)\end{aligned}\tag{2.26}$$

汉森和萨金特(Hansen and Sargent, 2005)证明了，从任意的初始情况开始，重复(2.26)式，产生第 j 步二次型价值函数 $\mathbb{V}^j=y_2'\mathbb{V}_2^j y_2+\mathbb{V}_0^j$，这里有：

$$\mathbb{V}_2^{j+1}=\mathcal{Q}_2+\beta\mathcal{Q}_4\mathbb{V}_2^j\mathcal{Q}_4'-(\beta\mathcal{Q}_4\mathbb{V}_2^j\mathcal{Q}_5'+\mathcal{Q}_3')(\mathcal{Q}_1+\beta\mathcal{Q}_5\mathbb{V}_2^j\mathcal{Q}_5')^{-1}(\beta\mathcal{Q}_5\mathbb{V}_2^j\mathcal{Q}_4'+\mathcal{Q}_3)\tag{2.27}$$

并且 $\mathbb{V}_0^{j+1}=\beta\mathbb{V}_0^j+\beta\,\mathrm{tr}(\mathbb{V}_2^j\mathcal{Q}_6'\mathcal{Q}_6)$。等式(2.27)是所谓的里卡蒂(Riccati)等式矩阵，它依靠模型(即矩阵 $\mathcal{Q}_i$)的参数，但是不包括 $\mathbb{V}_0^j$。等式(2.27)可以用于求 $\mathbb{V}_2$ 的极限值，然后让我们得以计算 $\mathbb{V}_0$ 的极限和函数值。决定法则在重复 j 时最大化 $y_{1t}^j=-(\mathcal{Q}_1+\beta\mathcal{Q}_5\mathbb{V}_2^j\mathcal{Q}_5')^{-1}\times(\beta\mathcal{Q}_5\mathbb{V}_2^j\mathcal{Q}_4'+\mathcal{Q}_3)y_{2t}$，并且在已知 $\mathbb{V}_2^j$、y_{2t} 和模型参数的情况下，该决定法则是可以计算的。

尽管重复(2.27)式求解 $\mathbb{V}_0^j$、$\mathbb{V}_2^j$ 的极限是很平常的方法，读者应该意识到，一步就能产生这种极限的算法是存在的[参见汉森等人(Hansen et al., 1996)]。

练习 2.20 考虑例题 2.6 中分析的两国模型。

(i) 在平稳状态下，用二次型近似估计社会计划者的目标函数。把这一问题映射到线性规划的框架下。

(ii) 用里卡蒂等式矩阵求最大化问题的解。

例题 2.12 考虑练习 2.7，效用函数是 $u(c_t,G_t,N_t)=\ln(c_t+\vartheta_G G_t)+\vartheta_N(1-N_t)$，这里，$G_t$ 是 AR(1)过程，持续性为 ρ_G，方差是 σ_G^2，它是由一次总缴的人头税支付的。资源约束是 $c_t+K_{t+1}+G_t=K_t^{1-\eta}N_t^{\eta}\zeta_t+(1-\delta)K_t$，这里，$\zeta_t$ 是 AR(1)的扰动，持续性为 ρ_ζ，方差为 σ_ζ^2。令 $\vartheta_G=0.7$，$\eta=0.64$，$\delta=0.025$，$\beta=0.99$，$\vartheta_N=2.8$，我们有 $(K/GDP)^{ss}=10.25$，$(c/GDP)^{ss}=0.745$，$(inv/GDP)^{ss}=0.225$，$(G/GDP)^{ss}=0.03$，$N^{ss}=0.235$。估计二次型效用函数和线性约束，我们可以用里卡蒂等式矩阵来求解。收敛可以通过迭代 243 步而得到，价值函数的增量在最后一步迭代中是 9.41×10^{-6}。价值函数是 $[y_2,y_3]\mathbb{V}_2[y_2,y_3]'$ 的一部分，这里，$y_2=K$，$y_3=(G,\zeta)$，并且有：

$$\mathbb{V}_2=\begin{bmatrix}1.76\times10^{-9} & 3.08\times10^{-7} & 7.38\times10^{-9}\\ -1.54\times10^{-8} & -0.081 & -9.38\times10^{-8}\\ -2.14\times10^{-6} & -3.75\times10^{-4} & -8.98\times10^{-6}\end{bmatrix}$$

对于 $y_1=(c,N)'$，决定法则是：

$$y_{1t}=\begin{bmatrix}-9.06\times10^{-10} & -0.70 & -2.87\times10^{-9}\\ -9.32\times10^{-10} & -1.56\times10^{-7} & -2.95\times10^{-9}\end{bmatrix}y_{2t}$$

究竟是选择严格强制还是里卡蒂迭代，取决于不确定的系数。尽管这种方法在概念上是简单的，但是它的计算可能显得很笨拙，即使是很小的问题也是这样。如果我们知道价值函数(和/或者决策法则)的形式，我们可以用一个特定的参数来代表它，用一阶条件来求解未知的参数，就像在练习 2.3 中做的那样。我们将在下面的例子中强调几个步骤，使读者了解其细节。

例题 2.13 假设代表性家庭选择一系列的 $(c_t,M_{t+1}/p_t)$，使 $E_0\sum_t\beta^t[c_t^{\vartheta}+(M_{t+1}/p_t)^{1-\vartheta}]$ 最大化，这里，c_t 是消费，$M_{t+1}^{\dagger}=M_{t+1}/p_t$ 是实际货币量。预算约束是 $c_t+M_{t+1}/p_t=(1-T^y)w_t+M_t/p_t$，这里，$T^y$ 是所得税。我们假设 w_t 和 M_t 是外生且随机的。政府预算约束是 $G_t=T^y w_t+(M_{t+1}-M_t)/p_t$，同消费预算约束一起表示为 $c_t+G_t=w_t$，代替效用函数中的限制性条件，我们有：$E_0\sum_t\beta^t\{[(1-T^y)w_t+M_t^{\dagger}/\pi_t+M_{t+1}^{\dagger}]^{\vartheta}+(M_{t+1}^{\dagger})^{1-\vartheta}\}$，这里，$\pi_t$ 是通货膨胀率。这一问题的状态是 $y_{2t}=(M_t^{\dagger},\pi_t)$，冲击是 $y_{3t}=(w_t,M_t^g)$。贝尔曼等式是：$\mathbb{V}(y_2,y_3)=\max_{\{c,M^{\dagger}\}}[u(c,M^{\dagger})+\beta E\,\mathbb{V}(y_2^+,y_3^+|y_2,y_3)]$。令 $(c^{ss},M^{\dagger ss},w^{ss},\pi^{ss})$ 表示稳定状态下的消费值、实际余额值、收入和通货膨胀值。对于 $\pi^{ss}=1$、$w^{ss}=1$，消费量和实际余额在稳定状态下是 $c^{ss}=(1-T^y)$，$(M^{\dagger})^{ss}=\{[(1-\beta)\vartheta(1-T^y)^{\vartheta-1}]/(1-\vartheta)\}^{-1/\vartheta}$。效用函数的一个二次型近似是 $\mathfrak{B}_0+\mathfrak{B}_1x_t+x_t'\mathfrak{B}_2x_t$，这里，$x_t=(w_t,M_t^{\dagger},\pi_t,M_{t+1}^{\dagger})$，

$$\mathfrak{B}_0=(c^{ss})^{\vartheta}+[(M^{\dagger})^{ss}]^{1-\vartheta}$$

$$\mathfrak{B}_1=\Big[\vartheta(c^{ss})^{\vartheta-1}(1-T^y);\ \frac{\vartheta(c^{ss})^{\vartheta-1}}{\pi^{ss}};\ \vartheta(c^{ss})^{\vartheta-1}\Big(-\frac{(M^{\dagger})^{ss}}{(\pi^{ss})^2}\Big);\ -\vartheta(c^{ss})^{\vartheta-1}+(1+\vartheta)((M^{\dagger})^{ss})^{-\vartheta}\Big]$$

矩阵 $\mathfrak{B}_2$ 是：

$$\left[\begin{array}{cc} \kappa(1-T^{y})^{2} & \kappa(1-T^{y})/\pi^{ss} \\ \kappa(1-T^{y})/\pi^{ss} & \kappa/(\pi^{ss})^{2} \\ \kappa(1-T^{y})[-(M^{\dagger})^{ss}/(\pi^{ss})^{2}] & [-(M^{\dagger})^{ss}/(\pi^{ss})^{2}][\kappa/\pi^{ss}+\vartheta(c^{ss})^{\vartheta-1}] \\ -\kappa(1-T^{y}) & -\kappa/\pi^{s} \end{array}\right.$$

$$\left.\begin{array}{cc} \kappa(1-T^{y})[-(M^{\dagger})^{ss}/(\pi^{ss})^{2}] & -\kappa(1-T^{y}) \\ [-(M^{\dagger})^{ss}/(\pi^{ss})^{2}][\kappa/\pi^{ss}+\vartheta(c^{ss})^{\vartheta-1}] & -\kappa/\pi^{ss} \\ \kappa\left(-\frac{(M^{\dagger})^{ss}}{(\pi^{ss})^{2}}\right)\left[-\frac{2c^{ss}}{(\vartheta-1)\pi^{ss}}-\left(-\frac{(M^{\dagger})^{ss}}{(\pi^{ss})^{2}}\right)\right] & -\kappa\left[-\frac{(M^{\dagger})^{ss}}{(\pi^{ss})^{2}}\right] \\ -\kappa[-(M^{\dagger})^{ss}/(\pi^{ss})^{2}] & \kappa+\vartheta(1+\vartheta)[(M^{\dagger})^{ss}]^{-\vartheta-1} \end{array}\right]$$

这里,$\kappa=\vartheta(\vartheta-1)(c^{ss})^{\vartheta-2}$。我们可以估计函数值的二次型形式,并求解出待定系数。同样,如果只需要决策函数,我们可以直接估计一个线性政策函数(偏离了稳定状态),其形式是 $M_{t+1}^{\dagger}=\mathcal{Q}_0+\mathcal{Q}_1M_t^{\dagger}+\mathcal{Q}_2\pi_t+\mathcal{Q}_3w_t+\mathcal{Q}_4M_t^{g}$,并用一阶条件的线性性质求解出 $\mathcal{Q}_i$。

练习 2.21 求例题 2.13 中的问题的近似一阶条件。求出 $\mathcal{Q}_j$, $j=0,1,2,3$ 的形式。(提示:用确定性等价的性质来证明。)

当状态的数目很大时,计算效用函数的一阶和二阶微分可能要花很多时间。以数字表示的偏离作为替换,这样可以更快地计算,而且只需要求模型中心点的解。因此,在例题 2.13 中,为了估计 $\partial u/\partial c$,当 ι 非常小的时候,我们可以采用:$\{[(1-T^{y})w^{ss}+\iota]^{\vartheta}-[(1-T^{y})w^{ss}-\iota]^{\vartheta}\}/2\iota$。

练习 2.22[拉姆齐(Ramsey)] 假设代表性家庭使 $E_0\sum_t\beta^t[v_tc_t^{1-\varphi_c}/(1-\varphi_c)-N_t^{1-\varphi_n}/(1-\varphi_n)]$ 最大化,这里,v_t 是偏好的冲击,φ_c、φ_n 是参数。消费者预算约束是 $E_0\sum_t\beta^tp_t^0\times[(1-T_t^y)\mathrm{GDP}_t+s_t^{0b}-c_t]=0$,这里,$s_t^{0b}$ 是政府在 0 时刻承诺的应付票据流,p_t^0 是阿罗—德布鲁(Arrow-Debreu)价格。资源约束是:$c_t+G_t=\mathrm{GDP}_t=\zeta_tN_t^{\eta}$。政府预算约束是 $E_0\sum_t\beta^tp_t^0\times[(G_t+s_t^{0b})-T_t^y\mathrm{GDP}_t]=0$。已知 G_t 的收入和应付票据现值 $E_0\sum_t\beta^tp_t^0s_t^{0b}$,一个可行的税收收入必须满足政府预算约束。假设$(v_t,\zeta_t,s_t^{0b},G_t)$是 AR(1)中的随机变量,代表性家庭选择一系列的消费和时间,政府选择家庭接受的税收收入。政府承诺在时间 0 开始实行最优的税收系统政策,并永远执行。

(i) 用二次型近似求解这个问题,计算家庭问题的一阶条件,并计算 p_t^0。

(ii) 请给出 c_t、N_t 的分配,以及最优税收政策 T_t^y。不考虑 G_t 过程,最优税收率表示了税收平滑(随机游走税收)吗?

2.2.2 *离散化*

作为二次型近似的替换,我们可以用离散状态空间和外生收入产生价值的空间的方法求解价值函数问题。这种方法被莫哈和普雷斯科特(Merha and Prescott,1985)推广。其思想是:状态是在集合 $Y_2=\{y_{21},\cdots,y_{2n_1}\}$ 中表示的,外生收入是 $Y_3=\{y_{31},\cdots,y_{3n_2}\}$。则$(y_{2t},y_{3t})$组合的概率空间有 $n_1\times n_2$ 个点。为了简化分析,假设外生变量是具有一阶可微的马尔科夫转移矩阵 $P(y_{3t+1}=y_{3j'}\mid y_{3t}=y_{3j})=$

$p_{j'j}$，与空间状态和外生变量相关的价值函数为 $\mathbb{V}(y_{2i},y_{3j})$，它是一个 $n_1\times n_2$ 阶矩阵，因为冲击对于马尔科夫结构转移矩阵而言，就是把一个无限维的问题转化成把 $n_1\times n_2$ 矩阵映射到 $n_1\times n_2$ 矩阵的问题。因此，重复贝尔曼等式很容易计算。价值函数可以被写作：$(\mathcal{T}\mathbb{V}_{ij})(y_2,y_3)=\max_n u(y_1,y_{2i},y_{3j})+\beta\sum_{t=1}^{n_2}\mathbb{V}_{n,l}p_{l,j}$，这里，$y_{1n}$ 满足 $h(y_{1n},y_{2i},y_{3j})=y_{2n}$，$n=1,\cdots,n_1$。下面的例子将给出这种方法的解释。

例题 2.14 考虑 RBC 模型，随机的政府支出是由所得税支持的，劳动力供给没有弹性，生产仅仅使用资本。社会计划者选择 $\{c_t,K_{t+1}\}$ 以使 $E_0\sum_t\beta^t c_t^{1-\varphi}/(1-\varphi)$ 最大化，已知 G_t 和 K_t，有 $c_t+K_{t+1}-(1-\delta)K_t+G_t=(1-T^y)K_t^{1-\eta}$，这里，$G_t$ 是 AR(1)过程，延迟 ρ_G，方差是 σ_G^2，$(\varphi,\beta,T^y,\eta,\delta)$ 是参数。已知 K_0，贝尔曼等式是：

$$\mathbb{V}(K,G)=\max_{\{K^+\}}[(1-T^y)K^{1-\eta}+(1-\delta)K-G-K^+]^{1-\varphi}/(1-\varphi)\\+\beta E[\mathbb{V}(K^+,G^+|K,G)]$$

假设资本和政府支出只能取两个值，令 G_t 的转变是 $p_{j',j}$。那么离散化计算按以下步骤进行。

算法 2.2

(1) 选择 $(\delta,\eta,\varphi,T^y,\beta)$ 的值，设定 $p_{j',j}$ 的元素。

(2) 选择一个初始 2×2 矩阵 $\mathbb{V}(K,G)$，例如，$\mathbb{V}^0=0$。

(3) 对于每一个 $i,j=1,2$，计算：

$$(\mathcal{T}\mathbb{V}_{i,j})(K,G)=\max\left\{\frac{[(1-T^y)K_i^{1-\eta}+(1-\delta)K_i-K_i-G_i]^{1-\varphi}}{1-\varphi}+\beta[\mathbb{V}_{i,j}p_{j,j}+\mathbb{V}_{i,j'}p_{j,j'}],\right.\\\left.\frac{[(1-T^y)K_i^{1-\eta}+(1-\delta)K_i-K_{i'}-G_i]^{1-\varphi}}{1-\varphi}+\beta[\mathbb{V}_{i',j}p_{j,j}+\mathbb{V}_{i',j'}p_{j,j'}]\right\}$$

(4) 重复(3)，直到，例如，$\max_{i,i'}|\mathcal{T}^l\mathbb{V}_{i,j}-\mathcal{T}^{l-1}\mathbb{V}_{i,j}|\leqslant\iota$，$\iota$ 很小，$l=2,3,\cdots$。

假设 $T^y=0.1,\delta=0.8,\beta=0.9,\varphi=2,\eta=0.66$；选择 $G_1=1.1,G_2=0.9,K_1=5.3,K_2=6.4,p_{11}=0.8,p_{22}=0.7,\mathbb{V}^0=0$。则：

$$(\mathcal{T}\mathbb{V}_{11})=\max_{1,2}\left\{\frac{[(1-T^y)K_1^{1-\eta}+(1-\delta)K_1-K_1-G_1]^{1-\varphi}}{1-\varphi},\right.\\\left.\frac{[(1-T^y)K_1^{1-\eta}+(1-\delta)K_1-K_2-G_1]^{1-\varphi}}{1-\varphi}\right\}\\=\max_{1,2}\{14.38,0.85\}=14.38$$

重复其他步骤，有：

$$\mathcal{T}\mathbb{V}=\begin{bmatrix}14.38 & 1.03\\12.60 & -0.81\end{bmatrix},\ \mathcal{T}^2\mathbb{V}=\begin{bmatrix}24.92 & 3.91\\21.53 & 1.10\end{bmatrix},\ \lim_{l\to\infty}\mathcal{T}^l\mathbb{V}=\begin{bmatrix}71.63 & 31.54\\56.27 & 1.10\end{bmatrix}$$

解隐含地定义了决策法则；例如，对于$(\mathcal{T}\mathbb{V}_{11})$，我们有 $K_t=K_1$。

显然地，近似的质量依赖于网格适合与否。因此，从粗网格开始是个很好的想法，在得到收敛之后，检查更好的网格是否能产生不一样的结论。

离散化的方法对于中等大小的问题(也就是说,当状态变量的规模和外生过程的规模都很小的时候)研究得很好,因为建立一个对称且有效覆盖高维空间的网格是很困难的。例如,当我们有 1 种状态、2 种冲击和 100 个网格点时,每一步要做 1 000 000个估计。无论如何,即使有这样大数量的网格估计,也很容易剩余大量的网格空间没有开发。因此,我们在采用这一方法的时候一定要小心。

练习 2.23(搜索) 假设一个工人可以选择接受或拒绝一份工资。如果他在 $t-1$ 期工作,工资是 $w_t=b_0+b_1w_{t-1}+e_t$,e_t 是独立同分布的冲击;如果他不在 $t-1$ 期工作,w_t^* 从平稳分布中得到。通过观察 w_t,工人决定是否工作(也就是说,$N_t=0$ 还是 $N_t=1$)。工人不能存款,所以如果 $N_t=1$,那么 $c_t=w_t$;如果 $N_t=0$,那么 $c_t=\bar{c}$,这里,$\bar{c}$ 衡量失业救济。工人使贴现后的效用最大化,这里,$u(c)=c_t^{1-\varphi}/(1-\varphi)$,$\varphi$ 是参数。

(i) 写出最大化问题和一阶条件。

(ii) 定义状态变量、控制变量和贝尔曼等式。假设 $e_t=0,b_0=0,b_1=1,\beta=0.96,w_t^*\sim\mathbb{U}(0,1)$。计算最优价值函数和决策法则。

(iii) 假设现在工人可以选择退休,故 $x_t=0$ 或 $x_t=1$。假设当 $x_{t-1}=0$ 时,$x_t=x_{t-1}$;当 $N_t=1$、$x_t=1$ 时,$c_t=w_t$;当 $N_t=0$、$x_t=1$ 时,$c_t=\bar{c}$;当 $N_t=0$、$x_t=0$ 时,$c_t=\bar{\bar{c}}$,其中,$\bar{\bar{c}}$ 代表退休金。写出贝尔曼等式,并且计算最优值函数。

(iv) 假设现在工人可以选择迁移。对于每处地点 $i=1,2$,如果他于 $t-1$ 时刻在地点 i 工作,则工资为 $w_t^i=b_0+b_1w_{t-1}^l+e_t^i$,或者说 $w_t^i\sim\mathbb{U}(0,i)$。对于消费而言,如果 $i_t=i_{t-1}$,则 $c_t=w_t$;如果 $i_t\neq i_{t-1}$,则 $c_t=\bar{c}-\varrho$,其中,$\varrho=0.1$ 是迁移成本。写出贝尔曼等式,并且计算最优价值函数和决策法则。

练习 2.24(卢卡斯树模型) 考虑一个经济体系,在该体系中一个无限存在的代表性家庭具有的自然禀赋是 sd_t,关于消费和存款的决定都是随机的,存款可以以股票或债券的形式出现,并令 $u(c_t,c_{t-1},N_t)=\ln c_t$。

(i) 写出最大化问题和一阶条件。写出指定状态和控制变量下的贝尔曼等式。

(ii) 假设捐赠过程只能取 $\mathrm{sd}_1=6$ 和 $\mathrm{sd}_2=1$ 两个值,转移矩阵为$\begin{pmatrix}0.7 & 0.3\\0.2 & 0.8\end{pmatrix}$。找出 2×1 阶向量的价值函数。

(iii) 找出消费、持有股票和债券的政策函数,以及股票和债券的价格函数。

也可以采用离散化的方法直接得出该问题的最优条件。因此,这种方法适用于不存在价值函数的问题。

例题 2.15 对于一般偏好,练习 2.24 中的欧拉等式是:

$$p_t^{\mathrm{S}}(\mathrm{sd}_t)U_{c,t}=\beta E[U_{c,t+1}(p_{t+1}^{\mathrm{S}}(\mathrm{sd}_{t+1})+\mathrm{sd}_{t+1})] \tag{2.28}$$

其中,我们已经阐明 p_t^{S} 依赖于 sd_t。如果我们假设 $\mathrm{sd}_t=[\mathrm{sd}_h,\mathrm{sd}_L]$,使用均衡条件 $c_t=\mathrm{sd}_t$,并且令 $U_i^1\equiv p^{\mathrm{S}}(\mathrm{sd}_i)U_{\mathrm{sd}_i}$,$U_i^2=\beta\sum_{i'=1}^2 p_{ii'}U_{\mathrm{sd}_i}\mathrm{sd}_i$,(2.28)式可以写成 $U_i^1=U_i^2+\beta\sum_{i'}p_{ii'}U_{i'}^1$ 或 $U^1=(1-\beta P)^{-1}U^2$,其中,P 是带有典型元素的矩阵$\{p_{ii'}\}$。因此,股价满足方程 $p^{\mathrm{S}}(\mathrm{sd}_i)=\sum_{i'}(I+\beta P+\beta^2P^2+\cdots)_{ii'}U_{i'}^2/U_{\mathrm{sd}_i}$,在这里,对矩阵的$(i,i')$元素进行求和。

练习 2.25 考虑跨期条件(2.11),和一个标准 RBC 经济体系的期内条件(2.12)。假设 $T^y=0$,并且(K_t,ζ_t)可以取两个值。叙述当$U(c_t,c_{t-1},N_t)=\ln c_t+\vartheta_N(1-N_t)$时,怎样找出最优消费/休闲选择。

2.2.3 对数线性估计

根据布兰夏德和卡恩(Blanchard and Kahn,1980)、金等人(King et al.,1988),以及坎贝尔(Campbell,1994)所做的工作,最近几年对数线性化的方法被广泛使用。乌里格(Uhlig,1999)将这种方法系统化,并且提供了有效的软件解决了大量的问题。金和沃森(King and Watson,1998)以及克莱因(Klein,2000)给出了单一系统的运算方法。西姆斯(Sims,2001)给出了当状态和控制的区别并不清楚时,线性系统的一种解决方法。

对数线性估计在思想上和二次型估计是相似的,计算结果也是使用相似的方法。前者在问题中存在较轻微的非线性可能更加有效。两种方法的主要区别在于,二次型估计主要基于目标函数的运算,而对数线性估计则基于使用问题的最优化条件来进行运算。因此,后者可用于因为扭曲而产生次优竞争性平衡的情况。

对数线性化的基本准则非常简单。我们需要找到一点,在这点周围存在对数线性化。这可以是一种稳定的状态,或者是带摩擦的模型中的非摩擦的解。令$y=(y_1,y_2,y_3)$。问题的最优条件可分为两块,第一块包含期望等式,而第二块则包含非期望等式:

$$1=E_t[h(y_{t+1},y_t)] \tag{2.29}$$

$$1=f(y_t,y_{t-1}) \tag{2.30}$$

其中,$f(0,0)=1$,$h(0,0)=1$。在$(\bar{y},\bar{y})=(0,0)$周围进行一阶泰勒展开得到:

$$0\approx E_t[h_{t+1}y_{t+1}+h_t y_t] \tag{2.31}$$

$$0\approx f_t y_t+f_{t-1}y_{t-1} \tag{2.32}$$

其中,$f_j=\partial\ln f/\partial y_j'$,$h_j=\partial\ln h/\partial y_j'$。等式(2.31)和(2.32)形成一个线性期望等式系统。

尽管对数线性化仅仅要求得到 f 和 h 的一阶微分,乌里格(Uhlig,1999)却建议,采用一系列的估计来直接而无差别地计算(2.31)式和(2.32)式。这个巧妙的方法包括用$\bar{Y}e^{\hat{y}_t}$来代替Y_t,以及以下三条准则(此处,a_0 是常数,b_{1t}、b_{2t}是极小数):

(i) $e^{b_{1t}+a_0 b_{2t}}\approx 1+b_{1t}+a_0 b_{2t}$

(ii) $b_{1t}\,b_{2t}\approx 0$

(iii) $E_t[a_0 e^{b_{1t+1}}]\propto E_t[a_0 b_{1t+1}]$

例题 2.16 为了举例说明这三条准则,考虑资源限制 $C_t+G_t+\text{Inv}_t=\text{GDP}_t$,假设$\bar{C}e^{\hat{c}_t}+\bar{G}e^{\hat{g}_t}+\overline{\text{Inv}}e^{\widehat{\text{inv}}_t}=\overline{\text{GDP}}e^{\widehat{\text{gdp}}_t}$,并利用准则(i)得到$\bar{C}(1+\hat{c}_t)+\bar{G}(1+\hat{g}_t)+\overline{\text{Inv}}(1+\widehat{\text{inv}}_t)-\overline{\text{GDP}}(1+\widehat{\text{gdp}}_t)=0$。然后,通过$\bar{C}+\bar{G}+\overline{\text{Inv}}=\overline{\text{GDP}}$,我们得到$\bar{C}\,\hat{c}_t+\bar{G}\,\hat{g}_t+\overline{\text{Inv}}\,\widehat{\text{inv}}_t-\overline{\text{GDP}}\,\widehat{\text{gdp}}_t=0$ 或 $(\bar{C}/\overline{\text{GDP}})\,\hat{c}_t+(\bar{G}/\overline{\text{GDP}})\,\hat{g}_t+(\overline{\text{Inv}}/\overline{\text{GDP}})\,\widehat{\text{inv}}_t-\widehat{\text{gdp}}_t=0$。

练习 2.26 假设 y_t 和 y_{t+1} 满足同方差，并且呈条件联合对数正态分布。用 $0=\ln\{E_t[e^{\bar{h}(y_{t+1},y_t)}]\}$ 来替代(2.29)式，其中，$\bar{h}=\ln(h)$。使用 $\ln h(0,0)\approx 0.5\,\mathrm{var}_t[\bar{h}_{t+1}y_{t+1}+\bar{h}_t y_t]$，表明对数线性估计是 $0\approx E_t[\bar{h}_{t+1}y_{t+1}+\bar{h}_t y_t]$。此估计与(2.31)式中的有什么区别？

练习 2.27 假设私人生产函数定义为 $\mathrm{GDP}_t=(K_t/\mathrm{Pop}_t)^{\aleph_1/(1-\eta)}\times(N_t/\mathrm{Pop}_t)^{\aleph_2/\eta}K_t^{1-\eta}N_t^{\eta}\zeta_t$，其中，$(K/\mathrm{Pop}_t)$ 和 (N_t/Pop_t) 是经济体系中资本和劳动时间的平均禀赋。假设效用函数是 $E_t\sum_t\beta^t[\ln(c_t/\mathrm{Pop}_t)-(1/(1-\varphi_N))(N_t/\mathrm{Pop}_t)^{1-\varphi_N}]$。设 $(\ln\zeta_t,\ \ln\mathrm{Pop}_t)$ 是 AR(1) 过程，持续为 ρ_ζ 和 1。

(i) 证明该问题的最优化条件为：

$$\frac{c_t}{\mathrm{Pop}_t}\left(\frac{N_t}{\mathrm{Pop}_t}\right)^{-\varphi_N}=\eta\frac{\mathrm{GDP}_t}{\mathrm{Pop}_t} \tag{2.33}$$

$$\frac{\mathrm{Pop}_t}{c_t}=E_t\beta\frac{\mathrm{Pop}_{t+1}}{c_{t+1}}\left[(1-\delta)+(1-\eta)\frac{\mathrm{GDP}_{t+1}}{K_{t+1}}\right] \tag{2.34}$$

(ii) 找出对数线性生产函数、劳动力市场均衡、欧拉方程和预算约束。

(iii) 写出欧拉方程错误情况下的对数线性化期望等式。找出存在比状态变量多的稳定根的条件(此情况下可能达到太阳黑子均衡)。

有几个经济学模型并不符合(2.29)式和(2.30)式中的步骤。例如，罗滕伯格和伍德福德(Rotemberg and Woodford, 1997)描述了一个模型，在该模型中，t 时刻的消费取决于对 $t+2$ 时刻及其后时刻变量的期望。如下一个例子所示，这个模型可以通过使用虚变量来被调整成(2.29)式、(2.30)式中的步骤。一般来说，重新构建变量的时间惯例或增大状态向量，使这些问题能够适合(2.29)式和(2.30)式。

例题 2.17 假设(2.29)式中，$1=E_t[h(y_{2t+2},y_{2t})]$。我们可以通过使用一个虚变量 y_{2t}^*，将此二阶期望等式转化成一阶期望等式的 2×1 阶向量。事实上，只要 $[y_{2t},y_{2t}^*]$ 被用作该问题的状态变量，上面的等式就等价于 $1=E_t[h(y_{2t+1}^*,y_{2t})]$，并且有 $y_{2t+1}=y_{2t}^*$。

练习 2.28 考虑一个模型，在该模型中的家庭像例题 2.7 中的一样，是基于经验原则并且是目标最优化的，家庭的目标最优化显示出其消费习惯。特别地，假设它们的效用函数为 $(c_t-\gamma c_{t-1})^{\vartheta}(1-N_t)^{1-\vartheta}$。求出该模型的一阶条件，并将它们映射到(2.29)式和(2.30)式。

例题 2.18 对数线性在平稳状态下，在练习 2.13 的模型的均衡条件附近，假设农民技术生产力中一个意外的改变(用 Δ 表示)持续一个周期。对于 $\tau=0$，我们有 $(1+1/\varrho)\widehat{\mathrm{La}}_t=\Delta+(r/(r-1))\hat{p}_t^{\mathrm{L}}$；对于 $\tau\geqslant1$，我们有 $(1+1/\varrho)\widehat{\mathrm{La}}_{t+\tau}=\widehat{\mathrm{La}}_{t+\tau-1}$，这里，$\varrho$ 是考虑了使用者在平稳状态下成本的土地供给弹性，并且 $\hat{p}_t^{\mathrm{L}}=((r-1)/(r\varrho))\{1/[1-\varrho/(r(1+\varrho))]\}\widehat{\mathrm{La}}_t$，其中，“ˆ”符号表示偏离平稳状态的百分比。解这两个方程，我们有 $\hat{p}_t^{\mathrm{L}}=\Delta/\varrho$ 和 $\widehat{\mathrm{La}}_t=[1/(1+1/\varrho)][1+r/(r-1)\varrho]\Delta$。我们会得到以下三个有趣的结论：第一，如果 $\varrho=0$，暂时的冲击对农民的土地和价格有永久的效应；第二，因为 $[1/(1+1/\varrho)][1+r/(r-1)\varrho]>1$，对土地所有者的作用会比冲击大；第三，在平稳的情况下，有 $(\widehat{\mathrm{La}}_t)^*=\Delta<\widehat{\mathrm{La}}_t$ 和 $(\hat{p}_t^{\mathrm{L}})^*=$

$[(r-1)/(r\varrho)]\Delta<\hat{p}_t^{\mathrm{L}}$。这是因为 Δ 影响农民的净价值：一个正的 Δ 减少债务的价值，增加农民的可用资本，从而增大了冲击的效果。

练习 2.29 证明当 $K_t=1,\forall t$，并且垄断性企业使用 $\beta u_{c,t+1}/u_{c,t}$ 作为贴现因子时，例题 2.9 中粘性价格模型的对数线性化的一阶条件是：

$$\left.\begin{aligned}
0&=\hat{w}_t+\frac{N^{\mathrm{ss}}}{1-N^{\mathrm{ss}}}\hat{N}_t-\hat{c}_t\\
\left(\frac{1}{1+i^{\mathrm{ss}}}\right)\hat{l}_{t+1}&=[1-\vartheta(1-\varphi)](\hat{c}_{t+1}-c_t)\\
&\quad-(1-\vartheta)(1-\varphi)(\hat{N}_{t+1}-\hat{N}_t)\frac{N^{\mathrm{ss}}}{1-N^{\mathrm{ss}}}-\hat{\pi}_{t+1}\\
\left(\widehat{\frac{M_{t+1}}{p_t}}\right)&=\frac{\vartheta(1-\varphi)-1}{\varphi_{\mathrm{m}}}\hat{c}_t+\frac{N^{\mathrm{ss}}}{1-N^{\mathrm{ss}}}\frac{(1-\vartheta)(1-\varphi)}{\varphi_{\mathrm{m}}}\hat{N}_t-\frac{1}{\varphi_{\mathrm{m}}(1+i^{\mathrm{ss}})}\hat{l}_t\\
\beta E_t\hat{\pi}_{t+1}&=\hat{\pi}_t-\frac{(1-\zeta_{\mathrm{p}})(1-\zeta_{\mathrm{p}}\beta)}{\zeta_{\mathrm{p}}}\widehat{\mathrm{mc}}_t
\end{aligned}\right\}\tag{2.35}$$

其中，mc_t 是实际边际成本，ζ_{p} 是价格不发生变动的概率，w_t 是实际收入，φ 是风险规避参数，ϑ 是消费在效用中的份额，φ_{m} 是实际货币量的指数，上标字母“ss”代表稳定状态，并且“ˆ”符号表示背离稳定状态的百分比。

像二次型估计一样，当等式(2.31)、(2.32)所构成系统的解存在并且唯一时，此解可以通过两种方式获得：使用不确定系数法或找出鞍点解的沃恩方法。不确定系数法和练习 2.19 中描述的方法相似，沃恩方法是利用该系统的状态空间来表示的。两种方法都要求计算特征值和特征向量，为了对这两种方法进行深入探讨，读者可以参考马里蒙和斯科特(Marimon and Scott，1999)中的乌里格(Uhlig)章节，或者参考克莱因(Klein，2000)。此处，我们仅简略地通过一些例子来描述建立过程的模块和强调关键性的步骤。

我们采用一些稍微普遍一些的步骤，而不是等式(2.31)和(2.32)，这些步骤允许例题 2.17 和练习 2.28 中出现的结构，但不需要增大状态空间。

令 y_{1t} 的维度是 $m_1\times1$ 阶，y_{2t} 的维度是 $m_2\times1$ 阶，y_{3t} 的维度是 $m_3\times1$ 阶，并且假设对数线性化的最优化条件和外生变量的移动法则可以写成：

$$0=\mathcal{Q}_1y_{2t}+\mathcal{Q}_2y_{2t-1}+\mathcal{Q}_3y_{1t}+\mathcal{Q}_4y_{3t}\tag{2.36}$$

$$0=E_t(\mathcal{Q}_5y_{2t+1}+\mathcal{Q}_6y_{2t}+\mathcal{Q}_7y_{2t-1}+\mathcal{Q}_8y_{1t+1}+\mathcal{Q}_9y_{1t}+\mathcal{Q}_{10}y_{3t+1}+\mathcal{Q}_{11}y_{3t})\tag{2.37}$$

$$0=y_{3t+1}-\rho y_{3t}-\epsilon_t\tag{2.38}$$

其中，$\mathcal{Q}_3$ 是一个秩 $m_1\leqslant m_4$ 的 $m_4\times m_1$ 阶矩阵，并且 ρ 有稳定的特征值。假设解由以下两个等式给出：

$$y_{2t}=\mathcal{A}_{22}y_{2t-1}+\mathcal{A}_{23}y_{3t}\tag{2.39}$$

$$y_{1t}=\mathcal{A}_{12}y_{2t-1}+\mathcal{A}_{13}y_{3t}\tag{2.40}$$

令 $\mathcal{Z}_1=\mathcal{Q}_8\mathcal{Q}_3^+\mathcal{Q}_2-\mathcal{Q}_6+\mathcal{Q}_9\mathcal{Q}_3^+\mathcal{Q}_1$，乌里格(Uhlig，1999)给出了以下结论。

(a) $\mathcal{A}_{22}$ 满足(矩阵)二次等式：

$$
\left.\begin{aligned}
0 &= \mathcal{Q}_3^0\,\mathcal{Q}_1\,\mathcal{A}_{22}+\mathcal{Q}_3^0\,\mathcal{Q}_2\\
0 &= (\mathcal{Q}_5-\mathcal{Q}_8\,\mathcal{Q}_3^+\,\mathcal{Q}_1)\mathcal{A}_{22}^2-\mathcal{Z}_1\,\mathcal{A}_{22}-\mathcal{Q}_9\,\mathcal{Q}_3^+\,\mathcal{Q}_2+\mathcal{Q}_7
\end{aligned}\right\} \tag{2.41}
$$

如果$\mathcal{A}_{22}$所有的特征值的绝对值都小于1,则均衡是稳定的。

(b) $\mathcal{A}_{12}$由$\mathcal{A}_{12}=-\mathcal{Q}_3^+(\mathcal{Q}_1\,\mathcal{A}_{22}+\mathcal{Q}_2)$给出。

(c) 给定$\mathcal{Z}_2=(\mathcal{Q}_5\,\mathcal{A}_{22}+\mathcal{Q}_8\,\mathcal{A}_{12})$及$\mathcal{Z}_3=\mathcal{Q}_{10}\rho+\mathcal{Q}_{11}$,$\mathcal{A}_{13}$和$\mathcal{A}_{23}$满足:

$$
\begin{bmatrix} I_{m3}\otimes\mathcal{Q}_1 & I_{m3}\otimes\mathcal{Q}_3 \\ \rho'\otimes\mathcal{Q}_5+I_{m3}\otimes(\mathcal{Z}_2+\mathcal{Q}_6) & \rho'\otimes\mathcal{Q}_8+I_{m3}\otimes\mathcal{Q}_9 \end{bmatrix}\begin{bmatrix}\mathrm{vec}(\mathcal{A}_{23})\\ \mathrm{vec}(\mathcal{A}_{13})\end{bmatrix}=-\begin{bmatrix}\mathrm{vec}(\mathcal{Q}_4)\\ \mathrm{vec}(\mathcal{Z}_3)\end{bmatrix}
$$

其中,vec(·)是列向量型矢量,$\mathcal{Q}_3^G$是$\mathcal{Q}_3$的伪逆矩阵,且满足$\mathcal{Q}_3^G\,\mathcal{Q}_3\,\mathcal{Q}_3^G=\mathcal{Q}_3^G$和$\mathcal{Q}_3\,\mathcal{Q}_3^G\,\mathcal{Q}_3=\mathcal{Q}_3$。$\mathcal{Q}_3^0$是一个$(m_4-m_1)\times m_4$矩阵,它的行是$\mathcal{Q}_3'$的基础空间,并且$I_{m3}$是维度为$m_3$的单位矩阵。

例题 2.19 考虑一个带有中等程度垄断性竞争板块的 RBC 模型。令企业利润i为$\mathrm{prf}_{it}=(p_{it}-\mathrm{mc}_{it})\mathrm{inty}_t$,并令$\mathrm{mk}_{it}=(p_{it}-\mathrm{mc}_{it})$为涨价幅度。若效用函数的形式为$u(c_t,c_{t-1},N_t)=c_t^{1-\varphi}/(1-\varphi)+\vartheta_N(1-N_t)$,动态仅通过稳定状态依赖于涨价幅度。对于这个模型来说,对数线性化条件是:

$$0=-\mathrm{Inv}^{ss}\widehat{\mathrm{inv}}_t-C^{ss}\hat{c}_t+\mathrm{GDP}^{ss}\widehat{\mathrm{gdp}}_t \tag{2.42}$$

$$0=-\mathrm{Inv}^{ss}\widehat{\mathrm{inv}}_t-K^{ss}\hat{k}_{t+1}+(1-\delta)K^{ss}\hat{k}_t \tag{2.43}$$

$$0=(1-\eta)\hat{k}_t-\widehat{\mathrm{gdp}}_t+\eta\hat{N}_t+\zeta_t \tag{2.44}$$

$$0=-\varphi\hat{c}_t+\widehat{\mathrm{gdp}}_t-\hat{N}_t \tag{2.45}$$

$$0=\mathrm{mk}^{ss}(1-\eta)(\mathrm{GDP}^{ss}/K^{ss})[\hat{k}_t+\widehat{\mathrm{gdp}}_t]-r^{ss}\hat{r}_t \tag{2.46}$$

$$0=E_t[-\varphi\hat{c}_{t+1}+\hat{r}_{t+1}+\varphi\hat{c}_t] \tag{2.47}$$

$$0=\hat{\zeta}_{t+1}-\rho_\zeta\,\hat{\zeta}_t-\hat{\epsilon}_{1t+1} \tag{2.48}$$

其中,$(\mathrm{Inv}^{ss}/\mathrm{GDP}^{ss})$和$(C^{ss}/\mathrm{GDP}^{ss})$是稳定状态下投资和消费与总产出的比值,$r^{ss}$是稳定状态实际比率,$\mathrm{mk}^{ss}$是稳定状态涨价幅度。令$y_{1t}=(\hat{c}_t,\widehat{\mathrm{gdp}}_t,\hat{N}_t,\hat{r}_t,\widehat{\mathrm{inv}}_t)$,$y_{2t}=\hat{k}_t$,$y_{3t}=\hat{\zeta}_t$,我们有$\mathcal{Q}_5=\mathcal{Q}_6=\mathcal{Q}_7=\mathcal{Q}_{10}=\mathcal{Q}_{11}=[0]$,

$$
\mathcal{Q}_2=\begin{bmatrix}0\\(1-\delta)K^{ss}\\1-\eta\\0\\-D^{ss}\end{bmatrix},\ \mathcal{Q}_3=\begin{bmatrix}-C^{ss} & \mathrm{GDP}^{ss} & 0 & 0 & -\mathrm{Inv}^{ss}\\ 0 & 0 & 0 & 0 & \mathrm{Inv}^{ss}\\ 0 & -1 & \eta & 0 & 0\\ -\varphi & 1 & -1 & 0 & 0\\ 0 & D^{ss} & 0 & -r^{ss} & 0\end{bmatrix}
$$

$$
\mathcal{Q}_1=\begin{bmatrix}0\\-K^{ss}\\0\\0\\0\end{bmatrix},\ \mathcal{Q}_4=\begin{bmatrix}0\\0\\1\\0\\0\end{bmatrix}
$$

$$\mathcal{Q}_8=[-\varphi\quad 0\quad 0\quad 1\quad 0],\mathcal{Q}_9=[\varphi\quad 0\quad 0\quad 0\quad 0],\rho=[\rho_\zeta]$$

其中，$D^{ss}=\mathrm{mk}^{ss}(1-\eta)(\mathrm{GDP}^{ss}/K^{ss})$。

有必要强调，不确定系数法只在状态空间大小被选择成最小时才有效，也就是说，不包含冗余的状态变量。如果不是这样，$\mathcal{A}_{22}$可能有为0的特征值，这样就会产生“泡沫”解。

计算上主要的困难是找出矩阵等式(2.41)的解。乌里格(Uhlig,1999)的一组工具将这个问题转换成一个广义的特征值—特征向量问题。克莱因(Klein,2000)和西姆斯(Sims,2001)通过使用广义的舒尔分解法计算出了一个解。当应用到解决本章的一些问题时，这两种方法产生相似的解。一般来说，当广义特征值不唯一时，舒尔(QZ)分解是有效的。然而，QZ分解并不一定是唯一的。

练习 2.30 假设一个典型家庭最大化 $E_0\sum_t\beta^t\times(c_t^{1-\varphi_c}/(1-\varphi_c)+(M_{t+1}/p_t)^{1-\varphi_m}/(1-\varphi_m))$，其中，$\varphi_c$ 和 φ_m 是参数。服从资源约束 $c_t+K_{t+1}+M_{t+1}/p_t=\zeta_tK_t^{1-\eta}N_t^{\eta}+(1-\delta)\times K_t+M_t/p_t$，其中，$\ln\zeta_t$是一个延迟为 ρ_ζ、标准差为 σ_ζ 的AR(1)过程。令 $M_{t+1}^{\dagger}=M_{t+1}/p_t$ 是实际货币量，π_t 是通货膨胀率，r_t 是资产租赁率，并且假设 $\ln M_{t+1}^s=\ln M_t^s+\ln M_t^g$，其中，$\ln M_t^g$有均值$\bar{M}\geqslant 0$ 及标准差 σ_M。

(i) 证明此问题的一阶条件是：

$$\left.\begin{aligned}r_t&=(1-\eta)\zeta_tK_t^{-\eta}N_t^{\eta}+(1-\delta)\\1&=E_t[\beta(c_{t+1}/c_t)^{-\varphi_c}r_{t+1}]\\(M_{t+1}^{\dagger})^{-\vartheta_m}c_t^{-\varphi_c}&=1+E_t[\beta(c_{t+1}/c_t)^{-\varphi_c}\pi_{t+1}]\end{aligned}\right\}\tag{2.49}$$

(ii) 对数线性化(2.49)式，在资源限制下，依据波动的移动法则，将这些等式变化为等式(2.36)～(2.38)的形式。

(iii) 猜想$[K_{t+1},c_t,r_t,M_{t+1}^{\dagger}]$的一个解是$(K_t,M_t^{\dagger},\zeta_t,M_t^g)$的线性形式。给出此关系中的系数。所选择的状态空间是最小的吗？

练习 2.31 假设一个典型家庭最大化 $E_0\sum_{t=1}^{\infty}\beta^tu(c_t,1-N_t)$，满足约束 $c_t+M_{t+1}/p_t+K_{t+1}\leqslant(1-\delta)K_t+(\mathrm{GDP}_t-G_t)+M_t/p_t+T_t,M_t/p_t\geqslant c_t$，其中，$\mathrm{GDP}_t=\zeta_tK_t^{1-\eta}N_t^{\eta}$。并且假设货币机构设置$\Delta\ln M_{t+1}^s=\ln M_t^g+ai_t$，其中，$a$ 是参数，i_t 为名义利率。政府预算约束为$G_t+(M_{t+1}-M_t)/p_t=T_t$。令$[\ln G_t,\ln\zeta_t,\ln M_t^g]$是一个随机扰动的向量。

(i) 假设一个有约束力的CIA限制，$c_t=M_{t+1}/p_t$。求出最优化条件和决定名义利率的等式。

(ii) 计算一阶条件、预算约束、产出方程、CIA限制、名义债券的均衡价格等式和稳定状态下的政府预算约束的对数线性估计。

(iii) 证明该系统是递归的，并且当$(\mathrm{GDP}_t,c_t,\lambda_t,T_t)$可以作为$(N_t,K_t,M_{t+1}/p_t,i_t)$的函数在第二阶段被求解出(其中，$\lambda_t$ 是私人预算约束的拉格朗日乘数)时，可以首先求解出$(N_t,K_t,M_{t+1}/p_t,i_t)$。

(iv) 写出$(N_t,K_t,M_t/p_t,i_t)$的差分方程所组成的系统。猜测 K_t 和$[\ln G_t,\ln\zeta_t,\ln M_t^g]$中的一个线性解(稳定状态的离差形式)，并给出该解的系数。

(v) 假设价格提前一期由状态方程和过去的冲击所决定，即 $p_t=a_0+a_1K_t+a_{21}\ln G_{t-1}+a_{22}\ln\zeta_{t-1}+a_{23}\ln M^g_{t-1}$。此情况下的状态向量是什么？请用不确定系数法找出答案。

下面一个例题给出所描述的对数线性化粘性价格的决策规则；粘性工资模型已在练习 2.17 中描述。

例题 2.20 假设资本供应固定，且效用函数是 $E_0\sum_t\beta^t[(c_t^\vartheta(1-N_t)^{1-\vartheta})^{1-\varphi}/(1-\varphi)+(\vartheta_{\mathrm{m}}/(1-\varphi_{\mathrm{m}}))(M_{t+1}/p_t)^{1-\varphi_{\mathrm{m}}}]$。设 $N^{ss}=0.33$，$\eta=0.66$，$\pi^{ss}=1.005$，$\beta=0.99$，$c^{ss}/\mathrm{GDP}^{ss}=0.8$。其中，$c^{ss}/\mathrm{GDP}^{ss}$是 GDP 中消费的比重，$N^{ss}$是工作小时数，$\pi^{ss}$是稳定状态下的总通货膨胀率，$\eta$ 是产出方程中的劳动力指数，β 是贴现因子。这些选择表明，例如，在稳定状态下总的实际利率是 1.01，产出是 0.46，实际货币供应增长率是 0.37，实际工资（完全弹性）是 0.88。我们选择价格和工资的刚性是相同的，并且设 $\zeta_{\mathrm{p}}=\zeta_{\mathrm{w}}=0.75$。给定此模型的季度频率，这个选择表明，企业（家庭）平均每三个季度改变它们的价格（工资）。另外，我们选择 $\vartheta_{\mathrm{m}}=7$ 作为货币需求的弹性。在货币政策的规定下，我们设 $a_2=-1.0$，$a_1=0.5$，$a_3=0.1$，$a_0=0$。最后，ζ_t和M_t^g是延迟为 0.95 的 AR(1)过程。用滞后的实际工资和两次冲击所表示的实际工资、产出、名义利率、实际货币量和通货膨胀的对数线性化决策规则是：

$$\begin{bmatrix}\hat{w}_t\\ \hat{y}_t\\ \hat{l}_t\\ \hat{M}_t^\dagger\\ \hat{\Pi}_t\end{bmatrix}=\begin{bmatrix}0.0012\\ 0.5571\\ 0.0416\\ 0.1386\\ 0.1051\end{bmatrix}[\hat{w}_{t-1}]+\begin{bmatrix}0.5823 & -0.0005\\ 0.2756 & 0.0008\\ 0.0128 & 0.9595\\ 0.0427 & -0.1351\\ -0.7812 & 0.0025\end{bmatrix}\begin{bmatrix}\hat{\zeta}_t\\ \hat{M}_t^g\end{bmatrix}$$

此方法估计解的两个性质值得进一步讨论。首先，除了产出，几乎没有从状态到内生变量的反馈。这表明此模型的扩展特性有限。其次，除了利率和实际货币量外，货币的扰动对所有变量几乎没有同期影响。这两个发现表明，货币扰动的实际影响可以忽略，这已经被标准统计所证明。例如，在 4 年的时间轴上，产出变化的 99%是由技术冲击所引起，而货币冲击只影响了剩下的 1%，这个模型也忽略了一些重要同期相关的标志，例如，使用去除线性趋势的美国数据，产出和通货膨胀的相关系数为 0.35，在这个模型中，该相关系数为-0.89。

练习 2.32（延迟交货） 假设一个典型家庭最大化 $E_0\sum_t\beta^t[\ln c_t-\vartheta_N N_t]$，满足约束 $c_t+\mathrm{inv}_t\leqslant\zeta_t K_t^{1-\eta}N_t^{\eta}$，并且假设延迟交货一期，即 $K_{t+1}=(1-\delta)K_t+\mathrm{inv}_{t-1}$。证明欧拉等式是 $\beta E_t[c_{t+1}^{-1}(1-\eta)\mathrm{GDP}_{t+1}K_{t+1}^{-1}]+(1-\delta)c_t^{-1}-\beta^{-1}c_{t-1}^{-1}=0$。对数线性化该系统，并将 K_t 和 $c_t^*=c_{t-1}$作为状态找出一个解。

沃恩方法——由布兰夏德和卡恩（Blanchard and Kahn，1980）以及金等人（King et al.，1988a，b）推广——采用了一种稍微不同的思想。首先，通过对对数线性化版本模型采用状态空间进行表达，它不再使用确定性等价或通过变量的实际值加上一个期望的偏差来表示期望算子。其次，它使用外生变量的移动法则、状态变量的线性求解以及共态变量（拉格朗日乘数）来创造一个由一阶差分方程构成的系统（如果模型表现出更高阶的动态，例题 2.17 中描述的采用虚变量的手法可以使系统变为需要的形式)。第三,它计算了矩阵的一个特征值—特征向量分解,决定该系统的动态演变,并把根分解成爆炸型和稳定性。第四,稳定性条件暗含的这些限制被用来控制移动法则(如果需要的话,可以得到期望偏差)。

假设对数线性化系统是$\mathcal{Y}_t=\mathcal{A}E_t\mathcal{Y}_{t+1}$,其中,$\mathcal{Y}_t=[y_{1t},y_{2t},y_{3t},y_{4t}]$,$y_{2t}$和$y_{1t}$与一般情况一样,是状态和控制变量,$y_{4t}$是共态变量,$y_{3t}$是冲击,并且划分$\mathcal{Y}_t=[\mathcal{Y}_{1t},\mathcal{Y}_{2t}]$。令$\mathcal{A}=\mathcal{P}\mathcal{V}\mathcal{P}^{-1}$为$\mathcal{A}$的特征值—特征向量分解。因为矩阵$\mathcal{A}$是对称矩阵,特征值是分别互为倒数的。令$\mathcal{V}=\mathrm{diag}(\mathcal{V}_1,\mathcal{V}_1^{-1})$,其中,$\mathcal{V}_1$是一个矩阵,其特征值大于1,并且有:

$$\mathcal{P}^{-1}=\begin{bmatrix}\mathcal{P}_{11}^{-1} & \mathcal{P}_{12}^{-1}\\ \mathcal{P}_{21}^{-1} & \mathcal{P}_{22}^{-1}\end{bmatrix}$$

两边同时乘以$\mathcal{A}^{-1}$,通过确定性等价和向前迭代,我们有:

$$\begin{bmatrix}\mathcal{Y}_{1t+j}\\ \mathcal{Y}_{2t+j}\end{bmatrix}=\mathcal{P}^{-1}\begin{bmatrix}\mathcal{V}_1^{-j} & 0\\ 0 & \mathcal{V}_1^{j}\end{bmatrix}\begin{bmatrix}\mathcal{P}_{11}\mathcal{Y}_{1t}+\mathcal{P}_{12}\mathcal{Y}_{2t}\\ \mathcal{P}_{21}\mathcal{Y}_{1t}+\mathcal{P}_{22}\mathcal{Y}_{2t}\end{bmatrix} \tag{2.50}$$

当$j\rightarrow\infty$时,在$\mathcal{Y}_{2t+j}$趋向于0的条件下,从某个$\mathcal{Y}_{20}$开始,求解出(2.50)式,这只有当乘以$\mathcal{V}_1$的项为零时才有可能,因为$\mathcal{V}_1$中的元素超出了1,这表明$\mathcal{Y}_{2t}=-\mathcal{P}_{22}^{-1}\mathcal{P}_{21}\mathcal{Y}_{1t}\equiv\mathcal{Q}\mathcal{Y}_{1t}$,所以(2.50)式为:

$$\begin{bmatrix}\mathcal{Q}\mathcal{Y}_{1t+j}\\ \mathcal{Y}_{2t+j}\end{bmatrix}=\begin{bmatrix}\mathcal{Q}\mathcal{P}_{11}^{-1}\mathcal{V}_1^{-j}(\mathcal{P}_{11}\mathcal{Y}_{1t}+\mathcal{P}_{12}\mathcal{Y}_{2t})\\ \mathcal{P}_{21}^{-1}\mathcal{V}_1^{-j}(\mathcal{P}_{11}\mathcal{Y}_{1t}+\mathcal{P}_{12}\mathcal{Y}_{2t})\end{bmatrix} \tag{2.51}$$

这也表明$\mathcal{Q}=\mathcal{P}_{21}^{-1}\mathcal{P}_{11}$。注意到,对于二次型问题,$\mathcal{Q}$的限制值和里卡蒂方程(2.27)的限制是一样的。

例题 2.21 带有劳动—休闲选择和无习惯的基本 RBC 模型,$G_t=T_t=T^y=0$,生产函数$f(K_t,N_t,\zeta_t)=\zeta_t K_t^{1-\eta}N_t^{\eta}$,对数线性化效用函数$u(c_t,c_{t-1},N_t)=\ln c_t+\vartheta_N(1-N_t)$,代表$\mathcal{Y}_t=\mathcal{A}_0^{-1}\mathcal{A}_1E_t\mathcal{Y}_{t+1}$,其中,$\mathcal{Y}_t=[\hat{c}_t,\hat{K}_t,\hat{N}_t,\hat{\zeta}_t]$(由于$c_t$、$N_t$和$\lambda_t$之间存在一一对应的关系,我们可以从系统中求解出$\lambda_t$),“$\hat{}$”符号代表偏离稳定状态的百分比,并且有:

$$\mathcal{A}_0=\begin{bmatrix}1 & \eta-1 & 1-\eta & -1\\ -1 & 0 & 0 & 0\\ -\left(\frac{c}{K}\right)^{ss} & (1-\eta)\left(\frac{N^{ss}}{K^{ss}}\right)^{\eta}+(1-\delta) & \eta\left(\frac{N^{ss}}{K^{ss}}\right)^{\eta} & \left(\frac{N^{ss}}{K^{ss}}\right)^{\eta}\\ 0 & 0 & 0 & \rho_{\zeta}\end{bmatrix}$$

$$\mathcal{A}_1=\begin{bmatrix}0 & 0 & 0 & 0\\ -1 & -\beta\eta(1-\eta)\left(\frac{N^{ss}}{K^{ss}}\right)^{\eta} & \beta\eta(1-\eta)\left(\frac{N^{ss}}{K^{ss}}\right)^{\eta} & \beta(1-\eta)\left(\frac{N^{ss}}{K^{ss}}\right)^{\eta}\\ 0 & 1 & 0 & 0\\ 0 & 0 & 0 & 1\end{bmatrix}$$

令$\mathcal{A}_0^{-1}\mathcal{A}_1=\mathcal{P}\mathcal{V}\mathcal{P}^{-1}$，其中，$\mathcal{P}$是一个矩阵，此矩阵的列为$\mathcal{A}_0^{-1}\mathcal{A}_1$的特征向量，并且$\mathcal{V}$在对角线上包含其特征值。那么有：

$$\mathcal{P}^{-1}\Upsilon_t\equiv\Upsilon_t^{\dagger}=\mathcal{V}E_t\Upsilon_{t+1}^{\dagger}\equiv\mathcal{V}E_t\mathcal{P}^{-1}\Upsilon_{t+1} \tag{2.52}$$

因为$\mathcal{V}$是对角矩阵，所以有四个独立方程可先被求解出，即：

$$\Upsilon_{it}^{\dagger}=v_iE_t\Upsilon_{i,t+\tau}^{\dagger},\ i=1,\cdots,4 \tag{2.53}$$

由于其中一个条件描述了技术冲击的移动法则，其中一个特征值是ρ_ζ^{-1}（技术冲击持续的倒数）。另一个条件描述了期内效率条件[等式(2.12)]：这是一个静态关系，所以方程相关的特征值是0。另外两个条件，资本积累的欧拉方程[等式(2.11)]和资源约束[等式(2.4)]，产生了两个特征值：一个大于1，一个小于1。因为对于$v_i<1$有$\Upsilon_{it}^{\dagger}\rightarrow\infty$，所以稳定的解与$v_i>1$相关。因此，对于(2.53)式，为了保持每个$t$都在稳定的情况下，对于所有$v_i<1$，必须有$\Upsilon_{it}^{\dagger}=0$。

设$\beta=0.99$，$\eta=0.64$，$\delta=0.025$，$\vartheta_N=3$，得出的稳定状态是$c^{ss}=0.79$，$K^{ss}=10.9$，$N^{ss}=0.29$，$\mathrm{GDP}^{ss}=1.06$，并且有：

$$\Upsilon_t^{\dagger}=\begin{bmatrix}1.062&0&0&0\\0&1.05&0&0\\0&0&0.93&0\\0&0&0&0\end{bmatrix}E_t\begin{bmatrix}-2.18&-0.048&0.048&24.26\\0&0&0&23.01\\-2.50&1.36&0.056&1.10\\-2.62&0.94&-0.94&2.62\end{bmatrix}\Upsilon_{t+1}^{\dagger}$$

第二行有$v_2=\rho_\zeta^{-1}$，最后一行是跨期条件。剩下的两行产生一个鞍路径。设第三行和第四行为0（v_3、$v_4<1$），我们有$\hat{c}_t=0.54\hat{N}_t+0.02\hat{K}_t+0.44\hat{\zeta}_t$和$\hat{N}_t=-2.78\hat{c}_t+\hat{K}_t+2.78\hat{\zeta}_t$。$\mathcal{A}_0$和$\mathcal{A}_1$的第三行提供了资本的移动法则：$\hat{K}_{t+1}=-0.07\hat{c}_t+1.01\hat{K}_t+0.06\hat{N}_t+0.10\hat{\zeta}_t$。

练习 2.33 假设典型家庭选择消费、小时和名义货币余额来最大化$E_0\sum_{t=0}^{\infty}u(c_t,1-N_t)$，服从以下三个约束：

$$\left.\begin{aligned}\mathrm{GDP}_t=\zeta_tN_t^{\eta}&=G_t+c_t\\c_t&=M_t/p_t\\M_{t+1}=(M_t-p_tc_t)+p_t(y_t-G_t)&+M_t(\overline{M}+M_t^g)\end{aligned}\right\} \tag{2.54}$$

其中，ζ_t是技术冲击，G_t是政府支出，c_t是消费，M_t是名义货币量，p_t是价格。这里，G_t、ζ_t和M_t^g都是外生变量。注意到，第三个约束描述了货币的积累：$\overline{M}$是常量，而M_t^g是均值为0的随机变量。

(i) 推导出对数线性化此问题的一阶条件。状态是什么？

(ii) 在假设外生变量(ζ_t，G_t，M_t^g)的增长率是一个带有共同参数ρ的AR(1)过程的条件下，求解出这个线性系统。计算通货膨胀率、产出增长率及实际货币量的平衡表达式。

(iii) 假设你要为名义债券的期限结构定价，此债券在时刻t花费1单位货币，且在时刻$t+\tau$，$\tau=1,2,\cdots$给予$1+i_{t+\pi}$单位的货币。写出此债券定价的平衡条件。计算两种债券之间期限结构斜率的对数线性化表达式，这两种债券中，一种期限

$\tau \to \infty$,而另一种则为一期债券。

(iv) 计算均衡定价公式以及股票回报率,此股票在 t 时刻花费 p_t^S 单位的货币,在 $t+1$ 时刻支付可以用来消费的股息则为 $p_t^S \mathrm{sd}_t$。(提示:$t+1$ 时刻股息的价值是 $p_t^S \mathrm{sd}_t / p_{t+1}$。)计算股本溢价的对数线性化表达式(股票名义收益和一期债券名义收益的差额)。

(v) 模拟期限结构斜率和股本溢价对于一个单一股票在技术冲击(ζ_t)、政府支出(G_t)和货币增长(M_t^g)情况下的反应。这些反应在经济上是否合理?

练习 2.34[帕帕(Pappa)] 考虑练习 2.9 中带有资本效用但没有对资本的调整成本进行分析的粘性价格模型。对数线性化该模型,并计算对货币冲击的产出反应[仍然假设(2.20)式中的货币规则]。考虑到真实反应的持续和振幅,此特殊反应与没有产能利用率但有资本调整成本的标准反应相比较有什么区别?

2.2.4 二阶估计

一阶(线性)估计一般较容易建立,它能满足多种目的,并且对于使用 DSGE 模型与数据吻合来讲也足够精确。然而,在不影响模型的确定稳定状态下,对于资产定价问题或者风险评估政策等方面的福利效果而言,一阶估计将不再充分,并且在某些情况下,它可能还要假设虽然重要却在很小程度上存在的非线性[参考伍德福德(Woodford,2003)]。总的来说,我们可能只需要采用二阶系统的方法对于动态模型进行局部准确的估计即可,而不需要明确地考虑总体(非线性)估计。

假设模型有如下形式:

$$E_t[\mathfrak{J}(y_{t+1}, y_t, \sigma\epsilon_{t+1})]=0 \tag{2.55}$$

其中,$\mathfrak{J}$是一个方程的 $n\times 1$ 阶向量,y_t 是内生变量中的一个 $n\times 1$ 阶向量,ϵ_t 是冲击的 $n_1\times 1$ 阶向量。很明显,(2.55)式的一些部分可能是确定的,而另外的部分则是静态的。到目前为止,我们可以得到(2.55)式的一阶扩展形式,即存在下面的等式系统:

$$E_t[\mathfrak{J}_1 \mathrm{d}y_{t+1}+\mathfrak{J}_2 \mathrm{d}y_t+\mathfrak{J}_3\sigma \mathrm{d}\epsilon_{t+1}]=0 \tag{2.56}$$

其中,$\mathrm{d}x_t$ 表示在一些折点上对 x_t 的背离,$x_t=(y_t,\epsilon_t)$。如我们所见,(2.56)式的解是通过定位一个方程的关系 $y_{t+1}=\mathfrak{J}^*(y_t,\sigma\epsilon_t,\sigma)$,在稳定状态$\mathfrak{J}^*(y^{ss},0,0)$周围对它进行线性展开,并替换(2.56)式中的线性表达式和匹配系数而得到的。

这里,我们关心以下形式的估计:

$$\begin{aligned}E_t[&\mathfrak{J}_1 \mathrm{d}y_{t+1}+\mathfrak{J}_2 \mathrm{d}y_t+\mathfrak{J}_3\sigma \mathrm{d}\epsilon_{t+1}\\&+0.5(\mathfrak{J}_{11}\mathrm{d}y_{t+1}\mathrm{d}y_{t+1}+\mathfrak{J}_{12}\mathrm{d}y_{t+1}\mathrm{d}y_t+\mathfrak{J}_{13}\mathrm{d}y_{t+1}\sigma \mathrm{d}\epsilon_{t+1}\\&+\mathfrak{J}_{22}\mathrm{d}y_t\mathrm{d}y_t+\mathfrak{J}_{23}\mathrm{d}y_t\sigma \mathrm{d}\epsilon_t+\mathfrak{J}_{33}\sigma^2 \mathrm{d}\epsilon_{t+1}\mathrm{d}\epsilon_{t+1})]=0\end{aligned} \tag{2.57}$$

此形式是通过一个对(2.55)式的二阶泰勒级数展开得到的。这些与标准线性化不同,$\mathrm{d}y_t$ 和 $\mathrm{d}y_{t+1}$ 中的二阶成分出现在表达式中,导致了对数正态错误。

由于二阶成分在此特殊情况下线性出现,假设存在形式为 $y_{t+1}=\mathfrak{J}^*(y_t,\sigma\epsilon_t,\sigma)$

的一个解，对稳定状态$\mathfrak{J}^*(y^{ss},0,0)$周围的猜测作二阶展开，将$y_{t+1}$的二阶展开替换到(2.57)式中并匹配系数，(2.57)式的解也能通过不确定系数法来得到，像施密特—格罗和乌里韦(Schmitt-Grohe and Uribe,2004)所展示的那样，先找出一阶部分，再找出二阶部分，此问题就可以被相继求解出。

显然，对解来说，我们需要存在且有良好性质的正则条件。金等人(Kim et al.，2004)提供了一系列必要的条件。首先，我们需要一个解来表明y_{t+1}仍然是稳定并且多重的，由$\mathfrak{H}(y_{t+1},\sigma)=0$定义，并且满足$\{\mathfrak{H}(y_t,\sigma)=0,\mathfrak{H}(y_{t+1},\sigma)=0$ a. s.，而且$\mathfrak{J}^1(y_{t+1},y_t,\sigma\epsilon_{t+1})=0$，a. s. 表示$E_t\mathfrak{J}^2(y_{t+1},y_t,\sigma\epsilon_{t+1})=0\}$，这里，$\mathfrak{J}=(\mathfrak{J}^1,\mathfrak{J}^2)$。其次，我们需要$\mathfrak{H}(y_{t+1},\sigma)$连续，而且二阶可微。第三，我们需要最小的一阶系统的不稳定的根超过其平方，当分割线由1来表示时，这一点自动满足。

在这些条件下，金等人(Kim et al.)提出，当$\|dy_t,\sigma\|^2\to 0$时，逼近估计的错误在概率上比$\|dy_t,\sigma\|^2$更快地接近0，从这个意义上来说，对模型动态的二阶估计的解是准确的。这种主张并不依赖于ϵ_t的渐近有界过程，当它的分布有无界的支撑或是一个平稳模型时，此过程已经被违反。

例题 2.22 我们考虑一个在例2.6中分析的两国模型的情况，其中，两国人口相同，两国社会规划者重视家庭效用的程度相同，没有中间的商品部门，资本调整成本为零，并且产出只和资本有关。规划者的目标函数是$E_0\sum_t\beta^t(c_{1t}^{1-\varphi}+c_{2t}^{1-\varphi})/(1-\varphi)$，资源约束是$c_{1t}+c_{2t}+k_{1t+1}+k_{2t+1}-(1-\delta)(k_{1t}+k_{2t})=\zeta_{1t}k_{1t}^{1-\eta}+\zeta_{2t}k_{2t}^{1-\eta}$，并且$\ln\zeta_{it}$，$i=1,2$是均值为0、方差为$\sigma_\zeta^2$的独立同分布。给定对称的两个国家，一定满足均衡$c_{1t}=c_{2t}$，并且两国资本积累的欧拉方程必须是一致的。令$\varphi=2$，$\delta=0.1$，$1-\eta=0.3$，$\beta=0.95$，稳定状态是$(k_i,\zeta_i,c_i)=(2.62,1.00,1.07)$，$i=1,2$，并且政策方程的一阶展开是：

$$k_{it+1}=[0.444\quad 0.444\quad 0.216\quad 0.216]\begin{bmatrix}k_{1t}\\k_{2t}\\\zeta_{1t}\\\zeta_{2t}\end{bmatrix},\ i=1,2 \tag{2.58}$$

在国家$i=1,2$的政策方程的二阶展开是：

$$k_{it+1}=[0.444\quad 0.444\quad 0.216\quad 0.216]\begin{bmatrix}k_{1t}\\k_{2t}\\\zeta_{1t}\\\zeta_{2t}\end{bmatrix}-0.83\sigma^2$$
$$+0.5[k_{1t}\quad k_{2t}\quad \zeta_{1t}\quad \zeta_{2t}]\begin{bmatrix}0.22&-0.18&-0.02&-0.08\\-0.18&0.22&-0.08&-0.02\\-0.02&-0.08&0.17&-0.04\\-0.08&-0.02&-0.04&0.17\end{bmatrix}\begin{bmatrix}k_{1t}\\k_{2t}\\\zeta_{1t}\\\zeta_{2t}\end{bmatrix} \tag{2.59}$$

因此，除了状态中的二项部分，(2.58)式和(2.59)式不同，因为技术冲击的方差进入了(2.59)式。特别地,当技术冲击高度不稳定时,随着二阶估计,更多的消费和更少的资本将被选择。显然,波动的方差与一阶估计得到的决策法则无关。

练习 2.35 考虑粘性价格模型,其对数线性化估计已经在练习 2.29 中有所描述。假设 $\vartheta=0.5,\varphi=2,\varphi_{\mathrm{m}}=0.5,\zeta_{\mathrm{p}}=0.75,\beta=0.99$,假设只存在货币冲击,它是方差为 σ_M^2 的独立同分布,货币政策由形式为 $i_t=\pi_t^{a_3}M_t^g$ 的规则所指导,ω_t 等于劳动力边际产量。请比较 c_t、N_t、i_t、π_t 解的一阶和二阶展开。

2.2.5 参数化期望

参数化期望的方法由马赛特(Marcet,1992)提出,并由马赛特和罗伦佐尼(Marcet and Lorenzoni,1999)进一步发展。使用这种方法,估计是对总体有效的,因为像二次型、对数线性或者二阶估计的情况一样,无效的情况仅发生于一些特殊点的周围。因此,与传统观点不同,使用这种方法可以很好进行,例如,既可以包含稳定状态,也可以远离稳定状态。这种方法有两个优点。第一,它可以在不等式制约因素都存在的情况下使用。第二,它有一个内建的机制,此机制允许我们检查备选解是否满足问题的最优化条件。因此,估计的准确性可以被间接地检验。

此方法的基本要点很简单。首先,我们使用函数 $\hbar$,即 $\hbar(\alpha,y_{2t},y_{3t})\approx E_t[h(y_{2t+1},y_{2t},y_{3t+1},y_{3t})]$的一个向量来估计问题的期望等式,其中,$y_{2t}$ 和 y_{3t} 在 t 时刻已知,并且 α 是(干扰)参数的向量。多项式、三角、对数或其他已知有良好估计性质的简单的函数都可以使用。其次,我们通过最小化 $E_t[h(y_{2t+1}(\alpha),y_{2t}(\alpha),y_{3t+1},y_{3t})]$和 $\hbar(\alpha,y_{2t}(\alpha),y_{3t})$的距离来估计 α,其中,$\{y_{2t}(\alpha)\}_{t=1}^T$ 是对由估计值所得状态的模拟的时间序列。令 $Q(\alpha,\alpha^*)=|E_t[h(y_{2t+1}(\alpha),y_{2t}(\alpha),y_{3t+1},y_{3t})]-\hbar(\alpha^*,y_{2t},y_{3t})|^q$,某些 $q\geqslant1$,其中,α^* 是距离最小值。然后,运用此方法寻找 $\tilde{\alpha}$ 使 $Q(\tilde{\alpha},\tilde{\alpha})=0$。

例题 2.23 考虑一个基本的劳动力供给非弹性的 RBC 模型,其中,效用由 $u(c_t)=c_t^{1-\varphi}/(1-\varphi)$ 给出,并且 φ 是参数,预算约束为 $c_t+K_{t+1}+G_t=(1-T^y)\times\zeta_tK_t^{1-\eta}+(1-\delta)K_t+T_t$,且$(\ln\zeta_t,\ln G_t)$是持续为$(\rho_\zeta,\rho_G)$并且具有单位方差的 AR 过程。期望(欧拉)方程是:

$$c_t^{-\varphi}=\beta E_t\{c_{t+1}^{-\varphi}[(1-T^y)\zeta_{t+1}(1-\eta)K_{t+1}^{-\eta}+(1-\delta)]\} \qquad (2.60)$$

其中,β 是时间偏好率。我们希望利用函数 $\hbar(K_t,\zeta_t,G_t,\alpha)$来估计(2.60)式右边的表达式,其中,$\alpha$ 是一系列参数,参数化期望运算按以下步骤进行。

算法 2.3

(1) 选择$(\varphi,T^y,\delta,\rho_\zeta,\rho_G,\eta,\beta)$。产生$(\zeta_t,G_t)$,$t=1,\cdots,T$,选择一个初始值 α^0。

(2) 给出 $\hbar$ 的一个选择,用 $\hbar(\alpha^0,k_t,\zeta_t,G_t)$计算(2.60)式中的 $c_t(\alpha^0)$,替代资源约束中的 $\beta E_t[c_{t+1}^{-\varphi}((1-T^y)\zeta_{t+1}(1-\eta)K_{k+1}^{-\eta}+(1-\delta))]$和 $K_{t+1}(\alpha^0)$。对每一个 t 进行同样的步骤。这样就产生一个 $c_t(\alpha^0)$和 $K_{t+1}(\alpha^0)$的时间序列。

(3) 使用模拟的 $c_t(\alpha^0)$以及 $\beta c_{t+1}(\alpha^0)^{-\varphi}[(1-T^y)\zeta_{t+1}(1-\eta)K_{t+1}(\alpha^0)^{-\eta}+(1-\delta)]$上的 $\hbar(\alpha,K_t(\alpha^0),\zeta_t,G_t)$的 $K_{t+1}(\alpha^0)$进行一个线性回归。得出非线性估计量为 α^{0*},并用此 α^{0*} 构造 $Q(\alpha^0,\alpha^{0,*})$。

(4) 令 $\alpha^1=(1-\varrho)\alpha^0+\varrho Q(\alpha^0,\alpha^{0*})$，这里，$\varrho\in(0,1]$。

(5) 重复步骤(2)～(4)，直至 $Q(\alpha^{*L-1},\alpha^{*L})\leqslant\iota$ 或 $|\alpha^L-\alpha^{L-1}|\leqslant\iota$，或两者皆满足为止，其中，$\iota$ 很小。

(6) 使用另一个 $\hbar$ 函数，并重复步骤(2)～(5)。

当达到收敛时，$\hbar(\alpha^*,K_t,\zeta_t,G_t)$ 就是所求的估计方程。由于此方法没有特别指明如何选择 $\hbar$，我们一般由一个简单的方程开始（一个一阶的多项式或一个三角方程），然后用更复杂的方程检查解的鲁棒性（例如，一个更高阶的多项式）。

对于这个例子中的模型，设 $\varphi=2$，$T^y=0.15$，$\delta=0.1$，$\rho_G=\rho_\zeta=0.95$，$\eta=0.66$，$\beta=0.99$，$q=2$，并选择 $\hbar=\exp(\ln\alpha_1+\alpha_2\ln K_t+\alpha_3\ln\zeta_t+\alpha_4\ln G_t)$，对以上运算法则进行 100 次迭代，得出以下最优化估计值，$\alpha_1=-0.0780$，$\alpha_2=0.0008$，$\alpha_3=0.0306$，$\alpha_4=0.007$，并且由这些值得出 $Q(\alpha^{*L-1},\alpha^{*L})=0.000008$。

接下来，我们展示如何将这种方法应用到不等式限制出现的情况中去。

例题 2.24 考虑一个小型开放型经济体，它使用一期债券来为经常账户筹资。假设存在借款限制 $\bar{B}$，因此 $B_t-\bar{B}<0$。债务积累的欧拉方程是：

$$c_t^{-\varphi}-\beta E_t[c_{t+1}^{-\varphi}(1+r_t)-\lambda_{t+1}]=0 \tag{2.61}$$

其中，r_t 是外生的国际实际利率，λ_t 是借款限制的拉格朗日乘数，并且库恩—卡特(Kuhn-Tucker)条件是 $\lambda_t(B_t-\bar{B})=0$。使用 $0=c_t^{-\varphi}-\beta\hbar(\alpha,r_t,\lambda_t,c_t)$ 和 $\lambda_t(B_t-\bar{B})=0$，找出一个解并计算 c_t 和 B_t，假设 $\lambda_t=0$，对于某个 $\alpha=\alpha^0$，若 $B_t>\bar{B}$，设 $B_t=\bar{B}$，从第一个等式中找出 λ，从预算约束中找出 c_t。对每个 t 进行同样的步骤，找出 α^{0*}；产生 α^1，并重复直到收敛。从本质上说，λ_t 被当作附加变量从此模型中解出。

练习 2.36 假设例题 2.23 中的模型有 $u(c_t,c_{t-1},N_t)=(c_t-\gamma c_{t-1})^{1-\varphi}/(1-\varphi)$，$T_t=T^y=0$。给出求解该模型的一个参数化期望算法。（提示：欧拉方程中存在两个状态变量。）

练习 2.37(带税 CIA) 考虑一个模型，其中一个典型家庭通过消费现金和信用商品、休闲、名义货币余额以及投资来最大化一个可分的效用函数 $E_0\sum_{t=0}^{\infty}\beta^t[\vartheta_c\ln(c_{1t})+(1-\vartheta_c)\ln(c_{2t})-\vartheta_N(1-N_t)]$，$0<\beta<1$。假设该家庭被赋予 K_0 单位的资本和一个单位的时间。家庭获得来自资本和劳动力的收入，它被用来消费、投资以及持有货币和公债。c_{1t} 是需要用货币购买的货币商品，c_{2t} 是信用商品。产出与资本和劳动力相关，由一个单一的竞争性的技术规模报酬不变的企业生产，并且 $1-\eta$ 是资本份额。另外，政府通过发行货币、征收边际税率为 T_t^y 的劳动力所得税来为一个随机的政府开支提供经费，同时发行名义债券，其利率为 i_t。假设货币供给随着 $\ln M_{t+1}^s=\ln M_t^s+\ln M_t^g$ 而变动。假设代理机构开始于时间 t，持有货币 M_t 和债券 B_t。假设所有不确定性都在每个 t 的开始被解决。

(i) 写出以上提及的状态和约束的最优化问题，并计算一阶条件。（提示：你需要经济体处于平稳状态。）

(ii) 通过参数化期望和使用一阶多项式来求解此模型。

(iii) 描述当通过对 B_t 进行调整来满足政府预算约束时，一个 T_t^y 的独立同分布冲击对实变量、价格和利率的影响。如果保持 B_t 不变而令 G_t 变化以此来满足政府预算约束，你的答案是否会改变？

正如已经提到过的，参数化期望的方法有一种内在的机制来检验估计的准确性。实际上，无论估计是否准确，模拟的时间序列必须满足欧拉方程。就像我们将在第 5 章更加详细地阐述一样，如果 $\tilde{\alpha}$ 是 $Q(\tilde{\alpha},\tilde{\alpha})=0$ 的解，那么 $Q(\tilde{\alpha},\tilde{\alpha})\otimes\mathfrak{h}(z_t)=0$，这里，$z_t$ 是在时刻 t 的信息集的任意变量，$\mathfrak{h}$ 是 $q\times1$ 维连续方程向量。在正常情况下，当 T 很大时，$T\times[(1/T)\sum_t Q_t\otimes\mathfrak{h}(z_t)]'W_t[(1/T)\sum_t Q_t\otimes\mathfrak{h}(z_t)]$，这里，$Q_t$ 是 Q 对应的样本，υ 等于欧拉方程的维数乘以 $\mathfrak{h}$ 的维数，$W_T\xrightarrow{P}W$ 是权重矩阵。对于例题 2.23，当使用消费的两阶滞后被记作 z_t，由于 $\mathfrak{S}$ 的 p 值为 0.36，所以一阶估计是准确的。

尽管对于很多问题都有效，参数化期望的方法仍有两个重要的缺陷。第一，由运算法则 2.3 定义的迭代是不可能的，因为不动点问题没有定义收缩算子。换言之，不能保证实际和估计函数间的距离会随着迭代次数的增加而递减。第二，这种方法依赖于欧拉方程的有效性。因此，如果效用方程不是严格凹的，运算法则给出的解可能并不准确。

2.2.6 *方法间的一个比较*

存在比较不同估计方法的文献。例如，《商业与经济学统计杂志》于 1991 年 8 月的特刊上展示了不同方法在估计一个单部门增长模型的特殊情况下的决策规则时的表现，对于该模型，解析解法是可行的。一些别的证据在鲁格—缪尔西亚(Ruge-Murcia，2002)、费尔南德斯—维拉韦德和卢比奥—拉米雷斯(Fernandez-Villaverde and Rubio-Ramirez，2003a，2003b)中。一般来说，在一些特殊应用下的不同方法的性质被了解得很少。经验显示，即使对于拥有简单结构的模型而言(例如，不带有习惯、投资的调整成本的模型等)，模拟的序列可能随着使用估计方法的不同而表现出一些不同的动态。对于更加复杂的模型，就没有可参考的证据。因此，在解释通过此章节描述的各种方法得出的估计模型所导出的结论时，要十分小心。

练习 2.38 (带腐败的增长) 考虑一个典型家庭，它通过选择消费 c_t、资本 K_{t+1} 和贿赂 br_t 来最大化 $E_0\sum_t\beta^t c_t^{1-\varphi}/(1-\varphi)$，其约束为：

$$c_t+K_{t+1}=(1-T_t^y)N_t w_t+r_t K_t-\mathrm{br}_t+(1-\delta)K_t \tag{2.62}$$

$$T_t^y=T_t^e(1-a\ln\mathrm{br}_t)+T_0^y \tag{2.63}$$

其中，w_t 是实际工资，T_t^y 是所得税税率，T_t^e 是外生给定的税率，T_0^y 是一个常数，(φ,α,δ) 是参数。技术由企业拥有，且由 $f(K_t,N_t,\zeta_t,K_t^G)=\zeta_t K_t^{1-\eta}N_t^{\eta}(K_t^G)^{\aleph}$ 给出，其中，$\aleph\geqslant0$，K_t 是股本，N_t 是工作的小时数。政府资本 K_t^G 随 $K_{t+1}^G=(1-\delta)K_t^G+N_t\omega_t T_t^y$ 而变化。资源约束是 $c_t+K_{t+1}+K_{t+1}^G+\mathrm{br}_t=f(K_t,N_t,\zeta_t)+(1-\delta)(K_t+K_t^G)$，且 (ζ_t,T_t^e) 是独立的 AR(1) 过程，持续为 (ρ_ζ,ρ_e)，方差为 $(\sigma_\zeta^2,\sigma_e^2)$。

(i) 定义一个竞争性均衡，并计算一阶条件。

(ii) 设 $\varphi=2, a=0.03, \beta=0.96, \delta=0.10, \rho_e=\rho_\zeta=0.95$，并且令 $\sigma_\zeta^2=\sigma_e^2=1$。对效用进行二次型估计，并找出利润变量的决策规则。

(iii) 假设(ζ_t, T_t^e)和股本只能取两个值(例如，高和低)。通过离散化状态和冲击空间求解该模型。(提示：通过冲击是独立的这一事实以及 AR 参数的值来建立冲击的转移矩阵。)

(iv) 使用一阶和对数线性估计方法求解出该模型。

(v) 使用一阶幂函数的参数化期望方法找出一个通用总体的解。

(vi) 比较(ii)～(v)中消费、投资和贿赂的时间序列性质。

练习 2.39(借贷限制下的传输) 考虑一个经济体系，其偏好由 $u(c_t, c_{t-1}, N_t)=(c_t^{\vartheta}(1-N_t)^{1-\vartheta})^{1-\varphi}/(1-\varphi)$ 所描述，积累资本由 $K_{t+1}=(1-\delta)K_t+\text{inv}_t$ 决定，其中，δ 是折旧率。假设生产函数是 $\text{GDP}_t=\zeta_t K_t^{\eta N} N_t^{\eta N}\text{La}_t^{\eta L}$，其中，$\text{La}_t$ 是土地。假设个人可以租借和交易土地；并且他们的预算约束是 $c_t+K_{t+1}+B_{t+1}+p_t^{\text{L}}\text{La}_{t+1}\leqslant \text{GDP}_t+(1-\delta)K_t+(1+r_t^{\text{B}})B_t+p_t^{\text{L}}\text{La}_t$，其中，$B_t$ 是债券持有量；并且假设存在借贷限制满足 $p_t^{\text{L}}\text{La}_t-B_{t+1}\geqslant 0$，其中，$p_t^{\text{L}}$ 是从消费品角度考虑的土地价格。

(i) 展示在稳定状态下，若 $(1+r^{\text{B}})<\text{GDP}^{ss}/K^{ss}+(1-\delta)$，借贷限制是有约束力的。给出保证此限制总是有约束力的条件。

(ii) 描述当借贷限制：(a)无效；(b)总是有效；(c)在某些时间 t 有效时，产量随技术冲击的动态变化。(提示：使用允许跨情况比较的估计方法。)

(iii) (可抵押的)借贷限制的出现随着时间的推移，放大和延伸了技术冲击的实际效应，这种说法是否正确？

3 提取和测量周期性信息

在第 2 章中被考虑和使用的大部分模型，用来解释和复制实际数据的周期性特点。可惜的是，大部分的经济时间序列表现出趋势或明显的增长情况，所以数据的周期性质并不明显。本章主要讨论从实际数据获取周期性信息的过程，并对其进行有意义的总结。

可以从许多途径获得周期性信息。例如，伯恩斯和米歇尔(Burns and Mitchell,1946)以及传统的周期记录文献通过一个参考序列的折点来提取此信息。然而，根据卢卡斯(Lucas,1977)，在宏观经济领域通过首先去掉数据中的永久部分("趋势")来获得周期性信息则变得更为普遍，此做法一般被认为与商业周期模型热衷于解释的那些性质无关；然后再计算残差的二阶矩。在实际应用过程中，由于趋势和周期是不可观察的，需要假设将可观测序列分解成许多组分。虽然可以做出许多假设，但是根据有限的数据信息不可能在其备选中进行正式选择，这就意味着标准的规范性做法，例如，缺乏实证的相关性或统计最优性检验都不能使用。

文献曾对提取增长周期的命名交替使用名词"消除长期趋势"和"滤波"两种说法，虽然二者的概念是截然不同的，但文献的阐述还是变得更加深刻。消除长期趋势的目的是应该使经济序列(协方差)平稳化，如果想要计算数据的二阶矩，消除长期趋势是有必要的，但是，如果一个时间序列满足随机游走过程，或为了估计此书中描述的带有几个过程的模型的参数时，二阶矩可能并不存在，所以消除长期趋势对于其他目的来说并不必要，例如，找出转折点的时间、测量振幅或对行为冲击的反应。也就是说，特定的周期性信息可以直接从原始数据中得到，而不需要通过消除长期趋势来进行。

"滤波"这个名词有更广泛的应用，正如我们在第 1 章中见的，滤波器是刻画出光谱特殊频率的算子，可以建立一个滤波器来去除低频率的移动，强调一个特殊频率范围内的变化来消除高频率的移动，或者减少测量错误带来的影响。当将数据的周期性行为与模型的周期性行为做比较时，滤波是不必要的。然而，由于频率为 6 季度到 24～32 季度的周期性一致的变化在经济周期中被认为具有关键的性质——因为，例如，由 NBER 和 CEPR 报告的商业周期大致是在此滤波范围之内——滤波可能适于这种比较。

当时间序列计量经济学家和应用宏观经济学家试图交流他们的研究结果时，

会有混乱的现象出现。因为前者试图将“周期”成分从增长周期中分离出来，即那些能被正弦函数和余弦函数所表达的成分以及那些在一个特定频段的谱密度中以峰值出现的部分。而后者则从另一个方面经常解释增长模型中表明存在商业周期的序列相关性的出现[参见朗和普罗瑟(Long and Plosser，1983)]。因此，当他们对由自己的模型所导出的增长周期是一个譬如 AR(1)过程感到满意时，时间序列计量经济学家经常提出异议，指出 AR(1)过程在商业周期频率上没有峰值，所以不存在商业周期一说。

最后一个问题的提出，是由于一些经济模型的冲击既有瞬间(短期)效果又有永久(长期)效果，在此情况下假设两种线性可分的分解是错误的，或者是因为它们描述的效果和统计现象/增长周期分解不存在必然的联系。货币扰动是冲击对实变量有短期效果(有意义的是，并不特别位于任意频率或一个特殊时期)并且对名义变量有长期效果的一个经典例子。由于在经济理论和经验主义的实践之间直接的连接还处于萌芽状态，也因为对于使用哪种经济模型(有些冲击是永久的，有些则是瞬时的，有些是处于支配地位的，等等)来指导分解并未达成共识，应用经济理论来指导分解仍然十分困难。

由于传统的过程表现出概念上和操作上的问题，新的方法在过去的 20 年中已经出现。我们描述这些方法，给出它们的性质，讨论它们相对的优点，以及强调当运用它们来比较一个动态随机一般均衡模型的产出和数据时可能表现出的不吻合性。我们将单变量和多变量方法以及分类分解归为三种类型：统计方法、经济学方法和混合方法。在第一种类型中，我们包含有统计或概率验证的过程，它们使用对可观测数据或趋势时间序列假设来测量周期。在第二种类型中，提取过程由经济理论作为指导。在这里，我们得到的周期只和对于数据生成过程的模型估计的有效性有关。在第三种类型中，我们包括了既具有统计性质又有某种程度的经济理论验证的过程。

在整个第 3 章中，我们将可观测量的对数标记为 y_t，它们的增长表示为 $\Delta y_t = (1-\ell)y_t$，趋势为 y_t^x，周期为 y_t^c。

3.1 统计分解

3.1.1 *传统方法*

传统观点认为，一个序列的趋势是预先确定的，且周期成分作为多项式中 y_t 回归的残差被及时测量出，即：$y_t = y^x + y_t^c$，$y_t^x = a_0 + \sum_{j=1}^{J} a_j t^j$，并且 $\mathrm{corr}(y_t^x, y_t^c) = 0$，所以 $\hat{y}_t^c = y_t - \hat{a}_0 - \sum_j \hat{a}_j t^j$，并且$\hat{a}_j$，$j=0,1,2,\cdots$是 a_j 的估计。尽管在这样的步骤中的趋势可以用最小二乘法简单地估计出来，但这种特殊的方法还是有两点不尽如人意之处：第一，由于趋势是确定性的，在任意远的将来时刻，它可以被完美地预计出；第二，y_t 的增长率不会加快也不会减慢，这与自从第二次世界大战以来许多国家的宏观经济时间序列相矛盾。如果我们允许预选时刻的结构变化，第二个问题可以被部分消除。

例题 3.1 假设 $y_t=y^x+y_t^c$；当 $t<t_1$ 时，$y_t^x=\sum_{j=0}^{J}a_{1j}t^j$；当 $t\geqslant t_1$ 并且 $a_{1j}\neq a_{2j}$ 时，$y_t^x=\sum_{j=0}^{J}a_{2j}t^j$；对于某些 $j\geqslant 0$，且 $\forall t$，令 $\mathrm{corr}(y_t^x,y_t^c)=0$。当 $t<t_1$ 时，$\hat{y}_t^c=y_t-\sum_j \hat{a}_{1j}t^j$；当 $t\geqslant t_1$ 时，$\hat{y}_t^c=y_t-\sum_j \hat{a}_{2j}t^j$。已知时刻的多断点可以被相似地建立模型。

对于线性/分段的趋势设定的传统选择，是假设 y_t 的增长率反映了数据的周期性。在这里，$\Delta y_t=y_t^c$，由此 $y_t^x=y_{t-1}$，这种方法很简单，但有几个缺点：第一，y_t^c 的时间序列曲线不能形象化地反映周期波动；第二，y_t^c 不一定有零均值；第三，有些结论与直觉预期相反的是，y_t^x 的方差可能非常大。

练习 3.1 令 $\Delta y_t=y_t^c$。证明 $E(y_t^cy_{t-\tau}^c)=2\mathrm{ACF}_y(\tau)-\mathrm{ACF}_y(\tau-1)-\mathrm{ACF}_y(\tau+1)$，$\tau>0$，其中，$\mathrm{ACF}_y(\tau)=\mathrm{cov}(y_t,y_{t-\tau})$。若 $y_t=\rho y_{t-1}+e_t$，$e_t\sim$ i. i. d. $(0,1)$，$0<\rho<1$，你如何评价 y_t^c 的自相关性质？

3.1.2 贝弗里奇—纳尔逊 (Beveridge-Nelson, BN)分解

贝弗里奇—纳尔逊(Beveridge and Nelson, 1981)假设 y_t 是一阶单整序列，将趋势定义为未来 y_t 的可预测分布的条件均值。然后，周期成分是每个 t 时刻的 y_t 中的可预测要素。令 y_t 表示为：

$$\Delta y_t=\bar{y}+D(\ell)e_t,\quad e_t\sim \text{i. i. d. }(0,\sigma_e^2) \tag{3.1}$$

其中，$D(\ell)=1+D_1\ell+D_2\ell^2+\cdots$，$\bar{y}$ 是常量，$D(\ell)$的根位于一个复数单位圆上或在其之外。令 $y_t(\tau)\equiv E(y_{t+\tau}\mid y_t,y_{t-1},\cdots,y_0)=y_t+E[\Delta y_{t+1}+\cdots+\Delta y_{t+\tau}\mid \Delta y_t,\cdots,\Delta y_0]\equiv y_t+\sum_{j=1}^{\tau}\widehat{\Delta y}_j(j)$ 为基于时刻 t 的信息而对 $y_{t+\tau}$ 的预测。使用(3.1)式，$\widehat{\Delta y}_t(j)=\bar{y}+D_je_t+D_{j+1}e_{t-1}+\cdots$，所以 $y_t(\tau)=y_t+\tau\bar{y}+(\sum_{j=1}^{\tau}D_j)e_t+(\sum_{j=2}^{\tau+1}D_j)e_{t-1}+\cdots$。令 $y_t^x(\tau)$为在时刻 t 对 $y_{t+\tau}$的预测，对它的均值的变化率进行调整，即 $y_t^x(\tau)\equiv y_t(\tau)-\tau\bar{y}$。对于大的 τ，$y_t(\tau)$几乎是不变的，并且 $y_t^x(\tau)$是时间序列在长期路径上的取值。因此，有：

$$\begin{aligned} y_t^x &= \lim_{\tau\to\infty}\Big[y_t+\Big(\sum_{j=1}^{\tau}D_j\Big)e_t+\Big(\sum_{j=2}^{\tau}D_j\Big)e_{t-1}+\cdots\Big] \\ &= y_{t-1}^x+\bar{y}+\Big(\sum_{j=0}^{\infty}D_j\Big)e_t \end{aligned} \tag{3.2}$$

其中，第二个等号来自 Δy_t 的定义以及 $y_t^x-y_{t-1}^x=y_t-y_{t-1}+(\sum_{j=1}^{\infty}D_j)e_t-\sum_{j=1}^{\infty}D_je_{t-j}$的事实。由于$(\sum_{j=1}^{\infty}D_j)e_t$ 是一个白噪声，且周期性成分是 $y_t^c=y_t-y_t^x=-\sum_{j=0}^{\infty}(\sum_{i=j+1}^{\infty}D_i)e_{t-j}$，所以趋势是一个随机游走。

比起传统方法来，BN 分解的一个优点是，它产生的分解不依赖于对成分和它们的相关性所做出的假设。实际上，由于它采用一种基于预测的趋势定义，并不需要额外的识别条件使其变得有效。

例题 3.2[帕冈和哈丁(Pagan and Harding)] 假设 $\Delta y_t-\bar{y}=\rho(\Delta y_{t-1}-\bar{y})+e_t$；$\rho<1$；$e_t\sim$ i. i. d. $(0,\sigma_e^2)$。那么，有 $y_t^x=y_t+[\rho/(1-\rho)](\Delta y_t-\bar{y})$ 及 $y_t^c=-[\rho/(1-\rho)](\Delta y_t-\bar{y})$。由于 ρ 是常量，y_t^c 和 Δy_t 是相似的。因此，对于简单的 AR(1)过程，BN 和增长率分解给予周期相似的相关性特点。

几个有关 BN 分解的有趣特征值得我们注意：第一，由于两个成分由同一个冲击所引起，趋势和周期是完全相关的；第二，由于 D_j 的估计和 $\widehat{\Delta y_t}(j)$ 的预测都是从 ARIMA 模型中得出的，ARIMA 具体的标准识别问题同样困扰着这种方法；第三，由于 Δy_t 的长期预测仅仅基于 y_t 的过去值，趋势估计可能非常不精确，且对 $\mathrm{var}(\Delta y_t^c)/\mathrm{var}(\Delta y_t^x)$ 的估计可能任意小；第四，由于 y_t^x 的新息是 $e_t^x \equiv (\sum_{j=0}^{\infty} D_j) e_t$，趋势中新息的变化可能比序列中新息的变化更大。

例题 3.3 假设 $y_t = y_{t-1} + \bar{y} + e_t + D_1 e_{t-1}$，$0 < |D_1| < 1$，并且 $e_t \sim$ i. i. d. $(0, \sigma_e^2)$。注意，若 D_1 是正定矩阵，则 Δy_t 是正相关的，接着有 $\Delta y_t^x = \bar{y} + (1 + D_1) e_t = \bar{y} + e_t^x$ 和 $y_t^c = -D_1 e_t$。这里，$\mathrm{var}(e_t^x) > \mathrm{var}(e_t)$，且 y_t^c 是一个白噪声。一般来说，若 $D_j > 0$，则对 $\forall j \geqslant 1$，有 $\mathrm{var}(e_t^x) > \mathrm{var}(e_t)$。注意到，若 $D_1 = 0$，则有 $\Delta y_t^x = e_t$ 和 $y_t^c = 0$。因此，AR 成分的出现对有序列相关的周期必不可少，并且分解正确地识别了它，如果它们不存在，周期就是一个白噪声或不存在。

练习 3.2［科丁顿和温特 (Coddington and Winters)］ 证明如果 $\Delta y_t = \bar{y} + (D_2(\ell)/D_1(\ell)) e_t$，$e_t \sim$ i. i. d. $(0, \sigma_e^2)$，则 BN 趋势满足：

$$y_t^x = y_{t-1}^x + \bar{y} + \frac{1 - \sum_{j=1}^{d_2} D_{2j}}{1 - \sum_{j=1}^{d_1} D_{1j}} e_t$$

其中，d_1 和 d_2 是多项式 $D_1(\ell)$ 和 $D_2(\ell)$ 的长度。找出一种递归估计 y_t^x 的方法。

练习 3.3 假设 $y_t = (1 - A) y_{t-1} + A y_{t-2} + e_t$，$e_t \sim$ i. i. d. $(0, \sigma_e^2)$，找出 y_t^x 和 y_t^c。

将 BN 分解扩展到多变量框架下是直观的［参见伊万斯和莱克 (Evans and Reichlin, 1994)］。令 $y_t = [\Delta y_{1t}, y_{2t}]$ 为一个平稳过程的 $(m \times 1)$ 向量，其中，y_{1t} 是 $I(1)$ 变量，且 y_{2t} 是（协方差）平稳的。假设 $y_t = \bar{y} + D(\ell) e_t$，其中，$e_t \sim$ i. i. d. $(0, \sum_e)$，并且：(i) $D_0 = I$；(ii) $\det(D(\ell))$ 的根位于或在复数单位圆的外部；(iii) $D_1(1) \neq 0$，其中，$D_1(\ell)$ 是由 $D(\ell)$ 首行 m_1 构成的矩阵。条件 (i) 是一个简单的正态化；条件 (ii) 保证 $D(\ell)$ 可逆，所以 e_t 是 y_t 的新生成信息；条件 (iii) 保证了至少一个随机趋势的存在。注意到，对于 $m_1 = m$，存在 m 个随机趋势，并且 $m_1 \neq 0$ 对于分解是有意义的且必不可少的。多变量的贝弗里奇—纳尔逊分解是：

$$\begin{bmatrix} \Delta y_{1t} \\ \Delta y_{2t} \end{bmatrix} = \begin{pmatrix} \bar{y}_1 \\ 0 \end{pmatrix} + \begin{pmatrix} D_1(1) \\ 0 \end{pmatrix} e_t + \begin{bmatrix} (1-\ell) D_1^{\dagger}(\ell) \\ (1-\ell) D_2^{\dagger}(\ell) \end{bmatrix} e_t \tag{3.3}$$

其中，$D_1^{\dagger}(\ell) \equiv [D_1(\ell) - D_1(1)]/(1-\ell)$，$D_2^{\dagger}(\ell) \equiv D_2(\ell)/(1-\ell)$，秩 $[D_1(1)] \leqslant m_1$ 且 $y_t^x = y_{t-1}^x + [\bar{y}_t + D_1(1) e_t, 0]'$ 是 y_t 的趋势（永久成分）。

例题 3.4 很容易检验等式 (3.3) 与一个 BN 单变量分解是一致的。令 y_{1t} 的一阶成分是 y_{1t}^1。接着有 $y_{1t}^{x1} = \lim_{\tau \to \infty} (E_t y_{1t+\tau}^1 - \tau \bar{y}^1)$，其中，$\bar{y}^1$ 是 $\bar{y}$ 的第一个元素。因此，$\Delta y_{1t}^{x1} = \bar{y}^1 + D_1^1(1) e_t$，其中，$D_1^1$ 是 D_1 的第一行；且 $\Delta y_{1t}^{c1} = (1-\ell) D_1^{1\dagger}(\ell) e_t$，其中，$D_1^{1\dagger}(\ell) = [D_1^1(\ell) - D_1^1(1)]/(1-\ell)$；并且 $y_{1t}^{c1} = \sum_j (\sum_{i=j+1} D_{1i}^1) e_{t-j}$。

练习 3.4 考虑一个包含产出、价格、利率和货币的美国季度数据的系统。给出一种方法来估计一个多变量 BN 分解的两种成分。[提示：具体指定 VAR 的形式为 $A(\ell)y_t=\bar{y}+e_t$，并找出哪个变量在 y_{1t} 中，哪个变量在 y_{2t} 中。]

应该注意多变量 BN 分解的三个性质。第一，$\mathrm{var}(\Delta y_t^x)=D_1(1)\Sigma_e D_1(1)'=\mathcal{S}_{\Delta y_1}(0)$，即永久成分的方差（差分）应该等于在频率 $\omega=0$ 时 Δy_{1t} 的谱密度。因此，Δy_{1t}^c 在 $\omega=0$ 时的谱密度为 0。第二，永久和瞬时成分可以在不识别有意义的经济冲击的情况下得到。第三，周期的方差（差分）依赖于用来预测 y_t 的变量。事实上，$\mathrm{var}(\Delta y_{1t}^c)=\mathrm{var}(\Delta y_{1t})+\mathrm{var}(\Delta y_{1t}^x)+\mathrm{cov}(\Delta y_{1t},\Delta y_{1t}^x)$，经过一些处理，表明 $\mathrm{var}(\Delta y_{1t}^c)/\mathrm{var}(\Delta y_{1t}^x)\geqslant\mathrm{var}(\Delta y_{1t})/\mathrm{var}(\Delta y_{1t}^x)+1-2\sqrt{\mathrm{var}(\Delta y_{1t}\mid\mathcal{F}_{t-1})/\mathrm{var}(\Delta y_{1t}^x)}$，其中，$\mathcal{F}_{t-1}$ 是 t 时刻可获得的信息，由于当 $\mathcal{F}_{t-1}^2\subset\mathcal{F}_{t-1}^1$ 时，$\mathrm{var}(\Delta y_{1t}\mid\mathcal{F}_{t-1}^1)\leqslant\mathrm{var}(\Delta y_{1t}\mid\mathcal{F}_{t-1}^2)$，故通过增加包括 y_t 在内的参数设置（增加不相关变量是无益的）来增加周期相对于趋势的波动性（差分）是可能的。因此，$\mathrm{var}(\Delta y_{1t}^c)-\mathrm{var}(\Delta y_{1t}^x)$ 的大小在单变量和多变量的分解中可能会有极大的不同。

例题 3.5 令 y_t 为一个 2×1 阶向量，且令第一个元素为 $\Delta y_{1t}=e_{1t}+D_{11}e_{1t-1}+D_{21}e_{2t-1}$。这里，$\mathrm{var}(\Delta y_{1t}^c)-\mathrm{var}(\Delta y_{1t}^x)=(D_{11}^2-1-2D_{11})\sigma_{e_1}^2+D_{21}^2\sigma_{e_2}^2\geqslant(D_{11}^2-1-2D_{11})\sigma_{e_1}^2=\mathrm{var}(\Delta y_t^c)-\mathrm{var}(\Delta y_t^x)$ 是从单变量模型中得出的。注意到，如果 D_{21} 足够大，或者当 $\sigma_{e_2}^2\gg\sigma_{e_1}^2$ 时，即使 $\mathrm{var}(\Delta y_t^c)-\mathrm{var}(\Delta y_t^x)$ 是负的，$\mathrm{var}(\Delta y_{1t}^c)-\mathrm{var}(\Delta y_{1t}^x)$ 也可以为正数。显然，当 y_t 是大规模 VAR 时，可能会出现更加复杂的情况。

练习 3.5 证明如果 Δy_t 在所有滞后阶上都是正相关的，则 $\mathrm{var}(\Delta y_t)<\mathrm{var}(\Delta y_t^x)$，$\mathrm{cov}(\Delta y_t^c,\Delta y_t^x)<0$ 且 $\mathrm{cov}(\Delta y_t,y_t^c)=-\sum_{\tau=1}^{\infty}\mathrm{ACF}_{\Delta y_t}(\tau)<0$。

同单变量情况下一样，估计多变量 BN 分解的性质依赖于一系列的辅助假设，例如，模型的滞后长度、协整关系的数量等。因此，仔细掌控结果的灵敏度，掌控对这些假设的变更估计的依赖性是很重要的。

练习 3.6 考虑一个双变量 VAR(1)，其中两个变量都是 $I(1)$。说明在此情况下，如何计算一个多变量的 BN 分解。当一个变量是 $I(2)$ 而另一个变量是 $I(1)$ 时，重复此练习。

3.1.3 不可观测成分 (UC) 分解

由于得到的周期估计有某些特定的性质，不可观测成分分解在时间序列文献中非常普遍。ARIMA 表达式一般倾向于选择 UC 具体过程来获得周期成分，这主要是由于两个因素：第一，不能保证由标准方法识别的 ARIMA 模型将会有序列被假定展示出的那些特征（例如，BN 类的周期要求识别一个 AR 成分）；第二，受到应用学者青睐的 ARIMA(0,1,1)模型无法预测特定的长期成分。

两个基本特征定义出 UC 分解。第一，研究者详细指明趋势、周期和数据其他性质的弹性结构。这些结构反过来为可观测量指明一个比用标准方法选择出来的更加复杂的 ARIMA。第二，给定假设的结构，数据被允许去选择不同成分的特性，而且诊断测试可以被用来检查哪些是未被解释的。

对于大部分讨论，我们假设两个不可观测成分，即：

$$y_t = y_t^x + y_t^c \tag{3.4}$$

对于数据包含的拓展范围，例如，季节性变化或不规则变化，都是即时的变化，留给读者作为练习。假设 y_t^x 可被表示为：

$$y_t^x = \bar{y} + y_{t-1}^x + e_t^x, \quad e_t^x \sim \text{i.i.d.}(0, \sigma_x^2) \tag{3.5}$$

(y_t^c, e_t^x)是联合协方差平稳过程。注意到，若$\forall t$，有 $\sigma_x^2=0$，则 y_t^x 是一个线性趋势。在这章后面部分，我们仅仅考虑(3.5)式，更加一般的趋势描述是可能的。例如，“周期的”趋势移动可以由 $y_t^x = \bar{y} + y_{t-1}^x + y_{t-1}^c + e_t^x, e_t^x \sim \text{i.i.d.}(0, \sigma_x^2)$得到。这个表明了趋势和周期是相关的表达式，能比(3.5)式加上一个简单的 y_t^c 与 e_t^x 不相关的周期表达式更好地拟合美国数据[参见哈维(Harvey,1985)]。如果 $\bar{y}$ 像一个随机游走一样自身移动，那就可以得到高次单整的趋势。

练习 3.7[哈维和吉格(Harvey and Jeager)] 假设：

$$y_t^x = y_{t-1}^x + \bar{y}_{t-1} + e_t^x, \quad e_t^x \sim \text{i.i.d.}(0, \sigma_x^2) \tag{3.6}$$

$$\bar{y}_t = \bar{y}_{t-1} + v_t, \qquad v_t \sim \text{i.i.d.}(0, \sigma_v^2) \tag{3.7}$$

证明若 $\sigma_v^2>0$ 及 $\sigma_x^2=0$，则 y_t^x 是一个 $I(2)$ 过程。在什么条件下 y_t^x 是平滑的？即 $\Delta^2 y_t^x$ 是很小的？证明若 $\sigma_v^2=0$，则公式(3.6)、(3.7)退化成公式(3.5)，并且若 $\sigma_v^2=\sigma_x^2=0$，则趋势是确定的。

为了完成这个表达式，我们需要为 y_t^c 以及 y_t^c 和 e_t^x 之间的关系假定一个过程。存在三种可能。在第一种可能性中，我们假设：

$$y_t^c = D^c(\ell) e_t^c, \quad e_t^c \sim \text{i.i.d.}(0, \sigma_c^2) \tag{3.8}$$

其中，$D^c(\ell)=1+D_1^c\ell+\cdots$，并且 e_t^c 是与 $e_{t-\tau}^x$ 垂直的，$\forall\tau$。因此，公式(3.1)、(3.5)和(3.8)表明：

$$D(\ell)e_t = e_t^x + (1-\ell)D(\ell)^c e_t^c \tag{3.9}$$

$|D(1)|^2\sigma_e^2=\sigma_x^2$，并且 $D(\ell)^c$ 的系数可以通过用 $D(\ell)D(\ell^{-1})\sigma_e^2-\sigma_x^2=(1-\ell)(1-\ell^{-1})D(\ell)^c D(\ell^{-1})^c\sigma_c^2$来找到，给定 $D^c(\ell)$的根位于复数单位圆上或在其外部。注意到，如同在 BN 分解中一样，$\text{var}(\Delta y_t^x)=\mathcal{S}_{\Delta y}(0)$，所以 Δy_t^c 的谱密度在 0 频率时，其功率为 0。因此，正如我们下一步所示，(3.9)式对 y_t 进行了限制。

练习 3.8 证明当模型由公式(3.1)、(3.5)和(3.8)组成时，$\mathcal{S}_{\Delta y_t}(\omega)$在 $\omega=0$ 上有一个全局最小值。得出结论：y_t 不能表示成一个带高阶自回归根的 ARIMA(1,1,0)模型。

因为由(3.9)式给出的限制可能并不合适于所有的 y_t，我们想得到另一个周期结构来描绘形如(3.1)式的模型。第二种可能是：

$$y_t^c = D^{cx}(\ell) e_t^x \tag{3.10}$$

其中，$D^{cx}(\ell)=1+D_1^{cx}\ell+\cdots$。在(3.10)式中的对趋势和对周期的新息是完全相关的。注意到，尽管 e_t^c 和 e_t^x 的正交性限制了 ARIMA 过程，使其不能很好地表达 y_t，两个新息的完全相关性没有对 y_t 的 ARIMA 模型产生可测试的限制。特别地，ARIMA(1,1,0)是 y_t 的不可靠的表达式这种说法已经不再正确。第三种对 y_t^c 的表达式是：

$$y_t^c = D^c(\ell)e_t^c + D^{cx}(\ell)e_t^x \tag{3.11}$$

尽管为 y_t^c 特别指定一个 AR 过程是常规的做法，但我们也可以选择三角方程。如果我们对于强调某种特殊的频率很感兴趣，在这个频率中周期可能占主导地位，这种表达式是十分有效的。例如，我们可以设：

$$y_t^c = \frac{(1-\rho_y\cos\omega\ell)e_t^{1c} + (\rho_y\sin\omega\ell)e_t^{2c}}{1-2\rho_y\cos\omega\ell + \rho_y^2\ell^2} \tag{3.12}$$

其中，$e_t^{ic} \sim \text{i. i. d.}(0, \sigma_{e_i}^2)$，$i=1,2$，$0 \leqslant \rho_y \leqslant 1$，$0 \leqslant \omega \leqslant \pi$。

练习 3.9 证明(3.12)式中的 y_t^c 是一个 ARMA(2,1)过程。证明若 $\sigma_{e_i}^2=0$，则它退化成 AR(2)。注意到，对于 $0<\omega<\pi$，AR(2)多项式的根是复杂的，模为 ρ_y。最后，证明对于 $\omega=0$ 或 $\omega=\pi$，y_t^c 是一个 AR(1)过程。

当 ω_i 和 $\omega_{i'}$ 是傅立叶频率时，由于通过(3.12)式来表达的频率为 ω_i 的周期和在频率为 $\omega_{i'}$ 的周期是正交的，所以多倍长度的周期可以通过对任意两个频率上的(3.12)式进行线性组合而得到。

例题 3.6 假设已经证明数据中周期的平均长短随时间的推移而改变，例如，时间从 8 年变为 6 年。如果季度函数可知，有：

$$\begin{aligned} y_t^c &= y_t^{c_1} + y_t^{c_2} \\ &= \frac{(1-\rho_y\cos\omega_1\ell)e_t^{1c} + (\rho_y\sin\omega_1\ell)e_t^{2c}}{1-2\rho_y\cos\omega_1\ell + \rho_y^2\ell^2} + \frac{(1-\rho_y\cos\omega_2\ell)e_t^{1c} + (\rho_y\sin\omega_2\ell)e_t^{2c}}{1-2\rho_y\cos\omega_2\ell + \rho_y^2\ell^2} \end{aligned}$$

其中，$\omega_1=2\pi/32$，$\omega_2=2\pi/24$。

给出(3.5)式和 y_t^c 的一个模型，我们可以很快看到 y_t 有一个 ARIMA 形式。

例题 3.7 考虑一个趋势表达式(3.5)，一个三角周期表达式(3.12)，并假设 $y_t = y_t^x + y_t^c + e_t$，其中，$e_t \sim \text{i. i. d.}(0, \sigma_e^2)$。接着有 $\Delta y_t = \bar{y} + e_t^x + \Delta y_t^c + \Delta e_t$。因此，如果 y_t^c 是一个 ARMA(2,1)过程，则 Δy_t 是一个受限制的 ARMA(2,3)过程。这些限制保证了：(i)若它存在，则可以找到一个周期；(ii)不同成分的局部可识别性(若 $\rho_y>0$，则 AR 和 MA 部分中不存在共同因素)。

一般采用两种方法来得到 UC 模型中 y_t^x 的估计：线性最小均方法(LMMS)和卡尔曼滤波器(Kalman filter)方法。卡尔曼滤波器将在第 6 章讨论。令 $\mathcal{F}_{-\infty}^{\infty} = \{\cdots, y_{-1}, y_0, y_1, \cdots\}$，为了得到 LMMS 估计，我们使用维纳—柯尔莫哥洛夫(Wiener-Kolmogorov)预测公式[参见维特(Whittle, 1980)]。然后有 $y_t^x = \mathcal{B}^x(\ell)y_t$，其中，$\mathcal{B}^x(\ell)$是双边的，而且对于由公式(3.1)、(3.5)和(3.11)组成的一个模型，由 $\mathcal{B}^x(\ell) = \sigma_x^2[1+(1-\ell^{-1})D^{cx}(\ell^{-1})][D(\ell)D(\ell^{-1})\sigma_y^2]^{-1}$ 给出。由于只有 $\mathcal{F}_0^\tau = \{y_0, y_1, \cdots, y_\tau\}$ 是可知的，定义 $y_t^x(\tau) \equiv E[y_t^x \mid \mathcal{F}_0^\tau]$。然后有 $y_t^x(\tau) = \sum_j \mathcal{B}_j^x E[y_{t-j} \mid \mathcal{F}_0^\tau]$，并且趋势的估计是通过用 $\mathcal{F}_0^\tau$ 建立的预测或后向估计来替换 y_t

的未知值得到的。显然，$\mathcal{B}^x(\ell)$依赖于 y_t^c 的模型，但表达式之间的差别仅仅取决于未来数据用来建立 $y_t^x(\tau)$的方式。

练习 3.10 证明不管公式(3.8)、(3.10)、(3.11)哪一个被使用，对于所有的 $\tau<t$，$y_t^x(\tau)$的估计是相同的。

练习 3.10 的一个含义是为了得到 $y_t^c(t)$，必须要为 y_t 建立一个 ARIMA 模型，对较远的未来进行预测，并设 $y_t^c(t)=y_t-y_t^x(t)$，其中，$y_t^x(t)$是对于确定的增长进行调整的，是基于$\mathcal{F}_0^t$ 的趋势的(预测)估计。因此，$y_t^x(t)$与从 BN 分解中得到的永久成分是相似的。然而，如同莫里等人(Morley et al.，2003)所指出的，这并不意味着两种周期成分有着相似的性质(时间序列)。

UC 分解的多变量版本由斯托克(Stock，1989)和沃森(Watso，1991)首次提出，并且也被另外一些学者使用。多变量 UC 分解特色化地设置了限制：y_t 向量在长期均衡中减少了待估参数的数量；另一方面，瞬时成分被允许是序列所指定的。多变量 UC 步骤与因素模型(我们将在第 11 章讨论)中使用的非常相近。在因素模型中存在一个可观测因素，该因素表现了对于序列很常见的动态性质，而这里的不可观测因素仅仅表现了数据的长期情况。

对于一个协整序列的 $m\times1$ 向量，一个多变量 UC 分解是：

$$\Delta y_t=\bar{y}+\mathbb{Q}(\ell)\Delta y_t^x+y_t^c \tag{3.13}$$

$$A^c(\ell)y_t^c=e_t^c \tag{3.14}$$

$$A^x(\ell)\Delta y_t^x=\bar{y}^x+e_t^x \tag{3.15}$$

其中，y_t 和 y_t^c 是$m\times1$ 阶向量，y_t^x 是一个$m_1\times1$ 阶向量，$m_1<m$；而 $A^c(\ell)$和 $A^x(\ell)$是滞后算子中的单边多项式矩阵。

公式(3.13)～(3.15)暗含了两个主要的识别假设：第一，y_t 中的长期移动由 $m_1<m$ 过程控制；第二，$(y_{1t}^c,\cdots,y_{mt}^c)$和$(\Delta y_{1t}^c,\cdots,\Delta y_{m_1t}^c)$在滞后阶和超前阶上是不相关的。由于分别识别 $A^x(\ell)$和 $\mathbb{Q}(\ell)$是不可能的，我们特别地设置 $\mathbb{Q}(\ell)=\mathbb{Q}$，并且假设至少一个 $\Delta y_{i't}^x$进入每一个 Δy_{it}。注意到，当 $A^x(\ell)\neq1$ 时，$y_t^x(t)$是同步指标(重合经济指标)的一个 $m_1\times1$ 阶向量，而 $y_t^c(t)$则描述了特质运动。

由于系统(3.13)～(3.15)有一种状态空间形式，未知参数$(A^c(\ell),A^x(\ell),\bar{y}^x,\bar{y},\mathbb{Q},\Sigma_c,\Sigma_x)$和不可观测成分可以再一次地利用卡尔曼滤波器，用似然法进行估计。我们将有关卡尔曼滤波器递归和可能性的预测误差分解的叙述推迟到第 6 章讲解。

3.1.4 *区制转移分解*

尽管汉密尔顿(Hamilton，1989)的方法是为分段周期性趋势模型而不是为提取周期设计的，但是，它自然地产生了周期性成分，从而可以当作比较模拟动态随机一般均衡模型性质的标准。

这种方法的思想比较简单。趋势被假定成具有特殊的区制结构，该结构会随时间变化而随机发生变化，但它不是选择一个确定的或连续的变化的随机表达式来进行分析的，在一个区制中，趋势移动是确定的。需要强调这种方法的两个特点：(i) y_t 的模型在条件均值下是非线性的；(ii) 趋势的转移由非正态误差决定。

为了简化，在此我们仅考虑两种区制。多区制的拓展以此类推，我们将它留作读者的练习。令 Δy_t 为平稳序列，y_t^x 和 y_t^c 互相独立，并令 $y_t^x=a_0+a_1\varkappa_t+y_{t-1}^x$，其中，$\varkappa_t\in(1,0)$是一个不可观测的两状态马尔科夫链指标，该指标有：

$$P(\varkappa_t=i\mid\varkappa_{t-1}=i')=\begin{bmatrix} p_1 & 1-p_1 \\ 1-p_2 & p_2 \end{bmatrix},\quad p_1,p_2<1$$

因为$\varkappa_t$ 有一个一阶马尔科夫结构，我们可以将它重新写成：

$$\varkappa_t=(1-p_2)+(p_1+p_2-1)\varkappa_{t-1}+e_t^x \tag{3.16}$$

其中，e_t^x 可以取四个值$[1-p_1,-p_1,-(1-p_2),p_2]$，其概率为$[p_1,1-p_1,p_2,1-p_2]$。

练习 3.11 证明 x_t 是协方差平稳的。该过程是遍历性的吗？

公式(3.16)中的残差 e_t^x 有两点特性，对此我们将在下面做出总结。

练习 3.12 证明 $E(e_t^x\mid\varkappa_{t-1}=i,i=0,1)$，$\text{var}(e_t^x\mid\varkappa_{t-1}=1)=p_1(1-p_1)$，而且 $\text{var}(e_t^x\mid\varkappa_{t-1}=0)=p_2(1-p_2)$。

练习 3.12 表明，e_t^x 与先前的状态识别是不相关但不独立的。注意到，若 e_t^x 是正态的，则不相关性等价于独立性。因此，e_t^x 中出现的特殊结构表明了这两种概念的分离。

由于 e_t^x 是不独立的，故$\varkappa_t$ 也将是不独立的。逆向求解出(3.16)式，并且运用0时刻的期望和限制性条件：$\lim_{t\to\infty}E_0\varkappa_t=(1-p_2)/(2-p_1-p_2)\equiv\widetilde{p}$，我们有 $E_0\varkappa_t=[(1-p_2)/(2-p_1-p_2)]\times(1-(p_1+p_2-1)^t)+(p_1+p_2-1)^tE_0\varkappa_0$。同时，令 $P[\varkappa_0=1\mid\mathcal{F}_0]=p^0$。

练习 3.13 证明 $\text{var}_0\varkappa_t=[(1-p_2)/(2-p_1-p_2)^2][1-(p_1+p_2-1)^t]^2+(p_1+p_2-1)^{2t}E(\varkappa_0-E\varkappa_0)^2$。计算 $\lim_{t\to\infty}\text{var}_0\varkappa_t$，并证明它不是统计上独立于$\varkappa_{t-j}$的。

练习 3.13 指出$\varkappa_t$ 的时间结构是非线性的，这对预测 y_t^x 非常重要。事实上，y_t^x 的模型可以被重写成：

$$[1-(p_1+p_2-1)\ell]\Delta y_t^x=a_1(1-p_2)+a_0(2-p_1-p_2)+a_1e_t^x \tag{3.17}$$

因此，尽管 y_t^x 看上去像一个 ARIMA(1,1,0)结构，基于这样一个模型的 $y_{t+\tau}^x$，$\tau\geqslant1$ 的预测是次优化的，因为 e_t^x 的非线性结构被忽略了。事实上，最优化趋势的预测是：

$$E_t\Delta y_{t+\tau}^x=a_0+a_1E_t\varkappa_{t+\tau}=a_0+a_1\{\widetilde{p}+(p_1+p_2-1)^t[P(\varkappa_{t=1}\mid\mathcal{F}_t)-\widetilde{p}]\} \tag{3.18}$$

其中，$\mathcal{F}_t$表示了时刻 t 的信息设置。等式(3.18)是最优化的，因为它整合了由于 e_t^x 中的离散转移而使得 y_t^x 仅仅是偶然变化的这一信息。

练习 3.14 令$\bar{\varkappa}_t\equiv\sum_{j=1}^{t}\varkappa_j$，即$\bar{\varkappa}_t$ 是 1 秒的累计数目。证明 $y_t^x=y_0^x+a_1\bar{\varkappa}_t+$

$a_0t, E_0[y_t^x|y_0^x, p^0]=y_0^x+a_1[\sum_{j=1}^{t}(p_1+p_2-1)^j\times(p^0-\tilde{p})+\tilde{p}t]+a_0t$，以及 $\lim_{t\to\infty}E_0[y_t^x-y_{t-1}^x|y_0^x, p^0]=a_0+a_1\tilde{p}$。

练习 3.14 表明，y_t^x 的增长率与在时刻 0 的信息是渐近独立的。直观地，随着 $t\to\infty$，y_t 将以概率 $\tilde{p}$ 在增长状态 a_0+a_1 上，而以概率 $(1-\tilde{p})$ 在增长状态 a_0 上。同时也要注意到关于首状态的信息对 y_t^x 有持续性的影响。事实上，$p^0-\tilde{p}\neq 0$ 导致了 y_t^x 的持续变动。

为了完成这个表达式，需要选择 y_t^c 的过程。

例题 3.8 设 $y_t^c\sim$ i. i. d. $\mathbb{N}(0,\sigma_c^2)$，则 y_t 有表达式 $[1-(p_1+p_2-1)\ell]\Delta y_t=a_1(1-p_2)+a_0(2-p_1-p_2)+e_t-D_1e_{t-1}$，且 $e_t-D_1e_{t-1}=a_1e_t^x+y_t^c-(p_1+p_2-1)\times y_{t-1}^c$，其中，$D_1$ 和 σ_e^2 满足 $(1-D_1^2)\sigma_e^2=[1-(p_1+p_2-1)^2]\sigma_c^2+\sigma_x^2a_1^2$ 和 $D_1^2\sigma_e^2=(p_1+p_2-1)^2\sigma_c^2$。

练习 3.15 假设 $\Delta y_t^c=A^c(\ell)\Delta y_{t-1}^c+e_t^c$，其中，$e_t^c\sim$ i. i. d. $\mathbb{N}(0,\sigma_c^2)$，$\forall\tau>1$，且 $A^c(\ell)$ 是 q_c 阶的，给出 y_t 的模型。

给出(3.16)式和 y_t^c 的一个模型(例如，练习 3.15 的一个模型)，我们的任务是估计位置参数，并得到 $\varkappa_t$ 的一个估计。首先，我们考虑用一种递归的运算方法来估计 $\varkappa_t$。也就是说，给定 $P(\varkappa_{t-1}=\bar{\varkappa}_{t-1},\varkappa_{t-2}=\bar{\varkappa}_{t-2},\cdots,\varkappa_{t-\tau}=\bar{\varkappa}_{t-\tau}|y_{t-1},y_{t-2},\cdots)$，我们想得到 $P(\varkappa_t=\bar{\varkappa}_t,\varkappa_{t-1}=\bar{\varkappa}_{t-1},\cdots,\varkappa_{t-\tau+1}=\bar{\varkappa}_{t-\tau+1}|y_t,y_{t-1},\cdots)$。这种算法包含 5 个步骤。

算法 3.1

(1) 计算 $P(\varkappa_t=\bar{\varkappa}_t,\cdots,\varkappa_{t-\tau}=\bar{\varkappa}_{t-\tau}|\Delta y_{t-1},\Delta y_{t-2},\cdots)=P(\varkappa_t=\bar{\varkappa}_t|\varkappa_{t-1}=\bar{\varkappa}_{t-1})P(\varkappa_{t-1}=\bar{\varkappa}_{t-1},\cdots,\varkappa_{t-\tau}=\bar{\varkappa}_{t-\tau}|\Delta y_{t-1},\Delta y_{t-2},\cdots)$，其中，$P(\varkappa_t=\bar{\varkappa}_t|\varkappa_{t-1}=\bar{\varkappa}_{t-1})$ 是 $\varkappa_t$ 的转移矩阵。

(2) 计算 Δy_t 的联合概率和 $\{\varkappa_j\}_{j=t-\tau}^{t}$，即 $f(\Delta y_t,\varkappa_t=\bar{\varkappa}_t,\cdots,\varkappa_{t-\tau}=\bar{\varkappa}_{t-\tau}|\Delta y_{t-1},\Delta y_{t-2},\cdots)=f(\Delta y_t|\varkappa=\bar{\varkappa}_t,\cdots,\Delta y_{t-1},\Delta y_{t-2},\cdots)P(\varkappa=\bar{\varkappa}_t,\cdots,\varkappa_{t-\tau}=\bar{\varkappa}_{t-\tau}|\Delta y_{t-1},\Delta y_{t-2},\cdots)$，其中，$f(\Delta y_t|\varkappa_t=\bar{\varkappa}_t,\cdots,\Delta y_{t-1},\Delta y_{t-2},\cdots)=(1/\sqrt{2\pi}\sigma_c)\times e^{(-(\Delta y_t(\varkappa)-a_0-a_1\varkappa_t)(1-A^c(\ell))^2)/2\sigma_c^2}$。

(3) 计算 $f(\Delta y_t|\Delta y_{t-1},\Delta y_{t-2},\cdots)=\sum_{\varkappa_t=0}^{1}\cdots\sum_{\varkappa_{t-\tau}=0}^{1}f(\Delta y_t,\varkappa=\bar{\varkappa}_t,\cdots,\varkappa_{t-\tau}=\bar{\varkappa}_{t-\tau}|\Delta y_{t-1},\Delta y_{t-2},\cdots)$。这是基于 $t-1$ 信息的 Δy_t 的预测密度。

(4) 运用贝叶斯定理来求出 $P(\varkappa_t=\bar{\varkappa}_t,\cdots|\Delta y_t,\Delta y_{t-1},\Delta y_{t-2},\cdots)=f(\Delta y_t,\varkappa_t=\bar{\varkappa}_t,\cdots,\varkappa_{t-\tau}=\bar{\varkappa}_{t-\tau}|\Delta y_{t-1},\Delta y_{t-2},\cdots)/f(\Delta y_t|\Delta y_{t-1},\Delta y_{t-2},\cdots)$。

(5) 求出 $P(\varkappa_t=\bar{\varkappa}_t,\cdots,\varkappa_{t-\tau+1}=\bar{\varkappa}_{t-\tau+1}|\Delta y_t,y_{t-1},y_{t-2},\cdots)=\sum_{\varkappa_{\tau-r}=0}^{1}P(\varkappa_t=\bar{\varkappa}_t,\cdots,\varkappa_{t-\tau}=\bar{\varkappa}_{t-\tau}|\Delta y_t,y_{t-1},y_{t-2},\cdots)$。

为了开始这个算法，我们需要 $P(\varkappa_0=\bar{\varkappa}_0,\varkappa_{-1}=\bar{\varkappa}_{-1},\cdots,\varkappa_{-\tau+1}=\bar{\varkappa}_{-\tau+1}|y_0,y_{-1},\cdots)$。当它未知时，我们可以使用 $\varkappa_0$ 的 $\tau-1$ 个历史值的非条件概率，此概率是通过使用上述运算步骤的(1)，递归地建立 $P(\varkappa_{-\tau+j})$，$j=2,3,\cdots$，并设 $P(\varkappa_{-\tau+1}=1)=\tilde{p}$ 和 $P(\varkappa_{-\tau+1}=0)=1-\tilde{p}$ 来得到的。或者我们也可以将 $P(\varkappa_{-\tau+1}=1)$ 作为一个参数来进行估计。

基本步骤的拓展将在下一个练习中讨论。

练习 3.16 (i) 假设有 n 个状态。写出估计$\varkappa_t$ 的运算步骤,信息最高到 $t-1$。

(ii) 令 $A^c(\ell)=A^c(\ell,\varkappa_t)$。写出估计$\varkappa_t$ 的运算步骤。

(iii) 令 $\sigma_c^2=\sigma_c^2(\varkappa_t)$。写出估计$\varkappa_t$ 的运算步骤。

例题 3.9 一个有趣的拓展是当转移状态的概率依赖于可观测变量时。例如,设:$P(\varkappa_t=i\mid\varkappa_{t-1}=i,x_{t-1}\alpha_i)=e^{x'_{t-1}\alpha_i}/(1+e^{x'_{t-1}\alpha_i})$,并且 $P(\varkappa_t=i\mid\varkappa_{t-1}=i',x_{t-1}\alpha_{i'})=1-P(\varkappa_t=i\mid\varkappa_{t-1}=i,x_{t-1}\alpha_i)$,其中,$x_{t-1}=(1,y_{1,t-1},\cdots,y_{q,t-1})$,$\alpha_i=(\alpha_{i0},\alpha_{i1},\cdots,\alpha_{iq})$,并令 $f(\Delta y_t\mid\varkappa,\theta)=(1/\sqrt{2\pi}\sigma_c)\times e^{(-(\Delta y_t(\varkappa)-\overline{\Delta y}(\varkappa))^2)/2\sigma_c^2}$。接着,$\Delta y_t$ 潜在地存在一个转移均值,且转移的概率依赖于时间。因此,Δy_t 的波动可能存在持续时间的依赖。

接下来,我们考虑如何估计参数。由于在算法 3.1 的步骤(2)中,我们建立了观测的似然值,只要对所有 t 进行算法 3.1,对这些似然值求和,就可得到参数的估计。事实上,参考$(\alpha_0,\alpha_1,p_1,p_2,A_j)$,$\ln f(\Delta y_t,\Delta y_{t-1},\cdots,\Delta y_1\mid\Delta y_0,\cdots,\Delta y_{-\tau+1})=\sum_{t=1}^{T}\ln f(\Delta y_t\mid\Delta y_{t-1},\cdots,\Delta y_1,\cdots,\Delta y_{-\tau+1})$可以在数值上最大化[且如果需要,可知 $P(\varkappa_{-\tau+1}=1)$]。

从计算步骤(4),我们可以通过给定的 y_t 的近期和过去值来推知$\varkappa_t$,对$\varkappa_{t-j}$,$j\geqslant 1$积分,即 $P(\varkappa_t=\bar{\varkappa}_t\mid\Delta y_t,\Delta y_{t-1},\cdots)=\sum_{\varkappa_{t-1}=0}^{1},\cdots,\sum_{\varkappa_{t-1}=0}^{1}P(\varkappa_t=\bar{\varkappa}_t,\varkappa_{t-1}=\bar{\varkappa}_{t-1},\cdots\mid\Delta y_t,\Delta y_{t-1},\cdots)$。这是非常有用的,例如,它可以用来决定经济状态在某个时间上是否处于衰退。

例题 3.10 算法 3.1 中的步骤(4)也可以用来估计$\varkappa_{t-j}=\bar{\varkappa}_{t-j}$的后验概率(给定时刻 t 的信息)。例如,给定最高到譬如 2003 年 4 月的信息,可以计算在 1975 年 1 月我们处于低增长状态的这个概率,这其中包含了对某个 $t-\tau\leqslant\bar{t}\leqslant t$,计算 $P(\varkappa_{\bar{t}}=\bar{\varkappa}_{\bar{t}}\mid\Delta y_t,\Delta y_{t-1},\cdots)$。

上面的构架很容易操作,但它不实际地假设了周期成分有一个单位根。去除这个单位根,使表达式更加贴近实际,但是由于这个计算必须记录$\varkappa_t$ 的全部过去历史值,实质上它也复杂化了计算。为了形象化地阐述这一点,假设 $y_t=y_t^x+y_t^c$,且:

$$y_t^x=y_{t-1}^x+a_0+a_1\varkappa_t \tag{3.19}$$

$$(1-A^c(\ell))y_t^c=e_t^c,\quad e_t^c\sim\text{i.i.d.}\,\mathbb{N}(0,\sigma_c^2) \tag{3.20}$$

其中,$\varkappa_t$ 是一个两状态马尔科夫链。接着有 $\Delta y_t=a_0+a_1\varkappa_t+\Delta y_t^c$,并逆向求解出 $y_t^c=(\sum_{i=1}^t\Delta y_i-a_0t-a_1\sum_{i=1}^t\varkappa_i)+y_0^c$,以及:

$$\begin{aligned}e_t^c=&(1-A_1^c\ell-A_2^c\ell^2,\cdots,-A_{q_c}^c\ell^{q_c})\Big(\sum_{i=1}^t\Delta y_i-a_0t\Big)\\&+(1-A_1^c-A_2^c,\cdots,-A_{q_c}^c)y_0^c-a_1(1-A_1^c-A_2^c-\cdots-A_{q_c}^c)\sum_i\varkappa_i\\&+a_1\sum_{j=1}^{q_c}\Big(\sum_{i=j}^{q_c}A_i^c\Big)\varkappa_{t-j+1}\end{aligned}$$

若 $A^c(\ell)$ 有一个单位根 $(1-A^c(1))=0$,且 $e_t^c=(1-A_1^c\ell-A_2^c\ell^2-\cdots)\times(\sum_i\Delta y_i-a_0t)+a_1\sum_j(\sum_iA_i^c)\varkappa_{t-j+1}$,它与当 y_t^c 是一个 ARIMA$(q_c,1,0)$时求得的表达式是一样的。如果不是这种情况,$\varkappa_t$ 的全部历史值称为一个状态变量。为了

解决这个计算问题，林(Lam，1990)用 x_t 的和作为一个状态变量，注意到，由于 y_0^c 影响了似然值，它也被作为一个参数来估计。

练习 3.17 改进算法 3.1 来使($\sum_{i=1}^{t}\varkappa_i$)成为一个新的状态变量。

注意到，$\sum_{i=1}^{t}\varkappa_i$ 的分布是 $P(\sum_i \varkappa_i = \bar{\bar{\varkappa}}_i \mid \Delta y_t, \cdots, \Delta y_1) = \sum_{\varkappa_t=0}^{1}\cdots\sum_{\varkappa_{t-\tau}=0}^{1} P(\varkappa_t=\bar{\varkappa}_t, \cdots, \varkappa_{t-\tau}=\bar{\varkappa}_{t-\tau}, \sum_i x_i = \bar{\bar{\varkappa}}_i \mid \Delta y_t, \cdots, \Delta y_1)$。$y_t^c$ 的一个估计是 $\hat{y}_t^c = \sum_{i=1}^{t}\Delta y_i - a_0 t + y_0^c - a_1\sum_{j=0}^{t}\bar{\varkappa}P(\sum_i x_t = \bar{\bar{\varkappa}}_i \mid \Delta y_t, \Delta y_{t-1}, \cdots, \Delta y_1)$，且给定 y_0^c，马尔科夫趋势的一个估计是 $\hat{y}_t^x = y_t - \hat{y}_t^c$。

3.2 混合分解

3.2.1 *赫德里克和普雷斯科特［Hodrick and Prescott (HP)］滤波器*

HP 滤波曾经并一直是从经济时间序列中提取周期成分的有效方法。HP 分解有两个基本特性：第一，趋势和周期被假设成不相关；第二，趋势被假设为"平滑"过程，也就是说，只要变动不是突然的，它就被允许随时间而变动。赫德里克和普雷斯科特(Hodrick and Prescott)通过削弱趋势的二阶差分中的变量使"平滑"这一概念变得可操作，在这些条件下，y_t^x 可以通过使用下面的程序被识别及估计：

$$\min_{y_t^x}\left\{\sum_{t=0}^{x}(y_t - y_t^x)^2 + \lambda\sum_{t=0}^{T}[(y_{t+1}^x - y_t^x) - (y_t^x - y_{t-1}^x)]^2\right\} \tag{3.21}$$

其中，λ 是一个参数。随着 λ 增加，趋势 y_t^x 变得更加平滑，且对于 $\lambda\to\infty$，它将变为线性形式。一个如同公式(3.21)的程序可以由以下过程被正式求得。令周期惩罚和趋势的二阶差分为白噪声，基于加权最小二乘法，导致：

$$\min_{\{y_t^x\}}\left\{\sum_{t=0}^{T}\frac{(y_t - y_t^x)^2}{\sigma_{y^c}^2} + \frac{1}{\sigma_{\Delta^2 y^x}^2}\left(\sum_{t=0}^{T}(y_{t+1}^x - 2y_t^x + y_{t-1}^x)^2\right)\right\}$$

它产生了 $\lambda=\sigma_{y^c}^2/\sigma_{\Delta^2 y^x}^2$，其中，$\sigma_{\Delta^2 y^x}^2$ 是趋势二阶差分中新息的方差，而 $\sigma_{y^c}^2$ 是周期中新息的方差。当 $\lambda=\sigma_{y^c}^2/\sigma_{\Delta^2 y^x}^2$ 时，瓦吧(Wabha，1980)指出，从使拟合误差的均方尽量小的意义上来说，(3.21)式定义了点阵中的最优曲线。

有趣的是，由(3.21)式产生的趋势与 UC 分解产生的相同，其中趋势的转移本身满足随机游走，而周期成分则是白噪声序列［参见哈维和吉格(Harvey and Jeager，1993)］。特别地，如果我们设置 $\lambda=\sigma_c^2/\sigma_v^2$，对练习 3.7 中的步骤限制 $\sigma_x^2=0$，并令 $T\to\infty$，则(3.21)式是重新获得 y_t^x 的优化信号的提取方法［参见戈麦斯(Gomez，1997)］。显然，如果 y_t 不是简单地将趋势和噪声相加，或者当周期成分不是独立同分布时，滤波就不再是最优化的。因此，很多文献选择推理的 λ 而不是估计它来刻画频谱的特殊频率，例如，$\lambda=1\ 600$ 一般用于季度数据，表明周期的标准误差比趋势二阶差分的标准误差大 40 倍，而这反过来又表明，长于 6～7 年的周期是由趋势所引起的。λ 的选择不一定是无关紧要的，而且用 BN 或 UC 分解得到的 λ 的隐估计只在范围[2,8]中。

练习 3.18 给出(3.21)式的解是 $y^x=(\mathbb{F}^{HP})^{-1}y$，其中，$y=[y_1, y_2, \cdots, y_T]'$，$y_t^x=[y_1^x, y_2^x, \cdots, y_T^x]'$。写出 $T\times T$ 阶矩阵 $\mathbb{F}^{HP}$。

只有在建立 y_t^x 中的每个 t 时刻的 $t-2$、$t-1$、t、$t+1$、$t+2$ 观测值以及 y_t 的超前和滞后的权重依赖于 λ 但是对称的情况下，季度数据 $\mathbb{F}^{HP}$ 将有一个特殊形式。因此，HP 趋势提取是双边的，且它是对称移动的平均滤波。一旦 y_t^x 是可知的，周期成分的一个估计是 $y_t^c=y_t-y_t^x$。

由练习 3.18 定义的滤波是依赖于时间的。此外，它的双边性导致了样本开始和结尾问题。事实上，$\mathbb{F}^{HP}$ 中的元素对于开头两个和结尾两个观测值与处于样本中间的那些观测值是不同的。当我们对样本尾部的 y_t 的性质感兴趣时，这就导致了扭曲。一个并不令人满意的解决方法是，在建立需要的统计时将这些观测值舍弃。或者，我们可以通过大致地估计它们在过滤的数据的自协方差函数的计算中的权重，以此来去除这些观测值的影响。一种比较被认可的解决方式是使用(3.21)式的一个发展，其中，t 从 $-\infty$ 变化到 $+\infty$。这个改进后的表达式定义了一系列线性的时间不变的权重，它们远离样本的头部与尾部，接近于从练习 3.18 中得出的那些权重。

改进的最小化问题产生了周期估计的一个形式：$y_t^c=\mathcal{B}(\ell)^c y_t$，其中，$\mathcal{B}^c(\ell)\equiv\mathcal{B}(\ell)(1-\ell)^4 y_t$，且$\mathcal{B}(\ell)$为[参见科格利和纳森(Cogley and Nason, 1995a)]：

$$\mathcal{B}(\ell)=\frac{|\lambda_1|^2}{\ell^2}[1-2\mathrm{Re}(\lambda_1)\ell+|\lambda_1|^2\ell^2]^{-1}[1-2\mathrm{Re}(\lambda_1)\ell^{-1}+|\lambda_1|^2\ell^{-2}]^{-1} \tag{3.22}$$

λ_1^{-1} 是$[\lambda^{-1}\ell^2+(1-\ell)^4]$的稳定根，$\mathrm{Re}(\lambda_1)$是 λ_1 的实数部分，且$|\lambda_1|^2$ 是它的模的平方。注意到，当 $\lambda=1\ 600$，$\mathrm{Re}(\lambda_1)=0.89$，$|\lambda_1|^2\simeq 0.8$，并且周期权重 $\mathcal{B}_j^c$，$j=-\infty,\cdots,0,\cdots,\infty$，可以被写成[参见米勒(Miller, 1976)]：

$$\mathcal{B}_j^c=\begin{cases}-(0.894\ 1)^j[0.056\ 1\cos(0.111\ 6j)+0.055\ 8\sin(0.111\ 6j)], & j\neq 0\\ 1-[0.056\ 1\cos(0)+0.055\ 8\sin(0)], & j=0\end{cases} \tag{3.23}$$

周期滤波也可以写为[参见金和瑞博路(King and Reblo, 1993)]：

$$\mathcal{B}^c(\ell)=\frac{(1-\ell)^2(1-\ell^{-1})^2}{1/\lambda+(1-\ell)^2(1-\ell^{-1})^2} \tag{3.24}$$

图 3.1 描绘了用(3.23)式得到$\mathcal{B}_j^c$ 和它在$\lambda=100$、400、1 600、6 400 时的收益函数。权重有尖锐的钟形外观，在滞后 2 期的零线处首次交叉，并在滞后 20 期周围再次交叉。另外，对于平稳的 y_t，λ 不断增长，对周期 y_t^c 加入了越来越长的期限。另外一种选择是，由于谱下面的区域是 y_t 的方差，增大 λ 就增加 $3y_t^c$ 相对于 y_t^x 的重要性。

为了研究周期性 HP 滤波器的性质，有必要区分 y_t 是协方差平稳还是单整平稳(阶数)。当 y_t 是平稳的且 $\lambda=1\ 600$，$\mathcal{B}^c(\ell)$的收益是 $\mathrm{Ga}^0(\omega)\simeq 16\sin^4\left(\frac{1}{2}\omega\right)\Big/\left(\frac{1}{1\ 600}+16\sin^4\left(\frac{1}{2}\omega\right)\right)=4(1-\cos(\omega))^2\Big/\left(\frac{1}{1\ 600}+4(1-\cos(\omega))^2\right)$，它的形式如

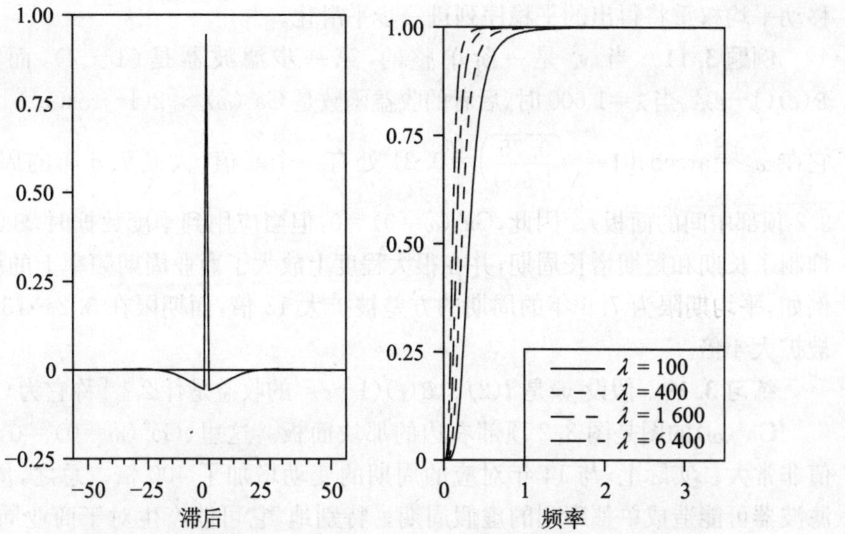

(a) 周期权重　　(b) 收益函数，HP 滤波

图 3.1

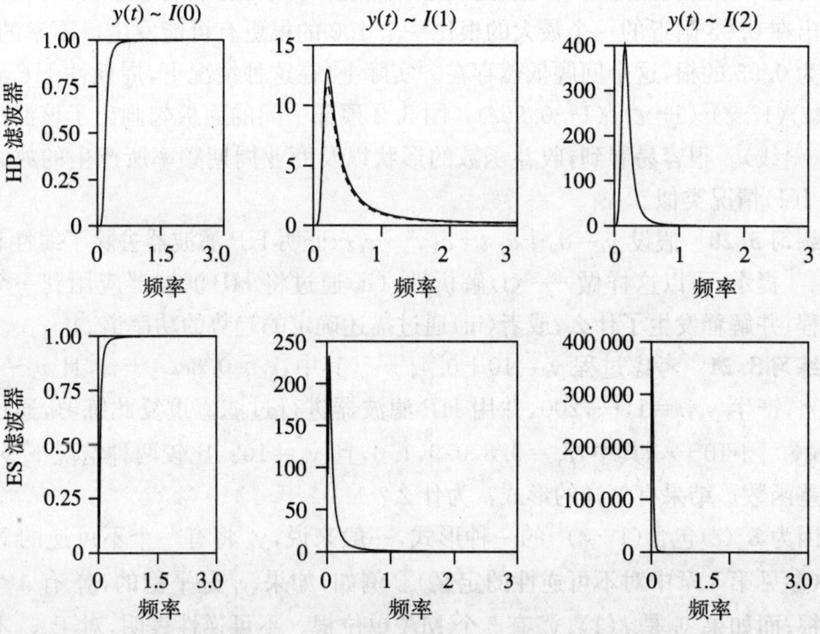

图 3.2　收益函数：HP 和 ES 滤波器

图 3.2 左上方的面板所描述。我们马上看到 $Ga^0(\omega=0)=0$，所以 y_t 在 0 频率时的幂集中在趋势中。此外，对于 $\omega\to\pi$，有 $Ga^0(\omega)\to 1$。因此，周期性 HP 滤波器像一个高通滤波器一样运作，用大于 24 季度每周期（$\omega=0.26$）的平均期限来抑制波动，且通过短期周期时不做改变。由于最后一个性质，周期性 HP 滤波器留下了在 y_t^c 中“不受欢迎的”高频率的波动。

当 y_t 是单整序列时，周期性 HP 滤波器有不同的性质。实际上，我们可以将 $\mathcal{B}^c(\ell)$ 当作一个两步滤波器：第一步，它使 y_t 成为平稳的序列；第二步，它用非对称移动平均权重将得出的平稳序列进一步平滑化。

例题 3.11 当 y_t 是一阶单整的，第一步滤波器是 $(1-\ell)$，而第二步是 $\mathcal{B}(\ell)(1-\ell)^3$。当 $\lambda=1\ 600$ 时，后者的收益函数是 $Ga^1(\omega)\simeq[2(1-\cos(\omega))]^{-1}Ga^0(\omega)$，它在 $\omega^*=\arccos\left(1-\sqrt{\frac{0.75}{1\ 600}}\right)=0.21$ 处有一个峰值(大概 7.6 年的周期)(见图 3.2 顶部中间的面板)。因此，$Ga^1(\omega=0)=0$，但当应用到季度数据时，$\mathcal{B}(\ell)(1-\ell)^3$ 抑制了长期和短期增长周期，并在很大程度上放大了商业周期频率上的增长周期。例如，平均期限为 7.6 年的周期的方差被扩大 13 倍，而期限在 3.2～13 年的周期被扩大 4 倍。

练习 3.19 假设 y_t 是 $I(2)$。$\mathcal{B}(\ell)(1-\ell)^2$ 的收益是什么？[称它为 $Ga^2(\omega)$。]

$Ga^2(\omega)$的图是图 3.2 顶部右边的那块面板。这里，$Ga^2(\omega=0)=0$，但周期峰值非常大。实际上，与 14 年对应的周期的变动增加了 400 倍。总之，周期性 HP 滤波器可能造成单整序列的虚假周期。特别地，它可能产生对于商业周期频率没有影响的序列中的"期限的"周期[尤尔—斯拉茨基(Yule-Slutsky)效用]。

例题 3.12 尽管宏观经济学家同意综合的时间序列所表现出持续的波动，它们是否是单整的仍然是一个开放的问题。因此，有人可能倾向于忽略上面的讨论，而指出在 0.95 附近的一个最大的根比一个 1.0 的根更有可能发生。不幸的是，对于阶为 0.95 的根，这个问题依然存在。实际上，在这种情况下，周期性 HP 滤波器是$\mathcal{B}(\ell)(1-\ell)^3(1-\ell)/(1-0.95\ell)$。图 3.2 顶部中间的面板勾画出了该滤波器的收益(斜线)。很容易看到，收益函数的形状以及商业周期频率所产生的放大的量级与 $I(1)$情况类似。

练习 3.20 假设 $y_t=a_0+a_1t+a_2t^2+e_t$。证明 HP 滤波器去除了线性和二次趋势。[提示：可以这样做——(i)解析性；(ii)通过将 HP 滤波器应用到一个模拟的过程；并解释发生了什么；或者(iii)通过描述确定的趋势的功率谱。]

练习 3.21 考虑过程 $y_t=10+0.4t+e_t$，其中，$e_t=0.8e_{t-1}+v_t$，且 $v_t\sim$ i. i. d. $(0,1)$。产生 $y_t, t=1,\cdots,200$，并用 HP 滤波器进行过滤。重复此练习，通过使用 $y_t=\rho_y y_{t-1}+10+e_t$，其中，$\rho_y=0.8, 0.9, 1.0$，且 $y_0=10$。比较两种情况下 y_t^c 的自协方差函数。结果有怎样的形式？为什么？

因为$\mathcal{B}^c(\ell)$包含$(1-\ell)^4$ 的一种形式，一般来说，y_t^c 将有一个不可逆的 MA 表达式(参见第 4 章中对不可逆性的定义)。例如，如果 y_t 是平稳的，y_t^c 有 4 个 MA 单位根；而如果 y_t 是 $I(1)$，y_t^c 有 3 个 MA 单位根。不可逆性表明，对于 y_t^c 不存在有限的 AR 表达式。换言之，不论 y_t 是不是序列相关的，y_t^c 将表现出很强的序列相关性。

例题 3.13 通过运用 $y_t=10+0.4t+e_t$ 进行数据模拟，其中，$e_t=\rho_e e_{t-1}+v_t$，$v_t\sim$ i. i. d. $(0,1)$，且 $\rho_e=0.4, 0.7, 1.0$。图 3.3 展示了经 HP 过滤后的周期成分的 ACFs。显然，ρ_e 越高，y_t^c 中的持续越强，并且 ACF 变为 0 的时间就越长。

周期性 HP 滤波器可能不仅导致人为的持续性或虚假的周期期限，它也可能产生共同移动，看上去像无周期的序列中的商业周期波动。我们将在下一个练习中展示这种现象的一个例子。

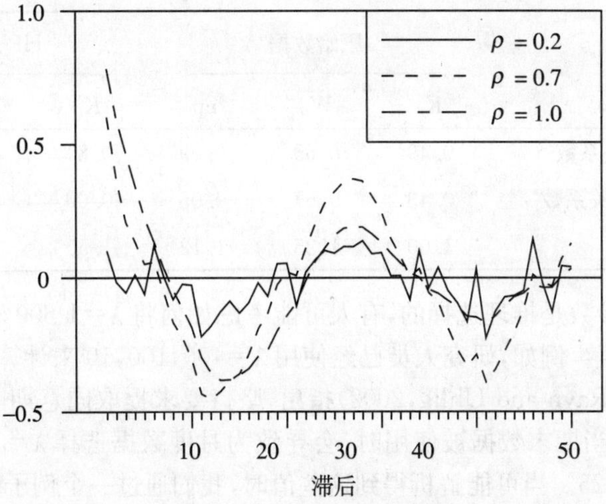

图 3.3 周期成分的 ACF

练习 3.22 令 $y_{1t}=y_{1t-1}+e_{1t}$，$y_{2t}=y_{2t-1}+e_{2t}$，且 $(e_{1t},e_{2t})'\sim(0,\Sigma_e)$。

(i) 证明 $(\Delta y_{1t},\Delta y_{2t})$ 的谱密度矩阵是 $\mathcal{S}(\omega)\propto\Sigma_e$。

(ii) 证明 $[y_{1t}^c,y_{2t}^c]'$ 的谱密度函数是 $\mathcal{S}(\omega)\mathrm{Ga}^1(\omega)$，其中，$\mathrm{Ga}^1(\omega)$ 是 $\mathcal{B}(\ell)(1-\ell)^3$ 的收益。

(iii) 令 $\sigma_1=\sigma_2=1$，并且 $\sigma_{12}=0.9,0.5,0.0$。模拟 y_{1t} 和 y_{2t}，并在三种情况下描绘 $\mathcal{S}_{y^c}(\omega)$。讨论当 $\sigma_{12}\neq0$ 时，y_{1t}^c 和 y_{2t}^c 表现出大致与 NBER 周期相同的周期，且 y_{1t}^c 和 y_{2t}^c 有很强的共生性。

练习 3.23 对消费和产出使用美国的季度数据，对 $[\Delta c_t,\Delta\mathrm{GDP}_t]'$ 的谱密度矩阵绘图。对消费和产出的 HP 趋势消除后的谱密度矩阵进行绘图。描述绘图的特点，并进行对比。

一般来说，HP 滤波器的使用应该非常谨慎：非批判性的使用可能导致对于模型复制数据的能力产生错误的认识。特别地，被 HP 滤波器过滤后缺乏增殖机制并且细微波动的模型，可能需要较强的增殖和明显的周期成分[参见斯德林(Soderlin，1994)以及科格利和纳森(Cogley and Nason，1995a)]。此外，如练习 3.22 所示，即使模型和数据只是同期相关的，HP 滤波器的应用也将精确地使商业周期频率上的相似性变得很强。

例题 3.14 我们已经从基本的无税的效用为 $U(c_t,c_{t-1},N_t)=c_t^{1-\varphi}/(1-\varphi)+\ln(1-N_t)$ 的 RBC 模型中模拟了 200 个数据，假设 $\beta=0.99$，$\varphi_c=2.0$，$\delta=0.025$，$\eta=0.64$，且稳定状态小时数等于 0.3。我们对数线性化该模型，并假设一个AR(1)参数等于 0.9，并且技术冲击计算的一个方差等于 0.006 6，AR(1)参数等于 0.8，而政府支出波动的计算的方差等于 0.014 6。表 3.1 展示了 HP 过滤之前和之后，$j=0,1$ 时 GDP_{t-j} 和资本 (K_t)、实际工资 (W_t) 以及劳动生产率 (np_t) 的互相关函数的均值，以及基于 100 次模拟计算出的后三个变量的平均标准差。由于该模型产生的数据是平稳的，过滤后的统计应该描述模拟数据的中—高频率特性。显然，原始数据和过滤数据中波动的相关次序和互相关的程度都明显不同。

表 3.1　模拟的统计量

统计量	原始数据			HP 过滤数据		
	K_t	W_t	np_t	K_t	W_t	np_t
与 GDP_t 的相关系数	0.49	0.65	0.09	0.84	0.95	−0.20
与 GDP_{t-1} 的相关系数	0.43	0.57	0.05	0.60	0.67	−0.38
标准差	1.00	1.25	1.12	1.50	0.87	0.50

由于平滑参数是推理选择的，有人可能考虑如何将 $\lambda=1\ 600$ 转换成月度或年度数据的一个值。例如，研究人员已经使用 $\lambda=400,100,10$ 来计算年度数据的 y_t^c。阿伍和乌里格（Ravn and Uhlig，2002）指出，坚持要求提取同意期限的周期而不考虑数据的频率，当期末数据被使用时，会导致为月度数据选择 $\lambda=129\ 600$，对年度数据选择 $\lambda=6.25$。当可能解析得到这些值时，我们通过一个例子的均值来刻画这些选择的推理方法。

例题 3.15　我们从一个 $\rho=0.98$ 的 AR(1)过程中生成了 12 000 个（月度）数据点，且更新的方差等于 1.0，对总数为 4 000 和 1 000 的观测值在季度和年度频率上进行取样（使用期末值或时间平均的方法）。然后，我们将 HP 滤波器应用到月度、季度和年度数据上，其中，对季度数据 $\lambda=1\ 600$，对月度数据 $\lambda_j=3^j\lambda$，对年度数据 $\lambda_j=0.25^j\lambda$，$j=3,4,5$。季度 HP 过滤周期的波动是 2.20（期末样本）和 2.09（平均月度数据）。月度序列的波动，在 $j=3$ 时为 1.95，在 $j=4$ 时为 2.21，在 $j=5$ 时为 2.48。年度序列的波动，在 $j=3$ 时为 2.42，在 $j=4$ 时为 2.09，在 $j=5$ 时为 1.64（期末样本）；在 $j=3$ 时为 2.15，在 $j=4$ 时为 1.74，在 $j=5$ 时为 1.33（平均时间数据）。因此，对于期末数据，$j=4$ 最为合适。对于平均数据，应该使用 $j=4$ 或 $j=5$。

练习 3.24　令 $\mathscr{B}^c(\omega,\ell)$ 为季度数据的周期性 HP 滤波器，并令 $\mathscr{B}^c(\omega/\tau,\lambda_\tau)$ 为样本频率 ω/τ 的周期性 HP 滤波器，其中，τ 衡量了对于周期数据的观测值的频率，即对年度数据有 $\tau=0.25$，而对月度数据有 $\tau=3$。令 $\lambda_\tau=\tau^j\lambda$。计算当 $j=3.8,3.9,4.0,4.1,4.2$ 时，月度和年度数据的收益函数。j 为哪个值时，收益方程更接近季度数据的收益方程？

如我们所见，HP 滤波器是一个定义了周期的机械性的工具，它通过选择 λ 来提取周期。在跨国的比较中，单一 λ 的使用可能会造成问题，因为各国的国内周期的平均长度不一定相同。例如，如果一个国家的周期平均长度为 9 年，HP 滤波器的应用会把周期移动到趋势中。采用 $\lambda=1\ 600$，在第一次石油危机前后，日本、意大利或西班牙的季度 HP 过滤 GDP 数据表现出了错误的膨胀，这一事实促使研究者寻求别的方法来将平滑引入到趋势中。马瑟特和阿伍（Marcet and Ravn，2001）指出：对于跨国比较，我们可以固定分配到趋势上的波动，或者限制趋势对于周期的相对波动。粗略地说，当将 y_t 频谱拆分成组成成分时，后者的选择等于将 λ 变成内生变量（正好与外生变量相反）。后一种情况中的问题(3.21)可以被写成：

$$\min_{y_t^x}\sum_{t=1}^{T}(y_t-y_t^x)^2 \tag{3.25}$$

$$\nu_1 \geqslant \frac{\sum_{t=1}^{T-2}[(y_{t+1}^x - y_t^x)-(y_t^x - y_{t-1}^x)]^2}{\sum_{t=1}^{T}(y_t - y_t^x)^2} \tag{3.26}$$

其中，$\nu_1 \geqslant 0$ 是一个常量，为了能被研究者确定，它衡量了相对于周期成分波动的趋势中加速度的波动。表达式(3.25)、(3.26)和(3,21)是等价的，如下一个练习所示。

练习 3.25 (i) 证明若$\nu_1 = 0$，则 y_t^x 是线性的；并且若$\nu_1 \to \infty$，则 $y_t^x = y_t$。

(ii) 令$\bar{\lambda}$是(外生的)λ 的值。证明(3.26)式的拉格朗日乘数是$\bar{\lambda}=\lambda/(1-\lambda\nu_1)$。当$\bar{\lambda}=1\ 600$ 且波动率分别是 1、$\frac{1}{2}$、$\frac{1}{4}$、$\frac{1}{8}$、$\frac{1}{16}$时，计算 λ。

(iii) 证明ν_1 的一个解可以通过对$\nu_1(\lambda)=\sum_{t=2}^{T-1}[y_{t+1}^x(\lambda)-2y_t^x(\lambda)+y_{t-1}^x(\lambda)]^2/\sum_{t=2}^{T-1}[y_t - y_t^x(\lambda)]^2$ 进行迭代得到。

直觉上，练习 3.25(ii)表明，如果我们想要做出有效的国际比较(例如，使用美国作为标准)，我们应该选择一个满足$\bar{\lambda}=\lambda/(1-\nu_1\lambda)^{-1}$的 λ，其中，$\bar{\lambda}=1\ 600$，且ν_1是美国的两种成分的相对波动。保持ν_1 固定更加使人信服，因为它是一个有经济含义的参数。在国际比较中，应该使用哪一个国家作为标准可能并不清楚。因此，我们将(3.26)式替换为：

$$\nu_2 \geqslant \frac{1}{T-2}\sum_{t=2}^{T-1}[(y_{t+1}^x - y_t^x)-(y_t^x - y_{t-1}^x)]^2 \tag{3.27}$$

注意到，如果ν_2 在不同国家是相同的，那么趋势的加速度就是相同的。因此，(3.27)式在国家之间设置了某种形式的平衡的增长。公式(3.26)和(3.27)之间的主要区别是：前者允许国家有更不稳定的周期成分和趋势，而这在后者是不可能的。

国际比较中，内生的选择周期的频率对于特定的背景是有效的，但是必须非常谨慎，因为如果该方法的机制使不同国家的数据产生了不同，那么非批判性地应用这种思想就会导致荒谬的结论。

练习 3.26 考虑以下过程：(i) $(1-0.99\ell)y_t = e_t$；(ii) $(1-1.34\ell+0.7\ell^2)\times y_t = e_t$；(iii) $y_t = (1-0.99\ell)e_t$。计算当$\nu_1 = 0.5$ 和 $\bar{\lambda}=1\ 600$ 时，以上三种情况下 λ 的隐含值，并给出所得商业周期的频率。

3.2.2 *指数平滑 (ES) 滤波器*

指数平滑滤波器，例如，在卢卡斯(Lucas，1980)中使用的，是从以下程序得到的：

$$\min_{y_t^x}\left\{\sum_{t=0}^{T}(y_t - y_t^x)^2 + \lambda\sum_{t=0}^{T}(y_t^x - y_{t-1}^x)^2\right\} \tag{3.28}$$

ES 滤波器在罚函数中与 HP 滤波器不同：这里我们惩罚趋势中的变动，而在 HP 中我们则惩罚趋势中的加速度。

问题的一阶条件是 $0=-2(y_t - y_t^x)+2\lambda(y_t^x - y_{t-1}^x)-2\lambda(y_{t+1}^x - y_t^x)$。因此，如同在 HP 滤波器中一样，趋势成分是 $y_t^x = (\mathbb{F}^{ES})^{-1}y_t$，且周期成分是 $y_t^c = y_t - y_t^x = (1-(\mathbb{F}^{ES})^{-1})y_t$。

练习 3.27 写出 $\mathbb{F}^{ES}$ 的形式，并与 $\mathbb{F}^{HP}$ 比较。

注意到，若 t 从 $-\infty$ 变动到 ∞，则最小化问题的解可写成 $y_t^x=[\lambda(1-\ell)\times(1-\ell^{-1})+1]^{-1}y_t$。

例题 3.16 ES 滤波器去除了 y_t 中的线性趋势。为了证明这一点，令 $\mathbb{F}^{ES}y_t^x=y_t$ 且 $\mathbb{F}^{ES}\tilde{y}_t^x=\tilde{y}_t$，其中，$\tilde{y}_t=y_t+a_0+a_1 t$。将两个表达式合并，我们有 $\mathbb{F}^{ES}(y_t^x-\tilde{y}_t^x)=y_t-\tilde{y}_t=-a_0-a_1 t$ 或 $\mathbb{F}^{ES}(y_t^c-\tilde{y}_t^c)+(\mathbb{F}^{ES}-1)(-a_0-a_1 t)=0$。因此，对于 $y_t^c=\tilde{y}_t^c$，我们需要 $(\mathbb{F}^{ES}-1)(-a_0-a_1 t)=0$。由于 $(\mathbb{F}^{ES}-1)$ 是对称的，结果随之可得。

练习 3.28 使用与例题 3.16 同样的逻辑方法，检查 ES 滤波器是否能够去除数据中的二次趋势。

给定趋势去除器 ES 滤波器的形式，我们可以证明 $y_t^c=(1-\mathcal{B}^x(\ell))y_t=\{(1-\ell)(1-\ell^{-1})/[1/\lambda+(1-\ell)(1-\ell^{-1})]\}y_t$。因此，在 y_t^c 中引入了平稳性，ES 滤波器的应用对于 y_t 累计到二阶单整进行分析。反过来，如果 y_t 达不到二阶单整，y_t^c 将在移动平均中有一个单位根，并表现（可能是人为的）出较强的持续。

下一个练习展示了将 ES 滤波器应用到不同种类的数据中的效果。

练习 3.29 (i) 证明当 y_t 是平稳的序列时，周期性 ES 滤波器的收益函数是 $2(1-\cos(\omega))/[1/\lambda+2(1-\cos(\omega))]$。证明在 $\omega=0$ 时，y_t^c 有零效力，该效力与 $\omega\to\pi$ 时 y_t 的效力相同，且 λ 越大，y_t^x 越平滑（更平滑的变量是 y_t^c）。

(ii) 证明当 y_t 是 $I(2)$ 时，ES 滤波器的收益函数是 $1/[1/\lambda+2(1-\cos(\omega))]$。描述 $\omega=0,\pi$ 时，该滤波器对于商业周期频率的影响。

ES 和 HP 滤波器广泛的相似性可以在图 3.2 中得到体现，其中，我们对当 $\lambda=1\ 600$ 时两个滤波器的收益方法进行绘图。很明显，ES 滤波器选择了期限更加长的趋势，但是一般来说，这两种滤波器是非常相似的。

练习 3.30 令 $y_t=\rho_y y_{t-1}+e_t$，$e_t\sim$ i. i. d. $(0,1)$，且 $\rho_y=0.5,0.9,1.0$。模拟 $y_0=10$ 时的 2 000 个数据点，并用 HP 和 ES 滤波器对后 1 500 个数据进行滤波。对周期成分绘图，计算它们的波动，以及它们的自相关和互相关系数。

HP 和 ES 趋势提取器都是低通滤波器的一般等级的特例，工程师们称为 BW（Butterworth）滤波器。这种滤波器有一个平方的收益方程：$|\mathrm{Ga}(\omega)|^2=1/\{1+[\sin(\omega/2)]/\sin(\bar{\omega}/2)^{2\kappa}\}$，其中，$\kappa$ 是一个参数，而 $\bar{\omega}$ 是当回应滤波器的频率等于 0.5 时的频率。对于 BW 滤波器，趋势的估计是 $y_t^x=\{1/[1-\lambda(1-\ell)^{\kappa}(1-\ell^{-1})^{\kappa}]\}y_t$，其中，$\lambda=1/2^{2\kappa}\sin(\bar{\omega}/2)$。

例题 3.17 容易证明若 $\kappa=2$ 并且 $\bar{\omega}$ 是 $\lambda=(16\sin^4(\bar{\omega}/2))^{-1}$ 的解，则 $|\mathrm{Ga}(\omega)|^2$ 是 HP 趋势提取器的平方收益函数；然而，若 $\kappa=1$ 而 $\bar{\omega}$ 是 $\lambda=(4\sin^2(\bar{\omega}/2))^{-1}$ 的解，则 $|\mathrm{Ga}(\omega)|^2$ 是 ES 趋势提取器的平方收益函数。

相对于 HP 和 ES 滤波器，一般的 BW 滤波器有一个自由参数 κ，它可以被用来修改收益方程以满足特殊需求。实际上，一个更高的 κ 将 $|\mathrm{Ga}(\omega)|^2$ 向右移动（即 $\bar{\omega}$ 增加）。因此，对于固定的 λ，它决定了 y_t^c 中包含哪个周期。设计一个低通的 BW 滤波器比较简单，我们需要两个参数 a_1、a_2 以及两个频率 ω_1、ω_2，从而对于 $\omega\in(0,\omega_1)$ 有 $1-a_1<\mathrm{Ga}^{BW}(\omega)\leqslant 1$，对于 $\omega\in(\omega_2,\pi)$ 有 $0<\mathrm{Ga}^{BW}(\omega)\leqslant a_2$。给定 a_1、

a_2、ω_1、ω_2，我们找出 $1+[\sin(\omega_1/2)/\sin(\bar{\omega}/2)]^{2\kappa}=(1-a_1)^{-1}$ 和 $1+[\sin(\omega_2/2)/\sin(\bar{\omega}/2)]^{2\kappa}=(a_2)^{-1}$ 的解 $\bar{\omega}$ 和 κ，四舍五入 κ 至最接近的整数。

3.2.3 移动平均（MA）滤波器

MA 滤波器有着和平滑化工具一样长的历史，而且它们的使用至少要追溯到伯恩斯和米歇尔（Burns and Mitchell，1946）所做出的工作。MA 滤波器由一个滞后算子中的多项式定义，它是单边或者双边的（也就是说，它在 y_t 的 J 阶滞后或在 y_t 的 J 阶超前和 J 阶滞后同时操作）。若 $\mathcal{B}_j=\mathcal{B}_{-j}$，$\forall j$，则 MA 滤波器是对称的。

一个对称的 MA 滤波器的频率响应函数是 $\mathcal{B}(\omega)=\mathcal{B}_0+2\sum_j\mathcal{B}_j\cos(\omega j)$，其中，我们使用三角识别 $2\cos(\omega)=e^{i\omega}+e^{-i\omega}$。由于它们有 0 周相转移，对称的滤波器的这个特点很受欢迎，并且由于周期的时间在原始的和过滤后的序列中是相同的，这一性质非常有用。

例题 3.18 一个简单、对称、双边、去除顶端的移动平均滤波器是 $\mathcal{B}_j=1/(2J+1)$，$0\leqslant j\leqslant|J|$，而且 $\mathcal{B}_j=0$，$j>|J|$。若我们设置 $y_t^c=(1-\mathcal{B}(\ell))y_t\equiv\mathcal{B}^c(\ell)y_t$，则周期的权重为 $\mathcal{B}_0^c=1-1/(2J+1)$ 且 $\mathcal{B}_j^c=\mathcal{B}_{-j}^c=-1/(2J+1)$，$j=1,2,\cdots,J$。容易知道，$\mathcal{B}_j$ 是用于第 1 章中棚车核中的权重。巴特利特滤子和二次谱核也是双边对称滤波器。

由于 $\mathcal{B}(\omega=0)=\sum_{j=-\infty}^{\infty}\mathcal{B}_j$，条件 $\lim_{j\to\infty}\sum_{j=-J}^{J}\mathcal{B}_j=1$ 对于一个在 0 频率有单一收益的 MA 滤波器是必要的。如果是这种情况，$\mathcal{B}^c(\omega=0)=1-\mathcal{B}(\omega=0)=0$，并且 y_t^c 在 0 频率有 0 次幂。

例题 3.19 不对称滤波器的影响可以在图 3.4 中体现，其中，我们展示了数个滤波器的收益。这些滤波器包括：例题 3.18 中的滤波器，HP 滤波器，以及一个不对称的、右边权重等于例题 3.18 中滤波器的权重、左边权重等于 $1/(2j+1)$，$j<$

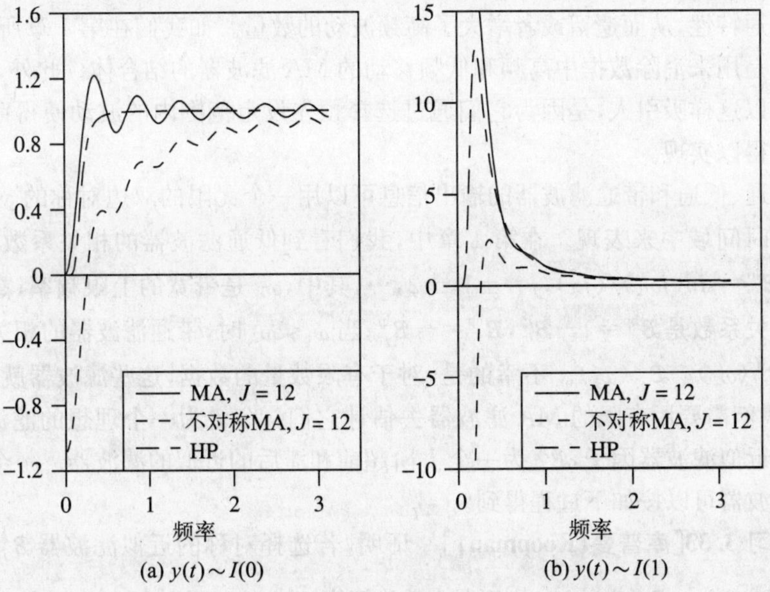

图 3.4 收益方程：对称的和不对称的 MA 和 HP 滤波器

$J=12$ 的滤波器。一般来说,MA 滤波器值对 $\omega\approx\pi$ 有单位收益,并且在趋势中留下很多高频的波动。与 MA 滤波器相对,一个不对称的滤波器在 $\omega=0$ 处有不等于 0 的收益,并在趋势中留下更多的周期性波动。

练习 3.31[巴克斯特和金(Baxter and King)] (i) 证明一个 $\lim_{J\to\infty}\sum_{-J}^{J}\mathcal{B}_j=1$ 的 MA 滤波器能够从 $y_t=e_t+a_0+a_1t+a_2t^2$ 中提取二次项趋势,其中,e_t 是序列相关的。

(ii) 证明若 $\lim_{J\to\infty}\sum_{-J}^{J}\mathcal{B}_j=1$,则周期性滤波器可以被分解为 $\mathcal{B}^c(\ell)=(1-\ell)(1-\ell^{-1})\mathcal{B}^{c\dagger}(\ell)$,其中,$\mathcal{B}^{c\dagger}(\ell)$ 是一个对称的、超前与滞后为 $J-1$ 阶的 MA 滤波器。即当 y_t 是二阶单整时,y_t^c 将是平稳的。

练习 3.32 ES 趋势提取器是一个对称的 MA 滤波器吗? 它满足 $\lim_{J\to\infty}\sum_{j=-J}^{J}\mathcal{B}_j=1$ 吗?

例题 3.20 在季节调整的文献中,集中使用的一种 MA 滤波器就是所谓的亨德森(Henderson)滤波器。这种滤波器是对称的,而且应用于 J 阶超前和 J 阶滞后。权重是通过满足约束 $\sum_{j=-J}^{J}\mathcal{B}_j=1$、$\sum_{j=-J}^{J}j\,\mathcal{B}_j=0$ 和 $\sum_{j=-J}^{J}j^2\mathcal{B}_j=0$,使 $\sum_{j=-J}^{J}[(1-\ell)^3\mathcal{B}_j]^2$ 达到最小化而得到的。直观地,问题的目标函数衡量了由权重描述的曲线的平滑程度,这种限制表明次数最高为 2 的多项式必须是权重的一部分。当 $J=6$ 时,$\mathcal{B}_0=0.2401$ 且 $\mathcal{B}_j=(0.2143, 0.1474, 0.0655, 0, -0.279, -0.19)$。这些钟形的权重定义了一个滤波器,其收益函数类似于 HP 趋势提取器滤波器的收益函数,而且比用一个帐篷型滤波器构造的收益函数更加平滑。

3.2.4 *带通 (BP) 滤波器*

随着加诺瓦(Canova,1998)、巴克斯特和金(Baxter and King,1999)以及克里斯蒂安诺和菲茨杰拉德(Christiano and Fitzgerald,2003)所做的工作,带通滤波器开始流行于应用宏观经济学。偏好 BP 滤波器的一个理由是其他大部分的滤波器具有高通特性,从而遗留或者增大了高频波动的数量。如我们在第 1 章所见,带通滤波器是用来消除数据中高频和低频移动的 MA 滤波器的结合体。此外,BP 滤波器之所以这样吸引人,是因为它们通过选择预先设定范围内的波动使得商业周期的概念得以实现。

高通、低通和带通滤波器的输出信息可以用一个无限的双边对称的 y_t 的移动平均在时间域中来表现。在第 1 章中,我们看到低通滤波器的相关系数是 $\mathcal{B}_0^{lp}=\omega_1/\pi$,$\mathcal{B}_j^{lp}=\sin(j\omega_1)/(j\pi)$,$j=\pm1,\pm2,\cdots$,其中,$\omega_1$ 是带宽的上限频率;高通滤波器的相关系数是 $\mathcal{B}_0^{hp}=1-\mathcal{B}_0^{lp}$,$\mathcal{B}_j^{hp}=-\mathcal{B}_j^{lp}$;当 $\omega_1<\omega_2$ 时,带通滤波器的相关系数为 $\mathcal{B}_j^{bp}=\mathcal{B}_j^{lp}(\omega_2)-\mathcal{B}_j^{lp}(\omega_1)$。不幸的是,对于有限数量的数据,这些滤波器就失效了。因此,我们需要用有限的 MA 滤波器去估计它们。令 $\mathcal{B}$ 为一个理想的滤波器,$\mathcal{B}^A$ 为一个近似滤波器因子,$\mathcal{B}_J^A$ 为一个 J 阶超前和滞后的近似的滤波器。一个这样的近似滤波器可以按如下过程得到。

练习 3.33[库普曼(Koopman)] 证明,若选择对称的近似滤波器 $\mathcal{B}_J^A$ 来最小化 $\int_{\pi}^{\pi}|\mathcal{B}^A(\omega)-\mathcal{B}(\omega)|^2d\omega$,则对 $|j|\leqslant J$,解为 $\mathcal{B}_j^A=\mathcal{B}_j$,否则有 $\mathcal{B}_j^A=0$。

直观地，这样一个截断是最优的，因为对$|j|>J$ 的权重很小。

为了保证近似的 BP 滤波器单位根移动特性，我们设置$\mathcal{B}^{A}(\omega=0)=0$。下一个练习展示如何修正$\mathcal{B}_J^{A}$ 来符合这一限制。

练习 3.34［巴克斯特和金(Baxter and King)］ 证明对于低通滤波器，设置$\mathcal{B}^{A}(\omega=0)=1$ 表明限制的近似权重为$\mathcal{B}_j^{A}+1-\sum_{j=-J}^{J}\mathcal{B}_j^{A}/(2J+1)$。计算近似 BP 滤波器的限制的近似权重。

显然，近似的质量依赖于截断点 J(见第 5 章的一个类似问题)。由截断产生的一种量化趋向有偏的方法如下所示。

练习 3.35 (i) 绘制当 $J=4,8,12,24$ 时，得到的最优的以及近似的带通滤波器的收益函数。检查在商业周期频率上相对于最优化的滤波器，近似滤波器的漏损量和压缩量。

(ii) 模拟 $y_t=0.9y_{t-1}+e_t$，其中，$e_t\sim$i. i. d. $\mathbb{N}(0,1)$。当 $J=4,8,12,24$，应用近似的带通滤波器权重，对每一个 J 计算过滤数据的样本统计量。

(iii) 模拟模型$(1-\ell)y_t=e_t-0.7e_{t-1}$。重复(ii)中的步骤。

大致而言，为了近似合理，J 必须足够大。然而，J 越大，对于 y_t^c 而言，可得的时间序列就越短(我们在样本的开头和尾部损失了 J 个可观测值)，所以对于衡量周期的当前状态，近似将变得不那么有效。模拟的研究已经表明，如果提取期限为 6 季度至 24～32 季度的周期，则一个 $J\approx12$ 的限制的带通滤波器相对于其他滤波器，几乎没有漏损并且只有很小的压缩量。此外，它所产生的周期成分与那些使用 HP 滤波器对样本中部观测值进行提取得到的周期成分是相似的(但波动更小)。

当应用于$I(1)$序列时，修正的近似带通滤波器与其他高通滤波器有着相同的问题。实际上，对于对称的在 $\omega=0$ 处、收益为 0 的 MA 滤波器，我们可以写成$\mathcal{B}^{A}(\ell)=-(1-\ell)(1-\ell^{-1})\mathcal{B}^{A\dagger}(\ell)$，其中，$\mathcal{B}_{|j|}^{A\dagger}=\sum_{i=|j|+1}^{J}(i-|j|)\mathcal{B}_i^{A}$。

下一个练习展示：若数据是平稳到一个二次趋势的，那么 y_t^c 的结果中不会有扭曲。然而，如果 y_t 是单整的，就会产生扭曲。

练习 3.36［穆雷(Murray)］ 证明若 $y_t=a+b_1t+b_2t^2+e_t$，则 $y_t^c-\mathcal{B}^{A}(\ell)e_t$。证明若$(1-\ell)y_t=e_t$，则 $y_t^c=-(1-\ell^{-1})\mathcal{B}^{A\dagger}(\ell)e_t$。绘制$\mathcal{B}^{A}(\ell)$和$-(1-\ell^{-1})\mathcal{B}^{A\dagger}(\ell)$的收益函数的图形，并描述它们的区别。

例题 3.21 若 y_t 是单整序列，则 BP 滤波器在过滤的数据中可能也会产生虚假的周期期限。为了证明这一点，我们已经从 $\Delta y_t=e_t$，$e_t\sim$i. i. d. $(0,1)$中生成了 500 个数据点的 1 000 个样本，并通过使用$-(1-\ell^{-1})\mathcal{B}^{A\dagger}(\ell)$滤波器构建了 y_t^c。然后，我们计算了对于 $J=4,8,12$ 的 y_t^c 的 ACF 均值。对于所有的$\tau\geqslant1$，Δy_t 的 ACF 是 0；而至少对于 $\tau<10$，$\mathrm{ACF}_{y^c}(\tau)$不等于 0。因此，如果通过以上的滤波器，一个单整的过程就会产生自相关的 y_t^c。有趣的是，y_t^c 的持续随J 增长。例如，对于 $J=12$ 和至少 $\tau\leqslant15$，$\mathrm{ACF}_{y^c}(\tau)$的均值无法聚集到 0。

练习 3.37［穆雷(Murray)］ 令 $y_t=y_t^x+y_t^c$，并令：

$$y_t^x=0.82+y_{t-1}^x+e_t^x,\quad e_t^x\sim\text{i. i. d. }\mathbb{N}(0,(1.24)^2)\tag{3.29}$$

$$(1-1.34\ell+0.71\ell^2)y_t^c=e_t^c,\quad e_t^c\sim\text{i. i. d. }\mathbb{N}(0,(0.75)^2)\tag{3.30}$$

(i) 计算周期成分的自协方差函数。

(ii) 对 y_t 模拟 2 000 个数据点，用一个近似 BP 滤波器过滤它们，其中 $J=8$，16，24，40。计算估计的 y_t^c 的自协方差函数。

(iii) 设 $\mathrm{var}(e_t^x)=0$，对 y_t 模拟 2 000 个数据点。将此模拟时间序列通过一个近似的 BP 滤波器，其中 $J=8,16,24,40$。计算估计的周期成分的自协方差函数。(ii)和(iii)中的自协方差函数什么时候更接近于(i)中的自协方差函数?

(iv) 重复(i)、(ii)和(iii)1 000 次，并保留 ACF 的前 5 个元素的值，求解你对每一步进行计算时的 ACF 在(i)中处于低于 68%带宽的次数。

练习 3.33 中近似的 BP 滤波器对于所有频率上对理想滤波器的背离进行了同等的补偿惩罚，这可能并不是最好的近似距离。直观地，虽然在 y_t 的频谱很大的频率上，我们希望近似的滤波器再生产出尽可能贴近的理想滤波器，但是我们却较少关注当 y_t 的频谱很小时的背离。克里斯蒂安诺和菲茨杰拉德[Christiano and Fitzgerald (CF)，2003]建立了一个理想滤波器的近似，通过使用投影技术，此滤波器含有这些特性。他们所得的滤波器是非平稳的、不对称的，而且依赖于 y_t 的时间序列特性。非平稳性则来自对于每一个 t，存在不同的投影问题这一实际情况。当所有的观测在时刻 t 被使用，去建立滤波器序列，不对称性就产生了。而 y_t 的性质的依赖性来自于不同的 ω，$\mathcal{S}_y(\omega)$的效用则依赖于 y_t 的特性。与练习 3.33 中的近似滤波器相反，克里斯蒂安诺和菲茨杰拉德的滤波器没有截断最优的权重，除了对于某些特殊的 DGP。注意到，CF 滤波器可以是平稳的和对称的，如果这些性质被认为是必要的话。

CF 滤波器可以通过以下方式得到。假设我们想要通过选择 $\mathcal{B}_j^{A,t-1,T-t}$，$j=T-t,\cdots,t-1$，来最小化 $\int_{-\pi}^{\pi}[|\mathcal{B}^{A,t-1,T-t}(\omega)-\mathcal{B}(\omega)|/(1-e^{-i\omega})]\mathcal{S}_{\Delta y}(\omega)d\omega$。CF 表明，该问题的解可以表示成形如 $\mathbb{F}_0^{CF}=\mathbb{F}_1^{CF}\mathcal{B}^{A,t-1,T-t}$的$(T+1)$线性方程系统，其中，$\mathbb{F}_0^{CF}$和 $\mathbb{F}_1^{CF}$依赖于 $\mathcal{S}_{\Delta y}$和$\mathcal{B}(\omega)$的周期。

例题 3.22 该问题的解的几种情况需要引起注意。首先，当 y_t 是一个随机游走序列时，y_t 的近似的带通滤波器是：

$$y_t^c=\mathcal{B}_{T-t}^A y_T+\mathcal{B}_{T-t-1}^A y_{T-1}+\cdots+\mathcal{B}_1^A y_{t+1}+\mathcal{B}_0^A y_t+\mathcal{B}_1^A y_{t-1}+\cdots+\mathcal{B}_{t-2}^A y_2+\mathcal{B}_{t-1}^A y_1$$

其中，对于 $t=2,3,\cdots,T-1$，$\mathcal{B}_0^A=(2\pi/\omega_1-2\pi/\omega_2)/\pi$，$\mathcal{B}_j^A=[\sin(2j\pi/\omega_1)-\sin(2j\pi/\omega_2)]/j\pi$，$j\neq t-1,T-t$，$\mathcal{B}_{T-t}^A=-0.5\mathcal{B}_0^A-\sum_{j=1}^{T-t-1}\mathcal{B}_j^A$，而$\mathcal{B}_{t-1}^A$是 $0=\mathcal{B}_0^A+\mathcal{B}_1^A+\cdots+\mathcal{B}_{T-1-t}^A+\mathcal{B}_{T-t}^A+\mathcal{B}_1^A+\cdots+\mathcal{B}_{t-2}^A+\mathcal{B}_{t-1}^A$的解，且 $\omega_2(\omega_1)$是带宽的上限(下限)频率。对于 $t=T$，表达式是 $y_1^c=0.5\mathcal{B}_0^A y_1+\mathcal{B}_1^A y_2+\cdots+\mathcal{B}_{T-2}^A y_{T-1}+\mathcal{B}_{T-1}^A y_T$。而对于 $t=T$，表达式是 $y_T^c=0.5\mathcal{B}_0^A y_T+\mathcal{B}_1^A y_{T-1}+\cdots+\mathcal{B}_{T-2}^A y_2+\mathcal{B}_{T-1}^A y_1$。从上述论述可知，很明显，滤波器对每一个 t 使用了所有的可观测量，权重随 t 变动，而且若 t 远离样本的中部，权重将是不对称的。第二个有趣的情况是，当 y_t 是独立同分布的时，权重 $\mathcal{S}_y(\omega)=\sigma_y^2/2\pi$ 与 ω 独立。接着对于 $j=T-t,\cdots,t-1$，有$\mathcal{B}_j^{A,t-1,T-t}=\mathcal{B}_j$，否则$\mathcal{B}_j^{A,t-1,T-t}$ 为 0，如果滤波器被要求是对称的，而且对于 $j>J$ 时$\mathcal{B}_j$ 是截断的，则它将是练习 3.33 的解。

我们展示近似的非对称和近似的对称的截断的 CF 滤波器的收益方程，它们是在 y_t 为一个随机游走序列时得到的，同时也展示理想滤波器以及图 3.5 中和练习 3.33 中产生的近似的 BK 滤波器。这两个截断的对称滤波器是相似的，但是 CF 滤波器给予带宽中较低频率以较多的权重（因为一个随机游走序列在这些频率下有较多的效力），并且有更小的方闭环。另一方面，非对称的滤波器则更接近于理想滤波器。

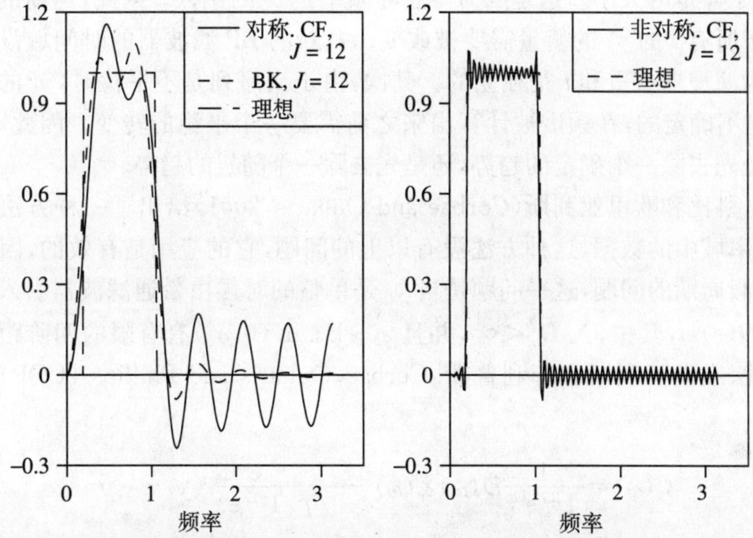

(a) 对称的 BK 和 CF　　(b) 非对称的 CF

图 3.5　理想滤波器和近似的 BP 滤波器的收益方程

练习 3.38　描述如何使近似的 CF 滤波器变为对称的。

近似的 CF 滤波器被广泛应用，而且解决了样本的开头和尾部问题。这种广泛应用性必须要付出代价：不得不先验地选择 $\mathscr{g}_{\Delta y}(\omega)$ 的形状（特别地，y_t 是否平稳或单整，以及它的序列相关特性），而且这个滤波器会在 y_t 的自协方差函数中引入周相转移。例如，克里斯蒂安诺和菲茨杰拉德指出，周相转移在实际应用中非常小，而且在分析中可以安全地被忽略。同时，他们指出，假设 y_t 是一个随机游走序列，而任意得到的近似对于各种宏观经济时间序列都将非常有效。

如同其他的 MA 滤波器，近似的 CF 滤波器也面临当 y_t 是单整时的一些问题。事实上，若一系列$(1-\ell)$被用来使 y_t 平稳化，它将增加商业周期频率上的波动。

应该使用什么统计量来比较对于理想 BP 滤波器的近似的度量呢？下面的练习给出了两种可能的选择。

练习 3.39　假设最优的带宽过滤序列是 y_t^c，且近似的带宽过滤序列是 y_t^{Ac}。令 $y_t^c = y_t^{Ac} + e_t$，其中，投影问题的最优化条件是 $E((e_t \mid \mathcal{F}_t) = 0$，而且$\mathcal{F}_t$是时刻 t 的信息设置。证明 $\text{var}(y_t^c - y_t^{Ac} \mid \mathcal{F}_t)\text{var}(y_t^c)(1-\text{corr}(y_t^{Ac}, y_t^c))$。得出结论：$\text{corr}(y_t^{Ac}, y_t^c)$和 $\text{var}(y_t^{Ac})/\text{var}(y_t^c)$可以用来衡量近似的准确性。

练习 3.40　考虑练习 3.37 中使用的 DGP。对两种成分进行数据模拟，计算 1 000次 y_t，并计算当 $\tau=1,\cdots,6$ 时的 y_t^c 的 ACF(τ)。对于每一次分析，用固定权重的近似的BP滤波器、非对称CF滤波器和模拟的 y_t 对 y_t^c 进行估计，并计算对于 $\tau=1,\cdots,6$ 的 y_t^c 的 ACF(τ)。对每一个滤波器使用 ACF(τ)的真实和模拟分布，检查哪一个方法更好地逼近数据的周期成分。

当使用滤波器的时间域表达方式并且因此担心截断效应时，我们可以直接在频率域中应用BP滤波器[参见加诺瓦(Canova，1998)]。这种方法的优点是不需要近似，而且没有数据损失。然而，必须提及两种主要的缺陷。首先，周期成分的确定取决于样本的大小。这是因为傅立叶频率是 T 的函数。因此，当新的信息到达时，对于所有 t 的 y_t^c 的衡量需要被改变。截断的BP滤波器的时间域没有这种问题，因为滤波器权重和 t 是独立的。其次，由于当序列是不平稳时，y_t 的频谱在 $\omega=0$ 处是不确定的，在频谱被计算出来之前需要一个平稳的转变。因此，我们应该决定，是先去除一个确定的趋势，还是先去除一个随机的趋势。

最近，科比和欧里亚利斯(Corbae and Ouliaris，2001)给出了一种方法来使带宽通过频率域中的数据，这种方法没有以上的问题，它的应用是有效的，因为它也解决了虚假周期的问题，这一问题是当 y_t 是单整的时候由带通滤波器引入的。假设 $\Delta y_t=D(\ell)e_t$，其中，$\sum_j D_j^2<\infty$，并且 $e_t\sim$ i. i. d. $(0,\sigma^2)$有有限的四阶距。对于 $\omega\neq 0$，科比、欧里亚利斯和菲利普斯[Corbae，Ouliaris and Phillips (COP)，2002]证明：

$$\mathcal{S}_y(\omega)=\frac{1}{1-e^{i\omega}}D(\omega)\mathcal{S}_e(\omega)-\frac{1}{\sqrt{T}}\frac{e^{i\omega}}{1-e^{i\omega}}(y_T-y_0) \tag{3.31}$$

其中，最后一部分是由在 $\omega=0$ 处的单位根引入的偏误。从(3.31)式我们可以看到，对于 $\omega_1\neq\omega_2$ 和两个傅立叶频率，$\mathcal{S}_y(\omega_1)$和 $\mathcal{S}_y(\omega_2)$不互相独立。由于(y_T-y_0)独立于 ω，COP也表明，来自0频率的漏损产生了 y_t^c 中的偏误，这种偏误并不会随着 y_t 在时间域中被首先去除而消失。

表达式(3.31)给出了消除这种偏误的一个简单方法。后面部分看上去像一个确定性趋势(在频率域中)，随机相关系数是(y_T-y_0)。因此，当 y_t 是单整序列时，在频域里构建一个理想的BP滤波器，我们可以使用以下的算法。

算法 3.2

(1) 计算 $\omega\neq 0$ 时的 $\mathcal{S}_y(\omega)$。

(2) 对于 $\omega\in(0,\pi]$，在$(1/\sqrt{T})(e^{i\omega}/(1-e^{i\omega}))$上对 $\mathcal{S}_y(\omega)$进行回归，并令 $\widehat{(y_T-y_0)}$是(y_T-y_0)的估计。

(3) 建立 $\mathcal{S}_y^*(\omega)=\mathcal{S}_y(\omega)-\widehat{(y_T-y_0)}(1/\sqrt{T})(e^{i\omega}/(1-e^{i\omega}))$。将理想带通滤波器应用于 $\mathcal{S}_y^*(\omega)$。

需要提及算法3.2的两个特性。第一，$\widehat{(y_T-y_0)}$是(y_T-y_0)的一个$\sqrt{T}$-一致估计，并且当 y_t 是平稳时，有$\widehat{y_T-y_0}=0$。第二，没有丢失数据，因为此滤波器以及研究者没有选择参数(近似的BP滤波器要求至少一个截断的点 J)。

练习 3.41 假设你希望丢弃两个观测量 y_T 和 y_0。怎样改进算法3.2来得到理想的BP滤波器？直观地描述，为什么改进的滤波器可能比算法3.2产生的滤波器有更好的有限样本特性。

3.3 经济分解

这一组分解都是不同的，但是有一个共同点：它们都使用一个经济模型来指导周期成分的提取。它们应该被称为永久—瞬时分解更为恰当，因为它们将趋势定义为由永久冲击所决定的序列的成分。尽管识别的"等级"是最小的，但所有分解都使用结构性 VAR(我们将在第 4 章讨论)。事实上，除了试图得到行为波动，它们还在寻找永久或瞬时性冲击的特性。

3.3.1 *布兰夏德—柯(BQ) 分解*

在这门学科中，最为杰出的分解是由布兰夏德和柯(Blanchard and Quah, 1989)提出的，他们使用费雪的部分均衡模型 (Fisher, 1977)的一个框架，此框架下的重复劳动合同由以下 4 个方程组成：

$$GDP_t = M_t - P_t + a\zeta_t \tag{3.32}$$

$$GDP_t = N_t + \zeta_t \tag{3.33}$$

$$P_t = W_t - \zeta_t \tag{3.34}$$

$$W_t = W \mid \{E_{t-1} N_t = N^{fe}\} \tag{3.35}$$

其中，$M_t = M_{t-1} + \epsilon_{3t}$，$\epsilon_{3t} \sim$ i. i. d. $(0, \sigma_M^2)$，$\zeta_t = \zeta_{t-1} + \epsilon_{1t}$，$\epsilon_{1t} \sim$ i. i. d. $(0, \sigma_\zeta^2)$，并且 GDP_t 是产出，N_t 是就业，N^{fe}是充分就业，M_t 是货币，P_t 是价格，ζ_t是生产率波动，W_t 是实际工资。第一个方程是一个总需求方程，第二个是一个短期生产方程，而第三个和第四个描述了价格和工资设定行为。这里，货币供给和生产率都是外生的和单整的过程。而且，与第 2 章中模型相反的是，这些方程是通过假定而不是通过微观理论得到的。

令 $UN_t = N_t - N^{fe}$，此模型的解暗示了一个(GDP_t, UN_t)的双变量的表达式，其形式为：

$$GDP_t = GDP_{t-1} + \epsilon_{3t} - \epsilon_{3t-1} + a(\epsilon_{1t} - \epsilon_{1t-1}) + \epsilon_{1t} \tag{3.36}$$

$$UN_t = -\epsilon_{3t} - a\,\epsilon_{1t} \tag{3.37}$$

因此，该模型对于数据做出了限制。特别地，公式(3.36)、(3.37)表明，当 GDP_t 是单整序列时，UN_t 中的波动是平稳的。此外，它的永久成分是 $GDP_t^x \equiv GDP_{t-1} + a(\epsilon_{1t} - \epsilon_{1t-1}) + \epsilon_{1t}$，它的瞬时成分是 $GDP_t^c \equiv \epsilon_{3t} - \epsilon_{3t-1}$。换言之，当需求波动决定 GDP_t 中的周期时，需求和供给的冲击都决定着 UN_t 中的周期。为了提取 GDP 中的瞬时成分，我们需要以下步骤。

算法 3.3

(1) 检查 GDP_t 是单整的，而 UN_t 是平稳的(可能在某些转换之后)。

(2) 识别两种冲击，一种对 GDP_t 有永久性作用，而另一种则对 GDP_t 和 UN_t 都有瞬时作用。

(3) 计算 $GDP_t^c = GDP_t - GDP_t^x$ 和 $UN_t^c \equiv UN_t$。

在步骤(2)中，我们可以一般地对数据具体设定一个双变量的 VAR(如果模型被认为仅仅提供了性质上的限制)，或者由(3.36)式和(3.37)式提供的准确结构的条件来获得冲击。关于如何识别(2)中的冲击的细节，将在第 4 章讨论。

强调类似(3.36)式和(3.37)式的分解是以经济模型为条件，这一点非常重要。因此，通过使用相同的模型但引入不同的特性或者摩擦来产生不同的周期性成分是可能的。

练习 3.42［里皮和莱克林(Lippi and Reichlin)］ 假设生产率冲击有结构 $\zeta_t = \zeta_{t-1} + \mathbb{Q}(\ell)\epsilon_{1t}$，其中，$\sum_j \mathbb{Q}_j = 1$ 且 $\epsilon_{1t} \sim$ i. i. d. $(0, \sigma^2)$。证明 ΔGDP_t 和 UN_t 的一个解可以写成如下形式：

$$\begin{bmatrix} \Delta GDP_t \\ UN_t \end{bmatrix} = \begin{bmatrix} -1 & -a \\ 1-\ell & (1-\ell)a + \mathbb{Q}(\ell) \end{bmatrix} \begin{bmatrix} \epsilon_{1t} \\ \epsilon_{3t} \end{bmatrix}$$

讨论对于［ΔGDP_t，UN_t］的数据趋势和周期可能是不可识别的。［提示：数据满足表达式 $y_t = \bar{y} + D(\ell)e_t$，其中，$D(\ell)$的根位于复数单位圆上或在其内部；同样参见第 4.6 节。］

练习 3.43［加利(Gali)］ 假设一个典型的家庭最大化 $E_0 \sum_t \beta^t \times \{\ln C_t + \vartheta_M \ln(M_t/P_t) - [\vartheta_n/(1-\varphi_n)] N_t^{1-\varphi_n} - [\vartheta_{ef}/(1-\varphi_{ef}] \, ef_t^{1-\varphi_{ef}}\}$，其中，$C_t = (\int_0^1 C_{it}^{1/(1+\varsigma_p)} di)^{1+\varsigma_p}$，$\varsigma_p > 0$，$p_t = (\int_0^1 p_{it}^{-1/\varsigma_p} di)^{-\varsigma_p}$ 是综合价格指数，M_t/P_t 是实际货币量，N_t 是工作的小时数，ef_t 是努力。预算约束是$\int_0^1 p_{it} C_{it} di + M_t = w_{Nt} N_t + w_{et} \, ef_t + M_{t-1} + T_t + Prf_t$，其中，$T_t$ 是货币转移，Prf_t 是企业分配的利润。一系列的企业生产差异产品：$inty_{it} = \zeta_t (N_{it}^{\eta_2} ef_{it}^{1-\eta_2})^{\eta_1}$，其中，$N_{it}^{\eta_2} ef_{it}^{1-\eta_2}$ 是有效投入量，ζ_t是综合技术冲击，$\ln \Delta\zeta_t = \epsilon_{1t}$，$\epsilon_{1t} \sim$ i. i. d. $(0, \sigma_\zeta^2)$。企业提前一期设置价格，将 p_t 作为给定量，但是不知道当期对冲击情况的掌握。一旦冲击情况被掌握，企业将最优化地选择就业和影响。只要边际成本低于预先设定的价格，企业将满足需求并选择产量的水平，它等于$(p_{it}/p_t)^{-(1+\zeta_p)/\zeta_p} C_t$。最优化的价格设定表明 $E_{t-1}\{(1/C_t) \times [(\eta_1\eta_2) p_{it} \, inty_{it} - (\varsigma_p + 1) w_{Nt} N_{it}]\} = 0$。假设 $\Delta M_t = \epsilon_{3t} + a_M \epsilon_{1t}$，其中，$\epsilon_{3t} \sim$ i. i. d. $(0, \sigma_M^2)$，而 a_M 是一个参数。

(i) 令小写字母代表自然对数，证明在平衡点，产出增长(Δgdp_t)、对数就业(n_t)和劳动生产率增长(Δnp_t)满足：

$$\Delta gdp_t = \Delta\epsilon_{3t} + a_M \epsilon_{1t} + (1-a_M)\epsilon_{1t-1} \tag{3.38}$$

$$n_t = \frac{1}{\eta_s}\epsilon_{3t} - \frac{1-a_M}{\eta_s}\epsilon_{1t} \tag{3.39}$$

$$\Delta np_t = \left(1-\frac{1}{\eta_s}\right)\Delta\epsilon_{3t} + \left(\frac{1-a_M}{\eta_s} + a_M\right)\epsilon_{1t} + (1-a_M)\left(1-\frac{1}{\eta_s}\right)\epsilon_{1t-1} \tag{3.40}$$

其中，$np_t = gdp_t - n_t$，并且 $\eta_s = \eta_1(\eta_2 + (1-\eta_2)(1+\varphi_n)/(1+\varphi_{ef}))$。

(ii) 用(Δgdp，n_t)描述一个趋势—周期分解。此分解与用(Δnp_t，n_t)计算出的

有什么不同?

BQ 和多变量 BN 分解有重要的共同点。然而,尽管这里趋势和周期由正交冲击决定,但在 BN 分解中它们由冲击的相同组合所决定。因此,一个 BQ 分解中的分布有某个模糊的经济学解释,尽管在多变量 BN 分解中,那些分布并不是这种情况。

例题 3.23 我们已经采用一个带有 GDP 增长和失业率的双变量系统,而且使用 1950∶1～2003∶3 时期的美国数据。产出的周期成分使用"结构化"冲击(BQ 分解)或者"缩减形式"冲击(BN 分解)进行计算。估计的周期成分非常不同。例如,当它们具有相同的 AR(1)相关系数(BN 为 0.93,而 BQ 为 0.90),它们的同期相关系数仅为 0.21。发生这样的情况,是因为 BQ 周期成分波动大得多(标准误差为 2.79,而另一方面则是 0.02),而且由临时冲击引入的摆动有一个约为 10 个季度的平均长度,而 BN 周期的平均长度则为大约 5 个季度。

3.3.2 金、普罗瑟、斯托克和沃森 [King, Plosser, Stock and Watson(KPSW)] 分解

金、普罗瑟、斯托克和沃森(King, Plosser, Stock and Watson, 1991)从一个全要素生产率(TFP)由一个单位根决定的 RBC 模型开始。这种假设和模型的结构表明,除工作时间以外的所有内生变量都带有趋势,而且就长期移动将由 TFP 中的变化所决定而言,这种趋势是共同的。因此,如果 y_t 有表达式 $\Delta y_t=\bar{y}+D(\ell)e_t$,而且潜在的经济模型有形式 $\Delta y_t=\bar{y}+\mathcal{D}(\ell)\epsilon_t$,(共同的)趋势的出现表明 $D(1)e_t=\mathcal{D}(1)\epsilon_t$,其中:

$$\mathcal{D}(1)=\begin{bmatrix}1 & 0 & 0 & \cdots\\ \cdots & \cdots & \cdots & \cdots\\ 1 & 0 & 0 & \cdots\end{bmatrix} \tag{3.41}$$

因此,$D(1)e_t=[1,\cdots,1]'\epsilon_t^x$,其中,$\epsilon_t^x$ 是平衡了对 y_t 增长效应的新息(参见第 4 章中对该内容的全面阐述)。

练习 3.44 假设存在一个结构模型,形式为 $\Delta y_t=\mathcal{A}(\ell)\Delta y_{t-1}+\mathcal{A}_0\epsilon_t$,其中,$E(\epsilon_{it}\epsilon'_{i't})=0, \forall i,i'$。指出如何计算 y_t^c。

练习 3.45 考虑一个(ΔGDP, c/GDP, inv/GDP)的系统,并假设 ϵ_{1t} 只对 GDP 有长期效应。证明若 RBC 模型是修正的 c/GDP,则 inv/GDP 是平稳的。你怎样识别一个参数和两个瞬时冲击?

BQ 和 KPSW 过程是相似的。然而,后者中更多的信息被用来估计趋势,包括协整限制和更多的变量。而且,KPSW 方法可以简单地推广到大型系统中,而 BQ 分解主要是为双变量模型设计的。

KPSW 分解和 BN 分解也很相似。主要的区别是已确定的冲击中的"行为的"内容:这里,趋势是由系统中已确定的一个冲击所决定的;而在 BN 分解中,Δy_t^x 是由一个所有的缩减形式的冲击的结合所决定的。

例题 3.24 那些集中使用 BQ 和 KPSW 分解来识别参数"行为的"冲击一般

均衡模型在建立时是有困难的，因为多参数冲击可能不是可分别被识别的。一个例外是阿梅德等人（Ahmed et al.，1993）的两国家 RBC 模型。这里，产出由 $\mathrm{GDP}_{it}=K_{it}^{1-\eta}(\zeta_t^{b_1}N_{it})^{\eta}, i=1,2$ 给出，其中，$\Delta\ln\zeta_t=\bar{\zeta}+\epsilon_{1t}$ 是共同的世界技术冲击，而 b_1 衡量了该冲击对两个国家的（非对称）影响（即若 $i=1$，则 $b_1=1$；若 $i=2$，则 $b_1<1$）。劳动力供给（长期）是由 $\Delta\ln N_{it}=\bar{N}+\epsilon_{2t}^{i}$ 给定的外生变量。政府消费量是由 $g_{it}\equiv G_{it}/\mathrm{GDP}_{it}=g_{it-1}+\epsilon_{3t}^{i}+b_2\,\epsilon_{3t}^{i'}$ 给定的外生变量，其中，b_2 表示两国中冲击的联合移动。国家 i 中的代表机构最大化 $E_t\sum_t\beta^t[v_{it}\ln C_{it}+v_{i't}\ln C_{i't}+V(N_{it})]$，其中，$v_{i't}/v_{it}$ 衡量了消费中的家庭偏好的程度。我们假设 $\ln v_{it}$ 是随机游走序列，波动为 $\epsilon_{4t}^{i}, i=1,2$。最后，相对货币供给的增长率满足 $\Delta\ln M_{1t}-\Delta\ln M_{2t}=b_4+b_6\,\epsilon_{1t}+b_5\,\epsilon_{2t}^{1}+b_7\,\epsilon_{2t}^{2}+b_8(1-b_2)(\epsilon_{3t}^{2}-\epsilon_{3t}^{1})+b_9(\epsilon_{4t}^{2}-\epsilon_{4t}^{1})+b_{10}(1-b_5^{1})(\epsilon_{5t}^{1}-\epsilon_{5t}^{2})$，其中，$\epsilon_{5t}^{i}$ 是货币需求冲击。

令 $p_t=p_{1t}^{b_3}p_{2t}^{1-b_3}$，并令国外商品相对国内的价格为 $\mathrm{ToT}_t=p_{2t}/p_{1t}$。这个模型给出了私人产量（$\mathrm{GDP}_{it}^{p}$）变化的表达式，它可以被加入到那些确定的国内综合劳动力供给、两国总产量、相对货币供给和贸易相关问题上来，产生一个形式为 $\Delta y_t-\bar{y}=D_0\,\epsilon_t$ 的系统，其中，$\Delta y_t=[\Delta\ln N_{1t},\Delta\ln\mathrm{GDP}_{1t},\Delta\ln\mathrm{GDP}_{2t},\Delta\ln\mathrm{GDP}_{1t}^{p}-\Delta\ln\mathrm{GDP}_{2t}^{p},\Delta\ln\mathrm{ToT}_t,\Delta\ln M_{1t}-\Delta\ln M_{2t}]$，$\epsilon_t=[\epsilon_{2t}^{1},\epsilon_{1t},\epsilon_{2t}^{2},(1-b_2)(\epsilon_{3t}^{2}-\epsilon_{3t}^{1}),\epsilon_{4t}^{2}-\epsilon_{4t}^{1},b_{10}(\epsilon_{5t}^{1}-\epsilon_{5t}^{2})]$，

$$\mathcal{D}_0=\begin{bmatrix}1 & 0 & 0 & 0 & 0 & 0\\ 1 & 1 & 0 & 0 & 0 & 0\\ 0 & b_1 & 1 & 0 & 0 & 0\\ 1 & 1-b_1 & -1 & 1 & 0 & 0\\ b_3 & b_3(1-b_1) & -b_3 & b_3 & b_3 & 0\\ b_5 & b_6 & b_7 & b_8 & b_9 & 1\end{bmatrix}$$

$y=\{\bar{N}_1,\bar{\zeta}+\bar{N}_1,b_1\bar{\zeta}+\bar{N}_2,(\bar{N}_1-\bar{N}_2)+(1-b_1)\bar{\zeta},b_3[(\bar{N}_1-\bar{N}_2)+(1-b_1)\bar{\zeta}],b_4\}'$。给定 $\mathcal{D}_0$ 的（限制的）低阶三角结构，得到 6 个长期冲击是可能的。我们将在第 4 章叙述识别它们的方法。注意到，因为不存在协整关系，所有的冲击都对 y_t 有永久的效用。因此，此模型产生的永久—瞬时分解是微不足道的（对所有 t，有 $\Delta y_t^{c}=0$）。显然，若一个一般系统 $\Delta y_t=D(\ell)e_t$ 被估计，则 $\Delta y_t^{c}\neq0$。注意到，对后面这个系统的 BN 分解是 $\Delta y_t=D(1)e_t+\{[D(\ell)-D(1)]/(1-\ell)\}\Delta e_t$，其中，$e_t$ 是缩减形式的冲击。

3.4 时间总体和周期

当数据是时间聚合的时候，文献中没有完全解释清楚的一个问题将会发生。事实上，当数据是时间聚合时，表现出重要的高频率周期性的时间序列在商业周期频率中表现出明显的效力。时间聚合本质上是一个两步滤波器。在第一步中考虑的变量在使用平均超过 n 期时通过一个单边滤波器 $\mathcal{B}(\ell)=1+\ell+\ell^2+\cdots+\ell^{n-1}$，或者当系统抽样发生时通过 $\mathcal{B}(\ell)=\ell^k, k=\{0,1,\cdots,n-1\}$。在第二步中，我们特别

地对$\mathcal{B}(\ell)y_t$的第n个观测值进行抽样，以此获取非重叠总量。

在频谱方面，一个时间聚合的序列通过折叠算子$\mathfrak{F}(\mathcal{S}(\omega))=\sum_{j=-I}^{I}\mathcal{S}(\omega+2\pi j/n)$和它的对应部分相关联，其中，$\mathfrak{F}(\mathcal{S}(\omega))$在$\omega=[-\pi/n,\pi/n]$上定义，且$I$是最大的整数使$(\omega+2\pi j/n)\in[-\omega,\omega]$。折叠算子反映了混淆问题，其中数据中不同频率的谐波无法相互区分。本质上，这种混淆问题表明，在时间聚合的序列中，原始过程在$[-\pi/n,\pi/n]$之外的频率被折叠回$[-\pi/n,\pi/n]$的范围之内。然后，有$\mathcal{S}_{y^{\mathrm{TA}}}(\omega)=\mathfrak{F}(|\mathcal{B}(\ell)|^2\mathcal{S}(\omega))$。

例题 3.25 使用折叠算子能容易地证明，一个在商业周期频率上没有效力(意味着在18～96个月可见的与周期相一致的频率范围中的谱密度没有峰值)的月度序列将在季度聚合被建立时有效力。考虑图3.6(a)中描绘的过程，它的大部分效力都存在于$\omega=2.2$周围的区域(相对于比3个月稍小的周期)。如果我们季度性地聚合这些数据，$\omega=1.05$和$\omega=3.14$之间的区域将被折叠到$\omega\in[0.0,1.04]$。因此，季度序列的频谱在$\omega=0.20$附近有一个峰值，它对应于大概30个季度的周期(如图中虚线所示)。

有这些特性的时间序列非常常见。例如，在图3.6(b)中，我们通过使用月度数据和季度数据对美国工业产量增长的序列的频谱进行绘图。显然，发生了同样的现象。

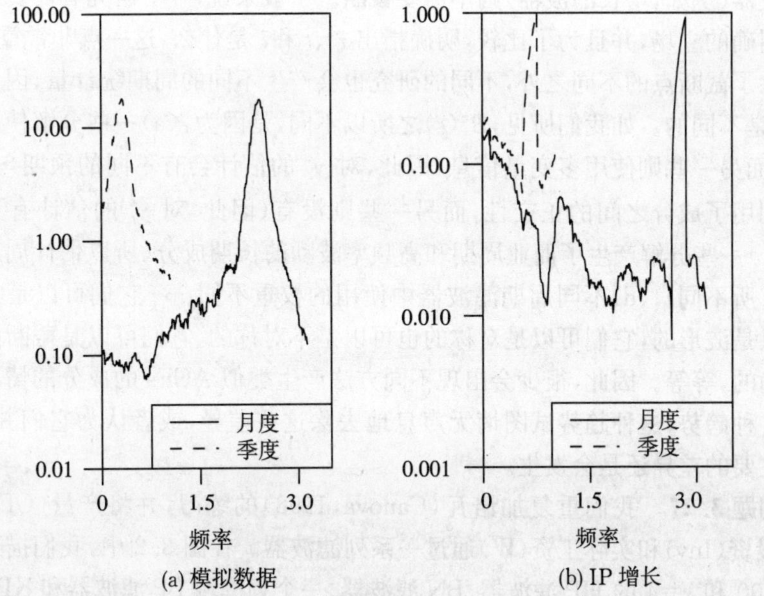

图 3.6 月度频谱和季度频谱

练习 3.46 对G7国家的股票收益采用月度、季度和年度数据，检查时间聚合是否产生了虚假的商业周期峰值。

3.5 收集周期性信息

一旦得到了一个时间序列的各种成分,就可用计算和描述用以总结它们性质的统计量。特别地,两个补充的内容应该被加以平衡:首先,统计量必须包含有足够的信息使政策制定者和实施者能够评估经济体系的状态;其次,它们应该有效地总结周期的特点以使学者能够区分不同的广泛使用的理论模型。

当增长方面的文献关注一些比例(消费对产出、物质投资和人力资本对产出、储蓄率,等等)时,商业周期方面的文献则主要关注 y_t^c 的自协方差函数。因此,一般来说,波动、自相关和互相关都被展示出来。当波动的一个详细的描述和不同频率下的相关系数引起人们兴趣时,谱密度或者双变量的连贯性的衡量都将得到描述。若周期滤波器 $\mathcal{B}^c(\ell)$ 的形式已知,则所有这些统计量都可以通过 y_t 的 ACF 被解析地计算出来。

例题 3.26 令 $\mathcal{B}^c(\ell)$ 为一个周期滤波器,并令 $\mathrm{ACF}_y(\tau)$ 为 y_t 的自协方差函数。y_t^c 的周期成分的自协方差函数是 $\mathrm{ACF}_{y^c}(\tau)=\mathrm{ACF}_y(0)\sum_{i=-\infty}^{\infty}\mathcal{B}_j^c\mathcal{B}_{i-\tau}^c+\sum_{\tau'=1}^{\infty}\mathrm{ACF}_y(\tau')\sum_{i=-\infty}^{\infty}\mathcal{B}_i^c\mathcal{B}_{i+\tau'-\tau}^c+\sum_{\tau'=1}^{\infty}[\mathrm{ACF}_y(\tau')]'\sum_{i=-\infty}^{\infty}\mathcal{B}_i^c\mathcal{B}_{i-\tau'-\tau}^c$。$\mathrm{ACF}_c(\tau)$ 的实际计算要求无限求和的截断,例如,令 i 从 $\underline{i}$ 到 $\bar{i}$,并令 τ' 从 1 到 $\bar{\tau}'$。对于某些周期滤波器(例如,增长滤波器)则不需要截断。一般来说,一个研究者需要对截断点采取明确的立场,并且为了比较,明确指出 $\bar{\tau}'$、$\underline{i}$ 和 $\bar{i}$ 是什么,这一点非常重要。

除了截断点的不同之外,不同的研究也会产生不同的周期统计量,因为使用的 $\mathcal{B}^c(\ell)$ 是不同的。如我们所见,$\mathcal{B}^c(\ell)$ 之所以不同,是因为:(a)一些分解使用单变量信息,而另一些则使用多变量信息(因此,对 y_t^c 的估计会有不同的预期);(b)一些分解利用了成分之间的正交性,而另一些则没有(因此,对 y_t^c 的估计有不同的频谱);(c)一些分解产生了商业周期和高频率波动的长期成分(所以估计周期的平均期限有所不同);(d)不同周期滤波器中使用的权重不同——它们可以是帐篷形的也可以是波形的,它们可以是对称的也可以是不对称的,它们可以是截断的也可以是精确的,等等。因此,很少会出现不同方法产生类似 ACFs 的成分的情况。尽管存在一种趋势,这种趋势试图悄无声息地去除这些差异,或者认为它们并不重要,但是主要的差异还是会发生。

例题 3.27 我们重复加诺瓦(Canova,1998)的练习,并将产量(GDP)、消费(C)、投资(Inv)和实际工资(W)通过一系列滤波器。在图 3.2 中,我们描述了使用 $\lambda=1\,600$ 和 $\lambda=4$ 的 HP 滤波器、BN 滤波器、一个频率域 BP 滤波器和 KPSW 滤波器所产生的结果,使用从 1955:1 至 1986:4 时期的美国数据。

需要注意一些特性。第一,不仅仅是每一个序列的波动随着方法的改变而改变,波动的相对次序也会随之改变。特别引人注意的是实际工资中相对波动的改变。第二,相关系数的大小有显著不同(参见,例如,消费相关系数)。第三,两种 HP 滤波器给出了不同的统计量,且 HP4 结果模仿了 BN 滤波器的那些统计量。第四,所产生的 GDP 周期的平均期限有着本质差别。

这些差判也表现在其他统计量中。例如,加诺瓦(Canova,1998)指出,周期拐点的具体日期并不可靠，而且除了 BP 滤波器，大部分方法产生了好几个相对于标准动态随机一般均衡模型分类的错误警告。

尽管有些困扰，但例题 3.27 的结果不应该是对负责的研究者的一种威慑，而且它也不支持"不存在商业周期这种事实"来比较模型的说法。相反，已观察到的差异强调了一种需求，即恰当地定义一种标准来评估不同分解的经验上的关联的需求。如果有可能带着合理的预期来掌握什么样的假设给出了可观测量和不可观测量的特征——例如，序列是否单整或者趋势是否确定，趋势是否是周期性的，有关周期是否有恒定的中位数周期——我们可以在不同的基于某些统计优化准则的方法中选择[例如，最小化均方差(MSE)]。给出这些是不可能的，文章已经任意地关注了一个经济准则：有趣的期限是那些小于 6 季度和 24～32 季度的周期期限。然而，即使有这种关注，也有三个理由必须十分谨慎。第一，在用这些期限提取周期的方法中，如果变量的大部分谱功率机制集中在趋势/周期分界点的邻近地区，差异就可能显现[参见加诺瓦(Canova，1998)中的一个包含小时和生产率相关系数的例子]。第二，特别地，在国际比较中，如果一个序列在不同国家有不同的周期期限，结果可能会不同。第三，允许我们分离出这些频率的滤波器，可能会产生虚假周期。

表 3.2　统计量总结

方法	GDP 波动	相对变动 C	相对变动 W	同期相关系数 (GDP, C)	同期相关系数 (GDP, Inv)	同期相关系数 (GDP, W)	周期（季度）
HP1600	1.76	0.49	0.70	0.75	0.91	0.81	24
HP4	0.55	0.48	0.65	0.31	0.65	0.49	7
BN	0.43	0.75	2.18	0.42	0.45	0.52	5
BP	1.14	0.44	1.16	0.69	0.85	0.81	28
KPSW	4.15	0.71	1.68	0.83	0.30	0.89	6

练习 3.47　对一个基本粘性价格模型中的产量缺口、通货膨胀和名义利率模拟数据(例如，练习 2.29 中已经给出解的那个模型，在你用产出缺口替代边际成本并使用消费等于产出缺口的假设之后)，该模型由三种冲击决定：货币政策、成本推动和欧拉方程波动。选择合适的参数，并计算模拟数据和实际欧元数据的谱密度。把它们相比较的结果怎样？通过使用实际数据的 HP 和带通滤波器，重复此练习。

这些讨论将我们带入了比较的一个重要方面，这种比较存在于实际数据和 DSGE 模型产生的数据之间。我们经常强调，对于比较，应该使用相同的过滤方法来计算两种数据的 y_t^c 的 ACF。然而异乎寻常地，这项原则考虑了模拟数据的(已知的)个性。例如，在第 2 章的一些模型中，模拟序列继承了决定因素的特性(若冲击是决定因素，它们是持续、单整的，等等)。如果过滤的目的是去除趋势，转化(或是一个增长转化)不应该被应用到模拟数据中去。另一方面，如果过滤的目的是产生带有一定期限的周期，我们应该记住，近似的 BP 或 HP 滤波器可能在高持续序列中产生扭曲，就像 DSGE 模型产生的一样。因此，建立模拟和实际过滤数据在商业周期频率上看上去，相似的样本并不困难，尽管此模型和数据在本质上互相并不一致。

例题 3.28 考虑两个 AR(1) 过程：$y_{1t}=1.0+0.8y_{1t-1}+e_t$ 和 $y_{2t}=1.0+0.55y_{2t-1}+e_t$，其中 $e_t\sim\mathbb{N}(0,1)$。两个序列的频谱是谱的，但由于决定这两个序列的冲击是相同的，它们在商业周期频率上的波动将是相似的。事实上，BP 滤波的波动在两种情况下都是 1.32。显然，两个 DGP 有非常不同的特性。

因此，比较性是否是一个相关的标准并不清楚，对于某些目的，过滤实际数据而不是模拟数据，或者用不同滤波器过滤两种数据可能更加合理，尤其当模型不是假设成为产生实际数据的正确过程时。

总而言之，机械地应用滤波器是非常危险的。如果有人坚持要尝试通过使用二阶矩来比较实际和模拟数据，他应该小心地关注数据的特征，并意识到所使用的周期提取滤波器的特性。

另一种选择是将注意力从增长周期的二阶矩移开，并且像帕冈(Pagan，2002)和哈丁(Harding，2005)一样，使用可以直接从可观测序列中得到的统计量[参见海斯和艾瓦塔(Hess and Iwata，1997)；金和普罗斯(King and Plosser，1994)]。

此方法同伯恩斯和米歇尔(Burns and Mitchell，1946)的方法密切相关，并要求在一个"参考"变量中识别拐点(例如，GDP，或者一个综合的重要宏观经济序列)、期限的衡量、振幅和周期的累积变化及它们的相阵，还有在不同相阵上的非对称记录。所有这些统计量都可以从 y_t 的(log)水平上使用所谓的贝瑞和波昇(Bry and Boschen，1971)计算的方法得到，我们将在下面叙述这种方法。

算法 3.4

(1) 用一系列滤波器使 y_t 平滑(用来消除孤立点、高频波动、不规则点或者无意义的波动)。称 y_t^{sm} 为平滑序列。

(2) 使用一个日期规则来决定拐点的一个潜在设置。一个简单的规则是 $\Delta^2 y_t^{sm}>0(<0)$，$\Delta y_t^{sm}>0(<0)$，$\Delta y_{t+1}^{sm}<0(>0)$，$\Delta^2 y_{t+1}^{sm}<0(>0)$。

(3) 使用一个审查规则来确保波峰和波谷的交替以及期限和相阵的振幅是有意义的。

因此，为了得到拐点和商业周期相阵，我们需要做出一些选择。尽管文献中存在差异，但共同点是，一个像步骤(2)中使用的两季度的规则或者它的一个微小变化[参见拉西里和摩尔(Lahiri and Moore，1991)]都足以确定拐点的日期。对于审查规则，经常对于 2 或 3 季度的每一个相阵设置一个最小的期限，从而使完整的周期至少有 5～7 季度长，而且/或某些最小振幅限制，例如，波峰至波谷落差少于 1% 的情况，应该被排除。也要注意，若(3)中的审查规则足够强，则第一步可以省去。

一旦拐点被确定，我们就可以计算平均期限(AD)，即花费在波峰之间或波峰与波谷之间时间长度的平均值；平均振幅(AA)，即波峰到波谷之间的落差的平均大小；相阵上的平均累积变动(CM=0.5*(AD*AA))；以及拼接累积变动((CM−CM^A+0.5*AA)/AD)，其中，CM^{A}是实际平均累积变动。最后，我们可以计算一个协整指数 $\mathrm{CI}_{i,i'}=n^{-1}[\sum \mathcal{I}_{i'i}\mathcal{I}_{it}-(1-\mathcal{I}_{i't})(1-\mathcal{I}_{it})]$，它可以被用来衡量变量 i 和 i' 在商业周期相阵上的共同移动的效力。这里，n 是完整周期的数量，$\mathcal{I}_{it}=1$ 在展开式中，而 $\mathcal{I}_{it}=0$ 在缩写式中。注意到，若两个序列在所有时刻都在同一个相阵中,则 $CI_{i,i'}=1$;若序列都是完全负相关的,则 $CI_{i,i'}=0$。

例题 3.29 将算法 3.4 中带 5 个季度的最小周期期限的日期确定规则应用到时期为 1947:1～2003:1 的美国产量、美国消费和美国投资中去,获得表 3.3 中包含的统计量。扩张的相阵在"TP"标题下,而衰退的相阵在"PT"标题下。

表 3.3 美国商业周期统计量

变量	持续期(季度) PT	持续期(季度) TP	振幅(百分比) PT	振幅(百分比) TP	额外变化(百分比) PT	额外变化(百分比) TP	调和(百分比)
GDP	3	18.7	−2.5	20.7	−0.1	1.1	
C	2.9	38	−2.0	39	0.2	0.1	0.89
Inv	5.2	11.1	−23.3	34.7	1.7	2.7	0.78

平均而言,消费的扩张比 GDP 的扩张要更加持久和强烈。同时,投资在扩张中比 GDP 表现出更加强的变动,但是平均周期更短且有相对长的衰退相阵。一般来说,周期相阵的非对称性在所有三个序列中都有所展现。

练习 3.48 重复例题 3.29 中采用的计算,使用日期确定规则 $\Delta y_t^{sm}>0$、$\Delta y_{t+1}^{sm}<0$ 来找到波峰,使用 $\Delta y_t^{sm}<0$、$\Delta y_{t+1}^{sm}>0$ 来找到波谷,并且对完整周期要求一个 7 季度的最小期限。

练习 3.49 用欧盟地区 1970 年 1 月到 2004 年 4 月的产出、消费和投资的数据,计算例题 3.29 中的 4 个统计量,然后把计算结果和美国的相比较。有没有发现什么有趣的规律导致欧盟地区的不同呢?

这种方法有两个值得研究的性质:第一,周期数据可以在没有周期元素的情况下得到;第二,即使没有周期,也可以通过计算得到它们,从某种意义上说,所有的冲击都有永久的效果,或者说,y_t 对商业周期的频率没有任何作用。第二个性质在比较 DSGE 模型和数据的时候非常有用。事实上,在某些情况下,第二章中描述的模型产生(近似的)VAR(1)解。因此,模型产生的数据不在谱密度是周期频率时呈现出极大值,并且它们被错误地通过分解来和数据比较,这一方法通常是用来寻找重要的周期或者简单的强调商业循环的频率的。还有一些缺点需要大家注意。第一,统计量可能对日期和审查规则很敏感。由于算法 3.4 的规则是任意的,我们需要仔细检查拐点日期和所做出的选择之间的灵敏度。第二,在国际化的比较中,怎样调整日期和审查规则,这一问题也没有一个很明确的答案。

最后,需要记住的是,二阶矩和拐点统计量提供的都是简化型的信息。也就是说,它们对经济利益冲击的共同移动是一无所知的,而且,对于周期波动也没有作用。这种条件信息正是结构性 VAR 所传递的,有关结构性 VAR,我们将在本书的下一章详细讲解。

4 向量自回归模型

本章所讲述的一系列技巧和接下来的三章中所涉及的内容是不相关的，原因是，从某种程度上讲，经济理论在推断过程中极少能起到作用。向量自回归模型(VAR)是25年前由克里斯·希姆斯(Chris Sims)率先提出的，之后成为应用宏观经济学家的重要工具之一。它主要被应用于归纳整理数据所蕴含的信息和进行一些政策实验。VAR模型非常适用于整理数据信息：沃尔(Wold)定理说明了，任何一个时间序列向量在宽正则性的条件下都有一个VAR表达式，这就自然使得它们成为实证分析的起点。在4.1节，我们将会讨论沃尔定理，其内容和新息向量的非独特性、非基本性和非正交性相关联。沃尔定理虽然普遍适用，却施加了很多约束条件：例如，VAR模型的滞后长度需达到无穷大以求得良好的估计结果。4.2节将涉及模型设定的问题，介绍几种验证沃尔定理约束条件的方法，并且验证相关的推论。4.3节介绍一个VAR(q)的其他构造方法。这在计算谱密度的矩、推导参数的估计量和冲击的协方差矩阵时是非常有用的。4.4节将会介绍归纳VAR信息含量的统计量和计算它们标准误差的方法。我们会讨论广义的脉冲响应方程，这在处理具有时变系数VAR模型的时候是非常有用的，这类模型将会在第10章具体分析。4.5节讨论模型识别，即把动态简化式中的信息内容转化成行为内容。截止到这部分，还没有应用任何经济理论。然而，在对估计的关系做出经济含义解释的时候，就需要利用经济理论。与之后三章中的方法不同的是，为了得到行为关系，本章采用了最少的约束条件，并且和第2章中的模型略微相关。我们会介绍依赖于传统的短期约束条件、长期约束条件和符号约束条件等的识别方法。在后面两种情况下，我们会在理论和实际数据中建立明确联系。4.6节提出一些可能会扭曲结构性VAR结果的一些问题。当研究人员在利用VAR进行政策分析的时候，不应忽略时间总体、忽略变量和冲击、非基本性和缺少有限阶表达式等问题。在4.7节，我们提出了一个利用结构性验证一族DSGE模型的方法。对数线性化的DSGE模型有一个约束性的VAR表达式。当研究人员对理论有信心时，就需要考虑一系列的数量约束条件，在这种情况下，需要利用第5～7章中所讲述的方法。当理论只能给出性质上的启示或者其细节令人怀疑的话，我们仍旧可以利用它在数量上的性质去验证模型。因为DSGE模型提供了大量稳健的符号约束条件，我们可以对4.5节中的思想进行扩展，利用符号约束条件去识别行为扰动，并利用对识别的冲击的动态响应的性质(或数量)特征去验证模型。因此,利用符号约束条件识别的 VAR 提供一个自然的方法去验证不完全识别(和可能错误的)DSGE 模型。

4.1 沃尔定理

VAR 模型的应用及其广泛。这里,我们把沃尔定理作为它的一个重要的理论基础[其他方法,参见汉森和萨金特(Hansen and Sargent,2005)],为了使观点更具说服力,应该借助希尔伯特空间来加以说明,但为力求文章简洁,就不在此赘述,请读者参考罗扎诺夫(Rozanov,1967)或者布鲁克威尔和戴维斯(Brockwell and Davis,1991)来获得更加详细的叙述。

沃尔定理将任意一个可用 $m\times1$ 阶矩阵表示的随机过程 $y_t^\dagger$ 分解成两个正交分量:一个是线性可预测的,另一个是线性不可预测(线性正则)的。为进一步说明沃尔定理所蕴含的内容,我们令 $\mathcal{F}_t$ 为时间 t 的信息集,并且有 $\mathcal{F}_t=\mathcal{F}_{t-1}\oplus\mathcal{E}_t$,其中,$\mathcal{F}_{t-1}$ 包含时间 $t-1$ 的信息,并且令 $\mathcal{E}_t$ 为 t 时刻的新息。另外,$\mathcal{E}_t$ 和 $\mathcal{F}_{t-1}$ 正交(记作 $\mathcal{E}_t\perp\mathcal{F}_{t-1}$),$\oplus$ 为直和,也就是说,$\mathcal{F}_t=\{y_{t-1}^\dagger+e_t, y_{t-1}^\dagger\in\mathcal{F}_{t-1}, e_t\in\mathcal{E}_t\}$。直观地,正交性往往意味着 t 时刻的消息不能通过前 $t-1$ 时刻的信息来预测。因此,现在的新息和过去的新息也是正交的。

练习 4.1 试说明 $\mathcal{E}_t\perp\mathcal{F}_{t-1}$ 可推出 $\mathcal{E}_t\perp\mathcal{E}_{t-1}$。并且当 $j'<j$ 时,证明 $\mathcal{E}_{t-j}$ 和 $\mathcal{E}_{t-j'}$ 正交。

由于每个 t 时刻的信息集 $\mathcal{F}_t$ 都可以被重复地分解,将其逐一分解,我们可以得到:

$$\mathcal{F}_t=\mathcal{F}_{t-1}\oplus\mathcal{E}_t=\cdots=\mathcal{F}_{-\infty}\oplus\sum_{j=0}^{\infty}\mathcal{E}_{t-j} \tag{4.1}$$

这里,$\mathcal{F}_{-\infty}=\bigcap_j\mathcal{F}_{t-j}$,其中包含了从最开始到 t 时刻的所有历史信息。由于 $y_t^\dagger$ 在 t 时刻是已知的(这一条件有时被称作 $y_t^\dagger$ 对 $\mathcal{F}_t$ 的适应性),我们可以得出 $y_t^\dagger\equiv E[y_t^\dagger|\mathcal{F}_t]$,其中,$E[\cdot|\mathcal{F}_t]$ 是条件期望。由新的和过去信息的正交性可得出:

$$y_t^\dagger=E\left[y_t^\dagger|\mathcal{F}_{-\infty}\oplus\sum_j\mathcal{E}_{t-j}\right]=E[y_t^\dagger|\mathcal{F}_{-\infty}]+\sum_{j=0}^{\infty}E[y_t^\dagger|\mathcal{E}_{t-j}] \tag{4.2}$$

我们在此做出两点假设。第一,我们考虑到应用线性表达,即我们将期望替换成线性迭代形式。那么(4.2)式转化为:

$$y_t^\dagger=a_t y_{-\infty}+\sum_{j=0}^{\infty}D_{jt}e_{t-j} \tag{4.3}$$

其中,$e_{t-j}\in\mathcal{E}_{t-j}$,$y_{-\infty}\in\mathcal{F}_{-\infty}$。序列 $\{e_t\}_{t=0}^{\infty}$ 是一个白噪声序列[例如,$E(e_t)=0$,并且在 $j\neq0$ 的条件下有 $E(e_te_{t-j}')=0$],e_t 具体被定义为 $e_t\equiv y_t^\dagger-E[y_t^\dagger|\mathcal{F}_{t-1}]$,$\forall t$。第二,我们假定一个时间恒定的表达,即 $a_t=a$,$D_{jt}=D_j$,$\forall t$,并且:

$$y_t^{\dagger} = ay_{-\infty} + \sum_{j=0}^{\infty} D_j e_{t-j} \tag{4.4}$$

练习 4.2 证明若 $y_t^{\dagger}$ 是协方差平稳的序列，那么有 $a_t = a$，$D_{jt} = D_j$，并且 $E(e_t e_t')$ 为常数。

(4.4)式右边的项 $ay_{-\infty}$ 是 $y_t^{\dagger}$ 的线性决定分量，并且在给予无穷的过去信息的条件下可以被精确地预测出。$\sum_j D_j e_{t-j}$ 是线性正则分量，即由各个时刻 t 的消息所产生。我们说，当且仅当 $y_t^{\dagger} \in \mathcal{F}_{-\infty}$ 时，$y_t^{\dagger}$ 是确定性的；当且仅当 $\mathcal{F}_{-\infty} = \{0\}$ 时，$y_t^{\dagger}$ 是正则的。

有三个要点需要我们特别注意。第一，(4.2)式的成立并不需要对 $y_t^{\dagger}$ 加以限制。第二，线性和稳定性都不是必要的条件。例如，如果没有假定稳定性成立，虽然会出现随时间变化的系数，但总会存在一个线性正则分量和一个线性决定性分量[参见(4.3)式]。第三，如果我们坚持要求协方差平稳，可能需要针对 $y_t^{\dagger}$ 进行初等变换，才能最终达到(4.4)式的表达形式。

沃尔定理虽然是一个比较强大的工具，但是在进行实证分析的时候就会略显普通。为了构造成特定形式，我们假定数据都是零均值，可能也经过去季节化处理（通过确定性的周期性方程）和去掉常数等，同时令 $y_t = y^{\dagger} - ay_{-\infty}$。利用滞后算子，我们可以得出 $\sum_{j=0}^{\infty} D_j e_{t-j} = \sum_j D_j \ell^j e_t = D(\ell) e_t$，所以 $y_t = D(\ell) e_t$ 就是 y_t 的 MA 模型表达形式，其中，D_j 对于任意一个 j 来说都是 $m \times m$ 阶、秩数为 m 的矩阵。假如秩数小于 m，y_t 的各个线性元素将可能被精确地推测出。在后面的章节中，我们将会探讨上述内容在一个较长时间里的情况。

MA 表达形式绝非是独特的：事实上，对于任何一个 ℓ，在秩数为 m 的滞后算子 $\mathcal{H}(\ell)$ 中的任意一个非奇异矩阵，均满足 $\mathcal{H}(\ell)\mathcal{H}(\ell^{-1})' = I$，所以在 $|z| \leqslant 1$ 的条件下，$\mathcal{H}(z)$ 没有奇异性。其中，$\mathcal{H}(\ell^{-1})'$ 是 $\mathcal{H}(\ell)$ 的转置（可能是复共轭的），我们得到 $y_t = \widetilde{D}(\ell)\tilde{e}_t$，$\widetilde{D}(\ell) = D(\ell)\mathcal{H}(\ell)$，以及 $\tilde{e}_t = \mathcal{H}(\ell^{-1})' e_t$。

练习 4.3 证明 $E(\tilde{e}_t \tilde{e}_{t-j}') = E(e_t e_{t-j}')$，其中，$j \neq 0$。并可得出如下结论：在 e_t 是协方差平稳的条件下，上述两个表达形式会生成相对于 y_t 等价的自协方差矩阵方程。

例题 4.1 考虑 $y_{1t} = e_t - 0.5e_{t-1}$ 和 $y_{2t} = \tilde{e}_t - 2\tilde{e}_{t-1}$。容易得到 $D(z)$ 的根在第一种情况下是 $z_1 = 2$，在第二种情况下是 $z_2 = 0.5 = 1/z_1$。这意味着上述两个过程在新息方差可以被恰当调整的情况下跨越相同的信息空间。实际上，通过利用协方差产出函数，我们可以得到 $\text{CGF}_{y1}(z) = (1-0.5z)(1-0.5z^{-1})\sigma_1^2$ 和 $\text{CGF}_{y2}(z) = (1-2z)(1-2z^{-1})\sigma_2^2 = (1-0.5z)(1-0.5z^{-1})(4\sigma_2^2)$。因此，如果 $\sigma_1^2 = 4\sigma_2^2$，那么两个过程的 GCF 是相同的。

练习 4.4 令 $y_{1t} = e_t - 4e_{t-1}$，$e_t \sim \text{i.i.d.}(0, \sigma^2)$。令 $y_{2t} = (1-0.25\ell)^{-1} y_{1t}$。证明 y_{2t} 的 CGF(z) 对任意 z 均为常数。证明对于 $y_{2t} = \tilde{e}_t - 0.25\tilde{e}_{t-1}$，$\tilde{e}_t \sim \text{i.i.d.}(0, 16\sigma^2)$ 和 y_{1t} 具有相同的 CGF。

具有 $\mathcal{H}(\ell) = \prod_{i=1}^{m} \varrho_i \mathcal{H}^{\dagger}(d_i, \ell)$ 这种形式的 $\mathcal{H}(\ell)$ 被称为布拉什克(Blaschke)矩阵，其中，d_i 是 $D(z)$ 的根，$|d_i| < 1$，$\varrho_i \varrho_i' = I$，对任意 I，$\mathcal{H}^{\dagger}(d_i, \ell)$ 被定义为：

$$\mathcal{H}^{\dagger}(d_i,\ell)=\begin{bmatrix}1 & 0 & \cdots & 0\\ \cdots & \cdots & \cdots & \cdots\\ 0 & \dfrac{\ell-d_i^{-1}}{1-\bar{d}_i\ell} & \cdots & 0\\ 0 & 0 & \cdots & 1\end{bmatrix} \tag{4.5}$$

并且，$\bar{d}_i$ 是 d_i 的共轭复数。

练习 4.5 假定：

$$\begin{pmatrix}y_{1t}\\ y_{2t}\end{pmatrix}=\begin{pmatrix}1+4\ell & 0\\ 0 & 1+10\ell\end{pmatrix}\begin{pmatrix}e_{1t}\\ e_{2t}\end{pmatrix}$$

求出 $D(\ell)$的布拉什克因子(Blaschke)。并为 y_t 构造两个可替换的移动平均表达式。

在一类等价的移动平均表达式中，一般情况下都会选择最基本的一个。以下关于基本性的定义是等价的。

定义 4.1(基本性) (1) 如果满足 $\det(D_0E(e_te_t')D_0')>\det(D_jE(e_{t-j}e_{t-j}')D_j')$，$\forall j\neq0$，那么这个 MA 表达式是基本的；(2) 如果 $D(z)$的根的模都大于 1，则 MA 表达式是基本的。

$D(z)$的根式和系统的伴随矩阵(参见 4.3 节)的特征值相关联。基本表达式，通常也被称作沃尔表达式，在当 y_t 和 e_t 的线性组合所构成的空间具有相同的信息时也是能够识别的。因此，可以说沃尔表达式是可逆的，知道了 y_t 也就同时知道了 e_t。

在下一个例题中，我们将说明在构造一个基本表达式的时候，有时需要对所有绝对值小于 1 的根取倒数。

例题 4.2 假设 $y_t=\begin{bmatrix}1.0 & 0\\ 0.2 & 0.9\end{bmatrix}e_t+\begin{bmatrix}2.0 & 0\\ 0 & 0.7\end{bmatrix}e_{t-1}$，其中，$e_t\sim$ i. i. d. $(0,I)$。这里，由于 $\det(D_0)=0.9<\det(D_1)=1.4$，所以表达式不是基本形式。我们需要计算 $D_0+D_1z=0$ 的所有根，来求得一个基本表达式；它们的绝对值分别是 0.5 和 1.26(它们是$-D_1^{-1}D_0$ 的对角元素)。存在问题的一个根是 0.5，所以求得它的倒数为 1.0/0.5=2.0。于是，基本的 MA 表达式为：$y_t=\begin{bmatrix}1.0 & 0\\ 0.2 & 0.9\end{bmatrix}e_t+\begin{bmatrix}0.5 & 0\\ 0 & 0.7\end{bmatrix}e_{t-1}$。

练习 4.6 确定下列各个多项式在应用到白噪声新息的过程中时，哪些会生成基本表达式：(i) $D(\ell)=1+2\ell+3\ell^2+4\ell^3$；(ii) $D(\ell)=I+\begin{bmatrix}0.8 & -0.7\\ 0.7 & 0.8\end{bmatrix}\ell$；(iii) $D(\ell)=\begin{bmatrix}1 & 1\\ 3 & 4\end{bmatrix}+\begin{bmatrix}3 & 2\\ 4 & 1\end{bmatrix}\ell+\begin{bmatrix}4 & 3\\ 2 & 1\end{bmatrix}\ell^2$。

练习 4.7 已知 $y_t=e_t+\begin{bmatrix}1.0 & 0\\ 0 & 0.8\end{bmatrix}e_{t-1}$，其中，$\text{var}(e_t)=\begin{bmatrix}2.0 & 1.0\\ 1.0 & 1.0\end{bmatrix}$，$y_{2t}=e_t+\begin{bmatrix}0.909\,1 & 0.190\,9\\ 0 & 0.8\end{bmatrix}e_{t-1}$，$\text{var}(e_t)=\begin{bmatrix}2.21 & 1.0\\ 1.0 & 1.0\end{bmatrix}$。证明 y_{1t} 和 y_{2t} 相对于 y_t 有相同的 ACF。哪一个表达式是基本形式？

练习 4.8 令 $\begin{bmatrix} y_{1t} \\ y_{2t} \end{bmatrix} = \begin{pmatrix} 1+4\ell & 1+0.5\ell \\ 0 & 1+5\ell \end{pmatrix} \begin{bmatrix} e_{1t} \\ e_{2t} \end{bmatrix}$，其中，$e_t=(e_{1t},e_{2t})$具有零均值和同方差。那么分别由 y_t 和 e_t 所构成的线性组合形成的空间是否是一致的？如果 MA 表达式不是基本的形式，请求出一个基本表达式。

然而，在实际应用沃尔表达式的时候，我们需要注意到，有许多经济模型并没有为外生变量 y_t 生成一个基本形式。下面两个例题就说明了这个问题。

例题 4.3 考虑 RBC 模型，在这个模型中，代表家庭使 $E_0\sum_t \beta^t(\ln(c_t)-\vartheta_N N_t)$最大化，约束条件为 $c_t+\text{inv}_t\leqslant K_t^{1-\eta}N_t^{\eta}\zeta_t$，$K_{t+1}=(1-\delta)K_t+\text{inv}_t$，$c_t\geqslant 0$，$\text{inv}_t\geqslant 0$，$0\leqslant N_t\leqslant 1$，其中，$0<\beta<1$，$\delta$ 和 ϑ_n 为参数，并且 $\ln\zeta_t=\ln\zeta_{t-1}+0.1\epsilon_{1t}+0.2\epsilon_{1t-1}+0.4\epsilon_{1t-2}+0.2\epsilon_{1t-3}+0.1\epsilon_{1t-4}$。只有最发达的部门采用先进的技术（例如，一个新的芯片），在一段时间之后这项创新技术才会传播到整个经济中，上述这种技术创新的传播模式是比较合适的。如果 $\epsilon_{1t}=1$，$\epsilon_{1t+\tau}=0$，$\forall\tau\neq 0$，那么 $\ln\zeta_t$ 就如图 4.1 中所示。显然，这种形式的过程并不满足在定义 4.1 中所提出的约束条件。

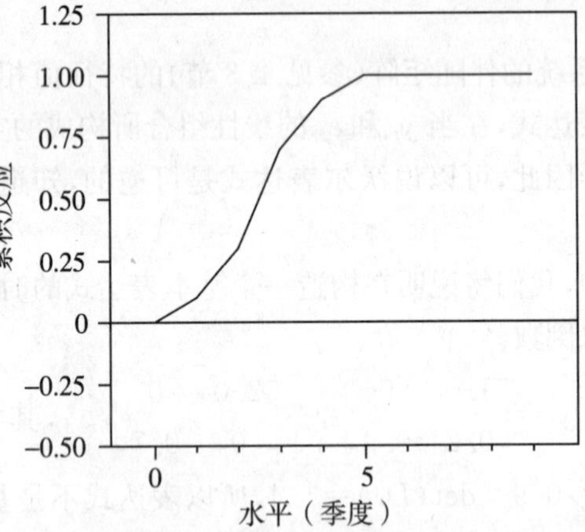

图 4.1 非基本性技术序列

例题 4.4 考虑这个财政冲击产生经济冲击的模型。一般情况下，财政措施需要一段时间来发生作用：从提出方案、立法通过到最终执行，例如，一项收入所得税率的改变可能需要几个季度的时间来生效。如果各个机构都是理性的，那么它们会在税收政策的改变之前对其做出反应，于是就会出现这种现象，到该税收政策正式实施的时候可能并不会有明显的变化发生。由于税收政策改变所蕴含的信息和收入所蕴含的信息具有不同的时间效应，所以财政冲击会产生非沃尔表达式。

正如我们所发现的，如果忽略经济理论可以产生非基本 MA 序列的可能性，就会导致研究者推断出错误的经济关系。当存在这种可能性的时候，我们可以利用布拉什克因子，将标准形式所提出的 MA 表达式进行翻转，正如利比和莱希林(Lippi and Reichlin，1994)所述。在之后的内容里，我们将只会考虑基本结构，并且把 $y_t=D(\ell)e_t$ 作为这样一个表达式。

“新息”向量 e_t 在 VAR 分析中起着至关重要的作用。由于 $E(e_t|\mathcal{F}_{t-1})=0$ 和 $E(e_te_t'|\mathcal{F}_{t-1})=\Sigma_e$ 成立，e_t 序列不相关但是同期相关。这意味着我们不可以为这些扰动“命名”。如果要达到这一目的，我们需要为这些创新向量寻找正交表达。令 $\Sigma_e=\mathcal{P}\mathcal{V}\mathcal{P}'=\widetilde{\mathcal{P}}\widetilde{\mathcal{P}}'$，其中，$\mathcal{V}$ 是对角矩阵，并且 $\widetilde{\mathcal{P}}=\mathcal{P}\mathcal{V}^{0.5}$。因此，$y_t=D(\ell)e_t$ 就等价于：

$$y_t=\widetilde{D}(\ell)\tilde{e}_t \tag{4.6}$$

其中，$\widetilde{D}(\ell)=D(\ell)\widetilde{\mathcal{P}}$，$\tilde{e}_t=\widetilde{\mathcal{P}}^{-1}e_t$。可以利用很多方法来得到(4.6)式。其中一个方法就是乔里斯基(Choleski)分解法，例如，$\mathcal{V}=I$ 和 $\mathcal{P}$ 是一个下三角矩阵。另外，当 $\mathcal{P}$ 和 $\mathcal{V}$ 分别包含特征向量和特征值的时候，也可以得到这个结果。

例题 4.5 假设 e_t 是一个 2×1 阶矩阵，由两个相关向量构成，正交新息 $\tilde{e}_{1t}=e_{1t}-be_{2t}$，$\tilde{e}_{2t}=e_{2t}$，其中，$b=\text{cov}(e_{1t}e_{2t})/\text{var}(e_{2t})$，$\text{var}(\tilde{e}_{1t})=\sigma_1^2-b^2\sigma_2^2$，$\text{var}(\tilde{e}_{2t})=\sigma_2^2$。

需要特别强调的一点是，正交方法并没有任何经济含义：它们只是将 MA 表达式转化成为一种更适于来研究特定冲击影响的形式。如果要为这些表达式附加上经济含义，就需要同相应的经济理论相联系。另外需要提及一点的是，虽然在应用乔里斯基分解法的时候要求限制 $\mathcal{P}$ 矩阵的上三角部分均为 0，但是在特征值—特征向量分解的时候，就没有这样的限制。

正如前面已经说明过的，当多项式 $D(z)$ 所有根的模都大于 1 的时候[例如，如果在 $\sum_{j=0}^{\infty}D_j^2<\infty$ 的前提下，该条件成立；参见罗扎诺夫(Rozanov, 1967)]，MA 表达式是可逆的，我们可以用现在和过去的 y_t 的线性组合来表示 e_t，例如，$[A_0-A(\ell)\ell]y_t=e_t$，其中，$[A_0-A(\ell)\ell]=(D(\ell))^{-1}$。将滞后的 y_t 移到右边，标准化 $A_0=I$，一个向量自回归(VAR)表达式便得到了：

$$y_t=A(\ell)y_{t-1}+e_t \tag{4.7}$$

一般来说，$A(\ell)$ 对于任何具体的合理的 $D(\ell)$ 都是无限长的。

在之后的部分，我们将强调可逆性和稳定性概念上的重要联系。

定义 4.2(稳定性) 如果 $\det(I_m-A_1z-\cdots-A_qz^q)\neq0$，$\forall|z|\leqslant1$，那么一个 VAR($q$)是稳定的。

定义 4.2 暗示了 $A(\ell)$ 的所有特征值的模都是小于或者等于 1 的(或者矩阵 $A(\ell)$ 没有根，或者在复单位圆上)。因此，如果 y_t 具有可逆的 MA 表达式，那么它同时也具有一个稳定的 VAR 结构。所以，我们应该从稳定序列开始着手 VAR 分析[正如卢特凯普(Lutkepohl, 1991)所采用的方法]。我们的推论说明，要获得稳定 VAR 序列，最初的条件约束仍然是需要的。

例题 4.6 假设 $y_t=\begin{bmatrix}0.5 & 0.1\\ 0.0 & 0.2\end{bmatrix}y_{t-1}+e_t$。这里，$\det(I_2-Az)=(1-0.5z)\times(1-0.2z)=0$，$|z_1|=2>1$ 和 $|z_2|=5>1$。那么，这个系统是稳定的。

练习 4.9 检验 $y_t=\begin{bmatrix}0.6 & 0.4\\ 0.5 & 0.2\end{bmatrix}y_{t-1}+\begin{bmatrix}0.1 & 0.3\\ 0.2 & 0.6\end{bmatrix}y_{t-2}+e_t$ 是否是稳定的。

总结来说，在线性、稳定性和可逆性的前提下，任何一个时间序列向量都可以由一个恒定的系数 VAR(∞)来表示。因此，我们可以考虑将 y_t 和 y_t 的 VAR 互换。同样地，在有限数据的条件下，只有 VAR(q)可以利用，其中，q 是有限的。为了使得一个 VAR(q)模型充分近似于 y_t，我们要求 D_j 随着 j 的增长迅速收敛于0。否则近似的结果会不准确。何种类型的过程更有可能满足这个条件？我们将在下一个练习中给予一定暗示。

练习 4.10 考虑 $y_t=e_t+0.9e_{t-1}$ 和 $y_t=e_t+0.3e_{t-1}$。求得 AR 表达式。若是要近似这两个过程，我们需要滞后长度是多少？如果在 $y_t=e_t+e_{t-1}$ 的条件下，情况又是怎样呢？

有两个概念在实际应用中有着很重要的作用，这就是格兰杰(Granger)非因果关系和西姆斯(Sims)外生性。需要强调的一点是，它们揭示了一个变量预测另一个变量的能力，但是并没有蕴含任何的经济关系(例如，中央银行改变利率，汇率会随之改变)。令(y_{1t}, y_{2t})为一个含有新息 e_{1t} 和 e_{2t} 的协方差平稳序列 y_t 的分块矩阵，并使 Σ_e 为对角矩阵，$D_{i,i'}(\ell)$是矩阵 $D(\ell)$的第(i,i')块。

定义 4.3(格兰杰因果关系) y_{2t} 不是 y_{1t} 的格兰杰原因，当且仅当 $D_{12}(\ell)=0$。

定义 4.4(西姆斯外生性) 当且仅当 y_{2t} 不是 y_{1t} 的格兰杰原因，且 $D_{21}(\ell)\neq 0$ 时，有 $y_{2t}=\mathbb{Q}(\ell)y_{1t}+\epsilon_{2t}$，以及 $E_t[\epsilon_{2t}y_{1t-\tau}]=0$ 成立，$\forall\tau\geqslant 0$，$\mathbb{Q}(\ell)=\mathbb{Q}_0+\mathbb{Q}_1\ell+\cdots$。

练习 4.11 说明在一个三元的 VAR 模型中，y_{2t} 是 y_{1t} 的非格兰杰原因意味着什么。

我们下面讨论一下数据偏离当前条件设置的情况。

练习 4.12 (i) 假设 $y_t=D(\ell)e_t$，其中，$D(\ell)=(1-\ell)D^{\dagger}(\ell)$。为 y_t 求得一个 VAR 表达式。证明，如果 $D^{\dagger}(\ell)=1$，对于 y_t 就不存在一个收敛的 VAR 表达式。

(ii) 假设在 $t\leqslant\overline{T}$ 的条件下，$y_t^{\dagger}=a_0+a_1t+D(\ell)e_t$；在 $t>\overline{T}$ 的条件下，$y_t^{\dagger}=a_0+a_2t+D(\ell)e_t$。在这种情况下，你如何来为 y_t 求得一个 VAR 表达式？

(iii) 假设 $y_t=D(\ell)e_t$，$\text{var}(e_t)\propto y_{t-1}^2$。为 y_t 求得一个 VAR 表达式。

(iv) 假设 $y_t=D(\ell)e_t$，$\text{var}(e_t)=b\,\text{var}(e_{t-1})+\sigma^2$。为 y_t 求得一个 VAR 表达式。

4.2 模型设定

在 4.1 节中，我们说明了，对于任何一个时间序列向量来说，一个恒定的 VAR 系数都是比较准确的近似。在这里，我们将考察如何验证是否需要约束条件来确保近似结果成立。我们所考察的模型是(4.7)式，其中，$A(\ell)=A_1\ell+\cdots+A_q\ell^q$，$y_t$ 是一个 $m\times 1$ 阶向量，$e_t\sim$ i. i. d. $(0,\Sigma_e)$。计量经济学上的外生变量的 VAR 可以通过定义 4.4 中指出的对 $A(\ell)$的限制来获得。我们令 $\mathbb{A}'_1=(A'_1,\cdots,A'_q)'$ 为一个($mq\times m$)阶矩阵，令 $\alpha=\text{vec}(\mathbb{A}_1)$，其中，$\text{vec}(\mathbb{A}_1)$将 $\mathbb{A}_1$ 的列叠加(所以 α 是一个 $m^2q\times 1$阶向量)。

4.2.1 *1 阶滞后长度*

在选择 VAR 的滞后长度的时候，有很多种方法可供选择。其中最简单的一种是基于似然比(LR)检验。这里，滞后长度较小的模型通常被看作是一个具有条件限制的多维模型。既然两个模型是相互嵌套的，在约束模型成立的原假设条件下，似然性上的差异应该会很小。令 $R(\alpha)=0$ 为一系列的约束条件，$\mathcal{L}(\alpha,\Sigma_e)$ 为似然函数。那么，有：

$$\mathrm{LR}=2[\ln\mathcal{L}(\alpha^{\mathrm{un}},\Sigma_e^{\mathrm{un}})-\ln\mathcal{L}(\alpha^{\mathrm{re}},\Sigma_e^{\mathrm{re}})] \tag{4.8}$$

$$=(R(\alpha^{\mathrm{un}}))'\left[\frac{\partial R}{\partial\alpha^{\mathrm{un}}}(\Sigma_e^{\mathrm{re}}\otimes(X'X)^{-1}\left(\frac{\partial R}{\partial\alpha^{\mathrm{un}}}\right)'\right]^{-1}(R(\alpha^{\mathrm{un}})) \tag{4.9}$$

$$=T(\ln|\Sigma_e^{\mathrm{re}}|-\ln|\Sigma_e^{\mathrm{un}}|)\xrightarrow{\mathrm{D}}\chi^2(\upsilon) \tag{4.10}$$

其中，$X_t=(y'_{t-1},\cdots,y'_{t-q})'$，$X'=(X_0,\cdots,X_{T-1})$ 是一个 $mq\times T$ 阶矩阵，υ 是约束条件的数量，表达式中的“un”和“re”分别指不受约束和受约束的估计量。表达式(4.8)～(4.10)都是似然比检验的等价形式：第一个式子是标准形式；(4.9)式是在 $R(\alpha)=0$ 的条件下，通过最大化关于 α 的似然方程所得到的；(4.10)式更便于计算实际检验值和把 LR 结果同其他检验结果相比较。α^{un}、α^{re}、Σ_u^{un}、Σ_u^{re} 的具体形式会在 4.3 节中给出。

练习 4.13 利用拉格朗日乘数法推导出(4.9)式。

关于 LR 检验，有 4 个重要的特征需要强调。第一，当 y_t 为平稳和遍历的时候，LR 检验才是有效的。第二，即使 y_t 没有明确的分布假设，LR 检验也是可以进行的。此时要求 e_t 是一个独立的、在原假设下具有有限的四阶矩的白噪声序列，T 足够大，α^{un}、Σ_e^{un}、α^{re}、Σ_e^{re} 是伪最大似然估计量。第三，LR 检验在小样本的条件下更倾向于原假设。所以，通常情况下我们会应用 $\mathrm{LR}^c=(T-qm)(\ln|\Sigma^{\mathrm{re}}|-\ln|\Sigma^{\mathrm{un}}|)$，其中，$qm$ 是非约束系统里每个方程估计参数的数目。第四，我们需要记住，LR 检验的分布只是渐近有效的。也就是说，显著性水平只会接近第一类错误的概率。

在实践中，q 的估计是按顺序得到的，正如下列算法中所展示的。

算法 4.1

(1) 选择一个上界 $\bar{q}$。

(2) 将 VAR($\bar{q}-1$)对于 VAR($\bar{q}$)进行 LR 检验。如果原假设没有被拒绝，则进行到步骤(3)。

(3) 将 VAR($\bar{q}-2$)对于 VAR($\bar{q}-1$)进行 LR 检验。继续检验，直到原假设被拒绝为止。

很明显，$\bar{q}$ 依赖于数据的频数。对于年度数据通常有 $\bar{q}=3$，对于季度数据有 $\bar{q}=8$，对于月度数据有 $\bar{q}=18$。另外，也可以取 $q=T^{1/3}$。值得注意的是，利用这样一个连续的方法，每一个原假设都是在前一个原假设成立的条件下进行检验的，并且 q 的选择依赖于显著性水平。另外，在应用这样一个连续的过程时，区分独立检验的显著性水平和整个过程的显著性水平很重要；实际上，拒绝 VAR($\bar{q}-j$)就意味着拒绝所有 VAR($\bar{q}-j'$)，$\forall j'>j$。

例题 4.7 显著性水平为 0.05，令 $\bar{q}=6$，并假设下面一系列检验都是渐近独立的[参见保尔森和特耶席斯姆(Paulsen and Tjostheim, 1985)]。$q=5$ 对于 $q=6$ 的似然比检验的显著性水平为 $1-0.95=0.05$。在基于 $q=5$ 的条件下，$q=4$ 对于 $q=5$ 检验的显著性水平为 $1-(0.95)^2=0.17$，第 j 阶的(渐近)显著性水平为 $1-(1-0.05)^j$。如果我们想令模型具有 3 阶或 4 阶的滞后长度，就必须调整显著性水平，以使第 2 阶或者第 3 阶检验的显著性水平为 0.05。

练习 4.14 一个 LR 检验为每一个等式选择同一滞后长度。那么不同等式的滞后长度是否有可能不同呢？在一个双变量 VAR 模型中你将如何处理？

一般情况下，当 VAR 模型用来预测的时候，LR 检验是很难令人满意的滞后长度选择方法。这是由于 LR 检验只考察了模型对于样本的拟合度[参见(4.10)式]。而当预测的时候，我们希望得到一个能够使样本外预测误差最小的滞后长度选择模型。令 $y_{t+\tau}-y_t(\tau)$ 是利用 t 时刻信息所构造的模型向前 τ 步的预测误差，令 $\Sigma_y(\tau)=E[y_{t+\tau}-y_t(\tau)][y_{t+\tau}-y_t(\tau)]'$ 为它的均方差(MSE)。当 $\tau=1$ 时，$\Sigma_y(1)\approx[(T+mq)/T]\Sigma_e$，其中，$\Sigma_e$ 是新息变量的方差协方差矩阵[参见卢特凯普尔(Lutkepohl，1991)，第 88 页]。下列三个信息准则通过利用 $\Sigma_y(1)$ 的变换选择滞后长度。

赤池(Akaike)信息准则(AIC)：$\min_q \text{AIC}(q)=\ln|\Sigma_y(1)|(q)+\frac{2qm^2}{T}$

HQ(Hannan and Quinn)准则(HQC)：$\min_q \text{HQC}(q)=\ln|\Sigma_y(1)|(q)+\frac{2qm^2}{T}\ln(\ln T)$

施瓦茨(Schwarz)准则(SIC)：$\min_q \text{SIC}(q)=\ln|\Sigma_y(1)|(q)+\frac{2qm^2}{T}\ln T$。

所有的信息准则都根据样本容量 T、变量的数量 m 和滞后长度 q 对向前一步预测的 MSE 施以惩罚。当样本容量 T 很大时，惩罚差异并不是很重要，当 T 很小的时候，情况就不是这样，正如表 4.1 所揭示的。总体上来说，当 $T\geqslant 20$ 时，SIC 和 HQC 一般会选择相对于 AIC 较小的模型。

表 4.1 赤池信息准则、HQ 准则和施瓦茨准则的惩罚

	$T=40,\ m=4$			$T=80,\ m=4$		
检验标准	$q=2$	$q=4$	$q=6$	$q=2$	$q=4$	$q=6$
AIC	0.4	3.2	4.8	0.8	1.6	2.4
HQC	0.52	4.17	6.26	1.18	2.36	3.54
SIC	2.95	5.9	8.85	1.75	3.5	5.25
	$T=120,\ m=4$			$T=160,\ m=4$		
检验标准	$q=2$	$q=4$	$q=6$	$q=2$	$q=4$	$q=6$
AIC	0.53	1.06	1.6	0.32	0.64	0.96
HQC	0.83	1.67	2.50	0.53	1.06	1.6
SIC	1.27	2.55	3.83	0.84	1.69	2.52

三个信息准则有着不同的渐近性。AIC 是不一致的(事实上，它过高估计了具有正向概率的真实阶数)，HQC 和 SIC 都是具有一致性的，并且在 $m>1$ 时它们都具有强一致性(例如，它们会选择正确的模型渐近性)。根据直觉来看，AIC 不一致主要是因为所应用的惩罚函数并没有随 $T\to\infty$ 而趋近无穷，也没有随 T 的减小而趋近于零。然而一致性并不是我们所应用的唯一准则，因为一致性方法具有很差的小样本特性。基里安和伊万诺夫(Kilian and Ivanov，2005)通过利用一系列的数

据生成序列和数据频率，针对上述三种信息准则进行了广泛的研究，最终发现HQC最适用于研究季度和月度数据，这时 y_t 是协方差平稳序列，并且具有类似于单位根序列的性质。

例题 4.8 考虑一个针对欧元区的季度 VAR 模型，选取的样本时期是从1980:1～1999:4($T=80$)；限定 $m=4$，使用产出、价格、利率和货币量(M3)作为变量。常数已经在研究前被删去。我们令 $\bar{q}=7$。表 4.2 给出了基本和修正的 LR 检验的次序 p-值(前 2 列)，以及 AIC、HQC 和 SIC 检验的结果(后 3 列)。不同的检验选取不同的滞后长度。LR 检验选取的滞后长度为 7，但是 p-值并不是单调的，它与 $\bar{q}$ 是关联的。例如，如果 $\bar{q}=6$，修正的 LR 检验就会选取滞后长度为 2。非单调性在其他三个信息准则中也有所体现。具有最严厉惩罚作用的 SIC 在滞后长度为 1 时达到最小；HQC 和 AIC 在滞后长度为 2 时达到最小。基于上述结果，我们试探性地选取 VAR(2)模型。

表 4.2 VAR 模型的滞后长度

假设	LR	修正 LR	AIC	HQC	SIC
$q=6$ vs. $q=7$	2.9314×10^{-5}	0.0447	−7.5560	−6.3350	−4.4828
$q=5$ vs. $q=6$	3.6400×10^{-4}	0.1171	−7.4139	−6.3942	−4.8514
$q=4$ vs. $q=5$	0.0509	0.5833	−7.4940	−6.6758	−5.4378
$q=3$ vs. $q=4$	0.0182	0.4374	−7.5225	−6.9056	−5.9726
$q=2$ vs. $q=3$	0.0919	0.6770	−7.6350	−7.2196	−6.5914
$q=1$ vs. $q=2$	3.0242×10^{-7}	6.8182×10^{-3}	−7.2266	−7.0126	−6.6893

4.2.2 *2 阶滞后长度*

沃尔定理指出，除其他事项外，VAR 残差必为白噪声序列。于是 LR 检验便可以作为用来检验残差是否满足这样一种特性的方法。类似地，AIC、HQC 和 SIC 都可以被看作残差需满足白噪声的前提条件和模型在样本外具有最佳预测效果之间的平衡。

另外一类滞后选择检验直接考察了 VAR 残差的性质。令 $\mathrm{ACRF}_{i,i'}(\tau)$ 表示 e_{it} 和 $e_{i't}$ 在滞后长度为 $\tau=\cdots,-1,0,1,\cdots$ 时的交互相关。那么，把白噪声序列作为原假设，对于在原假设下的 τ，都有 $\mathrm{ACRF}_{i,i'}(\tau)=\mathrm{ACF}_{i,i'}(\tau)/\sqrt{\mathrm{ACF}_{i,i}(0)\mathrm{ACF}_{i',i'}(0)}\xrightarrow{D}\mathbb{N}(0,1/T)$［参见卢特凯普尔(Lutkepohl，1991)，第 141 页］。

练习 4.15 针对如下一个联合假设，设计一个检验方法：$\mathrm{ACRF}_e(\tau)=0$，$\forall i$、i'，τ 为定值。

在依次进行白噪声序列检验的时候一定要多加小心——例如，从最大的 $\bar{q}$ 开始检验残差是否满足白噪声序列，如果满足，则逐次减小 $\bar{q}$，每次减小一个值直到原假设被拒绝。由于模型在没有被正确设定的情况下具有序列相关性，所以我们应该选择一个满足原假设的 $\bar{q}$ 值。

练习 4.16 在原假设 $\mathrm{ACRF}_e(\tau)^{i,i'}=0, \forall\tau$ 的条件下，试提供一个检验统计量，并且该统计量在 VAR 残差异方差存在的情况下仍然适用。

在进行白噪声检验的时候，我们需要明确的一点是，由于 VAR 的残差在接受检验，ACRF 的渐近协方差矩阵必须包含不确定的参数。同我们所预想的恰好相反，被检验的残差的协方差矩阵比基于真实值的协方差矩阵要小[参见卢特凯普尔(Lutkepohl,1991)，第 142～148 页]。因此，$1/T$ 是不变的，在这种情况下，原假设被拒绝的概率要小于置信水平所暗示的概率。

对于残差白噪声的混合检验或者 Q-检验，也可以被用来选择 VAR 的滞后长度。混合检验或者 Q-检验都被设定来验证原假设 $\mathrm{ACRF}_e^\tau=(\mathrm{ACRF}_e(1),\cdots,\mathrm{ACRF}_e(\tau))=0$（备择假设为 $\mathrm{ACRF}_e^\tau\neq 0$）。混合检验统计量为：

$$\mathrm{PS}(\tau)=T\sum_{i=1}^{\tau}\mathrm{tr}(\mathrm{ACF}(i)'(\mathrm{ACF}(0)^{-1})'\mathrm{ACF}(i)\mathrm{ACF}(0)^{-1})\xrightarrow{D}\chi^2(m^2(\tau-q)) \tag{4.11}$$

在原假设下，有 $\tau>q$。Q-检验统计量为：

$$\mathrm{QS}(\tau)=T(T+2)\sum_{i=1}^{\tau}\frac{1}{T-i}\mathrm{tr}(\mathrm{ACF}(i)'(\mathrm{ACF}(0)^{-1})'\mathrm{ACF}(i)\mathrm{ACF}(0)^{-1}) \tag{4.12}$$

对于数值较大的 T，$\mathrm{QS}(\tau)$ 具有和 $\mathrm{PS}(\tau)$ 一样的非渐近分布。

练习 4.17 根据美国从 1960:1到 2004:4时期的产出、名义利率和货币供应量等季度数据，并利用修整的 LR、AIC、HQC、SIC 和白噪声检验来选择最优的 VAR 的滞后长度。如果样本时期选择 1970～2004 年或 1980～2004 年，结果是否有所不同？你将如何解释样本或检验之间的差异？

4.2.3 *非线性和非正态*

迄今为止，我们一直都只注意线性的模型设定。由于时间的累加会去除非线性，所以我们目前着重考虑线性模型设定并非具有局限性，至少对季度数据是如此。然而，月度数据的非线性可能会更重要，尤其是在应用了金融数据变量的情况下。另外，相关系数（参见第 10 章）、异常值或者是结构性突变都可能（在一个简化式中）在一个具有常数相关系数的 VAR 模型的残差中产生非线性和非正态。因此，我们可能会思考检验非线性和非正态的方法，如果它们存在的话。

在推导 MA 表达式的过程中，我们应用了线性假设。因为忽略非线性条件会导致错误期限结构，同样的思路也可以被应用于检验白噪声残值是否存在非线性。

下述两种方法可以用来检验非线性：(i) 对滞后被解释变量的非线性方程的 VAR 残差进行回归，检验被估计系数的显著性，基于 e_t 被估计残差所代替这一事实修正标准误差；(ii) 直接在 VAR 中插入高阶项，并检验它们的显著性。图形技巧，例如，回归值的非线性方程的估计残差的散点图，可用于进行判断。

另外，有一种间接的方法来检验非线性。这种方法基于以下思想：无论何时，非线性条件都是非常重要的,残差的各阶矩具有特殊的结构。此外,它们的分布即使在大样本的条件下也是非正态的。

检验非正态是很简单的:一个具有单位方差的正态白噪声序列的偏度(三阶矩)是0,峰度(四阶矩)是3。因此,下述内容是检验非正态性存在的一个非渐近性检验。令$\hat{e}_t=y_t-\sum_j \hat{A}_j y_{t-j}$,$\Sigma_e=[1/(T-1)]\sum_t \hat{e}_t \hat{e}_t'$,$\tilde{e}_t=\tilde{\mathcal{P}}^{-1}\hat{e}_t$,$\tilde{\mathcal{P}}\tilde{\mathcal{P}}'=\Sigma_e$,其中,$\hat{A}_j$ 是 A_j 的估计量。设定 $\mathfrak{S}_{1i}=(1/T)\sum_t \tilde{e}_{it}^3$,$\mathfrak{S}_{2i}=(1/T)\sum_t \tilde{e}_{it}^4$,$i=1,\cdots,m$,$\mathfrak{S}_j=(\mathfrak{S}_{j1},\cdots,\mathfrak{S}_{jm})'$,$j=1,2$,并令 3_m 为一个每一项均为 3 的 $m\times 1$ 阶向量。那么可得:

$$\sqrt{T}\begin{bmatrix}\mathfrak{S}_1\\ \mathfrak{S}_2-3_m\end{bmatrix}\xrightarrow{\mathrm{D}}\mathbb{N}\left(0,\begin{bmatrix}6\times I_m & 0\\ 0 & 24\times I_m\end{bmatrix}\right)$$

4.2.4 平稳性

在推导一个具有恒定相关系数的 VAR 表达式的过程中,协方差平稳是很重要的。然而,如果沃尔定理中所采用的其他前提条件都成立,那么对于一个非平稳的 y_t,一个随时间变化的 MA 表达式总是存在的。如果任何 t 都满足$\sum_j D_{jt}^2<\infty$,那么便可以推导出一个非平稳的 VAR 表达式。因此,具有随时间变化的相关系数的 VAR 模型是对协方差平稳结构的替代。

然而,协方差平稳性并不是必要的,只是在估计 VAR 模型时的一个便捷的特性。同样,虽然具有平稳变化系数的模型可能是协方差平稳模型的自然的延伸,但目前的文献都集中考虑了非平稳性的极端形势:单位根过程。基于两个原因,单位根模型并不是最自然的:它们暗含了强的不同的动态特征,在存在似单位根的情况下,传统的统计方法在验证这个原假设时会遇到一定困难[参见沃森(Watson,1995)]。尽管有这些问题的存在,对比平稳性和单位根表现已经成为一个准则。传统的观点认为,宏观的时间序列模型是一个似单位根过程,也就是说,它们在灰色区间有相对较低的效用。因此,一个随机扰动序列慢慢地恢复为原始状态。

单位根检验和本书的研究范围稍显背离。费瓦罗(Favero,2001)就单位根检验也提供了一个很好的评论。因此,我们将注意力集中在考虑非平稳性(近非平稳性)对于 VAR 设定、参数估计、结构性冲击的判定等几方面的影响。

如果一个检验结果发现了一个或者多个单位根,那么你接下来该怎么设定 VAR 模型呢?假如我们对检验的结果有信心,所有变量都是平稳或单整的,但是并没有检验协整性。那么我们应该对单位根变量进行差分直至达到协方差平稳性,并且利用转换后的变量来估计 VAR 模型。例如,如果所有变量是 $I(1)$,增长率的 VAR 是恰当的。

当存在一定的协整关系的时候,模型设定会比较简单。例如,价格和货币量可能会呈现出单位根行为,但是实际的平衡是平稳的。我们一般会将 VAR 模型转换成向量误差纠正模型(VECM),并且施加协整关系(利用理论或实际约束条件)或者从数据来联合估计短期和长期的相关系数。VECM 模型相对于差分 VAR 模型更令人接受,因为后者去除了数据中有关长期性质的信息。基于长期关系具有强平稳性这一事实,着重对长期关系的估计具有一定意义,例如,它们以速度 T 渐近地收敛(短期关系的估计量以速度$\sqrt{T}$收敛)。因为 VECM 是 VAR 在各个水平上的重参数化,如果所有的变量都是协整的,那么后者就是合适的,即使其中一些(或全部)元素不是协方差平稳。

尽管该领域中的研究已经开展有超过 20 年的时间,但是单位根检验仍然具有比较差的小样本特性。此外,除去特殊的情形,在 OECD 长期的宏观数据中,我们都不曾观察到有爆炸性的或者单位根行为的出现。这两个原因都促使对被检测到的非平稳性和这些检验的实用性产生了怀疑。

当对检验产生怀疑时,我们可以间接地研究估计残差来检验平稳性假设的合理性。事实上,如果 y_t 是非平稳的,并且协整性存在,那么估计残差很可能呈现出非平稳路径。因此,通过对 VAR 残差的描点可能会揭示出问题是否存在。实际经验显示,VAR 残差会呈现出突变和异常值,但是它们很少表现出单位根类型的行为。因此,即使在 y_t 是非平稳的情况下,一个水平 VAR 模型也是恰当的。有很重要的一点需要我们记住,y_t 的特性在验证关于相关系数的假设时是非常重要的,因为当单位根存在的时候,传统的分布理论就会不同。然而,它们同估计并不相关。即使当单位根存在的时候,VAR 系数的一致性估计也可以通过传统的方法获得[参见西姆斯等人(Sims et al.,1990)]。

另一个对于平稳性设定检验应用的论断来自贝叶斯观点。在贝叶斯分析中,所有研究的量的后验分布都是重要的。然而,贝叶斯分析和经典的分析方法有很多相同点,当单位根存在的时候,它们会有显著差别。尤其是传统的系数估计的渐近分布决定于单位根是否存在,然而后验分布具有相同的形状,不论单位根存在与否。因此,如果我们采用贝叶斯观点去检验,就不需要对非线性进行修正。

最后,我们应该记住,预检对估计的分布有着重要影响,因为不正确的选择会对于我们需要估计的量生成不一致的估计值。为了使预检问题最少,我们建议从假定协方差平稳开始这一过程,并且当且仅当数据明显地呈现相反的趋势时才偏离这个假定。

4.2.5 突变

精确的单位根行为在宏观经济学中并不实用,截距上的改变、动态的改变或者时间序列协方差矩阵的变化都是极为常见的。一个具有突变的时间序列既不是平稳的也不是协方差平稳的。为了避免此类问题,实际研究人员一般会集中考虑(假定)相同性质的子样。然而,这种情况并不总是可能的:突变可能在样本的最后部分才产生(例如,欧元的创造),也可能有若干个突变,它们可能同膨胀或紧缩相关联,鉴于以上特点的存在,不考虑流程是不明智的。

然而,动态变化的结构性突变可能时常发生(例如,国家的分裂和统一),更常见的情况是时间序列在某一时点上呈现出缓慢发展的性质,而不具有急剧的变化——这种模式在时间变化系数设定的情况下具有更好的一致性。然而,如果视觉上的观察显示这种模式可能存在,那么能用来检验结构性突变的工具就会非常有用。如果突变的具体日期是已知的,就可以应用邹(Chow)—检验来判定这种模式。令 Σ_e^{re} 为没有突变的 VAR 残差的协方差矩阵,并且 $\Sigma_e^{un}=\Sigma_e^{un}(1,\bar{t})+\Sigma_e^{un}(\bar{t}+1,T)$

是当 $\bar{t}$ 发生突变的情况下的协方差矩阵。那么 $CS(\bar{t})=[(|\Sigma_e^{re}|-|\Sigma_e^{un}|)/\upsilon]/(|\Sigma_e^{un}|/(T-2\upsilon))\sim F(\upsilon,T-2\upsilon)$，其中，$\upsilon$ 是模型中回归解释变量的数量。当 $\bar{t}$ 未知但被认为是间歇性发生的时，我们可以对所有 $\bar{t}\in[t_1,t_2]$ 进行邹—检验，取 $\max_{\bar{t}}CT(\bar{t})$，然后和修正的 F 分布做比较[有关临界值，参考斯托克和沃森(Stock and Watson，2002)，第 111 页]。

另外，通过如下结论，我们可以得出另一种检验方法：在没有突变存在的情况下，向前 τ 步预测的残差 $e_t(\tau)\equiv y_{t+\tau}-y_t(\tau)$ 应该具有和样本的残差相似的性质。那么，在可预测时间 τ 内没有突变的原假设下，$e_t(\tau)\xrightarrow{D}\mathbb{N}(0,\Sigma_e(\tau))$。

练习 4.18 证明在可预测时间 τ 内，没有突变的原假设的一个检验统计量是 $e_t\Sigma_e^{-1}e_t\xrightarrow{D}\chi^2(\tau)$，$T$ 无穷大，其中，$e_t=(e_t(1),\cdots,e_t(\tau))$，$\Sigma$ 是一个 $\tau\times\tau$ 阶矩阵。(这里的备择假设是，y_t 的 DGP 在 t 时刻的前后是不同的。)

同其他检验一样，这些检验在小样本情况下会产生误差。小样本情况下的预测性检验可以通过利用 $\Sigma_e^c(\tau)=\Sigma_e(\tau)+(1/T)E[\partial y_t(\tau)/\partial\alpha')\times\Sigma_\alpha(\partial y_t(\tau)/\partial\alpha')']$ 替代 $\Sigma_e(\tau)$而得到。

4.3 矩和 VAR(q)的参数估计

VAR(q)有两种可以互换的并且比(4.7)式更易于操控的表达形式，它们在推导未知参数的估计量时起着很重要的作用。

4.3.1 *伴随形式表达式*

伴随形式表达式将一个 VAR(q)模型转化成一个可以在大规模条件下应用的 VAR(1)，这个模型在计算矩或者进行参数估计时很有用处。

令

$$\mathbb{Y}_t=\begin{bmatrix}y_t\\y_{t-1}\\\cdots\\y_{t-q+1}\end{bmatrix},\quad \mathbb{E}_t=\begin{bmatrix}e_t\\0\\\cdots\\0\end{bmatrix}0,\quad \mathbb{A}=\begin{bmatrix}A_1&A_2&\cdots&A_q\\I_m&0&\cdots&0\\\cdots&\cdots&\cdots&\cdots\\0&\cdots&I_m&0\end{bmatrix}$$

那么(4.7)式为：

$$\mathbb{Y}_t=\mathbb{A}\mathbb{Y}_{t-1}+\mathbb{E}_t,\quad \mathbb{E}_t\sim(0,\Sigma_E)\tag{4.13}$$

其中，$\mathbb{Y}_t$ 和 $\mathbb{E}_t$为 $mq\times1$ 阶向量，$\mathbb{A}$ 为一个 $mq\times mq$ 阶矩阵。

例题 4.9 考虑一个二元 VAR(2)模型。这里，$\mathbb{Y}_t=[y_t,y_{t-1}]'$，$\mathbb{E}_t=[e_t,0]'$是 4×1 阶向量，$\mathbb{A}=\begin{bmatrix}A_1&A_2\\I_2&0\end{bmatrix}$是一个 4×4 阶矩阵。

y_t 的矩可以通过(4.13)式立即求得。

例题 4.10 可以通过 $E(\mathbb{Y}_t)=[(I-\mathbb{A}\ell)^{-1}]E(\mathbb{E}_t)=0$ 和一个由 $E(\mathbb{Y}_t)$的前 m 个元素组成的选择矩阵来求得 y_t 的非条件均值。为了计算非条件方差，由于协方

差平稳性，有 $E[(\mathbb{Y}_t-E(\mathbb{Y}_t))(\mathbb{Y}_t-E(\mathbb{Y}_t))']=\mathbb{A}E_t[(\mathbb{Y}_{t-1}-E(\mathbb{Y}_{t-1}))\times(\mathbb{Y}_{t-1}-E(\mathbb{Y}_{t-1}))']\mathbb{A}'+\Sigma_E$，或者：

$$\Sigma_Y=\mathbb{A}\Sigma_Y\mathbb{A}'+\Sigma_E \tag{4.14}$$

为求得(4.14)式中的 Σ_Y，我们需要利用如下结果。

结论 4.1　如果 T、V、R 为相似的矩阵，$\text{vec}(TVR)=(R'\otimes T)\text{vec}(V)$。

那么 $\text{vec}(\Sigma_Y)=[I_{(mq)^2}-(\mathbb{A}\otimes\mathbb{A})]^{-1}\text{vec}(\Sigma_E)$，其中，$I(mq)^2$ 是一个 $(mq)^2\times(mq)^2$ 阶判定矩阵。

非条件协方差和相关性也可以简单地计算出。事实上，有：

$$\begin{aligned}\text{ACF}_Y(\tau)&\equiv E[(\mathbb{Y}_t-E(\mathbb{Y}_t))(\mathbb{Y}_{t-\tau}-E(\mathbb{Y}_{t-\tau}))']\\&=\mathbb{A}E_t[(\mathbb{Y}_{t-1}-E(\mathbb{Y}_{t-1}))(\mathbb{Y}_{t-\tau}-E(\mathbb{Y}_{t-\tau}))']\\&\quad+E[\mathbb{E}_t(\mathbb{Y}_{t-\tau}-E(\mathbb{Y}_{t-\tau}))']\\&=\mathbb{A}\text{ACF}_Y(\tau-1)=\mathbb{A}^\tau\Sigma_Y,\quad \tau=1,2,\cdots\end{aligned} \tag{4.15}$$

伴随形式可以用来求得 y_t 的谱密度矩阵。令 $\text{ACF}_E(\tau)=\text{cov}(\mathbb{E}_t,\mathbb{E}_{t-\tau})$。那么 $\mathbb{E}_t$ 的谱密度就是 $\mathcal{S}_E(\omega)=(1/2\pi)\sum_{\tau=-\infty}^{\infty}\text{e}^{-\text{i}\omega\tau}\text{ACF}_E(\tau)$ 以及 $\text{vec}[\mathcal{S}_Y(\omega)]=[I(\omega)-\mathbb{A}(\omega)\mathbb{A}(-\omega)']\text{vec}[\mathcal{S}_E(\omega)]$，其中，$I(\omega)=\sum_j\text{e}^{-\text{i}\omega j}I$，$\mathbb{A}(\omega)=\sum_j\text{e}^{-\text{i}\omega j}\mathbb{A}^j$，并且 $\mathbb{A}(-\omega)'$ 就是 $\mathbb{A}(\omega)$ 的复共轭。

练习 4.19　假设 VAR(2)模型可以用来拟合失业和通货膨胀数据，并且 $\hat{A}_1=\begin{bmatrix}0.95&0.23\\0.21&0.88\end{bmatrix}$、$\hat{A}_2=\begin{bmatrix}-0.05&0.13\\-0.11&0.03\end{bmatrix}$、$\hat{\Sigma}_e=\begin{bmatrix}0.05&0.01\\0.01&0.06\end{bmatrix}$ 都能够被求出。计算 y_t 的谱密度矩阵。$\mathcal{S}_Y(\omega=0)$ 的值是多少？

伴随形式表达式在求解未知参数估计量的时候也具有计算的优势。我们首先考虑没有约束条件(消除滞后性、外生性约束等)的 VAR 模型所得出的估计量：当 $y_{-q+1},\cdots,y_0$ 为固定值，并且 e_t 是具有协方差矩阵 Σ_e 的正态分布时。

根据 VAR 模型的结构，$(y_t|y_{t-1},\cdots,y_{-q+1})\sim\mathbb{N}(\mathbb{A}_1\mathbb{Y}_{t-1},\Sigma_e)$，其中，$\mathbb{A}_1$ 是一个包含 $\mathbb{A}$ 的前 m 行的 $m\times mq$ 阶矩阵。y_t 的密度函数是 $f(y_t|y_{t-1},\cdots,\mathbb{A}_1,\Sigma_e)=(2\pi)^{-0.5m}|\Sigma_e^{-1}|^{0.5}\exp[-0.5(y_t-\mathbb{A}_1\mathbb{Y}_{t-1})'\Sigma_e^{-1}(y_t-\mathbb{A}_1\mathbb{Y}_{t-1})]$。因为 $f(y_t,y_{t-1},\cdots|y_0,\cdots,\mathbb{A}_1,\Sigma_e)$ 的联合密度为 $\prod_{t=1}^T f(y_t|y_{t-1},\cdots,y_0,\cdots,\mathbb{A}_1,\Sigma_e)$，对数似然函数为：

$$\begin{aligned}\mathcal{L}(\mathbb{A}_1,\Sigma_e|y_t)=&-\frac{1}{2}T(m\ln(2\pi)-\ln|\Sigma_e^{-1}|)\\&-\frac{1}{2}\sum_t(y_t-\mathbb{A}_1\mathbb{Y}_{t-1})'\Sigma_e^{-1}(y_t-\mathbb{A}_1\mathbb{Y}_{t-1})\end{aligned} \tag{4.16}$$

考虑 $\text{vec}(\mathbb{A}_1)$ 的一阶条件，我们得到：

$$\mathbb{A}'_{1,\text{ML}}=\Big(\sum_{t=1}^T\mathbb{Y}_{t-1}\mathbb{Y}'_{t-1}\Big)^{-1}\Big(\sum_{t=1}^T\mathbb{Y}_{t-1}y'_t\Big)=\mathbb{A}'_{1,\text{OLS}} \tag{4.17}$$

因此，当没有其他约束条件，并且初始条件固定时，$\mathbb{A}_1$ 的最大似然(ML)估计量和 OLS 估计量是一致的。另外，我们可以得到 $\mathbb{A}_1$(一个 $1\times mq$ 阶向量)的第 j 行的一个估计量是 $\mathbb{A}'_{1j}=[\sum_t\mathbb{Y}_{t-1}\mathbb{Y}'_{t-1}]^{-1}\times[\sum_t\mathbb{Y}_{t-1}y_{jt}]$。

练习 4.20 给出 $\mathbb{A}_{1,\mathrm{ML}}$是一致的条件。它是有效的吗？

练习 4.21 证明如果 VAR 模型没有约束条件，各个等式参数的 OLS 估计是一致的和有效的。

练习 4.21 的结果是很重要的：只要在每个等式中的所有变量都有相同的滞后长度，那么单一等式的 OLS 估计就是充分的。直觉地，一个没有约束条件的 VAR 模型表面上是一个非相关回归模型，对于这类模型，单一等式估计和系统估计方法是等效的[参见汉密尔顿(Hamilton，1994)，第 315 页]。

在对数似然中，利用 $\mathbb{A}_{1,\mathrm{ML}}$ 我们可以得到 $\ln \mathcal{L}(\Sigma_e \mid y_t)=-\frac{1}{2}Tm\ln(2\pi)-\frac{1}{2}T\ln|\Sigma_e^{-1}|-\frac{1}{2}\sum_{t=1}^{T}e'_{t,\mathrm{ML}}\Sigma_e^{-1}e_{t,\mathrm{ML}}$，其中，$e_{t,\mathrm{ML}}=(y_t-\mathbb{A}_{1,\mathrm{ML}}\mathbb{Y}_{t-1})$。考虑关于 $\mathrm{vech}(\Sigma_e)$的一阶条件，其中，$\mathrm{vech}(\Sigma_e)$是对称矩阵 Σ_e 的向量化。另外，利用结论 $\partial(b'\mathcal{Q}b)/\partial\mathcal{Q}=bb'$和$\partial\ln|\mathcal{Q}|/\partial\mathcal{Q}=(\mathcal{Q}')^{-1}$，我们可以得出$\frac{1}{2}T\Sigma'_e-\frac{1}{2}\sum_{t=1}^{T}e_{t,\mathrm{ML}}e'_{t,\mathrm{ML}}=0$，或者：

$$\Sigma'_{\mathrm{ML}}=\frac{1}{T}\sum_{t=1}^{T}e_{t,\mathrm{ML}}e'_{t,\mathrm{ML}} \tag{4.18}$$

并且 Σ_e 的第(i,i')个元素的极大似然估计是 $\sigma_{i,i'}=(1/T)\sum_{t=1}^{T}e_{it,\mathrm{ML}}e'_{i't,\mathrm{ML}}$。

练习 4.22 证明 Σ_{ML}是有偏但一致的。

4.3.2 *联立方程形式*

一个 VAR(q)的另外两种有用的表达形式可以通过联立方程系统得到。第一个形式是通过如下方式得到的。令 $x_t=[y_{t-1},y_{t-2},\cdots]$，$\boldsymbol{X}=[x_1,\cdots,x_T]'$（一个 $T\times mq$阶矩阵），$\boldsymbol{Y}=[y_1,\cdots,y_T]'$（一个 $T\times m$ 阶矩阵），并且令 $\boldsymbol{A}=[A'_1,\cdots A'_q]'=\mathbb{A}'_1$是一个 $mq\times m$ 阶矩阵：

$$\boldsymbol{Y}=\boldsymbol{X}\boldsymbol{A}+\boldsymbol{E} \tag{4.19}$$

第二种形式可以通过(4.19)式得到。对于变量 i 的等式是 $\boldsymbol{Y}_i=\boldsymbol{X}\boldsymbol{A}_i+\boldsymbol{E}_i$。将 $\boldsymbol{Y}_i$ 和 $\boldsymbol{E}_i$ 的列排列成$mT\times 1$ 阶向量，我们可以得到：

$$y=(I_m\otimes\boldsymbol{X})\alpha+e\equiv X\alpha+e \tag{4.20}$$

我们注意到，(4.19)式中的所有变量对于每个 t 都是聚集到一起的；在(4.20)式中，对于任何一个变量，在每一个时间段都是聚集到一起的。正如我们将在第 10 章说明的，(4.20)式可以用来将一个 VAR(q)模型的似然函数分解成一个正态密度 α、VAR 模型系数的条件 OLS 估计和 Σ_e^{-1} 的威夏特(Wishart)密度。

利用如上表达，我们可以立即计算出 y_t 的各阶矩。

例题 4.11 利用(4.20)式，我们可以得出 $E(y)=E(I\otimes\boldsymbol{X})\alpha$ 是 y_t 的均值，以及 $\Sigma_Y=E\{[(I_m\otimes\boldsymbol{X})-E(I_m\otimes\boldsymbol{X})]\alpha+e\}^2$ 是非条件性 MSE。

练习 4.23 利用(4.20)式，假设 $\Sigma_{xx}=p\lim X'X/T$ 存在并且是非奇异的，同时$(1/\sqrt{T})\mathrm{vec}(X'e)\xrightarrow{D}\mathbb{N}(0,\Sigma_{xx}\otimes\Sigma_e)$。证明：

(i) $p\lim_{T\to\infty}\alpha_{\text{OLS}}=\alpha$;

(ii) $\sqrt{T}(\alpha_{\text{OLS}}-\alpha)\xrightarrow{D}\mathbb{N}(0,\Sigma_{xx}^{-1}\otimes\Sigma_e)$;

(iii) $\Sigma_{e,\text{OLS}}=(y-X\alpha_{\text{OLS}})(y-X\alpha_{\text{OLS}})'/(T-mq)$,于是 $p\lim\sqrt{T}\times(\Sigma_{e,\text{OLS}}-ee'/T)=0$。

VAR 参数的估计值也可以通过尤尔—沃克(Yule-Walker)方程得出。从(4.7)式我们可以立即得出,对于所有 $\tau\geqslant 0$,都有 $E[(y_t-E(y_t))(y_{t-\tau}-E(y_{t-\tau}))]=A(\ell)E[(y_{t-1}-E(y_{t-1}))(y_{t-\tau}-E(y_{t-\tau}))]+E[e_t(y_{t-\tau}-E(y_{t-\tau}))]$。因此,令 $\text{ACF}_y(\tau)=E[(y_t-E(y_t))(y_{t-\tau}-E(y_{t-\tau}))]$,我们可以得到:

$$\text{ACF}_y(\tau)=A_1\text{ACF}_y(\tau-1)+A_2\text{ACF}_y(\tau-2)+\cdots+A_q\text{ACF}_y(\tau-q) \tag{4.21}$$

或者,一种更简洁的形式是 $\text{ACF}_y=\mathbb{A}_1\text{ACF}_y^*$,其中,$\text{ACF}_y=[\text{ACF}_y(1),\cdots,\text{ACF}_y(q)]$,并且:

$$\text{ACF}_y^*=\begin{bmatrix}\text{ACF}_y(0) & \cdots & \text{ACF}_y(q-1)\\ \cdots & \cdots & \cdots\\ \text{ACF}_y(-q+1) & \cdots & \text{ACF}_y(0)\end{bmatrix}$$

那么 $\mathbb{A}_1$ 的估计值是 $\mathbb{A}_{1,\text{YW}}=\text{ACF}_y(\text{ACF}_y^*)^{-1}$。

例题 4.12 如果 $q=1$,(4.21)式可简化为 $\text{ACF}_y(\tau)=A_1\text{ACF}_y(\tau-1)$。给定 A_1 和 Σ_e 的估计,我们可以得到 $\text{ACF}_y(0)\equiv\Sigma_y=A_1\Sigma_yA'_1+\Sigma_e$,进一步得到 $\text{vec}(\Sigma_y)=(I-A_1\otimes A_1)\text{vec}(\Sigma_e)$ 和 $\text{ACF}_y(1)=A_1\text{ACF}_y(0)$,$\text{ACF}_y(2)=A_1\text{ACF}_y(1)$,等等。

练习 4.24 证明 $\mathbb{A}_{1,\text{YW}}=\mathbb{A}_{1,\text{ML}}$。试得出以下结论:尤尔—沃克估计和极大似然估计具有相同的渐近性。

练习 4.25 当 $E(y_t)$未知时,应当对尤尔—沃克估计值做出怎样的修正?证明所得到的估计值和 $\mathbb{A}_{1,\text{YW}}$是渐近相等的。

研究当一个 VAR 模型在一定约束条件(外生性、协整性、滞后性消除等)下进行估计会得出怎样的结果是非常有趣的。假设约束条件具有 $\alpha=R\theta+r$ 的形式,其中,R 是一个秩为 k_1 的 $mk\times k_1$ 阶矩阵,r 是一个 $mk\times 1$ 阶矩阵,θ 是一个 $k_1\times 1$ 阶矩阵。

例题 4.13 (i) 假设 $A_q=0$。这里,$k_1=m^2(q-1)$,$r=0$,并且 $R=[I_{k_1},0]$。(ii) 假设在一个二元的 VAR(2) 中,y_{2t}对于 y_{1t}是外生的。这里,$R=\text{blockdiag}[R_1,R_2]$,其中,$R_i(i=1,2)$是一个上三角形矩阵。

利用(4.20)式,我们可以得到 $y=(I_m\otimes\boldsymbol{X})\alpha+e=(I_m\otimes\boldsymbol{X})(R\theta+r)+e$ 或 $y-(I_m\otimes\boldsymbol{X})r=(I_m\otimes\boldsymbol{X})R\theta+e$。由于$\partial\ln\mathcal{L}/\partial\alpha=R\partial\ln\mathcal{L}/\partial\theta$,可得:

$$\theta_{\text{ML}}=[R'(\Sigma_e^{-1}\otimes\boldsymbol{X}'\boldsymbol{X})R]^{-1}R'(\Sigma_e^{-1}\otimes\boldsymbol{X})[y-(I_m\otimes\boldsymbol{X})r] \tag{4.22}$$

$$\alpha_{\text{ML}}=R\theta_{\text{ML}}+r \tag{4.23}$$

$$\Sigma_e=\frac{1}{T}\sum_t e_{\text{ML}}e'_{\text{ML}},\qquad e_{\text{ML}}=y-(I_m\otimes\boldsymbol{X})\alpha_{\text{ML}} \tag{4.24}$$

练习 4.26 当在一定的约束条件下估计一个 VAR 模型时，证明如下结论：

(i) ML 估计和 OLS 估计是不相同的；

(ii) ML 估计当约束为真时是一致的和有效的，当约束条件为假时是不一致的；

(iii) 当稳定性被错误假设，但 t-检验是不正确的时，OLS 估计是一致的；

(iv) 如果滞后性约束是不正确的，OLS 估计是非一致的。

4.4 报告 VAR 结果

通常报告 VAR 系数估计结果是很少见的。因为参数的数目一般都比较大，将它们都罗列出来是一件很繁重的工作。并且这些系数的估计性质都是很差的：除了第一个本身的滞后性，其他的都是很不显著的。因此，通常情况下都是去报告 VAR 系数方程，因为它们更好地概括了相关信息，有一定的经济含义，并且很有希望是相对比较精确的估计结果。在众多可能的函数中，有三个是按照传统沿用的：脉冲响应、方差分解和历史分解。脉冲响应描绘出系统 MA 模型的轨迹，例如，它们描述出 $y_{it+\tau}$ 对于冲击 $e_{i't}$ 是如何反应的；方差分解衡量出 $e_{i't}$ 对于 $y_{it+\tau}$ 预测误差可变性的影响是多少；历史分解描述出冲击 $e_{i't}$ 对于 $y_{it+\tau}$ 偏离其基准预测路径的影响是多少，其中，$\tau=1,2,\cdots$。

4.4.1 *脉冲响应*

目前存在三种计算脉冲响应的方法，它们大致与回归、非回归(伴随形式)和预测修正方法相对应。在回归方法中，在水平轴 τ 上的脉冲矩阵是 $D_\tau=\sum_{j=1}^{\max[\tau,q]}D_{\tau-j}A_j$，其中，$D_0=I, A_j=0, \forall\tau\geqslant q$。很显然，如果我们用一个一致的 $\hat{A}_j$ 去代替 A_j，就可以得到一个一致的 $\hat{D}_j$。

例题 4.14 考虑一个 VAR(2)，其中，$y_t=A_0+A_1y_{t-1}+A_1y_{t-2}+e_t$。那么脉冲矩阵就是 $D_0=I, D_1=D_0A_1, D_2=D_1A_1+D_0A_2, \cdots, D_\tau=D_{\tau-1}A_1+D_{\tau-2}A_2$。

计算有意义的脉冲响应，需要正交扰动。令 $\tilde{\mathcal{P}}$ 是一个行列式，所以 $\tilde{\mathcal{P}}\tilde{\mathcal{P}}'=\Sigma_e$。那么对于正交冲击 $\tilde{e}_t=\tilde{\mathcal{P}}^{-1}e_t$ 在水平轴 τ 的脉冲响应矩阵就为 $\tilde{D}_\tau=D_\tau\tilde{\mathcal{P}}$。

练习 4.27 求出一个带有正交冲击的二元 VAR(3)模型的 MA 表达式的前 4 个元素。

当 VAR 在一个伴随形式中时，我们可以用一种不同的方法来计算脉冲响应。利用(4.13)式，并且重复替换 $\mathbb{Y}_{t-\tau}$，$\tau=1,2,\cdots$，我们可以得到：

$$\mathbb{Y}_t=\mathbb{A}^t\mathbb{Y}_0+\sum_{\tau=0}^{t-1}\mathbb{A}^\tau\mathbb{E}_{t-\tau} \tag{4.25}$$

$$=\mathbb{A}^t\mathbb{Y}_0+\sum_{\tau=0}^{t-1}\tilde{\mathbb{A}}^\tau\tilde{\mathbb{E}}_{t-\tau} \tag{4.26}$$

其中，$\tilde{\mathbb{A}}^\tau=\tilde{\mathbb{A}}^\tau\mathbb{P}$，$\tilde{\mathbb{E}}_{t-\tau}=\mathbb{P}^{-1}\mathbb{E}_{t-\tau}$，$\mathbb{P}\mathbb{P}'=\Sigma_E$。等式(4.25)连同非正交残差应用，等式(4.26)和正交残差一同应用。$\mathbb{A}^\tau$ 的前 m 行给出了对于冲击的响应。

练习 4.28 求出对于一个二元 VAR(2)的 $\mathbb{A}^{\tau}$ 的前 4 个元素。

最后,我们可以通过对未来的 y_t 的预测修正来求得脉冲响应。我们可以利用伴随形式表达式来说明这种方法,但是这一论断对任何一个表达式都是有效的。令 $\mathbb{Y}_t(\tau)\equiv\mathbb{A}^{\tau}\mathbb{Y}_t$ 和 $\mathbb{Y}_{t-1}(\tau+1)\equiv\mathbb{A}^{\tau+1}\mathbb{Y}_{t-1}$ 是根据时刻 t 和 $t-1$ 的信息所得到的 $\mathbb{Y}_{t+\tau}$ 的预测值,其中,$\tau=1,2,\cdots$。那么 $\mathbb{Y}_{t+\tau}$ 的向前一步预测的修正值就为:

$$\mathrm{Rev}_t(\tau)=\mathbb{Y}_t(\tau)-\mathbb{Y}_{t-1}(\tau+1)=\mathbb{A}^{\tau}[\mathbb{Y}_t-\mathbb{A}\mathbb{Y}_{t-1}]=\mathbb{A}^{\tau}\mathbb{E}_t \tag{4.27}$$

例题 4.15 假设 e_t 的第 i' 个元素在 t 时刻冲击一次,即,$e_{i't}=1,e_{i'\tau}=0,\tau>t$,$e_{it}=0,\forall i\neq i',\forall t$。那么 $\mathrm{Rev}_{t,i'}(1)=\mathbb{A}_{i',\cdot}$,$\mathrm{Rev}_{t,i'}(2)=\mathbb{A}^2_{i',\cdot}$ 和 $\mathrm{Rev}_{t,i'}(\tau)=\mathbb{A}^{\tau}_{i',\cdot}$,其中,$\mathbb{A}_{i',\cdot}$ 是 $\mathbb{A}$ 的第 i' 列。因此,$y_{i,t+\tau}$ 对于在 $e_{i't}$ 的一个冲击的响应可以通过向前 τ 步的预测修正来得到。

有时也可以得到积累乘数。例如,在检验财政冲击对于总产出的影响时,我们可能想去衡量直到时刻 τ 的由于冲击所造成的累积性差异。此外,在检验货币增长和通货膨胀的关系时,我们可能想要知道在一个长期的过程中,前者的增长能否给后者带来等量的增长。在第一个例子中我们需要计算 $\sum_{j=0}^{\tau}D_j$,在第二个例子中我们需要计算 $\lim_{\tau\to\infty}\sum_{j=0}^{\tau}D_j$。

4.4.2 *方差分解*

我们可以利用(4.7)式来得到方差分解。向前 τ 步的预测误差是 $e_t(\tau)\equiv y_{t+\tau}-y_t(\tau)=\sum_{j=0}^{\tau-1}\widetilde{D}_j\tilde{e}_{t+\tau-j}$,其中,$D_0=I$,并且 $\tilde{e}_t=\widetilde{\mathcal{P}}^{-1}e_t=\widetilde{\mathcal{P}}_1^{-1}e_{1t}+\cdots+\widetilde{\mathcal{P}}_m^{-1}e_{mt}$ 是正交扰动,P_j 是 P 的第 j 列,e_t 是残差的简单形式。由于 $\mathrm{var}(\tilde{e}_t)=I$,预测的 MSE 为:

$$\begin{aligned}\mathrm{MSE}(\tau)&=E[y_{t+\tau}-y_t(\tau)]^2=\Sigma_e+D_1\Sigma_eD'_1+\cdots+D_{\tau-1}\Sigma_eD'_{\tau-1}\\&=\sum_{i=1}^{m}(\widetilde{\mathcal{P}}_i\widetilde{\mathcal{P}}'_i+\widetilde{D}_1\widetilde{\mathcal{P}}_i\widetilde{\mathcal{P}}'_i\widetilde{D}'_1+\cdots+\widetilde{D}_{\tau-1}\widetilde{\mathcal{P}}_i\widetilde{\mathcal{P}}'_i\widetilde{D}'_{\tau-1})\end{aligned} \tag{4.28}$$

因此,由于 $e_{i',t}$ 所产生的 $y_{i,t+\tau}$ 的方差的百分比是:

$$\mathrm{VD}_{i,i'}(\tau)=\frac{(\widetilde{\mathcal{P}}_{i'}\widetilde{\mathcal{P}}'_{i'}+\widetilde{D}_{1i}\widetilde{\mathcal{P}}_{i'}\widetilde{\mathcal{P}}'_{i'}\widetilde{D}'_{1i}+\cdots+\widetilde{D}_{\tau-1,i}\widetilde{\mathcal{P}}_{i'}\widetilde{\mathcal{P}}'_{i'}\widetilde{D}'_{\tau-1,i})}{\mathrm{MSE}(\tau)} \tag{4.29}$$

将(4.29)式改写成一个简单的形式是 $\mathrm{VD}(\tau)=\Sigma_{D_\tau}^{-1}\sum_{j=0}^{\tau-1}D_j\odot D_j$,其中,$\Sigma_{D_\tau}=\mathrm{diag}[\Sigma_{D_\tau,11},\cdots,\Sigma_{D_\tau,mm}]=\sum_{j=0}^{\tau-1}D_jD'_j$,$D_j\odot D_j$ 是一个在 i 和 i' 位置上的 $D_j(i,i')*D_j(i,i')$ 矩阵,$\odot$ 是哈达玛(Hadamard)乘积[参见米特尼克和扎卓斯基(Mittnik and Zadrozky,1993)]。

4.4.3 *历史分解*

令 $e_{i,t}(\tau)=y_{i,t+\tau}-y_{i,t}(\tau)$ 为 VAR 模型的第 i 个变量向前 τ 步预测的误差。$e_{i,t}(\tau)$ 的历史分解可以通过如下等式计算:

$$e_{i,t}(\tau)=\sum_{i'=1}^{m}\widetilde{D}_{i,i'}(\ell)\tilde{e}_{i't+\tau} \tag{4.30}$$

例题 4.16 考虑一个二元 VAR(1)。在水平轴 τ 上，我们有 $y_{t+\tau}=Ay_{t+\tau-1}+e_{t+\tau}=A^{\tau}y_t+\sum_{j=0}^{\tau-1}A^je_{t+\tau-j}$，所以 $e_t(\tau)=\sum_{j=0}^{\tau-1}A^je_{t+\tau-j}=A(\ell)e_{t+\tau}$。因此，从 t 到 $t+\tau$时刻，第一个变量的偏离基准预测的程度对于供给冲击和需求冲击分别是 $\widetilde{A}_{11}(\ell)\tilde{e}_{1,t+\tau}$和$\widetilde{A}_{12}(\ell)\tilde{e}_{2,t+\tau}$。

从(4.29)式和(4.30)式中，我们可以清楚地看到，在计算脉冲响应、方差分解和历史分解的时候所需要的成分是一样的。所以，这些统计都只是简单地将同样的信息包装成不同的形式。

练习 4.29 利用练习 4.19 中给出的估计，来计算对于两个变量在时间轴 1、2、3 上的方差和历史分解。

4.4.4 *脉冲响应的分布*

为了衡量由于一些冲击所产生的动态变化的统计上的显著性，我们这里需要标准误差。正如我们前面所提到的，脉冲响应、方差和历史分解都是 VAR 系数估计和冲击协方差矩阵估计的复杂的方程。所以，即使当后者的分布是已知的时候，也很难求出它们的分布。在本节中，我们将会讲述求解标准误差的三种方法：一种是基于渐近理论，另外两种是基于再抽样方法。当所有正交的冲击是由乔里斯基分解法所产生的时候，所有的执行求解过程是非常简单的。例如，如果 $\widetilde{P}$ 是一个下三角矩阵，当系统不是同期回归（但是恰好识别）时，我们需要做一些小的调整。在其他情况下，再抽样方法有略微的计算优势。

由于脉冲响应、方差和历史分解都是应用同样的信息，我们这里只讨论如何计算脉冲响应方法的标准误差。其他两种统计方法的相应表达形式将由读者自行推导。

4.4.4.1 *δ-方法*

这种方法是由卢特凯普(Lutkepohl，1991)以及米特尼克和扎卓斯基(Mittnik and Zadrozky，1993)率先使用的。这种方法利用渐近估计按照如下方式进行：假设 $\alpha\xrightarrow{D}\mathbb{N}(0,\Sigma_\alpha)$，那么任何可微分的方程 $f(\alpha)$都会渐近地具有分布 $\mathbb{N}(0,(\partial f/\partial\alpha)\times\Sigma_\alpha(\partial f/\partial\alpha)')$，其中，$\partial f/\partial\alpha\neq0$。由于脉冲响应都是 VAR 参数和协方差矩阵的可微分的方程，它们的渐近分布可以很容易地得到。

令 $\mathbb{S}=[I,0,\cdots,0]$是一个 $m\times mq$ 阶选择矩阵，所以 $y_t=\mathbb{S}\mathbb{Y}_t$，$\mathbb{E}_t=\mathbb{S}'e_t$，考虑向前 τ 步预测的修正，令：

$$\mathrm{rev}_t(\tau)=\mathbb{S}\,\mathrm{Rev}_t(\tau)=\mathbb{S}[\mathbb{Y}_t(\tau)-\mathbb{Y}_{t-1}(\tau+1)]=\mathbb{S}[\mathbb{A}^{\tau}\mathbb{S}'e_t]\equiv\psi_\tau e_t \tag{4.31}$$

我们想得到 $m\times m$ 阶矩阵 ψ 的渐近分布。全部进行微分：

$$\mathrm{d}\psi_\tau=\mathbb{S}[I(\mathrm{d}\mathbb{A})\mathbb{A}^{\tau-1}+\mathbb{A}(\mathrm{d}\mathbb{A})\mathbb{A}^{\tau-2}+\cdots+\mathbb{A}^{\tau-1}(\mathrm{d}\mathbb{A})I]\mathbb{S}' \tag{4.32}$$

由于 $\mathrm{var}(\mathbb{Y}_{t+\tau})=\mathbb{A}^{\tau}\mathrm{var}(\mathbb{E}_{t+k})(\mathbb{A}^{\tau})'$，利用结论 4.1 和如下事实：

$$\mathrm{d}Z=\begin{bmatrix}\mathrm{d}Z_1\\0\end{bmatrix}=\mathbb{S}'\mathrm{d}Z_1$$

我们可以得到 $\mathrm{vec}(\mathbb{S}\mathbb{A}^j(\mathrm{d}\mathbb{A})\mathbb{A}^{\tau-(j+1)}\mathbb{S}')=\mathrm{vec}(\mathbb{S}\mathbb{A}^j(\mathbb{S}'\mathrm{d}\mathbb{A}_1)\mathbb{A}^{\tau-(j+1)}\mathbb{S}')=$

$[\mathbb{S}(\mathbb{A}^{\tau-(j+1)})'\otimes\mathbb{S}\mathbb{A}^j\mathbb{S}']\text{vec}(\text{d}\mathbb{A}_1)=[\mathbb{S}(\mathbb{A}^{\tau-(j+1)})'\otimes\psi_j]\text{vec}(\text{d}\mathbb{A}_1)$。因此，有：

$$\frac{\text{vec}(\text{d}\psi_\tau)}{\text{vec}(\text{d}\mathbb{A}_1)}=\sum_{j=0}^{\tau-1}[\mathbb{S}(\mathbb{A}')^{\tau-(j+1)}\otimes\psi_j]\equiv\frac{\partial\,\text{vec}(\psi_\tau)}{\partial\,\text{vec}(\mathbb{A}_1)} \tag{4.33}$$

基于(4.33)式，我们可以立即得到 ψ_τ 的分布。事实上，如果 $\mathbb{A}_1\sim\mathbb{N}(0,\Sigma_{\mathbb{A}_1})$，那么 ψ_τ 就是一个均值为0、方差为$[\partial\text{vec}(\psi_\tau)/\partial\text{vec}(\mathbb{A}_1)]\Sigma_{\mathbb{A}_1}\times[\partial\text{vec}(\psi_\tau)/\partial\text{vec}(\mathbb{A}_1)]'$的正态分布。

上述方程式都是需要利用伴随形式推导的，所以当 m 或者 q 值很大时，计算就会很繁琐。在这种情况下，下列回归方程将会很有用处：

$$\frac{\partial D_\tau}{\partial\alpha}=\sum_{j=1}^{\max[\tau,q]}\left[(D'_{\tau-j}\otimes I_m)\frac{\partial A_j}{\partial\alpha}+(I_m\otimes A_j)\frac{\partial D_{\tau-j}}{\partial\alpha}\right] \tag{4.34}$$

练习 4.30 推导 $\text{VD}_{i,i'}(\tau)$对于正交冲击的分布。

通过利用 δ-方法，标准误差区间有三个问题。第一，它们在实际设计中会有一些较差的特性，例如，小规模的VAR模型和100～120个观测值。第二，当似单位根或者似奇异性存在的时候，渐近覆盖性就会比较差。第三，由于被估计的VAR系数具有比较大的渐近标准误差，脉冲响应也具有比较大的标准误差，所以在很多情况下，就会在各个时间点产生不显著的响应。

练习 4.31 推导出一个历史分解的第 τ 个期限的渐近分布。

4.4.4.2 自举法

自举法是一个通过从原有样本里进行再抽样来估计一个估计值的样本分布。自举标准误差是由朗克尔(Runkle，1987)率先使用的，它非常易于计算。利用等式(4.7)，按照如下步骤进行计算。

算法 4.2

(1) 得到 $A(\ell)_{\text{OLS}}$和 $e_{t,\text{OLS}}=y_t-A(\ell)_{\text{OLS}}y_{t-1}$。

(2) 通过自举法得到 $e^l_{t,\text{OLS}}$，构造 $y^l_t=A(\ell)_{\text{OLS}}y^l_{t-1}+e^l_{t,\text{OLS}}$，$l=1,2,\cdots,L$。

(3) 利用步骤(2)中所构造的数据来估计 $A(\ell)^l_{\text{OLS}}$。计算 D^l_j和$(\widetilde{D}^l_j)$，$j=1,\cdots,\tau$。

(4) 报告 D_j 和$(\widetilde{D}_j)$分布的分位数(即，16%～84%或者2.5%～97.5%)，或者模拟 D_j 和$(\widetilde{D}_j)$的均值和方差。

对算法4.2稍做修改，就可以得到其他估计方法的置信区间。

例题 4.17 为了计算方差分解的标准误差区间，如同(4.29)式所给出的那样，在步骤(3)之后插入对 $\text{VD}_{i,i'}(\tau)^l$ 的计算。$\text{VD}_{i,i'}(\tau)^l$ 是 $y_{i,t+\tau}$ 预测误差的方差的分位数，是在水平轴 τ 并以 l 为基础利用 $e_{i',t}$ 表达的。然后在步骤(4)中，将$\text{VD}_{i,i'}(\tau)^l$排序，并报告分位数或者前两个阶矩。

关于阶数有如下一些评论。第一，当 e_t 是一个具有恒定方差的白噪声序列时，自举法是合适的。因此，当VAR的滞后长度被错误设定或者异方差性存在的时候，这个估计方法就会得到较差的标准误差区间。由于条件异方差在低频率数据中不太可能发生，一种避免此类问题的可行方法就是在进行VAR模型估计和计算标准误差之前将数据进行时间总体汇总。

第二，VAR系数的估计一般在小样本条件下都会偏低。例如，在一个具有

0.95 左右的最大根的 VAR(1)模型中，当 $T=80\sim100$ 时将会产生大约偏小 30% 的 VAR 系数估计值。一个有偏的 $A(\ell)$ 是有一定问题的，因为自举样本 $\{y_t^e\}_{t=1}^T$ 也同样是有偏的。因此，结果分布可能是围绕一个正确 VAR 系数的不正确的估计值。

第三，$D_j(\tilde{D}_j)$ 的自举分布模不是恒定的。尤其是，每一个单位都可能会产生不同的结果。这说明，标准误差区间可能不包括脉冲响应的点估计。这在图 4.2 中得以清楚的体现，其中，我们通过利用在一个二元 VAR(4)系统模型中的正交价格冲击，对于：(a)对数结果；或者(b)结果的去线性水平，报告响应的点估计和一个 68% 自举误差区间。很明显，区间的大小和形状决定于单位，并且在(b)中存在一些区域，这些区域中的点估计在计算所得出的区间之外。

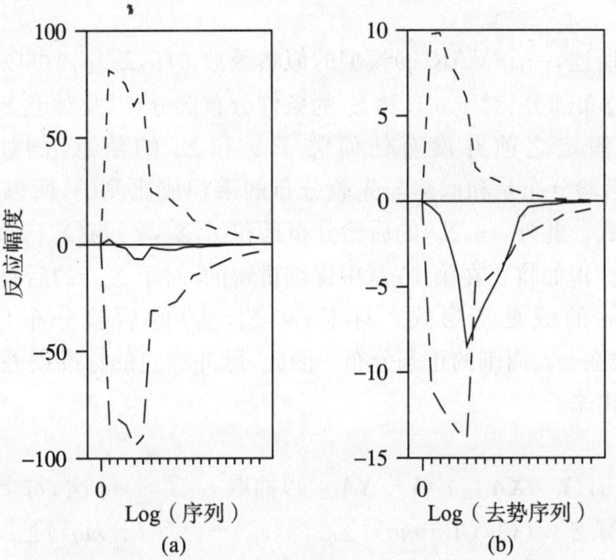

图 4.2 自举响应

最后，在通常情况下可以利用数量的标准差(通过重复计算)和正态近似来报告均值和构造置信区间，由于这种方法假定对称分布，所以它是很难令人满意的。由于脉冲响应的拟合分布在 $T\leqslant100$ 的情况下是高度无偏的，所以我们建议在构造置信区间时利用拟合分布的分位数(例如，正如我们在图 4.2 中所做的那样，在每一个时间轴上直接从排序的重复计算中提取出相关的区间。脉冲响应分布是非正态的原因可以在例题 4.14 中充分体现。例如，$D_2=A_1^2+A_2$。因此，如果 A_1 和 A_2 都是正态分布的，D_2 更有可能是一个伽玛(gamma)分布。

为了消除偏差和规模恒定性的缺乏，基里安(Kilian，1998)提出了一个复自举过程。这种方法可以概括成如下内容。

算法 4.3

(1) 给定 $A(\ell)_{\text{OLS}}$，可以得到 $e_{t,\text{OLS}}^l$，构造 $y_t^l=A(\ell)_{\text{OLS}}y_{t-1}^l+e_{t,\text{OLS}}^l$，$l=1,2,\cdots,L$。

(2) 对于每个 ℓ，估计 $A(\ell)_{\text{OLS}}^l$。如果偏差在 $A(\ell)_{\text{OLS}}$ 的周围是近似恒定的，那么 $\text{Bias}(\ell)=E[A(\ell)_{\text{OLS}}-A(\ell)]\approx E[A(\ell)_{\text{OLS}}^l-A(\ell)_{\text{OLS}}]$。

(3) 计算模型系统最大的根。如果它大于或者等于 1，令 $\tilde{A}(\ell)=A(\ell)_{\text{OLS}}$；这里，由于估计是超相容的，所以偏差是不相关的。相反，令 $\tilde{A}(\ell)=A(\ell)_{\text{OLS}}-$

$\text{Bias}(\ell)_{\text{OLS}}$，其中 $\text{Bias}(\ell)_{\text{OLS}} = (1/L)\sum_{l=1}^{L}[A(\ell)_{\text{OLS}}^{l} - A(\ell)_{\text{OLS}}]$。

(4) 利用 $\widetilde{A}(\ell)$ 替代 $A(\ell)_{\text{OLS}}$，重复算法 4.2 中的步骤(1)～(3)。

基里安(Kilian)证明了，在假定误差 $A(\ell)_{\text{OLS}}$ 周围是恒定时，他给出的消除偏差的步骤具有渐近修正性，并且偏差修正是可以渐近忽略的。他也证明了，这种方法比简单的自举法具有更高的小样本覆盖特性。然而，当偏差在 $A(\ell)_{\text{OLS}}$ 周围并不是恒定的时候，由算法 4.3 所得区间的性质可能会更差。

4.4.4.3　蒙特卡洛(Monte Carlo)法

蒙特卡洛法将会在本书的第 9 章详细讲解。这里，我们只简单地介绍一种方法，以使读者可以利用一个没有约束的 VAR(q)模型的系统表达式去求解标准误差的区间。

正如上文所述，一个 VAR(q)模型的似然函数 $\mathcal{L}(\alpha, \Sigma_e | y_t)$ 可以被分解成对于 α 的一个正态分布部分、对于 α_{OLS} 和 Σ_e 的条件分布部分，以及对于 Σ_e^{-1} 的一个威夏特分布部分。假定之前并没有任何关于 α 和 Σ_e 的信息，例如，$g(\alpha, \Sigma_e) \propto |\Sigma_e|^{-(m+1)/2}$，后验分布是和似然与先验分布的乘积成比例的，所以它和似然函数具有相同的形式。此外，(α, Σ_e) 的后验分布是和 $(\alpha | \Sigma_e, y_t)$ 与 $(\Sigma_e | y_t)$ 的后验分布的乘积成比例的。正如将要在第 10 章中详细讲解的，对于 Σ_e^{-1} 的后验分布是一个自由度为 $T-mq$ 的威夏特形式。对于 $(\alpha | \Sigma_e, y_t)$ 的后验分布是一个方差为 $\text{var}(\alpha_{\text{OLS}})$、围绕在 α_{OLS} 周围的正态分布。因此，脉冲响应的标准误差区间可以通过如下过程构造出来。

算法 4.4

(1) 从 $\mathbb{N}(0, (\boldsymbol{Y} - \boldsymbol{X}\boldsymbol{A}_{\text{OLS}})'(\boldsymbol{Y} - \boldsymbol{X}\boldsymbol{A}_{\text{OLS}}))$ 抽取 $e_t^{-1} T - mq$ 次，每个 e_t^{-1} 都是独立同分布的。计算 $\Sigma_e^l = ((1/(T-mq))\sum_{t=1}^{T-mq}(e_t^{-1} - (1/(T-mq))\sum_{t=1}^{T-mq}e_t^{-1})^2)^{-1}$。

(2) 得出 $\alpha^l = \alpha_{\text{OLS}} + \epsilon_t^l$，其中，$\epsilon_t^l \sim \text{i. i. d.}\ \mathbb{N}(0, \Sigma_e^l)$。计算 $D_j^l(\widetilde{D}_j^l)$，$j = 1, \cdots, \tau$。

(3) 重复步骤(1)和(2) L 次，然后报告分位数结果。

算法 4.4 有三个很重要的特征。第一，后验分布是精确的，并以 OLS 估计量为条件，这里的 OLS 估计量涵盖了数据中的信息。因此，在 $\boldsymbol{A}_{\text{OLS}}$ 中存在偏差并不是很严重的问题。第二，由于后验分布精确的小样本本质，标准误差区间是有偏的，并且很可能是尖峰态得到的。因此，从分位数提取出来的区间比一个或两个在均值周围的近似正态标准误差更好一些。第三，算法 4.4 只适用于恰好识别的系统模型。当一个 VAR 系统是过度识别的时候，就应该用将在 10.3 节中介绍的技巧来计算。

练习 4.32　试说明，如何利用算法 4.4 来计算方差分解和历史分解的置信区间。

我们所介绍过的三种方法都产生相互关联的标准误差区间估计值。这是由于在每一步中的响应都是相互关联的(参见脉冲响应的回归计算)。因此，连接各个时刻上相应点的图像很可能不能描述出真实的不确定性。西姆斯和扎(Sims and Zha, 1999)提出了一种能消除这种关联性的变换方法。他们的方法依赖于下述结论。

结论 4.2　如果 $\widetilde{D}_1, \cdots, \widetilde{D}_\tau$ 在协方差矩阵 $\Sigma_{\widetilde{D}}$ 中，具有正态分布，那么最佳的坐

标系是由 $\Sigma_{\tilde{D}}$ 的主成分的投影构成的。

直觉地,我们需要对脉冲响应的协方差矩阵进行正交化来消除它的各个元素之间的相关性。这时,可以利用蒙特卡洛法来进行这样一个正交化过程。算法4.4的步骤(1)～(3)是不变的,但是我们需要添加如下两步。

(4) 令 $\tilde{D}$ 的 $\tau\times\tau$ 阶协方差矩阵被分解为 $\mathcal{P}_{\tilde{D}}\mathcal{V}_{\tilde{D}}\mathcal{P}'_{\tilde{D}}=\Sigma_{\tilde{D}}$,其中,$\mathcal{V}_{\tilde{D}}=\mathrm{diag}\{v_j\}$,$\mathcal{P}_{\tilde{D}}=\mathrm{col}\{pp_{\cdot,j}\}$,$j=1,\cdots,\tau$,$\mathcal{P}_{\tilde{D}}\mathcal{P}'_{\tilde{D}}=I$。

(5) 对于每个 (i,i'),都有 $\tilde{D}^*_{i,i'}\pm\sum_{j=1}^{\tau}\varrho_j pp_{\cdot,j}$,其中,$\tilde{D}^*_{i,i'}$ 是 $\tilde{D}_{i,i'}$ 的均值,$v_j=\varrho_j\varrho_j$.。

在实际应用中,通常可以充分利用 $\Sigma_{\tilde{D}}$ 的最大特征值来对存在的不确定性有一个更好的认识。这时,标准误差区间就是 $\tilde{D}^*_{i,i'}\pm pp_{\cdot j}\sqrt{v_{\sup}}$(对称)和 $[\tilde{D}^*_{i,i'}-\varrho_{\sup,16};\tilde{D}^*_{i,i'}+\varrho_{\sup,84}]$(非对称),其中,$\varrho_{\sup,r}$ 是通过利用 $\Sigma_{\tilde{D}}$ 最大的特征值和 $v_{\sup}=\sup_j v_j$ 计算出的 ϱ_j 的第 r 个百分位数。

练习 4.33 试说明如何利用西姆斯和扎的方法来正交化通过 δ-方法计算出来的标准误差区间。

鉴于渐近的方法具有较差的小样本特性,我们究竟应该选择两个再抽样方法中的哪一个?一个绝对的选择是比较困难的,更多是一个偏好的问题。然而,我们应该记住一点,蒙特卡洛方法是普遍适用的,但是自举法需要同方差。否则,除非利用基里安的方法,那么所得的区间将会没有什么意义。在对照实验中,西姆斯和扎(Sims and Zha,1999)已经证明了蒙特卡洛法比自举法要更精确些,但并不是在任何情况下都是如此。

4.4.5 *广义脉冲响应*

在这一部分,我们将会讨论非线性结构中的脉冲响应的计算。由于含有随时间变化的系数的VAR模型很好地拟合到这一个类别中,所以很有必要去研究一下在这些模型中的脉冲响应是如何构造的。这里的讨论比较基础,更为详尽的探讨参考加仑特(Gallant,1993)和库普(Koop,1996)。

在线性模型中,脉冲响应并不依赖于冲击的标志、规模或是历史。这种方法虽然能够简化计算过程,但是也阻碍了研究人员去研究一些有趣的经济问题,例如,在经济衰退时期发生的冲击是否和在经济发展时期发生的冲击产生不同的结果?大的冲击是否和小的冲击影响不相同?在非线性模型中,响应依赖于截至冲击发生时的符号、规模以及历史情况。令 $\mathcal{F}_{t-1}$ 是 y 截至 $t-1$ 时刻的历史信息。总体上来说,$y_{t+\tau}$ 依赖于 $\mathcal{F}_{t-1}$、模型的参数 α 和信息变量 e_{t+j},$j=0,\cdots,\tau$。为了满足本章节的需要,我们令:$\mathrm{Rev}(\tau,\mathcal{F}_{t-1},\alpha,e^*)\equiv E(y_{t+\tau}|\alpha,\mathcal{F}_{t-1},e_t=e^*,e_{t+j}=0,j\geqslant1)-E(y_{t+\tau}|\alpha,\mathcal{F}_{t-1},e_{t+j}=0,j\geqslant0)$。

例题 4.18 考虑 $y_t=Ay_{t-1}+e_t$,令 $\tau=2$ 并假定 $|A|<1$。那么 $E(y_{t+2}|A,\mathcal{F}_{t-1},e_{t+j}=0,j\geqslant0)=A^3y_{t-1}$,并且 $E(y_{t+2}|A,\mathcal{F}_{t-1},e_t=e^*,e_{t+j}=0,j\geqslant1)=A^3y_{t-1}+A^2e^*$,以及 $\mathrm{Rev}(\tau,\mathcal{F}_{t-1},A,e^*)=A^2e^*$,上式决定于 A,但是同 y_t 的历史、冲击的规模(因此,设定 $e^*=1$ 或 $e^*=\sigma_e$)相独立,与冲击的符号相对称(因此,设定 $e^*>0$)。

练习 4.34 考虑模型 $\Delta y_t = A\Delta y_{t-1} + e_t, |A|<1$。计算对于一个普通 τ 的脉冲响应方程。证明它和历史信息与整个脉冲响应方程的 e^* 的规模相独立。考虑一个 $\mathrm{ARIMA}(d_1,1,d_2)$：$D_1(\ell)\Delta y_t = D_2(\ell)e_t$。证明 $\mathrm{Rev}(\tau,\mathcal{F}_{t-1},D_2(\ell),D_1(\ell),e^*)$是和历史信息与规模相互独立的。

例题 4.19 考虑模型 $\Delta y_t = A_1\Delta y_{t-1} + A_2\Delta y_{t-1}\mathcal{I}_{[\Delta y_{t-1}\geqslant 0]} + e_t$，其中，如果 $\Delta y_{t-1}\geqslant 0$，则 $\mathcal{I}_{[\Delta y_{t-1}\geqslant 0]}=1$；否则，$\mathcal{I}_{[\Delta y_{t-1}\geqslant 0]}=0$。令 $0<A=A_1+A_2<1$。那么，对于 $e_t=e^*$，如果 $\Delta y_{t-1}\geqslant 0$，则有 $\mathrm{Rev}(\tau,\Delta y_{t-1},A,e^*)=[(1-A^{\tau+1})/(1-A)]e^*$；如果 $\Delta y_{t-1}<0$，则有 $\mathrm{Rev}(\tau,\Delta y_{t-1},A,e^*)=[(1-A_1^{\tau+1})/(1-A_1)]e^*$。这里，$\mathrm{Rev}(\tau,\Delta y_{t-1},A,e^*)$决定于 A_1 和 A_2 的估计值，以及 Δy_{t-1}的历史信息，但是并不依赖于 e^* 的符号和规模。

练习 4.35 考虑一个对数映射 $\tilde{y}_t = a\tilde{y}_{t-1}(1-\tilde{y}_{t-1})+v_t$，其中，$0\leqslant a\leqslant 4$。这个模型可以被转化为一个非线性的 AR(1)模型：当 $A_2\neq 0$，$-2\leqslant A_1\leqslant 2$，$A_1=2-a$，$e_t=[(2-A_1)/A_2]v_t$，$y_t=(A_1-1)/A_2+[(2-A_1)/A_2]\tilde{y}_t$ 时，有 $y_t=A_1y_{t-1}-A_2y_{t-1}^2+e_t$。模拟脉冲响应方程。$e^*$ 的符号和规模对结果有无影响？

在由线性模型计算出来的脉冲响应中，有 $e_{t+j}=0, \forall j\geqslant 1$。由于它没有服从 e_t 的边界限制，所以它可能不适用于非线性模型。在练习 4.35 中，在 y_{t-1}超过限定值后，对数映射就是不稳定的，这时会产生一个边界。此外，由于边界决定于 $v_{t-\tau}$ 的实现，所以是随时间变化的。同样，当估计参数时，我们需要一个特定估计的相应条件(例如，α_{OLS})，或者整合出 α 以计算预测修正。基于广义脉冲响应(GI)，我们可以对冲击的规模和符号以及 y_t 的历史信息加以限定，如果有必要的话，对 α 的特定估计值也是如此。另外，它们允许将来发生的冲击和 0 不同。

定义 4.5 *以冲击 e_t、历史信息 $\mathcal{F}_{t-1}$ 和一个向量 α 为条件的广义脉冲响应是* $\mathrm{GI}_y(\tau,\mathcal{F}_{t-1},\alpha,e_t)\equiv E(y_{t+\tau}|\alpha,e_t,\mathcal{F}_{t-1})-E(y_{t+\tau}|\alpha,\mathcal{F}_{t-1})$。

由定义 4.5 所产生的响应具有三个重要的性质：第一，$E(\mathrm{GI}_y)=0$；第二，$E(\mathrm{GI}_y|\mathcal{F}_{t-1})=0$；第三，$E(\mathrm{GI}_y|e_t)=E(y_{t+\tau}|e_t)-E(y_{t+\tau})$。

例题 4.20 可以利用定义 4.5 来考虑下列三个非常有趣的例子。

(i)(衰退条件下的脉冲响应。)在某一地区，GI 是以历史信息 $\mathcal{F}_{t-1}$为条件的：$\mathrm{GI}_y(\tau,\mathcal{F}_{t-1}\in\mathcal{F}_1,\alpha,e_t)=E(y_{t+\tau}|\alpha,e_t,\mathcal{F}_{t-1}\in\mathcal{F}_1)-E(y_{t+\tau}|\alpha,\mathcal{F}_{t-1}\in\mathcal{F}_1)$。

(ii)(平均条件下的脉冲响应。)GI 仅以 α 为条件：$\mathrm{GI}_y(\tau,\alpha,e_t)=E(y_{t+\tau}|\alpha,e_t)-E(y_{t+\tau}|\alpha)$。

(iii)(油价上涨到 70 美元一桶时的脉冲响应。)GI 在某一地区以某一冲击为条件：$\mathrm{GI}_y(\tau,\mathcal{F}_{t-1},\alpha,e_t)=E(y_{t+\tau}|\alpha,e_t\in\mathcal{E}_1,\mathcal{F}_{t-1})-E(y_{t+\tau}|\alpha,\mathcal{F}_{t-1})$。

定义 4.5 是以一个特定的 α 值为前提条件的。在一些情况下，我们将参数看作是随机变量。这在应用中很重要，根据 α 的值，对称的冲击对 y_t 有可能会产生对称的影响。此外，我们也可能打算从 GI 来计算出 α 的平均值。作为定义 4.5 的另一种表达方式，我们得到如下定义。

定义 4.6 *基于冲击 e_t 和历史信息 $\mathcal{F}_{t-1}$ 的广义脉冲响应是：* $\mathrm{GI}_y(\tau,\mathcal{F}_{t-1},e_t)=E(y_{t+\tau}|\mathcal{F}_{t-1},e_t)-E(y_{t+\tau}|\mathcal{F}_{t-1})$。

练习 4.36 将定义 4.5 和定义 4.6 扩展到以 e_t 的规模和符号为条件时的形式。

在实际应用中，GI 都是通过利用蒙特卡洛方法计算出的。我们将在下一个算法的讲解中，介绍如何基于历史信息和一系列的参数来计算 GI。

算法 4.5

(1) 确定 $y_{t-1}=\hat{y}_{t-1},\cdots,y_{t-\tau}=\hat{y}_{t-\tau},\alpha=\hat{\alpha}$。

(2) 抽取出 e_{t+j}^{l}，$j=0,1,\cdots$，它是 $\mathbb{N}(0,\Sigma_e)$ 中的 i. i. d.，$l=1,\cdots,L$。计算 $\mathrm{GI}^{l}=(y_{t+\tau}^{l}\mid\hat{y}_{t-1},\cdots,\hat{y}_{t-\tau},\hat{\alpha},e_t,e_{t+j}^{l},j>1)-(y_{t+\tau}^{l}\mid\hat{y}_{t-1},\cdots,\hat{y}_{t-\tau},\hat{\alpha},e_t=0,e_{t+j}^{l},j>1)$。

(3) 计算 $\mathrm{GI}=(1/L)\sum_{l=1}^{L}\mathrm{GI}^{l}$，$E(\mathrm{GI}^{l}-\mathrm{GI})^2$ 和/或分布的分位数。

注意到，在算法 4.5 中，历史信息$(y_{t-1},\cdots,y_{t-\tau})$可能衰退或者增长，$\hat{\alpha}$ 可以是 OLS 估计量，也可以是后验估计量。在实际应用中，当模型是多元的时候，我们需要正交化冲击以便衡量冲击的影响。当 e_t 是正态分布的时候，$E(e_t\mid e_{i't}=e_{i'}^{*})=E(e_te_{i't})\sigma_{i'}^{-2}e_{i'}^{*}$，其中，$\sigma_i^2=E(e_{i't})^2$，这可以被插入到算法 4.5 的步骤(2)中。对于一个线性的 VAR 模型，有 $\mathrm{GI}(\tau,\mathcal{F}_{t-1},e_{it})=(A_\tau E(e_t,e_{i't})/\sigma_i)e_{i'}^{*}/\sigma_i$，变量 i 的广义响应等于 $\mathbb{S}_i\mathrm{GI}(\tau,\mathcal{F}_{t-1},e_{it})$，其中，$\mathbb{S}_i$ 是一个第 i 位置上为 1 而其他位置上为 0 的选择矩阵。这里，$e_{i'}^{*}/\sigma_i$ 项是规模因子，第一项衡量第 i' 个变量的标准误差冲击的影响。注意到，$(A_\tau E(e_t,e_{i't})/\sigma_i)$是假定变量具有沃尔因果链时所产生的影响。因此，只有当正交化是从相关经济约束条件中得出时，才可能得到有意义的解释。

练习 4.37 当 GI 并不是基于某一特定历史信息或者特定的 α 时，给出一个蒙特卡洛方法来计算 GI。

例题 4.21 考虑模型 $\Delta y_t=A_1\Delta y_{t-1}+A_2\Delta y_{t-1}\mathcal{I}_{[\Delta y_{t-1}\geqslant0]}+e_t$，其中，$\mathcal{I}_{[\Delta y_{t-1}\geqslant0]}$ 是一个指示函数。那么有：

- 在允许未来的 e_t 随机发生的条件下，GI 响应可以通过固定 y_{t-1}、A_1 和 A_2，抽取 e_{t+j}^{l}，$j\geqslant0$，$l=1,\cdots,L$ 来计算求得。
- 在允许历史是随机的条件下，GI 响应可以通过固定 e_{t+j}，$j\geqslant0$，以及 A_1 和 A_2，抽取 y_{t-1}^{l} 来计算求得。
- 在允许参数是随机的条件下，GI 响应可以通过固定 y_{t-1} 和 e_{t+j}，$j\geqslant0$，并从一些分布(例如，渐近分布)中获取 A_1^{l} 和 A_2^{l} 来计算求得。
- 在允许 e_t 的规模是随机的条件下，GI 响应可以通过固定 y_{t-1}、A_1、A_2 和 e_{t+j}，$j\geqslant1$ 来计算求得，并保证 e_t^{l} 满足 $e_t^{l}\geqslant e^{*}$ 或者 $e_t^{l}<e^{*}$。如果该序列是多元的，譬如 e_{1t}，可以在计算$(e_{2t},\cdots,e_{mt})$平均值后再利用上述步骤进行计算。

练习 4.38 考虑一个包含通货膨胀 π 和失业 UN 的二元模型 $y_t=A_1y_{t-1}+A_2y_{t-1}\mathcal{I}_{[\pi\geqslant0]}+e_t$，其中，$\mathcal{I}_{[\pi>0]}$是一个指示函数。计算当 $\pi\geqslant0$ 和 $\pi<0$ 时，对于正交的冲击 π 在第一步和第二步的 GI 的表达式是什么。冲击的规模对结果是否有影响？

练习 4.39 考虑一个包含货币和产出的转换二元 AR(1)模型：

$$\Delta y_t=\begin{cases}\alpha_{01}+\alpha_{11}\Delta y_{t-1}+e_{1t}, & \text{如果 } \Delta y_{t-1}\leqslant\Delta\bar{y},\ e_{1t}\sim\text{i. i. d. }\mathbb{N}(0,\sigma_1^2)\\ \alpha_{02}+\alpha_{12}\Delta y_{t-1}+e_{2t}, & \text{如果 } \Delta y_{t-1}>\Delta\bar{y},\ e_{2t}\sim\text{i. i. d. }\mathbb{N}(0,\sigma_2^2)\end{cases}$$

固定冲击的规模和参数，把 GI 作为一个历史函数进行计算。固定冲击的规模和历史信息，把 GI 作为一个参数函数进行计算。

4.5 识 别

截至目前，在本章讲述的内容中，经济理论并没有起到任何作用。我们利用投影的方法来推导沃尔定理；利用统计和数量分析来估计参数和一些比较有意思的参数方程的分布。因为 VAR 模型是简化形式的模型，所以不可能利用引入扰动项从经济学的角度来分析动态变化，除非在这里一些理论能够起到一定作用。正如我们在第 2 章所学习的，马尔科夫 DSGE 模型是在当稳定状态周围是近似线性或对数线性时为模型的外生变量提供的一个 VAR(1)解法。这个 VAR 模型的参数是潜在的偏好、技术水平和政策参数的复杂的函数。如果我们想把整个模型和生成数据的序列一样严肃看待的话，那么最终的一系列等式之间的约束条件可以用来得到映射的简化的 VAR 模型的系数和 DSGE 模型的参数之间的关系。当有人对这个模型的质量产生怀疑，或者不接受 DSGE 模型设定的一些细节条件，只要模型约束条件的一部分是可信的或是没有争议的话，依旧有可能进行一些有用的推导。文献中典型的约束条件包括对于 VAR 模型一定冲击的长期和短期影响或者是信息延迟(例如，中央银行在决定利率时并不知道同时期的总产出是多少)。正如我们要在之后所指出的，这些约束条件很少由 DSGE 模型所产生。涉及滞后响应或者变量的动态变化的约束条件在通常情况下是被忽略的，被看作是有争议的。

选择有意义的具有识别作用的约束条件总是很困难。当我们利用 DSGE 模型在理论和数据之间建立联系的时候，通常会产生两个难点：只有 DSGE 模型中的一小部分内生变量被利用到 VAR 模型中；DSGE 模型和 VAR 模型中冲击的数量不一致。我们之后就会发现，这两个难点在获得行为扰动和研究它们引入的动态特征的时候会产生一定的问题，这主要是由于 DSGE 模型的 VAR 表达式可能需要无穷的滞后长度，并且有可能不能从实际的 VAR 模型中获得。目前，我们回避这两个难点，假定 DSGE 和 VAR 模型中的变量和冲击的数量是一致的，两个系统中的新息变量也处于相同的空间中。

在这些条件的限制下，我们可以利用一个无限制的 VAR(q)来进行有意义的经济分析，其中，q 相对较大，每个等式中的所有变量都具有相同的滞后长度；利用 OLS 估计 VAR 中的参数；施加少量约束条件，模型可能就会和一系列关于识别结构性冲击的行为理论、构造被识别的冲击的脉冲响应、历史分解等相一致。从这个角度来说，VAR 是与最大似然方法和广义矩估计方法相反的；大多数的理论约束条件都被忽略；没有必要直接估计 DSGE 参数；只有冲击变量才能寻求到相关的经济解释。

我们首先检验一系列理论模型和一个零约束(或常数约束)条件的 VAR 模型之间的映射。之后我们将会探讨加以符号约束时如何获得映射。

4.5.1 平稳 *VAR* 模型

假设简化的 VAR 模型为：

$$y_t = A(\ell)y_{t-1} + e_t, \quad e_t \sim \text{i.i.d.}(0, \Sigma_e) \tag{4.35}$$

我们假定存在一系列的经济模型，其解具有如下的形式：

$$y_t = \mathcal{A}(\ell)y_{t-1} + \mathcal{A}_0\epsilon_t, \quad \epsilon_t \sim \text{i.i.d.}(0, \Sigma_\epsilon = \text{diag}\{\sigma^2_{\epsilon_i}\}) \tag{4.36}$$

等式(4.36)是很普遍的，但是我们可以很容易发现生成这个等式的那一类模型并不是没有实质意义的。例如，第2章中的许多对数线性模型都生成具有同等式(4.26)一样形式的解，$\mathcal{A}(\ell)=\mathcal{A}(\theta)$，$\mathcal{A}_0=\mathcal{A}_0(\theta)$，其中，$\theta$是偏好、技术和政策参数。在公式(4.35)和(4.36)中代入相应时期的系数，就会得到$e_t=\mathcal{A}_0\epsilon_t$，或：

$$\mathcal{A}_0\Sigma_\epsilon\mathcal{A}_0' = \Sigma_e \tag{4.37}$$

定义4.7 如果映射(4.37)至少有一组解，对于(4.36)式中的冲击的动态响应是可以从(4.35)式的VAR模型加以识别的。

为了识别冲击和追踪内生变量的动态变化，我们可以按照如下两个步骤进行。第一，我们可以利用4.3节讲授的技巧来估计(4.35)式中的$A(\ell)$和Σ_e。第二，给定识别约束条件，我们可以估计Σ_ϵ和(4.37)式中$\mathcal{A}_0$的自由参数。求得上述一些估计值后，我们可以获得模型的动态变化$\mathcal{A}(\ell)=A(\ell)\mathcal{A}_0$。这两步方法和应用于估计(静态)系统结构等式的间接最小二乘法(ILS)相似[参见汉密尔顿(Hamilton，1994)，第244页]。然而，这里的约束条件只是施加于VAR残差的协方差矩阵，并没有施加于VAR的滞后变量。这实际上很容易做到：我们之前在VAR模型的滞后变量上施加约束条件，可能需要$A(\ell)$、Σ_e和Σ_ϵ的联合估计以及$\mathcal{A}_0$的自由元素。

正如在联立系统方程中的一样，如果要令(4.37)式中的经济冲击是可识别的，有一些充分必要条件需要满足。一个"阶"条件可以按照如下步骤进行计算。在(4.37)式的左边有m^2个自由参数，然而根据Σ_e的对称性，在右边只有$m(m+1)/2$个自由参数。因此，(4.37)式在至少有$m(m-1)/2$个约束条件的情况下就会有一个解。当恰好有$m(m-1)/2$个约束条件时，经济冲击就是恰好识别的：添加更多的约束条件，它们就是过度识别的。

例题4.22 考虑一个包含小时数、生产力和利率的三元模型。假设$\mathcal{A}_0$是一个下三角矩阵，即对于小时数的冲击同时发生于生产力和利率等式，并且对于生产力水平的冲击同时发生于利率等式。如果利率冲击需要一定时间才能产生效果，并且小时数是由生产力确定的，那么上述过程就是这种情况的反映。如果冲击是独立的，那么$\mathcal{A}_0$就有$m(m-1)/2=3$个零约束条件。因此，阶条件就得到了满足。

例题4.23 考虑一个包含产出、价格、名义利率和货币量的VAR模型，令$y_t=[\text{GDP}_t, p_t, i_t, M_t]$。假设一组模型说明总产出只对其自身的冲击做出反应，价格同时对总产出和货币量的冲击做出反应，利率只是受到货币量冲击的影响，然而货币量同时受到所有冲击的影响。那么有：

$$\mathcal{A}_0 = \begin{bmatrix} 1 & 0 & 0 & 0 \\ a^0_{12} & 1 & 0 & a^0_{22} \\ 0 & 0 & 1 & a^0_{31} \\ a^0_{41} & a^0_{42} & a^0_{43} & 1 \end{bmatrix}$$

由于有 6 个(零)约束条件,冲击ϵ_t 是可以从 VAR 残差中识别的。

练习 4.40 假定我们有一些无关的信息,这允许我们确定$\mathcal{A}_0$ 中的一些参数。例如,假定在一个包含产出、小时数和税收的三元系统模型中,我们可以估计出小时数关于税收的弹性系数。那么,你需要多少个约束条件去识别冲击?如果在零约束条件下,结果是否会不同?

练习 4.41 设定并估计一个包含欧元区 GDP 增长和 M3 增长的二元 VAR 模型。利用总产出增长并不受到同期的货币增长冲击的影响这个约束条件,求出脉冲响应,并评价货币冲击对总产出没有中期或长期影响这个说法是否正确。假定同期的货币增长对 GDP 增长的影响在区间[−0.5,1.5]中,重复上述过程进行练习(练习过程中每次增加 0.1)。这时你如何看待货币量冲击对于总产出的影响?

一般情况下,有一个附加的秩条件需要我们去检验:$\text{rank}(\Sigma_e)=\text{rank}(\mathcal{A}_0\Sigma_\epsilon\mathcal{A}_0')$[正式的推导,参见汉密尔顿(Hamilton,1994)]。直觉地,这个约束条件去除了$\mathcal{A}_0$ 中任何一列可以用其他各列线性表示这一条件。一般情况下,这个秩条件在大规模的系统联立方程中是很重要的。当约束条件都是基于经济理论的时候,秩条件几乎自动满足了我们在本章施加于小样本的 VAR 模型的所有约束条件。当施加其他类型的约束条件时,这个条件应该总是被检验。

阶条件和秩条件通常只对局部识别有效。也就是说,即使施加了 $m(m-1)/2$ 个约束条件,仍可能会有不同的经济冲击或者不同类别的经济模型和 VAR 模型的残差相一致。

例题 4.24 假设 $\Sigma_\epsilon=I$, $\mathcal{A}_0^1=\begin{bmatrix}1 & 0\\ 4 & 5\end{bmatrix}$。可以立即得出如下结论:利用上述两个矩阵和任意正定的 Σ_e 所得到的似然,与利用相同的 Σ_ϵ、Σ_e 和 $\mathcal{A}_0^2=\begin{bmatrix}5 & 0\\ 0.8 & 0.6\end{bmatrix}$ 所得到的等价。很明显,这两个分解具有不同的经济解释。根据初始条件,可以在 $\mathcal{A}_0^2$ 和 $\mathcal{A}_0^1$ 上取得最大值。

存在一个先验,这就是,我们不可能避免如例题 4.24 中所描述的情况。如果一组经济模型都是局部显著的,那么当我们打算在从观测值的角度上来看是等价的两个理论模型中做出选择的时候,可以利用经济理论进行思考。

为估计(4.37)式中的自由参数,通常会有两种观点。第一种是写出自由参数的似然方程,即:

$$\ln\mathcal{L}(\mathcal{A}_0,\Sigma_\epsilon\,|\,\Sigma_e)=-0.5T\{2\ln|\mathcal{A}_0|+\ln|\Sigma_\epsilon|+\text{tr}(\Sigma_\epsilon^{-1}\mathcal{A}_0^{-1}\Sigma_e(\mathcal{A}_0^{-1})')\} \tag{4.38}$$

将(4.38)式取关于 Σ_ϵ 的最大值,并且计算出这个最大值,我们可以得到 $2\ln|\mathcal{A}_0|+\sum_{i=1}^{m}\ln(\mathcal{A}_0^{-1}\Sigma_e\mathcal{A}_0^{-1'})_{ii}$,它可以通过$\mathcal{A}_0$ 的自由选择达到最大。由于这种集中似然不是标准形式的,最大化可能会有些困难。因此,一种比较好的方法就是先利用简单的方法(例如,单纯形算法)得到 $\mathcal{A}_0$ 的自由选择估计值,然后利用这些估计值作为其他算法的初始条件(参见第 6 章)来寻求一个整体上的最大值。

似然的方法广泛适用于恰好识别和过度识别的系统模型。对于一个恰好识别的系统，我们可以利用工具变量法(IV)。我们将会在例子中具体讲解如何求解。

例题 4.25 考虑一个由通货膨胀和失业组成的二元模型。假定根据相关理论，我们可以得到(4.36)式为：

$$\begin{bmatrix}\pi_t\\ \mathrm{UN}_t\end{bmatrix}=\begin{bmatrix}\mathcal{A}_{11}(\ell) & \mathcal{A}_{12}(\ell)\\ \mathcal{A}_{21}(\ell) & \mathcal{A}_{22}(\ell)\end{bmatrix}\begin{bmatrix}\pi_{t-1}\\ \mathrm{UN}_{t-1}\end{bmatrix}+\begin{bmatrix}1 & 0\\ \alpha_{01} & 1\end{bmatrix}\begin{bmatrix}\epsilon_{1t}\\ \epsilon_{2t}\end{bmatrix} \tag{4.39}$$

由于 $\epsilon_{1t}=e_{1t}$ 是由 ϵ_{2t} 所确定的，所以它可以被作为一个工具变量来估计 α_{01}。因此，选择 $z_t=[e_{1t},e_{1t-1},\cdots,e_{2t-1},\cdots]$ 作为工具向量，利用在第 5 章中讲述的工具变量的技巧，可以直接得到 α 和 $\mathcal{A}(\ell)$ 的联合估计，不需要先估计 $A(\ell)$ 和 Σ_e。

4.5.2 *非平稳 VAR 模型*

在非平稳 VAR 模型中，识别过程是相似的，但是有一些附加的识别约束条件。另外，由于协整性关系的存在，可能会改变阶条件的一些特征。

令 VAR 和一系列经济模型的 MA 表达式为：

$$\Delta y_t=D(\ell)e_t=D(1)e_t+D^*(\ell)\Delta e_t \tag{4.40}$$

$$\Delta y_t=\mathcal{D}(\ell)\mathcal{A}_0\,\epsilon_t=\mathcal{D}(1)\mathcal{A}_0\,\epsilon_t+\mathcal{D}^*(\ell)\mathcal{A}_0\Delta\epsilon_t \tag{4.41}$$

其中，$D^*(\ell)\equiv[D(\ell)-D(1)]/(1-\ell)$，$\mathcal{D}^*(\ell)\equiv[\mathcal{D}(\ell)-\mathcal{D}(1)]/(1-\ell)$，$\Delta=(1-\ell)$，$\mathcal{D}(\ell)=\mathcal{A}(\ell)^{-1}$，以及 $D(\ell)=A(\ell)^{-1}$。

在公式(4.40)和(4.41)中，我们利用了两种方式来改写模型系统：第一种是标准的 MA 模型；第二种是利用了多元 BN 分解(参见第 3 章)。经过匹配相关系数，我们得到，$\mathcal{D}(\ell)\mathcal{A}_0\,\epsilon_t=D(\ell)e_t$。分离永久和短暂成分，并只对后者利用同期约束条件，这时我们得到：

$$\mathcal{D}(1)\mathcal{A}_0\,\epsilon_t=D(1)e_t \tag{4.42}$$

$$\mathcal{A}_0\Delta\epsilon_t=\Delta e_t \tag{4.43}$$

当 y_t 是平稳的时候，$\mathcal{D}(1)=D(1)=0$，(4.42)式没有意义了，只能都得到(4.43)式。然而，如果 y_t 是单整序列，就可以应用那些将 VAR 模型中的永久分量和经济模型中的永久分量联系起来的约束条件来进行模型的识别。当 y_t 是一个二元的序列时，例如，(4.42)式是第 3 章中所讲述的布兰夏德—柯(Blanchard and Quah)分解的基础。为了得到经济冲击的估计量，我们需要与 4.5.1 节中相同的阶条件和秩条件。然而，这 $m(m-1)/2$ 个约束条件可以施加于公式(4.42)或(4.43)，或者同时施加。在后一种情况下，需要利用循环反复的方法来对 $\mathcal{A}_0$ 中的自由参数和结构性的冲击 ϵ_t 进行估计。

例题 4.26 在一个二元的 VAR 模型中，由于只需要一个约束条件，这时施加条件(4.42)是比较简单的。假设 $\mathcal{D}_{12}(1)=0$(例如，ϵ_{2t} 对 y_{1t} 没有长期的影响)。如果 $\Sigma_\epsilon=I$，$\mathcal{D}(1)\mathcal{A}_0\Sigma_\epsilon\mathcal{A}_0'\mathcal{D}(1)'$ 中的 3 个元素则可以通过 $D(1)\Sigma_e D(1)'$ 的乔里斯基分解得到。

练习 4.42 考虑例题 4.23 中的模型，并假定所有的变量都是完整的。假定我们通过利用长期的乘数 $\mathcal{D}(1)\mathcal{A}_0$ 施加相同的 6 个约束条件。叙述如何获得自由参数的最大似然估计。

练习 4.43［加里(Gali)］ 考虑具有如下形式的一组模型：

$$\mathrm{GDP}_t=\alpha_0+\epsilon_t^{\mathrm{S}}-\alpha_1(i_t-E_t\Delta p_{t+1})+\epsilon_t^{\mathrm{IS}} \tag{4.44}$$

$$M_t-p_t=\alpha_2\mathrm{GDP}_t-\alpha_3 i_t+\epsilon_t^{\mathrm{MD}} \tag{4.45}$$

$$\Delta M_t=\epsilon_t^{\mathrm{MS}} \tag{4.46}$$

$$\Delta p_t=\Delta p_{t-1}+\alpha_4(\mathrm{GDP}_t-\epsilon_t^{\mathrm{S}}) \tag{4.47}$$

其中，ϵ_t^{S} 是供给冲击，ϵ_t^{IS} 是一个 IS 冲击，ϵ_t^{MS} 是货币供给冲击，ϵ_t^{MD} 是货币需求冲击，GDP_t 是总产出，p_t 是价格，i_t 是名义利率，M_t 是货币量。这样一个 ISLM 结构可以被看作是一个粘滞价格模型的特例，前提条件是没有资本存在，并且所有价格都提前一个时期选定。在一个具有（$\Delta\mathrm{GDP}_t$，Δi_t，$i_t-\Delta p_t$，$\Delta M_t-\Delta p_t$）等变量的 VAR 模型中，通过利用欧元区的数据识别上述冲击，并有如下约束条件：(i) 只有供给冲击对总产出具有长期的影响；(ii) 货币需求和货币供给对同期的 $\Delta\mathrm{GDP}$ 没有影响；(iii) 货币需求冲击对同期的实际利率没有影响。得出货币对利率和总产出的影响。

映射(4.42)中的自由参数也可以通过工具变量法进行求解。

例题 4.27 假设一个经济模型具有一个二元 VAR(1) 的表达式 $\mathcal{A}(\ell)y_t=\epsilon_t$，MA 表达式为 $y_t=\mathcal{D}(\ell)\epsilon_t$。由于 $\mathcal{D}(\ell)=\mathcal{A}(\ell)^{-1}$，在长期过程中就是 $\mathcal{D}(1)=\mathcal{A}(1)^{-1}$。由于这是一个二元系统，在结构模型中只有一个滞后变量，如果假设第二个冲击对第一个变量没有长期的影响，我们就会得到：

$$\begin{bmatrix}\mathcal{D}_{11}(1) & 0\\ \mathcal{D}_{21}(1) & \mathcal{D}_{22}(1)\end{bmatrix}\begin{bmatrix}1-\mathcal{A}_{11}^1 & -\mathcal{A}_{12}^0-\mathcal{A}_{12}^1\\ -\mathcal{A}_{12}^0-\mathcal{A}_{12}^1 & 1-\mathcal{A}_{22}^1\end{bmatrix}=\begin{bmatrix}1 & 0\\ 0 & 1\end{bmatrix} \tag{4.48}$$

上式意味着，如果 $\mathcal{D}_{11}(1)\neq 0$，则有 $\mathcal{A}_{12}^0=-\mathcal{A}_{12}^1$。那么系统的第一个等式就是 $y_{1t}=\mathcal{A}_{11}^1 y_{1t-1}+\mathcal{A}_{12}^0(y_{2t}-y_{2t-1})+\epsilon_{1t}$：可以使用 y_{1t-1} 和 y_{2t-1} 作为工具变量来估计它的参数 y_{1t-1} 和 Δy_{2t}，并且可以得到一个估计值。第二个等式为 $y_{2t}=\mathcal{A}_{21}^0 y_{1t}+\mathcal{A}_{21}^1 y_{1t-1}+\mathcal{A}_{22}^1 y_{2t-1}+\epsilon_{2t}$，它的参数 y_{1t-1}、y_{2t-1} 和 y_{1t} 可以分别以 y_{1t-1}、y_{2t-1} 和 $\hat{\epsilon}_{1t}$ 作为工具变量来求解。只要通过工具变量回归得出 $\mathcal{A}$ 的估计值，就可以通过(4.48)式解得 $\mathcal{D}_{11}(1)$、$\mathcal{D}_{21}(1)$ 和 $\mathcal{D}_{22}(1)$。

当系统的一些变量是协整的时候，永久经济冲击的数量就小于 m。因此，如果利用长期约束条件，我们就只需要 $(m-m_1)(m-m_1-1)/2$ 个约束条件去识别所有 m 个冲击，其中，m_1 是共同趋势的数目［$\mathcal{D}(1)$ 的秩是 $m-m_1$］。

例题 4.28 正如我们在练习 3.45 中所看到的，一个由完整的技术冲击驱动的 RBC 模型意味着，除了小时数，所有的变量都是完整的，C_t/GDP_t 和 $\mathrm{Inv}_t/\mathrm{GDP}_t$ 是平稳的。考虑一个由 $\Delta\mathrm{gdp}_t$、$c_t-\mathrm{gdp}_t$ 和 $\mathrm{inv}_t-\mathrm{gdp}_t$ 构成的三元 VAR 模型，其中的小写字母指变量是对数形式的。由于系统有两个协整的向量，所以存在一个永久冲击和两个短暂冲击，同时 $(1,1,1)'\epsilon_t=D(1)e_t$ 识别了永久冲击。如果所有的经济冲击都是正交的,我们需要一个额外的约束条件分离两个短暂的扰动;例如,我们可以假定一个乔里斯基结构。很明显,只是清楚有一个永久冲击和两个短暂冲击并没有使我们了解到关于行为内容的任何信息。然而,一些相关专业人员稍显武断地将永久冲击和短暂冲击分别同供给扰动和需求扰动联系起来。

4.5.3 *其他识别问题*

对经济上敏感的冲击的识别是一个很有争议的话题,原因是不同的学者会选择利用不同的识别假设,这样对一些很有趣的经济问题的研究结论可能会有所不同(例如,由于某种冲击导致对总产出的预测误差的方差的比例)。然而,随着时间的发展,一种尴尬的统一性逐渐产生,因为识别性约束条件已经在很大程度上成为一种传统,并且同研究人员们常用来分析数据的 DSGE 模型不相关。在文献中,对于识别过程本质的批评一再出现。例如,库里和里罗伊(Cooley and LeRoy,1985)曾经批评乔里斯基分解法,他们认为,在广义的平衡模型中,同期的回归结构是很难得到的。弗斯特和里皮(Faust and Leeper,1997)认为,长期的约束条件并不能令人满意,因为它们可能会剔除很多虽然能生成十分合理的短期动态效应却略为不满足长期约束条件的模型,同时又会包容很多并没有什么经济内涵的模型。库里和道耶(Cooley and Dwyer,1998)指出,长期的约束条件可能不会将永久扰动和短暂扰动完全分离开。加诺瓦和皮那(Canova and Pina,2005)证明了,标准的 DSGE 模型几乎不能提供任何去识别货币扰动所需要采用的零约束条件,并且这种模型设定的错误在经济模型中是大量存在的。

图 4.3 说明了后面一个问题的具体内容。在第 2 章,我们讲述了一个流动资金模型,它对于货币政策具有局部适应性(PA)准则($i_t=0.8M_t/p_t+\epsilon_t$)或者反馈(FB)准则($i_t=0.5\pi_t+0.1y_t+\epsilon_t$),这个模型用于生成数据和货币冲击。这个用于模拟数据的 VAR 模型可以如同克里斯蒂安诺、艾肯鲍姆和伊万斯[Christiano, Eichenbaum and Evans(CEE)]那样利用乔里斯基方法,也可以利用具有一定顺序的变量($GDP_t,\pi_t,i_t,M_t/p_t$),或者如同西姆斯和扎[Sims and Zha(SZ),1999]那样应用过度识别结构,其中,i_t 只对 M_t/p_t 做出反应。直线代表了模型产生的响应,虚线代表了由 VAR 产生的 68%的蒙特卡洛误差区间。可以注意到,当应用 FB 准则的时候准确地重组了政策输入量,然而过度识别模型则在局部适应情况下精确地描绘了政策准则。模型的错误设定是具有一定扩散作用的,即使我们正确地选择了货币政策准则的输入量。例如,一个乔里斯基方法不能描述出对于利率增长的实际平衡的永久响应,它生成具有扩散作用的产出响应(第一个表格,第一列)和一个通货膨胀难题(第二行,第一个和第三个表格)。

由于模型是不切实际的或是很“疯狂”的参数化,使得我们并不能得到如图 4.3 中给出的模式。正如加诺瓦和皮那(Canova and Pina,2005)所证明的,一个粘滞性价格和粘滞性工资模型,由于以一种标准化的形式参数化,所以会产生相似的结果。问题是,大部分 DSGE 结构并没有呈现出由两种识别模式所施加的零约束条件(尤其是总产出和通货膨胀具有一个沃尔因果结构,所以并不能对冲击立即做出反应)。因此,即使政策准则被正确识别,模型设定的错误还是会产生一定的影响。

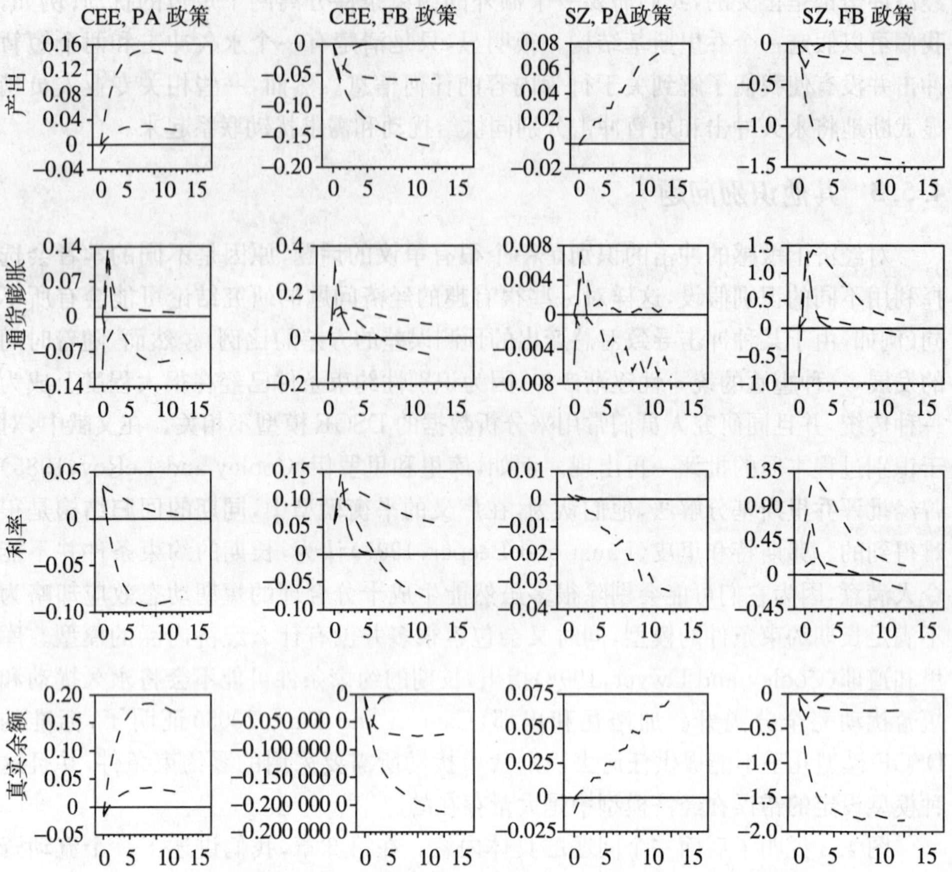

图 4.3　对货币冲击的响应,流动资金模型

为了在 DSGE 模型和 VAR 模型之间建立更为切实的联系,一系列新的识别方法便涌现出来。虽然弗斯特 (Faust,1998)、加诺瓦和德尔尼科勒(Canova and De Nicolò,2002)以及乌里格(Uhlig,2005)的观点各不相同,但是他们有一个共同点:都没有应用零约束条件。相反,他们通过限制结构性响应的符号(和/或形状)来进行识别。这类零约束条件只是非正式地被一些实际研究人员加以应用:例如,没有对流动性产生任何影响的货币冲击(例如,利率和货币供应量的反向关系)在通常情况下是被忽略的,并通过重组零约束条件而希望可以产生预期的结果。当然,这些方法的一个优点就是使得那些约束条件更加明显。

符号约束条件也是比较有吸引力的。虽然 DSGE 模型的(对数)线性形式很少能给出得到一个经济模型的全部零约束条件,但是它们却包含了大量可用于模型识别的符号约束条件。

例题 4.29(技术冲击)　在第 2 章中考察的所有弹性价格模型具有如下特性:正向的技术扰动可以立即或者在短时间内增加总产出、消费和投资,然而价格和名义利率会由于总体供给曲线的右移而下降。因此,这一类模型说明了技术扰动是可以识别的,其前提条件是作为对正向的冲击的响应,实际的变量会增长,价格会下降,同样这种响应也会立即发生或者在短时间内发生。

例题 4.30(货币冲击) 在第 2 章中介绍的一些模型具有如下特性：名义利率的政策驱动增长会立即降低实际的平衡，并导致通货膨胀。因此，实际平衡、通货膨胀和名义利率的同期(和滞后)变化可以用来识别货币扰动。

例题 4.29 和 4.30 中的约束条件可用于两个或多个变量，也可以在一个或多个水平上进行描述。换言之，我们可以"宽松地"或"严格地"识别这些冲击。相对较弱的形式的识别更利于保持模型和其他结构性 VAR 模型的可比性。然而，还有另外一个平衡关系需要我们考虑。太弱的约束条件可能不能够用于区分具有相似特征的冲击，例如，劳动力供给和技术冲击，然而太苛刻的(或错误的)约束条件很可能不能够产生任何有意义的经济冲击。

一般来说，针对系数施加符号约束条件是比较复杂的，因为它需要在不等的约束条件下对整个系统进行最大似然估计。然而，针对脉冲响应或者它们的关联关系，施加符号约束条件还是相对比较容易的。例如，正如加诺瓦和德尔尼科勒(Canova and De Nicolò，2002)所证明的，我们利用 OLS 通过数据估计 $A(\ell)$和 Σ_e，然后利用特征值—特征向量分解法正交化 VAR 残差，$\Sigma_e=\mathcal{P}\mathcal{V}\mathcal{P}'=\tilde{\mathcal{P}}\tilde{\mathcal{P}}'$，其中，$\mathcal{P}$是特征值矩阵，$\mathcal{V}$是由特征值构成的对角矩阵。这个分解过程并没有任何经济含义，却避免了应用零约束条件而生成不相关的冲击。对于每个正交化的冲击，我们都可以验证它们是否满足识别条件。如果只找到一个冲击，那么这个过程就可以停止了。如果多于一个冲击满足约束条件，那么我们可能就需要增加约束条件的数量(通过变量或者前导和滞后)，直到存在一个候选的约束条件。此外，我们也可以对满足识别约束条件的冲击的响应取平均值。在实践中，通常存在大量的同期或一阶滞后的约束条件来选择满足一定特征的冲击。

如果没有冲击满足约束条件，那么 MA 表达式的非独特性可以被用来提供可选的经济冲击。事实上，对于任何一个满足 $\mathcal{H}\mathcal{H}'=I$ 的 $\mathcal{H}$，都有 $\Sigma_e=\tilde{\mathcal{P}}\tilde{\mathcal{P}}'=\tilde{\mathcal{P}}\mathcal{H}\mathcal{H}'\tilde{\mathcal{P}}'$。因此，我们可以利用$\tilde{\mathcal{P}}\mathcal{H}$构造一个新的分解，之后再检验冲击是否产生了我们需要的模式。

虽然这个方式直接易懂，但是仍存在一些实际的问题。第一个问题就是$\mathcal{H}$的选择。第二个问题是，如何系统地去寻找 MA 表达式的空间，如果有一定实际意义的话，这个空间可能是无限维的。第三个问题是，如果不同的$\mathcal{H}$产生了不同的经济冲击，但是都满足约束条件，我们应该如何去处理。关于第一个问题，可以选择 $\mathcal{H}=\mathcal{H}_{i,i'}(\omega)$，$\omega\in(0,2\pi)$，其中，$\mathcal{H}_{i,i'}$是将矩阵 $\mathcal{P}$ 的第 i 和第 i'列旋转 ω 角度得到的，然后通过变换 ω、i 和 i'而求得 $\mathcal{H}$ 的空间。

例题 4.31 考虑一个由失业情况和通货膨胀变量组成的二元 VAR 模型，并假设基本的分解并没有找到一个能够在通货膨胀和失业率中产生同期负向变化的冲击。设：

$$\mathcal{H}(\omega)=\begin{bmatrix}\cos(\omega) & -\sin(\omega)\\ \sin(\omega) & \cos(\omega)\end{bmatrix}$$

那么，我们可以通过变换 $\omega\in(0,2\pi)$来得到所有这个二元系统的可能的 MA 表达式。注意到：

$$I=\mathcal{H}(\omega)\mathcal{H}(\omega)'=\mathcal{H}(\omega)'\mathcal{H}(\omega)$$

$$=\begin{bmatrix}\cos^2(\omega)+\sin^2(\omega) & -\cos(\omega)\sin(\omega)+\cos(\omega)\sin(\omega)\\ -\cos(\omega)\sin(\omega)+\cos(\omega)\sin(\omega) & \cos^2(\omega)+\sin^2(\omega)\end{bmatrix}$$

在大规模的系统中，矩阵的旋转更加复杂。

练习 4.44 考虑一个含有 4 个变量的 VAR 模型。有多少个两对或多对旋转的两列的矩阵存在？你将怎样同时翻转第一和第二列连同第三和第四列来获得旋转空间？

当 m 是中等大小的时候，$\mathcal{H}(\omega)$ 具有如下形式：

$$\mathcal{H}_{i,i'}(\omega)=\begin{pmatrix}1 & 0 & 0 & \cdots & 0 & 0\\ 0 & 1 & 0 & \cdots & 0 & 0\\ \cdots & \cdots & \cdots & \cdots & \cdots & \cdots\\ 0 & 0 & \cos(\omega) & \cdots & -\sin(\omega) & 0\\ \vdots & \vdots & \vdots & 1 & \vdots & \vdots\\ 0 & 0 & \sin(\omega) & \cdots & \cos(\omega) & 0\\ \cdots & \cdots & \cdots & \cdots & \cdots & \cdots\\ 0 & 0 & 0 & 0 & 0 & 1\end{pmatrix}$$

令 $\mathcal{Z}(\mathcal{H}_{i,i'}(\omega))$ 为正交旋转矩阵空间，在给定 ω 时，每个 i 和 i' 元素都有 $2/m(m-1)$ 的概率。那么下列算法可以用来得到可识别性空间。

算法 4.6

(1) 从 $(0,2\pi)$ 中取得 ω^l。从 $\mathcal{Z}(\mathcal{H}_{i,i'}(\omega^l))$ 中取得 $\mathcal{H}_{i,i'}(\omega^l)$。

(2) 利用 $\mathcal{H}_{i,i'}(\omega^l)$ 计算 ϵ_t 和 $\mathcal{A}(\ell)$。检验它们是否满足 ϵ_{it} 的响应的约束条件，其中，$i=1,\cdots,m$。如果它们满足的话，继续抽取过程；如果它们不满足的话，停止抽取过程。

(3) 重复步骤(1)和(2)，直到找到满足约束条件的 L 个数值。报告分位数响应区间。

利用连续性，通常可以找到一个生成满足特定性质的冲击的区间 (ω_1,ω_2)。由于在这个区间内，由结构性冲击所产生的动态作用是相似的，我们可以对这个区间中的冲击的统计量取平均值，选择对应于区间中点的冲击，或者如同算法 4.6 那样保留所有的冲击。有时我们可能会找到相分离的区间，并且这些区间内的冲击都满足约束条件。在这种情况下，利用图表去检验结果是比较好的方法，这主要是因为响应通常并不一定具有有意义的经济含义(例如，一个冲击可能暗示了一个不合理的同期产出响应)。当视觉上的检验失效时，增加约束条件的数量通常可以消除这种经济上不合理的区间间隔。

练习 4.45 提供一个蒙特卡洛算法来为结构脉冲响应构造标准误差区间，这个脉冲响应可以识别符号约束条件，并且考虑了参数的不确定性。

例题 4.32 图 4.4 给出了美国的工业产出、价格和 M1 对货币政策冲击的响应。右边一列是 68%的蒙特卡洛响应区间，它是通过要求名义利率增长必须伴随相应的流动性影响——同期的 M1 的下降而得到的。左边一列是通过乔里斯基系统所得到的 68%的蒙特卡洛响应区间,这时需要假定利率受到同期工业产出和价格的影响,但是不受货币量的影响。很明显,标准的识别很难产生令人满意的结果:货币量、总产出和价格的点估计量在冲击后都是正的,即使增长不是很显著。在符号约束下,产出和价格在一个相反的冲击后都显著下降,并且持续了 5 个月左右。可以注意到,在两个系统中都没有进行商品价格的统计。

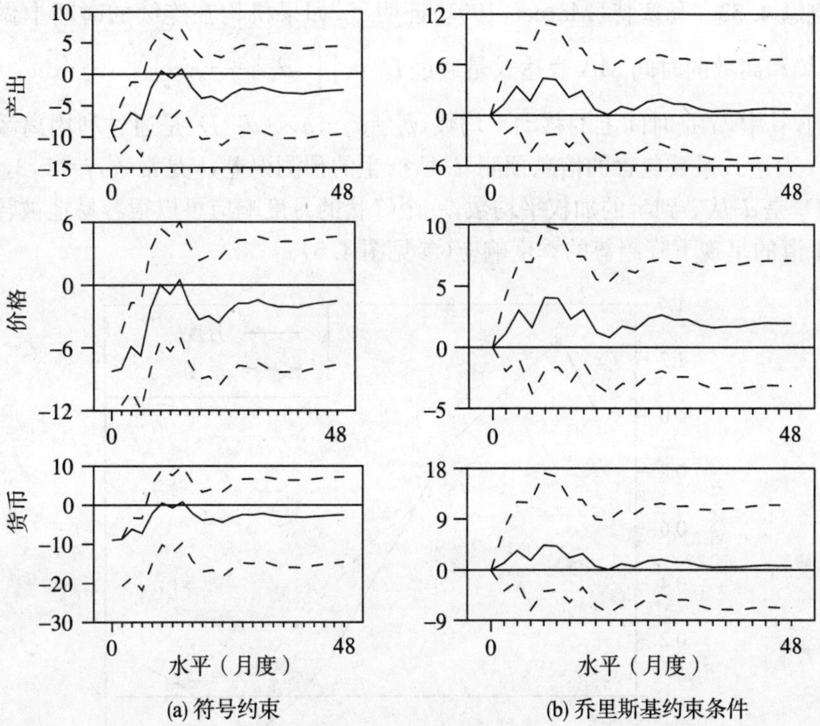

图 4.4　对美国政策冲击的响应,1964 年 1 月～2001 年 10 月

需要强调一点的是,如果考虑多重冲击,应该利用相同的$\mathcal{H}_{i,i'}(\omega)$去求得它们。也就是说,我们需要用相同的旋转矩阵来同时获得具有不同性质的冲击。最后,我们用同样的方法去表达布拉什克(Blaschke)和旋转算子,这是由于它们都属于一类正交矩阵,但是需要明白的一点是,它们是有区别的。特别是,旋转矩阵并不会对 MA 多项式的根取倒数。

4.6　相关问题

虽然 VAR 模型得到了研究人员的广泛应用,但是它并不是没有任何问题的,当我们应用它进行经济分析和解释结果的时候还是要多加注意。

首先,我们需要意识到时间总体问题的存在。回想一下,时间总体可能会在时间序列中引发很重要的周期性(参见 3.4 节)。此外,正如西姆斯(Sims,1971)、汉森和萨金特(Hansen and Sargent,1991)、马塞特(Marcet,1991)以及其他研究人员所证明的那样,时间总体使得推论过程十分困难。然而,这并不是一个 VAR 模型所特有的问题，在试图给动态 VAR 模型加以经济解释的时候，这个问题就显得尤为重要。事实上，如果各个机构需要在每个 τ 周期做出决策，但是一个计量经济学家只在每 $j\tau$ 个周期观测数据，其中 $j>1$，那么他所应用的统计模型（在每 $j\tau$ 个周期取得的样本数据）可能就和机构决策产生的模型毫无关系。例如，由计量经济学家得到的 MA 并不一定是在每个 j 周期样本数据模型中的 MA，仅仅是从那个时点开始到未来的所有的 MA 系数的复变函数。

例题 4.33 马塞特（Marcet，1991）证明了，如果机构在连续的时间上做出决策，连续和离散的时间 MA 表达式是通过 $D_j=[\int_0^\infty d_{u+j}+v'_u\mathrm{d}u][\int_0^\infty v_u v'_u \mathrm{d}u]^{-1}$ 联系起来的，其中，d 是时间上的移动平均数，$v_j=d_j-b\times(d_j\,|\,D)$ 是通过利用离散时间的 MA 表达式系数包含的信息预测 d_j 所产生的预测误差，b 是常数，$j=1,2,\cdots,\tau$。因为 D_j 是 d 从 j 到 ∞ 的加权平均数，一个峰状的月度响应可以很容易地被转化成一个平滑的呈现下降趋势的季度响应（参见图 4.5）。

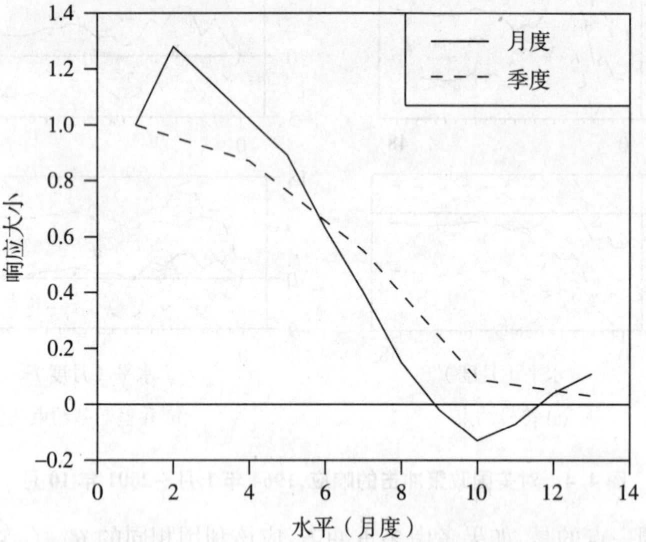

图 4.5 季度和月度的 MA 表达式

当各个机构的决策产生了一个关于内生变量的 VAR(1)模型时，就获得了一个很重要的特殊情况。在这种情况下，一个季度模型的 MA 的系数和一个月度模型的样本 MA 系数一样。然而，许多 DSGE 模型的对数—线性或者二项式近似解都具有 VAR(1)模型的表达形式，例如，我们需要明确的一点是，消费习惯或者对投资进行调整的成本的二项式形式以及带有不可观测变量的模型都会产生更复杂的动态变化，所以可能会面临更加重要的总体问题。

练习 4.46 考虑一个受技术和政府支出扰动影响的 RBC 模型。假定 $g_t=T_t$，其中，T_t 为趸交税收，效用曲线决定于当前和滞后的利益，即，$U(c_t,N_t,N_{t-1})=\ln c_t-(N_t-\gamma N_{t-1})^{\varphi_n}$。

(i) 在按照季度和年度频率适当地调整模型之后，计算对数—线性决策准则。将年度模型的 MA 系数和季度模型中的年度样本数据的 MA 系数相比较。

(ii) 对于上述两个设定，模拟消费和总产出。以年度为时间频率在季度数据中进行抽样，并比较这两个自协方差方程。

(iii) 令 $\gamma=0$，并假定资本及其应用都反映在生产函数当中，正如练习 2.9 所示。重复步骤(i)和(ii)，并对结果做出评述。

练习 4.46 说明了一种检验可能的总体问题的方法，就是利用不同频率的数据进行 VAR 分析，然后比较它们的 ACF 或者 MA 表达式。如果样本容量是一样的，并且也检验出了结果的差异，那么可能就存在总体性问题。

第二个重要的问题是和 VAR 的维度相关的。实际研究人员在通常情况下会更倾向于应用小规模的 VAR 模型，因为其参数估计更精确一些(脉冲响应区间更紧密)，并且行为冲击的识别也更容易一些。然而，小规模的 VAR 模型也有一些模型设定方面的问题。例如，在模型中可能会有一些很重要的变量却被忽略；冲击可能很复杂而且不具有总体特征；经济模型的有限阶表达式可能不存在。正如布劳恩和米特尼克(Braun and Mittnic，1993)、库里和道耶尔(Cooley and Dwyer，1998)、加诺瓦和皮那(Canova and Pina，2005)以及查理(Chari，2005)所证明的，小规模的 VAR 模型可能会产生重要偏差。为了说明被忽略的变量对整个模型会有怎样的影响，我们利用下述结论。

结论 4.3 在一个二元 VAR(q)中，$\begin{bmatrix} A_{11}(\ell) & A_{12}(\ell) \\ A_{21}(\ell) & A_{22}(\ell) \end{bmatrix}\begin{bmatrix} y_{1t} \\ y_{2t} \end{bmatrix}=\begin{bmatrix} e_{1t} \\ e_{2t} \end{bmatrix}$，$y_{1t}$的单变量表达式是$[A_{11}(\ell)-A_{12}(\ell)A_{22}(\ell)^{-1}A_{21}(\ell)]y_{1t}=e_{1t}-A_{12}(\ell)A_{22}(\ell)^{-1}e_{2t}\equiv \upsilon_t$。

例题 4.34 假设一个正确的 DGP 有 $m=4$ 个变量，但是一个研究人员错误地估计了一个二元的 VAR 模型(在这些模型中，一共有 3 个变量)。利用结论 4.3，我们可以很清楚地看到，系统的第 1 个和第 3 个变量具有如下形式的误差：

$$\begin{bmatrix} \upsilon_{1t} \\ \upsilon_{2t} \end{bmatrix}\equiv\begin{bmatrix} e_{1t} \\ e_{2t} \end{bmatrix}-\mathbb{Q}_1(\ell)\mathbb{Q}_2^{-1}(\ell)\begin{bmatrix} e_{2t} \\ e_{4t} \end{bmatrix}$$

其中：

$$\mathbb{Q}_1(\ell)=\begin{bmatrix} A_{12}(\ell) & A_{14}(\ell) \\ A_{32}(\ell) & A_{34}(\ell) \end{bmatrix} \quad 和 \quad \mathbb{Q}_2(\ell)=\begin{bmatrix} A_{22}(\ell) & A_{24}(\ell) \\ A_{42}(\ell) & A_{44}(\ell) \end{bmatrix}$$

通过这个例题，我们可以证实如下结论：

● 如果真实的系统是一个 VAR(1)，那么一个包含 $m_1<m$ 个变量的模型是 VAR(∞)。

● 如果 e_t 是同期和序列不相关的，那么通常情况下 υ_t 是同期和序列相关的。

● 两个小规模的 VAR 模型，都具有 $m_1<m$ 个变量，具有不同的新息变量。

● υ_t 是现在、过去和未来 e_t 的一个线性组合。如果 m_1 个包含在模型中的变量与之前的 $m-m_1$ 个被忽略的变量之间具有格兰杰因果关系[例如，$\mathbb{Q}_1(\ell)=0$]，那么新息变量的时间信息就能很好地被保存。

例题 4.35 假定一个经济模型具有一个二元的 VAR(1)表达式 $y_t=\mathcal{A}_1 y_{t-1}+\mathcal{A}_0\epsilon_t$。那么对于第一个变量的模型就是 $y_{1t}=\alpha_{11}^1 y_{1t-1}+\alpha_{12}^1\alpha_{21}^1 y_{1t-2}+\alpha_{12}^1\alpha_{22}^1 y_{2t-2}+\alpha_{11}^0\epsilon_{1t}+\alpha_{12}^1\alpha_{21}^0\epsilon_{1t-1}+\alpha_{12}^0\epsilon_{2t}+\alpha_{12}^1\alpha_{22}^0\epsilon_{2t-1}$。可以很容易地证明，在 $\alpha_{12}^1=0$ 或者 $\alpha_{12}^0=$

$\alpha_{22}^0=0$ 的情况下，上述模型中不存在 MA 成分。并且在 $\alpha_{12}^1=0$ 或者 $\alpha_{21}^0=\alpha_{22}^0=0$ 和 $\alpha_{21}^1=\alpha_{22}^1=0$ 的条件下，可以得到一个正确的 AR 长度，此外只有满足 $\alpha_{12}^1=0$ 以及 $\alpha_{12}^1=0$ 和 $\alpha_{22}^0=0$ 这两个条件之一，并且满足 $\alpha_{12}^0=0$ 的时候，冲击 ϵ_1 才对 y_{1t} 有一定影响。

从例题 4.34 和例题 4.35 中，我们可以获得一些想法。首先，如果相关的变量被忽略的话，那么就需要一个很长的滞后长度来白化残差。虽然较长的滞后长度并不总是等同于模型设定错误（例如，如果 y_t 是近似非平稳的，就需要很长的滞后长度来近似估计它的自协方差方程），在这些模型中进行推论仍然要多加小心。其次，两个利用不同变量来估计小规模模型的研究者可能会得到不同的新息变量，即使他们采用了相同的识别约束条件。最后，当被忽略的变量有可能错误地表达对行为冲击的相应的时间作用时，进行新息变量核算。

练习 4.47［吉奥丹尼(Giordani)］ 考虑一个粘滞价格模型，它是由一个总产出差额等式（$\text{gdpgap}_t=\text{gdp}_t-\text{gdp}_t^{\text{P}}$）、一个潜在的产出等式（$\text{gdp}_t^{\text{P}}$）和一个反向的菲利普斯曲线（在 π_t 处被正态化），以及一个适当形式的泰勒准则组成的：

$$\text{gdpgap}_{t+1}=a_1\text{gdpgap}_t-a_2(i_t-\pi_t)+\epsilon_{t+1}^{\text{AD}} \tag{4.49}$$

$$\text{gdp}_{t+1}^{\text{P}}=a_3\text{gdp}_t^{\text{P}}+\epsilon_{t+1}^{\text{CP}} \tag{4.50}$$

$$\pi_{t+1}=\pi_t+a_4\text{gdpgap}_t+\epsilon_{t+1}^{\text{CP}} \tag{4.51}$$

$$i_t=a_5\pi_t+a_6\text{gdpgap}_t+\epsilon_{t+1}^{\text{MP}} \tag{4.52}$$

最后一个等式含有一个误差项（货币政策冲击），这是由于中央银行可能并不总是按照最佳的方法来最小化问题。令 $\text{var}(\epsilon_{t+1}^i)=\sigma_i^2$，$i=\text{AD},\text{P},\text{CP},\text{MP}$，并假定 4 个冲击彼此互不相关。

(i) 我们认为紧缩的货币政策冲击对总产出具有一个滞后期的（反）作用，对通货膨胀具有两个滞后期的（反）作用。证明货币政策对于所有 t 不是 gdp_t^{P} 的格兰杰原因。

(ii) 推导出对于［$\text{gdp}_t,\text{gdp}_t^{\text{P}},\pi_t,i_t$］的 VAR 模型。写出影响系数的矩阵。

(iii) 推导出一个三变量系统［gdp_t,π_t,i_t］的表达式。把三个相互关联的冲击 e_t 记为 $e_t=[e_t^{\text{AD}},e_t^{\text{CP}},e_t^{\text{MP}}]$，它们的协方差矩阵是 Σ_e。求出在这种情况下的影响系数矩阵。

(iv) 证明即使当 $\epsilon_t^{\text{MP}}=0,\forall t$ 和 $\text{corr}(e_t^{\text{MP}},\epsilon_t^{\text{P}})<0$ 时，有 $\text{var}(e_t^{\text{AD}})>\text{var}(\epsilon_t^{\text{AD}})$ 和 $\text{var}(e_t^{\text{MP}})>0$。证明在一个三元的系统中，紧缩的货币政策冲击会产生正的通货膨胀响应［将这个结果和在(i)中得出的结果相比较］。

(v) 利用直觉来解释为什么从 VAR 模型中忽略潜在的总产出会导致一些问题。

从另一个角度来看待被忽略的变量也是很有必要的。假定一个正确的模型中包含 $m_1<m$ 个变量的部分具有如下 MA 表达式：

$$y_t=D(\ell)\epsilon_t \tag{4.53}$$

其中，ϵ_t 是一个 $m\times 1$ 阶向量，所以 $D(\ell)$ 是一个 $m_1\times m$ 阶矩阵，$\forall\ell$。假定一个研

究人员设定一个模型具有 $m_1 < m$ 个变量，并得到一个具有如下形式的 MA 表达式：

$$y_t = \widetilde{D}(\ell) e_t \tag{4.54}$$

其中，e_t 是一个 $m_1 \times 1$ 阶向量，$\widetilde{D}(\ell)$是一个 $m_1 \times m_1$ 阶矩阵，$\forall \ell$。通过联立(4.53)式和(4.54)式，我们可以得到 $\widetilde{D}(\ell) e_t = D(\ell)\epsilon_t$，或者令 $D^{\ddagger}(\ell)$是一个 $m_1 \times m$ 阶矩阵：

$$D^{\ddagger}(\ell)\epsilon_t = e_t \tag{4.55}$$

正如弗斯特和里皮(Faust and Leeper, 1997)所述，(4.55)式给了我们一个重要的结论。假定有 m^a 个同一类冲击和 m^b 个另一类冲击，$m^a + m^b = m$，并且 $m_1 = 2$。那么 e_{it}，$i = 1, 2$ 代表了由 $i' = a, b$ 类冲击的线性组合，当且仅当 $D^{\ddagger}(\ell)$是一个分块的对角矩阵。如果 $D^{\ddagger}(\ell) = D^{\ddagger}$，$\forall \ell$，并且 $D^{\ddagger}$是一个分块对角矩阵的时候，它可以很准确地代表当前的冲击。在所有其他情况下，估计的行为新息变量和各种不同类别的真正的新息变量相混合。

这些问题与模型的估计和识别是没有任何关系的。模型错误设定的发生是因为在当变量被忽略的时候，一个 VAR(q)被转化成 VAR(∞)，并且即使当小规模模型的 MA 表达式是已知的时候，也是如此。

例题 4.36 假设实际的结构性模型有 $m = 4$ 个冲击，存在两个供给冲击和两个需求冲击。此时，一个研究员估计一个二元 VAR 模型。在什么情况下，两个估计的结构性冲击可以准确地汇总同一类型的冲击？利用(4.55)式，我们可以得到：

$$\begin{bmatrix} D^{\ddagger}_{11}(\ell) & D^{\ddagger}_{12}(\ell) & D^{\ddagger}_{13}(\ell) & D^{\ddagger}_{14}(\ell) \\ D^{\ddagger}_{21}(\ell) & D^{\ddagger}_{22}(\ell) & D^{\ddagger}_{23}(\ell) & D^{\ddagger}_{23}(\ell) \end{bmatrix} \begin{bmatrix} \epsilon_{1t} \\ \epsilon_{2t} \\ \epsilon_{3t} \\ \epsilon_{4t} \end{bmatrix} = \begin{bmatrix} e_{1t} \\ e_{2t} \end{bmatrix}$$

因此，如果 $D^{\ddagger}_{13}(\ell) = D^{\ddagger}_{14}(\ell) = 0$，$e_{1t}$将只能代表第一类冲击；在 $D^{\ddagger}_{21}(\ell) = D^{\ddagger}_{22}(\ell) = 0$ 的情况下，e_{2t}仅能代表第二类冲击。此外，如果 $D^{\ddagger}_{13}(\ell) = D^{\ddagger}_{14}(\ell) = 0$，并且 $D^{\ddagger}_{1i}(\ell) = D^{\ddagger}_{1i}$，$\forall \ell, i = 1, 2$，那么 e_{1t}代表了当前的第一类冲击。

满足正确的总体性的条件是比较严格的。正如在下一个例子中说明的，它们至少在一种类型的 DSGE 模型中没能得到满足。这种问题很可能也存在于我们当前应用的其他宏观经济模型中。

例题 4.37 我们利用一个永久(技术)扰动和暂时的劳动力供给、货币和政府支出冲击等按照练习 2.14 中所给出的营运资金经济的模式来模拟数据。泰勒准则限定了货币政策的特征。利用产出和小时数的数据，我们可以估计一个二元 VAR 模型，并提取出一个永久性冲击和一个暂时性冲击，后者是依照它对总产出没有长期影响的前提识别的。表 4.3 给出了基于理论估计的冲击的一个分布滞后回归所得出的系数的估计值。t-统计量在括号中给出。最后一列给出一个 F-分布的 p-值，它除去了第一个等式中的货币扰动和第二个等式中的技术扰动。估计出来的供给冲击混合了当前的和滞后的货币与技术扰动，然而对于估计的需求冲击，当前和滞后的货币扰动会起到一定作用，但是只有当前的技术扰动才是比较重要的。这个模式与样本容量无关。

表 4.3 模拟数据的回归，t-统计值在括号中给出

	技术冲击			货币冲击			
	0	−1	−2	0	−1	−2	p-值
估计值	1.20	0.10	0.04	0.62	−0.01	−0.11	
永久性冲击	(80.75)	(6.71)	(3.05)	(45.73)	(−0.81)	(−8.22)	0.000
估计值	−0.80	0.007	0.08	0.92	−0.48	−0.20	
暂时性冲击	(−15.27)	(0.13)	(1.59)	(19.16)	(−10.03)	(−4.11)	0.000

练习 4.48[库里和道耶尔(Cooley and Dwyer)] 从一个模型中模拟数据，在这个模型中，一个具有代表性的机构在 $p_t c_{1t} \leqslant M_t + (1+i_t)B_t + T_t - B_{t-1}$ 和 $c_{1t} + c_{2t} + \text{inv}_t + M_{t+1}/p_t + B_{t+1}/p_t \leqslant w_t N_t + r_t K_t + M_t/p_t + (1+i_t)B_t/p_t + T_t/p_t$ 的约束下，使 $E_0 \sum_t \beta^t [a \ln c_{1t} + (1-a) \ln c_{2t} - \vartheta_N N_t]$ 最大化，其中，$K_{t+1} = (1-\delta)K_t + \text{inv}_t$，$y_t = \zeta_t K_t^{1-\eta} N_t^{\eta}$，$\ln \zeta_t = \rho_\zeta \ln \zeta_{t-1} + \epsilon_{1t}$，$\ln M_{t+1}^s = \ln M_t^s + \ln M_t^g$，$M_t^g$ 是一个常数，$\rho_\zeta = 0.99$（你也可以自由选择其他参数，但是请解释清楚所选的原因）。考虑一个由总产出和小时数构成的二元系统，证明标准单位根检验不能够拒绝总产出的原假设，但是可以拒绝小时数的原假设。利用需求冲击对总产出没有长期影响这个约束条件，绘出在理论上和在 VAR 模型中总产出和小时数的响应。是否有违背理论经济的某些特性？

在 4.5 节中，我们已经知道了在一个恰好识别的系统模型中，对于经济系统的求解，两阶段估计法和直接两阶段最小二乘法是等效的。由于经济冲击是依赖于识别条件的，我们可能会发现，在一些情况下，2SLS 可以得到很好的估计量，这是因为它们和结构性冲击高度相关，所以它们可以作为结构性冲击的工具变量。但是，在其他一些情况下，它们就可能得出很不理想的估计结果。库里和道耶尔(Cooley and Dawyer，1998)提供了一个很好的例子，通过改变识别条件，工具变量和经济冲击之间的关联由强到弱，所以就导致了工具变量的失效(参见第 5 章)。因此，如果担心这样的问题会发生，就应该采用最大似然法进行估计。

查理(Chari，2005)也在最近提出，一些经济模型可能并没有一个有限阶的 VAR 表达式。当一些变量可以从模型的解中得到的时候，这个问题也可能发生(参见例题 4.34 和例题 4.35)。第 6 章给出了一个充分条件，保证了有限阶的 VAR 模型可以很好地近似于 DSGE 模型的解。当这些条件不能够被满足的时候，我们利用有限阶可识别的 VAR 模型所做的一些经济推论，可能就和 VAR 模型试图去近似得到的动态结果毫无关系。我们将会在下一个例题中说明这个问题的具体内容。

例题 4.38 考虑在 3.3.1 节中所应用的布兰夏德—柯模型的最简单的形式。这个模型包含 4 个变量(GDP、通货膨胀、就业率和实际工资)，但是最后的结果汇聚到两个等式中——其中一个是 GDP 增长，另一个是失业率，这两个等式具有如下形式：

$$\Delta \text{GDP}_t = \epsilon_{3t} - \epsilon_{3t-1} + a(\epsilon_{1t} - \epsilon_{1t-1}) + \epsilon_{1t} \tag{4.56}$$

$$\text{UN}_t = -\epsilon_{3t} - a\,\epsilon_{1t} \tag{4.57}$$

很容易证明，一个有限阶的 VAR 可能不能够近似得到这个模型的理论动态变化。为了证明这一点，我们令 $a=0.1$，并在图 4.6 中得出总产出和失业率对于两个冲击理论上的响应，这个响应是利用 VAR(1)和 VAR(4)得到的，其中，计量经济学家利用了正确(但是简化了)的 VAR 相关系数。虽然从 VAR(1)到 VAR(4)有一定的提高，但是即使利用 VAR(4)，一些真正理论上的响应的估计结果还是很不理想。由于一个 VAR(q)，$q>4$ 具有可以同 VAR(4)完全区别开来的响应——更长的 VAR 滞后长度的矩阵都是 0——没有有限阶的 VAR 可以得到(4.56)式和(4.57)式。

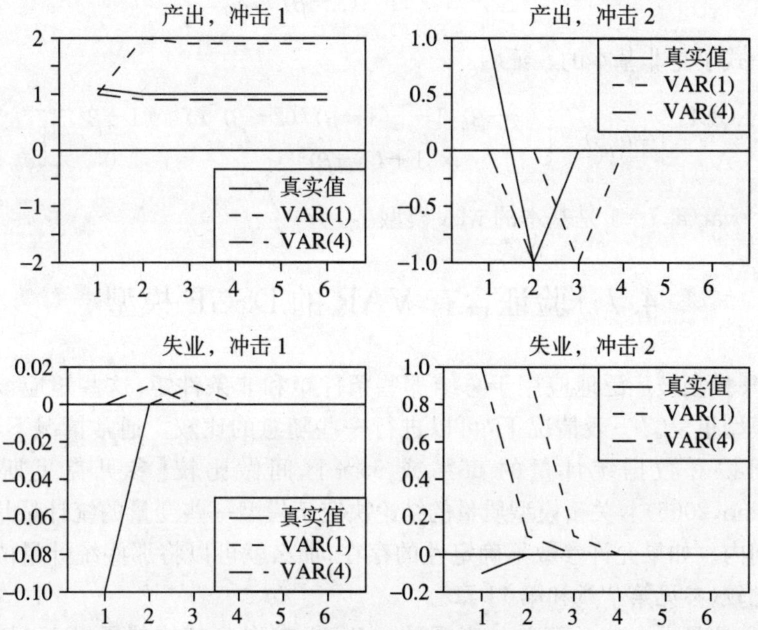

图 4.6　布兰夏德—柯模型中的响应

最后，很有必要再强调一点，有很多经济模型都产生非沃尔分解[参见里皮(Leeper，1991)、柯(Quah，1990)，以及汉森和萨金特(Hansen and Sargent，1991)]。因此，检验那些带有标准 VAR 的模型是没有意义的。当研究人员怀疑有问题存在时，就应该在检验经济和简化的 VAR 之间的映射之前，利用布拉什克因子去构造非基本的沃尔表达式。其结果依赖于所应用的表达式。例如，利比和莱希林(Lippi and Reichlin，1993)给出了一个布兰夏德和柯(Blanchard and Quah，1989)的模型的非沃尔形式，这实际上就需求和供给冲击在产生经济周期波动上的相对重要性给出了相反的结论。

练习 4.49(柯)　考虑一个包含三个等式的永久收入模型：

$$\left.\begin{aligned} c_t &= r\mathrm{We}_t \\ \mathrm{We}_t &= \mathrm{sa}_t + [(1+r)^{-1}\sum_j (1+r)^{-j} E_t \mathrm{GDP}_{t+j}] \\ \mathrm{sa}_{t+1} &= (1+r)\mathrm{sa}_t + \mathrm{GDP}_t - c_t \end{aligned}\right\} \tag{4.58}$$

其中，c_t 代表消费，We_t代表财富，r 是(恒定的)实际利率，sa_t代表储蓄，$\Delta GDP_t = D(\ell)\epsilon_t$ 是劳动收入。证明对于消费和产出增长的一个二元表达式是：

$$\begin{bmatrix}\Delta GDP_t\\ \Delta c_t\end{bmatrix}=\begin{bmatrix}A_1(\ell) & (1-\ell)A_0(\ell)\\ A_1(\beta) & (1-\beta)A_0(\beta)\end{bmatrix}\begin{bmatrix}e_{1t}\\ e_{0t}\end{bmatrix}$$

其中，$\beta=(1+r)^{-1}$，e_{1t}是一个永久性冲击，e_{0t}是一个暂时性冲击。求得 $A_1(\ell)$和$A_0(\ell)$。证明如果 $\Delta GDP_t=\epsilon_t$，那么表达式将会简化成：

$$\begin{bmatrix}\Delta GDP_t\\ \Delta c_t\end{bmatrix}=\begin{bmatrix}1 & (1-\ell)\\ 1 & (1-\beta)\end{bmatrix}\begin{bmatrix}e_{1t}\\ e_{0t}\end{bmatrix}$$

并且这个式子是非基本的。证明：

$$\begin{bmatrix}\Delta GDP_t\\ \Delta c_t\end{bmatrix}=b(\beta)^{-1}\begin{bmatrix}(2-\beta)\{1-[(1-\beta)/(2-\beta)]\ell\} & (1-\beta\ell)\\ 1+(1-\beta)^2 & 0\end{bmatrix}\begin{bmatrix}\tilde{e}_{1t}\\ \tilde{e}_{0t}\end{bmatrix}$$

$\mathrm{var}(\tilde{e}_{0t})=\mathrm{var}(\tilde{e}_{1t})=1$ 是基本的 MA 模型。

4.7　验证含有 VAR 的 DSGE 模型

VAR 模型被广泛地应用于总结那些条件矩和非条件矩，这些矩应该可以被"好"的模型重复。一般情况下，可以进行一些随意的比较。通常情况下，模型的统计量可以和数据统计量的 68%或 95%区间做比较[参见克里斯蒂安诺(Christiano，2005)]，关于模型质量的结论决定于模型一些变量的统计量是否在一定的区间内。如果允许参数不确定性的存在，那么就可以将那些统计量的后验分布进行比较(参见第 7 章和第 11 章)。

然而，这是一个非常简单的直观的方法，也有许多其他的通过 VAR 来检验 DSGE 理论的方法。例如，在加诺瓦等人(Canova et al.，1994)中，RBC 模型中存在一些由永久性技术冲击所产生的理论上的协整性约束条件，一个 VAR 模型受这些约束条件的制约，我们可以采用一些标准的工具去检验这些约束条件。如果一些定性的条件比定量的条件更强，并用来约束数据，同时这些约束条件是用于模型识别而不是估计的话，那么它们的观点和实际应用性就可以得到推广。

由于 DSGE 模型太过简单而不能把握数据复杂的概率本质，所以从某种角度上来说，它们是设定有误的。因此，把它们的结果和原始数据做比较可能没有什么意义：如果某个人足够苛刻，数据也足够充分，那么它总是可以找到数据结果在统计学上或者经济学上的巨大差异。经济学家和政策制定者都借助 DSGE 模型来解释经济是如何对外生变量的意外冲击做出响应的。因此，在一个意外的利率上升之后，可能普遍都认为总产出会有一定下降，但是这种冲击的影响到底有多大、总产出对其响应的时间有多久却是不确定的。在第 5 章和第 6 章中所讲授的一些技巧，并不能很好地消除这种不确定性。例如，利用最大似然法(ML)进行估计和检验，需要整个模型是修正的 DGP(一直到不相关的测量误差)。广义矩估计法和模拟估计量都只集中在模型设定错误相对较小的方面(例如，欧拉方程或者广泛的比值)。然而,模型的估计和验证都需要模型的这些方面在原假设条件下在数量上是正确的。如果一个人对一组模型的定性分析的结果已经很满意,不愿意再去定量地将其部分或者全部作为原假设的前提条件来加以考虑的话,那么 4.5.3 节中介绍的方法可以用来设计一个简单有限信息准则,来检验任何模型的拟合程度或者检验两个模型各自相对的优势。

我们在这里提出的方法是与 VAR 模型所隐含的最低要求的哲学识别相一致的。事实上,我们可以利用理论中最没有争议的定性推论来识别数据中的经济冲击。一旦数据和模型中的冲击被强制加上相似的性质,那么它们两者在维度上的差异可以很容易地被检验出来。我们将在下面一个算法中归纳这种方法的主要特征。

算法 4.7

(1) 找到一组模型的定量、稳健的条件。

(2) 用这些条件的子集去识别实际数据中的冲击。如果数据不符合模型定量、稳健的约束条件,则停止验证模型。

(3) 如果理论的约束条件可以在数据中得到体现,那么定性地验证模型(例如,利用对冲击的响应的符号和形状,对最大值和最小值的响应的模型,等等)。

(4) 如果有多个模型可供选择,则通过验证性质检验模型。

(5) 如果步骤(3)和(4)的条件都得到满足的话,则需要通过政策分析来检验模型,这时就要将模型和数据从数量上进行比较。

(6) 如果有必要的话,则利用模型的稳健条件的另一个子集重复步骤(2)~(5)。

(7) 如果理论和数据之间存在不匹配的现象,保持步骤(1)中的约束条件不变,改变模型并重复步骤(3)和/或 (5)来验证是否有所改进。否则,就进行到政策性分析。

关于算法 4.7,存在一些评论。在步骤(1)中,我们要求理论的约束条件是稳健的,即与参数化和/或初始方程的形式无关。这里的主要意图是,避免一些只会在理论上的一些特殊情况中出现的约束条件。在步骤(2)中,我们强化数据的一些冲击,并要求模型在性质上是相似的。在步骤(2)~(7)中,我们从不同层次进行了检验:首先,我们检验了数据是否满足约束条件;其次,我们检验了模型的定性的动态特征;最后,我们从数量上考虑模型的一些特征。定性分析应该是定量分析的前提条件:许多模型经过定性分析就可以舍弃。同样,为了使这种检验更有意义,我们应该采用和统计学上相反的经济上的差异检验方法来检验模型。

上述算法比较简单,计算也比较简便,这一特点和 ML 以及我们在第 11 章讲述的方法相比较尤为突出;结果的可重复性比较强;当模型是实际数据的非常简单化的描述的时候,这个模型也可以应用;可以被用来检验模型的一维或多维情况。因此,它实际上提供给我们一个灵活的有限信息准则,并且可以根据研究人员的意愿使条件变得更加宽松或者更加苛刻。我们将用一个例子来具体说明算法 4.7。

例题 4.39 我们考虑一个营运资金(WK)模型和一个粘滞价格(SP)模型来研究不同货币政策下的福利成本。我们将注意力集中在练习的第一步上,即检验哪一个模型更适于回答政策方面的问题。

加诺瓦(Canova, 2002a)说明了,作为对技术和货币政策冲击的响应,这两个模型都产生了一些稳健的符号约束条件。例如,作为对政策性扰动的响应,WK经济模型产生了同时向相反方向变化的通货膨胀和总产出、通货膨胀和实际平衡、通货膨胀和期限结构的坡度,以及同时向相同方向变化的总产出和实际平衡。在SP经济模型中,通货膨胀和总产出及其滞后都是正向同期相关的,和总产出的前导是负向同期相关的。通货膨胀和实际平衡之间的关系在任何地方都是负相关的,在总产出和实际平衡之间,对于实际平衡的滞后是正相关的,对其同期和前导都是负相关的。最后,通货膨胀和期限结构的坡度在任何地方都是负相关的。我们可以利用其中一部分或者全部约束条件来刻画货币冲击。这里,我们选择了WK模型中总产出、通货膨胀和期限结构坡度的同期横向相关的约束条件,同时选择了SP模型中总产出、通货膨胀和实际平衡的横向相关的约束条件。我们将上述条件施加于一个由总产出、通货膨胀、实际平衡、期限结构的坡度和劳动生产率构成的VAR模型,利用从1980:1到1998:4时期的美国、英国和欧元的数据。

我们发现,WK的符号约束不能够揭示英国的货币冲击,SP中的符号约束也不能在欧元区产生货币冲击。也就是说,在10 000个抽取的样本中,对于ω和$\mathcal{H}_{i,i'}(\omega)$,我们只能找出不到0.1%的样本是满足约束条件的。由于简化式残差的组合不能产生对于总产出、通货膨胀和期限结构坡度(或者实际平衡)具有符号约束条件的横向关系,在至少一个数据库中,两个模型都和其货币冲击响应的动态移动不相符。有人可能会在这一步停止,然后重新设置模型,或者利用数据中满足约束条件的部分继续进行检验,例如,已识别的货币冲击的其他VAR变量的动态响应。

对于为什么一个实际平衡(或者坡度)和劳动生产力的比较可能更好得说明模型对数据近似估计的质量,这里至少有两点原因。首先,我们想要了解已识别的货币冲击是否对流动性产生影响,这一点在两个模型中都有所体现。这里,可以利用一个简单的检验来判断一个识别方法是否有意义[参见高登和里皮(Gordon and Leeper, 1994)]。

其次,通常可以运用劳动生产力的动态变化来区分弹性价格实际商业周期和经济波动的粘滞价格需求驱动的解释[参见加利(Gali, 1999)]。由于在两个模型中,劳动生产力对于紧缩的货币冲击是相似的(小时数比总产出下降得更快,劳动生产力提高),检验定性的数据是否符合预测是很有意思的。

图4.7描述了对于每个数据库的两个变量的响应(直线)以及从两个模型中得到的响应(虚线),标准化以使得货币政策的新息是一致的。这里可以得到两个结论。第一,WK中的识别方法不能够揭示美国和欧元区的劳动生产力的响应的符号和形状,并且在欧元区产生缺乏流动性效应的货币扰动。第二,在SP模型识别方法中,货币冲击产生的期限结构的坡度的响应在美国就会有错误的符号,利用英国的数据就缺乏持续性。

由于两种理论产生的动态变化在性质上都与数据不相符,所以我们发现模型在数量的预测方面很难令人满意就不足为奇了。例如,向前24步预测美国货币冲击对总产出影响的方差的比例在WK模型的设定下为11%~43%,在SP模型的

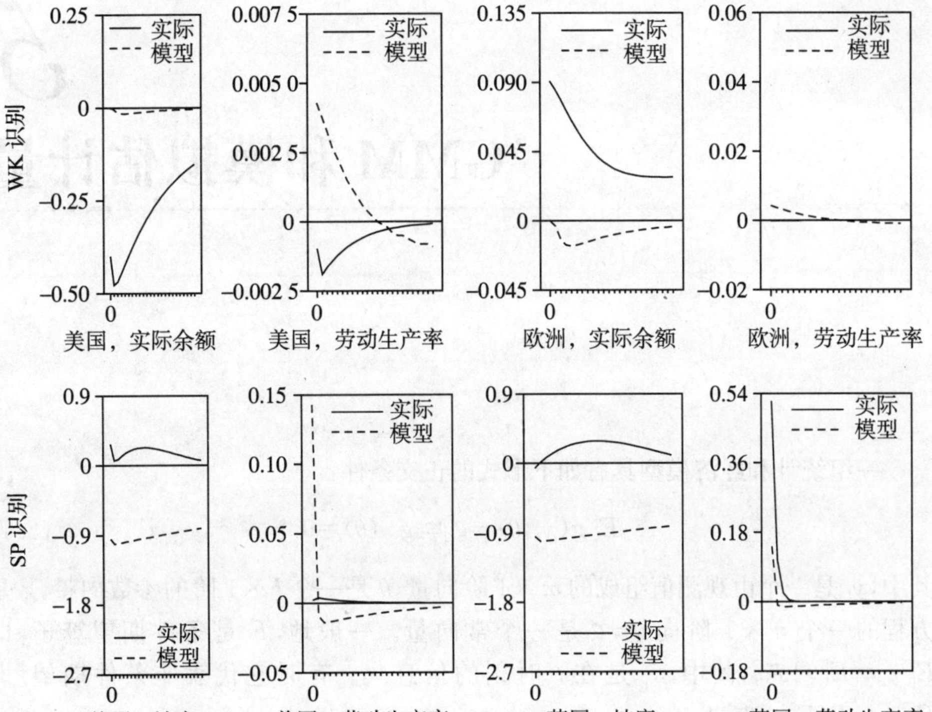

图 4.7 货币冲击的响应

设定下为 3%～34%。通过比较，在两个模型中，不论是否利用参数化，货币扰动都占了总产出方差的 1%。因此，两个模型都缺少内部传播。

鉴于模型和数据间的不匹配，有些人可能会在回答政策性问题之前重新绘制图表。加诺瓦(Canova，2002a)证明了，提高产能利用和/或劳动力囤积并不足以提高模型质量上的匹配性。然而，是否其他的因素会影响产出还不能确定。

练习 4.50［德多拉和涅里(Dedola and Neri)］ 考虑一个具有消费习惯持续性和高度持续但不平稳的技术冲击的标准的 RBC 模型。检验当消费习惯程度(γ)、利用率参数(φ)、生产中的小时数比例(η)、贬值率(δ)和技术冲击持续性(ρ_ζ)在一个合理的范围中变化时，在总产出、小时数和劳动生产率之间是否存在稳健的符号约束条件。当稳健的符号约束条件用于识别数据中的技术冲击时，利用一个包含劳动生产力、实际工资、小时数、投资、消费和总产出的 VAR，检验模型拟合数据的情况。

练习 4.51［帕帕(Pappa)］ 在一个带有垄断性竞争公司的简单的粘滞价格模型中，任何一个可以移动总体需求曲线的变化(例如，政府冲击)都可以导致劳动力需求曲线的移动，进而导致小时数和实际工资的同时变动。另外，在一个简单的弹性价格模型 RBC 中，政府消费既可以移动总供给曲线，也可以移动总需求曲线。由于前者的参数变化比后者的大，所以就会产生小时数和实际工资的同时负向变化。利用带有劳动生产力、小时数、实际工资、投资、消费和总产出的 VAR，证明 RBC 形式的模型是否可以比一个粘滞价格垄断竞争模型更好地拟合数据。

5 GMM 和模拟估计量

一组统计和经济模型具有如下形式的正交条件：

$$E[g(y_t,\theta)-\varrho]\equiv g_\infty(\theta)=0 \tag{5.1}$$

其中，y_t 是一个由观测值组成的 $m\times 1$ 阶向量，θ 是一个 $k\times 1$ 阶的参数向量，g 是方程的一个 $n\times 1$ 阶向量，ϱ 是一个常向量。一般地，E 是条件期望算子，即 $E[\cdot]\equiv E[\cdot|\mathcal{F}_t]$，其中，$\mathcal{F}_t$ 是在 t 时刻的信息集。有时它代表非条件期望，即 $E[\cdot]\equiv E(E[\cdot|\mathcal{F}_t])$。

如同公式(5.1)形式的正交条件可以通过不同时期之间的最优化问题的一阶条件获得，其中，θ 包含了偏好和技术参数，y_t 是模型的内生和外生变量；然而，它们从平稳状态的关系中产生，或者在(时间序列)回归模型中的识别条件中出现。

当模型(5.1)被认为是代表了真实数值数据生成过程(DGP)，我们可以利用不同的方法来估计 θ。例如，考虑 $E[g(y_t,\theta)]=g(y_t,\theta)-e_t$，其中，$e_t$ 为预期误差，我们可以利用非线性最小二乘法(NLLS)估计 θ。或者，在以下两种条件——(a) y_t 的分布性质是经过设定的；(b)一个显性的闭合解——下运用最大似然法(ML)，得到一个利用参数和外生变量的函数的形式，将内生变量表示出来。很明显，在非线性模型中，(b)是很难得到的。另外，如果 n 非常大的话，NLLS 和 ML 在计算时都会很繁琐。最后，当 y_t 包含内生变量的时候，分布假设可能很难成立。

我们在本章讲述的方法都是用来估计 θ，并且在对分布假设和内生变量的显性解不做过多要求的情况下来检验(5.1)式的有效性。这里的方法可以应用于线性模型设定，也可以用于非线性的模型设定；可以用于单变量($n=1$)情况，也可以用于多变量情况；并且它只需要相对比较弱的正则条件就可以产生性质比较好的估计量。在最初的框架中，我们至少施加了一个约束条件，这就是 y_t 只包含可观测的变量。之后，我们将会逐渐放宽约束条件，允许 y_t 中的一些成分不可观测。

我们在本章中所讨论的方法都是一类有限信息条件的方法。也就是说，估计和检验都受到如同(5.1)条件的约束。因此，虽然模型可能会产生多余的等式，但是它对于数据的近似程度只能够通过(5.1)式进行检验。在 DSGE 模型的条件下，这并没有太多的约束作用；事实上，最优化条件和约束条件都隐含了如(5.1)式一样的限制条件。

5.1 广义矩估计和其他标准估计量

定义 5.1 令 $g_\infty(\theta)$ 是 $g(y_t,\theta)-\varrho$ 的总体均值，令 $g_T(\theta)=(1/T)\sum_{t=1}^T[g(y_t,\theta)-\varrho]$ 是样本均值，并且令 W_T 是一个对称、正定的 $n\times n$ 阶矩阵。那么一个广义矩(GMM)估计量 θ_T 求解：

$$\underset{\theta}{\operatorname{argmin}}[g_T(\theta_T)-g_\infty(\theta)]'W_T[g_T(\theta_T)-g_\infty(\theta)] \tag{5.2}$$

一个GMM估计量使得正交性条件的样本形式更加“接近”于它们总体的正交性条件，矩阵 W_T 揭示了这种“接近”的具体含义是什么。因此，GMM是和其他一些估计量是相似的。例如，最小距离估计量[参见梅林瓦得(Malinvaud，1980)]也可以求解一个如同(5.2)式一样的问题，但是 $g_T(\theta)-g_\infty(\theta)$ 却没有表示出样本和总体正则条件的差异。另外，在极值估计中，能够使判别函数最大化的估计量[参见雨宫(Amemiya，1985)]也可以通过类似(5.2)式的问题得到。

定义5.1也包含了一些比较重要的子情况。例如，在许多设置中有 $g_\infty(\theta)=0$，其中，GMM估计量令正交条件的样本形式为0。在其他问题中，期望是以时间 t 的信息为条件的。因此，如果 $E_t[g_{1t}(\theta)]=0$，其中，g_1 是一个标量函数，我们也可以得到对于任意一个 $z_t\in\mathcal{F}_t$，满足 $g_\infty(\theta)=E[z_tg_{1t}(\theta)]=0$，在这种情况下，(5.2)式的解生成了一个广义工具变量(GIV)估计量。当 z_t 是一个常数的时候，条件和非条件的期望是一致的，所以GMM和GIV是一致的。

我们在下面给出一个经济模型的例子，其中，如同(5.1)式的正交条件作为这个问题最优化条件的一部分。

例题 5.1 假设一个社会规划人员通过选择 $\{c_t,N_t,K_{t+1}\}_{t=0}^\infty$ 来使 $E_0\sum_t\beta^tu(c_t,(1-N_t))$ 最大化，约束条件为 $c_t+K_{t+1}\leqslant f(K_t,N_t)-G_t+(1-\delta)K_t$，其中，$N_t$ 是工作小时数，K_t 是资本存量，G_t 是一个随机的政府支出扰动项。该问题的一阶条件隐含了具有如下形式的欧拉等式：

$$E_t\left[\beta\frac{U_{c,t+1}}{U_{c,t}}[f_K+(1-\delta)]-1\right]=0 \tag{5.3}$$

其中，$f_K=\partial f/\partial K$，$U_{c,t}=\partial u/\partial c_t$。对于 $g(y_t,\theta)=\beta(U_{c,t+1}/U_{c,t})[f_K+(1-\delta)]$ 和 $\varrho=1$，等式(5.3)满足条件(5.1)。

例题 5.2 在练习2.18的模型中，垄断竞争行业的工人工资设定方程为：

$$E_t\sum_{j=0}^\infty\beta^j\zeta_{\mathrm{w}}^j\left[\frac{\pi^jw_t}{(1+\varsigma_{\mathrm{w}})p_{t+j}}U_{c,t+j}+U_{n,t+j}\right]N_{t+j}=0 \tag{5.4}$$

其中，β 是贴现因子，$U_{c,t+j}(U_{n,t+j})$ 是在 $t+j$ 时刻的消费(劳动力)的边际效用，p_t 是价格水平，π 是平稳状态通货膨胀率，w_t 是工资率，ς_{w} 是劳动力集合的参数，$N_t=(\int N_t(i)^{1/(1+\varsigma_{\mathrm{w}})}\mathrm{d}i)^{1+\varsigma_{\mathrm{w}}}$，$i\in[0,1]$，$1-\zeta_{\mathrm{w}}$ 是指在每个 t 时刻被允许改变工资的工人部分。那么，对于 $g(y_t,\theta)=\sum_{j=0}^\infty\beta^j\zeta_{\mathrm{w}}^j[(\pi^jw_t/(1+\varsigma_{\mathrm{w}})p_{t+j})U_{c,t+j}+U_{n,t+j}]N_{t+j}$ 和 $\varrho=0$，(5.4)式满足条件(5.1)。

练习 5.1 假定各个机构在恒定的约束条件 $c_t+\mathrm{sa}_{t+1}\leqslant w_t+(1+r)\mathrm{sa}_t$ 下，通过选择 $\{c_t,\mathrm{sa}_{t+1}\}_{t=0}^{\infty}$ 来使得 $E_0\sum_t\beta^t u(c_t-\gamma c_{t-1})$ 最大化，其中，w_t 是外生的劳动者工资，sa_{t+1} 是在 $t+1$ 时刻到期的存款总量，并且对于任何 t 都有 $r_t=r$。试给出这个问题的正交性条件。在什么情况下，消费是一个鞅过程？

可以注意到，通过求解练习 5.1 中的预算约束条件，并假定 $\lim_{j\to\infty}\mathrm{sa}_{t+j}=0$，我们可以得到 $c_t+\sum_j(1+r)^{-j}c_{t+j}\leqslant w_t+\sum_j(1+r)^{-j}\times w_{t+j}+\mathrm{sa}_t$。当 $\gamma=0$ 且 $U(c_t)=\ln c_t$ 时，最优储蓄决策隐含了一个生命周期消费函数 $c_t=(1-\beta)\times[w_t+\mathrm{sa}_t+E_t\sum_j(1+r)^{-j}w_{t+j}]$，它也是一个正交性条件。

练习 5.2 一类资产定价模型会产生如下形式的条件：

$$E_{t-1}r_{it}=\mathrm{rp}_{0,t-1}+\sum_{j=1}^{J}\alpha_{ij}\,\mathrm{rp}_{j,t-1},\quad i=0,1,\cdots,m \tag{5.5}$$

其中，r_{it} 是资产 i 从 $t-1$ 时刻到 t 时刻的资产收益率，$\mathrm{rp}_{j,t-1}$ 是市场上预期风险溢价（条件预期超出收益），α_{ij} 是资产 i 相对于第 j 个风险因子的条件贝塔值。这里，$\mathrm{rp}_{j,t-1}$ 是潜在因子。

令 $\tilde{r}_{it}=r_{it}-r_{0t}$，其中，$r_{0t}$ 是任意选定的资产的收益。证明(5.5)式隐含了 $E_{t-1}(\tilde{r}_t)=\mathrm{rp}_{t-1}\theta$，其中，$\theta$ 是一个 $J\times m$ 阶矩阵，它的各个元素为 $\theta_{ij}=\alpha_{ij}-\alpha_{0j}$。证明对于任意一个分区 $\tilde{r}=(\tilde{r}_1,\tilde{r}_2)$，$E_{t-1}\tilde{r}_{2t}$ 必须与 $E_{t-1}\tilde{r}_{1t}$ 成比例。为了估计这个比例因子，需要设定怎样的正交条件？

如同(5.1)式的条件在基于消费的资产定价模型中也经常使用。

例题 5.3 假定一个代表性主体通过在 $c_t+B_{t+1}+p_t^{\mathrm{s}}S_{t+1}\leqslant w_t+(1+r_t)B_t+(p_t^{\mathrm{s}}+\mathrm{sd}_t)S_t$ 的约束条件下选择 $\{c_t,B_{t+1},S_{t+1}\}_{t=0}^{\infty}$ 来使 $E_0\sum_t\beta^t U(c_t)$ 最大化，其中，B_t 是一个周期的债券持有量，S_t 是股票持有量，sd_t 是在 t 时刻的分红，r_t^{B} 是债券收益，p_t^{s} 是 t 时刻的股票价格。最优化条件意味着：

$$E_t\left[\beta\frac{U_{c,t+1}}{U_{c,t}}\frac{p_{t+1}^{\mathrm{s}}+\mathrm{sd}_{t+1}}{p_t^{\mathrm{s}}}-1\right]=0 \tag{5.6}$$

$$E_t\left[\beta\frac{U_{c,t+1}}{U_{c,t}}(1+r_{t+1}^{\mathrm{B}})-1\right]=0 \tag{5.7}$$

上面的第一个条件是针对股票的，第二个条件是针对债券的。通过设定 $g_1(y_t,\theta)=\beta[(U_{c,t+1}/U_{c,t})(p_{t+1}^{s}+\mathrm{sd}_{t+1})/p_t^{s}]$ 和 $g_2(y_t,\theta)=\beta[(1+r_{t+1}^{B})U_{c,t+1}/U_{c,t}]$，以及 $\varrho_1=\varrho_2=1$，等式(5.6)和(5.7)就可以满足条件(5.1)。

总的来说，理性预期模型会呈现出一些跨时期的联系，这些模型至少生成一个等式，其中部分变量的一些函数的条件期望需要设置为 0。此外，如同(5.1)式的结构在现代宏观经济中是比较普遍的。为未来提供参考，注意到，在例题 5.1 中，我们有一个正交性条件和至少两个参数(β,δ)需要估计。相反，在例题 5.3 中，如果效用是对数形式的，我们有两个正交性条件和一个参数(β)需要估计。因此，在第一种情况下，我们需要通过利用工具变量来产生人工正交性条件；在第二种情况下，我们需要加权利用(5.6)式和(5.7)式中的信息去估计 β。

许多计量和时间序列估计量都是从如同(5.1)式的正交条件中得到的。我们下面就介绍几个例子。

例题 5.4 令 $f(y_t,\theta)$ 是 y_t 的密度函数。分别令 $E(y_t^i(\theta))=\int y_t^i f(y_t,\theta)\mathrm{d}y_t$ 和 $\hat{y}_T^i=(1/T)\sum_{t=1}^T y_t^i$ 为 y_t 的总体和样本的第 i 阶矩。一个矩量法估计量 θ_{MM} 可以求解 $E(y_t^i(\theta))=\hat{y}_T^i, i=1,\cdots,k$。因此，$g_i(y_t,\theta)=[y_t^i-E(y_t^i(\theta))]$，并且 $\varrho=0$。

注意到，例题 5.4 中的估计量需要存在 k 阶矩，但是并没有特定说明研究人员应该应用哪一个。由于不同的矩会产生不同的估计量，所以矩估计法并不是很有效。正如我们将会看到的，GMM 估计量可以消除这种非有效性。

例题 5.5 令 $y_t=x_t\theta+e_t$，其中，$E_t(x_t'e_t)=0$，y_t 是一个标量，x_t 是一个 $1\times k$ 阶向量。在等式的前面乘以 x_t'，然后求得条件期望，我们可以得到 $E_t(x_t'y_t)=E_t(x_t'x_t)\theta+E_t(x_t'e_t)$。令 $y=(y_1,\cdots,y_t)'$ 和 $x=(x_1,\cdots,x_t)'$。那么，$\theta_{OLS}=(x'x)^{-1}x'y$ 就是对 $g(x_t,\theta)\equiv x_t'y_t-x_t'x_t\theta=x_t'e_t$ 的 GMM 估计量。

练习 5.3 假定在例题 5.5 中，$E_t(x_t'e_t)\neq 0$。令 z_t 是一个满足条件 $E_t(z_t'e_t)=0$ 并且与 x_t 相关联的工具变量的集合。求得在这种情况下的正交性条件。给出 θ_{IV} 可以求解的 g 函数。

当 g 在 θ 中是线性的，可以很容易就找到能够使问题最小化的一组解。当 g 是非线性的时候，可以通过迭代的方法来得到估计量。

例题 5.6 假定 $y_t=\mathfrak{H}(x_t,\theta)+e_t$，$E_t[\mathfrak{H}(x_t,\theta)'e_t]\neq 0$，并且存在一个集合 z_t，其元素与 x_t 相关联，并且 $E_t[z_t'e_t]=0$。那么 $E_t[z_t'e_t]=E_t[z_t'(y_t-\mathfrak{H}(x_t,\theta))]=E_t[g(y_t,z_t,x_t,\theta)]=0$。因此，$\theta_{NLIV}$ 就是对于 $g(y_t,z_t,x_t,\theta)=z_t'(y_t-\mathfrak{H}(x_t,\theta))$ 的一个 GMM 估计量。

练习 5.4 考虑在 $E_t(\mathfrak{H}(x_t,\theta)'e_t)=0$ 的条件下，例题 5.6 中的 NLLS 估计量，说明 NLLS 求解的正交性条件。

令人感到诧异的是，一个最大似然估计量也可以求解正交性条件。令 $\{y_t\}_{t=0}^T$ 是一个密度为 $f(y_t,\theta)$ 的随机过程。令 $\mathcal{L}_T(\theta)=\sum_{t=1}^T \ln f(y_t,\theta)$ 是一个包含 T 个观测值的样本的对数似然函数。如果 $\mathcal{L}_T(\theta)$ 是严格凹的并且是可微分的，$\partial\mathcal{L}_T(\theta)/\partial\theta'=0$ 是最大值的充分条件。因此，如果 $g(y_t,\theta)=(1/T)\partial\mathcal{L}_T(\theta)/\partial\theta'=(1/T)\times\sum_{t=1}^T \partial f(y_t,\theta)/\partial\theta'$，并且 $E[\partial\ln f(y_t,\theta)/\partial\theta']=0$，$\theta_{ML}$ 是一个 GMM 估计量。考虑到如果 $\mathcal{L}(\theta)$ 不是完全凹的，那么 θ_T 可能会和直接评估似然函数所得到的 θ_{ML} 不一致，因为前者可能只得到了一个局部似然的最大值。

练习 5.5 考虑一个 $m\times 1$ 阶 VAR(q)：$y_t=A(\ell)y_{t-1}+e_t$，并且 $e_t\sim$ i. i. d. $(0,\Sigma_e)$，$E_t(e_te_{t-\tau}')=0$，$\forall\tau\neq 0$。证明 $E_t(y_ty_{t-1}')=\mathbb{A}E_t(y_{t-1}y_{t-1}')$，其中，$\mathbb{A}$ 是矩阵 $A(\ell)$ 的伴随形式。给出当 $\theta=\mathrm{vec}[\mathbb{A}_1]$ 并且 $\mathbb{A}_1$ 是 $\mathbb{A}$ 前 m 行时的 g 函数。

由于这类 GMM 估计量比较密集，有一些不太常用的估计量并不在这个框架之中。下面就是这样一个例子。

例题 5.7(稳健估计量) 考虑例题 5.5 的模型，但是这里假定忽略异常值。一种方法就是使 e_t 在一个规定范围内的平方和最小，也就是说，$\min(\sum_t e_t^2)\times\mathcal{I}_{[e,\bar{e}]}$，其中，$\mathcal{I}$ 是一个指示函数。最终的裁剪估计量是由一个带有跳跃导数的 g 函数生成的，并且违背 5.3 节中给出的一个条件。

5.2 线性模型中的IV估计

为了能够更直观地理解GMM估计,我们最好从利用工具变量估计回归参数的问题开始讲起。在这种情况下得到的直观感受,可以直接扩展到更复杂的非线性设置情况。令 $y=x\theta_0+e, e\sim(0,\sigma^2 I)$,其中,$y$ 是一个$(T\times1)$阶向量,x 是一个$(T\times k)$阶的随机矩阵,θ_0 是一个$(k\times1)$阶向量,e 是一个$(T\times1)$阶扰动向量。令 z 是一个$(T\times n)$阶工具矩阵,满足 $E[z_t'e_t]=0$ 或者更强的条件 $E(e_t|z_t)=0, \forall t$,其中 z_t 是 z 的第 t 行(x_t 可以是 z_t 的一个元素)。令 $z'e=(1/T)\sum_t z_t'e_t(\theta)$,其中,$e_t(\theta)=y_t-x_t\theta$,并且令 $z'x\equiv(1/T)\sum_t z_t'x_t, z'y\equiv(1/T)\sum_t z_t'y_t$。最后,令 $W_T\xrightarrow{\text{a.s.}}W$ 是一个 $n\times n$ 阶对称且正定的矩阵,定义:

$$Q_T(\theta)=[e(\theta)'z]W_t[z'e(\theta)] \tag{5.8}$$

令 $\theta_{\text{IV}}=\text{argmin}[Q_T(\theta)]$。考虑(5.8)式关于 θ 的一阶条件,并利用 $e(\theta)$的定义,我们可以得到 $x'zW_Tz'y=x'zW_Tz'x\theta$。我们考虑两种情况,$n=k$ 和 $n>k$。我们不考虑第三种情况,$n<k$,因为此时 θ 是不足识别的,换句话说,也就是没有充足的条件去估计 θ。这是因为$(k\times k)$阶矩阵 $x'zW_Tz'x$ 的秩 $n<k$。

当 $n=k$ 时,工具变量的数量恰好等于参数的数量,则 $x'z$ 是一个方阵。因此,有:

$$\theta_{\text{IV}}=(z'x)^{-1}z'y=\theta_0+(z'x)^{-1}z'e \tag{5.9}$$

只要$(z'x)$是非奇异的,该式就成立。为了证明 θ_{IV} 是平稳的,我们注意到,由于 $E(z'e)=0, \forall t$,在强大数法则的条件下,我们有 $z'e(\theta_0)\xrightarrow{\text{a.s.}}0$。同时,由于 $W_T>0$,所以 $Q_T(\theta)\geqslant0$。因此,如果 $\theta_{\text{IV}}=\text{argmin}[Q_T(\theta)], z'e(\theta_0)\xrightarrow{\text{a.s.}}0$,并且 $z'x$ 是有界的;那就必然会有 $\theta_{\text{IV}}\xrightarrow{\text{a.s.}}\theta_0$。很明显,如果对于一些 z_t,$E[z_t'e(\theta_0)]\neq0$,也就是说,工具变量是无效的,或者当 $E[z_t'x_t]\approx0$ 时,即工具变量是比较弱的,那么上述结论就不会成立。注意,在这种情况下,θ_{IV}并不决定于 W_T。

当 $n>k$ 时,θ 是过度识别的,也就是说,有过多的信息(正交性条件)去估计 θ。在这种情况下,W_T 的选择很重要。事实上,$x'zW_T$ 是一个$(k\times n)$阶矩阵,所以 $x'zW_Tz'e(\theta_{\text{IV}})=0$ 并不一定意味着 $z'e(\theta_{\text{IV}})=0$,只能说明 n 个正交条件 $z'e(\theta)$的 k 个线性组合在被赋予了 $x'zW_T$ 的权重后变为0。θ_{IV}的解就是:

$$\theta_{\text{IV}}=(x'zW_Tz'x)^{-1}x'zW_Tz'y \tag{5.10}$$

练习 5.6 给出能满足(5.10)式中 $\theta_{\text{IV}}\xrightarrow{\text{a.s.}}\theta_0$ 的充分条件。

为了描述当 $n\geqslant k$ 时 θ_{IV}的渐近分布,利用模型和(5.10)式来得到:

$$\sqrt{T}(\theta_{\text{IV}}-\theta_0)=(x'zW_Tz'x)^{-1}x'zW_T\sqrt{T}z'e \tag{5.11}$$

我们在这里做出三个假定:(i) $\lim_{T\to\infty}z'z=\Sigma_{zz}, |\Sigma_{zz}|\neq0$;(ii) $\lim_{T\to\infty}x'z=\Sigma_{xz}$,

$|\Sigma_{xz}|$ 的秩为 k；(iii) $\lim_{T\to\infty}\sqrt{T}z'e\xrightarrow{D}\mathbb{N}(0,\sigma^2\Sigma_{zz})$。第一个条件要求，每个工具变量可以提供独特的信息；第二个条件要求，至少有 k 个工具变量和 x 相关；第三个条件要求，在 θ_0 处经过验证的样本正交性条件趋近于正态分布。

练习 5.7 利用上述三个假定，证明(5.11)式可以推导出：

$$\sqrt{T}(\theta_{\mathrm{IV}}-\theta_0)\xrightarrow{D}\mathbb{N}(0,\Sigma_\theta) \tag{5.12}$$

其中，$\Sigma_\theta=(\Sigma_{xz}W\Sigma_{zx})^{-1}\Sigma_{xz}W\sigma^2\Sigma_{zz}W'\Sigma_{zx}((\Sigma_{xz}W\Sigma_{zx})^{-1})'$，以及 $\Sigma_{zx}\equiv\Sigma'_{xz}$。证明当 $k=n$ 时，表达式可以简化为 $\Sigma_\theta=(\Sigma_{xz}^{-1}\sigma^2\Sigma_{zz}\Sigma_{zx}^{-1})$。

练习 5.8 假定 $\mathrm{rank}|\Sigma_{xz}|<k$。这个条件告诉你关于工具变量的哪些信息？这时 IV 法还可行吗？(5.12)式中的分布是否是正态分布？

总的来说，θ_{IV} 使得 $z'e(\theta)$ 中的二项式形式最小。估计量是一致的，因为 $E[z'e(\theta)]=0$；并且，估计量是渐近正态的，因为所有的数据都趋向于非随机的矩阵。这些相同的准则隐含在 GMM 估计以及它的渐近性质分析之中。

由于 θ_{IV} 和 Σ_θ 都决定于 W，很自然地就会产生这样一个问题，哪一个 W 会得出最有效的 θ_{IV}，也就是说，哪一个 W 可以使得 θ_{IV} 的值最小。一旦找到这样一个 W，那么 W_T 就可以由任一系列趋近于 W 的矩阵组成。

练习 5.9 证明 $\min_W\Sigma_\theta(W)$ 的一个解是 $W^\dagger=\sigma^{-2}\Sigma_{zz}^{-1}$，并且 $\Sigma_\theta^\dagger\equiv\Sigma_\theta(W^\dagger)=\Sigma_{zx}^{-1}\sigma^2\Sigma_{zz}\Sigma_{xz}^{-1}$。

于是，最优加权矩阵就和工具变量的渐近协方差矩阵成比例。为了进一步了解这个选择，我们可以发现，不同的工具变量包含了关于 θ 的不同信息(因为它们有不同的变化方式)。最优加权矩阵赋予那些变化较大的工具变量的权重相对较小。

当 $n>k$ 时，我们可以选择应用那些条件。如果应用了前 k 个约束条件，那么估计量(例如，θ_{IV}^1)可能会同利用最后 k 个约束条件所得到的结果 θ_{IV}^2 在数量上不一致，但是它们具有相同的渐近性质。最优加权矩阵会结合所有条件中的信息使得效率最大化。

练习 5.10 考虑货币需求函数 $M_t/p_t=\mathrm{GDP}_t\theta+e_t$，其中，$\theta$ 是恒定的速度的倒数，这里，e_t 的存在是因为 GDP_t 可能会测量有误，或者一些变量，例如，名义利率，被模型忽略了。由于当前的 GDP 是和 e_t 相关联的，考虑两组工具变量，$z_t^1=[\mathrm{GDP}_{t-1}]$ 和 $z_t^2=[\mathrm{GDP}_{t-1},\mathrm{GDP}_{t-2}]$。证明通过利用 z_t^2 所得到的 θ_{IV}^2 至少和利用 z_t^1 得到的 θ_{IV}^1 一样有效。解释为什么会出现这种情况。给出能够使两个估计量的渐近协方差矩阵相等的条件。

当应用 $W^\dagger$ 时，θ_{IV} 就变成：

$$\theta_{\mathrm{IV}}^\dagger=(\hat{x}'\hat{x})^{-1}\hat{x}'y \tag{5.13}$$

其中，$\hat{x}=z(z'z)^{-1}z'x$。σ^2 和 Σ_θ 的一致估计量可以通过利用 $\hat{\sigma}^2=(y-x\theta_{\mathrm{IV}}^\dagger)'\times(y-x\theta_{\mathrm{IV}}^\dagger)/T$ 以及样本矩阵 $(1/T)\sum_t z'_t x_t$ 和 $(1/T)\sum_t z'_t z_t$ 来构造。一般情况下，我们需要利用迭代的方法来计算 $W^\dagger$，因为它通过 $\hat{\sigma}^{-2}$ 决定于 $\theta_{\mathrm{IV}}^\dagger$，而 $\theta_{\mathrm{IV}}^\dagger$ 又通过

$(z'z)^{-1}$ 决定于 $W^{\dagger}$。因此，我们需要从一个次优的 W_T 开始，例如，$W_T=I$ 或者 $W_T \propto (1/T)\sum_t z_t' z_t$，之后可以得到一个 θ_{IV}^1，它虽然是非有效的，却是一致的。在求得 θ_{IV}^1 之后，我们构造 $W_T^{\dagger}$，然后得到 θ_{IV}^2。在正则性条件下，θ_{IV}^2 和 $\theta_{IV}^{\dagger}$ 相等。

练习 5.11 证明 $\theta_{2SLS}=[(x'z)(z'z)^{-1}(z'x)]^{-1}[(x'z)(z'z)^{-1}(z'y)]$ 与(5.13)式中的最优估计量相同。写出在这种情况下的正交性条件和 g 函数。

将这些概念扩展到等式的一个 $m\times 1$ 阶向量是很容易的，所以就作为练习留给读者。

练习 5.12 考虑模型 $\boldsymbol{Y}=(I\otimes\boldsymbol{X})\theta+e$，其中，$e\sim$ i. i. d. $(0,\Sigma_e)$，$\boldsymbol{Y}$ 是一个 $N\times 1$ 阶向量，$\boldsymbol{X}$ 是一个 $1\times k$ 阶向量，θ 是一个 $Nk\times 1$ 阶向量。假定我们有一个 $1\times m$ 阶的向量 $\boldsymbol{Z}$，并且想使 $[(I\otimes\boldsymbol{Z})'e]W[(I\otimes\boldsymbol{Z})'e]'$ 最小化。证明 $\theta_{3SLS}=([(\boldsymbol{Z}'\boldsymbol{X})\otimes I]\times[\Sigma_e^{-1}\otimes(\boldsymbol{Z}'\boldsymbol{Z})^{-1}][I\otimes(\boldsymbol{Z}'\boldsymbol{X})])^{-1}[(\boldsymbol{Z}'\boldsymbol{X})\otimes I][\Sigma_e^{-1}\otimes(\boldsymbol{Z}'\boldsymbol{Z})^{-1}][(I\otimes\boldsymbol{Z})\boldsymbol{Y}]$ 是从正交性条件 $E[(I\otimes\boldsymbol{Z})'e]=0$ 的 $mN\times 1$ 阶向量得到的最优 GMM 估计量。给出最优的 W 和 $\mathrm{var}(\theta_{3SLS})$ 的形式。

例题 5.8 正如我们在第 4 章看到的，一个 VAR 实际上是每个等式具有相同的回归因素的特殊的联立方程系统。在这里，正交性条件是 $E[(I\otimes\boldsymbol{X})'e]=0$ 以及 $\theta_{3SLS}=\theta_{SUR}$。

练习 5.13 考虑线性模型：

$$y=x\theta_1+e,\quad e\sim(0,\sigma_e^2) \tag{5.14}$$

$$x=z\theta_2+v,\quad v\sim(0,\sigma_v^2) \tag{5.15}$$

其中，y、x、e、v 都是 $T\times 1$ 阶向量，z 是一个 $T\times n$ 阶矩阵，θ_2 是一个 $n\times 1$ 阶向量，θ_1 是一个标量。假设 $E_t(v|z)=0$，并令 $\theta_{1,OLS}=(x'x)^{-1}(x'y)$ 和 $\theta_{1,IV}=(\hat{x}'\hat{x})^{-1}(\hat{x}'y)$。

(i) 证明 $p\lim\theta_{1,OLS}=\theta_1+\mathrm{cov}(x,e)/\mathrm{var}(x)$ 和 $p\lim\theta_{1,IV}=\theta_1+\mathrm{cov}(\hat{x},e)/\mathrm{var}(\hat{x})$。并说明只有在 $E_t(e|z)=0$ 和 $E_t(x|z)\neq 0$ 的情况下，$p\lim\theta_{1,IV}$ 才不存在。

(ii) 证明相对于 $\theta_{1,OLS}$，$RI=(\mathrm{cov}(\hat{x},e)/\mathrm{cov}(x,e))/R_{xz}^2$ 是 $\theta_{1,IV}$ 的非一致估计，其中，R_{xz}^2 是(5.15)式中 R^2 的回归。

(iii) 令 $n=1$。证明如果 z 和 x 弱相关，即使 $E_t(e|z)=0$，也有 $RI\to\infty$。

为了使工具变量法比较有效，工具变量应该是相关的并且是强的，也就是说，z 和 x 之间的关联性是很大的。弱的工具变量在小样本的情况下会产生一定的麻烦，这一点在练习 5.13 中已经说明。事实上，如果这种关联性足够小的话，IV 估计量的渐近分布可能远不是正态分布。一种衡量这种关联性大小的方法是集中统计量 $\mathcal{S}_c=\theta_2'z'z\theta_2/\sigma_v^2$，其中，$\theta_2$ 和 σ_v^2 都是在(5.15)式中出现的数量。一种比较直观的解释 $\mathcal{S}_c$ 的方法就是利用 F-统计量来检验(5.15)式中的 $\theta_2=0$。事实上，$n\times F\sim\chi^2(n,\mathcal{S}_c)$，并且 $E(F)-1=\mathcal{S}_c/n$。因此，较大的 $\mathcal{S}_c/n$ 的值就会使 χ^2 分布减弱，而较小的值又会使其非正态。另外，当 $\mathcal{S}_c/n=0$，$p\lim\theta_{1,IV}=p\lim\theta_{1,OLS}$，并且当 $\mathcal{S}_c/n$ 值较小时，$p\lim\theta_{1,IV}$ 接近于 $p\lim\theta_{1,OLS}$。

一种检验弱工具变量是否存在的方法就是，检验 IV 的相对偏误[通过比值 $E(\theta_{1,IV}-\theta_1)/p\lim(\theta_{1,OLS}-\theta_1)$ 来衡量]是否超出一个参考值(比较 10%)。这就相当于检验 $\mathcal{S}_c/n$ 是否超过了一定阈值。例如，当 θ_1 是一个标量，$n=3,5,10$，阈值分别为 3.71、5.82、7.41[参见斯托克和优格(Stock and Yogo,2001)]。根据上述给定的阈值,如果 F-统计量没有超过 9.08($n=3$)、10.83($n=5$)、11.49($n=10$),那么工具变量就是比较弱的。当 θ_1 是一个向量,$\mathcal{S}_c/n$ 是一个 $n\times n$ 阶矩阵的时候,如果这个矩阵的最小特征值很大的话,那么工具变量就是相关的和比较强的。上述条件在一些更复杂的结构中也同样需要满足(参见 5.5 节)。

到目前为止,我们都假定 e_t 是条件同方差的。在一些实际应用中,如果假定 $E_t[z_t'e_te_t'z_t]$ 不能够被分解为 σ^2 和 Σ_{zz} 的乘积,可能会更合理。大多数讨论是在 $E_t[z_t'e_te_t'z_t]=\Sigma_{ez}$ 的假设下进行的。然而,为了证明一致性和渐近正态性,我们需要加强假设,规定 $E(z'xx'z)$ 是存在并且有限的[参见林文夫(Hayashi,2002),第 212 页]。

练习 5.14 假设 $\lim_{T\to\infty}\sqrt{T}z'e\xrightarrow{D}\mathbb{N}(0,\Sigma_{ez})$。推导出最优 IV 估计量的分布。给出 $W_T^{\dagger}$ 的一个估计值和 $\Sigma_\theta^{\dagger}$ 的形式。

例题 5.9 一个广泛应用的带有条件异方差的模型是一个带有 GARCH 误差的线性回归模型。这里,$y_t=x_t\theta_0+e_t$,$\mathrm{var}(e_t)\equiv\sigma_t^2=b_1\sigma_{t-1}^2+e_t^2+b_2e_{t-1}^2$。由于 σ^2 决定于 x_t,与回归因子水平相关联的工具变量会使 $E(z_t'e_t)(z_t'e_t)'\equiv\Sigma_t$ 具有潜在的时变性和序列相关性。

练习 5.15 假如真实货币需求函数为 $\ln M_t=\ln \mathrm{CPI}_t+\ln \mathrm{GDP}_t$,但是一个研究人员错误地利用了 GDP 折算指数代替 CPI 来衡量价格。在这种情况下,他估计了 $\ln M_t=\theta_1\ln \mathrm{GDPD}_t+\theta_2\ln \mathrm{GDP}_t+e_t$,其中,$e_t$ 代表 $\ln \mathrm{CPI}_t$ 和 $\ln \mathrm{GDPD}_t$ 之间的差异。他猜测会存在一些设定的错误,所以利用 $\ln \mathrm{GDPD}_t$ 的一阶滞后变量和 $\ln \mathrm{GDP}_t$ 作为工具变量。指出在何种条件下,正交性条件会呈现出条件异方差性?这些条件是否使得正交性条件序列不相关?

在一些实际应用中,条件 $E_t(g(y_t,\theta))=0$ 是很难保持的。例如,e_t 很可能是序列相关的,此时 $E(g_tg_{t-j})\neq 0,j=1,\cdots$。这样的改变并没有影响渐近分布和一致性保证。然而,在一些含有序列相关的误差的回归模型中,渐近的协方差矩阵需要进行一定的调整。我们将在后面的章节中讲述这方面内容。

例题 5.10 考虑一个代表性主体如何选择消费和储蓄数量和决定他的储蓄期限的问题。假定只有单期和 τ 期的政府债券,每个时期的供给量是固定的,在时刻 t 付利$(1+r_{jt})$。欧拉方程为:

$$E_t\left[\beta\frac{U_{c,t+1}}{U_{c,t}}-\frac{1}{1+r_{1t}}\right]=0 \tag{5.16}$$

$$E_t\left[\beta^{\tau}\frac{U_{c,t+\tau}}{U_{c,t}}-\frac{1}{1+r_{\tau t}}\right]=0 \tag{5.17}$$

这两个条件意味着(在时刻 t)对 $\tau-1$ 时期的预期的远期回报率必须满足无套利条件 $E_t\beta^{\tau-1}[U_{c,t+\tau}/U_{c,t+1}-(1+r_{1t})/(1+r_{\tau t})]=0$。在平稳状态的周围进行对数线性化,假定一个可分离的对数效用,并令 $y_{t+\tau}\equiv-\hat{c}_{t+\tau}+\hat{c}_{t+1}$,$x_t=(r_1/(1+r_1)\hat{r}_{1t}-(r_\tau/(1+r_\tau))\hat{r}_{\tau t}$,其中,估计值代表了偏离平稳状态的比例,$y_{t+\tau}=\theta x_t+e_{t+\tau}$,$\theta_0=1$。这里,$E_t[e_{t+\tau}]=0$;然而,除非数据的样本间距等于远期回报率的间距,否则 $e_{t+\tau}$ 就会存在序列相关。例如,如果数据是月度的并且 τ 是 12,e_t 将会呈现出 11 阶的移

动平均项。

练习 5.16 假定研究人员需要在每个季度进行一个向前 $\tau>1$ 个周期的总产出预测，同时要求一个研究员去评价这些预测是否理性。令 $y_{t+\tau}$ 为 $t+\tau$ 时刻实现的总产出，$y_t(\tau)$ 是在 t 时刻预测的 $y_{t+\tau}$ 的值。

(i) 证明理性的预期隐含了带有一直到期限 τ 的移动平均的正交性条件。

(ii) 解释为什么从 $y_{t+\tau}=\theta_1+\theta_2 y_t(\tau)+e_{t+\tau}$ 得到的 GLS 估计是不一致的。

(iii) 证明对于 $\theta=(\theta_1,\theta_2)$ 的渐近协方差矩阵是 $[(1/T)\times\sum_t z_t'x_t]^{-1}\times[(1/T)\sum_t z_t'\Sigma z_t][(1/T)\sum_t x_t'z_t]$，其中，$z_t$ 是工具变量，$\Sigma=\{\sigma_{ij}\}$；当 $|i-j|<\tau$ 时，和 $\sigma_{ij}=\sigma^2\mathrm{ACF}(|i-j|)$，否则 $\sigma_{ij}=0$。$\mathrm{ACF}(|i-j|)$ 是 $e_{t+\tau}$ 的自协方差函数的第 $(i-j)$ 个元素。

练习 5.17 在例题 5.10 的条件下，考虑一个给"农作物保险"定价的问题。令 $p_{t,\tau}(c_t,\theta)$ 为 t 时刻的消费品的价格，该消费品是在 $t+\tau$ 时刻当农作物价格下降到 θ 以下时所需要消费的。很容易证明，$p_{t,\tau}(c_t,\theta)=\beta^t\int_0^\theta(U_{c,t+\tau}/U_{c,t})P_{t,t+\tau}\mathrm{d}c_{t+\tau}$，其中，$P_{t,t+\tau}$ 是从 t 到 $t+\tau$ 的概率。给出对一个保险期限最多为 2 的农作物的保险定价公式。并得出如下结论：对于保险期限最多为 τ 的农作物定价的欧拉方程有最多 $\tau-1$ 的 MA 成分的误差。

在对 θ 进行假设检验之前，我们可能想去检验正交性条件是否被正确设定。对于一个简单的回归设定，存在许多检验充分性的方法，例如，对序列相关性的检验、对异方差性检验，等等。从总体上来看，包括 DSGE 模型中暗含的一些条件，模型的设定主要是，假设 e_t 是序列不相关的，或者不能达到同方差性。因此，我们需要在不考虑这些统计性质的前提下来检验模型的充分性。

当 $n=k$ 时，经过构造可以得出 $z'e(\theta)=0$，所以不需要任何检验。当 $n>k$ 时，只有 k 个 $z'e(\theta)$ 的线性组合被设定为 0，所以 $z'e(\theta_{\mathrm{IV}})$ 可能不为 0。然而，如果总体条件是真实的话，那么我们应该预计 $z'e(\theta_{\mathrm{IV}})\approx 0$。因此，如果 $E[z'e(\theta_0)]=0$，一个设定检验就为 $T\times[e(\theta_{\mathrm{IV}}^{\dagger})'z]\times[\sigma^2\Sigma_{zz}]^{-1}\times[z'e(\theta_{\mathrm{IV}}^{\dagger})]\xrightarrow{\mathrm{D}}\chi^2(n-k)$。（这个检验一般被称为 J-检验。）直觉地，由于 k 个条件都用于去求 $\theta_{\mathrm{IV}}^{\dagger}$，$n-k$ 个剩余的条件被用于检验。因此，检验的自由度的数目就等于过度识别条件的数目。注意到，一致的估计量可以用于代替 σ^2 和 Σ_{zz} 的真值而不会改变检验的分布。

对 θ 进行假设检验，有一些标准的方法。我们将会在后续的章节中讨论更广泛的检验方法。

例题 5.11 在练习 2.29 中，我们要求读者去证明在一个没有资本的模型中，新凯恩斯主义的菲利普斯曲线的对数—线性形式是：

$$\pi_t=\beta E_t\pi_{t+1}+\frac{(1-\zeta_{\mathrm{p}})(1-\zeta_{\mathrm{p}}\beta)}{\zeta_{\mathrm{p}}}\mathrm{mc}_t \tag{5.18}$$

其中，$\mathrm{mc}_t=N_t w_t/\mathrm{GDP}_t$ 是实际边际成本，ζ_{p} 是不改变价格的概率，π_t 是通货膨胀率。很明显，(5.18)式可以写成 $E_t[g(y_t,\theta)]\equiv E_t\{\beta\pi_{t+1}-\pi_t+[(1-\zeta_{\mathrm{p}})(1-\zeta_{\mathrm{p}}\beta)/\zeta_{\mathrm{p}}]\mathrm{mc}_t\}=0$，这个形式是一个正交性条件。同样地，由于 $E_t[g(y_t,\theta)]=g(y_t,\theta)+e_t$，

其中，e_t 是期望误差，对任何一个 $z_t \in \mathcal{F}_t$，都有 $E_t[g(y_t,\theta)z_t]=0$。在早期的研究中，边际成本由总产出差异和简化式 $\pi_{t+1}=\alpha_1\pi_t+\alpha_2 \text{gdpgap}_t+e_{t+1}$ 回归的参数所代替，其中 gdpgap_t 是实际产出和潜在总产出的差异，这个差异可以通过利用 $z_t=(\pi_t,\text{gap}_t)$ 作为工具变量来估计。利用美国的数据，加里和盖尔特勒(Gali and Gertler,1999)发现，与理论恰好相反，α_2 是负的而且显著的。然而，当边际成本由劳动股权来代替时，α_2 的估计是正的并且显著。

我们利用美国、英国和德国 1980∶1～2004∶4时期的 CPI 通货膨胀的样本数据来估计(5.18)式。边际成本由总产出差异(利用 HP 滤波来计算)或者单位劳动股权(ULC)来代替。虽然美国的单位劳动成本仅是边际显著的(括号中是 t -检验值)，但表 5.1 的前两列说明，加里和盖尔特勒的结论基本是成立的。第三列和第四列给出 ζ_p 和 β 的 IV 估计量。工具变量包括一个常数值、π_t 的 9 个滞后和总产出差异(或者单位劳动成本)。在每种情况下，我们都只给出了最倾向于理论的估计值。在许多情况下，从过度识别或者恰好识别的模型设定中得到的估计量是相似的，在这个过程中运用了最优加权矩阵。有三个主要的结论可以从表格中体现出来。第一，当利用总产出差异时，ζ_p 的估计量对于美国和英国是合理的(它们略小于三个季度价格变化的平均值)，但是对于德国，这一结论并不成立。第二，当应用单位劳动成本时，除德国以外，ζ_p 的估计量是接近于 1 的，然而 β 的估计量比较小，说明两个参数可能不能分别加以识别。第三，尽管具有比较差的结构估计，模型的正交性条件并没有被拒绝，原因可能是一些工具变量的质量较差。实际上，在后 4 列中，对于这 4 种情况的集中估计，从没有超过工具变量相关性的临界阈值。

表 5.1　一个新凯恩斯主义的菲利普斯曲线 GMM 估计

	简化式				结构式				J -检验
国家	α_1		α_2		β		ζ_p		p -值
美国-Gap	0.99	(16.83)	−0.04	(−0.31)	0.90	(10.35)	0.700	(5.08)	$\chi^2(5)=0.15$
美国-ULC	0.86	(10.85)	0.001	(1.75)	0.93	(7.74)	0.991	(150.2)	$\chi^2(9)=0.54$
英国-Gap	0.66	(7.18)	0.528	(1.30)	0.92	(4.96)	0.684	(1.37)	NA
英国-ULS	0.41	(3.81)	0.004	(4.05)	0.85	(4.07)	0.994	(166.1)	$\chi^2(1)=0.25$
德国-Gap	0.76	(10.02)	−0.01	(−0.22)	0.97	(7.48)	1.014	(0.03)	NA
德国-ULC	0.49	(3.34)	0.03	(1.85)	0.91	(4.45)	0.958	(7.18)	$\chi^2(1)=0.83$

5.3　GMM 估计：概述

可以把 5.2 节中讲述的方法稍做改动，然后利用到 θ 的正交性条件是非线性的情况中。

假定 g 满足 $E(E_t[g(y_t,\theta_0)])=E[g(y_t,\theta_0)]$。令 $g_T(\theta)=(1/T)\sum_{t=1}^{T}g(y_t,\theta)$ 和 $h_T(\theta)=g_T(\theta)-g_\infty(\theta)$。能够使 $Q_T(\theta)=h_T(\theta)'W_T h_T(\theta)$ 最小的 θ_T 可以求解：

$$H_T(\theta_T)'W_T h_T(\theta_T)=0 \tag{5.19}$$

其中，$H_T(\theta_T)$是一个秩为 k 的 $n\times k$ 阶矩阵，$[H_T(\theta_T)]_{ij}=\partial h_{T_i}(\theta_T)/\partial\theta_j$，$h_{T_i}(\theta_T)$是 $H_T(\theta_T)$的第 i 个元素。当 $n=k$ 并且 $H_T(\theta_T)$和 W_T 都是非奇异的时，θ_T 可求解 $h_T(\theta_T)=0$。当 $k<n$ 时，θ_T 决定于 W_T。为了得到 θ_T 的渐近分布，我们需要 θ_T 的一个闭合形式的解，但一般是不能够求得的。利用均值理论，我们可以将(5.19)式写成：

$$(\theta_T-\theta_0)=-[H_T(\bar{\theta})'W_TH_T(\bar{\theta})]^{-1}H_T(\bar{\theta})'W_Th_T(\theta_0) \tag{5.20}$$

其中，$\bar{\theta}\in[\theta_0,\theta_T]$。为了证明 θ_T 是一致的，右边的表达式必须是处处收敛的，或者从概率上趋近于 0。为了证明渐近正态性，我们需要对 h_T 做出一些假定，所以 $\lim_{T\to\infty}\sqrt{T}h_T(\theta_0)\xrightarrow{D}\mathbb{N}(0,\Sigma_h)$，并且确定右边的其他数量都具有有限的、非随机的极限值。那么 θ_T 的渐近协方差矩阵就是 Σ_h 的倍数。

正如在 5.2 节中讲的，最优的 W_T 可以使 θ_T 的渐近协方差矩阵最小。这里，$W_T^{\dagger}$ 的计算也很复杂，主要是由于 θ_T 决定于 $W_T^{\dagger}$，而 $W_T^{\dagger}$只有在 θ_T 已知的情况下才可以计算。在大样本 T 的条件下，一个两步的 GMM 和一个完全迭代的 GMM 同样有效，前提是第一步估计以$\sqrt{T}$的速率($\sqrt{T}$-一致性)收敛于真值参数。在样本情况下，迭代估计量可能会更精确一些。

为了对 θ_T 进行检验，我们需要渐近协方差矩阵的一致估计。通过构造出 $W_T\xrightarrow{a.s.}W$，可以很容易找到 H_T 的一致估计量，只是需要着重去寻找一个半正定的 Σ_h 的估计量。

正如在线性模型中一样，当 θ 是过度识别时，$h_T(\theta_T)\neq 0$，如果 θ_T 是不正确的，则 $h_T(\theta_T)\approx 0$。因此，如果 $h(\theta_0)=0$，就有 $T\times h_T(\theta_T)'\Sigma_h^{-1}h_T(\theta_T)\xrightarrow{D}\chi^2(n-k)$。广义假设的检验有沃尔德(Wald)检验、拉格朗日检验或者级差检验。在下一个小节中，我们将会详细地讲解这些内容。

5.3.1 *GMM 估计量的渐近性*

这里的讨论很简短。读者可以去参考加仑特(Gallant，1987)或者内维和麦克法登(Newey and Mcfadden，1994)来获得更为详细的讲解。这里的条件都是很广泛的，当被用于从平稳 DSGE 模型中得出的正交性条件的时候，需要做一些专门的处理。在这个小节中，我们假定存在一个 θ_0 使得当 $T\to\infty$时，$h_T(\theta_0)\xrightarrow{a.s.}0$，同时 $\sqrt{T}h_T(\theta_0)\xrightarrow{D}\mathbb{N}(0,\Sigma_h)$。第一个条件暗指了 h_T 的很强的遍历性；第二个条件说明了样本和总体 g 方程差异的渐近正态性。

为了证明一致性，我们需要三个前提条件。第一，θ 处于一个闭合有界的集合 Θ 中。第二，$h_T(\theta)$是连续的，并且在集合 Θ 中一致收敛于 $h(\theta)$。第三，θ_0 是 $h(\theta)=0$ 的唯一解。在这些条件下，$Q_T(\theta)$在集合 Θ 中一致地收敛于 $Q(\theta)=h'(\theta)Wh(\theta)$，在 θ_0 处取得最小值。因为我们假定 $h_T(\theta_0)\xrightarrow{a.s.}0$，我们可以得到 $h(\theta_0)=0$。如果 θ_0 是 $h(\theta)=0$ 在集合 Θ 中的唯一解，那么，$Q(\theta)$就有唯一的最小值，并且 $\lim_{T\to\infty}\theta_T\xrightarrow{a.s.}\theta_0$。

$h_T(\theta)$的一致收敛性在实际中是很难证实的。作为替代的方法，我们一般可以假定 $E[\sup_\theta \| h(y_t,\theta) \|]<\infty$，这是一个比较容易检验的条件。这个条件连同 g 在 θ 中的连续性、g 在 y_t 中的可测性(也就是说，g 对于每一个 y_t 中的 θ 都是连续的)和一致大数法则，可以用来证明 $h_T(\theta)$一致收敛于 $h(\theta)$。Θ 的致密性在实际中也是很难得到的(它要求知道参数空间的上下界)。这种替代方法的假设——目标方程是凹的，并且 $h_T(\theta)$逐点收敛于 $h(\theta)$[参见内维和麦克法登(Newey and Mcfadden，1994)，第 2 133 页]——并不是很吸引人，因为一般情况下，$h_T(\theta)$不太可能是凹的。另一种方法是[参见加仑特(Gallant，1987)]，对 h_T 分布的尾部施加约束条件，并证明对于大样本 T，它们意味着对于所有 $t\geqslant T$，θ 处于一个闭合有界的集合内。

为了将这一定理利用到 DSGE 模型产生的设定中，我们需要保证 $h_T(\theta_0)\xrightarrow{a.s.}0$ 和$\sqrt{T}h_T(\theta_0)\xrightarrow{D}\mathbb{N}(0,\Sigma_h)$。如果 y_t 是平稳和遍历的且 g 是连续的，那么 g_t 也同样是平稳和遍历的。另外，平稳和遍历序列的和也是平稳和遍历的，所以 $h_T(\theta_0)\xrightarrow{a.s.}0$ (参见第 1 章)。如果 y_t 是平稳的，g_t 是一个鞅差分，鞅中心极限定理保证了 $\sqrt{T}g_T(\theta_0)\xrightarrow{D}\mathbb{N}(0,\text{var}[g(y_t,\theta_0)])$，并且如果 $g_\infty\equiv 0$，则$\sqrt{T}h_T(\theta_0)\xrightarrow{D}\mathbb{N}(0,\Sigma_h)$。我们可以回忆，鞅差分假设比独立的假设要弱：它只要求一阶矩独立即可。

练习 5.18 令 $y_t=x_t\theta+e_t$，其中，(y_t,x_t)是联合平稳遍历序列，$E(x_t'e_t)=0$，$E(x_t'x_t)=\Sigma_{xx}<\infty$，$|\Sigma_{xx}|\neq 0$。证明 $\theta_{\text{OLS}}\xrightarrow{a.s.}\theta_0$。如果观测值是独立同分布的，证明会有所区别吗?

在一些实际应用中，同分布的时间序列是不可行的。(你能给出这样的一个例子吗?)在这种情况下，一个混合多种要求的条件替代了平稳—遍历的假设。

练习 5.19 说明在模型 $y_t=x_t\theta+e_t$ 中，关于 $\theta_{2SLS}=[x'z(z'z)^{-1}z'x]^{-1}\times(x'z)(z'z)^{-1}z'y$ 的条件是一致的，其中，x_t 是一个 $1\times k$ 阶向量，z_t 是 $1\times n$ 阶向量，$k<n$，并且 y_t、x_t、z_t 满足 α-混合条件。

为了证明渐近正态性，我们需要一些假设：第一，θ_0 在 Θ 的内部；第二，$H_T(\theta)=\partial h_T(\theta)/\partial\theta'$ 连续一致地收敛于 $H(\theta)$；第三，$H(\theta)$是满秩的(同时满足 $\theta_T\xrightarrow{a.s.}\theta_0$)。第一个条件使得在下面给出的泰勒展开式具有比较好的性质。第二个条件保证了 h_t 的局部推导具有 θ 的适当信息。对于 $h_T(\theta)$的第 i 行，我们有：

$$\sqrt{T}h_{i,T}(\theta_T)=\sqrt{T}h_{i,T}(\theta_0)+\frac{\partial h_{iT}(\bar{\theta})}{\partial\theta'}\sqrt{T}(\theta_T-\theta_0) \tag{5.21}$$

其中，$\bar{\theta}\in[\theta_0,\theta_T]$。因为 $\bar{\theta}$ 处于联系 θ_T 和 θ_0 的线性部分，并且 $\theta_T\xrightarrow{a.s.}\theta_0$，我们有 $\bar{\theta}\xrightarrow{a.s.}\theta_0$。此外，鉴于所给出的假设，$H_T(\theta)$的典型行都在 Θ 中一致收敛于 $H(\theta_0)$。将这一结论应用于每一行，我们就可以得到$\sqrt{T}h_T(\theta_T)=\sqrt{T}h_T(\theta_0)+H(\theta_0)\times\sqrt{T}(\theta_T-\theta_0)$。在(5.19)式中替换得到：

$$0=H_T(\theta_T)'W_T\sqrt{T}h_T(\theta_0)+H_T(\theta_T)'W_TH(\theta_0)\sqrt{T}(\theta_T-\theta_0) \tag{5.22}$$

因为 $H_T(\theta_T)'W_T \xrightarrow{a.s.} H(\theta_0)'W$ 和 $\sqrt{T}h_T(\theta_0) \xrightarrow{D} \mathbb{N}(0,\Sigma_h)$，我们得到 $H_T(\theta_T)'W_T \times \sqrt{T}h_T(\theta_0) \xrightarrow{D} \mathbb{N}(0, H(\theta)'W\Sigma_h W'H(\theta))$。另外，$H_T(\theta_T)'W_T H(\theta_0) \xrightarrow{a.s.} H(\theta_0)' \times WH(\theta_0)$。因此，$\sqrt{T}(\theta_T-\theta_0) \xrightarrow{D} \mathbb{N}(0,\Sigma_\theta)$，其中，$\Sigma_\theta = [H(\theta_0)'WH(\theta_0)]^{-1} \times H(\theta_0)'W\Sigma_h W'H(\theta_0)([H(\theta_0)'WH(\theta_0)]^{-1})'$。当 $W^\dagger=\Sigma_h^{-1}$ 时，该式可以简化为 $\Sigma_\theta^\dagger=[H(\theta_0)'\Sigma_h^{-1}H(\theta_0)]^{-1}$。

为了能够直观地理解渐近正态性的证明，我们需要将 $h_T(\theta)$ 的知识转化为 $\theta_T-\theta_0$ 的信息。为了达到这一目的，我们需要一些条件使得映射是明确的。尤其是，我们需要：(i) h_T 对于所有的 y_t 是可微分的；(ii) H_T 使得 $H_T(\theta_T)$ 和 $H_T(\theta_0)$ 差别不会很大。既然这些条件被广泛满足了，就可以去构造一些例子。

例题 5.12 假定 $P[y_t>\theta]=0.5, \forall t$，其中，$\theta$ 是中位数，并且令：

$$g(y_t,\theta)=\begin{cases}1, & \text{如果 } y_t>\theta \\ -1, & \text{如果 } y_t<\theta \\ 0, & \text{如果 } y_t=\theta\end{cases}$$

如果 $g_T(\theta)=\sum_{t=1}^T g(y_t,\theta)$，那么可以得到 $E(g(\theta))=0$ 和 $g_T(\theta_T)=0$。但是，g 函数具有离散的跳跃。因为这种不连续性并没有随着 $T\to\infty$ 而变小，关于 $h_T(\theta)$ 的信息就不能够被转化成 θ 的信息。

$H_T(\theta)$ 的连续性和一致收敛性使得如同例题 5.12 中的问题不会出现。

另外，关于 $h(\theta)=0$ 存在唯一零点和 $H(\theta)$ 是满秩的假设需要一些讨论。这两个假设都是识别性条件。第一个条件完全排除了目标函数中存在多个零点的可能性。第二个条件去除了一些参数是不足识别的可能性。事实上，如果 $H(\theta)$ 的秩比参数空间的维数小，那么至少有一个参数是不足识别的。

练习 5.20 利用公式 $(H(\theta_0)'\Sigma_h^{-1}H(\theta_0))^{-1}$ 求得 NLLS 估计量的渐近协方差矩阵。证明对于一个 ML 估计量，$\Sigma_\theta=-H(\theta_0)^{-1}$。

5.3.2 *估计协方差矩阵*

我们已经看到，当 $W^\dagger=\Sigma_h^{-1}$，有 $\Sigma_\theta^\dagger=[H(\theta_0)'\Sigma_h^{-1}H(\theta_0)]^{-1}$。$H(\theta)$ 和 Σ_h 的估计值可以利用 $(1/T)\sum_t[\partial h_t(\theta_T)/\partial\theta'_T]$ 和 $(1/T)\sum_{t=1}^T h_t h'_t$ 得到。当 g_t 不是一个鞅差分的时候，关于序列相关的中心极限定理（参见第 1 章）可以用来证明，当 $W=(\Sigma_h^+)^{-1}$ 时，渐近协方差矩阵为 $\Sigma_\theta^+=[H(\theta_0)'(\Sigma_h^+)^{-1}H(\theta_0)]^{-1}$。这里，$\Sigma_h^+$ 是 h_t 的频谱的频率零点，可以通过 h_t 的自相关，即 $\hat{\Sigma}^+=\sum_{\tau=-\infty}^{\infty}T^{-1}\sum_t h_t h'_{t-\tau}$ 来进行估计。

当鞅假设的偏差是已知形式时，我们可以用这个信息去构造 Σ_h^+ 的估计量。下一个练习检验了当 g_t 是线性时的情况，涵盖了由汉森和霍德里克（Hansen and Hodrick，1980）、汉森和辛格尔顿（Hansen and Singleton，1982）、卡比（Cumby，1982），以及汉森和萨金特（Hansen and Sargent，1982）所研究的内容。

练习 5.21 令 $g_t=[e_t\otimes z_t]$，其中，$\otimes$ 是克罗内克乘积，e_t 是残差向量，z_t 是工具向量，同时令 $g_\infty=0$。

(i)(直至 τ 阶滞后的序列相关和条件同方差性。)假定 $E_t[e_t|z_t, e_{t-\tau}, z_{t-1}, e_{t-\tau-1}, \cdots]=0$。证明 g_t 函数满足 $E[g_t|g_{t-\tau}, g_{t-\tau-1}, \cdots]=0$。令 $E[e_te_{t-\tau}|z_t, e_{t-\tau}, z_{t-\tau}, \cdots]=\text{ACF}_e(\tau)$。证明 $\Sigma_h^+=\sum_{i=-\tau+1}^{\tau-1}\text{ACF}_e(i)\otimes\text{ACF}_z(i)$。

(ii)(直至 τ 阶滞后的序列相关和条件异方差性。)令 $E_t[e_t|z_t, e_{t-\tau}, z_t, e_{t-\tau-1}, \cdots]=0, E[g_tg'_{t-\tau}]=\text{ACF}_{ez}(\tau)$。证明 $\Sigma_h^+=\sum_{i=-\tau+1}^{\tau-1}\text{ACF}_{ez}(i)$。给出 $\text{ACF}_{ez}(i)$ 的一个典型元素的形式。

正如我们所看到的,有时正交性条件的残差会呈现出已知形式的序列相关性。在5.2节中给出了两个情况;我们在之后的章节中会给出另一种情况。

练习 5.22[艾肯鲍姆、汉森和辛格尔顿(Eichenbaum, Hansen and Singleton)] 假定一个主体代表根据 $E\sum_t\beta^t\times(\{[(1+\gamma_1\ell)c_t]^{\vartheta}[(1+\gamma_2\ell)(1-N_t)]^{1-\vartheta}\}^{1-\varphi}-1)/(1-\varphi)$ 将消费和休闲进行排序,并受到约束条件 $c_t+\text{sa}_{t+1}=w_tN_t+(1+r_t)\text{sa}_t$ 的约束,其中,sa_t 是存款,w_tN_t 是劳动者工资,γ_1 和 γ_2 是习惯参数。

得出最优的跨时期消费条件和资本积累的欧拉方程。证明如果利用这些关系去估计未知参数,g_t 函数就不是一个鞅差分。给出精确的序列相关结构。为一个考虑了序列相关结构的 GMM 估计量构造一个协方差矩阵。

一般地,调整成本、效用方程中的时间不可分离性、多时期预测或者时间累积的存在[参见汉森和辛格尔顿(Hansen and Singleton,1988)]可能会产生呈现出已知形式的序列相关的正交性条件。

当序列相关的形式未知且 T 是有限的,我们可能必须通过截取无穷和来估计 Σ_h^+,也就是说,利用 $\Sigma_T^+=\text{ACF}(0)+\sum_{i=1}^{J(T)}[\text{ACF}(i)+\text{ACF}(i)']=\sum_{i=-\infty}^{\infty}\mathcal{K}(i, J(T))\text{ACF}(i)$,其中,$J(T)$ 是 T 的函数来控制包含的协方差的数目,$\mathcal{K}(i, J(T))$ 是棚车的核(参见第1章)。这种截取很明显会对 Σ_T^+ 产生偏误,但是这种偏误会随着 $T\to\infty$ 迅速消失[参见普里斯特利(Priestley,1981),第458页]。很不幸,对于任意 $J(T)$,Σ_T^+ 不需要是半正定的。内维和维斯特(Newey and West,1987)建议,在计算中使用巴特利特核,$\mathcal{K}(i, J(T))=1-i/(J(T)+1)$,因为它可以确保 Σ_T^+ 是半正定的。这个内核在 $J(T)$ 后截取,但是也通过利用随 i 而逐渐减小的权重来降低内涵元素的重要性。由于 Σ_h^+ 给所有 ACF 元素以相同的权重,这个内核就会引发另一种偏误,并且一般比由截取产生偏误更严重。

一般地,Σ_T^+ 的性质决定于 $J(T)$ 的选取方式。利用巴特利特核,如果随着 $T\to\infty$,有 $J(T)\to\infty$ 以及 $J(T)/T^{1/3}\to 0$,则 $\Sigma_T^+\xrightarrow{P}\Sigma$。也就是说,巴特利特核所引发的偏误降低了 Σ_T^+ 从 $T^{1/2}$ 收敛于 $T^{1/3}$ 的速率。这意味着,对于宏观经济中可得到的传统的样本,利用这个内核所得出的估计值可能远远偏离于 Σ_h 的真值。因为 $W^{\dagger}=\Sigma_h^{-1}$,$\Sigma_T^+$ 比较差的小样本估计可能会导致最优 GMM 估计量的比较差的小样本特性。另外,如果 Σ_T^+ 存在比较大的偏误,或者在有限的样本中有一个大的 MSE,推论的结果可能就完全不同。例如,t-检验可能会过度拒绝原假设。

现在,更为广泛的做法是去构造异方差和一致自相关(HAC)协方差矩阵。HAC 估计一般有两种类型:(非参数的)核函数和参数函数。在两种情况下,都需要做出一些可以影响估计量的选择。

算法 5.1(核函数 HAC)

(1) 通过过滤掉一些序列相关性,得到正交性条件的一个估计。

(2) 给定一个核,选择带宽参数 $J(T)$。

(3) 给出步骤(2)中最优值的估计。

(4) 计算步骤(1)中得到的正交性条件的谱密度。

(5) 计算原正交性条件的 HAC 的一致估计量。

当正交性条件呈现出未知形式的自相关时,最好在计算 Σ_T^+ 之前,部分消除这种相关性。原因很简单。当 $h_T(\theta)$是序列相关时,就会产生一个非平稳的谱。核估计量是在一定的频率间隔上对 $h_T(\theta)$的谱取平均数。普里斯特利(Priestley,1981,第 458 页)指出,如果我们在 θ_0 估计一个函数 $f(\theta)$,在 θ_0 的周围对一些点取平均数,只有当 $f(\theta)$在那个区间是平稳时,估计量才是无偏的。否则,$f(\theta)$的偏差将决定于它的不一致的程度。因此,如果我们过滤 $h_T(\theta)$,以使它在要求的区间内有一个更平稳的谱,一个核函数估计量将会有更好的性质。因为过滤的目的并不是要白化 h_t,只是减小序列相关性,研究人员在任意的滞后数量(通常为 1)条件下对 h_t 进行回归。

我们在第 1 章给出了一些核估计量。关于 HAC 的文献,主要集中在三个方面:巴特利特核、帕曾核[参见加仑特(Gallant,1987)]和二项谱(QS)核[参见安德鲁斯(Andrews,1991)]。在任何一种情况下,$J(T)$的选择都是极其重要的。一般可以利用经验法则来进行选择,例如,$J(T)=T^{1/3}$,或者通过要求 Σ_T^+ 是正定的来达到最优。事实证明,选择 $J(T)$与在 $J(T)=J_1(w_0)[J_2(w_0)T]^{1/(2w_0+1)}$ 中选择 $J_2(w_0)$等价,其中,w_0 是核的收敛速率(对于帕曾和 QS 核,等于 2;对于巴特利特核,等于 1)。因为 Σ_T^+ 是一致但渐近有偏的,最优化需要选择 $J_2(w_0)$使得 $\text{vec}(\Sigma_T^+-\Sigma^+)'\mathcal{W}\text{vec}(\Sigma_T^+-\Sigma^+)$的期望最小,$\mathcal{W}$ 是一个给定的加权矩阵。因为这种偏差的存在,最终的估计量不是渐近有效的。当 $\mathcal{W}$ 是对角矩阵,$\mathcal{W}_{ii}=\text{vec}(ww')_{ii}$ 时,最优带宽参数为 $J_2(w_0)=[w'(\Sigma^{w_0})w/w'\Sigma w]^2$[参见丹哈恩和莱文(Den Hann and Levin,1996),第 9～10 页],其中,$\Sigma^{(w_0)}=\sum_\tau|\tau|^{w_0}T^{-1}\sum_t h_t h_{t-\tau}$是 Σ_T^+ 的第 w_0 阶导数,并在频率 0 附近检测它的平滑性:如果 $w_0=1$,$J_1(w_0)=1.144\ 7$;如果 $w_0=2$,$J_1(w_0)=1.322\ 1$。

结果显示,在所有产生半正定估计量的核中,QS 是最优的[安德鲁斯(Andrews,1991)]。关于这个核,有两点内容需要强调:第一,它没有对 h_t 的 ACF 截尾;第二,因为它在$\pm J(T)$区间内赋予元素的权重比巴特利特核的要大,这样就降低了第二种偏误的来源。这种偏误的减少是很重要的:Σ_T^+ 比在利用巴特利特核的情况下更快得收敛于 Σ^+($T^{2/5}$ 对比 $T^{1/3}$)。然而,模拟实验证明,这两个核在小样本的情况下是基本相似的,$J(T)$的选择是最重要的。

在步骤(3)中,我们需要 Σ_0^w 和 Σ 的估计量[$J_2(w_0)$的最优选择是不可行的]。在文献中有两种方法:安德鲁斯和蒙汉南(Andrews and Mohanan,1992)对过滤的正交性条件估计了 AR(1)表达式,并利用估计值得到 $J_2(w_0)$的估计量。在这种情况下,对于 $w_0=1$,有 $\hat{J}_2(w_0)=\sum_i W_i 4\ \hat{\rho}_i^2\ \hat{\sigma}_i^4(1-\hat{\rho}_i)^{-6}(1+\hat{\rho})^{-2}/\sum_i W_i\ \hat{\sigma}_i^4\times(1-\hat{\rho}_i)^{-4}$;对于 $w_0=2$,有 $\hat{J}_2(w_0)=\sum_j W_j 4\ \hat{\rho}_j^2\ \hat{\sigma}_j^4(1-\hat{\rho}_j)^{-8}/\sum_j w_j\ \hat{\sigma}_j^4(1-\hat{\rho}_i)^{-4}$,

其中，$\hat{\rho}_j(\hat{\sigma}_j)$是对于过滤的条件 j 的 AR(1)系数(标准偏误)的估计量。内维和维斯特(Newey and West,1994)选择一个决定于 T 和一个(随机)参数的自动的过程。这里，$\hat{\Sigma}_0^w=\sum_{\tau=-J(T)}^{J(T)}|\tau|^{w_0}\times(1/T)\sum_t e_t e'_{t-\tau}$，其中，$e_t$ 是从步骤(1)中得到的过滤正交性条件，对于 $w_0=1$ 有 $J(T)=b_1(0.01T)^{2/9}$，对于 $w_0=2$ 有 $J(T)=b_2(0.01T)^{2/25}$，$b_1=4$ 或 12，$b_2=3$ 或 4。

一旦得到了一个最优的核[称为 $\mathcal{K}^\dagger(i,J(T))$]，过滤误差 e_t 的协方差矩阵的估计值为$\Sigma_e^\dagger=\sum_i\mathcal{K}^\dagger(i,J(T))(1/T)\sum_t e_t e'_{t-i}$，原条件的协方差矩阵的估计值为$\Sigma_T^\dagger=(I_N-\sum_i A_i)^{-1}\Sigma_e^\dagger[(I_N-\sum_i A_i)^{-1}]'$，其中，$A_i$ 是在步骤(1)中得到的第 i 个 AR 系数。

核函数 HAC 估计有两点重要的性质值得强调。首先，为了最终的估计量是一致的，$J(T)$必须随样本容量的增大而增大。这是极为不合适的，因为它迫使带宽参数随着 T 的增大而增大，即使已知 h_t 的序列相关性是有限的。其次，最优核估计量缓慢地收敛。因此，它们比参数估计量(以速率$\sqrt{T}$收敛)具有更差的小样本特性。

算法 5.2(参数 HAC)

(1) 对于每一个 j，为 h_{jt} 设定一个 VAR，并最优地选择 VAR 的阶。

(2) 计算"白化"正交性条件的谱密度。

(3) 计算原正交性条件的 HAC 一致估计量。

在步骤(1)中，我们设定自回归 $h_{jt}=\sum_i\sum_\tau A_{i\tau}h_{it-\tau}+e_{jt}$，并利用信息准则(参见第 4 章)选择滞后长度。可以注意到，h_{it} 的相同的滞后阶数都进入到 h_{jt} 的自回归。丹哈恩和莱文(Den Haan and Levin,1996)证明了，从 $\tau=T^{1/3}$ 开始寻找会得到一致的估计量。一旦得到了白噪声残差，Σ_e 的估计就是 $\Sigma_e^+=(1/T)\sum_t e_t e_t'$和 $\Sigma_T^+=(I_N-\sum A_\tau)^{-1}\Sigma_e^+[(I_N-\sum A_\tau)^{-1}]'$。

可以注意到，在参数方法中并没有产生正定性的问题，主要是因为可以通过构造使 Σ_T^+ 正定。同样，由于参数估计量比核估计量产生更小的误差，所以它具有更好的收敛性质。

例题 5.13 假定 h_t 有两个部分。下面给出了预白化过程。对于每个$i=1,2$，在 $h_{it}=A_{i1}(\ell)h_{it-1}+A_{i2}(\ell)h_{i't-1}+e_{it}$，$i\neq i'$中，决定 $A_{i1}(\ell)$和 $A_{i2}(\ell)$的滞后长度，其对于不同的 i 可能是不同的。将两个等式汇入一个 VAR 中，并将它变形为一个伴随形式 $\mathbb{Y}_t=\mathbb{A}\mathbb{Y}_{t-1}+\mathbb{E}_t$。那么，$\text{var}(\mathbb{E}_t)=\Sigma_E$，$\text{var}(\mathbb{Y}_t)=(I-\mathbb{A})^{-1}\Sigma_E\times((I-\mathbb{A})^{-1})'$，以及 $\text{cov}(\mathbb{Y}_t,\mathbb{Y}_{t-\tau})=\mathbb{A}^\tau\text{var}(\mathbb{Y}_t)$。

5.3.3 *优化渐近协方差矩阵*

有很多种方法可以使 GMM 估计量有效。例如，我们可以选择 W 使得 θ 的渐近协方差矩阵最小。正如在线性假定的情况下，如果 h_t 是一个鞅差分，那么就令 $W^\dagger=[E(h_t h_t')]^{-1}$，如果存在序列相关，就做明显的调整。

正如前面提及的，DSGE 模型一般会呈现出如 $E[e(y_t,\theta)|z_t]=0$ 形式的正交性条件，其中，z_t 是主体信息集的工具变量的集合，e_t 是欧拉等式的残差。这个约束条件说明了 $E[z_t'e(y_t,\theta)|z_t]=0$，但对于任何可测的方程 $\mathfrak{H}$，都有 $E[\mathfrak{H}(z_t')\times$

$e(y_t,\theta)]=0$。那么最优的 $\mathfrak{H}$ 是什么呢？

令 $g(y_t,\theta)=\mathfrak{H}(z_t)'e(y_t,\theta)$，假定 $g_\infty(\theta)=0$。在 5.3.1 节的条件下，$\mathrm{var}[\sqrt{T}(\theta_T-\theta_0)]=(H\Sigma_h^{-1}H')^{-1}=\{E[(\partial e_t/\partial\theta')'\mathfrak{H}(z_t)]^{-1}\times E[\mathfrak{H}(z_t)'\mathfrak{H}(z_t)]\times E[\mathfrak{H}(z_t)'(\partial e_t/\partial\theta')]\}^{-1}\sigma_e^2$。

括号中的表达式是$\partial e_t/\partial\theta$对于 $\mathfrak{H}(z_t)$线性回归预测值的总体协方差矩阵的逆。因此，为了使 $\mathrm{var}(\theta_T)$最小，我们应当选择适当的 $\mathfrak{H}$，使 $\mathfrak{H}(z_t)$和$\partial e_t/\partial\theta$ 的相关性最大。

练习 5.23 证明令 $\mathfrak{H}(z_t)=E[(\partial e_t/\partial\theta)(y_t,\theta_0)\,|\,z_t]$可以达到最优状态。（提示：任何其他函数都会生成一个协方差矩阵 $\tilde{\Sigma}_\theta$，$\tilde{\Sigma}_\theta-\Sigma_\theta$ 是半正定的。）

直觉地，练习 5.23 的结果说明，一系列随机变量的最佳 MSE 预测值是它的条件期望。关于这个结论，有几个特征需要强调。第一，最优的 $\mathfrak{H}(z_t)$不是唯一可达到这种关系的非奇异线性变换。第二，通常用一个一致的 θ_T 去求得 e 的导数。第三，如果 $e(y_t,\theta_0)$是与 z_t 独立的，那么对于每一对连续并可测的函数 $\mathfrak{H}_1$ 和 $\mathfrak{H}_2$，都有 $E[\mathfrak{H}_1(e(y_t,\theta_0))]=0$，$\tilde{g}=\mathfrak{H}_2(z_t)'\mathfrak{H}_1(e(y_t,\theta_0))$是一个潜在的 g 函数的选择。

练习 5.24 在上述问题中找到一对最优的$(\mathfrak{H}_1,\mathfrak{H}_2)$。

练习 5.25 令 $y_t^{\theta_0}=\theta_1+\theta_2x_t+e_t$。假定 $E[\mathfrak{H}(z_t)'e_t]=0$，其中，$\mathfrak{H}(z_t)\equiv E[\partial e_t/\partial\theta'\,|\,z_t]$。

(i) 证明利用 z_t 得到的$\theta=[\theta_0,\theta_1,\theta_2]$的 NLIS 估计量，与利用 x_t 作为工具变量得到的结果不相同。[提示：NLLS 求解$(1/T)\sum_t[\mathfrak{H}(x_t)'e_t]=0$。]

(ii) 证明 NLLS 估计量同 ML 估计量也不相同。

(iii) 证明 NLLS 估计量是不一致的。

在许多应用中，内生变量的密度 $f(y|\theta)$是不能够计算的。然而，可以利用模拟一个$\{y_t\}$序列，并利用一些大数法则计算 $f(y|\theta)$各阶矩的近似值（参见 5.5 节）。因此，在一些情况下，ML 是不适用的，但是 GMM 适用。因为 θ_{ML}在一族一致且渐近正态的估计量中通常具有最小的渐近协方差矩阵，我们可能想知道是否可以构造一个 θ_T，使其和 θ_{ML}具有同样的有效性。换言之，在所有可能的正交性条件中，哪些包含最多的关于参数的信息？加伦特和陶亨（Gallant and Tauchen，1996）证明了这些正交性条件是每个观测值的得分。

例题 5.14 令 y_t 独立同分布，其密度函数已知为 $f(y_t|\theta)$。令 θ_T 是具有 $E(g_t(\theta,y_t))=0$ 形式的正交性条件的 GMM 估计量，并假定 Σ_θ 是渐近协方差矩阵。由于 ML 是有效的，$\Sigma_\theta\geqslant-T^{-1}E[\partial^2\ln f(y_t|\theta)/\partial\theta\partial\theta']^{-1}$，在任何情况下，都有等式 $g_t(\theta)=\partial\ln f(y_t|\theta)/\partial\theta$ 成立。因此，最有效的 GMM 估计量是$(1/T)\times\sum_t\partial\ln f(y_t|\theta)/\partial\theta'=0$ 的解。

练习 5.26 假定 y_t 是序列相关的。你将如何对例题 5.14 的结论做出修正来符合这种情况？

5.3.4 *次序 GMM 估计*

在许多实际应用中，自然地将 θ 分成两块，$\theta=(\theta_1,\theta_2)$，我们可能考虑按次序估计两个参数集合，或者以 θ_2 为条件估计 θ_1。这两种情况将会在本节和 5.4 节中讲解。

例题 5.15 考虑 $y_t=x_t\theta+e_t$ 的参数的 ML 估计，$e_t\sim$ i. i. d. $(0,\Sigma_e)$。一个比较常用的步骤就是得到一个一致的 Σ_e，标准化似然，然后估计 θ。除非 x_t 是严格外生的，否则利用这种方法得到的 Σ_θ 的标准方程式是不正确的——我们需要考虑 x_t 和 e_t 的相关性。

例题 5.16 考虑资本积累的欧拉方程(5.3)。这里，β、δ 和资本 f_K 的边际产出是未知的。由于一般情况下 β 很难估计，我们可能想要将其固定并利用(5.3)式得到资本 $f_K+(1-\delta)$ 的实际回报的 GMM 估计。此外，我们可以利用不相关的信息来估计 f_K，然后利用(5.3)式去估计 δ 和 β。在两种情况下，如果取第一阶段的估计值作为真值，可能会影响渐近的标准误差。

利用 GMM 方法，很容易就可以看出需要做出怎样的调整。令 $g_T(\theta_1,\theta_2)=(1/T)\sum_{t=1}^{T}g(y_t,\theta_1,\theta_2)$ 和 $g_\infty(\theta_1,\theta_2)=0$。当 θ_2 已知与 θ_{20} 相等，可以利用 5.3.1 节中的结果来得到 θ_{1T} 的渐近分布。

练习 5.27 假定已知 $\theta_2=\theta_{20}$，并且：(i) $g(y_t,\theta_{10},\theta_{20})$ 是一个鞅差分序列，$g(y_t,\cdot,\cdot)$ 的第二个和第三个变量是连续的，其中，θ_{10} 是一个 $k_1\times1$ 阶向量；(ii) y_t 是平稳的和遍历的；(iii) $E[g(y_t,\theta_{10},\theta_{20})g(y_t,\theta_{10},\theta_{20})']=\Sigma_1<\infty$；(iv) $\theta_{1T}\xrightarrow{\text{a. s.}}\theta_{10}$；(v) $\partial g_T/\partial\theta'$ 是一致连续的，并收敛于满秩的 $E(\partial g/\partial\theta')$。证明 $\sqrt{T}(\theta_{1T}-\theta_{10})\xrightarrow{\text{D}}\mathbb{N}(0,\Sigma_{\theta_1})$。给出 Σ_{θ_1} 的形式。

当 θ_{10} 和 θ_{20} 都是未知时，令练习 5.27 中的(i)～(iii)都得到满足，同时假定：(iv) $\theta_{1T}\xrightarrow{\text{a. s.}}\theta_{10}$，$\theta_{2T}\xrightarrow{\text{a. s.}}\theta_{20}$；(v) $E[\partial h(y_t,\theta_{10},\theta_{20})/\partial\theta'_1,\partial h(y_t,\theta_{10},\theta_{20})/\partial\theta'_2]=[H_{10},H_{20}]$；$|H_{10}|\neq0$，其中，$H_{10}$ 和 H_{20} 是 $n\times k_1$ 和 $n\times k_2$ 阶矩阵；(vi) $[\partial h/\partial\theta'_1,\partial h/\partial\theta'_2]$ 在 θ_{10} 和 θ_{20} 连续，并一致收敛于 $[H_{10},H_{20}]$；(vii) $\sqrt{T}(\theta_{2T}-\theta_{20})\xrightarrow{\text{D}}\mathbb{N}(0,\Sigma_2)$。

练习 5.28 证明在(i)～(vii)的条件下，有 $\sqrt{T}(\theta_{1T}-\theta_{10})\xrightarrow{\text{D}}\mathbb{N}(0,(H'_{10})^{-1}\times\Sigma_1H_{10}^{-1}+(H'_{10})^{-1}H'_{20}\Sigma_2H_{20}H_{10}^{-1})$。[提示：考虑目标函数在 $(\theta_{10},\theta_{20})$ 周围的泰勒展开，保证所有分量都收敛于非随机极限。]

练习 5.28 说明，当 θ_2 已经被估计出来时，需要对 θ_{1T} 的渐近协方差矩阵做出怎样的调整。存在这样一种情况，这种调整是多余的：如果 θ_1 的边际分布不决定于 θ_2，且 $H_{20}=0$ 和 $\sqrt{T}(\theta_{1T}-\theta_{10})\xrightarrow{\text{D}}\mathbb{N}(0,(H'_{10})^{-1}\Sigma_1H_{10}^{-1})$。因此，次序估计并没有影响 θ_{1T} 的标准误差。

下面是一个简单例子，可以应用我们本节中所讲述的思想。

例题 5.17 文献中提供了两种方法来估计下列模型中的 (ρ,θ)：

$$y_t=x_t\theta+e_t \tag{5.23}$$

$$e_t=\rho e_{t-1}+\epsilon_t,\quad \epsilon_t\sim\text{i. i. d.}(0,\sigma^2) \tag{5.24}$$

(i) 广义最小二乘法：$\theta_{\text{GLS}}=(x'\Sigma_e^{-1}x)^{-1}(x'\Sigma_e^{-1}y)$，其中，$\Sigma_e=(\sigma^2/(1-\rho)^2)V$，这里的 V 是：

$$\begin{bmatrix} 1 & \rho & \cdots & \rho^{T-1} \\ \rho & 1 & \cdots & \rho^{T-2} \\ \vdots & \vdots & \ddots & \vdots \\ \rho^{T-1} & \rho^{T-2} & \cdots & 1 \end{bmatrix}$$

(ii) 利用 $e_{OLS,t}=y_t-x_t\theta_{OLS}$ 估计(5.24)式中的 ρ_{OLS}。将(5.23)式变形为 $y_t-\rho_{OLS}y_{t-1}=(x_t-\rho_{OLS}x_{t-1})\theta+\epsilon_t$，运用 OLS 得到 $\theta_{2step}=(X'X)'(X'Y)$，其中，$\mathrm{var}(\theta_{2step})=(X'X)^{-1}\sigma^2$，$X_t=x_t-\rho_{OLS}x_{t-1}$，$Y_t=y_t-\rho_{OLS}y_{t-1}$，$X=(X_1,\cdots,X_T)'$和 $Y=(Y_1,\cdots,Y_T)'$。

很明显，(ii)并没有考虑 ρ 已经被估计的情况。由(i)中的联合分布开始适当地描述边际渐近分布，这将会考虑这种情况。第二种方法给出了 θ 准确的方差，当且仅当 θ 和 ρ 的渐近协方差矩阵是对角矩阵时。相似的问题也会出现在混合校正估计和面板数据模型中，这些将会分别在之后的第 7 章和第 8 章中讲述。

5.3.5 *两步估计量*

GMM 要求迭代步骤，并且当 h_t 是高度非线性并且参数的数量比较大时，这种迭代步骤就会使得整个 GMM 的计算过程比较复杂。我们已经提到过，这时可以运用两步方法来计算完整的 GMM 估计量的近似值。在什么样的条件下，一个两步 GMM 估计量渐近等于一个完全迭代的 GMM 估计量？结果表示，如果最初的估计量 θ_T^1是一个$\sqrt{T}$-一致估计量，并且限定在一定概率内，那么 θ_T^2和 θ_T 之间的差异就会渐近消失。然而，$\sqrt{T}$-一致性很难证明，由于概率的有界性使它满足 $\theta_T^1\xrightarrow{P}\theta_0$(参见第 1 章)，这一点在实践中是很容易检验的。

一般地，如果最初估计量有较大的协方差矩阵，并且 h_t 也没有很好地通过一个二项方程近似得到，那么我们更倾向于应用完整的迭代 GMM，而不是一个两步估计。另外，注意一点，需要满足 θ_T^2和 θ_T 的样本容量可能非常不同：θ_T^1可能在渐近分布的尾部，如果目标方程是较平坦的，那么对于 θ_T^2，就需要一个非常大的 T 来近似 θ_T。

我们要求读者在下面一个练习中证明 θ_T^2和 θ_T 的渐近等价性。

练习 5.29 已知条件如下：y_t 是平稳的和遍历的；$g(y_t,\theta_0)$是一个鞅差分；$g(y_t,\cdot)$在 θ 中是连续的；$h_T(\theta_T)=0$；$E[H_T(\theta_0)]=H$，$|H|\neq 0$；$E[h(y_t,\theta_0)\times h(y_t,\theta_0)']=\Sigma_h<\infty$；$H_T=\partial h(y_T,\theta)/\partial\theta'$存在，并且在 θ_0 处连续，一致收敛于 H；$\theta_T\xrightarrow{P}\theta_0$。假定 θ_T^1是 θ_0 的一个$\sqrt{T}$-一致估计量，所以$\sqrt{T}(\theta_T^1-\theta_0)$在概率上是有界的，令 $\theta_T^2\equiv\theta_T^1-[\partial h_T(\bar{\theta}_T)/\partial\theta']^{-1}h_T(\theta_T^1)$，其中，$\bar{\theta}_T\in[\theta_T^1,\theta_T^2]$。证明$\sqrt{T}(\theta_T^1-\theta_0)\xrightarrow{D}\mathbb{N}(0,(H')^{-1}\Sigma_h H^{-1})$和$\sqrt{T}(\theta_T^2-\theta_T)\xrightarrow{P}0$，其中，$\theta_T$ 是 GMM 完全迭代估计量。

5.3.6 *假设检验*

我们现在需要关注的问题是，具有 $R(\theta)=0$ 形式的约束条件向量(可能是非线性的)是否成立。本节中的讨论是比较概括的：我们会在不同的例题和练习中研究模型设定。我们假定：(i) $g_\infty(\theta)=0$；(ii) $n=k$；以及(iii) $\sqrt{T}(\theta_T-\theta_0)\xrightarrow{D}\mathbb{N}(0,\Sigma_\theta)$，$\Sigma_\theta=(H')^{-1}\Sigma_h H^{-1}$。在原假设下，$R(\theta_0)=0$。

5.3.6.1 沃尔德检验

为了得到沃尔德检验，我们需要注意，如果 $\theta_T\xrightarrow{P}\theta_0$，即使 $R(\theta_T)\neq 0$，它以高概率是很小的。假定 $R(\theta)$ 是一个平滑的函数，且至少有一阶导数。同时，$\partial R_i(\bar\theta)/\partial\theta_j'$ 一致连续(且满秩)，$\bar\theta\in(\theta_T,\theta_0)$。在 $R(\theta_0)$ 周围，我们对 $R(\theta_T)$ 进行精确的泰勒展开，得到：

$$R(\theta_T)=R(\theta_0)+\mathcal{R}(\bar\theta)(\theta_T-\theta_0) \tag{5.25}$$

其中，$\mathcal{R}_{ij}(\bar\theta)=\partial R_i(\bar\theta)/\partial\theta_j'$，$i=1,2,\cdots$。利用 $\partial R_i(\bar\theta)/\partial\theta_j'$ 的连续性和 θ_T 的一致性，我们从元素上来看，有 $\mathcal{R}(\bar\theta)\xrightarrow{P}\mathcal{R}(\theta_0)$。因此，通过 $\theta_T-\theta_0$ 的渐近正态性，(5.25)式说明了 $\sqrt{T}R(\theta_T)=\sqrt{T}\mathcal{R}(\theta_0)(\theta_T-\theta_0)\xrightarrow{D}\mathbb{N}(0,\Sigma_R\equiv\mathcal{R}(\theta_0)\Sigma_\theta\mathcal{R}(\theta_0)')$，为了检验 $R(\theta)=0$，我们可以应用：

$$\mathrm{Wa}=TR(\theta_T)'\Sigma_R^{-1}R(\theta_T)\sim\chi^2(\dim(R)) \tag{5.26}$$

等式(5.26)完全基于 $R(\theta_T)$ 在 θ_0 附近的局部性质。当 g_t 是每个观测值的得分，(5.26)式就是一个标准的沃尔德检验。

练习 5.30 找到一个 $\mathcal{R}(\theta_0)$ 的一致估计量。如果 $R(\theta_0)\neq 0$，(5.26)式会变成什么形式？

5.3.6.2 拉格朗日乘数检验

在一些问题中插入一些约束条件，会使估计和检验更简单。

例题 5.18 你想估计下列非线性模型的参数：$(y_t^{\alpha_0}-1)/\alpha_0=\alpha_1+\alpha_2(x_t^{\alpha_0}-1)/\alpha_0+e_t$。如果 $\alpha_0=0$，模型就会简化成 $\ln y_t=\alpha_1+\alpha_2\ln x_t+e_t$；当 $\alpha_0=1$ 时，它简化成 $y_t=(\alpha_1-\alpha_2+1)+\alpha_2 x_t+e_t$。在这两种情况下，$\alpha_1$ 和 α_2 的估计都可以利用最小二乘法进行。基于上述估计值，我们可能想要检验 $\alpha_0=0$ 或 $\alpha_0=1$ 是否是明显的约束条件。

在如同例题 5.18 的情况中，设计一个在约束的估计量 θ_R 附近的利用 $h_T(\theta)$ 和 $R(\theta)$ 的局部性质的检验，可能会比较有用。令 θ_R 是 $h_T(\theta_R)=0$ 的解，并假定 $\sqrt{T}(\theta_R-\theta_0)\xrightarrow{P}0$。在 θ_R 附近展开 $h_T(\theta_T)$ 和 $R(\theta_T)$，我们得到：

$$h_T(\theta_T)=h_T(\theta_R)+\frac{\partial h_T(\bar\theta)}{\partial\theta'}(\theta_T-\theta_R) \tag{5.27}$$

$$R(\theta_T)=R(\theta_R)+\frac{\partial R(\bar\theta)}{\partial\theta'}(\theta_T-\theta_R) \tag{5.28}$$

其中，$\bar\theta\in(\theta_T,\theta_R)$。从(5.27)式和 $\sqrt{T}(\theta_T-\theta_R)=\sqrt{T}(\partial h_T(\bar\theta)/\partial\theta')^{-1}\times(h_T(\theta_T)-h_T(\theta_R))\xrightarrow{D}\mathbb{N}(0,\Sigma_\theta)$。

练习 5.31 给出 $h_T(\theta_T)$ 和 $\partial h_T(\bar\theta)/\partial\theta'$ 需要满足的条件以达到上述结果。依照直觉解释 $(\theta_T-\theta_0)$ 和 $(\theta_T-\theta_R)$ 的分布是一样的。

利用(5.28)式，注意到通过构造达到 $R(\theta_R)=0$，我们得到 $\sqrt{T}R(\theta_T)=(\partial R(\bar{\theta})/\partial\theta')\sqrt{T}(\theta_T-\theta_R)\xrightarrow{D}\mathbb{N}(0,\Sigma_R\equiv\mathcal{R}(\theta_0)\Sigma_\theta\mathcal{R}(\theta_0)')$。因此，对于原假设 $R(\theta)=0$ 的检验为：

$$\mathrm{LM}=TR(\theta_T)'\Sigma_R^{-1}R(\theta_T)\sim\chi^2(\dim(R)) \tag{5.29}$$

(5.26)式和(5.29)式的二项形式是类似的——(5.26)式利用了非约束估计量的性质，然而(5.29)式利用了约束估计量的性质——并且是渐近等价的。一般地，情况并非这样[参见恩格尔(Engle,1983)]。发生这种情况主要是因为，约束和非约束估计量有相同的渐近协方差矩阵，也是由于 θ_R 是 θ_0 的一个 $\sqrt{T}$-一致估计量。

这类基于 h_T 函数在 θ_R 周围的局部性质的检验称为拉格朗日乘数检验。当 $g_T=(1/T)\sum\partial\ln f(y_t|\theta)/\partial\theta'$ 和 $E(g(y_t,\theta))=0$ 时，θ_R 是通过 $R(\theta)=0$ 得到的最大似然估计量。那么，(5,29)式检验了约束条件的拉格朗日乘数为 0 的原假设[参见扎智(Judge,1985)，第 182 页]。

5.3.6.3　级差检验

级差检验判定了两个估计量(约束估计量和非约束估计量)在某个度量尺度下是否接近。令 θ_R 为 $h_T(\theta_R)=0$ 的解，令 θ_T 是一个(非约束) $\sqrt{T}$-一致估计量。那么 $0=h_T(\theta_R)=h_T(\theta_T)+H(\bar{\theta})(\theta_T-\theta_R)$，其中，$\bar{\theta}\in(\theta_R,\theta_T)$，$H_{ij}=\partial h_{Ti}(\bar{\theta})/\partial\theta_j$。

练习 5.32　给出能够使 $H(\bar{\theta})\xrightarrow{P}H$ 和 $\sqrt{T}(\theta_R-\theta_T)\xrightarrow{D}\mathbb{N}(0,\Sigma_\theta)$ 的充分条件。

在练习 5.32 的条件下，一个对于原假设 $R(\theta)=0$ 的检验是：

$$\mathrm{Dt}=T(\theta_R-\theta_T)'\Sigma_\theta^{-1}(\theta_R-\theta_T)\sim\chi^2(k) \tag{5.30}$$

当 θ_R 是一个随机向量时，检验有一个较小的自由度，即使 $(\theta_R-\theta_T)$ 是一个 $k\times1$ 阶向量。

例题 5.19　似然比检验是级差检验的一种特殊形式。将 $\mathcal{L}_T(\theta_R)$ 在一个 $\sqrt{T}$-非约束一致估计量的周围展开，我们得到 $\mathcal{L}_T(\theta_R)=\mathcal{L}_T(\theta_T)+(\partial\mathcal{L}_T(\bar{\theta})/\partial\theta')(\theta_R-\theta_T)+0.5(\theta_R-\theta_T)'(\partial^2\mathcal{L}_T(\bar{\theta})/\partial\theta\partial\theta')(\theta_R-\theta_T)$。由于 $\sqrt{T}(\theta_T-\theta_0)\xrightarrow{P}0$，$\partial\mathcal{L}_T(\bar{\theta})/\partial\theta'\xrightarrow{P}\partial\mathcal{L}_T(\theta_T)/\partial\theta'=0$。因此，$2T(\mathcal{L}_T(\theta_R)-\mathcal{L}_T(\theta_T))=T(\theta_R-\theta_T)'(\partial\mathcal{L}_T^2(\bar{\theta})/\partial\theta\partial\theta')\times(\theta_R-\theta_T)$。那么由于 $\partial^2\mathcal{L}_T(\bar{\theta})/\partial\theta\partial\theta'\xrightarrow{P}\partial^2\mathcal{L}_T(\theta_T)/\partial\theta\partial\theta'\equiv\Sigma_\theta=-H^{-1}$，我们得到 $-2T(\mathcal{L}_T(\theta_R)-\mathcal{L}_T(\theta_T))\xrightarrow{P}T(\theta_R-\theta_T)'H^{-1}(\theta_R-\theta_T)\sim\chi^2(k-k')$，$k-k'$ 是约束条件的数量。

5.3.6.4　豪斯曼检验

豪斯曼(Hausman,1978)检验考虑到只要约束和非约束估计量有一个联合极限分布，就没有必要要求非约束估计量是有效的。令 θ_R 是基于原假设的一个有效估计量，即它使渐近协方差矩阵最小；令 θ_T 为任意一致但是未必有效的估计量；令 $\theta^0=[\theta_0,\theta_0]'$；令 $\theta^{TR}=[\theta_T,\theta_R]'$，所以 $\sqrt{T}h_T(\theta^{TR})\xrightarrow{D}\mathbb{N}(0,\Sigma_\theta)$。如果参数空间是紧致的，一致收敛定理保证了 $\sqrt{T}(\theta^{TR}-\theta_0)$ 的渐近协方差矩阵有为 0 的非对角元素(所以两个估计量是渐近独立的)。豪斯曼检验的一种形式如下：

$$\text{Ha}=T(\theta_T-\theta_R)'(\Sigma_T-\Sigma_R)^{-1}(\theta_T-\theta_R)\xrightarrow{D}\chi^2(k) \tag{5.31}$$

其中，Σ_T 和 Σ_R 是两个估计量的渐近协方差矩阵。注意到，如果 θ_T 也是有效的，$\Sigma_T-\Sigma_R$ 就是奇异的。在这种情况下，仍可以通过选取一个 $k'\times k$ 阶矩阵$\mathcal{C}$来进行检验，譬如$|\mathcal{C}(\Sigma_T-\Sigma_R)\mathcal{C}'|\neq 0$，检验就变为：

$$\text{Ha}=T((\theta_T-\theta_R)'\mathcal{C}')(\mathcal{C}(\Sigma_T-\Sigma_R)\mathcal{C}')^{-1}(\mathcal{C}(\theta_T-\theta_R))\xrightarrow{D}\chi^2(k') \tag{5.32}$$

这里需要强调的是，虽然我们考虑的几个检验都有相同的渐近分布，但是它们在小样本的情况下可能会有截然不同的性质。

沃尔德检验在实际中很容易实施，正如在下面的例子中显示的。

例题 5.20　令 Σ_{ii} 是 Σ_θ 的第 i 个对角元素，并且令 $R(\theta)=0$ 为 $\theta_i-\bar{\theta}_i=0$。那么 $T(\theta_{iT}-\bar{\theta}_i)'(\Sigma_{ii})^{-1}(\theta_{iT}-\bar{\theta}_i)\xrightarrow{D}\chi^2(1)$。另外，$\sqrt{T}(\theta_{iT}-\bar{\theta}_i)/\sqrt{\Sigma_{ii}}\xrightarrow{D}\mathbb{N}(0,1)$。同样，如果约束条件是 $R\theta=\bar{\theta}$，统计量就为 $T(R\theta_T-\bar{\theta})'[R\Sigma_\theta R']^{-1}(R\theta_T-\bar{\theta})\xrightarrow{D}\chi^2(k)$。

练习 5.33　考虑例题 5.10。为以下原假设提供三个检验统计量：利率的期限结构在平稳状态下是平坦的（即 $r_\tau=r_1$），这一点对于正交性条件自相关的存在是稳健的。

例题 5.21　例题 5.1 的 RBC 模型的一个潜在的前提就是，主体代表倾向于使消费更加平稳。这一点暗示了相对风险厌恶的系数应该是正的。我们可以用很多种方法来检验这个假设。假定 $u(c)=c_t^{1-\varphi}/(1-\varphi)$ 并利用（5.3）式，我们可以很容易地构造约束和非约束估计量。因此，沃尔德检验和级差检验的统计量为 $\text{Wa}=T\varphi_T^2/\Sigma_{\varphi_T}$ 和 $\text{Dt}=T(\varphi_T-\varphi_R)^2/\Sigma_{\varphi_T}$，其中，$\Sigma_{\varphi_T}$ 是非约束估计量的方差。

练习 5.34　利用 $\beta=0.99$，$\delta=0.025$，$\eta=0.66$ 和 $\varphi=1$ 来对一个基本的 RBC 模型中的消费、投资、总产出和实际利率等数据进行模拟。假定技术扰动的对数是一个持续性为 0.9、标准差为 1 的 AR(1)。假设我们想估计一个模型，在这个模型中呈现出消费习惯持续性的效用函数。构造约束和非约束以及最小级差估计量。检验原假设：消费持续性参数 γ 为 0。重复该练习 100 次，从一个正态分布中得到随机技术冲击。三种假设在 100 次实验中呈现出怎样的性质？

在一些情况下，我们可能想要去检验正交性条件的一个子集。例如，在练习 5.10 中，我们可能想去了解滞后两个周期的收入是否能够增加我们估计的解释效用。在这种情况下，可以应用豪斯曼检验。

例题 5.22　继续练习 5.10，令 θ_{1T} 和 θ_{2T} 分别是利用 z_{1T} 和 z_{2T} 得到的估计量。很明显，θ_{2T} 是和 θ_{1T} 一样有效，因为它运用了更多的正交性条件。如果 $\text{var}(\theta_{1T}-\theta_{2T})=\text{var}(\theta_{1T})-\text{var}(\theta_{2T})$，在第二组正交性条件成立的前提下，豪斯曼统计量为 $(\theta_{1T}-\theta_{2T})[\text{var}(\theta_{1T})-\text{var}(\theta_{2T})]^{-1}(\theta_{1T}-\theta_{2T})\xrightarrow{D}\chi^2(\nu)$，其中，$\nu$ 小于检验的正交性条件的数目，也小于条件的数目与应用于估计过程的工具变量的数目的差。当 $\nu=1$ 时，$T\sigma^2[y'(z_1(z_1'z_1)^{-1}z_1')y-y'(z_2(z_2'z_2)z_2')y]$ 可用作 $\text{var}(\theta_{1T})-\text{var}(\theta_{2T})$ 的估计量。

练习 5.35　考虑下述情况：一个国家（例如，美国）的主体代表可以购买一个以其他国家货币(例如,日元)标价的一个周期的国债,令 ner_t 为美元兑日元的名义汇率。在平衡点,有:

$$0=E_t\left[\beta\frac{U_{c,t+1}/p_{t+1}}{U_{c,t}/p_t}\left((1+i_{1t})-\frac{\text{ner}_{t+1}}{\text{ner}_t}(1+i_{2t})\right)\right] \tag{5.33}$$

其中,i_{jt} 是国家 j 的债权的名义利率,p_t 是价格水平,$U_{c,t+1}/p_{t+1}$ 是货币的边际效用。将(5.33)式对数一线性化,假定 $u(c_t)=\ln c_t$。利用名义余额、名义利率和名义汇率等数据,判断(5.33)式是否成立。检验主体是否没对未来贴现(即,是否 $\beta=1$)。

练习 5.36[麦克金利和理查德森(MacKinley and Richardson)] 如果一个资产组合 j 是均值和方差有效的,并存在无风险资产,那么就必须满足 $E(\tilde{r}_{it})=\alpha E(\tilde{r}_{jt})$(参见练习 5.2),其中,$\tilde{r}_{it}=r_{it}-r_{0t}$ 是资产 i 在 t 时刻的超出收益,$\tilde{r}_{jt}=r_{jt}-r_{0t}$ 是资产组合 j 在 t 时刻的超出收益,$i=1,2,\cdots,I$。得出由均值—方差有效暗示的正交性条件。利用 Euroxx50 股票的数据,为 α 提供一个估计量,α 对异方差性是稳健的(例如,如果收益 i 的方差决定于市场投资组合的收益)。检验假设:有效边界成立。

例题 5.23 继续例题 5.11,我们进行三个假设检验。第一,固定 $\beta=1$ 并不会改变估计结果:级差检验在约束和非约束设定下没有差别。第二,我们检验完全粘滞性,$\zeta_p=1$;它与从模型设定中去除边际成本相对应[在这个原假设下,通货膨胀是一个 AR(1)序列]。利用美国、英国的产出缺口数据和德国的劳动者股权的数据,在 5%的置信水平下,LR 检验将拒绝原假设。第三,完全灵活性检验 $\zeta_p=0$ 被 6 个设定中的 5 个拒绝。

5.4 DSGE 模型的 GMM 估计

到目前为止,我们考虑的例题都只涉及一个模型中一个等式的估计。但是,有时我们想去检验整个模型的意义,所以就可以和 ML 估计进行比较。在这种情况下,系统方法是必要的。一般地,在 DSGE 模型的结构中存在递归性。因此,可以逐一部分地进行估计。

例题 5.24 假设一个社会规划人员打算通过选择消费(c_t)、工作小时数(N_t)和资本数量(K_{t+1})来使 $E_0\sum_t\beta^t[c_t^{1-\varphi}/(1-\varphi)+\vartheta_N(1-N_t)]$ 最大化,上述变量满足 $G_t+c_t+K_{t+1}=\zeta_tK_t^{1-\eta}N_t^{\eta}+(1-\delta)K_t$,其中,$\ln\zeta_t=\bar{\zeta}+\rho_\zeta\ln\zeta_{t-1}+\epsilon_{1t}$,$\epsilon_{1t}\sim(0,\sigma_\zeta^2)$,$\ln G_t=\bar{G}+\rho_G\ln G_{t-1}+\epsilon_{4t}$,$\epsilon_{4t}\sim(0,\sigma_G^2)$,$K_0$ 是给定的。假定政府消费通过趸交税收和债券来支付。最优化条件是:

$$\vartheta_Nc_t^{\varphi}=\eta\zeta_tK_t^{1-\eta}N_t^{\eta-1} \tag{5.34}$$

$$c_t^{-\varphi}=E_t\beta c_{t+1}^{-\varphi}[(1-\eta)\zeta_{t+1}K_{t+1}^{-\eta}N_{t+1}^{\eta}+(1-\delta)] \tag{5.35}$$

另外,竞争说明了实际工资是 $w_t=\eta\zeta_tK_t^{1-\eta}N_t^{\eta-1}$,资本回报是 $r_t=(1-\eta)\zeta_tK_t^{-\eta}N_t^{\eta}+(1-\delta)$。

这个模型有 11 个参数：5 个结构性参数 $\theta_1=(\beta,\vartheta_N,\varphi,\eta,\delta)$ 和 6 个辅助性参数 $\theta_2=(\bar{\zeta},\bar{G},\rho_\zeta,\rho_G,\sigma_G^2,\sigma_\zeta^2)$。因此，我们需要至少 11 个正交性条件去估计 $\theta=(\theta_1,\theta_2)$。利用资本积累等式取非条件期望，我们得到：

$$E\left(\delta-1+\frac{K_{t+1}}{K_t}-\frac{\text{inv}_t}{K_t}\right)=0 \tag{5.36}$$

如果可以得到资本和投资的数据，上式就可以决定 δ。欧拉方程(5.35)包含了 4 个参数$(\beta,\varphi,\eta,\delta)$。由于 δ 是从(5.36)式识别的，我们需要将(5.35)式变形以生成至少 3 个正交性变量。因为任一在 t 时刻属于信息集的变量都可以作为工具变量，我们可以利用，例如，一个常数、资本实际收益和消费增长的滞后，来估计另外 3 个参数。例如，我们可以利用：

$$\left.\begin{aligned}
&E\left\{\beta\left(\frac{c_{t+1}}{c_t}\right)^{-\varphi}\left[(1-\eta)\zeta_{t+1}K_{t+1}^{-\eta}N_{t+1}^{\eta}+(1-\delta)\right]-1\right\}=0\\
&E\left\{\beta\left(\frac{c_{t+1}}{c_t}\right)^{-\varphi}\left[(1-\eta)\zeta_{t+1}K_{t+1}^{-\eta}N_{t+1}^{\eta}+(1-\delta)\right]-1\right\}\frac{c_t}{c_{t-1}}=0\\
&E\left\{\beta\left(\frac{c_{t+1}}{c_t}\right)^{-\varphi}\left[(1-\eta)\zeta_{t+1}K_{t+1}^{-\eta}N_{t+1}^{\eta}+(1-\delta)\right]-1\right\}r_{t-1}=0
\end{aligned}\right\} \tag{5.37}$$

跨时期条件(5.34)意味着：

$$E\left[c_t^{-\varphi}\eta\zeta_t K_t^{1-\eta}N_t^{\eta-1}-\vartheta_N\right]=0 \tag{5.38}$$

这个等式涉及三个参数$(\varphi,\eta,\vartheta_N)$。给定$(\varphi,\eta)$，(5.38)式可以决定 ϑ_N。

利用 ϵ_{1t} 和 ϵ_{4t} 的性质，可以估计辅助参数，即：

$$E(\ln\zeta_t-\bar{\zeta}+\rho_\zeta\ln\zeta_{t-1})=0 \tag{5.39}$$

$$E[(\ln\zeta_t-\bar{\zeta}+\rho_\zeta\ln\zeta_{t-1})\ln\zeta_{t-1}]=0 \tag{5.40}$$

$$E[(\ln\zeta_t-\bar{\zeta}+\rho_\zeta\ln\zeta_{t-1})^2-\sigma_\zeta^2]=0 \tag{5.41}$$

$$E(\ln G_t-\bar{G}+\rho_G\ln G_{t-1})=0 \tag{5.42}$$

$$E[(\ln G_t-\bar{G}+\rho_G\ln G_{t-1})\ln G_{t-1}]=0 \tag{5.43}$$

$$E[(\ln G_t-\bar{G}+\rho_G\ln G_{t-1})^2-\sigma_G^2]=0 \tag{5.44}$$

然而，政府支出是可观测的，技术扰动却不能。因此，还需要另外一个辅助条件。从生产等式和给定的估计量 $\hat{\eta}$，我们可以得到 $\hat{\zeta}_t=\ln\text{GDP}_t-(1-\hat{\eta})\ln K_t-\hat{\eta}\ln N_t$，$\hat{\zeta}_t$ 可用于公式(5.39)～(5.41)。总的来说，最后 3 个条件可以分别估计，对于前 8 个条件，联合和迭代估计是可行的——在后一种情况下，如 5.3.4 节中所述，我们需要修正标准误差。

在现存的实验证据和相对小样本的数据的基础上，我们决定从一个恰好识别的系统或者一个无最优权重的弱过度识别的系统中估计 θ。过度识别的估计可以通过 r_t、c_{t+1}/c_t、投资和产出—劳动比的额外滞后来获得。利用美国 1956:1～1984:1 时期的线性去趋势的季度消费、投资、政府支出、总产出、家庭劳务时间和资本存量等数据，我们估计 θ，固定不能从这个数据里估计的 φ 值。由于 η 的估计偏低，我们同样需要基于一个较大的 η 值进行估计。表 5.2 给出了结果；标准误差在括号中给出。为了节省空间，这里略去了 $\bar{G}$ 和 $\bar{\zeta}$ 的估计，因为它们并不显著地区别于 0。四个主要性质可以从表格中得出。首先，一般地，结构性参数都是精确估计的，为了拟合数据的非平稳性，就要求政府和技术扰动的存在。这一点无论是在恰好识别还是过度识别系统中都是满足的，也说明了模型缺乏内部的扩展性。其次，β 的估计量从经济学角度来看是没有意义的，除非当我们令 $\eta=0.64$ 时。第三，当$\varphi=2$ 时，具有较小的 χ^2 统计值的模型在任何情况下都会被拒绝。第四，结果广泛地与 φ 值独立。事实上，除了 ρ_ζ 和 ρ_G，在[0,3]范围内，φ 的估计值的变化很小。

表 5.2　RBC 模型的估计

参数	恰好识别	过度识别	过度识别	过度识别
η	0.18 (0.000 2)	0.18 (0.000 2)	0.64	0.18 (0.000 2)
φ	1.0	1.0	1.0	2.0
δ	0.020 2 (0.000 22)	0.020 2 (0.000 21)	0.020 1 (0.000 13)	0.020 8 (0.000 13)
β	1.007 (0.000 5)	1.007 (0.000 5)	0.991 (0.000 4)	1.012 (0.000 9)
ϑ_N	3.73 (0.013)	3.73 (0.012)	2.93 (0.006)	0.455 (0.001)
ρ_ζ	1.035 (0.026)	1.021 (0.025)	1.035 (0.026)	1.075 (0.034)
ρ_G	1.025 (0.038)	1.042 (0.033)	1.025 (0.038)	1.027 (0.003 9)
σ_ζ^2	0.000 1 (0.000 01)	0.000 1 (0.000 01)	0.000 1 (0.000 01)	0.000 1 (0.000 01)
σ_G^2	0.000 2 (0.000 02)	0.000 2 (0.000 02)	0.000 2 (0.000 02)	0.000 2 (0.000 02)
J-统计量		$\chi^2(6)=259.69$	$\chi^2(5)=260.19$	$\chi^2(6)=257.71$

虽然 J-检验或者其他的统计方法能够粗略地评价一个模型的有效性，但是它们从经济学的角度来看是不充分的，如果模型是错误的，那么这些检验并不能够给予任何提示来对模型进行重新设定以提高拟合度。至于模型错误的原因，我们可以利用比较具有一定经济含义的数据所呈现出的特点来获得一些有用的信息。虽然非正式地检验这些经济特征是比较流行的方法，然而忽略参数和样本的不确定性还是有问题的。当我们所研究的这些特征是未知参数的连续函数时，可以利用一个(经济的)沃尔德检验来正式地评价模型对数据拟合的质量。

令利率的特征向量是 $\mathfrak{S}(\theta)$，数据中相对应的特征向量是 $\mathfrak{S}_T$，其中，下标 T 是指样本容量。令 $h_T(\theta_T)=\mathfrak{S}(\theta_T)-\mathfrak{S}_T$，其中，$\theta_T$ 是 GMM 估计量。那么 $h_T(\theta_T)$的协方差矩阵就为$\Sigma_h=(\partial h(\theta_0)/\partial\theta')\Sigma_\theta(\partial h(\theta_0)/\partial\theta')'+\Sigma_{\mathfrak{S}}$。在模型可以复制利率特点的原假设下，$Th(\theta_T)'\Sigma_h^{-1}h(\theta_T)\xrightarrow{D}\chi^2(\dim(\mathfrak{S}))$。因此，较大的统计量的值说明模型和数据在利率的维度上是有很大差异的。由于对向量 $\mathfrak{S}(\theta)$的分量进行检验是可行的，可以按照次序去检验数据的哪些特征是相符的，哪些是不符的。

有很重要的一点需要强调。统计检验可以通过利用模型的最优化条件来进行，但是经济检验要求研究人员在给定 θ_T 时生成一个 $\mathfrak{S}(\theta_T)$。换言之，在进行经济检验之前，需要先计算出模型的一个解。所以，GMM 相对于最大似然估计的一个主要优点和相似方法就消失了。

例题 5.25 在例题 5.24 的基础上，我们将模型对数—线性化并对模型求解。利用参数的恰好识别估计，我们就如下几个方面来评价模型对数据拟合的质量：(i) 总产出、消费、投资和工作小时数的方差；(ii) 这四个变量的一阶自回归；(iii) 同时期的消费、投资、工作小时数和总产出之间的相关性。表 5.3 给出了模型和数据的去线性趋势性之后的统计量。由于 $\mathfrak{S}=T\times h(\theta_T)'\Sigma_h^{-1}h(\theta_T)>800$，我们强烈地拒绝 RBC 模型可以重复这些 11 阶矩的观点。

表 5.3 数据和模型的矩

矩	数据	模型	矩	数据	模型	矩	数据	模型
var(GDP)	0.002	0.001	GDP-AR(1)	0.780	0.859			
var(c)	0.001	0.009	c-AR(1)	0.986	0.927	corr(c,GDP)	0.953	0.853
var(inv)	0.005	0.008	inv-AR(1)	0.976	0.991	corr(inv,GDP)	0.911	0.703
var(N)	0.000 4	0.000 3	N-AR(1)	0.958	0.898	corr(N,GDP)	0.464	0.570

练习 5.37[**波恩塞得和艾肯鲍姆(Burnside and Eichenbaum)**] 设定代表主体的偏好是 $U(c,N,\mathrm{ef})=\ln c_t+\vartheta_N N_{t-1}\ln(1-b_0-b_1\mathrm{ef}_t)$，其中，$\mathrm{ef}_t$ 是努力程度，N_{t-1} 是工作的概率，ϑ_N 是工作人员的比例，b_1 是一个参数，b_0 是一个人去工作所需要付出的固定成本，那么$(1-b_0-b_1\mathrm{ef}_t)$就是娱乐的有效小时数。这里，努力程度可以立即对新息做出反应，但是 N_t 不可以。假定 $\mathrm{GDP}_t=\zeta_t K_t^{1-\eta}(b_1\mathrm{ef}_t N_{t-1})^\eta$，政府消费为随机量 G_t，收入所得税率为 T^y，资本以速率 δ 贬值。

(i) 当 $\mathrm{ef}^{ss}=1$ 时，计算$(\mathrm{GDP}/K)^{ss}$、$(c/\mathrm{GDP})^{ss}$和 N^{ss}平稳状态的值。

(ii) 证明该问题的一阶条件为：

$$-\vartheta_N b_1 N_{t-1}(1-b_0-b_1\mathrm{ef}_t)^{-1}+\eta c_t^{-1}\frac{y_t}{\mathrm{ef}_t}=0 \tag{5.45}$$

$$\vartheta_N E_t\ln(1-b_0-b_1\mathrm{ef}_{t+1})+E_t c_{t+1}^{-1}\eta\frac{y_{t+1}}{N_t}=0 \tag{5.46}$$

$$-c_t^{-1}+E_t\beta c_{t+1}^{-1}\left[(1-\eta)\frac{y_{t+1}}{K_{t+1}}+(1-\delta)\right]=0 \tag{5.47}$$

$$\zeta_t K_t^{1-\eta}(b_1\mathrm{ef}_t N_{t-1})^\eta+(1-\delta)K_t-K_{t+1}-G_t-c_t=0 \tag{5.48}$$

(iii) 叙述如何利用 GMM 估计$(b_0,b_1,\eta,\beta,\delta,\vartheta_N)$。哪些参数是可以识别的？你利用哪些数据？你会考虑哪些工具变量？你将如何处理努力程度是不可观测的这一事实？(提示：考虑一个替代方法，并考虑测量误差的影响。)

(iv) 对如下假设进行假设检验：模型可以拟合小时数的自协方差函数和互协方差的前三个期限的数据，以及在滞后－1、0、1 的劳动生产力(工资)。假定努力程度是固定的(即，把它从选择变量中去除)，重复这个练习。你能依据固定努力程度模型来检验可变努力程度模型吗？如何检验？

练习 5.38[**艾肯鲍姆和费雪(Eichenbaum and Fisher)**] 考虑一个垄断竞争型公司不能够重新优化它们的价格，因为信息是粘滞的。这主要是因为在每个时刻 t，它们只能得到时刻 $t-\tau$ 的变量观测值。

(i) 证明在这种情况下,(对数—线性化的)菲利普斯曲线是 $\pi_t = E_{t-\tau}[\beta\pi_{t+1} + ((1-\beta\zeta_p)(1-\zeta_p)/\zeta_p)mc_t]$,其中,$\beta$ 是折现系数,ζ_p 是没有改变价格的公司的份额,mc_t 是实际边际成本(小写的变量表示与平稳状态的偏离)。

(ii) 利用 GDP 折算指数和美国(实际)劳动者份额的数据,给出 β 和 ζ_p 的 GMM 估计量,利用一个常数、1 或 3 或 5 阶滞后的 GDP 折算指数和 1 或 3 或 5 阶滞后的(实际)劳动者份额,其中 $\tau=0,1,2$,并且已经更正了未知阶的序列相关。对过度识别的约束条件进行检验。哪一种形式的模型能更好地拟合数据?

(iii) 重复(ii)中的过程,联合估计对数—线性化的菲利普斯曲线的参数和对数—线性化的欧拉方程 $c_t = E_{t-\tau}[c_{t+1} - (1/\varphi)(i_t - \pi_{t+1})]$中的系数,其中,$c_t$ 是消费,i_t 是名义利率,φ 是相对风险厌恶系数,在可利用的工具变量中添加消费增长和名义利率的滞后。(ii)中的结果会改变吗?为什么?

5.4.1 一些应用的技巧

很多研究都基于宏观或金融实验数据对 GMM 估计量的小样本特性进行检验[参见陶亨(Tauchen,1986);柯舍尔莱柯塔(Kocherlakota,1990);毛(Mao,1990);帕冈和尹(Pagan and Yoon,1993);费尔森和弗斯特(Ferson and Foerster,1994);汉森等人(Hansen et al. ,1996);内维和维斯特(Newey and West,1994);维斯特和维尔考克斯(West and Wilcox,1996);波恩塞得和艾肯鲍姆(Burnside and Eichenbaum,1996);克里斯蒂安诺和丹哈恩(Christiano and Den Haan,1996);丹哈恩和莱文(Den Hann and Levin,1996);安德森和索伦森(Anderson and Sörenson,1996);费艾尔等人(Furher et al. ,1995);林德(Lindé,2005);卢格—莫尔希亚(Ruge-Morcia,2002)]。有四个问题已被广泛研究:(i) 由工具变量的子集所得到的估计量的非有效性有多大;(ii) 小样本条件下的 GMM 估计量的合理程度如何;(iii) 最优加权矩阵能够增加多少有效性;(iv) HAC 参数估计和核估计的相对表现如何。

在第一个问题上已经达成了一致。虽然大量的矩条件可以提高渐近有效性,但是它也同样会使小样本偏差剧烈增大。因此,在样本情况下通过较少的工具变量得到的 GMM 估计量,可能会有较低的 MSE。有两个原因来解释这一点:第一,添加的工具变量可能只与它们所替代的变量有较弱的相关性;第二,当加权矩阵的维数很大时,在小样本情况下,估计量可能不会收敛于一个非随机矩阵。总的来说,当样本较小时,我们对过度识别的估计量的处理要格外小心。

对于第二个问题,结果比较复杂,要依具体情况而定。总的来说,对于简单的问题,一个完全迭代 GMM 估计量会有比较好的性质。然而,当 h_T 方程是高度非线性和/或 T 相对较小时,小样本分布可能就不能很好地近似渐近分布。需要注意的一点是,在一些实验设计中,即使当 $T=300$ 时,完全迭代 GMM 估计量的性质也是比较差的。

最优协方差矩阵的估计依赖于工具变量的数量、样本容量、h_T 方程的序列相关性和其他一些由研究人员所做的选择。总的来说,W_T 的估计性质一般比较差,所以进而影响了估计标准误差和过度识别检验。当怀疑问题存在时,最好利用单位矩阵或模型的恰好识别形式来继续研究过程。汉森等人(Hansen et al.,1996)研究了通过最小化$[(1/T)\sum_t h(y_t,\theta)]'(W_T(\theta))^{-1}[(1/T)\sum_t h(y_t,\theta)]$而得到的$\theta_T$的性质。选择随着$\theta$变化而变化的加权矩阵的一个原因是,在条件同方差的条件下,θ_T对于矩条件的规模化是不变的,同时它又和一个大类模型的萨尔甘(Sargan)IV 估计量相对应。似乎这种选择能够比一些设定中的θ_T产生较小的偏误,但是这样的事实却是很少的。研究人员同时发现,Σ^+的性质较差时,核估计也会产生误差,这会导致小样本的置信区间具有较差的覆盖性质,同时也会使t-检验过度拒绝原假设。丹哈恩和莱文(Den Haan and Levin,1996)证明,完全依赖带宽的自动选择可能很危险,因为它们也会产生难以置信的结果[例如,当$T=128$时,$J(T)=1$]。为了保证半正定性,对于每个正交性条件的带宽参数一定是一样的,这样就可能产生Σ^+的偏差。

实验证据也表明,在小样本条件下,参数和标准误差的估计容易产生误差。前者误差产生的方向决定于模型的设计,然而标准误差的估计一般来说都是相对偏小的。由于t-统计量的尾部长且厚,所以当T比较小的时候,对其进行假设检验就要小心仔细。

关于过度识别检验的可靠性,小样本情况的实验证据是比较复杂的,因为其结果依赖于W_T、是否采用了完全迭代或者两步 GMM 估计、是否工具变量承载了比较好的信息,等等。因此,很有必要对不同的W的估计量和工具变量进行实验,从而得出关于参数估计和模型质量的结论。

波恩塞得和艾肯鲍姆(Burnside and Eichenbaum,1996)发现,在一个 RBC 模型中的沃尔德检验会过于倾向拒绝单一矩条件,但是它们的"容量"会随着所使用的统计量的维数的增加而一致增加。同样,在这种情况下,W矩阵的较差估计量会造成一定困难。林德(Lindé,2005)发现,当前视元素比较强并且存在边际成本的测量误差时,新凯恩斯主义的菲利普斯曲线(从一个包含 3 个等式的新凯恩斯主义的模型模拟数据得到)的 GMM 估计是不准确的。他也证明了 ML 估计是比较适宜的,在大样本或者小样本条件下均是如此。

两个更加深入的实际问题也是值得关注的。GMM 估计量的渐近分布是在平稳性和遍历性的条件下得到的。我们可以将 GMM 的框架扩展到允许y_t中存在带有很小变化的线性趋势,如大桓(Ogaki,1993)所做的。然而,这个程序不允许y_t中存在单位根或者其他形式的非平稳性。因此,通常会在进行估计之前对数据进行转换(取增长率)或者进行过滤处理。在例题 5.24 中,我们消除了线性趋势,但这是远远不够的,因为在对冲击持续性进行估计的时候已经暗含了非平稳区域的序列。另一种方法就是采用带道或者 HP 滤波。我们在第 3 章中已经看到了,过滤处理并不是完全无害的。例如,克里斯蒂安诺和丹·哈恩(Christiano and Den Haan,1996)发现,HP 滤波会导致正交性条件的残差产生大的和持续的序列相关,同时在对频率为 0 的谱密度进行估计的时候也会产生问题。很明显,当过滤的数据是持续的时候,问题会比较严重,对于 HP 滤波和带道滤波也是如此。如果需要进行过滤,利用不同的方法进行实验可能会有助于我们选择最适宜的方法。

第二,若是要应用渐近理论,应该选择多大的T?在简单设定情况下的实验证据表明，当 $T=300$ 时，利用比较好的 W 估计量和工具变量得到的 GMM 估计量更接近于分布中的真值。但是，$T=300$ 是一个比较大的数字：40 年的具有相同性质的季度数据才只能达到 $T=160$。实验证据也表明，这种收敛过程是比较缓慢的。因此，对于所有可得到的宏观经济数据都要小心谨慎地处理。

总的来说，当加权矩阵的估计并不理想（这个问题在正交性条件高度序列相关时会更严重），或者工具变量和它们所替换的变量的相关性不强，或者利用了相对于样本容量而言过多的矩条件，小样本分布可能偏离于渐近分布。因此，当 T 比较小并且 h_T 序列相关时，我们建议使用参数 HAC 方法或者尽可能地避免 W 估计。根据检验目的，工具变量的数目应该是关于样本容量的方程。

5.5 模拟估计量

模拟估计量在过去 10 年中愈加流行，这主要有两点原因：它们计算简便，并且可以用于 GMM 不适用的一些情况。下面是两个 GMM 不适用的例子。

例题 5.26 假定例题 5.24 中的资本存量的数据不能得到。因为像(5.37)式一样的等式包含不可观测的变量，在样本中理论条件相对应的部分不能计算，所以不能够应用 GMM 去估计参数。我们可以利用竞争性的出租费率（近似等于名义利率与通货膨胀率的差）来代替 $f_K+(1-\delta)$，然后仍然利用 GMM 估计(β,φ)。但是，在这种情况下很难去解释拒绝正交性条件的含义，因为这可能是由于所采用的替代变量。

例题 5.27 假定在例题 5.24 中，代表主体的偏好受到了一个不可观测的冲击 υ_t，它的分布是已知的。如果 $u(c_t,N_t,\upsilon_t)=(c_t^{1-\varphi}/(1-\varphi))\upsilon_t+\vartheta_N(1-N_t)$，那么 $0=g_\infty(\theta)\equiv E_t[g(y_t,\theta)]$，并且：

$$g(y_t,\theta)=\beta\frac{c_{t+1}^{-\varphi}\upsilon_{t+1}}{c_t^{-\varphi}\upsilon_t}[f_K+(1-\delta)]-1 \tag{5.49}$$

等式(5.49)在样本中并没有相对应的部分，即使在 K_t 是已知的情况下也是如此，这是因为 υ_t 是不可观测的。我们将会发现，如果能抽取$\{\upsilon_t^l\}$，$l=1,\cdots,L$，我们可以利用 $(1/L)\sum_l\{\beta(c_{t+1}^{-\varphi}\upsilon_{t+1}^l/c_t^{-\varphi}\upsilon_t^l)[f_K+(1-\delta)]-1\}$ 来代替 $g(y_t,\theta)$ 去估计参数。实际上，在正则性条件下，$\lim_{L\to\infty}(1/L)\sum_l\{\beta(c_{t+1}^{-\varphi}\upsilon_{t+1}^l/c_t^{-\varphi}\upsilon_t^l)[f_K+(1-\delta)]-1\}\xrightarrow{\text{P}}g(y_t,\theta)$。

总的来说，当 h_T 中包含不可观测的变量或冲击的时候，就可以利用模拟估计量。这里注意到，h_T 不一定为两个正交性条件的差。事实上，在本节中我们令 h_T 为样本中和总体中参数的普通连续函数的差。这些函数可以是正交性条件、矩、VAR 系数、自协方差、谱密度，等等。

5.5.1 普遍的问题

令 $x_t(\theta)$ 是一个 $m\times1$ 阶模拟时间序列向量，已知 θ 是一个 $k\times1$ 阶参数向量，并令 y_t 是同其实际相对应的部分。假定存在一个 θ_0，使得$\{x_t(\theta_0)\}_{t=1}^{T_s}$ 和$\{y_t\}_{t=1}^{T}$ 具

有相同的分布。令 f 是一个 $n\times1$ 阶连续函数的向量；令 $F_T(y)=(1/T)\times\sum_{t=1}^{T}f(y_t)$，$F_{T_s}(x,\theta)=(1/T_s)\sum_{t=1}^{T_s}f(x_t(\theta))$。对于每一个 θ，我们都想其满足 $F_T(y)\rightarrow E[f(y_t)]$ 和 $F_{T_s}(x,\theta)\rightarrow E[f(x_t(\theta))]$。如果 $x_t(\theta)$ 和 y_t 是平稳和遍历的，f 是连续的，就可以得到处处收敛的性质。此外，鉴于给定的假设，得到 $E[f(y_t)-f(x_t(\theta_0))]=0$。给定一个 $n\times n$ 阶随机矩阵 $W_{T,T_s}\xrightarrow{P}W$，$\text{rank}(W_{T,T_s})\geqslant k$，那么模拟估计量 θ_{T,T_s} 就为下式的解：

$$\operatorname{argmin}Q_{T,T_s}=\underset{\theta}{\operatorname{argmin}}[F_T(y)-F_{T_s}(x(\theta))]'W_{T,T_s}[F_T(y)-F_{T_s}(x(\theta))] \tag{5.50}$$

(5.50)式中的估计量和(5.2)式中的相似。为了证明这种相似性，我们令：

$$\begin{aligned}h_T(y_t,x_t,\theta)&=\frac{1}{T}\sum_{t=1}^{T}f(y_t)-\frac{1}{\kappa}\sum_{t=1}^{T\times\kappa}f(x_t(\theta))\\&=\frac{1}{T}\sum_{t}^{T}\Big[f(y_t)-\frac{1}{\kappa}\sum_{i=[1+(t-1)\kappa]}^{[\kappa t]}f(x_i(\theta))\Big]\end{aligned} \tag{5.51}$$

其中，$\kappa=T_s/T>1$，$[\kappa t]$ 是小于或等于 κt 的最大整数。那么 $\theta_{T,T}$ 就是(5.51)式中 h_T 函数的 GMM 估计量。我们可以为 $x_t(\theta)$ 生成一个长度为 $T\kappa$ 或者 κ 个长度为 T 的时间序列。只要用于计算 $x_t(\theta)$ 的随机数在重复的过程中保持恒定，那么我们所应用的方法就是无关的，因为如果不能满足这个条件，就会违反目标函数的连续性。最后，为了保证 h_T 是良好的，我们需要在 T 和 $T_s\rightarrow\infty$ 时，T_s/T 保持恒定。

由于 θ_{T,T_s} 和 θ_T 之间的相似性，我们可以通过证明 5.3.1 节中的一般条件成立来得到 θ_{T,T_s} 的渐近性质。

令 $\Sigma_x=\sum_{-\infty}^{\infty}\text{ACF}_x(\tau)$，$\text{ACF}_x(\tau)=E\{f[x_t(\theta_0)]-E[f(x_t(\theta_0))]\}\times\{f[x_{t-\tau}(\theta_0)]-E[f(x_{t-\tau}(\theta_0))]\}'$，$\text{ACF}_y(\tau)=E\{f(y_t)-E[f(y_t)]\}\{f(y_{t-\tau})-E[f(y_{t-\tau})]\}'$，以及 $\Sigma_y=\sum_{-\infty}^{\infty}\text{ACF}_y(\tau)$。如果条件都被满足，我们可以得到：

$$\sqrt{T}\{F_T(y)-E[f(y_t)]\}\xrightarrow{D}\mathbb{N}(0,\Sigma_y) \tag{5.52}$$

$$\sqrt{T_s}\{F_{T_s}[x(\theta_0)]-E[f(x(\theta_0)]\}\xrightarrow{D}\mathbb{N}(0,\Sigma_x) \tag{5.53}$$

和 $\text{cov}[F_T(y)-F_{T_s}(x(\theta_0))]=(1+\kappa^{-1})\Sigma_y\equiv\bar{\Sigma}$，因为 $E[f(y_t)]=E[f(x_t(\theta_0))]$。因此，随着 $T,T_s\rightarrow\infty$，T_s/T 固定，$\sqrt{T}(\theta_{T,T_s}-\theta_0)\xrightarrow{D}\mathbb{N}(0,\Sigma_\theta)$。

练习 5.39 (i) 证明当 $W^{\dagger}=\bar{\Sigma}^{-1}$ 时，可以达到最优状态。写出 $\Sigma_\theta(W^{\dagger})$。

(ii) 证明当 $\kappa\rightarrow\infty$ 时，可以达到最优状态。（提示：随着 $\tau\rightarrow\infty$，有 $\bar{\Sigma}=\Sigma_y$。）

(iii) 证明拟合度检验为 $T\times Q_{T,T_s}(\theta_{T,T_s})\xrightarrow{D}\chi^2(n-k)$。

练习 5.40 给出下列情况中 $\bar{\Sigma}$ 的形式：(i) h_T 是独立同分布的；(ii) h_T 是一个有限的 MA 序列；(iii) h_T 是一般地序列相关的。在(iii)的情况下，给出 $\bar{\Sigma}$ 的参数和非参数 HAC 估计量。

正如前面所提及的，函数 f 可能是研究人员感兴趣的（例如，矩、自相关、脉冲响应）。唯一的要求就是，f 是连续的并且参数是可识别的。可识别性有时会产生一些麻烦,对此我们将会在之后的内容中看到。

例题 5.28 假定 f 中包括了数据和例题 5.24 中模型的消费、投资、工作小时数相对于总产出的变化。那么(5.50)式定义了一个对于最多 3 个参数($n=3\geqslant k$)的估计量。根据练习 5.39 中的(ii),如果模拟时间序列的样本容量足够大的话(例如,$\kappa\geqslant 10$),最终结果的模拟估计将会和 GMM 一样有效——模拟误差已经被去除了。

练习 5.41 考虑练习 5.2 的设定,其中,$\text{rp}_{j,t-1}$,$j=1,2$ 是不可观测的,但是已知服从于一个均值为$\overline{\text{rp}}$、方差为 Σ_{rp} 的多元正态分布。叙述如何通过模拟来估计 α_{ij}。确定你已对所应用的方程 f 进行设定。如果收益率期望是利用独立同分布测量的,这对估计结果会有怎样的影响?

截至目前,我们所讨论的设定都适用于(近似)线性条件。事实上,当$x_t(\theta)$是从 DSGE 模型中生成的序列时,就会产生两个问题:第一,数值必须是从 x_t 的未知的遍历分布中选取的;第二,模拟的 x_t 以非线性的形式决定于θ,这说明了参数对于 $h(y_t,x_t,\theta)$ 函数会产生一个非线性的反馈。我们将用一个例子来说明这两个问题。

例题 5.29[达夫尔和辛格尔顿(Duffie and Singleton)] 令总产出为 $f(K_t,\zeta)=\zeta_t K_t^{1-\eta}$,并且公司通过资本的选择来使公司股利最大化,即 $\max_{\{K_t\}_{t=0}^{\infty}}\text{sd}_t=\max_{\{K_t\}_{t=0}^{\infty}}\{\zeta_t K_t^{1-\eta}-r_t K_t\}$,其中,$r_t$ 是资本的租用率,ζ_t 是技术扰动。代表主体的问题就成为 $\max_{\{c_t,K_{t+1},S_{t+1}\}_{t=0}^{\infty}}E[\sum_t\beta^t(c_t^{1-\varphi}/(1-\varphi))\upsilon_t]$,它满足条件 $c_t+K_{t+1}+p_t^{\text{s}}S_{t+1}=(\text{sd}_t+p_t^{\text{s}})S_t+(r_t+\delta)K_t$,其中,$\upsilon_t$ 是偏好扰动,p_t^{s} 是价格冲击,δ 是贬值率。令 $e_t=(\zeta_t,\upsilon_t)'$是转换函数为 $e_t=P(e_{t-1},\phi)$的平稳的马尔科夫过程,其中,ϕ 是参数向量。令 $\theta=(\eta,\beta,\varphi,\delta,\phi)$,并且 $y_{2t}=(K_t,e_t)$为状态向量。在平衡状态下,y_{2t+1}将会是 y_{2t}和 θ 的函数,这种映射可以通过解析方法或者模拟方法来计算。其他内生变量 y_{1t}的向量也是关于 y_{2t}和 θ 的函数。例如,如果 $\upsilon_t=1$,$\forall t$,$\delta=\varphi=1$,$K_{t+1}=\beta(1-\eta)\zeta_t K_t^{1-\eta}$,$c_t=[1-\beta(1-\eta)]\zeta_t K_t^{1-\eta}$,$\text{sd}_t=\eta\zeta_t K_t^{1-\eta}$,$p_t^{\text{s}}=[\beta/(1-\beta)]\times\eta\zeta_t K_t^{1-\eta}$。

假如我们不愿意假定这些前提条件。那么我们就需要通过模拟方法来计算 y_{2t+1},即选择一个 $y_{20}=\bar{y}_2$,$\theta_0=\bar{\theta}$,从一些分布中为 e_t 中的新息变量抽取一个独立同分布序列,然后利用回归方法计算 $y_{2t+1}(\bar{\theta})$。定义 $f_t=f(y_{2t},y_{2t-1},\cdots,y_{2t-\tau+1})$和 $f_t(\theta)=f(y_{2t}(\bar{\theta}),y_{2t-1}(\bar{\theta}),\cdots,y_{2t-\tau+1}(\bar{\theta}))$。那么 θ_{T,T_s} 就可以使 $F_{T_s}(\theta)=(1/T_s)\times\sum_t f_t(\theta)$和 $F_T=(1/T)\sum_t f_t$ 之间的距离最小。θ_{T,T_s} 和标准模拟估计量的性质不同,因为 $\bar{y}_2$ 不能够从其未知的(平稳)遍历分布中抽取。因为 y_{2t}的模拟序列决定于初始状态和非平稳的$\bar{\theta}$。如果 y 和 θ 的映射是线性的,我们可以通过生成一个长时间序列并抛弃最初的一组观测值来缓解这个问题。然而,当映射是非线性的,对初始状态的依赖性就不能够被消除。可以注意到,由于标准参数表达式,同时也因为 y_{2t} 的动态转化法则决定于 θ,$f_t(\theta)$决定于 θ。后者的作用比较复杂,因为 $h(y_t,x_t,\theta)$可能不是一直连续的。

为了解决这两个问题,我们需要对 f 函数施加更强的条件,即几何遍历性和利普希茨(Lipschitz)一致连续条件。

定义 5.2(几何遍历性) 一个时间齐次的马尔科夫过程$\{y_t\}_{t=0}^{\infty}$是几何遍历的，如果对于一些$b\in(0,1]$、一些测度μ的概率(y_t的遍历分布)和任意起始点y_0，有：

$$b^{-\tau}\|P_{t,t+\tau}-\mu\|\to 0,\ 当\ \tau\to\infty时 \tag{5.54}$$

其中，$\|\cdot\|\equiv\sup_{\{\mathfrak{H}:\ |\mathfrak{H}(y)|\leqslant 1\}}\int\mathfrak{H}(y)\mathrm{d}u(y)$是$\mu$的总体变化准则，$P_{t,t+\tau}$是$\tau$-步转换的概率。

综上所述，如果y_t以速率b收敛于平稳分布，那么几何遍历性就成立。几何遍历性意味着，α-混合和混合系数都几何性地收敛于0。当y_t只取有限数量的值时，如果马尔科夫链是不可约的且非周期性的，并且状态、参数和下一个周期状态之间的映射是一致收敛的，那么几何遍历性就成立。如果不同状态之间的转换矩阵不是不确定地变换的，那么非周期性就成立。不可约性意味着任意状态都可以从其他状态以一个正的概率转移。这两个概念的精确定义将会在第9章中给出。

为了通过转移矩阵，约束从θ到$h_t(y_t,x_t,\theta)$的反馈，我们需要如下概念。

定义 5.3(利普希茨一致条件) 一族函数$\{f_t(\theta)\}$被称为利普希茨条件，在概率上是一致的，如果存在一个序列$\{b_t\}_{t=1}^{T}$，使得对于所有的$\theta_1,\theta_2\in\Theta$，有：

$$\|f_t(\theta_1)-f_t(\theta_2)\|\leqslant b_t\|\theta_1-\theta_2\| \tag{5.55}$$

对于所有的t成立，其中，$b^T=(1/T)\sum_{t=1}^{T}b_t$在概率上是有界的。

这个条件，连同x_t的几何遍历性和$f_t(\theta)$的模的有界性约束条件，都说明了$f_t(\theta)$的ACF是存在的并且是可和的。这也说明了$h_t(y_t,x_t,\theta)$满足弱大数定律，并且保证了对于例题5.29中的那些问题的模拟估计量具有一致性。

为了保证渐近正态性，我们需要h_t是连续的和可微分的，$E(\partial h_t/\partial\theta')$存在且是有限的，同时$\theta_0$在$\Theta$的内部。另外，我们需要$\partial h(y_t,x_t,\theta)/\partial\theta'$在概率上一致地满足利普希茨条件，即它是有界的，并且θ的期望是连续的。鉴于以上条件，$\sqrt{T}h_T(\theta_0)\xrightarrow{D}\mathbb{N}(0,\bar{\Sigma}=\Sigma_y(1+\kappa^{-1}))$，其中，$h_T$在等式(5.51)中给出了定义。

练习 5.42 给出$\sqrt{T}(\theta_{T,T_s}-\theta_0)$的渐近分布。证明当选择了最优$W$时，渐近协方差矩阵的形式是$\Sigma_\theta(W^\dagger)=(1+\kappa^{-1})[E(\partial h/\partial\theta')'\bar{\Sigma}^{-1}E(\partial h/\partial\theta')]^{-1}$。并说明当$\kappa\to\infty$时，$\Sigma_\theta(W^\dagger)$接近$\theta_T$的协方差矩阵形式。

在文献中有几个模拟估计量很常用，对此我们将会在下面的内容中讲解。

5.5.2 *模拟矩方法*

在一个模拟矩方法的设定中，选择一个θ使得实际数据和模拟数据的矩之间的距离最小。因此，f_t测量方差、协方差和自相关等。在例题5.24的条件下，我们可以利用下列算法，通过模拟选择11个未知参数。

算法 5.3

(1) 对$\theta=(\beta,\vartheta_N,\varphi,\eta,\delta,\bar{\zeta},\bar{G},\rho_\zeta,\rho_G,\sigma_G^2,\sigma_\zeta^2)$选取任意值，在得到一组(近似)解

后模拟模型。

(2) 令 $\mathfrak{S}=(\mathfrak{S}_1,\mathfrak{S}_2)$为我们所研究问题的统计量，其中，$\mathfrak{S}_1$ 是由模型决定的条件——欧拉方程、跨时期的条件等，$\mathfrak{S}_2$ 是由研究人员选取的条件——方差、协方差和自相关等。很明显，$\dim(\mathfrak{S})\geqslant 11$，$\mathfrak{S}_1$ 可以为 0。计算 $\mathfrak{S}(\theta)-\mathfrak{S}_T$。利用梯度法对 θ 修正估计(参见第 6 章)。

(3) 重复步骤(1)～(2)，直到 $\|\mathfrak{S}(\theta^l)-\mathfrak{S}_T\|<\iota$ 或者 $\|\theta^l-\theta^{l-1}\|<\iota$，或者同时满足这两个不等式，$\iota$ 值很小。

当 $\mathfrak{S}(\theta)$是变量的矩，并且在数据中没有对应部分时，SMM 就会尤其有用。令 $x_t=(x_{1t},x_{2t})$，令 x_{2t}是一个服从已知分布的不可观测量。那么，如同在例题 5.27 中，我们可以得到$\{x_{2t}\}$序列，对每一个 $l=1,2,\cdots,L$，都有 $\mathfrak{S}^l(x_{1t},x_{2t}^l,\theta)$。如果这个抽取过程是独立同分布的，根据大数定律，有$(1/L)\sum_{l=1}^{L}\mathfrak{S}^l(x_{1t},x_{2t}^l,\theta)\xrightarrow{P}\mathfrak{S}(x_{1t},x_{2t},\theta)$。因此，只要 L 足够大，我们可以利用 $\mathfrak{S}_{lT}=(1/T)\sum_t(1/L)\sum_l\mathfrak{S}^l(x_{1t},x_{2t}^l,\theta)$。

例题 5.30 我们重新考虑例题 5.11 中的新凯恩斯主义的菲利普斯曲线。我们估计出 $\theta=(\beta,\zeta_p)$，使得数据和模型中通货膨胀的方差和前两阶自相关充分接近。利用 CPI 通货膨胀和产出缺口，以及关于 $\beta=[0.98,1.02]$和 $\zeta_p=[0.20,0.98]$的 100 个值组成的格点，我们可以得到美国、英国和德国的数据分别是 $\beta=(0.986,1.009,1.011)$，$\zeta_p=(0.155,0.115,0.422)$。$\theta_{T_1,T_2}$ 的检验函数的值为(23.32,114.14,37.89)，很自然地说明了模型不能复制这些国家中通货膨胀的方差和自相关结构。

练习 5.43 考虑例题 5.24 中模型的对数—线性化形式，假定你选择参数可以满足小时数和生产力的互协方差方程。因为有 3 个参数可以从政府支出序列的矩中得到，这就意味着你有 8 个自由参数。对每个序列选择 3 个自协方差和 3 个互协方差。利用例题 5.24 中相同的数据，给出自由参数的 SMM 估计值，并检验过度识别。

练习 5.44 考虑练习 5.37 的设定，但是假定努力程度是不可观测的。给出自由参数 SMM 估计的算法。你会考虑应用哪些阶矩和什么工具变量？是否有不可识别的参数？

练习 5.45 从一个对数线性化的粘滞价格、粘滞工资模型中模拟数据。你可以自由决定你想包括哪些冲击和考虑多少测量误差，但要确保你的参数化是合适的。利用 GMM 和 SMM 得到结构性参数的估计值。令 $T=100,200$。利用从正态分布中获取的冲击重复练习 100 次。你对每个结构性参数估计中产生的误差是如何看待的？确保你考虑了加权矩条件的最优和单位矩阵，以及恰好识别和过度识别系统。

5.5.3 *模拟最大似然法/间接推断*

当一个研究人员想去匹配数据的条件密度，这时模拟最大似然法(SQML)就非常有用。如果 q 和 T 非常大，一个带有独立同分布误差的 VAR(q)就能够很好地得到这个密度，可以考虑应用 SQML 来选取 θ 以匹配实际和模拟数据的 VAR 表达式。令模拟数据的条件密度为 $f(x_t(\theta)\mid x_{t-1}(\theta),\cdots,x_{t-q}(\theta),\alpha)$，其中，$\alpha\in R^{k'}$

是“浅”参数，$k'\geqslant k$。考虑到 f 可能被错误地设定，所以 $x_t(\alpha)$ 的真正的条件密度可能并不在函数 $f(x_t(\theta)\mid x_{t-1}(\theta),\cdots,x_{t-p}(\theta),\alpha)$ 的集合中。理论上，我们可以选取最接近真正条件密度的 f，但是在实践中我们还要考虑计算方面的因素，所以还是很容易得到一个 α 的模拟最大似然估计量。当 f 是一个带有独立同分布误差的 VAR，α 包含了滞后变量的 VAR 系数和协方差矩阵的参数。因此，结构性模型可能在 θ 处是高度非线性的，$x_t(\theta)$ 的估计模型在 α 处是线性的。

令 $\mathcal{L}_{T_s}(\{x_t(\theta)\},\alpha)\equiv\sum_{t=1}^{T_s}\ln f(x_t(\theta),\cdots,x_{t-q}(\theta),\alpha)$ 为模型的模拟矩估计量。我们令 $\alpha_{T_s}(\theta)\equiv\mathrm{argmax}\mathcal{L}_{T_s}(\{x_t(\theta)\},\alpha)$。由于不存在一个闭合形式的表达式，$\theta$ 和 α 之间的映射需要利用模拟的方法计算。如果 T_s 足够大，$\alpha_{T_s}(\theta)\xrightarrow{P}\alpha(\theta)$。令 $\mathcal{L}_T(\{y_t\},a)\equiv\sum_{t=1}^{T}\ln f(y_t,\cdots,x_{t-p},a)$ 为实际数据的模拟最大似然估计量，$a_T=\mathrm{argmax}\mathcal{L}_T(\{y_t\},a)$。如果 T 充分大，$a_T\xrightarrow{\mathrm{P}}a$。我们设 $T_s=\kappa T,\kappa\geqslant 1$。

我们假定存在一个 θ_0，使得 $a=\alpha(\theta_0)$（这一条件在通常情况下被称为覆盖）。这并不意味着模型不是数据的好的表达式；相反，它只是需要一个简单的条件，即存在一个 θ_0 使得实际和模拟数据的“浅”参数是一致的。那么，一个模拟矩估计量 θ_{T,T_s} 就是以下方程的解，

$$\theta_{T,T_s}\equiv\underset{\theta}{\mathrm{argmax}}\mathcal{L}_T(\{y_t\},\alpha(\theta)) \tag{5.56}$$

总的来说，如果我们插入通过使模拟数据的似然方程最大化得到的“浅”参数，就可以使实际数据的似然方程值最大。

例题 5.31（消费函数） 假设研究人员想去研究一个 RBC 模型产生的消费函数是否匹配从数据中获得的函数。用一个二元正态 VAR(1)代表消费和总产出的实际数据。令 α 包含 4 个 VAR 系数和 3 个协方差矩阵系数，并令 θ 包含 RBC 模型中所有的参数。这时，就可以利用以下算法。

算法 5.4

(1) 选择一个 θ^1，模拟 $x_t(\theta^1),t=1,\cdots,T_s$。

(2) 针对模拟消费和产出数据，拟合一个 VAR(1)，然后得到 $\alpha(\theta^1)$。

(3) 利用 y_t 的模拟矩似然方程，即利用实际数据和 $\alpha(\theta^1)$ 计算 VAR 残差，利用预测误差分解（参见第 6 章）构造对数似然方程。

(4) 利用梯度法修正 θ^1；重复步骤(1)～(3)直到 $\|\mathcal{L}_T(\{y_t\},\alpha(\theta^l))-\mathcal{L}_T(\{y_t\},\alpha(\theta^{l-1}))\|\leqslant\iota$ 或 $\|\theta^l-\theta^{l-1}\|<\iota$，或者同时满足这两个不等式，$\iota$ 值很小。

可以注意到，如果 $k'\geqslant k$，在 $k'-k$ 个（非线性）约束条件的集合约束下，SQML 估计量使模拟矩似然函数最大。如果不等式是严格的，有 $k'-k$ 个过度识别约束条件可用于检验模型的质量。例如，一个没有常数的二元 VAR(3)有 $(2\times3)*2+3$ 个参数。如果 $\dim(\theta)=5$，那么有 10 个可检验的约束条件。

有时 SQML 和 SMM 之间的差别是很模糊的，这一点在下一个例题中会有所体现。

例题 5.32 在练习 5.43 中，可以通过匹配小时数和生产力的互协方差函数来得到估计值。如果我们用一个二元 VAR 代表实际和模拟数据，可以通过伴随形

式计算互协方差函数，$\mathbb{Y}_t = \mathbb{A}\mathbb{Y}_{t-1} + \mathbb{E}_t$。即 $\text{var}(\mathbb{Y}_t) = (I-\mathbb{A})^{-1}\Sigma_E((I-\mathbb{A})^{-1})'$ 和 $\text{cov}(\mathbb{Y}_t, \mathbb{Y}_{t-\tau}) = \mathbb{A}^{\tau}\text{var}(\mathbb{Y}_t)$。

当"浅"参数不是数据 VAR 表达式的系数时，SQML 通常被称为间接推断原则。

例题 5.33［加诺瓦和马里南(Canova and Marrinan)］ 通常可以发现远期汇率(fer)是未来即期汇率(ner)的有偏预测。也就是说，在回归方程 $\text{ner}_{t+1} = a_0 + a_1 \text{fer}_{t,1} + e_{t+1}$ 中，a_0 和 a_1 的估计值与 0 和 1 是有显著差别的。一个问题是，这种偏差是否与最优化主体和理性预期是一致的。假如我们能够从模型中模拟 $\text{ner}^s_{t+1}(\theta)$ 和 $\text{fer}^s_{t,1}(\theta)$，并对 $\text{ner}^s_{t+1}(\theta) = \alpha_0 + \alpha_1 \text{fer}^s_{t,1}(\theta) + e^s_{t+1}$ 进行回归，那么我们就会考虑是否存在一系列的 θ，使得 $\alpha_0 = a_0$ 和 $\alpha_1 = a_1$，或者至少确保(a_0, a_1)和(α_0, α_1)的符号是一样的。

当采用间接推断时，通常就会分离 $\theta = (\theta_1, \theta_2)$，其中，$\theta_2$ 是冗余参数，虽然对模拟过程来说是必要的，但是从经济学的角度来看是没有意义的。令 f_T 和 $f_{T_s}(\theta)$ 为实际和模拟数据的浅函数的向量。德里迪和雷诺(Dridi and Renault, 1998)证明得出了如下结果。

结论 5.1 如果我们选取 $W_T \xrightarrow{P} W$，并且存在一个 $\bar{\theta}_2 \in \Theta_2$ 使得 $\lim_{T, T_s \to \infty}(f_T - f_{T_s}(x_t(\theta^0_1, \bar{\theta}_2))) = 0$，那么 $\theta_{1,T,T_s} \equiv \text{argmin}[f_T - f_{T_s}(x_t(\theta_1, \bar{\theta}_2))]' \times W_T [f_T - f_{T_s}(x_t(\theta_1, \bar{\theta}_2))]$ 对于 θ^0_1 是一致的。

结论 5.2 在结论 5.1 所叙述的条件下，有 $\sqrt{T}(\theta_{1,T,T_s} - \theta^0_1) \xrightarrow{D} \mathbb{N}(0, (\partial[f_T - f_{T_s}(x_t(\theta_1, \bar{\theta}_2))]/\partial\theta'_1)'\Sigma_0^{-1}(\partial[f_T - f_{T_s}(x_t(\theta_1, \bar{\theta}_2))]/\partial\theta'_1)^{-1})$，其中，$\Sigma_0$ 决定于 $\text{var}(f_T)$、$\text{var}(f_{T_s})$、$\text{cov}(f_T, f_{T_s})$、$\text{cov}(\theta^l_{1,T,T_s}, \theta^{l'}_{1,T,T_s})$，$l$ 和 l' 指的是模拟过程。

可以发现，如果没有冗余参数，结论 5.1 中的第一个条件就会退化成一个标准的覆盖条件，即存在一个 θ^0 使得 $\lim_{T, T_s \to \infty}[f_T - f_{T_s}(x_t(\theta^0))] = 0$。同样，结论 5.1 和 5.2 中的条件只是充分的。至于必要条件，参见古里劳克斯和蒙福特(Gourieroux and Monfort, 1995)。

例题 5.34［梅尔哈和普雷斯科特(Merha and Prescott)］ 考虑由梅尔哈和普雷斯科特推广的股权溢价问题。这里，$f_T = [(1/T)\sum_t R^f_t, (1/T)\sum_t \text{EP}_t]$，分别是平均无风险收益率和平均股权溢价；$\theta_2$ 包含了禀赋序列的均值、方差和持续性；$\theta_1 = (\beta, \varphi)$ 是折现因数和风险厌恶系数。一些文献试图(非正式地)找到 θ_1 的范围，以使得 $f_{T_s}(x_t(\theta_1, \bar{\theta}_2))$ 足够接近 f_T，其中，$\bar{\theta}_2$ 的估计值是给出的。这里的问题是，当 $T_s = T$ 时，在一个合理范围内的 θ_1 的值会使 f_T 和 $f_{T_s}(x_t(\theta_1, \bar{\theta}_2))$ 非常不同。

练习 5.46 期限结构的期望理论显示，一个长期债券的收益是连续的短期债券的加权平均。利用例题 5.24 中模型的一个形式，得到结构参数以及技术序列参数的间接推断估计，所以在由数据得到的回归方程 $R_{t,t+4} = a_1 + a_2 R_{t,1} + a_3 R_{t+1,1} + a_4 R_{t+2,2} + e_{1t}$ 和 $R_{t,t+2} = a_5 + a_6 R_{t,1} + a_7 R_{t+1,1} + e_{2t}$ 中的系数和模型中的是一致的，其中，$R_{t,t+4}$ 是一年期债券的收益，$R_{t,t+1}(R_{t,t+2})$ 是 90 天和 180 天国债的收益。(提示：你需要施加更多的条件去估计所有的参数；一些参数从这些回归方程中是不可识别的。同样，不要利用一个对数—线性估计去解决这个问题。）这个模型是否匹配利率期限结构的短期情况？

例题 5.35 我们利用美国的数据，通过间接推断理论去估计例题 5.11 中新凯恩斯主义的菲利普斯曲线的参数。这里，我们希望去匹配的函数是 $\pi_{t+1}=a_1\pi_t+a_2\text{gdpgap}_t+e_{t+1}$ 中的回归系数。我们在表 5.4 中给出了两种设定下的结果：一种是我们在模拟中利用实际产出缺口；另一种是利用一个 AR(2) 以及一个在 HP 滤波和其后模拟过程的数据上的常数估计得出的一个产出缺口序列。在括号中的是标准误差。模型可以粗略地复制在实际回归中得到的 a_1 的量值。可以注意到，由于 a_2 是较粗略估计的，当利用实际产出缺口的时候，我们很难去确定这个系数的正确符号。同样需要注意的是，估计得到的 ζ_p 较低（一般地，在 1～2 个季度中价格会变化），并且利用实际缺口的时候 β 会异常得低。

表 5.4　一个新凯恩斯主义的菲利普斯曲线的间接推断估计

	通货膨胀系数	产出缺口系数	β	ζ_p	判别函数
实际值	0.993 (0.05)	−0.04 (0.143)			
模拟值（实际缺口）	0.996 (0.006 2)	0.032 (0.001)	0.752	0.481	0.010 12
模拟值（模拟缺口）	0.997 (0.000 08)	−0.004 (0.000 6)	0.980	0.324	0.023 21

练习 5.47［巴伊拉克塔尔、塞克拉里斯和韦尔默朗(Bayraktar, Sakellaris, and Vermeulen)］ 考虑一个垄断竞争公司的投资决策。产出是利用 $\zeta_{it}K_{it}^{1-\eta}$ 得到的，其中，ζ_{it} 是技术冲击，它既包括个人成分也包括总体成分。假定公司选择资本和借款去扩大利润，假定存在凸成本（等于 $\frac{1}{2}b_1(\text{inv}_t/K_t)^2K_t$）和固定成本（等于 b_2K_t）来调整资本。假定投资是部分可逆的，所以资本的售出价格（p^{ks}）低于资本的购入价格（p^{kb}），并且假定存在一个形式为 $b_3B_t/p^{ks}K_t$ 的外部融资溢价，其中，B_t 是借款量，b_1、b_2、b_3 为参数（如果 $B_t<0, b_3=0$）。公司的选择部分是离散的（它必须在买入、卖出或者不做任何事情之间做出选择），部分是连续的（选择 B_{t+1}）。每一种选择的价值函数是 $\mathbb{V}^j(\zeta,K,B)=\max_{\{K^+,B^+\}}\zeta K^{1-\eta}-C^j(K,\text{inv})+B^+-(1+r)\times(1+b_3B/p^{ks}K)B+\beta E\mathbb{V}^*(\zeta^+,K^+,B^+)$，其中：

$$C^j(K_t,\text{inv}_t)=\begin{cases}p^{kb}\text{inv}_t+\frac{1}{2}b_1(\text{inv}_t/K_t)^2K_t+b_2K_t, & \text{如果 inv}_t>0\\ p^{ks}\text{inv}_t+\frac{1}{2}b_1(\text{inv}_t/K_t)^2K_t+b_2K_t, & \text{如果 inv}_t<0\\ 0, & \text{如果 inv}_t=0\end{cases}\tag{5.57}$$

其中，$\text{inv}=K^+-(1-\delta)K$，"+"代表未来价值。结构性参数是 $\theta=(\beta,\delta,\eta,b_1,b_2,b_3,p^{ks},p^{kb})$ 和 $(\rho_\zeta,\sigma_\zeta^2)$。利用总产出、投资、资本和总的银行借款的季度数据，以及回归方程 $(\text{inv}_t-\overline{\text{inv}})=a_0+a_1(\text{GDP}_t-\overline{\text{GDP}})+a_2(\text{GDP}_t-\overline{\text{GDP}})^2+a_3(B_t-\bar{B})/(K_t-\bar{K})+a_4(\zeta_t-\bar{\zeta})(B_t-\bar{B})^2/(K_t-\bar{K})+e_{it}$，其中，带上划线的变量是时间平均值，求得 $(b_1,b_2,b_3,p^{ks},p^{kb})$ 的间接推断估计量，假定 $r_t=r, \beta=0.99, \delta=0.025$，

$\eta=0.66,\rho_\zeta=0.95,\sigma_\zeta=1.0$。计算数据和模型中总产出和投资的各阶矩。它们是匹配的吗?

5.5.4 匹配脉冲响应

现在很流行通过匹配从数据中得到的结构性脉冲响应,来估计一个DSGE模型的参数。比较重要的例子是罗特姆博格和伍德福德(Rotemberg and Woodford, 1997)以及克里斯蒂安诺等人(Christiano et al.,2005)。当函数 f 是一个从具有特定经济含义的冲击中得到脉冲响应的向量时,匹配脉冲响应是间接推断方法的一种特殊情况。目前大多数的应用都是关于由于货币扰动而产生的动态变化。同样也有关于技术冲击的响应的研究[参考德多拉和涅里(Dedola and Neri,2004)]。

为了使这种联系更明显,我们定义一个部分间接推断估计。如果利用 $f_{T_s}(x_t,(\theta))$ 的成分的子集进行估计,就可以得到这样一个估计量。也就是说,我们假定存在一个 θ_1^0,使得 $f_T^1=f_{T_s}^1(x_t(\theta_1^0,\bar{\theta}_2))$,其中,$f_T^1\subseteq f_T$。这个估计量是半参数的,由于模型的特征不是完全设定的,并且 $f_T\neq f_{T_s}(x_t(\theta_1^0,\bar{\theta}_2))$,即模型在一些维度上是错误设定的,那么 θ_{1,T,T_s} 最小化 $Q_{T,T_s}^1(\bar{\theta}_2)=[f_T^1-f_{T_s}^1(x_t(\theta_1,\bar{\theta}_2))']\times W_{(1,T,T_s)}[f_T^1-f_{T_s}^1(x_t(\theta_1,\bar{\theta}_2))]$,并且 $\lim_{T\to\infty}T\times Q_{T,T_s}^1(\bar{\theta}_2)\xrightarrow{D}\chi^2(\dim(f_T^1)-\dim(\theta_1))$。如果 $\bar{\theta}_2$ 被 θ_{2,T,T_s} 替换,并且满足 $\sqrt{T}(\theta_{2,T,T_s}-\bar{\theta}_2)\xrightarrow{P}0$,那么这个渐近分布就是有效的。

只利用模型隐含条件的一个子集所得到的模拟估计量会面临普遍的识别问题。我们会在脉冲响应匹配的条件下讨论它们的重要性,因为只有在特定的应用中才会发现严重的识别问题。下面两个例题将说明哪里会产生问题。

例题 5.36 假定 $x_t=[1/(\lambda_2+\lambda_1)]E_tx_{t+1}+[\lambda_1\lambda_2/(\lambda_1+\lambda_2)]x_{t-1}+v_t$,其中,$\lambda_2\geqslant1\geqslant\lambda_1\geqslant0$。唯一的平稳理性期望解为 $x_t=\lambda_1x_{t-1}+[(\lambda_2+\lambda_1)/\lambda_2]v_t$。因此,对于 v_t 中单一冲击 x_t 的正态化的响应为 $[(\lambda_2+\lambda_1)/\lambda_2,\lambda_1(\lambda_2+\lambda_1)/\lambda_2,\lambda_1^2(\lambda_2+\lambda_1)/\lambda_2,\cdots]$,并且利用至少两个水平轴,我们可以得到 λ_1 和 λ_2 的估计值。可以很容易地构造一个不同的序列,它的平稳理性预期具有相同的响应。例如,考虑 $y_t=\lambda_1y_{t-1}+w_t,0\leqslant\lambda_1<1$。很明显,这个序列是平稳的,并且如果 $\sigma_w=[(\lambda_2+\lambda_1)/\lambda_2]\sigma_v$,对于冲击的 x_t 和 y_t 响应将是不能区分的。

什么能够使例题 5.36 中的两个序列脉冲响应的观测结果相同?由于非平稳的根 λ_2 只是同时期条件下的解,并且由于冲击的方差不能够从正态化的脉冲响应中估计得到——任意值只是简单说明了脉冲响应函数中所有元素等比例地增长——我们可以任意地设定 σ_w 以获得 λ_2 的作用。

如果 x_t 是通货膨胀,v_t 是边际成本,例题 5.36 说明了不可以利用对边际成本冲击的响应来区分菲利普斯曲线的回视、混合性回视和前视种类。

例题 5.37 考虑一个由三个方程组成的新凯恩斯主义的模型:

$$\mathrm{gdpgap}_t=a_1E_t\mathrm{gdpgap}_{t+1}+a_2(i_t-E_t\pi_{t+1})+v_{1t} \tag{5.58}$$

$$\pi_t=a_3E_t\pi_{t+1}+a_4\mathrm{gdpgap}_t+v_{2t} \tag{5.59}$$

$$i_t=a_5E_t\pi_{t+1}+v_{3t} \tag{5.60}$$

其中，gdpgap$_t$ 是产出缺口，π_t 是通货膨胀率，i_t 是名义利率。第一个等式是对数—线性化的欧拉调价，第二个等式是对数—线性化的前视菲利普斯曲线，第三个等式描述了货币政策。利用未定系数的方法，理性预期解为：

$$\begin{bmatrix} \text{gdpgap}_t \\ \pi_t \\ i_t \end{bmatrix} = \begin{bmatrix} 1 & 0 & a_2 \\ a_4 & 1 & a_2 a_4 \\ 0 & 0 & 1 \end{bmatrix} \begin{bmatrix} v_{1t} \\ v_{2t} \\ v_{3t} \end{bmatrix} \tag{5.61}$$

这里有两点需要说明。首先，参数 a_1、a_3 和 a_5 从(5.61)式中消除了。有趣的是，这几个参数被用于描述模型前视动态变化。第二，不同的冲击对于剩余的参数会带来不同的信息：对 v_{1t} 的冲击的响应只能允许我们得到 a_4；对冲击 v_{3t} 的响应可能被用于得到 a_4 和 a_2，因为对 v_{2t} 的相应并不含有对这两个参数任何的信息。因此，对 v_{2t} 的匹配响应使得模型中所有的参数都是不足识别的。

例题 5.37 说明，通过匹配脉冲响应得到的目标函数可能在参数空间的一些维度上是完全平坦的，暗含了它的海赛矩阵具有降秩。因此，检验海赛矩阵的秩应该是进行估计的前提条件。不幸的是，在得到估计值之前，海赛矩阵的最大值是不能够被计算出来的。然而，由于我们一般都很清楚最大值会在何处取得，为了避免如同例题 5.37 中的问题，我们可以在不同的校准参数上检验海赛矩阵。如果得到一些为 0 的特征值，降秩的海赛矩阵和一些参数就是不足识别的。此外，如果海赛矩阵最小的特征值相对于平均值较小的话，海赛矩阵的行列式就近似于奇异的，并且一些参数只能是弱识别的。

例题 5.38 我们估计下列模型的参数：

$$\text{gdpgap}_t = E_t \text{gdpgap}_{t+1} - \frac{1}{\varphi}(i_t - E_t \pi_{t+1}) + e_{1t} \tag{5.62}$$

$$\pi_t = \beta E_t \pi_{t+1} + \frac{(\varphi+\theta_n)(1-\zeta_p)(1-\beta\zeta_p)}{\zeta_p} \text{gdpgap}_t + e_{2t} \tag{5.63}$$

$$i_t = a_r i_{t-1} + a_{\text{GDP}} \text{gdpgap}_{t-1} + a_\pi \pi_{t-1} + e_{3t} \tag{5.64}$$

通过利用从 1980:1到 2000:4时期的美国季度数据，和 20 个对货币冲击的响应，这些响应可以从一个包含产出缺口、通货膨胀和联邦资金率的三元 VAR 中识别，在这个过程中需要用到对于上述变量的乔里斯基分解。这里，e_{1t} 是一个带有持续性 ρ_1 的 AR(1)冲击，e_{2t} 是一个带有持续性 ρ_2 的 AR(1)冲击，并且 e_{3t} 是独立同分布的；φ 是风险厌恶系数，θ_n 是劳动力供给的逆弹性，ζ_p 是卡尔沃价格粘滞系数，β 是折现因子，a_r、a_{GDP} 和 a_π 是政策参数。注意到，ρ_1 和 ρ_2 不是从货币冲击的脉冲响应中识别的，我们取 $\beta=0.99$，可以得到剩余参数的估计值：$\varphi=9.439\,5$，$\theta_n=1.562\,6$，$\zeta_p=0.835\,68$，$a_r=0.528\,33$，$a_\pi=2.264\,3$，$a_{\text{GDP}}=0.709\,48$，这些值看上去都是合理的，并且是和理论期望一致的，可能对风险厌恶系数的期望有些过高。利用估计参数得到的货币冲击响应呈现出两个重要特征(见图 5.1)。第一，尽管存在价格粘滞性，但是最大的通货膨胀的响应是迅速的。第二，在任何时间轴上，通货膨胀的响应要比产出缺口的响应小。

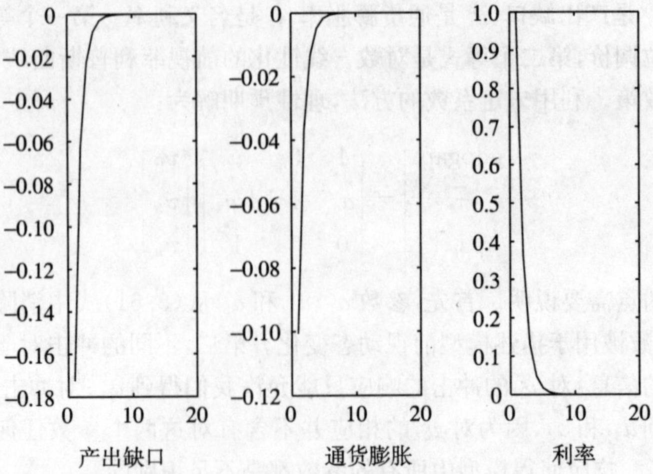

图 5.1　对货币冲击的响应

不幸的是，这个问题的目标函数相对比较平坦（参见图 5.2，其中，我们描绘了它在最大值周围的情况，每次变换一个参数）。在最大值处的海赛矩阵是秩亏的，并且 6 个特征值中的 4 个都比较小。通过对公式（5.62）～（5.64）的观察，我们发现，只有 ζ_p 和 θ_n 的线性组合是可以估计的（这也是海赛矩阵秩亏的原因），同时，除了 a_r 和 ζ_p，其他参数从货币冲击响应中都可弱识别。也就是说，模型的变量为确定参数值提供了很少的信息。结果，标准误差会比较大，所以在标准置信水平下，估计参数和脉冲响应都不是显著的。

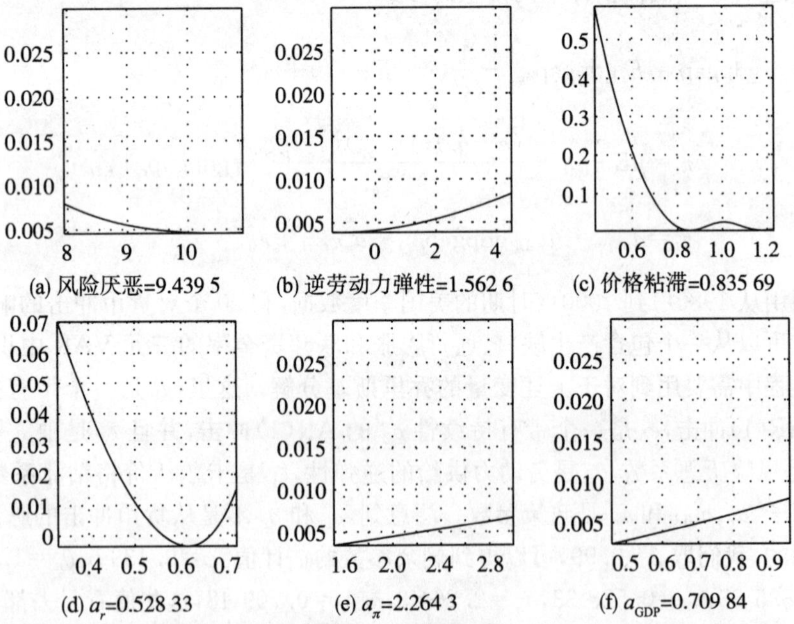

图 5.2　级差函数的形式

当识别问题产生时，一般有三种选择。第一，我们可以校准那些对于级差函数没有信息的参数。在这种情况下要多加注意，正如加诺瓦和萨拉（Canova and

Sala,2005)所证明的,如果校准的值与正值是不同的,就会在其余的参数估计中产生偏差。第二,我们可以试图增加更多的条件,例如,对于货币和 IS 冲击的联合匹配响应。增加响应可以提高识别,因为有更多的跨等式的条件需要考虑。在极限,当所有的模型条件都被应用时,通过利用脉冲响应构造的目标函数比模型的似然具有相对较少的信息,这是因为冲击的方差总是不可识别的。第三,我们可以试着重新对模型参数化,或者增加新的等式使得级差方程更具信息性。例如,因为劳动力供给的弹性不可能从总产出、通货膨胀和利率数据中识别,将这个参数和小时数或者实际工资联系起来的条件,可能会有助于使级差方程有更好的表现。

在参数是(弱)识别的模型中,推断有一定的问题,原因有两点。首先,估计值的分布不是正态的,即使在大样本的条件下。因此,很难去评价我们得到的估计值的显著性。其次,由于最大化过程很难研究平坦的表面,即使在大样本条件下,我们也可能得不到数据生成过程,并且可能通过不同的摩擦或传导机制使模型混淆[参见加诺瓦和萨拉(Canova and Sala,2005)]。

练习 5.48 假如我们对技术冲击的匹配响应感兴趣,通过要求作为这个冲击的响应,产出缺口将上升、通货膨胀将降低,我们就可以在数据中识别这个技术冲击。利用例题 5.38 中的模型,求得参数的间接推断估计,使其尽可能地与从数据中得到的产出缺口、通货膨胀和利率的前 10 个响应相匹配。检验哪些参数是可以识别的,并同例题 5.38 中给出的参数估计值相比较。

6 似然法

随着电脑科技的快速发展和结构模型设定方面的显著改进，最大似然方法在过去的几年中，再次受到了关注。事实上，最近的估计和检验显示，复杂的随机一般均衡模型的结果与数据不符。这代表了曾在 20 世纪 80 年代和 90 年代初，GMM 和相关的方法占统治地位的局面已经发生改变。尽管当大量的似然方法作为正交条件时，最大似然法是 GMM 的特例，但在很多方面，（完全信息）ML 与 GMM 存在不同。

有研究者将这两种方法都用于充分设定动态随机的一般均衡模型中，发现尽管 GMM 的一阶最大条件可以进行估计和检验，但是最大似然法的最后形式，即模型的内生变量是外生变量和参数的函数，也是必不可少的。正如在第 2 章中看到的，将非线性条件转化为线性条件，不是一项轻松的工作，而且它的估计也是必要的。另一方面，非线性的出现对于 GMM 估计和检验并不会产生特有的问题。虽然 GMM 只用到了包含在均衡条件的子集中的（有限）信息，例如，欧拉方程，但是只要计算出最后的形式，则在做估计时，模型的所有含义都被考虑到了。因此，在模型的部分等式近似符合数据生成过程的假设下，GMM 可以做估计和检验。但是用 ML 时，这些条件是不够的。当模型被误定时，有趣的问题就产生了。怀特（White）指出，当误定了误差的分布时，得到参数的拟-ML 估计量和正则条件下得到的正确的 ML 估计量有相同的近似性质。然而，在 DGSE 模型中，如果误定了误差的分布，就没有这种性质。因此，在这些条件下，ML 的性质是未知的，所以在解释估计和检验结果时要格外小心。

ML 和 GMM 分析的最后部分是在给定参数条件下，评价模型对数据的近似效果，用来研究当改变相关经济（政策）参数时，模型拟合的效果。这应该和 VAR 的应用区别开来。相对于一系列最小限制，这里模型的完全含义被用来获得相关的估计量；相对于经济意义下的冲击来说，这里的分析适用于对“深层”参数的估计。相对于描述受到扰动时数据的（限制）结构而言，对模型的评价显得更为重要。具体采用哪种方法，取决于研究者对模型的认可程度。使用 ML 时，研究者认为对于数据的描述，模型的结构是正确的，参数是未知的。而使用 VAR 时，正好相反。因此，只考虑一系列常规的、一般的限制条件。

本章描述了用 ML 估计模型的步骤。先描述在状态空间模型中使用卡尔曼滤波的方法。状态空间模型是一般的结构，任何多元的 ARMA 模型和几乎所有的对数线性化 DSGE 模型都适用于这个结构。除了得到内生变量的最小 MSE 预测值和不可观测状态的最优递归估计量以外，卡尔曼滤波对于预测似然法中误差项的分布也起到了关键的作用。事实上，状态空间模型的似然函数可以表示为在初始观测值下，可观察变量和它们的递归方差的一步向前预测误差的形式，这两者都可由卡尔曼滤波得到。因此，给定了某一初始参数值，卡尔曼滤波可以使用递归的方法构造似然函数；梯度法可以用来得到参数的新的估计量，反复使用两步过程直到梯度或参数不发生改变。

在第三部分，我们会提供关于修正参数估计的一些技巧，讨论在实际应用时遇到的一些问题。这里的算法只是做个介绍。有关详细的部分，读者可以参照普莱斯(Press，1986)或嘉吉(Judge，1985)等。本章的最后部分将把我们的方法应用于 DSGE 模型的估计问题中。这些模型的(对数)线性解表示为状态空间的形式，其中的系数是结构参数的高度非线性的函数。相对于其他时间序列的设定，我们讨论了一系列 DSGE 模型的特性，以及如何使用跨方程约束来识别结构参数和检验模型。这是由萨金特(Sargent，1979)以及汉森和萨金特(Hansen and Sargent，1979)普及的方法，得到一个事实，即(对数)线性期望等式约束了数据的 VAR。我们用几个例子作为总结，来说明在应用 ML 估计 DSGE 模型时遇到的问题。

6.1 卡尔曼滤波

卡尔曼滤波是应用于分析宏观经济的最重要的工具之一，我们将在这本书的其余部分广泛地使用到它。这里的表达是最基本的。安德森和摩尔(Anderson and Moore，1979)以及哈维(Harvey，1991)做了更详细的说明。

卡尔曼滤波一般用于状态空间模型的形式如下：

$$y_t = x_{1t}' \alpha_t + x_{2t}' v_{1t} \tag{6.1}$$

$$\alpha_t = \mathbb{D}_{0t} + \mathbb{D}_{1t}\alpha_{t-1} + \mathbb{D}_{2t} v_{2t} \tag{6.2}$$

其中，x_{1t}'是 $m\times m_1$ 阶矩阵，x_{2t}'是 $m\times m_2$ 阶矩阵，$\mathbb{D}_{0t}$是 $m_1\times 1$ 阶向量，$\mathbb{D}_{1t}$和 $\mathbb{D}_{2t}$分别是 $m_1\times m_1$ 阶和 $m_1\times m_3$ 阶矩阵，v_{1t}是 $m_2\times 1$ 阶鞅差分序列向量，$v_{1t}\sim\mathbb{N}(0,\Sigma_{v1})$，$v_{2t}$是 $m_3\times 1$ 阶鞅差分序列向量，$v_{2t}\sim\mathbb{N}(0,\Sigma_{v2})$。我们还假设 $E(v_{1t}\,v_{2\tau}')=0$，$E(v_{1t}\alpha_0')=0$ 对所有的 t 和 τ 成立，第一个假设可以省略，正如我们之后可以看到的，这两个假设确保状态 α_t 和误差项 v_{1t}不相关。

等式(6.1)通常指测量(观测)等式，等式(6.2)是转移(状态)等式。理论上，α_t 可随时间变化，而 x_{1t}、x_{2t}、$\mathbb{D}_{0t}$、$\mathbb{D}_{1t}$、$\mathbb{D}_{2t}$ 可以固定(即矩阵的个数)或者为随机变量。例如，x_{1t}可以包含 y_t 的滞后项和 x_{2t}的当前项或者滞后随机波动项。注意，m_2 冲击生成 m 个内生变量，其中，$m_2\leqslant m$。

等式(6.1)和(6.2)是一般形式，大量的时间序列和回归模型都可适用。以下我们考虑一些特殊的例子。

例题 6.1　考虑一个 m 变量的 VAR $y_t=A(\ell)y_{t-1}+e_t$，其中，$A(\ell)$是 q 阶多项

式，e_t 是缺差分过程，$e_t \sim \mathbb{N}(0,\Sigma_e)$，VAR 相应的形式为 $\mathbb{Y}_t = \mathbb{A}\mathbb{Y}_{t-1} + E_t$，其中，$\mathbb{A} = [\mathbb{A}_1, \mathbb{A}_2]'$，$\mathbb{A}_1 = (A_1, \cdots, A_q)$ 包含了 $\mathbb{A}$ 的前 m 行，$\mathbb{A}_2$ 是由 1 和 0 组成的矩阵，$E_t = (e_t, 0, \cdots, 0)'$，代入等式(6.1)、(6.2)，令 $\alpha_t = \mathbb{Y}_t = [y'_t, y'_{t-1}, \cdots, y'_{t-q}]'$，$x'_{1t} = [I, 0, \cdots, 0]$，$\mathbb{D}_{1t} = \mathbb{A}$，$\Sigma_{v1} = 0$，$v_{2t} = E_t$，$\mathbb{D}_{2t} = I$，$\mathbb{D}_{0t} = 0$。因此，不存在测量误差，测量方程是简单的，状态值和观测值一致。

例题 6.2 考虑单变量过程 $y_t = A_1 y_{t-1} + A_2 y_{t-2} + e_t + D_1 e_{t-1}$，这个过程可以等价写成：

$$y_t = [1 \quad 0]\begin{bmatrix} y_t \\ A_2 y_{t-1} + D_1 e_t \end{bmatrix}$$

$$\begin{bmatrix} y_t \\ A_2 y_{t-1} + D_1 e_t \end{bmatrix} = \begin{bmatrix} A_1 & 1 \\ A_2 & 0 \end{bmatrix}\begin{bmatrix} y_{t-1} \\ A_2 y_{t-2} + D_1 e_{t-1} \end{bmatrix} + \begin{bmatrix} 1 \\ D_1 \end{bmatrix} e_t$$

因此，ARMA(2,1)满足等式(6.1)和(6.2)，可令：

$$\alpha_t = \begin{bmatrix} y_t \\ A_2 y_{t-1} + D_1 e_t \end{bmatrix},\ \mathbb{D}_{1t} = \begin{bmatrix} A_1 & 1 \\ A_2 & 0 \end{bmatrix},\ \mathbb{D}_{2t} = \begin{bmatrix} 1 \\ D_1 \end{bmatrix},\ \mathbb{D}_{0t} = 0,$$

$$x'_{1t} = [1 \quad 0],\ \Sigma_{v1} = 0,\ \Sigma_{v2} = \sigma_e^2$$

练习 6.1 考虑形如 $y_{1t} = A_1(\ell) y_{1t-1} + D(\ell) e_t + A_2 y_{2t}$ 过程，其中，y_{2t} 表示外生变量，$A_1(\ell)$ 是 q_1 阶的，$D(\ell)$ 是 q_2 阶的，按照状态空间的形式求出 $\mathbb{D}_{1t}$、$\mathbb{D}_{2t}$、x'_{1t} 和 x'_{2t}。

除了时间序列以外，有些结构也适用于状态空间的框架。

例题 6.3 (i) 在一些经济问题中，事先的实际利率是已知的，而事后的实际利率是要计算得出的。这里可令 $\alpha_t \equiv r_t^e = i_t - \pi_t^e$，其中，$\pi_t^e$ 是期望通货膨胀率，假设 $\alpha_t = \mathbb{D}_1 \alpha_{t-1} + v_{2t}$。观察到的实际利率为 $y_t \equiv i_t - \pi_t = \alpha_t + v_{1t}$，其中，$v_{1t}$ 是测量误差。

(ii) 受到单位根技术冲击的 RBC 模型表明，除了时间以外，内生变量有一个共同趋势(参见 3.4 节)。这里，$\alpha_t = \alpha_{t-1} + v_{2t}$ 是一维过程，其中，$x'_{1t} = x'_1$ 是趋势的荷载，$x'_{2t} = x'_2$ 是其他因素(周期、不规则等)的荷载。

练习 6.2 当货币的边际效用为常数，且个体没有对将来进行贴现时，隐含的利率平价表示国家间的利差应该和汇率的期望对数改变量相关(参见练习 5.35)。将这种关系应用于状态空间模型中，定义矩阵 x'_{1t}、x'_{2t}、$\mathbb{D}_{0t}$、$\mathbb{D}_{1t}$、$\mathbb{D}_{2t}$。

练习 6.3(非线性状态空间模型) 考虑模型 $y_t = \alpha_t + v_{1t}$，$\alpha_{t+1} = \alpha_t \theta + v_{2t}$。假设 θ 和 α_t 是不可观察的。(在趋势周期分解中，θ 表示了趋势的持续性。)将这种关系应用于状态空间模型中，写出状态向量和模型的矩阵。

卡尔曼滤波可以最优地估计不可观察向量 α_t，以及当新的观测值产生时，修正模型的估计量。它还可以使用递归的方法产生 y_t 预测值，这个预测值与每一时刻 t 的信息相一致。

假设我们想使用到时刻 t 的信息来计算 α_t 的最优(MSE)估计量 $\alpha_{t|t}$，以及预测在状态等式中误差的 MSE 矩阵 $\Omega_{t|t}$。在这个阶段，已知 $x'_{1t} = x'_1$，$x'_{2t} = x'_2$，$\mathbb{D}_{1t} = \mathbb{D}_1$，$\mathbb{D}_{0t} = \mathbb{D}_0$，$\mathbb{D}_{2t} = \mathbb{D}_2$。我们还假设得到样本 $\{y_t\}_{t=1}^T$，则卡尔曼滤波算法分为五步。

算法 6.1

(1) 选择初始条件。如果 $\mathbb{D}_1$ 的特征根的绝对值都小于 1,则令 $\alpha_{1|0}=E(\alpha_1)$ 和 $\Omega_{1|0}=\mathbb{D}_1\Omega_{1|0}\mathbb{D}_1'+\mathbb{D}_2\Sigma_{v2}\mathbb{D}_2'$,或者 $\mathrm{vec}(\Omega_{1|0})=[I-(\mathbb{D}_1\otimes\mathbb{D}_1')^{-1}]\mathrm{vec}(\mathbb{D}_2\Sigma_{v2}\mathbb{D}_2')$,此时,初始条件是过程的非条件均值和方差。当 $\mathbb{D}_1$ 的某些特征根大于或等于 1 时,在非条件分布下,初始条件不存在。此时,可做一个猜测(例如,$\alpha_{1|0}=0$,$\Omega_{1|0}=\kappa*I$,κ 很大)作为初始条件开始迭代,使用安德森和摩尔(Anderson and Moore,1979)的信息滤子改变步骤(2)~(4)的递归过程,或者使用库普曼(Koopman,1997) 的非平稳的卡尔曼滤波。

(2) 使用 $t-1$ 时刻的信息集预测 y_t 和构造预测的均方差:

$$E(y_{t|t-1})=x_1'\alpha_{t|t-1} \tag{6.3}$$

$$\begin{aligned}E(y_t-y_{t|t-1})(y_t-y_{t|t-1})'&=E(x_1(\alpha_t-\alpha_{t|t-1})(\alpha_t-\alpha_{t|t-1})'x_1)+x_2'\Sigma_{v1}x_2\\&=x_1'\Omega_{t|t-1}x_1+x_2'\Sigma_{v1}x_2\equiv\Sigma_{t|t-1}\end{aligned} \tag{6.4}$$

(3) 修正状态等式的估计量(观测到 y_t 后):

$$\alpha_{t|t}=\alpha_{t|t-1}+\Omega_{t|t-1}x_1\Sigma_{t|t-1}^{-1}(y_t-x_1'\alpha_{t|t-1}) \tag{6.5}$$

$$\Omega_{t|t}=\Omega_{t|t-1}-\Omega_{t|t-1}x_1\Sigma_{t|t-1}^{-1}x'\Omega_{t|t-1} \tag{6.6}$$

其中,$\Sigma_{t|t-1}^{-1}$ 符合(6.4)式的定义。

(4) 在状态等式中预测变量:

$$\alpha_{t+1|t}=\mathbb{D}_1\alpha_{t|t}+\mathbb{D}_0=\mathbb{D}_1\alpha_{t|t-1}+\mathbb{D}_0+\mathfrak{K}_t\epsilon_t \tag{6.7}$$

$$\Omega_{t+1|t}=\mathbb{D}_1\Omega_{t|t}\mathbb{D}_1'+\mathbb{D}_2\Sigma_{v2}\mathbb{D}_2' \tag{6.8}$$

其中,$\epsilon_t=y_t-x_1'\alpha_{t|t-1}$ 是预测 y_t 时一步向前预测误差,$\mathfrak{K}_t=\mathbb{D}_1\Omega_{t|t-1}x_1\Sigma_{t|t-1}^{-1}$ 是卡尔曼增益。

(5) 重复步骤(2)~(4)直到 $t=T$。

在步骤(3)中,$\Omega_{t|t-1}x_1=E(\alpha_t-\alpha_{t|t-1})(y_t-x_1'\alpha_{t|t-1})'$。因此,通过将 $\alpha_t-\alpha_{t|t-1}$ 的最小二乘映射到 $y_t-y_{t|t-1}$,计算出 α_t 的修正估计量,再乘以预测误差。同理,通过使用包含两个等式中的预测误差的协方差和预测值的 MSE 的二项式,修正 $\Omega_{t|t-1}=E(\alpha_t-\alpha_{t|t-1})(\alpha_t-\alpha_{t|t-1})'$。(6.7)式和(6.8)式提供了下步递归的输入值。

例题 6.4 考虑提取信号 α_t,例如,在给定 $\alpha_t=\alpha_{t-1}$ 下,产出的长期趋势通过 $y_t=\alpha_t+v_{1t}$ 而与产出有关。其中,v_{1t} 是方差为 σ_{v1}^2 的正态鞅差分过程,利用(6.6)式可以得到:$\Omega_{t|t}=\Omega_{t|t-1}-\Omega_{t|t-1}(\Omega_{t|t-1}+\sigma_{v1}^2)^{-1}\Omega_{t|t-1}=\Omega_{t|t-1}(1+\Omega_{t|t-1}/\sigma_{v1}^2)^{-1}=\Omega_{t-1|t-1}(1+\Omega_{t-1|t-1}/\sigma_{v1}^2)^{-1}$。因此,从 $\Omega_0=\bar{\Omega}_0$ 开始,得到 $\Omega_{1|1}=\bar{\Omega}_0(1+\bar{\Omega}_0/\sigma_{v1}^2)^{-1}$,$\Omega_{2|2}=\bar{\Omega}_0(1+2\bar{\Omega}_0/\sigma_{v1}^2)^{-1},\cdots,\Omega_{T|T}=\bar{\Omega}_0(1+T\bar{\Omega}_0/\sigma_{v1}^2)^{-1}$。由等式(6.5)和(6.7),有 $\alpha_{T+1|T+1}=\alpha_{T|T}+(\bar{\Omega}_0/\sigma_{v1}^2)(1+T\bar{\Omega}_0/\sigma_{v1}^2)^{-1}(y_{T+1}-\alpha_{T|T})$。因此,当 $T\to\infty$ 时,$\alpha_{T+1|T+1}=\alpha_{T|T}$;近似地,可以忽略附加观测值的分布。

练习 6.4 考虑向量 MA 过程 $y_t=e_t+e_{t-1}$,其中,$e_t\sim$ i. i. d. $\mathbb{N}(0,I)$,证明最优的一步向前预测值是 $y_{t+1|t}=(t+1)/(t+2)[y_t-y_{t|t-1}]$。当 $T\to\infty$,最优的一步向前预测值恰好是最后一期的预测误差。(提示:使用状态空间的形式和卡尔曼

滤波。)

练习 6.5 假设 $y_t = A_1 y_{t-1} + A_2 y_{t-2} + e_t$,$e_t \sim \text{i. i. d. } \mathbb{N}(0,1)$,其中,$\alpha_t = [y_t', y_{t-1}']'$,$v_{2t} = [e_t, 0]'$,$\mathbb{D}_{0t} = v_{1t} = 0$,$x_1' = [1 \quad 0]$,

$$\mathbb{D}_1 = \begin{bmatrix} A_1 & A_2 \\ 1 & 0 \end{bmatrix}, \quad \Sigma_{v2} = \begin{bmatrix} \sigma_e^2 & 0 \\ 0 & 0 \end{bmatrix}$$

写出如何开始进行卡尔曼滤波的递归,并且计算出前两个观测值的 α_t 的预测值和修正估计量。

练习 6.6 假设 $y_{1t} = A_1 y_{1t-1} + D_t y_{2t} + v_{1t}$,其中,$\alpha_t = (A_t, D_t)' = \alpha_{t-1} + v_{2t}$,$y_{2t}$ 是外生变量。写出这时的修正和预测的等式。当 y_{2t} 和 v_{2t} 相关时,如何处理这种情况?

有时,在每一个时刻 t,在整个样本中构造一个包含当前信息的状态向量的估计量是有用的。特别是在信号抽取问题中,例如,α_t 是向量 y_t 的一般趋势,我们希望估计在每一时刻 t 包含到时刻 T 的所有信息。此时,卡尔曼滤波可以从样本的最后一个观测值开始倒推,$t = T-1, \cdots, 1$,将 $\alpha_{T|T}$ 和 $\Omega_{T|T}$ 作为初始条件。即:

$$\alpha_{t|T} = \alpha_{t|t} + (\Omega_{t|t} \mathbb{D}_t' \Omega_{t+1|t}^{-1})(\alpha_{t+1|T} - \mathbb{D}_1 \alpha_{t|t}) \tag{6.9}$$

$$\Omega_{t|T} = \Omega_{t|t} - (\Omega_{t|t} D_t' \Omega_{t+1|t}^{-1})(\Omega_{t+1|T} - \Omega_{t+1|t})(\Omega_{t|t} \mathbb{D}_t' \Omega_{t+1|t}^{-1})' \tag{6.10}$$

等式(6.9)和(6.10)定义了卡尔曼平滑的递归过程。

例题 6.5 继续例题 6.4,令 $\alpha_{T|T}$ 和 $\Omega_{T|T}$ 为初始条件,则 $\Omega_{1|t} = \Omega_{T|T}(1 + T\Omega_{T|T}/\sigma_{v1}^2)^{-1}$ 和 $\alpha_{t|T} = \alpha_{t+1|T} + (\bar{\Omega}_{T|T}/\sigma_{v1}^2)(1 + T\bar{\Omega}_{T|T}/\sigma_{v1}^2)^{-1}(y_{t|T} - \alpha_{t+1|T})$。你能猜出 $\alpha_{1|T}$ 是什么吗?

通过测量方程中的新息,卡尔曼滤波将初始状态空间转化为一个体系。事实上,利用等式(6.3)~(6.7),可以立即得出,等式(6.1)和(6.2)等价于:

$$y_t = x_{1t}' \alpha_{t|t-1} + \epsilon_t \tag{6.11}$$

$$\alpha_{t+1|t} = \mathbb{D}_1 \alpha_{t|t-1} + \mathbb{D}_0 + \mathfrak{K}_t \epsilon_t \tag{6.12}$$

其中,ϵ_t 是预测误差 $E_t(\epsilon_t \epsilon_t') \equiv \Sigma_{t|t-1}$。因此,如果已知卡尔曼增益 $\mathfrak{K}_t$,给定 $\alpha_{1|0}$ 和 $\Sigma_{1|0}$,$\alpha_{t|t-1}$ 和 ϵ_t 在任何时间 t 都可以通过递归的方式得出。反过来,当已知 $\Omega_{t|t-1}$,卡尔曼增益也可以立即得出。

练习 6.7 在常系数 VAR(q)中,等式(6.11)和(6.12)再参量化是微不足道的,因为测量方程可以重新写为 $y_t = E[y_t | \mathcal{F}_{t-1}] + \epsilon_t$,其中,$\mathcal{F}_{t-1}$ 是时刻 $t-1$ 的信息集。如何转化例题 6.2 中的 AMAR(2,1)模型以符合这一表达式?

汉森和萨金特(Hansen and Sargent, 2005,第 190 页)证明,等式(6.6)可以写成:$\Omega_{t|t} = \mathbb{D}_1 \Omega_{t-1|t-1} \mathbb{D}_1' + \mathbb{D}_2 \Sigma_{v2} \mathbb{D}_2' - \mathbb{D}_1 \Omega_{t-1|t-1} x_1 \Sigma_{t|t-1}^{-1} x_1' \Omega_{t-1|t-1} \mathbb{D}_1$。这其实是第 2 章的里卡蒂方程的矩阵表达形式。因此,在正则条件下,当系数是常数时,$\lim_{t\to\infty} \Omega_{t|t} = \Omega$。因此,$\lim_{t\to\infty} \mathfrak{K}_t = \mathfrak{K}$,新息的平稳协方差矩阵为 $\Sigma = \lim_{t\to\infty} \Sigma_{t|t-1} = x_1' \Omega x_1 + x_2' \Sigma_{v1} x_2$,正如将要证明的,在常系数模型中得到的 Ω、$\mathfrak{K}$ 和 Σ 表达式,与由递归最小二乘估计量得到的近似相同。

例题 6.6 考虑使用名义利率 y_t 下的 T 个观测值，在消除了通货膨胀率的影响后，估计(稳定状态)实际利率 α_t，其中，$y_t=\alpha_t+v_{1t}$，v_{1t} 是方差为 σ_{v1}^2 的鞅差分过程。一个无偏的最小方差估计量是 $\hat{\alpha}_T=(1/T)\sum_{t=1}^{T}y_t$。如果已知 y_{T+1}，有：

$$\hat{\alpha}_{T+1}=\frac{1}{T+1}\sum_{t=1}^{T+1}y_t=\frac{T}{T+1}\left(\frac{1}{T}\sum_{t=1}^{T}y_t\right)+\frac{1}{T+1}y_{T+1}$$
$$=\frac{T}{T+1}\hat{\alpha}_T+\frac{1}{T+1}y_{T+1}$$

是递归的最小方差估计量。这个估计量使用已有观测中的数量对之前和当前的观测值进行加权：无论观测的时间距离现在有多久，每个观测值都有相同的权重。重新将表达式写为 $\hat{\alpha}_{T+1}=\hat{\alpha}_T+[1/(T+1)](y_{T+1}-\hat{\alpha}_T)$ 可以获得更多的信息，其中，$(y_{T+1}-\hat{\alpha}_T)$ 是预测 y_{T+1} 的新息。显然，当 $T\to\infty$，有 $\mathfrak{K}_{T+1}=[1/(T+1)]\to 0$。因此，当 $T\to\infty$，有 $\hat{\alpha}_{T+1}=\hat{\alpha}_T$。

只要参数是条件线性的，等式(6.3)～(6.8)的递归法在系数随着时间的变化的模型中特别有用。例如，在多元 VAR 模型中：

$$\left.\begin{aligned}y_t&=\alpha_t y_{t-1}+v_{1t}\\ \alpha_t&=\rho\alpha_{t-1}+v_{2t}\end{aligned}\right\}\tag{6.13}$$

其中，ρ 的根的模的系数小于 1，易得到在每个时间 t 的递归估计量 $\alpha_{t|t}$ 和预测误差 $\epsilon_t=y_t-\alpha_{t|t-1}y_{t-1}$，且与已知信息相一致。在第 10 章中，我们将进一步扩展形如(6.13)式的模型。

练习 6.8 考虑模型 $y_t=x_t'\alpha_t+v_{1t}$，其中，$\alpha_t=(I-\mathbb{D}_1)\alpha_0+\mathbb{D}_1\alpha_{t-1}+v_{2t+1}$，$\alpha_0$ 是常数，v_{1t} 是方差为 σ_{v1}^2 的鞅差分，v_{2t} 是方差为 Σ_{v2} 的鞅差分向量。定义 $\alpha_t^{\dagger}=\alpha_t-\alpha_0$，假设 $\alpha_1^{\dagger}\sim\mathbb{N}(\alpha_{1|0},\Omega_{1|0})$，写出 $\alpha_t^{\dagger}$、Ω_t 的修正等式形式。

修正的卡尔曼滤波可以用于特殊的非线性的状态空间模型中，例如，练习 6.3 中的结构。为了计算卡尔曼增益，需要线性化使用当前估计量的扩张的状态空间。例如，修正的等式为：

$$\left.\begin{aligned}\alpha_{t|t}&=\alpha_{t|t-1}\theta_{t|t-1}+\mathfrak{K}_{1t}(y_t-\alpha_{t|t-1})\\ \theta_{t|t}&=\theta_{t|t-1}+\mathfrak{K}_{2t}(y_t-\alpha_{t|t-1})\end{aligned}\right\}\tag{6.14}$$

其中，$\mathfrak{K}_{1t}$、$\mathfrak{K}_{2t}$ 是矩阵，包含估计 $\theta_{t|t-1}$、$\alpha_{t|t-1}$ 时的线性项和二次项，方差 σ_{v1}^2 中的线性项和过去的卡尔曼增益的线性项[有关详细内容，参见梁居和叟德(Ljung and Söderström，1983)，第 39～40 页]。

如果初始条件和新息符合正态分布，则在线性和非线性预测值中卡尔曼滤波是最优的。这是因为，在正态分布下，$\alpha_{t|t+1}$ 和 $\Omega_{t|t+1}$ 是 α 的条件均值和条件 MSE。而且，y_t 的一步向前预测值服从均值为 $x_1'\alpha_{t|t-1}$、方差为 $\Sigma_{t|t-1}$ 的正态分布。当这两个条件不满足时，卡尔曼滤波只得到 y_t 的最优线性预测值。[参见梁居和叟德(Ljung and Söderström，1983)，第 420 页。]存在非线性滤子，可以得到比由(6.5)式和(6.6)式得到的更有效的预测值。在第 3 章中介绍了二项新息模型的非线性滤子。

例题 6.7 一个两阶段马尔科夫转移模型可以写成 $y_t=a_0+a_1\varkappa_t+y_{t-1}$，其中，$\varkappa_t$ 具有 AR(1)的形式：

$$\varkappa_t=(1-p_2)+(p_1+p_2-1)\varkappa_{t-1}+v_{1t} \tag{6.15}$$

v_{1t}可以取 4 个值 $[1-p_1,-p_1,-(1-p_2),p_2]$，概率分别为 $[p_1,1-p_1,p_2,1-p_2]$，并且它是非正态分布，则这个过程可以写成状态空间的形式，同时满足模型识别的正交假设。这里，$\mathrm{corr}(v_{1t},\varkappa_{t-\tau})=0,\forall\tau>0$，但是 v_{1t}和$\varkappa_{t-\tau}$相互不独立。模型中的 y_t可以写成：

$$\begin{aligned}(1-(p_1+p_2-1)\ell)\Delta y_t&=a_1(1-(p_1+p_2-1)\ell)\varkappa_t\\&=a_1(1-p_2)+a_0(2-p_1-p_2)+v_{1t}\end{aligned} \tag{6.16}$$

因此，尽管 y_t 看上去像 ARIMA(1,1,0)，但是从模型中得到的 $y_{t+1|t}$的卡尔曼滤波估计不是最优的，因为忽略了 v_{1t}中存在的非线性结构。事实上，最优预测值可以从下式得到：

$$\begin{aligned}E_t\Delta y_{t+1}&=a_0+a_1E_t\varkappa_{t+1}\\&=a_0+a_1\left[\frac{1-p_2}{2-p_1-p_2}+(p_1+p_2-1)\left(P[\varkappa_t=1|\mathcal{F}_t]-\frac{1-p_2}{2-p_1-p_2}\right)\right]\end{aligned} \tag{6.17}$$

其中，$\mathcal{F}_t$代表 t 时刻的信息集，在(6.17)式中使用第 3 章描述的非线性滤子算法，得到$\varkappa_t$ 的估计值。

尽管假设状态和测量方程中的误差项是不相关的，但是在某些情况下这个假设不成立。例如，在(6.13)式的模型中，可能会得到相关的新息。要放松此假设需要一些技巧，下面的练习将证明，一个在测量方程中存在序列相关的系统，等价于在状态新息和测量方程之间存在相关性的系统。

练习 6.9 假设 $\mathbb{D}_{1t}=\mathbb{D}_1,\mathbb{D}_{2t}=\mathbb{D}_2,\mathbb{D}_0=0$，并且(6.1)式中的 v_{1t}是 VAR(1)，其中，自回归矩阵 ρ_v 的特征值的绝对值小于 1，冲击向量 v_{3t}是鞅差分，其协方差矩阵为 Σ_{v1}。假设 $E(v_{2t}v_{1\tau}')=0,\forall t,\tau\neq t$，证明等价的状态空间的表达式如 (6.2)式所示，并且 $y_{t+1}^{\dagger}=x_{1t+1}^{\dagger}\alpha_t+v_{1t+1}^{\dagger}$，其中，$y_{t+1}^{\dagger}=y_{t+1}-\rho_v y_t$，$x_{1t+1}^{\dagger}=x_{1t+1}-\rho_v x_{1t}$ 和 $v_{1t+1}^{\dagger}=(x_{t+1}-\rho x_t)\mathbb{D}_2 v_{2t+1}+x_{2t+1}v_{3t+1}$。

练习 6.10 假设 α_t 是服从均值为$\bar{\alpha}$、方差为 $\bar{\Sigma}_\alpha$ 的正态分布，$y_t=x_t'\alpha_t+v_{1t}$，其中，v_{1t}和α_t 正交，$v_{1t}\sim$i.i.d. $\mathbb{N}(0,\sigma_{v1})$。

(i) 证明 $y_t\sim\mathbb{N}(x_1'\bar{\alpha},x_1'\bar{\Sigma}_\alpha x_1+\sigma_{v1}^2)$。

(ii) 已知 α_t 的后验分布服从 $g(\alpha_t|y_t)=g(\alpha_t)f(y_t|\alpha_t)/f(y_t)$，其中，$f(y_t|\alpha)$是似然函数，$g(\alpha)$ 是先验分布，$f(y_t)=\int f(y_t|\alpha)g(\alpha)\mathrm{d}\alpha$。证明 $g(\alpha_t|y_t)\propto\exp\{-0.5[(\alpha_t-\bar{\alpha})'\bar{\Sigma}_\alpha^{-1}(\alpha_t-\bar{\alpha})+(y_t-x_1'\alpha_t)'\sigma_{v1}^{-2}(y_t-x_t'\alpha_t)]\}\equiv\exp\{-0.5(\alpha_t-\tilde{\alpha})'\times\tilde{\Sigma}_\alpha^{-1}(\alpha_t-\tilde{\alpha})\}$，其中，$\tilde{\alpha}=\bar{\alpha}+\bar{\Sigma}_\alpha\times x_1\sigma_{v1}^{-2}(y_t-x_1'\bar{\alpha})$和 $\tilde{\Sigma}_\alpha=\bar{\Sigma}_\alpha+\bar{\Sigma}_\alpha x_1\sigma_{v1}^{-2}x_1'\bar{\Sigma}_\alpha$。

练习 6.11 对数线性 RBC 模型的推广形式可以写成 $\alpha_t=\mathbb{D}_{1t-1}\alpha_{t-1}+v_{2t}$，$v_{2t}\sim$i.i.d. $\mathbb{N}(0,\Sigma_t)$ 和 $y_t=x_{1t}'\alpha_t$，其中，α_t 表示状态向量和冲击，y_t 表示控制变量，

假设已知 Σ_t、x_{1t}、$\mathbb{D}_{1t-1}$，求出预测误差方差的修正等式。证明 $x'_{1t}\Omega_{t|t}x_{1t}=0$ 和 $\Omega_{t+1|t}=\mathbb{D}_{1t}\Omega_{t|t}\mathbb{D}'_{1t}+\Sigma_t$。

已知卡尔曼滤波估计值的递归性质，易算出 y_t 的多步预测值，将得到这些预测值的过程作为给读者的练习。

练习 6.12 考虑模型(6.1)、(6.2)和 $y_{t+\tau}$的预测值。证明 τ 步向前预测误差是 $x'_{1t+\tau}(\alpha_{t+\tau}-\alpha_{t+\tau,t})+x'_{2t+\tau}v_{1t+\tau}$，并且预测值的 MSE 是 $x'_{1t+\tau}\Omega_{t+\tau|t}x_{1t+\tau}+x'_{2t+\tau}\times\Sigma_{v1}x_{2t+\tau}$。求出 $\alpha_{t+\tau|t}$和$\Omega_{t+\tau|t}$的形式。

例题 6.8 考虑 $m\times1$ 阶 VAR(q)，$\mathbb{Y}_t=\mathbb{A}\mathbb{Y}_{t-1}+E_t$。正如在例题 6.1 中显示的，这是状态空间模型，其中，$x'_{1t}=I$，$\alpha_t=\mathbb{Y}_t$，$\mathbb{D}_{1t}=\mathbb{A}$，$\Sigma_{v1}=0$，$v_{2t}=E_t$，$\mathbb{D}_{2t}=I$，$\mathbb{D}_{0t}=0$。$y_t$ 的 τ 步向前预测是 $E_t[y_{t+\tau}]=\mathbb{S}\mathbb{A}^{\tau}\mathbb{Y}_t$，其中，$\mathbb{S}$ 是选择矩阵。因此，预测误差方差是$[\mathbb{S}(\mathbb{Y}_{t+\tau}-\mathbb{A}^{\tau}\mathbb{Y}_t)][\mathbb{S}(\mathbb{Y}_{t+\tau}-\mathbb{A}^{\tau}\mathbb{Y}_t)']$。

6.2 似然函数的预测误差分解

非线性模型的最大似然估计是复杂的。在(6.1)式和(6.2)式的模型中，参数是条件线性的，当观测值不独立时，最大似然函数的求解很繁琐。这部分是关于为形如(6.1)式和(6.2)式的模型构造最大似然函数的实际应用问题，其中，y_t 是序列相关的。可以证明，存在一种简便的形式，称作预测误差分解，可以用来估计 ARMA、结构性 VAR 和 DSGE 模型。

为了了解分解过程，令 $f(y_1,\cdots,y_T)$是$\{y_t\}_{t=1}^T$的联合密度分布。给定联合密度分布的性质，可以将 $f(y_1,\cdots,y_T)$分解为条件密度和边缘密度的乘积。重复分解，可以得到：

$$
\begin{aligned}
f(y_1,\cdots,y_T) &= f(y_T|y_{T-1},\cdots,y_1)f(y_{T-1},\cdots,y_1)\\
&= f(y_T|y_{T-1},\cdots,y_1)f(y_{T-1}|y_{T-2},\cdots,y_1)f(y_{T-2},\cdots,y_1)\\
&\ \vdots\\
&= \prod_{j=0}^{T-2}f(y_{T-j}|y_{T-j-1},\cdots,y_1)f(y_1)
\end{aligned}
\tag{6.18}
$$

和 $\ln f(y_1,\cdots,y_T)=\sum_j\ln f(y_{T-j}|y_{T-j-1},\cdots,y_1)+\ln f(y_1)$。若 $y=[y_1,\cdots,y_T]\sim\mathbb{N}(\bar{y},\Sigma_y)$，令 $\phi=(\bar{y},\Sigma_y)$，有：

$$
\begin{aligned}
\mathcal{L}(y|\phi)&=\ln f(y_1,\cdots,y_T|\phi)\\
&=-\frac{1}{2}(T\ln2\pi+\ln|\Sigma_y|)-\frac{1}{2}(y-\bar{y})\Sigma_y^{-1}(y-\bar{y})'
\end{aligned}
\tag{6.19}
$$

(6.19)式的计算需要求出 Σ_y 的逆矩阵，为 $T\times T$ 阶矩阵，当 T 很大时，求解复杂。利用(6.18)式的分解式，我们可以得到 $\mathcal{L}(y_1,\cdots,y_T|\phi)=\mathcal{L}(y_1,\cdots,y_{T-1}|\phi)\times\mathcal{L}(y_T|y_{T-1},\cdots,y_1,\phi)$。当 $\{y_t\}_{t=1}^T$是正态分布时，条件和边缘分布也是正态分布。

令 $y_{t|t-1}$是直到 $t-1$ 时刻的信息集的 y_t 预测值，预测误差为 $\epsilon_t=y_t-y_{t|t-1}=y_t-E(y_t|y_{t-1},\cdots,y_1)+E(y_t|y_{t-1},\cdots,y_1)-y_{t|t-1}$，MSE 的估计值为 $E[y_t-E(y_t|y_{t-1},\cdots,y_1)]^2+E[E(y_t|y_{t-1},\cdots,y_1)-y_{t|t-1}]^2$。当$E(y_t|y_{t-1},\cdots,y_1)=y_{t|t-1}$时，

得到 y_t 的最优预测值，即使预测误差的 MSE 最小。给定这个选择，ϵ_t 的 MSE 用 $\sigma^2_{\epsilon_t}$ 来表示，等于 $E[y_t - E(y_t|y_{t-1},\cdots,y_1)]^2$。

给定到时间 $t-1$ 的信息，y_t 的条件分布密度可以写成：

$$\mathcal{L}(y_t|y_{t-1},\cdots,y_1,\sigma^2_{\epsilon_t}) = -\frac{\ln(2\pi)}{2} - \ln(\sigma_{\epsilon_t}) - \frac{1}{2}\frac{(y_t - y_{t|t-1})^2}{\sigma^2_{\epsilon_t}} \tag{6.20}$$

对任意 $t>1$，(6.20)式有效，得到：

$$\begin{aligned}\mathcal{L}(y|\sigma^2_{\epsilon_1},\cdots,\sigma^2_{\epsilon_T}) &= \sum_{t=2}^{T}\mathcal{L}(y_t|y_{t-1},\cdots,y_1,\sigma^2_{\epsilon_2},\cdots,\sigma^2_{\epsilon_T}) + \mathcal{L}(y_1|\sigma^2_{\epsilon_1}) \\ &= -\left(\frac{T-1}{2}\ln(2\pi) + \sum_{t=2}^{T}\ln\sigma_{\epsilon_t}\right) - \frac{1}{2}\sum_{t=2}^{T}\frac{(y_t - y_{t|t-1})^2}{\sigma^2_{\epsilon_t}} \\ &\quad -\left(\frac{1}{2}\ln(2\pi) + \ln\sigma_{\epsilon_1}\right) - \frac{1}{2}\frac{(y_1-\bar{y}_1)^2}{\sigma^2_{\epsilon_1}}\end{aligned} \tag{6.21}$$

其中，$\bar{y}_1$ 是 y_1 的非条件预测值。(6.21)式是分解等式。有三个重要的性质需要强调。第一，(6.21)式可由递归的方法计算得到，因为它只包含了一步向前预测误差和它的最优 MSE。这和(6.19)式中使用 y_t 的整个向量不同。第二，最优预测 $y_{t|t-1}$ 和预测 $\sigma^2_{\epsilon_t}$ 的 MSE 都是随着时间而变化的。因此，可以将随着时间不变的问题转化为随着时间变化的问题。第三，如果 y_1 是常数，预测误差在 y_t 中是常数新息。

例题 6.9 考虑单变量 AR(1)过程 $y_t = Ay_{t-1} + e_t$，$|A|<1$，其中，e_t 是方差为 σ^2_e 的正态鞅差分过程。令 $\phi = (A, \sigma^2_e)$，假设过程从很久以前开始，但是只能从 $t=1$ 时刻起观测到。对于任何时刻 t，$y_{t|t-1} \sim \mathbb{N}(Ay_{t-1}, \sigma^2_e)$。因此，预测误差 $\epsilon_t = y_t - y_{t|t-1} = y_t - Ay_{t-1} = e_t$。而且，因为 e_t 的方差为常数，预测误差的方差从 $t=2$ 开始也是常数，并且有：

$$\begin{aligned}\mathcal{L}(\phi) &= \sum_{t=2}^{T}\mathcal{L}(y_t|y_{t-1},\cdots,y_1,\phi) + \mathcal{L}(y_1|\phi) \\ &= -\frac{1}{2}T\ln(2\pi) - T\ln(\sigma_e) - \frac{1}{2}\sum_{t=2}^{T}\frac{(y_t - Ay_{t-1})^2}{\sigma^2_e} \\ &\quad + \frac{1}{2}\left(\ln(1-A^2) - \frac{(1-A^2)y_1^2}{\sigma^2_e}\right)\end{aligned}$$

因此，对于任何 $t\geqslant 2$，有 $\sigma^2_{\epsilon_t} = \sigma^2_e$，其中，$\sigma^2_{\epsilon_1} = \sigma^2_e/(1-A^2)$。

练习 6.13 考虑练习 6.1 中模型的单变量情况，求出 $y_{1t|t-1}$ 和 $\sigma^2_{\epsilon_t}$。假设 $y_t = [y_{1t}, y_{2t}]$ 的第一个 $q = \max[q_1, q_2]$ 值是固定的，写出对数似然函数的形式。

给定初始观测值消除了极大化中存在的非线性的情况。一般情况下，对于问题的一阶条件，非线性情况下得不到问题的解析解，且似然函数的最大值要使用数字技巧来求得。给定初始观测值，使得最大化问题在很多情况下微不足道。注意，当 $T\to\infty$，可以忽略初始观测值对于似然函数的作用。因此，如果样本很大，准确的最大似然函数和条件最大似然函数一致。而且，当模型的系数为常数，误差项是正态分布的，且固定初始值时，最大似然估计量和 OLS 估计量相等(参见第 4 章中 VAR 是常系数的情况)。当模型有移动平均项时，两者不等(参见例 6.11)，因为非线性不会消失，即使在初始观测值条件下。

例题 6.10 求出在例题 6.9 中的 AR 过程的 ML 估计量。在 y_1 的条件下，$(y_2,\cdots,y_T)$ 的对数似然函数与 $\sum_{t=2}^{T}\{-\ln(\sigma_e)-(y_t-Ay_{t-1})^2/2\sigma_e^2\}$ 成比例。对于 A，(在 σ_e^2 的条件下)最大化这个值就等于最小化 $(y_t-Ay_{t-1})^2$，得到 $A_{ML}=A_{OLS}$。使用 A_{ML}，这个似然函数可以缩写成 $-\frac{1}{2}(T-1)\ln(\sigma_e^2)-(1/2\sigma_e^2)\sum_t\epsilon_t'\epsilon_t$。对于 σ_e^2，最大化该函数得到 $\sigma_{ML}^2=[1/(T-1)]\sum_t\epsilon_t'\epsilon_t$。假设现在不是在 y_1 的条件下。似然函数与 $\sum_{t=2}^{T}\{-\ln(\sigma_e)-(y_t-Ay_{t-1})^2/2\sigma_e^2\}+\{-0.5\ln[\sigma_e^2/(1-A^2)]-y_1^2(1-A^2)/2\sigma_e^2\}$ 成比例。如果 $T\to\infty$，可以忽略初始观测值对于似然函数的作用。因此，当 $|A|<1$，A 的条件 ML 估计量与完全 ML 估计量近似一致。最后，考虑 A 随时间变化的情况，例如，$A_t=\mathbb{D}_1A_{t-1}+v_{2t}$。在某个 A_0 的条件下，$A_{t|t}$ 的递归条件最大似然估计量和 $A_{t|T}$ 的平滑最大似然估计量可以由卡尔曼滤波和卡尔曼平滑得到。当 $T\to\infty$，只要 $\mathbb{D}_1$ 的根的绝对值都小于 1，就可以忽略初始值的重要性。

练习 6.14 (i) 假设 $y_t=x_t'\alpha+e_t$，其中，e_t 是方差为 $\sigma_{e_t}^2$ 的正态鞅差分，x_t 固定。如何求得这个模型的似然函数的预测误差分解？

(ii) 令 x_t 是随机变量，符合均值为 $\bar{x}$、方差为 Σ_x 的正态分布。如何得到非条件似然函数的预测误差分解？

多元的预测误差分解也不难。如果 y_t 是 $m\times 1$ 阶向量，有：

$$\mathcal{L}(y|\phi)=-\left(\frac{Tm}{2}\ln(2\pi)+\frac{1}{2}\sum_{t=1}^{T}\ln|\Sigma_{t|t-1}|\right)-\frac{1}{2}\sum_{t=1}^{T}(y_t-y_{t|t-1})\Sigma_{t|t-1}^{-1}(y_t-y_{t|t-1}) \tag{6.22}$$

其中，$\epsilon_t=y_t-y_{t|t-1}\sim\mathbb{N}(0,\Sigma_{t|t-1})$，假设 $y_1\sim\mathbb{N}(\bar{y}_1,\Sigma_{1|0})$ 和 $\epsilon_1=y_1-\bar{y}_1$。

练习 6.15 考虑例题 6.11 的模型设定，写出 $y_{t|t-1}$、$\Sigma_{t|t-1}$ 和似然函数的预测误差分解形式。

有两个原因使得预测误差分解容易得到。第一，分解的组成部分是预测误差 ϵ_t 和它们的 MSE $\Sigma_{t|t-1}$。因为卡尔曼滤波可以递归地得到这些值，所以可以用来构造似然函数的预测误差分解，其中，模型具有状态空间形式。第二，因为 ARMA 过程具有状态空间形式，所以对于各种的统计和经济模型，易得到似然函数的预测误差分解。

为了最大化似然函数，在初始观测值条件下，需要扩展算法 6.1。令 $\phi=[\mathrm{vec}(x_1'),\mathrm{vec}(x_2'),\mathrm{vec}(\mathbb{D}_1),\mathrm{vec}(\mathbb{D}_0),\mathrm{vec}(\mathbb{D}_2),\Sigma_{v1},\Sigma_{v2}]$，我们得到以下算法。

算法 6.2

(1) 选择初始 $\phi=\phi^0$。

(2) 执行算法 6.1 中的步骤(1)～(5)。

(3) 每一步保存 $\epsilon_t=y_t-y_{t|t-1}$ 和 $\Sigma_{t|t-1}$，构造对数似然函数(6.22)式。

(4) 使用 6.3 节的任意方法，修正 ϕ 的初始估计值。

(5) 重复步骤(2)～(4)，直到$|\phi^{l}-\phi^{l-1}|\leqslant\iota$，或$(\partial\mathcal{L}(\phi)/\partial\phi)|_{\phi=\phi^{l}}<\iota$，或两者都满足，其中$\iota$很小。

关于算法 6.2 的两点说明。第一，通过 OLS 回归常系数模型，可以得到迭代的初始值。如果状态空间模型的设定是正确的，它将可以一致估计参数的平均值。第二，在多维的情况下，如果在计算似然函数时使用$\Sigma_{t|t-1}$作为乔里斯基因子，最大化过程效果更好。

在估计含有 MA 项的模型时，条件预测误差分解很有用。在标准的设定中，这类模型很难处理，但是在状态空间形式下相对容易估计。

例题 6.11 在检验外汇市场的有效性时，将$t+3$时期的即期汇率的 3 个月的改变量作为应变量，将t到$t+3$时期的远期汇率的溢价报价作为自变量，进行回归。由于时间间隔有重叠，回归存在 2 阶移动平均误差。因此，检验有效性的模型是$y_{t+3}=b_0x_t+\epsilon_{t+3}$，其中，$\epsilon_{t+3}=e_{t+3}+b_1e_{t+2}+b_2e_{t+1}$，这里，$e_t$是方差为$\sigma_e^2$的正态鞅差分。这个模型具有状态空间形式，其中，$\mathbb{D}_0=0$，$\mathbb{D}_2=I$，$x'_{2t}=I$，$v_{1t}=0$，

$$\alpha_t=\begin{bmatrix}x_t\\e_{t+3}\\e_{t+2}\\e_{t+1}\end{bmatrix},\quad \mathbb{D}_1=\begin{bmatrix}0&0&0&0\\0&0&0&0\\1&0&0&0\\0&1&0&0\end{bmatrix},\quad x_{1t}=\begin{bmatrix}b_0\\1\\b_1\\b_2\end{bmatrix},\quad v_{2t}=\begin{bmatrix}x_t\\e_{t+3}\\0\\0\end{bmatrix}$$

假设我们要估计$[b_0,b_1,b_2]$，检验$b_0=1$。当$\alpha_{1|0}=[x_1,0,0,0]'$和$\Omega_{1|0}=\mathrm{diag}\{\sigma_x^2,\sigma_e^2,\sigma_e^2,\sigma_e^2\}$时，由卡尔曼滤波可以得到 ML 的估计值，其中，$\sigma_x^2$是远期汇率溢价的非条件方差，$\sigma_e^2$可以是训练样本(即从$-\tau$到 0)中的$\hat{e}_t=y_t-\hat{b}_0x_{t-3}$的方差，也可以是任意大的数。需要用$(b_0,b_1,b_2)$的初始估计值进行迭代。$b_0$的估计量可以由训练样本得到，如果这样的样本不存在的话，也可以使用现有的数据，但是忽略误差项中的序列相关性。b_1和b_2的初始估计量可以是$b_{10}=b_{20}=0$。由迭代产生的$\alpha_{t|t-1}$和$\Omega_{t|t-1}$可以用来计算似然函数。注意，对于这样的模型，准确的似然函数也可以计算得到。[参见帕冈(Pagan，1981)。]注意，因为参数空间只有三维，可以使用每个维度上 20 个连续的格点确定最大似然函数。

练习 6.16 考虑过程$y_t=A_0+A_1y_{t-1}+A_2y_{t-2}+e_t$，其中，$e_t\sim\mathrm{i.\,i.\,d.}\,\mathbb{N}(0,\sigma_e^2)$。证明准确的对数似然函数是$\mathcal{L}(\phi)\propto-T\ln(\sigma_e)+0.5\ln\{(1+A_2)^2[(1-A_2)^2-A_1^2]\}-((1+A_2)/2\sigma_e^2)[(1-A_2)(y_1-\bar{y})^2-2A_1(y_1-\bar{y})(y_2-\bar{y})+(1-A_2)(y_2-\bar{y})^2]-\sum_{t=3}^{T}(y_t-A_0-A_1y_{t-1}+A_2y_{t-2})^2/2\sigma_e^2$，其中，$\bar{y}=A_0/(1-A_1-A_2)$。如果使用条件似然函数法，哪一项将会消失？证明$\sigma_{\mathrm{ML}}^2=[1/(T-2)]\sum_{t=3}^{T}(y_t-A_{0,\mathrm{ML}}-A_{1,\mathrm{ML}}y_{t-1}-A_{2,\mathrm{ML}}y_{t-2})^2$。

6.2.1 *ML 估计量的一些渐近性质*

在正则条件下，通常可以证明在状态空间模型中，参数的 ML 估计量值是一致的，且渐近服从正态分布。需要两种类型的条件。首先，需要状态等式定义协方差平稳过程。一个简单的充分条件是，对所有的t，$\mathbb{D}_{1t}$特征根的绝对值都小于 1。其次，我们需要真实的不在参数空间的边界上的参数。在这些条件下，$\phi_{\mathrm{ML}}\xrightarrow{P}\phi_0$，并

且$\sqrt{T}(\phi_{\mathrm{ML}}-\phi_0)\xrightarrow{D}\mathbb{N}(0,\Sigma_\phi)$，其中，$\Sigma_\phi=-T^{-1}[E(\partial^2\mathcal{L}/\partial\phi\partial\phi')|_{\phi=\phi_0}]^{-1}$。

练习 6.17 证明 ϕ_{ML} 是一致的，且是近似正态的。[提示：将状态空间模型写成 VAR(1)；或者当有变量不可观测时，写成 VAR(∞)。假设模型是正确的，按照第 4 章的步骤证明，VAR 的估计量有以上两个性质。]

在测量等式中，当新息是误差时，正如以下将要证明的，渐近的协方差矩阵是分块对角矩阵。

例题 6.12 对于 AR(1)模型，易得到 Σ_ϕ。事实上，在初始观测值的条件下，对数似然函数是$\mathcal{L}(\phi)\propto-\frac{1}{2}(T-1)\ln\sigma_\epsilon^2-(1/2\sigma_\epsilon^2)\sum_{t=2}^{T}\epsilon_t^2$，其中，$\epsilon_t=y_t-Ay_{t-1}$，矩阵的二阶导数为：

$$\begin{bmatrix}-\sigma_\epsilon^{-2}\sum_t y_{t-1}^2 & -\sigma_\epsilon^{-4}\sum_t \epsilon_t y_{t-1}\\ -\sigma_\epsilon^{-4}\sum_t \epsilon_t y_{t-1} & (2\sigma_\epsilon^4)^{-1}(T-1)-\sigma_\epsilon^{-6}\sum_t\epsilon_t^2\end{bmatrix}$$

因为非对角线元素的期望值为零，所以近似的协方差矩阵的对角线上的元素为 $\mathrm{var}(A)=\sigma_\epsilon^2/(T-1)\sum_t y_{t-1}^2$ 和 $\mathrm{var}(\sigma_e^2)=2\sigma_\epsilon^4/(T-1)$。

在对卡尔曼滤波求导时，假设在测量和观测等式中的新息是正态分布的。因为似然函数是由卡尔曼滤波估计值得到的，读者可能会问，当外力的分布误设时，ML 估计量有什么性质？

正如之前提到的，误差分布的模型误设，对卡尔曼滤波的估计不会产生一致性问题。在 ML 估计中也有这个性质。事实上，假设在正则条件下，即使正态分布(通常是拟-ML)有良好的性质，得到的估计也是不正确的。接下来要求读者在一个简单的例子中进行验证。

练习 6.18 假设 y_t 的观测值是从具有较小自由度(例如，小于 5)的 t-分布中得到的，计量学家估计的(常系数)状态空间模型为 $y_t=\alpha_t+v_{1t}$，$\alpha_t=\alpha_{t-1}$，其中，v_{1t} 是方差为 σ_{v1}^2 的正态鞅差分。证明建立在错误的(正态)分布下，α_t 的 ML 估计量是一致的，并且渐近正态。写出渐近协方差矩阵。

直觉上，如果样本很大，且方差相同，则近似正态是合适的。在常系数状态空间下，可以得到相同的结论，即如果自变量是平稳遍历的，且与误差项无关，则递归的 OLS 是一致的，且渐近正态；如果使用条件似然函数，递归的 OLS 和卡尔曼滤波的 ML 估计是一致的。

当状态空间模型的系数随着时间变化时，由误设的误差得到的 ML 估计不再渐近等于正确模型下的估计，且卡尔曼滤波的估计量不再是 α_t 的最优线性 MSE 估计量。

我们已经知道，ML 估计量有一个等于信息矩阵的近似协方差矩阵，$-T^{-1}E[(\partial^2\mathcal{L}(\phi)/\partial\phi\partial\phi')|_{\phi=\phi_0}]^{-1}$。有很多方法来估计这个矩阵。一种是用 ML 的估计量替代期望的均值，即 $\mathrm{var}_1(\phi)=[-\sum_t(\partial^2\mathcal{L}_t(\phi)/\partial\phi\partial\phi')|_{\phi=\phi_{\mathrm{ML}}}]^{-1}$。另一种是对得分函数求导，近似得到似然函数的二阶导函数，即 $\mathrm{var}_2(\phi)=-[\sum_t(\partial\mathcal{L}_t(\phi)/\partial\phi)|_{\phi=\phi_{\mathrm{ML}}}\sum_t((\partial\mathcal{L}_t(\phi)/\partial\phi)|_{\phi=\phi_{\mathrm{ML}}})']^{-1}$。最后，结合上面两种估计量，得到拟-ML 估计量。即 $\mathrm{var}_3(\phi)=-(\mathrm{var}_1(\phi))(\mathrm{var}_2(\phi))^{-1}(\mathrm{var}_1(\phi))$[参见怀

特(White,1982)]。

练习 6.19 考虑在例题 6.12 中的 AR(1)模型,写出近似协方差矩阵的三个估计量的表达式。

参数的假设检验是标准的。给定 ML 估计的近似正态性质,可以用 t-分布检验参数上的简单约束,当有更一般的假设时,使用似然比检验。

例题 6.13 继续例题 6.11,用$(b_{0,\mathrm{ML}}-1)/\sigma_{b_0,\mathrm{ML}}$检验 $b_0=1$,并且与自由度为 $T-1$ 的 t-分布[或当 T 很大时,与正态分布(0,1)]比较。或者,在约束 $b_0=1$ 上,构造对数似然函数,计算 $2[\mathcal{L}(b_{0,\mathrm{ML}})-\mathcal{L}(b_0=1)]$,估计模型,将结果与 $\chi^2(1)$比较。

在 GMM 中,使用约束模型的估计量往往更方便。例如,模型是非线性的,但是在某些约束下是线性的,或者包含 MA 项。此时,可以使用拉格朗日乘数(LM)统计量$(1/T)[\sum_t(\partial\mathcal{L}(\phi)/\partial\phi)|_{\phi=\phi^{re}}]'\Sigma_\phi^{-1}[\sum_t(\partial\mathcal{L}(\phi)/\partial\phi)|_{\phi=\phi^{re}}]\sim\chi^2(\nu)$,其中,$\nu$ 是约束的个数,ϕ^{re}是约束的估计。

例题 6.14 在例题 6.2 中的模型中,如果 $D_1=0$,$A=[A_1,A_2]'$的条件 ML 估计量可以求解等式 $x'xA=x'y$,其中,$x_t=[y_{t-1},y_{t-2}]$,$x=[x_1,\cdots,x_t]'$。但是,若 $D_1\neq0$,等式是非线性的,且不存在解析解。因此,在估计时,加上 $D_1=0$ 来检验约束是否成立。

两个互不嵌套的假设可以使用迪博尔德和马里亚诺(Diebold and Mariano, 1995)的预测精确检验进行估计。令 ϵ_t^i 是由模型 $i=1,2$ 产生的预测误差,令 $h_t=(\epsilon_t^1)^2-(\epsilon_t^2)^2$。则在相似的预测准确性假设下,统计量 $\mathfrak{S}=\bar{h}/\mathrm{se}(h)$,是均值为 0、方差为 1 的正态分布,其中,$\bar{h}=(1/T)\sum_t h_t$,$\mathrm{se}(h)=[(1/T)\sum_t(h_t-\bar{h})^2]^{0.5}$。6.5 节在比较 DSGE 模型和无约束 VAR 中将会使用这个统计量。

6.3 数字技巧

有很多方法来修正算法 6.2 的步骤(4)中的初始估计量。这里简要列出一些方法,并且指出每种方法的优点和缺点。

格点搜索

当 ϕ 的维数较小时,这种方法是可行的。它包括状态空间的离散化和选择能够最大化格点的 ϕ 值。这种方法的优点是不需要求导,当微分复杂的时候,它非常有用。当似然函数是全局凹函数时,这种方法可以得到最大值的近似值。但是,如果存在多个极值点,则选择一个局部最大值。因此,格点应该足够精细以避免病态。尽管将它们作为最终估计时,要格外小心,但是在其他算法的初始条件下,格点估计是有用的。

单纯形方法

一个 k-维的单纯形由 $k+1$ 个向量张成,这些向量是单纯形的顶点。(例如,如果 $k=2$,二维的单纯形就是三角形。)这种方法如下所述,一般快速有效。如果在迭代过程中找到了最大值,这种方法用穿过最大值和剩余点的质心连线上的一点代替最大值。因此，如果$\mathcal{L}(\phi_m)=\max_{j=1,\cdots,k+1}\mathcal{L}(\phi_j)$，用$\varrho\phi_m+(1-\varrho)\bar{\phi}$替代$\phi_m$，其中，$\bar{\phi}$是质心，$0<\varrho<1$，重复这个最大化过程。这种方法不需要计算梯度和似然函数的二阶导数，即使其他的常规条件不符合，这种方法仍然可行。主要缺点就是不能得到估计量的标准差。

梯度法

这种类型的所有算法是建立在初始估计量的似然函数的梯度的基础上来修正初始估计量。区别在于每一步的大小和方向。

(a) **最速上升法** 在每一步迭代过程l中，用$\phi^l=\phi^{l-1}+(1/2\lambda)\mathrm{gr}(\phi^l)$修正参数，其中，$\mathrm{gr}(\phi^l)=(\partial\mathcal{L}(\phi)/\partial\phi)|_{\phi=\phi^l}$，$\lambda$值是在$(\phi^l-\phi^{l-1})'(\phi^l-\phi^{l-1})=\kappa$的约束条件下$\max_{\phi^l}\mathcal{L}(\phi^l)$的拉格朗日乘数，其中，$\kappa$是常数。总之，这种方法使用似然函数的量化梯度修正当前估计量。λ是平滑参数，用来防止在迭代过程中大的跳跃（与λ在 HP 或指数平滑滤子中，起到相同的作用）。注意，如果$\phi^l\approx\phi^{l-1}$，$\mathrm{gr}(\phi^l)\approx\mathrm{gr}(\phi^{l-1})$，可以使用$\phi^l=\phi^{l-1}+\varrho\,\mathrm{gr}(\phi^{l-1})$，其中，$\varrho$是小的正数标量（例如，$10^{-5}$）。在估计中，这样的选择是保守的，并且避免跳跃。但是，在达到收敛或收敛到局部最大值之前，需要多次迭代。因此，可以从多个初始条件开始，用算法进行迭代来检验是否得到相同的最大值。

(b) **牛顿—拉富生(Newton-Raphson)法** 如果$(\partial^2\mathcal{L}(\phi)/\partial\phi\partial\phi')$存在，$\mathcal{L}(\phi)$是凹函数（即二阶导数矩阵是正定阵），这种方法可行。此时，将$\mathcal{L}(\phi)$在ϕ_0上进行二阶导数展开，得到：

$$\mathcal{L}(\phi)=\mathcal{L}(\phi_0)+\mathrm{gr}(\phi_0)(\phi-\phi_0)-0.5(\phi-\phi_0)'\frac{\partial^2\mathcal{L}(\phi)}{\partial\phi\partial\phi'}(\phi-\phi_0) \tag{6.23}$$

对ϕ最大化(6.23)式，用ϕ^{l-1}作为ϕ_0的估计量，得到：

$$\phi^l=\phi^{l-1}+\left(\frac{\partial^2\mathcal{L}(\phi)}{\partial\phi\partial\phi'}\bigg|_{\phi^l=\phi^{l-1}}\right)^{-1}\mathrm{gr}(\phi^{l-1}) \tag{6.24}$$

如果似然函数是二次项的，(6.24)式在第一步就收敛。如果接近二项式，(6.24)式的迭代过程收敛很快，并且得到全局最大值。然而，如果似然函数既不近似于二项式，又不是全局凹函数，或ϕ^0不是最大值，则这种方法比最速上升法效果差。注意，在每步迭代中，可以使用$(\partial^2\mathcal{L}(\phi)/\partial\phi\partial\phi')^{-1}$来估计$\phi$的协方差矩阵。

可以将最速上升法和牛顿—拉富生(Newton-Raphson)法结合为混合法，使它具有两者的优点，并且加速计算，同时在参数估计中又不产生大的跳跃。例如，选择$\phi^l=\phi^{l-1}+\varrho[(\partial^2\mathcal{L}(\phi)/\partial\phi\partial\phi')|_{\phi^l=\phi^{l-1}}]^{-1}\mathrm{gr}(\phi^{l-1})$，其中，$\varrho>0$是微小标量。

(c) **修正的牛顿—拉富生法** 基本的牛顿—拉富生需要计算矩阵$\partial^2\mathcal{L}(\phi)/\partial\phi\partial\phi'$和它的逆矩阵。当$\phi$维数较大时，计算复杂。修正的牛顿—拉富生用到$\partial\mathrm{gr}(\phi)/\partial\phi\approx\partial^2\mathcal{L}(\phi)/\partial\phi\partial\phi'$，并且使用梯度的导数猜想现存估计$\partial^2\mathcal{L}(\phi)/\partial\phi\partial\phi'$的形式。令$\Sigma^l$是第$l$步迭代时$[\partial^2\mathcal{L}(\phi)/\partial\phi\partial\phi']^{-1}$的估计量。使用(6.24)式修正$\phi$的估计量，其中：

$$\Sigma^l=\Sigma^{l-1}-\frac{\Sigma^{l-1}\Delta\mathrm{gr}^l(\Delta\mathrm{gr}^l)'(\Sigma^{l-1})}{(\Delta\mathrm{gr}^l)'\Sigma^{l-1}\Delta\mathrm{gr}^l}-\frac{(\Delta\phi^l)(\Delta\phi^l)'}{(\Delta\mathrm{gr}^l)'(\Delta\phi^l)}$$

$\Delta\phi^l=\phi^l-\phi^{l-1}$，$\Delta \mathrm{gr}(\phi^l)=\mathrm{gr}(\phi^l)-\mathrm{gr}(\phi^{l-1})$。如果似然函数是二次项形式，且迭代步骤很多，则 $\lim_{l\to\infty}\phi^l=\phi_{\mathrm{ML}}$，$\lim_{l\to\infty}\Sigma^l=[\partial^2\mathcal{L}(\phi)/\partial\phi\partial\phi'|_{\phi=\phi_{\mathrm{ML}}}]^{-1}$。由估计 ϕ_{ML} 得到的 Σ^l 对角线元素，可以得到标准差。

(d) **得分函数法** 这种方法在计算中，使用信息矩阵 $E\partial^2\mathcal{L}(\phi)/\partial\phi\partial\phi'$ 替代 $\partial^2\mathcal{L}(\phi)/\partial\phi\partial\phi'$，其中，期望是在 $\phi=\phi^{l-1}$ 时得到的。因为信息矩阵的表达式比海赛(Hessian)矩阵简单，所以使用信息矩阵较为简便。

(e) **高斯—牛顿(Gauss-Newton)记分法** 高斯—牛顿法使用 $[(\partial e/\partial\phi)|_{\phi=\phi^l}]'\times[(\partial e/\partial\phi)|_{\phi=\phi^l}]$ 的函数作为 $\partial^2\mathcal{L}(\phi)/\partial\phi\partial\phi'$ 的近似，其中，ϕ^l 是第 l 步迭代中 ϕ 的值，e_t 是模型中的误差向量。在常数状态空间模型中，近似值与自变量成比例，这些自变量是由状态和测量方程的右边的变量组成的。当模型是线性时，高斯—牛顿法和得分法近似相等。

6.4 DSGE 模型的 ML 估计

DSGE 模型参数的最大似然估计是我们所描述方法的直接应用。正如在第 2 章中所见到的，DSGE 模型的对数线性解是：

$$y_{2t}=\mathcal{A}_{22}(\theta)y_{2t-1}+\mathcal{A}_{23}(\theta)y_{3t} \tag{6.25}$$

$$y_{1t}=\mathcal{A}_{12}(\theta)y_{2t-1}+\mathcal{A}_{13}(\theta)y_{3t} \tag{6.26}$$

其中，y_{2t} 包括状态和外力，y_{1t} 包括所有其他的内生变量，y_{3t} 是模型的冲击。这里，$\mathcal{A}_{ii'}(\theta)$，$i$、$i'=1,2$ 是依赖于 $\theta=(\theta_1,\cdots,\theta_k)$、偏好、技术和政府政策的结构参数并且不随时间而改变的矩阵。注意，这里存在高斯方程约束，即某些 θ_j 会在矩阵中出现多次。

例题 6.15 在练习 2.14 中营运资本模型，设 $K_t=1,\forall t$，假设在效用函数中，消费和闲暇可分离，且具有对数形式，y_{2t} 包括滞后的实际余额 M_{t-1}/p_{t-1} 和滞后的存款 dep_{t-1}；y_{3t} 包括对技术的冲击 ζ_t 和对货币政策的冲击 M_t^g；y_{1t} 包括产出、GDP_t、名义利率 i_t 和通货膨胀率 π_t。设 $N^{ss}=0.33$，$\eta=0.65$，$\pi^{ss}=1.005$，$\beta=0.99$，$(c/\mathrm{GDP})^{ss}=0.8$，冲击的持续性为 0.95，政策参数分别为 $a_2=-1.0$，$a_1=0.5$，$a_3=0.1$，$a_0=0$，对数线性解为：

$$\begin{bmatrix}\frac{M_t}{p_t}\\ \mathrm{dep}_t\\ \mathrm{GDP}_t\\ i_t\\ \Pi_t\end{bmatrix}=\begin{bmatrix}-0.4960 & 0.3990\\ -1.0039 & 0.8075\\ -0.3968 & 0.3192\\ 0.9713 & -0.7813\\ 2.0219 & -1.6264\end{bmatrix}\begin{bmatrix}\frac{M_{t-1}}{p_{t-1}}\\ \mathrm{dep}_{t-1}\end{bmatrix}+\begin{bmatrix}1.3034 & -0.1941\\ 1.1459 & -1.4786\\ 1.0427 & -0.1552\\ -0.3545 & 0.3800\\ -0.9175 & -1.2089\end{bmatrix}\begin{bmatrix}\zeta_t\\ M_t^g\end{bmatrix}$$

具有(6.25)式和(6.26)式的形式。

尽管在例题 6.15 中选择了对数线性的近似，但是二次项参数的选择和线性约束下的 DSGE 模型同样适用[参见汉森和萨金特(Hansen and Sargent，2005)]。事实上，正如将要证明的，(6.25)式和(6.26)式是一般形式，不需要由确切的等式得到，也不需要是模型的解。

例题 6.16［沃森(Watson)］ 假设模型给出条件 $E_t y_{t+1}=\alpha y_t+x_t$，其中，$x_t=\rho x_{t-1}+e_t^x$，$x_0$ 给定。例如，一个新凯恩斯主义菲利普斯曲线，其中，x_t 是边际成本；又如，一个资产定价公式，其中，x_t 是红利。利用新息表达式，得到 $x_t=E_{t-1}x_t+e_t^x$，$y_t=E_{t-1}y_t+e_t^y$，其中，$E_t x_{t+1}=\rho x_t=\rho(E_{t-1}x_t+e_t^x)$ 和 $E_t y_{t+1}=\alpha y_t+x_t=\alpha(E_{t-1}y_t+e_t^y)+(E_{t-1}x_t+e_t^x)$。令 $y_{1t}=[x_t,y_t]'$，$y_{2t}=[E_t x_{t+1},E_t y_{t+1}]'$，$y_{3t}=[e_t^x,v_t]'$，其中，$v_t\equiv e_t^y-E(e_t^y|e_t^x)=e_t^y-\kappa e_t^x$，$\mathcal{A}_{11}(\theta)=I$，

$$\mathcal{A}_{12}(\theta)=\begin{bmatrix}1 & 0\\ \kappa & 1\end{bmatrix},\quad \mathcal{A}_{22}(\theta)=\begin{bmatrix}\rho & 0\\ 1 & \alpha\end{bmatrix},\quad \mathcal{A}_{21}(\theta)=\begin{bmatrix}\rho & 0\\ 1+\alpha\kappa & \alpha\end{bmatrix}$$

模型适用于(6.25)式和(6.26)式。这里，待估计的参数是 $\theta=(\alpha,\rho,\kappa,\sigma_e^2,\sigma_v^2)$。

一般地，可以有两种方法得到适用于(6.25)式和(6.26)式的表达式：正如在例题 6.15 中求解模型，或者像在例题 6.16 中使用理性期望假设。两者的区别在于，后者的 y_{2t} 包含不可观察变量。

练习 6.20 考虑一个消费储蓄问题，其中，代表性消费者的初始禀赋具有形式为 $u(c)=c^{1-\varphi}/(1-\varphi)$ 的效用，相对于世界而言，经济是小型的，资源约束是 $c_t+B_{t+1}\leqslant \mathrm{GDP}_t+(1+r_t)B_t$，其中，$B_t$ 是国际债券，r_t 是实际净利率，由个体给出。

得到欧拉方程的对数线性形式，使用在例题 6.16 中的结构。求出在状态空间表达式中的矩阵的元素。如何在模型设定中包含借贷约束 $B_t<\bar{B}$？

练习 6.21 考虑在练习 5.37 中的劳动力囤积模型，其中，个体可在消费、休闲、努力程度中选择，企业的生产函数将劳动和努力程度区分开。使用新息表达式将对数线性欧拉方程用于状态空间模型中。

显然，用卡尔曼滤波可以估计(6.25)式和(6.26)式。事实上，给定某个初始条件 y_{20}，如果已知 $\mathcal{A}_{ii'}(\theta)$ 和 $\sigma_{y_3}^2$，可以得到 y_{2t} 的递归估计。给定这些递归估计值，可以计算预测误差。因此，对给定的 θ，使用预测误差分解可以得到似然函数，使用在 6.3 节中描述的算法可以修正估计值。一旦确定了最大值，在得到 ML 估计值或者它的近似时，可以从海赛矩阵中得到估计参数的标准差。

尽管过程很简单，但是当使用 ML 去估计结构参数时，特别是在 DSGE 模型中，有几个地方需要注意。第一，在向量 y_{2t} 中可能会出现不可观测的变量。如果想要解出这些变量，在写有约束设定的似然函数时，要小心。事实上，边际化可能会使得有约束的 VAR 表达式不存在，或者存在无限的滞后项。

例题 6.17 假设在(6.25)式中的向量 y_{2t} 是不可观察的，从(6.26)式中解出 y_{3t}，代入(6.25)式，得到 $[I-(\mathcal{A}_{22}(\theta)-\mathcal{A}_{23}(\theta)\mathcal{A}_{13}(\theta)^{\mathrm{G}}\mathcal{A}_{12}(\theta)\ell)]y_{2t}=\mathcal{A}_{23}(\theta)\mathcal{A}_{13}(\theta)^{\mathrm{G}}y_{1t}$，其中，$\mathcal{A}_{13}(\theta)^{\mathrm{G}}$ 是 $\mathcal{A}_{13}(\theta)$ 的广义逆矩阵。将滞后一期的项代回到(6.26)式，得到 $y_{1t}=\mathcal{A}_{12}(\theta)[I-(\mathcal{A}_{22}(\theta)-\mathcal{A}_{23}(\theta)\mathcal{A}_{13}(\theta)^{\mathrm{G}}\mathcal{A}_{12}(\theta)\ell)]^{-1}\mathcal{A}_{23}(\theta)\mathcal{A}_{13}(\theta)^{\mathrm{G}}y_{1t-1}+\mathcal{A}_{13}(\theta)y_{3t}$。显然，如果 $\sum_j[\mathcal{A}_{22}(\theta)-\mathcal{A}_{23}(\theta)\mathcal{A}_{13}(\theta)^{\mathrm{G}}\mathcal{A}_{12}(\theta)]^j$ 收敛，该等式就定义了 y_{1t} 的 VAR 形式。其中，$\mathcal{A}_{13}(\theta)^{\mathrm{G}}=\mathcal{A}_{13}(\theta)^{-1}$ 和 $\mathcal{A}_{22}(\theta)-\mathcal{A}_{23}(\theta)\mathcal{A}_{13}(\theta)^{-1}\mathcal{A}_{12}(\theta)$ 的特征值的模都小于 1 是收敛成立的充分条件。一般情况下，无限滞后项必须正确表示 y_{1t}；只有当 $\mathcal{A}_{22}(\theta)-\mathcal{A}_{23}(\theta)\mathcal{A}_{13}(\theta)^{-1}\mathcal{A}_{12}(\theta)$ 的特征根的模的最大值也充分小时，

有限阶的 VAR 才是合适的。因为这些条件取决于 θ 和模型的特性,所以在每个模型中都要检验。

最后,$y_{1t}=[\mathcal{A}_{12}(\theta)(I-\mathcal{A}_{22}(\theta)\ell)^{-1}\mathcal{A}_{23}(\theta)\ell+\mathcal{A}_{13}(\theta)]y_{3t}$ 是移动平均式,$\mathcal{A}_{13}(\theta)$ 表示当前的影响,$\mathcal{A}_{12}(\theta)\mathcal{A}_{22}(\theta)^{j-1}\mathcal{A}_{23}(\theta)$ 表示在 y_{3t} 上受到单一冲击的 j 次滞后的影响。因此,$\mathcal{A}_{22}(\theta)-\mathcal{A}_{23}(\theta)\mathcal{A}_{13}(\theta)^{-1}\mathcal{A}_{12}(\theta)$ 的特征根的这两个条件也是从 y_{1t} 的有限阶 VAR 表达式中得到经济含义的冲击的充分条件。

无论 y_{2t} 是否包括可观测和不可观测的变量,只要它可识别,同时满足 6.2.1 节中的条件,则 θ_{ML} 就是一致的,且服从渐近正态分布。

第二个问题是在估计中使用的序列个数。在(6.25)式和(6.26)式中,向量 $[y_{1t},y_{2t}]'$ 的协方差矩阵是奇异的,在数据中,这个约束条件可能不成立。在很多情况下,即使可以解出 y_{2t},矩阵 $\mathcal{A}_{13}(\theta)$ 的秩也小于 y_{1t} 的维数。在新息等式(6.11)和(6.12)中,这种奇异性显然存在。对实际的调查者而言,可以采用两种方法:可以选择和冲击个数同样多的变量个数,或者放大受到测量误差冲击的空间。例如,如果模型受到了科技和政府支出的冲击,可以选择 (y_{1t},y_{2t}) 中的两个序列去估计参数。吉姆(Kim,2000)和埃尔兰(Ireland,2000)在估计粘性价格模型时就采用了这个方法。然而,这种方法有一定的任意性,存在某些不包含参数 θ 的信息的变量。尽管很难事先知道哪些等式包含信息,但是可以尝试选择变量来最大化参数的可识别性。或者,因为某些变量可能不满足获得一致性估计量的某些假设条件(例如,存在结构突变),则选择最有可能满足这些条件的变量。

例题 6.18 在受到技术冲击的对数线性 RBC 模型中,由矩阵 $\mathcal{A}_{12}(\theta)$ 和 $\mathcal{A}_{13}(\theta)$,我们知道 $[\mathrm{GDP}_t,N_t,c_t]$ 与状态 K_t 和冲击 ζ_t 是静态相关的。因为冲击的个数小于内生变量的个数,就存在完全可预测的控制变量的线性组合。例如,用(6.25)式代替(6.26)式,得到 $\alpha_1N_t+\alpha_t\mathrm{GDP}_t+\alpha_3c_t=0$,其中,$\alpha_1=\mathcal{A}_{12}^1\mathcal{A}_{13}^3-\mathcal{A}_{13}^1\mathcal{A}_{12}^3$,$\alpha_2=\mathcal{A}_{13}^2\mathcal{A}_{12}^3-\mathcal{A}_{12}^2\mathcal{A}_{12}^3$,$\alpha_3=\mathcal{A}_{13}^2\mathcal{A}_{12}^1-\mathcal{A}_{13}^1\mathcal{A}_{12}^2$,$\mathcal{A}_{1j}^i$ 是 $\mathcal{A}_{1j}$ 的第 i 个元素,$i=1,2,3$,$j=2,3$。类似地,使用 GDP_t、c_t 的等式和股本的运动定理,得到 $\alpha_4c_t+\alpha_5c_{t-1}-\alpha_6\mathrm{GDP}_t-\alpha_7\mathrm{GDP}_{t-1}=0$,其中,$\alpha_4=\mathcal{A}_13^1+\delta[1-\delta(K/N)^\eta](\mathcal{A}_{13}^1\mathcal{A}_{12}^3-\mathcal{A}_{12}^1\mathcal{A}_{13}^3)/[1-\delta(K/N)^\eta]$,$\alpha_5=(1-\delta)\mathcal{A}_{13}^1$,$\alpha_6=\mathcal{A}_{13}^3-\delta(\mathcal{A}_{13}^1\mathcal{A}_{12}^3-\mathcal{A}_{12}^1\mathcal{A}_{13}^3)/[1-\delta(K/N)^\eta]$,$\alpha_7=(1-\delta)\mathcal{A}_{13}^3$。因此,系统是随机奇异的,并且对任意的样本大小,数据的协方差矩阵都不是满秩的。

练习 6.22 考虑一个受到技术和财政政策冲击的粘性价格模型,它的对数线性条件在练习 2.29 中已列出。写出完全可测的控制变量的组合。哪些等式使用测量误差为避免奇异性?

萨金特(Sargent,1979)、奥特格(Altug,1989)和马克格兰特(McGrattan,1997)将测量误差加入(6.26)式。这个逻辑很简单:通过添加互不相关的、连续的、同时期的测量误差的向量,完整了模型的概率空间[理论上,(y_{1t},y_{2t}) 的协方差矩阵不再奇异]。因为实际的变量往往不等于模型中的变量(例如,实际储蓄额不同于模型中的储蓄额),所以增加测量误差是合理的。如果使用这种方法,通过比较测量误差和经济冲击的标准差的大小,可以诊断模型的质量。如果前者的标准差远大于后者的标准差,表明很可能存在模型的误设。

例题 6.19 在例题 6.15 中，如果我们希望完整模型的概率空间，则需要在冲击的向量中增加三个测量误差。或者，可以使用实际余额和存款额估计模型的参数。然而，这两组序列可能都不存在可用来估计的信息，例如，在生产函数中劳动力的份额 η。因此，当使用模型的部分变量时，必须检验参数的可识别性。在这两个可供选择的方法中达到平衡的一种可能是，在剔除某些变量的同时添加测量误差的集合。例如，在第二个等式中添加一个测量误差，解出存款额和实际余额，可以使用一个由两个结构冲击和一个测量误差推导出来的，包括产出、利率、通货膨胀的 VAR 模型来估计参数。在例题 6.15 中使用参数化时，对于存在三个变量的有限阶 VAR 的条件是不满足的。事实上，当 $\mathcal{A}_{13}(\theta)^{-1}$ 存在时，$\mathcal{A}_{22}(\theta)-\mathcal{A}_{23}(\theta)\mathcal{A}_{13}(\theta)^{-1}\mathcal{A}_{12}(\theta)$ 的特征根是 1.78 和 −0.85。

引入互不相关的、连续的、同时期的测量误差的向量，不改变模型的动态过程。因此，模型对于数据的拟合质量并未改变。埃尔兰(Ireland，2004)猜想，在简单的 DSGE 模型中，动态和同时期的模型误设可能存在，所以他加入了测量误差的 VAR(1)向量。沃森 (Watson，1993)认为，对于产生的混合模型的这些动态改变可以用来度量模型对数据的拟合程度，对于估计的模型 VAR 性质的分析可以用来重新设定模型(参见第 7 章)。然而，混合的模型不再是“结构”的：事实上，新增的动态改变与过去添加到模型设定中的已分摊差滞起到相同的作用，这些模型设定是在面对(动态的)数据时，从静态经济理论中得到的。

第三点是关于模型对于数据的拟合质量。显然，为了得到 θ 的 ML 估计量和证明模型的有效性，必须假设对于未知参数的集合而言，模型正确表示了数据的生成过程。一些相关的模型误设的形式，例如，误差的分布[参见怀特(White，1982)]或者参数化过程[参见汉森和萨金特(Hansen and Sargent，2005)]可以由 6.2 节中使用的拟-ML 方法得到。然而，正如将在第 7 章说明的，DSGE 模型的误设会呈现出不同的类型。加入同时期的、互不相关的测量误差可以避免奇异性，但是并不能消除模型的误设。而且，在 GMM 中可以随意选择关系式用来估计感兴趣的参数，但是使用 ML 是不成立的，因为由模型产生的关系式的联合估计是由总体得到的。在这些条件下，参数的 ML 估计量不具有一致性，在这些估计条件下的经济措施可能是无意义的。换言之，要得到 DSGE 模型参数的可信的 ML 估计量，需要对模型的性质有充分的了解。

第四，对于可估计的参数而言，它们必须是可识别的。在参数是非线性的模型估计中，可识别性是普遍的问题。

正如在第 5 章中，有限信息法存在严重的可识别性问题。完全信息 ML 法也可能存在这个问题，当使用(6.25)式和(6.26)式结构时，发现可识别性问题的能力就会降低，因为在似然函数和 θ 之间的映射只是近似的，且高度非线性。在以下两个关于对数线性的 DSGE 模型的例子中，将说明可识别性问题的几个方面。

例题 6.20 例题 5.37 中模型的解为：

$$\begin{bmatrix} \text{gdpgap}_t \\ \pi_t \\ i_t \end{bmatrix} = \begin{bmatrix} 1 & 0 & a_2 \\ a_4 & 1 & a_2 a_4 \\ 0 & 0 & 1 \end{bmatrix} \begin{bmatrix} v_{1t} \\ v_{2t} \\ v_{3t} \end{bmatrix} \tag{6.27}$$

等式(6.27)说明了两种情况：第一，如果使用去平均变量的似然函数，则参数 a_1、a_3、a_5 不可识别；第二，即使使用水平变量，也不可能得到所有的参数。事实上，三个变量的稳定状态是 $\text{gdpgap}^{ss}=0,\pi^{ss}=0,i^{ss}=0$，所以不包含这些参数信息。在更复杂的模型中，例如，在最后一个等式中引入一个常数，gdpgap^{ss}、π^{ss}、i^{ss} 不等于 0，但是模型的 5 个参数和常数之间存在高度的非线性关系。尽管解中只有 6 个非零数(3 个稳定状态变量和 3 个 MA 系数)，但是在 3 个 MA 系数中只出现了 2 个参数，所以即使这种情况下，也不能识别所有的参数。

例题 6.21［加诺瓦和撒拉(Canova and Sala)］ 假设一个社会计划者最大化 $\sum_t \beta^t c_t^{1-\varphi}/(1-\varphi)$，资源约束为 $c_t+K_{t+1}=K_t^{1-\eta}\zeta_t+(1-\delta)K_t$，其中，$c_t$ 是消费，φ 是风险厌恶系数，ζ_t 是持续性为 ρ、稳定状态值为 z^{ss}、具有单一方差的一阶自回归过程，K_t 是当期的股本，$1-\eta$ 是生产函数中资本的份额，δ 是资本的折旧率。参数为 $\theta=[\beta,\varphi,\delta,1-\eta,\rho,z^{ss}]$。假设所有的变量都是可观测的，令 $\beta=0.985,\varphi=2.0,\eta=0.64,\delta=0.025,\rho=0.95,z^{ss}=1$，从稳定状态的对数求导得到模型的解中，可以得到似然函数的表达式。

图 6.1 描述了在已知变量的合理范围内改变(δ,β)和(φ,ρ)的值，得到的似然函数表面和相应的等高线。尽管在正确的参数向量下只存在唯一的最大值，但是似然函数在最大值附近是局部平坦的，或者高于整个的参数范围。例如，当折旧率 δ 和贴现因子 β 从 $(\delta=0.005,\beta=0.975)$变化到$(\delta=0.03,\beta=0.99)$时，存在近似高度的背脊，在已知区间内，$\rho$ 是弱识别的，这说明只存在两个参数的组合是可识别的。注意，1%的等高线包括了 δ 和 β 的所有经济含义的取值。

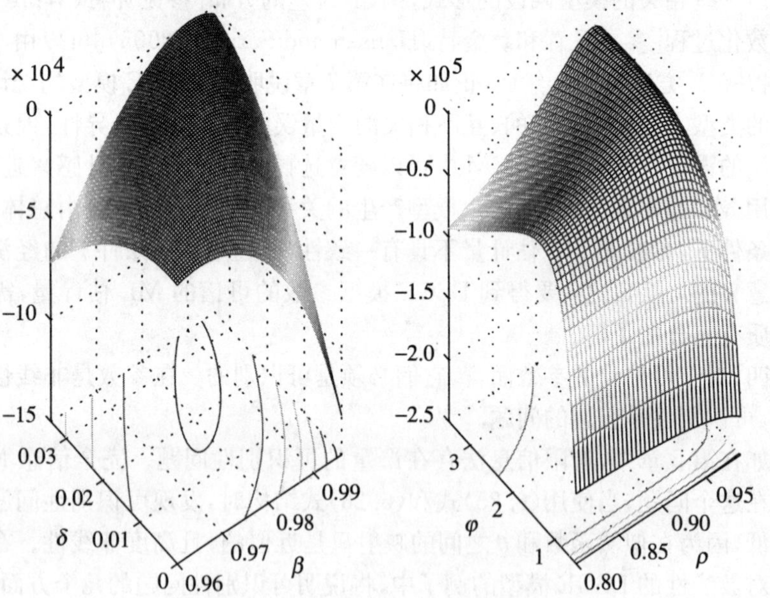

(a) β, 0.985； δ, 0.025　　(b) ρ, 0.95； φ, 2

图 6.1　似然函数表面

尽管这两个例子是例证性的，但是它们的含义是显然的。由于很难事先知道哪些参数是可识别的，验证参数的可识别性是重要的。可以通过类似第 5 章中模拟的方法得到先验估计，或者通过算出信息矩阵的相对值最小的特征值和信息矩阵的秩得到估计的后验分布，从而验证参数的可识别性。注意，对于不可识别参数的校准，可能会引起像出现模拟估计值时一样的干扰。

使用一个例子来总结这些问题。

例题 6.22(货币需求等式) 考虑一个代表性的个体在 $c_t+B_{t+1}/p_t+M_{t+1}/p_t+\frac{1}{2}b_1(M_{t+1}-M_t)^2/p_t+\frac{1}{2}b_2(M_t-M_{t-1})^2/p_t\leqslant w_t+M_t/p_t+(1+i_t)B_t/p_t$ 的约束下，选择 (c_t,B_{t+1},M_{t+1}) 来最大化 $E_0\sum_t\beta^t[(1/(1-\varphi_c))c_t^{1-\varphi_c}+(\vartheta_M/(1-\varphi_M))(M_{t+1}/p_t)^{1-\varphi_M}]$，其中，$b_1$、$b_2$ 是参数，w_t 是外生的劳动收入，B_t 是名义的一期债券。两个最优化条件分别是 $c_t^{-\varphi_c}=\beta E_t[c_{t+1}^{-\varphi_c}(p_t/p_{t+1})(1+i_{t+1})]$ 和 $\vartheta_M(M_{t+1}/p_t)^{-\varphi_M}c_t^{\varphi_c}=E_t\{1-1/(1+i_{t+1})+[b_1+b_2/(1+i_{t+1})]\Delta M_{t+1}-[1/(1+i_{t+1})][b_1+b_2/(1+i_{t+2})]\times\Delta M_{t+2}\}$，其中，$\Delta M_{t+1}=M_{t+1}-M_t$。对数线性化上述两个条件，解出 $\hat{c}_{t+1}$，使用预算约束，得到 $\phi_c w_t-\phi_M(M_{t+1}-p_t)=\alpha_1\Delta M_{t+1}+\alpha_2\Delta M_{t+2}+\alpha_3\Delta w_{t+1}+\alpha_4\Delta w_{t+2}+\alpha_5\Delta p_{t+1}+\alpha_6\Delta p_{t+2}$，其中，$\alpha_j$ 是模型的深层参数和稳定状态变量 i^{ss}、ΔM^{ss} 的函数。如果假设中央银行选择 i_{t+1} 使得 $\Delta p_t=0$，则债券的净供给量为零，模型可以解出 ΔM_t，它是当期和未来劳动收入 $\hat{w}_t$ 与实际余额 $M_{t+1}-p_t$ 的函数。

可以用多种方法得到这个模型的参数估计。其中一个方法是 GMM。例如，使用货币增长、实际余额和劳动收入的滞后项的值作为工具变量，可以从两个欧拉等式中估计出 $(\varphi_M,\varphi_c,b_1,b_2,\Delta M^{ss},\beta)$。也可以使用 ML 的方法。使用 ML 时，要先将当期的货币增长表示为当期消费、未来消费和当期货币持有量的函数。正如在例题 6.23 中，用 VAR 表示已有的数据，就较为容易求解。

因为只存在一个冲击(外生的劳动收入)，所以用来得到解的系统方程是奇异的。有三种方法可以处理这个问题。第一种方法是用当期和未来的劳动收入和实际余额来表示 ΔM_t。然后通过最大化等式的似然函数得到参数的估计。第二种方法是在政策等式中加入误差项，$\Delta p_t=\epsilon_{3t}$。如果在一段时期内，仅仅为了达到通货膨胀的目的，这样的设定是合理的。第三种方法是假设劳动收入存在测量误差。在后面两种方法中，货币需求等式和消费的欧拉方程的联合似然函数可以用来得到参数的估计量。注意，在第一种设定中，并不是所有的参数都是可识别的。在这种设定中，向前解要剔除不稳定的根，这些根可能含有重要的信息，例如，调整成本的参数，b_1 和 b_2。

一旦得到了参数估计，就可以继续检验模型的有效性和得到隐含系统的性质。有多种方法可以进行统计验证。例如，如果经济假设包括了模型参数子集上的约束，就可以使用模型有约束和无约束下的标准 t-检验和似然比检验。在进行样本外的预测时，可以比较有约束和无约束的模型设定下的情况；例如，使用预测值的 MSE 或者相应的转折点。

练习 6.23 考虑 RBC 模型的两种形式，一种有产能利用，一种没有产能利用。使用蒙特卡洛过程检验哪种模型更好地拟合了美国产出增长的转折点。如何比较这两种非嵌套模型(即一种包含产能利用，另一种包含资本的调整成本)？

对于子样本估计的稳定性检验，可以使用标准的方法。例如，可以将样本分成两个,构造 $\mathfrak{S}=(\theta^1-\theta^2)(\Sigma_{\theta^1}+\Sigma_{\theta^2})^{-1}(\theta^1-\theta^2)$,其中,$\theta^i$ 是样本 $i=1,2$ 的 ML 估计量,Σ_{θ^i} 是估计的协方差矩阵。这种类型的递归检验可以用来确定结构突变发生的时间。即,对于每个 $1<\tau<T$,可以通过在两个样本$[1,\tau]$、$[\tau+1,T]$上估计模型来构造 $\mathfrak{S}_\tau$。然后比较 $\sup_\tau\mathfrak{S}_\tau$ 和 $\chi^2(\dim(\theta))$。

已知 DSGE 模型的解可以写成状态空间或有约束的 VAR(1)的形式。后者提供了一个比较模型与数据拟合质量的框架。模型 DSGE 加在 VAR 上的约束有两种类型。第一种类型为对数线性 DSGE 模型,它是 VAR(1)模型。因此,可以用第 4 章中的方法来检验是否数据可用于 VAR(1)模型。第二种类型自从萨金特(Sargent,1979)就有名了,即在数据的 VAR 中加入高斯等式的约束的可拓集,得到的理性预期模型。这些约束可以用来识别和估计自由参数,也可以用来检验模型的有效性。接下来将讨论这是如何得到的。

例题 6.23[库尔曼(Kurman)] 考虑一条混合菲利普斯曲线 $\pi_t=\alpha_1 E_t\pi_{t+1}+\alpha_2\pi_{t-1}+\alpha_3 \mathrm{mc}_t+e_t$,只要一部分生产者使用大拇指法则固定了价格,增加了测量误差 e_t,就可以从标准的粘性价格模型中得到这条曲线。为得到这个表达式,要设新的价格是上一期价格的平均数,用上期通货膨胀率进行修正[参见加利和格特勒(Gali and Gertler,1999)]。假设 mc_t 是外生的,令$\mathcal{F}_t$表示 t 时刻的信息集。对任何 $z_t\in\mathcal{F}_t$,由条件期望法则,得到 $E_t[E_t(y_{t+\tau}|\mathcal{F}_t)|z_t]=E_t(y_{t+\tau}|z_t)$。令 $\mathbb{Y}_t=\mathbb{A}\mathbb{Y}_{t-1}+E_t$ 是模型的伴随形式,其中,$\mathbb{Y}_t$ 维数是 $mq\times1$ 阶(m 个变量,每个变量有 q 个滞后项)。因为 $E_t(\mathrm{mc}_{t+\tau}|\mathbb{Y}_t)=\mathbb{S}_1\mathbb{A}^\tau\mathbb{Y}_t$,$E_t(\pi_{t+\tau}|\mathbb{Y}_t)=\mathbb{S}_2\mathbb{A}^\tau\mathbb{Y}_t$,其中,$\mathbb{S}_1$、$\mathbb{S}_2$ 是选择矩阵,则混合的菲利普斯曲线意味着 $\mathbb{S}_2[\mathbb{A}-\alpha_1\mathbb{A}^2-\alpha_2 I]=\alpha_3\mathbb{S}_1\mathbb{A}$,得到 mq 个约束。如果 $q=1$,$\mathbb{Y}_t$ 包含实际边际成本和通货膨胀率的代理变量,$A_{ii'}$ 是 VAR 的参数,则可以得到:

$$\left.\begin{aligned}A_{12}-\alpha_1A_{12}A_{11}-\alpha_1A_{22}A_{12}-\alpha_2=\alpha_3A_{11}\\A_{22}-\alpha_1A_{21}A_{12}-\alpha_1A_{22}^2-\alpha_2=\alpha_3A_{21}\end{aligned}\right\}\tag{6.28}$$

等式(6.28)要求由 VAR 得到的实际边际成本和通货膨胀率的期望与动态模型相一致。符合这种约束的方法是将 VAR 中的通货膨胀等式的系数表示为其余的$(m-1)mq$个 VAR 系数和理论参数的函数。因为在(6.28)式中的两个等式中有四个未知数,则 A_{21}、A_{22}必须是 A_{11}和 A_{12}的函数。可以使用预测误差分解,得到有约束条件下的 VAR 系统的似然函数,通过比较有约束与无约束的 VAR 的似然函数检验约束条件。

练习 6.24 考虑一个存在初始禀赋的经济,其中,个体具有随机收入 w_t,可用于消费或储蓄。假设股票 S_{t+1}是唯一的资产,价格为 p_t^s,预算约束为 $c_t+p_t^sS_{t+1}=w_t+(p_t^s+\mathrm{sd}_t)S_t$,其中,$\mathrm{sd}_t$ 是分红。假设 $u(c)=c^{1-\varphi}/(1-\varphi)$,使用 β 对将来进行贴现。

(i) 求出股价的对数线性表达式,其中,股价是未来分红、未来价格、当期消费和未来消费的函数。

(ii) 假设 $w_t=w,\forall t$。已知股价和股票分红的数据,一个经济学家将数据用于二阶 VAR 过程。写出模型对于价格和分红的双变量模型的约束条件。(提示:

使用均衡条件将消费表示为分红的函数。)

(iii) 假设已知消费的数据,则(ii)的结果是否改变?

出于经济目的,统计检验通常是不够的,因为它对于模型对数据的拟合质量不好这一问题没有解释原因,也没有提供估计模型的性质。因此,正如第 5 章,我们希望比较模型对于经济统计量的预测能力。例如,给定 ML 估计量,可以计算出诸如可变性、交互关系、谱、交叉谱的无条件矩,并与数据中得到的值进行比较。为了得到估计模型的动态性质,需要计算脉冲响应、方差分解和历史分解。通常进行非正式的比较,但是在 ML 情况下不用进行这种比较。事实上,在正则条件下,因为 $\sqrt{T}(\theta_{\mathrm{ML}}-\theta_0)\xrightarrow{\mathrm{D}}\mathbb{N}(0,\Sigma_\theta)$,使用 δ-方法得到 θ 的连续函数的近似分布,即如果 $h(\theta)$ 是连续可分的,则有 $\sqrt{T}(h(\theta_{\mathrm{ML}})-h(\theta_0))\xrightarrow{\mathrm{D}}\mathbb{N}(0,\Sigma_h\equiv(\partial h(\theta)/\partial\theta)\Sigma_\theta(\partial h(\theta)/\partial\theta)')$。如果在数据中可得到估计值 h_T,则可以使用 $(h(\theta_{\mathrm{ML}})-h_T)(\Sigma_h+\Sigma_{h_T})^{-1}(h(\theta_{\mathrm{ML}})-h_T)$ 来度量模型和数据的拟合程度,统计量近似服从 $\chi^2(\dim(\theta))$。小样本也可以进行这类检验。

练习 6.25 假设 $\sqrt{T}(\theta_{\mathrm{ML}}-\theta_0)\xrightarrow{\mathrm{D}}\mathbb{N}(0,\Sigma_\theta)$,且对于统计量 $h(\theta)$,可以得到 h_T 和它的标准差。说明如何在小样本中检验模型的拟合程度。

只要模型对于数据的统计和经济特征的描述是充分的,就可以计算出福利措施和政策措施。

练习 6.26[布兰夏德和柯(Blanchard and Quah)] 3.3.1 节中的模型得到解的形式为:

$$\left.\begin{aligned}\Delta\mathrm{GDP}_t&=\epsilon_{3t}-\epsilon_{3t-1}+(1+a)\epsilon_{1t}-a\,\epsilon_{1t-1}\\ \mathrm{UN}_t&=-\epsilon_{3t}-a\,\epsilon_{1t}\end{aligned}\right\}\tag{6.29}$$

其中,$\Delta\mathrm{GDP}_t=\mathrm{GDP}_t-\mathrm{GDP}_{t-1}$,$\mathrm{UN}_t=N_t-N^{\mathrm{fe}}$,$N^{\mathrm{fe}}$ 是充分就业均衡,ϵ_{1t} 是技术冲击,ϵ_{3t} 是货币冲击。

(i) 将(6.29)式转化为状态空间模型。

(ii) 使用产出增长和近似的非趋势失业数的数据,得到 a 的 ML 估计量,并且检验三个假设,$a=0$ 和 $a\pm1$ 。

(iii) 使用 a_{ML} 得到受到技术和货币冲击的脉冲响应,与通过结构型 VAR 得到的结果做比较。[提示:选择与(6.29)式一致的识别方法。]

练习 6.27(习惯持续性) 考虑受到技术干扰和偏好的三种离散设定 RBC 模型。第一,假设消费和休闲是跨期可分离的,即 $u(c_t,c_{t-1},N_t,N_{t-1})=c_t^{1-\varphi}/(1-\varphi)+\ln(1-N_t)$。第二,假设在消费中存在习惯持续性,即 $u(c_t,c_{t-1},N_t,N_{t-1})=(c_t+\gamma_1c_{t-1})^{1-\varphi}/(1-\varphi)+\ln(1-N_t)$。第三,假设休闲中存在习惯持续性,即 $u(c_t,c_{t-1},N_t,N_{t-1})=c_t^{1-\varphi}/(1-\varphi)+\ln(1-N_t+\gamma_2(1-N_{t-1}))$。资源约束条件为 $c_t+K_{t+1}=\zeta_tK_t^{1-\eta}N_t^{\eta}+(1-\delta)K_t$,其中,$\ln\zeta_t$ 是 AR(1)过程。假设消费、投资和产出存在测量误差,且这些误差是同时期的互不相关的鞅差分过程,使用消费、时间、产出和投资的美国数据估计这三个模型的自由参数。假设检验为 $\gamma_1=0$ 或 $\gamma_2=0$。将这三个模型的结果与受到技术冲击的模型进行比较。在技术干扰的传播下,习惯持续性起到什么作用？（提示：将这三个模型嵌套进一个总体的设定中，检验约束条件。）

6.5 两个例子

使用两个经济问题来说明，在 DSGE 模型中最大似然函数法的特性以及遇到的问题。

6.5.1 *在技术冲击下，是否会引起财政政策的变化？*

这里考虑的模型与 3.43 节中的模型一样。我们的目的是估计结构性参数，检验有关生产和政策参数的大小的假设，将预测的效果与无约束 VAR 的结果进行比较，最后解释模型和数据的某些矩的含义。

为了方便起见，这里重复基本的设定：代表性家庭最大化 $E_0 \sum_t \beta^t \{\ln c_t + \vartheta_M \ln(M_t/p_t) - [\vartheta_N/(1-\varphi_n)] N_t^{1-\varphi_n} - [\vartheta_{\mathrm{ef}}/(1-\varphi_{\mathrm{ef}})] \mathrm{Ef}_t^{1-\varphi_{\mathrm{ef}}}\}$，其中，$c_t = \left(\int c_{it}^{1/(\varsigma_p+1)} \mathrm{d}i\right)^{\varsigma_p+1}$ 是总消费，$\varsigma_p > 0$，$p_t = \left(\int p_{it}^{-1/\varsigma_p} \mathrm{d}j\right)^{-\varsigma_p}$ 是总体物价指数，M_t/p_t 是实际余额，N_t 是工作时间，Ef_t 是努力程度。预算约束是 $\int_0^1 p_{it} c_{it} \mathrm{d}i + M_t = W_{Nt} N_t + W_{et} \mathrm{Ef}_t + M_{t-1} + T_t + \mathrm{Prf}_t$，其中，$T_t$ 是货币转移支付，Prf_t 是工厂的分配利润，W_{Nt}、W_{et} 是由于工作和努力得到的奖金。工厂通过 $c_{it} = \zeta_t (N_{it}^{\eta_2} \mathrm{Ef}_{it}^{1-\eta_2})^{\eta_1}$ 生产出不同的物品，其中，$N_{it}^{\eta_2} \mathrm{Ef}_{it}^{1-\eta_2}$ 是有效投入的数量，ζ_t 是总体的技术冲击，$\Delta\zeta_t = \epsilon_{1t}$，$\ln\epsilon_{1t} \sim$ i. i. d. $\mathbb{N} \leqslant (0, \sigma_\zeta^2)$ 。工厂在给定了总体价格水平，而且对冲击的当前实现未知的条件下，提前一期设定价格。一旦实现了冲击，工厂就会选择最优的就业人数和努力程度。只要边际成本低于事先设定的价格，工厂就会选择产出水平等于 $c_{it} = (p_{it}/p_t)^{-1-\varsigma_p^{-1}} c_t$ 来满足对产品的需求。最优的价格意味着 $E_{t-1}\{(1/c_t) \times [(\eta_1\eta_2) p_{it} c_{it} - (\varsigma_p+1) W_{Nt} N_{it}]\} = 0$，在不存在不确定的条件下，化简为标准的条件即价格超出边际成本（常数）。金融主管当局控制着货币的数量，设定 $\Delta M_t = \epsilon_{3t} + a_M \epsilon_{1t}$，其中，$\ln\epsilon_{3t} \sim$ i. i. d. $\mathbb{N}(0, \sigma_M^2)$ ，a_M 是响应参数。令小写字母表示自然对数，模型表示对于通货膨胀（Δp_t）、产出增长（$\Delta \mathrm{gdp}$）、就业数（n_t）和劳动生产率增长（$\Delta \mathrm{np}_t$），达到以下均衡：

$$\Delta p_t = \epsilon_{3t-1} - (1-a_M)\epsilon_{1t-1} \tag{6.30}$$

$$\Delta \mathrm{gdp}_t = \Delta\epsilon_{3t} + a_M \epsilon_{1t} + (1-a_M)\epsilon_{1t-1} \tag{6.31}$$

$$n_t = \frac{1}{\eta}\epsilon_{3t} - \frac{1-a_M}{\eta}\epsilon_{1t} \tag{6.32}$$

$$\Delta \mathrm{np}_t = \left(1-\frac{1}{\eta}\right)\Delta\epsilon_{3t} + \left(\frac{1-a_M}{\eta} + a_M\right)\epsilon_{1t} + (1-a_M)\left(1-\frac{1}{\eta}\right)\epsilon_{1t-1} \tag{6.33}$$

其中，$\mathrm{np}_t = \mathrm{gdp}_t - n_t$，$\eta = \eta_1[\eta_2 + (1-\eta_2)(1+\varphi_n)/(1+\varphi_{\mathrm{ef}})]$。

因此，模型具有两种冲击（技术和货币）和对至少 4 个变量（Δp_t，$\Delta \mathrm{gdp}_t$，$\Delta \mathrm{np}_t$，n_t）的隐含意义。有 11 个自由参数（$\eta_1, \eta_2, \varphi_n, \varphi_{\mathrm{ef}}, \beta, \sigma_\zeta^2, \sigma_M^2, a_{\mathrm{M}}, \vartheta_M, \vartheta_n, \vartheta_{\mathrm{ef}}$），但是，

在(6.30)式～(6.33)式中，部分参数不出现或不可识别。事实上，易证明在4个条件中，只有 a_M 和 η 是独立的，加上 σ_ζ^2 和 σ_M^2，它们是使用似然函数法可以估计的变量。

因为模型是奇异的，由协方差矩阵只能得到两个冲击，所以可以自由选择任意两个变量来估计参数。一般情况下，选择生产力和时间，也可以使用产出和时间、价格和产出进行重复估计。后者中，η 也是不可识别的。或者，通过在产出和生产力中增加序列不相关的测量误差估计模型。此时，要估计6个参数：4个结构参数和2个测量误差的方差。

检验模型的统计和经济拟合。首先，我们研究预先设定数值 a_M 和/或 η 的模型设定。在每种情况下进行似然比检验，将统计量与 χ^2 分布进行比较。对于有测量误差的模型设定，通过比较模型的一步向前 MSE 和4个变量的 VAR(1) 进行预测，其中，VAR(1)有20个参数(4个常数和16个自回归系数)。因为在两个模型设定中系数的个数不同，所以可以将两个模型设定和施瓦兹(Schwartz)标准(参见第4章)进行比较。后者中，因为参数的个数更多，所以 VAR 模型要受到惩罚。正如6.2节中详细描述的，我们还进行了预测准确性的检验。在估计参数的条件下，我们检验了受到技术和货币冲击下变量的动态变化的符号，比较了模型和数据中4个变量的无条件自相关函数的元素。

在估计中，我们使用了 CPI、GDP(在1992年的价格中是常数)，以及在1981:2～2002:3期间加拿大的总时间(等于平均每周的时间乘以就业人数)。对所有的变量求对数，并且对对数求一阶差分来计算增长率，然后减去均值。使用常数和线性趋势对总体时间去趋势。

对于 $\alpha=[\epsilon_{1t},\epsilon_{1t-1},\epsilon_{3t},\epsilon_{3t-1},v_{1t},v_{2t}]'$，等式(6.30)～(6.33)是状态空间的表达式，其中，v_{it} 是测量误差，$i=1,2$，并且：

$$x_{1t}=\begin{bmatrix} 0 & a_M-1 & 0 & 1 & 0 & 0 \\ a_M & 1-a_M & 1 & -1 & 1 & 0 \\ \dfrac{a_M-1}{\eta} & 0 & \dfrac{1}{\eta} & 0 & 0 & 0 \\ \dfrac{1-a_M}{\eta}+a_M & \dfrac{(1-a_M)(\eta-1)}{\eta} & \dfrac{\eta-1}{\eta} & -\dfrac{\eta-1}{\eta} & 0 & 1 \end{bmatrix}$$

$$\mathbb{D}_1=\begin{bmatrix} 0&0&0&0&0&0\\ 1&0&0&0&0&0\\ 0&0&0&0&0&0\\ 0&0&1&0&0&0\\ 0&0&0&0&0&0\\ 0&0&0&0&0&0 \end{bmatrix},\quad \mathbb{D}_2=\begin{bmatrix} 1&0&0&0\\ 0&0&0&0\\ 0&1&0&0\\ 0&0&0&0\\ 0&0&1&0\\ 0&0&0&1 \end{bmatrix}$$

如果不包含测量误差，则做适当的调整。使用 $\alpha_{1|0}=0$ 和 $\Omega_{1|0}=I$ 初始化卡尔曼滤波。对似然函数递归地进行计算，使用单纯形来确定最大值。使用这个方法，是因为似然函数是平坦的，所以最大值在参数空间的边界周围，而且很难达到收敛。代价是无法得到估计的标准差。表6.1显示了估计值和不同的似然比检验的 p 值。

表 6.1　ML 估计,粘性价格模型

数据集	a_M	η	σ_ζ^2	σ_M^2	$\sigma_{v_1}^2$	$\sigma_{v_2}^2$
$(\Delta np_t, n_t)$	0.553	0.999	1.0×10^{-4}	6.6×10^{-4}		
$(\Delta gdp_t, n_t)$	−7.733	0.744	6.2×10^{-6}	1.0×10^{-4}		
$(\Delta gdp_t, \Delta p_t)$	3.200		1.2×10^{-5}	1.5×10^{-4}		
$(n_t, \Delta np_t, \Delta gdp_t, \Delta p_t)$	−0.904	1.242	5.8×10^{-6}	4.8×10^{-6}	0.023	0.007
约束	$a_M=0$	$\eta=1$	$\eta=1$, $a_M=-1.0$	$\eta=1.2$		
$(\Delta np_t, n_t)$,p 值	0.03	0.97	0.01	0.00		
$(\Delta gdp_t, n_t)$,p 值	0.00	0.00	0.00	0.00		
$(n_t, \Delta np_t, \Delta gdp_t, \Delta p_t)$,$p$ 值	0.00	0.001	0.00	0.87		
约束	$a_M=0$	$a_M=1$	$a_M=-1.0$			
$(\Delta y_t, \Delta p_t)$,p 值	0.00	0.00	0.00			

关于表 6.1,有几点需要注意。第一,在双变量设定下,η 的估计值要小于 1。因为 $\varphi_{ef}=\varphi_N$,$\eta=\eta_1$,没有证据显示得到短期的收益是成比例增长的。似然比检验证实了收益没有增加:在 $\eta\geqslant1$ 的条件下,似然函数的值减少了。然而,当包含测量误差时,可以得到温和的短期的收益是成比例增长的。第二,a_M 的估计值取决于使用的数据:当使用生产力和时间时,是正数,而且适中;使用产出和价格时,是正数,而且取值较大;使用产出和时间,是绝对值较大的负数;当使用 4 个序列时,是绝对值适中的负数。因此,面值上,这些估计说明在两种设定中,货币政策是反周期的;在另外两种设定中,货币政策的作用较温和。估计值大幅度变化的原因是,a_M 数下的似然函数是平坦的。图 6.2 使用第一部分的数据集说明了这个事实:显然,当$a_M=-0.5,0,0.5$ 时,情况类似。

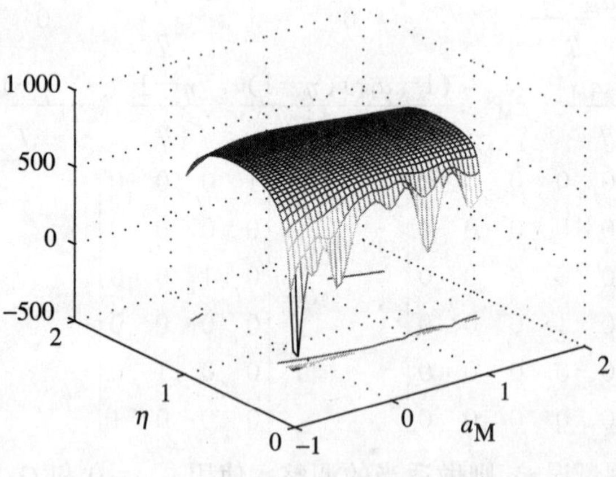

图 6.2　似然函数表面

第三,在 σ_ζ^2、σ_M^2空间中,似然函数相对平坦,且在参数空间的边界周围取到最大值。注意,在双变量数据集中,与直觉不符的是,货币冲击的方差大于技术冲击的方差。第四,测量误差的方差的估计量比结构性冲击的方差估计量大得多,表明存在模型误设。

模型的预测效果不理想。事实上,时间、生产力增长、产出增长和通货膨胀的一步向前 MSE 分别是由 VAR(1)得到的值的 30、12、7、15 倍。预测准确性的检验证实了,模型的预测值不同于 VAR(1)的预测值。当对使用大量参数进行惩罚时,结果有所改进。模型的施瓦兹标准的值“仅”是 VAR(1)的 2 倍。

图 6.3 表示受到单一的、正面的技术和货币冲击时的脉冲响应。我们报告出分别使用生产力和时间的数据(数据 1)、产出和时间的数据(数据 2)得到参数的估计值下的脉冲响应。有三点需要注意:第一,a_M 的估计不影响货币冲击下的脉冲响应;第二,从质量上来说,除了技术干扰对于产出的影响,其他冲击引起的动态变化在参数化之间类似;第三,使用生产力和时间的数据时,受到技术和货币冲击的脉冲响应形状类似(达到符号的改变)。因此,仅仅看两个变量的相互运动很难区分冲击的类型。

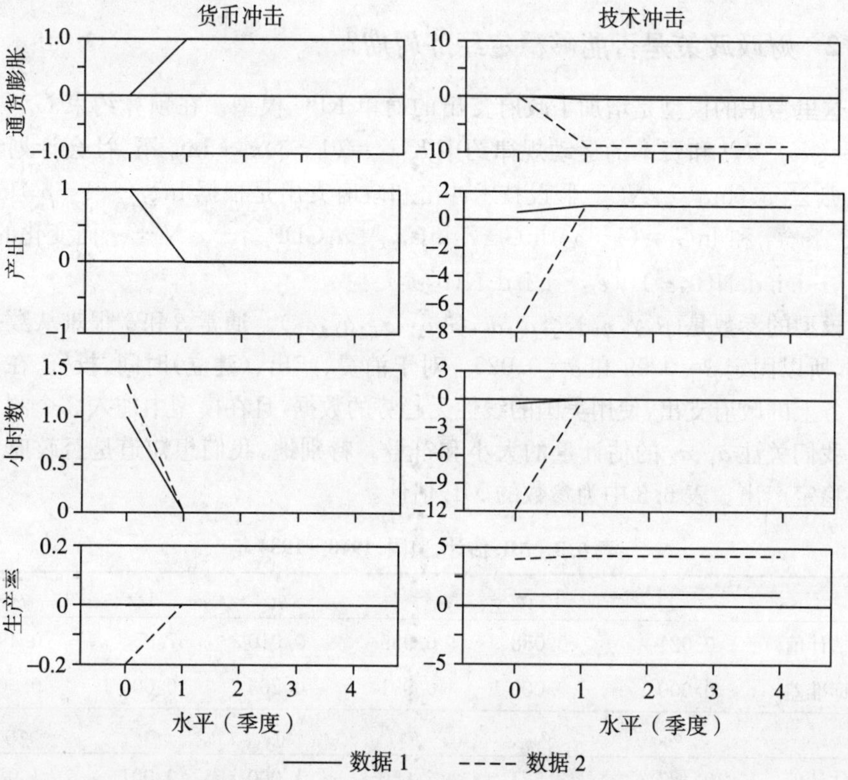

图 6.3　脉冲响应

表 6.2 显示了模型和数据中的协方差。显然,有测量误差的模型在数量和质量上都没有很好地拟合数据的协方差:估计的协方差比数据小了 10 倍,(n_t, Δnp_t)、(Δgdp_t,Δp_t)、(Δnp_t,Δnp_{t-1})的同期的协方差的符号也是错误的。而且,用生产力和时间数据估计的模型得到的协方差效果不理想。例如,(Δgdp_t,Δgdp_{t-1})和(Δnp_t,Δnp_{t-1})的估计的协方差比数据得到的大 10 倍,级差检验拒绝了假设:协方差的两个集合是不可区分的。尽管存在这些缺点,使用时间和生产力估计的模

型描述了数据的两个重要的特性：时间和生产力存在负的同期协方差，生产力存在负的滞后协方差。最后，这两个模型设定在数据中都不能得到在产出增长和通货膨胀之间存在负的协方差。

表 6.2　互协方差

矩/数据集	$(\Delta np_t, n_t)$	$(\Delta np_t, n_t, \Delta p_t, \Delta gdp_t)$	真实数据
$cov(\Delta gdp_t, n_t)$	6.96×10^{-4}	4.00×10^{-6}	1.07×10^{-5}
$cov(\Delta gdp_t, \Delta np_t)$	5.86×10^{-5}	1.56×10^{-6}	1.36×10^{-5}
$cov(\Delta np_t, n_t)$	-4.77×10^{-5}	1.80×10^{-6}	-4.95×10^{-5}
$cov(\Delta gdp_t, \Delta p_t)$	6.48×10^{-4}	2.67×10^{-6}	2.48×10^{-5}
$cov(\Delta gdp_t, \Delta gdp_{t-1})$	6.91×10^{-4}	3.80×10^{-6}	3.44×10^{-5}
$cov(\Delta np_t, \Delta np_{t-1})$	-1.51×10^{-4}	1.07×10^{-6}	-2.41×10^{-5}

6.5.2　*财政政策是否能够稳定经济周期?*

这里考虑的模型是增加了政府支出的简单 RBC 模型。在预算约束 $G_t+c_t+\mathrm{Inv}_t=\zeta_t K_t^{1-\eta}N_t^{\eta}$ 和资本的运动规律约束 $K_{t+1}=(1-\delta)k_t+\mathrm{Inv}_t$ 下，社会计划者最大化 $E_t\sum_t \beta^t(\ln c_t-\gamma N_t)$。假设技术冲击和政府支出是根据 $\ln\zeta_t=(1-\rho_\zeta)\ln\zeta+\rho_\zeta\ln\zeta_{t-1}+e_{1t}$ 和 $\ln G_t=(1-\rho_G)\ln G+\rho_G\ln G_{t-1}+a_1\mathrm{GDP}_{t-1}+a_2N_t+e_{2t}$ 而变化的，其中，$e_{1t}\sim$ i. i. d. $\mathbb{N}(0,\sigma_\zeta^2)$，$e_{2t}\sim$ i. i. d. $\mathbb{N}(0,\sigma_G^2)$。

模型的参数是$(\beta,\gamma,\eta,\delta,\zeta,\rho_\zeta,\sigma_\zeta,G,\rho_G,\sigma_G,a_1,a_2)$。通常 β 和 δ 很难从数据中得到，所以固定 $\beta=0.99$ 和 $\delta=0.025$。对于消费、产出、(建立)时间、投资、在商品和服务上的政府支出，使用美国的线性无趋势的数据，且在模型中加入 3 个测量误差。我们关注 a_1、a_2 的估计量的大小和符号。特别地，我们想知道是否政府支出能够稳定产出。表 6.3 中为参数的 ML 估计。

表 6.3　ML 估计，美国，1948～1984 年

	γ	$1-\eta$	ρ_ζ	σ_ζ	G	ρ_G
估计值	0.021	0.058	0.999	0.010	67.95	0.496
标准差	0.000 1	0.000 1	0.001	0.263	0.000 1	0.001
	σ_G	a_1	a_2	σ_{1m}	σ_{2m}	σ_{3m}
估计值	0.487	−3.521	2.650	1.000	0.001	1.001
标准差	0.157	0.001	0.001	0.873	0.719	0.001

对于估计，需要注意几点。第一，尽管外生过程的参数估计是合理的，但是某些经济参数的估计是不合理的。例如，γ 的估计值出乎意料得小，$1-\eta$ 的估计也很小。第二，标准差通常是紧密的。因此，多数的估计值在通常标准下都是显著的。第三，尽管 3 个测量误差的标准差的估计量大于模型外力的标准差的估计量，但是它们的差别不大。第四，相应的参数 a_1 可以准确地估计出，且可以得到期望的符号：在样本中，政府支出起到了稳定(反周期)的作用。然而，a_2 是正的，并且显著，

所以政府支出与工作时间存在正的相关性。

由这些估计值，通过比较模型和一个 VAR(1)，可以进行简单的预测。尽管模型的预测值小于 VAR(1)的值和真实数据，但是模型仍然具有合理的预测能力。而且，模型对中期数据的描述比对短期数据更准确，特别是对时间来说。表 6.4 中的迪博尔德和马里亚诺统计量，可以说明两个模型具有相似的预测能力。使用截至 1979 的数据，和今后 5 年的预测值，对每个模型进行估计。显然，在一期的情况下(在 MSE 项中，VAR 的结果更好)，两个模型的结果不同。然而，在长期的情况下，模型的预测能力在数值上近似，至少在时间上近似。

表 6.4　迪博尔德和马里亚诺统计量

步骤	消费	时间	投资	产出
1	10.348 1	6.685 0	10.289 0	10.501 9
2	5.968 8	4.451 0	5.934 2	6.049 8
3	4.616 4	3.577 8	4.586 6	4.673 9
4	3.895 4	3.068 8	3.866 3	3.939 9
5	3.430 0	2.716 5	3.398 6	3.465 6
6	3.097 4	2.454 9	3.062 3	3.126 0

正如在第 5 章中提到的，虽然结果取决于(β,δ)的选择值，但是，要最后检验当(β,δ)在$\beta=(0.98,0.995)$、$\delta=(0.02,0.03)$的范围内改变时，估计值是否会有改变。我们确实发现，随着参数的改变，结果随之变化。然而，无论β、δ如何取值，经济参数的估计值仍不合理。

7 校准

校准是一种计量经济学方法，与前两章中讨论的方法不同。由于现存文献中有多种定义，我们首先给出这本书中校准的定义。正如将看到的，这种方法包含一系列的步骤，用来对特定的经济问题得到数量解。从这个角度来说，理论模型是作为“计算实验”的一种工具，而不是用来估计参数或进行假设检验的一种设定。与前两章一样，我们主要关注模型的结构。也就是说，我们从包括一般均衡相互作用的模型设定的正式的、抽象的、紧密参数理论的结构开始。然而，与前两章不同的是，我们没有假设模型对于观测值是数据生成过程(DPG)。事实上，这个方法的一个最基本的特点是在经济分析中，理论结构至少在两个方面是错误的：不能描述数据所有相关的特点，且概率结构的设定也可能是错误的；调查者不能准确地描述模型和数据之间的差异也是这种方法的一个明显特征，使得模型不能使用其他的方法，例如，假设误差是白噪声的，或者使用统计性质。

本章的其余部分使用可计算的一般均衡方法和在其他实验科学中使用的几种数量的方法来描述这个过程的具体步骤，以及它和标准的估计/评价方法之间的关系。由于进行计算实验没有一个统一的方法，我们将根据模型不同部分出现的不确定性来选择现有的方法。正如将看到的，可以根据它们处理样本、模型、不确定性的类型进行归类，根据参数选择的方法得到评价模型与数据的拟合质量的方法。或者根据假设的模型的错误程度来说明各种方法的特征。事实上，关于这点存在的各种分歧，对于评价模型和数据的差异会导致不同的损失函数和不同的标准。

7.1 定　义

因为文献使用了校准来说明不同的应用过程[参见帕冈(Pagan，1994)]，所以在比较不同方法得到的结果或研究哪种方法显然只是用了相似的方法时，会产生混淆。例如，因为不存在可用来估计参数的数据，所以建议对模型进行校准(即选择合理的参数值)。当进行定量分析时，这种方法是正确的，例如，对于新兴国家的一项新的税收或贸易自由化政策产生的影响。在其他情况下，由于样本太小以至于不能获得大型的、复杂的模型的合理估计值，或者数据对于要估计的参数没有提供信息时，也可以使用这种方法。在这两种情况下，实验证据的评价是存在问题的。因为消除了不确定性，所以可以使用包络线底部方法（back-of-the-envelope）计算得到稳健的模型结果，其中一些相关参数在一定范围内变化[参见派萨冉和史密斯（Pesaran and Smith，1992）]。或者，当模型的预期误设太大以至于得到不一致或者不合理参数的统计估计，且对于正式的统计检验完全拒绝时，则偏向于校准模型（而不是估计）。最后，一些研究者将校准作为一种计量经济学的方法，使用“经济学”而不是“统计学”的标准来估计参数[参见加诺瓦（Canova，1994）]。

在本章中，校准用来说明通过使用“错误”的模型，为得到经济问题解答而设计的一系列过程。这里的“错误”是广义上的，如果近似于可观测数据（或其子集）的DPG，则认为模型是“错误”的。这种方法的关键[参见基德兰德和普雷斯科特（Kydland and Prescott，1991，1996）]可以总结如下：

算法 7.1

(1) 选择一个要解决的经济问题。

(2) 选择一个与问题有关的模型。

(3) 选择原始模型的函数形式，求出外生变量的解，用参数和内生变量表示。

(4) 对于外生过程，选择参数和简便的模型设定，对于内生变量进行拟合。

(5) 通过和数据“典型事实”的集合的结果做比较，来评价模型的质量。

(6) 求出问题的答案，在答案附近描述不确定性，如果需要，进行政策分析。

这里的“典型事实”是故意含糊表达的。最初，文献中是指：(i)不包括参数估计；(ii)容易计算的样本统计量。通常是无条件矩，有时是条件矩、柱状图或数据的确定型（非线性）函数。更常见地，向量自回归模型（VAR）、似然函数或者结构型的脉冲响应的系数被认为是相关的典型事实。在步骤(5)中，只有选择了对距离（“损失”函数）的测量方法后，这种比较才有统计意义。这可能是最重要的步骤：对观测到的数据的性质拟合较好的模型所产生的结果，比无法复制观测到的数据的模型得到的结果需要更加小心。这也是最具有争议性的，大多数的方法论上的争议都发生在这个问题上。

7.2 公认的部分

过程的前两个步骤——选择经济问题和模型——是简单易懂的。总的来说，问题显示了结构的四种类型：

(i) 在多大程度上，类型 Y 的脉冲响应能够解释事实 X？

(ii) 使用理论 T 是否可能产生性质 F？

(iii) 是否能够使用性质 F 减少由数据得到的理论和模型之间的差距 D？

(iv) 如果改变了外生变量的过程，内生变量如何变化？

在文献中，有两个问题受到了极大的关注，即有关技术或货币冲击对于产出波动性的影响[参见基德兰德和普雷斯科特（Kydland and Prescott，1982）、查里镀（Chari，2000）]；以及对于模型定量复制债券的超额收益的能力，即所谓的资产溢价难题[参见梅尔哈和普雷斯科特（Merha and Prescott，1985）]。最近，文献研究了不同类型的摩擦,这些摩擦用来减少由数据得到的理论和模型之间的差异[参见博尔德林(Boldrin,2001)、奈斯(Neiss,2005)和帕帕(Pappa,2005)],也研究了在特定历史时期和特定的政策选择能否解释实际变量的变化[参见瓦尼安(Ohanian,1997)、博尔德林(Boldrin,2001)、博德里和波尔捷(Beaudry and Portier,2002)]。

与极端不完善的情况下一样,显然,所提出的问题是精心设定的,同时强调了方法的定量含义。有时,也会分析定性含义[例如,在贸易平衡下的 J-曲线,参见巴克斯(Backus,1994);或者受到某些变量冲击下的突变]。但是,总的来说,数量化是分析的最终目的。

第二步——对经济模型的选择——本质上没有限制:唯一的要求是要与所求的问题相关。一般地,选择动态一般均衡模型。可以使用竞争或非竞争结构[对于后者,参见丹太和丹德桑(Danthine and Donaldson,1992)、默茨(Merz,1995)、柔特伯格和伍德福德(Rotemberg and Woodford,1997)、克里斯蒂安诺(Christiano,2005)],也可以使用带有误差项基本或非基本来源的模型[参见法默(Farmer,1997)]。

需要强调的是,提出的问题决定了模型的种类,且模型不可能具有数据的所有特征。换言之,不要期望存在一个现实的模型得到问题的答案。然而,为了得到可信的解答,研究者需要一个在使用过程中经过检验的理论,并且使用这个理论得到一系列问题的可靠的解答。对过去税收改革的影响拟合较好的模型,可以为新税收改革的影响提供可靠的依据。类似地,可以使用对经济的实际变量的特征描述较好的模型,得到名义变量的相关问题。

这个观察告诉我们有关方法论的重要的哲学含义。严格意义上,所有的模型都是 DGP 的近似,即都是错误的且不现实的。这意味着在假设它是正确的条件下,至少在零假设下,使用的标准统计方法对于模型有效性的检验是无意义的。在稍不极端的情况下,这意味着不会使用 DSGE 模型作为零假设,就像不会使用 GMM、ML 一样。在最好的情况下,可以将 DSGE 作为可观测数据子集的近似。这里,存在的问题与有限或完全信息检验没有关系——例如,模型的欧拉方程是正确的,其余的就不正确了——但是与近似的程度有关。与校准值有关的是"错误"模型对于数据相关部分合理解释的程度。通过理论化重新设定的过程,在使用典型结构下,如果模型更好地描述了数据的特征,则校准值起到了作用。即校准值的作用属于所谓的常规科学,参见库恩(Kuhn,1970)。

例题 7.1 观察在经济和货币联盟(EMU)中受到货币政策干扰的影响,使用封闭经济模型的设定可能是错误的:因为与非经济货币联盟国家的贸易占 EMU 的 GDP 的 10%~15%,且与非经济货币联盟国家,尤其是与联合国,存在紧密的金融联系。但是,如果模型可以复制受到货币冲击的实际脉冲响应的形态,同时也能复制受到技术冲击的实际变量的反应,则仍然可以使用这个模型得到货币流通紊乱的影响。

令 y_t 是随机过程的向量,$x_t^\dagger = h^\dagger(\{\epsilon_t\}, \theta)$ 是与 y_t 的元素相关的模型,其中,$\{\epsilon_t\} = (\epsilon_1, \cdots, \epsilon_t)$ 是外生变量序列,θ 是参数的向量。因为模型只是 $y_{1t} \subset y_t$ 的 DGP 近似,所以得到:

$$y_{1t}=x_t^{\dagger}+v_t \tag{7.1}$$

其中，v_t表示$h^{\dagger}(\{\epsilon_t\},\theta)$和$y_{1t}$中DGP的差异。总体来说，$v_t$的性质是未知的，即使$x_t^{\dagger}=E_t(y_{1t})$，期望也不一定是0，且要求序列无关，其中，$E_t$是条件期望算子。由于未知$v_t$的性质，所以不可能得到它的估计量。

为了得到数量解，必须将内生变量显性地表示为外生变量和参数的先决变数的形式。即，校准与ML类似，与GMM不同，在GMM中，即使没有显性解也可以进行统计推断。在第2章中，除非是在很特殊的情况下，否则不能得到模型的解析解。局部和整体近似过程都生成了$x_t=h(\{\epsilon_t\},\alpha)$，其中，$\alpha$是$\theta$的函数，使得在数值上，$\|h-h^{\dagger}\|$达到最小。选择第2章中的哪个过程，取决于提出的问题。例如，如果问题主要关于在稳定状态周围模型的动态过程，则局部近似就足够了。另一方面，在比较使控制变量参数产生剧烈变化的总体时，需要使用整体近似的方法。

7.3 选择参数和随机过程

只要得到向量θ和ϵ_t的性质，使用近似解就能得到外生变量的路径。对于ϵ_t的性质的选择是公认的。可以选择易于处理的模型设定，例如，具有任意持续性和由$\mathbb{N}(0,1)$的转化得到的新息的AR过程；或者使用具有一些现实意义的表述，例如，选择真实经济中的索洛残差、政府支出或货币供给的实际路径。如果需要政策分析，则最好使用第二种选择。另一个方面，对于模型参数的选择，存在一些争议。通常，选择的参数使得模型得到特定的观测值。下面的例子将会说明这是如何得到的，同时也解释了为什么有时校准被称为"计算实验"。

例题7.2 考虑在不同情况下，测量水温的问题。为了进行实验，调查人需要校准测量工具(即温度计)来确保实验结果的准确性。一种方法是使用温度计上刻度的观测值。例如，如果实验需要测量在山顶的水沸腾的温度，实验者可以在水平面上，将水结冰时的温度为零摄氏度，将水沸腾时的温度为100摄氏度，在中间插入数值，然后使用有刻度的温度计进行测量。

在经济模型中，参数的选择过程是类似的。在进行测量前，要将模型作为需要标上刻度的一种测量工具。至少有两种标明刻度的方法：其中一个是在可计算的一般均衡(CGE)中总结的[参见肖文(Shoven，1984)和威利(Whalley，1992)]；另一个是在现代DSGE模型中得到的[参见基德兰德和普雷斯科特(Kydland and Prescott，1982)]。尽管相似，这两种方法仍存在很大的区别。

在CGE模型中，研究者通常求解一个大量的、非线性交互的静态模型，在价格和数量出清的市场均衡的假设下，线性化均衡周围的系统等式。这个均衡未必存在。然而，由于线性等式的系数是均衡值的函数，所以需要测量。CGE的使用者需要找到"基本数据集合"来确保线性化模型能够复制这些数据。找到这样的数据集是困难的，也需要技巧。经常地，选择的过程产生一些无法确定的参数。此时，研究者或者将这些参数取任意值，或者取现有的估计值(例如，由处于类似发展阶段的国家得到的估计值)，然后使用灵敏度分析得到当参数改变时结果的变化。尽管选择自由参数的过程和灵敏度分析采用的方法是任意的，但是这个过程与CGE

模型的思想是一致的:研究者研究的是来自假设的均衡下产生的偏离,而不是来自实时经济中的偏离[参见吉姆和帕冈(Kim and Pagan,1994)]。

在 DSGE 模型中,由模型得到的均衡通常是稳定状态,或者在有摩擦的情况下为帕累托最优均衡。在前者中,选择的参数使得内生变量的稳定状态能够复制真实经济中时间序列的平均值。在后者中,选择的参数使得没有摩擦的模型能够描述真实数据的某些特征。此时,选择的条件没有约束所有的参数,对于其余参数的选择,不同的研究者使用不同的方法。例如,可以选择一些先验的参数;使用已有的估计量限制它们;使用矩估计或者使用 GMM 估计[参见克里斯蒂安诺和艾肯鲍姆(Christiano and Eichenbaum,1992)],使用 SMM 估计[参见加诺瓦和马瑞南(Canova and Marrinan,1993)],或者使用 ML 过程估计[参见马克格兰特(McGrattan,1994)]。然而,使用后三种方法选择的参数与方法论的思想不一致,因为用来估计自由参数的维数不能认为是 DGP 的近似。

形式上,令 $\theta=(\theta_1,\theta_2,\theta_3)$,其中,$\theta_1$ 是在均衡条件中的参数,θ_2、θ_3 是自由参数的集合。在 CGE 模型中,当 $\theta_1=\mathfrak{H}_1(y^0,\epsilon^0,\theta_2)\equiv\mathfrak{h}_1(\theta_2)$ 时,θ_3 是缺省的,其中,(y^0,ϵ^0)是假设的数据,$\mathfrak{H}_1$ 是定义在最终模型形式上的函数。则 $y_{1t}=h^\dagger(\{\epsilon_t\},\theta_1,\theta_2)+v_t\equiv\tilde{h}(\{\epsilon_t\},\theta_2)+v_t$。如果$\{\epsilon_t\}$是确定的,则通过对 $\tilde{h}$ 求导,得到$(\tilde{h}(\theta_2+\iota)-\tilde{h}(\theta_2-\iota))/2\iota$,其中,$\iota>0$ 而且小。可以计算出当 θ_2 变化时 y_{it} 的变化区间。这可以通过非正式的(尝试一些数据)、有条件的(一次加入一个参数或使用格点),或者形式上的(线性化 $\tilde{h}$ 和近似理论)方式来得到。而且,在 DSGE 模型中,给定 θ_2,$\theta_1=\mathfrak{H}_1(\bar{y},\bar{\epsilon},\theta_2)$,其中,$\bar{y}$、$\bar{\epsilon}$是已知数据的函数,使得 $y_{1t}=\tilde{h}(\{\epsilon_t\},\theta_2,\theta_3)+v_t$。因为 θ_3 是自由的,通常选择 θ_3 来最小化一些值,例如,对于某些 τ,有 $\mathbb{S}[(1/T)\sum_t y_t y'_{t-\tau}]-\mathbb{S}[h(\{\epsilon_t\},\theta_2,\theta_3)h(\{\epsilon_{t-\tau}\},\theta_2,\theta_3)]$;其中,$\mathbb{S}$ 是选择矩阵。则在已知 θ_3 的条件下,可以得到当 θ_2 变化时 y_{1t}的灵敏度。

例题 7.3(选择 RBC 模型的参数) 假设社会计划者在下式的约束下,最大化 $E_0\sum_t\beta^t(c_t^\vartheta(1-N_t)^{1-\vartheta})^{1-\varphi}/(1-\varphi)$:

$$G_t+c_t+K_{t+1}=\zeta_t K_t^{1-\eta}N_t^\eta+(1-\delta)K_t\equiv\mathrm{GDP}_t+(1-\delta)K_t \tag{7.2}$$

其中,$\ln\zeta_t=\bar{\zeta}+\rho_\zeta\ln\zeta_{t-1}+\epsilon_{1t}$,$\epsilon_{1t}\sim(0,\sigma_\zeta^2)$,$\ln G_t=\bar{G}+\rho_G\ln G_{t-1}+\epsilon_{4t}$,$\epsilon_{4t}\sim(0,\sigma_G^2)$,给定$K_0$,$c_t$ 是消费,N_t 是工作时间,K_t 是股本,选择(c_t,K_{t+1},N_t)来最大化 $E_0\sum_t\beta^t(c_t^\vartheta(1-N_t)^{1-\vartheta})^{1-\varphi}/(1-\varphi)$。假设 G_t 是由一次性总付税或者融券得到的。令 λ_t 是(7.2)式中的拉格朗日乘数,则一阶条件是:

$$\lambda_t=\vartheta c_t^{\vartheta(1-\varphi)-1}(1-N_t)^{(1-\vartheta)(1-\varphi)} \tag{7.3}$$

$$\lambda_t\eta\zeta_t k_t^{1-\eta}N_t^{\eta-1}=(1-\vartheta)c_t^{\vartheta(1-\varphi)}(1-N_t)^{(1-\vartheta)(1-\varphi)-1} \tag{7.4}$$

$$\lambda_t=E_t\beta\lambda_{t+1}[(1-\eta)\zeta_{t+1}K_{t+1}^{-\eta}N_{t+1}^\eta+(1-\delta)] \tag{7.5}$$

其中,实际工资是 $w_t=\eta\mathrm{GDP}_t/N_t$,资本回报率是 $r_t=(1-\delta)+(1-\eta)\mathrm{GDP}_t/K_t$。$K_t$ 是状态变量,(ζ_t,G_t)是冲击,这里有 6 个控制变量$(\lambda_t,c_t,N_t,\mathrm{GDP}_t,w_t,r_t)$。在 5 个一阶条件、生产函数和资源约束条件(7.2)这 7 个等式中有 7 个未知数(状态变量加上控制变量),所以存在解。这个模型有四种类型的参数:

(i) 技术参数(η,δ);

(ii) 偏好参数$(\beta,\vartheta,\varphi)$；

(iii) 稳定状态参数$((N)^{ss},(c/\mathrm{GDP})^{ss},(K/\mathrm{GDP})^{ss},(G/\mathrm{GDP})^{ss},w^{ss},r^{ss},\mathrm{GDP}^{ss})$；

(iv) 辅助(多余)参数$(\bar{\zeta},\bar{G},\rho_G,\rho_\zeta,\sigma_\zeta^2,\sigma_G^2)$。

令上标“ss”表示稳定状态值，则模型可以得到：

$$\frac{1-\vartheta}{\vartheta}\left(\frac{c}{\mathrm{GDP}}\right)^{ss}=\eta\frac{1-N^{ss}}{N^{ss}} \tag{7.6}$$

$$\beta\left[(1-\eta)\left(\frac{\mathrm{GDP}}{K}\right)^{ss}+(1-\delta)\right]=1 \tag{7.7}$$

$$\left(\frac{G}{\mathrm{GDP}}\right)^{ss}+\left(\frac{c}{\mathrm{GDP}}\right)^{ss}+\delta\left(\frac{K}{\mathrm{GDP}}\right)^{ss}=1 \tag{7.8}$$

$$w^{ss}=\eta\left(\frac{\mathrm{GDP}}{N}\right)^{ss} \tag{7.9}$$

$$r^{ss}=(1-\eta)\left(\frac{\mathrm{GDP}}{K}\right)^{ss}+(1-\delta) \tag{7.10}$$

$$1=\left[\left(\frac{K}{\mathrm{GDP}}\right)^{ss}\right]^{1-\eta}\left[\left(\frac{N}{\mathrm{GDP}}\right)^{ss}\right]^{\eta}\zeta^{ss} \tag{7.11}$$

6 个等式(7.6)～(7.11)中有 11 个未知数。因此，只要选择了$(G/\mathrm{GDP})^{ss}$、β、ϑ、η、δ(即例题中的θ_2)，就可以得到$(N^{ss},w^{ss},r^{ss},\mathrm{GDP}^{ss},(c/\mathrm{GDP})^{ss},(K/\mathrm{GDP})^{ss})$(即例题中的$\theta_1$)。其余的参数($\varphi$和辅助参数)即为例题中的$\theta_3$。因为在稳定状态中，这些变量是缺省的，所以可以通过如下的方法进行选择。可以使用生产函数由$\bar{\zeta}$的估计量得到ζ_t的估计量，消去ρ_ζ和σ_ζ^2。可以使用政府支出的数据消去G_t过程的参数。对于φ，可以使用其他研究中的估计值，例如，固定相对风险厌恶的系数$1-\vartheta(1-\varphi)$，由欧拉方程和跨期条件可以得到它的 GMM 估计量，或者使用模拟估计量进行选择(例如，选择φ使得在模拟数据中消费量的变动与实际数据中一样)。

注意，将例题 7.3 中的 7 个均衡条件线性对数化，得到的解为状态空间系统或一阶自回归向量的形式。事实上，令$y_t=(\hat{\lambda}_t,\hat{k}_t,\hat{c}_t,\hat{N}_t,\widehat{\mathrm{GDP}}_t,\hat{w}_t,\hat{r}_t)$，其中的“^”符号表示由稳定状态得到的百分偏差，VAR 的表达式为：

$$\mathcal{A}_0=\begin{bmatrix}1 & -\frac{(1-\eta)(\mathrm{GDP}/K)^{ss}}{(1-\eta)(\mathrm{GDP}/K)^{ss}+(1-\delta)} & 0 & 0 & \frac{(1-\eta)(\mathrm{GDP}/K)^{ss}}{(1-\eta)(\mathrm{GDP}/k)^{ss}+(1-\delta)} & 0 & 0\\ 0 & \frac{1}{(\mathrm{GDP}/K)^{ss}} & 0 & 0 & 0 & 0 & 0\\ & & & \mathbf{0}_{5\times7} & & & \end{bmatrix}$$

$$\mathcal{A}_1=\begin{bmatrix}1 & 0 & 0 & 0 & 0 & 0 & 0\\ 0 & \frac{1-\delta}{(\mathrm{GDP}/K)^{ss}} & -\left(\frac{c}{\mathrm{GDP}}\right)^{ss} & 0 & 1 & 0 & 0\\ 0 & 0 & 1 & \frac{1}{1-N^{ss}} & -1 & 0 & 0\\ -1 & 0 & \vartheta(1-\varphi)-1 & -(1-\vartheta)(1-\varphi)\frac{N^{ss}}{1-N^{ss}} & 0 & 0 & 0\\ 0 & 1-\eta & 0 & \eta & -1 & 0 & 0\\ 0 & 0 & 0 & 1 & -1 & 1 & 0\\ 0 & 1 & 0 & 0 & -1 & 0 & 1\end{bmatrix}$$

$$\mathcal{A}_2=\begin{bmatrix} 0 & 0 \\ 0 & -\left(\frac{G}{\mathrm{GDP}}\right)^{ss} \\ 0 & 0 \\ 0 & 0 \\ -1 & 0 \\ 0 & 0 \\ 0 & 0 \end{bmatrix}$$

其中，$\mathbf{0}_{5\times 7}$是 5×7 的零矩阵，设 $y_{2t}=(\hat{\lambda}_t,\hat{k}_t,\hat{\zeta}_t,\hat{G}_t)$，$y_{3t}=(\epsilon_{1t},\epsilon_{4t})$，$y_{1t}=(\hat{c}_t,\hat{N}_t,\widehat{\mathrm{GDP}}_t,\hat{w}_t,\hat{r}_t)$，得到状态空间的表达式：

$$\left.\begin{aligned}\mathcal{A}_0^2 y_{2t+1}&=A_1^2 y_{2t}+A_2^2 y_{3t}\\ \mathcal{A}_0^1 y_{1t+1}&=A_1^1 y_{2t}+A_2^1 y_{3t}\end{aligned}\right\}\tag{7.12}$$

其中，$\mathcal{A}_0^i$、$\mathcal{A}_1^i$、$\mathcal{A}_2^i$，$i=1,2$ 由通过划分$\mathcal{A}_0$、$\mathcal{A}_1$、$\mathcal{A}_2$ 和冲击运动的法则得到。注意，如果模型被认为正确表示了数据的 DGP，则可以使用第 5 章和第 6 章的方法估计参数。另一方面，如果对于经济受到的冲击，模型被认为是提供了相关信息，则可以使用第 4 章的方法。在其他情况下，可以使用本章的方法。

练习 7.1 考虑一个价格粘性模型，其中，代表性家庭的当期效用函数为 $U(c,N,M)=\ln c_t+\ln(1-N_t)+(1/(1-\varphi_m))\times(M_{t+1}/p_t)^{1-\varphi_m}$，产出符合 $\mathrm{GDP}_t=N_t\zeta_t$，$\zeta_t$是技术冲击。假设卡尔沃(Calvo)定价：令 $1-\zeta_p$ 表示在时间 t 时可以改变价格的个体的比例，β 是贴现因子。写出欧拉方程、跨期条件、货币需求函数和菲利普斯曲线。在可变价格均衡周围对数线性化，说明如何选择偏好参数、相关稳定状态参数和辅助参数。

练习 7.2 考虑在例题 7.3 的模型中增加生产能力的利用。即，假设生产函数取决于资本 K_t 和它的利用率 ku_t，具有 $\mathrm{GDP}_t=\zeta_t(K_t\mathrm{ku}_t)^{1-\eta}N_t^{\eta}$ 的形式。假设资本折旧与利用率有关，符合 $\delta(\mathrm{ku}_t)=\delta_0+\delta_1\mathrm{ku}_t^{\delta_2}$，其中，$\delta_0$、$\delta_1$、$\delta_2$是参数。说明如何选择$(\delta_0,\delta_1,\delta_2)$。

练习 7.3 考虑例题 2.6 的两个国家的模型，对数线性化一阶条件、预算约束、贸易额(ToT_t)和净出口(nx_t)的等式。说明如何选择模型的参数。

由于不是所有的参数都受到均衡的限制，所以过程中存在一定的任意性。在稳定状态中没有出现选择参数的这些方法有优点也有缺点。例如，在现有研究中使用当前信息，可以使研究者对从数据中不可识别的参数进行约束。然而，这种方法存在一定的选择偏差[参见加诺瓦(Canova，1995a)]：存在不同的估计值，即使是研究同一个问题，不同的人也会使用不同的方法。而且，关于模型预测存在的不确定性被人为地减少，这对于实验结果会产生不可靠的信心。在所有的情况下，统计推断都是不准确的。事实上，除非选择的 θ_2 是 DGP 的真实参数，或者是一致性的参数，否则 θ_3 的估计量是有偏的，且不一致。在第 5 章已经提到这个问题的重要性。下面将证明在更传统的计量经济学设定中，也会出现相同的问题。

例题 7.4 假设在 x 和 y 中存在线性关系，且误差项是序列相关的。令 α 是线性关系的参数，ρ 是 AR(1) 的误差项的系数，(α,ρ) 的 GLS 估计由 $y_t-\rho y_{t-1}=\alpha(x_t-\rho x_{t-1})+e_t$ 得到，其中，$e_t\sim$ i. i. d. $(0,\sigma_e^2)$。在 ρ 条件下，α 的估计量是 $(\hat{\alpha}|\rho)=[(x_t-\rho x_{t-1})'(x_t-\rho x_{t-1})]^{-1}\times[(x_t-\rho x_{t-1})'(y_t-\rho y_{t-1})]$。如果 $\hat{\rho}$ 是 ρ 的一致性估计量，则当 $T\to\infty$ 时，$(\hat{\alpha}|\hat{\rho})\xrightarrow{P}(\hat{\alpha}|\rho)$。然而，如果 $\hat{\rho}$ 不是 ρ 的一致估计，则 $(\hat{\alpha}|\hat{\rho})$ 的近似分布收敛于错误的值。在表 7.1 中，验证了这种偏差确实存在：当 $T=1\,000$，1 000个复制被用来构造分布，且真实值为 $\alpha=0.5$ 和 $\rho=0.9$，在 $\hat{\rho}=0.0$，0.4，0.9 的条件下，得到 $(\hat{\alpha}|\rho)$ 的蒙特卡洛分布的均值和四分位数。

表 7.1 $\alpha|\hat{\rho}$ 的蒙特卡洛分布

	分位数		
	25th	50th	75th
$\hat{\rho}=0$	0.396	0.478	0.599
$\hat{\rho}=0.4$	0.443	0.492	0.553
$\hat{\rho}=0.9$	0.479	0.501	0.531

练习 7.4[格雷戈里和史密斯(Gregory and Smith)] 在简单的有初始禀赋的经济中，假设 $u(c_t)=c_t^{1-\varphi}/(1-\varphi)$，产出的变化为 $\text{GDP}_{t+1}=\text{gy}_{t+1}\text{GDP}_t$。假设 gy_{t+1} 可以取 n 个可能的值 $(\text{gy}_1,\cdots,\text{gy}_n)$，令 $p_{i,i'}\equiv P(\text{gy}_{t+1}=\text{gy}_{i'}|\text{gy}_t=\text{gy}_i)=\mu_{i'}+\rho_y(\mathcal{I}_{ii'}-\mu_{i'})$，其中，$\mu_{i'}$ 是无条件概率，如果 $i=i'$，则 $\mathcal{I}_{ii'}=1$，否则为 0，$\rho_y\in(-(n-1)^{-1},1)$。如果当期状态为 $(\text{GDP}_t,\text{gy}_i)$，则为支付下期产出，资产的价格要满足 $p_t^sU_c(\text{GDP}_t,\text{gy}_i)=\sum_{i'}p_{ii'}\beta[U_c(\text{GDP}_{t+1},\text{gy}_{i'})]$。

(i) 令 $n=2$，$\text{gy}_1=0.987\,3$，$\text{gy}_2=1.017\,7$，$\mu_1=0.2$，$\mu_2=0.8$，$\beta=0.99$，$\rho_y=0.8$，$\varphi=2$。从模型中得到资产定价的模拟数据。

(ii) 令 $(n,\text{gy}_i,u_i,\beta)$ 与(i)中一样，但是现在 $\rho_y=0.6$。选择 φ 使得资产定价的模拟方差等于(i)中产生的资产定价的方差(可以自由选择损失函数)。

(iii) 将(i)重复 100 次，从 $\mathbb{U}(1,10)$ 中得到 φ(将其作为真实数据的 100 个实现值)。将(ii)重复 100 次，证明对 $\text{var}(p_t^s)$ 拟合最好的是 $\hat{\varphi}$ 的分布。

(iv) 固定 $\varphi=2$，选择 ρ_y 最小化 $|E_t((p_t^s)^A-(p_t^s)^S)|$，重复(ii)，其中，上标“A”(“S”)表示真实的(模拟的)。是否存在其他形式？

正如基德兰德和普雷斯科特(Kydland and Prescott, 1991)提到的，使用从其他研究得到的信息来选择参数，使得这个专业的不同分支之间具有一致性。然而，对很多参数来说，已有的估计量是很少的[参见肖文和威利(Shoven and Whalley, 1992)，第 105 页]，尽管产生这些估计量的环境是有效的，但是通常在 DSGE 中是无意义的[参见汉森和赫克曼(Hansen and Heckman, 1996)]。总而言之，选择是任意的，且使用灵敏度分析评价测量对于自由参数改变的稳定性。

加诺瓦(Canova, 1994, 1995a)对于这些批评提出了一种方法。他出于理论上的考虑，不是取一个固定的值，而是将 θ_3 限制在一个区间内，使用已有的信息在这个区间上构造 θ_{3i} 的经验分布，$i=1,2,\cdots$，即给定现有的估计，得到参数的似然函数。从联合“经验”分布中得到 θ_3。而且 θ_2 和 θ_3 的区别是人为造成的，所以可以使用这两个参数集的区间[参见加诺瓦和马瑞南(Canova and Marrinan,1996);马费佐利(Maffezzoli,2000)]。使用下面的例子来说明这个方法。

例题 7.5 在练习 7.4 中,其中的一个自由参数是常数相对风险厌恶 φ 的系数。通常令 φ 等于 1 或 2(产生效用函数具有轻微的曲率),有时用一些更大的值来构造上边界。或者,根据经济意义将范围限制在[0,20],使用现存的估计量在这个区间上构造柱状图。因为大多数的估计量在区间[1,2]上,研究者在一些资产定价模型中,尝试了 10 以内的数据,所以 φ 的经验分布近似服从 $\chi^2(4)$,其中,2 是众数,大于 10 的概率为 5%。当不存在经验信息时,可以使用均匀分布或主观上认为能够描述参数的似然函数的分布。

练习 7.5 假设代表个体在 $c_t+K_{t+1}+M_{t+1}/p_t=\zeta_t K_t^{1-\eta}N_t^{1-\eta}+(1-\delta)K_t+M_t/p_t+T_t/p_t$ 的约束下,最大化 $E_0\sum_t \beta^t(c_t^{1-\varphi}/(1-\varphi)+\vartheta_M(M_{t+1}/p_t)^{1-\varphi_m}/(1-\varphi_m))$,其中,$T_t$ 是货币转移支付,$\ln M_{t+1}=\overline{M}+\rho_M\ln M_t+\epsilon_{3t+1}$,$\ln\zeta_{t+1}=\bar{\zeta}+\rho_\zeta\ln\zeta_t+\epsilon_{1t+1}$,$\epsilon_{1t+1}$ 和 ϵ_{3t+1} 是 i. i. d. ,标准差分别等于 σ_ζ 和 σ_M。你会选择参数($\eta,\varphi,\delta,\vartheta_M,\varphi_M,\rho_\zeta,\rho_G,\sigma_\zeta,\sigma_M$)的什么分布?对它们而言,合理的先验范围是什么?

自由参数的标准统计估计有三个优点:避免选择的任意性;对所有参数的选择提供了一致性的框架;得到对不确定性的一种测量方法,可以用来评价模型对数据的拟合程度。缺点也有很多。第一,它要求矩或统计量的选择是匹配的,这会在研究中导致不一致性。在例题 7.3 中使用的方法可以用来估计矩,其中选择的参数是数据的一阶矩(即长期均值)。克里斯蒂安诺和艾肯鲍姆(Christiano and Eicheubaum,1992)、费译和朗格(Fève and Langot,1994)使用真实或模拟数据的一阶矩和二阶矩得到参数的 GMM 估计量,而史密斯(Smith,1993)使用 VAR 的系数。尽管矩的选择取决于提出的问题,但是有效的估计要求所有的矩包含参数的信息(参见第 5 章)。第二,在小样本(或非平稳样本)中,GMM 的估计量是有偏的(参见第 5 章)。因此,使用这些估计量进行模拟会产生不可靠的结果。第三,即使参数是不可识别的,SMM 方法也能够得到它们的估计量(参见第 5 章)。最后,要注意,估计参数时出现在模型结果中不确定性的类型不同于当校准没有考虑到参数的大小时出现的不确定性的类型。事实上,只要选择了数据和矩,样本的不确定性通常较小,以至于对于不确定性的测量值也较小。然而,选择风险厌恶参数时,出现的不确定性的值通常较大。

正如在第 5 章看到的,ML 估计可以看成是 GMM 过程,其中矩是似然函数的得分函数。因此,两种类型的估计的差别表明,正则条件张成了一个不同的信息空间(GMM 只使用了模型的一部分,而 ML 使用了全部),或者表明了样本严重不符合正态分布。近似地,当矩的约束和得分函数张成的空间相同时,这两个过程必须产生相同的结果。因此,对于 GMM 或 SMM 的结果同样适用于 ML。

将传统的计量方法中的校准用于比较参数选择过程是有用的。在后一种方法中,选择参数来最小化某些统计标准,譬如 MSE。这样的损失函数没有经济含义,只是为了数学上的便利,在 v_t 的结构上增加了严谨的约束。校准使用的损失函数具有经济含义:选择参数使得模型的稳定状态与数据的长期均值相匹配。然而,因为不是所有的参数都受到这些条件的约束,校准看上去像一个在模型的不同部分使用不同的损失函数的计量经济学家。而且,因为选择参数与长期均值相匹配等同于在一阶矩中使用 GMM,校准看上去像一个无能的 GMM 计量经济学家。

最后,注意,当使用自由参数的区间和经验分布时,校准就是贝叶斯过程的一个特例,这将在第 9～11 章中详细讨论。

7.4 模型评价

在进行测量以前,有必要评价模型对于数据拟合的程度。文献中涉及最多的分支就是有关评价校准模型的拟合的各种方法的延伸。早期的工作没有涉及这个问题[参见基德兰德和普雷斯科特(Kydland and Prescott,1982)]。但是,这完全在意料之中:因为在用于比较而选择的参数或矩中,不存在自由变量和不确定性,模型确定地表示了内生变量和参数的关系,以及外生随机过程。因此,除非使用外生过程的取样的可变性,否则不能定义模型和数据之间的差异。缺乏正式的模型验证并没有困扰研究者。例如,基德兰德和普雷斯科特(Kydland and Prescott,1991,1996)强调,研究者对由模型得到的答案的可信度不是取决于测量差异的统计方法,而是取决于它对于使用的经济理论和测量方法的认可——换言之,只是一种信念的行为。

现在,大多数的校准比较了模拟数据的性质和真实数据的典型事实。这种方法适用于计量经济学的怀疑论:在“或者是亲眼看到,或者是缺乏想象力的计量经济学家发现的”条件下,可以认为使用简单的样本统计量是足够的。对于典型事实的选择取决于提出的问题,但是应该意识到,对于校准结果的总结存在很多方法,出于比较的目的,一些方法比另一些方法能够提供更多的信息。

在经济周期环境下,通常选择数据的方差或协方差的子集,除非二阶矩的测量不需要估计时间序列模型,否则不用考虑无条件的二阶矩。也可以使用真实或模拟数据的分布,这些分布不需要估计时间序列模型的参数,或使用 VAR 表达式来得到统计性质。[例如,加诺瓦(Canova,1994)使用单位根的数量或排斥性约束;史密斯(Smith,1993)或德容(DeJong,1996)使用 VAR 系数的大小;科格利和纳森(Cogley and Nason,1994)使用半结构型脉冲响应。]或者,可以将模型简化为一个或两个等式来比较模型和真实数据中变量的时间序列表达式[参见加诺瓦(Canova,1994)或科格利和纳森(Cogley and Nason,1995a)]。最后,可以使用经济周期的拐点[参见金和普罗瑟(King and Plosser,1994)或西姆金斯(Simkins,1994)],使用方差的边界[参见汉森和贾甘纳坦(Hansen and Jagannathan,1991)],使用经济周期的持续时间和振幅[参见帕冈和哈定(Pagan and Harding,2002)],或者使用历史事件[参见瓦尼安(Ohanian,1997),博德里和波尔捷(Beaudry and Portier,2002)]评价模型。

例题 7.6(VAR 系数/排斥性约束的大小) 例题 7.3 中的 RBC 模型对于控制变量有(对数线性)解 $\mathcal{A}_0^1(\theta)y_{1t}=\mathcal{A}_1^1(\theta)y_{2t-1}+\mathcal{A}_2^1(\theta)y_{3t}$,其中,矩阵 $\mathcal{A}_i^1(\theta)$,$i=0,1,2$ 是模型的“深层”参数 θ 的函数。因此,只要选择了 θ,$\mathcal{A}_i^1(\theta)$ 就是实数矩阵。一个简单的 RBC 模型在 VAR 上加了两种类型的约束条件,例如,产出、消费、投资和时

间。第一,只要包括了状态变量的滞后项,这4个变量的滞后项的取值就对预测当前值不起作用。第二,在 y_{2t-1} 上对 y_{1t} 回归,系数矩阵必须等于 $(\mathcal{A}_0^1(\theta))^{-1}\mathcal{A}_1^1(\theta)$。

例题 7.7(最后形式的比较) 在例题 7.3 中的 RBC 模型可以简化为对 $(\hat{N}_t,\hat{c}_t)$ 的双变量 VARMA(1,1)模型。而且,$\hat{N}_t$ 是具有类型为 $A(\theta)(\ell)\hat{N}_{t+1}=D(\theta)(\ell)e_{t+1}$ 的双变量的表达式,其中,简化形式的参数 $A(\theta)(\ell)$、$D(\theta)(\ell)$ 是"深层"参数 θ 的函数,$\hat{e}_t=(\hat{\zeta}_t,\hat{g}_t)$、$A(\theta)(\ell)$ 和 $D(\theta)(\ell)$ 是无限的。给定这个表达式,对于比较数据和模型至少存在两种方法:第一,可以比较由模型得到的时间的自相关函数(在 θ 条件下)和由数据得到的时间的自相关函数;第二,可以估计 ARMA 模型,验证是否估计的系数等于模型中的系数。

表 7.2 显示了模型 ACRF 中的一些项,其中,$u(c_t,N_t)=\ln(c_t)+\vartheta_N(1-N_t)$,不存在政府,$\beta=0.99$,$\eta=0.64$,$\vartheta_N=2.6$,$\delta=0.025$,$\rho_\zeta=0.95$,$\sigma_\zeta^2=0.007$;由线性非趋势的美国数据得到相同的 ACRF 项(对于 1964:1~2003:1 时期的样本,使用私人非农业公司的季节调整后的平均每周工作的时间)和最优的 ARMA 设定的估计量。显然,当标准偏差类似时,模型 ACRF 函数的持续性比数据的持续性短。事实上,数据中第 12 阶的相关系数仍为 0.786,而在模型中,则近似为零。而且,ARMA(2,2)中估计的参数不同于由模型得到的参数。例如,模型的 AR(1)和 AR(2)系数分别为 1.57 和 −0.53。由于模型不能描述真实时间的动态过程,所以很难减少模型和数据之间的差异。持续性不足是由几个原因造成的(投资扩张不足、跨期之间的替代性不足等),这里使用的简化形式也没有解决这些问题。

表 7.2 时间的动态变化(括号内为标准差)

	标准偏差	$\text{corr}(N_t,N_{t-1})$	$\text{corr}(N_t,N_{t-2})$	$\text{corr}(N_t,N_{t-3})$
真实数据	0.517(0.10)	0.958(0.09)	0.923(0.09)	0.896(0.09)
模拟数据	0.473	0.848	0.704	0.570
	对真实时间估计的 ARMA(2,2)			
	AR(1)	AR(2)	MA(1)	MA(2)
真实数据	1.05(0.24)	−0.07(0.21)	−0.12(0.21)	−0.05(0.09)

练习 7.6 假设个体在 $p_tc_t\leqslant m_t+T_t$ 和 $c_t+K_{t+1}+M_{t+1}/p_t\leqslant r_tK_t+(1-\delta)K_t+(M_t+T_t)/p_t$ 的约束下,最大化 $E_0\sum_t\beta^t c_t^{1-\varphi}/(1-\varphi)$,其中,$T_t=M_{t+1}-M_t$,$\ln M_{t+1}=\bar{M}+\rho_M\ln M_t+\epsilon_{3t}$,$\epsilon_{3t}\sim$ i.i.d. $(0,\sigma_M^2)$。假设 $\text{GDP}_t=\zeta_tK_t^{1-\eta}$,其中,$\ln\zeta_t$ 是 AR(1),持续性为 ρ_ζ,方差为 σ_ζ^2。

(i) 得到 (c_t,M_t,p_t) 的三变量的对数线性(最终)表示式。

(ii) 使用美国的消费、M1 和 CPI 的数据,估计三变量 VAR,比较在模型和数据中 VAR 系数的大小、M1 和消费增长的方差以及协方差函数的大小。[提示:小心——模型是 VAR(∞)。]

练习 7.7 考虑例题 7.3 中的 RBC 模型,但是假设偏好为 $u(c_t,c_{t-1},N_t)=(c_t^\gamma c_{t-1}^{1-\gamma})^{1-\varphi}/(1-\varphi)+\vartheta_N(1-N_t)$,其中,$\gamma$ 是常数,选择 $(\beta,\varphi,\gamma,\eta,\delta,\vartheta_N)$,对数线性化在随机过程中约束 ζ_t、G_t、稳定状态的比例以及模拟数据的参数。在时刻 t,定义经济好转 $\text{GDP}_{t-2}<\text{GDP}_{t-1}<\text{GDP}_t>\text{GDP}_{t+1}>\text{GDP}_{t+2}$,以及经济衰退 $\text{GDP}_{t-2}>$

$GDP_{t-1} > GDP_t < GDP_{t+1} < GDP_{t+2}$。使用索洛残差作为技术扰动和实际政府支出 G_t 的代理变量，来检验模型是否匹配美国产出的拐点。

练习 7.8 使用练习 7.1 中的模型和选择的参数，检验模型是否复制了美国的通货膨胀的持续性，其中，持续性由 $\mathcal{S}(\omega=0)=\sum_{\tau-\infty}^{\infty}ACF_{\pi}(\tau)$ 计算得到，$ACF_{\pi}(\tau)$ 是滞后 τ 项的通货膨胀的自协方差函数。

有时，对于模型的评价不是绝对意义上的，而是相对于其他模型而言的。例如，当两个模型对于数据的拟合都不理想时，或者其中一个模型只是在另一个模型中加了些约束条件，这样的比较是重要的。例如，加诺瓦(Canova，1994)利用了波恩赛德(Burnside，1993)的产能利用模型，简化为包含产出和投资的两个等式，将模型的结果与一个简单的投资加速模型进行比较。更普遍的是，使用第 9～11 章中的方法，斯考费德(Schorfheide，2000)、德容(DeJong，2000)、斯梅茨和武泰(Smets and Wouters，2003)进行了类似的比较。

练习 7.9 考虑例题 7.3 中模型的两个变形。在变形(i)中，假设存在生产外部性，即 $GDP_{it}=\zeta_t\bar{K}_t^{\aleph}K_{it}^{1-\eta}N_{it}^{\eta}$，其中，$\bar{K}_t=\int_0^1 K_{it}\,di$ 是总股本。在变形(ii)中，假设只有一期劳动合同，$w_t=E_{t-1}GDP_t/N_t$。写出使用数据比较两个模型的拟合结果的方法。

存在两个原因，说明基于典型事实的比较是重要的。第一，从对统计数量的关注转移到相关的经济目标上(例如，条件和非条件矩的函数)。第二，可以构造更大的用于诊断的集合，从而对不同模型的性质有更进一步的理解。在一般的比较方法中，可以得到几种变形。需要使用一些符号来描述它们。

令 $\mathfrak{S}_y$ 表示真实数据的经济统计量的集合，令 $\mathfrak{S}_x(\{\epsilon_t\},\theta)$ 表示给定参数 θ 的向量和外力 $\{\epsilon_t\}$ 的向量下，由模拟数据得到的相应统计量。模型的评价由测量 $\mathfrak{S}_y$ 和 $\mathfrak{S}_x$ 之间的距离得到损失函数 $\mathfrak{L}$ 和距离的大小组成。为了避免由于过于简化产生的风险，将现有的过程分为四组：

(i) 基于 R^2-类型的方法，例如，沃森(Watson，1993)。

(ii) 使用真实数据的样本波动性测量距离的方法。其中，有基于克里斯塔诺和艾肯鲍姆(Christiano and Eichenbaum，1992)、费译和朗格(Fève and Langot，1994)方法的 GMM，有切凯蒂(Cecchetti，1993)的间接方法和迪博尔德(Diebold，1998)的频率区域方法。

(iii) 使用模拟数据的样本波动性测量距离的方法。通过将外力设为随机变量，给定参数，例如，格雷戈里和史密斯(Gregory and Smith，1991)、斯德林(Soderlin，1994)、科格利和纳森(Cogley and Nason，1994)，来区别把它们都看成是随机变量的过程，例如，加诺瓦(Canova，1994，1995a)和马费佐利(Maffezzoli，2000)。

(iv) 同时使用真实数据和模拟数据的样本波动性来测量距离的方法。允许参数变动，但在外生过程中不允许变动，例如德容(DeJong，1996，2000)、格韦克(Geweke，1999)和斯考费德(Schorfheide，2000)，来区别允许两者都变动的过程。

7.4.1 *沃森的 R^2*

拟合的统计度量使用样本误差的大小来判断模型对数据的一致性。也就是说，不考虑近似误差，如果 ACF_y 是实际数据的自协方差函数，ACF_x 是模拟数据的自协方差函数，给定 ACF_x 之间的区别，来自于抽样误差估计量，使用标准方法来检验是否 $ACF_y = ACF_x$。尽管在零假设下使用模型表示数据是合理的，但是在零假设下，当模型是错误时就不合理了。

沃森考虑应给 x_t 加入多少误差使得其自协方差函数等于 y_t 的自协方差函数，而不是依赖于抽样误差的性质。误差的自协方差函数为 $ACF_v = ACF_y + ACF_x - ACF_{xy} - ACF_{yx}$，其中，$ACF_{yx}$ 是 x 和 y 的交叉协方差函数。因此，为了研究 ACF_v 的性质，需要 (x_t, y_t) 的联合分布的样本，但是无法得到这个样本。通常做如下两个假设之一：(i) $ACF_{xy} = ACF_x$，使得 x_t 和 v_t 所有向前和滞后项不相关（这就导致了经典的变量误差问题）；(ii) $ACF_{xy} = ACF_y$，使得 v_t 是一个信号抽取噪声，y_t 是 x_t 相应的可观察值。

例题 7.8 令 $y_t = x_t + v_t$ 其中，$E(v_t v_{t-\tau}) = 0, \tau \neq 0$，并且 $E(v_t v_t) = \sigma_v^2$。如果 x_t 是预先确定的，则 $E(y_t x_{t-\tau}) = E(x_t x_{t-\tau}), \tau \neq 0$［即假设(i)］。如果对于所有的 t，x_t 和 v_t 正交，并且 $x_t = \alpha y_t$，则对所有的 τ，有 $E(y_t x_{t-\tau}) = \alpha E(y_t y_{t-\tau})$［即假设(ii)］。

显然，使用哪个假设，取决于数据收集的方式和得到的期望值。由于 v_t 既不是代理变量也不是预测误差，所以这两种假设都不成立。因为用于识别 ACF_{xy} 的约束是任意的，所以沃森选择 ACF_{xy} 最小化 v_t 的方差，且 ACF_x 和 ACF_y 是半正定的。换言之，选择 ACF_{xy} 使模型能够最优地拟合数据。ACF_{xy} 的确切形式取决于数据的性质以及 x_t 和 y_t 的维数。

例题 7.9 当 x_t、y_t 是序列不相关的标量，问题就变为在约束 $\sigma_v^2 \geqslant 0$ 下，$\min_{\sigma_{xy}} \sigma_v^2 = \sigma_x^2 + \sigma_y^2 - 2\sigma_{xy}$，解为 $\sigma_{xy} = \sigma_x \sigma_y$。即选定最小的近似误差，使得 x_t 与 y_t 完全相关，从而得到 $x_t = (\sigma_x / \sigma_y) y_t$。

当 x_t 和 y_t 是序列无关的，且为 $m \times 1$ 阶向量，情况是相似的，问题就变为：

$$\min_{\Sigma_{xy}} \operatorname{tr} |\Sigma_v| = \operatorname{tr} |\Sigma_x + \Sigma_y - \Sigma_{xy} - \Sigma_{yx}| \tag{7.13}$$

约束条件为 $|\Sigma_v| \geqslant 0$，其中，$\operatorname{tr}|\Sigma_v| = \sum_{i=1}^m \Sigma_{v_{ii}}$ 是 Σ_v 的迹。解是 $\Sigma_{xy} = \mathcal{P}_x' V' \mathcal{P}_y$，其中，$\mathcal{P}_x$ 和 $\mathcal{P}_y$ 是 Σ_x 和 Σ_y 的平方根，$V = \Omega \Lambda^{-1/2} \Omega' \mathcal{P}'$，$\Omega$ 是正交特征向量的矩阵，Λ 是 $\mathcal{P}'\mathcal{P}$ 的特征值的对角矩阵，$\mathcal{P} = \mathcal{P}_x \mathcal{P}_y$。

练习 7.10 当 x_t 和 y_t 是 $m \times 1$ 阶向量时，如何计算 x_t 的预测值。证明 (x_t, y_t) 的协方差矩阵是奇异的。证明如何修正(7.13)式来最小化 Σ_v 的对角元素的加权平均值。

在 DSGE 模型中，因为冲击的数目小于内生变量的个数，所以 Σ_x 通常是奇异的。令 x_t 和 y_t 序列无关，并且令 x_t 中的 m 个变量受到 $m_1 \leqslant m$ 个冲击，使得 Σ_x 的秩 $m_1 \leqslant m$。上述分析可应用于 x_t 和 y_t 的元素中 $m_1 \times 1$ 阶子向量。令 $\mathbb{S}$ 为 $m_1 \times m$ 阶的选择矩阵，使得 $\mathbb{S}\Sigma_x\mathbb{S}'$ 的秩为 m_1。定义 $\tilde{x}_t = \mathbb{S}x_t$，$\tilde{y}_t = \mathbb{S}y_t$，$\tilde{\Sigma}_x = \mathbb{S}\Sigma_x\mathbb{S}'$，$\tilde{\Sigma}_y = \mathbb{S}\Sigma_y\mathbb{S}'$。$\tilde{v}_t = \tilde{x}_t - \tilde{y}_t$ 是我们希望最小化时的误差。问题的解为 $\tilde{x}_t = \tilde{\mathcal{P}}_x \tilde{V}' \tilde{\mathcal{P}}_y^{-1} \tilde{y}_t$，其中，$\tilde{\mathcal{P}}_x$、$\tilde{V}$、$\tilde{\mathcal{P}}_y^{-1}$ 分别是 $\tilde{\mathcal{P}}_x$、V、$\tilde{\mathcal{P}}_y^{-1}$ 的相应维数减少的形式。

因为 Σ_x 和 $\mathbb{S}\Sigma_x\mathbb{S}'$ 的秩为 m_1，则 x_t 可以表示为 $\tilde{x}_t$ 的线性组合形式，例如，$x_t =$

$\mathcal{Q}\tilde{x}_t$，其中，$\mathcal{Q}$是 $m\times m_1$ 阶矩阵。因此，有 $x_t=\mathcal{Q}\widetilde{\mathcal{P}}_x'\widetilde{V}'\widetilde{\mathcal{P}}_y^{-1}\mathbb{S}y_t$。

例题 7.10 假设 $m=2$(例如，产出和消费)，$m_1=1$。则有三种可能性：可以最小化产出的方差，$\mathbb{S}=[1,0]$；可以最小化消费的方差，$\mathbb{S}=[0,1]$；可以最小化二者的线性组合。$\mathbb{S}=[\varrho,1-\varrho]$，$0<\varrho<1$。$\tilde{x}_t$ 的解显然依赖于选取的 $\mathbb{S}$。

当(x_t,y_t)是序列相关的向量，且 $\text{rank}(\Sigma_x)=m_1\leqslant m$，可以采用同样的方法。由于序列相关性，则最小化谱密度矩阵的迹(加权或不加权的)。即最小化 $\text{tr}|W(\omega)\mathcal{S}_{\tilde{v}}(\omega)|$，其中，$W(\omega)$是每个频率 ω 的权重矩阵，$\mathcal{S}_{\tilde{v}}(\omega)$是 $\tilde{v}_t$ 的谱密度矩阵。当 ω 是傅立叶频率时，$\mathcal{S}_{\tilde{v}}(\omega)$与 $\mathcal{S}_{\tilde{v}}(\omega')$不相关，$\forall\,\omega\neq\omega'$。因此，最小化问题可以转化为频率乘频率，解为 $\text{ACF}_{\tilde{x}\tilde{y}}(\omega)\equiv\sum_\tau \text{ACF}_{\tilde{x}\tilde{y}}(\tau)e^{-\mathrm{i}\omega\tau}=\mathfrak{P}(\omega)\text{ACF}_{\tilde{y}(\omega)}$，其中，$\mathfrak{P}(\omega)$是$\widetilde{\mathcal{P}}_x'\widetilde{V}'\widetilde{\mathcal{P}}_y^{-1}$ 的傅立叶变形。因此，$\tilde{x}_t$ 是 $\tilde{y}_t$ 的向前和滞后项的函数。

练习 7.11 假设 $x_t=\mathcal{Q}_1v_t$，其中，x_t 是 2×1 阶向量，$\mathcal{Q}_1'=[1.0,0.5]$，并且 $v_t\sim(0,1)$，令 $y_t=\mathcal{Q}_2e_t$，$\mathcal{Q}_2=\begin{bmatrix}1.0 & 0.3\\ 0.2 & 1.0\end{bmatrix}$，$e_t\sim\left(0,\begin{bmatrix}1.0 & 0.0\\ 0.0 & 4.0\end{bmatrix}\right)$。计算 $\text{ACF}_{xy}(\omega)$ 和 x_t 的预测值。求出理论解和数值解(后者是基于相关数量得到的估计和模拟)。

只要得到了 ACF_{xy} 的表达式，就易设计用于拟合的 R^2 类方法。例如，$\mathfrak{S}_{1i}(\omega)=\text{ACF}_v(\omega)_{ii}/\text{ACF}_y(\omega)_{ii}$，或者 $\mathfrak{S}_{2i}(\omega)=\int_{[\omega_1,\omega_2]}\text{ACF}_v(\omega)_{ii}\,\mathrm{d}\omega/\int_{[\omega_1,\omega_2]}\text{ACF}_y(\omega)_{ii}\,\mathrm{d}\,\omega$。$\mathfrak{S}_{1i}$ 度量了误差的第i 个分量的方差和频率ω 下的数据的第i 个分量的方差的比值。由于这等同于回归中的 $1-R^2$，从 $\mathfrak{S}_{1i}$关于 ω 的图像直观得到模型和数据之间的“距离”，即频率乘频率值的下界。在频带上，可以使用 $\mathfrak{S}_{2i}$来评估模型。注意到，因为 v_t和 x_t 是序列相关的，所以 $\mathfrak{S}_{1i}$和 $\mathfrak{S}_{2i}$可能都比 1 大。

练习 7.12 证明线性筛选 x_t 和 y_t 使得 $\mathfrak{S}_{1i}$不变，但改变了 $\mathfrak{S}_{2i}$。(提示：权重依赖于频率。)

例题 7.11 我们通过使用由例题 7.3 的模型得到的模拟数据举例说明了沃森方法，其中只存在唯一的技术冲击，且效用函数是 $U(c_t,N_t)=\ln c_t+\vartheta_N(1-N_t)$，$\eta=0.64$，$\delta=0.025$，$\beta=0.99$，$(c/\text{GDP})^{ss}=0.7$，$(K/\text{GDP})^{ss}=2.5$，$\vartheta_N=2.6$，$\bar{\zeta}=0$，$\rho_\zeta=0.95$，$\sigma_\zeta=0.007$。图 7.1 表示了在最小化线性无趋势的美国的产出(第一列)和消费(第二列)的方差时，$\mathfrak{S}_{1i}$的变化。阴影区域表示商业周期的频率。因为模型中只存在唯一的冲击，需要选择最小化两个变量的其中一个的方差。假设关注于产出的变化、消费的变化以及它们之间的关系。则该模型对数据的拟合程度不理想。在两列中，对于其方差在商业周期频率中不是最小化的变量，$1-R^2$ 值较大(0.999 9)。对于最小化的变量来说，在中等频率到高频率上可观察到模型误定。最后，两个变量之间的相关性在低频率下拟合很不理想；随着频率的增加，模型误定逐渐降低，但在商业周期频率上，模型误定仍然明显。

练习 7.13[威(Wei)] 考虑 RBC 模型的两种情况，一种情况是闲暇具有习惯持续性，另一种情况存在生产外部性。在第一种情况下，社会计划者最大化 $E_0\sum_t\beta^t[\ln(c_t)+\vartheta_N\ln(\gamma(\ell)(1-N_t))]$，约束条件为 $c_t+K_{t+1}=K_t^{1-\eta}N_t^\eta\zeta_t$。在第二种情况下，最大化 $E_0\sum_t\beta^t[\ln(c_t)+\vartheta_N\ln(1-N_t)]$，约束条件为 $c_t+K_{t+1}=\bar{N}_t^{\aleph}K_t^{1-\eta}N_t^\eta\zeta_t$，其中，$\bar{N}_t$ 是经济体中平均工作时间，并且$\aleph>0$。在两种情况下，我们

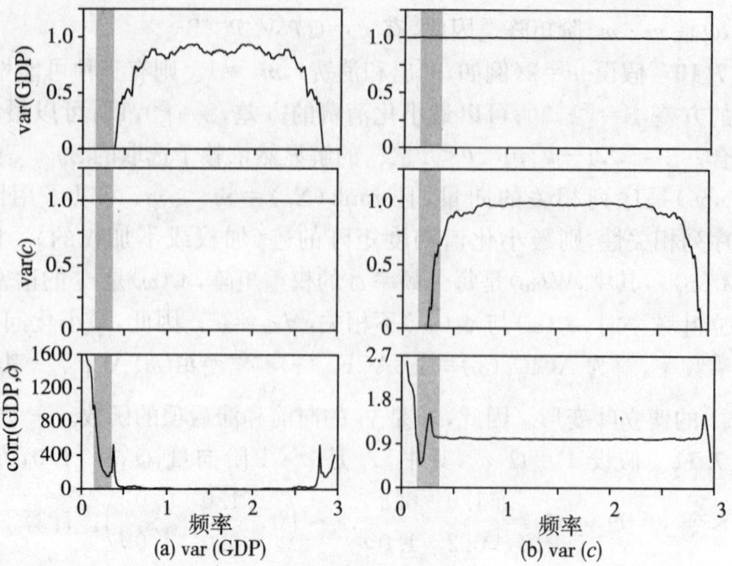

图 7.1　拟合的沃森测量。最小化(a)和(b)

都假设 $\ln\zeta_t=\bar{\zeta}+\rho_\zeta\ln\zeta_{t-1}+\epsilon_{1t}$。假设 $\beta=0.99,\eta=0.64,\delta=0.025,\sigma_\zeta=0.007$，$\rho_\zeta=0.9$，选定 ϑ_N 使得 $N^{ss}=0.20,(c/\mathrm{GDP})^{ss}=0.7,(K/\mathrm{GDP})^{ss}=2.5$。令 $\gamma(\ell)=1+0.85\ell-0.3\ell^2$，$\aleph=0.45$。对实际数据进行线性去趋势，且最小化产出的方差，把这两个模型对于消费、投资、产出和时间的谱密度，与由美国的数据得到的谱密度和例题 7.11 中模型的谱密度进行比较。哪个模型在基础模型上有所改进？改进的程度如何？

练习 7.14　考虑具有完全资本折旧、无弹性的劳动力供给的单部门货币增长模型，其中，个体 $\max_{\{c_t,K_{t+1}\}}E_0\sum_{t=1}^{\infty}\beta^t\ln c_t$，约束条件为 $c_t+K_{t+1}\leqslant\zeta_t K_t^{1-\eta}N_t^{\eta}$，$\ln\zeta_t=\bar{\zeta}+\rho_\zeta\ln\zeta_{t-1}+\epsilon_{1t}$，$\epsilon_{1t}\sim$ i. i. d. $\mathbb{N}(0,\sigma_\zeta^2)$。假设预付现金约束为 $M_t\leqslant p_t c_t$，令 $\ln M_t=\bar{M}+\rho_M\ln M_{t-1}+\epsilon_{3t}$，$\epsilon_{3t}\sim$ i. i. d. $\mathbb{N}(0,\sigma_M^2)$。

(i) 假设在每个 t 时刻做决策前存在不确定性。将 $(c_t,K_{t+1},\mathrm{GDP}_t,p_t)$ 的最优路径表示为 (K_t,ζ_t,M_t) 函数。

(ii) 假定 $\eta=0.64,\beta=0.998,\rho_\zeta=0.90,\rho_M=0.8,\sigma_\zeta=0.007,\sigma_M=0.01$。对美国 M1 和价格，应用沃森方法来进行季节去趋势，在 $\omega\in[\pi/16,\pi/4]$ 下，计算 $\mathfrak{S}_{2i}(\omega)$。

这里，要提及沃森方法的两个缺点。首先，尽管在创造更低界的统计时存在着一些直观上的吸引力，但对于只关注可能产生的最好结果的原因没有明显的解释。加诺瓦(Canova，1994)建议，同时使用最好的和最差的拟合：如果范围很窄，且最差结果的 $1-R^2$ 比较小，则得到的模型是令人满意的——这是一个只使用最好的拟合不能得出的结论。其次，关于导致不理想拟合的原因，该方法没有提供任何信息。出于不同的原因，R^2 可能很小。(数据中冲击的方差可能很大；模型和数据的动态过程不同；状态的过程具有较大的 AR 系数。)显然，是第一个还是最后一个原因导致 R^2 很小，这其中存在许多差别。

7.4.2　*基于模拟变化的拟合度量*

如果研究者想对模型的随机过程的实现进行随机化处理，可以得到一系列的拟合度量。这种方法由格雷戈里和史密斯(Gregory and Smith,1991,1993)普及。当$\{\epsilon_t\}$被随机化后,可以用渐近准则或概率(蒙特卡洛)准则度量模型和实际数据相关函数之间的距离。这种度量得到模型和数据差异的经济含义。用于比较的标准函数包括无条件矩、谱密度[参见斯德林(Soderlin,1994)]或半结构脉冲相应[参见科格利和纳森(Cogley and Nason,1994)]。注意,基于谱的比较不需要得到实际数据的参数表达式,但需要使用大的模拟样本来保证谱估计的偏差较小。

我们将在下一个例题中说明如何使用这个方法证明模型的有效性。

例题 7.12[邓洛普—塔尔希斯(Dunlop-Tarshis)难题] 假设对工作时间和实际工资之间的相关性感兴趣,并且愿意从模型的随机扰动中抽取复制的时间序列。则存在三种方法来检验由模型产生的相关性是否与实际数据相似。第一种方法如下所述。

算法 7.2

(1) 抽取$(\{\epsilon_t\}_{t=1}^T)^l$。计算 $\text{ACRF}_{N,w}(\tau)^l, l=1,\cdots,L,\tau=0,1,2,\cdots$。

(2) 进行阶模拟,构造百分点。

(3) 计算 $\text{ACRF}_{N,w}(\tau)^l$ 小于实际数据中的自相关系数(对于每个τ,个别的或联合的)的复制的个数;实际值位于模拟分布的十分位数,或者检查实际的自相关作用是否在预设的模拟分布的范围内(例如,68%或 95%区间)。

算法 7.2 的结果就是格雷戈里和史密斯(Gregory and Smith,1993)所说的校准检验的大小。如果模型对于数据的拟合不理想,则相关性的模拟分布就距离实际数据分布和获得的极端统计相差很远,得到极值统计量[例如,在模拟分布的尾部的实际相关系数,或 $\text{ACRF}_{N,w}(\tau)^l$ 小于实际值的次数为 0 或 1]。

对相关性使用渐近正态分布,得到第二种方法。例如,安德森(Anderson,1971)证明了$\widehat{\text{ACRF}}_{N,w}(\tau)\xrightarrow{D}\mathbb{N}(\text{ACRF}_{N,w}(\tau),\Sigma_{\text{ACRF}}(\tau))$,其中,$\Sigma_{\text{ACRF}}(\tau)=(1/2T)\times(1-|\text{ACRF}_{N,w}(\tau)|^2)$。因此,给定$\{\epsilon_t\}_{t=1}^T$,只要 $T\to\infty$,对于每个τ,$\sqrt{T}(\text{ACRF}_{N,w}(\tau)-\widehat{\text{ACRF}}_{N,w}(\tau))/\sqrt{\Sigma_{\text{ACRF}}(\tau)}\xrightarrow{D}\mathbb{N}(0,1)$。当 T 是中等或者很小时,由于不知道相关性估计的性质,人们可能偏爱使用此检验的小样本方法,此时可使用下面的算法。

算法 7.3

(1) 抽取$(\{\epsilon_t\}_{t=1}^T)^l$,并且计算 $\text{ACRF}_{N,w}(\tau)^l, l=1,\cdots,L,\tau=0,1,2,\cdots$。

(2) 对于每个 l,将$\sqrt{T}(\text{ACRF}_{N,w}(\tau)-\widehat{\text{ACRF}}_{N,w}(\tau))/\sqrt{\Sigma_{\text{ACRF}}(\tau)}$与 $\mathbb{N}(0,1)$进行比较。记录 p 值或者构造指标函数,如果模拟分布在某个置信水平上,显著地不服从 $\mathbb{N}(0,1)$,该函数值为 1;否则为 0。

(3) 构造 p 值的分布,或模型被拒绝的次数的百分比。

我们已经检验,例题 7.3 中的受到政府支出和技术冲击的 RBC 模型是否能够解释 1964:1～2003:1时期无趋势的美国数据样本的相关性。使用具有可分离效用模型(对于消费的幂设定和闲暇的线性设定),其中,参数是 $\beta=0.99,\delta=0.025,\vartheta=0.5,\varphi=2,N^{ss}=0.2,\rho_\zeta=0.9,\rho_G=0.8,\sigma_\zeta=0.007,\sigma_G=0.01$。

表 7.3 说明了模拟相关性的低于实际数值次数的百分比(“大小”),拒绝正态假设的次数(“正态性”),模拟相关系数的 68%区间和实际相关系数,$\tau=-1,0,1$。

值得注意的是,区间内的实际相关系数是由模型在三个水平上产生的。尽管显示出模型的相关系数大于真实数据的相关系数的趋势,但是结果仍然合理。这并不令人吃惊。正如在练习 2.15 中得到的,需求转换的出现能够根本地减少由于技术冲击导致的工作时间和实际工资的完全相关性。

表 7.3　模型的相关系数

	$\mathrm{corr}(N_t, w_{t-1})$	$\mathrm{corr}(N_t, w_t)$	$\mathrm{corr}(N_t, w_{t+1})$
大小(%低于实际)	0.40	0.27	0.32
正态性(%拒绝)	0.59	0.72	0.66
区间	[0.39,0.65]	[0.45,0.70]	[0.38,0.64]
实际相关系数	0.517	0.522	0.488

练习 7.15[阿德尔曼(Adelmann)检验]　考虑 RBC 模型的两种情况:一种是消费具有偏好持续性,另一种存在一期劳动合同。假设只存在生产力冲击,通过对数线性化最优条件可以得到解,并且参数化生产过程使得它复制美国经济的实际索洛残差的二阶矩。

(i) 适当选取两个模型的其余参数。

(ii) 构造产出转折点的概率,如果 $GDP_{t-2}>GDP_{t-1}>GDP_t<GDP_{t+1}<GDP_{t+2}$,在 t 时刻定义一个衰退;如果 $GDP_{t-2}<GDP_{t-1}<GDP_t>GDP_{t+1}>GDP_{t+2}$,在 t 时刻定义一个扩张。(提示:对于外生变量扰动的序列进行抽样,并计算遇到的衰退和扩张的次数。)哪一个模型更好地拟合了 NBER 年表?

练习 7.16(货币与通货膨胀的关系)　考虑运营资本经济(类似于练习 2.14)和粘性价格经济(类似于例题 2.9)。假定要找出哪个模型对欧元地区数据的 M1 增长和通货膨胀的实际交互相关函数拟合得更好。假设在每个模型中存在两个冲击(技术和货币冲击),都为 AR(1)。由资本和劳动力得到两个模型的产出,消费不具有偏好持续性。存在二次成本来调整资本的形式,$\frac{1}{2}b((K_{t+1}/K_t)-1)^2K_t$,其中,$b\geqslant 0$。根据 $i_t=i_{t-1}^{a_0}GDP_t^{a_1}\pi_t^{a_2}\epsilon_{3t}$ 实施货币政策,其中,ϵ_{3t} 是货币政策的冲击,i_t 是名义利率。在稳态附近对数化两个模型,选取合适的参数,构造拟合方法的概率,对货币和技术冲击使用随机过程。

可以度量脉冲响应之间的距离,而不是矩之间的差距,使用第 4 章介绍的方法可以得到有经济含义的冲击。用于比较脉冲响应的统计量是:

$$\mathfrak{S}(\tau)=[IRF(\tau)-IRF^{A}(\tau)]\Sigma(\tau)^{-1}[IRF(\tau)-IRF^{A}(\tau)]' \qquad (7.14)$$

其中,$\tau=1,2,\cdots$,$IRF(\tau)$是在 τ 水平上的模型的平均反应。而 $IRF^{A}(\tau)$是在 τ 水平上的实际反应,$\Sigma(\tau)=(1/L)\sum_{l=1}^{L}[IRF(\tau,l)-IRF(\tau)^{A}][IRF(\tau,l)-IRF(\tau)^{A}]'$。渐近地,$T\times\mathfrak{S}(\tau)\sim\chi^2(1)$。对于宏观经济学使用的样本大小来说,小样本的统计量可能更适用,因此,可以使用:

$$\mathfrak{S}(\tau,l)=[IRF(\tau,l)-IRF^{A}(\tau)]\Sigma(\tau)^{-1}[IRF(\tau,l)-IRF^{A}(\tau)]' \qquad (7.15)$$

其中,$IRF(\tau,l)$为模型在 τ 水平上的用于复制 l 的反应函数,在算法 7.3 中,可使用脉冲响应的模拟实现计算在每个 l 上的 $\mathfrak{S}(\tau,l)$。可以构造 $\mathfrak{S}(\tau,l)$ 的经验分布，计算出被拒绝频率。由于 $\Sigma(\tau)$ 在各期 τ 水平上相关，所以如果在 τ 大于 1 时进行比较，就需要消除相关性。

练习 7.17(产出和价格) 继续练习 7.14 中的经济模型，使用模拟价格和产出数据的 VAR 模型，通过(错误的)假设，即某一冲击对价格并没有影响，来识别冲击。对真实数据重复这种识别方法。计算 $\mathfrak{S}(\tau,l)$，$\tau=1,4,8$。将拒绝频率制成表格并解释结果。

这部分设定可以用来修正参数的不确定性。只需改变算法 7.2 和 7.3 中的步骤(1)，对 ϵ_t 和 θ 进行随机化处理。可以构造相关统计量的经验分布，并从中计算出样本大小和百分点的拒绝率。当参数的不确定性是"客观的"，如加诺瓦(Canova,1994,1995a)所示，扩展形式也是类似的：可以从参数的联合经验分布中得到。当参数的不确定性反映了样本的波动性时，就可以使用下一节描述的方法。

7.4.3 *基于抽样波动性的拟合度量*

如果我们允许参数存在波动性，或者接受典型事实存在测量误差，就可以使用挖掘样本的波动性的方法，而不是模拟的方法，来评价模型。

当参数是随机的，通常使用的方法类似于 J 检验(见第 5 章)。尽管由于存在参数的不确定性，模拟的矩是随机的，然而实际数据的矩被假设为不存在测量误差。因此，数据的矩相当于在 GMM 设定中的 g_∞，模拟数据的矩相当于 g_T。

假设 θ_T 是 $(1/T)\sum_t g_1(\epsilon_t,\theta)$ 的解。令 $g_2(y_t)$ 为实际数据的矩向量，$g_2(\epsilon_t,\theta_T)$ 是从模拟数据中得到的同样的矩向量，$\Sigma_{g_2}=(\partial g_2/\partial\theta)\sum_\theta(\partial g_2/\partial\theta)'$ 是 $g_2(\epsilon_t,\theta_T)$ 的协方差矩阵，其中，Σ_θ 是 θ_T 的协方差矩阵。当 $T\to\infty$，有 $T\times[g_2(y_t)-g_2(\epsilon_t,\theta)]'\times\Sigma_{g_2}^{-1}[g_2(y_t)-g_2(\epsilon_t,\theta_T)]\sim\chi^2(\dim(g_2))$。

练习 7.18 假定 $g_2(y_t)$ 存在测量误差。说明如何修正距离统计量和它的近似分布。

这里需要强调两点。首先，方法跟第 5 章中的方法紧密相关。因此，在 y_t 和 g 函数的标准条件下，得到统计量渐近有效。注意，这里的估计和检验是有时间顺序的，而不是同时的，从识别条件可得到 θ_T。其次，在零假设下，用 g_2 表示的模型是真实的 DPG，J 检验是有效的。也就是说，对于有效性验证具有经济含义，模型至少在 g_2 的表示上是正确的，

另一种方法由迪博尔德、瓦尼安和伯克维茨[Diebold, Ohanian, and Berkowitz (DOB), 1998]提出，不需要假设模型是正确的。其方法在思想上与沃森接近，但使用了实际数据的抽样波动性来构造拟合的有限样本诊断。

令 $\mathcal{S}_y(\omega)$ 为实际数据的谱，$\hat{\mathcal{S}}_y(\omega)$ 是 $\mathcal{S}_y(\omega)$ 的估计量，当 y_t 是单变量，且 T 很大时，$2\hat{\mathcal{S}}_y(\omega)/\mathcal{S}_y(\omega)\sim\chi^2(2)$，$\omega\neq0,\pi$。对于宏观经济学中使用的样本大小来说，渐近近似可能是不合适的，所以 DOB 建议使用两个自助法来构造 y_t 的谱的小样本置信区间。两种方法在复制的构造上有所区别：第一种方法中，预测误差的渐近分布为再抽样分布。第二种方法中，预测误差的渐近分布为经验分布。令 $\widetilde{\mathcal{P}}'\widetilde{\mathcal{P}}=\mathrm{ACF}_y(\tau)$，

$\bar{y}$ 为样本 y_t 的均值。方法的步骤归纳如下：

算法 7.4

(1) 从 $\mathbb{N}(0,I_T)$ 中，或从 $\upsilon_t=\widetilde{\mathcal{P}}^{-1}(y_t-\bar{y})$ 的经验分布中抽取 υ_t^l。

(2) 构造 $y_t^l=\bar{y}+\widetilde{\mathcal{P}}\upsilon_t^l$ 和 $\mathrm{ACF}_y(\tau)^l,l=1,\cdots,L$。

(3) 计算 $\hat{\mathcal{S}}_y^l(\omega)=\sum_\tau \mathcal{K}(\tau)\mathrm{ACF}_y(\tau)^l e^{-\mathrm{i}\omega\tau}$，其中，$\mathcal{K}(\tau)$ 为核。

(4) 对于每一个 ω，对 $\hat{\mathcal{S}}_y^l(\omega)$ 排序；构造百分位数，求出置信区间。

回顾当 υ_t 是同方差时，自助法是有效的。因此，如果存在异方差，要使用算法 7.4 对数据进行变换。

这些估计量的相应多变量的情况也是类似的。

练习 7.19 描述怎样才能在多元框架下应用算法 7.4 的参数化自助法。

自助法的分布在频率乘频率下有效。但是，经常需要在很多频率内进行评估。因此，通过连接 p 值得到的频率乘频率的结果是不正确的，因为根据每个频率构造的 $n(1-\varrho)\%$ 置信区间的集合不能达到 $(1-\varrho)\%$ 的联合覆盖。如果逐点区间相互独立，则实际的置信区间将会接近 $(1-\varrho)^n\%$。因此，通过为每个频谱坐标选择一个 $(1-\varrho/n)\%$ 的覆盖，就可以得到一个更合适的近似，这是因为得到的通道至少有 $(1-\varrho)\%$ 的覆盖。

将模型的随机过程和参数固定在 $\hat{\theta}$ 和 $\hat{\epsilon}_t$ 上，使用 $\hat{\epsilon}_t$ 的分布和遍历性模拟长期数据或多次复制短期数据，构造出任意精确程度来模拟数据的谱。令模型的谱为 $\mathcal{S}_x(\omega,\hat{\theta},\hat{\epsilon}_t)$。一个拟合测度是：

$$\mathfrak{L}(\hat{\theta},\hat{\epsilon}_t)=\int_{\omega_1}^{\omega_2}\mathfrak{L}^*(\mathcal{S}_y(\omega),\mathcal{S}_x(\omega,\hat{\theta},\hat{\epsilon}_t))W(\omega)\mathrm{d}\omega \tag{7.16}$$

其中，$W(\omega)$ 是一个权重集合，$\mathfrak{L}^*$ 是用以度量在频率 ω 下，实际数据和模拟数据产生的谱的差异的函数。

在评判标准中，容易包含参数的不确定性。事实上，使用(7.16)式来评估拟合优度的一个优点是，可以使用 $\mathfrak{L}(\hat{\theta},\hat{\epsilon}_t)$ 来估计。例如，$\tilde{\theta}=\mathrm{argmin}_\theta\mathfrak{L}(\theta,\hat{\epsilon}_t)$ 是 θ 的最小距离估计值。如果采用这种方法，为了使估计—评估过程有意义，就必须假设这个模型至少在一些程度上是正确的。

将算法 7.4 和估计相结合也很容易：程序的前三个步骤都是一样的，只需要在每次取样中估计 $\tilde{\theta}^l,l=1,\cdots,L$，根据 $\tilde{\theta}^l$ 的分布，可以构造出点估计、置信区间等。

练习 7.20 当(7.16)式中的 $\mathfrak{L}^*$ 是二次型，并且我们只对比较关于经济周期频率的模型和数据感兴趣，说明 $\mathfrak{L}(\hat{\theta},\hat{\epsilon}_t)$ 的形式。说明 θ 和 $\mathcal{S}_x(\omega)$ 的变化如何影响对 $\mathfrak{L}(\theta,\hat{\epsilon}_t)$ 的估计。说明如果 $\mathfrak{L}^*=\mathcal{S}_x(\omega,\hat{\theta},\hat{\epsilon}_t)/\mathcal{S}_y(\omega)$，去除时间趋势是否对判断模型和数据的接近程度没有影响。

例题 7.13(带状光谱回归) 假设 ω_j 是傅立叶频率，关注经济周期频率(即 $[\pi/16,\pi/4]$)。假设 $\mathfrak{L}^*$ 是二次型，$W(\omega)=1,\forall\omega,\mathfrak{L}(\theta,\hat{\epsilon}_t)=\sum_j(\mathcal{S}_y(\omega_j)-\mathcal{S}_x(\omega,\theta,\hat{\epsilon}_t))^2$。如果 $\mathcal{S}_x(\omega,\theta,\hat{\epsilon}_t)$ 和 $\mathcal{S}_y(\omega_j)-\mathcal{S}_x(\omega_j,\theta,\hat{\epsilon}_t)$ 正交，最小化 $\mathfrak{L}(\theta,\hat{\epsilon}_t)$ 产生了谱带回归估计量[参见恩格尔(Engle,1974)]。

练习 7.21 对于练习 7.14 描述的经济，选择恰当的参数，计算价格和产出的谱。使用美国的数据来计算价格和产出的谱，使用参数化的自助算法来度量模型和数据的差异。

(i) 假设 $\mathfrak{L}^*$ 是二次型，并且对于理论上的价格和产量在经济周期频率中偏离它们的实际值的大小赋予相同的权重，计算 $\mathfrak{L}(\hat{\theta},\hat{\epsilon}_t)$。

(ii) 当 $\mathfrak{L}(\theta,\hat{\epsilon}_t)=\mathcal{I}_{[\mathcal{S}y(\omega)\geq\mathcal{S}_x(\omega)]}$，并且 $\mathcal{I}$ 是一个指示函数，重复上面的计算。求出最小化损失函数的 $\tilde{\theta}$。

例题 7.14 继续例题 7.11 中描述的经济，利用参数化的自助法，我们来计算对于消费和产出的谱以及两个变量的一致性的联合 68%的通道。图 7.2 显示了模型产生的通道和对数频谱及一致性。(阴影部分为经济周期频率。)显然，模型中经济周期频率的消费和产出变量的变动性低于实际数据中的变动性，而其相关性则基本处于相同的量级。

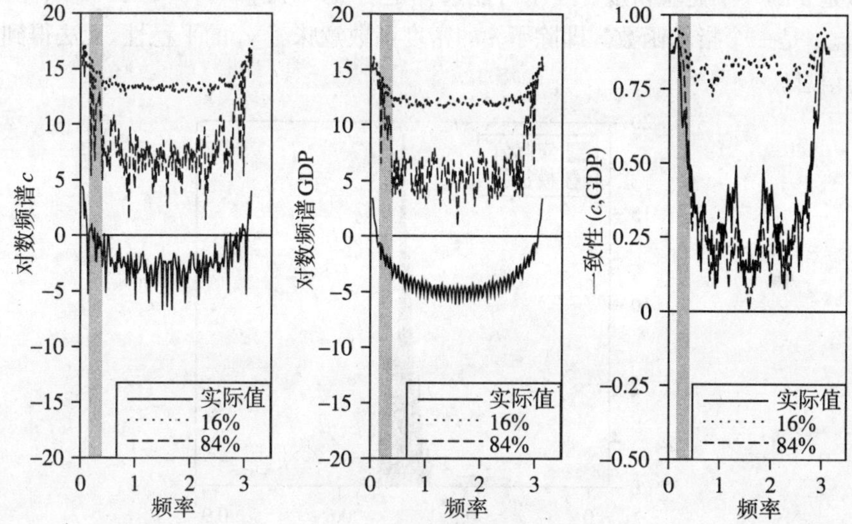

图 7.2 谱和相关性

7.4.4 *基于抽样和模拟变动性的拟合度量*

没有理由仅把注意力局限在抽样和模拟不确定上。由于参数是未知的，所以模型的结果是不确定的；由于存在抽样的变动性，所以数据的统计量也是不确定的。因此，需要设计出一个同时考虑两种不确定性的度量。

例如，可以构造实际数据统计量的自助法的分布，构造由模型得到的统计量的模拟分布(参数和随机过程允许存在不确定性)，并且通过检查两个分布的重叠程度来度量近似的程度——对不同等值线的概率重合，出现大的重合是一个好信号。在使用这种方法时，平等地对待实际数据和模拟数据：检验是否可以由模型产生实际数据；或者相反地，检验模拟数据是否与实际数据的经验分布相一致——类似于假设检验中的交换零假设和备择假设。

例题 7.15 继续例题 7.12，当同时考虑参数和随机过程存在不确定性时，求出模型中数据的时间和实际工资的同期相关分布之间存在的重合程度。图 7.3 显示了两种分布：存在一些重叠，但是模拟分布比实际分布扩展得更开。事实上，小样本实际相关性(0.44,0.52)的95%的区间在模型相关性(0.35,0.75)的68%的置信区间里面。相反,对于模型相关性的模拟分布的整体,只有中间的25%落在实际值的小样本分布的68%区间内。

德容(DeJong,1996)也认为,模型和数据存在不确定性。然而,分布对于模型中的参数和数据的参数表达式中出现的不确定性的描述是"主观的"。假设实际数据的$m\times 1$阶向量可表示为:

$$y_t = A(\ell)y_{t-1} + e_t,\ e_t \sim \text{i.i.d.}\ \mathbb{N}(0,\Sigma_e) \tag{7.17}$$

令$\alpha=\{\text{vec}(A_1),\text{vec}(A_2),\cdots,\text{vech}(\Sigma_y)\}$,其中,vec(•)(vech(•))是长方(对称)矩阵的列向量化。令$\Sigma_y=(I-A(\ell)\ell)^{-1}\Sigma_e((I-A(\ell)\ell)^{-1})'$,当$y_t$是平稳的时,给定$\alpha$,$y_t$的二阶矩可由$\Sigma_Y=\mathbb{A}\Sigma_Y\mathbb{A}'+\Sigma_E$得到,其中,$\mathbb{A}$是$A(\ell)$的伴随矩阵,$\text{ACF}_Y(\tau)=\mathbb{A}^\tau\Sigma_Y$。令$g(\alpha)$是$\alpha$的一个先验密度。一个可能选择是$g(\alpha)\propto|\Sigma_E|^{(m+1)/2}\times\mathcal{I}_{[\text{stationaty}]}$,其中,$\mathcal{I}_{[\text{stationaty}]}$是一个指示函数。即除了$\alpha$的密度函数意味着$y_t$的平稳性,无法得到$\alpha$的任何信息。

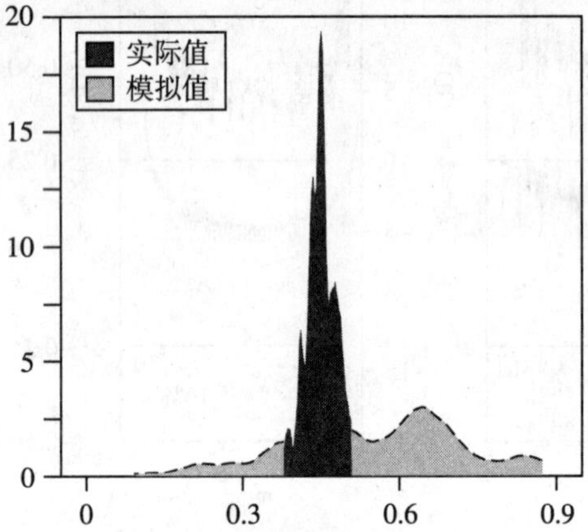

图7.3　小时和真实工资相关性的分布

正如第10章所述,α和Σ_e的非信息先验分布和y_t的正态似然分布得到α和Σ_e的正态—威夏特(normal-Wishart)后验分布。Σ_Y和ACF_Y的后验概率可以通过模拟来获取,即从这些分布中抽取α和Σ_e,对每次抽样计算Σ_Y和ACF_Y,并得到相应的百分点。

令θ是模型的参数向量。模型的结果可以用密度函数$f(x_t\mid\theta)$来描述。令$g(\theta)$代表θ的先验密度,则一旦参数的不确定性被平均掉以后,$f(x_t)=\int f(x_t\mid\theta)g(\theta)\text{d}\theta$就刻画了模型的实现。使用从$g(\theta)$中的取样以及模型$f(x_t\mid\theta)$的解中可以得到基于$\Sigma_x$以及$\text{ACF}_x$的分布的模拟,来解释先验参数的不确定性。

给定$g(\theta)$的函数形式,可以通过改变的离差来检验是否Σ_x和Σ_y(或ACF_x和ACF_y)的分布的重叠程度会增加。由于在行业内部对于$g(\theta)$的分布存在不同意见,所以这种方法可以帮助我们理解在选择参数θ时存在的不确定性是否能够减少模型和数据的差异。

令$g(\mathfrak{S}_{y,i})$代表基于$\mathfrak{S}_y$的第i分量的分布的数据,令$g_j(\mathfrak{S}_{x,i})$是使用先验分布

的第 j 个设定时，$\mathfrak{S}_{x,i}$ 的分布得到的模型。当 $0<\varrho<1$，一种用来测量 $g(\mathfrak{S}_{y,i})$ 和 $g_j(\mathfrak{S}_{x,i})$ 的重叠程度的方法是使用下面的置信区间标准(CIC)：

$$\mathrm{CIC}_{ij}=\frac{1}{1-\varrho}\int_{\varrho/2}^{1-\varrho/2} g_j(\mathfrak{S}_{x,i})\,\mathrm{d}\mathfrak{S}_{x,i} \tag{7.18}$$

其中，$1-\varrho=\int_{\varrho/2}^{1-\varrho/2} g(\mathfrak{S}_{y,i})\,\mathrm{d}\mathfrak{S}_{y,i}$。注意，$0\leqslant \mathrm{CIC}_{ij}\leqslant 1/(1-\varrho)$。当 CIC_{ij} 很小时，拟合不理想，即拟合程度太小或 $g_j(\mathfrak{S}_{x,i})$ 非常分散：值越接近 $1/(1-\varrho)$，表明两个分布重叠程度越大；当值大于 1 时，表明相对于 $g_j(\mathfrak{S}_{x,i})$，$g(\mathfrak{S}_{y,i})$ 更分散。当 CIC_{ij} 很小时，为了区分两种含义，可以使用另一种方法来对(7.18)式加以补充，针对在 $g(\mathfrak{S}_{y,i})$ 的分布中 $g_j(\mathfrak{S}_{x,i})$ 的均值，类似一个 t-统计量，即 $[Eg_j(\mathfrak{S}_{x,i})-Eg(\mathfrak{S}_{y,i})]/\sqrt{\mathrm{var}((\mathfrak{S}_{y,i}))}$。相对于一个 $\mathbb{N}(0,1)$ 来说，这个统计量的值意味着，$g_j(\mathfrak{S}_{x,i})$ 和 $g(\mathfrak{S}_{y,i})$ 存在差异。

虽然在比较中保持 ϱ 不变，在给定 j 的情况下，令它变化或许会更好，因为由 ϱ 的不同值产生的大的差异，为这两个分布如何重合以及在哪里重合提供了信息。

练习 7.22 考虑在练习 7.4 中分析的经济，可以得到股票和无风险债券。

(i) 使用证券回报 R_t^e 和无风险利率 R_t^f 的美国数据，计算证券溢价 $EP_t=(R_t^e-R_t^f)$、均值以及分别滞后 -1、0、1 的 (R_t^f,EP_t) 的自协方差。

(ii) 令 $n=2$，$\mathrm{gy}_1=0.987\,3$，$\mathrm{gy}_2=1.017\,7$，$p_1=0.2$，$p_2=0.8$，$\beta=0.99$，$\rho_y=0.8$，$\varphi=2$。从模型中模拟出资产价格的数据，计算 $\mathfrak{S}_x=[E(R_t^f),E(R_t^e),\mathrm{var}(R_t^f),\mathrm{var}(R_t^e)]$。

(iii) 考虑两个变量的二阶矩，和沃森方法一样，假设希望最小化无风险利率的方差。得到在所有频率上的无风险利率和证券溢价的个别的和联合的拟合。

(iv) 通过采用基于模拟出来的数据中的抽样变异性的度量，检查模型对资产溢价以及无风险利率的均值的拟合程度。

(v) 描述用于计算两个变量的方差的小样本分布的自助法。使用二次型损失函数，采用 DOB 方法求出 φ，使得模型对数据的拟合达到最优。

(vi) 假设 $\varphi\sim\mathbb{N}(2.0,0.1)$，$\beta\sim\mathbb{N}(0.96,0.01)$，$\rho_y\sim\mathbb{N}(0.8,0.05)$，仍令 $\mathrm{gy}_1=0.987\,3$，$\mathrm{gy}_2=1.017\,7$，$p_1=0.2$，$p_2=0.8$，随机抽取这些参数的 100 个值，对于每个取样计算 $\mathfrak{S}_x$，计算(并绘图)出联合经验分布。假设 $\varphi\sim\mathbb{N}(2.0,0.2)$，并仍假设 $\mathrm{gy}_1=0.987\,3$，$\mathrm{gy}_2=1.017\,7$，$p_1=0.2$，$p_2=0.8$，$\beta\sim\mathbb{N}(0.96,0.02)$，$\rho_y\sim\mathbb{N}(0.8,0.05)$，重复这一方法。

(vii) 使用对无风险利率和证券溢价的测度，得到一个双变量的 VAR。从正态—威夏特分布中抽取 100 个参数作为 VAR 的参数，对于每个取样计算 $\mathfrak{S}_y$，并画出联合分布。

(viii) 在(vi)和(vii)中，令 $\varrho=0.01$，0.10，计算所得到的分布函数之间的重叠程度。在两种情况下，分别计算 CIC。

(ix) 求出 $\mathfrak{S}_y$ 分布的百分点，这个百分点在从(ii)计算出来的 $\mathfrak{S}_x$ 中。

也许你会注意到，在我们讨论的程序中依然存在非对称性。事实上，我们比较模型 $f(x_t)$ 的预测密度函数和数据的后验分布。原则上，人们愿意使用模型和数据的后验分布，但是，必须使用马尔科夫—蒙特卡洛方法。我们将关于这种方法的讨论推迟到第 9 章。

汉森和赫克曼(Hansen and Heckman,1996)批评了计算实验的应用者,认为他们很少在模型和简单的时间序列设定之间进行样本外预测的比较。这个比较在两方面是有用的。第一,因为 DSGE 模型是受约束的 VAR 模型,与无约束的 VAR 模型的比较,帮助检验这些约束条件的有效性。第二,如果 DSGE 模型相对无约束的时间序列模型来说,预测效果不太糟糕,则政策制定者存在激励去更加认真对待提出的措施。

例题 7.16 我们再次采用例题 7.3 中的设定来预测产出。给定参数的条件,在每一个 t,由递归公式 $\mathbb{S}y_{t+\tau}=A_0^G A_1 \mathbb{S}y_{t+\tau-1}$,得到 $\mathrm{GDP}_t(\tau)$,$\tau=1,2,\cdots$,其中,$\mathbb{S}$ 选择矩阵,从向量 y_t 中提取 GDP_t,A_0^G 是 A_0 的广义逆。通过计算两个模型 MSE 的比值,将模型的预测结果和由天真的随机游走模型(即,$\mathrm{GDP}_{t+\tau}=\mathrm{GDP}_t$,$\forall\tau$)得到的值进行比较。对于 1990:1~2001:3 时期的样本,在 1 步的范围内这个统计量是 1.13。如果进行 4 步,它的值降到 0.97,所以在更长的时间内施于模型的限制是有帮助的。如果我们随机化模型的参数,可以构造预测值和 MSE 比率的小样本分布。此时,在 1 步范围内,在超过 70%的情况下,有两个 MSE 的比值大于 1;但是,在 4 步范围内,只有 58%的情况小于 1。

我们在本章讨论过的模型设定同样可以用于其他类型的预测比较,正如下面解释的那样。

例题 7.17 考虑一个包含货币和产出的二元 VAR 模型,并且假设 α 的先验分布。从 α 的后验分布中得到 α^l 的实现值,并且使用(7.17)式去进行递归的样本外预测,只要已知模型的深层参数 θ 的先验分布,从类似于(7.12)式对每一个抽样 θ^l,计算预测值 $\mathbb{S}y_{l+\tau}^l$,$\tau=1,2,\cdots$。然后在每个 τ 水平上比较预测值,可以计算该模型的 MSE 次数低于 VAR 模型的 MSE 的次数,或者将 $T\times[\mathrm{MSE}(\theta,l)-\mathrm{MSE}(\alpha,l)]\times\Sigma^{-1}[\mathrm{MSE}(\theta,l)-\mathrm{MSE}(\alpha,l)]'$看成是 $\chi^2(1)$分布,其中,Σ 度量在每个 l 上由均值得到的 $\mathrm{MSE}(\theta,l)$和 $\mathrm{MSE}(\alpha,l)$的偏离程度。

使用样本外预测值来比较 DSGE 模型对数据的拟合程度时,并不一定要认为模型对于数据是正确的 DGP。基于 MSE 的比较不要求这样的假设:如果预测值的方差很小,即使估计是有偏的,预测值仍然可以接受。类似地,不管是对于图形分析还是对于历史事件的考察,都不需要这样的假设。

我们一直在强调,对于经济学模型的本质,校准学者和标准的计量经济学家持有不同观点。对于标准的计量经济学家来说,模型结果的分布是数据的概率密度函数,可以用作似然函数进行推断。校准学者使用 GMM 或者相似的方法选取参数,隐含地假设了模型只描述实际数据的部分特征(矩)。用 $\mathfrak{S}_y$ 表示这些特征。因为 $\mathfrak{S}_y$ 和模型结果之间的关系类似于传统计量学家假设的那样,所以可以使用相同的评价方法。然而,在构造 $\mathfrak{S}_x$ 和 $\mathfrak{S}_y$ 之间的映射时,很容易陷入逻辑不一致性。下面的一个例题可以帮助我们弄清楚为什么会这样。

例题 7.18 假设关心构造一个模型来解释从持有金融资产得到的平均回报,令 y_{it} 表示由模型中的资产 i 得到的回报,令 $\bar{y}_i$ 为一阶矩,且假设回报是独立同分布的,方差为常数。因为 $\mathrm{var}(\bar{y}_i)=\mathrm{var}(y_{it})/T$,所以 $\bar{y}_i$ 的抽样分布依赖于回报的总体方差。因此,模型想要解释的数据特征(一阶矩)可能会依赖于模型没有解释的特征(二阶矩)。

为了避免不一致性,格韦克(Geweke,1999)建议把 DSGE 模型看作是数据的可观测的函数的总体矩,而不是样本矩。这个设定是有利的,因为模型之间的比较不需要数据的似然函数。但是,因为 DSGE 模型不能理解可观测变量,就必须将总体和样本统计量联系起来。

令 $\mathfrak{S}_y$ 表示数据的一个子集的函数的向量,$\mathcal{M}_1$ 和 $\mathcal{M}_2$ 分别表示参数为 θ_1 和θ_2 的两个不同的模型设定,令 $\mathfrak{S}_{\infty,1}=E[\mathfrak{S}_y|\theta_1,\mathcal{M}_1]$和 $\mathfrak{S}_{\infty,2}=E[\mathfrak{S}_y|\theta_2,\mathcal{M}_2]$是由模型得到的总体函数,$f(\mathfrak{S}_{\infty,1}|\mathcal{M}_1)$和 $f(\mathfrak{S}_{\infty,2}|\mathcal{M}_2)$是由两个模型得到的 $\mathfrak{S}_\infty$ 的密度函数。令$g(\theta_1)$和 $g(\theta_2)$是参数的先验分布,令 $\mathcal{M}_3$ 为时间序列模型,可以用来得到 $\mathfrak{S}_\infty$的后验分布,给定可观察值 y_t,后验分布为 $g(\mathfrak{S}_{\infty,3}|y_t,\mathcal{M}_3)$。

令 $f(y_t|\mathfrak{S}_{\infty,3},\mathcal{M}_1,\mathcal{M}_3)=f(y_t|\mathfrak{S}_{\infty,3},\mathcal{M}_2,\mathcal{M}_3)=f(y_t|\mathfrak{S}_{\infty,3},\mathcal{M}_3)$,且假设 $g(\mathfrak{S}_{\infty,1}|\mathcal{M}_1,\mathcal{M}_3)=f(\mathfrak{S}_{\infty,1}|\mathcal{M}_1)$,$g(\mathfrak{S}_{\infty,2}|\mathcal{M}_2,\mathcal{M}_3)=f(\mathfrak{S}_{\infty,2}|\mathcal{M}_2)$。直觉上,要求两个模型不含有关于 y_t 的信息(假设它们用来描述 $\mathfrak{S}_\infty$),无论是绝对还是相对于 $\mathcal{M}_1$ 和 $\mathcal{M}_2$ 而言,$\mathcal{M}_3$ 不含有 $\mathfrak{S}_\infty$的信息。

练习 7.23 证明如果 $g(\mathfrak{S}_{\infty,3}|\mathcal{M}_3)$是常数,$g(\mathfrak{S}_{\infty,1}|\mathcal{M}_1,\mathcal{M}_3)=f(\mathfrak{S}_{\infty,1}|\mathcal{M}_1)$,给定 y_t 和经验模型 $\mathcal{M}_3$,模型的后验分布为:

$$g(\mathcal{M}_1|y_t,\mathcal{M}_3)\propto g(\mathcal{M}_1|\mathcal{M}_3)\int f(\mathfrak{S}_{\infty,1}|\mathcal{M}_1)g(\mathfrak{S}_{\infty,1}|y_t,\mathcal{M}_3)\,\mathrm{d}\mathfrak{S}_{\infty,1} \tag{7.19}$$

等式(7.19)表明,这两个模型的后验比值的比率(参见第 9 章)是:

$$\frac{g(\mathcal{M}_1|y_t,\mathcal{M}_3)}{g(\mathcal{M}_2|y_t,\mathcal{M}_3)}=\frac{g(\mathcal{M}_1|\mathcal{M}_3)}{g(\mathcal{M}_2|\mathcal{M}_3)}\frac{\int f(\mathfrak{S}_{\infty,1}|\mathcal{M}_1)g(\mathfrak{S}_{\infty,1}|y_t,\mathcal{M}_3)\,\mathrm{d}\mathfrak{S}_{\infty,1}}{\int f(\mathfrak{S}_{\infty,2}|\mathcal{M}_2)g(\mathfrak{S}_{\infty,2}|y_{\mathcal{M}},\mathcal{M}_3)\,\mathrm{d}\mathfrak{S}_{\infty,2}} \tag{7.20}$$

等式(7.19)和(7.20)说明了两个重要事实。首先,模型的后验分布与对于 $\mathfrak{S}_\infty$的模型密度的乘积成比例,并且与带有一个依赖于模型的先验分布的比例因子的由经验模型 $\mathcal{M}_3$ 和数据 y_t 得到的后验分布成比例。其次,模型 $\mathcal{M}_1$ 的后验分布除以模型 $\mathcal{M}_2$ 的后验分布的值取决于,给定 $\mathcal{M}_3$ 下,$f(\mathfrak{S}_\infty|\cdot)$和 $\mathfrak{S}_\infty$的后验分布的重叠程度。因此,如果由 $\mathcal{M}_1$ 得到的 $\mathfrak{S}_\infty$的分布与由 $\mathcal{M}_3$ 得到的后验分布的重叠部分大于由 $\mathcal{M}_2$ 得到的 $\mathfrak{S}_\infty$的分布与由 $\mathcal{M}_3$ 得到的后验分布的重叠部分,则使用 $\mathcal{M}_1$ 比 $\mathcal{M}_2$ 更好。$g(\mathcal{M}_1|\mathcal{M}_3)/g(\mathcal{M}_2|\mathcal{M}_3)$表示了在给定 $\mathcal{M}_3$ 下,两个模型的先验分布的比值。因为 y_t 可以是向量,(7.20)式扩展了德容(DeJong,1996)的单变量标准,为例题 7.15中描述的方法提供了的统计学基础。

(7.20)式的计算是直截了当的。可以对通过在给定ϵ_t 的取值情况下,对每个 $\mathcal{M}_i$,$i=1,2$ 在随机数 θ_i 上平均化 $\mathfrak{S}_\infty$来得到 $f(\mathfrak{S}_\infty)$,采用第 9 章介绍的方法可以得到 $g(\mathfrak{S}_{\infty,1}|y_{1t},\mathcal{M}_3)$。

练习 7.24 继续练习 7.22 中研究的经济,考虑这个模型的两种形式:一种是红利服从两种状态的马尔科夫链,另一种是红利服从三种状态的马尔科夫链。

(i) 估计美国资产溢价和实际无风险利率的双变量 VAR。从一个正态—威夏特后验分布中取随机数 100 次作为 VAR 的参数(即从威夏特分布中抽取得到

Σ^{-1}，在这个条件下，从一个均值等于 OLS 估计量、方差由 Σ 中抽取得到的正态分布中抽取 VAR 系数）。

(ii) 假设 $gy_1=0.9873, gy_2=1.0177, p_1=0.2, p_2=0.8, \rho_y=0.8$，令 $\ln(\beta/(1-\beta))\sim\mathbb{N}(3.476, 1.418^2), \varphi\sim\mathbb{N}(0.4055, 1.3077^2)$。假设红利在第三种状态下的增长率为 $\ln(gy_3/(1-gy_3))\sim\mathbb{N}(0.036, 1.185^2)$。在这个分布下，随机抽取 100 个值作为参数，分别计算两个模型在每次随机抽取中得到的资产溢价和无风险利率。

(iii) 画图检查两个模型产生的散点与 VAR 产生的散点之间的重合程度。

(iv) 计算两个模型的后验比值的比率(7.20)式，假设 $g(\mathcal{M}_1|\mathcal{M}_3)/g(\mathcal{M}_2|\mathcal{M}_3)=1$。

(v) 在给定数据时，对 $\mathfrak{S}=(E(\mathrm{EP}_t), E(R_t))$ 构造 68% 的后验的等概率线，通过计算在这个等概率线上产生资产溢价和无风险利率的复制的次数，得到对两个模型的可靠性的概率评估。

注意到，我们描述的步骤是在 $\mathcal{M}_3$ 条件下的，经验模型连接了总体矩和数据。因为在正则条件下，VAR 可以准确地表示经济数据，所以可以用来产生联系。但是，这个步骤是一般性的：只要 $\mathfrak{S}_\infty$ 的后验分布容易计算，就可以使用更具结构性或者更具时间序列化的模型设定，甚至可以运用“差”的模型（考虑到数据的拟合程度）。

7.5 测量的灵敏度

一旦评估了模型对数据的拟合质量，就会对模型产生一定的信心，实施希望执行的测量或政策。在最简单的框架下，实验的结果是一个数字[参见库利和汉森(Cooley and Hansen, 1989)]，如果对检验在校准值的领域内微小方差结果的灵敏度感兴趣的话，则可以非正式地对不同的参数值复制实验来检验局部灵敏度，或正式地相对于 θ 的某些组成部分的变化，计算测量的弹性[参见帕冈和香农(Pagan and Shannon, 1985)]。

当允许模拟中存在不确定性时，实验的结果就是随机变量的实现。因此，我们对得到实现值的处于模型可能的结果范围的具体位置感兴趣。可以使用在 7.4 节中介绍的一些方法。例如，可以构造模拟标准差或者置信区间，从一些分布（基于先验的、实证的或者抽样的）中抽取参数向量（或外生变量的随机过程）。此时，分析是全局性的，即分析了在整个值域内测量对参数的微扰的灵敏度。注意，在加诺瓦(Canova, 1994)、德容(DeJong, 1996, 2000)和格韦克(Geweke, 1999)使用的方法中，评价步骤对于在一个合理经济范围内的参数的全局微扰，自动有效地提供了敏感性分析。

除了模拟的方法之外，还有两种方法可以得到测量对参数选择的灵敏度。这些最早由阿德哈克和迪福尔(Abdelkhalek and Dufour, 1998)在 CGE 经济中提出来的方法，也可以适用于 DSGE 模型。第一个方法基于渐近展开，并且正规化了帕冈和香农(Pagan and Shannon, 1985)的局部求导方法。

练习 7.25 假设 $\sqrt{T}(\theta_T-\theta)\xrightarrow{D}\mathbb{N}(0,\Sigma_\theta)$，其中，$\det(\Sigma_\theta)\neq 0$。

(i) 证明，如果 $h(\theta)$ 是 θ 的连续可微函数的 $m\times 1$ 阶向量，并且 $\sqrt{T}(h(\theta_T)-$

$h(\theta))\xrightarrow{D}\mathbb{N}(0,\Sigma_h)$。写出 Σ_h 的形式。

(ii) 证明，如果 $\text{rank}(H(\theta))=m$，并且 $T[h(\theta_T)-h(\theta)]'\Sigma_h^{-1}[h(\theta_T)-h(\theta)]\xrightarrow{D}\chi^2(m)$，则对 $h(\theta)$ 得到的渐近的 $(1-\varrho)$ 的显著性的置信集合为 $\text{CI}_h(\theta)=\{h(\theta):T[h(\theta_T)-h(\theta)]'\Sigma_h^{-1}[h(\theta_T)-h(\theta)]\leqslant\chi_\varrho^2(m)\}$，且 $P[h(\theta)\in\text{CI}_h(\theta)]=1-\varrho$。

练习 7.25 使用参数的渐近分布来构造 $h(\theta)$ 的置信区间。这个方法有两个明显的缺点。首先，需要得到 θ 的渐近分布。其次，要求模型的内生变量的个数等于 θ 的维数。第二个缺点可以通过对每一个 $i=1,\cdots,m$ 构造矩形（相对于椭圆形）的置信区间，从而得到改进。也就是说，只要 $\dim[h(\theta)]<m$，$\text{CI}_i(\theta)=\{h_i(\theta):T[h_i(\theta_T)-h_i(\theta)]^2/\sigma_{ii}\leqslant\chi^2(1)\}$，其中，$\sigma_{ii}=\text{diag}(\Sigma_{h_{ii}})$，$P[h_i(\theta)\in\text{CI}_i(\theta)]=1-\varrho_i$，通过选择 $\sum_i\varrho_i=\varrho$（例如，$\varrho_i=\varrho/m$），得到的联立置信区间不小于 $1-\varrho$。

第二种方法不需要使用渐近性质，只要假设 $P(\theta\in\Theta)\geqslant1-\varrho$ 的集合 Θ 存在。如果 θ 是随机的，它可以是一个先验或者后验的估计值，如果 Θ 是随机的，它可以是经典的小样本置信区间。令 $h(\Theta)=\{h(\theta_0)\in R^m\}$，至少对某个 $\theta_0\in\Theta$ 成立。则 $\theta\in\Theta$ 意味着 $h(\theta)\in h(\Theta)$，$P[h(\theta)\in h(\Theta)]\geqslant P(\theta\in\Theta)=1-\varrho$。当 h 是非线性时，$P[h(\theta)]$ 很难计算。如果令 $h_i(\Theta)=\{h_i(\theta_0)\in R^m$，至少对某个 $\theta_0\in\Theta$ 成立$\}$，则可以构造 $P[h_i(\theta)\in h_i(\Theta),i=1,\cdots,m]\geqslant1-\varrho$ 和 $P[h_i(\theta)\in h_i(\Theta)]\geqslant1-\varrho,i=1,\cdots,m$。第一个集合是联立的矩形置信集合，第二个集合是边际矩形的置信集合。下面的结论表明，这些集合在一般条件下是区间。

结论 7.1 如果 h 是连续的，并且 Θ 是紧的和连通的，则每个 $h_i(\Theta)$ 都是紧的和连通的，$h_i(\Theta)=[h_i^{\text{lo}}(\Theta),h_i^{\text{up}}(\Theta)]$，$i=1,2,\cdots$，其中，$h_i^{\text{lo}}>-\infty$，$h_i^{\text{up}}<\infty$（如果不存在两个集合 O_1、$O_2\in R_m$，使得 O_3 满足 $O_3\subseteq O_1\cup O_2$ 且 $O_3\cap O_1\cap O_2=\varnothing$，则这个集合就是连通的）。

为了发现这个区间的上极限和下极限，可以采用以下算法。

算法 7.5

(1) 构造 $\Theta=\{\theta_0\in R^m:(\theta-\theta_0)'\Sigma_\theta^{-1}(\theta-\theta_0)\leqslant\mathfrak{C}(\theta)\}$，其中，$\Sigma_\theta=\text{var}(\theta)$，$\mathfrak{C}$ 是 θ 的函数。

(2) 设 $\mathfrak{S}(\theta)=h_i(\theta_0)+\frac{1}{2}\lambda[(\theta-\theta_0)'\Sigma_\theta(\theta-\theta_0)-\mathfrak{C}(\theta)]$，找到最小最大值。

(3) 设 $\theta^{\text{up}}=\text{argmax}\mathfrak{S}(\theta)$ 和 $\theta^{\text{lo}}=\text{argmin}\mathfrak{S}(\theta)$。

注意，使用矩形区间代替椭圆形区间时，每一次只能将此算法运用在一维上。

容易验证步骤(2)的一阶条件是 $\partial h_i/\partial\theta_0-\lambda\Sigma_\theta(\theta-\theta_0)=0$，$(\theta-\theta_0)'\Sigma_\theta(\theta-\theta_0)-\mathfrak{C}(\theta)=0$，当 Σ_θ 非奇异时，由 θ_i 得到的 $h_i^{\text{lo}}(\Theta)$ 和 $h_i^{\text{up}}(\Theta)$ 分别是 $\theta_i=\theta\pm[(\partial h_i/\partial\theta_0)'\times\Sigma_\theta^{-1}(\partial h_i/\partial\theta_0)/\mathfrak{C}(\theta)]^{-0.5}\Sigma_\theta^{-1}\partial h_i/\partial\theta_0$。则 $\text{CI}(\theta)=\{\theta\in R^m;(\theta-\theta_0)'\Sigma_\theta^{-1}(\theta-\theta_0)/m\leqslant F_\varrho\}$ 是对于 θ 的 95% 的置信集合。注意，可以将与理论不一致的值提出，或者不予求解，因为 $P(\theta\in\Theta)=P(\theta\in\Theta\cap\Theta_0)\geqslant1-\theta$，其中，$\Theta_0$ 是 θ 可行值集合。最后，当 $(h(\theta+\iota)-h(\theta-\iota))/2\iota,\iota>0$ 并且很小时，可以得到 $\partial h(\theta)/\partial\theta$。

例题 7.19 考虑例题 2.8 描述的经济，其中，所有的商品都是现金商品，并且假设要计算通货膨胀的福利成本。库利和汉森(Cooley and Hansen, 1989)证明，依赖于货币 $\overline{M}$ 的平均增长率，如果现金预付约束在一个季度是紧约束，为了令消费者回到最优状态的波动区间，必须给予的补偿在 GDP 的 0.107%到 7.59%之间变动。假设 $\bar{M}$ 是一个均值为 1.04、标准差为 0.01 的随机变量(大约是美国从 1970～2000年的 M1 的增长率)，如果货币增长是正态分布的，则近似地，$h(\theta)\sim\mathbb{N}(0.21, 0.025)$。因此，为了令消费者回到最优区间，以稳态产出表示的消费的百分比的 68%的置信区间是(0.185，0.235)。

练习 7.26[古兰沙和珍妮(Gourinchas and Jeanne)] 考虑一系列小型开放 RBC 经济，人口以 $\text{Pop}_t=\text{gp Pop}_{t-1}$ 的速度增长，其中，$\text{gp}\geqslant 1$ 是国家的特征。国家 i 的效用是 $\sum_\tau \beta^\tau \text{Pop}_{t+\tau} c_{t+\tau}^{1-\varphi}/(1-\varphi)$。假设 $\text{GDP}_{it}=(\zeta_{it}N_{it})^\eta K_{it}^{1-\eta}$，其中，$\zeta_{it}$ 是技术扰动，使得短期内在不同的国家，$g_{\zeta_{it}}=\zeta_{it}/\zeta_{it-1}$ 是不同的，但是 $\lim_{t\to\infty} g_{\zeta_{it}}=g_\zeta$，$N_{it}=\text{Pop}_{it}$。考虑两种情况：金融自给自足和完全的金融整合。前者中，资本积累在国内进行；后者中，国家可以按照世界毛利率 $R_t=c_t^\varphi/c_{t-1}^\varphi\beta$ 借款。评价在假设 $g_\zeta=1.012$，$\text{gp}=1.0074$，$\beta=0.96$，$\varphi=2.0$，$\delta=0.10$，$1-\eta=0.3$ 下，金融整合是否会有收益。假设 $1-\eta\sim\mathbb{U}[0.2, 0.4]$，重复计算。[提示：如果 $x\sim\mathbb{U}(a_1, a_2)$，则 $E(x)=0.5(a_1+a_2)$，$\text{var}(x)=\frac{1}{12}(a_2-a_1)^2$。]

7.6 储蓄、投资和减税：一个例子

本节关注评估在开放经济中，降低收入税率对投资和消费的影响。为了研究这个问题，使用一个完全市场的两国 RBC 模型。巴克斯特和克鲁奇尼(Baxter and Crucini，1993)认为，这个模型可以解释数据中的一些特性，包括在不施加资本流动限制的情况下，开放经济中国内储蓄和国内投资的高度相关性，但采用一种不正规的方法得出结论。由于这个原因，在进行测量之前，使用本章介绍的方法评估模型对数据的拟合效果。假设只有一种消费商品，且劳动是不能流动的。对于每个国家 $i=1,2$，偏好给定为 $E_0\sum_{t=0}^{\infty}(\beta^t/(1-\varphi))[C_{it}^{\vartheta}(1-N_{it})^{(1-\vartheta)}]^{1-\varphi}$，其中，$c_{it}$ 是资本，$1-N_{it}$ 是闲暇，β 是贴现因子，$1-\vartheta(1-\varphi)$ 是相对风险厌恶系数，ϑ 是效用中消费的份额。另外，$\text{GDP}_{it}=\zeta_{it}(K_{it})^{1-\eta}(X_{it}N_{it})^\eta$，$i=1,2$，其中，$K_t$ 是资本，η 是 GDP 中劳动的份额，$X_{it}=gnX_{it-1}$，$\forall i$，且 $gn\geqslant 1$，这描述了确定性的劳动增进型技术进步的过程。令：

$$\begin{bmatrix}\ln\zeta_{1t}\\ \ln\zeta_{2t}\end{bmatrix}=\begin{bmatrix}\bar{\zeta}_1\\ \bar{\zeta}_2\end{bmatrix}+\begin{bmatrix}\rho_1 & \rho_2\\ \rho_2 & \rho_1\end{bmatrix}\begin{bmatrix}\ln\zeta_{1t-1}\\ \ln\zeta_{2t-1}\end{bmatrix}+\begin{bmatrix}\epsilon_{1t}\\ \epsilon_{2t}\end{bmatrix}$$

其中：

$$\epsilon_t=[\epsilon_{1t}, \epsilon_{2t}]'\sim\mathbb{N}\left(0, \begin{bmatrix}\sigma_\epsilon^2 & \sigma_{12}\\ \sigma_{12} & \sigma_\epsilon^2\end{bmatrix}\right)$$

并且$[\bar{\zeta}_1, \bar{\zeta}_2]'$是常数向量。这里，$\sigma_{12}$ 控制当期冲击，ρ_2 控制冲击的滞后溢出。资本产品的积累根据 $K_{it+1}=(1-\delta_i)K_{it}+\frac{1}{2}b(K_{it+1}/K_{it-1})^2K_{it}$，$i=1,2$，其中，$b$ 是参数。政府支出是确定性的，并且通过收入税 T_i^y 以及总额转移支付 T_{it} 来融资，$G_i=T_{it}+T_i^y\text{GDP}_{it}$。最后，资源约束是：

$$\psi(\mathrm{GDP}_{1t}-G_{1t}-C_{1t}-K_{1t+1}+K_{it})+(1-\psi)(\mathrm{GDP}_{2t}-G_{2t}-C_{2t}-K_{2t+1}+K_{it})\geqslant 0 \tag{7.21}$$

其中,ψ 是世界人口居住在国家 1 中的部分。我们首先把所有变量都除以劳动增进型技术进步,即 $\mathrm{gdp}_{it}=\mathrm{GDP}_{it}/X_{it}$,$c_{it}=C_{it}/X_{it}$,然后在稳态附近通过对数线性化最优条件来求解模型。社会计划者问题中的权数与每个国家中的人数成比例。实际储蓄由 $\mathrm{Sa}_t=\mathrm{GDP}_{it}-C_t-G_t$ 得到。使用美国和欧洲 1979:1～1993:3期间的数据;对数据的实际值根据 OECD 的主要经济指标进行了季节调整。实际储蓄和实际投资的性质通过剔除原始时间序列的线性趋势得到。模型的参数是 $\theta=[\beta,\varphi,\vartheta,gn,\delta,\rho_1,\rho_2,\sigma_\epsilon,\sigma_{12},\psi,b,T^y]$加上稳态时间。

外生过程是两个技术扰动项$[\ln\zeta_{1t},\ln\zeta_{2t}]'$。生成 95 个观测值来匹配实际数据,复制的次数是 500 次,使用数据的 4×4 的谱密度矩阵的对角元素(两个国家的储蓄和投资)以及两个国家的储蓄和投资的相关性来评估模型的质量。利用平面窗来平滑周期图的坐标从而得到谱密度的估计。在基准的参数化中,除了由巴克斯得到的 σ_ϵ 和在设定中未出现的 ϑ 以外,θ 向量与巴克斯特和克鲁奇尼(Baxter and Crucini,1993)中的一样。使用加诺瓦(Canova,1994)和德容(DeJong,1996)的方法,允许包含参数的不确定性。在第一种情况下,使用现存的估计值,或当不存在现成的估计值时,选取先验的区间且假设服从均匀分布来构造基于经验的分布。在第二种情况下,分布是正态的,期望等于校准的参数,并且离差是先验的。在表 7.4 的第 2、3 行显示这些分布。在表 7.5 中,比较了在经济周期频率内(3～8 年)的模型和数据。前两行显示了参数固定时实际数据和模拟数据在经济周期频率内平均的谱密度和相关性。后两行显示了在经济周期频率内拟合的沃森平均测量。通过最小化在国家 1 的储蓄和投资的方差来得到第一个,通过最小化在国家 2 的储蓄和投资的方差得到第二个。

表 7.4　参数选择

参数	基本	经验密度	主观密度
消费份额(ϑ)	0.5	$\mathbb{U}[0.3,0.7]$	$\mathbb{N}(0.5,0.02)$
稳定状态时间(N^{ss})	0.20	$\mathbb{U}[0.2,0.35]$	$\mathbb{N}(0.2,0.02)$
贴现因子(β)	0.987 5	$\mathbb{N}[0.985\,5,1.002]^a$	$\mathbb{N}(0.987\,5,0.01)$
公用电力(φ)	2.00	$\chi^2(2)[0,10]^a$	$\mathbb{N}(2,1)$
产出中劳动份额(η)	0.58	$\mathbb{U}[0.50,0.75]$	$\mathbb{U}(0.58,0.05)$
增长率(gn)	1.004	$\mathbb{N}(1.004,0.001)$	1.004
资本折旧率(δ)	0.025	$\mathbb{U}[0.02,0.03]$	$\mathbb{N}(0.025,0.01)$
干扰持续性(ρ_1)	0.93	$\mathbb{N}(0.93,0.02)$	$\mathbb{N}(0.93,0.025)$
滞后溢出(ρ_2)	0.05	$\mathbb{N}(0.05,0.03)$	$\mathbb{N}(0.05,0.02)$
科技新息的标准差(σ_ϵ)	0.008 52	$\chi^2(1)[0,0.020\,2]^a$	$\mathbb{N}(0.008\,52,0.004)$
同期溢出(σ_{12})	0.40	$\mathbb{N}(0.35,0.03)$	$\mathbb{N}(0.4,0.02)$
国家大小(ψ)	0.50	$\mathbb{U}[0.10,0.50]$	0.5
资本的调整成本(b)	1.0	1.0	1.0
税率(T^y)	0.0	0.0	0.0

[a] 被括号内的范围截尾。

表 7.5 模型的拟合

	美国频谱		欧洲频谱		美国的相关性	欧洲的相关性
	Sa	Inv	Sa	Inv	Sa-Inv	Sa-Inv
实际数据	0.75	0.88	0.68	0.49	85.41	93.14
模拟数据	0.36	0.18	0.35	0.18	94.04	93.00
			沃森			
鉴定 1	0.02	0.05	0.20	0.23	0.04	0.13
鉴定 2	0.24	0.21	0.05	0.04	0.20	0.15
			覆盖			
固定参数	46.46	8.63	55.71	43.57	98.99	92.91
主观密度	35.30	23.40	32.89	37.00	98.17	90.34
经验密度	19.63	18.60	21.11	20.20	94.71	95.69
			临界值			
固定参数	90.80	99.89	82.16	93.91	15.60	49.04
主观密度	71.80	89.90	66.00	76.60	19.80	51.89
经验密度	62.50	79.70	73.30	74.60	33.46	29.60
			误差			
固定参数	0.25	0.55	0.30	0.28	−9.17	0.37
主观密度	0.19	0.56	0.29	0.28	−9.01	0.81
经验密度	0.13	0.58	0.42	0.35	−6.07	−2.86

国民储蓄与两个区域内的国内投资高度相关，在经济周期频率内，欧洲的平均相关性比美国更高。美国两个序列的变动性都更高，并且美国投资的波动性几乎是欧洲投资波动性的 2 倍。因为模型是对称的，模拟数据的变动性在两个国家是类似的，但是相对数据则比较低。但是，与数据一致的是，国民储蓄的变动性大于国内投资的变动性。与巴克斯特和克鲁奇尼的观点一致的是，在经济周期频率内，模型得到美国的国民储蓄和投资的高度相关性。模型的一致性高于实际数据。沃森的度量认为，平均而言，在经济周期频率内的误差大小在最小化方差的变量的谱密度的 2%～5%之间，并在其他变量的谱密度的 20%～25%之间。变量之间相关性的变化存在部分关联，当最小化美国变量的方差时，模型拟合得更好。

下面三行（“覆盖”）显示了在经济周期频率内，谱密度矩阵的对角元素和模型产生的数据的相关性落在实际数据相应统计量的 95%置信频带内的平均次数。显然，接近 95%的数字意味着“好”的模型。用两种方法计算实际数据的 95%置信频带：使用渐近理论和使用迪博尔德(Diebold，1998)的参数化自助法。在后者中，使用一个包括 6 个滞后变量和 1 个常数的四变量 VAR 构造出对两个国家的储蓄和投资的复制，对 VAR 模型的残差进行自助法，对每个复制估计数据的谱密度矩阵，并且得到频率乘以频率的 95%的置信频带。通过三种不同的方式应用蒙特卡洛方法,构造由模型得到的时间序列的复制:把参数固定在表 7.4 中第一列的值上,或者利用表 7.4 中第二列和第三列中的分布随机取数,因为结果都差不多,我们只显示使用渐近 95%频带得到的概率覆盖。第三个统计量的集合证实了模型在经济周期频率内的相关性好于波动性。当允许参数存在不确定性时,模型的覆盖性质没有得到改进。

在"临界值"上,显示了在经济周期频率内,两个国家的储蓄和投资的谱密度矩阵的模拟分布,平均来说,位于实际数据的谱密度矩阵值的百分位点,接近 0%(100%)的值意味着拟合效果差——实际谱密度矩阵在模拟数据的谱密度矩阵分布的尾部,而接近 50%的值意味着拟合效果好。模型也显示了固定参数和随机参数的情况。

当参数固定的时候,模型产生了远高于美国数据,但是接近欧洲数据的中位数(真实值在 15%~50%之间)的平均相关性。当参数随机化(基于经验的先验分布)时,对美国的情况改善了,但欧洲没有改善。同样地,当参数固定的时候,模型产生了易变性的分布,易变性向左偏,且与数据的波动性的正态渐近值域局部重合。通过倾斜和拉伸模拟分布的形状,参数的不确定性可以改善这种状况。

最后,给定模型的模拟谱密度矩阵,计算匹配实际数据的谱密度矩阵的误差的分布。为此,在每次复制时,从实际数据的 VAR 的后验分布中取出参数和新息,构造时间序列,估计这四个序列的谱密度矩阵。在每次复制中,我们都从表 7.4 显示的分布中抽取参数和新息,构造模拟数据的谱密度矩阵,在每个 $l=1,\cdots,L$,计算 $\mathcal{S}_v^l(\omega)=\mathcal{S}_y^l(\omega)-\mathcal{S}_x^l(\omega)$。如果模型复制了 DGP,则误差项的分布会在每个频率逐步退化。否则,分布的特征(中位数、偏度、峰度等)可确认模型中遗漏的部分。表 7.5("误差")的最后三行显示了在经济周期频率内的 6 个统计量的平均误差项的中位数(由复制得到)。第一行显示了参数固定下的结果,而后两行显示了参数随机时的结果。这三种结果是相似的:模型无法产生经济周期频率内美国投资的足够的变动性,而对于另外三个变量,错误比较小。相关性的结果取决于国家。对美国而言,模型产生较高的相关性(负的谱误差);而对于欧洲而言,情况恰恰相反。

总结如下,与巴克斯特和克鲁奇尼(Baxter and Crucini,1993)的结果类似,模型在经济周期频率内得到国民储蓄和投资之间的高度的相关性。它的大小和在欧洲数据中观察到的差不多,但是不管参数是固定的还是随机的,都大大高于在美国数据中的值。但是,模型对在经济周期频率内两个国家的储蓄和投资的变动性方面没有很好地做出解释。

为了测量减税的效果,利用表 7.4 中第一列的数据进行两次模拟:第一次把税率定在 0.20;第二次把税率定在 0.0。观察当国内经济受到正的生产力冲击时,在调整路径上,投资反应的差异。图 7.4 以图的形式画出了两种情况下的百分比变化:当没有税收时,最早的一些期内投资的反应显著较大,但是收益迅速消散。由这两条路径得到的效用差别显著,但是过了 5 期之后就不再显著。事实上,在每期中,在没有税收情况下使效用保持不变的消费的补偿性变化都是 0.11,大概是稳态消费的 14%。这个数据是稳健的。例如,给定 $\vartheta\in[0.3,0.7]$,$\varphi\in[1,4]$,补偿性变化水平的下界在每期都是 0.09。

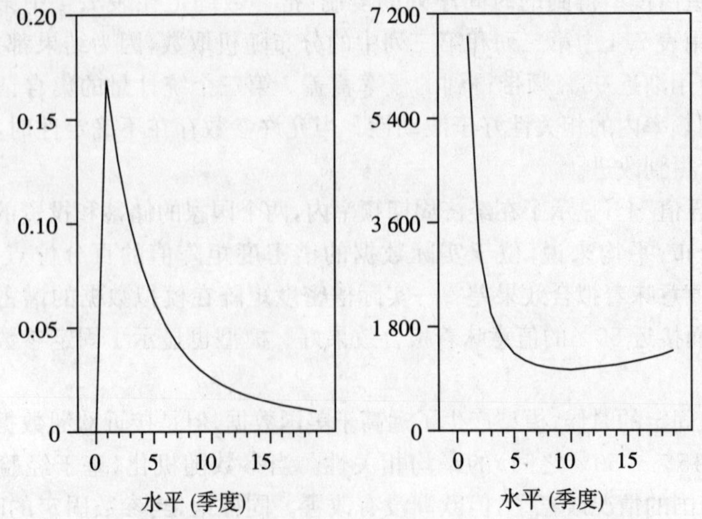

(a) 投资差异　　(b) 效用差异

图 7.4　减税效应

8 动态宏观面板

宏观时间序列的面板数据广泛应用于许多领域。例如,在研究冲击的传递性时,我们往往会分析各个国家的数据。类似地,当检验不同国家或地区的人均收入是否趋同时,我们也会考虑横截面和时间序列数据的相互影响。

本章借用微观经济学中文献的模型,但这些模型并不允许不同个体间滞后项存在相互依赖的关系。这是一个严重的缺陷,因为这种滞后项的相互作用是世界市场整体性的结果,在宏观经济分析中不应当被忽视。在第 10 章,我们将会研究怎样用贝叶斯方法来引入这种相互依赖关系。本章的模型构建方法与标准的面板数据处理方式不同,因为模型都是动态的,存在滞后的被解释变量或外生变量。如果要对目前静态模型的研究有全面的了解,读者可以参考萧政(Hsiao,1989)、巴尔塔吉(Baltagi,1995)、林文夫(Hayashi,2002)的文章。本章主要研究静态模型。然后,在第 10 章转入研究含有时变系数的面板向量自回归模型。

在微观面板数据下发展起来的计量经济理论,在某种程度上并不适用于宏观经济应用。因为这些估计量的构建通常都是针对时间(T)较短而个体数目(n)较大的数据,所以估计量的性质往往是从横截面数据的渐近性质中推导出来的。在宏观面板数据中,n 和 T 都不会很大,通常 $T>n$。在决定可以使用哪个估计量和做统计推断时应当记住这一点。另一个宏观面板的重要问题是它存在动态异质性。在微观面板中,即使模型是动态的,也不存在斜率的不同,个体的特性往往用不随时间变化的固定或随机效应来反映。在宏观面板中,这种约束方式大体上是不适用的,因为动态异质性体现为不同的斜率,可以反映不同时间段政策或规则的影响。如果存在的话,我们分析它们的出现产生的区别。

在第 8.1 节,我们通过一个例子来激发对宏观面板分析的兴趣。在第 8.2 节,我们先考虑简单的面板数据模型(VAR),不存在斜率异质性和随个体变化的截距项;我们讲述怎么用工具变量估计这个模型;接着说明传统的固定效应估计和随机效应估计在这个模型中遇到的问题;然后探讨怎样估计具有个体效应(不随时间变化)的模型;最后研究怎样进行有趣的假设检验。在第 8.3 节,我们引入斜率的异质性,给出这类模型的各种估计,研究它们的性质,提出一个检验斜率异质性的方法。在第 8.4 节,我们介绍混合横截面数据的方法,并分析这些方法的利弊。事实上,在很多情况下,即使我们不考虑个体之间的相关性,单个个体的估计(即时间序列估计)也可以通过混合横截面的信息而得到改善。最后,在第 8.5 节,我们使用本章介绍的方法来检验在 7 国(美国、日本、德国、英国、法国、加拿大、意大利)的横截面中,货币是否是超中性的。

8.1 从经济理论到动态面板

为了激发对宏观经济分析中动态面板的兴趣,我们来研究一个开放经济增长模型。巴罗等人(Barro et al. ,1995)提出了标准索洛模型的扩展形式,从理论角度和实际含义上都值得深入分析。

我们有一组国家,用 i 表示下标。这些国家很小,也就是说,它们把世界利率当作给定值。它们积累两种类型的资本:人力资本和实物资本。国家 i 的代表性主体最大化效用函数 $\sum_t \beta^t c_{it}^{1-\varphi}/(1-\varphi)$,同时具有约束:

$$c_{it}+K_{it+1}+\mathrm{hk}_{it+1}+\mathrm{sa}_{it+1}\leqslant \zeta_t^{\eta_i}K_{it}^{\eta_k}\mathrm{hk}_{it}^{\eta_{\mathrm{hk}}}+(1-\delta_k)K_{it}+(1-\delta_{\mathrm{hk}})\mathrm{hk}_{it}+(1+r_t)\mathrm{sa}_{it} \tag{8.1}$$

其中,K_{it} 表示实物资本,hk_{it} 表示人力资本,sa_{it} 表示从其他国家借入或借出,$1+r_t$ 表示世界总的实际利率,ζ_t 表示全要素生产率,它的效率用 η_i 来度量,各国 i 之间的 η_i 会有所不同。我们假定每个国家的借贷能力是有限的。特别地,$-\mathrm{sa}_{it}\leqslant K_{it}$,而 hk_{it} 不能被用于国际间借贷的抵押品。当存在紧约束时,资本和借贷在主体的投资组合中是完美替代品,且满足条件 $1+r_t=(1-\delta_k)+\eta_k\mathrm{GDP}_{it}/K_{it}$,这也可以写成:

$$K_{it}=[(1+r_t)-(1-\delta_k)]^{-1}\eta_k\mathrm{GDP}_{it} \tag{8.2}$$

把(8.2)式代入生产函数中,得到 $\mathrm{GDP}_{it}=\zeta_{it}^{\dagger}\mathrm{hk}_{it}^{\eta_1}$,其中,$\eta_1=\eta_{hk}/(1-\eta_k)$,$\zeta_{it}^{\dagger}=\{\zeta_t^{\eta_i}\eta_k^{\eta_k}/[(1+r_t)-(1-\delta_k)]^{\eta_k}\}^{1/(1-\eta_k)}$。效用函数对$(c_{it},\mathrm{hk}_{it})$取一阶导数使其最大化,并将(8.2)式用于资源约束方程中,得到以下两个均衡条件:

$$\mathrm{hk}_{it+1}=(1-\eta_k)\zeta_{it}^{\dagger}\mathrm{hk}_{it}^{\eta_1}+(1-\delta_{\mathrm{hk}})\mathrm{hk}_{it}-c_{it} \tag{8.3}$$

$$c_{it}^{-\varphi}=\beta E_t\{c_{it+1}^{-\varphi}[\eta_{\mathrm{hk}}\zeta_{it+1}^{\dagger}\mathrm{hk}_{it+1}^{\eta_1-1}+(1-\delta_{\mathrm{hk}})]\} \tag{8.4}$$

练习 8.1 证明在均衡状态下,以下两个式子成立:$c_i^{\mathrm{ss}}=(1-\eta_k)\zeta_i^{\dagger}(\mathrm{hk}_i^{\mathrm{ss}})^{\eta_1}-\delta_{kh}\mathrm{hk}_i^{\mathrm{ss}}$ 以及 $\mathrm{hk}_i^{\mathrm{ss}}=[(1-\beta(1-\delta_{kh}))/\beta\eta_{\mathrm{hk}}\zeta_i^{\dagger}]^{(1-\eta_{\mathrm{hk}})/(\eta_{\mathrm{hk}}-1+\eta_k)}$。证明如果 $\eta_i\neq\eta_{i'}$,$i\neq i'$,则均衡状态也不相同。

要证明上式,首先令 $\psi_{i1}=(1-\eta_k)\eta_1\zeta_i^{\dagger}(\mathrm{GDP}_i/\mathrm{hk}_i^{\mathrm{ss}})+(1-\delta_{\mathrm{hk}})$,$\psi_{i2}=\eta_{\mathrm{hk}}(\eta_1-1)\times\zeta_i^{\dagger}(\mathrm{hk}_i^{\mathrm{ss}})^{\eta_1-1}/[\eta_{\mathrm{hk}}\zeta_i^{\dagger}(\mathrm{hk}_i^{\mathrm{ss}})^{\eta_1-1}+(1-\delta_{\mathrm{hk}})]$,$\psi_{i3}=\eta_{\mathrm{hk}}\zeta_i^{\dagger}(\mathrm{hk}_i^{\mathrm{ss}})^{\eta_1-1}/[\eta_{\mathrm{hk}}\zeta_i^{\dagger}(\mathrm{hk}_i^{\mathrm{ss}})^{\eta_1-1}+(1-\delta_{\mathrm{hk}})]$,并且对(8.3)式和(8.4)式取对数使其线性化,我们会得到(偏离均衡状态的百分比):

$$\widehat{\mathrm{hk}}_{it+1}=\psi_{i1}\widehat{\mathrm{hk}}_{it}+(1-\eta_k)\frac{\mathrm{GDP}_i^{\mathrm{ss}}}{\mathrm{hk}_i^{\mathrm{ss}}}\hat{\zeta}_{it}^{\dagger}-\frac{c_i^{\mathrm{ss}}}{\mathrm{hk}_i^{\mathrm{ss}}}\hat{c}_{it} \tag{8.5}$$

$$-\varphi\hat{c}_{it}=-\varphi E_t\hat{c}_{it+1}+\psi_{i2}E_t\widehat{\mathrm{hk}}_{it+1}+\psi_{i3}E_t\hat{\zeta}_{it+1}^{\dagger} \tag{8.6}$$

令 $\hat{y}_{it}=[\hat{c}_{it},\widehat{\mathrm{hk}}_{it}]$，将期望误差加到等式(8.6)以表示 $\hat{c}_{it+1}$、$\hat{\zeta}^{\dagger}_{it+1}$ 和 $\widehat{\mathrm{hk}}_{it+1}$ 的实际值与期望值之差。我们把(8.5)式、(8.6)式用向量写成一阶差分的形式 $\mathcal{A}_{i0}\hat{y}_{it+1}=\mathcal{A}_{i1}\hat{y}_{it}+\mathcal{A}_{i2}\hat{e}_{it}$，这里，$\hat{e}_{it}$ 是关于 $\hat{\zeta}^{\dagger}_{it}$ 和期望误差 $\hat{v}_{it}$ 的函数。用 $\bar{y}_i$、$\bar{e}_i$ 分别表示 y_i、e_i 的均衡值，可以得到：

$$\mathcal{A}_{i0}y_{it+1}=\mathcal{A}_{i1}y_{it}+\varrho_i+\epsilon_{it} \tag{8.7}$$

其中，$\varrho_i=(\mathcal{A}_{i0}-\mathcal{A}_{i1}-\mathcal{A}_{i2})\bar{y}_i$，$\epsilon_{it}=(\mathcal{A}_{i2}\bar{y}_i/\bar{e}_i)e_i$。

等式(8.7)对每个个体 i 来说是一个二元的一阶向量自回归模型 VAR(1)，有一个个体特有的固定效应以及动态异质性。注意，在构建模型的过程中，个体之间是没有相互影响的。这是完全基于小型开放经济的假设。例如，如果我们把全世界的财务预算约束加到这个问题中，那么个体之间将会产生重要的相互影响作用。这样，就会产生具有相互影响关系的面板 VAR 模型，例如，有国际借贷市场的两国模型。这些内容我们将在第 10 章进行考虑。

这个模型的含义是，一般来说，如果不同个体的均衡状态是不同的，那么它们趋于均衡的动态过程也不相同。这类模型是第 8.3 节研究的主要内容。等式(8.7)有两种特殊形式值得我们关注。在一种形式中，动态过程是同质性的，并且存在个体特有的固定效应。在上述模型中，当且仅当 β 随着国家的不同而不同(它是唯一一个出现在均衡状态但不出现在动态过程中的参数)，且 $\eta_i=\eta'_i$ 时，这种情况才会出现。例如，各个国家的全要素生产率(TFP)有相同的效率。在第 8.2 节会探讨这种模型。在另一种特殊形式中，不存在固定效应，并且动态过程是异质性的。只有当不同个体的期望不等时，例如，$E_t\hat{\zeta}^{\dagger}_{it+1}$ 随个体不同而不同，这种情况才会发生。

练习 8.2 考虑一个基本的 RBC 模型，假设政府支出为经济中的主体带来效用，且个人消费和公共消费在效用函数中为替代品。给定国家 i 代表性主体的即期效用函数为 $u(c_{it},G_{it},N_{it})=(c_{it}+\vartheta_g G_{it})^{\vartheta}(1-N_{it})^{1-\vartheta}$，财政预算为 $c_{it}+K_{it+1}+G_{it}=\zeta_t^{\eta_i}K_{it}^{1-\eta}N_{it}^{\eta}+(1-\delta_k)K_{it}$，其中，$G_{it}=G_t+a_{ig}\zeta_t$，而且政府支出是由一揽子税收每期提供的，$G_t$ 服从独立同分布，参数 a_{ig} 用来调节国家 i 的支出对该国技术水平的反应。

(i) 对每个国家 i 推导出欧拉方程，并取对数将其线性化。

(ii) 对数化的欧拉方程向量应满足什么条件，才会成为具有同质性的动态面板模型，并且截距项会随国家不同？在什么条件下，它会成为异质性的动态面板模型，且不存在固定效应？

8.2 同质性动态面板

本节中，我们考虑的模型具有如下形式：

$$y_{it}=A_{0t}+\sum_{j=1}^{q_1}A_{1jt}y_{it-j}+\sum_{j=1}^{q_2}A_{2jt}x_{it-j}+A_{3t}\varrho_i+e_{it} \tag{8.8}$$

其中，e_{it} 为协方差矩阵 Σ_i 的鞅差，y_{it} 是一个 $m_1\times 1$ 阶的向量，$i=1,\cdots,n$，$t=1,\cdots,T$，

x_{it}是$m_2\times1$阶的外生变量，ϱ_i是个体特有的(不可观测的)效应。并且，对于每个j，A_{1jt}是$m_1\times m_1$阶矩阵，A_{2jt}是$m_1\times m_2$阶矩阵，A_{3t}是$m_1\times m_3$阶矩阵。

在等式(8.8)中，滞后的被解释变量和外生变量出现在等式的右边，从原理上说允许存在时变系数。而且，异质性可能同时存在于水平和方差上。在这里有一个重要的约束，即每个个体的动态过程是同分布的，这一较强的约束将会在以后的研究中有所放松。这样的限制条件使我们能够在每个时间t上用横截面信息建立参数的估计式，并用标准渐近理论进行假设检验，即使y_{it}是不平稳时也可应用。我们同时也假设，x_{it}包括，或者也可能全部包括，每个个体所共有的变量。注意，我们把ϱ_i看作固定效应。在微观面板中，我们可以在固定效应或随机效应模型中做选择，而在宏观数据中我们偏向于使用固定效应模型。原因有两点：第一，如果ϱ_i包括了忽略的变量，这些变量很可能与解释变量相关(随机效应模型不允许存在这种可能性)。第二，一般宏观面板数据包括我们感兴趣的所有个体，所以通常不会是从一个大样本中的随机抽样(例如，一个OECD面板数据包括了所有的OECD成员国)。由于e_t是鞅差，则有$E(x_{it-\tau}e_{it})=E(y_{it-\tau}e_{it})=0,\forall\tau<0$，且$E(\varrho_ie_{it})=0,\forall i$。

等式(8.8)不可估计，因为ϱ_i是不可观测的。在静态模型中，我们可以先在时间段T上进行平均，然后把等式(8.8)减去这个均值以消去固定效应，利用模型中各个变量与均值的偏离值进行OLS估计。在下一个练习中，读者将要证明在静态模型中，当ϱ_i是不可观测的且与其他解释变量相关时，用这种方法得到的估计是一致的。

练习8.3 模型$y_{it}=x_{it}A_2+\varrho_i+e_{it},i=1,\cdots,n,t=1,\cdots,T,E(e_{it}|x_{it})=0$，$E(e_{it}^2|x_t)=\sigma_e^2,E(e_{it},e_{i'\tau})=0,\forall i\neq i',\tau\neq t;E(\varrho_i|x_{it})\neq0,E(e_{it}|\varrho_i)=0$。

(i) 证明OLS的参数估计是不一致的。

(ii) 对方程$y_{it}-\bar{y}_i=(x_{it}-\bar{x}_i)A_2+(e_{it}-\bar{e}_i)$进行OLS估计，证明所得估计量是一致的。其中，$\bar{y}_i=(1/T)\sum_t y_{it};\bar{x}_i=(1/T)\sum_t x_{it};\bar{e}_i=(1/T)\sum_t e_{it}$。证明对每个个体$i$而言，如果某个系数在所有时间$t$都是常数，那么这个参数不可估计。

(iii) 假定$E(e_{it}|x_{it})\neq0$。如果$E(e_{it}|z_{it})=0,E(x_{it}|z_{it})\neq0,E(\bar{e}_i|z_{it})\neq0$，其中，$z_{it}$是一组工具变量，推导出在(i)、(ii)中的2SLS估计。证明2SLS在原来的模型中是一致的，但在转换后的模型中不一定一致。[提示：即使$E(e_{it}|z_{it})=0$，也不能保证$E(\bar{e}_i|z_{it})\neq0$。]

练习8.3证明了一个特殊的结果：转换模型的OLS估计是一致的，但2SLS估计一般来说是不一致的。为了保证2SLS估计的一致性，我们需要更强的正交条件，即$E((e_{i\tau}-\bar{e}_i)|z_{it})=0,\forall t、\tau$。

在宏观经济中，ϱ_i与解释变量相关的情况十分常见。例如，我们要研究各国货币供给对通货膨胀的影响。很明显，货币供给可能会和国家特有的特征相关(例如，财政政策的强度)，使得某些解释变量与ϱ_i相关。

例题8.1(增长和波动) 从理论上说，我们无法确定增长和波动之间关系的符号：波动可以表现为采用新技术进行成本调整，这样增长和波动存在正向联系；波动也可能导致人力资本浪费或延缓投资，这样两者就存在负向联系。记增值价值的增长率为ΔGDP_{it}，增值价值增长率的波动为x_{1it}，其他解释变量的增长率为x_{2it}。

在实证文献中常研究的一个典型模型是 $\Delta GDP_{it}=A_0+x_{1it}A_1+x_{2it}A_2+\varrho_i+e_{it}$。由于 ϱ_i 无法观测，它常和 e_{it} 混合一起并入误差项。注意，这里不能用 OLS 来估计 A_1 和 A_2，因为 ϱ_i 可能与解释变量相关。一方面，如果 ϱ_i 包括政治因素，会使得该国出现很大的不稳定性，这样波动可能会很大而增长率很低，所以混合的误差项会和解释变量负相关。另一方面，若 i 指各行业，ϱ_i 包括行业特有的技术革新，混合的误差项就会和解释变量正相关。因布斯（Imbs，2002）运用 UNIDO 数据库中的数据和时间均值的偏差得到估计的参数。其中，x_{2it} 为度量竞争力的变量，在第一个回归方程中没有包括。这些数据包括 15 个 OECD 国家，时间为 1970～1992 年，每个国家最多有 28 个行业部门。i 表示某个国家的某个行业，估计值在表 8.1 中给出。

表 8.1 增长和波动

设定	A_1	A_2	A_0	R^2
1	4.893		0.121	0.02
	(2.63)		(3.68)	
2	5.007	−0.059	0.133	0.02
	(2.66)	(−0.39)	(2.94)	

波动和增长在统计上存在正相关，在经济意义上是显著的。例如，在第一个回归方程中，波动增长 1%会使年均行业产出增长率提高 0.5%。注意，对每个国家的每个行业赋予竞争力这个变量，当我们考虑固定效应时它并不显著。两个回归方程的解释能力都较弱，波动对增值价值的增长率仅有边际的解释效力。

练习 8.4 考虑 $y_{it}=\bar{y}+\varrho_i+T_t+\alpha x_{it}+e_{it}$，$i=1,\cdots,n$，其中，$T_t$ 是时间效应。我们假设 $\sum_i\varrho_i=0$，$\sum_t T_t=0$。对于每个 i，设定一个虚拟变量，用这个虚拟变量和时间趋势来估计这个模型。证明在 T 很大的情况下，(ϱ_i,α) 的 OLS 估计是一致的。证明在 n 很大的情况下，ϱ_i 的估计是不一致的。证明在 n 很大的情况下，最好把 ϱ_i 当作均值为 ϱ、方差为 σ_ϱ^2 的随机变量。

8.2.1 *标准方法的缺陷*

当存在滞后的被解释变量，且面板数据的时间维度很小或是固定时，利用各个数据和均值的偏离值来计算的估计量是不一致的。

例题 8.2 我们通过一个例子来说明存在的问题。在等式(8.8)中，令 $m_1=1$，$A_{0t}=x_{it}=0,\forall t,A_{1jt}=A_{1j}<1,A_{1j}=0,j\geqslant 2,A_{3t}=1,\forall t$。这样，等式(8.8)简化为具有个体固定效应的 AR(1)模型。假定 y_{i0} 是固定的，$\mathrm{var}(e_{it})=\sigma^2$。一个关于 A_1 的混合估计是：

$$A_{1p}=\frac{\sum_{i=1}^{n}\sum_{t=1}^{T}(y_{it}-\bar{y}_i)(y_{it-1}-\bar{y}_{i,-1})}{\sum_{i=1}^{n}\sum_{t=1}^{T}(y_{it-1}-\bar{y}_{i,-1})^2}$$

$$=A_1+\frac{\sum_{i=1}^{n}\sum_{t=1}^{T}(e_{it}-\bar{e}_i)(y_{it-1}-\bar{y}_{i,-1})/nT}{\sum_{i=1}^{n}\sum_{t=1}^{T}(y_{it-1}-\bar{y}_{i,-1})^2/nT} \tag{8.9}$$

其中，$\bar{y}_{i,-1}$是 y_{it-1}的均值。重复迭代这个模型，并将其在 t 上加总，得到：

$$\sum_t y_{it-1}=\frac{1-A_1^T}{1-A_1}y_{i0}+\frac{(T-1)-TA_1+A_1^T}{(1-A_1)^2}\varrho_i+\sum_{j=0}^{T-2}\frac{1-A_1^{T-1-j}}{1-A_1}e_{i,1+j}$$

因为 $E(\varrho_i e_{it})=0$，则有：

$$p\lim_{n\to\infty}\frac{1}{nT}\sum_i\sum_t(e_{it}-\bar{e}_i)(y_{it-1}-\bar{y}_{i,-1})=-p\lim_{n\to\infty}\frac{1}{n}\sum_i\bar{y}_{i,-1}\bar{e}_i=-\frac{\sigma_e^2}{T^2}\frac{(T-1)-TA_1+A_1^T}{(1-A_1)^2}\quad(8.10)$$

$$p\lim_{n\to\infty}\sum_i\sum_t(y_{it-1}-\bar{y}_{i,-1})^2=\frac{\sigma_e^2}{1-A_1^2}\left(1-\frac{1}{T}-\frac{2A_1}{(1-A_1)^2}\frac{(T-1)-TA_1+A_1^T}{T^2}\right)\quad(8.11)$$

为了保证估计的一致性，我们需要让(8.10)式趋向于 0，(8.11)式趋向于一个固定常数。随着 $T\to\infty$，(8.10)式趋向于 0，(8.11)式趋向于 $\sigma_e^2/(1-A_1^2)$。但是，如果 T 是固定的，(8.10)式在即使 $n\to\infty$ 的情况下也不会趋向于 0。

练习 8.5 证明在例题 8.2 的模型中，A_{1p}的渐近偏差是：

$$p\lim_{n\to\infty}(A_{1p}-A_1)=-\frac{1+A_1}{T-1}\left(1-\frac{1}{T}\frac{1-A_1^T}{1-A_1}\right)\left[1-\frac{2A_1}{(1-A_1)(T-1)}\left(1-\frac{1-A_1^T}{T(1-A_1)}\right)\right]^{-1}$$

证明当 T 很大时，$p\lim_{n\to\infty}(A_{1p}-A_1)\approx-(1+A_1)/(T-1)$。

从直觉上考虑，偏差是存在的，因为我们为了消除 ϱ_i，在模型$(y_{it}-\bar{y})=A_1(y_{it-1}-\bar{y}_{i,-1})+(e_{it}-\bar{e}_i)$中引入解释变量和残差的相关关系，它的阶数是 $1/T$。事实上，即使 e_{it}序列不相关，$\bar{y}_{i,-1}$也会与$(e_{it}-\bar{e}_i)$相关，因为 $\bar{e}_i$ 包括了 e_{it-1}，而 e_{it-1}与 y_{it-1}相关。当 T 很大时，模型方程右边的变量$(y_{it-1}-\bar{y}_{i,-1})$与残差项无关。但当 T 较小时，平均效应的估计是有偏的，这种偏差会传递到关于 A_1 的估计中。

表 8.2 表明，如果 $A_1>0$，A_1 的偏差一般是负的，而且不可忽视。对于高度持续过程，譬如那些宏观时间序列变量，当 $T=20$ 时偏差达到约 13%，当 $T=40$ 时偏差仍有 6%。

表 8.2 AR(1)模型系数是有偏的

T	$A_1=0.2$	$A_1=0.5$	$A_1=0.8$	$A_1=0.95$
10	−0.122 6	−0.162 2	−0.218 1	−0.257 4
20	−0.060 7	−0.078 5	−0.104 4	−0.130 0
30	−0.040 3	−0.051 6	−0.067 2	−0.085 3
40	−0.030 2	−0.038 4	−0.049 2	−0.062 9

例题 8.3(生产函数估计) 会出现滞后被解释变量的一个典型例子就是估计跨部门的生产函数。令 $\mathrm{GDP}_{it}=N_{it}^{\eta_N}K_{it}^{\eta_K}\zeta_{it}$，其中，原则上有 $\eta_N+\eta_k\neq1$，且把技术进步的因素 ζ_{it} 参数化为 $\ln\zeta_{it}=\bar{\zeta}_i+A_1\ln\zeta_{it-1}+e_{it}$。将生产函数取对数并进行拟差分，得到 $\ln\mathrm{GDP}_{it}=A_1\ln\mathrm{GDP}_{it-1}+\eta_N(\ln N_{it}-A_1\ln N_{it-1})+\eta_k(\ln K_{it}-A_1\ln K_{it-1})+$

$\bar{\zeta}_i+e_{it}$。除非 ζ_t 是 i. i. d.，否则即使在 n 很大的情况下，利用各变量偏离均值的数据对生产函数进行估计所得到的 η_k 和 η_N 也是有偏的。

例题 8.2 描述的问题均有一般性，即使考虑各部门特有的技术因素来估计参数（与所有部门混合的技术因素相比较），问题仍然存在。

练习 8.6［尼克尔(Nickell)］ 考虑使用在第 t 个时刻各部门的数据而得到的 OLS 估计值 A_{1t}，$A_{1t}=\sum_{i=1}^{n}(y_{it-1}-\bar{y}_{i,-1})(y_{it}-\bar{y}_i)/\sum_{i=1}^{n}(y_{it-1}-\bar{y}_{i,-1})^2$，其中，$\bar{y}_{i,-1}$ 是 y_{it-1} 的均值。

(i) 证明：

$$p\lim_{n\to\infty}(A_{1t}-A_1)=-\frac{1+A_1}{T-1}\left[1-A_1^{t-1}-A_1^{T-t}+\frac{(1-A_1^T)}{T(1-A_1)}\right]$$
$$\times\left[1-\frac{2A_1}{(T-1)(1-A_1)}\left(1-A_1^{t-1}-A_1^{T-t}+\frac{(1-A_1^T)}{T(1-A_1)}\right)\right]^{-1}$$

（这与在练习 8.5 中得到的偏差是一样的。）

(ii) 论证 A_{1t} 的不一致性是 $1/T$ 阶的，它的偏差取决于使用的各部门数据，并且在样本的末期，偏差会较小。

将变量退势的另一种标准方法是使用随机效应估计量。虽然我们已经论证了对宏观数据使用这种方法在观念上存在着问题，但我们可以证明，在存在滞后被解释变量的模型中，把 ϱ_i 当作随机变量不会产生估计量不一致的问题。

例题 8.4 假设我们把 ϱ_i 移到误差项，建立一个混合估计：

$$\tilde{A}_{1p}=A_1+\frac{\sum_{i=1}^{n}\sum_{t=1}^{T}(e_{it}+\varrho_i)y_{it-1}/nT}{\sum_{i=1}^{n}\sum_{t=1}^{T}(y_{it-1})^2/nT}\tag{8.12}$$

分子可以写成：

$$(1/T)[(1-A_1^T)/(1-A_1)]\text{cov}(y_{i0},\varrho_i)+(1/T)[\sigma_\varrho^2/(1-A_1)^2][(T-1)-TA_1+A_1^T]$$

分母为：

$$\frac{1-A_1^{2T}}{T(1-A_1)^2}\frac{\sum y_{i0}^2}{n}+\frac{\sigma_\varrho^2}{(1-A_1)^2}\frac{1}{T}\left(T-2\frac{1-A_1^T}{1-A_1}+\frac{1-A_1^{2T}}{1-A_1^2}\right)$$
$$+\frac{2}{T(1-A_1)}\left(\frac{1-A_1^T}{1-A_1}-\frac{1-A_1^{2T}}{1-A_1^2}\right)\text{cov}(\varrho_i,y_{i0})$$
$$+\frac{1}{T}\frac{\sigma_e^2}{(1-A_1^2)^2}[(T-1)-TA_1^2-A_1^{2T}]$$

如果 y_{i0} 是固定的，我们可以将协方差项从表达式中剔除（否则协方差项是正值——你可以猜想这是为什么），但即使在 $T\to\infty$ 时，分子仍会异于 0，而且分子会随着个体特有效应的方差 σ_ϱ^2 的增大而增大。

练习 8.7 考虑模型 $y_{it}=A_1y_{it-1}+A_2x_{it}+\varrho_i+e_{it}$，令 $\tilde{y}_{it}=y_{it}-\bar{y}_i$，$\tilde{y}_{it-1}=y_{it-1}-\bar{y}_{i,-1}$，$\tilde{x}_{it}=x_{it}-\bar{x}_i$，$\tilde{e}_{it}=e_{it}-\bar{e}_i$。

(i) 证明在退势模型中使用混合 OLS 估计，可以得到：

$$A_{1p}=A_1+(\tilde{y}'_{-1}(I-\tilde{x}(\tilde{x}'\tilde{x})^{-1}\tilde{x}')\tilde{y}_{-1})^{-1}\tilde{y}'_{-1}(I-\tilde{x}(\tilde{x}'\tilde{x})^{-1}\tilde{x}')\tilde{e}$$

$$A_{2p}=A_2-(\tilde{x}'\tilde{x})^{-1}\tilde{x}'\tilde{y}_{-1}(A_{1p}-A_1)+(\tilde{x}'\tilde{x})^{-1}\tilde{x}'\tilde{e}$$

(ii) 证明：

$$p\lim_{n\to\infty}(A_{1p}-A_1)=\left(p\lim_{n\to\infty}\frac{1}{nT}\tilde{y}'_{-1}[I-\tilde{x}(\tilde{x}'\tilde{x})^{-1}\tilde{x}']\tilde{y}_{-1}\right)^{-1}\times\left(p\lim_{n\to\infty}\frac{1}{nT}\tilde{y}'_{-1}\tilde{e}\right)$$

$$p\lim_{n\to\infty}(A_{2p}-A_2)=-(p\lim_{n\to\infty}(\tilde{x}'\tilde{x})^{-1}\tilde{x}'\tilde{y}_{-1})\,p\lim_{n\to\infty}(A_{1p}-A_1)$$

从练习 8.7 可以看出，A_{2p}的偏差不仅取决于 A_{1p}的偏差，还取决于外生变量 x 和滞后内生变量 y_{-1}之间的关系，与它们的平均值相背离。如果 $E(\tilde{x}\tilde{y}_{-1})>0$，则 A_{2p}的偏差是正的(而 A_{1p}的偏差是负的)。

需要强调的是，忽略动态效应也不会消除这种有偏性。事实上，如果真实的模型含有滞后的动态过程，而我们估计的是静态模型，那么误差项将会与解释变量相关，这种相关性即使将各变量进行退势也不会消除。

练习 8.8　假设 $y_{it}=\rho_i+A_1y_{it-1}+A_2x_{it}+e_{it}$，而我们估计的是 $y_{it}=\rho_i+A_2x_{it}+v_{it}$，其中，$v_{it}=e_{it}+A_1y_{it-1}$。证明如果 x_{it}序列相关，那么 v_{it}和解释变量相关。证明对估计模型进行退势也不会消除这种相关性。

从练习 8.8 中可以看出，在大多数宏观时间序列的模型中，真实模型往往是动态的。而如果只对静态退势模型进行回归，纠正序列子相关，这样是不会得到参数的一致估计的。

8.2.2　纠正方法

为了解决当存在滞后被解释变量时产生的不可观测变量的问题，定义 $\xi_t=A_{3t}/A_{3t-1}$，对等式(8.8)取拟差分，得到：

$$y_{it}=A_{0t}^{+}+\sum_{j=1}^{q_1+1}A_{1jt}^{+}y_{it-j}+\sum_{j=1}^{q_2+1}A_{2jt}^{+}x_{it-j}+e_{it}^{+}\tag{8.13}$$

其中，$A_{0t}^{+}=A_{0t}-\xi_tA_{0t-1}$，$A_{11t}^{+}=\xi_t+A_{11t}$，$A_{1jt}^{+}=A_{1jt}-\xi_tA_{1,j-1,t-1}$，$A_{1q_1+1t}^{+}=-\xi_tA_{q_1,t-1}$，$A_{21t}^{+}=A_{21t}$，$A_{2jt}^{+}=A_{2jt}-\xi_tA_{2j-1,t-1}$，$A_{2q_2+1t}^{+}=-\xi_tA_{2q_2,t-1}$，$e_{it}^{+}=e_{it}-\xi_te_{it-1}$。若 $A_{3t}=A_3$，$\forall t$，则(8.13)式仅仅是(8.8)式的差分形式，消除不可观测的固定效应的方法就与安德森和萧政(Anderson and Hsiao，1982)提出的方法一致。注意，在等式(8.13)中，正交条件是对所有的 $i,\tau>0$，有 $E(x_{t-\tau}e_{it}^{+})=E(y_{it-\tau}e_{it}^{+})=0$。针对这个不含有 x_{it} 的 AR(1)模型而言，安德森—萧政估计量使用了 y_{it-2} 或 $(y_{it-2}-y_{it-3})$当作 A_{j1}^{+}的工具变量。由于引入差分，y_{it-1}与误差项相关，所以它不是一个有用的工具变量。

练习 8.9　假设在(8.13)式中，$q_1=1$，$q_2=0$，$A_{0t}=A_0$，$A_{1t}=A_1$，$A_{2t}=0$，$\forall t$，$A_{3t}=A_3=1$。构造参数的 IV 估计，描述你所使用的工具变量。给出当 $n\to\infty$ 或 $T\to\infty$，或两者同时成立时，保证一致性的条件。

因为对于任意 $\tau>0$，正交条件都是有效的，那么我们就可以使用很多工具变量；安德森—萧政估计量挑选了一组特别的工具变量，但是正如我们在第 5 章所用的方法一样，我们可以通过将所有可获得的信息进行适当的组合，来提高估计的有效性。当存在固定常数时，偏离 GMM 形式的估计量就是体现第 5 章思想的一个直接应用的例子。

例题 8.5[阿雷拉诺和邦德(Arellano and Bond)] 令 y_{it} 和 x_{it} 是标量。在这个模型中，$\Delta y_{it}=\sum_j A_{1j}\Delta y_{it-j}+\sum_j A_{2j}\Delta x_{it-j}+\Delta e_{it}$，或 $\Delta y_{it}=\Delta X_{it}^{*}\alpha+\Delta e_{it}$，其中，$\alpha=[A_{11},\cdots,A_{1q_1},A_{21},\cdots,A_{2q_2}]'$ 是一个 k 阶向量($k=q_1+q_2\times 1$)，ΔX_{it}^{*} 包括等式右边的所有解释变量。把单个 i 的所有数据堆积起来，我们得到($T-q+1$)个观测值，其中，$q=\max(q_1,q_2)$；然后把所有 i 的数据堆积起来，我们有 $\Delta y=\Delta X^{*}\alpha+\Delta e$，其中，$\Delta y$ 和 Δe 是 $N(T-q+1)\times 1$ 的向量，ΔX^{*} 是 $N(T-q+1)\times k$ 的矩阵。令 $Z_i=\text{diag}[y_{1i},\cdots,y_{si},x_{1i},\cdots,x_{Ti}]$，$s=1,\cdots,T-2$。由于 x_{it} 是外生的，下面这种方法就是比较适宜的。把 Z_i 的元素堆积成矩阵 Z，则 $\alpha_{\text{GMM}}=(\Delta x^{*\prime}Z'WZ\Delta x^{*})^{-1}\times(\Delta x^{*\prime}Z'WZ\Delta y)$，其中，$W$ 是一个加权矩阵。正如第 5 章所述，最优权重矩阵 W 依赖于工具变量的协方差。W 的估计式为 $W=[(1/T)\sum_i Z_i'\Omega Z_i]^{-1}$，其中，$\Omega$ 是一个 $(T-2)\times(T-2)$ 的矩阵，主对角线元素为 2，次对角线元素为 -1，其余元素为 0。

构成宏观面板的时间序列数据往往差异很大，这是因为在实际记录或统计过程中存在着很大差异。因此，当(y_{it}，x_t)存在测量误差时，我们应该清楚会导致什么样的结果。假设 $x_t^{c}=x_t+\epsilon_t^{x}$，$y_{it}^{c}=y_{it}+\epsilon_{it}^{y}$，其中，$E(e_{it}\epsilon_{it}^{y})=E(e_{it}\epsilon_t^{x})=0$，而且测量误差是 i.i.d.，与时间序列的真实值不相关。

练习 8.10 考虑等式(8.8)的情况，其中，$A_{1jt}=A_{1j}$，$A_{2jt}=A_{2j}$，$A_{0t}=0$，$\forall t$，但 y_{it} 和 x_t 都存在测量误差。证明整个系统有如下的形式：$\Delta y_{it}=\sum_j A_{1j}\Delta y_{it-j}+\sum_j A_{2j}\Delta x_{t-j}+v_{it}$，其中，$\Delta$ 是差分算子，$v_{it}=\Delta e_{it}+\Delta\epsilon_{it}^{y}+\sum_j A_{1j}\Delta\epsilon_{it-j}^{y}+\sum_j A_{2j}\Delta\epsilon_{t-j}^{x}$。令 $z_{it}=[1,y_{it-q-2}^{c},\cdots,y_{i1}^{c},x_{it-q-2}^{c},\cdots,x_{i1}^{c}]$，其中，$q=\max(q_1,q_2)$。证明 z_{it} 和 v_{it} 不相关。

由于存在(经典)测量误差，模型中的误差项具有 MA 结构，如果在估计过程中考虑这一结构，则我们可以提高有效性。即使存在测量误差，也不会影响估计的一致性。

当系数随时间变化时，我们需要更多一些步骤来推导出 GMM 估计。接下来的两个结论给出了原始模型和转换模型的识别条件。

结论 8.1 转换模型(8.13)的参数可识别的阶条件是 $T>\max(q_1,q_2)+3$。原始模型(8.8)的参数可识别的阶条件是 $T>3\max(q_1,q_2)+2$。

结论 8.2 当 $\xi_t=1$ 时，原始模型的参数可识别的阶条件是 $T>2\max(q_1,q_2)+2$。如果原始模型的参数是不随时间变化的，则识别的阶条件是 $T>\max(q_1,q_2)+2$。

例题 8.6 假设 $y_{it}=A_1y_{it-1}+\varrho_i+e_{it}-\phi e_{it-1}$，且 $T=4$。则模型的一阶差分为 $\Delta y_{i4}=A_1\Delta y_{i3}+e_4-\phi e_3$，$\Delta y_{i3}=A_1\Delta y_{i2}+e_3-\phi e_2$，$\Delta y_{i2}=A_1\Delta y_{i1}+e_2-\phi e_1$。我们已知 $q=1$，$T=4\geqslant q+3$，那么存在 $(T-q-2)(T-q-1)/2=1$ 个约束条件。为了估计 AR 模型中的系数，在 $T=4$ 时，我们要用 y_{i1} 来当 y_{i3} 的工具变量。而 $T=3$ 和 $T=2$ 的等式无法进行估计。

为了估计时变系数，令 $y_t=[y_{it},\cdots,y_{nt}]'$，$E_t=[e_{it},\cdots,e_{nt}]'$，$x_t=[\mathbf{1},y_{t-1},\cdots,y_{t-q_1-1},x_{t-1},\cdots,x_{t-q_2-1}]'$，$\alpha_t=[A_{0t}^{+},A_{11t}^{+},\cdots,A_{2,q_1+1,t}^{+},A_{21t}^{+},\cdots,A_{2,q_2+1,t}^{+}]'$。等式(8.8)可以写成联立方程的形式，譬如 $y_t=x_t\alpha_t+E_t$。把 $T-q-2$ 个观测值堆积起来，我们可以得到：

$$y=X\alpha+E \tag{8.14}$$

令 $z_t=[\mathbf{1},y_{t-2},\cdots,y_1,x_{t-2},\cdots,x_1]$，$Z=\text{diag}[z_{q+3},\cdots,z_t]$。为了保证工具变量是有用的，我们需要条件 $p\lim_{n\to\infty}Z'E/n=0$[这是一个$(T-q-2)n\times1$阶条件向量]。接着，用 GMM 的思想，我们可以用标准的两阶段方法来估计 α。

练习 8.11　描述一个两阶段方法来估计 α。证明 2SLS 估计式是 $\alpha_{2SLS}=[X'Z'W^{-1}Z'X]^{-1}[X'Z'W^{-1}Z'y]$，其中，$W_{\tau t}=\sum_{i=1}^{n}e_{it}'e_{it}\times Z_{it}'Z_{i\tau}$，$e_{it}$ 是 E 中第(i,t)个元素。α_{2SLS}是有效的吗？

和往常一样，e_{it} 的估计，例如，$e_{it,(SLS)}=y-X\alpha_{2SLS}$，可以用于计算 $W_{\tau t}$ 的公式中。

值得一提的是，当不存在外生变量且动态过程局限于 AR(1)时，我们应当详细地研究 GMM 估计量，因为当对被解释变量给予合适的标度时，这个模型可以较好地适用于一些实证应用(趋同检验、生产函数估计、增长核算)。

例题 8.7　考虑模型 $y_{it}=A_1y_{it-1}+\varrho_i+e_{it}$，其中，$|A_1|<1$，当 T 固定且 n 很大时，有 $E(e_{it})=E(e_{it}e_{i\tau})=0$，$\forall t\neq\tau$。假设 ϱ_i 和 e_{it} 的分布是未知的，我们想要估计 A_1。基于以上对 ϱ_i 和 e_{it} 的假定，y_{it-2} 在一阶差分模型中是估计 A_1 的有用的工具变量。当 $T\geqslant3$ 时，对于矩条件 $E[(e_{it}-e_{it-1})y_{it-\tau}]=0$，其中，$t=3,\cdots,T$，$\tau=2,\cdots,t-1$，存在$(T-2)(T-1)/2$ 个线性矩约束条件。例如，当 $T=4$ 时，有 3 个正交条件：$E[(e_{i4}-e_{i3})y_{i2}]=0$，$E[(e_{i4}-e_{i3})y_{i1}]=0$，$E[(e_{i3}-e_{i2})y_{i1}]=0$。把这些约束条件改写成 $E(z_i'\Delta e_{it})=0$，其中，z_i 是一个$(T-2)\times(T-2)(T-1)/2$ 的分块对角阵，具有形式：$z_i=\text{diag}\{y_{i1},\cdots,y_{i\tau}\}$，$\tau=1,\cdots,T-2$。

一个对 A_1 的 GMM 估计是基于样本是否满足 $0=E(z_i'\Delta e_{it})$的矩条件的，即，$(1/n)\sum_{i=1}^{n}z_i'(e_i-e_{i,-1})=n^{-1}Z'\Delta e=0$，其中，$\Delta e=e-e_{-1}=[(e-e_{-1})_1,\cdots,(e-e_{-1})_n]'$是一个 $n(T-2)\times1$ 阶的列向量，$Z=(Z_1,\cdots,Z_n)$是一个 $n(T-2)\times(T-2)(T-1)/2$阶的矩阵。那么，有：

$$A_{1,GMM}=\underset{A_1}{\text{argmin}}(\Delta E'Z)W_n(Z'\Delta E)=\frac{\Delta y_{-1}'ZW_nZ'\Delta y}{\Delta y_{-1}'ZW_nZ'\Delta y_{-1}} \tag{8.15}$$

其中，y_{-1}表示滞后变量，$\Delta y=y-y_{-1}$，W_n 是一个权重矩阵。

在适当的标准假设条件下，$(Z'\Delta E)/\sqrt{n\Sigma}\xrightarrow{D}\mathbb{N}(0,1)$，其中，$\Sigma_n$ 是 $z_i'\Delta e_i$的平均协方差矩阵(在横截面数据上)。基于以上假设，我们可以用$\hat{\Sigma}_n=n^{-1}\sum_{i=1}^{n}(z_i'\widehat{\Delta e}_i\widehat{\Delta e}_iz_i)$来代替 Σ_n，其中，$\widehat{\Delta e}_i=\Delta y_i-\hat{A}_1\Delta y_{i,-1}$，且$\hat{A}_1$ 是一个事先计算出的 A_1 的一致估计。那么可以得到 $A_{1,GMM}$的渐近协方差矩阵的一致估计 $\widehat{\text{avar}}(A_{1,GMM})=(n\Delta y_{-1}'ZW_n\hat{\Sigma}_n\times W_n\hat{\Sigma}_nZ'\Delta y_{-1})/(\Delta y_{-1}ZW_nZ'\Delta y_{-1})$。

与第 5 章的方法类似，我们通过最小化 $\widehat{\text{avar}}(A_{1,GMM})$推导出最优的 W_n。

练习 8.12　(i) 令 $W_n=(n^{-1}\sum_i z_i'\Omega z_i)^{-1}$，其中，$\Omega$ 是$(T-2)\times(T-2)$阶矩阵，主对角线元素为$+2$，次对角线元素为-1，其余元素为 0。在这些假定下，证明一阶段估计式。

(ii) 证明当$W_n=\hat{\Sigma}_n^{-1}$时是最优的(我们把在这种情况下得到的估计记作 $A_{1,2step}$)。

(iii) 证明如果 e_{it} 在 n 和 T 上都是独立同方差的，那么 $A_{1,GMM}$和 $A_{1,2step}$是渐近

等价的。

我们知道,安德森—萧政估计量是在 Δy_{it} 对 Δy_{it-1} 做回归时,使用 Δy_{it-2} 或 y_{it-2} 做 Δy_{it-1} 的工具变量。很明显,由于 IV 估计不如 GMM 估计有效,那么安德森—萧政估计就不如从例题 8.7 和练习 8.12 中推导出的 GMM 估计有效。

8.2.3 *受限模型*

在估计过程中,我们可能会考虑(线性)约束,其形式为 $\alpha_t=R\theta_t+r$,其中,$\dim(\theta_t)<\dim(\alpha_t)$。这类约束可能来自于理论,也可能来自于平稳约束。估计受限模型同时检验这些约束的有效性相对比较容易。在具体解释这些必要步骤之前,我们先来举一个存在这种约束的例子。

例题 8.8 考虑多个小型开放经济体,它们把世界利率作为给定值。假设我们使用类似(8.8)式的模型,其中,世界利率包括在 x_{it} 中。我们想要检验资本投资的税收折扣产生的影响。假设一些经济体已经美元化,而另一些没有。在这种情况下,认为一组经济体内部存在相互依赖的关系,而不同组经济体不存在相互关联,是比较合理的。所以,在估计过程中,我们应当考虑对 A_{1jt} 矩阵的约束条件。

遵循在第 4 章中类似的步骤,定义 $Y_t^{\dagger}\equiv Y_t-X_tr=X_tR\theta_t+E_t\equiv X_t^{\dagger}\theta_t+E_t$,假设 $E(Z'E)=0$,$E(Z'X^{\dagger})\neq 0$。则关于 $\theta=(\theta_1,\cdots,\theta_t)$ 的 GMM 估计为 $\theta_{\text{GMM}}=[(X^{\dagger})'ZW^{-1}Z'X^{\dagger}]^{-1}((X^{\dagger})'ZW^{-1}Z'Y^{\dagger})$。

我们可以用在第 5 章中提到的统计量来检验这些约束的有效性。例如,令:

$$n\times\mathfrak{S}_{\text{un},t}=(Y_t-X_t\alpha_{t,\text{GMM}})'Z_tW_{n(\alpha)}^{-1}Z_t'(Y_t-X_t\alpha_{t,\text{GMM}})$$

和

$$n\times\mathfrak{S}_{\text{re},t}=(Y_t^{\dagger}-X_t^{\dagger}\theta_{t,\text{GMM}})'Z_tW_{n(\theta)}^{-1}Z_t'(Y_t^{\dagger}-X_t\theta_{t,\text{GMM}})$$

令 $\alpha=(\alpha_1,\cdots,\alpha_t)$ 和 $\theta=(\theta_1,\cdots,\theta_t)$。运用标准的渐近性质和定理可以证明,对于 $n\to\infty$,有:

$$\mathfrak{S}_{\text{un},t}\xrightarrow{D}\chi^2(\dim(Z_t)-\dim(\alpha))\text{和 }\mathfrak{S}_{\text{re},t}\xrightarrow{D}\chi^2(\dim(\alpha)-\dim(\theta)),\ \forall t$$

因此,当 $n\to\infty$ 时,统计量 $\mathfrak{S}_{\text{re},t}-\mathfrak{S}_{\text{un},t}\xrightarrow{D}\chi^2(\dim(Z_t)-\dim(\theta))$,$t=1,\cdots,T$。

练习 8.13 假设 $\alpha_t=\alpha$,$\forall t$。描述怎样用沃尔德检验法来检验假设 $\alpha=R\theta+r$。

正如在 VAR 模型中一样,我们可能需要进行一系列的假设检验,每一阶段的进行都是基于上一阶段的结果。例如,我们先要检验一些经济上的约束条件,譬如长期中性或稳定状态的趋同。基于这些条件,我们才能检验在模型中要包括多少期的滞后项。与第 4 章提到的一样,当运用了序列检验方法后,我们应当对显著性水平做适当调整。

例题 8.9 第一个约束条件为 $\alpha_t=R\theta_t+r$,第二个约束条件为 $\theta_t=\bar{R}\phi_t+\bar{r}$。令 $n\times\mathfrak{S}_{\text{un},t}=(Y_t-X_t\alpha_{t,\text{GMM}})'Z_tW_{n(\alpha)}^{-1}Z_t'(Y_t-X_t\alpha_{t,\text{GMM}})$,$n\times\mathfrak{S}_{\text{re}_1,t}=(Y_t^{\dagger}-X_t^{\dagger}\theta_{t,\text{GMM}})'\times Z_tW_{n(\theta)}^{-1}Z_t'(Y_t^{\dagger}-X_t^{\dagger}\theta_{t,\text{GMM}})$,$n\times\mathfrak{S}_{\text{re}_2,t}=(Y_t^{\ddagger}-X_t^{\ddagger}\phi_{t,\text{GMM}})'Z_tW_{n(\phi)}^{-1}Z_t'(Y_t^{\ddagger}-X_t^{\ddagger}\phi_{t,\text{GMM}})$,其中,$Y_t^{\ddagger}\equiv Y_t^{\dagger}-X_t\bar{r}=X_t\bar{R}_1\phi_t+E_t\equiv X_t^{\ddagger}\phi_t+E_t$。定义 $\text{LR}_{1,t}=\mathfrak{S}_{\text{re}_1,t}-\mathfrak{S}_{\text{un},t}$,$\text{LR}_{2,t}=\mathfrak{S}_{\text{re}_2,t}-\mathfrak{S}_{\text{re}_1,t}$,其中,$\text{LR}_{2,t}$ 是在第一个约束条件为真的情况下对第二个约束条件进

行的检验。如果 a_j 是两个检验 $j=1,2$ 的显著性水平，那么第二个假设检验的总体显著性水平为 $a_1+a_2-a_1a_2$。因此，若$a_1=a_2=0.10$，当第一个约束条件为真时，第二个约束条件的显著性水平是 0.19。

这些假设检验的思想可以用于检验，是否不同个体之间存在水平上的异质性。从实际的角度来看，这是很重要的，因为如果 $\forall i$，有 $\varrho_i=\varrho$，系数是不随时间变化的，那么系数的横截面/混合 OLS 估计是一致的。但是，如果 $\varrho_i\neq\varrho_{i'}$，我们需要使用一阶差分法和工具变量法来估计。因为在估计方法上存在差别，所以我们在估计之前要先设计一个 GMM 类型的统计量来进行异质性的假设检验。

例题 8.10 考虑单变量模型 $y_{it}=\varrho_i+A_1y_{it-1}+e_{it}=A_1y_{it-1}+\epsilon_{it}$。由于对所有 τ 而言，ϵ_{it} 与 $y_{it-\tau}$ 相关，所有通过混合横截面数据得到的关于 A_{1p} 的估计是不一致的。将这个模型进行一阶差分，我们得到 $\Delta y_{it}=A_1\Delta y_{it-1}+\Delta\epsilon_{it}$。由于对 $\tau\geqslant 2$，有$E(y_{it-\tau}\Delta\epsilon_{it})=0$，$y_{it-2}$是一个有效的工具变量。假设 $T=3$。如果 $\forall i$，有 $\varrho_i=\varrho$，则存在三个正交条件 $E(y_{i2}\epsilon_{i3})=E(y_{i1}\epsilon_{i3})=E(y_{i1}\epsilon_{i2})=0$，$\forall i$，我们可以用这些条件来估计(普通)AR 模型的参数。由后两个条件可知，$E[y_{i1}(\epsilon_{i3}-\epsilon_{i2})]=0$，它在原假设和备择假设下都成立，所以可以用它来估计 A_1。而另外两个条件 $E(y_{i2}\epsilon_{i3})=E(y_{i1}\epsilon_{i2})=0$，$\forall i$，只有在原假设成立时才是有效的。因此，给定 A_1 的估计，我们可以用这两个条件来检验是否存在个体效应。

我们对例题 8.10 中使用的检验方法来做一个概括。令 $y_{it}=\sum_{j=1}^{q_1}A_{1j}y_{it-j}+\varrho_i+e_{it}=\sum_{j=1}^{q_1}A_{1j}y_{it-j}+\epsilon_{it}$。在原假设下，$E(y_{it-j}\epsilon_{it})=0$，$j=1,\cdots,T$，$t=q_1+1,\cdots,T$。在备择假设下，$E(y_{it-j}\Delta\epsilon_{it})=0$，$j=1,\cdots,T$，$t=q_1+2,\cdots,T$，但 $E(y_{it-j}\epsilon_{it})\neq 0$。考虑存在 q_1 期滞后项，有 T 个观测值，则有$[T(T-1)-q_1(q_1-1)]$个正交条件。由于在原假设下有 q_1 个参数要估计，故有 $\upsilon=[T(T-1)-q_1(q_1-1)-q_1]/2$ 个过度识别的约束条件。因此，$\mathfrak{S}=(Y-\sum_jA_{1j}Y_{-j})ZW^{-1}Z'(Y-\sum_jA_{1j}Y_{-j})/n\rightarrow\chi^2(\upsilon)$。

练习 8.14 假设 $y_{it}=\sum_{j=1}^{q_1}A_{1j}y_{it-j}+\sum_{j=1}^{q_2}A_{2j}x_{t-j}+\varrho_i+e_{it}$，其中，$E(x_{t-\tau}e_{it})=0$，$\tau=1,\cdots,T$，$t=q+1,\cdots,T$，且 $q=\max(q_1,q_2)$。在这种情况下，存在多少个正交条件？检验个体间的同质性的统计量的自由度是多少？

在系数不随时间变化的模型中，我们只使用一部分典型的正交条件，这是因为我们可以忽略模型中包含的一些信息，例如，当 τ 很大时，$E(z_{t-\tau},e_{it})$可以忽略不计。在这种情况下，用 j 表示我们感兴趣的协方差个数，$jT-0.5[j(j+1)+q_1(q_1+1)]$表示正交条件的个数。如果 $j>q_1$，AR(q_1)模型在原假设成立时的正交条件是：

$$E(y_{it-\tau}\Delta e_{it})=0,\quad \tau=2,\cdots,t-1,t=(q_1+2),\cdots,j \tag{8.16}$$

$$E(y_{it-\tau}\Delta e_{it})=0,\quad \tau=2,\cdots,j,t=(j+1),\cdots,T \tag{8.17}$$

$$E(y_{iq_1+1-\tau}e_{iq_1+1})=0,\quad \tau=1,\cdots,q_1 \tag{8.18}$$

$$E(y_{it}e_{it})=0,\quad t=(q_1+2),\cdots,T \tag{8.19}$$

在这里，(8.16)式和(8.17)式在原假设和备择假设下都成立；(8.18)式和(8.19)式只在原假设下成立。和前面的方法一样，我们需要使用有限个工具变量来进行参数估计和假设检验，虽然它和 GMM 相比并不是有效的。

练习 8.15 考虑模型 $y_{it}=A_1y_{it-1}+\varrho_i+e_{it}$；令 $T=4,j=2$。

(i) 写出模型中的正交条件，指出哪些条件在原假设和备择假设下均成立，哪些条件只在原假设下成立。

(ii) 把所有时期的方程都堆积起来，写成 $Y=A_1Y_{-1}+e$ 的形式。令 $Z=\mathrm{diag}(z_1,\cdots,z_n)$，构建关于 A_1 的 IV 估计和 GMM 估计。

(iii) 要检验过度识别约束，写出 J 类型的检验统计量。

值得注意的是，如果有些时间序列数据存在单位根，用 GMM 类型统计量检验异质性就不合适了。在这种情况下，我们应当使用似然比统计量，因为它即使在存在单位根的情况下，也有很好的性质[参见史密斯和菲尔特斯(Smith and Fuertes, 2003)]。

8.2.4 *重新发现个体效应*

在宏观经济应用中，得到 ϱ_i 的估计并对 ϱ_i 在横截面上的分布有所了解十分重要，因为这些参数可能反映了不同国家政策上的不同或是其他个体特有的性质。当进行一阶差分后，ϱ_i 从估计模型中剔除了。但是，我们很容易得到它的估计。用 $\hat{\alpha}$ 表示通过对模型进行一阶差分所得到的关于 α 的估计量。令 $\hat{\epsilon}_{it}=y_{it}-x_{it}\hat{\alpha}$。对每个个体 i 取时间上的均值，即 $\bar{\hat{\epsilon}}_i=(1/T)\sum_{t=1}^{T}\hat{\epsilon}_{it}=\bar{y}_i-\hat{\alpha}\bar{x}_i$，其中，$\bar{y}_i=(1/T)\times\sum_t y_{it}$，$\bar{x}_i=(1/T)\sum_t x_{it}$。由于当 $T\to\infty$ 时，$(1/T)\sum_{t=1}^{T}\hat{e}_{it}\to E(e_i)=0$，所以 $\bar{\hat{\epsilon}}_i=\hat{\varrho}_i$。

例题 8.11 之前，我们使用 11 个欧洲国家自 1998 年 1 月到 2003 年 12 月的季度实际 GDP 数据来估计面板 AR(1) 模型，而且该模型中还存在具有国家特征的截距项。通过一阶差分，我们可以估计普通的 AR 系数。具体方法是将数据混合，使用 11 个滞后变量作为工具变量，对每个个体 i 在 T 上对残差进行平均。图 8.1 清楚地表示出了国家特有效应的尖峰分布情况。在假设个体效应都等于其均值的情况下，我们检验个体效应的同质性。该检验的 p 值为 0.07，表明在某种程度上还是存在异质性的。但是，如果剔除了奥地利和芬兰，我们就无法拒绝同质性的原假设。

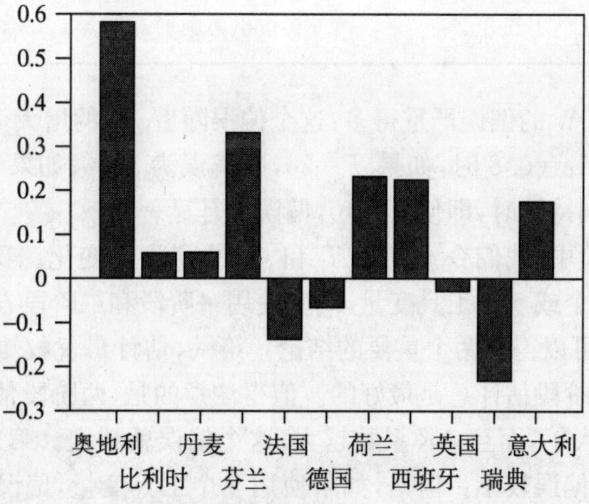

图 8.1 个体效应，GDP

8.2.5 一些实际问题

当我们估计存在固定的个体效应的同质性动态模型时，至少有三个问题值得我们讨论。首先，我们已经知道在动态模型中，(普通)AR 模型的 OLS 估计是有偏的。随着 T 的增加，偏差会越来越大吗？其次，我们知道 GMM 估计比 IV 估计更有效，但是权重矩阵的估计随着样本容量的增大趋向于真值的速度很慢，所以它在小样本下会呈现较为严重的有偏性。对于 GMM 估计，我们怎样在有效性和有偏性之间权衡呢？最后，对于宏观经济中典型样本容量的面板数据，OLS 和 IV 估计的相对偏误有多大呢？为了回答这些问题，我们通过下面的方程组来模拟数据。

$$\left.\begin{aligned} y_{it} &= A_1 y_{it-1} + A_2 x_{it} + \varrho_i + e_{it}^y \\ x_{it} &= A_3 x_{it-1} + e_{it}^x \end{aligned}\right\} \tag{8.20}$$

其中，$e_{it}^y \sim \text{i.i.d.}\ \mathbb{N}(0,\sigma_y^2)$，$e_{it}^x \sim \text{i.i.d.}\ \mathbb{N}(0,\sigma_x^2)$。我们令 $A_2 = 1 - A_1$，这样 A_1 的变化会影响短期动态过程，但不会影响 x 和 y 的长期关系。控制实验的参数是 A_1、A_3、σ_y^2、σ_x^2。在第一个实验中，我们设定 $\sigma_x = 1$，$A_3 = 0.5$，$\sigma_y = 2$，并且令 A_1 会随 T 变化。我们还令 $y_{i0} = x_{i0} = 0$，丢弃前 100 个观测值。样本容量 $n = 100$，对每种系数的组合进行 500 次重复运算。表 8.3 给出了结果，括号中是标准差。

表 8.3 蒙特卡洛证据 I

T	A_1	A_1 的偏误	A_2 的偏误
10	0.2	−0.059(0.025)	0.017(0.026)
	0.8	−0.232(0.033)	0.004(0.043)
20	0.2	−0.027(0.015)	0.010(0.018)
	0.8	−0.104(0.018)	0.006(0.026)
40	0.2	−0.107(0.011)	0.007(0.014)
	0.8	−0.056(0.013)	0.006(0.023)

A_1 的偏误比 A_2 的偏误严重得多：这个偏误随着 A_1 的增大而增大，随着 T 的增大而减小。当 $A_1 = 0.8$ 时，如果 $T = 20$，则偏误为 10%；如果 $T = 10$，偏误增至 30%。当时间序列持续时，即使 $T = 40$，偏误仍是显著的。

在第二个实验中，我们令 n 随着 T 和 A_1 的变化而变化。我们只研究 GMM 估计，分别使用 2 个或 5 个工具变量，同时使用一阶段和二阶段方法。

通过表 8.4，可以得出两个重要的结论。第一，估计最优权重矩阵产生的偏误是显著的，因此一阶段估计总是最好的。值得注意的是，两阶段估计产生的偏误随着 T 的增加却增大了，而且 AR 系数越大，这个偏误就越大。第二，使用两个工具变量，一般产生的偏误较小。但是，如果使用 5 个工具变量，偏误就能够更准确地估计出来。

表 8.4 蒙特卡洛证据 II

			一阶段 GMM		两阶段 GMM	
T	n	A_1	2个工具变量	5个工具变量	2个工具变量	5个工具变量
10	20	0.2	−0.041(0.066)	−0.050(0.056)	−0.043(0.081)	−0.077(0.102)
		0.8	−0.222(0.124)	−0.241(0.115)	−0.249(0.168)	−0.336(0.198)
10	100	0.2	−0.011(0.035)	−0.012(0.022)	−0.009(0.036)	−0.011(0.032)
		0.8	−0.056(0.071)	−0.079(0.059)	−0.056(0.072)	−0.081(0.066)
20	20	0.2	−0.032(0.044)	−0.038(0.038)	−0.084(0.118)	−0.263(0.199)
		0.8	−0.137(0.081)	−0.144(0.066)	−0.441(0.281)	−0.880(0.498)
20	100	0.2	−0.005(0.022)	−0.007(0.019)	−0.005(0.025)	−0.008(0.027)
		0.8	−0.028(0.040)	−0.039(0.039)	−0.030(0.039)	−0.048(0.040)
40	20	0.2	−0.022(0.034)	−0.026(0.032)	−0.188(0.148)	−0.423(0.363)
		0.8	−0.108(0.059)	−0.111(0.044)	−0.837(0.294)	−1.154(0.509)
40	100	0.2	−0.003(0.018)	−0.005(0.013)	−0.004(0.017)	−0.017(0.028)
		0.8	−0.024(0.030)	−0.030(0.025)	−0.031(0.036)	−0.089(0.049)

比较表 8.3 和 8.4 可知，当 n 很大时，GMM 估计总是更好。但是对于固定的 n，它们的性质就不那么优越了。而且，除非 n 很小，否则随着 T 的增大，估计的偏误就会相对变小。总体来说，当我们使用一阶段估计且 $T=40$ 时，GMM 和 OLS 的偏误有相似的性质。

8.3 动态异质性

到目前为止，我们只研究个体之间为同质的动态面板。但是在许多情况下，同质性的假设不成立，我们需要引入动态异质性的假设。例如，在增长理论的实证分析中，我们往往要研究收入分布的趋同和分化情况[参见巴罗和萨拉—埃—马丁(Barro and Sala-i-Martin，1992)、柯(Quah，1996)、鲍尔德瑞和加诺瓦(Boldri and Canova，2001)]，政策周期往往对预测不同个体间某种政策措施的(长期)效应感兴趣。而且学者们经常强调，政治经济事件可能会决定政府债务的动态过程[参见艾尔西纳和佩罗蒂炼(Alesina and Perotti，1995)]。最后，在很多情况下，研究者关心对于具有不同特征的个体，市场力量或政策是否会使它们转换的动态过程具有某些相同点。

当 n 和 T 很大时，我们至少有 4 种方法来估计模型参数以及这些参数的连续函数，并且对它们的解释具有有趣的经济或政策含义。

(i) 对于每个单独的个体 $i=1,\cdots,n$，用它们各自时间维度上的数据估计参数(称为 α_{iA})，构建满足条件的参数连续函数(均衡状态、长期效应等)$h(\alpha_{iA})$，然后在横截面数据上对这些参数取平均以获得"典型"效应，即，$h_A(\alpha)=(1/n)\sum_i h(\alpha_{iA})$。

(ii) 将横截面数据和时间序列数据混合，估计一个平均参数向量(称为 α_{p})，构建一个平均水平的函数 $h(\alpha_{\mathrm{p}})$。

(iii) 对每一个单独的时间 $t=1,\cdots,T$，将其在 n 上进行平均，使用这些平均的时间序列数据估计参数向量(称为估计值 α_{TS})和相关的函数 $h(\alpha_{\mathrm{TS}})$。

(iv) 对每个单独的个体 $i=1,\cdots,n$，将其在 T 上进行平均，使用这些平均的横截面数据估计参数向量(称为估计值 α_{CS})和相关的函数 $h(\alpha_{\mathrm{CS}})$。

例题 8.12 许多研究学者都对开放经济体中储蓄和投资相关性的大小[所谓的“费尔德斯坦和堀冈困惑”(Feldstein and Horioka Puzzle)]很感兴趣。我们有样本容量很大的一组国家储蓄和国内投资的数据，所以可以进行以上 4 种估计。但是，多数文献都注重研究平均横截面估计，而且这类估计的回归方程形式为 $(\mathrm{Sa/GDP})_i=\varrho_i+A(\mathrm{Inv/GDP})_i+e_i$，其中，$(\mathrm{Sa/GDP})_i$ 是样本中每个个体 i 的平均储蓄率，$(\mathrm{Inv/GDP})_i$ 是每个个体 i 的平均投资率。由于储蓄率和投资率都是时间序列相关的，而且样本包括了 OECD 和 LDC 国家，我们可以猜测这样一个在实证方面看似更加合理的模型：$(\mathrm{Sa/GDP})_{it}=\varrho_i+\alpha_{1i}(\mathrm{Sa/GDP})_{it-1}+\alpha_{2i}(\mathrm{Inv/GDP})_{it}+\alpha_{3i}(\mathrm{Inv/GDP})_{it-1}+e_{it}$。我们可能会想知道 A_{CS} 和 α_{ji}，$j=1,2,3$ 有怎样的相关性，以及是否会存在系统性的偏误。

在这部分内容中，我们要分析当模型可能存在动态异质性时，以上 4 种估计的性质，并且提出我们在实际情况中可能遇到的问题。首先，我们来预期它们的性质。第一个估计量 $\alpha_{i\mathrm{A}}$ 是一致的。当 $T\to\infty$ 时，对第四个估计量 α_{CS} 进行修正，也可得到关于 $h(\alpha)$ 的一致估计(但不一定是 α 的一致估计)。但是，由于当 $T\to\infty$ 时，α_{p} 和 α_{TS} 是不一致的，所以 $h(\alpha_{\mathrm{p}})$ 和 $h(\alpha_{\mathrm{TS}})$ 也是不一致的。

我们研究的模型具有以下形式：

$$y_{it}=A_{1i}(\ell)y_{it-1}+A_{2i}(\ell)x_{it}+\varrho_i+e_{it} \tag{8.21}$$

$$\alpha_{ji}=\alpha_j+v_{ji},\quad j=1,2 \tag{8.22}$$

其中，$\alpha_{ji}=\mathrm{vec}(A_{ji}(\ell))'$。给定等式(8.21)和(8.22)，我们可以得到几个可能很有意思的函数：$h_1(\alpha_i)=E(1-A_{1i}(1))^{-1}A_{2i}(1)$，即 x_{it} 的永久变动对 y_{it} 长期效应；$h_2(\alpha_i)=E(1-A_{1i}(1))^{-1}A_{1i}(1)$，即平均的滞后效应；$h_3(\alpha_i)=(1-A_{1i}(1))^{-1}$，即趋同的速度。其中，$\alpha_i=\mathrm{vec}(A_{1i}(\ell),A_{2i}(\ell))'$。

应当指出，当我们设定了 $A_{ji}(\ell)$ 在 i 上的分布后，我们就可以设定 $h(\alpha_i)$ 在 i 上的分布了；例如，我们可以假设：

$$h(\alpha_i)=h(\alpha)+v_i^h \tag{8.23}$$

接下来的多数讨论都是基于以上两种设定。为了确保我们研究问题的严密性，我们做了 4 个假设：

(i) 对所有 t 和 τ，x_{it}、$e_{i\tau}$ 是相互独立的，且它们与 $v_i=[v_{1i},v_{2i}]$(或记作 v_i^h)独立。$e_{it}\sim\mathrm{i.i.d.}(0,\sigma_{e_i}^2)$，$v_{ji}\sim\mathrm{i.i.d.}(0,\sigma_{v_j}^2)$，$j=1,2$。

(ii) $m_2\times 1$ 阶向量 x_{it} 满足 $x_{it}=\bar{x}_i+\rho x_{it-1}+e_{it}^x$，其中，$\bar{x}_i$ 是均值；ρ 的特征值绝对值都小于 1；$e_{it}^x\sim\mathrm{i.i.d.}(0,\sigma_{e_i^x}^2)$，$\lim_{T\to\infty}(1/T)\sum_{\tau=1}^{T}\mathrm{ACF}_x(\tau)=0$，即 x_t 是遍历的。

(iii) 对于有限的 n 来说，$|(1/n)\sum_{i=1}^{n}\bar{x}_i\bar{x}_i'|\neq 0$，$\lim_{n\to\infty}(1/n)\sum_{i=1}^{n}\bar{x}_i\bar{x}_i'=\Sigma_{xx}$。

(iv) 对于每个 i 而言，$|A_{1i}(1)|<1$，横截面矩阵 $A_{ji}(\ell)$ 和 $h(\alpha_i)$ 存在且有限。

这些假设表明，e_{it} 是 y_{it} 的新息，x_{it} 是严格外生的，y_{it} 是平稳的，$h(\alpha_i)$ 是可以计算的。

8.3.1 一些实际问题

当 T 足够大时，我们可以对每个个体 i 单独进行回归，计算 $h(\alpha_{i\mathrm{A}})$，然后将所得的结果在 n 上进行平均，以得到"典型"效应。当 n、$T\to\infty$ 时，$\alpha_{i\mathrm{A}}$、$h(\alpha_{i\mathrm{A}})$、$h_{\mathrm{A}}(\alpha)$ 分别是 α_i、$h(\alpha_i)$、$h(\alpha)$ 的一致估计。很明显，当 T 很小时，$A_{1i}(\ell)$ 是有偏的，除非存在协整，否则 $A_{2i}(\ell)$ 也是有偏的。这些偏误会导致 $h_{\mathrm{A}}(\alpha)$ 是有偏的，即使 n 很大也是不一致的。直觉告诉我们，对有偏估计进行平均，一般不会消除有偏性。

为了证明在 T 很大的情况下，$\bar{\alpha}_{\mathrm{A}}=(1/n)\sum_i\alpha_{i\mathrm{A}}$ 的一致性，我们将模型改写成：

$$y_{it}=\varrho_i+X_{it}\,\alpha_i+e_{it} \tag{8.24}$$

其中，$X_{it}=[y_{it-1},\cdots,y_{it-q_1},x_{it},\cdots,x_{it-q_2}]$。则 $\alpha_{i\mathrm{A}}=(X_i'\Omega_TX_i)^{-1}\times(X_i'\Omega_Ty_i)$，其中，$X_i$ 是一个 $T\times(q_1-1+q_2)$ 阶的矩阵，y_i 是 $T\times 1$ 阶的向量，$\Omega_T=I_T-\mathbf{1}_T(\mathbf{1}_T'\mathbf{1}_T)^{-1}\mathbf{1}_T'$，$\mathbf{1}_T$ 是 $T\times 1$ 阶的单位向量。令 $\bar{\alpha}=(1/n)\sum_i\alpha_i$。

练习 8.16 写出保证 $p\lim_{T\to\infty}\bar{\alpha}_{\mathrm{A}}=\bar{\alpha}$ 的条件。[提示：$\bar{\alpha}+(1/n)\sum_i p\times\lim_{T\to\infty}(X_i'\Omega_TX_i/T)^{-1}p\lim_{T\to\infty}(X_i'\Omega_Te_i/T)=p\lim_{T\to\infty}\bar{\alpha}_{\mathrm{A}}$。]

如果还存在 $n\to\infty$，$\bar{\alpha}\to E(\alpha)$，由于 α_i 在 i 上是 i. i. d.，所以 $\bar{\alpha}_{\mathrm{A}}$ 渐近趋向于样本均值。

练习 8.17 关于 $\bar{\alpha}_{\mathrm{A}}$ 的协方差矩阵的估计为 $\Sigma_\alpha=(1/(n^2-n))\sum_i(\alpha_{i\mathrm{A}}-\bar{\alpha}_{\mathrm{A}})\times(\alpha_{i\mathrm{A}}-\bar{\alpha}_{\mathrm{A}})'$。证明 $E(\Sigma_\alpha)=(1-(1/n))\sum_i\Sigma_{\alpha_i}+\sum_iE(\alpha_{i\mathrm{A}})\times E(\alpha'_{i\mathrm{A}})-(1/n)\sum_i\sum_{i'}\times E(\alpha_{i\mathrm{A}})E(\alpha'_{i'\mathrm{A}})$，其中，最后两项是用来度量小样本偏误的。证明对于固定的 n，当 T 很大时，偏误会消失，且 Σ_α 是一致的。（证明过程需要很多代数知识！）

我们可以马上证明，我们在这里考虑的任意一个 $h(\alpha)$ 都是一致的。例如，如果 n 很大，只要表达式中的分母不为零，则 $h_{2\mathrm{A}}$ 趋近于 $E\{A_{2i}(1)/[1-A_{1i}(1)]\}$。它的方差是 $\Sigma_{h_2(\alpha)}=(1/(n^2-n))\sum_i[h_2(\alpha_{i\mathrm{A}})-h_{2\mathrm{A}}(\alpha)][h_2(\alpha_{i\mathrm{A}})-h_{2\mathrm{A}}(\alpha)]'$。

例题 8.13 假设我们要估计 G7 国家的通货膨胀的持续性，其中，或者用频率为零时的谱密度来表示持续性，或者将通货膨胀率和它的滞后项进行回归，然后将所得系数加总来度量持续性。在第一种情况下，我们对每个国家计算其通货膨胀率的自相关函数(ACFs)，然后加总 40 个协方差矩阵，并在 7 个国家上进行平均，以获得频率为零时的谱密度。在第二种情况下，我们把每个国家的通货膨胀率和它的 10 期滞后项进行回归，将系数加总后再进行平均。我们发现，对于不同的 i，$\mathcal{S}_i(\omega=0)$ 的范围很大，平均持续性是 7.03，其横截面方差是 3.57。系数之和也有些分散：它的均值是 1.32，方差为 0.42。从总体上说，两个统计量都表明通货膨胀确实具有持续性。

练习 8.18 假设异质性是以二项形式出现的，例如，数据分为两组，它们的组成是已知的。描述在这种情况下怎样对通货膨胀的持续性进行平均估计。这个估计有什么性质？在什么条件下它是一致的？

例题 8.14 假设 ϱ_i 和 α_i 具有异质性，那么设计一个统计量来检验 $\sigma_i=\sigma, \forall i$ 就比较容易了。事实上，模型的估计残差是 $e_{it}=y_{it}-\varrho_{i\mathrm{A}}+x_{it}\alpha_{i\mathrm{A}}$。在原假设成立的条件下，有 $\sigma_{\mathrm{A}}^2=(1/nT)\sum_{i=1}^n\sum_{t=1}^T e_{it}^2$。在备择假设下，有 $\sigma_{i\mathrm{A}}^2=(1/T)\sum_{t=1}^T e_{it}^2$。那么在原假设和备择假设下的集中似然函数分别是：当 $T\to\infty$ 时，$\mathcal{L}_{\mathrm{re}}\propto-\frac{1}{2}nT\ln\sigma_{\mathrm{A}}^2$，$\mathcal{L}_{\mathrm{un}}\propto-\frac{1}{2}T\sum_{i=1}^n\ln\sigma_{i\mathrm{A}}^2$，且 $2(\ln\mathcal{L}_{\mathrm{un}}-\ln\mathcal{L}_{\mathrm{re}})\sim\chi^2(n-1)$。

练习 8.19 写出进行假设检验：$\alpha_i=\alpha$ 和 $\sigma_i=\sigma, \forall i$ 时的 LR 统计量。

当 T 足够大时，我们也可以得到时间序列的平均估计，具体的例子有：研究美国各州的趋同回归，研究当地财政政策在各州之间的影响，或是分析各州的失业率和劳动事故率。但是，研究者们一般不会估计 n 个单独的方程，然后将其平均得到最终的结果。一个普遍的选择是将横截面数据和时间序列数据混合，从而直接估计一个平均水平的 α。

8.3.2 *混合估计*

将(8.22)式代入(8.21)式，我们得到：

$$y_{it}=A_1(\ell)y_{it-1}+A_2(\ell)x_{it}+\varrho_i+e_{it}^{\mathrm{p}} \tag{8.25}$$

$$e_{it}^{\mathrm{p}}=e_{it}+v_{1i}'y_{it-1}+v_{2i}'x_{it} \tag{8.26}$$

由于 e_{it}^{p} 和 y_{it-1}、x_{it} 都相关，则在等式(8.25)中，对 $A_1(\ell)$ 和 $A_2(\ell)$ 的 OLS 估计都是不一致的。这个结论的正式证明会在下个练习中给出。

练习 8.20 假设 $A_{1i}(\ell)=A_{1i}, A_{2i}(\ell)=A_{2i}, \varrho_i=0$。

(i) 证明 $E(x_{it}e_{it}^{\mathrm{p}})=\sum_{\tau=0}^{\infty}E(v_{1i}A_{2i}A_{1i}^{\tau})\mathrm{ACF}_i(|\tau+1|)$，其中，$\mathrm{ACF}_i(\tau)$ 是 x_{it} 在滞后 τ 期时的自协方差。注意，如果 x_{it} 是序列不相关的，则这个期望值会趋向于零。

(ii) 证明 $E(y_{it-1}e_{it}^{\mathrm{p}})=\sum_{\tau=0}^{\infty}\sum_{\tau'=0}^{\infty}E(v_{1i}A_{2i}^2A_{1i}^{\tau+\tau'})\mathrm{ACF}_i(|\tau-\tau'|)+\sigma_i^2\sum_{\tau=1}^{\infty}\times E(v_{1i}A_{1i}^{2\tau})+\sum_{\tau=0}^{\infty}E(v_{2i}A_{2i}A_i^{\tau})\mathrm{ACF}_i(|\tau+1|)$。证明这一项即使在 x_{it} 是 i.i.d. 时，也不会消失。

当动态过程是异质性的且数据被混合起来时，IV 方法也是不可行的。事实上，给定 e_{it}^{p} 的结构，我们很难找到工具变量，使得它既和解释变量相关，又和误差项不相关。

例题 8.15 令 $z_{it}=[x_{it-1},\cdots,x_{it-\tau}]$ 是一组工具变量，考虑这个模型的 AR(1) 形式。由于 z_{it} 与 e_{it} 无关，并且与等式(8.25)中的解释变量相关，它可以作为工具变量。但是，从(8.25)式可知：

$$E(v_{it}z_{it})=E\left(\frac{\varrho_i v_{1i}}{1-A_{1i}}\right)E(z_{it})+\sum_{\tau=0}^{\infty}E(v_{1i}A_{1i}^jA_{2i}')E(x_{it-j-1}z_{it}) \tag{8.27}$$

$$E(y_{it-1}z_{it})=E\left(\frac{\varrho_i}{1-A_{1i}}\right)E(z_{it})+\sum_{\tau=0}^{\infty}E(A_{1i}^jA_{2i}')E(x_{it-j-1}z_{it}) \tag{8.28}$$

因为 z_{it} 称为有效的工具变量，必须满足条件 $E(v_{it}z_{it})=0, E(y_{it-1}z_{it})\neq0$。观察等

式(8.27)和(8.28)可知,这两个条件不能同时满足,因为一般来说,$E(\varrho_i v_{1i}/(1-A_{1i}))\neq 0$ 或 $E(v_{1i}A_{1i}^{j}A_{2i}')\neq 0$。

练习 8.21 在例题 8.15 中,证明如果 $A_{1i}=A_1,\forall i$,则 z_{it} 是有效的工具变量。

因为混合估计有广泛应用,所以我们有必要深入研究当存在动态异质性时,这类估计产生的有偏性和不一致性。接下来,我们注重研究模型(8.21)和(8.22)的最简单的版本,即只有 y_{it} 的一期滞后项和一个外生变量。

练习 8.22 令 $x_{it}=\bar{x}_i+\rho_x x_{it-1}+e_{it}^x$,其中,$\rho_x<1$ 且 $e_{it}^x\sim$ i. i. d. $(0,\sigma_{x_i}^2)$。令 $\sigma^2=(1/n)\sum_i\sigma_i^2,\sigma_x^2=(1/n)\sum_i\sigma_{x_i}^2$。假设 $A_{1i}=A_1,\forall i$,但 A_{2i} 随着 i 的不同而不同。

(i) 证明 $p\lim_{n,T\to\infty}A_{1p}=A_1+[\rho_x(1-A_1\rho_x)(1-A_1^2)\sigma_{A_2}^2]/\psi_1$,$p\lim_{n,T\to\infty}A_{2p}=A_2-(A_2\rho_x^2(1-A_1^2)\sigma_{A_2}^2)/\psi_1$,其中,$\psi_1=(\sigma^2/\sigma_x^2)(1-\rho_x^2)\rho_x(1-A_1\rho_x)^2+(1-A_1^2\rho_x^2)\times\sigma_{A_2}^2+(1-\rho_x^2)A_2$,$\sigma_{A_2}^2=\text{var}(A_2)$。

(ii) 在大样本下,若 $\rho_x>0$,则 A_{1p} 的偏误是正的,而对所有参数而言,$p\lim\hat{A}_2<A_2$。证明异质性的程度越大(例如,$\sigma_{A_2}^2$ 越大),则有偏性就越大。证明当且仅当 $\rho_x=0$ 时,这种偏误才会消失。

(iii) 证明 $p\lim_{n,T\to\infty}A_{2p}/(1-A_{1p})=A_2/[(1-A_1)(1-\rho_x)\psi_2]$,其中,$\psi_2=(1+A_1)\sigma_{A_2}^2/[(\sigma^2/\sigma_x^2)(1+\rho_x)(1-A_1\rho_x)^2+(1+\rho_x)(A_2^2+\sigma_{A_2}^2)]>0$。

练习 8.22 证明了在混合模型中,当 $\rho_x>0$ 时,OLS 高估了 A_1 和 $A_2/(1-A_1)$,当 $\rho_x=0$ 或 $\sigma_{A_2}^2=0$ 成立时,这种偏误会消失。而且很容易看出,不管 A_1 的真实值是什么,只要 $\rho_x\to 1$,就有 $p\lim A_{1p}=1$ 和 $p\lim A_{2p}=0$。同时,如果 $A_1\to 1$,则有 $p\lim A_{1p}=A_1$ 和 $p\lim A_{2p}=A_2$。

练习 8.22 的结果似乎取决于外生变量是否存在序列相关。但是,在下面的例题中,$\rho_x\neq 0$ 是没必要的,令 x_{it} 是 i. i. d. 的,且把 x_t 的现值和滞后值都引入模型中,我们可以得到类似的结果。

例题 8.16 假设真实模型是 $y_{it}=\varrho_i+A_{i2}x_{it}+A_{i3}x_{it-1}+e_{it}$,$A_i=[A_{i2},A_{i3}]'=A+v_i$,$v_i\sim$ i. i. d. $(0,\Sigma_v)$。假设 x_{it} 是 i. i. d. 的,一个试探性的估计是 $y_{it}=a_{i1}y_{it-1}+a_{i2}x_{it}+a_{i3}x_{it-1}+\varrho_i+\epsilon_{it}$。对混合模型使用 OLS 估计,得到 $a_{2p}=A_2$,$a_{3p}=A_3-a_1^*A_2$,其中,$a_1^*=p\lim A_{1p}=\sigma_{12}/[\sigma_{11}+\sigma_{22}+(A_3^2+\sigma^2/\sigma_x^2)]$,当 T、$n\to\infty$ 时,σ_{ij} 是 Σ_v 中的元素。因此,无论多大的 T 和 n,当且仅当 $\sigma_{12}=0$ 时,有 $a_1^*=0$。接着,当 $T\to\infty$ 时,x 对 y 的长期效应的估计,即 $(a_{2p}+a_{3p})/(1-a_{1p})$,会导致 $A_2+A_3+a_1^*A_3/(1-a_1^*)\neq A_2+A_3$。

例题 8.16 中会产生有偏性和不一致性,这是因为我们忽略了 x 系数的异质性,而且 x 的序列相关使得问题更加严重。很明显,偏误的大小取决于 σ_{12} 和 ρ_x 的符号和大小。当它们均为正时,$a_1^*>0$,并且我们往往会低估 x_{it-j} 对 y_{it} 的影响,而高估它的长期效应。

当 T 很小时,即使不存在动态异质性,混合估计也是不一致的。在这种情况下,我们一般会用安德森—萧政(AH)估计或 GMM 估计。但是这两种方法只是在同质性的动态过程中才会产生一致估计,对于异质性的动态过程则不会。

例题 8.17 对等式(8.25)和(8.26)取一阶差分,我们可以得到:

$$\Delta y_{it}=A_1(\ell)y_{it-1}+A_2(\ell)\Delta x_{it}+\Delta e^{\mathrm{p}}_{it} \tag{8.29}$$

$$\Delta e^{\mathrm{p}}_{it}=\Delta e_{it}+v'_{1i}\Delta y_{it-1}+v'_{2i}\Delta x_{it} \tag{8.30}$$

很明显,如果一个工具变量和误差项无关,那么它和解释变量也无关。例如,y_{it} 的滞后值不能成为工具变量,因为它们取决于 v_{ji} 的值,而 v_{ji} 又与 Δe^{p}_t 相关。类似地,x_{it} 的现值和滞后值即使与 e_{it} 不相关,也不能成为工具变量。

这是在用差分法解决问题时的一个特例。事实上,当 $v_{i1}=0$, $\forall i$ 时,简单的计算可以得到 $E(\Delta e^{\mathrm{p}}_{it}z_{it})=0$,但 $E(\Delta y_{it-1}z_{it})=\sum_{\tau=0}^{\infty}E(A^{\tau}_{1i}A'_{2i})E(\Delta x_{it-\tau-1}z_{it})\neq 0$。因此,如果我们用 x_{it} 的滞后值作为工具变量(y_{it} 的滞后值不能作为工具变量),则差分后的 IV 估计法可得到 A_{1i} 和 A_{2i} 均值的一致估计。

练习 8.23 证明如果 A_{1i} 与 A_{2i} 独立,模型进行差分后,使用合适的 Δx_{it} 的滞后值作为工具变量,可以得到关于 A_1 和 A_2 的均值的一致估计。

例题 8.18[沙立森、吴和优沙(Sorensen, Wu and Yosha)] 政府支出有一部分用于产出,假设我们要考察这部分支出所占比例的周期性问题。对作为样本的国家进行回归 $(G/\mathrm{GDP})_{it}=\varrho_i+\alpha_{1i}\Delta\mathrm{GDP}_{it}+\alpha_{2i}\Delta\mathrm{GDP}_{it-1}+e_{it}$。如果 $\alpha_{ji}=\alpha_j$, $\forall i$,当我们使用合适的工具变量时,差分后的混合回归会得到对 $\Delta\mathrm{GDP}_{it}$ 的冲击给 $(G/\mathrm{GDP})_{it}$(对于每个 i)带来的反应的一致估计。即使我们忽略动态异质性,只要 $\mathrm{cov}(\alpha_{1i},\alpha_{2i})=0$,我们仍然可以得到一致估计。而且,即使在回归中有 $(G/\mathrm{GDP})_{it-1}$,只要在不同的 i 上它的系数是相同的,则我们可以得到关于它的一致估计。

8.3.3 *总体时间序列估计*

令 $\bar{y}_t=(1/n)\sum_i y_{it}$, $\bar{x}_t=(1/n)\sum_i x_{it}$, $\bar{e}_t=(1/n)\sum_i e_{it}$, $\bar{\varrho}=(1/n)\sum_i\varrho_i$。我们考虑的模型为:

$$\bar{y}_t=A_1(\ell)\bar{y}_{t-1}+A_2(\ell)\bar{x}_t+\bar{\varrho}+\bar{e}^{\mathrm{TS}}_t \tag{8.31}$$

$$\bar{e}^{\mathrm{TS}}_t=\bar{e}_t+\frac{1}{n}\sum_{i=1}^{n}(v'_{1i}y_{it-1}+v'_{2i}x_{it}) \tag{8.32}$$

很显然,x_{it} 的序列相关性导致 $\bar{e}^{\mathrm{TS}}_t$ 的序列相关类型非常复杂。一开始我们可能不太容易看出,实际上 $\bar{e}^{\mathrm{TS}}_t$ 与等式(8.31)中的解释变量是相关的,所以即使 $T\to\infty$ 或 T、$n\to\infty$,OLS 都会得到不一致的估计。

例题 8.19 为了说明这个问题,我们假设只存在 y_{it} 的一期滞后项,$\dim(x_{it})=1$,$A_2(\ell)=0$, $\forall\ell\geqslant 1$。在(8.31)式中,A_2 的 OLS 估计为:

$$A_{2,\mathrm{TS}}-A_2=\frac{(\sum_t\bar{y}^2_{t-1})(\sum_t\bar{x}_t\bar{e}^{\mathrm{TS}}_t)-(\sum_t\bar{x}_t\bar{y}_{t-1})(\sum_t\bar{y}_{t-1}\bar{e}^{\mathrm{TS}}_t)}{(\sum_t\bar{y}^2_{t-1})(\sum_t\bar{x}^2_t)-(\sum_t\bar{x}_t\bar{y}_{t-1})^2}$$

当 $T\to\infty$ 时,有:

$$p\lim A_{2,\mathrm{TS}}-A_2=\frac{(E\bar{y}^2_{t-1})(E\bar{x}_t\bar{e}^{\mathrm{TS}}_t)-(E\bar{x}_t\bar{y}_{t-1})(E\bar{y}_{t-1}\bar{e}^{\mathrm{TS}}_t)}{(E\bar{y}^2_{t-1})(E\bar{x}^2_t)-(E\bar{x}_t\bar{y}_{t-1})^2} \tag{8.33}$$

为了保证估计的一致性，我们需要$\sum_t \bar{x}_t \bar{e}_t^{\mathrm{TS}} \to 0$ 和$\sum_t \bar{y}_{t-1} \bar{e}_t^{\mathrm{TS}} \to 0$。然而，也存在其他情况。例如，除非 x_t 序列不相关（第二项消失）或者参数不存在异质性（第一项消失），否则会有：

$$E(\bar{x}_{t-\tau}\bar{e}_t^{\mathrm{TS}}) = \frac{1}{n}\sum_{i=1}^{n}\sum_{\tau'=1}^{\infty} E(v_{2i}A_{2i}A_{1i}^{\tau'})E(\bar{x}_{t-\tau}x_{i,t-\tau'-1}) \neq 0 \qquad (8.34)$$

因此，此时表达式(8.33)中的分子一般来说不等于零。

练习 8.24 证明一般来说当 $T\to\infty$ 时，$\sum_t \bar{y}_{t-1}\bar{e}_t^{\mathrm{TS}}$ 不会收敛到零。写出$\sum_t \bar{y}_{t-1}\bar{e}_t^{\mathrm{TS}}$收敛到零的条件。

由于等式(8.34)中的项是 n^{-1} 阶，且 $E(\bar{x}_t\bar{e}_t^{\mathrm{TS}})$、$E(\bar{y}_{t-1}\bar{e}_t^{\mathrm{TS}})$都收敛到有限的极限，增大 n 并不会消除总体时间序列估计的不一致性。同时，由于 $\bar{e}_t^{\mathrm{TS}}$ 的序列相关性质非常复杂，IV 方法很难实施。例如，通过观察等式(8.34)，我们可以知道，$\bar{x}_t$ 的滞后项不能作为有效的工具变量。存在的问题和我们之前所说的混合估计的问题是类似的：与 $\bar{e}_t^{\mathrm{TS}}$ 不相关的变量也与解释变量不相关。因此，很难找到合适的工具变量。

总体时间序列估计不一致的一个原因是，它没能最优地将总体横截面信息在 n 上进行平均。派萨冉(Pesaran，1995)已经证明，在异质性动态模型中，横截面上的最优总体算子具有以下形式：$\bar{y}_t=\sum_{\tau=0}^{\infty}\alpha_t'\bar{x}_{t-\tau}+\hat{\epsilon}_t$ 其中，$a_\tau=E(A_{2i}A_{1i}^{\tau})$，$\tau=0,1,\cdots$，且$\hat{\epsilon}_t$ 与 x_t 相互独立。等式(8.31)错误地设定了这一表达式，因为一些重要的解释变量与(8.34)式中的解释变量相关，但他们没有出现在设定的模型中。因此，就导致了不一致的估计。

练习 8.25 考虑 $h(\alpha_i)$按等式(8.23)的形式分布的情况。证明 $h(\alpha)$的总体时间序列估计是不一致的。

例题 8.20 继续例题 8.13，我们用混合估计和总体时间序列估计来计算通货膨胀率在频率为零时的谱密度。用混合数据得到的点估计为 9.84，与平均估计相差的范围在一个标准误差之内。用总体时间序列数据得到的点估计为 13.00，这个值位于平均估计分布概率为 99%的区域。对于回归参数之和，用混合数据得到的点估计为 0.91，用总体时间序列数据得到的点估计为 0.97。两者都明显地小于平均估计下的参数之和，但在统计上的差异并不显著。

8.3.4 *平均横截面估计*

平均横截面估计在实际工作中得到广泛应用，因为人们往往认为它能够得到参数及其连续函数的无偏估计。虽然这种观点在静态模型中是正确的，但在动态异质性模型中却不一定正确。

例题 8.21［法塔斯和米赫夫(Fatas amd Mihov)］ 简单的凯恩斯模型预测宏观经济的波动和政府规模存在负相关，我们有兴趣研究该理论在实际中的情况。宏观经济的波动通常用产出增长的标准差来度量，政府规模用 GDP 中政府支出所占比例来度量。为了检验这一理论，研究者在文献中先估计每个个体的波动性，把该个体各期的政府支出平均化，然后在加入和不加入其他控制变量这两种情况下分别进行横截面回归。一般来说，我们可以得到为负的系数，但是在接下来将会谈到，忽略动态异质性会导致很大的负偏误，所以我们仍然质疑这个估计的可信度。

令 $\bar{y}_i=(1/T)\sum_t y_{it}$，$\bar{x}_i=(1/T)\sum_t x_{it}$，$\bar{e}_i=(1/T)\sum_t e_{it}$。我们要估计的模型是：

$$\bar{y}_i=A_1(\ell)\bar{y}_{i,-1}+A_2(\ell)\bar{x}_i+\varrho_i+\bar{e}_i^{\text{CS}} \tag{8.35}$$

$$\bar{e}_i^{\text{CS}}=\bar{e}_i+v'_{1i}\bar{y}_{i,-1}+v'_{2i}\bar{x}_i \tag{8.36}$$

由等式(8.35)定义的回归称作动态模型的组间回归。用 OLS 估计这个模型，当 $n\to\infty$ 或者 n、$T\to\infty$，关于 $A_j(\ell)$ 的估计都是不一致的，这是因为即使 n 很大，$\bar{e}^{\text{CS}}$ 与回归中的解释变量仍是相关的。因此，对异质动态面板数据进行个体间回归所得的估计量以及它的连续函数都是不一致的。

为了得到一致估计，我们可以使用以下方法。将等式(8.35)替换为：

$$\bar{y}_i=A_{2i}(\ell)\bar{x}_i+A_{1i}(\ell)(\bar{y}_i-\Delta_T y_i)+\bar{e}_i \tag{8.37}$$

其中，$\Delta_T y_i=(y_{iT}-y_{i0})/T$。注意，等式(8.37)等价于：$\bar{y}_i=[1-A_{1i}(\ell)]^{-1}A_{2i}\bar{x}_i-[1-A_{1i}(\ell)]^{-1}A_{1i}(\ell)\Delta_T y_i+[1-A_{1i}(\ell)]^{-1}\bar{e}_i\equiv a_{1i}\bar{x}_i+a_{2i}\Delta_T y_i+\bar{\epsilon}_i$。如果 a_{ji}，$j=1,2$ 在均值周围随机分布，则有：

$$\bar{y}_i=a_1\bar{x}_i-a_2\Delta_T y_i+\bar{\epsilon}_i^{\text{CS}} \tag{8.38}$$

$$\bar{\epsilon}_i^{\text{CS}}=(1-A_{1i}(\ell))^{-1}\bar{e}_i+v'_{2i}\bar{x}_i-v'_{1i}\Delta_T y_i \tag{8.39}$$

在接下来的练习中，我们会让读者证明，如果 T 足够大，对等式(8.38)和(8.39)进行 OLS 估计，会得到 a_1 和 a_2 的一致估计。

练习 8.26 令 a'_1 的横截面估计为 $a'_{1,\text{CS}}=(\sum_i\bar{x}_i\bar{x}'_i)^{-1}(\sum_i\bar{x}_i\bar{y}'_i)$。

(i) 证明 $E(a'_{1,\text{CS}}-a'_1)=(\sum_i\bar{x}_i\bar{x}'_i)^{-1}(\sum_i\bar{x}_i\bar{x}'_i)v_{2i}+(\sum_i\bar{x}_i\bar{x}'_i)^{-1}\sum_i(1+a_{2i})\times\bar{x}_i\bar{e}_i^{\text{CS}}-(\sum_i\bar{x}_i\bar{x}'_i)^{-1}$，或者用我们给出的假设，证明 $E(a'_{1,\text{CS}}-a'_1)=-\sum_{\tau=0}^{\infty}(\sum_i\bar{x}_i\bar{x}'_i)^{-1}\times\sum_{i=1}^{n}\bar{x}_i(\bar{x}_{i,-\tau}-\bar{x}_{i,-\tau-1})'E(a_{2i}A_{2i}A_{1i}^{\tau})$。因此，对于有限的 T，即使 $n\to\infty$，$E(a'_{1,\text{CS}})$ 也会是有偏的。

(ii) 证明当 $T\to\infty$ 时，$\bar{x}_i(\bar{x}_{i,-\tau}-\bar{x}_{i,-\tau-1})'=O_p(T^{-1})$。从而得出结论：由于 $E(a_{2i}A_{2i}A_{1i}^{\tau})$ 是有限的，则 $E(a'_{1,\text{CS}}-a'_1)\to 0$。

需要重点指出的是，由等式(8.35)得到的估计是不一致的，并不是因为模型设定是错误的。被忽略的项 $\Delta_T y_i$ 和水平变量是渐近无关的，所以它不会影响长期效应的估计。不一致的原因是误差项和解释变量存在相关性。

总结一下，如果存在动态异质性，那么将每个个体在时间上进行平均，然后将这些均值进行横截面回归，所得到的估计存在很多的问题，因为对于固定的 T，即使 n 很大，参数的 OLS 估计仍然是不一致的。

在某些实际应用的场合，我们也许会用协整的思想来求解动态模型中的参数估计。如果 x_{it} 是协整变量，每个 i 都有自己的协整关系，那么具有个体特征的回归就会得到 $A_2(1)$ 和 $h(\alpha_i)$ 的超一致估计，$h_{\text{A}}(\alpha)$ 的平均估计也是一致的。注意，由于参数估计以速度 T 收敛，均值以速度 $\sqrt{n}$ 收敛，则 $h(\alpha)$ 的估计以速度 $T\sqrt{n}$ 收敛。还应当注意的是，即使存在协整关系，混合估计仍然无法得到 α 的一致估计，这是因为误差项存在一个 $I(0)$ 分量和一个 $I(1)$ 分量。$I(0)$ 是每个个体 i 协整关系的残差，$I(1)$是每个个体 i 共有的系数之差和具有 $I(1)$性质的解释变量的乘积。因此，复合误差是 $I(1)$，回归并没有定义一个协整关系。

接下来的练习要分析当模型中的变量存在协整关系时，另外两个估计量的性质。

练习 8.27 (i) 考虑模型 $\bar{y}_t = A_2\bar{x}_t + \bar{e}_t^{TS}$，其中，$\bar{e}_t^{TS} = \bar{e}_t + (1/n)\sum_i v_i x_{it}$，$A_{2i} = \bar{A}_2 + v_i$，且 x_{it} 是严格外生的。证明，如果 $x_{i,t} = x_{i,t-1} + e_{i,t}^x$，$e_{i,t}^x \sim$ i. i. d. $(0, \sigma_{x_i}^2)$，则 $A_{2,TS}$是不一致的。

(ii) 令 $A_{2,CS} = A_2 + \sum_i (v_{2i}\bar{x}_i^2 - \bar{e}_i\bar{x}_i)/\sum_i \bar{x}_i^2$。证明如果 $x_{it} = x_{it-1} + \bar{x}_i + e_{it}^x$，$e_{it}^x \sim$ i. i. d. $(0, \sigma_{x_i}^2)$，则对于固定的 T 且 $n \to \infty$，$A_{2,CS}$是一致的。

8.3.5 *检验动态异质性*

动态异质性的存在会使标准估计方法产生很多问题，即使采用一阶差分法和工具变量法仍无法很好解决。因此，采用某种方法来检验我们研究的样本是否存在同质性，就变得十分重要。检验动态异质性的一种方法是豪斯曼类型的检验，对此我们在第 5 章已经讲述过了。检验的思想和在 8.2 节所述的十分类似：我们要找到两个估计量，其中一个在两个假设成立时都是一致的，另一个在原假设下是一致且有效的，在备择假设下则是不一致的。

例如，根据上面提出的要求，我们可以比较混合估计和平均时间序列估计。在同质性的原假设成立时，这两个估计都是一致的，而混合估计是有效的。在异质性的备择假设下，只有平均时间序列估计是一致的。

当 n 固定且 T 很大时，两个估计的渐近方差分别是 $\sigma^2(\sum_i p\lim_{T\to\infty}(X_i'\Omega_T X_i/T))^{-1}$和$(\sigma^2/n^2)\sum_i[p\lim_{T\to\infty}(X_i'\Omega_T X_i/T)^{-1}]$。因此，除非 $p\lim_{T\to\infty}(X_i'\Omega_T X_i/T) = p\lim_{T\to\infty}(X_{i'}'\Omega_T X_{i'}/T)$，$i' \neq i$，否则这两个估计量之差的协方差矩阵是正定的。要检验异质性，我们构建统计量 $\mathfrak{S}_1 = \sigma_A^2(\alpha_A - \alpha_P)'\Sigma^{-1}(\alpha_A - \alpha_P)$，其中，$\Sigma = (1/n^2)\sum_i(X_i'\Omega_T X_i)^{-1} - (\sum_i X_i'\Omega_T X_i)^{-1}$，$\sigma_A^2 = (1/n)\sum_i \sigma_i^2$，$\alpha = \text{vec}(A_{1i}(\ell), A_{2i}(\ell))$。在原假设条件下，$A_{1i}(\ell) = A_1(\ell)$，$A_{2i}(\ell) = A_2(\ell)$，$\sigma_i^2 = \sigma^2$，$\forall i$，$\mathfrak{S}_1 \sim \chi^2(\dim(x_t) + \dim(y_t))$。需要指出的是，使用 σ_P^2 代替 σ_A^2 不会改变统计量的渐近分布。

例题 8.22 我们也可以用豪斯曼检验来检验与参数有关的函数的一些假设。我们估计 $h_2(\alpha) = E[1 - A_{1i}(1)]^{-1}A_{2i}(1)$。混合估计是：

$$h_{2P} = [1 - A_{1P}(1)]^{-1}A_{2P}(1) = E[1 - A_{1i}(1)]^{-1}A_{2i}(1) + \frac{(A_{1P}(1) - A_1)E(1 - A_{i1}(1))^{-1}A_{2i}(1) + (A_{2P}(1) - A_2)}{1 - A_{1P}(1)}$$

平均时间序列估计是：

$$h_{2A} = \frac{1}{n}\sum_i h_2(\alpha_i)$$

前者的渐近方差是 $D(\sum_i p\lim_{T\to\infty}(X_i'\Omega_T X_i/T))^{-1}D'[\sigma^2/(1 - A_1(1))^2]$，后者的渐近方差是 $D(\sum_i[p\lim_{T\to\infty}(X_i'\Omega_T X_i/T)^{-1}])D'[\sigma^2/n^2(1 - A_1(1))^2]$，其中，$D = (a_2, G_{m_2})$，并且 G_{m_2} 是个 $m_2 \times (m_2 + 1)$阶的矩阵。

我们可以用 $\mathfrak{S}_2=(\hat{\sigma}^2/[1-\hat{A}_1(1)]^2)(h_{2A}-h_{2P})'(\hat{D}\hat{\Sigma}\hat{D}')^{-1}(h_{2A}-h_{2P})$ 来检验异质性，其中，标有“ˆ”的变量可以通过混合估计或平均时间序列估计得到，并且有：

$$\hat{\Sigma}=\frac{\hat{\sigma}^2}{n^2(1-\widehat{A_1(1)})^2}\hat{D}\Big(\sum_i[p\lim(X_i'\Omega_T X_i/n)^{-1}]\Big)\hat{D}'$$
$$-\frac{\hat{\sigma}^2}{(1-\widehat{A_1(1)})^2}\hat{D}\Big(\sum_i p\lim(X_i'\Omega_T X_i/nT)\Big)^{-1}\hat{D}'$$

在原假设条件下，$\mathfrak{S}_2\sim\chi^2(m_2)$。注意，$\hat{\Sigma}$ 在小样本下可能是非正定的。

当 T 很大时，这些假设检验都是适用的；但对于 T 很小的情况，平均时间序列估计是有偏的。修正的横截面估计在备择假设下是一致的。当 T 很小时，我们仍然可以用它来对 $h(\alpha)$ 进行同质性检验。但是，由于豪斯曼检验只有当 T 很大时才渐近有用，当我们比较混合估计和横截面估计时就应当特别注意。值得一提的是，当异常值存在时，由于估计量的方差变得很大，豪斯曼检验的势性质就很差。类似地，如果横截面数据很不相同，则我们很难拒绝原假设。

练习 8.28 假设 T 很小。写出检验 $h_1(\alpha)=(1-A_1(\ell))^{-1}A_1$ 存在异质性的统计量。

例题 8.23 异质性可能是由于一个同质的模型被错误地设定而导致的，所以对于拒绝同质性的假设检验，我们往往很难给出解释。当我们拒绝同质性假设后，我们一般会找到估计值的一个非常大的离差，其中的一些估计在经济意义上很不合理，但它们的均值可能很符合实际。这种情况能解释异质性存在的原因吗？假设估计模型为 $y_{it}=\alpha_i x_{1it}+\epsilon_{it}$，$\epsilon_{it}=x_{2it}+e_{it}$，$x_{2it}=\theta_{it}x_{1it}+v_{it}$，其中，$x_{2it}$ 是模型中忽略的但与 x_{1it} 相关的时变变量。很容易看出，$E(\hat{\alpha}_{it})=\alpha_i+\theta_{it}$。如果 x_{2it} 对 y_{it} 十分重要，且 θ_{it} 是不能忽略的，则 $\hat{\alpha}_{it}$ 的设定误差就很大且是显著的。如果 x_{2it} 对所有的 t 和 i 都是共有的，则 $\hat{\alpha}_T=(1/n)\sum_i\hat{\alpha}_{iT}$ 有系统性的偏误。但是，如果 x_{2it} 在横截面上是随机的，可能有 $E(\theta_{iT})=0$，这样平均估计就比个体估计更可靠。如果对每个个体 i，x_{2it} 在 T 上是随机的，我们也能得到相同的结果。最后，我们应当注意，这个例题中的模型结构不仅可能引起异质性问题，而且可能导致不稳定性，这是由于对每个个体 i 来说，y_{1t} 和 x_{2t} 的相关结构会随时间而变化。

8.4 是否需要混合数据？

在很多实际应用的例子中，研究者想要研究某些估计量，例如，长期系数、弹性、国家间或区域间的冲动反应，希望推断出某些个体特征对国家间或区域间的区别能否做出解释（例如，劳动力市场的规范或政府政策）。当 T 很小时，我们很难进行比较，而且有时这种比较无法提供什么信息，因为估计是有偏的，估计的不确定程度很大。因此，我们感兴趣的问题是：是否可能通过使用横截面信息来改进单个个体的参数估计。我们已经知道，将数据完全混合进行的估计在动态同质性模型中是有效的，但在动态异质性模型中会表现出有偏性和不一致性。这里，我们关心的问题是：是否有某种形式的混合估计即使在异质性条件下仍然是可取的，以及我们应当怎样使用易于操作的方法对数据进行部分混合？

如果检验是否需要混合数据，一种最简单的方法就是在横截面上对系数是否相等进行预先检验。假设：

$$y_{it}=X_{it}\alpha_i+e_{it},e_{it}\sim \text{i. i. d.}(0,\sigma^2 I) \tag{8.40}$$

其中，X_t 包括 1 的向量和外生滞后被解释变量，α_i 是每个个体 i 的回归系数。如果原假设是 $\alpha_1=\alpha_2=\cdots=\alpha_{n1}=\alpha$，$n_1\leqslant n$，那么对 n_1 个个体的混合模型就相当于它们不混合下的模型外加一些对 α 的（准确）线性约束。因此，为了检验原假设，我们可以比较存在约束和不存在约束的条件下回归方程各自的 R^2。给定 $F=[(R_{\text{un}}^2-R_{\text{re}}^2)/(n-1)]/[(1-R_{\text{un}}^2)/(nT-n-1)]$，其中，$R_{\text{re}}^2(R_{\text{un}}^2)$ 是受限（不受限）模型的 R^2。当 F 比值超过 1，意味着在古典的显著性水平为 50%的情况下拒绝原假设，此时应当选择不混合的模型，这相当于倾向于备择假设。我们应当注意，在预先检验中用到的显著性水平不同于其他标准假设检验中显著性水平。而且，对 α_i 在预先检验中的估计是不连续的（如果 F 比值大于 1，则为 $\alpha_{i,\text{OLS}}$；如果 F 比值小于 1，则为 α_{OLS}），这样就使得 α_i 的渐近分布相当复杂。最后，在二次损失函数下，预先检验估计劣于其他估计[参见嘉吉（Judge，1985），第 72～80 页]。

撇开这些理论上的考虑，在实际工作中往往会遇到这样的情形：我们不知道个体之间观测值的准确分布，如果通过预先检验便将数据混合，可能会出现令人吃惊的结果。

例题 8.24 假设 $n=3$，考虑简单的有个体特有参数的 AR(1)模型。图 8.2 绘出了每个个体 i 的两块集中分布的点域。这里，对于每个个体 i，斜率都是相同的，所以如果截距的标准差足够大，我们可能最后选择将数据混合起来。但是，在第一种情况下，混合数据能得到正斜率（AR 系数估计会上偏）；在第二种情况下，混合数据能得到负斜率。由于没有先验的原因排除第二种分布，我们可能会发现，用个体数据估计时 y_{it} 与 y_{it-1} 正相关，但将数据混合后它们是负相关的。

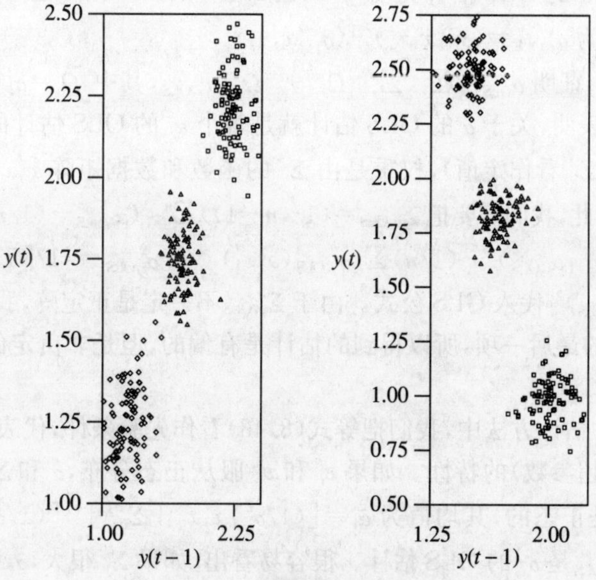

图 8.2 横截面上的分布

基于上述问题,预先检验似乎不能作为减少偏误、改进估计的标准差质量的方法。

一种斯坦因(Stein)类型收缩估计式,通过使用横截面信息也会得到有所改进的参数估计。估计式表示如下:

$$\alpha_{iS}=\alpha_{P}+\left(1-\frac{\kappa}{F}\right)(\alpha_{i,OLS}-\alpha_{P}),\quad i=1,\cdots,n \tag{8.41}$$

其中,$\alpha_{i,OLS}$是用个体 i 的数据得到的 OLS 估计,α_P 是混合估计,F 是原假设检验$\alpha_i=\alpha$, $\forall i$ 的 F 统计量[例如,$F=(\alpha_i-\alpha)'(\alpha_i-\alpha)/n\sigma^2$],并且 $\kappa=[(n-1)\times\dim(\alpha)-2]/[n(T-\dim(\alpha))+2]$,在 n 很大的情况下,它可以简化为 $\kappa\approx\dim(\alpha)/(T-\dim(\alpha))$。

值得注意的是,斯坦因类型估计式用一个权重来结合个体估计和混合估计,在 n 很大的情况下,这个权重依赖于 α 的维度和时间序列数据容量的比值。相对于 T 来说,$\dim(\alpha)$越大,收缩因子 κ/F 越小。

另一种部分混合异质性横截面信息的方法是使用随机系数方法。随机系数模型也会导致收缩类型的估计式,但是和斯坦因估计式不同的是,它们通过将个体估计进行平均加权而把个体估计结合起来。假设模型为:

$$y_{it}=x_{it}\alpha_i+e_{it} \tag{8.42}$$

$$\alpha_i=\bar{\alpha}+v_i \tag{8.43}$$

其中,$e_i\sim$ i. i. d. $(0,\sigma_i^2 I)$,$v_i\sim$ i. i. d. $(0,\Sigma_v)$。在这个模型中,有 4 种方法来构建α_i的改进估计,粗略地说,这些方法对应着古典、贝叶斯、先验似然和实证贝叶斯方法。

在古典方法中,α 和 Σ_v 是可估计的,但 α_i 不可估计。在这种情况下,把等式(8.43)代入等式(8.42),则有 $y_{it}\sim(x_{it}\alpha,\Sigma_{it})$,其中,$\Sigma_{it}=\sigma_i^2 I+x_{it}'\Sigma_v x_{it}$。在文献中,这种模型被称作误差分量模型。把每个个体的 T 个观测值都堆积起来进行 GLS 估计,得到 α 的 GLS 估计为 $\alpha_{GLS}=(\sum_i x_i\Sigma_i^{-1}x_i)^{-1}(\sum_i x_i\Sigma_i^{-1}y_i)$,若 $\Sigma_v=0$,α_{GLS}就可以拆分为 $\alpha_{i,OLS}=(\sigma_i^{-2}x_i'x_i)^{-1}(\sigma_i^{-2}x_i'y_i)$。

练习 8.29 证明 $\alpha_{GLS}=\sum_i(\sum_{j=1}^n\Omega_j^{-1})^{-1}\Omega_i^{-1}\alpha_{i,OLS}$,其中,$\Omega_i=\sigma_i^2(x_i'x_i)^{-1}+\Sigma_v$。

练习 8.29 表明,关于 α 的 GLS 估计就是每个 α_i 的 OLS 估计的加权平均(这里,需要把 σ_i^2和 Σ_v 看作定值),权重是由 Σ_v 的函数和数据矩阵 $x_i'x_i$ 给出的。α_{GLS}是不可行的。因此,我们需要把 $\Sigma_{v,OLS}=(1/(n-1))\sum_{i=1}^n(\alpha_{i,OLS}-(1/n)\sum_{i=1}^n\alpha_{i,OLS})\times(\alpha_{i,OLS}-(1/n)\sum_{i=1}^n\alpha_{i,OLS})'-(1/n)\sum_i\sigma_{i,OLS}^2(x_ix_i')^{-1}$ 和 $\sigma_{i,OLS}^2=\{1/[T-\dim(\alpha_i)]\}\times(y_i'y_i-y_i x_i\alpha_{i,OLS})^2$ 代入 GLS 公式。由于 $\Sigma_{v,OLS}$不一定是正定阵,我们通常会略去$\Sigma_{v,OLS}$表达式中的最后一项,所以得到的估计是有偏的,但是非负定的,且在 $T\to\infty$ 时是一致的。

在其他三种估计方法中,我们把等式(8.43)看作先验条件,代表描述先验信息的第二层参数(超参数)的特性。如果 e_i 和 v_i 服从正态分布,α 和 Σ_v 是已知的,α_i的后验分布也是正态的,其均值为 $\tilde{\alpha}_i=[(1/\sigma_i^2)x_i'x_i+\Sigma_v^{-1}]^{-1}[(1/\sigma_i^2)x_i'x_i\alpha_{i,OLS}+\Sigma_v^{-1}\bar{\alpha}]$,其中,$\alpha_{i,OLS}$是 α_i 的 OLS 估计。很容易看出,如果 Σ_v 很大,$\tilde{\alpha}_i\approx\alpha_{i,OLS}$,也就是说,我们在先验信息中没有更多的信息用于改进 α_i 的估计。α_{GLS}与 $\tilde{\alpha}_i$ 相关,

$\alpha_{\mathrm{GLS}}=(1/n)\sum_{i=1}^{n}\tilde{\alpha}_i$，也就是说，GLS 估计等于贝叶斯估计 $\tilde{\alpha}_i$ 在横截面上的平均。

当 $\bar{\alpha}$、σ_i^2、Σ_v 均为未知时，我们需要设定这些参数的事前分布(参见第 9 章)。如果我们这样做，就不存在对 α_i 的事后均值分析性的求解。如果存在正态分布，我们可以用事后模式来估计事后均值[参见史密斯(Smith, 1973)]。例如，我们使用：

$$\bar{\alpha}^* = \frac{1}{n}\sum_{i=1}^{n}\alpha_i^* \tag{8.44}$$

$$(\sigma_i^*)^2 = \frac{1}{T+2}[(_i - x_i\alpha_i^*)'(y_i - x_i\alpha_i^*)] \tag{8.45}$$

$$\Sigma_v^* = \frac{1}{n-\dim(\alpha)-1}\left[\sum_i(\alpha_i^*-\bar{\alpha}^*)(\alpha_i^*-\bar{\alpha}^*)'+\kappa\right] \tag{8.46}$$

其中，符号“*”表示程式估计，特别地，$\kappa=\mathrm{diag}[0.001]$.

我们使用的另一种方法叫作事前似然法。这时，我们共同选择$(\alpha_i, \sigma_i^2, \bar{\alpha}, \Sigma_v)$来最大化$-\frac{1}{2}\{T\sum_{i=1}^{n}\ln\sigma_i^2-\sum_{i=1}^{n}(y_i-x_i\alpha_i)'(y_i-x_i\alpha_i)/\sigma_i^2-n\ln|\Sigma_v|-\sum_{i=1}^{n}(\alpha_i-\bar{\alpha})^{-1}\times \Sigma_v^{-1}(\alpha_i-\bar{\alpha})\}$。求得的解为：

$$\alpha_{i,\mathrm{PL}} = \left(\frac{1}{\sigma_{i,\mathrm{PL}}^2}x_i'x_i+\Sigma_{v,\mathrm{PL}}^{-1}\right)^{-1}\left(\frac{1}{\sigma_{i,\mathrm{PL}}^2}x_i'x_i\alpha_{i,\mathrm{OLS}}+\Sigma_{v,\mathrm{PL}}^{-1}\bar{\alpha}_{\mathrm{PL}}\right) \tag{8.47}$$

$$\bar{\alpha}_{\mathrm{PL}} = \frac{1}{n}\sum_{i=1}^{n}\alpha_{i,\mathrm{PL}} \tag{8.48}$$

$$\sigma_{i,\mathrm{PL}}^2 = \frac{1}{T}(y_i-x_i\alpha_{i,\mathrm{PL}})'(y_i-x_i\alpha_{i,\mathrm{PL}}) \tag{8.49}$$

$$\Sigma_{v,\mathrm{PL}} = \frac{1}{n}\sum_{i=1}^{n}(\alpha_{i,\mathrm{PL}}-\bar{\alpha}_{\mathrm{PL}})(\alpha_{i,\mathrm{PL}}-\bar{\alpha}_{\mathrm{PL}})' \tag{8.50}$$

注意等式(8.44)～(8.46)与等式(8.48)～(8.50)之间的相似性，以及等式(8.47)和 $\tilde{\alpha}_i$ 的公式的相似性。

练习 8.30 考虑一种迭代过程，用以得到 $\alpha_{i,\mathrm{PL}}$、$\bar{\alpha}_{\mathrm{PL}}$、$\sigma_{i,\mathrm{PL}}^2$、$\Sigma_{v,\mathrm{PL}}$。

最后，我们要用实证贝叶斯(EB)方法。这种方法将 Σ_v、σ_i^2、$\bar{\alpha}$ 当作未知参数，用模拟样本中 y 的边际似然函数来估计它们。这些内容在第 9 章将会做详细论述。EB 估计为[参见罗(Rao, 1975)]：

$$\bar{\alpha}_{\mathrm{EB}} = \frac{1}{n}\sum_{i=1}^{n}\alpha_{i,\mathrm{OLS}} \tag{8.51}$$

$$\sigma_{i,\mathrm{EB}}^2 = \frac{1}{T-\dim(\alpha)}(y_i'y_i-y_i'x_i\alpha_{i,\mathrm{OLS}}) \tag{8.52}$$

$$\hat{\Sigma}_{v,\mathrm{EB}} = \frac{1}{n-1}\sum_{i=1}^{n}(\alpha_{i,\mathrm{OLS}}-\bar{\alpha}_{\mathrm{EB}})(\alpha_i-\bar{\alpha}_{\mathrm{EB}})'-\frac{1}{n}\sum_{i=1}^{n}(x_i'x_i)^{-1}\sigma_{i,\mathrm{OLS}}^2 \tag{8.53}$$

很容易看出，对 α 的贝叶斯估计与实证贝叶斯估计很类似，但前者是对 $\tilde{\alpha}_i$ 进行平均，后者是对 OLS 估计进行平均。注意，这两个估计都可以通过两阶段方法计算出来，而不需要迭代求解。对动态异质性面板数据的实证贝叶斯估计的另一种方法将会在第 10 章给出。

从下面的例子中可以看出，将横截面数据的子集进行混合，这种方法很直接明了。

例题 8.25 假设我们已知：

$$\alpha_i=\begin{cases}\bar{\alpha}_1+v_{i1}, & v_{i1}\sim \text{i. i. d.}\,\mathbb{N}(0,\Sigma_1), \quad 如果\ i\leqslant n_1\\ \bar{\alpha}_2+v_{i2}, & v_{i2}\sim \text{i. i. d.}\,\mathbb{N}(0,\Sigma_2), \quad 如果\ n_1>i>n\end{cases} \tag{8.54}$$

用前面提到的 4 种方法分别对每个组估计 $\bar{\alpha}_1$、$\bar{\alpha}_2$、Σ_1、Σ_2、α_i。

显而易见，在很多应用中，n_1 是已知的假设不符合实际。而且，由于 n 的顺序是任意的，所以在时间序列文献中有关断点的标准检验对面板数据也不适用。在第 10 章，我们会讲述当横截面数据是未知时，应当怎样最优地选择断点。

练习 8.31 考虑个体 i 的 VAR 模型，形式为 $y_{it}=A_i(\ell)y_{it-1}+e_{it}$，其中，$\alpha_i\equiv \text{vec}(A_i(\ell))=\bar{\alpha}+v_i$。这里的参数结合了个体特有信息和横截面信息。给出参数的古典估计和贝叶斯估计。应当怎样检验是否存在动态异质性？

8.4.1 *两阶段回归存在的问题*

在宏观经济和金融中都会存在这样的情况：方程中的参数会和一些可观测的(个体特有的)特征相关。研究者们会用两阶段的方法来揭示这种关系。

例题 8.26 例如，在估计政府支出的周期性时，我们可能想知道预算收支平衡的约束是否有影响。在第一阶段，先进行时间序列数据的回归，就好像把它当作正确的模型一样。在第二阶段，我们利用上一阶段所得的系数，并引入一个表示预算收支平衡状态的虚拟变量进行回归。另一个例子为，在估计就业对宏观经济扰动因素的调整速度时，我们可能想知道，劳动力市场机构是否对各国间调整速度上的差异有影响。在这种情况下，我们通常会以调整速度的估计值作为被解释变量，以各国劳动力市场的流动性指标作为解释变量进行回归。

例题 8.26 中的两阶段方法合理吗？第二阶段的估计可能会产生怎样的偏误？从直观上看，我们人为地在第二阶段的回归中引入了估计误差，这会产生严重的后果。为了说明为什么由两阶段回归计算出的估计和标准差是错误的，我们来考虑模型：

$$y_{it}=x_{0it}\varrho_i+x_{1it}\alpha_i+e_{it} \tag{8.55}$$

$$\alpha_i=x_{2i}\theta+v_i \tag{8.56}$$

其中，$i=1,2,\cdots,n$，x_{1it} 是 $1\times m_2$ 阶包含外生变量和滞后被解释变量的向量，x_{2i} 是 $m_2\times m_3$ 阶包含不随时间变化的个体特有特征的向量，x_{0it} 是 $1\times m_1$ 阶包含个体特有截距的向量(可能会和 t 相关)。最后，θ 是 $m_3\times 1$ 阶的参数向量。假设 $E(x_{1it}e_{it})=E(x_{2i}v_i)=0$，$e_{it}\sim$ i. i. d. $\mathbb{N}(0,\sigma_i^2)$，$E(e_{it},e_{i'\tau})=0$，$\forall t\neq\tau, i\neq i'$，$v_i\sim$ i. i. d. $\mathbb{N}(0,\Sigma_v)$。将每个个体 i 的观测值堆积起来，把等式(8.56)代入等式(8.55)，可以得到 $y_i=x_{0i}\varrho_i+X_i\theta+\epsilon_i$，其中，$X_i=x_{1i}x_{2i}$ 是一个 $T\times m_3$ 阶矩阵，$\epsilon_i=x_{1i}v_i+e_i$，所以有 $\text{var}(\epsilon_i)=x_{1i}\Sigma_v x_{1i}'+\sigma_i^2 I\equiv\Sigma\epsilon_i$。

练习 8.32 证明给定 $\Sigma\epsilon_i$ 和 θ,ϱ_i 的 ML 估计为 $\varrho_{i,\mathrm{ML}}=(x'_{0i}\Sigma_v^{-1}x_{0i})^{-1}x'_{0i}\Sigma_v^{-1}\times(y_i-x_i\theta)$。若给定 $\Sigma\epsilon_i$，有 $\theta_{\mathrm{ML}}=(\sum_i X_i\Omega_i X_i)^{-1}(\sum_i X_i\,\Omega_i y_i)$，其中，$\Omega_i=\Sigma_{\epsilon_i}^{-1}-\Sigma_{\epsilon}^{-1}{}_i x_{0i}(x'_{0i}\Sigma_{\epsilon_i}^{-1}x_{0i})^{-1}x'_{0i}\Sigma_{\epsilon_i}^{-1}$。

类似于练习 8.29 的逻辑，我们可以写出 $\theta_{\mathrm{ML}}=(\sum_i x'_{2i}\tilde{\Omega}_i^{-1}x_{2i})^{-1}(\sum_i x'_{2i}\tilde{\Omega}_i^{-1}\times\alpha_{i,\mathrm{OLS}})$，其中，$\tilde{\Omega}=(x'_{1i}x_{1i})^{-1}\Omega_i$。可见，$\theta$ 的 ML 估计与转换模型中的 GLS 估计相对应，是一阶段估计 $\alpha_{i,\mathrm{OLS}}$ 的加权平均，权重取决于 $\tilde{\Omega}$。

两阶段估计为 $\theta_{\mathrm{2step}}=(\sum_i x'_{2i}\Sigma_v^{-1}x_{2i})^{-1}(\sum_i x'_{2i}\Sigma_v^{-1}\alpha_{i,\mathrm{OLS}})$。$\theta_{\mathrm{2step}}$ 错误地度量了 x_{2i} 对 α_i 的影响，其原因有两点。第一，假设 $x_{i0t}=0,\forall t$。则 θ_{2step} 忽略了 α_i 是个估计值[例如，它略去了 $\sigma^2(x'_{1i}x_{1i})^{-1}$ 这一项]。并且，在 θ_{2step} 中使用的权重是同方差的，而在 θ_{ML} 中的权重取决于具有个体特征的解释变量 x_{1i}。第二，如果 $x_{i0t}\neq 0$，那么 Ω_i 中还有其他项被 θ_{2step} 忽略了。我们很难预测这两种错误结合起来会产生怎样的影响。一般来说，在两阶段估计中，如果把估计量当作真值看待，这样会使 θ_{2step} 人为地变得显著，而且在某些情况下，可能会使系数的符号都估计偏误。

由于 ML 估计易于计算，而且只需把 σ_i^2 和 Σ_v 的估计值代入公式就使得 ML 估计是可行的，所以我们没有理由倾向于使用两阶段估计。两阶段方法导致的度量错误是很重要的，这在下面的例子中就可以看出。

例题 8.27 我们使用美国各州数据，研究各州产出量中政府支出所占比例的周期性问题。我们想知道这一比例在(事后)预算平衡约束强的州是否与在(事前)预算平衡约束弱的州不同。我们使用 48 个州的 1969～1995 的年度数据(其中，13 个州有较弱的预算平衡约束)，来计算两个回归方程。一个方程是两阶段模型，即 $\ln G_{it}/\mathrm{GDP}_{it}=\varrho_i+\alpha_{1i}\ln G_{it-1}/\mathrm{GDP}_{it-1}+\alpha_{2i}\Delta\ln\mathrm{GDP}_{it}+e_{it}$，并且 $\alpha_{2i,\mathrm{OLS}}=\mathrm{BB}\theta_1+(1-\mathrm{BB})\theta_2+v_i$，其中，$\mathrm{BB}_i$ 是虚拟变量，当存在强约束时取值为 1，当存在弱约束时取值为 0。另一个方程是一阶段模型，即 $(1-\alpha_{1i}\ell)\ln G_{it}/\mathrm{GDP}_{it}=\varrho_i+\theta_1\mathrm{BB}(\Delta\ln\mathrm{GDP}_{it})+\theta_2(1-\mathrm{BB})(\Delta\ln\mathrm{GDP}_{it})+\epsilon_{it}$。两个回归方程系数的估计是相同的，$\theta_1=0.54$，$\theta_2=0.81$，表明在预算平衡约束弱的州政府支出所占比例更具有周期性。但是，两阶段过程估计的标准差为 0.11 和 0.66，而一阶段过程估计的标准差为 1.58 和 1.87。因此，检验，$\theta_1=\theta_2$ 的 t 检验，其 p 值在两阶段回归中为 0.04，而在一阶段回归中为 0.88。

8.5 货币是超中性的吗？

为了说明本章讨论的几种方法，我们用 G7 国家横截面数据研究了货币对产出的长期影响。多数货币动态一般均衡模型都是建立在某种形式的货币中性的基础上，这样从长期来看，实际变量就和名义变量分离开来。但是，在一些预付现金模型中，货币增长率的变动即使在长期也会有实际影响，因为它们改变了消费和闲暇的边际替代率，导致代表性主体在均衡状态下工作得少了。

例题 8.28 考虑在例题 2.8 中介绍的预付现金模型。假设效用函数为 $u(c_{1t},c_{2t},N_t)=\vartheta_c\ln c_{1t}+(1-\vartheta_c)\ln c_{2t}-\vartheta_N N_t$，其中，$c_{1t}$ 是现金商品，c_{2t} 是信用商品。令货币增长率 $\Delta\mathrm{M}$ 遵循 AR(1)过程，均值为 $\overline{M}$，自相关系数为 ρ_M，标准差为 σ_M。

将在均衡状态附近的条件取对数线性化，令 $\beta=0.989$，$\delta=0.019$，$\eta=0.6$，$\vartheta_N=2.53$，$\vartheta_c=0.4$，$\overline{M}=0.015$，$\rho_\zeta=0.95$，$\rho_M=0.45$，$\sigma_\zeta^2=0.07$，$\sigma_M^2=0.0089$，对工作时间的决策规则是 $\ln N=0.25+1.51\zeta_t-0.05\Delta M_t-0.45\ln K_t$。因此，在其他因素相同的情况下，货币增长率的提高会在短期内抑制工作时间，并且通过生产函数从而对实际活动产生抑制性影响。但是，货币增长水平会影响均衡状态。实际上，当均衡状态通货膨胀率为 20%时，使代表性主体重新达到最优状态所需的消费补偿性变动为 0.520。当均衡状态的通货膨胀率为 20%时，所需的消费补偿性变动为 0.972。

把货币增长率的变动作为货币政策行为的代理变量可能会产生一些问题，在这方面有关文献已经做了比较全面的讨论[参见戈登和里皮(Gordon and Leeper, 1994)]。首先，货币增长率的变动可能代表了对国家经济的响应。其次，即使我们考虑了增长率中包含的新息，它们可能反映了需求变动，而不是供给变动。在对这些问题有所了解之后，我们来分析是否货币增长中的新息对 G7 国家的产出增长有长期影响。我们使用 3 个估计量：先算出每个国家产出增长率对货币增长率变动的反应，然后将所有国家的值进行平均，得到第 1 个估计量；为求得第 2 个估计量，我们将各国所有数据混合，计算出产出增长率对货币增长率变动的平均响应值；我们将在每个时期 t 上的各国数据取均值，然后用所得的平均时间序列数据来计算总货币增长波动对总产出增长的影响。在这里，我们关心的问题有很多。首先，我们想知道，是否不同的估计量能够解释货币超中性的不同原理。其次，如果对货币超中性的解释存在差异的话，我们想把这种差异和估计量的性质联系起来。最后，我们想知道实际的证据是否与例题 8.28 中模型的预测一致。

数据包括了 1980 年 4 月至 2004 年 4 月的样本。对于每个模型设定，我们对退势数据运行双变量 VAR(5)。我们做了一个比较果断的假设，即除了产出和货币量外，没有其他变量能有利于我们了解它们之间的关系。假设各国在这种简化形式下波动的协方差矩阵大致是对角阵。当我们将货币增长波动从产出增长波动中分离出来时，施加各种不同的约束会得到非常相似的结果。

从图 8.3 可见，不同的估计量有不同的结果。当我们使用混合估计和总体估计(当存在动态异质性时，它们都是不一致的)时，可以得到短期内负的产出增长响应，在中期则为锯齿状的响应。如果使用平均估计(当存在动态异质性时是一致的)，对于响应的点估计一致为正，虽然在大约 1 年后就不显著了。为了检验动态异质性问题是否显著，我们使用混合估计和平均估计，步长从 1 到 35。在各个步长中，最小的统计量为 27.55，所以当与 $\chi^2(10)$ 比较大小时，我们可以很明显地拒绝同质性的原假设。这并不奇怪，众所周知，在 20 世纪 80 年代，意大利和英国的货币增长路径同德国或日本相比，有很多不同的性质。更值得我们注意的是，如果使用混合或总体估计，我们可能会接受例题 8.28 中简单预付现金模型中的一些预测结论，而如果使用平均估计，我们可能不会接受这些结论。

我们从两方面来检验货币长期的超中性。首先，我们检验产出增长响应在 10 年时间内是否在统计上显著。然后，我们检验在同一时间轴上，货币增长波动对产出增长方差的影响是否在经济上意义显著。不同的估计量在这些统计量上也存在差别。平均估计和混合估计产生了不显著的响应，而总体估计产生的响应在统计上是显著的。但是他们在经济意义上的区别很小。实际上，在总体估计中，货币增长波动对产出增长波动的影响有 68% 的波段位于[0.02, 0.14]，这几乎覆盖了另两个估计量的全部波段。

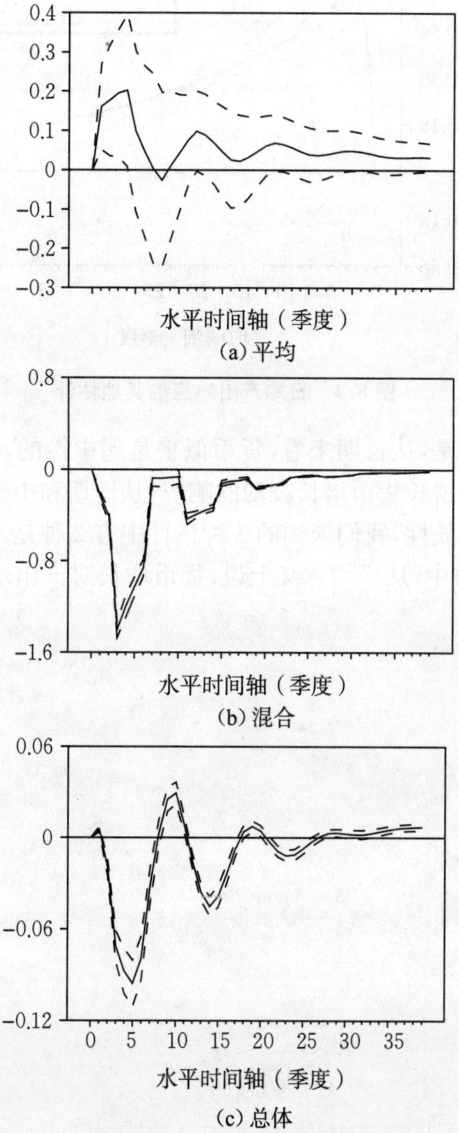

图 8.3　产出增长响应

接下来我们研究日本产出增长对货币增长波动的响应，用以检验横截面信息的作用。图 8.4 通过使用：(a)只有本国信息；(b)一个斯坦因估计式；(c)一个随机系数估计，描述了相应的点估计。其中，先验条件为所有响应的均值为零，先验方差为 0.05。只使用本国信息得到的响应估计呈驼峰形，在整个时间轴上都为正值，以很慢的速度趋近于零。随机系数估计也有类似的形状，但峰值有所降低，响应也比较平缓。斯坦因估计的响应具有振动性，表现出和混合估计类似的锯齿状

(参见图 8.3)。而且,前两个估计在 10 年的时间轴上均是显著的,而斯坦因估计只有在第三个和第七个季度在统计上是显著的。

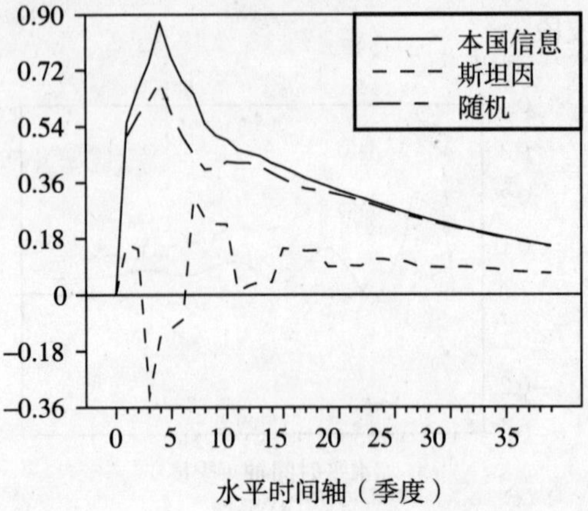

图 8.4　日本产出响应的其他估计

我们得出的结论是,从长期来看,货币似乎是超中性的,其经济意义和原假设的偏离很小。但产出增长货币增长波动的响应,从短期和中期来看,取决于估计方法。由于存在动态异质性,我们谈到的 3 种估计中有 2 种是不一致的。因此,我们的结论为:在 G7 国家中,从平均意义上说,货币增长对产出增长有短期正效应,持续时间约为 1 年。

9 贝叶斯方法介绍

对统计和经济模型进行的贝叶斯分析和古典(频率论学者)分析有很大差别。首先,在古典分析中,一个事件的概率是它相对频率的极限。其次,我们把模型中的参数看作固定未知的数。在这种分析框架下,无偏估计十分有用,因为根据某些大数定理,样本估计的均值会收敛到真实值。而且,我们更倾向于使用最小方差估计,因为所得估计值与真实参数更为接近。最后,我们在重复样本中评价估计和统计检验的性质,以保证它们以较高的概率得出正确的结果。

贝叶斯分析从不同的角度来看待这些问题。一般来说,概率可以反映出在某一事件中研究者的信念。参数是服从概率分布的随机变量。重复样本中估计量和统计量的性质并不值得我们关注,因为大量理论实验表明,信念不一定与某一事件的相对频率有关。我们所选的估计量应使基于样本数据的损失函数最小化(根据后验分布取期望)。尽管在哲学意义和语义上存在不同,但是贝叶斯和古典方法在大样本下是等价的。也就是说,在正则性条件下,随着 $T\to\infty$,后验模式下的估计量也会趋近于某些真实值;而且,后验分布会收敛到正态分布,均值为真实值,方差与费雪信息矩阵成比例。

本章介绍了贝叶斯分析的基本知识。这些知识是研究下面两章的有趣的宏观经济问题的基本工具。分析的基础是贝叶斯定理。在 9.1 节中我们给出一些例子,介绍怎样用贝叶斯定理来构建和递归地更新后验信息。分析的关键在于对参数先验分布的设定。我们讲述了选择先验参数的方法,区分主观和客观方法的不同,比较先验参数已知和未知的情形,并介绍了共轭先验参数,这些内容在许多应用问题中都十分重要。

我们在 9.2 节讨论了决策理论,在 9.3 节介绍了统计推断。首先,我们讲述了怎样得到点估计和区间估计,讨论贝叶斯估计的渐近性质;然后,我们分析怎样将定理和模型进行比较,怎样构建预测值的分布。在 9.4 节中,我们讨论了分层模型。这类模型或者具有两阶段先验结构,或者具有潜在变量结构,一般都具有先验解释。由于这类模型在实际工作中十分常见,而且后验分析对先验设定不那么敏感,我们会详细讲述构建后验分布的步骤。我们也会在这里讨论实证贝叶斯方法。这种方法运用两阶段分层模型参数的插值估计来构建一阶段参数的后验估计;当对一阶段和两阶段参数联合后验估计的构建十分严格时,这些方法可以用于解决这类复杂问题，并且有广泛应用，特别是在VAR模型中。在9.5节中，我们研究后验模拟器。当后验分布的形式未知时，我们可以从与该分布接近的分布中抽取数列进行后验分析。我们讨论正态近似、更深入的接受性/重要性样本近似以及近期马尔科夫链蒙特卡洛方法，这些方法十分有用，在第10章和第11章中的多参数、分层、非线性、状态空间和潜在变量模型中都有广泛应用。

在9.6节中，我们简要讨论稳健性问题。当样本时期比较短时，先验知识在决定后验分布的形状时起着重要作用。我们将介绍一种评估先验模型重要性的方法，并且研究当使用另一种先验模型时应怎样重新调整后验信息。在9.7节中，我们运用在本章中谈到的一些工具，来分析研究西班牙生产函数规模效应的回报度量问题。

9.1 预备知识

在本章中，假设我们感兴趣的参数向量α位于紧集A内。先验信息由密度函数$g(\alpha)$概括。样本信息表示为密度函数$f(y|\alpha)\equiv\mathcal{L}(\alpha|y)$，被解释为当我们观察到数据$y$时，样本观测值为$\alpha$的可能性。$\tilde{\alpha}$表示后验估计，$\alpha_{\text{OLS}}$表示$\alpha$的样本估计。

9.1.1 *贝叶斯定理*

根据贝叶斯定理，我们可以通过α的先验分布和似然函数，计算出α的后验分布函数：

$$g(\alpha|y)=\frac{f(y|\alpha)g(\alpha)}{f(y)}\propto f(y|\alpha)g(\alpha)=\mathcal{L}(\alpha|y)g(\alpha)\equiv\breve{g}(\alpha|y)$$

其中，$f(y)=\int f(y|\alpha)g(\alpha)\mathrm{d}\alpha$是$y$的边缘似然函数，$g(\alpha|y)$是$\alpha$的后验密度函数，$\breve{g}(\alpha|y)$是后验核函数。我们可以得到$g(\alpha|y)=\breve{g}(\alpha|y)/\int\breve{g}(\alpha|y)\mathrm{d}\alpha$。

例题9.1 假设中央银行观察是否发生了经济衰退，并且制定利率政策——它可以上调、降低利率，也可以让利率保持不变；它会观察是否发生了经济衰退现象。令i_1表示利率上调，i_2表示利率不变，i_3表示利率下降。令Re表示经济衰退，NRe表示经济未出现衰退。假设$f(\text{Re}|i_1)=0.5$，$f(\text{Re}|i_2)=0.4$，$f(\text{Re}|i_3)=0.3$；并且作为先验信息，以上三种利率政策出现的可能性均相同。当出现经济衰退时，利率下降的概率为$g(i_3|\text{Re})=(0.3*0.33)/(0.5*0.33+0.4*0.33+0.3*0.33)=0.25$，当没有出现经济衰退时，利率上调的概率为$g(i_1|\text{NRe})=(0.5*0.33)/(0.5*0.33+0.6*0.33+0.7*0.33)=0.27$。

在下面的例子中，我们用贝叶斯定理来递归地更新先验信息。

例题9.2 假设在世界杯赛中哪支球队将获胜的问题上进行赌博。你支持巴西队。令$\alpha_1(\alpha_2)$表示你支持的球队获得冠军（未获得冠军）的概率。假设在小组赛中，巴西队遇到西班牙队。你的先验信息是$g(\alpha_1)=0.6$，$g(\alpha_2)=0.4$。如果巴西队

获胜，则令 $y_1=1$；否则，令 $y_1=0$。假设 $f(y_1=1|\alpha_1)=0.8, f(y_1=1|\alpha_2)=0.3$。则 $f(y_1=1)=0.8*0.6+0.3*0.4=0.6$，并且：

$$g(\alpha_1|y_1=1)=\frac{f(y_1=1|\alpha_1)g(\alpha_1)}{f(y_1=1)}=\frac{0.8*0.6}{0.6}=0.8 \tag{9.1}$$

$$g(\alpha_2|y_1=1)=\frac{f(y_1=1|\alpha_2)g(\alpha_2)}{f(y_1=1)}=\frac{0.3*0.4}{0.6}=0.2 \tag{9.2}$$

因此，当巴西队打败西班牙队之后，巴西队获得冠军的概率从 0.6 上升至 0.8。假设巴西队的下一个对手是喀麦隆。如果巴西队获胜，则令 $y_2=1$；否则，令 $y_2=0$。令 $g(\alpha_1)=g(\alpha_1|y_1=1)=0.8, g(\alpha_2)=g(\alpha_2|y_1=1)=0.2$，也就是说，这一阶段的先验信息是上一阶段的后验信息。再令 $f(y_2=1|\alpha_1)=0.8, f(y_2=1|\alpha_2)=0.3$。则有 $f(y_2=1|y_1=1)=0.8*0.8+0.3*0.2=0.7$，并且：

$$g(\alpha_1|y_1=1,y_2=1)=\frac{f(y_2=1|\alpha_1,y_1=1)g(\alpha_1|y_1=1)}{f(y_2=1|y_1=1)}=\frac{0.64}{0.7}=0.91 \tag{9.3}$$

$$g(\alpha_2|y_1=1,y_2=1)=\frac{f(y_2=1|\alpha_2,y_1=1)g(\alpha_2|y_1=1)}{f(y_2=1|y_1=1)}=\frac{0.06}{0.7}=0.09 \tag{9.4}$$

这样，如果打败喀麦隆，巴西队现在获得冠军的概率就变为 0.91。

练习 9.1 考虑一个电脑芯片，它可能正常工作或发生故障。在这两种情况下，电脑都可能正常运行或者不运行。令 α_1 表示芯片正常工作，α_2 表示它出现故障，令 y 表示电脑正常运行。假设我们已知 $f(y|\alpha_1)=0.995$（即，当芯片正常工作时电脑正常运行的概率），并且 $f(y|\alpha_2)=0.005$。早期的记录表明，$g(\alpha_1)=0.997$，$g(\alpha_2)=0.003$。计算 $g(\alpha_1|y)$，即当电脑正常运行时芯片正常工作的概率。

练习 9.2 考虑一个两点分布的事件集中进行 n 次独立抽样，例如，高通货膨胀与低通货膨胀。令 α 表示高通货膨胀发生的概率。如果我们已观察到 n_1 次高通货膨胀率，则似然函数为 $f(n_1|\alpha,n)=[n!/(n_1!(n-n_1)!)]\alpha^{n_1}(1-\alpha)^{n-n_1}$。假设 $g(\alpha)=(\alpha(1-\alpha))^{-1}, 0\leqslant\alpha\leqslant 1$。写出 α 后验分布的概率密度函数。计算其均值、后验分布模式以及 $g(\alpha|n_1=5,n=20)$。

练习 9.3 考虑两种类型的工人：高技能工人（Hs）和低技能工人（Ls）。我们用 Em（被雇用）和 Un（失业）表示他们是否受到雇用的状态。根据历史数据，我们假设 $P(\text{Em}|\text{Hs},\text{Em})=0.85$，$P(\text{Em}|\text{Ls},\text{Em})=0.6$，$P(\text{Un}|\text{Hs},\text{Un})=0.3$，$P(\text{Un}|\text{Ls},\text{Un})=0.7$。也就是说，例如，一个低技能（高技能）的失业工人在这一期找到工作的概率为 0.3(0.7)。假设我们已知的一个先验信息为，工作流动性满足 $P(\text{Un})=0.4, P(\text{Em})=0.6$。计算一个低技能失业工人从现在起仍要失业两期的后验概率。如果有培训项目使得 $P(\text{Un}|\text{Ls},\text{Un})$ 从 0.7 变至 0.6，则这个后验概率会怎样变化？

在许多情况下，α 会包含一些对我们的研究目标不重要的参数。当存在不重要的参数时，为研究参数的后验分布可能会很容易计算出来。假设 $\alpha=[\alpha_1,\alpha_2]$，我们只对 α_1 感兴趣。联合后验分布为 $g(\alpha_1,\alpha_2|y)\propto f(y|\alpha_1,\alpha_2)g(\alpha_1,\alpha_2)$ 和 $g(\alpha_1|y)=$

$\int g(\alpha_1,\alpha_2|y)\mathrm{d}\alpha_2=\int g(\alpha_1|\alpha_2,y)g(\alpha_2|y)\mathrm{d}\alpha_2$，也就是说，$\alpha_1$ 的边缘后验密度是由α_1 的条件后验密度和 α_2 的边缘后验密度决定的。当 α_2 的维数很大时，将 α_2 从联合后验分布中通过积分分离出来十分困难，所以我们会用蒙特卡洛方法从 $g(\alpha_1|y)$ 中获取一列 i. i. d. 的数列。假设可以得到 $g(\alpha_2|y)$ 和 $g(\alpha_1|y,\alpha_2)$。接下来，我们可以使用以下方法。

算法 9.1

(1) 从 $g(\alpha_2|y)$中抽取 α_2^l。对于每个 α_2^l，从 $g(\alpha_1|y,\alpha_2^l)$中抽取 $\alpha_1^{l'}$，$l'=1,\cdots,L'$。

(2) 将抽取的所有 $\alpha_1^{l'}$ 进行平均，例如，计算 $\alpha_1=(1/L')\sum_{l'}\alpha_i^{l'}$。

(3) 将步骤(1)和(2)重复 L 次。

抽取的样本$(\alpha_1^1,\cdots,\alpha_1^L)$是从边缘后验分布 $g(\alpha_1|y)$中抽取的一个数列。

在许多实际应用的场合，我们会得到两组(往往较短)的数据来进行推断。例如，来自两个国家的数据，或者一组数据由于发生了结构性的变化而被分为两段。如果两个样本是独立的，则$\breve{g}=f(y_1,y_2|\alpha)g(\alpha)=f_2(y_2|\alpha)f_1(y_1|\alpha)g(\alpha)\propto f_2(y_2|\alpha)g(\alpha|y_1)$。

例题 9.3 在不发达国家，y 通常很短。所以很难估计 α，并比较精确合理地估计 y 的将来值。如果我们可以得到其他不发达国家的数据，前面的结论启发我们可以利用外国数据来构造 α 的后验分布，然后在分析本国数据时把它当作先验信息。

9.1.2 *先验选择*

贝叶斯定理要求对先验密度 $g(\alpha)$进行设定。一种极端的情况是，$g(\alpha)$可能表示研究者对某一事件发生概率的主观信念(例如，一批 CD 中劣质品的概率)。另一种极端情况是，$g(\alpha)$表示客观估计：它可能反映了已记录的信息(例如，在过去 100 年中，罗马在 8 月 15 日发生闪电暴风雨的次数)，或者是先前实验的结果。折中的情况是，先验信息 $g(\alpha)$反映了主观一般特征(例如，分布的形式)和客观具体情况(例如，矩条件)。先验信息可以从它们包含的信息内容中区分出来。在这种情况下，我们将先验信息分为信息性和非信息性。

9.1.2.1 主观先验信息

我们可以用许多方法来构建主观信息性先验量。例如，我们可以把 α 的定义域分为几个区间，对每个区间定义一个概率，逐个区间地将它们联系起来(直方图法)。我们也可以主观地计算各个 $\alpha\in A$ 发生的可能性，然后将可能发生的各点连接起来(似然法)。我们还可以为 $g(\alpha)$选择一个普遍的参数表达式 $g(\alpha)=g(\alpha|\theta)$，选择向量 θ，以便尽可能地和研究者的信念一致(函数形式法)。

一般来说，当信息量很少或当研究者想最小化先验量对后验量的影响时，我们选用非信息先验量。过去的研究者已经花费大量精力用以获取非信息先验量，但事实证明，非信息先验量难以描述，这主要有以下几个原因。第一，如果 A 是无界的，则非信息(平滑)估计可能会给后验分布带来计算问题。在这种情况下，使用非信息先验量是不合适的，由于 $g(\alpha)=\kappa\geqslant 0,\forall\alpha\in A$，并且$\int g(\alpha)\mathrm{d}\alpha$ 是发散的，$f(y)$ 就可能不是有限的。第二，平滑估计在再参数化后往往会发生变化。

例题 9.4 假设 α 是标量，代表一条实线，且 $g(\alpha)=1, \forall \alpha \in A$。这个先验量是非信息性的。考虑将其再参数化为 $\alpha_1=e^{\alpha}/(1+e^{\alpha})$，则有 $\alpha_1 \in (0,1)$ 和 $g(\alpha_1) \propto (\alpha_1)^{-1}(1-\alpha_1)^{-1}$，这是信息性的（大量集中于 0 和 1 附近）。

练习 9.4 假设 $g(\alpha)=1, \alpha>0$。考虑将其再参数化为 $\alpha_1=\ln(\alpha)$。证明 α_1 的先验分布为 $g(\alpha_1)=e^{\alpha_1}, -\infty<\alpha_1<\infty$。

为了避免这些问题，有的文献提出推断非信息先验量，例如，一些先验量，它们不随位置、大小或两者同时的变化而变化。接下来的例子介绍了怎样获得不随位置而变化的先验量。

例题 9.5 假设 $\mathbb{R}_1$、$\mathbb{R}_2$ 是 $\mathbb{R}^m$ 的子集，y 的密度函数为 $f(y-\alpha)$，其中，$\alpha \in \mathbb{R}_2$ 是一个定位参数，$y \in \mathbb{R}_1$。例如，均值为 α、方差为已知量 σ^2 的正态分布是一个定位分布。为了推导出一个参考非信息先验量 α，我们假设观测到 $y_1=y+\varrho, \varrho \in \mathbb{R}^m$，而不是直接观测 y。令 $\alpha_1=\alpha+\varrho$，y_1 的密度函数为 $f(y_1-\alpha_1)$。由于 (y,α) 和 (y_1,α_1) 的密度函数具有相同的结构，α_1 和 α 一定也具有相同的非信息先验分布；即对于所有 $\mathbb{R}_2 \in \mathbb{R}^m$，存在：

$$g(\alpha \in \mathbb{R}_2)=g(\alpha_1 \in \mathbb{R}_2) \tag{9.5}$$

由于 $g(\alpha_1 \in \mathbb{R}_2)=g(\alpha+\varrho \in \mathbb{R}_2)=g(\alpha \in \mathbb{R}_2-\varrho)$，其中，$\mathbb{R}_2-\varrho=\{z-\varrho : z \in \mathbb{R}_2\}$，我们可得 $g(\alpha \in \mathbb{R}_2)=g(\alpha \in \mathbb{R}_2-\varrho)$。由于 ϱ 是任意值，所以满足这一等式的先验量是不随位置而变化的。将上述表达式积分可得：

$$\int_{\mathbb{R}_2} g(\alpha)\mathrm{d}\alpha=\int_{\mathbb{R}_2-\varrho} g(\alpha)\mathrm{d}\alpha=\int_{\mathbb{R}_2} g(\alpha-\varrho)\mathrm{d}\alpha, \tag{9.6}$$

当且仅当 $g(\alpha)=g(\alpha-\varrho), \forall \alpha$ 时，等式(9.6)成立。设定 $\alpha=\varrho$，可得 $g(\alpha)=g(0)$，$\forall \varrho$，即 g 一定是个常量。为了方便起见，我们一般选 $g(\alpha)=1$。

练习 9.5 考虑形式为 $\sigma^{-1}f(y/\sigma)$ 的尺度密度函数，其中，$\sigma>0$。例如，$y \sim \mathbb{N}(0,\sigma^2)$ 是一个尺度密度函数。请证明对于 σ 无先验信息的推导是 $g(\sigma)=\sigma^{-1}$。（提示：重复例题 9.5 的步骤，假设 $y_1=\varrho y, \varrho \in \mathbb{R}^m$。）

杰弗里斯（Jeffreys，1966）提出了构建推断非信息先验量的一般方法，这种方法是基于费雪信息矩阵，即密度函数对参数取二阶导数的期望矩阵。这个方法的思想很简单：设 $g(\alpha)$ 是给定的，$h(\alpha)$ 是关于 α 的连续可导函数。$h(\alpha)$ 的先验分布可以用两种方法计算出来：使用 h 的雅克比行列式，即 $g(h(\alpha))=g(\alpha)|\partial h(\alpha)/\partial \alpha|$；或使用贝叶斯定理，即 $g(h(\alpha))=g(h(\alpha),y)/f(y|h(\alpha))$。当 $g(\alpha) \propto [I(\alpha)]^{0.5}$，其中，$I(\alpha)=-E\{[\partial^2 \ln f(y|\alpha)/\partial \alpha^2]|\alpha\}$ 时，这两种方法对 $h(\alpha)$ 的估计是相同的。

例题 9.6 令 α 表示在 t 时期产出增长率高于平均水平的概率，$1-\alpha$ 表示在 t 时期产出增长率低于平均水平的概率，y 表示样本中产出增长率高于平均水平的部分。那么可得 $f(y|\alpha)=\alpha^y(1-\alpha)^{1-y}$ 和 $-E[\partial^2 \ln f(y|\alpha)/\partial \alpha \partial \alpha'] \approx E\{[\partial \ln f(y|\alpha)/\partial \alpha]^2\}=E\{[\alpha^{-1}y+(1-\alpha)^{-1}(y-1)]^2\}=\alpha^{-1}(1-\alpha)^{-1}$。因此，$\alpha$ 的杰弗里斯先验分布为 $g(\alpha)=\alpha^{-0.5}(1-\alpha)^{-0.5}, 0 \leqslant \alpha \leqslant 1$。

例题 9.7 考虑模型 $y=x\alpha+e$，其中，α 是标量且 $e \sim \text{i. i. d.}\ \mathbb{N}(0,1)$。则有

$f(y|\alpha,x)=\mathrm{e}^{-0.5(y-x\alpha)^2}/\sqrt{2\pi}$和$\partial^2\ln f(y|\alpha)/\partial\alpha^2=-x^2$，所以 $g(\alpha)\propto\sqrt{E(x^2)}$是关于 α 不变的先验概率密度函数。注意，这个先验分布是基于数据的。

我们很容易将杰弗瑞规则推广到 α 为向量的情形。在这种情况下，$g(\alpha)=\{\det[I(\alpha)]\}^{0.5}$，其中，$I_{i,j}(\alpha)=-E_\alpha\{[\partial^2\ln f(y|\alpha)/\partial\alpha_i\partial\alpha_j]|\alpha\}$。虽然这个公式在理论上十分简洁易懂，但在实际计算中十分麻烦。我们通常认为，忽略和独立是一致的，基于这样的事实，我们采用一种更为普遍的方法，即先得到 α_j 的非信息性先验分布，然后构建 $g(\alpha)=\prod_j g(\alpha_j)$。

练习 9.6 考虑位置—刻度密度函数，形式为 $\sigma^{-1}f((y-\alpha)/\sigma)$，其中，$(\alpha,\sigma)$是未知量，假设 $f((y-\alpha)/\sigma)\propto\mathrm{e}^{-(y-\alpha)/2\sigma^2}$。证明费雪信息矩阵为 $I(\alpha,\sigma)=\mathrm{diag}(1/\sigma^2,3/\sigma^2)$，则$(\alpha,\sigma)$的非信息先验分布密度为 $g(\alpha,\sigma)\propto\sigma^{-2}$。

9.1.2.2 客观先验分布

当用一些客观细节来构建客观或主观先验分布时，数据的边缘似然函数起着重要的作用。这样的密度函数度量了 y 的似然函数，并且在贝叶斯定理中是正态化的常数，即：

$$f(y)=\int f(y\mid\alpha)g(\alpha)\mathrm{d}\alpha\equiv\mathcal{L}(y\mid g)\tag{9.7}$$

例题 9.8 假设 y 表示一位研究者一生中在《美国经济评论》(AER)上发表的文章数，令 y 在某个不可观测的能力变量 α 附近呈正态分布。假设样本中的能力变量呈正态分布，均值为 $\bar{\alpha}$，方差为 σ_{a}^2。那么 $f(y)$表示一位研究者发表在 AER 上文章数的真实分布。在各位经济研究者的横截面数据中，这个分布的中位数是多少？答案是 0。

如果我们更深入地研究等式(9.7)，就可以得到一些重要的结论。由于 $f(y|\alpha)$是固定的，$\mathcal{L}(y|g)$反映了在数据中 g 出现的可能性。因此，如果 g_1 和 g_2 是两个先验分布，$\mathcal{L}(y|g_1)>\mathcal{L}(y|g_2)$表示在数据中 g_1 的支撑函数大于 g_2 的支撑函数。更进一步，这意味着我们可以用$\mathcal{L}(y|g)$来估计"最好"的 g。假设 $g(\alpha)\equiv g(\alpha|\theta)$，其中，$\theta$ 是超参数向量。那么$\mathcal{L}(y|g)\equiv\mathcal{L}(y|\theta)$，且 θ_{ML}是使$\mathcal{L}(y|\theta)$最大的 θ，我们一般把 θ_{ML} 称为第二类(ML-Ⅱ)极大似然估计，$g(\alpha|\theta_{\mathrm{ML}})$是基于 ML-Ⅱ的先验分布。

例题 9.9 令 $y|\alpha\sim\mathbb{N}(\alpha,\sigma_y^2)$，$\alpha\sim\mathbb{N}(\bar{\alpha},\bar{\sigma}_{\mathrm{a}}^2)$，$\sigma_y^2$ 为已知。$\mathcal{L}(y|g)\sim\mathbb{N}(\bar{\alpha},\sigma^2=\sigma_y^2+\bar{\sigma}_{\mathrm{a}}^2)$。如果我们得到 T 个观测值，$\mathcal{L}(y_1,\cdots,y_T|g)$可以写成：

$$\mathcal{L}(y_1,\cdots,y_T|g)=[2\pi(\sigma^2)]^{-0.5T}\mathrm{e}^{-0.5Ts^2/\sigma^2}\mathrm{e}^{-0.5T(\bar{y}-\bar{\alpha})^2/\sigma^2}\tag{9.8}$$

其中，$\bar{y}=(1/T)\sum_t y_t$，$s^2=(1/T)\sum_t(y_t-\bar{y})^2$。等式(9.8)对 $\bar{\alpha}$ 求导使其最大化，得到 $\bar{\alpha}_{\mathrm{ML}}=\bar{y}$。将它代入等式(9.8)，可得：

$$\mathcal{L}(y_1,\cdots,y_T|\bar{\alpha}_{\mathrm{ML}},g)=[2\pi(\sigma_y^2+\bar{\sigma}_{\mathrm{a}}^2)]^{-0.5T}\mathrm{e}^{-0.5Ts^2/(\sigma_y^2+\bar{\sigma}_{\mathrm{a}}^2)}\tag{9.9}$$

等式(9.9)对 $\bar{\sigma}_{\mathrm{a}}^2$ 求导使其最大化，可得当 $s^2\geqslant\sigma_y^2$ 时，有 $\bar{\sigma}_{\mathrm{a,ML}}^2=s^2-\sigma_y^2$；在其他情况下，$\bar{\sigma}_{\mathrm{a,ML}}^2=0$。因此，$\alpha$ 的 ML-Ⅱ先验分布是正态的，均值为 $\bar{\alpha}_{\mathrm{ML}}$，方差为 $\bar{\sigma}_{\mathrm{a,ML}}^2$。

9.1.2.3 共轭先验分布

共轭先验分布比较方便，因为它可以在线性模型中对后验分布进行分析性计算。

定义 9.1 令 $\mathfrak{F}$ 表示一组样本分布，$\mathfrak{G}$ 表示一组先验分布。如果对所有 $f(y|\alpha)\in\mathfrak{F}$ 和 $g(\alpha)\in\mathfrak{G}$，有 $g(\alpha|y)\in\mathfrak{G}$，则 $\mathfrak{G}$ 与 $\mathfrak{F}$ 共轭。

定义 9.1 表明，如果先验分布反映的信念可以使得后验分布具有与它相同的分布形式，那么这个先验概率密度函数和似然函数是共轭的。

例题 9.10 令 $y\sim\mathbb{N}(\alpha,\sigma^2)$，其中，$\sigma^2$ 是已知的。由于 $f(y|\alpha)=(1/\sigma\sqrt{2\pi})\times e^{-(y-\alpha)^2}/2\sigma^2$，$\alpha$ 的共轭先验密度函数的指数一定是二次的，即 $g(\alpha)\propto e^{-A_0\alpha^2+A_1\alpha-A_2}$，其中，$A_0$、$A_1$、$A_2$ 是常数。例如，令 $g(\alpha)=(1/\bar{\sigma}_\alpha\sqrt{2\pi})e^{-(\alpha-\bar{\alpha})^2/2\bar{\sigma}_\alpha^2}$，其中，$\bar{\alpha}$、$\bar{\sigma}_\alpha$ 为已知量。那么可得 $f(y,\alpha)=(1/2\pi\sigma\bar{\sigma}_\alpha)e^{[(\alpha-\bar{\alpha})^2/2\bar{\sigma}_\alpha^2+(y-\alpha)^2/2\sigma^2]}$。值得注意的是：

$$\frac{(\alpha-\bar{\alpha})^2}{\bar{\sigma}_\alpha^2}+\frac{(y-\alpha)^2}{\sigma^2}=\alpha^2\left(\frac{1}{\bar{\sigma}_\alpha^2}+\frac{1}{\sigma^2}\right)-2\alpha\left(\frac{y}{\sigma^2}+\frac{\bar{\alpha}}{\bar{\sigma}_\alpha^2}\right)+\left(\frac{y^2}{\sigma^2}+\frac{\bar{\alpha}^2}{\bar{\sigma}_\alpha^2}\right)$$

$$=(\bar{\sigma}_\alpha^{-2}+\sigma^{-2})\left[\alpha^2-\frac{2\alpha}{\bar{\sigma}_\alpha^{-2}+\sigma^{-2}}\left(\frac{y}{\sigma^2}+\frac{\bar{\alpha}}{\bar{\sigma}_\alpha^2}\right)\right]+\left(\frac{y^2}{\sigma^2}+\frac{\bar{\alpha}^2}{\bar{\sigma}_\alpha^2}\right)$$

由于：

$$\left[\alpha^2-\frac{2\alpha}{\bar{\sigma}_\alpha^{-2}+\sigma^{-2}}\left(\frac{y}{\sigma^2}+\frac{\bar{\alpha}}{\bar{\sigma}_\alpha^2}\right)\right]=\left[\alpha-\frac{1}{\bar{\sigma}_\alpha^{-2}+\sigma^{-2}}\left(\frac{y}{\sigma^2}+\frac{\bar{\alpha}}{\bar{\sigma}_\alpha^2}\right)\right]^2-\frac{1}{\bar{\sigma}_\alpha^{-2}+\sigma^{-2}}\left(\frac{y^2}{\sigma^2}+\frac{\bar{\alpha}^2}{\bar{\sigma}_\alpha^2}\right)^2$$

我们可得：

$$\frac{(\alpha-\bar{\alpha})^2}{\bar{\sigma}_\alpha^2}+\frac{(y-\alpha)^2}{\sigma^2}=(\bar{\sigma}_\alpha^{-2}+\sigma^{-2})\left(\alpha-\frac{1}{\bar{\sigma}_\alpha^{-2}+\sigma^{-2}}\left(\frac{y}{\sigma^2}+\frac{\bar{\alpha}}{\bar{\sigma}_\alpha^2}\right)\right)^2+\frac{(y-\bar{\alpha})^2}{\sigma^2+\bar{\sigma}_\alpha^2} \quad (9.10)$$

因此有：

$$f(y,\alpha)=\frac{1}{2\pi\sigma\bar{\sigma}_\alpha}\exp\left\{-0.5(\bar{\sigma}_\alpha^{-2}+\sigma^{-2})\left[\alpha-\frac{1}{\bar{\sigma}_\alpha^{-2}+\sigma^{-2}}\left(\frac{y}{\sigma^2}+\frac{\bar{\alpha}}{\bar{\sigma}_\alpha^2}\right)\right]^2\right\}\exp\left\{-\frac{(y-\bar{\alpha})^2}{2(\sigma^2+\bar{\sigma}_\alpha^2)}\right\}$$

将上述等式两边对 α 积分，可得：

$$f(y)=\int f(y,\alpha)\mathrm{d}\alpha=\frac{1}{\sqrt{2\pi(\bar{\sigma}_\alpha^{-2}+\sigma^{-2})}}\frac{1}{\sigma\bar{\sigma}_\alpha}\exp\left\{-\frac{(\bar{\alpha}-y)^2}{2(\sigma^2+\bar{\sigma}_\alpha^2)}\right\} \quad (9.11)$$

和

$$g(\alpha|y)=\frac{f(y,\alpha)}{f(y)}=\sqrt{\frac{\bar{\sigma}_\alpha^{-2}+\sigma^{-2}}{2\pi}}\exp\left\{-\frac{1}{2}(\bar{\sigma}_\alpha^{-2}+\sigma^{-2})\left[\alpha-\frac{1}{\bar{\sigma}_\alpha^{-2}+\sigma^{-2}}\left(\frac{\bar{\alpha}}{\bar{\sigma}_\alpha^2}+\frac{y}{\sigma^2}\right)\right]^2\right\} \quad (9.12)$$

因此，$(\alpha|y)\sim\mathbb{N}(\tilde{\alpha},(\bar{\sigma}_\alpha^{-2}+\sigma^{-2})^{-1})$，其中，$\tilde{\alpha}(y)=[1/(\bar{\sigma}_\alpha^{-2}+\sigma^{-2})](\bar{\alpha}/\bar{\sigma}_\alpha^2+y/\sigma^2)=y-[\sigma^2/(\bar{\sigma}_\alpha^2+\sigma^2)](y-\bar{\alpha})$。

在例题 9.10 中，后验均值 $\tilde{\alpha}$ 是先验均值 $\bar{\alpha}$ 和观测值 y 的加权平均，权重分别是 $\sigma^2/(\bar{\sigma}_\alpha^2+\sigma^2)$ 和 $\bar{\sigma}_\alpha^2/(\bar{\sigma}_\alpha^2+\sigma^2)$。因此，如果 $\bar{\sigma}_\alpha^2\rightarrow0$，样本信息对后验分布没有影响，

而如果$\bar{\sigma}_\alpha^2 \to \infty$，则$\alpha$的后验分布仅反映样本信息（如图9.1所示）。

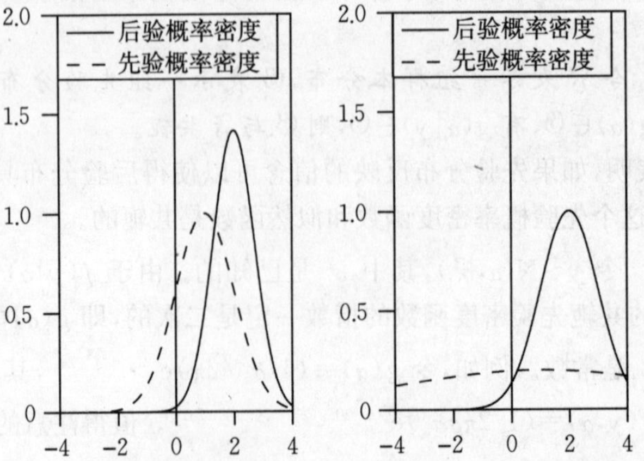

(a) 先验概率密度较紧　　(b) 先验概率密度较松

图9.1　先验和后验概率密度

练习9.7　令$y_t \sim \text{i. i. d.}\ \mathbb{N}(0,\sigma_y^2)$，$\sigma_y^2$为未知。$\sigma_y^2$的共轭先验分布可从逆一伽玛分布族中得到，即$g(\sigma_y^2) \propto (\sigma_y^2)^{-a_1-1}\mathrm{e}^{-a_2/\sigma_y^2}$，其中，$a_1$、$a_2$是参数。注意，当$a_1=0.5\bar{\nu}$、$a_2=0.5\bar{s}^2$时，$\bar{s}^2\sigma_y^{-2} \sim \chi^2(\bar{\nu})$，其中，$\bar{\nu}$是自由度，$\bar{s}^2$是尺度参数。假设我们可得$T$个观测值。证明$g(\sigma_y^{-2} \mid y)$服从$\chi^2$，其自由度为$(\bar{\nu}+T)$，尺度参数为$(\bar{\nu}\bar{s}^2+\sum_{t=1}^T y_t^2)$。

练习9.8　继续练习9.2，考虑从两点分布事件中独立抽取n次；令α表示高通货膨胀率发生的概率，n_1表示观测到的高通货膨胀率的次数。假设α的先验分布服从（贝塔分布）$\text{Beta}(a_1,a_2)$，即$g(\alpha)=[\Gamma(a_1+a_2)/\Gamma(a_1)\Gamma(a_2)]\alpha^{A_1-1}(1-\alpha)^{a_2-1}$，其中，$a_1$、$a_2>0$，$\Gamma(\cdot)$是伽玛函数。证明$\alpha$的后验分布服从$\text{Beta}(a_1+n_1,a_2+n-n_1)$。假设$a_1=a_2=2$，$n=20$，$n_1=9$。我们已知，如果$\alpha \sim \text{Beta}(a_1,a_2)$，则$a_2\alpha/a_1(1-\alpha)$服从$F$分布，自由度为$(2a_1,2a_2)$。根据这个事实，写出后验均值和后验标准差的估计，使得这两者的比值比为$\alpha/(1-\alpha)$。如果a_1、a_2接近于0会怎样？

接下来，我们要介绍怎样在回归模型中运用共轭先验分布。我们将详细讨论这部分内容，因为很多问题都可以写成（受约束的）线性回归的形式。

例题9.11　令$y_t=x_t\alpha+e_t$，其中，$e_t \mid x_t \sim \text{i. i. d.}\ \mathbb{N}(0,\sigma_e^2)$；假设$\text{rank}(x)=k$，令$x=(x_1,\cdots,x_T)'$，$y=(y_1,\cdots,y_T)'$。$y$的似然函数为$f(y \mid x,\alpha,\sigma_e^2)=(2\pi)^{-0.5T}\times\sigma_e^{-T}\mathrm{e}^{-0.5\sigma_e^{-2}(y-x\alpha)'(y-x\alpha)}$。假设$g(\alpha,\sigma_e^2)=g(\alpha)g(\sigma_e^2)$；令$g(\alpha) \sim \mathbb{N}(\bar{\alpha},\bar{\Sigma}_\alpha)$，$\bar{s}^2\sigma_e^{-2} \sim \chi^2(\bar{\nu})$。后验核函数为：

$$\begin{aligned}\breve{g}(\alpha,\sigma_e^2 \mid y,x)=&(2\pi)^{-0.5(T+k)}[2^{0.5\bar{\nu}}\Gamma(0.5\bar{\nu})]^{-1}\\&\times|\bar{\Sigma}_\alpha|^{-0.5}(\bar{s}^2)^{0.5\bar{\nu}}\sigma_{\mathrm{e}}^{-0.5(T+\bar{\nu}+2)}\exp(-0.5\bar{\nu}\bar{s}^2\sigma_e^{-2})\\&\times\exp\{-0.5[\sigma_e^{-2}(y-x\alpha)'(y-x\alpha)+(\alpha-\bar{\alpha})\bar{\Sigma}_\alpha^{-1}(\alpha-\bar{\alpha})]\}\end{aligned} \tag{9.13}$$

等式(9.13)的指数部分可以写成$(\alpha-\tilde{\alpha})'\tilde{\Sigma}_\alpha^{-1}(\alpha-\tilde{\alpha})+Q$，其中：

$$\widetilde{\Sigma}_\alpha=(\overline{\Sigma}_\alpha^{-1}+\sigma_e^{-2}x'x)^{-1} \tag{9.14}$$

$$\widetilde{\alpha}=\widetilde{\Sigma}_\alpha(\overline{\Sigma}_\alpha^{-1}\overline{\alpha}+\sigma_e^{-2}x'y)=\widetilde{\Sigma}_\alpha(\overline{\Sigma}_\alpha^{-1}\overline{\alpha}+\sigma_e^{-2}x'x\alpha_{\mathrm{OLS}}) \tag{9.15}$$

$$\mathcal{Q}=\sigma_e^{-2}y'y+\overline{\alpha}'\overline{\Sigma}_\alpha^{-1}\overline{\alpha}-\widetilde{\alpha}'\widetilde{\Sigma}_\alpha^{-1}\widetilde{\alpha} \tag{9.16}$$

以及 $\alpha_{\mathrm{OLS}}=(x'x)^{-1}(x'y)$。给定 $\sigma_e^2, g(\alpha|\sigma_e^{-2},y,x)\propto\exp\{-0.5(\alpha-\widetilde{\alpha})'\widetilde{\Sigma}_\alpha^{-1}\times(\alpha-\widetilde{\alpha})\}$，则有 $(\alpha|\sigma_e^{-2},y,x)\sim\mathbb{N}(\widetilde{\alpha},\widetilde{\Sigma}_\alpha)$。给定 $\alpha, g(\sigma_e^{-2}|\alpha,y,x)\propto\sigma_e^{-(T+\bar{\nu}+2)}\times\exp\{-0.5\sigma_e^{-2}[\bar{\nu}\bar{s}^2+(y-x\alpha)'(y-x\alpha)]\}$。因此，$[\bar{\nu}\bar{s}^2+(y-x\alpha)'(y-x\alpha)]\sigma_e^{-2}|(\alpha,y,x)\sim\chi^2(T+\bar{\nu})$。

注意，如果在 σ_e^{-2} 的先验分布中使用伽玛密度函数，则 α 的条件后验分布不变，σ_e^{-2} 的条件后验分布服从伽玛分布的形式。需要重点指出的是，在例题 9.11 中，我们计算条件后验分布。α 的边缘后验分布和 $[\bar{s}^2+(\alpha-\widetilde{\alpha})'\widetilde{\Sigma}_\alpha^{-1}(\alpha-\widetilde{\alpha})+\mathcal{Q}]^{-0.5(T+k+\bar{\nu})}$ 成比例。我们可以看出（参见附录），这就是 t 分布的核函数，参数为 $(\widetilde{\alpha},(\bar{s}^2+\mathcal{Q})\widetilde{\Sigma}_\alpha/(T+\bar{\nu}),(T+\bar{\nu}))$。

在接下来的练习中，我们考虑线性回归模型的两个有用的变式。

练习 9.9　考虑例题 9.11 中的模型，其中，σ_e^2 固定不变，$\alpha\sim\mathbb{N}(\overline{\alpha},\overline{\Sigma}_\alpha)$。写出在这种情况下 $g(\alpha|\sigma_e^2,y,x)$ 的形式。（提示：它仍然服从正态分布。）

练习 9.10　假设 α 和 σ_e^2 的联合先验分布是 $g(\alpha,\sigma_e^2)\propto\sigma_e^{-2}$。写出 α 的条件后验分布形式。此时 $g(\alpha|y,x)$ 仍服从 t 分布吗？条件后验分布的参数是什么？证明 $g(\sigma_e^2|y,x)$ 与 $\sigma_e^{-T-2}\exp((T-2)s^2/2\sigma_e^2)$ 成比例。证明 σ_e^2 的边缘后验分布服从伽玛分布形式。得出这个分布的参数。

练习 9.10 表明，即使先验分布不合适，后验分布也可以通过改进变得合适。这种情况一般发生在似然函数的信息量主导先验分布的时候。

9.2　决策理论

贝叶斯决策理论的内容很多，在这里难以全部讲述。由于一些推理决策基于这个理论，而且贝叶斯决策理论和古典理论有所不同，所以我们简要阐述一些基本思想，以便我们理解下面的内容。

假设一个政策制定者有关于 y 的数据，他需要：或者(i)可能会在政策干预的条件（例如，利率决策）下预测 y；或者(ii)选择一个利率政策以最大化消费者的福利水平。在每种决策 $d(y)$ 中，都有一个伴随损失函数 $\mathfrak{L}(\alpha,d)$，其中，α 描述了经济体对 $d(y)$ 做出的反应。

要解决如何选择 d 的问题，频率论者和贝叶斯学者会怎样做呢？我们在例题中加以说明。

例题 9.12　考虑下面包含 3 个等式的模型：

(i) 菲利普斯曲线：$\mathrm{GDP}_t=\alpha\pi_t+e_{s,t}, e_{s,t}\sim$ i. i. d. (0,1)

(ii) 需求：$\pi_t=\Delta m_t+e_{\mathrm{d},t}, e_{d,t}\sim$ i. i. d. (0,1)

(iii) 政策：$\Delta m_t=de_{s,t}$

其中,变量都以偏离均衡状态的值出现,假设福利函数是 $\mathfrak{W}_t=\pi_t^2+\mathrm{GDP}_t^2$。

把这三个等式代入福利函数,对冲击取期望值,可得风险是 $\mathcal{R}(\alpha,d)\equiv E(\mathfrak{W}_t(\alpha,d))=\int\mathfrak{W}_t f(e_{d,t},e_{s,t})\mathrm{d}e_{\mathrm{d},t}\mathrm{d}e_{s,t}=1+d^2+(1+\alpha d)^2+\alpha^2$。作为一个最优化福利的政策制定者,他应该怎样选择 d 呢?假设我们可得关于 $y_t=(\pi_t,\mathrm{GDP}_t,m_t)$ 的数据,政策制定者观测 $y=(y_1,\cdots,y_T)$。

频率论者会从数据中估计 α,得到 $\hat{\alpha}$ 后再最小化 $E\mathfrak{W}(\hat{\alpha},d)=1+\hat{\alpha}^2+(1+\hat{\alpha})\times E(d(y))^2+E(d(y))^2$。这相当于将最终结果在由 d 产生的所有过去可能的轨迹上进行平均。我们很快可以得出这道题的解为 $d_{\mathrm{ML}}(y)=-\hat{\alpha}_{\mathrm{ML}}(1-\hat{\alpha}_{\mathrm{ML}}^2)$。不同的是,贝叶斯学者会把 α 当作随机变量,并且最小化 $E\mathfrak{W}(\alpha,d)=1+d^2+(1+dE(\alpha|y))^2+E(\alpha|y)^2$,也就是说,他在给定观测到的 y 的情况下,将最终结果在 α 上进行平均。这种方法的所得解是 $d_{\mathrm{Bayes}}(y)=-E(\alpha|y)/(1-E(\alpha^2|y))$。在一些情况下,决策的排序在 α 上不是统一的。此时,我们偏向于用一种稳健的方法;也就是说,最小化由可能发生的最坏情况导致的损失,即 $\inf_{d\in D}\sup_{\alpha\in A}\mathfrak{W}(\alpha,d|y)$。

在决策理论中,贝叶斯方法的好处是,最优选择会自动将参数(模型)的不确定性考虑在内。事实上,在例题 9.12 中,我们对后验分布 $g(\alpha|y)\propto\mathcal{L}(\alpha|y)g(\alpha)$ 取期望。

总体上说,贝叶斯框架下的决策分析是基于似然原理的。这个原理表明,在给定数据的情况下,所有关于未知量 α 的信息都包含在似然函数中。因此,两个 α 的似然函数(可能来自相同或不同的实验)当且仅当它们互相成比例时,才包含关于 α 的相同信息。注意,似然原理是选择第二类极大似然先验估计的基础。

9.3 推 断

贝叶斯推断比较容易,因为 $g(\alpha|y)$ 中包含了我们可能需要的所有信息。贝叶斯推断也就是计算 $E(h(\alpha))=\int h(\alpha)\mathrm{d}g(\alpha\mid y)$,其中,$h$ 是 α 的连续方程。具有上述特征的例子有很多。例如,$h(\alpha)$ 可以表示 α 的矩或分位数;表示两种行动下的损失方程之差,例如,$h(\alpha)=\mathfrak{L}(\alpha,d_1)-\mathfrak{L}(\alpha,d_2)$,或者表示对 α 的约束,例如,$h(\alpha)=\mathcal{I}_{A_1}(\alpha)$,其中,$A_1$ 是一个集合,$\mathcal{I}$ 是示性函数。$h(\alpha)$ 还可以表示内生变量的将来值,例如,$h(\alpha)=h(y^\tau)$,其中,$y^\tau=(y_{t+1},\cdots,y_{t+\tau})$,$h$ 包括转折点、预测区间等。最后,$h(\alpha)$ 也可以表示脉冲响应、方差分解或 α 确定方程的其他统计量。

有时,为了方便与非贝叶斯方法做比较,我们需要计算出一个点估计和与之相伴的对不确定性的度量方法,来概括 $h(\alpha)$ 的后验分布。从贝叶斯理论的观点看,这种度量方法可以是对后验分布峰值和曲率的粗略近似,也可以是当 $T\to\infty$ 时对后验信息的概括。

令 $\mathfrak{L}(\hat{h},h)$ 是在 $H\times H\to\mathbb{R}$ 上的损失函数,其中,$h\equiv h(\alpha)$,$\hat{h}$ 是 h 的估计。$\tilde{h}$ 的贝叶斯点估计可以通过下式得到:

$$\tilde{h}=\underset{\hat{h}}{\operatorname{argmin}}\,E(\mathfrak{L}(\hat{h},h)\mid y)=\underset{\hat{h}}{\operatorname{argmin}}\int\mathfrak{L}(\hat{h},h)g(h\mid y)\mathrm{d}h \tag{9.17}$$

在等式(9.17)中,我们可以使用各种损失函数。下面列出一些适用的损失函数。

(i) 二次损失函数:$\mathfrak{L}(\hat{h},h)=(\hat{h}-h)'W(\hat{h}-h)$,其中,$W$ 是正定权重矩阵。则有 $\tilde{h}=E(h|y)=\int h\mathrm{d}g(h|y)$。

(ii) 分位数损失函数:$\mathfrak{L}(\hat{h},h)=\mathfrak{L}_1(\hat{h}-h)\mathcal{I}_{[-\infty,\hat{h}]}(h)+\mathfrak{L}_2(h-\hat{h})\mathcal{I}_{[\hat{h},\infty]}(h)$,其中,$\mathfrak{L}_1$、$\mathfrak{L}_2>0$。则有 $\tilde{h}=P(h\leqslant\hat{h}|y)=\mathfrak{L}_2/(\mathfrak{L}_1+\mathfrak{L}_2)$。当 $\mathfrak{L}_1=\mathfrak{L}_2$时,$\tilde{h}$ 是中位数。

(iii) 0-1 损失函数:$\mathfrak{L}(\hat{h},h,\epsilon)=1-\mathcal{I}_{\epsilon(\hat{h})}(h)$,其中,$\epsilon(\hat{h})$是$\hat{h}$的$\epsilon$邻域的开区间,$\mathcal{I}$是示性函数。由于 $\lim_{\epsilon\to0}\operatorname{argmin}\mathfrak{L}(\hat{h},h)=\operatorname{argmax}g(h|y)$,则有 $\tilde{h}=\operatorname{argmax}g(h\in\epsilon(\hat{h})|y)$。

要证明上述命题,可以参阅贝格尔(Berger,1985,第 161~162 页)。显然,如果后验分布是正态的,那么选择哪种损失函数都没关系:因为后验均值、中位数、模都相等。注意,如果损失函数是二次的,且 $W=I$,有:

$$\begin{aligned}E[(\hat{h}-h)(\hat{h}-h)'|y]&=[\hat{h}-E(h|y)][\hat{h}-E(h|y)]'\\&\quad+E[E(h|y)-h][E(h|y)-h]'\\&=\text{Bias}+\text{Variance}=\text{MSE}\end{aligned}\tag{9.18}$$

因此,$\tilde{h}=E(h|y)$最小化 h 的均方差(MSE)。

在这里,我们有必要稍微离题,比较古典估计过程和贝叶斯估计过程的区别。在古典分析中,估计量是在参数"真实值"的条件下得到的,例如,$\tilde{h}=\operatorname{argmin}_{\hat{h}}E[\mathfrak{L}(\hat{h},h)|\alpha]=\operatorname{argmin}_{\hat{h}}\int\mathfrak{L}(\hat{h},h)f(y|\alpha)\mathrm{d}y$,其中,$f(y|\alpha)$ 是关于 y 的合适的概率密度函数。由于这个表达式依赖于 α,它的解是关于 α 的函数。假设 $h(\alpha)=\alpha$,我们按照以下方法来选择估计量:$\tilde{h}=\operatorname{argmin}_{\hat{\alpha}}E_\alpha E_y[\mathfrak{L}(\hat{\alpha},\alpha)|\alpha]$。那么,有:

$$\begin{aligned}\tilde{h}&=\operatorname*{argmin}_{\hat{\alpha}}\iint\mathcal{W}(\alpha)\mathfrak{L}(\hat{\alpha},\alpha)f(y|\alpha)\mathrm{d}y\mathrm{d}\alpha\\&=\operatorname*{argmin}_{\hat{\alpha}}\int\left[\int\mathfrak{L}(\hat{\alpha},\alpha)f(\alpha|y)\mathrm{d}\alpha\right]\mathcal{W}(y)\mathrm{d}y\end{aligned}\tag{9.19}$$

其中,$\mathcal{W}(\alpha)$是权重函数,有 $f(\alpha|y)\mathcal{W}(y)=f(y|\alpha)\mathcal{W}(\alpha)$。令等式(9.19)最小化就是令方括号中的部分最小化,这就是贝叶斯估计。因此,频率论者在设定模型时,建立损失函数,并以 $\mathcal{W}(\alpha)$作为参数值的权重矩阵,此时最好的估计就是贝叶斯估计。

在古典分析中,我们可以构建置信区间,以便在点估计周围给出一个不确定的范围。在贝叶斯分析中,我们使用可信集。

定义 9.2[可信集(Credible set)] 如果一个集合 H 满足 $P(h\in H|y)\equiv\int_H g(h|y)\mathrm{d}h=1-\varrho$,则集合 H 是 h 关于 $g(h|y)$ 的 $100(1-\varrho)\%$ 可信集。

可信集度量了 $h\in H$时信念的后验分布。置信区间$\mathrm{CI}(y)$满足$P(h\in\mathrm{CI}(y)|\alpha)\equiv\int_y[\int_{\mathrm{CI}(y)}g(h|y,\alpha)\mathrm{d}h]\times f(y|\alpha)\mathrm{d}y=1-\varrho$。而且,$\mathrm{CI}(y)$ 依赖于α。因此,古典方法下的置信区间就是我们选择的一个随机变量,它以 $1-\varrho$ 的概率覆盖了参数的真实值。

例题 9.13 假设一个经理候选人在能力倾向测验中得到115分，假设测验得分 $y \sim \mathbb{N}(\alpha, 100)$，其中，$\alpha$ 是经理的真实能力。如果 α 的先验分布为 $\alpha \sim \mathbb{N}(100, 225)$，$f(y)$ 的边缘似然函数服从正态分布，均值为100，方差为325。运用例题9.10中类似的思想，可以很快证明 $g(\alpha|y)$ 服从正态分布，均值为 $(100*100+115*225)/(100+225)=110.39$，方差为 $100*225/(100+225)=69.23$。因此，α 的95%的可信集是 $[110.39 \pm (1.96)(\sqrt{69.23})]=[94.08, 126.7]$。在古典方法下，$\alpha$ 的95%的置信区间为 $[115 \pm (1.96)10]=[95.4, 134.6]$，这比贝叶斯可信集的范围要大得多。

练习 9.11 假设在一个地区，每周破产的公司数服从帕累托分布，参数为 (a_0, a_1)，即 $f(y|a_0, a_1)=(a_1/a_0)(a_0/y)^{a_1+1}\mathcal{I}_{(a_0,\infty)}(a)$，其中，$0<a_0<\infty, a_1>1$。假设 a_0 是已知的，但不知道 a_1 的情况，只有 $g(a_1)=a_1^{-1}\mathcal{I}_{(0,\infty)}(a_1)$。假设在10周内观测到的破产公司数分别为[0,2,5,1,0,1,3,4,0,5]。找出 a_1 的68%的可信集。

由于可信集可能不是唯一的，我们会选择最高的 $100(1-\varrho)\%$ 可信集，例如，选择一个集合，它满足 $g(h|y) \geqslant \kappa(\varrho), \forall h \in H$，其中，$\kappa(\varrho)$ 是使 $P(h \in H|y)=1-\varrho$ 最大的常数。

例题 9.14 当后验分布有多个模时，计算可信集可能会出现问题。在这种情况下，可信集可能不会相交。例如，在图9.2中，这样的集合包括−2.2～−0.2之间和0.8～3.5之间的区域。如果后验分布是不对称的，则最高可信集会与中心可信集不同。

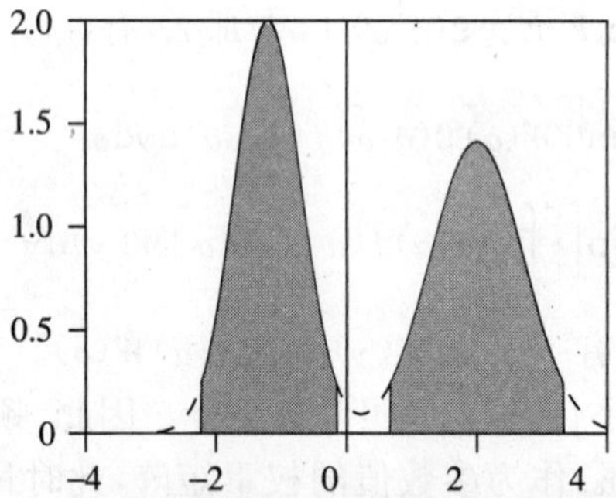

图 9.2 最高可信集

在古典分析中，要检验模型充分性，一般要检验残差的性质，并且保证一些假设条件得到满足，譬如线性、正态分布、同方差等。在贝叶斯方法的框架下，我们有类似的方法，即利用样本外的观测值。假设我们可以把 y_t 分成 $y_t=[y_{1t}, y_{2t}]$，其中，y_{1t} 是估计样本，y_{2t} 是确认样本。如果 y_{1t} 和 y_{2t} 相互独立，可计算 $y_{2t}-E[y_{2t}|y_{1t}]$，并用图形的方法来检验线性、同方差等假设是否正确。另外，将预测的参数除以它们的方差，可以用于检验其是否偏离正态分布。注意，如果我们无法得到两个相互独立的样本，可以随机地删去 y_t 中的元素，并用交叉验证的方法预测它们，以便进行模型确认[参见盖尔芬德和戴伊(Gelfand and Dey，1994)]。

9.3.1 多个模型的推断

在一些情况下，我们有许多模型，但不知道选择哪个模型用于分析。在古典分析框架下，我们利用各种类型的检验来决定使用哪个模型(例如，VAR 模型的滞后期长度、要使用的变量等)。在贝叶斯分析框架下，我们最好不要把任何一个模型丢弃，而是通过使用后验分布概率，将他们所得的结果进行适当的加权。

令 $f(y|\alpha_j,\mathcal{M}_j)$表示模型 j 的似然函数；令 $g(\alpha_j|\mathcal{M}_j)$表示 α_j 的先验分布密度；令 $g(\mathcal{M}_j)$表示模型 j 的先验分布密度，$j=1,\cdots,J$，其中，$\sum_j g(\mathcal{M}_j)=1$。假设我们对 $h(\alpha)$感兴趣。那么有：

$$E(h(\alpha))=\sum_j E[h(\alpha)\mid y,\mathcal{M}_j]g(\mathcal{M}_j|y) \tag{9.20}$$

等式(9.20)中的第一个元素在前面已经计算过了。在 $\mathcal{M}_j$ 已知的条件下，有：

$$E[h(\alpha)\mid y,\mathcal{M}_j]=\frac{\int_{A_j}h(\alpha_j)f(y|\alpha_j,\mathcal{M}_j)g(\alpha_j|\mathcal{M}_j)\mathrm{d}\alpha_j}{\int_{A_j}f(y|\alpha_j,\mathcal{M}_j)g(\alpha_j|\mathcal{M}_j)\mathrm{d}\alpha_j} \tag{9.21}$$

其中，A_j 表示 α_j 所属的空间。模型 j 的后验分布密度为：

$$\begin{aligned}g(\mathcal{M}_j|y)&=\frac{f(y|\mathcal{M}_j)g(\mathcal{M}_j)}{f(y)}=\frac{g(\mathcal{M}_j)\int f(y|\alpha_j,\mathcal{M}_j)g(\alpha_j|\mathcal{M}_j)\mathrm{d}\alpha_j}{f(y)}\\&\propto g(\mathcal{M}_j)\int f(y|\alpha_j,\mathcal{M}_j)g(\alpha_j|\mathcal{M}_j)\mathrm{d}\alpha_j=g(\mathcal{M}_j)f(y|\mathcal{M}_j)\end{aligned} \tag{9.22}$$

因此，$g(\mathcal{M}_j|y)$与模型 j 的先验概率和它的边缘似然函数之积成比例。

因此，计算 $E[h(\alpha)]$我们需要三个步骤：(i)用等式(9.21)计算每个模型 $\mathcal{M}_j$ 中 $h(\alpha)$的后验期望；(ii)对每个 $\mathcal{M}_j$ 得到边缘似然函数，并把它与等式(9.22)中的先验分布 $g(\mathcal{M}_j)$结合起来；(iii)根据等式(9.20)，将各个模型的 $E[h(\alpha|y,\mathcal{M}_j)]$平均起来。

在什么情况下，我们只需要在 J 个模型中选择一个呢？很容易验证，当 $g(\mathcal{M}_j|y)$与 j 独立，且在各个 j 上 $E[h(\alpha|y,\mathcal{M}_j)]$大致为常数，或者当对于某些 j，有$g(\mathcal{M}_j|y)$接近于 1 时，我们只需选择一个模型即可。一般来说，将各模型进行平均要比只适用一个单一的模型更好，这是因为 $E\{\ln[\sum_j g(\alpha|\mathcal{M}_j,y)g(\mathcal{M}_j|y)]\}\geqslant E\{\ln[g(\alpha|\mathcal{M}_j,y)]\}$。

例题 9.15 假设两个模型预测下一个季度的 GDP 增长率。假设$(y_{t+1}|\mathcal{M}_1)=2.5$，$(y_{t+1}|\mathcal{M}_2)=1.5$，两个模型在过去都以同样准确的概率进行预测，即有 $g(\mathcal{M}_1)=g(\mathcal{M}_2)=0.5$。假设 $f(y|\mathcal{M}_1)=0.8$，$f(y|\mathcal{M}_2)=1.2$。在贝叶斯方法下，用最优的模型组合预测的 GDP 增长率为 $2.5*(0.5*0.8)+1.5*(0.5*1.2)=1.0+0.9=1.9$。

9.3.2 正态近似

在古典分析中，我们使用渐近逼近的方法推导估计量的性质，并进行假设检

验。在贝叶斯方法框架下，我们也可以使用类似的逼近方法。例如，当 $g(\alpha|y)$ 是单峰的且大体上对称，并且模 α^* 是 A 的内点时，我们可以使用以 α^* 为中心的正态分布，即：

$$\ln g(\alpha|y)\approx\ln g(\alpha^*|y)+0.5(\alpha-\alpha^*)'\left[\frac{\partial^2\ln g(\alpha|y)}{\partial\alpha\partial\alpha'}\bigg|_{\alpha=\alpha^*}\right](\alpha-\alpha^*) \tag{9.23}$$

由于对 α 而言，$\ln g(\alpha^*|y)$ 是常量，令 $\Sigma(\alpha^*)=-[(\partial^2\ln g(\alpha|y)/\partial\alpha^2)|_{\alpha=\alpha^*}]$，我们可得 $g(\alpha|y)\approx\mathbb{N}(\alpha^*,\Sigma(\alpha^*)^{-1})$，近似 $100(1-\varrho)\%$ 最高可信集是 $\alpha^*\pm\mathbb{SN}(\varrho/2)\times(\Sigma(\alpha^*)^{-0.5})$，其中，$\mathbb{SN}(\varrho/2)$ 是标准正态分布在 $(\varrho/2)$ 处的取值。

在正则性条件下，如果 $T\to\infty$（参见以下内容），或后验分布核函数大致上服从正态分布，则这种逼近方法是有效的。在下面几种情形下，这种方法不适用。

(i) 似然函数在某些维度上是平坦的[$\Sigma(\alpha^*)$很难度量]；

(ii) 似然函数有多个峰值（单个峰值的逼近是不对的）；

(iii) 似然函数是无界的（后验模式不存在）；

(iv) 模位于 A 的边界上（存在自然截尾）；

(v) 在 α^* 附近，有 $g(\alpha|y)=0$。

例题 9.16 令 $y_t\sim$ i.i.d. $\mathbb{N}(\alpha,\sigma^2)$，假设 $(\alpha,\ln\sigma)$ 的先验分布是非信息性的。联合后验概率密度是 $g(\alpha,\ln\sigma|y)\propto-T\ln\sigma-(0.5/\sigma^2)[(T-1)s^2-T(\bar{y}-\alpha)^2]$，其中，$\bar{y}$ 是 y 的样本均值，s^2 是 y 的样本方差。则有 $\partial g(\alpha,\ln\sigma|y)/\partial\alpha=T(\bar{y}-\alpha)/\sigma^2$，$\partial g(\alpha,\ln\sigma|y)/\partial\ln\sigma=-T+((T-1)s^2+T(\bar{y}-\alpha)^2)/\sigma^2$，且模 $\alpha^*=\bar{y}$，$\ln\sigma^*=0.5\ln((T-1)s^2/T)$。对 $(\alpha,\ln\sigma)$ 求二阶导数，并计算其在模上的取值，所得矩阵是对角阵，对角线元素为 $-T/\sigma^2$ 和 $-2T$。因此，有：

$$g(\alpha,\ln\sigma|y)\approx\mathbb{N}\left(\begin{bmatrix}\bar{y}\\0.5\ln(T-1)s^2/T\end{bmatrix},\begin{bmatrix}\sigma^2/T & 0\\0 & 1/2T\end{bmatrix}\right)$$

练习 9.12 假设你想要研究在经济滞胀时期财政政策的影响。你有各国数据 (x_i,n_i,y_i)（或者，用 DSGE 模型得到各个实验数据），其中，x_i 表示在第 n_i 个实验中国家 i 财政冲击的大小，y_i 表示国家 i 的经济得到恢复的情形所占的比例（n_i 表示某一特定规模的财政政策冲击发生的次数）。假设 $f(y_i|\alpha_1,\alpha_2,n_i,x_i)\propto(e^{\alpha_1+\alpha_2x_i})^{y_i}(1-e^{\alpha_1+\alpha_2x_i})^{n_i-y_i}$。假设 (α_1,α_2) 的先验分布是非信息性的，即 $g(\alpha_1,\alpha_2)\propto1$。计算 (α_1,α_2) 后验分布的正态近似，并求出近似 68% 和 95% 的可信集。

我们在这里只简要介绍当 $T\to\infty$ 时贝叶斯估计会有怎样的性质，因为这不是本书的重点。在古典分析中，我们会给出估计量一致和服从正态分布的条件。但是，在这里不存在参数的真实值，无法使估计量渐近地收敛于真实值，也不能将参数真实值作为构建渐近（正态）分布的枢纽。然而，以下结论成立。

结论 9.1(一致性) 假设数据来自参数分布函数 $f(y|\alpha)$，$g(\alpha)$ 的先验分布已设定。假设真实数据分布密度属于 $f(y|\alpha)$，即，对某些 α_0，有 $f^+=f(y|\alpha_0)$。那么，当 $T\to\infty$ 时，$\alpha^*\xrightarrow{P}\alpha_0$。

例题 9.17 假设 $y_t=x_t\alpha+e_t$，$e_t\sim$ i.i.d. $\mathbb{N}(0,1)$。假设 $(1/T)\sum_t x_t'x_t\xrightarrow{P}\Sigma_{xx}$，

$(1/T)\sum_t x_t' e_t \xrightarrow{P} 0, \alpha \sim \mathbb{N}(0, \sigma_a^2 I)$。$\alpha$ 的后验模为 $\alpha^* = (x'x + \sigma_a^{-2} I)^{-1} x'y$，其中，$x = (x_1, \cdots, x_T)$，$y = (y_1, \cdots, y_T)$。注意，当 $T \to \infty$ 时，对某些 α_0，有 $\alpha^* = \alpha_0 + (x'x + \sigma_a^2 I)^{-1} x'e = \alpha_0 + [(1/T)\sum_{t=1}^T x_t' x_t + (1/(T\sigma_a^2))I]^{-1}(1/T)\sum_{t=1}^T x_t' e_t \to \alpha_0$。

当真实的密度没有包含在参数族中，那么就没有真实的 α_0。在这种情况下，为了得到类似一致性的性质，我们需要以下概念。

定义 9.3 令模型的概率密度函数为 $f(y|\alpha)$，真实的概率密度函数为 $f^+(y)$。令 $t=1,\cdots,T$。在某个 α 上，卡尔巴克—雷布莱尔(Kullback-Leibler，KL)信息可以定义为：

$$\mathrm{KL}(\alpha) = E\left[\ln \frac{f^+(y_t)}{f(y_t|\alpha)}\right] = \int \ln \frac{f^+(y_t)}{f(y_t|\alpha)} f^+(y_t) \mathrm{d} y_t \tag{9.24}$$

换言之，KL(α)度量了模型分布与真实分布之间的偏差。如果 α_0 使 KL(α)最小化，我们可以证明它是一致的[参见鲍文斯(Bauwens，1999)]。此外，我们还有以下结论。

结论 9.2(渐近正态分布) 假设 α_0 不在参数空间的边界。当 $T \to \infty$ 时，若 $\alpha^* \xrightarrow{P} \alpha_0$，则有 $g(\alpha|y) \xrightarrow{D} \mathbb{N}(\alpha_0, [T\Sigma(\alpha_0)]^{-1})$，其中，$\Sigma(\alpha_0) = -E[(\partial^2 \ln g(\alpha|y)/\partial\alpha\partial\alpha')|_{\alpha=\alpha_0}]$。在这里，我们可以利用 $\Sigma(\alpha^*)$ 和 α_0 来估计 $\Sigma(\alpha_0)$，并且 α_0 或者满足 $f^+ = f(y|\alpha_0)$，或者使等式(9.24) 最小化。

9.3.3 *假设检验/不同模型的相对拟合*

在贝叶斯理论框架下，进行假设检验或比较模型，意味着计算它们的相对后验支撑。评估备选模型的一个简单方法是，根据后验机会(PO)比率：

$$\mathrm{PO} = \frac{g(\mathcal{M}_j|y)}{g(\mathcal{M}_{j'}|y)} = \frac{g(\mathcal{M}_j)}{g(\mathcal{M}_{j'})} \times \frac{f(y|\mathcal{M}_j)}{f(\mathcal{M}|\mathcal{M}_{j'})} \tag{9.25}$$

在等式(9.25)中，前一项是先验比值，后一项是贝叶斯因子。

例题 9.18 假设你要评价固定汇率制度的稳定性。在原假设(例如，正态分布条件)下，这个制度保持不变的概率是 50—50，即 50%。在备择假设(例如，油价上升)下，固定汇率制度保持不变的概率是 0.25。设这两个假设的先验概率是均等的，在你所得的 100 个月的数据中，有 90 个月的固定汇率制度是保持不变的。那么有：

$$\mathrm{PO} = \frac{0.5}{0.5} \times \frac{(0.5)^{0.1}(0.5)^{0.9}}{(0.75)^{0.1}(0.25)^{0.9}} = \frac{0.5}{0.2790} = 1.79 \tag{9.26}$$

因此，90 个月的固定汇率的存在使得原假设的比值从 1 变为 1.79。

练习 9.13 继续例题 9.13。假设将经理们分为高于或低于平均水平的两组。令 $\mathcal{M}_0: \alpha \leqslant 100$ 且 $\mathcal{M}_1: \alpha > 100$。计算 $\mathcal{M}_0$ 相对 $\mathcal{M}_1$ 的后验机会比率。

从例题 9.18 中可以很明显地看出，贝叶斯因子是两个模型边缘似然函数的比值，其中，$f(y|\mathcal{M}_j) = \int f(y|\mathcal{M}_j, \alpha_j) g(\alpha_j) \mathrm{d}\alpha_j$。边缘似然函数与似然函数类似，可以

分解为向前一步预测误差概率密度的乘积(在后面将具体介绍)。因此,贝叶斯因子给我们提供了两个模型对数据的相对拟合信息。

我们可以推导出贝叶斯因子的渐近性质,就像我们推导贝叶斯估计的性质一样。感兴趣的读者可以参阅卡斯和雷夫特瑞(Kass and Raftery,1995)的文献。大体上说,贝叶斯因子在以下条件中给出了一致的模型选择准则:(a)后验分布渐近地集中在伪 ML 估计周围;(b)伪 ML 估计依概率趋近于伪真实值;(c)贝叶斯因子选择的模型在 KL 信息准则下最接近伪真实值模型。

贝叶斯因子与似然比统计量不同:事实上,模型先验与似然函数和模型最小二乘拟合度的相对相容性会影响模型选择的结果。

例题 9.19 令 $y_j = x_j\alpha_j + e_j, e_j \sim \text{i.i.d.}\,\mathbb{N}(0,\sigma_j^2), j=1,2$。设 $g(\alpha_j)\sim\mathbb{N}(\bar{\alpha}_j, (\sigma_j^2\bar{\Sigma}_{\alpha_j})^{-1}), \bar{s}_j^2\sigma_j^{-2}\sim\chi^2(\bar{\nu}_j)$。若 $\bar{\nu}_1=\bar{\nu}_2=\bar{\nu}$ 且 $\bar{s}_1^2=\bar{s}_2^2$,模型 1 相对于模型 2 的贝叶斯因子与下式成比例:

$$\left(\frac{\nu_1 s_1^2+(\alpha_{1,\mathrm{OLS}}-\tilde{\alpha}_1)'X_1X_1(\alpha_{1,\mathrm{OLS}}-\tilde{\alpha}_1)+(\bar{\alpha}_1-\tilde{\alpha}_1)'\bar{\Sigma}_{\alpha_1}(\bar{\alpha}_1-\tilde{\alpha}_1)}{\nu_2 s_2^2+(\alpha_{2,\mathrm{OLS}}-\tilde{\alpha}_2)'X_2X_2(\alpha_{2,\mathrm{OLS}}-\tilde{\alpha}_2)+(\bar{\alpha}_2-\tilde{\alpha}_2)'\bar{\Sigma}_{\alpha_2}(\bar{\alpha}_2-\tilde{\alpha}_2)}\right)^{-0.5(T+v)}$$

其中,所成比例的系数为:

$$\left(\frac{|\bar{\Sigma}_{\alpha_1}||\tilde{\Sigma}_{\alpha_2}|}{|\bar{\Sigma}_{\alpha_2}||\tilde{\Sigma}_{\alpha_1}|}\right)^{0.5}$$

$\alpha_{j,\mathrm{OLS}}=(x_j'x_j)^{-1}(x_j'y_j), s_j^2=(y_j-x_j\alpha_{j,\mathrm{OLS}})^2$。似然比统计量为 $(v_1s_1^2/v_2s_2^2)^{-0.5T}$。

边缘似然函数一般很难进行计算,因为计算它们需要多重积分。在文献中可以得到两种近似方法。如果似然函数在模附近在很大程度上都处于峰值,且接近于对称函数,后验密度函数在模附近可以用二次项来近似。令 $e^{g^\ddagger(\alpha_j)}\equiv f(y|\mathcal{M}_j,\alpha_j)\times g(\alpha_j|\mathcal{M}_j)$,并且令 $g^\ddagger(\alpha_j)\approx g^\ddagger(\alpha_j^*)+0.5(\alpha_j-\alpha_j^*)'\Sigma_j(\alpha_j^*)(\alpha_j-\alpha_j^*)$,其中,剩余项为 $o(\|\alpha_j-\alpha_j^*\|^2)$ 和 $\Sigma(\alpha_j)=\partial^2 g^\ddagger(\alpha)/\partial\alpha\partial\alpha'$。将其在 α 上进行积分,可得 $f^*(y|\mathcal{M}_j)=(2\pi)^{0.5k_j}|-\Sigma(\alpha_j^*)|^{-0.5}e^{g^\ddagger(\alpha_j^*)}$,其中,$k_j$ 是 α_j 的维数。则贝叶斯因子的近似值为:

$$\frac{f^*(y|\mathcal{M}_j)}{f^*(y|\mathcal{M}_{j'})}=\frac{e^{g^\ddagger(\alpha_j^*)}(2\pi)^{0.5k_j}|-\Sigma(\alpha_j^*)|^{-0.5}}{e^{g^\ddagger(\alpha_{j'}^*)}(2\pi)^{0.5k_{j'}}|-\Sigma(\alpha_{j'}^*)|^{-0.5}} \tag{9.27}$$

练习 9.14 证明 $2\ln\mathrm{PO}\approx 2[\ln f(\alpha_j^*|y)-\ln f(\alpha_{j'}^*|y)]-(k_j-k_{j'})\ln T+(k_j-k_{j'})\times\ln(2\pi)+2(\ln[g(\alpha_j|\mathcal{M}_j)]-\ln[g(\alpha_{j'}|\mathcal{M}_{j'})])+2(\ln[g(\mathcal{M}_j)]-\ln[g(\mathcal{M}_{j'})])+[\ln(|-T^{-1}\Sigma(\alpha_j^*)|)-\ln(|-T^{-1}\Sigma(\alpha_{j'}^*)|)]$。

练习 9.15 当 $\mathcal{M}_j$ 和 $\mathcal{M}_{j'}$ 相互嵌套[即 $\alpha_j=(\alpha_{j'},a)$]时,写出 $2\ln\mathrm{PO}$ 的形式。

练习 9.14 表明,PO 比值的拉普拉斯近似由以下几部分组成:第一项是似然比统计量(取值在模上),其自由度是 $k_j-k_{j'}$;第二项和第三项度量了两个模型的相对维度。这使得拉普拉斯近似在原假设和备择假设下都是一致的。接下来的两项是参数的先验分布和模型的先验分布。最后一项是小样本下的修正,因为这两个模型的曲率是在模处的估计值。当 $T\to\infty$ 时,这一项消失。

9.3.3.2 施瓦茨近似

PO 比值的拉普拉斯近似要求设定 $g(\alpha|\mathcal{M}_j)$ 和 $g(\mathcal{M}_j)$ 的形式。施瓦茨近

似(SCA)对两者都不需要设定。但是，拉普拉斯近似的误差项是 $O(T^{-1})$，而在施瓦茨近似中，误差项为 $O(1)$；也就是说，它与样本容量是相互独立的[参见卡斯和万蒂安纳桑（Kass and Vaidyanathan，1992)]。施瓦茨近似为 $\ln[f(y|\mathcal{M}_j,\alpha_{j,ML})]-\ln[f(y|\mathcal{M}_{j'},\alpha_{j',ML})]-0.5(k_j-k_{j'})\ln(T)$，其中，$\alpha_{j,ML}$ 是模型 j 中 α 的极大似然估计。很容易看出，这个近似值用到了 $2\ln PO$ 比值的拉普拉斯近似中的前两项，但它们是在 α_{ML} 处而不是在 α^* 处计算的。同样应注意，当 $T\to\infty$ 时，有 $(SCA-\ln PO)/\ln PO\to 0$。

在贝叶斯理论框架下进行单点估计的假设检验很困难，因为 A 上的连续先验分布意味着 $g(\alpha_0)=0$。我们可以遵循两种路径来解决。首先，由于单点假设检验是在 α_0 附近区间的限制，我们可以考虑在 $\alpha_0\pm\epsilon$ 区间上的先验分布，其中，ϵ 相对于 α 的后验标准差来说很小。例如，当似然函数在 $\alpha_0\pm\epsilon$ 上很平，就可以采用这种方法。在这种情况下，我们可以很好地定义 PO 比值。

另一种方法是，我们可以设定离散型和连续型混合的先验分布，即 $g(\alpha_0)=g_0$，且 $g(\alpha\neq\alpha_0)=(1-g_0)g_1(\alpha)$，其中，$g_1(\alpha)$ 是适当的先验概率密度函数。例如，当进行单位根的贝叶斯检验[参见西姆斯(Sims，1988)]时，就可能出现这样的模型设定。此时，单位根有离散的先验分布，而平稳区域的参数有离散—连续型混合先验分布。

在实际应用中，一个经常出现的问题是，当我们需要比较多个模型而不是只有两个模型时应当怎样做。在这种情况下，我们可以选择满足 $g(\mathcal{M}_j|y)$ 最大的那个 $\mathcal{M}_j$，或者使用利默的后验概率度量法，表达式为：

$$\mathrm{LEA}(\mathcal{M}_j|y)=\frac{g(\mathcal{M}_j|y)\mathrm{PO}_{j1}}{\sum_{j'}g(\mathcal{M}_{j'}|y)\mathrm{PO}_{j'1}} \tag{9.28}$$

其中，把模型 1 当作基准模型。

当可供选择的模型很多时，我们应当慎用每个模型的先验概率都相同的假设，因为这种假设可能与直觉相违背，即应当给样本容量大的模型予以较大的权重。

例题 9.20[萨拉-埃-马丁、多贝尔胡弗和米勒(Sala-i-Martin, Doppelhofer and Miller)] 假设你有大量的可能决定增长的因素，想要检验对增长重要的因素的后验分布概率，这里的模型是由各个可能的解释变量组合而成的。很容易证明，如果有 k 个可能的解释变量，则可能的模型就有 2^k 个。如果对每个模型都赋予相同的先验概率，即 $1/2^k$，则模型的期望数目为 $k/2$。这意味着，如果 $k=20$，解释变量的先验期望数目为 10。

在这种情况下，我们最好选择模型数目的先验均值，并且令每个解释变量的先验概率等于 $1/k$ 乘以这个先验均值。

练习 9.16 考虑估计季度汇率变化情况的问题，假设你有 5 个可能的解释变量：常数、价格差分、利率差分、产出量差分、货币供给量差分(因此，有 32 个可能的模型设定)。使用美元—日元汇率以及美国和日本的价格、产出、利率、货币供给数据，计算每个解释变量的后验均值，以及后验标准差和每个解释变量参数为零的后验概率(即计算 1 减去这个解释变量所出现的所有模型后验概率之和)。若美元—日元汇率是带漂移的随机游走过程，则最好的模型的后验概率是多少？

9.3.4 *预测*

在贝叶斯理论框架下，预测十分明显，因为我们已经知道，预测的问题就是计算 $E(h(\alpha))$。在模型 j 中，对 y 将来值的预测密度为：

$$f(y_{t+1},\cdots,y_{t+\tau}\mid y_t,\cdots,y_1,\mathcal{M}_j)=\int g(\alpha_j\mid y_t,\mathcal{M}_j)\prod_{i=t+1}^{t+\tau}f(y_i\mid y_{i-1},\alpha_j,\mathcal{M}_j)\mathrm{d}\alpha_j \tag{9.29}$$

等式(9.29)中的第一项是 α 在模型 j 中的后验分布，第二项是在模型中构建的递归的向前一步预测密度。

例题 9.21 令 $y_t=x_t\alpha+e_t,e_t\sim\text{i.i.d.}\,\mathbb{N}(0,\sigma_e^2)$。假设 σ_e^2 是固定的，令 $g(\alpha)\sim\mathbb{N}(\bar{\alpha},\bar{\Sigma}_\alpha)$，设 $x_t^\tau=[x_{t+1},\cdots,x_{t+\tau}]$为已知。由于 $g(\alpha|y)\sim\mathbb{N}(\tilde{\alpha},\tilde{\Sigma}_\alpha)$和$(y_t^\tau|\alpha,y_t,x_t,x_t^\tau)\sim\mathbb{N}(x_t^\tau\alpha,\sigma_e^2I)$，我们有$(y_t^\tau|y_t,x_t,x_t^\tau,\tilde{\alpha},\sigma_e^2)\sim\mathbb{N}(x_t^\tau\tilde{\alpha},(x_t^\tau)'\tilde{\Sigma}_\alpha x_t^\tau+\sigma_e^2I)$和$(y_t^\tau|y_t,x_t,x_t^\tau)=\int(y_t^\tau|y_t,x_t,x_t^\tau,\bar{\alpha},\sigma_e^2)\mathrm{d}\alpha\,\mathrm{d}\sigma_e^2$。

练习 9.17 使用与例题 9.21 相同的设置内容，证明如果先验分布 $\bar{s}^2\sigma_e^{-2}\sim\chi^2(\bar{v})$，则$(y_t^\tau|y_t,x_t,x_t^\tau)$服从 t 分布。计算这个分布的参数。

如果我们想要选择最好的预测模型(即有最高的后验支持的模型)，并且有两个模型备选，我们可以用预测比值比(PRO)来作为选择标准，其表达式为：

$$\text{PRO}=\frac{g(\mathcal{M}_j)}{g(\mathcal{M}_{j'})}\frac{f(y_{t+1},\cdots,y_{t+\tau}|y_t,\cdots,y_1,\mathcal{M}_j)}{f(y_{t+1},\cdots,y_{t+\tau}|y_t,\cdots,y_1,\mathcal{M}_{j'})} \tag{9.30}$$

注意，对于每个 i，在已知 y_{i-1} 的情况下，用等式(9.29)中的 $f(y_i|y_{i-1},\alpha_j,\mathcal{M}_j)$ 可以度量在预测 y_i 时样本外的向前一步的误差的密度。因此，检验模型的充分性就相当于检验向前一步样本外的预测表现。

9.4 分层和实证贝叶斯模型

当我们对相同现象可以得到重复观测值，或当先验分布或似然函数可以分为几个阶段时，分层结构模型就十分有用。例如，我们可以猜想，从不同实验中得到的参数估计可能有联系(例如，不同个体构成的实验组都是理性的)。另一种情况是，参数可能会分为两部分：在一个水平上是有信息的，但在另一个水平上没有信息(例如，我们知道菲利普斯曲线参数的时间演化过程，但不知道规范这一演化过程的参数分布)。最后，我们可能得到潜在变量以及关于它的参数模型，可以用该模型来描述潜在变量是怎样生成的[例如，在套利定价理论(APT)模型中]。

我们先来考虑先验密度分为两个阶段的情形，即 $g(\alpha,\theta)=g(\alpha|\theta)g(\theta)$，其中，$\theta$ 是超参数向量。联合后验概率密度为 $g(\alpha,\theta|y)\propto f(y|\alpha,\theta)g(\alpha|\theta)g(\theta)$，边缘后验概率密度为 $g(\alpha|y)=\int g(\alpha,\theta|y)\mathrm{d}\theta, g(\theta|y)=\int g(\alpha,\theta|y)\mathrm{d}\alpha$。

当似然函数有两个阶段时，令 $f(y|z,\alpha,\theta)=f(y|z,\alpha)f(z|\theta)$。如果 $g(\alpha,\theta)$是

先验分布，$g(z,\alpha,\theta)=f(z|\theta)g(\alpha,\theta)$是联合先验概率密度，联合后验概率密度为$g(\alpha,\theta,z|y)\propto f(y|z,\alpha)g(z,\alpha,\theta)$。则潜在变量的边缘后验密度为$g(z|y)=\int g(\alpha,\theta,z|y)\mathrm{d}\alpha\mathrm{d}\theta$，$\alpha$和$\theta$的边缘后验密度可以用相似的方法求出。因此，潜在变量模型只是两个阶段的分层模型。

我们得到的结论十分重要：我们可以用相同的潜在变量法来解决缺失数据和信号抽取的问题，包括忽略不可观测变量的问题。

例题 9.22(实验数据) 假设你有不同个体构成的小组在不同时间点上的实验数据。假设每个实验可以用向量(α_j,y_{ij},n_j)来表示其特征，其中，α_j代表我们感兴趣的参数(例如，理性个体所占的比例)，y_{ij}表示个体i参加实验j所产生的数据，n_j表示在实验j中的个体数。在某些条件下，可以合理地认为α_j是从同一个分布中抽取的。因此，关于数据的分层模型是$\prod_j f(y_j|\alpha_j)g(\alpha_j|\theta)g(\theta)$，其中，$\theta$是一组超参数。

例题 9.23(Probit 模型) 假设我们有关于y_t的T个独立的观测值，每个都服从贝努里(Bernoulli)分布$P(y_t=1)=\mathbb{N}(x_t\alpha)$，其中，$\mathbb{N}$表示正态分布。例如，我们收集了经济衰退日期数据，用$P(y_t=1)$表示在时间t发生经济衰退的概率。我们可以把模型重新写成$z_t=x_t\alpha+e_t$，$e_t\sim$ i. i. d. $\mathbb{N}(0,\sigma_e^2)$，且$y_t=\mathcal{I}_{[z_t>0]}$，其中，$\mathcal{I}$是示性函数。这里，$z_t$是潜在变量，$y_t$的似然函数有两个阶段。

有时，我们很难从模型中区分出先验分布，下面这个例子就表明了这一点。

例题 9.24(面板数据) 令$y_{it}=\alpha_i+e_{it}$，$e_{it}\sim$ i. i. d. $\mathbb{N}(0,\sigma_e^2)$。假设$\alpha_i\sim\mathbb{N}(\bar{\alpha},\bar{\sigma}_\alpha^2)$，且$\bar{\alpha}\sim\mathbb{N}(\bar{\alpha}_0,\bar{\sigma}_0^2)$，设$\bar{\sigma}_\alpha^2$，$\bar{\sigma}_0^2$为定值。这样的假设意味着：

$$\alpha_i=\bar{\alpha}+v_{1i},v_{1i}\sim\mathbb{N}(0,\bar{\sigma}_\alpha^2) \tag{9.31}$$

$$\bar{\alpha}=\bar{\alpha}_0+v_2,v_2\sim\mathbb{N}(0,\bar{\sigma}_0^2) \tag{9.32}$$

因此，$\alpha_i=\bar{\alpha}_0+v_2+v_{1i}$，$y_{it}=\bar{\alpha}_0+v_2+v_{1i}+e_{it}$。这里，$\alpha_i$是潜在变量，等式(9.32)是先验分布。或者可以认为，等式(9.31)和(9.32)是α_i先验分布的两个分层。

在实验数据或面板数据中，参数可能会相互依赖，对这种依赖性进行建模的一个自然的方法是可交换性。

定义 9.4 考虑$j=1,\cdots,J$个实验(对不同个体或单位的观测值)，我们可以得到$f(y_j|\alpha_j)$。如果只有y_j来区分α_j，并且没有更多的排序或分组，那么α_j一定是个类似的先验分布。如果$g(\alpha_1,\cdots,\alpha_J)$对$\alpha_j$顺序的排列没有变化，那么称$(\alpha_1,\cdots,\alpha_J)$是可交换的。

我们可以使$g(\alpha|\theta)=\prod_j g(\alpha_j|\theta)$来得到$\alpha$的可交换先验分布，即$\alpha_j$是从参数$\theta$的分布中独立抽取的变量。那么，$\alpha$的边缘先验分布是一个混合的独立同分布的正态分布，其权重为$g(\theta)$，即$g(\alpha)=\int\prod_j g(\alpha|\theta)g(\theta)\mathrm{d}\theta$。

例题 9.25 假设你有欧元区五个国家的通货膨胀率的数据：($y_1=1.7$，$y_2=1.0$，$y_3=0.9$，$y_4=3.0$，$y_5=1.8$)。假设你想预测另外一个国家(我们称其为y_6)的通货膨胀率。对于$(y_1,\cdots,y_5)$，我们可以设定怎样的先验分布？

(i) 如果没有信息可以将各个国家区分开来，那么y_i，$i=1,\cdots,5$的先验分布可以交换，由于缺少通货膨胀时间序列类型的信息，$g(y_1,\cdots,y_5)$是非信息性的。

(ii) 假设你知道这五个国家分别是爱尔兰、德国、荷兰、法国和比利时，但它们的顺序是随机的（因此，你不知道哪个国家对应哪个数据）。在这种情况下，$g(y_1,\cdots,y_5)$仍是可交换的。

(iii) 假设现在你确切知道，样本数据分别来自德国、荷兰、法国、爱尔兰和比利时。那么$g(y_1,\cdots,y_5)$就是不可交换的，因为你可以用信息来区分各个国家了。

注意，如果实验在不同时期、使用不同的个体、在不同的实验室中进行，那么使用可交换性的假设仍是比较合理的，因为这些差异仅说明了不同的结果，并不一定有不同的先验分布。

分层模型的后验分析很简单，利用了在9.1节介绍的含有不重要参数的贝叶斯定理，例如，$g(\alpha,\theta|y)$和$f(y|\alpha,\theta)g(\alpha|\theta)g(\theta)=f(y|\alpha)g(\alpha|\theta)g(\theta)$成比例。类似地，可以很容易地计算出预测分布。在分层模型中，我们把（将来的）y^τ的预测分布分为两类：一类是在$\tilde{\alpha}$的条件下，即α的后验估计；另一类是在α^l的条件下，从$g(\alpha|\tilde{\theta},y)$中随机抽取，其中，$\tilde{\theta}$是$\theta$的后验估计。

为了得到后验分布中未知量的模拟样本，我们可以建立似然函数$f(y|\alpha)$、先验密度函数$g(\alpha|\theta)$、$g(\theta)$，并且按照以下步骤进行。

算法 9.2

(1) 计算后验核函数$\breve{g}(\alpha,\theta|y)$。

(2) 计算$g(\alpha,\theta|y)$（在y固定的情况下，这只是θ的函数）。

(3) 计算$g(\theta|y)$，其中，$g(\theta|y)=\int g(\alpha,\theta|y)\mathrm{d}\alpha$或$g(\theta|y)=g(\alpha,\theta|y)/g(\alpha|\theta,y)$。

(4) 从$g(\theta|y)$中抽取θ^l，从$g(\alpha|\theta^l,y)$中抽取α^l。如果α_j可交换，则对每个j抽取α_j和$g(\alpha_j|\theta^l,y)$。计算$h(\alpha^l)$。在预测的情况下，从$f(y_\tau|\tilde{\alpha})$或$f(y_\tau|\alpha^l)$中抽取y_τ^l。

(5) 重复步骤(4)L次，每次都计算$h(\alpha^l)$。如果抽样是独立同分布的，估计$E[h(\alpha|y)]$，使用的式子为$E[h(\alpha|y)]=\lim_{L\to\infty}(1/L)\sum_l h(\alpha^l)$。

注意，如果$g(\alpha|\theta)$是条件共轭的，步骤(3)十分容易。和通常一样，$h(\alpha)$可以包括在经济上我们感兴趣的函数（例如，脉冲响应、福利成本、预测等）。

例题 9.26[估计一个工厂的个体生产率（随机效应）和平均生产率（固定效应）] 设y_{jt}是工人j在一天中的第t个小时完成的产品数量。令$(y_{jt}|\alpha_j)\sim\mathbb{N}(\alpha_j,\sigma^2)$，$j=1,\cdots,J$，$\sigma^2$是固定的，其中，$\alpha_j$是公认的平均生产率。令$\bar{y}_j=(1/t_j)\sum_{t=1}^{t_j}y_{jt}$，$\sigma_j^2=\sigma^2/t_j$。那么$\bar{y}_j|\alpha_j\sim\mathbb{N}(\alpha_j,\sigma_j^2)$。对$\alpha_j$有三种可能的估计：(i)个体均值$\bar{y}_j$；(ii)混合均值$y_p=\sum_j(\bar{y}_j/\sigma_j^2)/\sum_j(1/\sigma_j^2)$；(iii)加权均值$\bar{y}_{wj}=\varrho_j\bar{y}_j+(1-\varrho_j)\times y_p$，$\varrho_j\in[0,1]$。

练习 9.18 指出怎样使用y_{jt}的组间和组内的变动来选择估计(i)和(ii)。

哪种可交换的先验分布可让研究者作为选择估计(i)、(ii)、(iii)的依据呢？如果每个α_j在区间$(-\infty,+\infty)$是独立的均匀分布，则我们选择估计(i)；如果$\forall j$，有$\alpha_j=\alpha$，且α在区间$(-\infty,+\infty)$均匀分布，则我们选择估计(ii)；如果α_j的先验分布是独立同分布，且服从正态分布，则我们选择估计(iii)。注意，(i)和(ii)是(iii)的特例：如果在(iii)中有$\mathrm{var}(\alpha_j)=\infty$，即为(i)；如果在(iii)中有$\mathrm{var}(\alpha_j)=0$，即为(ii)。

假设 σ^2 为已知量，令 $g(\alpha_1,\cdots,\alpha_j|\bar{\alpha},\bar{\sigma}_\alpha^2)=\prod_j\mathbb{N}(\alpha_j|\bar{\alpha},\bar{\sigma}_\alpha^2)$，其中，$\bar{\alpha}$ 是平均生产率，$\bar{\sigma}_\alpha^2$ 表示在工人间生产率的波动状况。令 $g(\bar{\alpha},\bar{\sigma}_\alpha^2)=g(\bar{\alpha}|\bar{\sigma}_\alpha^2)g(\bar{\sigma}_\alpha^2)\propto g(\bar{\sigma}_\alpha^2)$（即我们没有关于 $\bar{\alpha}$ 的信息）。那么，$(\alpha_j,\bar{\alpha},\bar{\sigma}_\alpha^2)$ 的联合后验分布为：

$$g(\alpha,\bar{\sigma}_\alpha^2,\bar{\alpha}\mid y)\propto\prod_{j=1}^{J}\mathbb{N}(\bar{y}_j\mid\alpha_j,\sigma_j^2)\prod_j\mathbb{N}(\alpha_j\mid\bar{\alpha},\bar{\sigma}_\alpha^2)g(\bar{\sigma}_\alpha^2,\bar{\alpha})\tag{9.33}$$

运用例题 9.10 中的逻辑方法，α_j 的边缘概率密度函数为 $g(\alpha_j|\bar{\alpha},\bar{\sigma}_\alpha^2,y)\sim\mathbb{N}(\tilde{\alpha}_j,\tilde{\Sigma}_j)$，其中，$\tilde{\alpha}_j=\tilde{\Sigma}_j(\bar{y}_j/\sigma_j^2+\bar{\alpha}/\bar{\sigma}_\alpha^2)$，$\tilde{\Sigma}_j=(1/\sigma_j^2+1/\bar{\sigma}_\alpha^2)^{-1}$，而 $\bar{\alpha}$ 和 $\bar{\sigma}_\alpha^2$ 的边缘后验密度为：

$$\begin{aligned}g(\bar{\alpha},\bar{\sigma}_\alpha^2\mid y)&=\int g(\alpha,\bar{\alpha},\bar{\sigma}_\alpha^2\mid y,x)\mathrm{d}\alpha\propto g(\bar{\sigma}_\alpha^2)f(y\mid\bar{\alpha},\bar{\sigma}_\alpha^2)\\&=g(\bar{\sigma}_\alpha^2)\prod_j\mathbb{N}(\bar{y}_j\mid\bar{\alpha},\bar{\sigma}_\alpha^2+\sigma_j^2)\end{aligned}\tag{9.34}$$

上式可以将先验分布代入模型而得到，即 $y_{ij}=\bar{\alpha}+e_{ij}$，$e_{ij}\sim\mathbb{N}(0,\sigma_j^2+\bar{\sigma}_\alpha^2)$，使用 $\bar{y}_j$ 的充分统计量，重写 y_{ij} 的似然函数。从等式(9.34)中很容易看出，在 $\bar{\sigma}_\alpha^2$ 条件下，$\bar{\alpha}$ 的边缘分布服从正态分布，均值为 $\tilde{\bar{\alpha}}=\tilde{\Sigma}_{\bar{\alpha}}\sum_j\bar{y}_j/(\bar{\sigma}_\alpha^2+\sigma_j^2)$，方差为 $\Sigma_{\bar{\alpha}}=[\sum_j1/(\bar{\sigma}_\alpha^2+\sigma_j^2)]^{-1}$。$\bar{\sigma}_\alpha^2$ 的边缘后验概率密度为：

$$\begin{aligned}g(\bar{\sigma}_\alpha^2|y)&=\frac{g(\bar{\alpha},\bar{\sigma}_\alpha^2|y)}{g(\bar{\alpha}|\bar{\sigma}_\alpha^2y)}\propto\frac{g(\bar{\sigma}_\alpha^2)\prod_j\mathbb{N}(\bar{y}_j|\bar{\alpha},\sigma_j^2+\bar{\sigma}_\alpha^2)}{\mathbb{N}(\bar{\alpha}|\tilde{\bar{\alpha}},\tilde{\Sigma}_{\bar{\alpha}})}\\&\propto\tilde{\Sigma}_{\bar{\alpha}}^{0.5}\Big[\prod_j(\sigma_j^2+\bar{\sigma}_\alpha^2)\Big]^{-0.5}\exp\Big\{-\frac{(\bar{y}_j-\tilde{\bar{\alpha}})^2}{2(\sigma_j^2+\bar{\sigma}_\alpha^2)}\Big\}\end{aligned}\tag{9.35}$$

其中，上式的第二行是当 $g(\bar{\sigma}_\alpha^2)$ 为非信息性时，在 $\tilde{\bar{\alpha}}$ 处计算似然函数。那么，平均生产率后验估计的 68% 可信集为 $\tilde{\bar{\alpha}}\pm\sqrt{\tilde{\Sigma}_{\bar{\alpha}}}$，个体生产率后验估计的 68% 可信集为 $\tilde{\alpha}_j\pm\sqrt{\tilde{\Sigma}_j}$。

假设现在你要预测一个新工人 j' 的生产率，$j'\neq1,\cdots,J$，他的能力与已有工人的能力类似。要得到 $y_{j',t}$ 的估计，我们可以使用以下算法。

算法 9.3

(1) 从 $g(\bar{\alpha},\bar{\sigma}_\alpha^2|y)$ 中抽取 $(\bar{\alpha}^l,(\bar{\sigma}_\alpha^2)^l)$，从 $g(\alpha_j|\bar{\alpha}^l,(\bar{\sigma}_\alpha^2)^l,y)$ 中抽取 α_j^l。

(2) 从 $\mathbb{N}(\alpha_j^l,\sigma_j^2)$ 中抽取 $y_{j',t}$。

(3) 重复步骤(1)和(2) L 次，在 l 上平均 $y_{j',t}$。

练习 9.19 在例题 9.26 中，如果新工人和所有已雇用工人都不一样，你应该怎样做？如果他只和一部分已雇用工人类似，又应该怎样做？

例题 9.27 考虑预测金融危机的问题，假设当向量 z 超过阈值 z^* 时就会发生金融危机。假设 z_t 不可观测，但与某个可观测的变量 x_t 相关（例如，银行系统的流动性、贸易收支或政府财务状况），我们观测到，如果 $z_t\geqslant z^*$ 则 $y_t=1$，否则 $y_t=0$。那么模型为 $z_t=\alpha x_t+e_t$，$e_t|x_T\sim\mathbb{N}(0,\sigma_e^2)$，$y_T=\mathcal{I}_{[z^*,\infty)}z_T$，其中，$\sigma_e^2$ 为已知量。令 $y=[y_1,\cdots,y_T]'$，$z=[z_1,\cdots,z_T]'$，$x=[x_1,\cdots,x_T]'$，$f(y,z|x,\alpha)=f(z|x,\alpha)f(y|z)$。那么有：

$$f(y,z|x,\alpha)=(2\pi)^{0.5T}\exp\Big\{-0.5(z-x\alpha)'(z-x\alpha)$$

$$\times\prod_{t=1}^{T}[y_t\mathcal{I}_{[z^*,\infty)}+(1-y_t)\mathcal{I}_{(-\infty,z^*]}]\Big\} \quad (9.36)$$

$$f(y|x,\alpha)=\int f(y,z|x,\alpha)\mathrm{d}z$$

$$=\prod_{t=1}^{T}[y_t\mathbb{N}(\alpha x)+(1-y_t)(1-\mathbb{N}(\alpha x))] \quad (9.37)$$

其中，$\mathbb{N}(x\alpha)$是正态分布在 $x\alpha$ 处的值。由于 $g(\alpha,y|z,x)\propto f(y,z|x,\alpha)g(\alpha)$，$\alpha$ 的边缘后验分布服从正态分布，方差是 $\tilde{\Sigma}_\alpha=(\bar{\Sigma}_\alpha^{-1}+\sigma_e^{-2}x'x)^{-1}$，均值为 $\tilde{\alpha}=\tilde{\Sigma}_\alpha(\bar{\Sigma}_\alpha^{-1}\bar{\alpha}+\sigma_e^{-2}x'y)$，其中，$\bar{\alpha}$ 和 $\bar{\Sigma}_\alpha$ 分别为 α 的先验均值和先验方差。此外，在(α,y,x)条件下，z_t 的后验分布是正态的，均值为 αx_t，方差为 σ_e^2，如果 $y_t=1$，则有 $z_t>z^*$；如果 $y_t=0$，则有$z_t\leqslant z^*$。

9.4.1 *实证贝叶斯方法*

实证贝叶斯(EB)方法试图减少在分层模型中计算边缘后验分布而造成的损失。这种方法通过从数据中估计先验分布的特征值来减少损失。

在例题 9.26 中，个体效应 α_j 的后验分布可通过对联合后验分布在 $\bar{\alpha}$ 和 $\bar{\sigma}_\alpha^2$ 上进行积分得到。另一种估计 $\bar{\alpha}$ 和 $\bar{\sigma}_\alpha^2$ 的方法是，计算 $\hat{\bar{\alpha}}=(1/J_1)\sum_j^{J_1}\bar{y}_j$ 和 $\hat{\bar{\sigma}}_\alpha^2=T^{-1}(\sum_j(\bar{y}_j-\hat{\bar{\alpha}})^2/(J_1-1)-\sum_t\sum_j(y_{tj}-\bar{y}_j)^2/T(J_1-1))$，$J_1\ll J$，把这两个估计量代入后验分布矩条件的公式中。我们要计算 $g(\alpha\mid y,\hat{\bar{\alpha}},\hat{\bar{\sigma}}_\alpha^2)$，而不需要计算 $g(\alpha|y)=\int g(\alpha,\bar{\alpha},\bar{\sigma}_\alpha^2,\theta|y)\mathrm{d}\bar{\alpha}\mathrm{d}\bar{\sigma}_\alpha^2$。

我们在第 9.1.2 节中讨论了数据驱动的先验分布。在这样的框架体系下，边缘似然函数可用来估计先验分布的特征。

例题 9.28 令面板数据中的个体 i 的模型为 $y_{it}=\alpha_i y_{it-1}+e_t$，$t=-1,0,1,\cdots,T$，其中，$\alpha_i\sim(\bar{\alpha},\bar{\sigma}_\alpha^2)$，$\bar{\alpha}\sim(\bar{\alpha}_0,\bar{\sigma}_0^2)$，$e_t\sim\text{i. i. d. }\mathbb{N}(0,\sigma_e^2)$。若 $\bar{\sigma}_0^2$ 和 $\bar{\sigma}_a^2$ 为已知量(或从数据中估计出来)，则 $\bar{\alpha}_0$ 的估计 $\tilde{\bar{\alpha}}_0=(y'_{-1}\Sigma^{-1}y_{-1})^{-1}(y'_{-1}\Sigma^{-1}y)$，其中，$\Sigma=(\sigma_e^2+\bar{\sigma}_\alpha^2y'_{-1}y_{-1}+\bar{\sigma}_0^2y'_{-1}y_{-1})$，$y_{-1}=[y_{1-1},\cdots,y_{n-1}]'$，$y=[y_1,\cdots,y_n]'$。

使用 EB 方法有优点，也有缺点。首先，使计算得到简化；其次，先验分布是数据驱动的，对非贝叶斯理论的读者更具有吸引力；最后，尽管一些参数是估计得到的，但 α 的后验分布形式是不变的。另一方面，通过 EB 法得到的后验估计不考虑$(\bar{\alpha},\bar{\sigma}_\alpha^2)$中的不确定因素。对于这个问题，我们可以将不确定性固定下来[参见毛利斯(Morris，1983)]。另一个问题是，$\bar{\sigma}_\alpha^2$ 的估计可能为负值；最后，虽然在时间序列数据中，选择一些观测值估计先验分布没有什么问题(使用训练样本)，但在横截面数据中，我们不清楚应使用哪些数据(应使用哪些个体的数据)。因此，我们需要使用有效性的技术来检验我们得到结论的稳健性。

练习 9.20 为什么 $\bar{\sigma}_\alpha^2$ 的估计值可能为负值？你怎样将这个问题固定下来？

在第 10 章我们将会看到，可以用 EB 法来解决含有明尼苏达先验分布的

BVAR。此时，我们使用 EB 的思想在训练样本中估计出$(\bar{\alpha},\bar{\sigma}_\alpha^2)$。

9.4.2 综合分析

虽然名字很神秘，但综合分析相对比较直接明了；这种方法试图有效地概括在不同研究中得到的结果。在经济上符合这类理论框架的问题十分常见。这里是一个简单的列表。

- 银行借贷渠道是否是传递货币政策冲击的重要机制？[从对各个国家的研究中可以得到证据；参见安杰洛尼(Angeloni，2003)。]
- 在货币联盟中贸易会不会增长？[从对不同样本的研究中可以得到证据；参见罗斯(Rose，2004)。]
- 财务变量能在中期预测通货膨胀吗？[从对不同地区(高/低通货膨胀)、不同时期、不同国家等的研究中可以得到证据。]
- 当面临公平打赌时，代理人会是风险规避的吗？[从对不同年龄、社会背景、文化背景等的个体的研究中可以得到证据。]
- 地方财政政策会影响当地乃至整个联盟的价格水平吗？[从对不同国家、地区和时期的研究中可以得到证据；参见加诺瓦和帕帕(Canova and Pappa，2003)。]

理解怎样使用综合分析的最好方法是，通过例子来说明。

例题 9.29 考虑货币政策是否会使经济较少产生衰退现象。假设我们从不同的国家或地区得到$j=1,\cdots,J$ 个观测值。对于每个 j，我们有两组数据：(i)在T_{0j}时期采取行动，观测到 y_{0j}次经济衰退；(ii)在 T_{1j}时期不采取行动，观测到 y_{1j}次经济衰退，$T_j=T_{0j}+T_{1j}$。令这两种情况下的经济衰退发生的可能性分别为 p_{0j}和p_{1j}。设 $\alpha_j=\ln(p_{1j}/(1-p_{1j}))/(p_{0j}/(1-p_{0j}))$，即两种情况下的经济衰退发生的相对概率，假设我们关心 α_j，$\forall j$(单次研究效应)和 $\bar{\alpha}$(平均效应)，除了(T_{ij},y_{ij})，$i=0,1$，我们没有其他信息。对每个实验 j 的结果进行正态近似，可以得到$(\alpha_j,\bar{\alpha})$的粗略估计。也就是说，我们假设 $\alpha_j\sim\mathbb{N}(\hat{\alpha}_j,\hat{\sigma}_j^2)$，其中，$\hat{\alpha}_j=\ln(y_{1j}/(T_{1j}-y_{1j}))-\ln(y_{0j}/(T_{0j}-y_{0j}))$，$\hat{\sigma}_j^2=1/y_{1j}+1/(T_{1j}-y_{1j})+1/y_{0j}+1/(T_{0j}-y_{0j})$，此时，$\hat{\bar{\alpha}}=(1/j)\sum_j\hat{\alpha}_j$。我们可以怎样对这些估计进行改进？

假设在某种程度上有 J 个实验研究是相容的。我们对于“相容”的意义规定了一个范围。我们可以认为，结果都是从同一分布中随机抽取的，也就是说，研究 j 不含有研究 j'的任何信息，或者各个研究的信息都一样多。在这些情况下，信息是可以交换的。

令 $\hat{\alpha}_j$ 表示从实验 j 中得到的 α_j 的估计，考虑分层结构模型，其中，$(\hat{\alpha}_j|\alpha_j,\sigma_j^2)$的似然函数服从 $\mathbb{N}(\alpha_j,\sigma_j^2)$分布，$\sigma_j^2$ 为已知量；α_j 的条件先验分布是可交换的，$(\alpha_j|\bar{\alpha},\bar{\sigma}_\alpha^2)\sim\mathbb{N}(\bar{\alpha},\bar{\sigma}_\alpha^2)$，$(\bar{\alpha},\bar{\sigma}_\alpha^2)$的边缘分布是非信息性的。这些条件符合例题 9.26 介绍的条件。因此，我们可以使用这个分层结构计算 α_j 和 $\bar{\alpha}$ 的后验分布，来得到改进的(综合)估计。

练习 9.21 我们要用四种不同的研究方法度量四个国家政府在采用凯恩斯政策之前和之后的经济衰退的长度(按月度计算)。假设不同时期的数据质量是相同的，数据在表 9.1 中给出。

表 9.1 经济衰退时期的长度

	事前			事后		
	最小值	均值	最大值	最小值	均值	最大值
1	25	38	62	18	24	38
2	26	29	37	19	21	25
3	22	25	34	24	25	32
4	27	32	40	21	33	37

使用分层模型，假设经济衰退时间长度呈指数形式，参数为 α，并且给定了 α 合适的先验分布（例如，在实数轴的正方向呈均匀分布）。可以估计在每种研究方法下，各个国家在实施凯恩斯政策前后经济衰退的长度之差，以及这四种研究方法的均值，计算出这些估计值。对这个差值构建后验 95%可信集。是否存在证据表明，凯恩斯政策对经济衰退的长度有影响？

练习 9.22 假设要评估欧盟农业基金（即 CAP 基金）对地区经济增长的影响。对每个地区的时间序列数据进行回归，左边的被解释变量是农业基金带来的产出增长率，右边是在考虑了个体特征之后的一系列解释变量，在表 9.2 中给出了各个地区的结构基金数目的参数估计值。

(i) 讨论是否应该继续为这些地区提供结构基金。

(ii) 使用分层模型，其中，表格中的估计值为 $\bar{y}_j$，标准差为 σ_j，假设 σ_j 已知，$g(\alpha,\ln(\sigma_\alpha))$ 是均匀分布。计算在每个地区中结构基金效应的 meta-估计，以及在所有地区中结构基金效应的均值。你会使用多大的 σ_α 值？也就是说，对于不同地区结构基金效应的参数，你对它的分散程度会有怎样的后验估计？

(iii) 利用(ii)中的分层结构模型，模拟 $(\alpha_j,\sigma_\alpha,\alpha)$ 的后验分布。计算 σ_α 在 0～10 之间的 $E(\alpha_j|y,\sigma_\alpha)$ 的值。对每个 α_j，计算 $E(\alpha|y,\sigma_\alpha)$ 和（模拟的）四分位数范围。是否可以认为 CAP 基金不会促进产出增长？［提示：为了更好地证明结论，计算 $\max(\alpha_j)$ 的后验估计。］

表 9.2 CAP 基金的效应

	地区							
	1	2	3	4	5	6	7	8
估计值	28.39	7.94	−2.75	6.82	−0.64	0.63	18.01	12.16
标准差	14.9	10.2	16.3	11	9.4	11.4	10.4	17.6

例题 9.30［加诺瓦和帕帕(Canova, Pappa)］ 假设你想估计地方政府支出在本地的变动情况对整个货币联盟范围内相对价格响应的影响。你想得到在每个地区或国家相对价格的后验估计。假设 $y_{it}\equiv P_{it}/P_t=D_i(\ell)e_t$，其中，$e_t$ 是结构性冲击，$D(\ell)$ 是结构性脉冲响应。假设 $D_i\equiv\text{vec}(D_{1i}(\ell))=D+\epsilon_i$，其中，$\epsilon_i\sim\mathbb{N}(0,\sigma_\epsilon^2)$ 是 $k\times1$ 阶向量，度量了每个个体 i 的响应与平均响应 D 的偏离值。更进一步假设，

$g(D)$是常数，σ_ϵ^2是固定值。我们需要计算 $g(D_i \mid y_{jt}, j=1,\cdots,N)$。一般来说，$g(D_i \mid y_{jt}, j=1,\cdots,N) \neq g(D_i \mid y_{jt})$，图 9.3 中任意给出了美国两个州的例子（虚线表示从当地信息中获得的点估计，实线表示用所有州的信息得到的点估计）。总的来说，横截面信息使相对价格响应波动平缓，表现较好。

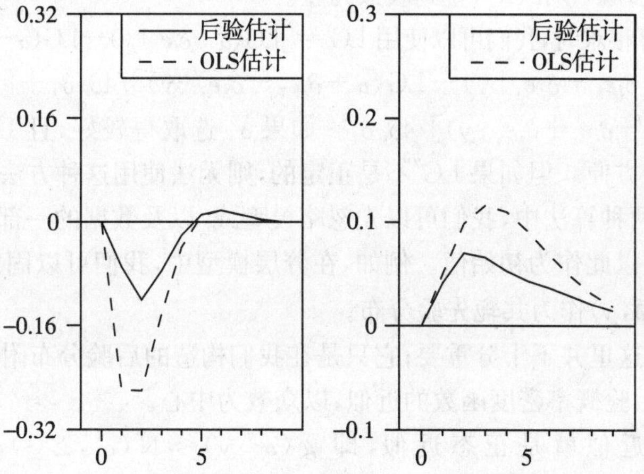

(a) 亚利桑那　　(b) 加利福尼亚

图 9.3　价格不同响应，美国

9.5　后验模拟器

在接下来的两章，我们将更详细地讨论，当 α 的后验分布不能通过分析性计算得到时所遇到的问题。换句话说，我们只知道后验分布的核函数，但不知道 $f(y)$ 的具体形式。最有利的情况是，我们可以对后验分布进行正态近似，用以进行统计推断。也就是说，在这种情况下，我们需要后验模拟器。本节详细介绍这些方法。

9.5.1　*正态后验分析*

当数据点很多的时候，似然函数会更接近最大值，这时先验估计的很小变化对后验估计的影响就很小。在这种情况下，似然函数的值集中在较小的区域内，其中，$g(\alpha)$是常数，后验分布是近似正态的。按照第 9.3.2 节介绍的贝叶斯中心极限定理，我们可以通过近似正态分布来模拟未知数数列，进行后验统计推断。这一过程需要以下四步。

算法 9.4

(1) 确定一种后验分布位置的度量方法（一般来说，我们会使用众数）。文献中有一些确定众数算法的介绍。这里列举两种。

● 条件最大化算法。把 α 分块为 $\alpha=(\alpha_1,\alpha_2)$，选择 $\alpha_0=(\alpha_1^0,\alpha_2^0)$作为初始值。

(i) 计算令 $g(\alpha_1,\alpha_2=\alpha_2^0 \mid y)$最大化的 α_1，记为 α_1^1。

(ii) 计算令 $g(\alpha_1^1,\alpha_2 \mid y)$最大化的 α_2，记为 α_2^1。

(iii) 令 $\alpha_2^0=\alpha_2^1$。重复步骤(i)和(ii)，直到收敛为止。

(iv) 从任意的 α_2^0 开始迭代，检验是否为整体最大值。

● 牛顿类型算法。选择 α^0，令 $\mathrm{LG}=\ln g(\alpha|y)$ 或 $\mathrm{LG}=\ln\breve{g}(\alpha|y)$。

(i) 计算 $\mathrm{LG}'=(\partial\mathrm{LG}/\partial\alpha)|_{\alpha^0}$，$\mathrm{LG}''=(\partial^2\mathrm{LG}/\partial\alpha\partial\alpha')|_{\alpha^0}$；以最高次为二次的形式对 LG 取近似。

(ii) 令 $\alpha^l=\alpha^{l-1}-\varrho[\mathrm{LG}''(\alpha^{l-1}|y)]^{-1}[\mathrm{LG}'(\alpha^{l-1}|y)]$，$\varrho\in(0,1)$，$l=1,2,\cdots$。

(iii) 重复步骤(i)和(ii)，直到收敛为止。

当求导计算很难时，我们可以使用 $\mathrm{LG}'=[\mathrm{LG}(\alpha+\delta_i e_i|y)-\mathrm{LG}(\alpha-\delta_i e_i|y)]/2\delta_i$ 和 $\mathrm{LG}''=[\mathrm{LG}(\alpha+\delta_i e_i+\delta_j e_j|y)-\mathrm{LG}(\alpha+\delta_i e_i-\delta_j e_j|y)]/4\delta_i\delta_j+[\mathrm{LG}(\alpha-\delta_i e_i-\delta_j e_j|y)-\mathrm{LG}(\alpha-\delta_i e_i+\delta_j e_j|y)]/4\delta_i\delta_j$。如果 α^0 选取得较好，且 LG 接近二次的话，这种算法很方便。但如果 LG″不是正定的，则无法使用这种方法。

在以上这两种算法中，我们可以先忽略模型或/以及数据的一部分来计算一个粗略的估计，并以此作为初始值。例如，在分层模型中，我们可以固定$(\bar{\alpha},\bar{\sigma}_\alpha^2)$，在计算中用$g(\alpha|\bar{\sigma}_\alpha^2,\bar{\alpha},y)$作为共轭先验分布。

众数 α^* 在这里并不十分重要；它只是在我们构造的后验分布附近的一个点。

(2) 确定后验概率密度函数的近似，以众数为中心。

最典型的近似就是正态近似，即 $g(\alpha|y)\approx\mathbb{N}(\alpha^*,\Sigma_{\alpha^*})$，其中，$\Sigma_{\alpha^*}=[-\mathrm{LG}''(\alpha^*)]^{-1}$。当存在多个众数的时候，我们对每个众数都进行正态近似，令 $g(\alpha|y)\approx\sum_i\varrho_i\mathbb{N}(\alpha_i^*,\Sigma_{\alpha_i^*})$，$0\leqslant\varrho_i\leqslant1$。如果各个众数可以清楚地区别开来，每个众数都可进行正态近似，那么我们一般选择 $\varrho_i=\breve{g}(\alpha_i^*|y)|\Sigma_{\alpha_i^*}|^{0.5}$。如果样本很小且/或正态近似并不合适，我们可以使用 t 分布，它的自由度 ν 比较小，即 $g(\alpha|y)\approx\sum_i\breve{g}(\alpha|y)[\nu+(\alpha-\alpha_i^*)'\Sigma_{\alpha_i^*}^{-1}(\alpha-\alpha_i^*)]^{-0.5(k+v)}$，其中，$k$ 是 α 的维度。当 $\nu=1$ 时，我们可以用柯西分布来近似 $g(\alpha|y)$，柯西分布有很大的分散程度(没有矩条件存在)。在一般的宏观经济应用中，$\nu=4$ 或 5 是比较合适的。

(3) 从近似后验分布中抽取样本。如果抽取的过程是 i. i. d. 的，则根据大数定理，可用$(1/L)\sum_l h(\alpha^l)$近似 $E(h(\alpha))$，用 $h(\alpha^l)$的序数值估计 $h(\alpha)$的后验概率轮廓。值得一提的是，如果我们用拉普拉斯近似得到 $g(\alpha|y)$，则 $E(h(\alpha|y))\approx h(\alpha^*)\breve{g}(\alpha^*|y)|-\partial^2\ln[h(\alpha)\breve{g}(\alpha|y)]/\partial\alpha\partial\alpha'|_{\alpha=\alpha^*}|^{0.5}$。

(4) 为了检验近似的准确程度，要计算重要性比值 $\mathrm{IR}^l=\breve{g}(\alpha^l|y)/g^{\mathrm{A}}(\alpha^l|y)$，其中，$g^{\mathrm{A}}$ 是近似分布。如果在各个 l 上，IR^l 大致为常数，则近似是比较准确的。如果 IR^l 不为常数，我们考虑使用别的模拟方法。

注意，正态近似是对 $h(\alpha)$的一阶近似，误差项是 $O(T^{-1})$；而拉普拉斯近似是二阶近似，误差项是 $O(T^{-2})$。

练习 9.23 我们要估计菲利普斯曲线简化式 $\pi_{t+1}=\alpha_\pi\pi_t+\alpha_{\mathrm{gap}}\mathrm{gdpgap}_t+e_t$，其中，$\mathrm{gdpgap}_t$ 是真实产出和潜在产出的差值，而且 $e_t\sim$ i. i. d. $(0,\sigma_e^2)$。假设 $\alpha=(\alpha_\pi,\alpha_{\mathrm{gap}})\sim\mathbb{N}(\bar{\alpha},\bar{\Sigma}_\alpha)$，$g(\sigma_e^2)$是非信息性的。推导出 α 的边缘后验分布。数据为美国的 CPI 通货膨胀率，用线性去势 GDP 作为 gdpgap 的代理变量，进行后验正态近似，报告 α_{gap} 68%的可信集。

9.5.2 *基本后验模拟器*

当用正态或 t 分布来近似 $g(\alpha|y)$并不合适时，我们可以考虑用别的后验模拟

器。接下来的两种方法使用了非迭代模型，当在各个 l 上 IR^l 大致为常数时，可以得到较好的结果。

9.5.2.1 接受性抽样

令 $g^{\mathrm{AS}}(\alpha)$ 是容易模拟的任意函数，定义对所有 $\alpha \in A$，有 $\breve{g}(\alpha|y) > 0$。假设 $\int g^{\mathrm{AS}}(\alpha)\mathrm{d}\alpha < \infty$（不一定等于 1），且 $\forall \alpha \in A$，有 $\mathrm{IR} = \breve{g}(\alpha \mid y)/g^{\mathrm{AS}}(\alpha) \leqslant \varrho < \infty$。图 9.4(a)表明了这些假设条件。对于每个 $\alpha \in A$，我们令 $\varrho g^{\mathrm{AS}}(\alpha)$ 均匀地分布在 $g(\alpha|y)$上方，且与 $g(\alpha|y)$的距离大致相等。为了从 $g(\alpha|y)$中得到 i. i. d. 数列，选择 $\varrho>0$，并采用以下算法。

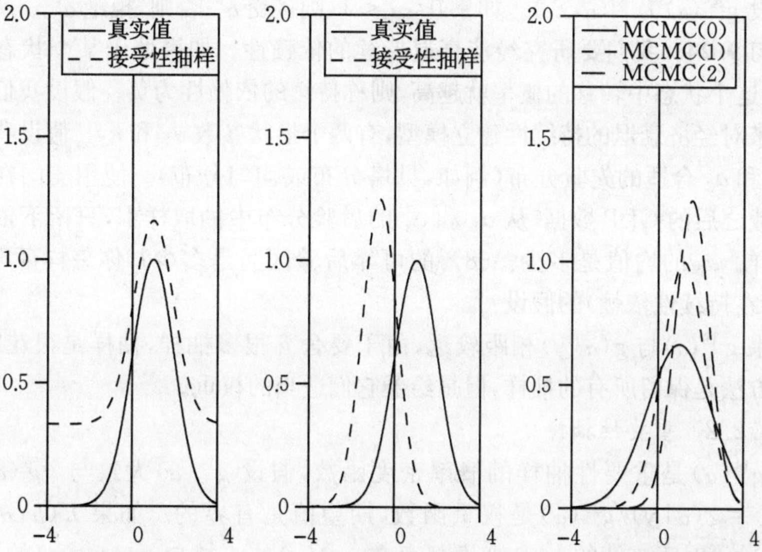

(a) 接受性抽样 (b) 重要性抽样 (c) 马尔科夫链抽样

图 9.4 后验模拟器

算法 9.5

(1) 从 $g^{\mathrm{AS}}(\alpha)$中抽取 $\alpha^{\dagger}$，从 $\mathbb{U}(0,1)$中抽取 $\mathfrak{U}$。

(2) 如果 $\mathfrak{U} > \breve{g}(\alpha^l|y)/\varrho g^{\mathrm{AS}}(\alpha^l)$，拒绝 $\alpha^{\dagger}$ 并重复步骤(1)；否则，令 $\alpha^l = \alpha^{\dagger}$。

(3) 重复步骤(1)和步骤(2)L 次。

这种算法的思想是这样的：一旦我们选择了合适的范围，抽取样本的密度函数就会和 $\varrho g^{\mathrm{AS}}(\alpha)$近似。对于每个 α，该算法的步骤(2)（拒绝）可以划分 $\varrho g^{\mathrm{AS}}(\alpha)$和 $\breve{g}(\alpha)$之间的区域，因为只有在 $\mathfrak{U}\varrho g^{\mathrm{AS}}(\alpha^l) < \breve{g}(\alpha^l|y)$范围内的点才能留下来。由于对每个 α 都重复这样的步骤，所以接受性抽样的直方图能够与$\breve{g}(\alpha^l|y)$较接近，即与 $g(\alpha^l|y)$成比例。

为了使算法 9.5 可行，我们要选择 ϱ。考虑到两个要求。首先，我们应当选择尽可能小的 ϱ 以避免浪费性的抽样。其次，由于$\forall \alpha$，有 $g^{\mathrm{AS}}(\alpha) \propto \breve{g}(\alpha|y)$，$\varrho$ 应当为常数。各个不同的抽样往往会有不同的 ϱ 值，但希望差别不会太大；可以按下面的方法进行选取。令 K 为得到一个接受性抽样所需的抽样次数。K 呈几何分布，有 $P(K=i) = (1-p)^{i-1}p$，$E(K) = 1/p = \varrho/\kappa$，其中，$\kappa$ 是后验分布中正态化的常数。

最理想的状态是 $\varrho=\kappa$，这样接受率为 1。一般来说，我们改变 ϱ 值，直到达到 40～50%的接受率为止。注意，算法 9.5 是会自我调节的：如果 ϱ 很大，它会经常拒绝；如果 ϱ 很小，它会接受所有的抽样。对于误差是正态分布的问题，我们一般选择 t 分布作为 $g^{AS}(\alpha)$。对于误差是指数或贝塔分布的情形，我们一般选择二次或高次分布作为 $g^{AS}(\alpha)$。

例题 9.31(消费函数) 令 $c_t=\text{GDP}_t\,\alpha+e_t$，$e_t\sim\text{i.i.d.}\ \mathbb{N}(0,\sigma_e^2)$，$\sigma_e^2$ 是固定的。若 $0<\alpha<1$，则 $g(\alpha)\propto\exp[-0.5(\alpha-\bar{\alpha})'\bar{\Sigma}_\alpha^{-1}(\alpha-\bar{\alpha})]$，在其他情况下，$g(\alpha)=0$。后验核函数为 $\exp[-0.5(\alpha-\tilde{\alpha})'\tilde{\Sigma}_\alpha^{-1}(\alpha-\tilde{\alpha})]\mathcal{I}_{(0<\alpha<1)}$，其中，$\mathcal{I}(\cdot)$ 是示性函数，$\tilde{\Sigma}_\alpha=(\bar{\Sigma}_\alpha^{-1}+\sigma_e^{-2}\text{GDP}'\text{GDP})^{-1}$，$\tilde{\alpha}=\tilde{\Sigma}_\alpha(\bar{\Sigma}_\alpha^{-1}\bar{\alpha}+\sigma^{-2}\text{GDP}'\text{GDP}\alpha_{\text{OLS}})$，$\alpha_{\text{OLS}}$ 是 α 的 OLS 估计。假设 $g^{AS}(\alpha)$ 为 $\mathbb{N}(\tilde{\alpha},\tilde{\Sigma}_\alpha)$。如果 $0<\alpha^\dagger<1$，则接受 $\alpha^\dagger$；否则，拒绝 $\alpha^\dagger$。

练习 9.24 我们要研究经济衰退持续的依赖性。如果处于某个状态的时间越长，从这个状态中转移的概率就越高，则称持续的依赖性为负。假设我们用威布尔分布来对经济衰退的持续性建立模型，有两个形状参数 a_1 和 a_2。假设我们已有关于 a_1 和 a_2 合适的先验分布(例如，贝塔分布或均匀分布)。使用美国在第二次世界大战之后的 GDP 数据，从 a_1 和 a_2 的后验分布中抽取样本，只留下依赖性为负的抽样。a_2 的均值是多少？68%的可靠后验区间是多少？你怎样证明 $a_2=0$(即不存在持续性依赖)的假设？

如果 $g^{AS}(\alpha)$ 与 $g(\alpha|y)$ 相距较远，由于要舍弃很多抽样，抽样是很花时间的。另一种方法是保留所有的抽样，但是给予它们适当的权重。

9.5.2.2 重要性抽样

令 $g^{IS}(\alpha)$ 是重要性抽样的概率密度函数，假设 $g^{IS}(\alpha)$ 大致与 $\varrho\breve{g}(\alpha)$ 接近。令 $\text{IR}(\alpha)=\breve{g}(\alpha|y)/g^{IS}(\alpha)$ 是权重函数，期望值是有界的。如果 $E(h(\alpha)|y)$ 和 $\text{var}(h(\alpha)|y)$ 对于连续的 $h(\alpha)$ 来说都存在，$g^{IS}(\alpha)$ 的支撑包括 $g(\alpha|y)$ 的支撑，那么有：

$$h_L\equiv\frac{\sum_{l=1}^{L}h(\alpha^l)\text{IR}(\alpha^l)}{\sum_l\text{IR}(\alpha^l)}\xrightarrow{\text{p}}E(h(\alpha)|y)\tag{9.38}$$

$$\sqrt{L}(h_L-E[h(\alpha)|y])\xrightarrow{\text{D}}\mathbb{N}(0,\sigma^2)\tag{9.39}$$

$$\sigma_L^2=\frac{L^{-1}\sum_{l=1}^{L}[h(\alpha^l)-E(h(\alpha)|y)]^2\text{IR}(\alpha^l)^2}{[\sum_l\text{IR}(\alpha^l)]^2}\xrightarrow{\text{p}}\sigma^2\tag{9.40}$$

在图 9.4(b)中，给出了重要性抽样的密度函数。等式(9.38)表明，接受性抽样中的算法 9.5 可以简化为如下形式。

算法 9.6

(1) 从 $g^{IS}(\alpha)$ 中抽取 $\alpha^\dagger$；对 $h(\alpha^\dagger)$ 赋予权重 $\breve{g}(\alpha^\dagger|y)/g^{IS}(\alpha^\dagger)=\text{IR}(\alpha^\dagger)$。

(2) 重复步骤(1)L 次，计算等式(9.38)。

接受性抽样和重要性抽样有相同点，也有不同点。对 $g^{IS}(\alpha)$ 进行积分的结果为 1，但如果 $\int g^{AS}(\alpha)\mathrm{d}\alpha=1$，且 $g^{AS}(\alpha)$ 满足 $\breve{g}(\alpha|y)/g^{AS}(\alpha)\leqslant\varrho<\infty$，$\forall\alpha\in A$，则 $g^{AS}(\alpha)$ 也可用于重要性抽样。重要性抽样可用于计算 α_1 边缘后验分布的抽样，

$g(\alpha_1|y)=\int g(\alpha_1,\alpha_2|y)\mathrm{d}\alpha_2$，其中，$\alpha=(\alpha_1,\alpha_2)$，而对于这一点，接受性抽样很难做到。事实上，我们可以使用：

$$g(\alpha_1|y)=\left[\int\frac{g(\alpha_1,\alpha_2|y)}{\mathrm{IR}(\alpha_1|\alpha_2,y)}\right]\mathrm{IR}(\alpha_1|\alpha_2,y)\mathrm{d}\alpha_2\equiv E_{\mathrm{IR}}\int\frac{g(\alpha_1,\alpha_2|y)}{\mathrm{IR}(\alpha_1|\alpha_2 y)}$$

为了使计算结果比较成功，我们有必要选择 $\mathrm{IR}(\alpha)$，使得 $g(\alpha|y)/\mathrm{IR}(\alpha)g^{\mathrm{IS}}(\alpha)$是常数。然而，有时对于某些有趣的宏观经济问题，我们可以找到很好的重要性密度函数(参见例题 10.2)，但 $\mathrm{IR}(\alpha)$变化很大，使得后验模拟器不能使用。由于 $\mathrm{IR}(\alpha)$的性质因实际应用的问题而异，在相信重要性抽样的结果之前，我们应进行仔细的检验。

例题 9.32 考虑回归方程 $y_t=x_t\alpha+e_t,e_t\sim\mathbb{N}(0,\sigma^2)$，$\sigma^2$ 是固定的，$g(\alpha)$定义在所有 $\alpha\in(-\infty,\infty)$上。然后，选择自由度为 $T-\dim(\alpha)$的 t 分布进行重要性抽样。此时的 $\mathrm{IR}(\alpha)$是正态分布和 t 分布的重要性比值，对所有 α 都是有界的。因此，选取 t 分布进行 α 的重要性抽样比较好。

练习 9.25 简单的收益模型表示为 $R_{it}=R_{Mt}\ \alpha_i+e_{it}$，其中，$i=1,\cdots,I$，$t=1,\cdots,T$，$R_{Mt}$是市场投资组合(例如，标准普尔 500 指数的收益率)。假设由于考虑了风险因素，α_i 的先验分布是正态的，但把$(-2,2)$以外的部分截去了，即 $g(\alpha_i)=\mathbb{N}(\bar{\alpha},\sigma_\alpha^2)*\mathcal{I}_{[-2,2]}$。描述怎样进行重要性抽样算法以便构建 $g(\alpha|R_i,R_M)$。

练习 9.26 假设 $y_t=a_0+\sum_{j=1}^q a_j y_{t-j}+e_t$，$h(\alpha)$是度量过程持续性的一种方法。你对研究 $h(\alpha)=\sum_{j=1}^q\alpha_j$ 感兴趣。假设 $g(\sum_j\alpha_j)\sim\mathbb{U}(0,1)$。使用 1970～2004 年欧元区 CPI 通货膨胀率的数据，用接受性抽样和重要性抽样的方法来对 $h(\alpha)$抽取后验样本。在这两种情况下，$h(\alpha)$的范围是多少？(提示：对 e_t 和它的方差 σ_e^2 做适当的假设。)

最后，要注意，无论 $\mathrm{IR}(\alpha)$的方差是多少，在分层模型或结构模型中，如果 α 的维数很大，则我们很难使用接受性抽样和重要性抽样(例如，VAR 模型)。下面介绍的方法在以上两种情况下都适用。

9.5.3 *马尔科夫链蒙特卡洛法*

马尔科夫链蒙特卡洛(MCMC)法是一种从某个目标分布中得到样本的模拟技术。基本思想是先确定一个马尔科夫链的转换核，从某个初始值开始迭代多次，得到我们想要从中抽样的目标分布的极限分布。应用最广泛的 MCMC 法是吉布斯(Gibbs)抽样和麦抽布里斯—哈斯廷(Metropolis-Hastings，MH)算法。

所得样本可以采用作图法进行目标函数概率密度的分析，积分函数的期望可用各个函数的适当平均值来估计。在一般条件下，马尔科夫链的遍历性保证了这个估计是一致的，并随着模拟长度的增加呈正态分布。注意，在接受性抽样和重要性抽样中的抽样是 i. i. d. 的，但这里的抽样是相关的，这是由马尔科夫过程的性质决定的。因此，我们可从序列近似独立的元素或适当修正的渐近协方差矩阵来计算均值。

MCMC 法可直接应用于目标密度函数的核[也就是说，我们不需要知道 $f(y)$]，这就使得该方法在贝叶斯分析中十分有用。但是，MCMC 法也可以作为传统工具,通过"数据放大"技术,研究不可追踪的似然函数,或找到一些难以理解的函数的最大值。

为了说明 MCMC 法是怎样进行的,首先,把 $\mu(\alpha)\equiv\breve{g}(\alpha|y)$ 记为极限分布。然后,我们需要一个转换矩阵 $P(A_s,\alpha)$,其中,$A_s\subseteq A$。随着迭代次数的增加,它会收敛到 $\mu(\alpha)$,初始值为任意的 α_0。假设对某些 p,有 $P(A_s,\alpha)=p(\alpha',\alpha)\mathrm{d}\alpha'+p_1(\alpha)p_2(\mathrm{d}\alpha')$,其中,$\alpha'\in A_s$,$p(\alpha,\alpha)=0$,$p_2(\mathrm{d}\alpha')$有一点集中在 α 上[即如果 $\alpha\in\mathrm{d}\alpha'$,则为 1],并且 $p_1(\alpha)=1-\int p(\alpha,\alpha')\mathrm{d}\alpha'$ 是马尔科夫链仍处于 α 上的概率。假设 $\mu(\alpha)p(\alpha,\alpha')=\mu(\alpha')p(\alpha',\alpha)$(这个条件称为可逆性),则有:

$$\int P(A_s,\alpha)\mu(\alpha)\mathrm{d}\alpha=\int_{A_s}\mu(\alpha')\mathrm{d}\alpha' \tag{9.41}$$

练习 9.27 证明等式(9.41)成立。[提示:使用可逆性条件以及 $\int p(\alpha',\alpha)\times\mu(\alpha')\mathrm{d}\alpha=[1-p_1(\alpha')]\mu(\alpha')$。]

例题 9.33 考虑一个链有 $n<\infty$ 种状态,转换矩阵为 $P_{j,j'}$. 如果 $P\mu=\mu$,则满足条件(9.41)。若 $P_{j,j'}$ 是可逆的,则 $\mu_jP_{j,j'}=\mu_{j'}P_{j',j}$,$(P\mu)_j=\sum_{j'}\mu_{j'}P_{j',j}=\sum_{j'}\mu_jP_{j,j'}=\mu_j\sum_{j'}P_{j,j'}=\mu_j$。

条件(9.41)定义了一个对 $P(A_s,\alpha)$不变的分布 $\mu(\alpha)$。因此,如果 $\mu(\alpha)$是唯一的,我们可以用上述方法选择 $P(A_s,\alpha)$,重复迭代 L 次,所得的结果就是目标分布[参见图 9.4(c),图中画出了前两次迭代的结果]。为了详细进行论证,我们首先需要一些定义。

定义 9.5 马尔科夫链是随机变量的集合。马尔科夫链的转换矩阵 $P(A,\alpha^{\ddagger})=\mathrm{pr}(\alpha'\in A\mid\alpha=\alpha^{\ddagger})=\int_A\mathcal{K}(\mathrm{d}\alpha',\alpha^{\ddagger})$,其中,$\mathcal{K}$ 是该链的核,$\mathcal{K}(\cdot,\alpha^{\ddagger})$ 是定义在所有 $\alpha^{\ddagger}$ 上的概率测度,对 A 中所有元素,$\mathcal{K}(A,\cdot)$ 都是可度量的。L 步转换矩阵 $P^L(A,\alpha^{\ddagger})=\mathrm{pr}(\alpha^L\in A\mid\alpha=\alpha^{\ddagger})=\int\mathcal{K}(\mathrm{d}\alpha',\alpha^{\ddagger})\,\mathcal{K}^{L-1}(A^{L-1},\alpha')$,其中,$\mathcal{K}^1(\mathrm{d}\alpha',\alpha^{\ddagger})=\mathcal{K}(\mathrm{d}\alpha',\alpha^{\ddagger})$。

定义 9.6 函数 $\mu(\alpha)$ 如果在所有可测度的 $A_1\subseteq A$ 上,有 $\mu(A_1)\equiv\int_{A_1}\mu(\alpha)\mathrm{d}\alpha=\int\mathcal{K}(A_1,\alpha^{\ddagger})\mu(\alpha^{\ddagger})$,则称 $\mu(\alpha)$ 是马尔科夫链核的不变密度。

定义 9.7 令 $A_2=\{\alpha\in A,\mathrm{pr}(\alpha)>0\}$。如果对于所有 $\alpha^{\ddagger}\in A$,存在 $L\geqslant1$,使得 $\mathcal{K}^L(A_2,\alpha^{\ddagger})>0$,则马尔科夫链核是不可约的。

定义 9.8 状态 j 的时期是自然数 n 集合的最大的共同除数,使得 $\mathcal{K}_{j,j}>0$。如果所有状态的时期都是 1,则称不可约链是非周期的。

定义 9.9 如果存在一个测度 P,使得马尔科夫链的核是不可约的,对于每个 A_3,有 $p(A_3)>0$,$P(\eta_{A_3}=\infty)=1$,其中,η_∞ 是 A_3 中链通道的数目,则称马尔科夫链是哈里斯(Harris)递归的。

例题 9.34 考虑对所有 $\alpha^{\ddagger}\in A$,有 $P(A,\alpha^{\ddagger})=P(\alpha^{\ddagger})>0$。则这种转换的链是独立、不可约和非周期的。

练习 9.28 证明具有转换矩阵为 P,其中,$P_{1,2}=0$ 的两状态马尔科夫链是可约的。证明转换矩阵为 $P_{j,j'}=1, j\neq j'$ 的两状态马尔科夫链是周期性的。

图 9.5 中表明了不可约条件的含义。在第一个框架图中的数列都保持在某个区域内。因此,不管从 A 开始还是从 B 开始,都存在一个到达概率为零的空间部分。但在第二个框架图中,就不存在这种情况。周期性的条件意味着从初始状态开始,所有状态都能以正概率达到。也就是说,我们不希望这个链只在有限个集合内循环。周期性和不可约性是保证极限分布存在且有正项的充分条件。最后,当 A 为不可数时,哈里斯递归是必需的。

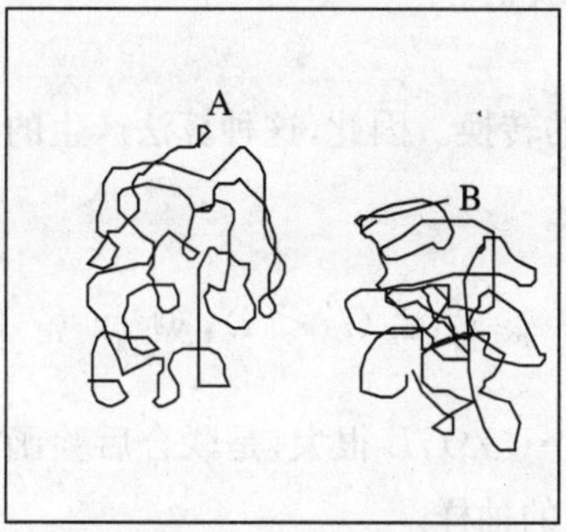

(a) 可约链

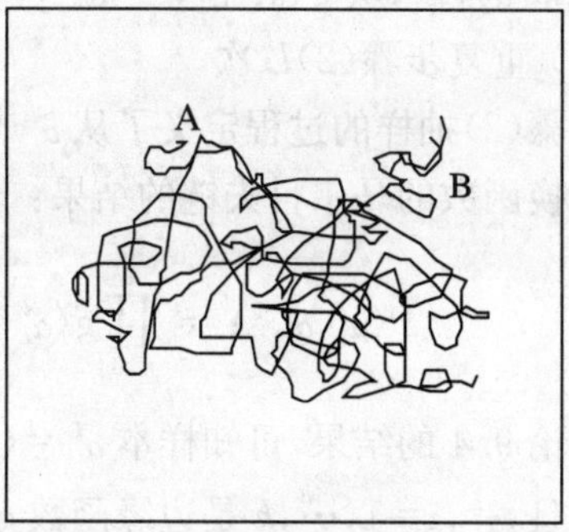

(b) 不可约链

图 9.5 MCMC 抽样

有了这些定义,我们可以给出两个主要结论,用以证明使用 MCMC 方法从未知后验分布中抽取数列的合理性。

结论 9.3[蒂尔尼(Tierney)] 如果马尔科夫链是哈里斯递归的,有适当的遍历性 $\mu(\alpha)$,则 $\mu(\alpha)$ 是马尔科夫链唯一不变的分布。

结论 9.4[蒂尔尼(Tierney)] 如果马尔科夫链有不变分布 $\mu(\alpha)$,$\mu(\alpha)$ 是哈里斯递归且非周期的,则对所有 $\alpha_0\in A$,和所有 A_0,有:

(i) 当 $L\to\infty$ 时,$\| P^L(A_0,\alpha_0)-\mu(\alpha)\|\to 0$,其中,$\|\cdot\|$ 是总变动的距离;

(ii) 所有能对 $\mu(\alpha)$ 绝对可积的函数 $h(\alpha)$,满足:

$$\lim_{L\to\infty}\frac{1}{L}\sum_{l=1}^{L}h(\alpha^l)\xrightarrow{a.s.}\int h(\alpha)\mu(\alpha)\,\mathrm{d}\alpha$$

结论 9.4(i)告诉我们,对于很大的 L,从 $P^L(A_0,\alpha_0)$ 中抽样就相当于从不变分布中抽样,而不管初始值 α_0 是什么。结论 9.4(ii)表明,用样本值计算的函数平均值会收敛到它们用不变函数计算的期望值。下面给出对于每种后验模拟方法,保证链是哈里斯递归和非周期性的充分条件。

9.5.3.1 吉布斯抽样

给定找到把联合后验估计作为不变分布的转换密度这一个目标,吉布斯抽样将未知数向量进行分块,转换密度定义为条件密度的乘积。给定条件参数最常出现的值,我们可以连续地从每个分块密度中抽样,以获得链中接下来的项。这种算法的主要好处在于,条件密度通常比较容易计算,也容易从中抽样。

为了更清楚地看出这种算法包括的步骤,把 α 分为 $\alpha=(\alpha_1,\alpha_2,\cdots,\alpha_k)$。假设可得 $g(\alpha_i|\alpha_{i'},y,i'\neq i)$(例如,选择合适的分块,使得这个函数可以得到),我们进行如下步骤。

算法 9.7

(1) 从一个似近的 $g(\alpha|y)$ 中选择初始值 $(\alpha_1^{(0)},\alpha_2^{(0)},\cdots,\alpha_k^{(0)})$,例如,正态近似或另一种(更简单)模拟的结果。

(2) 对于 $l=1,2,\cdots$,从 $g(\alpha_1|\alpha_2^{l-1},\cdots,\alpha_k^{l-1},y)$ 中抽取 α_1^l,从 $g(\alpha_2|\alpha_1^l,\cdots,\alpha_k^{l-1},y)$ 中抽取 $\alpha_2^l,\cdots$,从 $g(\alpha_k|\alpha_1^l,\cdots,\alpha_{k-1}^l,y)$ 中抽取 α_k^l。

(3) 重复步骤(2)L 次。

步骤(2)抽样的过程定义了从 α^{l-1} 到 α^l 的转换。因此,这种算法产生的数列就是有转换函数的马尔科夫链的结果:

$$P(\alpha^l,\alpha^{l-1})=\prod_{i=1}^{k}g(\alpha_i^l\mid\alpha_{i'}^{l-1}(i'>i),\alpha_{i'}^l(i'<i),y) \tag{9.42}$$

利用结论 9.4 的结果,可知样本 $\alpha^L=(\alpha_1^L,\alpha_2^L,\cdots,\alpha_k^L)$,$L$ 很大,是联合后验函数的抽样。而且,$\alpha_i^L,i=1,\cdots,k$ 是边缘函数 $g(\alpha_i|y)$ 的抽样。

我们需要什么条件以保证转换核(9.42)是哈里斯递推和非周期的呢?充分条件如下:如果对于每个 $\alpha_0\in A$ 和每个 $A_1\subset A$,$\mathrm{pr}(\alpha\in A_1|y)>0$,有 $P(\alpha^l\in A_1|\alpha^{l-1},y)>0$,其中,$P$ 是(9.42)式中的转换函数,那么吉布斯转换核是遍历的,它唯一的不变分布是 $g(\alpha|y)$。

对于有限状态的问题,条件 $P(\alpha^l\in A_1|\alpha^{l-1},y)>0$ 很简单,也很容易证明。事实上,它要求从任何 α^{l-1} 开始,链上所有元素都能以正概率达到。在本章余下部分讨论的所有应用,都满足这个很弱的条件。

吉布斯抽样当各成分是相互独立时,可以得到很好的结果。因此,高度相关的成分(例如,自回归过程的参数)应当归在同一个分块里。不可追踪的似然函数中的可追踪条件结构,有时可用数据增大技术推导出来。下面给出这种技术的一个例子,而在因子和马尔科夫转换模型中的应用将在第 11 章讨论。

一些实际操作中的事项值得讨论。第一个重要事项是怎样从 $g(\alpha|y)$ 中抽取关于 α 的不相关的样本。有两种方法。一种方法是去掉初始序列的 $\bar{L}$ 个观测值后,得到一个样本(维度为 $J*L$);然后,只使用其中一些元素($L,2L,\cdots,J*L$)以消除抽样的相关性。另一种方法是产生 J 个样本,每一个长度为 $L+\bar{L}$,使用每个抽样的最后一个观测值。如果我们适当地选择 $\bar{L}$,两种方法是等价的。第二个重要事项是关于 $\bar{L}$ 的大小,以及停止周期的长度。我们有许多方法可以检验,需要多长的 $\bar{L}$ 才能确保算法是收敛的。这里,我们介绍三种方法:前两种当从一个大样本中进行抽样时比较适用;最后一种当我们抽取 J 个分别包含 $L+\bar{L}$ 个观测值的样本时适用。

检验收敛的一种方法是选择两点,例如,$\bar{L}_1<\bar{L}_2$,计算这些点之后的关于 α 的分布/矩。如果这些分布/矩是稳定的,那么算法已收敛到 $\bar{L}_1$。将这种方法更进一

步，我们可以在 l 上计算 α^l 的递归矩阵，作图检验是否经过初始阶段后，他们处于比较稳定的位置(CUMSUM 统计量)。另一种方法是，固定 $\bar{L}$，使用 J_1 和 J_2 个样本值计算分布/矩，$J_2>J_1$。如果达到收敛，用 J_1 个观测值计算的分布/矩和用 J_2 个观测值计算得出的值是相似的。这种方法的变形为，令 $h(\alpha)$是关于 α 的连续函数。给定 $\bar{L}$，我们可以把模拟样本分为两块：(J_1*L)和(J_2*L)，$J=J_1+J_2$，计算$h_1=(1/J_1)\sum_l h(\alpha^l)$，$h_2=(1/J_2)\sum_l h(\alpha^l)$，$\sigma_1^2=(1/J_1)\sum_l(h(\alpha^l)-h_1)^2$，$\sigma_2^2=(1/J_2)\sum_l(h(\alpha^l)-h_2)^2$。如果两个样本的观测值具有相同分布，即当 $J\to\infty$，有$(h_1-h_2)/(\sigma_1^2+\sigma_2^2)^{0.5}\xrightarrow{D}\mathbb{N}(0,1)$，则认为已经达到收敛。$J$ 和 $\bar{L}$ 的取值都视具体应用的情况而定。对于简单的问题，选择 $\bar{L}\approx50$、$J\approx200$就够了。对更复杂的问题(例如，VAR 和面板 VAR)，应选择 $\bar{L}\approx100$、$J\approx300\sim500$。

第三种方法是检验一次迭代的方差是否接近于多次迭代的方差。如果一次迭代的方差显著地小于多次迭代的方差，则说明没有达到收敛。计算 $\Sigma_B=[L/(J-1)]\times\sum_j(\bar{h}_{.j}-\bar{h}_{..})^2$，其中，$\bar{h}_{.j}=(1/L)\sum_i h(\alpha_{ij})$，$\bar{h}_{..}=(1/J)\sum_j\bar{h}_{.j}$，$\Sigma_W=(1/J)\sum_j[(1/(L-1))\sum_i(h(\alpha_{ij})-\bar{h}_{.j})]^2$。那么当 $L\to\infty$，有$\sqrt{\{[(L-1)/L]\Sigma_W+(1/L)\Sigma_B\}/\Sigma_W}\to1$。因此，若 $\Sigma_B\approx\Sigma_W$，就认为达到收敛。

例题 9.35 在线性回归模型中检验吉布斯抽样是否收敛，其中，产出量的对数为被解释变量，货币供给多期滞后的对数是解释变量。这是有研究意义的，例如，我们研究货币在短期或长期是否是中性的。我们使用 1973 年 1 月～1993 年 12 月的美国数据。我们在把一个截距项和两个货币供给滞后对数作为解释变量的模型中，分别用 150、300、500 个随机抽样，做吉布斯抽样 50 次。调整的 Σ_W 对 Σ_B 的比值分别是 1.01、1.003、1.001，表明在 150 次抽样后就达到收敛了。对于 500 个抽样的每一个过程，我们都将样本分为两部分，第一部分有 300 个观测值，第二部分有 200 个观测值，计算正态分布的统计量。在 500 次重复过程中，我们仅有 1 次拒绝收敛的原假设。

对于吉布斯抽样的产出量的统计推断并不困难。根据结论 9.4，$E(h(\alpha|y))=(1/J)\sum_j h(\alpha^{j\bar{L}})$，其中，符号 $\alpha^{j\bar{L}}$ 表示，在 $\bar{L}$ 次迭代后的第 jL 个抽样。$h(\alpha)$的方差可以用频率为 0 的谱密度计算出来，即 $E[h(\alpha|y)h(\alpha|y)']=\sum_{-J(\tau)}^{J(\tau)}\mathcal{K}(\tau)\mathrm{ACF}_h(\tau)$，其中，$\mathrm{ACF}_h(\tau)$是分为 τ 期抽样的 $h(\alpha)$的自协方差矩阵，$J(\tau)$是所研究的协方差矩阵的最大数目。注意，这种度量方法考虑到，选取的抽样不够多以致它们不相互独立的可能性。α_i 的边缘密度函数可从序列$(\alpha_i^1,\cdots,\alpha_i^J)$中直接使用核方法或使用 $g(\alpha_i|y)=(1/J)\sum_{j=1}^J g(\alpha_i|y,\alpha_{i'}^j,i'\neq i)$估计出来。

预测的推断也直接明了。预测密度 $f(y_{t+\tau}|y_t)=\int f(y_{t+\tau}|y_t,\alpha)g(\alpha|y_t)\mathrm{d}\alpha$，可以很容易地通过 α 的吉布斯抽样模拟得到，然后将模型设定为 $f(y_{t+\tau}|y_t,\alpha)$，在 α 抽样上对模拟值 $y_{t+\tau}$进行平均。最后，模型充分性的检验可使用吉布斯抽样的结果来进行。贝叶斯因子是从 $g(\alpha)$中抽取 α 的比例，对每次抽样构建 $f(y|\alpha)$，分别对这两个模型在 α 上进行平均。盖尔芬德和戴伊(Gelfand and Dey，1994)以及奇布(Chib，1995)给出了计算 $f(y)$的比较可行的方法。

我们在下面这个比较简单的例子中说明吉布斯抽样的性质。

例题 9.36 假设 $f(x,y)\propto[n!/(x!(n-x)!)]y^{x+\alpha_0-1}(1-y)^{n-x+\alpha_1-1}$，$x=0,1,\cdots,n$，$0\leqslant y\leqslant 1$。研究 $f(x)$的边缘密度函数。进行直接积分，可得 $f(x)\propto[n!/(x!(n-x)!)][\Gamma(\alpha_0+\alpha_1)/\Gamma(\alpha_0)\Gamma(\alpha_1)][\Gamma(x+\alpha_0)\Gamma(n-x+\alpha_1)/\Gamma(\alpha_0+\alpha_1+n)]$，这是贝塔—二项分布。我们也很容易算出 $f(x|y)$和 $f(y|x)$。前者是参数为(n,y)的二项分布，后者是参数为$(x+\alpha_0,n-x+\alpha_1)$的贝塔分布。图 9.6 画出了当 $\alpha_0=2$、$\alpha_1=4$ 时的真实 $f(x)$的直方图，以及用 $J=500$、$L=100$、$\bar{L}=20$ 的吉布斯抽样得到的边缘分布。即使对于这样小的 $\bar{L}$，仍然能看到这两个分布十分接近。

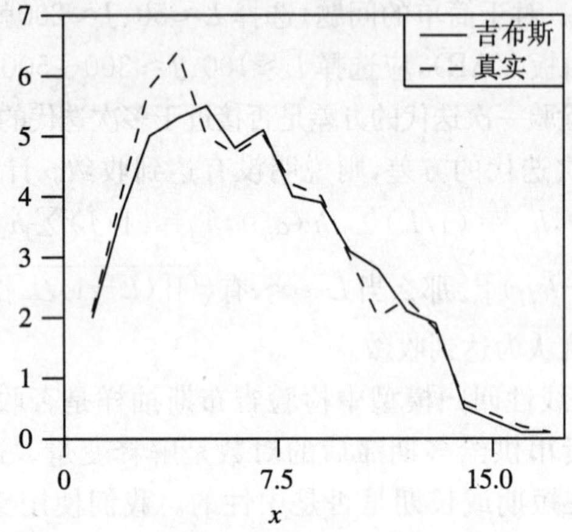

图 9.6 真实和吉布斯抽样分布

在接下来的例子中，我们用吉布斯抽样得到似不相关回归(Seemingly Unrelated Regression, SUR)模型参数的后验分布；由于在第 10 章会广泛用到它们，我们最好将这些例子的结论记下来。

例题 9.37(似不相关回归) 令 $y_{it}=x'_{it}\alpha_i+e_{it}$，$e_t=(e'_{1t},\cdots,e'_{mt})'\sim$ i.i.d. $\mathbb{N}(0,\Sigma_e)$，其中，$i=1,\cdots,m$，$t=1,\cdots,T$，α_i 是 $k\times 1$ 阶向量。把每个 i 的观测值堆积起来，可得 $y_t=x_t\alpha+e_t$，其中，$y_t=(y'_{1t},\cdots,y'_{mt})'$，$x_t=\mathrm{diag}(x'_{1t},\cdots,x'_{mt})$，$\alpha=(\alpha'_1,\cdots,\alpha'_m)'$是 $mk\times 1$ 阶向量。假设 $g(\alpha,\Sigma_e^{-1})=g(\alpha)g(\Sigma_e^{-1})$。那么有：

$$\breve{g}(\alpha,\Sigma_e^{-1}\mid y)\propto g(\alpha)g(\Sigma_e^{-1})\mid\Sigma_e^{-1}\mid^{0.5T}\exp\left\{-0.5\sum_t(y_t-x_t\alpha)'\Sigma_e^{-1}(y_t-x_t\alpha)\right\} \tag{9.43}$$

要模拟的目标密度函数是$\breve{g}(\alpha,\Sigma_e^{-1}|y)/\int\breve{g}(\alpha,\Sigma_e^{-1}|y)\mathrm{d}\alpha\,\mathrm{d}\Sigma_e$。设定 α 的先验共轭分布以及Σ_e^{-1}的正态威夏特形式。那么条件后验分布是 $g(\alpha|Y,\Sigma_e^{-1})\sim\mathbb{N}(\tilde{\alpha},\tilde{\Sigma}_\alpha)$且 $g(\Sigma_e^{-1}|\alpha,Y)\sim\mathbb{W}(T+\bar{\nu},\tilde{\Sigma})$，其中，$\tilde{\alpha}=\tilde{\Sigma}_\alpha(\bar{\Sigma}_\alpha^{-1}\bar{\alpha}+\sum_t x'_t\Sigma_e^{-1}y_t)$，$\tilde{\Sigma}_\alpha=(\bar{\Sigma}_\alpha^{-1}+\sum_t x'_t\times\Sigma_e^{-1}x_t)^{-1}$，$\tilde{\Sigma}=(\bar{\Sigma}^{-1}+\sum_t(y_t-x_t\alpha_{\mathrm{OLS}})(y_t-x_t\alpha_{\mathrm{OLS}})')^{-1}$，$(\bar{\alpha},\bar{\Sigma}_\alpha)$是 α 的先验均值和方差，$\bar{\Sigma}$ 是先验标度矩阵，$\bar{\nu}$ 是先验自由度，α_{OLS}是 α 的 OLS 估计。如果我们把 α 和 Σ_e 看成两个吉布斯抽样分块，由这两个条件后验估计的模拟值可渐近得到一个样本，它满足 $\alpha^{j\bar{L}}\sim g(\alpha|y)$，$\Sigma_e^{-1(j\bar{L})}\sim g(\Sigma_e^{-1}|y)$，$(\alpha^{j\bar{L}},\Sigma_e^{-1(j\bar{L})})\sim g(\alpha,\Sigma_e^{-1}|y)$。

练习 9.29 假设在例题 9.37 中，$m=1$，即 $y_t=x_t\alpha+e_t, e_t\sim \text{i.i.d.}\ \mathbb{N}(0,\sigma_e^2)$。

(i) 假设 σ_e^{-2} 的非信息性先验分布以及 $\alpha\sim\mathbb{N}(\bar{\alpha},\bar{\Sigma}_\alpha)$。计算 α 和 σ_e^{-2} 的条件后验分布。

指出怎样在这种情况下进行吉布斯抽样。

(ii) 假设 $e_t\sim \text{i.i.d.}\ \mathbb{N}(0,\sigma_e^2 * x_t'x_t)$，先验分布为 $\bar{s}^2\sigma_e^{-2}\sim\chi^2(\bar{\nu}), \alpha\sim\mathbb{N}(\bar{\alpha},\bar{\Sigma}_\alpha)$。计算 α 和 σ_e^2 的条件后验分布，指出怎样在这种情况下进行吉布斯抽样。（提示：把模型进行转换，以避免异方差的情况。）

例题 9.38（分层模型） 考虑模型 $y_{it}=\alpha_i+e_{it}, i=1,\cdots,n, t=1,\cdots,T$，其中，$\alpha_i\sim\mathbb{N}(\bar{\alpha},\bar{\sigma}_\alpha^2), e_{it}\sim \text{i.i.d.}\ \mathbb{N}(0,\sigma_e^2)$。假设 $\bar{\alpha}\sim\mathbb{N}(\bar{\alpha}_0,\sigma_0^2), \bar{\sigma}_\alpha^{-2}\sim\mathbb{G}(a_1^\alpha,a_2^\alpha), \sigma_e^{-2}\sim\mathbb{G}(a_1^e,a_2^e)$，其中，$(\sigma_0^2,\bar{\alpha}_0,a_1^\alpha,a_2^\alpha,a_1^e,a_2^e)$ 是已知的，令 $\alpha=[\alpha_1,\cdots,\alpha_n]', y=[y_{11},\cdots,y_{nT}]'$。条件后验分布为 $(\bar{\sigma}_\alpha^{-2}\mid y,\bar{\alpha},\alpha,\sigma_e^{-2})\sim\mathbb{G}(a_1^\alpha+0.5n, a_2^\alpha+0.5\sum_i(\alpha_i-\bar{\alpha})^2)$，$(\sigma_e^{-2}\mid y,\bar{\alpha},\alpha,\bar{\sigma}_\alpha^{-2})\sim\mathbb{G}(a_1^e+0.5nT, a_2^e+0.5\sum_i\sum_t(y_{it}-\alpha_i)^2)$，$(\bar{\alpha}\mid\bar{\sigma}_\alpha^2,y,\alpha,\sigma_e^2)\sim\mathbb{N}((\bar{\sigma}_\alpha^2\bar{\alpha}_0+\sigma_0^2\sum_i\alpha_i)/(\bar{\sigma}_\alpha^2+n\sigma_0^2), \bar{\sigma}_\alpha^2\sigma_0^2/(\bar{\sigma}_\alpha^2+n\sigma_0^2))$，$(\alpha\mid\bar{\sigma}_\alpha^2,y,\bar{\alpha},\sigma_e^2)\sim\mathbb{N}((T\bar{\sigma}_\alpha^2/(T\bar{\sigma}_\alpha^2+\sigma_e^2))\bar{y}+[\sigma_e^2/(T\bar{\sigma}_\alpha^2+\sigma_e^2)]\bar{\alpha}\mathbf{1}, [\bar{\sigma}_\alpha^2\sigma_e^2/(T\bar{\sigma}_\alpha^2+\sigma_e^2)]I)$，其中，$\bar{y}=(\bar{y}_1,\cdots,\bar{y}_n)', \bar{y}_i=(1/T)\sum_t y_{it}$，$\mathbf{1}$ 是 $n\times1$ 阶向量，全由 1 组成，I 是单位阵。吉布斯抽样可以分为这 4 个子块进行，并且将得到关于 $(\bar{\sigma}_\alpha^2,\sigma_e^{-2},\bar{\alpha},\alpha)$ 的后验分布。

练习 9.30 令 $y_{it}\sim\mathbb{N}(\alpha_i,\sigma_i^2), i=1,\cdots,n, t=1,\cdots,T_i$，其中，$\alpha_i\sim\mathbb{N}(\bar{\alpha},\bar{\sigma}_\alpha^2)$，$\sigma_i^{-2}\sim\mathbb{G}(a_1^i,a_2^i), \bar{\sigma}_\alpha^{-2}\sim\mathbb{G}(a_1^\alpha,a_2^\alpha), \bar{\alpha}\sim\mathbb{N}(\bar{\alpha}_0,\sigma_0^2)$，$(a_1^i,a_2^i,a_1^\alpha,a_2^\alpha,\bar{\alpha}_0,\sigma_0^2)$ 是已知的。令 $\bar{y}_i=(1/T_i)\sum_t y_{it}, s_i^2=[1/(T_i-1)]\sum_t(y_{it}-\bar{y}_i)^2, \alpha=(\alpha_1,\cdots,\alpha_n)', Y=(\bar{y}_1,\cdots,\bar{y}_n,s_1^2,\cdots,s_n^2)', \sigma^2=(\sigma_1^2,\cdots,\sigma_n^2)'$。

(i) 推导出 $(\alpha_i\mid Y,\sigma_i^2,\bar{\alpha},\bar{\sigma}_\alpha^2)$、$(\sigma_i^{-2}\mid Y,\alpha,\bar{\alpha},\sigma_\alpha^2)$、$(\bar{\sigma}_\alpha^{-2}\mid Y,\alpha,\bar{\alpha},\sigma_i^2)$。

(ii) 令 $\bar{\alpha}_0=0, \sigma_0^2=1\,000, a_1^i=0.5, a_2^i=1, \forall i, a_1^\alpha=a_2^\alpha=0, n=3$，假设你有以下数据：$T_i=(6,8,5), \bar{y}_i=(0.31,2.03,6.39), s_i^2=(0.23,2.47,8.78)$。抽取 α 的后验样本。计算出 $\alpha_2-\alpha_1$ 和 $\alpha_3-\alpha_1$ 的后验分布。

(iii) 假设在样本中加入第 4 个单元 $T_4=2, \bar{y}_4=5.67, s_4^2=4.65$。构建这个新单元的 5 个观测值的时间序列。

吉布斯抽样在计算有潜在变量的似然函数时十分有用。

例题 9.39（潜在变量） 建模研究某一种非耐用商品的月度购买量问题。我们有许多消费者的样本，但只有一部分消费者需要这种商品（例如，西红柿）。我们假设，消费者出于个人特征而购买西红柿。为了解释购买量，我们构建以下截断的回归模型：$z_i=x_i'\alpha+e_i, e_i\sim \text{i.i.d.}\ \mathbb{N}(0,\sigma_e^2), y_i=\max(0,z_i)$。这里，$z_i$ 是潜在变量。给定 n 个消费者，其中，有 n_1 个购买西红柿，(α,σ^2) 的似然函数为：

$$\mathcal{L}(\alpha,\sigma_e^2\mid y)=\prod_{i\in(n-n_1)}\left(1-\mathbb{SN}\left(\frac{x_i'\alpha}{\sigma_e}\right)\right)\prod_{i\in n_1}\sigma_e^{-2}\exp\left\{-\frac{(y_i-x_i'\alpha)^2}{2\sigma_e^2}\right\}\tag{9.44}$$

其中，$\mathbb{SN}$ 是标准正态分布。这个函数很难控制及最大化。但是，如果我们把 z_i 当作潜在变量，用 z_i 的模型人为地增大参数空间（我们把这种方法称为数据增大技术），那么，可以很容易地从 (α,σ_e^2,z) 的条件分布中抽样得到后验分布。如果 $g(\alpha)\sim$

$\mathbb{N}(\bar{\alpha},\bar{\Sigma}_\alpha)$，$\sigma_e^{-2}\sim\mathbb{G}(a_1,a_2)$，则$(\alpha|\sigma_e^2,z,y)\sim\mathbb{N}(\tilde{\alpha},\tilde{\Sigma}_\alpha)$，$(\sigma_e^{-2}|\alpha,z,y)\sim\mathbb{G}(a_1+0.5n, a_2+0.5(y-x'\alpha_{OLS})'(y-x'\alpha_{OLS}))$。而且由于 e_i 是 i. i. d.，$g(z|y,\alpha,\sigma_e^2)=\prod_{i\in(n-n_1)}g(z_i|y,\alpha,\sigma_e^2)=\prod_{i\in(n-n_1)}\mathcal{I}_{(-\infty,0]}\mathbb{N}(x_i'\alpha,\sigma_e^2)$，其中，$\mathcal{I}_{(-\infty,0]}$截断了正态分布在支撑$(-\infty,0]$以外的区域。这样的简化是可行的，因为$(\alpha,\sigma_e^2)$只通过 y_i 依赖于 z_i。

在实际应用中，缺失数据会引起麻烦。但是，如果我们把缺失的数据当作潜在变量，吉布斯抽样可用于重新构建他们。

练习 9.31(缺失数据) 假设在时间序列数据 y_t 中有缺失数据。记 y_t^M 为缺失数据，y_t^A 为可得到的数据，令 $y_t=[y_t^M,y_t^A]'=x_t\alpha+e_t$，其中，$e_t\sim$i. i. d. $\mathbb{N}(0,\Sigma_e)$，x_t 是可观测变量的向量，且有：

$$\Sigma_e=\begin{bmatrix}\sigma_1^2+\sigma_2^2 & \sigma_2^2\\ \sigma_2^2 & \sigma_1^2+\sigma_2^2\end{bmatrix}$$

假设 α 的正态先验分布以及(σ_1^2,σ_2^2)的非信息性先验分布。证明$(y_t^M|y_t^A,\alpha,\sigma_1^2,\sigma_2^2)$是正态的。计算该分布的矩。描述怎样用吉布斯抽样抽取缺失数据。解释为什么把 y_t^M 当作未知参数，使得后验分布可以追踪。

9.5.3.2　*麦抽布里斯—哈斯廷斯*(Metropolis-Hastings)*算法*

麦抽布里斯—哈斯廷斯(MH)算法是一个一般模拟过程，使我们可以从无法追踪的分布中进行抽样。这种算法有两种一般的应用：在有截断分布或只有部分核可追踪的分布的吉布斯抽样中抽取分块样本；在无法得到吉布斯抽样分块结构的问题中进行抽样。

MH 算法是这样进行的：给定 α 的最近值 α^{l-1}，数列接下来的值是从一个备选概率密度函数 $\mathfrak{P}(\alpha^\dagger,\alpha^{l-1})$中抽样的。抽样是否被接受的概率取决于$\breve{g}(\alpha^\dagger|y)\mathfrak{P}(\alpha^\dagger,\alpha^{l-1})$和$\breve{g}(\alpha^{l-1}|y)\mathfrak{P}(\alpha^{l-1},\alpha^\dagger)$的比值。如果一个抽样被拒绝，则令 $\alpha^l=\alpha^{l-1}$。因此，从某个 $\alpha^0\in A$ 开始，任意转换函数 $\mathfrak{P}(\alpha^\dagger,\alpha^{l-1})$，其中，$\alpha^\dagger\in A$。我们可按下面的算法进行。

算法 9.8　对于 $l=1,2,\cdots,L$，有：

(1) 从 $\mathfrak{P}(\alpha^\dagger,\alpha^{l-1})$中抽取 $\alpha^\dagger$，从 $\mathbb{U}(0,1)$中抽取 $\mathfrak{U}$；

(2) 如果 $\mathfrak{U}<\mathfrak{C}(\alpha^{l-1},\alpha^\dagger)=[\breve{g}(\alpha^\dagger|y)/g(\alpha^{l-1}|y)][\mathfrak{P}(\alpha^\dagger,\alpha^{l-1})/\mathfrak{P}(\alpha^{l-1},\alpha^\dagger)]$，令 $\alpha^l=\alpha^\dagger$，否则令 $\alpha^l=\alpha^{l-1}$。

算法 9.8 产生的递归过程定义了连续和离散混合型转换函数的马尔科夫链：

$$P(\alpha^{l-1},\alpha^l)=\begin{cases}\mathfrak{P}(\alpha^l,\alpha^{l-1})\mathfrak{C}(\alpha^{l-1},\alpha^l),\ \text{如果}\ \alpha^l\neq\alpha^{l-1}\\ 1-\int_A\mathfrak{P}(\alpha,\alpha^{l-1})\mathfrak{C}(\alpha^{l-1},\alpha)\mathrm{d}\alpha,\ \text{如果}\ \alpha^l=\alpha^{l-1}\end{cases}\tag{9.45}$$

注意，如果 $\mathfrak{P}(\alpha^{l-1},\alpha^\dagger)=\mathfrak{P}(\alpha^\dagger,\alpha^{l-1})$，接受率和 $\mathfrak{P}$ 相互独立，我们得到这个算法的麦抽布里斯形式。

算法 9.8 的思想很简单。假设 $\mathfrak{P}(\alpha^{l-1},\alpha^\dagger)=\mathfrak{P}(\alpha^\dagger,\alpha^{l-1})$，则 $\mathfrak{C}(\alpha^{l-1},\alpha^\dagger)=\breve{g}(\alpha^\dagger|y)/\breve{g}(\alpha^{l-1}|y)$。这里，如果 $\mathfrak{C}(\alpha^{l-1},\alpha^\dagger)>1$，则链无条件地移动到 $\alpha^\dagger$，否则它以

$\breve{g}(\alpha^\dagger|y)/\breve{g}(\alpha^{l-1}|y)$的概率移动。也就是说，当我们向分布的高峰移动时，我们往往接受抽样，因为我们想到达密度较高的区域。如果抽样使我们向高峰下方移动，我们以 $1-\mathfrak{C}(\alpha^{l-1},\alpha^\dagger)$的概率待在原处，以 $\mathfrak{C}(\alpha^{l-1},\alpha^\dagger)$的概率到达新的区域。注意，如果我们已经以很高的概率出现在某一区域，则 $\mathfrak{C}(\alpha^{l-1},\alpha^\dagger)$会很小。

和吉布斯抽样相同，保证 MH 算法收敛的充分条件要求，对等式(9.45)有所约束。事实上，如果对于每个 $\alpha_0\in A$ 和满足 $\mathrm{pr}(\alpha\in A_1|y)>0$ 的每个 $A_1\in A$，有 $P(\alpha^l\in A_1|\alpha^{l-1},y)>0$，其中，$P$ 是等式(9.45)中介绍的转换函数，那么 MH 转换核是遍历的，它唯一不变的分布是 $g(\alpha|y)$。

为了使 MH 算法可行，我们要选择合适的转换密度函数。一种可能的选择是令 $\mathfrak{P}(\alpha^\dagger,\alpha^{l-1})=\mathfrak{P}(\alpha^\dagger-\alpha^{l-1})$，这样被选抽样可以从以 α^{l-1}为中心的多变量分布中取得。这就是我们称作 MH 算法的随机游走形式：$\alpha^\dagger=\alpha^{l-1}+v$。为了得到“合理”的接受率，我们需要小心地调整 Σ_v，选择的形式视具体情况而定。另一种做法是使用 MH 算法的独立链形式 $\mathfrak{P}(\alpha^\dagger,\alpha^{l-1})=\mathfrak{P}(\alpha^\dagger)$，其中，$\mathfrak{C}(\alpha^{l-1},\alpha^\dagger)=\min\{[\breve{g}(\alpha^\dagger|y)/\breve{g}(\alpha^{l-1}|y)][\mathfrak{P}(\alpha^\dagger)/\mathfrak{P}(\alpha^{l-1})],1\}$。如果用这种做法，我们需要控制 $\mathfrak{P}(\alpha^\dagger)$的定位和形状，以确保合理的接受率。

MH 算法的独立链形式有接受性抽样和重要性抽样的共同特征。但是，当抽样与后验分布较远时，后两种方法接受率很低(或给予很低的权重)；而当之前和现在的抽样核函数加权比很低时，独立链形式就给予被选抽样很低的接受率。

在实际应用中，我们需要确保避免出现算法有太高或太低的接受率的情况。这是因为，若接受率太高，则后验分布的研究探索就很慢；若接受率太低，则后验分布的大部分区域就没有被抽样到。一般认为，接受率为 35%～40%是比较好的。

例题 9.40　在例题 9.31 中，我们抽取 $\alpha^\dagger\sim\mathbb{N}(\tilde{\alpha},\tilde{\Sigma}_\alpha)$，如果 $0<\alpha^\dagger<1$，则接受抽样，接受性概率为 $(2\pi)^{-0.5}|\Sigma_\alpha|^{-0.5}\int_{0<\alpha<1}\exp\{-0.5(\alpha-\tilde{\alpha})'\tilde{\Sigma}_\alpha^{-1}(\alpha-\tilde{\alpha})\}\mathrm{d}\alpha$。如果这个概率太小，则这个算法不实用。假设从 $\mathfrak{P}(\alpha^\dagger,\alpha^{l-1})=(2\pi)^{-0.5k}|\Sigma^\dagger|^{-0.5}\times\exp\{-0.5(\alpha^\dagger-\alpha^{l-1})'(\Sigma^\dagger)^{-1}(\alpha^\dagger-\alpha^{l-1})\}$ 中抽样，其中，$\Sigma^\dagger$ 是冲击的方差。如果 $\Sigma^\dagger$ 很小，我们需要大量抽样以覆盖区间 $0<\alpha<1$。如果 $\Sigma^\dagger$ 太大，则 $\alpha^\dagger$ 会在许多情况下超过界限。因此，为了保证能够较合适地覆盖后验区间，我们要仔细选择 $\Sigma^\dagger$。

例题 9.41　考虑双变量正态分布 $z=(x,y)$，均值为(1,2)，方差等于 1，协方差等于 0.8。从这个分布中模拟(x,y)的 4 000 个抽样的散点图，在图 9.7 左列的第一个图片框中。很容易看出这个椭圆很薄，斜率为正值。为了逼近这个分布，我们使用带有一个反应随机游走转换的 MH 算法$(z^\dagger-\bar{z})=(z^{l-1}-\bar{z})+v$，其中，增量变量 v 在两个坐标轴上都是在$[-0.5,0.5]$上的均匀分布。这里，接受抽样的概率相当于 $\min\{\exp[-0.5(z^\dagger-\bar{z})\Sigma^{-1}(z^\dagger-\bar{z})]/\exp[-0.5(z^{l-1}-\bar{z})\Sigma^{-1}\times(z^{l-1}-\bar{z})],1\}$。我们也考虑吉布斯抽样，使用$(x|y)\sim\mathbb{N}(1+\rho(y-2),1-\rho^2)$，$(y|x)\sim\mathbb{N}(2+\rho(x-1),1-\rho^2)$，其中，$\rho$ 是相关系数，从后验分布中产生样本。图 9.7 的第二行和第三行画出了用这两种模拟方法从后验分布中抽取的4 000个抽样的散点图。这两种近似法较好地模拟了目标分布。吉布斯抽样较好些，但 MH 算法的接受率较高(55%)，分布的尾部性质没有很好地表示出来。较好的接受率可

能会较好地覆盖目标分布。同时，注意 x 边缘估计的相似性(参见图 9.7 的第二列)。

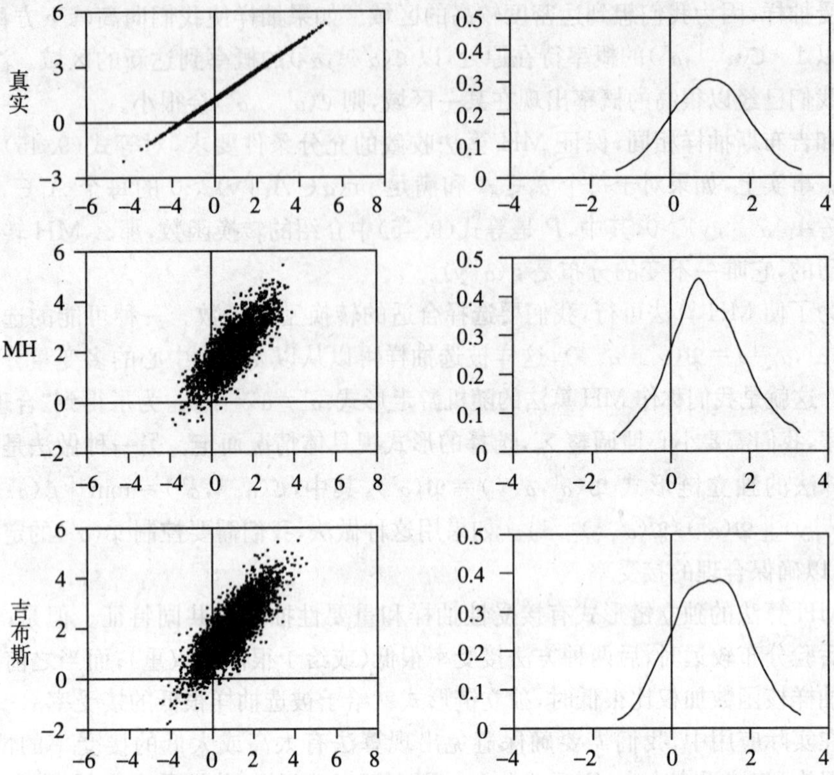

(a) 联合(x, y)分布　　(b) x的边缘分布

图 9.7　MCMC 模拟

在结束本节之前，我们要强调 MCMC 方法的一些重要性质。首先，马尔科夫链法比接受性抽样和重要性抽样要好，因为抽取样本的分布随着每次迭代都会发生变化(参见图 9.4)。因此，转换核是随时间变化的。其次，虽然这些方法基于马尔科夫链，我们可以不考虑马尔科夫性质。例如，链可能依赖于整个抽样的历史。收敛的充分条件仍然满足，吉布斯抽样和 MH 抽样都从后验分布中产生数列。

练习 9.32　使用例题 9.41 的框架，将 $\mathrm{cov}(x, y)$ 从 0.1 变化到 0.9，每次增加 0.2。从 $\alpha_1=\pm 2.5$、$\alpha_2=\pm 2.5$ 开始，计算 Σ_B 和 Σ_W，以及 100、500、1 000 个元素的样本模拟分布的插值范围。画出吉布斯抽样和 MH 算法的散点图。

练习 9.33　假设 $y_t=\alpha y_{t-1}+e_t$，$e_t \sim$ i. i. d. $\mathbb{N}(0,\sigma_e^2)$。$(y_1, \cdots, y_t)$的概率密度是 $f(y|\alpha,\sigma_e^2) \propto (\sigma_e^2)^{0.5(T-1)} \exp\{-0.5\sigma_e^{-2} \sum_{t=2}^{T}(y_t-\alpha y_{t-1})^2\} \exp\{-0.5\sigma_e^{-2} y_1^2(1-\alpha^2)\} \times [\sigma_e^{-2}(1-\alpha^2)]^{-0.5}$，其中，最后一项是 y_1 的概率密度函数。假设我们能得到的先验信息只是 $\alpha<1$。计算(α,σ_e^2)的后验分布形式，描述怎样使用 MH 算法从中抽样。

9.6　稳健性

当先验分布有主观特性且/或样本很小时，知道后验结果对先验分布的选择有多敏感十分重要。例如,在评估 DSGE 模型时,稳健性就很重要。由于我们都选择比较方便的先验分布使得计算简化,一般都以校准值为中心,我们有必要证明后验推断不依赖于先验分布的形式或者它们的展开区间。

评估后验结论稳健性的方法之一是选择另一个先验概率密度函数 $g_1(\alpha)$,它的支撑包括在 $g(\alpha)$ 内,用它来重新加权后验抽样。令 $w(\alpha)=g_1(\alpha)/g(\alpha)$。然后,$E_1[h(\alpha)]=\int h(\alpha)g_1(\alpha)\mathrm{d}\alpha=\int h(\alpha)w(\alpha)g(\alpha)\mathrm{d}\alpha$,则 $h_1(\alpha)\approx[\sum_l w(\alpha^l)h(\alpha^l)]/\sum_l w(\alpha^l)$。

例题 9.42 继续练习 9.29,假设 $g(\alpha)$ 是正态分布,均值为 1,方差为 10。则 $g(\alpha|y)$ 呈正态分布,均值为 $\tilde{\alpha}=\tilde{\Sigma}_\alpha(0.1+\sigma_e^{-2}x'x\alpha_{OLS})$,方差为 $\tilde{\Sigma}_\alpha=(0.1+\sigma_e^{-2}x'x)^{-1}$。如果我们想检验随着先验分布的方差减小(例如,减小到 5),模型得到的预测值会怎样改变,有两种可能的做法。(i)从均值为 $\Sigma_\alpha^{-1}(0.2+\sigma^{-2}x'x\alpha_{OLS})$、方差为 $\Sigma_\alpha^{-1}=(0.2+\sigma^{-2}x'x)^{-1}$ 的正态分布中抽取数列 α_1^l,计算每个 α_1^l 的预测值,并比较所得的结果。(ii)将每个原来的后验估计乘以权重 $w(\alpha)$,即计算 $\alpha_1^l=[g_1(\alpha^l)/g(\alpha^l)]\alpha^l$,$l=1,2,\cdots,L$;计算预测值并比较结果。

练习 9.34 假设你想比较某一政策的福利成本,就像例题 9.12 中的模型一样。使用 α 的非信息性先验分布以及一系列信息性先验估计,它们的先验方差变得越来越小。你怎样检验稳健性?你需要报告哪些因素,使得读者能够根据他们的先验偏好来重新考量你的结论?

9.7 估计西班牙规模报酬

本节用贝叶斯方法来度量西班牙生产函数中规模报酬参数的大小。有关生产函数估计的文献有很多,我们无法在这里一一归纳出来。这里,我们采用增长—核算部门的思想,产出的变化是由于投入的变化,所有无法解释的变量都归入全要素生产率(TFP)中。我们假设,产出是由资本和劳动力投入得到的,采用柯布—道格拉斯模型,即 $\mathrm{Y_t}=(\alpha_0 \mathrm{t}^{\alpha_1}\zeta_t \mathrm{e_t})\mathrm{K_t}^{\alpha_2}\mathrm{N_t}^{\alpha_3}$,其中,$\mathrm{K_t}$ 和 $\mathrm{N_t}$ 分别度量资本和劳动力投入,ζ_t 描述效率改进,$\mathrm{e_t}$ 是乘积形式的测量误差,α_0 是常数,t 是时间趋势。取对数并进行线性去势,得到:

$$\mathrm{y_t}=\alpha_2 ln\mathrm{K_t}+\alpha_3 ln\mathrm{N_t}+ln\zeta_t+ln\mathrm{e_t} \tag{9.46}$$

其中,$\mathrm{y_t}=ln\mathrm{Y_t}-\alpha_1 ln\mathrm{t}-ln\alpha_0$。如果令 $\mathrm{v_t}=ln\zeta_t+ln\mathrm{e_t}$,等式(9.46)就是一个标准的回归方程,有两个解释变量。复合误差项 $\mathrm{v_t}$ 很可能序列相关,但是在第一步,我们暂时不考虑这个可能性,假设 $\mathrm{v_t}\sim\mathbb{N}(0,\sigma_v^2)$。令 $x_t=(\ln K_t,\ln N_t)$,$\alpha=(\alpha_2,\alpha_3)$。

首先,考虑正态近似法。使用例题 9.10 中的结果可知,α 的边缘后验分布具有多变量的 t 分布形式。我们对这两部分分别进行正态近似,以模 α^* 为中心,曲率为 $\Sigma(\alpha^*)$。表 9.3 的第一行给出了在这种情况下规模报酬参数的后验分布的百分位数:插值范围很小,后验分布的中位数仅为 0.39,表明存在着明显的规模递减效应。$(\alpha_2,\alpha_3,\sigma_v^2)$ 的后验估计也可以通过吉布斯抽样得到。假设 $\alpha\sim\mathbb{N}(\bar{\alpha},\bar{\Sigma}_\alpha)$,$\sigma_v^{-2}\sim\mathbb{G}(a_1,a_2)$,其中,$\bar{\alpha}=(0.4,0.6)$,$\bar{\Sigma}_\alpha=\mathrm{diag}(0.05,0.05)$,我们令 $a_1=a_2=10^{-5}$,使得

关于 σ_v^{-2} 的先验分布是非信息性的。两个条件分布分别是 $(\alpha|\sigma_v^2,y,x)\sim\mathbb{N}(\tilde{\alpha},\tilde{\Sigma})$，其中，$\tilde{\alpha}=\tilde{\Sigma}_\alpha(\bar{\Sigma}_\alpha^{-1}\bar{\alpha}+\sigma_v^{-2}x'xa_{\mathrm{OLS}})$，$\tilde{\Sigma}_\alpha=(\bar{\Sigma}_\alpha^{-1}+\sigma_v^{-2}x'x)^{-1}$，$a_{\mathrm{OLS}}$ 是 α 的 OLS 估计；$(\sigma_v^{-2}|\alpha,y,x)\sim\mathbb{G}(a_1+0.5T,a_2+0.5(y-x\alpha_{\mathrm{OLS}})'(y-x\alpha_{\mathrm{OLS}}))$。将初始的 500 个抽样去掉，在接下来的 5 000 个抽样中，每 50 个保留一个，这样得到后验分布。表 9.3的第二行表明，在这种方法下，规模报酬参数的插值范围小于正态近似法，中位数也稍微大些。然而，还是有明显的规模递减效应。

表 9.3　规模报酬的后验分布

方　法	百分位数 25th	50th	75th
正态近似	0.35	0.39	0.47
基本吉布斯法	0.36	0.41	0.44
误差项为 AR(1)的吉布斯法	0.35	0.41	0.48
有潜在变量的吉布斯法	0.33	0.41	0.45

其次，我们允许 v_t 序列相关。假设 $\rho(\ell)v_t=\epsilon_t$，这样模型(9.46)就转化为 $y_t^0\equiv\rho(\ell)y_t=\rho(\ell)x_t\alpha+\epsilon_t=x_t^0\alpha+\epsilon_t$。这种情况与之前是一样的，除了需要多估计一个参数向量 $\rho(\ell)$。令 $\rho(\ell)=1-\rho\ell$，把第一个观测值作为固定值。似然函数为 $\mathcal{L}(\alpha,\rho|y,x)\propto(\sigma_e^2)^{-(T-1)/2}\exp\{\sum_{t=2}^{T}(y_t^0-x_t^0\alpha)^2/2\sigma_e^2\}$。假设 α 的先验分布不变，σ_ϵ^{-2} 的先验分布为 $\mathbb{G}(0.5,0.5)$，令 $g(\rho)$ 呈正态分布，以 0.8 为中心，方差是 0.1，在$(-1,1)$以外的部分都截去，例如，$\rho\sim\mathbb{N}(0.8,0.1)\times\mathcal{I}_{(-1,1)}$。$\alpha$ 的条件后验分布与之前得到的一样，σ_ϵ^{-2} 的条件后验分布与 σ_v^{-2} 的条件后验分布具有同样的形式。ρ 的条件分布是正态的，均值为 $\tilde{\rho}=\tilde{\Sigma}_\rho(8+\sigma_\epsilon^{-2}V'v)$，方差为 $\tilde{\Sigma}_\rho=(10+\sigma^{-2}V'V)^{-1}$，在$(-1,1)$以外的部分都截去，其中，$v=(v_2,\cdots,v_T)'=y-\alpha_2\ln K-\alpha_3\ln N$，且 V 是$(T-1)\times 1$ 阶向量，第 j 个元素是 v_{t-j-1}。从这个分布中进行抽样十分容易，因为我们已经将第一个观测值当作给定值。如果我们不那样做，我们需要中间的 MH 步骤来计算 ρ 的条件后验分布。序列相关性很重要：ρ 的后验分布中位数是 0.86，插值范围是(0.84,0.90)。然而，规模报酬估计的分布是不变的；只有第 75 百分位以上的估计会稍大些(参见表 9.3 中的第三行数据)。

很明显，ζ_t 除了技术进步外，还包括生产函数中不包括的所有因素；例如，公共资本或人力资本。考虑这些影响的一种方法是，把 ζ_t 看作潜在变量，令 $\zeta_t=\delta z_t+\epsilon_t^\zeta$，其中，$z_t$ 是可观测变量(在本例中，z_t 度量了公共资本)，ϵ_t^ζ 代表真实的技术进步。在这种设定下，模型具有分层潜在变量结构：在(x_t,ζ_t)条件下，y_t 呈正态分布，均值为 $x_t\alpha+\delta z_t$，方差为 $\sigma_e^2+\sigma_\zeta^2$；在$(y_t,x_t)$条件下，$\zeta_t$ 呈正态分布，均值为 δz_t，方差为 σ_ζ^2。这种设定引入两个新的参数 σ_ζ^2 和 δ。令 $\delta\sim\mathbb{N}(\bar{\delta},\bar{\Sigma}_\delta)$，$\bar{\delta}=0$，$\bar{\Sigma}_\delta=0.5$。由于可以得到的样本区间很短，很难分别识别 σ_ζ^2 和 σ_e^2，我们设定 $\sigma_\zeta^2=\sigma_e^2$。$\delta$ 的条件后验分布是正态的，均值为 $\tilde{\delta}=\tilde{\Sigma}_\delta(\bar{\Sigma}_\delta^{-1}\bar{\delta}+0.5\sigma_e^{-2}z'\zeta_t)$，方差为 $\tilde{\Sigma}_\delta=(\bar{\Sigma}_\delta^{-1}+0.5\sigma_e^{-2}z'z)^{-1}$。由于 δ 的后验分布是以 0 为中心[中位数为$-0.000\,4$，插值范围是$(-0.003$,

0.004)],不存在明显的证据表明公共资本会影响 ζ_t。因此,规模报酬参数的后验分布形状大体上没有改变(参见表 9.3 中的第四行数据)。

我们可以考虑许多扩展形式以完善这些估计。例如,可以认为度量的投入和实际值是不同的,譬如令 $N_t = e^{a_N z_{Nt}} N_{1t}$,其中,$z_{Nt}$ 是影响被测量的投入效率的因素,包括教育、成立工会等。在横截面数据的比较中,这样的改进是很重要的。N_t 现在成为潜在变量,a_N 是在 z_{Nt} 确定后就能估计的一组额外的参数。注意,在这种情况下,模型具有双线性的形式,但是参数的后验分布仍然可以通过吉布斯抽样获得,这是由库普等人(Koop et al.,2000)证明的。

10 贝叶斯向量自回归

我们在第 4 章看到,VAR 模型在最小的条件集下可以被用于描绘任何一个时间数列向量。我们也看到,因为 VAR 是简化式模型,需要利用由经济理论提出的识别限制来构建有意义的政策分析。而且简化形式的 VAR 对于样本外的预测一般也是不合适的。为了较好地模拟现实世界,带有较长滞后的 VAR 事实上非常有必要。但是,对于任意一个不重要的系数被排除在识别之外的标准宏观计量经济学模型,或者具有较短时间的时间序列模型而言,大量的变量意味着不受限的 VAR 也不是一个很好的选择,因为,如果具有自由度的限制的话,VAR 系数的估计是不精确的,预测也会有较大的标准差。

实证模型的构建需要历史和先验的信息,也需要统计和经济的性质。另一种建立模型的方法使用不同的先验信息,或者对样本和先验信息赋予相对不同的比重。在选择 VAR 的变量、选择模型最大的滞后阶数,以及加上模型识别的条件上,不受限的 VAR 很少运用到先验信息。由于这样的选择,当数据太少、样本信息较弱,或者变量的个数太大时,这些都有可能导致过度的估计问题。而样本过度估计又会导致较差的预测问题,无论在有条件还是在无条件的方法下。贝叶斯方法可以解决这些问题:这些方法可以使得样本内过分估计不会变得很严重,而且使样本外估计变得更好。当然,贝叶斯向量自回归(BVAR)首先被提出用以提高宏观经济预测,现在这些方法被用作各种目的。

本章介绍了各种 VAR 模型的贝叶斯方法。首先,我们给出 BVAR 似然函数的一种有用的分解和对于许多先验信息的后验分布的构建。我们也会给出,当 VAR 模型的系数被给予随机线性约束时,后验方法估计和经典估计之间的相互联系。第三部分介绍结构性贝叶斯 VAR 和带有阻滞的回归结构,这些结构是在带有一些外生变量的模型或者在具有相同的冲击影响的(过度识别的)线性约束的两个国家模型中被提出的。第四部分给出时间可变系数的 BVAR(TVC-BVAR)模型,讨论实证的贝叶斯和完全的关于 VAR 系数和协方差矩阵后验估计。TVC-BVAR 模型可以产生不同的分布形式,也可以被用来构建带有厚尾和平滑的演化模式的序列。

第五部分处理多个 BVAR 模型:相对于单个 BVAR 模型,在实证运用中这些模型变得越来越来流行,能够展现出有趣的复杂性,例如,在比较不同国家的货币政策冲击的影响或者不同地区的增长模式时。我们也会给出怎样得到对于单个的

BAVR 的系数和单位之间的平均影响的后验估计，这些一般是运用者最关心的。我们也描述具有相似特征的内在的一组单位的相互影响。例如，当我们想要区分冲击对小公司或者大公司的影响，或者政策的建议者需要一些特殊的内在的分类(例如，每资本收入、教育水平、债务等)时，这是有用的。最后一部分研究各个单位之间相互依赖的贝叶斯面板数据的 VAR 模型。例如，这些模型适合于研究冲击在国家中的传导机制或在不同世界经济中增加的相互依赖性的影响。由于存在大量的参数，用经典的方法估计它们是不可能的，并且为了估计，需要加入适当的(先验的)制约。如此考虑的话，采用马尔科夫链蒙特卡洛方法，这些模型很容易估计。

由于本章处理的模型日趋复杂，越来越多的复杂的方法将被用来计算后验分布。在第 9 章中描述的技术非常方便：对于有条件的后验分布，共轭先验分布允许推导解析形式。马尔科夫链蒙特卡洛方法被用来从后验分布中导出序列。

10.1 m 个变量的 VAR(q)的似然函数

在本章中，我们假设 VAR 的形式为 $y_t=A(L)y_{t-1}+C\bar{y}_t+e_t, e_t\sim$ i. i. d$(0,\Sigma_e)$，y_t 有 m 个变量，每个变量有 q 阶滞后，常数和其他的解释变量(趋势、季节虚拟变量)包含在 $m_c\times 1$ 阶向量 $\bar{y}_t$ 中。因此，每个等式有 $k=mq+m_c$ 个解释变量，VAR 有 mk 个系数。

利用在第 4 章所描述的步骤，我们可以用两种可供选择的形式重写 VAR，这些都将用于本章：

$$\boldsymbol{Y}=\boldsymbol{X}\boldsymbol{A}+\boldsymbol{E} \tag{10.1}$$

$$y=(I_m\otimes\boldsymbol{X})\alpha+e \tag{10.2}$$

$\boldsymbol{Y}$ 和 $\boldsymbol{E}$ 是 $T\times m$ 阶矩阵，$\boldsymbol{X}$ 是 $T\times k$ 阶矩阵，$\boldsymbol{X}_t=[y'_{t-1},\cdots,y'_{t-q},\bar{y}'_t]$，$y$ 和 e 是 $mT\times 1$阶向量，I_m 是 m 维元素都是 1 的矩阵。$\alpha=\text{vec}(\boldsymbol{A})$是一个 $mk\times 1$ 阶向量。使用(10.2)式，并且假设 e 是具有协方差$\Sigma_e\otimes I_T$ 的正态分布，则似然函数为：

$$\mathcal{L}(\alpha,\Sigma_e)\propto|\Sigma_e\otimes I_T|^{-0.5}\exp\{-0.5[y-(I_m\otimes\boldsymbol{X})\alpha]'(\Sigma_e^{-1}\otimes I_T)[y-(I_m\otimes\boldsymbol{X})\alpha]\} \tag{10.3}$$

为了得到(10.3)式一个有用的分解，注意到：

$$\begin{aligned}&[y-(I_m\otimes\boldsymbol{X})\alpha]'(\Sigma_e^{-1}\otimes I_T)[y-(I_m\otimes\boldsymbol{X})\alpha]\\&\quad=(\Sigma_e^{-0.5}\otimes I_T)[y-(I_m\otimes\boldsymbol{X})\alpha]'(\Sigma_e^{-0.5}\otimes I_T)[y-(I_m\otimes\boldsymbol{X})\alpha]\\&\quad=[(\Sigma_e^{-0.5}\otimes I_T)y-(\Sigma_e^{-0.5}\otimes\boldsymbol{X})\alpha]'[(\Sigma_e^{-0.5}\otimes I_T)y-(\Sigma_e^{-0.5}\otimes\boldsymbol{X})\alpha]\end{aligned}$$

此外，$(\Sigma_e^{-0.5}\otimes I_T)y-(\Sigma_e^{-0.5}\otimes\boldsymbol{X})\alpha=(\Sigma_e^{-0.5}\otimes I_T)y-(\Sigma_e^{-0.5}\otimes\boldsymbol{X})\alpha_{\text{OLS}}+(\Sigma_e^{-0.5}\otimes\boldsymbol{X})(\alpha_{\text{OLS}}-\alpha)$，这里，$\alpha_{\text{OLS}}=(\Sigma_e^{-1}\otimes\boldsymbol{X}'\boldsymbol{X})^{-1}(\Sigma_e^{-1}\otimes\boldsymbol{X})'y$。因此，有：

$$\begin{aligned}&[y-(I_m\otimes\boldsymbol{X})\alpha]'(\Sigma_e^{-1}\otimes I_T)[y-(I_m\otimes\boldsymbol{X})\alpha]\\&\quad=[(\Sigma_e^{-0.5}\otimes I_T)y-(\Sigma_e^{-0.5}\otimes\boldsymbol{X})\alpha_{\text{OLS}}]'\\&\qquad\times[(\Sigma_e^{-0.5}\otimes I_T)y-(\Sigma_e^{-0.5}\otimes\boldsymbol{X})\alpha_{\text{OLS}}] \qquad (10.4)\\&\qquad+(\alpha_{\text{OLS}}-\alpha)'(\Sigma_e^{-1}\otimes\boldsymbol{X}'\boldsymbol{X})(\alpha_{\text{OLS}}-\alpha) \qquad (10.5)\end{aligned}$$

(10.4)式中的项独立于 α,而且看上去像是残差的平方和。(10.5)式中的项看上去是 α_{OLS} 的误差平方和。把这些放在一起,有:

$$\begin{aligned}
\mathcal{L}(\alpha,\Sigma_e) &\propto |\Sigma_e\otimes I_T|^{-0.5}\exp\{-0.5(\alpha-\alpha_{OLS})'(\Sigma_e^{-1}\otimes \boldsymbol{X}'\boldsymbol{X})(\alpha-\alpha_{OLS}) \\
&\quad -0.5[(\Sigma_e^{-0.5}\otimes I_T)y-(\Sigma_e^{-0.5}\otimes \boldsymbol{X})\alpha_{OLS}]' \\
&\quad \times[(\Sigma_e^{-0.5}\otimes I_T)y-(\Sigma_e^{-0.5}\otimes \boldsymbol{X})\alpha_{OLS}]\} \\
&= |\Sigma_e|^{-0.5k}\exp\{-0.5(\alpha-\alpha_{OLS})'(\Sigma_e^{-1}\otimes \boldsymbol{X}'\boldsymbol{X})(\alpha-\alpha_{OLS})\} \\
&\quad \times|\Sigma_e|^{-0.5(T-k)}\exp\{-0.5\mathrm{tr}[(\Sigma_e^{-0.5}\otimes I_T)y-(\Sigma_e^{-0.5}\otimes \boldsymbol{X})\alpha_{OLS}]' \\
&\quad \times[(\Sigma_e^{-0.5}\otimes I_T)y-(\Sigma_e^{-0.5}\otimes \boldsymbol{X})\alpha_{OLS}]\} \\
&\propto \mathbb{N}(\alpha|\alpha_{OLS},\Sigma_e,\boldsymbol{X},y)\times \mathbb{W}(\Sigma_e^{-1}|y,\boldsymbol{X},\alpha_{OLS},T-k-m-1) \qquad (10.6)
\end{aligned}$$

这里,"tr"定义为矩阵的迹。因此,VAR(q)的似然函数是条件 α_{OLS} 和 Σ_e 下的 α 的密度函数与条件为 α_{OLS}、自由度为 $T-k-m-1$ 和规模矩阵为$[(y-(I_m\otimes \boldsymbol{X})\alpha_{OLS})'\times(y-(I_m\otimes \boldsymbol{X})\alpha_{OLS})]^{-1}$ 的 Σ_e^{-1} 的威夏特密度函数的乘积(参见附录中不同分布的形式)。

因此,在合适的共轭先验约束下,我们可以分析得到关于 VAR 的系数和简化形式的冲击的协方差矩阵条件的后验分布。正如我们在第 9 章看到的,先验的正态—威夏特分布可能有两个部分。因此,由于这样的先验信息,α 的后验分布是正态的,Σ_e^{-1} 的后验分布是威夏特分布。其他的先验假设也可以使我们进行条件后验分布的分析计算。接下来,我们将讨论这方面的内容。

10.2 VAR 的先验

在这一部分,我们考虑四种互不相同类型的先验信息:

1. α 的先验分布是正态的,Σ_e^{-1} 是固定的;
2. α 和 Σ_e^{-1} 的先验信息是未知的;
3. α 的先验分布是正态的,Σ_e^{-1} 的先验信息是未知的;
4. α 的后验分布是正态的,Σ_e^{-1} 的后验分布是威夏特分布。

我们详细讨论在第一种情况下对于 VAR 后验分布的推导。令先验的 $\alpha=\bar{\alpha}+v_a$,$v_a\sim$ i. i. d. $\mathbb{N}(0,\bar{\Sigma}_a)$,$\bar{\alpha}$ 和 $\bar{\Sigma}_a$ 固定。则有:

$$\begin{aligned}
g(\alpha) &\propto |\bar{\Sigma}_a|^{-0.5}\exp\{-0.5(\alpha-\bar{\alpha})'\bar{\Sigma}_a^{-1}(\alpha-\bar{\alpha})\} \\
&\propto |\bar{\Sigma}_a|^{-0.5}\exp\{-0.5[\bar{\Sigma}_a^{-0.5}(\alpha-\bar{\alpha})]'[\bar{\Sigma}_a^{-0.5}(\alpha-\bar{\alpha})]\} \qquad (10.7)
\end{aligned}$$

令 $\mathcal{Y}=[\bar{\Sigma}_a^{-0.5}\bar{\alpha},(\Sigma_e^{-0.5}\otimes I_T)y]'$,$\mathcal{X}=[\bar{\Sigma}_a^{-0.5},(\Sigma_e^{-0.5}\otimes X)]'$。那么有:

$$\begin{aligned}
g(\alpha|y) &\propto |\bar{\Sigma}_a|^{-0.5}\exp\{-0.5[\bar{\Sigma}_a^{-0.5}(\alpha-\bar{\alpha})]'[\bar{\Sigma}_a^{-0.5}(\alpha-\bar{\alpha})]\} \\
&\quad \times|\Sigma_e\otimes I_T|^{-0.5}\exp\{[(\Sigma_e^{-0.5}\otimes I_T)y-(\Sigma_e^{-0.5}\otimes \boldsymbol{X})\alpha]' \\
&\quad \times[(\Sigma_e^{-0.5}\otimes I_T)y-(\Sigma_e^{-0.5}\otimes \boldsymbol{X})\alpha]\} \\
&\propto \exp\{-0.5(\mathcal{Y}-\mathcal{X}\alpha)'(\mathcal{Y}-\mathcal{X}\alpha)\} \qquad (10.8) \\
&\propto \exp\{-0.5(\alpha-\tilde{\alpha})'\mathcal{X}'\mathcal{X}(\alpha-\tilde{\alpha})+(\mathcal{Y}-\mathcal{X}\tilde{\alpha})'(\mathcal{Y}-\mathcal{X}\tilde{\alpha})\}
\end{aligned}$$

其中：

$$\tilde{\alpha}=(\mathcal{X}'\mathcal{X})^{-1}(\mathcal{X}'\mathcal{Y})=[\bar{\Sigma}_a^{-1}+(\Sigma_e^{-1}\otimes \boldsymbol{X}'\boldsymbol{X})]^{-1}[\bar{\Sigma}_a^{-1}\bar{\alpha}+(\Sigma_e^{-1}\otimes \boldsymbol{X})'y] \quad (10.9)$$

因为 Σ_e 和 $\bar{\Sigma}_a$ 是固定的，第二项在(10.8)式中独立于 α，并且有：

$$\begin{aligned} g(\alpha|y) &\propto \exp\{-0.5(\alpha-\tilde{\alpha})'\mathcal{X}'\mathcal{X}(\alpha-\tilde{\alpha})\} \\ &\propto \exp\{-0.5(\alpha-\tilde{\alpha})'\tilde{\Sigma}_a^{-1}(\alpha-\tilde{\alpha})\} \end{aligned} \quad (10.10)$$

因此，α 的后验分布是正态的，期望是 $\tilde{\alpha}$，方差是 $\tilde{\Sigma}_a=[\bar{\Sigma}_a^{-1}+(\Sigma_e^{-1}\otimes \boldsymbol{X}'\boldsymbol{X})]^{-1}$。为了使(10.10)式可操作，我们需要 $\bar{\alpha}$、$\bar{\Sigma}_a$ 和 Σ_e。一般而言，$\bar{\Sigma}_a$ 有先验的假设，它与 $\bar{\alpha}$ 无关，我们使用等式 $\Sigma_{e,\text{OLS}}=[1/(T-1)\sum_{t=1}^{T}e'_{t,\text{OLS}}e_{t,\text{OLS}}, e_{t,\text{OLS}}=y_t-(I_m\otimes \boldsymbol{X})\alpha_{\text{OLS}}$估计。

10.2.1 *在不确定约束下的最小二乘法*

当系数是随机约束时，α 在(10.9)式中得到的后验期望与用泰伊混合估计方法得到的经典的估计值是一样的。为了更好地理解这一点，考虑这样一个单变量的没有常数项的 AR(q)模型：

$$\left.\begin{aligned} \boldsymbol{Y}_t&=\boldsymbol{X}_t A+\boldsymbol{E}_t, & \boldsymbol{E}_t&\sim \text{i. i. d.}(0,\Sigma_e) \\ A&=\bar{A}+v_a, & v_a&\sim \text{i. i. d.}(0,\bar{\Sigma}_a) \end{aligned}\right\} \quad (10.11)$$

其中，$A=[A_1,\cdots,A_q]'$，$\boldsymbol{X}_t=[y_{t-1},\cdots,y_{t-q}]$。设 $\mathcal{Y}_t=[\boldsymbol{Y}_t,\bar{A}']'$，$\mathcal{X}_t=[\boldsymbol{X}_t,I]'$，$E_t=[\boldsymbol{E}_t,v'_a]$。那么 $\mathcal{Y}_t=\mathcal{X}_tA+E_t$，其中，$E_t\sim$ i. i. d. $(0,\Sigma_E)$被假设为已知的。(广义)最小二乘估计值是 $A_{\text{GLS}}=(\mathcal{X}'\Sigma_E^{-1}\mathcal{X})^{-1}(\mathcal{X}'\Sigma_E^{-1}\mathcal{Y})$，它与 $\tilde{A}$ 是一致的，是通过固定的 Σ_e、$\bar{A}$、$\bar{\Sigma}_a$ 和先验的正态分布 A 得到的 A 的后验平均。关于结果，有一个简单而有用的解释。先验的约束可以被当作加入到 VAR 的联立方程的虚拟变量。后验的估计值通过准确的权重，有效地把样本和先验信息合并到一起。用同样一种方法，另外的约束可以被添加到系统，并且后验估计可以通过结合先验约束的向量和样本得到。当我们设计具有趋向、季节变动等约束时，将利用这个特点。

练习 10.1［贺尔和凯内德(Hoerl and Kennard)］ 假设在(10.11)式中，$\bar{A}=0$。证明 A 的后验期望是 $\tilde{A}=(\bar{\Sigma}_a^{-1}+\boldsymbol{X}'\Sigma_e^{-1}\boldsymbol{X})^{-1}(\boldsymbol{X}'\Sigma_e^{-1}\boldsymbol{Y})$。如果 $\Sigma_e=\sigma_e^2\times I_T$，$\bar{\Sigma}_a=\sigma_v^2\times I_q$，$\tilde{A}=(I_q+(\sigma_e^2/\sigma_v^2)(\boldsymbol{X}'\boldsymbol{X})^{-1})^{-1}A_{\text{OLS}}$，则 A_{OLS}是 A 的 OLS 估计值。

练习 10.1 中的两个性质是值得讨论的。第一，因为约束 $\bar{A}=0$ 加强了所有的系数都很小的信念，如果是汇率、股票价格等金融变量的增长率，那么信念是合理的。第二，根据所做出的假设，后验估计值通过因素 σ_e^2/σ_v^2，增大数据矩阵的最小特征值。因此，当矩阵 $\boldsymbol{X}'\boldsymbol{X}$ 是条件缺失的，例如，当多重共线性存在时，这种特例是特别有用的。

练习 10.2 把(10.9)式中的 $\tilde{\alpha}$ 作为一个经典估计，证明在什么条件下它是一致的和渐近正态分布。

对于第一种情况，关于先验信息还有另外一种表达方式。设 $R\alpha=r+v_a$，$v_a\sim$ i. i. d. $\mathbb{N}(0,I)$，R 是平方矩阵。$g(\alpha)$是 $\mathbb{N}(R^{-1}r,R^{-1}(R^{-1})')$，$\tilde{\alpha}=[R'R+(\Sigma_e^{-1}\otimes \boldsymbol{X}'\boldsymbol{X})]^{-1}[R'r+(\Sigma_e^{-1}\otimes \boldsymbol{X})'y]$。后面的表达方式比(10.9)式多了两个优点。第一，它不需要 $mk\times mk$ 阶矩阵$\bar{\Sigma}_a$ 的转置，这种转置在大规模的 VAR 中是很复杂

的。第二，很容易假设某些系数为零；在(10.9)式中，假设系数为零的条件需要通过设置 $\bar{\Sigma}_a$ 对角元素趋向于无穷来实现。

练习 10.3 用 $R\alpha=r+v_a$，$v_a\sim\text{i.i.d.}\ \mathbb{N}(0,I)$，证明当 $T\to\infty$，有 $\sqrt{T}(\tilde{\alpha}-\alpha_{\text{OLS}})\xrightarrow{P}0$。

练习 10.3 的直观意义很清楚。因为随着 T 的增加，相对于先验信息，数据的重要性增加，$\tilde{\alpha}$ 与无约束条件下的 OLS 估计相吻合。

10.2.2 *明尼苏达先验*

被称作明尼苏达的先验信息，可以从情况 1 中的先验信息得到，$\bar{\alpha}$ 和 $\bar{\Sigma}_a$ 是少量超参数的函数。在这种特殊的情况下(参见 RATS 手册，2005)，这一先验信息假设 $\bar{\alpha}=0$，$\bar{\alpha}_{i1}=1$，$i=1,\cdots,m$，，$\bar{\Sigma}_a$ 是对角阵，$\sigma_{ij,\ell}$ 与等式 i 中第 j 个变量的滞后 ℓ 是一致的，它具有以下形式：

$$\sigma_{ij,\ell}=\begin{cases}\dfrac{\phi_0}{h(\ell)}, & \text{如果 } i=j,\forall\ell\\ \phi_0\times\dfrac{\phi_1}{h(\ell)}\times\left(\dfrac{\sigma_j}{\sigma_i}\right)^2, & \text{如果 } i\neq j, j\text{ 内生}, \forall\ell\\ \phi_0\times\phi_2, & \text{如果 } i\neq j, j\text{ 外生}\end{cases}\tag{10.12}$$

其中，ϕ_i，$i=0,1,2$ 是超参数。$(\sigma_j/\sigma_i)^2$ 是度量因子，$h(\ell)$ 是 ℓ 的决定函数。对于观察者来说，在(10.12)式中，变量体现了利率的性质，ϕ_0 表示第一个滞后变量方差的紧密度，ϕ_1 表示其他变量的相对的紧密度，ϕ_2 表示外生变量的紧密度，$h(\ell)$ 表示其他滞后变量方差的紧密度。一般而言，假设一个调和的形式 $h(\ell)=\ell^{\phi_3}$(在一种特殊情况下，$h(\ell)=\ell$，退化为线性的)，或者一个退化的几何形式 $h(\ell)=\phi_3^{-\ell+1}$，$\phi_3>0$。因为 σ_i，$i=1,\cdots,m$ 不是已知的，变量 i 和 j 的标准差的一致估计一般采用(10.12)式的形式。

为了更好地理解这一先验形式，注意到，m 个时间序列是一个被表示为随机游走的先验信息，这一特例被选择，是因为随机游走可以很好地预测宏观的时间序列。同时注意到，加上随机游走的假设：如果有足够的信息，后验的时间序列将有一个更加复杂的随机过程。

协方差矩阵的先验形式是一个对角阵。因此，在不同的 VAR 等式中的系数之间是没有关系的。更重要的是，最近的滞后变量与较前的滞后变量相比，关于变量的当前值，一开始就被认为包含更多的信息。因此，如果对于模型的内生变量 $\ell_2>\ell_1$，ℓ_2 的方差比 ℓ_1 的小。而且，因为其他变量的滞后与自身变量的滞后相比包含较少的信息，所以 $\phi_1\leqslant 1$。注意到，如果 $\phi_1=0$，VAR 的先验形式将变成没有常数项模型的向量。最后，ϕ_2 控制着包含在外生变量中的信息的相对权重，而 ϕ_0 控制着样本和而先验信息的相对权重。从(10.9)式可知，如果 ϕ_0 比较大，那么先验信息是多余的，所以后验只包含有样本信息。如果 ϕ_0 很小，而先验信息很少的话，那么后验则主要反映先验信息。

这种先验信息的图形表示在图 10.1 中，所有系数的先验的均值是 0(除了自身的一阶滞后),具有较长滞后的变量系数的先验信息更加集中。更重要的是,没有出现在等式左边的变量的滞后分布与自身滞后变量的分布相比,更加集中。

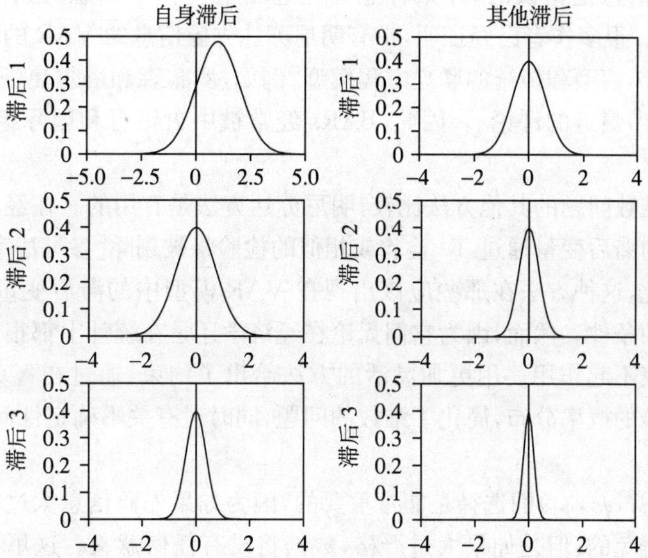

图 10.1 明尼苏达先验

例题 10.1 考虑一个 VAR(2), $q=2$, $\bar{y}=0$, $h(\ell)=\ell$。这里, $\bar{\alpha}=[1,0,0,0\,|\,0,1,0,0]$,如果 $\kappa=\sigma_2/\sigma_1$,看看通过明尼苏达先验分布可以推导出什么。

$$\bar{\Sigma}_a=\begin{bmatrix}\phi_0 & 0 & 0 & 0 & 0 & 0 & 0 & 0\\ 0 & \phi_0\phi_1\kappa^2 & 0 & 0 & 0 & 0 & 0 & 0\\ 0 & 0 & \frac{1}{2}\phi_0 & 0 & 0 & 0 & 0 & 0\\ 0 & 0 & 0 & \frac{1}{2}\phi_0\phi_1\kappa^2 & 0 & 0 & 0 & 0\\ 0 & 0 & 0 & 0 & \phi_0\phi_1\kappa^{-2} & 0 & 0 & 0\\ 0 & 0 & 0 & 0 & 0 & \phi_0 & 0 & 0\\ 0 & 0 & 0 & 0 & 0 & 0 & \frac{1}{2}\phi_0\phi_1\kappa^{-2} & 0\\ 0 & 0 & 0 & 0 & 0 & 0 & 0 & \frac{1}{2}\phi_0\end{bmatrix}$$

$\bar{\Sigma}_a$ 为对角矩阵是有好处的。因为,一样的变量出现在每一个等式的右边,如果 $\phi_1=1$, $\bar{\Sigma}_a$ 是对角阵,那么 $\tilde{\Sigma}_\alpha$ 也是对角阵。这样, $\tilde{\alpha}$ 与逐条等式估计的 $\tilde{\alpha}_i$ 是一样的。在其他的先验条件下,无论 $\bar{\Sigma}_a$ 对 ϕ_1 做出什么样的假设,这一性质都将不存在。

练习 10.4 用看上去无关的模型证明,当 $g(\alpha)$ 是明尼苏达先验和 $\phi_1=1$ 时,放在一起估计模型 VAR 的系数与每一个等式分别估计是等价的。

一般的 VAR 的 α 的维数非常大。例如,如果有 5 个内生变量、5 阶滞后和 1 个常数, $k=26$, $mk=130$。对于标准的宏观数据,例如,40 年的季度数据($T=160$),最大似然估计不可能有合理的性质,而明尼苏达先验信息使得大量的系数依赖于超参数的一个较小的向量。如果这些对象从数据中被估计，可以预料到更好的准确性，因为总的维数减少（噪声信号比较小），样本外的预测将会更好。注意到，即使先验信息是错误的，在某种意义上它不反应样本信息，这种方法将简化 MSE 的估计。很多作者已经证明，带有明尼苏达先验信息的 VAR 的预测效果，明显优于ARIMA模型和传统的联立方程模型[例如，罗布森和塔尔曼（Roberson and Tallman，1990）最近的评论]。因此，BARs 经常被中央银行和国际组织作为短期预测的工具。

与处理维数问题的其他方法比较，明尼苏达方法是有用的。在经典的方法中，一些不重要的滞后变量通过 T-检验或相似的检验将被剔除[参见法韦罗（Favero，2001）]。因此，这种方法在那些应该出现在 VAR 模型中的滞后变量上加入了非常强的先验的条件。然而，因为它们无论在经济学还是在统计上都很难被证明，所以常用的约束不起作用。用更加灵活的方法给出了约束：通过在 VAR 的系数上加上一些先验的概率分布，简化了维数的问题，同时对有关不确定性问题给出了合理的度量。

$\phi=(\phi_0,\phi_1,\phi_2,\phi_3)$的选择是非常重要的，因为如果先验信息太过宽泛，过度的拟合是很难避免的；但是如果太过严格，数据将没有任何意义。这里，有三种方法可以利用。在第一种和第二种方法中，先得到 ϕ 的估价，再把 $\bar{\alpha}$、Σ_a 的估计代入 ϕ 的表达式。然后，在一般的实证的贝叶斯方法中得到 ϕ 的估计，α 的后验分布可以从(10.9)式中得到。在第三种方法中，把 ϕ 当作一个随机因子，假设它的先验分布，从而达到 α 的完全分层后验分布。但是这样做，我们需要用 MCMC 方法。在本节中，我们主要集中讨论第一种和第二种方法。

一种选择 ϕ 的方法是采用简单的经验方法。例如，RATS 手册建议，默认值 $\phi_0=0.2$、$\phi_1=0.5$、$\phi_2=10^5$，对于 $\phi_3=1$ 或 2 的 $h(\ell)$的一个协调的特例，意味着一个相对较松的先验的假设在 VAR 的系数和在外生变量上没有先验的假设。这些值在预测很多宏观问题上表现得很好，应该被作为一个基准点，或者对于进一步的研究，作为一个开始点。

另外一种方法，是利用包含在数据中的信息来估计 ϕ。在这种情况下，边缘分布 $f(\phi \mid y)=\int \mathcal{L}(\alpha \mid y,\phi)g(\alpha \mid \phi)\mathrm{d}\alpha$ 被构造在样本$(-\tau,\cdots,0)$上。可以通过下面的例子，用简单的模型说明这一点。

例题 10.2 假设 $y_t=Ax_t+e_t$，A 是随机数，$e_t\sim$ i. i. d. $\mathbb{N}(0,\sigma_e^2)$，σ_e^2 已知。令 $A=\bar{A}+v_a$，$v_a\sim$ i. i. d. $\mathbb{N}(0,\bar{\sigma}_a^2)$，$\bar{A}$ 固定，$\bar{\sigma}_a^2=h(\phi)^2$，其中，$\phi$ 是超参数向量。$y_t=\bar{A}x_t+\epsilon_t$，$\epsilon_t=e_t+v_ax_t$，后验核是：

$$\breve{g}(\alpha,\phi|y)=\frac{1}{\sqrt{2\pi}\sigma_e h(\phi)}\exp\left\{-0.5\frac{(y-Ax)^2}{\sigma_e^2}-0.5\frac{(A-\bar{A})^2}{h(\phi)^2}\right\} \tag{10.13}$$

这里，$y=[y_1,\cdots,y_t]'$，$x=[x_1,\cdots,x_t]'$。把(10.13)式对 A 求积分，我们得到：

$$f(\phi|y)=\frac{1}{\sqrt{2\pi \mathrm{h}(\phi)^2\mathrm{tr}|x'x|+\sigma_e^2}}\exp\left\{-0.5\frac{(y-\bar{A}x)^2}{\sigma_e^2+h(\phi)^2\mathrm{tr}|x'x|}\right\} \tag{10.14}$$

上式可以通过采用卡尔曼滤波产生的 $f(\phi|y)$ 的预测误差分解来被构造和最大化。

在例题 10.2 中，A 是一个数；当 α 是一个向量时，方法是一样的。

练习 10.5 令 $y_t=A(\ell)y_{t-1}+e_t, e_t\sim \text{i.i.d.}\ \mathbb{N}(0,\Sigma_e)$，$\Sigma_e$ 已知，令 $\alpha=\text{vec}(A_1,\cdots,A_q)'=\bar{\alpha}+v_a$，$\bar{\alpha}$ 已知，$\bar{\Sigma}_a=h(\phi)^2$。证明 $f(\phi|y)$ 和它的预测误差分解。

练习 10.6 假设在例题 10.2 中，$\bar{A}=h_1(\phi)$，$\bar{\Sigma}_a=h_2(\phi)$，导出对于最优的 ϕ 的一阶条件。怎样量化找到 ϕ 的 ML-Ⅱ的估计。

我们将在下面三个练习中总结由其他特殊的先验推出的、α 和 Σ_e 的后验分布的特征[有关细节，参见凯迪亚拉和卡尔松(Kadiyala and Karlsson，1997)]。

练习 10.7 假设 $g(\alpha,\Sigma_e^{-1})\propto|\Sigma_e^{-1}|^{0.5(m+1)}$。证明 $g(\alpha|\Sigma_e,y)\sim\mathbb{N}(\alpha_{\text{OLS}},\Sigma_e^{-1}\otimes \boldsymbol{X}'\boldsymbol{X})^{-1})$ 和 $g(\Sigma_e^{-1}|y)\sim\mathbb{W}([(y-(I\otimes\boldsymbol{X})\alpha_{\text{OLS}})'\times(y-(I\otimes\boldsymbol{X})\alpha_{\text{OLS}})]^{-1},T-K)$，并且 $(\alpha|y)$ 是 t-分布，参数是 $((I\otimes\boldsymbol{X})'(I\otimes\boldsymbol{X}),(y-(I\otimes\boldsymbol{X})\alpha_{\text{OLS}})'(y-(I\otimes\boldsymbol{X})\alpha_{\text{OLS}}),\alpha_{\text{OLS}},T-k)$，这里，$\alpha_{\text{OLS}}$ 是 α 的 OLS 的估计。α 的后验估计的元素是不独立的。(提示：考察 α 的方差。)

练习 10.8 假设 (α,Σ_e^{-1}) 的先验的联合分布是正态—漫射的，即 $g(\alpha)\sim\mathbb{N}(\bar{\alpha},\bar{\Sigma}_a)$，$\bar{\alpha}$ 和 $\bar{\Sigma}_a$ 都是已知的，$g(\Sigma_e)\propto|\Sigma_e^{-1}|^{0.5(m+1)}$，求 $g(\alpha|y)$ 的表达式。证明各个等式是后验不独立的，即使 $\bar{\Sigma}_a$ 是对角阵。

练习 10.9 令 $g(\alpha|\Sigma_e)\sim\mathbb{N}(\bar{\alpha},\Sigma_e\otimes\bar{\Omega})$ 和 $g(\Sigma_e^{-1})\sim\mathbb{W}(\bar{\Sigma}_e,\bar{\nu})$。证明 $g(\alpha|\Sigma_e,y)\sim\mathbb{N}(\tilde{\alpha},\Sigma_e\otimes\tilde{\Omega})$ 和 $g(\Sigma_e^{-1})\sim\mathbb{W}(\tilde{\Sigma}_e,T+\bar{\nu})$。给定 $\tilde{\alpha}$、$\tilde{\Omega}$ 和 $\tilde{\Sigma}_e$ 的形式。证明 $(\alpha|y)$ 是 t-分布，参数是 $(\tilde{\Omega}^{-1},\tilde{\Sigma}_e,\tilde{\alpha},T+\bar{\nu})$。证明各个等式是后验不独立的。

10.2.3 *加入其他先验约束*

我们加入一些其他统计约束在标准的明尼苏达先验信息中，而没有改变后验的形式。例如，调查者对研究季节的动态变化感兴趣，因此用季节性数据建立起先验的约束。最简单的处理季节性变量的方法就是在 VAR 中加入虚拟变量，处理这些变量的方法与处理外生变量的方法一样。

例题 10.3 在季节数据中，带有四个季节虚拟变量的 VAR(2)的先验分布的均值为 $\bar{\alpha}=[1,0,0,0,0,0,0,0,0|0,1,0,0,0,0,0,0,0]$，并且与季节的虚拟变量一致的 Σ_a 是对角阵，元素是 $\sigma_{\text{dd}}=\phi_0\phi_s$。这里，$\phi_s$ 表示季节信息的紧密性。(大的 ϕ_s 表示较少的先验信息。)

然而，季度性变量很难决定(如果不想要的话，它们很容易被删除)，而且季节性变量只是粗略地解释季节性的变动。作为另一种方法，注意到，如果时间序列在一定范围内显示为一个峰值，或者表示为季节性的频数，那么时间序列就是季节性的。对于一个峰值，频数为 ω_0，那么在模型 $y_t=D(\ell)e_t$ 中，大的 $|D(\omega_0)|^2$ 意味着 $|A(\omega_0)|^2$ 应该是小的，这里，$A(\ell)=D(\ell)^{-1}$，这可以推出 $\sum_{j=1}^{\infty}A_j\cos(\omega_0 j)\approx -1$。

例题 10.4 在季度数据中，$\omega_0=\frac{1}{2}\pi,\pi$(频数与 4 个和 2 个季节的周期一致)，峰值在 $\frac{1}{2}\pi$ 意味着，$-A_2+A_4-A_6+A_8+\cdots$ 一定接近于-1。

同样的想法适用于多变量的模型。去掉常数项，MA 的表达式是 $y_t=D(\ell)e_t$，

它的谱密度是 $\mathcal{S}_y(\omega)=|D(\omega)|^2\Sigma_e/2\pi$。因为 $D(\omega)=\sum_j D_j(\cos(\omega j)+\mathrm{i}\sin(\omega j))$，所以 $\mathcal{S}_y(\omega)$ 在 $\omega=\omega_0$ 达到峰值。这说明 $\sum_j D_j\cos(\omega_0 j)$ 较大，$\sum_{j=1}^{\infty}A_j\cos(\omega_0 j)\approx-1$。

我们把约束条件写成 $R\alpha=r+v_a$ 的形式，这里，$r=[-1,\cdots,-1]'$，R 是 $m_1\times mk$ 阶矩阵，m_1 是季节性频数。在季节数据里，如果 VAR 的第一个变量显示出以 $\frac{1}{2}\pi$ 和 π 为周期的季节性，则：

$$R=\begin{bmatrix}0 & -1 & 0 & 1 & 0 & -1 & \cdots & 0\\ -1 & 1 & -1 & 1 & -1 & 1 & \cdots & 0\end{bmatrix}$$

这些约束可以被加入最初的先验条件中，一旦 Σ_{v_a} 被确定，就可以与那些泰伊混合估计方法的数据结合在一起。正如在下面练习中提出的，同样的方法可以解释在谱分析中其他部分出现的峰值。

练习 10.10［加诺瓦(Canova)］ (i) 证明频数为 0 时，变量 i 在谱密度中的一个峰值意味着 $\sum_{j=1}^{\infty}A_{ji}\approx-1$。

(ii) 证明对于区间内的所有 ω_0，如果变量 i 在区间 $[\omega_1,\omega_2]$ 出现的频率很大，那么 $\sum_{j=1}^{\infty}A_{ji}\cos(\omega_0 j)\approx-1$。

(iii) 证明如果 VAR 中的变量 i 和 i' 在 $\omega_0=\frac{1}{2}\pi$ 上有较高的相关系数，那么 $\sum_{j=1}^{\infty}(-1)^j A_{i'i'(2j)}+\sum_{j=1}^{\infty}(-1)^j A_{ii(2j)}\approx-2$。

把在(i)、(ii)、(iii)中的约束重新写成不确定性的线性约束。

其他类型的概率约束可以用上面同样的方法给出，只要 r、R、$\mathrm{var}(v_a)$ 的方差固定。把先验和样本信息放在一起，没有任何理论上的困难：尽管 r、R 的维数改变，α 的后验形式不会改变。

10.2.4 *一些运用技巧*

研究者在 VAR 中，假设一个明尼苏达的先验条件，但是会产生一些实际的问题。首先，为了简单起见：我们一般为超参数 ϕ 选择默认值，即使这是一个好的开始点，但是这一选择在预测分析或者结构性统计推断中是否合适是不清楚的。因此，灵敏度分析就需要提供一些有用的局部的派生信息。例如，当 ϕ 改变时，预测的 MSE 改变多少。如果差异很大，是否超参数应被选择用以得到更好的样本外预测？因为超参数描写的是先验的特征，所以它应该用边际似然率来选择。用先前的 MSE 的统计量解决一些实际的问题。应该如何选择预测范围，进行超参数的选择？如果不同预测范围需要不同的超参数的值，那么这一过程又是怎样的？边际似然率的使用给出了这些问题一个很自然的答案，因为边际似然率可以被分解为一步向前预期的差的乘积，超参数被选择使得似然率最大，也就是使得在样本中的一步向前预期的差的乘积最小。

其次，在一定的实证应用上，先验的默认值是不合适的：例如，增长率变量的一阶滞后的期望值是 1，这是没有什么用的。换句话说，在一个等式或交叉项等式中，我们需要额外的变量来控制一些变量的权重。例如，当有一个金融变量在等式的左边，我们希望其他变量具有较少的权重，但是宏观变量恰恰相反。这些明尼苏达先验分布的改变不会改变后验分布的形式，只要 Σ_a 是对角阵和 Σ_e 是固定的。

虽然本节的重点在第一种情况，但是当一般的正态—威夏特先验分布被使用时，所有的讨论仍然是有效的。在条件 Σ_e 下，α 的后验分布还是正态的。然而，在这种情况下，逐条等式的估计不再有效，对于有五六个变量、四五阶滞后的 VAR，在给定计算机技术的条件下，宽广的计算系统不再被需要。但是，对于更大规模的模型，例如，里皮等人(Leeper et al.，1996)研究的一个模型来说，对于先验分布的精确选择可以大大地简化计算。

怎样选择变量作为 BVAR 中的变量呢？使用第 9 章中描写的带有不同变量的特例被看成是不同模型的思路。因此，后验的优势比率，或者李默(Leamer)的方法被用来选择一个最合适数据的特例，这样的计算可以用嵌套的或非嵌套的模型计算。

例题 10.5(预测通货膨胀) 我们用带有明尼苏达先验信息的 BVAR 预测意大利的通货膨胀率。在 20 世纪 90 年代，通货膨胀率的特点在全世界显著改变了，尤其在意大利。事实上，虽然在 20 世纪 80 年代，自协方差函数显示了显著持续[AR(1)系数等于 0.85]，在 20 世纪 90 年代，它的衰变相当迅速[AR(1)系数等于 0.48]。在这种情况下，使用从 20 世纪 80 年代的数据选择一个模型或它的超参数，可能严重损害它对于 20 世纪 90 年代的预测能力。作为基准比较，我们使用一个变量 ARIMA 模型，通过使用标准的伯克斯—詹金斯(Box-Jenkins)方法和一个有 3 个变量不受限制的 VAR，包括 3 个月的年均通货膨胀率、失业率和 3 个月的租金年均通货膨胀率，每个变量滞后 4 期。这些变量利用李默的后验算法，从 10 个变量中选择。我们用两种特殊的方法展示结果：一种是带有固定超参数的 BVAR，另一种就是对于 1980:1～1995:4 时期的样本，得到最大边际似然的超参数的模型。先验方差是由紧密性参数、衰变参数和其他滞后变量的参数决定的。在第一种情况下，我们分别把它们设置为 0.2、1、0.5。在第二种情况下，它们的点估计值分别是 0.14、2.06、1.03。不变的先验方差是多余的。表 10.1 报告了 4 种情况下的提前一年的泰伊-U 统计量(模型的 MSE 与随机游走模型的 MSE 的比率)。对于 2 个 BVAR 的后验的标准差，在表 10.1 的括号中表示。

表 10.1 一步向前的泰伊-U 统计量

样本时期	ARIMA	VAR	BAVAR1	BAVAR2
1996:1～2004:4	1.04	1.47	1.09(0.03)	0.97(0.02)
1990:1～2005:4	0.99	1.24	1.04(0.04)	0.94(0.03)

有三个特点值得讨论。首先，预测提前一年的意大利的通货膨胀是困难的：所有的模型很难比随机游走做得好，而且其他三个做得更糟。其次，不受约束的 VAR 也表现得比较差。第三，带有默认值的 BVAR 优于无限制的模型，但很难优于 ARIMA 模型。最后，带有最佳选择参数的 BVAR 在一年的范围内优于随机游走和 ARIMA 模型，但是很不明显。结果是稳健的：重复使用在 1980：1～1989:4 时期中的数据，选择变量和超参数，使用在 1991:1～1995:4 时期内的数据估计模型，得到的预测结果产生了相同数量的泰伊-U 统计量。

10.2.5 从 DSGE 模型推导的先验信息

先验来自于统计上的直觉，也可以依据拇指定律，这些先验信息对预测宏观时间序列是有用的。在这两种情况下，经济学理论没有任何作用，除了对先验值建立一个范围。为了某种目的而不是为了预测，对于 BVAR 的使用，我们先考察基于经济学理论的先验信息。另外，我们也有兴趣知道，基于理论的先验信息在无条件的样本外预测上，是否与基于统计的先验信息一样有效。

这里，我们考虑来自于 DSGE 模型的先验信息。根据模型的性质和结构性参数的先验信息，我们可以推出简化式的 VAR 系数的先验信息。在构造后验分布时，我们运用这些简化式或者只是简单地考虑它的数量。在这一步，先验信息测量了 DSGE 的结构产生的可观察数据的置信度。

另一种对于 DSGE 模型的对数线性的解的表示方法是：

$$y_{2t+1}=\mathcal{A}_{22}(\theta)y_{2t}+\mathcal{A}_{23}(\theta)y_{3t+1} \tag{10.15}$$

$$y_{1t}=\mathcal{A}_{12}(\theta)y_{2t} \tag{10.16}$$

这里，y_{2t} 是 $m_2\times1$ 阶向量，包括状态和内趋力，y_{1t} 是 $m_1\times1$ 阶向量，包括所有的内生变量。y_{3t+1} 表示扰动。$\mathcal{A}_{jj'}$ 是关于 θ 偏好、技术、政策变量的时间不变的函数，很容易把(10.15)式和(10.16)式转化为一个(受约束的)VAR(1)，得到 $y_t=[y_{1t},y_{2t}]'$ 的形式：

$$\begin{bmatrix}0 & 0\\ 0 & I_{m_2}\end{bmatrix}y_{t+1}=\begin{bmatrix}-I_{m_1} & \mathcal{A}_{12}(\theta)\\ 0 & \mathcal{A}_{22}(\theta)\end{bmatrix}y_t+\begin{bmatrix}0\\ \mathcal{A}_{23}(\theta)\end{bmatrix}y_{3t+1} \tag{10.17}$$

或者 $\mathcal{A}_0y_{t+1}=\mathcal{A}_1(\theta)y_t+\epsilon_{t+1}(\theta)$。因此，给定 θ 的先验分布，模型可以告诉我们关于 $\mathcal{A}_{12}(\theta)$、$\mathcal{A}_{22}(\theta)$、$\mathcal{A}_{23}(\theta)$ 的先验分布，反过来，由这些信息又可以推出简化式的参数 $A(\ell)=\mathcal{A}_0^{-1}\mathcal{A}_1(\ell)$ 和 $\Sigma_e=\mathcal{A}_0^{-1}\Sigma\epsilon\mathcal{A}_0^{-1}$ 的约束，对于 $\mathcal{A}_{12}(\theta)$、$\mathcal{A}_{22}(\theta)$、$\mathcal{A}_{23}(\theta)$ 的先验表达式，可以通过用 δ 近似法得到。例如，$\theta\sim\mathbb{N}(\bar{\theta},\Sigma_\theta)$，$\mathrm{vec}(\mathcal{A}_{12}(\theta))\sim\mathbb{N}(\mathrm{vec}(\mathcal{A}_{12}(\bar{\theta})),[\partial\,\mathrm{vec}(A_{12}(\theta))/\partial\theta']\Sigma_\theta[\partial\,\mathrm{vec}(A_{12}(\theta))/\partial\theta']')$，等等。

例题 10.6 考虑一个 VAR(q)：$y_{t+1}=A(\ell)y_t+e_t$。在(10.17)式中，A_1 的先验分布是正态的，期望为 $\mathcal{A}_0^G\mathcal{A}_1(\bar{\theta})$，这里，$\mathcal{A}_0^G$ 是 $\mathcal{A}_0$ 的广义逆，方差 $\Sigma_a=(A_0^G\otimes I_{m_1+m_2})\Sigma_{a_1}(A_0^G\otimes I_{m_1+m_2})'$，$\Sigma_{a_1}$ 是向量 $\mathrm{vec}(\mathcal{A}_1(\theta))$ 的方差。对于 A_2、A_3、…、A_q 的 DSGE 先验信息具有固定形式：零期望和零方差。

因为 DSGE 模型的稳定状态包括一些不可观察的变量(例如，依据拉格朗日乘子和模型的内趋力)或一些被研究者重新构造的变量(例如，资本的扰动)，对于只包含可观察变量的 VAR，假设先验约束将更为方便，正如下面这个例子所要证明的。

例题 10.7[英格拉姆和怀特曼(Ingram and Whiteman)] 一个 RBC 模型，效用函数 $u(c_t,c_{t-1},N_t,N_{t-1})=\ln(c_t)+\ln(1-N_t)$ 意味着一个对数线形的规则，具有以下形式：

$$\begin{bmatrix}K_{t+1}\\ \zeta_{t+1}\end{bmatrix}=\begin{bmatrix}\mathcal{A}_{kk}(\theta) & \mathcal{A}_{k\zeta}(\theta)\\ 0 & \rho_\zeta\end{bmatrix}\begin{bmatrix}K_t\\ \zeta_t\end{bmatrix}+\begin{bmatrix}0\\ \epsilon_{1t+1}\end{bmatrix}=\mathcal{A}_{22}(\theta)\begin{bmatrix}K_t\\ \zeta_t\end{bmatrix}+\epsilon_{t+1} \tag{10.18}$$

这里，K_t 是资本股票，ζ_t 是技术扰动。在内生变量和状态的相互作用下，均衡为：

$$\begin{bmatrix} c_t \\ N_t \\ \mathrm{gdp}_t \\ \mathrm{inv}_t \end{bmatrix} = \mathcal{A}_{12}(\theta)\begin{bmatrix} K_t \\ \zeta_t \end{bmatrix} \tag{10.19}$$

这里，c_t 是消费，N_t 是工作时间，gdp_t 是生产，inv_t 是投资。$\mathcal{A}_{12}(\theta)$和$\mathcal{A}_{22}(\theta)$是劳动生产率 η、折现率 β、折旧率 δ、自回归得到的技术冲击 ρ_ζ 的函数。令 $y_{1t}=[c_t, N_t, \mathrm{gdp}_t, \mathrm{inv}_t]'$，$y_{2t}=[K_t, \zeta_t]'$，$\theta=(\eta, \beta, \delta, \rho_\zeta)$。然后，$y_{1t}=A(\theta)y_{1t-1}+e_{1t}$，$A(\theta)=\mathcal{A}_{12}(\theta)\mathcal{A}_{22}(\theta)[\mathcal{A}_{12}(\theta)\mathcal{A}_{12}(\theta)]^{-1}\mathcal{A}_{12}(\theta)$，$e_{1t}=\mathcal{A}_{12}(\theta)\epsilon_t$，$[\mathcal{A}_{12}(\theta)'\mathcal{A}_{12}(\theta)]^{-1}\mathcal{A}_{12}(\theta)$是$\mathcal{A}_{12}(\theta)$的广义逆。如果先验分布是：

$$\theta \sim \mathbb{N}\left(\begin{bmatrix} 0.58 \\ 0.988 \\ 0.025 \\ 0.95 \end{bmatrix}, \begin{bmatrix} 0.0006 & & & \\ & 0.0005 & & \\ & & 0.0004 & \\ & & & 0.00015 \end{bmatrix}\right)$$

$A(\theta)$的先验均值是：

$$A(\bar{\theta}) = \begin{bmatrix} 0.19 & 0.33 & 0.13 & -0.02 \\ 0.45 & 0.67 & 0.29 & -0.10 \\ 0.49 & 1.32 & 0.40 & 0.17 \\ 1.35 & 4.00 & 1.18 & 0.64 \end{bmatrix}$$

这里推导出了从消费、生产和工作时间到投资的反作用(参见上式最后一行)。$\Sigma_A=[\partial A(\theta)/\partial\theta']\Sigma_\theta[\partial(A(\theta)/\partial\theta')]'$是 $A(\theta)$的先验方差。这里，$\partial A(\theta)/\partial\theta'$是 16×4阶向量。因此，对于的 RBC 的先验分布，可以推导出 VAR 一阶滞后是正态分布，均值是 $A(\bar{\theta})$，方差是 Σ_A，为了在更高阶滞后放松固定先验分布，我们可以假设一个先验分布，均值为零，方差与 $\Sigma_A/h(\ell)$成比例，$h(\ell)$是 ℓ 的增函数。

练习 10.11(RBC 协整先验)　在例题 10.7 中，假设 ζ_t 有单位根，除了时间以外，所有变量是不稳定的，随机趋势是一个普通值。

(i) 证明对于 K_t，$(I-\mathcal{A}_{kk}(\theta), -\mathcal{A}_{k\zeta}(\theta))$一定是协整向量。

(ii) 证明对于 y_{1t}，$(I_4, -\mathcal{A}_{12}(\theta))$一定是协整向量。

(iii) 给定 θ 是正态分布，对于$\mathcal{A}'s$是一个协整先验分布。

练习 10.12　假设一个代表性代理人最大化 $u(c_t, c_{t-1}, N_t)=\ln c_t-\epsilon_{2t}\ln N_t$，满足约束 $c_t+B_{t+1}\leqslant \mathrm{GDP}_t+(1+r_t^{\mathrm{B}})B_t-T_t$，这里，$\mathrm{GDP}_t=N_t\,\epsilon_{1t}$，$\epsilon_{1t}$是技术冲击，均值为$\bar{\epsilon}_1$，方差为 $\sigma^2_{\epsilon_1}$，ϵ_{2t}是劳动供给的冲击，期望为$\bar{\epsilon}_2$，方差为 $\sigma^2_{\epsilon_2}$。T_t 是总额税，B_t 是债券，政府支出是随机的，满足 $G_t-T_t=B_{t+1}-(1+r_t^{\mathrm{B}})B_t$。在这个模型中，有三种冲击：两种供给冲击$(\epsilon_{1t}, \epsilon_{2t})$，一个需求冲击 G_t。

(i) 找出 N_t、GDP_t、c_t 的线性解和劳动生产率(np_t)。

(ii) 用(i)中的结果，在 VAR 中构造时间和产出的先验分布，给出 VAR 中参数的后验分布和冲击的协方差矩阵。严格确定假设以及所做的选择(有三个冲击和两个变量)。如果使用有三个变量的、包含消费和劳动生产率的 VAR 模型,结果会有什么不同。

(iii) 描述如何使用后验估计,构建对于 G_t 冲击的脉冲响应。

(iv) 假设为了识别的目的,研究者假设需求的扰动对当期没有影响。在模型中,这个假设是不是合理的?在什么条件下,我们从后验分布的分析中能够给出 G_t 的估计?

德尔尼科勒和斯哥斐菲尔德(Delnegro and Schortheide,2004)建议,用另一种方法把有理论依据的先验分布加入 VAR 中,他们的方法的优点是,对于 VAR 和 DSGE 参数的后验分布能够同时得到。他们的基本特点是不同的,可以用一种重要的方法来描述。到目前为止,DSGE 模型给出了先验约束的形式(滞后变量上的零均值大于 1,等等)。这里,先验分布的密度函数是依据 DSGE 模型产生的数据。

方法的思想是简单的。因为先验分布被认为是依据 VAR 和另外加上去的一种信息,一种加入 DSGE 信息的方法就是讨论 VAR 用真实的数据和依据模型模拟的先验分布。对于实际的和模拟数据的相对的重要性,可以由研究者给出这两种类型的数据的权重来决定。

令带有参数(α,Σ_e)的 VAR 来表示数据。假设 $g(\alpha,\Sigma_e)$是 $\alpha\sim\mathbb{N}(\bar{\alpha}(\theta),\bar{\Sigma}(\theta))$、$\Sigma_e\sim\mathbb{IW}(T_s\bar{\Sigma}_e(\theta),T_s-k)$的形式。这里:

$$\left.\begin{aligned}\bar{\alpha}(\theta)&=[(X^s)'X^s]^{-1}[(X^s)'y^s]\\ \bar{\Sigma}(\theta)&=\Sigma_e(\theta)\otimes[(X^s)'X^s]^{-1}\\ \bar{\Sigma}_e(\theta)&=[y^s-X^s\bar{\alpha}(\theta)][y^s-X^s\bar{\alpha}(\theta)]'\end{aligned}\right\}\tag{10.20}$$

其中,y^s 是来自于 DSGE 模型的模拟数据,$X^s=(I_m\otimes\boldsymbol{X}^s)$是用模拟数据表示的 VAR 的滞后变量的矩阵,$\theta$ 是结构性参数。在(10.20)式中,$g(\alpha,\Sigma_e)$矩依赖于从模拟数据$(y^s,\boldsymbol{X}^s)$中得出的 θ。如果 T_s 表示模拟数据的时间长度,$\kappa=T_s/T$ 表示模拟数据的权重。

模型有一个分层结构 $f(\alpha,\Sigma_e|y)g(\alpha|\theta)g(\Sigma_e|\theta)g(\theta)$。在条件 θ 中,α、Σ_e 的后验分布是很容易被得到的。事实上,因为先验分布和似然函数是联合正态分布,所以$(\alpha|\theta,y,\Sigma_e)\sim\mathbb{N}(\tilde{\alpha}(\theta),\tilde{\Sigma}(\theta))$,$(\Sigma_e|\theta,y)\sim\mathbb{IW}((\kappa+T)\tilde{\Sigma}_e(\theta),T+\kappa-k)$,其中:

$$\left.\begin{aligned}\tilde{\alpha}(\theta)&=\left(\kappa\frac{(X^s)'X^s}{T^s}+\frac{X'X}{T}\right)^{-1}\left(\kappa\frac{(X^s)'y^s}{T^s}+\frac{X'y}{T}\right)\\ \tilde{\Sigma}(\theta)&=\Sigma_e(\theta)\otimes[(X^s)'X^s+X'X]^{-1}\\ \tilde{\Sigma}_e(\theta)&=\frac{1}{(1+\kappa)T}\{[(y^s)'y^s+y'y]-[(y^s)'X^s+y'X]\times\\ &\quad[(X^s)'X^s+X'X]^{-1}[(X^s)'y^s+X'y]\}\end{aligned}\right\}\tag{10.21}$$

并且 $X=(I\otimes\boldsymbol{X})$。$\theta$ 的后验分布可以通过模型分层结构来计算。事实上,$g(\theta|y)\propto f(\alpha,\Sigma_e,y|\theta)g(\theta)$,其中,$f(\alpha,\Sigma_e,y|\theta)\propto|\Sigma_e|^{-0.5(T-m-1)}\exp\{-0.5\mathrm{tr}[\Sigma_e^{-1}(y-X\alpha)'\times(y-X\alpha)]\}\bar{\Sigma}_e(\theta)|^{-0.5(T_s-m-1)}\exp\{-0.5\mathrm{tr}[\Sigma_e^{-1}(y^s-X^s\bar{\alpha}(\theta))'(y^s-X^s\bar{\alpha}(\theta))]\}$。我们将在第 11 章讨论如何得到这个后验分布。

练习 10.13 利用 $g(\alpha,\Sigma_e,\theta|y)=g(\alpha,\Sigma_e|y,\theta)g(\theta|y)$,推导出对于$(\alpha,\Sigma_e)$的后验

序列,并计算脉冲响应。

练习 10.14 假设 $g(\Sigma_e)$未知,给出在这种情况下$(\tilde{\alpha}(\theta),\tilde{\Sigma}_e(\theta))$的形式。

在(10.21)式中,所有的后验矩都是基于 κ。因为所有的参数都与样本和后验信息有关,所以选择一个适当的参数很重要。在标准的 BVAR 中,有两种方法可以选择。在第一种方法中,我们可以任意设定,例如,$\kappa=1$,意味 T 期的模拟数据被加入到实际数据中。在第二种方法中,我们选择一个使得模型的边际似然函数最大的方法。

练习 10.15 给出 $f(y|\kappa)$的形式。怎样用数值方法求其最大值?

注意到,最优的 κ 被用来检验模型的质量。事实上,如果 κ 很小,那么模拟的数据对后验分布没有什么意义。但是,如果模拟的数据太大,那么情况正好相反。例如,这种方法被德尔尼科勒等人(Delnegro et al.,2005)用来证明一个模型的质量。

例题 10.8 我们从例题 2.19 中的粘性工资、粘性价格的经济模型中模拟数据。我们设 $\eta=0.66$,$\pi^{ss}=1.005$,$N^{ss}=0.33$,$\beta=0.99$,$c^{ss}/GDP^{ss}=0.8$,$\zeta_p=\zeta_w=0.75$,$a_0=0$,$a_1=0.5$,$a_2=-1.0$,$a_3=0.1$,η 是产量中的劳动份额(劳动生产率),π^{ss}是稳态下的通货膨胀率,N^{ss}是稳态下工人参与工作的时间,β 是折现率,ζ_p 和 ζ_w 是价格和工资的粘性因子。a_0、a_1、a_2、a_3 是货币政策参数。我们用在 1973:1~1993:4期间的季度数据中的产出、利率和通货膨胀率来运行 VAR 模型,然后用模型构造$(X^s)'X^s$和$(X^s)'y^s$。表 10.2 给出了在不同的 κ 下边际似然率的值。这表明,模型不能很好地模拟数据,只有很少的数量(大概 20 个数据点)可以被用来设定先验信息。

表 10.2 边际似然函数、粘性价格、粘性工资模型

$\kappa=0$	$\kappa=0.1$	$\kappa=0.25$	$\kappa=0.5$	$\kappa=1$	$\kappa=2$
−1 228.08	−828.51	−693.49	−709.13	−913.51	−1 424.61

练习 10.16 当具有对技术、公共支出、货币政策的冲击时,用练习 2.14 中的工资—工作模型模拟数据,对于参数选择适当的先验分布(例如,中间参数服从 Beta 分布),模拟产出、通货膨胀、名义利率的数据,找出不同 κ 下的通货膨胀率的边际似然率。怎样比较这一模型与例 10.8 中的模型?

10.2.6 *对于预测概率的度量*

BVAR 模型可以被用来构造对未来事件的概率。因此,可以很好地产生对断点概率的度量。下面看一个模型。设 $\bar{y}=0$,以一种相对的形式重写 VAR 模型:

$$\mathbb{Y}_t=\mathbb{A}\mathbb{Y}_{t-1}+\mathbb{E}_t \tag{10.22}$$

其中,$\mathbb{Y}_t$ 和 $\mathbb{E}_t$是 $mq\times1$ 阶向量。$\mathbb{A}$ 是 $mq\times mq$ 阶矩阵。

重复迭代,有 $\mathbb{Y}_t=\mathbb{A}^{\tau}\mathbb{Y}_{t-\tau}+\sum_{j=0}^{\tau-1}\mathbb{A}^j\mathbb{E}_{t-j}$。这也可以被写成 $y_t=\mathbb{S}\mathbb{A}^{\tau}\mathbb{Y}_{t-\tau}+\sum_{j=0}^{\tau-1}\mathbb{A}^je_{t-j}$,其中,$\mathbb{S}$ 满足 $\mathbb{S}\mathbb{Y}_t=y_t$,$\mathbb{S}\mathbb{E}_t=e_t$,$\mathbb{S}'\mathbb{S}E_t=E_t$。把得到的 $y_{t+\tau}$代入$y_t(\tau)=\mathbb{S}\mathbb{A}^{\tau}\mathbb{Y}_t$,可以得到点预测值 $\hat{y}_t(\tau)$。预测误差是 $y_{t+\tau}-\hat{y}_t(\tau)=\sum_{j=0}^{\tau-1}\mathbb{A}^je_{t+\tau-j}+[y_t(\tau)-\hat{y}_t(\tau)]$,预测的 MSE 可以通过 $\mathbb{A}$ 来得到,只要 $\mathbb{A}$ 的后验估计值能够得到。当$\tau=1$时,这是容易的。但当 $\tau\geqslant2$ 时,只能得到 MSE 的渐近表达式[参见拉特克普(Lutkepohl,1991),第 88 页]。

练习 10.17 当 $\tau=1$ 时，求预测的 MSE。

当需要预测值的分布时，我们可以从 $g(\alpha|y)$ 中得到，我们将描述在情况 1 中，这种度量是怎样得到的。令 $\widetilde{\mathcal{P}}\widetilde{\mathcal{P}}'$ 是 Σ_e^{-1} 的任意的正交因子。在给定 t 时，我们有以下算法。

算法 10.1

(1) 从正态分布 $\mathbb{N}(0,1)$ 中得到 v_a^l，令 $\alpha^l=\tilde{\alpha}+\widetilde{\mathcal{P}}^{-1}v_a^l, l=1,\cdots,L$。

(2) 通过在(1)中得到的 $y_t^l(\tau), \tau=1,2,\cdots$，构造预测变量。

(3) 通过核方法，在每个 τ 上构造分布，得到分位数。

练习 10.18 考虑第四种情况，α 的后验分布是正态的，Σ_e^{-1} 的后验分布是威夏特分布，修改算法 10.1，使其适合上面的分布。

算法 10.1 是可以被使用的。唯一的不同就是 $\tilde{\alpha}$ 和 $\widetilde{\mathcal{P}}$ 依赖于 t，通过样本进行更新。

例题 10.9 假设我们想计算第 τ 步的平均预测值。例如，$f(y_{t+\tau}|y_t)=\int f(y_{t+\tau}|y_t,\alpha)g(\alpha|y_t)\mathrm{d}\alpha$，其中，$f(y_{t+\tau}|y_t,\alpha)$ 是关于 $y_{t+\tau}$ 的条件密度函数，给定 α 和模型，$g(\alpha|y_t)$ 是 α 和 t 的后验密度函数。从算法 10.1 可以推导出，这个平均估计是 $\hat{y}_t(\tau)=L^{-1}\sum_{l=1}^{L}y_t^l(\tau)$，方差是 $L^{-1}\sum_{l=1}^{L}\sum_{j=-J(L)}^{J(L)}\mathcal{K}(j)\mathrm{ACF}_\tau^l(j)$，$\mathcal{K}(j)$ 是核，$\mathrm{ACF}_\tau(j)$ 是 $\hat{y}_t(\tau)$ 的滞后为 j 的自协方差。

断点的概率也可以从构造未来的观察值的预测的密度函数中计算出。例如，给定 $y_t^l(\tau), l=1,\cdots,L$。我们只需要检查 2 个四分位是否满足每一个 α^l。满足条件的部分截取是在 $t+\tau$ 时刻对事件概率的估计。

例题 10.10 继续例题 10.5，当我们重复更新后验估计时，图 10.2(a)表示，依据置信区间 68%～95%的 BVAR 对于一步向前的通货膨胀率的预测。预测样本在 1996:1～1998:2 期间，区间是相对致密的，反映了非常精确的估计。这种精确从(b)中可以看出，但(b)给出了一直到 1995 年 4 月得到的预测的先验密度函数。我们计算了在 1996:1～2002:4 期间，每年通货膨胀率预期的衰退次数的分布，这种衰退满足 2 个四分位原则。在事实的数据中，有 4 个是下降的，预测的下降的中位数正好是 3。更重要的是，在所有情况的 90%中，模型低估了衰退的实际的数字，而且从没有产生 4 次衰退。

10.3 结构性 BVAR

我们在 10.2 节中给出了先验分布的特殊形式，这是为了给出 VAR 模型的简化形式，那么对于结构性的 VAR，哪种先验分布是合理的呢？

这里有两种方法。一种是普通的方法，由加诺瓦(Canava,1991)、高登和里皮(Gordon and Leeper,1994)提出，对简化形式的参数(α,Σ_e)使用正态—威夏特分布，然后对结构性参数的推导在条件性的识别约束下进行。因此，由第 4 章的概念可知，如果$(\Sigma_e^{-1})^l=(\mathcal{A}_0^{-1})D^{-1}(\mathcal{A}_0^{-1})^l$ 是 Σ_e^{-1} 的推导式，那么$(\mathcal{A}_0^{-1})^lA_j^l=(\mathcal{A}_j)^l$ 就是结构性参数的推导式，A_j^l 是 VAR 系数的推导式。如果 $\mathcal{A}_0$ 是刚好识别的，那么

这种方法是合适的。因为 Σ_e 和 $\mathcal{A}_0$ 的推导式是一一对应的。当 $\mathcal{A}_0$ 是过度识别的，这种方法忽视了(过度识别的)约束条件。在这种情况下，用西姆斯和扎(Sims and Zha，1998)提出的结构性模型和先验分布更好一点。

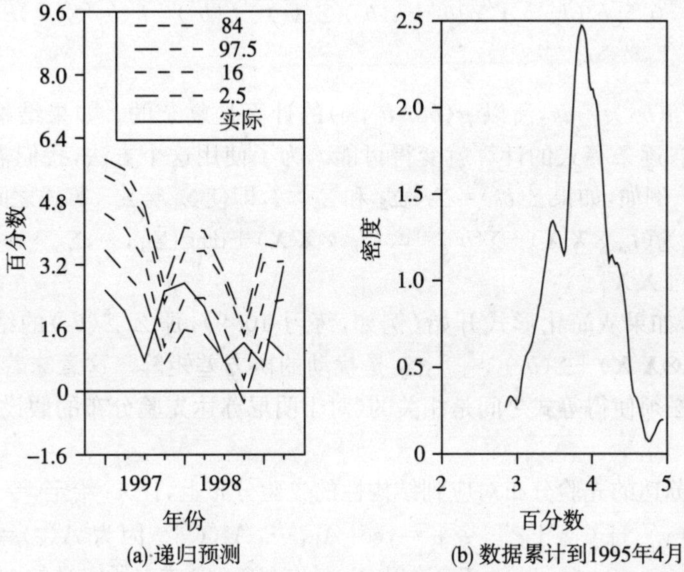

图 10.2　意大利通货膨胀预测

考虑下面这种结构性模型：

$$\mathcal{A}_0 y_t - \mathcal{A}(\ell) y_{t-1} - \mathcal{C}\bar{y}_t = \epsilon_t, \quad \epsilon_t \sim \text{i. i. d. } \mathbb{N}(0, I) \tag{10.23}$$

这里，$\mathcal{A}(\ell) = \mathcal{A}_1 + \cdots + \mathcal{A}_q \ell^{q-1}$，$|\mathcal{A}_0| \neq 0$，并且 $\bar{y}$ 只包含决定变量。

把 t 个观察值放在一起，我们有：

$$\boldsymbol{Y}\mathcal{A}_0 - \boldsymbol{X}\mathcal{A}_- = \varepsilon \tag{10.24}$$

这里，$\boldsymbol{Y}$ 是 $T\times m$ 阶矩阵。$\boldsymbol{X}$ 是滞后变量和外生变量的 $T\times k$ 阶矩阵，$k = mq + m_c$。ε 是 $T\times m$ 阶矩阵。令 $\boldsymbol{Z} = [\boldsymbol{Y}, -\boldsymbol{X}]$，$\mathcal{A} = [\mathcal{A}_0, \mathcal{A}_-]'$。似然函数是：

$$\begin{aligned} L(\mathcal{A}|y) &\propto |\mathcal{A}_0|^T \exp\{-0.5\text{tr}(\boldsymbol{Z}\mathcal{A})'(\boldsymbol{Z}\mathcal{A})\} \\ &= |\mathcal{A}_0|^T \exp\{-0.5b'(I_{mk}\otimes \boldsymbol{Z}'\boldsymbol{Z})b\} \end{aligned} \tag{10.25}$$

这里，$b = \text{vec}(\mathcal{A})$ 是 $m(k+m)\times 1$ 阶向量。$b_0 = \text{vec}(\mathcal{A}_0)$ 是 $m^2\times 1$ 阶向量。$b_- = \text{vec}(\mathcal{A}_-)$ 是 $mk\times 1$ 阶向量。I_{mk} 是$(mk\times mk)$阶单位矩阵。

假设 $g(b) = g(b_0)g(b_{-1}|b_0)$，其中，$g(b_0)$可能是奇异的(由于过度识别约束)。令 $g(b_-|b_0) \sim \mathbb{N}(\bar{h}(b_0), \bar{\Sigma}(b_0))$，那么：

$$\begin{aligned} g(b|y) \propto & |\mathcal{A}_0|^T \exp\{-0.5b'(I_{mk}\otimes \boldsymbol{Z}'\boldsymbol{Z})b\} |\Sigma(b_0)|^{-0.5} \\ & \times \exp\{-0.5[b_- - \bar{h}(b_0)]'\bar{\Sigma}(b_0)^{-1}[b_- - \bar{h}(b_0)]\} g(b_0) \end{aligned} \tag{10.26}$$

因为 $b'(I_{mk}\otimes \boldsymbol{Z}'\boldsymbol{Z})b = b_0'(I_{mk}\otimes \boldsymbol{Y}'\boldsymbol{Y})b_0 + b_-'(I_{nk}\otimes \boldsymbol{X}'\boldsymbol{X})b_- - 2b_-'(I_{mk}\otimes \boldsymbol{X}'\boldsymbol{Y})b_0$，在条件 b_0 下，在(10.26)式中，指数的标量是 b_- 的二次型，所以 $g(b_-|b_0, y) \sim \mathbb{N}(\tilde{h}(b_0),$

$\tilde{\Sigma}(b_0)$)，后验均值是 $\tilde{h}(b_0)=\tilde{\Sigma}(b_0)[(I_{mk}\otimes \boldsymbol{X}'\boldsymbol{Y})\hat{h}(b_0)+\bar{\Sigma}(b_0)^{-1}\bar{h}(b_0)]$，后验方差是 $\tilde{\Sigma}(b_0)=[(I\otimes X'X)+\bar{\Sigma}(b_0)^{-1}]^{-1}$。更重要的是：

$$g(b_0|y)\propto g(b_0)|\mathcal{A}_0|^T|(I_{mk}\otimes \boldsymbol{X}'\boldsymbol{X})\bar{\Sigma}(b_0)+I|^{-0.5}$$
$$\times\exp\{-0.5[b_0'(I_{mk}\otimes \boldsymbol{Y}'\boldsymbol{Y})b_0+h(b_0)'\bar{\Sigma}(b_0)^{-1}h(b_0)-\tilde{h}(b_0)\tilde{\Sigma}(b_0)\tilde{h}(b_0)]\} \tag{10.27}$$

因为 $\dim(b_-)=mk$，所以 $g(b_-|b_0,y)$ 的计算是复杂的。如果结构性模型是 SUR 的形式，逐条等式的计算就变得可能。为了使用这个方法，我们需要选择合适的 $\bar{\Sigma}(b_0)$。例如，如果 $\bar{\Sigma}(b_0)=\bar{\Sigma}_1\otimes\bar{\Sigma}_2$ 和 $\bar{\Sigma}_1\propto \boldsymbol{I}$，即使 $\bar{\Sigma}_{2i}\neq\bar{\Sigma}_{2j}$，等式之间的相互独立就成立，因为 $(I_{mk}\otimes \boldsymbol{X}'\boldsymbol{X})+\bar{\Sigma}(b_0)^{-1}\propto(I_{mk}\otimes \boldsymbol{X}'\boldsymbol{X})+\mathrm{diag}\{\bar{\Sigma}_{21},\cdots,\bar{\Sigma}_{2m}\}=\mathrm{diag}\{\bar{\Sigma}_{21}+\boldsymbol{X}'\boldsymbol{X},\cdots,\bar{\Sigma}_{2m}+\boldsymbol{X}'\boldsymbol{X}\}$。

注意到，如果从简化形式开始（例如，练习 10.9），那么 $\tilde{\Sigma}(b_0)$ 的结构特点是 $\tilde{\Sigma}(b_0)=[(\Sigma_e\otimes \boldsymbol{X}'\boldsymbol{X})+\bar{\Sigma}(b_0)^{-1}]^{-1}$，$\Sigma_e$ 是扰动的协方差矩阵。这意味着，为了计算简便，$\bar{\Sigma}(b_0)$ 必须使得等式之间是相关的（对于明尼苏达先验分布的假设，正好是相反的）。

把明尼苏达的先验分布对应到结构性的先验分布上，让 $\mathcal{A}_0$ 给定，令 VAR 形式为 $y_t=A(\ell)y_{t-1}+C\bar{y}_t+e_t$。令 $\alpha=\mathrm{vec}[A_1,\cdots,A_q,C]$。因为 $A(\ell)=\mathcal{A}_0^{-1}\mathcal{A}_-$，$E(\alpha)=[I_m,0,\cdots,0]$，$\mathrm{var}(\alpha)=\bar{\Sigma}_\alpha$，这里，$\bar{\Sigma}_\alpha$ 是在（10.12）式中所定义的，意味着：

$$E(\mathcal{A}_-|\mathcal{A}_0)=[\mathcal{A}_0,0,\cdots,0] \tag{10.28}$$

$$\mathrm{var}(\mathcal{A}_-|\mathcal{A}_0)=\mathrm{diag}(b_{-(ijl)})=\frac{\phi_0\phi_1}{h(\ell)\sigma_j^2},\quad i,j=1,\cdots,m,\ \ell=1,\cdots,q \tag{10.29}$$

$$=\phi_0\phi_2,\text{其他} \tag{10.30}$$

这里，i 表示等式，j 是变量，ℓ 是滞后，$\phi_0(\phi_1)$ 控制 $\mathcal{A}_0$ 的先验方差的密度，($\mathcal{A}_-$)是 $\mathcal{C}$ 的先验方差的密度。

公式（10.28）～（10.30）的三个特殊性值得讨论：第一，自身滞后和其他变量系数的滞后没有差别，因为在联立方程模型中，在等式右边的变量的标准化是不可得的；第二，衡量因素不同于简化的 BVAR，因为 $\mathrm{var}(\epsilon_t)=I$；第三，因为 $\alpha=\mathrm{vec}(\mathcal{A}_0^{-1}\mathcal{A}_-)$，关于 α 的信息在等式中是相关的（关于 $\mathcal{A}_0$ 的信息也是如此）。

在 BVAR 的简化式中，随机的线性约束和数据都可以被加入到模型中识别，通过用泰伊混合估计。

练习 10.19（趋势的控制：系数之和的约束） 假设对于等式 i，滞后的 y_i 的平均值 $\bar{y}_i$ 是对于 y_{it} 的一个很好的预测，这里，$\boldsymbol{Y}^\dagger\mathcal{A}_0-X^\dagger\mathcal{A}_-=V$。如果 $i=j$，$y^\dagger=\{y_{ij}^\dagger\}=\phi_3\bar{y}_i$，$i,j=1,\cdots,m$；否则等于零。对于 $\tau<k$，如果 $i=j$，$x^\dagger=\{x_{i\tau}^\dagger\}=\phi_3\bar{y}_i$；否则为零，$i=1,\cdots,m$，$\tau=1,\cdots,k$。在这个约束条件下，构造 b_- 的后验分布。

加入系数之和的约束条件，使得在等式中的变量的系数相关。当 $\phi_3\to\infty$，约束可以用一阶差分说明模型。例如，VAR 有 m 个单位根，没有协整关系。

练习 10.20（季节性的控制：季节性变量系数之和的约束） 假设 y_{t-j} 的平均值是对每个等式中 y_t 的一个很好的预测。用虚拟观察值设立约束，构造 b_- 的后验分布。

为了计算(10.27)式，我们需要 $g(b_0)$ 的形式，为了识别的目的，b_0 中的一些元素应该为0。我们需要区分硬约束(关于识别、等式分块的约束)和软约束(关于非零系数的先验分布)。因为不太有可能知道，一个没有信息的先验分布应该是比较好的，即 $g(b_0^0)\propto 1$，这里，b_0^0 是 b_0 中的非零元素。在一些情况下，先验的正态分布也是合适的。

例题 10.11 设有 $m(m-1)/2$ 个约束，所以 $\mathcal{A}_0$ 刚好被识别。例如，假设 $\mathcal{A}_0$ 是下三角，b_0^0 是 $\mathcal{A}_0$ 中的非零元素，假设 $g(b_0^0)=\prod_i g(b_{0i}^0)$，其中，每个 $g(b_{0i}^0)$ 是 $\mathbb{N}(0,\sigma^2(b_0^0))$，因此 GDP 和失业率的系数在等式 i 中是相关的。但是，在等式 i' 中的系数是无关的。设 $\sigma^2(b_{0ij}^0)=(\phi_5/\sigma_i)^2$，所以等式 i 的系数的方差是一样的。因为系统刚好被识别，我们可以使用 Σ_e^{-1} 的威夏特分布，其中，$\bar{\nu}$ 是自由度，单位矩阵 $\bar{\Sigma}$ 度量 b_0^0 的先验分布。事实上，$\mathcal{A}_0$ 的下三角矩阵刚好是 Σ_e^{-1} 的乔里斯基因子。如果 $\bar{\nu}=m+1$，$\bar{\Sigma}=\text{diag}(\phi_5/\sigma_i)^2$，$b_0^0$ 的先验分布为 $\mathbb{N}(0,\sigma^2(b_0^0))$ 和比例项的乘积，比例项是雅可比(Jacobian)转化，即 $|\partial\Sigma_e^{-1}/\partial\mathcal{A}_0|=2^m\prod_{j=1}^m b_{jj}^j$。因为似然函数包含 $|\mathcal{A}_0|^T=\prod_{j=1}^T b_{jj}^T$，不考虑雅可比转化是没有关系的，只要 $T\gg m$。

$g(b_0|y)$ 的后验分布是不能被计算出来的。但是为了模拟这个序列，我们采用第9章中的一种算法。例如：

算法 10.2

(1) 计算 $g(b_0|y)$ 中的后验的模 b_0^* 和在 b_0^* 点的海赛矩阵。

(2) 从一个中心在 b_0^* 的正态分布中推导出 b_0，其协方差矩阵等于 b_0^* 上的海赛矩阵。或者从 t 分布中推出 b_0，它与步骤(1)中的有一样的期望和方差，自由度为 $\nu=m+1$。

(3) 对于 $\text{IR}^l=\tilde{g}(b_0^l)/\tilde{g}^{\text{IS}}(b_0^l)$，乘上一个样本的权重，检验其大小。这里，$\tilde{g}^{\text{IS}}(b_0)$ 是选择的权重的密度的核，$\tilde{g}(b_0)$ 是真实分布的核，$l=1,\cdots,L$。

作为另外一种方法，我们可以用一个带有正态或 t 分布的麦抽布里斯－哈斯廷算法，或者是瓦格纳和扎(Waggonaor and Zha,2003)的限制的吉布斯抽样。

练习 10.21 怎样用 MH 算法从 $g(b_0|y)$ 中得到一个序列。

我们可以把这种方法扩展到不同时发生的约束被用来识别 VAR 的情况。

练习 10.22 假设 $\mathcal{A}_0$ 通过用长期约束条件刚好识别，怎样修改 $\mathcal{A}_0$ 的先验分布来解释这种情况。

练习 10.23 假设 $\mathcal{A}_0$ 是过度识别的，在练习 10.22 中的 $\mathcal{A}_0$ 的先验分布又是怎样改变的?

练习 10.24 假设 $\mathcal{A}_0$ 通过用符号约束识别，令 $\Sigma_e=\tilde{\mathcal{P}}(\omega)\tilde{\mathcal{P}}'(\omega)$，$\omega$ 是角度，为了能够把这个考虑进去，怎样修改 $\mathcal{A}_0$ 的先验分布? 怎样修改算法以便推导出 $\mathcal{A}_0$ 的后验分布?(提示：把 ω 当作一个随机变量，并选择一个合适的先验分布。)

有几种扩展我们可以考虑。这里，我们分析两种。

(i) 带有随机外生变量的结构性模型，例如，国内变量的结构性 VAR 模型中石油的价格。

(ii) 带有分块外生变量和过度识别的结构性模型，例如，两个国家的结构性模型，其中一个国家就是分块的外生变量。

我们假设 y_t 是去平均的，因此，$\bar{y}_t$ 被从模型中消除，对于带有外生变量的结构性模型，令：

$$\mathcal{A}_{i0}y_t-\mathcal{A}_i(\ell)y_{t-1}=\epsilon_{it},\epsilon_{it}\sim\text{i. i. d.}\ \mathbb{N}(0,I) \tag{10.31}$$

$i=1,\cdots,n$ 是分块的个数，$m=\sum_{i=1}^n m_i$，每个分块有 m_i 个等式，对于每个 i，ϵ_{it} 是 $m_i\times1$阶矩阵。对于每个 ℓ，$\mathcal{A}_i(\ell)=(\mathcal{A}_{i1}(\ell),\cdots,\mathcal{A}_{in}(\ell))$，$\mathcal{A}_{ij}(\ell)$是 $m_i\times m_j$ 阶矩阵。等式(10.31)刚好是(10.23)式的分块的表达式。重写(10.31)式为：

$$y_{it}=A_i(\ell)y_{it-1}+e_{it} \tag{10.32}$$

这里，$A_i(\ell)=(0_{i-},I_i,0_{i+})-\mathcal{A}_i$，$0_{i-}$ 是 $m^i\times m_{i-}$ 阶的 0 矩阵，0_{i+} 是 $m_i\times m_{i+}$ 的 0 矩阵。对于 $i=1,m_{i-}=0$；对于 $i=2,\cdots,n,m_{i-}=\sum_j^{i-1}m_j$；对于 $i=n,m_{i+}=0$；对于 $i=1,\cdots,n-1,m_{i+}=\sum_{j=i+1}^n m_j$。$E(e_te_t')=\text{diag}\{\Sigma_{ii}\}=\text{diag}\{\mathcal{A}_{i0}^{-1}(\mathcal{A}_{i0}^{-1})'\}$。把 T 期的观察值堆积在一起，我们有：

$$\boldsymbol{Y}_i=\boldsymbol{X}_i\boldsymbol{A}_i+\boldsymbol{E}_i \tag{10.33}$$

这里，$\boldsymbol{Y}_i$ 和 $\boldsymbol{E}_i$ 是 $T\times m_i$ 阶矩阵，$\boldsymbol{X}_i$ 是 $T\times k_i$ 阶矩阵。k_i 是每个分块的系数。似然函数为：

$$\begin{aligned}&f(A_i,\Sigma_{ii}\mid y_T,\cdots,y_0,\cdots)\\&\propto\prod_{i=1}^n|\mathcal{A}_{i0}|^T\exp\{-0.5\text{tr}[(\boldsymbol{Y}_i-\boldsymbol{X}_i\boldsymbol{A}_i)'(\boldsymbol{Y}_i-\boldsymbol{X}_i\boldsymbol{A}_i)\mathcal{A}_{i0}'\mathcal{A}_{i0}]\}\\&\propto\prod_{i=1}^n|\mathcal{A}_{i0}|^T\exp\{-0.5\text{tr}[(\boldsymbol{Y}_i-\boldsymbol{X}_i\boldsymbol{A}_{i,\text{OLS}})'(\boldsymbol{Y}_i-\boldsymbol{X}_i\boldsymbol{A}_{i,\text{OLS}})\mathcal{A}_{i0}'\mathcal{A}_{i0}\\&\qquad\qquad+(\boldsymbol{A}_i-\boldsymbol{A}_{i,\text{OLS}})'\boldsymbol{X}_i'\boldsymbol{X}_i(\boldsymbol{A}_i-\boldsymbol{A}_{i,\text{OLS}})\mathcal{A}_{i0}'\mathcal{A}_{i0}]\}\end{aligned} \tag{10.34}$$

这里，$\boldsymbol{A}_{i,\text{OLS}}=(\boldsymbol{X}_i'\boldsymbol{X}_i)^{-1}(\boldsymbol{X}_i'\boldsymbol{Y}_i)$，“tr”定义为矩阵的迹。假设 $g(\mathcal{A}_{i0},\mathcal{A}_i)\propto|\mathcal{A}_{i0}|^{k_i}$。然后，对于$\mathcal{A}_{i0}$的后验分布和 $\alpha_i=\text{vec}(\mathcal{A}_i)$，有同样形式的似然函数，以及：

$$\left.\begin{aligned}g(\mathcal{A}_{i0}\mid y)\propto|\mathcal{A}_{i0}|^T\exp\{-0.5\text{tr}[(\boldsymbol{Y}_i-\boldsymbol{X}_i\boldsymbol{A}_{i,\text{OLS}})'(\boldsymbol{Y}_i-\boldsymbol{X}_i\boldsymbol{A}_{i,\text{OLS}})\mathcal{A}_{i0}'\mathcal{A}_{i0}]\}\\g(\alpha_i\mid\mathcal{A}_{i0},y)\sim\mathbb{N}(\alpha_{i,\text{OLS}},(\mathcal{A}_{i0}'\mathcal{A}_{i0})^{-1}\otimes(\boldsymbol{X}_i'\boldsymbol{X}_i)^{-1})\end{aligned}\right\} \tag{10.35}$$

这里，$\alpha_{i,\text{OLS}}=\text{vec}(\boldsymbol{A}_{i,\text{OLS}})$。正如前面所述，如果$\mathcal{A}_{i0}$是 Σ_{ii}^{-1} 和 $g(\Sigma_{ii}^{-1})\propto|\Sigma_{ii}^{-1}|^{0.5k_i}$ 的乔里斯基因子，那么对于 Σ_{ii}^{-1} 的后验分布是带有参数$([(\boldsymbol{Y}_i-\boldsymbol{X}_i\boldsymbol{A}_{i,\text{OLS}})'(\boldsymbol{Y}_i-\boldsymbol{X}_i\times\boldsymbol{A}_{i,\text{OLS}})]^{-1},T-m_i-1)$的威夏特分布。因此，我们可以推出 Σ_{ii}^{-1} 的后验分布，然后用乔里斯基约束推导出$\mathcal{A}_{i0}$。当$\mathcal{A}_{i0}$是过度识别时，我们需要从(10.35)式的边际后验分布推导出$\mathcal{A}_{i0}$，它的形式是不知道的，但是为了能得到它的形式，我们可以采用算法(10.2)。

练习 10.25 在不同的分块中，在 VAR 有不同滞后阶数的情况下，扩展算法10.2。

练习 10.26 假设 $g(\mathcal{A}_i)$ 是 $\mathbb{N}(\mathcal{A}_{\_i},\bar{\Sigma}_{\mathcal{A}})$。给出在这种情况下的 $g(\alpha_i|\mathcal{A}_{i0},y)$ 的形式。

对于带有过度识别约束的分块的外生变量，假设在 $\mathcal{A}_{ij0}, j>i$ 上有线性约束。这不同于先前的那种情况，因为过度识别的约束是在 $\mathcal{A}_{ii0}$ 上，定义 $\mathcal{A}_i^*(\ell)=\mathcal{A}_{i0}-\mathcal{A}_i(\ell)$，$i=1,\cdots,n$，重写系统方程为 $\mathcal{A}_{i0}y_t=\mathcal{A}_i^*(\ell)y_t+\epsilon_{it}$。把观察值堆积到一起，我们有：

$$\boldsymbol{Y}\mathcal{A}_{i0}'=\boldsymbol{X}_i\mathbb{A}_i^*+\epsilon_i \tag{10.36}$$

这里，$\boldsymbol{X}_i$ 是 $T\times k_i^*$ 阶矩阵，包括所有右边的变量，$k_i^*=k_i-m_{i+1}-\cdots-m_n$，$\mathbb{A}_i^*$ 是 $\mathcal{A}_i^*(\ell)$ 的 $k_i^*\times m_i$ 阶伴随矩阵，ϵ_i 是 $T\times m_i$ 阶矩阵，$Y=[Y_1,\cdots,Y_n]$ 是 $T\times m$ 阶矩阵，$\mathcal{A}_{i0}=\{\mathcal{A}_{i10},\cdots,\mathcal{A}_{in0},\mathcal{A}_{ij0}=0,j<i\}$ 是 $m\times m_i$ 阶的矩阵。令 $\boldsymbol{A}_{i,\mathrm{OLS}}^*=(\boldsymbol{X}_i'\boldsymbol{X}_i)^{-1}\boldsymbol{X}_i'Y$，$g(\mathcal{A}_i(0),\boldsymbol{A}_i^*)\propto|\mathcal{A}_{i0}|^{-0.5m_i}$。如果 $\alpha_i^*=\mathrm{vec}(\boldsymbol{A}_i^*)$，则后验分布为：

$$\left.\begin{aligned}g(\mathcal{A}_{i0}|y)\propto|\mathcal{A}_{i0}|^T\exp\{-0.5\mathrm{tr}[(\boldsymbol{Y}_i-\boldsymbol{X}_i\boldsymbol{A}_{i,\mathrm{OLS}}^*)'(\boldsymbol{Y}_i-\boldsymbol{X}_i\boldsymbol{A}_{i,\mathrm{OLS}}^*)\mathcal{A}_{i0}'\mathcal{A}_{i0}]\}\\ g(\alpha_i^*|\mathcal{A}_{i0},y)\sim\mathbb{N}(\alpha_{i,\mathrm{OLS}}^*,(I_i\otimes(\boldsymbol{X}_i'\boldsymbol{X}_i)^{-1}))\end{aligned}\right\} \tag{10.37}$$

练习 10.27 怎样从(10.37)式中推导出$(\alpha_i^*,\mathcal{A}_{i0})$的后验序列。

最后，我们通过一个例子来解释这一节所采用的技术。

例题 10.12 对于 GDP、CPI、M2、联邦利率、商品价格等变量，我们选取从1959:1 到 2003:1 时期的美国的月度数据，然后分别取对数，我们感兴趣的是对于货币政策的冲击，前四个变量的动态反应，以及产出、价格的波动的变化中有多少部分可由货币政策的波动来解释。假设政策决定者改变利率时只关心 M2，我们使用同时的约束和过度识别的系统。因此，系统有乔里斯基的形式。除了(3,1)和(3,2)外，我们假设 $b_0^0\sim\mathbb{N}(0,I)$，并且重要地使用一个正态抽样，该抽样的中心在众数上，离散值矩阵等于众数上的海赛矩阵。通过优势比率控制抽样，发现在权重给定的情况下，抽样1 000次，只有 11 个是合格的，超过 0.01。

在分位数 68%和 50%上，每个变量的反应在图 10.3 中。对于利率的增加、产出和货币的持续下降，价格一开始没有反应，但是在几个季度后，开始有显著的上升，这被称为“价格之谜”。货币政策在 20 个季度中的解释力度为 4%～18%，在价格变化上的解释力度为 10%～17%。我们想了解价格的波动是怎样的，结果，产出的波动可以解释价格波动的 45%～60%。

10.4 时间上系数可变的 BVAR

经济的时间序列表现出一种净化的性质，我们可以考虑一种模型的改变(例如，一些常数项、系数，或者全部)。作为另一种方法，我们考虑一些不可观察的状态相关的改变，例如，经济周期。在这种情况下，系数或协方差矩阵，或全部都可以看作具有马尔科夫链的性质(正如我们在第 11 章中所分析的)。因为结构性的改变是非常少的，但是系数的改变是经常性的，所以至少可以追溯到库里和普雷斯科特(Cooley and Prescott，1973)，以及从广义的最小二乘法[斯瓦米(Swamy，1970)]

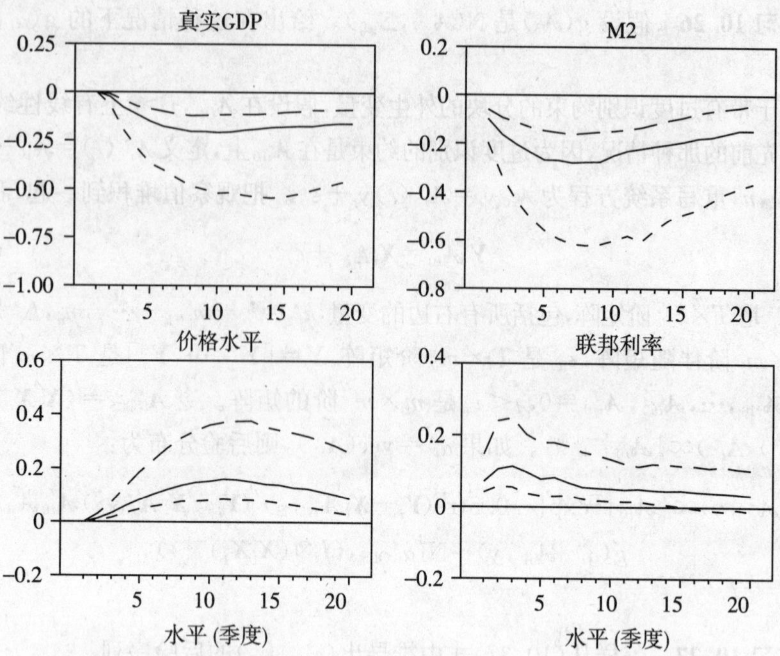

图 10.3　对美国货币政策冲击在中位数和 68%分位数的反应

到卡尔曼滤波的关于这种系数改变的模型估计方法。这里，我们的系数改变遵循一定的规则，在第一个层面上是分层先验分布，在第二个层面上的分布也遵循系数的规则。

我们可以考虑这样一种形式：

$$y_t = A_t(\ell)y_{t-1} + C_t\bar{y}_t + e_t, \quad e_t \sim \text{i. i. d. } \mathbb{N}(0, \Sigma_e) \tag{10.38}$$

$$\alpha_t = \mathbb{D}_1\alpha_{t-1} + \mathbb{D}_0\bar{\alpha} + v_t, \quad v_t \sim \text{i. i. d. } \mathbb{N}(0, \Sigma_t) \tag{10.39}$$

其中，$\alpha_t = \text{vec}[A_t(\ell), C_t]$，$\mathbb{D}_0$、$\mathbb{D}_1$ 是 $mk \times mk$ 阶矩阵。对于公式(10.39)中的 α_t，可以是稳定的，也可以是不稳定的。例如，如果 α_t 的单位根的绝对值小于 1，那么就是稳定的。在原则上，Σ_t 依赖于时间。因此，在 VAR 的系数上和变量上，可以加上异方差的性质。

公式(10.38)和(10.39)中的形式是很灵活的，在不同的矩条件下可以产生很多非线性式。事实上。把(10.39)式代入(10.38)式，我们有：

$$y_t = (I_m \otimes \boldsymbol{X}_t)(\mathbb{D}_1\alpha_{t-1} + \mathbb{D}_0\bar{\alpha}) + (I_m \otimes \boldsymbol{X}_t)v_t + e_t \equiv X_t\,\alpha_t^{\dagger} + e_t^{\dagger} \tag{10.40}$$

这里，$(I_m \otimes \boldsymbol{X}_t)$ 是解释变量的矩阵。(10.40)式依赖于 X_t 的性质和 X_t 与 v_t 的关系。(10.40)式把本书中的不同形式都包含进去了。我们在下面的例题中考虑三种情况。

例题 10.13　假设 $m=1$，X_t 和 v_t 为有条件的不相关，$\text{var}(v_t) = \Sigma_v$。$y_t$ 是条件异方差，均值为 $X_t\alpha_t^{\dagger}$，方差是 $\Sigma_e + X_t'\Sigma_v X_t$。另外，如果 X_t 包含滞后的被解释变量和一个常数，并且 $(v_t \mid X_t) \sim \mathbb{N}(0, \Sigma_v)$，那么(10.40)式产生一个正态的 ARMA-ARCH 结构。最后，如果 X_t 包含潜在变量，或者在 t 时刻能够完美预测的变量，那么 y_t 是非高斯的和异方差的[例如，克拉克(Clark，1973)的混合模型]。

练习 10.28 假设 $m=1, X_t=(X_{1t}, X_{2t})$。假设 X_{1t} 和 v_t 相关。证明(10.40)式产生一个格兰杰—安德森(Granger-Anderson, 1978)的二线性模型。假设 $v_t=v_{1t}+v_{2t}$，其中，v_{1t} 和 v_{2t}、X_t 相互独立，协方差矩阵是 Σ_1，v_{2t} 和 X_t 完全相关，证明(10.38)式和(10.39)式产生一个与 ARCH-M 模型性质相似的模型[参见恩格尔等人(Engle et al., 1987)]。

作为一个特殊的例子，只要允许(10.39)式中的误差项不是正态的，等式(10.38)和(10.39)也包含汉密尔顿的二阶移动平均模型。

练习 10.29 假设 $\Delta y_t=a_0+a_1\varkappa_t+\Delta y_t^c$，$\varkappa_t=(1-p_2)+(p_1+p_2-1)\varkappa_{t-1}+e_t^x$，$e_t^x$ 是一个满足二项分布的随机变量，并且 $\Delta y_t^c=A(\ell)\Delta y_{t-1}^c+e_t^c$。把这样的模型加入到 TVC 的结构中。[提示：找出状态向量形式，与公式(10.38)、(10.39)的系数匹配起来。]

尽管是正态的误差项，类似公式(10.38)、(10.39)的模型可以在 y_t 中产生非正态状态。当 X_t 是潜在变量时，非正态就可以产生，即使 X_t 只包含可观察变量，v_t 和 e_t 是相互独立的，v_t 和 X_t 条件不相关，非正态还是可以得到的。为证明这种情况，令 $m=1$，定义 $\hat{e}_{t+\tau}=(\mathbb{D}_1^{\tau+1}\alpha_{t-1}+\mathbb{D}_0\bar{\alpha}\sum_{j=0}^{\tau}\mathbb{D}_1^{j})'(X_{t+\tau}-E_{t-1}X_{t+\tau})+(\sum_{j=0}^{\tau-1}\mathbb{D}_1^{\tau-j}v_{t+j})'X_{t+\tau}-E_{t-1}(\sum_{j=0}^{\tau-1}\mathbb{D}_1^{\tau-j}v_{t+j})'X_{t+\tau}+v_{t+\tau}'X_{t+\tau}+e_{t+\tau}$。

练习 10.30 证明对于固定的 t 和所有的 τ，$E_{t-1}y_{t+\tau}=(\mathbb{D}_1^{\tau+1}\alpha_{t-1}+\mathbb{D}_0\times\bar{\alpha}\sum_{j=0}^{\tau}\mathbb{D}_1^{j})'E_{t-1}X_{t+\tau}+E_{t-1}(\sum_{j=0}^{\tau-1}\mathbb{D}_1^{\tau-j}v_{t+j})'X_{t+\tau}$，$\text{var}_{t-1}y_{t+\tau}=E_{t-1}\times\hat{e}_{t+\tau}^2$，$\text{sk}_{t-1}\times(y_{t+\tau})=E_{t-1}\hat{e}_{t+\tau}^3/(\text{var}_{t-1}y_{t+\tau})^{3/2}$，$\text{kt}_{t-1}(y_{t+\tau})=E_{t-1}\hat{e}_{t+\tau}^4/(\text{var}_{t-1}y_{t+\tau})^2$，这里，$\text{sk}_{t-1}$ 和 kt_{t-1} 分别是条件的偏度和峰度系数。证明对于 $\tau=0$，有 $\text{sk}_{t-1}(y_t)=0$，$\text{kt}_{t-1}(y_t)=3$，即 y_t 是条件正态的。

对于 $\tau=1$，y_{t+1} 的条件均值是 $E_{t-1}(\alpha_{t+1}'X_{t+1})=[\mathbb{D}_1^2\alpha_{t-1}+\mathbb{D}_0\times(I+\mathbb{D}_1)\bar{\alpha}]'\times E_{t-1}X_{t+1}+E_{t-1}v_t'\mathbb{D}_1X_{t+1}$，这里，$E_{t-1}X_{t+1}=[E_{t-1}y_t, y_{t-1}, \cdots, y_{t-\ell-1}]$，条件协方差是 $E_{t-1}[(\mathbb{D}_1^2\alpha_{t-1}+\mathbb{D}_0\bar{\alpha}(I+\mathbb{D}_1))'\times(X_{t+1}-E_{t-1}X_{t+1})+(v_t'\mathbb{D}_1'X_{t+1}-E_{t-1}v_t'\mathbb{D}_1'X_{t+1})+v_{t+1}'X_{t+1}+e_{t+1}]^2$。注意到，$(X_{t+1}-E_{t-1}X_{t+1})'=[e_t^{\dagger}, 0, \cdots, 0]$，并且 $(v_t'\mathbb{D}_1'X_{t+1})-E_{t-1}(v_t'\mathbb{D}_1'X_{t+1})$ 与 $v_t'\mathbb{D}_1'e_t$ 的形式相关。因此，当 v_t 与 e_t 是正态的和独立的时，y_{t+1} 是条件正态的。因为预测误差涉及正态随机变量的乘积，对于任意 $\tau>1$，上述结论仍然成立。

10.4.1 *明尼苏达形式先验分布*

如果(10.38)式是关于数据的模型，而(10.39)式是关于先验分布的模型，我们需要仔细考察 $\bar{\alpha}$、Σ_t 的转变，以及 $\mathbb{D}_1$ 和 $\mathbb{D}_0$ 的形式。例如，我们可以使用：

$$\mathbb{D}_1=\phi_0 I,\ \mathbb{D}_0=I-\mathbb{D}_1 \tag{10.41}$$

$$\bar{\alpha}_{ij\ell}=1,\ i=j, \ell=1 \tag{10.42}$$

$$\bar{\alpha}_{ij\ell}=0,\ \text{其他} \tag{10.43}$$

$$\Sigma_t=\sigma_t\Sigma_0,\ \Sigma_0=\text{diag}\{\sigma_{0,ij\ell}\} \tag{10.44}$$

$$\sigma_{0,ij\ell}=\begin{cases}\phi_1\dfrac{h_1(i,j)}{h_2(\ell)}\times\left(\dfrac{\sigma_j}{\sigma_i}\right)^2, & h_1(i,i)=1\\ \phi_1\times\phi_4, & \text{外生}\end{cases} \tag{10.45}$$

这里，$\sigma_t=\phi_3^t+\phi_2(1-\phi_3^{t-1})/(1-\phi_3)$。正如在基本的明尼苏达先验分布中的假设，$\Sigma_e$ 是固定的，但是我们可以毫无概念困难地假设，Σ_e^{-1} 是威夏特先验分布。

对于(10.41)式，系数的改变是一阶自回归的结构，最后收敛于均值。ϕ_0 控制收敛的速度：对于 $\phi_0=0$，系数是随机的，围绕着 $\bar{\alpha}$。当 $\phi_0=1$ 时，它们是随机游走的。更高阶的形式可以通过用一个合适的矩阵来代替(10.41)式的单位阵来得到。对于时间系数的先验的均值和方差，与给予明尼苏达先验分布的假设是一致的，只是对于不同等式中不同的变量，通过函数 $h_1(i,j)$ 给予一定的权重，系数方差的改变是线性的，时间变化可以通过(10.44)式来理解。把(10.44)式写成 $\Sigma_t=V_0\Sigma_0+V_1\Sigma_{t-1}$，这里，$V_0=\phi_2*I$，$V_1=\phi_3*I$，这与系数改变的过程有一样的结构。对于 $\phi_3=0$，系数是时间上改变的，但没有异方差被允许。当 $\phi_2=0$ 时，系数的方差与 Σ_0 相关。最后，如果 $\phi_2=\phi_3=0$，系数时间上的变化和异方差都存在。

实证的贝叶斯方法可以被用来估计来自于 $(-\tau,0)$ 的数据抽样上的超参数 ϕ。如果这样的样本不存在，超参数可以通过在全样本上的(10.38)式的固定稀疏的方法来估计。一般情况下，在最大似然函数被估计后，通过卡尔曼滤波来估计超参数。

练习 10.31 写出公式(10.38)和(10.39)的 TVC-VAR 模型的最大似然函数，写出怎样用卡尔曼滤波估计超参数。

给定 ϕ 的估计值，后验的统计推断可以被构造。也就是说，我们用 $g(\alpha|y,\hat{\phi}_{\text{ML-II}})\propto f(y|\alpha)g(\alpha|\hat{\phi}_{\text{ML-II}})$ 代替 $g(\alpha|y)$。注意到，当完全的后验分布使所有可能的 ϕ 平均化，实证的贝叶斯后验使用 ML-Ⅱ 的估计值。如果 $f(y|\phi)$ 在超参数的空间中是稳定的，那么它们差别是很小的。

例题 10.14 继续讨论例题 10.5。我们假设 BVAR 的系数在时间上是可变的，通过采用明尼苏达先验分布的形式来预测意大利的通货膨胀率，设 $\phi_3=0$。我们用一个简单的算法使 $f(y|\phi)$ 最大，求出 ϕ 的最优值。当 $h_1(i,j)=0.4,\forall i,j,h_2(\ell)=\ell^{0.4}$ 时，ϕ 的最优值是 $\phi_0=0.98,\phi_1=0.11,\phi_2=0.1\times10^{-8},\phi_4=1\,000$。对于 1996∶1～2000∶4 时期的样本，向前一步的泰伊 U 统计量是 0.93；而对于 1991∶1～1995∶4 时期的样本，统计量是 0.89(在这两种情况下，后验的标准差都是 0.03)。因此，系数在时间上的变化是重要的，但是方差在时间上的变化是不重要的。事实上，设 $\phi_2=0$，那么泰伊-U 统计量分别是 0.95 和 0.90。

练习 10.32[奇卡雷利和瑞布斯(Ciccarelli and Rebucci)] 令 $y_{1t}=A_{11}(\ell)y_{1t-1}+y_{2t}A_{12}$ 和 $y_{2t}=A_{22}(\ell)y_{1t-1}+v_t$，假设研究者估计 $y_{1t}=A(\ell)y_{1t-1}+e_t$。

(i) 除非 $A_{22}(\ell)=0$，否则 $A(\ell)_{\text{OLS}}$ 是有偏的。

(ii) 考虑一种近似的模型 $y_{1t}=A(\ell)y_{1t-1}+A^c(\ell)y_{1t-1}+e_t$，这里，$A^c(\ell)=A_{22}(\ell)A_{12}$，$e_t=v_tA_{12}$。被估计的模型假设 $A^c(\ell)=0$，那么完全的线性相关就会出现。假设 $\alpha=\text{vec}(A^c(\ell),A(\ell))\sim\mathbb{N}(\bar{\alpha},\bar{\Sigma}_\alpha)$，这里，$\bar{\alpha}=(0,\bar{\alpha}_2)$ 和 $\bar{\Sigma}_\alpha=\text{diag}[\bar{\Sigma}_{\alpha_1},\bar{\Sigma}_{\alpha_2}]$。证明 $g(\alpha|y)\sim\mathbb{N}(\tilde{\alpha},\tilde{\Sigma}_\alpha)$。写出 $\tilde{\alpha}$ 和 $\tilde{\Sigma}_\alpha$ 的形式。在特殊情况下，对于后验均值的表达式，与标准的相比，OLS 估计只运用了较少的信息。证明为了修正由于删除解释变量而产生的偏差，$A^c(\ell)$ 的后验分布需要被中心化。如果系数是时间的函数，其结果又是怎样的呢？

10.4.2 分层先验分布

系数在时间上可变的 BVAR 是一种状态空间模型，系数则是不可观察的。只要时间可变与时间不变一起估计，那么这种模型的完全分层的估计不会有任何困难，为了这样的目的，吉布斯抽样是非常重要的。

这里，我们考虑模型(10.38)和(10.39)的简单形式，更复杂的讨论留在最后一节。我们采用的形式是：

$$\left.\begin{aligned} y_t &= X_t\alpha_t + e_t, \quad & e_t &\sim \text{i. i. d. } \mathbb{N}(0,\Sigma_e) \\ \alpha_t &= \mathbb{D}_1\alpha_{t-1} + v_t, \quad & v_t &\sim \text{i. i. d. } \mathbb{N}(0,\Sigma_a) \end{aligned}\right\} \tag{10.46}$$

这里，$X_t=(I_m\otimes\boldsymbol{X}_t)$。我们假设 $\mathbb{D}_1$ 是已知的，我们将在练习中讨论，如果 $\mathbb{D}_1$ 是未知的，将怎样估计它。对于(Σ_e,Σ_a)和不可观察的$\{\alpha_t\}_{t=1}^T$的后验的估计，可以用吉布斯抽样获得。令 $\alpha^t=(\alpha_0,\cdots,\alpha_t)$，$y^t=(y_0,\cdots,y_t)$。为了能使用吉布斯抽样，我们需要 $g(\Sigma_a\mid y^t,\alpha^t,\Sigma_e)$、$g(\Sigma_e\mid y^t,\alpha^t,\Sigma_a)$和 $g(\alpha^t\mid y^t,\Sigma_e,\Sigma_a)$的后验的条件分布。

假设 $g(\Sigma_e^{-1},\Sigma_a^{-1})=g(\Sigma_e^{-1})g(\Sigma_a^{-1})$，并且其中每一个都是威夏特分布，$\bar{\nu}_0$、$\bar{\nu}_1$ 分别是其自由度，$\bar{\Sigma}_e$、$\bar{\Sigma}_a$ 分别是其度量矩阵。因为 e_t、v_t 是正态分布的，有：

$$(\Sigma_e^{-1}\mid y^t,\alpha^t,\Sigma_a^{-1}) \sim \mathbb{W}\Big(\bar{\nu}_0+T,\Big(\bar{\Sigma}_e^{-1}+\sum_t(y_t-X_t\alpha_t)(y_t-X_t\alpha_t)'\Big)^{-1}\Big)$$

$$(\Sigma_e^{-1}\mid y^t,\alpha^t,\Sigma_e^{-1}) \sim \mathbb{W}\Big(\bar{\nu}_1+T,\Big(\bar{\Sigma}_a^{-1}+\sum_t(\alpha_t-\mathbb{D}_1\alpha_{t-1})(\alpha_t-\mathbb{D}_1\alpha_{t-1})'\Big)^{-1}\Big)$$

为了得到 α^t 的后验条件分布。注意到，$g(\alpha^t\mid y^t,\Sigma_e,\Sigma_a)=g(\alpha_t\mid y^t,\Sigma_e,\Sigma_a)g(\alpha_{t-1}\mid y^t,\alpha_t,\Sigma_e,\Sigma_a)\cdots g(\alpha_0\mid y^t,\alpha_1,\Sigma_e,\Sigma_a)$。因此，序列 α^t 可以通过从一致的条件后验分布推导出每一个元素而得到，α_t 可以从边际密度函数 $g(\alpha^t\mid y^t,\Sigma_e,\Sigma_a)$中推导得到。令 $y_\tau^t=(y_\tau,\cdots,y_t)$，注意到：

$$\begin{aligned} g(\alpha_\tau\mid y^t,\alpha_{\tau+1},\Sigma_e,\Sigma_a) &= \frac{g(\alpha_\tau,y^t,\alpha_{\tau+1}\mid\Sigma_e,\Sigma_a)}{f(y^t,\alpha_{\tau+1})} \\ &\propto g(\alpha_\tau\mid y^\tau,\Sigma_e,\Sigma_a)g(\alpha_{\tau+1}\mid y^\tau,\alpha_\tau,\Sigma_e,\Sigma_a) \\ &\quad\times f(y_{\tau+1}^t\mid y^\tau,\alpha_\tau,\alpha_{\tau+1},\Sigma_e,\Sigma_a) \qquad (10.47) \\ &= g(\alpha_\tau\mid y^\tau,\Sigma_e,\Sigma_a)g(\alpha_{\tau+1}\mid\alpha_\tau,\Sigma_e,\Sigma_a) \qquad (10.48) \end{aligned}$$

在(10.47)式中的第一项和第二项包含了从直到 τ 的数据中得到的后验分布，最后一项涉及的后验分布是由从 $\tau+1$ 到 t 的数据得到的。等式(10.48)的形式实际上是由于 α_τ 与 $y_{\tau+1}^t$ 是独立的而得到的，依赖于$(y^\tau,\Sigma_e,\Sigma_a)$。我们可以看到，(10.48)式中的 2 个密度函数都是正态分布的，它们的均值和方差可以从卡尔曼滤波中得到(参见第 6 章)。令 $\alpha_{t|t}\equiv E(\alpha_t\mid y^t,\Sigma_e,\Sigma_a)=\alpha_{t|t-1}+\mathfrak{K}_t(y_t-X_t\alpha_{t|t-1})$，$\Sigma_{t|t}\equiv\text{var}(\alpha_t\mid y^t,\Sigma_a,\Sigma_e)=(I-\mathfrak{K}_tX_t)\Sigma_{t|t-1}$，这里，$\alpha_{t|t-1}=\mathbb{D}_1\alpha_{t-1|t-1}$，$\mathfrak{K}_t=\Sigma_{t|t-1}X_t'(X_t\Sigma_{t|t-1}X_t'+\Sigma_e)^{-1}$，$\Sigma_{t|t-1}\equiv\text{var}(\alpha_t\mid y^{t-1},\Sigma_a,\Sigma_e)=\mathbb{D}_1\Sigma_{t-1|t-1}\mathbb{D}_1'+\Sigma_a$。如果给定 α_0 的先验分布，$g(\alpha_\tau\mid y^\tau,\Sigma_e,\Sigma_a)$是正态分布，其均值是 $\alpha_{\tau|\tau}$，方差是 $\Sigma_{\tau|\tau}$；而 $g(\alpha_{\tau+1}\mid y^\tau,\alpha_\tau,\Sigma_e,\Sigma_a)$是正态分布，其均值是 $\mathbb{D}_1\alpha_\tau$，方差是 Σ_a。因此，为了从 $g(\alpha^t\mid y^t,\Sigma,\Sigma_a)$中导出样本，我们采用如

下算法。

算法 10.3

(1) 运行卡尔曼滤波,保存 $\alpha_{t|t}$,$\Sigma_t=\Sigma_{t|t}-\mathbb{M}_t\Sigma_{t+1|t}\mathbb{M}_t'$和 $\mathbb{M}_t=\Sigma_{t|t}\Sigma_{t+1|t}^{-1}$。

(2) 导出 $\alpha_t^l\sim\mathbb{N}(\alpha_{t|t},\Sigma_{t|t})$,$\alpha_{t-j}^l\sim\mathbb{N}(\alpha_{t-j|t-j}+\mathbb{M}_{t-j}(\alpha_{t-j+1}^l-\alpha_{t-j|t-j}),\Sigma_{t-j})$,$j\geqslant1$。

(3) 重复 $l=1,\cdots,L$ 次。

正如平常那样,如果一个抽样的样本不存在,在 $t=0$ 时,先验分布可以用固定系数的模型估计,允许 $\mathbb{D}_1$ 不是已知的,Σ_a 是时间上可变的。

练习 10.33 假设 $\mathbb{D}_1$ 是未知的,在它的非零元素上的先验分布是正态的,例如,$\mathbb{D}_1^0\sim\mathbb{N}(\bar{\mathbb{D}}_1,\bar{\sigma}_{D_1}^2)$。证明 $g(\mathbb{D}_1^0\mid\alpha^t,y^t,\Sigma_e,\Sigma_a)\sim\mathbb{N}((\alpha_{t-1}'\Sigma_a^{-1}\alpha_{t-1}+\sigma_{D_1}^{-2})^{-1}\times(\alpha_{t-1}'\Sigma_a^{-1}\alpha_t+\sigma_{D_1}^{-2}\bar{\mathbb{D}}_1),(\alpha_{t-1}'\Sigma_a^{-1}\alpha_{t-1}+\sigma_{D_1}^{-2})^{-1})$。

练习 10.34 令 $\Sigma_{at}=\sigma_t\Sigma_a$。怎样构造 Σ_{at} 的后验条件分布?(提示:σ_t 是参数,假设一个共轭的先验分布。)

为了计算在稳定状态下不是线性的 DSGE 模型的后验条件分布,下面的扩展是有用的。

练习 10.35(非线性状态空间模型) 考虑下面的状态空间模型:

$$\left.\begin{aligned} y_t&=f_{1t}(\alpha_t)+e_t, & e_t&\sim\text{i.i.d.}\,\mathbb{N}(0,\Sigma_e)\\ \alpha_t&=f_{2t}(\alpha_{t-1})+v_t, & v_t&\sim\text{i.i.d.}\,\mathbb{N}(0,\Sigma_\alpha)\end{aligned}\right\}\tag{10.49}$$

这里,f_{1t}、f_{2t}是给定的,但是依赖于未知的参数。证明$(\alpha_t\mid\alpha_{j\neq t},\Sigma_e,\Sigma_a,y^t)\propto\mathfrak{h}_1(\alpha_t)\mathfrak{h}_2(\alpha_t)\times\mathbb{N}(f_{2t}(\alpha_{t-1}),\Sigma_a)$,这里,$\mathfrak{h}_1(\alpha_t)$、$\mathfrak{h}_2(\alpha_t)$是通过 $\eta_1(\alpha_t)=\exp\{-0.5[\alpha_{t+1}-f_{2t}(\alpha_t)]'\Sigma_a^{-1}\times[\alpha_{t+1}-f_{2t}(\alpha_t)]\}$和 $\mathfrak{h}_2(\alpha_t)=\exp\{-0.5[y_t-f_{1t}(\alpha_t)]'\Sigma_e^{-1}[y_t-f_{1t}(\alpha_t)]\}$给定的。怎样从这个后验分布中推导出序列?

最后,我们讨论误差项不是正态时的情况。对于宏观数据,根据大数定律,正态的假设一般是合理的,但是为了稳健的目的,假设一般误差项存在是有用的。注意到,当 $\tau\geqslant1$ 时,(10.46)式可以产生一个非正态的 $y_{t+\tau}$。当 $\tau=0$,为了产生非正态性,对误差项的方差加上一个参数 ϕ_5 是必要的。也就是说,$(\alpha_t\mid\alpha_{t-1},\phi_5,\Sigma_a)\sim\mathbb{N}(\mathbb{D}_1\alpha_{t-1},\phi_5\Sigma_a)$,$g(\phi_5)$被选择用来模拟感兴趣的分布。例如,假设 ϕ_5 是指数正态的,期望是 2。因为 $g(\alpha_t\mid\alpha_{t-1},\Sigma_a,\phi_5)$是正态分布,期望为 $\mathbb{D}_1\alpha_{t-1}$,方差为 $\phi_5\Sigma_a$,$g(\phi_5\mid y^t,\alpha^t,\Sigma_a)\propto\sqrt{(1/\phi_5)}\exp\{-0.5[\phi_5+(\alpha_t+\mathbb{D}_1\alpha_{t-1})'\phi_5^{-1}\Sigma_a^{-1}(\alpha_t-\mathbb{D}_1\alpha_{t-1})]\}$是高斯分布广义的核。一种简单的方法被用来模拟非正态的误差项的结构。

练习 10.36 假设$(y_t\mid\alpha_t,x_t,\phi_6,\Sigma_e)\sim\mathbb{N}(x_t\alpha_t,\phi_6\Sigma_e)$,$g(\phi_6)$是 Exp(2),求出 ϕ_6 的后验条件分布的形式。怎样得到 ϕ_6 的序列?

练习 10.37 令 $y_t=x_t\alpha_t$,$t=1,\cdots,T$,给定条件 x_t,$\alpha_t'=(\alpha_{1t},\cdots,\alpha_{kt})$是独立同分布的,期望是$\bar{\alpha}$,方差是$\bar{\Sigma}_a$,$|\bar{\Sigma}_a|\neq0$。令$\bar{\alpha}$ 和 $\bar{\Sigma}_a$ 是已知的,并且令 $\alpha=(\alpha_1,\cdots,\alpha_t)$。

(i) 证明 α 的最小 MSE 估计是$\tilde{\alpha}=(I_T\otimes\bar{\Sigma}_a)x'\Omega^{-1}y+[I_{Tk}-(I_T\otimes\bar{\Sigma}_a)x'\Omega^{-1}x]\times(\mathbf{1}\otimes\bar{\alpha})$,这里,$\Omega=x(I_T\otimes\Sigma_a)x'$,$x=\text{diag}(x_1',\cdots,x_t')$和 $\mathbf{1}=(1,\cdots,1)'$。

(ii) 证明如果 $\bar{\alpha}=\alpha_0+v_a$,$v_a\sim\text{i.i.d.}(0,\Sigma_{\bar{a}})$,$\Sigma_{\bar{a}}$已知。$\bar{\alpha}$ 的最小 MSE 估计值是$(x'\Omega^{-1}x+\Sigma_{\bar{a}}^{-1})^{-1}(x'\Omega^{-1}y+\Sigma_{\bar{a}}^{-1}\alpha_0)$。证明当 $\Sigma_{\bar{a}}\to\infty$,最优的 MSE 估计值就是 GLS 估计值。

练习 10.38[**库里和普雷斯科特(Cooley and Prescott)**] 令 $y_t = x_t \alpha_t$，其中，x_t 是$1\times k$阶向量，$\alpha_t = \alpha_t^{\mathrm{P}} + e_t$，$\alpha_t^{\mathrm{P}} = \alpha_{t-1}^{\mathrm{P}} + v_t$，这里，$e_t \sim \mathrm{i.i.d.}(0,(1-\varrho)\sigma^2\Sigma_e)$，$v_t \sim \mathrm{i.i.d.}(0,\varrho\sigma^2\Sigma_v)$。假设 Σ_e、Σ_v 已知。ϱ 是对于结构性改变的速度的度量。(当 $\varrho \to 1$，相对于暂时性改变，永久性改变很大。)令 $y=[y_1,\cdots,y_T]'$，$x=[x_1,\cdots,x_T]'$，$\alpha^p=(\alpha_{1t}^p,\cdots,\alpha_{kt}^p)'$。

(i) 证明模型与 $y_t = x_t'\alpha_t^{\mathrm{P}} + \epsilon_t$，$\epsilon_t \sim \mathrm{i.i.d.}(0,\sigma^2\Omega(\varrho))$是等价的，写出$\Omega(\varrho)$的表达式。

(ii) 证明在 ϱ 的条件下，对于(α^p,σ^2)的最小 MSE 估计是 $\alpha_{\mathrm{ML}}^P(\varrho)=(x'\Omega(\varrho)^{-1}\times x)^{-1}(x'\Omega(\varrho)^{-1}y)$和 $\sigma_{\mathrm{ML}}^2(\varrho)=(1/T)(y-x\alpha_{\mathrm{ML}}^P(\varrho))'\Omega(\varrho)^{-1}(y-x\alpha_{\mathrm{ML}}^P(\varrho))$。给出使得关于 ϱ 的中心化的似然函数最大化的方法。

(iii) 当$(\alpha,\varrho,\sigma^2)$未知时，得到 $g(\alpha,\varrho,\sigma^2)$的后验估计。运用吉布斯抽样，给出三个参数的联合概率密度函数。

例题 10.15 我们用带有共同产出、通货膨胀、名义 M1、利率的 TVC-VAR 模型，估计类似模型(10.46)的结构。对于每个时刻 t，给出与信念一致的货币冲击，然后写出对这一冲击的响应。货币的冲击与流动性的影响是一致的(利率的增加，在两季度内使货币减少)。我们导出 α^t 的 10 000 个向量，并保证在最后 5 000 个向量中，每 5 个就能保持 1 个。图 10.4 表示去趋势的 GDP 的中位数的响应，这是通过水平轴上的信息得到的。第一个样本从 1960:1 到 1978:4 的时期内选取。最后的样本从 1960:1 到 2003:4 的时期内选取。注意到，尽管美国经济的结构在样本中已经发生改变，但是，后验的中位数随时间变化还是相似的。

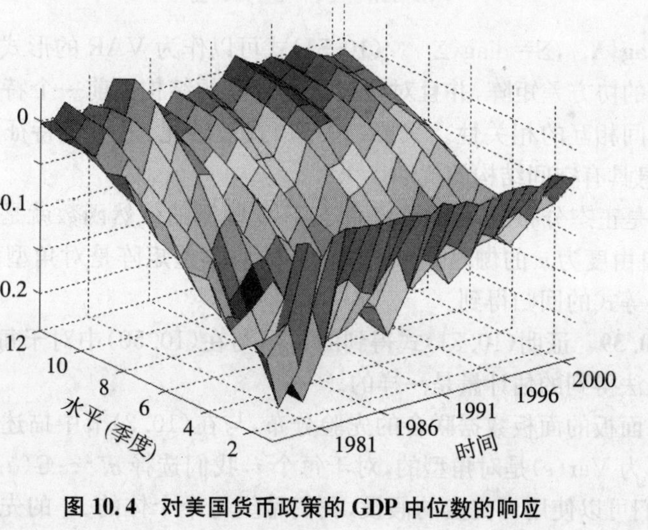

图 10.4 对美国货币政策的 GDP 中位数的响应

10.5 面板数据的 VAR 模型

我们在第 8 章讨论了面板的宏观数据。因此，这一节的重点只有很少一部分。关注的问题主要有三个：第一，怎样解决贝叶斯的无常数项的动态面板数据；第二，怎样把横截面数据动态地整合到一起；第三，建立一个横截面上相关的面板数据的 VAR 模型。例如，当估计均衡状态下的每资本收入，或者检验石油冲击对各个国家的短期和长期影响时，无常数的动态面板数据模型就会很有用。如果我们对在经济危机后各国是否有不同的反应感兴趣，那么整合就非常有用。最后，第三种模型对于各国传递的变化的研究或者第 8 章中不能处理的部分是非常有用的。

10.5.1 无常数项的动态面板数据

对于 $i=1,\cdots,n$，我们考虑的模型为：

$$y_{it}=A_{1i}(\ell)y_{it-1}+\bar{y}_i+A_{2i}(\ell)Y_t+e_{it}, \quad e_{it}\sim \text{i. i. d.}(0,\sigma_i^2) \qquad (10.50)$$

这里，$A_{ji}(\ell)=A_{ji1}\ell+\cdots+A_{jiq_j}\ell^{q_j}$，$j=1,2$，，$\bar{y}_i$ 是个体的固定效应，Y_t 是包含在横截面数据中相关的变量。例如，如果 y_{it} 是地区的销量，那么 Y_t 中的一个元素可能是国家的经济周期的指示变量。因为类似 Y_t 的变量被作为解释变量，所以对于所有的 t 和 τ，有 $E(e_{it}e_{j\tau})=0$，$\forall i\neq j$。我们可以从(10.50)式得到一些统计量。例如，冲击的长期乘数是 $(1-A_{1i}(1))^{-1}$，在 Y_t 中，长期乘数的改变是 $(1-A_{1i}(1))^{-1}A_{2i}(1)$。

例题 10.16 令 y_{it} 表示第 i 个拉丁国家的产出，$Y_t=(x_{1t},i_t)$，i_t 是美国的利率。令 $i_t=A_3(\ell)\epsilon_t$，$(1-A_{1i}(\ell))^{-1}A_{2i}(\ell)A_3(\ell)$ 表示美国利率在时间 t 的冲击对第 i 个国家从 t 时刻开始的影响。

把 (y_{it},Y_t,e_{it}) 的 T 个观测值和固定效应上的系数融入 $(y_i,Y,e_i,\mathbf{1})$，令 $\boldsymbol{X}_i=(y_i,Y,\mathbf{1})$，$\Sigma_i=\sigma_i^2I_T$，$\alpha=[A_1,\cdots,A_n]'$，$A_i=(A_{1i1},\cdots,A_{iq_1},\bar{y}_i,A_{2i1},\cdots A_{2iq_2})$，设 $y=(y_1,\cdots,y_n)'$，$e=(e_1,\cdots,e_n)'$。我们有：

$$y=\boldsymbol{X}\alpha+e, \quad e\sim(0,\Sigma) \qquad (10.51)$$

这里，$\boldsymbol{X}=\text{diag}\{\boldsymbol{X}_i\}$，$\Sigma=\text{diag}\{\Sigma_i\}$。(10.51)式可以作为 VAR 的形式，除了 $\boldsymbol{X}_i$ 是每个个体冲击的协方差矩阵，并且对角线是异方差的结构。前一个特征是由于我们不允许单位间相互的相关性。只要(10.51)式被转化，后一个特征是很容易处理的，因此新息具有空间结构的扰动。

如果 e 是正态分布的，那么在条件 Σ 下，α 模型的似然函数就是正态分布的乘积，Σ_i^{-1} 是自由度为 n 的伽玛分布。因为 e 的协方差矩阵是对角型的，所以 α_{ML} 可以通过逐条等式的回归得到。

练习 10.39 证明(10.51)式得到的 α_{ML}，与在(10.50)中对于每个 i 通过加权的最小二乘法得到的估计量是一样的。

由动态面板的面板数据联合的先验分布，与在(10.2)节中描述的先验分布是相似的。因为 $\text{Var}(e)$ 是对角型的，对于每个 i，我们选择 $\sigma_i^{-2}\sim\mathbb{G}(a_1,a_2)$。给定面板数据，我们可以使用可交换的假设，我们希望每个个体的 A_i 的先验分布是相似的。在 A_i 上可交换的先验分布为 $A_i\sim\mathbb{N}(\bar{A},\bar{\sigma}_A^2)$，其中，$\bar{\sigma}_A^2$ 测量研究者预测的异方差的程度。

练习 10.40［林德雷和史密斯(Lindlay and Smith)］ 假设模型(10.50)在每个等式中有 K 个系数，$A_i=\bar{A}+v_i$，$i=1,\cdots,n$，$v_i\sim\text{i. i. d.}\,\mathbb{N}(0,\bar{\sigma}_A^2)$，其中，$\bar{A}$、$\bar{\sigma}_A^2$ 已知。给出 A_i 的后验均值的形式。假设 σ_i^2 是固定的，给出 A_i 的后验方差的形式。

练习 10.40 说明了在类似(10.51)式的模型中，可交换的先验分布的重要性。事实上，可交换性使得等式之间的独立性得到保存，模型系数的后验均值可以用逐个等式计算。

练习 10.41[加诺瓦和马塞特(Canova and Marcet)] 假设等式之间的不同系数可交换先验分布,即 $A_i - A_{i'} \sim \text{i. i. d.}\ \mathbb{N}(0,\Sigma_a)$。因为这个优点,不需要给出后验均值 $\bar{A}$ 的特殊的形式。证明保证横截面数据的个体之间顺序的 Σ_a 的结构是不起作用的。

在 8.4 节中,我们讨论了聚集困境。在下一个练习中,我们重新回到这个问题,给出在什么样的条件下,A_i 的后验分布反应先验信息,而且与堆积在一起的个体的信息是一样的。

练习 10.42[泽尔纳和洪(Zellner and Hong)] 令 $y_i = x_i\alpha_i + e_i, i=1,\cdots,n, x_i$ 可以包含 y_i 的滞后项,对于每个 i,y_i 是 $T\times 1$ 阶向量,x_i 是 $T\times k$ 阶矩阵,α_i 是 $k\times 1$ 阶向量,$e_i \sim \text{i. i. d.}\ \mathbb{N}(0,\sigma_e^2)$。假设 $\alpha_i = \bar{\alpha} + v_i$,这里,$v_i \sim \text{i. i. d.}\ \mathbb{N}(0,\kappa^{-1}\sigma_v^2 I_k)$,$0<\kappa\leqslant\infty$。

(i) 证明对于 $\alpha=(\alpha_1',\cdots,\alpha_N')'$ 的条件点估计是 $Nk\times 1$ 阶向量 $\tilde{\alpha}=(x'x+\kappa I_{nk})^{-1}(x'x\alpha_{\text{OLS}}+\kappa\,\mathbb{I}\alpha_{\text{p}})$,这里,$x=\text{blockdiag}\{x_i\}$,$\alpha_{\text{OLS}}=(x'x)^{-1}(x'y)$,$y=(y_1',\cdots,y_N')'$,$\alpha_{\text{OLS}}=(\alpha_{1,\text{OLS}}',\cdots,\alpha_{N,\text{OLS}}')'$,$\alpha_{i,\text{OLS}}=(x_i'x_i)^{-1}(x_i'y_i)$,$\mathbb{I}=(I_k,\cdots,I_k)$,$\alpha_{\text{p}}=(\sum_i x_i'x_i)^{-1}(\sum_i x_i'x_i\,\alpha_{i,\text{OLS}})$。$\tilde{\alpha}$ 是 α_{OLS} 和 α_{p} 的加权平均。证明当 $\kappa\to\infty$ 时,$\tilde{\alpha}=\alpha_{\text{p}}$。

(ii) (g-先验) 如果 $v_i \sim \text{i. i. d.}\ \mathbb{N}(0,(x_i'x_i)^{-1}\sigma_v^2)$,证明 $\tilde{\alpha}_i=[\alpha_{i,\text{OLS}}+(\sigma_e^2/\sigma_v^2)\bar{\alpha}]/(1+\sigma_e^2/\sigma_v^2)$。$\tilde{\alpha}_i$ 是 $\alpha_{i,\text{OLS}}$ 和 $\bar{\alpha}$ 的先验均值的加权平均。

(iii) 如果 $g(\bar{\alpha})$ 是没有信息的,证明 $\tilde{\alpha}_i=[\alpha_{i,\text{OLS}}+(\sigma_e^2/\sigma_v^2)\alpha_{\text{p}}]/(1+\sigma_e^2/\sigma_v^2)$。结论是,当 $\sigma_e^2/\sigma_v^2\to\infty$,有 $\tilde{\alpha}_i=\alpha_{\text{p}}$;当 $\sigma_e^2/\sigma_v^2\to 0$,有 $\tilde{\alpha}_i=\alpha_{i,\text{OLS}}$。

接下来,我们讨论模型怎样被用来估计欧盟地区在面板数据的稳态下,每资本收入的分布和收敛率的分布。

例题 10.17 $A_{1i}(\ell)$ 只有非零的元素,Y_t 是欧盟地区的每资本平均的 GDP。如果 $j-0, A_{2ij}-1$;否则,为 0。因此,(10.50)式是:

$$\ln\left(\frac{y_{it}}{Y_t}\right)=\bar{y}_i+A_i\ln\left(\frac{y_{it-1}}{Y_{t-1}}\right)+e_{it},\quad e_{it}\sim\text{i. i. d.}\ \mathbb{N}(0,\sigma_i^2) \tag{10.52}$$

令 $\alpha_i=(\bar{y}_i,A_i)$,并且假设 $\alpha_i=\bar{\alpha}+v_i$,这里,$v_i\sim\text{i. i. d.}\ \mathbb{N}(0,\Sigma_a)$ 和 $\Sigma_a=\text{diag}\{\sigma_{a_j}^2\}$。

我们认为 σ_i^2 是已知的(可以从个体 OLS 回归中估计)。假设 $\bar{\alpha}$ 已知(可以从平均个体 OLS 回归中估计)。把 $\sigma_{a_j}^2$ 看成是固定的。令 $\sigma_i^2/\sigma_{a_j}^2$,$j=1,2$ 度量先验信息和样本信息的相对重要性。如果比值趋于无穷,样本信息就不起作用;相反,如果比值趋于 0,那么先验信息就无关紧要。我们选择一个相对宽松的标量($\sigma_i^2/\sigma_{a_j}^2=0.5, j=1,2$)。使用在 1980~1996 年间的 144 个欧盟地区的每资本收入,我们可以通过 $\widetilde{\text{SS}}_i=\tilde{\bar{y}}_i(1-\tilde{A}_i^T)/(1-\tilde{A}_i)+\tilde{A}_i^{T+1}y_{i0}/Y_0$ 来计算 i 的相对稳定状态,这里,$\tilde{\bar{y}}_i$、$\tilde{A}_i$ 是后验均值。稳态的收敛率是 $\widetilde{\text{CV}}_i=1-\tilde{A}_i$。(如果 $\tilde{A}>1$,我们设 $\widetilde{\text{CV}}=0$。)在图 10.5 中,我们描绘了 $\widetilde{\text{SS}}$ 和 $\widetilde{\text{CV}}$ 的横截面数据的密度。模型的收敛率为 0.09,比文献上所能找到的收敛率快得多[参见巴罗和萨拉-埃-马丁(Barro and Sala-i-Martin, 2003)]。95%的置信区间是比较大的(从 0.03 到 0.55)。相对稳态的横截

面分布至少有 2 个众数：一个在相对收入水平之下，一个在欧盟平均水平之上。

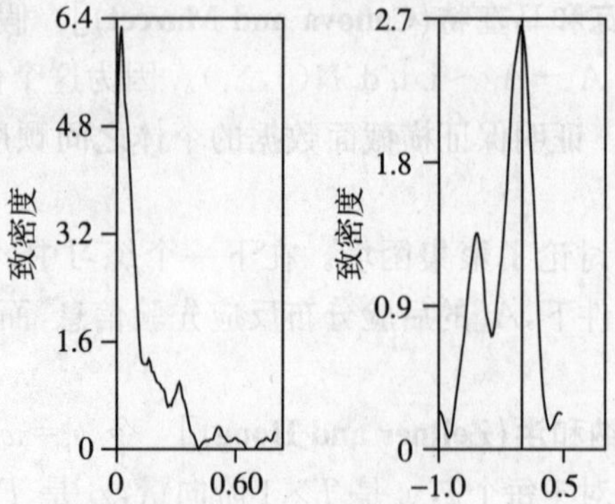

(a) 收敛率　　(b) 稳定状态

图 10.5　横截面密度

当面板很短时，我们希望用横截面信息得到有关每个个体参数更好的估计。在其他情况下，我们对估计平均的横截面的影响感兴趣。在这两种情况下，整合分析的工具都可以使用。

例题 10.18　在例题(10.17)中，假设 $g(\mathrm{SS}_i)\sim\mathbb{N}(\overline{\mathrm{SS}},\sigma_{\mathrm{SS}}^2)$，这里，$\sigma_{\mathrm{SS}}=0.4$，假设 $g(\overline{\mathrm{SS}})\propto 1$。用分层模型的方法。$g(\overline{\mathrm{SS}}|y)$把先验信息和数据信息结合在一起。$g(\mathrm{SS}_i|y)$把特殊个体和全体信息结合在一起。$\overline{\mathrm{SS}}$ 的后验均值是 −0.14，表示分布向左偏，方差是 0.083。95%的置信区间是(−0.30，0.02)。因为对于 SS_i 的 95%的置信区间是(−0.51，0.19)，这样的后验分布与图 10.5 中所示的分布有很大交迭。

10.5.2　*内生组*

当我们想知道在动态面板的横截面中是否有组时，可以分为很多种情况。例如，一种情况是增长理论预测收敛组的存在。这里，组被定义为具有相似性质的不同经济变量和政府政策的集合。在货币经济中，我们一般有兴趣知道，对于统一的货币政策的扰动，不同地区的反应或者一组代理人的行为反应(信贷约束和没有信贷约束、大公司和小公司)能够被识别。一般来说，这些分类是外生选择的[参见盖尔特勒和瑟德纳(Gertler and Cilchrist，1994)]，也可以是任意的。

下一节我们将描述这一过程：同时允许横截面个体的外生的组和模型参数的贝叶斯估计，基本的观点是简单的。如果 i 和 i' 属于同一个组，那么系数有一样的均值和离散度；但是，如果不属于一个组，那么系数就有不同的矩。

让 n 为横截面的个体的个数，T 表示时间长度。$\mathcal{O}=1,2,\cdots,n!$ 表示横截面个体的阶数(阶产生的组是未知的)。我们假设 $\psi=1,2,..,\bar{\psi}$ 为断点，$\bar{\psi}$ 给定。对于每一组 $j=1,\cdots,\psi+1$ 和每一个单位 $i=1,\cdots,n^j(\mathcal{O})$，我们有：

$$y_{it}=\bar{y}_i+A_{1i}(\ell)y_{it-1}+A_{2i}(\ell)Y_{t-1}+e_{it},\quad e_{it}\sim \text{i. i. d. }(0,\sigma_i^2)\tag{10.53}$$

$$\alpha_i^j=\bar{\alpha}^j+v_i^j,\qquad v_i^j\sim \text{i. i. d. }(0,\bar{\Sigma}_j)\tag{10.54}$$

这里，$\alpha_i=[\bar{y}_i,A_{1i1},\cdots,A_{1iq_1},A_{2i1},\cdots,A_{2iq_2}]'$是个体 i 的系数的 $k_i\times1$ 阶向量，$k_i=q_1+q_2+1$，$n^j(\mathcal{O})$是在组 j 中个体的个数，给定第 $\mathcal{O}$ 阶，$\sum_j n^j(\mathcal{O})=n$。对于每个 $\mathcal{O}$，在(10.54)式中，α_i 是随机的，属于组 j 的 $n^j(\mathcal{O})$个个体的系数有同样的均值和方差。因为可交换性可以在组之间不同，所以公式(10.53)、(10.54)抓住了一个核心的性质，在组内可以有一簇个体可以交换。

作为对(10.53)式的另外一种表达方式，(10.54)式是在横截面上具有同质动态的模型。令 $\bar{\psi}=0$，在横截面上所有个体的可交换结构是：

$$\alpha_i=\bar{\alpha}+v_i,\quad i=1,\cdots,n,\ v_i\sim \text{i. i. d.}(0,\bar{\Sigma}) \tag{10.55}$$

令 Y 为在(10.53)式左边变量的$(nTm)\times1$ 阶向量，按顺序排列，对于每个 $t=1,\cdots,T$，有 n 个横截面数据，再乘以 m，X 是$(nTm)\times(nk)$阶的回归向量，α 为$(nk)\times1$ 阶的系数向量，E 为$(nTm)\times1$ 阶的扰动向量，$\bar{\alpha}$ 是$(\psi+1)k\times1$ 阶的 α 均值向量，A 是$(nk)\times(\psi+1)k$ 阶矩阵，$A=\text{diag}\{A_j\}$，其中，A_j 有 $\mathbf{1}\otimes I_k$ 的形式，I_k 为 $k\times k$ 阶单位矩阵，$\mathbf{1}$ 为 1 的 $n^j(\mathcal{O})\times1$ 阶向量。给定阶数 $\mathcal{O}$、组的个数 ψ、断点的位置 $h^j(\mathcal{O})$，我们可以重写公式(10.53)、(10.54)为：

$$Y=X\alpha+E,\quad E\sim(0,\Sigma_E) \tag{10.56}$$

$$\alpha=\Xi\bar{\alpha}+V,\quad V\sim(0,\Sigma_V) \tag{10.57}$$

这里，Σ_E 是$(nTm)\times(nTm)$阶矩阵，$\Sigma_V=\text{diag}\{\bar{\Sigma}_j\}$是$(nk)\times(nk)$阶矩阵，$\Xi$ 是一个由 0 和 1 组成的矩阵。为了完成这一特殊的模型，我们需要$(\bar{\alpha},\Sigma_E,\Sigma_V)$的先验分布和子模型的性质 $\mathcal{M}$，通过$(\mathcal{O},\psi,h^j(\mathcal{O}))$表示。因为后验分布的计算复杂，我们采用实证的贝叶斯方法。

确定组中个体的方法分为三个步骤。首先，给定$(\bar{\alpha},\Sigma_E,\Sigma_V,\mathcal{O})$，我们检验有多少组；其次，给定 $\mathcal{O}$ 和 $\hat{\psi}$，我们检验断点的位置；最后，我们重复以上两个步骤，通过改变 $\mathcal{O}$，选择的子模型就是在$(\mathcal{O},\psi,h^j(\mathcal{O}))$下使得边际似然函数最大的那个。

令 $f(Y|H_0)$是同方差的横截面数据下的边际似然函数。更重要的是，在有 ψ 组的情况下，令 I^ψ 成为断点可能的集合。令 $f(Y^j|H_\psi,h^j(\mathcal{O}),\mathcal{O})$成为 j 组的似然函数。假设有 ψ 个断点，位置在 $h^j(\mathcal{O})$，利用阶数 $\mathcal{O}$，令 $f(Y|H_\psi,h^j(\mathcal{O}),\mathcal{O})=\prod_{j=1}^{\psi+1}f(Y^j|H_\psi,h^j(\mathcal{O}),\mathcal{O})$。定义分位数：

$$f^-(Y|H_\psi,\mathcal{O})\equiv\sup_{h^j(\mathcal{O})\in I^\psi}f(Y|H_\psi,h^j(\mathcal{O}),\mathcal{O})$$

$$f^\dagger(Y|H_\psi)\equiv\sup_{\mathcal{O}}f^-(Y|H_\psi,\mathcal{O})$$

$$f^0(Y|H_\psi,\mathcal{O})\equiv\sum_{h^j(\mathcal{O})\in I^\psi}g_i^j(\mathcal{O})f(Y|H_\psi,h^j(\mathcal{O}),\mathcal{O})$$

其中，$g_i^j(\mathcal{O})$是阶数 $\mathcal{O}$ 的组 j 在位置 $h^j(\mathcal{O})$上有一个断点的先验概率。对于每个 ψ 和阶数 $\mathcal{O}$，相对于断点的位置，f^-是最大的似然函数；一旦断点的位置和数据的阶数被最优地选择，$f^\dagger$是对于每个 ψ 最大的似然函数，f^0是带有断点 ψ 的平均似然函数，这里的平均是指所有断点可能位置的平均，用每一个位置上的先验概率作为权重。对于每个$(j,\mathcal{O})$，我们选择每个 $g_i^j(\mathcal{O})$为均匀分布，令 $\bar{\psi}\ll\sqrt{N/2}$。

在给定 $\mathcal{O}$ 下，检验横截面的动态是可以分组的假设，相当于有 ψ 个断点或者没有断点的假设。这样的假设可以用后验的单比率来检验：

$$\text{PO}(\mathcal{O})=\frac{g_0 f(Y|H_0)}{\sum_{\psi} g_{\psi} f^0(Y|H_{\psi},\mathcal{O})\mathbb{J}_1(n)} \tag{10.58}$$

这里，$g_0(g_{\psi})$ 是有 $0(\psi)$ 个断点的先验概率，可以用下式来检验，假设在横截面中有 $\psi-1$ 个断点，或者有 ψ 个断点：

$$\text{PO}(\mathcal{O},\psi-1)=\frac{g_{\psi-1} f^{0(\psi-1)}(Y|H_{\psi-1},\mathcal{O})}{g_{\psi} f^{0(\psi)}(Y|H_{\psi},\mathcal{O})\mathbb{J}_2(n)} \tag{10.59}$$

这里，$\mathbb{J}_i(n)$，$i=1,2$ 是惩罚函数，它解释，与有较少断点的模型相比，有较多断点的模型有更多的参数。一旦断点的数字被找到（等于 $\hat{\psi}$），我们把每个个体放入组中，为了提供更有预测性的密度函数，计算 $f^{-}(Y|H_{\hat{\psi}},\mathcal{O})$。因为在横截面的数据有 $\mathcal{O}$ 个可能的排列，所以寻找组的最优排列原则是使每个个体达到 $f^{\dagger}(Y|H_{\hat{\psi}})$。

接下来会有两个有趣的问题出现。第一，我们能够连续地检验断点吗？白（Bai，1997）证明，每一个过程都可以产生断点位置和个数的无偏估计。然而，当存在多重组时，对于任何存在的断点和它的位置的一致估计，依赖于断点的强度。第二，当 n 很大时，我们怎样在 $\mathcal{O}$ 上最大化似然函数？当关于个体的次序的信息不可得时，n 不是很大，需要一种方法。地理、经济、社会因素可以帮助我们提供一个值得检验的受约束的次序集。但是，即使当经济学理论也不能提供什么帮助时，最大化不需要 $n!$ 个估计，因为许多阶数有一样的边际似然函数。

例题 10.19 假设 $n=4$，有 $n!=24$ 个可能的排列需要检验。假设第一个排列是 1234，有两个组被找到：1 和 234，对于个体 1 和 234，所有可能的排列（1234，1342）有一样的似然函数，相似地，留下的最后一个排列不需要检验，即 2341、2431，等等。这使需要被检验的排列减少到 13。通过另一种排列 4213，也找到两个组：42 和 13。我们进一步减少排列，通过调换每组的元素位置，即 4132、2314 等。这是很容易被证明的，一旦仔细地选择次序，在一次中有两个组，我们可以穷尽所有可能的组合。

一旦子模型的性质被决定，我们可以通过 $f^{\dagger}(Y|H_{\psi})$ 估计 $[\bar{\alpha},\text{vech}(\Sigma_E)',\text{vech}(\Sigma_V)']'$。例如，如果 e_{it} 和 v_i 是正态分布，有：

$$\left.\begin{aligned}
\hat{\hat{\alpha}}^j &= \frac{1}{n^j(\mathcal{O})}\sum_{i=1}^{n^j(\mathcal{O})}\alpha^j_{i,\text{OLS}} \\
\hat{\hat{\Sigma}}_j &= \frac{1}{n^j(\mathcal{O})-1}\sum_{i=1}^{n^j(\mathcal{O})}(\alpha^j_{i,\text{OLS}}-\hat{\hat{\alpha}}^j)(\alpha^j_{i,\text{OLS}}-\hat{\hat{\alpha}}^j)'-\frac{1}{n^j(\mathcal{O})}\sum_{i=1}^{n^j(\mathcal{O})}(x_i x'_i)^{-1}\hat{\sigma}_i^2 \\
\hat{\sigma}_i^2 &= \frac{1}{T-k}(y'_i y_i - y'_i x_i\,\alpha_{i,\text{OLS}}),
\end{aligned}\right\} \tag{10.60}$$

这里，x_i 是解释变量的矩阵，y_i 是被解释变量，$\alpha^j_{i,\text{OLS}}$ 是 α^j 的 OLS 估计，通过个体的信息得到（在组 $j=1,\cdots,\psi+1$ 中）。对于 α 向量的后验贝叶斯估计是 $\tilde{\alpha}=(X'\hat{\Sigma}_E^{-1}X+$

$\hat{\Sigma}_V^{-1})^{-1}(X'\hat{\Sigma}_E^{-1}Y+\hat{\Sigma}_V^{-1}A\bar{\alpha})$。另外，如果 e_{it} 和 v_i 是正态的，并且 $g(\alpha_0,\Sigma_E,\Sigma_V)$ 是漫射的，我们可以设计 $(\bar{\alpha}^j,\bar{\Sigma}_j,\sigma_i^2)$ 和 α 的后验分布如下：

$$\left.\begin{aligned}
\hat{\bar{\alpha}}^j &= \frac{1}{n^j(\mathcal{O})}\sum_{i=1}^{n^j(\mathcal{O})}(\alpha_i^*)^j \\
\hat{\bar{\Sigma}}_j &= \frac{1}{n^j(\mathcal{O})-k-1}\left[\delta I+\sum_{i=1}^{n^j(\mathcal{O})}\left[(\alpha_i^*)^j-\hat{\bar{\alpha}}^j\right]\left[(\alpha_i^*)^j-\hat{\bar{\alpha}}^j\right]'\right. \\
\hat{\sigma}_i^2 &= \frac{1}{T+2}(y_i-x_i\alpha_i^*)'(y_i-x_i\alpha_i^*) \\
(\alpha_i^*)^j &= \left(\frac{1}{\hat{\sigma}_i^2}x'_ix_i+\hat{\bar{\Sigma}}_j^{-1}\right)^{-1}\left(\frac{1}{\hat{\sigma}_i^2}x'_ix_i\,\alpha_{i,\mathrm{OLS}}+\hat{\bar{\Sigma}}_j^{-1}\hat{\bar{\alpha}}^j\right)
\end{aligned}\right\} \tag{10.61}$$

这里，$j=1,\cdots,\psi+1$ 和 $i=1,\cdots,n^j(\mathcal{O})$，$\delta>0$ 但比较小，以便保证 $\hat{\bar{\Sigma}}_j$ 是正定的。

练习 10.43 推导公式(10.60)和(10.61)。

例题 10.20(收敛组) 在例题 10.17 中，稳态下的横截面后验概率密度函数展示了多峰的形状。因此，我们有兴趣知道，是否有收敛组和断点在数据中。

我们检验依据收入、增长方式、以地理为基础的横截面的 n 个排列，以每资本收入为首要条件排列的方式是最优的。我们设 $\bar{\psi}=4$，从 0 开始连续检验 ψ，相对于 $\psi+1$，当达到 3 个断点时，PO 比率分别为 0.06、0.52、0.66。在 $\psi=1$ 时，我们把出现断点的似然函数画在图 10.6(a)上，把它和 $\psi=0$ 的似然函数放在一起。从图中可见，前者在后者的上面，1～23 属于第一组，24～144 属于第二组。两组平均的收敛率分别为 0.78 和 0.20，表明第一组更快地收敛于稳定状态。图 10.6(b)表明，稳态下的后验分布是不同的，显然，第一组的 23 个个体分别是穷的地区、地中海和欧盟的边缘地区。

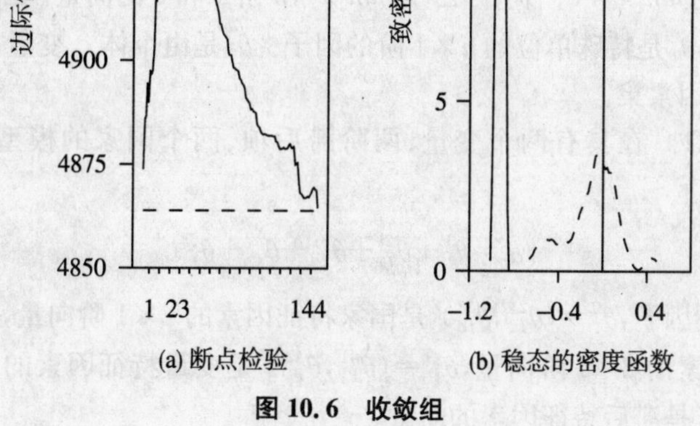

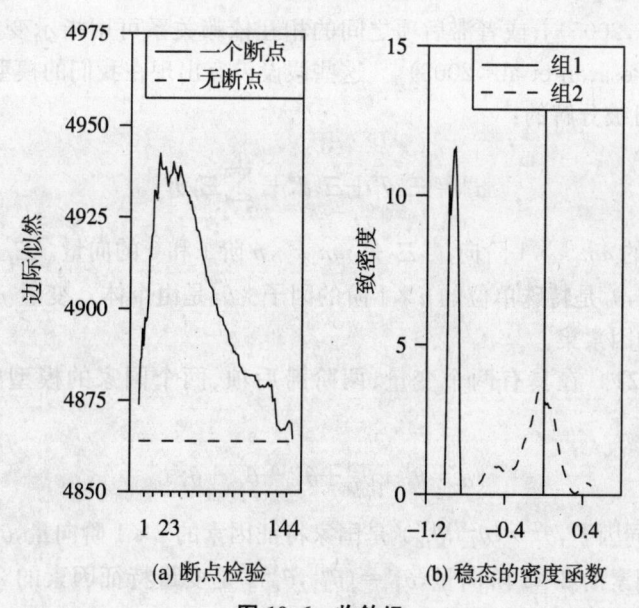

(a) 断点检验　(b) 稳态的密度函数

图 10.6　收敛组

10.5.3 带有相关性的面板数据的 VAR

无论是第 8 章中的 VAR 模型，还是现在我们所考察的特殊形式，都没有考虑横截面数据之间的相关性，这一性质可能是重要的，例如，当我们对国家间冲击的传递感兴趣时。

带有个体间相关的面板数据的 VAR 模型具有以下形式：

$$y_{it}=A_{1it}(\ell)y_t+A_{2it}(\ell)t+e_{it} \tag{10.62}$$

这里，$i=1,\cdots,n,t=1,\cdots,T$，对于每个 i,y_{it} 是 $m_1\times1$ 阶向量，$y_t=(y'_{1t},y'_{2t},\cdots,y'_{nt})'$，$A'_{1it}$ 是 $m_1\times(nm_1)$ 阶矩阵，并且对于每个 j,A^j_{2it} 是 $m_1\times m_2$ 阶矩阵。Y_t 是 $m_2\times1$ 阶外生变量，对于所有的 i,e_{it} 是 $m_1\times1$ 阶扰动项。为了方便，我们剔除常数项和其他因素。在(10.62)式中，个体间相互依赖的关系将出现，只要对于 $i'\neq i$，在一定滞后阶数 j，有 $A^j_{1it,i'}\neq0$。也就是说，在所有的滞后阶数上，滞后阶数矩阵不是分块对角的。滞后项之间相互关系的增加使得模型更加灵活，但也带来一些不便：系数的个数大大增加(在每个方程中，有 $k=nm_1q_1+m_2q_2$ 个系数)。在(10.62)式中，我们允许系数可以随时间而改变。

为了构造未知项的后验分布，我们把(10.62)式写成：

$$Y_t=X_t\alpha_t+E_t,\quad E_t\sim\mathbb{N}(0,\Sigma_E) \tag{10.63}$$

其中，$X_t=(I_{nm_1}\otimes\boldsymbol{X}_t)$，$\boldsymbol{X}_t=(y'_{t-1},y'_{t-2},\cdots,y'_{t-q_1},Y'_t,\cdots,Y'_{t-q_2})$，$\alpha_t=(\alpha'_{1t},\cdots,\alpha'_{nt})'$，$\alpha_{it}=(\alpha^{1'}_{it},\cdots,\alpha^{m_1'}_{it})'$。这里，$\alpha^j_{it}$ 是 $k\times1$ 阶向量，它包含第 i 个个体的第 T 个等式的系数。Y_t 和 E_t 是 $nm_1\times1$ 阶向量。

在不同时间段，α_t 是随个体改变的，用传统的估计方法去估计是不可能的。有 3 个假设被用到：假设系数是不依赖于个体的(没有随时间不变的固定效应)；没有相互的依赖关系[参见霍尔茨埃金等人(Holtz Eakin et al.,1988)、贝尔德等人(Binder et al.,2005)]；或者滞后项之间的相互依赖关系可用指示变量表示[参见派萨冉等人(Pesaran et al.,2003)]。这些假设没有出现在我们的模型中，相反，我们假设 α_t 是可被分解的：

$$\alpha_t=\Xi_1\theta^1_t+\Xi_2\theta^2_t+\sum_{f=3}^{F}\Xi_f\theta^f_t \tag{10.64}$$

这里，Ξ_1 是 1 的 $nm_1k\times1$ 阶向量，Ξ_2 是 $nm_1k\times n$ 阶 1 和 0 的向量。Ξ_f 是调整矩阵，θ^1_t 是共同因子，θ^2_t 是特殊单位的 $n\times1$ 阶的因子。θ^f_t 是由个体 i、变量 j、滞后项或以上混合索引的因素集。

例题 10.21 在具有两个变量、两阶滞后项、两个国家的模型中，$Y_t=0$，由(10.64)式有：

$$\alpha_t=\theta^1_t+\theta^{2i}_t+\theta^{3j}_t+\theta^{4s}_t+\theta^{5\ell}_t \tag{10.65}$$

这里，θ^1_t 是共同因子，$\theta^2_t=(\theta^{21}_t,\theta^{22}_t)'$ 是国家特征因素的 2×1 阶向量，$\theta^3_t=(\theta^{31}_t,\theta^{32}_t)'$ 是等式特征因素的 2×1 阶向量，$\theta^{4s}_t=(\theta^{41}_t,\theta^{42}_t)'$ 是变量特征因素的 2×1 阶向量，$\theta^{5\ell}_t=(\theta^{51}_t,\theta^{52}_t)'$ 是滞后特征因素的向量。

所有的因素都允许在时间上可变,时间上不变的结构可以通过对 θ_t 进行约束得到。此外,在等式(10.64)中的因素设定是正确的,在实际中,只有一些 θ 被特殊设定:其他被剔除的因素都可以归于误差项 v_{1t},同样可以注意到,原模型的过多的参数被避免了,因为 $nm_1k\times1$ 阶向量 α_t 依赖于一个较少维的向量因子。

令 $\theta_t=[\theta_t^1,(\theta_t^2)',(\theta_t^3)',\cdots,(\theta_t^{f_1})',f_1<F]$,重写(10.64)式为:

$$\alpha_t=\Xi\theta_t+v_{1t},\quad v_{1t}\sim\mathbb{N}(0,\Sigma_E\otimes\Sigma_V)\tag{10.66}$$

这里,$\Xi=[\Xi_1,\Xi_2,\cdots,\Xi_{f_1}]$,并且 Σ_V 是 $k\times k$ 阶矩阵。我们假设一个对于 θ_t的分层结构,它允许时间是可变和可交换的:

$$\theta_t=(I-\mathbb{D}_1)\bar{\theta}+\mathbb{D}_1\theta_{t-1}+v_{2t},\quad v_{2t}\sim\mathbb{N}(0,\Sigma_{v_{2t}})\tag{10.67}$$

$$\bar{\theta}=\mathbb{D}_0\theta_0+v_3,\qquad v_3\sim\mathbb{N}(0,\Sigma_{v_3})\tag{10.68}$$

我们设 $\Sigma_V=\sigma_v^2I_k$,其中,$\sigma_v^2=\sigma^2/(1-\rho^2)$,正如在 10.4 节中,我们令 $\Sigma_{v2t}=\phi_3*\Sigma_{v2t-1}+\phi_2*\Sigma_0$,这里,$\Sigma_0=\mathrm{diag}(\Sigma_{01},\Sigma_{02},\cdots,\Sigma_{0,f_1})$。假设 v_{it},$i=1,2,3$ 与 E_t 是相互独立的。$(\rho,\phi_3,\phi_2,\mathbb{D}_1,\mathbb{D}_0)$是已知的,这里,$\mathbb{D}_0$ 是矩阵。通过可交换性的先验假设,部分限制了系数因素的均值。

概括而言,α_t 的先验信息是一个分层结构,因为有(10.66)式,那么 VAR 的大量系数依赖于少数的因子。允许因子有一些进化的结构[参见(10.67)式],并且个体特征因素的先验均值被潜在地与个体之间联系在一起[参见(10.68)式]。θ_t 的新息的方差允许时间可变,以解释异方差和其他具有个体特征或个体间普遍性的一般波动性。为了完成这一特殊的假设,我们还需要$(\Sigma_E^{-1},\theta_0,\sigma^{-2},\Sigma_0^{-1},\Sigma_{v_3}^{-1})$的先验分布。加诺瓦和奇卡雷利(Canova and Ciccarelli,2003)研究了有信息和无信息的先验分布,我们则使用无信息的分析框架来考虑这一问题。

因为 α_t 是一个 $nm_1k\times1$ 阶向量。当 m_1 或 n 很大时,它的后验分布的偏度很大。为了避免这一问题,我们重写模型:

$$\left.\begin{aligned}y_t&=X_t\Xi\theta_t+e_t\\ \theta_t&=(I-\mathbb{D}_1)\bar{\theta}+\mathbb{D}_1\theta_{t-1}+v_{2t}\\ \bar{\theta}&=\mathbb{D}_0\theta_0+v_{3t}\end{aligned}\right\}\tag{10.69}$$

这里,$e_t=E_t+X_tv_{1t}$有协方差矩阵$\sigma_t\Sigma_E=(1+\sigma_v^2X_t'X_t)\Sigma_E$。在(10.69)式中,我们从模型中取出 α_t,使得 θ_t 成为人们感兴趣的向量。

我们假设 $\Sigma_{01}=\phi_{11}$ 和 $\Sigma_{0i}=\phi_{1i}I$,$i=2,\cdots,f_1$,这里,ϕ_{1i}控制系数向量的因素 i 的密度。更重要的是,我们假设 $g(\Sigma_E^{-1},\sigma^{-2},\theta_0,\Sigma_{v_3},\phi_1)=g(\Sigma_E^{-1})g(\sigma^{-2})g(\theta_0,\Sigma_{v_3})\times\prod_i g(\phi_{1i})$,这里,$g(\Sigma_E^{-1})$是 $\mathbb{W}(\bar{v},\bar{\Sigma}_1)$,$g(\sigma^{-2})\propto\sigma^{-2}$,$g(\theta_0,\Sigma_{v_3})\propto\Sigma_{v_3}^{-(\bar{v}_2+1)/2}$,$\bar{v}_2=1+N+\sum_{j=1}^{m_1}\mathrm{dim}(\theta_{j,t}^f)$,$f>1$,$g(\phi_{1i})\propto(\phi_{1i})^{-1}$,超参数 $\bar{\Sigma}_1$,$\bar{v}_1$ 被假设为已知或者从数据中估计。这一假设意味着,e_t 的先验分布是$(e_t|\sigma_t)\sim\mathbb{N}(0,\sigma_t\Sigma_E)$,$\sigma_t^{-2}$ 是伽玛分布,使得 e_t 是以 0 为中心的多元分布,标量矩阵依赖于Σ_E,自由度为 $\mathrm{dim}(X_t)$,因为似然函数与$(\prod_{t=1}^T\sigma_t)^{-0.5Nm_1}|\Sigma_E|^{-0.5T}\times\exp[-0.5\sum_t(y_t-X_t\Xi\theta_t)'(\sigma_t\Sigma_E)^{-1}\times(y_t-X_t\Xi\theta_t)]$成比例,只要知道后验分布,就很容易。事实上,给定其他参数的条

件，Σ_E^{-1} 是威夏特分布，σ_t^{-2}是伽玛分布，θ_0是正态分布，$\Sigma_{v_3}^{-1}$是威夏特分布，ϕ_{1i}^{-1}是伽玛分布。

练习 10.44 推导 Σ_E^{-1}、σ_t^{-2}、θ_0、$\Sigma_{v_3}^{-1}$、ϕ_i^{-1}的后验分布。

最后，$(\theta_1,\cdots,\theta_T|y^T,\psi_{-\theta_t})$的后验分布正如 10.4 节中所述，是可观察的。由上述条件，吉布斯抽样可以被用来模拟人们感兴趣的参数。

10.5.4 *指示变量*

含有公式(10.66)～(10.68)中的分层先验分布的面板数据的 VAR，为构造一致的引导性的指示变量提供了一个分析框架。事实上，在公式组(10.69)中，第一个等式为：

$$y_t = \sum_{f=1}^{f_1} X_{f,t}\,\theta_t^f + e_t \tag{10.70}$$

这里，$X_{f,t}=X_t\,\Xi_f$。在(10.70)式中，y_t 依赖于共同的时间指示变量 X_{1t}、个体的指示变量 X_{2t}，以及依赖于滞后变量和个体等的一个指示变量集。这些指示变量是 VAR 变量的滞后项的特殊的集合。θ_t^j是测量等式右边滞后变量不同的线性组合在内生变量上的影响。因此，直接从 VAR 模型构造指示变量是可能的，即使在引导变量、一致变量和滞后变量之间没有初步的区分。当然，模型是可以重复的。多重的指示变量从 θ_t 的后验分布中能够很容易得到。最后，图表能够通过观察值预测的密度函数和吉布斯抽样的结果来构造。

例题 10.22 假设我们对模型的一般特殊个体和指示变量感兴趣，给定(10.70)式，对于 y_t 引导的指示变量，根据在 $t-1$ 时期得到的公共信息，指示变量是$\mathrm{CLI}_t=X_{1t}\,\theta_{t|t-1}^1$；关于共同时间的特殊个体，引导的指示变量是 $\mathrm{CULI}_t=X_{1t}\,\theta_{t|t-1}^1+X_{2t}\,\theta_{t|t-1}^2$；依据共同时间和特殊个体的信息，引导的指示变量 $\mathrm{CVLI}_t=X_{1t}\,\theta_{t|t-1}^1+X_{3t}\,\theta_{t|t-1}^3$；依据共同时间、特殊个体、特殊变量的信息，指示变量是 $\mathrm{CUVLI}_t=X_{1t}\,\theta_{t|t-1}^1+X_{2t}\,\theta_{t|t-1}^2+X_{3t}\,\theta_{t|t-1}^3$。

当从带有分层先验分布面板数据的 VAR 中推导出(10.70)式时，我们想从(10.70)式直接开始研究。在这种情况下，研究者感兴趣的是，需要用多少指示变量才能抓住时间、个体和变量之间系数的异方差的性质。我们可以用预测的贝叶斯因子来解决上述问题。带有 i 个指示变量的模型比带有 $i+1$ 个指示变量的模型要更好，$i=1,2,\cdots f_1-1$，如果 $f(y^{t+\tau}|\mathcal{M}_i)/f(y^{t+\tau}|\mathcal{M}_{i+1})>1$，这里，$f(y^{t+\tau}|\mathcal{M}_i)=\int f(y^{t+\tau}|\theta_{t,i},\mathcal{M}_i,y_t)g(\theta_{t,i}|\mathcal{M}_i,y_t)\mathrm{d}\theta_{t,i}$，$y^{t+\tau}=[y_{t+1},\cdots,y_{t+\tau}]$是带有 i 个指示变量的模型的密度函数，$g(\theta_{t,i}|\mathcal{M}_i,y_t)$ 是模型 i 中关于 θ 的后验分布，$f(Y^{t+\tau}|\theta_{t,i},\mathcal{M}_i,y_t)$ 是预测数据的密度函数。给定 $\mathcal{M}_i$ 和 θ_t^l，预测的贝叶斯因子能够用吉布斯抽样的结果计算。事实上，随着从后验分布推出 θ_t^l，我们可以预测 $y_{t+\tau}^l$，从而得到对于每个 τ 的预测误差和对于每个特例的平均值。

10.5.5 *脉冲响应*

在 TVC 模型中，脉冲响应可以被计算作为预测误差的后验修正。由于模型是非线性的，因为在模型中的扰动或在系数上的扰动是不同于零的，对于内生变量的预测是可以改变的。更重要的是，因为时间上的可变性，修正同时依赖于计算的时间和历史数据。

为了解释这一点，设 $Y_t=0$。重写(10.63)式为 $\mathbb{Y}_t=\mathbb{A}_t\mathbb{Y}_{t-1}+\mathbb{E}_t$，令 $\alpha_t=\text{vec}(\mathbb{A}_{1t})$，这里，$\mathbb{A}_{1t}$是 $\mathbb{A}_t$ 的第m_1 列向量。消除时间 τ，我们有：

$$y_{t+\tau}=\mathbb{S}\left(\prod_{s=0}^{\tau-1}\mathbb{A}_{t+\tau-s}\right)\mathbb{Y}_t+\sum_{i=0}^{\tau-1}\mathbb{A}^*_{i,t+\tau}e_{t+\tau-i} \tag{10.71}$$

这里，$\mathbb{S}=[I,0\cdots,0]$，$\mathbb{A}^*_{i,t+\tau}=\mathbb{S}(\prod_{s=0}^{i-1}\mathbb{A}_{t+\tau-s})\mathbb{S}'$，$\mathbb{A}^*_{0,t+\tau}=I$。把(10.67)式代入(10.66)式，反复迭代得到：

$$\begin{aligned}\alpha_{t+\tau}&=\varXi\theta_{t+\tau}+v_{1t+\tau}\\&=\varXi\mathbb{D}_1^{\tau+1}\theta_{t-1}+\varXi\sum_{i=1}^{\tau}\mathbb{D}_1^i(I-\mathbb{D}_1)\bar{\theta}+\varXi\sum_{i=1}^{\tau}\mathbb{D}_1^iv_{2t+\tau-i}+v_{1t+\tau}\end{aligned} \tag{10.72}$$

定义在步骤 j 上的反应函数为 $\text{Rev}_{t,j}(\tau)=E_{t+j}\mathbb{Y}_{t+\tau}-E_t\mathbb{Y}_{t+\tau}$，$\forall\tau\geqslant j+1$，给定在 t 和 τ 时刻的信息。用 $E_ty_{t+\tau}=\mathbb{S}E_t(\prod_{s=0}^{\tau-1}\mathbb{A}_{t+\tau-s})\mathbb{Y}_t$，我们有：

$$\begin{aligned}\text{Rev}_{t,j}(\tau)=&\sum_{s=0}^{j-1}(E_t+j\mathbb{A}^*_{\tau-j+s,t+\tau})e_{t+j-s}\\&+\mathbb{S}\left[E_t+j\left(\prod_{s=0}^{\tau-j-1}\mathbb{A}_{t+\tau-s}\right)\prod_{s=\tau-j}^{\tau-1}\mathbb{A}_{t+\tau-s}-E_t\left(\prod_{s=0}^{\tau-1}\mathbb{A}_{t+\tau-s}\right)\right]\mathbb{Y}_t\end{aligned} \tag{10.73}$$

从(10.73)式中预测修正可以得到，因为新的信息发生在模型的新息 e_t 和系数v_{2t}中，改变了先前 $\mathbb{Y}_{t+\tau}$的预测。

例题 10.23 在(10.73)式中，令 $j=1$ 和 $\tau=2$。然后，$\text{Rev}_{t,1(2)}=E_{t+1}\mathbb{Y}_{t+2}-E_t\mathbb{Y}_{t+2}=E_{t+1}(\mathbb{S}\mathbb{A}_{1,t+2}\mathbb{S}')e_{t+1}+\mathbb{S}[E_{t+1}(\mathbb{A}_{t+2})\mathbb{A}_{t+1}-E_t(\mathbb{A}_{t+2}\mathbb{A}_{t+1})]\mathbb{Y}_t$。相似地，令 $j=2$ 和 $\tau=3$，则 $\text{Rev}_{t,2}(3)=E_{t+2}\mathbb{Y}_{t+3}-E_t\mathbb{Y}_{t+3}=\mathbb{S}[E_{t+2}(\mathbb{A}_{t+3})\mathbb{A}_{t+2}\mathbb{A}_{t+1}-E_t(\mathbb{A}_{t+3}\mathbb{A}_{t+2}\mathbb{A}_{t+1})]\mathbb{Y}_t+\mathbb{S}E_{t+2}(\mathbb{A}_{t+3})\mathbb{S}'e_{t+2}+\mathbb{S}E_{t+2}(\mathbb{A}_{t+3})\mathbb{A}_{t+2}\mathbb{S}'e_{t+1}$。因此，由于模型的新息，而在 $\mathbb{Y}_{t+3}$上发生的改变是 $\mathbb{S}E_{t+2}(\mathbb{A}_{t+3})\mathbb{S}'e_{t+2}+\mathbb{S}E_{t+2}(\mathbb{A}_{t+3})\mathbb{A}_{t+2}\mathbb{S}'e_{t+1}$；由于系数的新息，而在 $\mathbb{Y}_{t+3}$ 上发生的改变是 $\mathbb{S}[E_{t+2}(\mathbb{A}_{t+3})\mathbb{A}_{t+2}\mathbb{A}_{t+1}-E_t(\mathbb{A}_{t+3}\times\mathbb{A}_{t+2}\mathbb{A}_{t+1})]\mathbb{Y}_t$。明显地，当反应函数产生时，反应函数依赖于时间(例如，t 对比于 $t+1$)、y_t 的历史数据和 $\mathbb{A}_t$ 的估计值。

吉布斯抽样的结果也可以被用来计算出现在(10.73)式中的表达式。在条件 $\mathbb{A}_t$ 下，假设 $e_t\neq0$，所有的系数的和变量的未来新息都被整合到一起，$\text{Rev}_{t,j}(\tau)$能够用如下的步骤计算。

算法 10.4

(1) 从后验分布中推导出$(\mathbb{A}^l_{t+1},\cdots,\mathbb{A}^l_{t+\tau})$，$l=1,\cdots,L$。

(2) 对于每个 l，计算 $\mathbb{S}\prod_{s=0}^{i-1}\mathbb{A}^l_{t+\tau-s}\mathbb{S}'$ 和$\prod_{s=0}^{i-1}\mathbb{A}^l_{t+\tau-s}$，$\tau=1,2,\cdots$。在 l 上求平均。

(3) 从后验分布中推导出$(e^l_{t+1},\cdots,e^l_{t+j})$，$l=1,\cdots,L$。在 l 上求平均。

(4) 给定 $\mathbb{Y}_t$、在步骤(2)中的平均、在步骤(3)中从 $e_{t+1},\cdots,e_{t+j}$ 得出的平均，在

每个 τ 上计算 $\mathrm{Rev}_{t,j}(\tau)^{l_1}$。

(5) 重复步骤(1)～(4)L_1 次。对于每个 τ，排列 $\mathrm{Rev}_{t,j}(\tau)^{l_1}$，报告分位数。

例题 10.24 我们建立一个 VAR 模型。该模型包含 G7 中每个国家的 GDP 增长率、通货膨胀率、就业率、实际利率，以及 3 个指示变量：共同因素的 2×1 阶向量(一个是欧盟国家的，一个是非欧盟国家的)、国家特征因素的 7×1 阶向量和变量特征因素的 4×1 阶向量。

我们假设在这些因素上是时间可变的，在超参数上使用没有信息的先验分布，不要求有可交换性。图 10.7 表示一个对于欧盟 GDP 增长率和通货膨胀率的 CUVL1 指示的中心化的 68%分位数的后验分布，这个分布是通过向前一年可得信息来构造的。事实上，欧盟 GDP 增长率和通货膨胀率是估计量的 2 倍。模型预测的数据季节性地上偏和下偏。然而，与观察到的 1992 年的实际数据相比，GDP 下偏的概率为 0。

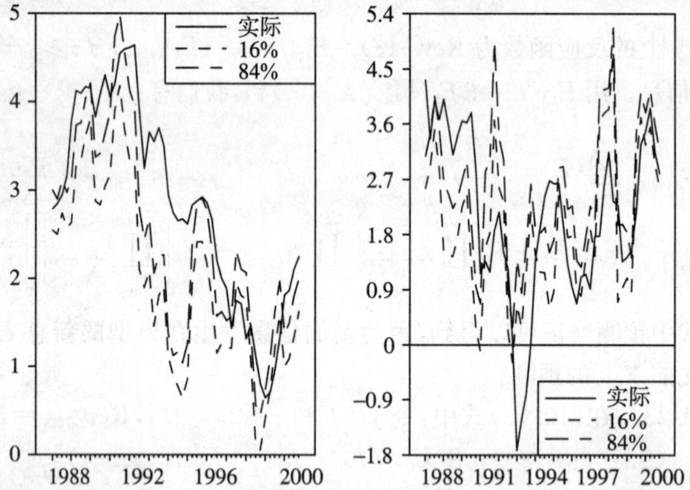

(a) 欧盟通货膨胀率　　(b) 欧盟GDP增长率

图 10.7 向前一年的预测区间

11 贝叶斯时间序列和DSGE模型

本章包括三种流行的时间序列模型的贝叶斯估计，并回归到本书的主要目标：DSGE 模型的估计和推断，只是这次是从贝叶斯角度出发。这三种时间序列模型都有隐变量结构：数据 y_t 依赖于隐变量 x_t 和参数 α 的向量，隐向量 x_t 是参数 θ 的另一个集合的函数。在因子模型中，x_t 作为共性因子或共性趋势；而在随机扰动模型中，x_t 是扰动向量；在马尔科夫转换模型中，x_t 是非观测的有限阶段过程。然而，对于第一种和第三种模型，经典似然函数估值方法仍然可行[参见西姆斯和萨金特(Sims and Sargent，1977)、汉密尔顿(Hamilton，1989)]；对于第二种模型，经常采用基于矩方法或拟最大似然法的近似方法。因为观测变量 $f(y|\alpha,\theta)$ 是分布的混合，所以需要近似的方法，即 $f(y|\alpha,\theta)=\int f(y|\alpha,x)f(x|\theta)\mathrm{d}x$。因为似然函数的计算需要一个 T 维的积分，所以通常不存在分析解。

如第 9 章所述，对于 x_t 的模型，既可以理解为一个先决条件，也可以作为关于潜变量如何展开的描述。这意味着三种模型都具有一种可通过“增大数据”的技术来实施的层次结构[参见泰那和王(Tanner and Wong，1987)]。这种方法把 $x=(x_1,\cdots,x_T)$ 当作一个参数向量，并要求我们计算它的条件后验——正如我们在第 10 章中处理的 TVC 模型中随时间变化的参数一样。给定条件分布的循环抽样，在极限情况下，后验抽取参数和非观测变量 x。关于 x_t 的马尔科夫的性质有利于简化计算，因为我们可以通过用条件递归方式来模拟 x 向量的组成部分，从而解决模拟 x 向量的问题。对于我们检验的模型，其可能性是确定的。因此，如果先验量是合适的，那么通过吉布斯样本(或混合 Gibbs-MH 样本)推导出来的转移核就是不可复归和非周期性的，并且是分布不变的。因此，在这些设置下，收敛的充分条件是成立的。

(x,α,θ) 的核是 $(y|x,\alpha)$、$(x|\theta)$ 的条件分布与 (α,θ) 的先验概率的乘积。因此，$g(\alpha,\theta|y)=\int g(x,\alpha,\theta|y)\mathrm{d}x$ 可以作为参照，同时 $g(x|y)$ 提供了估计 x 的解决方法。本章中的步骤与传统的信号抽取问题的主要不同，在于这里我们在每个时刻 t 乘以了 x 的分布，而并不仅仅是它的条件均值。同样要强调的是，相对于经典方法，我们描述的这些工具考虑了准确的 x 后验分布的计算。因此，我们能描绘在隐变量和参数情况下的后验分布的不确定性。

预测 $y_{t+\tau}$ 和隐变量 $x_{t+\tau}$ 的方法可以通过第 9 章中介绍的工具直接得出。因为许多推断演练要处理无法观测状态(例如,政策圈里的商业周期问题、商业和金融界的扰动过程)的未来度量问题,所以寻找合适的方法来估计就尤为重要。可以通过 x 的边际后验和它的条件结构来得出未来量 $x_{t+\tau}$。

尽管本章主要侧重于正态误差模型,但同样也应用了更多的厚尾分布,尤其是在金融应用中。正如在状态空间模型中那样,这一延伸几乎不具有什么困难。

本章的最后一部分研究如何获得 DSGE 模型结构参数的后验估计,以及如何进行后验概率推断和模型比较,并且再次考察了 DSGE 模型和 VAR 模型的联系。在这一部分几乎没有什么新的题材:我们同时回顾在第 2 章中讨论的模型和第 5~7 章中所涉及的思想,并用第 9 章中的模拟方法来发展一个新的框架,在这个框架中,结构推断可以在假模型中被管理,考虑两个参数和模型的不确定性。

11.1 因子模型

因子模型用于许多经济学和金融学领域,它开拓了新的视野,在那里可能存在经济时间序列向量中的波动的共同来源。因此,因子模型是第 10 章所分析的 VAR 模型的另一选择。对于 VAR 模型,建立了详细的跨变量相互依赖性的模型,但并没有明确考虑共性因子。在这里,大多数相互依赖性被避开,并假设一个低维的非观测变量的向量来驱动跨变量的联合移动。明显的是,两种方法的结合也是可能的[参见伯南克等人(Bernanke et al.,2005)、詹诺内等人(Giannone et al.,2003)]。我们考虑的因子结构如下:

$$\left.\begin{aligned} y_{it} &= \bar{y}_i + \mathbb{Q}_i y_{0t} + e_{it} \\ A_i^e(\ell) e_{it} &= v_{it} \\ A^y(\ell) y_{0t} &= v_{0t} \end{aligned}\right\} \tag{11.1}$$

其中,$E(v_{it}, v_{i't-\tau})=0, \forall i \neq i', i=1,\cdots,m$;如果 $\tau=0, E(v_{it}, v_{it-\tau})=\sigma_i^2$,在其他情况下都为 0;如果 $\tau=0, E(v_{0t}, v_{0t-\tau})=\sigma_0^2$,在其他情况下都为 0;并且,$y_{0t}$是非观测的。那么就需要注意公式(11.1)中的两个特性。首先,非观测的未知因子具有任意序列相关性。其次,因为可观测变量和非观测变量之间的关系是静态的,那么 e_{it} 就被认为是序列相关的,y_{0t} 可能是一个标量或者一个向量,只要它的维度比 y_t 的小。当 $e_t=(e_{1t},\cdots,e_{mt})'$满足 VAR,即 $A^e(l)e_t=v_t$,并且 $A^e(l)$的阶数是 q_e,就会出现有趣的情况。

例题 11.1 存在多个确定地满足如下框架的设定。例如,y_{0t}可以是一个同时发生的商业周期指标,并且移动一个单位向量的宏观经济时间序列 y_{it}。在这种情况下,e_{it}满足 y_{it}上的异质移动。另外,y_{0t} 可以是一个共性随机趋势,而且 e_{it} 对于所有的 i 都是固定的。对于后一种情况,公式(11.1)表示了第 3 章所研究的 UC 分解共性趋势。同时,金融学上用到的许多模型都有类似于公式(11.1)中的结构。例如,在资本资产定价模型(CAPM)中,y_{0t}就是无法观测到的市场组合。

对于确定公式(11.1)中的参数,我们需要一些限定条件。因为 $\mathbb{Q}_i$和 y_{0t}都是观测不到的,它既不是标量也不是因子的迹,并且它的负载能被分别鉴定。对于标准化，我们选择 $\mathbb{Q}_1>0$，并假设 σ_0^2 是一个固定常数。

令 $\alpha_{1i}=(\bar{y}_i,\mathbb{Q}_i)$。并令 $\alpha=(\alpha_{1i},\sigma_0^2,\sigma_i^2,A_i^e,A^y,i=1,\cdots,m)$，其中，$A_i^e=(A_{i,1}^e,\cdots,A_{i,q_i}^e)$ 并且 $A^y=(A_1^y,\cdots,A_{q_0}^y)$ 为模型中的参数向量。令 $y_i=(y_{i1},\cdots,y_{it})'$ 及 $y=(y_1',\cdots,y_m')'$。给定 $g(\alpha)$，$g(\alpha|y,y_0)\propto f(y|\alpha,y_0)g(\alpha)$ 并且 $g(y_0|\alpha,y)\propto f(y\mid\alpha,y_0)f(y_0\mid\alpha)$。为了计算这些条件分布，我们需要 $f(y|\alpha,y_0)$ 和 $f(y_0|\alpha)=\int f(y,y_0\mid\alpha)\mathrm{d}y$。

首先考虑 $f(y|\alpha,y_0)$。令 $y_i^1=(y_{i,1},\cdots,y_{i,q_i})'$ 是随机的，并且 $y_0^1=(y_{0,1},\cdots,y_{0,q_0})'$ 为关于因子的初始观测向量。给定 y_0^1，$x_i^1=[\mathbf{1},y_0^1]$，其中，$\mathbf{1}=[1,1,\cdots,1]'$，并令 A_i 为一个 $(q_i\times q_i)$ 阶伴随矩阵，表示为 $A_i^e(l)$。如果误差是正态的，那么 $(y_i^1|\bar{y}_i,\mathbb{Q}_i,\sigma_i^2,y_0^1)\sim\mathbb{N}(\bar{y}_i+\mathbb{Q}_iy_0^1,\sigma_i^2\Sigma_i)$，其中，$\Sigma_i$ 是 $\Sigma_i=\mathbb{A}_i\Sigma_i\ \mathbb{A}_i+(1,0,\cdots,0)'\times(1,0,\cdots,0)$ 的解。

练习 11.1 提供一个对于 Σ_i 的封闭解。

定义 $y_i^{1*}=\Sigma_i^{-0.5}y_i^1$ 和 $x_i^{1*}=\Sigma_i^{-0.5}x_i^1$。为了构造剩下的似然性，我们令 $e_i=[e_{i,q_i+1},\cdots,e_{i,T}]'$[这是一个 $(T-q_i)\times1$ 阶向量]；$e_{it}=y_{it}-\bar{y}_i-\mathbb{Q}_iy_{0t}$ 并且 $E=[e_1,\cdots,e_{q_i}]$[这是一个 $(T-q_i)\times q_i$ 阶矩阵]。类似地，令 $y_0=(y_{01},\cdots,y_{0t})'$，并且 $Y_0=(y_{0,-1},\cdots,y_{0,-q_0})$。令 y_i^{2*} 为一个 $(T-q_i)\times1$ 阶向量，其第 t 行等于 $A_i^e(l)y_{it}$；令 x_i^{2*} 为一个 $(T-q_i)\times2$ 阶矩阵，其第 t 行等于 $(A_i^e(1),A_i^e(l)y_{0t})$。令 $x_i^*=[x_i^{1*},x_i^{2*}]'$ 和 $y_i^*=[y_i^{1*},y_i^{2*}]$。

练习 11.2 当 e_t 是正态分布时，推导 $(y_i^*|x_i^*,\alpha)$ 的似然性。

为了获得 $g(\alpha|y,y_0)$，假设 $g(\alpha)=\prod_jg(\alpha_j)$，令 σ_0^2 是固定的，并假设 $a_{1i}\sim\mathbb{N}(\bar{a}_{1i},\bar{\Sigma}_{\alpha_{1i}})$，$A_i^e\sim\mathbb{N}(\bar{A}_i^e,\bar{\Sigma}_{A_i^e})\mathcal{I}_{(-1,1)}$，$A^y\sim\mathbb{N}(\bar{A}^y,\bar{\Sigma}_Ay)\mathcal{I}_{(-1,1)}$，$\sigma_i^{-2}\sim\mathbb{G}(a_{1i},a_{2i})$，其中，$\mathcal{I}_{(-1,1)}$ 是静态的指标函数；即 $A_i^e(A^y)$ 的先验是正态的，在 $(-1,1)$ 范围上缩短了。那么，条件后验就是：

$$\left.\begin{aligned}&(\alpha_{1i}|y_i,\alpha_{-\alpha_{1i}})\sim\mathbb{N}(\tilde{\Sigma}_{\alpha_{1i}}(\bar{\Sigma}_{\alpha_{1i}}^{-1}\bar{\alpha}_{1i}+\sigma_i^{-2}(x_i^*)'y_i^*),\tilde{\Sigma}_{\alpha_{1i}})\\&(A_i^e|y_i,y_0,\alpha_{-A_i^e})\sim\mathbb{N}(\tilde{\Sigma}_{A_i^e}(\bar{\Sigma}_{A_i^e}^{-1}\bar{A}_i^e+\sigma_i^{-2}E_i'e_i,)\tilde{\Sigma}_{A_i^e})\mathcal{I}_{(-1,1)}\times\mathcal{N}(A_i^e)\\&(A^y|y_i,y_0,\alpha_{-A^y})\sim\mathbb{N}(\tilde{\Sigma}_{A^y}(\bar{\Sigma}_{A^y}^{-1}\bar{A}^y+\sigma_0^{-2}Y_0'y_0),\tilde{\Sigma}_{A^y})\mathcal{I}_{-1,1}\times\mathcal{N}(A^y)\\&(\sigma_i^{-2}|y_i,y_0,\alpha_{-\sigma_i})\sim\mathbb{G}((a_{1i}+T),a_{2i}+(y_i^*-x_i^*\alpha_{1i,\mathrm{OLS}})^2)\end{aligned}\right\}\tag{11.2}$$

其中，$\tilde{\Sigma}_{a_i}=(\bar{\Sigma}_{a_i}^{-1}+\sigma_i^{-2}x_i^{*'}x_i^*)^{-1}$，$\tilde{\Sigma}_{A_i^e}=(\bar{\Sigma}_{A_i^e}^{-1}+\sigma_i^{-2}E'_iE_i)^{-1}$，$\tilde{\Sigma}_{A^y}=(\bar{\Sigma}_{A^y}^{-1}+\sigma_0^{-2}Y_0'Y_0)^{-1}$；同时，$\mathcal{N}(A_i^e)=|\Sigma_{A_i^e}|^{-0.5}\exp\{-(1/2\sigma_i^2)(y_i^1-\bar{y}_i-\mathbb{Q}_iy_0^1)'\Sigma_{A_i^e}^{-1}\times(y_i^1-\bar{y}_i-\mathbb{Q}_iy_0^1)\}$，并且 $\mathcal{N}(A^y)=|\Sigma_{A^y}|^{-0.5}\exp\{-(1/2\sigma_0)(y_0^1-A^y(\ell)y_{0,-1}^1)'\Sigma_{A^y}^{-1}\times(y_0^1-A^y(\ell)y_{0,-1}^1)\}$。

从公式(11.2)中抽取 $(\bar{y}_i,\mathbb{Q}_i,\sigma_i^2)$ 是很直观的。为了进行识别，需要对符号施加必要的约束，丢弃产生 $\mathbb{Q}_1\leqslant0$ 的抽样。由于静态指标和前 $q_i(q_0)$ 的观测条件分布的影响(如果没有这两个因素影响的话，抽样的参数就会变得很简单)，$A_i^e(A^y)$ 的条件后验很复杂。因为这些分布的形式是未知的，我们可以使用下列 MH 算法的方差来抽样，例如，A_i^e。

算法 11.1

(1) 从 $\mathbb{N}(\widetilde{\Sigma}_{A_i^e}(\overline{\Sigma}_{A_i^e}^{-1}\overline{A}_i^e+\sigma_i^{-2}E'_ie_i),\widetilde{\Sigma}_{A_i^e})$ 中抽取 $(A_i^e)^\dagger$，如果 $\sum_{j=1}^{q_i}(A_{i,j}^e)^\dagger\geqslant 1$，就丢弃抽取的数据。

(2) 否则，抽取 $\mathfrak{U}\sim\mathbb{U}(0,1)$。如果 $\mathfrak{U}<\mathcal{N}((A_i^e)^\dagger)/\mathcal{N}((A_i^e)^{l-1})$，设 $(A_i^e)^l=(A_i^e)^\dagger$；在其他情况下，设 $(A_i^e)^l=(A_i^e)^{l-1}$。

(3) 重复步骤(1)和(2)L 次。

$g(y_0|\alpha,y)$的求导很简单。定义 $T\times T$ 阶矩阵为：

$$\mathcal{Q}_i^{-1}=\begin{bmatrix}\mathcal{Q}_{i1}\\ \mathcal{Q}_{i2}\end{bmatrix}$$

其中，$\mathcal{Q}_{i1}=[\Sigma_i^{-0.5}\quad 0]$，并且：

$$\mathcal{Q}_{i2}=\begin{bmatrix}-A_{i,q_i}^e & \cdots & -A_{i,1}^e & 1 & 0 & \cdots & 0\\ 0 & -A_{i,q_i}^e & \cdots & -A_{i,1}^e & 1 & \cdots & 0\\ \cdots & \cdots & \cdots & \cdots & \cdots & \cdots & \cdots\\ 0 & 0 & \cdots & -A_{i,q_i}^e & \cdots & \cdots & 1\end{bmatrix}$$

Σ_i 为一个 $q_i\times q_i$ 阶矩阵，并且 0 为一个 $q_i\times(T-q_i)$ 阶矩阵。类似地，定义 $\mathcal{Q}_0^{-1}$。

令 $x_i^\dagger=\mathcal{Q}_i^{-1}x_i$，$y_i^\dagger=\mathcal{Q}_i^{-1}(y_i-\mathbf{1}\bar{y}_i)$。那么似然函数就是 $\prod_{i=1}^m f(y_i^\dagger|\mathbb{Q}_i,\sigma_i^2,A_i^e,y_0)$，其中，$f(y_i^\dagger|\mathbb{Q}_i,\sigma_i^2,A_i^e,y_0)=(2\pi\sigma_i^2)^{-0.5T}\exp\{-(y_i^\dagger-\mathbb{Q}_i\mathcal{Q}_i^{-1}y_0)'(y_i^\dagger-\mathbb{Q}_i\mathcal{Q}_i^{-1}y_0)/2\sigma_i^2\}$。因为因子的边际为 $f(y_0|A^y)=(2\pi\sigma_0^2)^{-0.5T}\exp\{-(\mathcal{Q}_0^{-1}y_0)'(\mathcal{Q}_0^{-1}y_0)/2\sigma_0^2\}$，联合似然函数为 $f(y_i^\dagger,y_0|\alpha)=\prod_{i=1}^m f(y_i^\dagger|\mathbb{Q}_i,\sigma_i^2,A_i^e,y_0)f(y_0|A^y)$。完成此平方，我们得到：

$$g(y_0|y_i^\dagger,\alpha)\sim\mathbb{N}(\tilde{y}_0,\widetilde{\Sigma}_{y_0})\tag{11.3}$$

其中，$\tilde{y}_0=\widetilde{\Sigma}_{y_0}[\sum_{i=1}^m\mathbb{Q}_i\sigma_i^{-2}(\mathcal{Q}_i^{-1})'\mathcal{Q}_i^{-1}(y_i-\mathbf{1}\bar{y}_i)]$，$\widetilde{\Sigma}_{y_0}=\sum_{i=0}^m\mathbb{Q}_i^2\sigma_i^{-2}(\mathcal{Q}_i^{-1})'\mathcal{Q}_i^{-1}]^{-1}$，并且 $\mathbb{Q}_0=1$。注意，$\widetilde{\Sigma}_{y_0}$ 是一个 $T\times T$ 阶矩阵。给定(11.2)式和(11.3)式，吉布斯抽样可用于计算 α 和 y_0 的联合条件后验分布以及它们的边际。

为了使吉布斯抽样方法更有效，我们需要选取 σ_0^2 和先验分布的参数。例如，σ_0^2 可设定为对于每个 y_{it} 的 AR(1)回归中的新息的平均方差。因为我们几乎没有什么关于负载和自回归参数的信息，那么可令 $\bar{a}_{i1}=\overline{A}_i^e=\overline{A}^y=0$，并假设一大的先验方差。最后，可选定一个对于 σ_i^{-2} 的相对扩散先验。例如，$\mathbb{G}(4,0.001)$是一个不含有第三阶矩和第四阶矩的分布。

计算 y_{0t} 的推断密度的方法是很简单的，在此留作练习。注意到，当因子是一个普通商业周期指标时，通过构造就能得出超前经济指标的密度。

练习 11.3 描述构造关于 $y_{0t+\tau}$，$\tau=1,2,\cdots$ 的方法。

练习 11.4 假设 $i=4$，并且令 $A_i^e(l)$是一阶的。另外，假设 $\bar{y}=[0.5,0.8,0.4,0.9]'$，并且 $\mathbb{Q}_1=[1,2,0.4,0.6,0.5]'$。令 $A^e=\text{diag}[0.8,0.7,0.6,0.9]$，$A^y=[0.7,-0.3]$，$v_0\sim$ i.i.d. $\mathbb{N}(0,5)$，并且：

$$v \sim \text{i. i. d.} \mathbb{N}\left(0, \begin{bmatrix} 3 & 0 & 0 & 0 \\ 0 & 4 & 0 & 0 \\ 0 & 0 & 9 & 0 \\ 0 & 0 & 0 & 6 \end{bmatrix}\right)$$

令先验量为$(\bar{y}_i, \mathbb{Q}_i) \sim \mathbb{N}(0, 10 * I_2)$，$i=1,2,3,4$，$A^e \sim \mathbb{N}(0, I_4)\mathcal{I}_{(-1,1)}$，$A^y \sim \mathbb{N}(0, I_2)\mathcal{I}_{(-1,1)}$，并且 $\sigma_i^{-2}\mathbb{G}(4, 0.001)$，其中，$\mathcal{I}_{(-1,1)}$ 告诉我们，要丢弃那些诸如$\sum_j A_{ij}^e \geqslant 1$或者$\sum_j A_j^y \geqslant 1$ 的值。从 α 的后验分布中抽取序列，并构造关于 y_0 的后验分布估计。

练习 11.5 令关于$(\bar{y}_i, \mathbb{Q}_i, A_i^e, A^y, \sigma_i^{-2})$的先验量是无信息的。验证 y_0 的后验均值与对模型(11.1)运用卡尔曼滤波/平滑的方法所获得的均值相同。

例题 11.2 我们通过选用 1970 年 1 月至 2002 年 4 月的真实政府支出、私人投资、雇佣量和 GDP 季度数据，构造了一个关于欧洲区域商业周期的一致指标，我们考虑指标上的 AR(2)结构和模型误差上的 AR(1)结构。并从以下条件后验中抽取 10 000 个数据得到后验估计量：其中 5 000 个用作耗用数据，剩下的每 5 个中的 1 个用于构造指标。图 11.1 展示了指标的均值和其 68%的置信区间。两个 AR 系数的后验均值分别是 0.711 和 0.025，标准差分别为 0.177 和 0.134。我们构造的一致指标粗略地展示了与 CEPR 所选择的回归日期相一致的(经典)回归。另外，它展示了 2001 年后的一段相当大的经济减速。

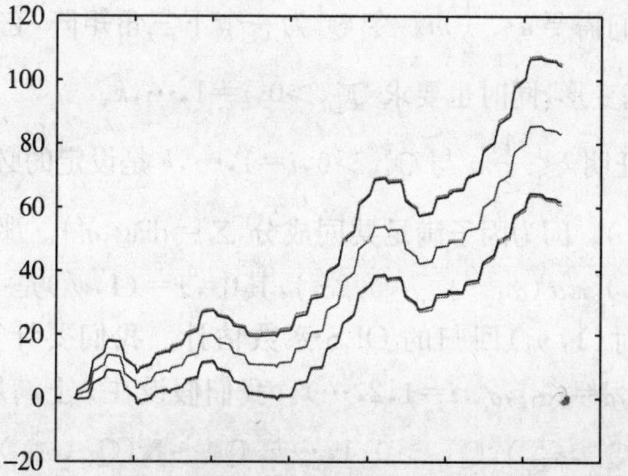

图 11.1 一致的指标，欧洲地区

11.1.1 *套利定价理论(APT)模型*

除了商业周期或趋势指标的构造以外，因子模型广泛地应用于金融领域[参见，例如，坎贝尔等人(Campbell, et al., 1997)]。这里观测不到的因子是资产组合超额回报的向量，或宏观经济变量的向量，或资产组合的实际回报向量，通常被限制于跨越均值—方差前沿。因为经济理论对参数中的非线性组合施加限制，所以套利定价模型是非常有用的。

为了解释清楚，现在考虑 APT 模型的一种情况：m 维资产回报向量 y_t 与 k 维

因子向量 y_{0t} 相关，并满足下列线性关系：

$$y_t = \bar{y} + \mathbb{Q}_1 y_{0t} + e_t \tag{11.4}$$

其中，$y_0 \sim \mathbb{N}(0, I)$，$e|y_0 \sim \text{i.i.d.}\, \mathbb{N}(0, \Sigma_e)$，$\bar{y}$ 是一个条件回报均值向量，$\mathbb{Q}_1$ 为一个 $m \times k$ 阶载入矩阵，而 $\mathbb{Q}_1$ 与 y_{0t} 都是未知的。传统上，类似(11.4)式的模型能通过以下两步估计得到：首先，估计因子载入或者是因子本身(通过横截面数据回归得到)；其次，把第一步求得的估计值当作真实值，进行二次回归(通常是时间序列上)来估计其他参数[参见罗尔和罗斯(Roll and Ross，1980)]。但这一步明显地存在变量误差偏倚问题，并将导致错误的推断。

从罗斯(Ross，1976)开始的一些学者证明，当 $m \to \infty$ 时，套利机会的不存在暗示着 $\bar{y}_i \approx \phi_0 + \sum_{j=1}^{k} \mathbb{Q}_{1ij} \phi_j$，其中，$\phi_0$ 是定价关系(也称为 0-贝塔率)的截距项，而 ϕ_j 是因子 $\mathbb{Q}_{1ij}$，$j=1,2,\cdots,k$ 的风险溢价。通过以上两步方法，假定 $\mathbb{Q}_{1ij}$ 与 $\bar{y}_i$ 的估计值已给定，施加的约束就变成线性的，通过 ϕ_j 的受限和不受限估计可轻松地进行检验。

检验(11.4)式的一种方法就是测量定价的误差，并检验它们相对于平均回报的大小(大的相关误差意味着不适当的说明)。这一测量方法是通过给定 $\mathfrak{S} = (1/m)\bar{y}'[I - \mathbb{Q}(\mathbb{Q}'\mathbb{Q})^{-1}\mathbb{Q}']\bar{y}$，其中，$\mathbb{Q} = (\mathbf{1}, \mathbb{Q}_1)$，并且 $\mathbf{1}$ 是一个 m 维的单位 1 矩阵。固定 m 后，$\mathfrak{S} \neq 0$；而当 $m \to \infty$ 时，$\mathfrak{S} \to 0$。显然计算样本分布 $\mathfrak{S}$ 是很困难的，它的正确后验分布能通过 MCMC 方法来轻松获得。

对于设定，我们需要 $k < \frac{1}{2}m$。令 $\mathbb{Q}_1^k$ 为一个下三角矩阵，它包含 $\mathbb{Q}_1$ 的前 k 个独立行的乔里斯基变形，同时也要求 $\mathbb{Q}_{1ii}^k > 0$，$i=1,\cdots,k$。

练习 11.6 证明 $k < \frac{1}{2}m$ 与 $\mathbb{Q}_{1ii}^k > 0$，$i=1,\cdots,k$ 是设定的必要条件。

令 $\alpha_{i1} = (\bar{y}_i, \mathbb{Q}_i)$。因为因子满足共同成分，$\Sigma_e = \text{diag}\{\sigma_i^2\}$。那么 $f(\alpha_{i1} | y_0, \sigma_i) \propto \exp\{-(\alpha_{i1} - \alpha_{i1,\text{OLS}})' x' x (\alpha_{i1} - \alpha_{i1,\text{OLS}})/2\sigma_i^2\}$，其中，$x = (\mathbf{1}, y_0)$ 是一个 $T \times (k+1)$ 阶矩阵，$\alpha_{i1,\text{OLS}}$ 是 y_{it} 对 $(1, y_0)$ 回归的 OLS 系数估计。我们要计算 $g(\alpha | y_{0t}, y_t)$ 和 $g(y_{0t} | \alpha, y_t)$，其中，$\alpha = (\alpha_{1i}, \sigma_i^2, i=1,2,\cdots)$。我们假设在 i 上满足独立性及以下先验条件：$\mathbb{Q}_{1i} \sim \mathbb{N}(\bar{\mathbb{Q}}_{1i}, \bar{\sigma}_{\mathbb{Q}_1}^2)$，$\mathbb{Q}_{1ii} > 0, 1, \cdots k$，$\mathbb{Q}_{1i} \sim \mathbb{N}(\bar{\mathbb{Q}}_{1i}, \bar{\omega}_{\mathbb{Q}_1}^2)$，$i = k+1, \cdots, m$，$\bar{s}_i^2 \sigma_i^{-2} \sim \chi^2(\bar{\nu}_i)$，$\bar{y}_i \sim \mathbb{N}(\bar{y}_{i0}, \bar{\sigma}_{\bar{y}_i}^2)$，其中，$\bar{y}_{i0} = \phi_0 + \Sigma_j \mathbb{Q}_{1ij} \phi_j$ 并且 ϕ_j 是常数。所有先验分布的超参数都假定是已知的。注意到，我们直接施加了理论约束——$\bar{y}_i$ 的先验分布是以 $\mathbb{Q}_1$ 的值为条件的——同时，通过改变 $\bar{\sigma}_{yi}^2$，我们能解释在 ATP 约束中的不同信用等级，而参数的条件后验分布可以很容易得到。

练习 11.7 (i) 证明 $g(\bar{y}_i | y_t, y_{0t}, \mathbb{Q}_1, \sigma_i^2) \sim \mathbb{N}(\tilde{\bar{y}}_i, \bar{\sigma}_{\bar{y}_i}^2)$，其中，$\tilde{\bar{y}}_i = [\bar{\sigma}_{\bar{y}_i}^2 \bar{y}_{i,\text{OLS}} + (\sigma_i^2/T)\bar{y}_{i0}]/[\sigma_i^2/T + \bar{\sigma}_{\bar{y}_i}^2]$，$\bar{\sigma}_{\bar{y}_i}^2 = [\bar{\sigma}_i^2 \bar{\sigma}_{\bar{y}_i}^2/T]/[\sigma_i^2/T + \bar{\sigma}_{\bar{y}_i}^2]$，$\bar{y}_{i,\text{OLS}} = (1/T)\sum_{t=1}^{T}(y_{it} - \sum_{j=1}^{k} \mathbb{Q}_{1j} y_{0tj})$。

(ii) 证明 $g(\mathbb{Q}_{1i} | y_t, y_{0t}, \bar{y}_i, \sigma_i^2) \sim \mathbb{N}(\tilde{\mathbb{Q}}_{1i}, \tilde{\Sigma}_{\mathbb{Q}_{1i}})$，其中，$\tilde{\mathbb{Q}}_{1i} = \Sigma_{\mathbb{Q}_{1i}}(\bar{\mathbb{Q}}_{1i}\bar{\sigma}_{\mathbb{Q}_1}^2 + x_i^{\dagger\prime} x_i^{\dagger} \times \mathbb{Q}_{1i,\text{OLS}} \sigma_i^{-2})$，$\tilde{\Sigma}_{\mathbb{Q}_{1i}} = (\bar{\sigma}_{\mathbb{Q}_{1i}}^{-2} + \sigma_i^{-2} x_i^{\dagger\prime} x_i^{\dagger})^{-1}$，$i=1,\cdots,k$，并且 $\tilde{\mathbb{Q}}_{1i} = \Sigma_{\mathbb{Q}_{1i}}(\tilde{\mathbb{Q}}_{1i}\bar{\omega}_{\mathbb{Q}_1}^{-2} + x_i^{\dagger\prime} x_i^{\dagger} \times$

$\mathbb{Q}_{1i,OLS}\sigma_i^{-2})$，$\widetilde{\Sigma}_{\mathbb{Q}_{1i}}=(\bar{\omega}_{\mathbb{Q}_1}^{-2}+\sigma_i^{-2}x_i^{\dagger\prime}x_i^{\dagger})^{-1}$，$i=k+1,\cdots,m$，其中，$\mathbb{Q}_{1i,OLS}$是$(y_{it}-\bar{y}_0)$在$y_{01},\cdots,y_{0i-1}$上回归的估计值，并且 $x_i^{\dagger}$ 是矩阵 x_i，但不含有第一行。

(iii) 证明$(\tilde{s}^2\sigma_i^{-2}\mid y_t,y_{0t},\mathbb{Q}_1,\bar{y}_i)\sim\chi^2(\tilde{\nu})$，其中，$\tilde{\nu}=\nu+T$ 并且 $\tilde{s}_i^2=\bar{\nu}\bar{s}_i^2+(T-k-1)\sum_t(y_{it}-\bar{y}_i-\sum_j\mathbb{Q}_{1j}y_{0tj})^2$。

而数据的联合密度和因子如下：

$$\begin{bmatrix}y_{0t}\\y_t\end{bmatrix}\sim\mathbb{N}\left[\begin{pmatrix}0\\\bar{y}\end{pmatrix},\begin{bmatrix}I & \mathbb{Q}_1'\\\mathbb{Q}_1 & \mathbb{Q}_1\mathbb{Q}_1'+\Sigma_e\end{bmatrix}\right]$$

通过条件正态分布的性质，我们可以得出：

$g(y_{0t}|y_t,\alpha)\sim\mathbb{N}(\mathbb{Q}_1'(\mathbb{Q}_1'\mathbb{Q}_1+\Sigma_e)^{-1}(y_t-\bar{y}),I-\mathbb{Q}_1'(\mathbb{Q}'_1\mathbb{Q}_1+\Sigma_e)^{-1}\mathbb{Q}_1)$，其中，$(\mathbb{Q}_1'\mathbb{Q}_1+\Sigma_e)^{-1}=\Sigma_e^{-1}-\Sigma_e^{-1}\mathbb{Q}_1(I+\mathbb{Q}_1'\Sigma_e^{-1}\mathbb{Q}_1)^{-1}\mathbb{Q}_1'\Sigma_e^{-1}$，并且$(I+\mathbb{Q}_1\Sigma_e^{-1}\mathbb{Q}_1)$是$k\times k$阶矩阵。

练习 11.8 假设 α 的先验量是不含有信息的，即 $g(\alpha)\propto\prod_j\sigma_{\alpha j}^{-2}$。推导 $\bar{y}$、$\mathbb{Q}_1$、Σ_e 和 y_{0t}在此条件下的条件后验值。

练习 11.9 使用欧洲股票 50 指数所列出的最近 5 年的股票月度回报数据，构建 5 个含有 1/5 回报的资产组合。用含有信息的先验量计算 APT 模型中的定价误差的条件后验条件，其中，APT 模型使用 1～2 个因子(资产组合的平均)。也可以使用σ_0^2 的两个值，一个大，一个小。报告一个对于 $\mathfrak{S}$ 的后验统计的 68%置信集。你能拒绝该理论吗？你对总风险异质性的比例的后验均值有什么看法？

11.1.2 *条件资本资产定价模型*

条件资本资产定价模型结合以数据为基础和以模型为基础这两种方法，进行资产组合选择，它具有如下形式：

$$\left.\begin{aligned}y_{it+1}&=\bar{y}_{it}+\mathbb{Q}_{it}y_{0t+1}+e_{it+1}\\\mathbb{Q}_{it}&=x_{1t}\phi_{1i}+v_{1it}\\\bar{y}_{it}&=x_{1t}\phi_{2i}+v_{2it}\\y_{0t+1}&=x_{2t}\phi_0+v_{0t+1}\end{aligned}\right\}\tag{11.5}$$

其中，$x_t=(x_{1t},x_{2t})$是一组观测变量的集合，$e_{it+1}\sim\text{i.i.d.}\,\mathbb{N}(0,\sigma_e^2)$，$v_{0t+1}\sim\text{i.i.d.}\,\mathbb{N}(0,\sigma_0^2)$，并且 v_{1it} 和 v_{2it} 两者假定为序列相关的，考虑条件变量 x_{1t} 可能的无特征性。这里，y_{it+1}是资产 i 的回报，而 y_{0t+1}是无法观测的市场组合的回报。等式(11.5)满足我们目前考虑的因子模型结构，当 $v_{2it}=v_{1it}=0$，$\forall t$，x_{2t}是 y_{0t}和 $x_{1t}=I$ 对于所有 t 的滞后量。在文献中还考察了公式(11.5)的各种不同情况。

例题 11.3 考虑以下模型：

$$\left.\begin{aligned}y_{it+1}&=\mathbb{Q}_{it}+e_{it+1}\\\mathbb{Q}_{it}&=x_t\phi_i+v_{it}\end{aligned}\right\}\tag{11.6}$$

这里，资产 i 的回报依赖于非观测的风险溢价 $\mathbb{Q}_{1t}$和异质性的误差项，而风险溢价是可观测变量的函数。

如果我们放松假设，认为风险的成本是常数，并允许资产 i 的条件方差是随时间变化的，那么我们就会得到：

$$y_{it+1}=x_t\mathbb{Q}_t+e_{it+1},\quad e_{it}\sim\text{i. i. d.}\ \mathbb{N}(0,\sigma_{ei}^2) \tag{11.7}$$

$$\mathbb{Q}_{it}=\mathbb{Q}+v_t,\qquad v_t\sim\text{i. i. d.}\ \mathbb{N}(0,\sigma_v^2) \tag{11.8}$$

这里，i 的回报依赖于观测变量。对于观测值的载入量，假设对于不同的资产是相同的，并随着时间而改变。注意，将第二个表达式代入第一个时，我们会发现，模型的预测误差是存在异方差的(方差是 $x_t'x_t\sigma_v^2+\sigma_{ei}^2$)。

练习 11.10 假设 $v_{2it}=v_{1it}=0,\forall t$，并且 y_{0t+1} 是已知的。令 $\alpha=[\phi_{21},\cdots,\phi_{2m},\phi_{11},\cdots,\phi_{1m}]$。假定存在一个先验量满足 $\alpha\sim\mathbb{N}(\bar{\alpha},\bar{\Sigma}_\alpha)$。令方差矩阵 $e_t=[e_{1t},\cdots,e_{MT}]$ 为 Σ_e，并假设一个先验量满足 $\Sigma_e^{-1}\sim\mathbb{W}(\bar{\Sigma},\bar{\nu})$。证明以 $(y_{it},y_{0t},\Sigma_e,x_t)$ 为条件，后验量 α 是正态的，它以 $\tilde{\alpha}$ 为均值、$\tilde{\Sigma}_\alpha$ 为方差；并且 Σ_e^{-1} 的边际后验是威夏特分布，其尺度矩阵为 $(\bar{\Sigma}^{-1}+\Sigma_{\text{OLS}})^{-1}$，自由度为 $\bar{\nu}+T$。求出 $\tilde{\alpha}$、$\tilde{\Sigma}_\alpha$、Σ_{OLS} 的精确形式。

练习 11.11 假设 $v_{2it}=v_{1it}=0,\forall t$，但允许 y_{0t+1} 是非观测的量。假定 y_{0t} 以如下规则移动：$y_{0t+1}=x_{2t}\phi_0+v_{0t+1}$，其中，$x_{2t}$ 是可观测变量。描述求 y_{0t} 的条件后验所需的步骤。

公式(11.5)中的详述要比练习 11.10 和 11.11 中的情况更复杂，因为它在系数上是时间变化的。为了说明在这种情况下的步骤，我们描述了公式(11.5)的另一种情况，其中，$v_{2it}=0,\forall t,m=1,x_t=x_{1t}=x_{2t}$，我们考虑在 $\mathbb{Q}_t$ 的移动准则下的 AR(1)误差，则有：

$$\left.\begin{aligned} y_{t+1}&=x_t\phi_2+\mathbb{Q}_t y_{0t+1}+e_{t+1}\\ \mathbb{Q}_t&=(x_t-\rho x_{t-1})\phi_1+\rho\mathbb{Q}_{t-1}+v_t\\ y_{0t}&=x_t\phi_0+v_{0t}\end{aligned}\right\} \tag{11.9}$$

其中，ρ 测量了驱动 $\mathbb{Q}_t$ 的扰动的持续性。

令 $\alpha=[\phi_0,\phi_1,\phi_2,\rho,\sigma_e^2,\sigma_v^2,\sigma_{v_0}^2]$ 和 $g(\alpha)=\prod_j g(\alpha_j)$。假设 $g(\phi_i)\sim\mathbb{N}(\bar{\phi}_i,\bar{\Sigma}_{\bar{\phi}_i})$，$i=0,1,2,g(\rho)\sim\mathbb{N}(0,\bar{\Sigma}_\rho)\mathcal{I}_{(-1,1)},g(\sigma_v^{-2})\sim\chi(\bar{s}_v^2,\bar{\nu}_v),g(\sigma_e^{-2},\sigma_{v_0}^{-2})\propto\sigma_e^{-2}\sigma_{v_0}^{-2}$，并且所有的超参数都是已知的。

为了构建 $\mathbb{Q}_t$ 的条件后验，要注意，如果 ρ 是已知的，$\mathbb{Q}_t$ 也可以在状态平面模型中轻易地模拟出来。所以，分量 $\alpha=(\alpha_1,\rho)$，以 ρ 为条件，$\mathbb{Q}_t$ 的移动准则是 $y\equiv\mathbb{Q}-\rho\mathbb{Q}_{-1}=x^+\phi_1+v$，其中，$\mathbb{Q}=[\mathbb{Q}_1,\cdots,\mathbb{Q}_t]',x=[x_1,\cdots,x_t]',x^+=x-\rho x_{-1}$，并且 $v\sim\text{i. i. d.}\ \mathbb{N}(0,\sigma_v^2 I_T)$。设 $\mathbb{Q}_{t=-1}=0$，我们能得到两组方程。一组是关于第一观测值的，另一组是关于其他观测值的，$y_0\equiv\mathbb{Q}_0=x_0^+\phi_1+v_0,y_t\equiv\mathbb{Q}_t-\rho\mathbb{Q}_{t-1}=x_t^+\phi_1+v_t$。当误差为正态的时候，似然函数 $f(y|x,\phi_1,\rho)$ 与 $(\sigma_v^2)^{-0.5T}\exp\{-0.5[(y_0-x_0^{\dagger}\phi_1)\times\sigma_v^{-2}(y_0-x_0^+\phi_1)'-\sum_{t=1}^T(y_t-x_t^+\phi_1)\sigma_v^{-2}(y_t-x_t^+\phi_1)']\}$ 成比例。

令 $\phi_{1,\text{OLS}}^0$ 为从第一个观测值得出的 OLS 估计值，而且 $\phi_{1,\text{OLS}}^1$ 是从其他观测值中得出的 OLS 估计。结合先验和似然函数，ϕ 的后验核与 $\exp\{-0.5(\phi_1^0-\phi_{1,\text{OLS}}^0)'\times$

$(x_0^+)'\sigma_v^{-2}x_0^+(\phi_1^0-\phi_{1,OLS}^0)-0.5\sum_t(\phi_1^1-\phi_{1,OLS}^1)'(x_t^+)'\sigma_v^{-2}x_t^+(\phi_1^1-\phi_{1,OLS}^1)-0.5(\phi_1-\bar{\phi}_1)'\times\Sigma_{\phi_1}^{-1}(\phi_1-\bar{\phi}_1)\}$成比例。因此，$\phi_1$ 的条件后验是正态的。而均值为先验均值和两个 OLS 估计量的加权平均，即 $\tilde{\phi}_1=\tilde{\Sigma}_{\phi_1}(\bar{\Sigma}_{\phi_1}^{-1}\bar{\phi}_1+(x_0^+)'\sigma_v^{-2}y_0+\sum_t(x_t^+)'\sigma_v^{-2}y_t$ 和 $\tilde{\Sigma}_{\phi_1}=(\bar{\Sigma}_{\phi_1}^{-1}+(x_0^+)'\sigma_v^{-2}x_0^++\sum_t(x_t^+)'\sigma_v^{-2}x_0^+)^{-1}$。而 σ_v^2 的条件后验可以用同样的方法得出。

练习 11.12 证明 σ_v^2 的后验核具有以下形式：$(\sigma_v^2)^{-0.5(T-1)}\exp\{-0.5\sum_t\sigma_v^{-2}\times(y_t-x_t^+\phi_1)'(y_t-x_t^+\phi_1)\}[\sigma_v^2/(1-\phi_1^2))^{0.5}]^{-0.5(\bar{\nu}_v+1+2)}\exp\{-0.5[\sigma_v^{-2}/(1-\phi_1^2)]^{-1}\times(y_0-x_0^+\phi_1)'(y_0-x_0^+\phi_1)+\bar{\nu}_v]\}$。假设一种算法从这个（不知名的）分布中抽取数据。

一旦 α_1 的分量的分布情况给定，我们能使用卡尔曼滤波来构造 $\mathbb{Q}_t$和以 ρ 为条件的 y_{0t}的后验量。为了求出条件后验量 ρ，我们几乎不需要下什么功夫。以 ϕ_1 为条件，改写 $\mathbb{Q}_t$的移动准则为 $y_t^\dagger\equiv\mathbb{Q}_t-x_t\phi_1=x_{t-1}^\dagger\rho+v_t$，其中，$x_{t-1}^\dagger=\mathbb{Q}_{t-1}-x_{t-1}\phi_1$。再次把数据分为以下两类：初始观测值$(y_1^\dagger,x_0^\dagger)$和其他值$(y_t^\dagger,x_{t-1}^\dagger)$。似然函数为：

$$f(y^\dagger\mid x^\dagger,\phi_1,\rho)\propto\sigma_v^{-T}\exp\{-0.5(y_1^\dagger-x_0^\dagger\phi_1)'\sigma_v^{-2}(y_1^\dagger-x_0^\dagger\phi_1)\}+\exp\{-0.5\sum_t(y_t^\dagger-x_{t-1}^\dagger\phi_1)'\sigma_v^{-2}(y_t^\dagger-x_{t-1}^\dagger\phi_1)\}\tag{11.10}$$

令 ρ_{OLS}为从 T 个数据点得出的 ρ 的 OLS 估计值。结合似然函数和先验量，能求出形式的核为 $\exp\{-0.5\sum_t(\rho-\rho_{OLS})'(x_t^\dagger)'\sigma_v^{-2}x_t^\dagger(\rho-\rho_{OLS})+(\rho-\bar{\rho})'\bar{\Sigma}_\rho^{-1}(\rho-\bar{\rho})\}\times[\sigma_v^2/(1-\phi_1^2))^{0.5}]^{-0.5(\bar{\nu}_v+1+2)}\exp\{-0.5[\sigma_v^2/(1-\phi_1^2)]^{-1}\bar{\nu}_v+(y_1^\dagger)'[\sigma_v^2/(1-\phi_1^2)]^{-1}\times y_1^\dagger\}$。因此，对于 ρ 的条件后验是服从正态的，在范围$(-1,1)$内，以 $\tilde{\rho}=\tilde{\Sigma}_\rho(\bar{\Sigma}_\rho^{-1}\bar{\rho}+\sum_t(x_t^\dagger)'\sigma_v^{-2}y_t^\dagger)$为均值，以 $\tilde{\Sigma}_\rho=(\bar{\Sigma}_\rho^{-1}+\sum_t(x_t^\dagger)'\sigma_v^{-2}x_t^\dagger)^{-1}$为方差。

练习 11.3 提供一个 MH 算法，从条件后验 ρ 中抽取数据。

一旦 $g(\alpha_1|\rho,y_{0t},y_t)$、$g(\rho|\alpha_1,y_{0t},y_t)$、$g(y_{0t}|\alpha_1,\rho,y_t)$是可知的，就可以用吉本斯抽样来找出利息总量的联合后验值。

11.2 随机扰动模型

随机扰动模型是 GARCH 模型和 TVC 模型之外的另一种选择。事实上，随机扰动模型可以解释随时间变化的扰动和 GARCH 与 TVC 模型中的尖峰态，但是它会当不存在异方差时产生过多的曲线峰态。因为 σ_t^2 的算法被认为是服从 AR 过程的，观测模型中的扰动或 σ_t^2 算法模型的扰动会驱使 y_t 的改变。这一特性给设定增加了灵活性，并相对于其他模型，例如，GARCH 类的模型，产生了更广泛的观测值变动性。而在 GARCH 模型中，同一随机变量同时驱动观测值和扰动项。

最基本的随机扰动的设定如下：

$$\left.\begin{aligned}&y_t=\sigma_te_t, && e_t\sim\mathbb{N}(0,1)\\&\ln(\delta_t^2)=\rho_0+\rho_1\ln(\sigma_{t-1}^2)+\sigma_vv_t, && v_t\sim\text{i. i. d. }\mathbb{N}(0,1)\end{aligned}\right\}\tag{11.11}$$

其中，v_t 和 e_t 是独立的，在公式(11.11)中，我们不能明显假定 y_t 是去平均的。因此，这一设定可用于建立此类模型，例如，资产回报或汇率变动。同时，为了简化，只考虑 $\ln\sigma_t^2$ 的一个滞后量。

令 $y=(y_1,\cdots,y_t)$，$\sigma^2=(\sigma_1^2,\cdots,\sigma_t^2)$，并且令 $f(\sigma^2|\rho,\sigma_v)$ 是 σ^2 产生的概率机制，其中，$\rho=(\rho_0,\rho_1)$。数据的密度函数为 $f(y|\rho,\sigma_v)=\int f(y|\sigma^2)f(\sigma^2|\rho,\sigma_v)\mathrm{d}\sigma^2$。正如在因子模型中那样，我们把 σ_t^2 看作未知参数向量，而且需要求出它的条件分布。

我们在此先不推导(ρ,σ_v)的条件分布，而专注于从 σ_t^2 的条件后验中抽取样本。首先，需要注意，由于马尔科夫结构，我们能把 σ_t^2 的联合后验分解为形如 $g(\sigma_t^2|\sigma_{t-1}^2,\sigma_{t+1}^2,\rho,\sigma_v,y_t)$，$t=1,\cdots,T$ 的条件后验的乘积形式。其次，这些单变量密度函数具有一种特殊形式：它们是 y_t 的条件正态和 σ_t^2 的对数正态的乘积：

$$\begin{aligned}&g(\sigma_t^2|\sigma_{t-1}^2,\sigma_{t+1}^2,\rho,\sigma_v,y_t)\\&\quad\propto f(y_t|\sigma_t^2)f(\sigma_t^2|\sigma_{t-1}^2,\rho,\sigma_v)f(\sigma_{t+1}^2|\sigma_t^2,\rho,\sigma_v)\\&\quad\propto\frac{1}{\sigma_t}\exp\left\{-\frac{y_t^2}{2\sigma_t^2}\right\}\times\frac{1}{\sigma_t^2}\exp\left\{-\frac{(\ln\sigma_t^2-E_t(\ln\sigma_t^2))^2}{2\mathrm{var}(\ln\sigma_t^2)}\right\}\end{aligned}\tag{11.12}$$

其中，$E_t(\ln\sigma_t^2)=[\rho_0(1-\rho_1)+\rho_1(\ln\sigma_{t+1}^2+\ln\sigma_{t-1}^2)]/(1+\rho_1^2)$，$\mathrm{var}(\ln\sigma_t^2)=\sigma_v^2/(1+\rho_1^2)$。因为 $g(\sigma_t^2|\sigma_{t-1}^2,\sigma_{t+1}^2,\rho,\sigma_v,y_t)$是不标准的，我们或者需要一个候选密度来作为重要性抽样，或者需要在 MH 算法中使用一个适当的转换函数。存在一列密度能用作重要性抽样密度，例如，杰克尔等人(Jaquier et al.，1994))提出，(11.12)式中的第一项是一个伽玛分布随机变量的逆的密度函数，即 $x^{-1}\sim\mathbb{G}(a_1,a_2)$，而第二项是伽玛分布(结合第一矩和第二矩)的逆的估计。伽玛的逆是一个对于对数正态来说好的“总体”密度，因为它在右尾上支配了后者。此外，可以把两种密度结合形成一个逆伽玛，含有以下参数：$\tilde{a}_1=[1-2\exp(\mathrm{var}(\ln\sigma_t^2))]/[1-\exp(\mathrm{var}(\ln\sigma_t^2))]+0.5$ 和 $\tilde{a}_2=[(\tilde{\alpha}_1-1)[\exp(E_t(\ln\sigma_t^2)+0.5\mathrm{var}(\ln\sigma_t^2))]+0.5y_t^2]$，并从这一目标密度中进行抽取。作为另一种方法，因为 $\ln(\sigma_t^2)$的核是已知的，我们可以从 $\mathbb{N}(E(\ln\sigma_t^2)-0.5\mathrm{var}(\ln\sigma_t^2),\mathrm{var}(\ln\sigma_t^2))$中抽取 $\ln(\sigma_t^2)$，并接受以 $\exp\{-y_t^2/2\sigma_t^2\}$为概率的抽样[参见格韦克(Geweke，1994)]。

例题 11.4 我们运行一个小的蒙特卡洛实验来检验这两个近似值的质量。表 11.1 报告百分位，当 $\rho_0=0.0$、$\rho_1=0.8$、$\sigma_v=1.0$ 时，从后验中使用 35 000 个抽样。两种估计值看起来产生了相似的结果。

表 11.1 近似分布的分位数

	分位数				
	5th	25th	50th	75th	95th
伽玛分布	0.11	0.70	1.55	3.27	5.05
正态分布	0.12	0.73	1.60	3.33	5.13

值得强调的是，模型(11.11)是一个特殊的非线性高斯模型，它可以被转化为一个线性但非高斯状态的空间模型，并且不损失任何信息。事实上，令 $x_t=\ln\sigma_t$，

$\epsilon_t=\ln e_t^2+1.27$，模型(11.11)可以改写为：

$$\left.\begin{aligned}\ln y_t^2&=-1.27+x_t+\epsilon_t\\ x_{t+1}&=\rho x_t+\sigma_v v_t\end{aligned}\right\}\tag{11.13}$$

其中，ϵ_t 具有零均值但非正态。一个类似这样的构造已出现在第 10 章，并且我们已描述相应的技巧来求解此模型。在此可以明显得出，ϵ_t 的非正态密度函数可以用一个 J 正态的矩阵来近似，即 $f(\epsilon_t)\approx\sum_j\varrho_j f(\epsilon_t\mid\mathcal{M}_j)$，其中，每个 $f(\epsilon_t\mid\mathcal{M}_j)\sim\mathbb{N}(\bar{\epsilon}_j,\sigma_{\epsilon_j}^2)$ 且 $0\leqslant\varrho_j\leqslant1$。奇布(Chib，1996)提供了如何实现这一过程的详细步骤。

科格利和萨金特(Cogley and Sargent，2005)最近应用了随机扰动模型的机制到系数随时间变化的 BVAR 模型中。因为他们所用的步骤可作为我们在第 10 章所研究的线性时间变化条件结构的补充，我们将详细考察获取此模型参数的条件后验估计量的方法。

含有随机扰动的 VAR 模型具有如下形式：

$$\left.\begin{aligned}y_t&=(I_m\otimes\boldsymbol{X}_t)\alpha_t+e_t,\quad e_t\sim\mathbb{N}(0,\Sigma_t^{\dagger})\\ \Sigma_t^{\dagger}&=\mathcal{P}^{-1}\Sigma_t(\mathcal{P}^{-1})'\\ \alpha_t&=\mathbb{D}\alpha_{t-1}+v_{1t},\qquad v_{1t}\sim\mathbb{N}(0,\Sigma_{v_1})\end{aligned}\right\}\tag{11.14}$$

其中，$\mathcal{P}$ 是一个主对角线上全为 1 的下三角矩阵，$\Sigma_t=\mathrm{diag}\{\sigma_{it}^2\}$，并且：

$$\ln\sigma_{it}^2=\ln\sigma_{it-1}^2+\sigma_{v_{2i}}v_{2it}\tag{11.15}$$

其中，$\mathbb{D}_1$ 表明 α_t 是一个静态过程。在模型(11.14)中，关于 y_t 的过程有随时间变化的系数和方差。为了计算条件后验量，需要注意，阻隔 α_t 和 σ_t^2，并且从这两个随机变量的向量中抽取整个一列序列是相当容易的。

我们做如下标准先验假设，即，$\alpha_0\sim\mathbb{N}(\bar{\alpha},\bar{\Sigma}_\alpha)$，$\Sigma_{v_1}^{-1}\sim\mathbb{W}(\bar{\Sigma}_{v_1},\bar{\nu}_{v_1})$，其中，$\bar{\Sigma}_{v1}\propto\bar{\Sigma}_\alpha$，$\bar{\nu}_{v1}=\dim(\alpha_0)+1$，$\sigma_{v_{2i}}^{-2}\sim\mathbb{G}(a_1,a_2)$，$\ln\sigma_{i0}\sim\mathbb{N}(\ln\bar{\sigma}_i,\bar{\Sigma}_\sigma)$，并令 ϕ 代表 $\mathcal{P}$ 的非零元素，$\phi\sim\mathbb{N}(\bar{\phi},\bar{\Sigma}_\phi)$。

给定这些先验量，对于$(\alpha_t,\Sigma_{v_1},\sigma_{v_{2i}})$的条件后验计算就很简单了。对于 α_t 的条件后验可以通过卡尔曼滤波的方法来获得，正如我们在第 10 章详述的那样；对于 $\Sigma_{v_1}^{-1}$ 的条件后验为 $\mathbb{W}((\bar{\Sigma}_{v_1}^{-1}+\sum_t v_{1t}v_{1t}')^{-1},\bar{\nu}_{v_1}+T)$，而对于 $\sigma_{v_{2i}}^{-2}$ 的条件后验量为 $\mathbb{G}(a_1+T,a_2+\sum_t(\ln\sigma_{it}^2-\ln\sigma_{it-1}^2)^2)$。

例题 11.5　假设 $y_t=\alpha_t y_{t-1}+e_t$，$e_t\sim$ i. i. d. $\mathbb{N}(0,\sigma_t^2)$，$\alpha_t=\rho\alpha_{t-1}+v_{1t}$，$v_{1t}\sim$ i. i. d$\mathbb{N}(0,\sigma_{v_1}^2)$，$\ln\sigma_t^2=\ln\sigma_{t-1}^2+\sigma_{v_2}v_{2t}$，$v_{2t}\sim$ i. i. d. $\mathbb{N}(0,1)$。如果 $\sigma_{v_2}^{-2}\sim\mathbb{G}(a_{v_2},b_{v_2})$ 和 $\sigma_{v_2}^{-2}\sim\mathbb{G}(a_{v_1},b_{v_1})$，给定 ρ，则$(\sigma_{v_1}^{-2},\sigma_{v_2}^{-2})$的条件后验量分别是以$(a_{v_1}+T,b_{v_1}+\sum_t v_{1t}^2)$ 和$(a_{v_2}+T,\bar{b}_{v_2}+\sum_t(\ln\sigma_t^2-\ln\sigma_{t-1}^2)^2)$为参数的伽玛函数。

练习 11.14　当 ρ 是未知的，并且具有先验量 $\mathbb{N}(\bar{\rho},\bar{\sigma}_\rho^2)\mathcal{I}_{(-1,1)}$ 时，推导例题 11.5 中的$(\rho,\sigma_{v_1}^{-2},\sigma_{v_2}^{-2})$条件后验。其中，$\mathcal{I}_{(-1,1)}$ 是静态指标。

为了构造 ϕ 的条件，注意，如果 $\epsilon_t\sim(0,\Sigma_t)$，那么 $e_t=\mathcal{P}\epsilon_t\sim(0,\mathcal{P}\Sigma_t\mathcal{P}')$。因此，如果 e_t 是已知的，给定(y_t,x_t,α_t)，$\mathcal{P}$ 的自由元素能通过以下方法进行估计。因为

$\mathcal{P}$是一个下三角矩阵，其第 m 个等式为：

$$\sigma_{mt}^{-1}e_{mt}=\phi_{m1}(-\sigma_{mt}^{-1}e_{1t})+\cdots+\phi_{m,m-1}(-\sigma_{mt}^{-1}e_{m-1t})+(\sigma_{mt}^{-1}\epsilon_{mt}) \qquad (11.16)$$

因此，令 $E_{mt}=(-\sigma_{mt}^{-1}e_{1t},\cdots-\sigma_{mt-1}^{-1}e_{mt})$，$\varepsilon_{mt}=-\sigma_{mt}^{-1}\epsilon_{mt}$，很容易看出，$\phi_i$ 的条件后验是正态的，并且以 $\tilde{\phi}_i$ 为均值，以 $\tilde{\Sigma}_{\phi_i}$ 为方差。

练习 11.15 求出 $\tilde{\phi}_i$ 与 $\tilde{\Sigma}_{\phi_i}$ 的形式。

为了从条件分布中抽取 σ_{it}^2，令 $\sigma_{(-i)t}^2$ 为 σ_t^2 除去第 i 个元素的序列，并令 $e=(e_1,\cdots,e_t)$。那么如同(11.12)式给定的那样，$g(\sigma_{it}^2|\sigma_{(-i)t}^2,\sigma_{\epsilon_i},e)=g(\sigma_{it}^2|\sigma_{it-1}^2,\sigma_{it+1}^{-2},\sigma_{\epsilon_i},e)$。对于每一个 i，为了从这一分布中抽样，我们可以选择候选分布 $\sigma_{it}^2\exp\{-(\ln\sigma_{it}^2-E_t(\ln\sigma_{it}^2))^2/2\mathrm{var}(\ln\sigma_t^2)\}$，并且以概率 $(\sigma_{it}^{\dagger})^{-1}\exp\{-e_{it}^2/2(\sigma_{it}^2)^{\dagger}\}/(\sigma_{it}^{\ell-1})^{-1}\exp\{-e_{it}^2/2(\sigma_{it}^2)^{l-1}\}$ 接受或拒绝抽样，其中，$(\sigma_{it}^2)^{l-1}$ 是最后的抽样，而 $(\sigma_{it}^2)^{\dagger}$ 是候选抽样。

练习 11.16 假设你对预测 y_t 未来的值有兴趣，并令 $y^{t+\tau}=(y_{t+1},\cdots,y_{t+\tau})$，$\alpha=(\alpha_1,\cdots,\alpha_t)$，$y=(y_1,\cdots,y_t)$。证明以时间 t 为信息的条件函数为：

$$\begin{aligned}
&g(y^{t+\tau}|\alpha,\Sigma_t^{\dagger},\Sigma_{v1},\phi,\sigma_{v_{2i}},y)\\
&\quad=\iint g(\alpha^{t+\tau}|\alpha,\Sigma_t^{\dagger},\Sigma_{v_1},\phi,\sigma_{v_{2i}},y)\\
&\qquad\times g(\Sigma^{\dagger,t+\tau}|\alpha^{t+\tau},\Sigma_t^{\dagger},\Sigma_{v_1},\phi,\sigma_{v_{2i}},y)\\
&\qquad\times f(y^{t+\tau}|\alpha^{t+\tau},\Sigma^{\dagger,t+\tau},\Sigma_{v_1},\phi,\sigma_{v_{2i}},y)\mathrm{d}\alpha^{t+\tau}\mathrm{d}\Sigma^{\dagger,t+\tau}
\end{aligned}$$

描述从这一分布中抽取样本 (y_{t+1},y_{t+2}) 的方法。你能否构造一个 68% 的预测范围？

随机扰动模型通常用于推断非观测条件扰动的值，既可以在样本中（滤除）也可以在样本外（预测）。例如，期权的定价公式需要条件扰动的估计，甚至要经常研究扰动变化的特殊事件。这里，我们关注滤除问题，即 $g(\sigma_t^2|y)$ 的计算问题，其中，$y=(y_1,\cdots,y_T)$。我们无法得到这个后验密度的分析表达式，但由于 $g(\sigma_t^2|y)=\int g(\sigma_t^2|\alpha_t,y)g(\alpha_t|y)\mathrm{d}\alpha_t$，可以通过抽取 σ_t^2 和 α_t 来量化求出。分布的均值可以用平滑扰动的估计得到。

练习 11.17 假设扰动模型为 $\ln\sigma_t^2=\rho_0+\rho(\ell)\ln\sigma_{t-1}^2+\sigma_v v_t$，其中，$\rho(\ell)$ 是 q 阶的未知量。将吉布斯抽样扩展至此例题，假设模型形式为 $\ln\sigma_t^2=\rho_0+\rho_1\ln\sigma_{t-1}^2+\sigma_{v_t}v_t$，其中，$\sigma_{v_t}=f(x_t)$，$x_t$ 是观测变量，f 是线性的。写出将吉布斯抽样应用于此例的方法。

与因子模型一样，在吉布斯抽样方法下，使用 $(\Sigma_t^{\dagger},\alpha_t,\sigma_{v_{2i}},\Sigma_{v_1},\phi)$ 的周期遍历条件，在极限情况下，会从联合后验中产生样本数据。

乌里格(Uhlig,1994)提出了随机扰动模型的另一种设定方法，它结合随机扰动项的革新性的特殊分布，生成了参数后验分布和未知扰动向量的闭型解。这种方法把随机扰动方程中的一些参数看作是固定的，同时也具有生成利息量递归估计的优势。

考虑一个含有 m 个变量的具有随机扰动形式的 VAR(q)模型：

$$\left.\begin{aligned} Y_t &= AX_t + \mathcal{P}_t^{-1}e_t, \quad e_t \sim \mathbb{N}(0,I) \\ \Sigma_{t+1} &= \frac{\mathcal{P}_t' v_t \mathcal{P}_t}{\rho}, \quad v_t \sim \text{Beta}((\nu+k)/2, 1/2) \end{aligned}\right\} \tag{11.17}$$

其中，X_t 包含内生变量和外生变量的滞后量，而$\mathcal{P}_t$是Σ_{t+1}的上乔里斯基因子，ν 和 ρ 是已知参数，Beta 表示 m 个变量的贝塔分布，k 是每个方程的参数个数。

为了构建模型(11.17)中参数的后验，我们需要一个(A,Σ_1)的先验量。我们假定 $g_1(A,\Sigma_1) \propto g_0(A)g(A,\Sigma_1|\bar{A}_0,\rho\bar{\Sigma}_A,\bar{\Sigma}_0,\bar{\nu})$，其中，$g_0(A)$是个关于 A 的（例如，固定的）限制先验的函数，$g(\alpha,\Sigma_1|\bar{A}_0,\rho\bar{\Sigma}_A,\bar{\Sigma}_0,\bar{\nu})$是标准威夏特形式，即 $g(A|\Sigma_1) \sim \mathbb{N}(\bar{A}_0,\rho\bar{\Sigma}_A)$，$g(\Sigma_1^{-1}) \sim \mathbb{W}(\bar{\Sigma}_0,\bar{\nu})$，其中，$\bar{A}_0$、$\bar{\Sigma}_0$、$\bar{\Sigma}_A$、$\bar{\nu}$、$\rho$ 是已知量。

将模型(11.17)的似然函数和这些先验量结合，得出贝塔分布和伽玛分布是成对的事实，关于(A,Σ_{t+1})的后验核为 $\dot{g}_t(A,\Sigma_{t+1}) = \dot{g}_t(A)\dot{g}(A,\Sigma_{t+1}|\tilde{A}_t,\rho\tilde{\Sigma}_{At},\tilde{\Sigma}_t,\nu)$，其中，$\dot{g}$ 为标准威夏特类型，$\tilde{\Sigma}_{At} = \rho\tilde{\Sigma}_{At-1} + X_tX_t'$，$\tilde{A}_t = (\rho\tilde{A}_{t-1}\tilde{\Sigma}_{At-1} + Y_tX_t') \times \tilde{\Sigma}_{At}^{-1}$，$\tilde{\Sigma}_t = \rho\tilde{\Sigma}_{t-1} + (\rho/\nu)e_t(1 - X_t'\tilde{\Sigma}_{At}^{-1}X_t)\tilde{e}_t'$，$\tilde{e}_t = Y_t - \tilde{A}_{t-1}X_t$，并且 $\dot{g}_t(A) = \dot{g}_{t-1}(A)|(A-\tilde{A}_t) \times \tilde{\Sigma}_{At}(A-\tilde{A}_t)' + (\nu/\rho)\tilde{\Sigma}_t|^{-0.5}$。

例题 11.6 考虑一个关于模型(11.17)的单变量的 AR(1)形式：

$$y_t = \alpha y_{t-1} + \sigma_t^{-1}e_t, \quad e_t \sim \mathbb{N}(0,1) \tag{11.18}$$

$$\rho\sigma_{t+1}^2 = \sigma_t^2 v_t, \quad v_t \sim \text{Beta}((\nu+1)/2, 1/2) \tag{11.19}$$

令 $g(\alpha,\sigma_1^2) \propto g_0(\alpha)g(\alpha,\sigma_1^2|\bar{\alpha}_0,\rho\bar{\alpha}_0^{-2},\bar{\sigma}_0^{-2},\bar{\nu})$，其中，$(\bar{\alpha}_0,\rho\bar{\alpha}_0^{-2},\bar{\sigma}_0^{-2},\bar{\nu})$为超参数，并假设 $g(\alpha,\sigma_1^2|\bar{\alpha}_0,\rho\bar{\alpha}_0^{-2},\bar{\sigma}_0^{-2},\bar{\nu})$是标准可逆的伽玛类型。$g_t(\alpha)$参数的后验递归是 $\tilde{\sigma}_{\alpha,t}^2 = \rho\tilde{\sigma}_{\alpha,t-1}^2 + y_{t-1}^2$，$\tilde{\alpha}_t = (\rho\tilde{\alpha}_{t-1}\sigma_{\alpha,t-1}^2 + y_ty_{t-1})/\sigma_{\alpha,t}^2$，$\tilde{\sigma}_t^2 = \rho\tilde{\sigma}_{t-1}^2 + (\rho/\nu)\tilde{e}_t^2(1 - y_{t-1}^2/\sigma_{\alpha,t}^2)$，$\tilde{e}_t = y_t - \tilde{\alpha}_{t-1}y_{t-1}$，$g_t(\alpha) = g_{t-1}(\alpha)[(\alpha-\tilde{\alpha})^2\sigma_{\alpha,t}^2 + (\nu/\rho)\sigma_t^2]^{-0.5}$。因此，$\tilde{\sigma}_{\alpha,t}^2$与 $\tilde{\alpha}$ 是加权平均，以 ρ 来度量此过程的记忆。注意，$\tilde{\alpha}$ 的过去价值是通过 $\tilde{\sigma}_{\alpha,t}^2$的相对变化来衡量的。当 $\sigma_{\alpha,t}^2$是常数时，$\tilde{\alpha}_t = \rho\tilde{\alpha}_{t-1} + y_ty_{t-1}/\rho\sigma_\alpha^2$。

当 $\rho = \nu/(\nu+1)$时，$\nu/\rho = 1-\rho$。在这种情况下，$\tilde{\sigma}_t^2$ 是 $\tilde{\sigma}_{t-1}^2$ 的加权平均和包含于递归残差的平方的信息，并随着 y_t^2 的相对大小，调整为对直至 $t-1$ 的 y_{t-1}^2加权求和。同时要注意，$E_{t-1}\sigma_t^2 = \sigma_{t-1}^2(\nu+1)/\rho(\nu+2)$。因此，当 $\rho = (\nu+1)/(\nu+2)$时，σ_t^2 为一个随机游走。

将模型(11.17)中的一般先验量映射到一个明尼苏达类型的先验量是非常有用的，例如，我们可以令 $\bar{\Sigma}_0 = \text{diag}\{\bar{\sigma}_{0i}\}$，并且从来自于训练样本中每个 i 的 AR(1)回归的平均残差的平方中计算 $\bar{\sigma}_{0i}$。同时，我们也可以设 $\bar{\Sigma}_A = \text{blockdiag}[\bar{\Sigma}_{A1},\bar{\Sigma}_{A2}]$，其中的拆分反映了内生变量和外生变量之间的区别。例如，如果第二块包含了一个常数和一个线性趋势，那么：

$$\bar{\Sigma}_{A2} = \begin{bmatrix} \phi_2 & -\phi_2^2/2 \\ \phi_2^2/2 & -\phi_2^3/3 \end{bmatrix}$$

其中，ϕ_2 是一个超参数，同时我们可以设 Σ_{A1} 的对角元素为 $\theta_0^2\theta_1^2/\ell$，其中，$\ell$ 涉及滞后量，而 ϕ_1 为等式中变量的滞后量，并且非对角元素都为零。除非有特殊要求，我们设 $g_0(A)=1$。最后，在季度数据中设 $\nu\approx 20, \rho=\nu/(\nu+1)$。

给定 (A_t,Σ_{t+1}) 后验的一般结构（一个随时间变化的密度函数乘以标准威夏特密度函数），我们需要使用数值计算方法来抽取后验序列。在第 9 章介绍的所有方法都可以用来实现这一目标。

例题 11.7 从后验中抽取，我们可以使用下列重要性抽样算法。

(1) 找出 A_T 边际。将 Σ_{T+1} 在 $\breve{g}(A_T,\Sigma_{t+1}|y)$ 之外积分，我们得到 $\breve{g}(A_T|y)=0.5\sum_t \ln|(A-\widetilde{A}_T)\widetilde{\Sigma}_{AT}(A-\widetilde{A}_T)'+(\nu/\rho)\Sigma_T|-0.5(k+\nu)|(A-\widetilde{A}_T)\widetilde{\Sigma}_{AT}(A-\widetilde{A}_T)'+(\nu/\rho)\Sigma_T|$。

(2) 求出 $\breve{g}(A_T|y)$（称为 A_T^*），并计算在此模式下的海赛矩阵。

(3) 以 A_T 为条件，$g(\Sigma_{T+1}^{-1}|y)$ 为 $\mathbb{W}([\rho(A-\widetilde{A}_T)\widetilde{\Sigma}_{AT}(A-\widetilde{A}_T)'+\nu\widetilde{\Sigma}_T]^{-1},\nu+k)$。

(4) 从以 A_T^* 为中心、方差等于此模式下的海赛矩阵、自由度 $\nu\ll T-k(M+1)$ 的多变量的 t 分布中抽取 A_T^l。从步骤(3)中的威夏特分布中抽样 $(\Sigma_{T+1}^{-1})^l$。

(5) 计算重要性比率：$\ln \mathrm{IR}(A_T^l,\Sigma_{T+1}^l)=\text{const.}+\ln(\breve{g}(A_T^l))-\ln(\breve{g}^{\mathrm{IS}}(A_T^l))$，其中，$g^{\mathrm{IS}}(A^l)$ 是重要性抽样密度在 A^l 处的值。

(6) 使用 $\bar{h}_L=\Sigma_{l=1}^L h(A_T^l,\Sigma_{T+1}^l)\mathrm{IR}(A_T^l,\Sigma_{T+1}^l)/\sum_{l=1}^L \mathrm{IR}(A_T^l,\Sigma_{T+1}^l)$ 来近似任意函数 $h(A_T,\Sigma_{T+1})$。

练习 11.18 描述一种 MH 算法，从 (A_T,Σ_{T+1}) 中抽取后验分布序列。

练习 11.19[科格利(Cogley)] 考虑一个双变量模型，其消费和收入增长具有如下形式：$y_t=\bar{y}+A_t(\ell)y_{t-1}+e_t, \alpha_t\equiv \mathrm{vec}(A_t(\ell))-\alpha_{t-1}+v_{1t}, \Sigma_t=\mathrm{diag}\{\sigma_{it}^2\}, \ln\sigma_t^2=\ln\sigma_{t-1}^2+\sigma_{v_2}v_{2t}$，其中，$\bar{y}$ 是常数。在一个常系数模型中，两个变量的趋势增长率为 $(I-A(\ell))^{-1}\bar{y}$。使用吉布斯抽样，描述怎样构建一个随时间变化的趋势增长率估计，$(I-A_t(\ell))^{-1}\bar{y}$。

我们运用贝叶斯方法到 GARCH 模型的参数的估计中，得出这一部分的结论。

例题 11.8 考虑模型 $y_t=x_t'A+\sigma_t e_t, e_t\sim \text{i.i.d.}\ \mathbb{N}(0,1)$，并且 $\sigma_t^2=\rho_0+\rho_1\sigma_{t-1}^2+\rho_2 e_{t-1}^2$。假设 $A\sim\mathbb{N}(\bar{A},\sigma_A^2), \rho_0\sim\mathbb{N}(\bar{\rho}_0,\sigma_{\bar{\rho}_0})$，并且 $g(\rho_1,\rho_2)$ 为 $[0,1]$ 上的均匀分布，对其加以约束使得 $\rho_1+\rho_2\leqslant 1$。后验核可以从这些密度函数中轻松构建出。令 $\alpha=(A,\rho_i,i=0,1,2)$；模态的后验为 α^*，并令 $\breve{t}(\cdot)$ 为一个 t 分布的核，以 α^* 为定位，自由度为 $\bar{v}$，并且与此模式的海赛矩阵成规模比例。为参数所抽取的后验量可以通过一些方法来获得，例如，一个独立的中心算法，即从 $\breve{t}(\cdot)$ 中产生 $\alpha^\dagger$，并以等于 $\min\{[\breve{g}(\alpha^\dagger|y_t)/\breve{t}(\alpha^\dagger)]/\breve{g}(\alpha^{l-1}|y_t)/\breve{t}(\alpha^{l-1})],1\}$ 的概率接受抽样。在这种情况下，能得到一个 t 分布的近似，因为 $\breve{g}(\alpha|y_t)/\breve{t}(\alpha)$ 是典型地有上界的。

11.3 马尔科夫转换模型

马尔科夫转换模型广泛用于宏观经济学，特别是当重要的关系受到一些非观测变量影响的时候（例如，一个商业周期状态）。汉密尔顿(Hamilton, 1994)提供了一个经典的非线性过滤方法来求出参数的估计量和非观测变量的状态。这里，我们考虑用贝叶斯方法来解决此问题。同因子和扰动模型一样，非观测变量的状态被看作是缺失数据，并通过与吉本斯抽样中的其他参数一起抽样的方法来获取。

为了建立这一理念，我们首先要从以下静态模型入手，此模型的斜率随着状态而变化：

$$y_t = x_{1t}A_1 + x_{2t}A_2(\varkappa_t - 1) + e_t, \quad e_t \sim \text{i. i. d.}\ \mathbb{N}(0, \sigma_e^2) \tag{11.20}$$

这里，$\varkappa_t$ 是一个含有两个状态的马尔科夫转换指标。我们取 $\varkappa_t = 1$ 为正常状态，那么 $y_t = x_{1t}A_1 + e_t$。在极端状态下，$\varkappa_t = 0$，并且 $y_t = x_{1t}A_1 - x_{2t}A_2 + e_t$。

我们令 $p_1 = P(\varkappa_t = 1 | \varkappa_{t-1} = 1)$，$p_2 = p(\varkappa_t = 0 | \varkappa_{t-1} = 0)$，两者都是未知的；同时，我们令 $y^{t-1} = (y_1, \cdots, y_{t-1}, x_{11}, \cdots, x_{1t-1}, x_{21}, \cdots, x_{2t-1})$，$\varkappa^t = (\varkappa_1, \cdots, \varkappa_t)$，$\alpha = (A_1, A_2, \sigma_e^2, \varkappa^t, p_1, p_2)$。我们希望获得 α 的后验量。我们假定 $g(\alpha) = g(A_1, A_2, \sigma_e^2) g(\varkappa^t | p_1, p_2) g(p_1, p_2)$。令 $g(p_1, p_2) = p_1^{\bar{d}_{11}}(1-p_1)^{\bar{d}_{12}} p_2^{\bar{d}_{22}}(1-p_2)^{\bar{d}_{21}}$，其中，$\bar{d}_{ij}$ 是样本中的(i,j)元素的先验部分。通常，我们假定 $g(A_1, A_2, \sigma_e^{-2}) \propto \mathbb{N}(\bar{A}_1, \bar{\Sigma}_1) \times \mathbb{N}(\bar{A}_2, \bar{\Sigma}_2) \times \mathbb{G}(a_1, a_2)$。

后验核为$\breve{g}(\alpha | y) = \sum_{t=1}^{T} f(y_t | \alpha, y^{t-1}) g(\alpha)$，其中，$f(y_t | \alpha, y^{t-1}) \sim \mathbb{N}(Ax_t, \sigma_e^2)$，$x_t = (x_{1t}, x_{2t})$，并且 $A = (A_1, A_2)$。为了从这个核里抽样，我们需要 α 的起始值 $\varkappa_t$ 和如下算法。

算法 11.2

(1) 从 $g(p_1, p_2 | y) = p^{\bar{d}_{111} + d_{11}}(1-p_1)^{\bar{d}_{12} + d_{12}} p_2^{\bar{d}_{22} + d_{22}}(1-p_2)^{\bar{d}_{21} + d_{21}}$ 中抽样(p_1, p_2)，其中，d_{ij} 是状态 i 与状态 j 之间转换的实数。

(2) 从$\breve{g}(A_i | \sigma_e^2, \varkappa^T, y)$中抽样 A_i。这是一个以 $\tilde{A} = \tilde{\Sigma}_A(\sum_t x_t y_t / \sigma^2 + \bar{\Sigma}_A^{-1}\bar{A})$ 为均值、$\tilde{\Sigma}_A = (\sum_t x'_t x_t / \sigma^2 + \bar{\Sigma}^{-1})^{-1}$ 为方差的正态核。其中，$\bar{A} = (\bar{A}_1, \bar{A}_2)$，$\bar{\Sigma} = \text{diag}(\bar{\Sigma}_1, \bar{\Sigma}_2)$。

(3) 从$\breve{g}(\sigma_e^{-2} | \varkappa^T, y, A)$中抽样 σ_e^{-2}。这是一个带有参数 $a_1 + 0.5(T-1)$ 和 $a_2 + 0.5\sum_t (y_t - A_1 x_{1t} + A_2 x_{2t}(\varkappa_t - 1))^2$ 的伽玛分布的核。

(4) 从$\breve{g}(\varkappa^T | y, A, \sigma_e^{-2}, p_1, p_2)$中抽样$\varkappa^T$。我们通常进行如下两步。首先，给定$g(\varkappa_0)$，我们使用 $g(\varkappa_t | A, \sigma_e^2, y^t, p_1, p_2) \propto f(y_t | y^{t-1}, A, \sigma_e^2, \varkappa_t) g(\varkappa_t | A, \sigma_e^2, y^{t-1}, p_1, p_2)$来进行抽样，其中，$f(y_t | y^{t-1}, A, \sigma_e^2, \varkappa_t) \sim N(Ax_t, \sigma_e^2)$，$g(\varkappa_t | A, \sigma_e^2, y^{t-1}, p_1, p_2) = \sum_{\varkappa_{t-1}=0}^{1} g(\varkappa_{t-1} | A, \sigma_e^2, y^{t-1}, p_1, p_2) P(\varkappa_t = i | \varkappa_{t-1} = j)$。其次，从$\varkappa_T$ 开始，我们在样本中倒退来平滑估计，即给定 $g(\varkappa_T | y^T, A, \sigma_e^2, p_1, p_2)$，我们计算 $g(\varkappa_\tau | \varkappa_{\tau+1}, y^\tau, A, \sigma_e^2, p_1, p_2) \propto g(\varkappa_t | A, \sigma_e^2, y^\tau, p_1, p_2) P(\varkappa_\tau = i | \varkappa_{\tau+1} = j)^{-1}$，$\tau = T-1, T-2, \cdots$。注意到，我们利用$\varkappa_t$ 的马尔科夫性质，把抽样 T 联合值的向前和向后的问题分解为抽样 T 条件值的问题。

我们可以立刻得出，算法 11.2 中的步骤(4)与我们以前在状态空间模型中抽取非观测变量的步骤是一样的。事实上，第一部分与因子模型中的抽取 AR 参数是类似的，而第二部分与模拟的每一阶段因子的估计是相似的。这并不奇怪，因为含有两种状态的马尔科夫链模型通常被写作一阶 AR 过程，其 AR 系数等于 $p_2 + p_1 - 1$。区别就如我们已提到的那样，这里的 AR 过程拥有二元新息。

练习 11.20 假设 $g(p_1,p_2)$ 是不反映信息的。求出 (A_1,A_2,σ_e^{-2}) 的条件后验。修改算法 11.2 来计算这一变化。

例题 11.9 我们使用等式(11.20)来研究欧盟工业产出的波动。为了构建一个欧盟测量方法,我们需要用 GDP 加权的办法来加总德国、法国和意大利的 IP 数据,并令 y_t 为工业产出的年度变化。数据的运行时间从 1974 年 1 月到 2001 年 4 月,其后验均值为 $\widetilde{A}_2=0.46$ 和 $\widetilde{A}_1=0.96$,而两者系数的标准偏差为 0.09。因此,扩张的年度增长率大约高于 2 个百分点,并且区别是统计显著的。在极端状态(萧条)下的概率估计如图 11.2 所示:算法选取了标准的衰退,并指出于 2001 年 1 月开始的新的矛盾时期的存在性。

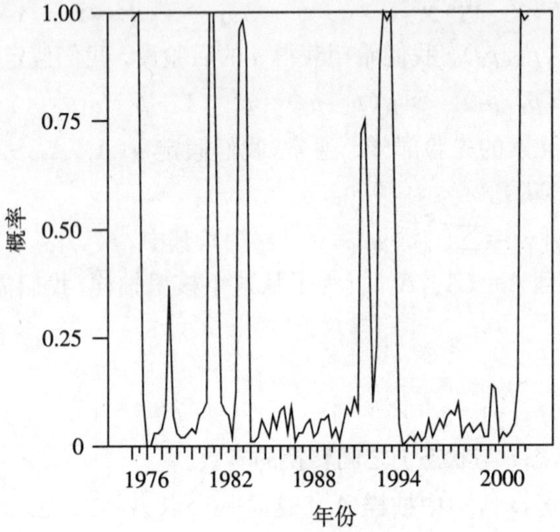

图 11.2 衰退概率

11.3.1 *更复杂的结构*

我们这里构造的模型是:

$$A^y(\ell)(y_t-\bar{y}(\varkappa_t,x_t))=\sigma(\varkappa_t)e_t \tag{11.21}$$

其中,$A^y(\ell)$ 是一个滞后算子的多项式,$\bar{y}(\varkappa_t,x_t)$ 是 y_t 的均值,它依赖于观测回归量 x_t 和非观测状态 $\varkappa_t$,$\mathrm{var}(e_t)=1$,$\sigma(\varkappa_t)$ 也依赖于非观测状态,$\varkappa_t$ 是一个含有两个状态的马尔科夫链,并且其转换矩阵为 P。为了进行识别,我们设 $\bar{y}(\varkappa_t,x_t)=x_t'A_{A0}+A_1\varkappa_t$,$\sigma^2(\varkappa_t)=\sigma^2+A_2\varkappa_t$,并假定 $A_2>0$,$A_1>0$。另外,我们限制 $A^y(\ell)$ 的根小于 1。

令 $y^t=(y_1,\cdots,y_t)$,$\varkappa^t=(\varkappa_1,\cdots,\varkappa_t)$;并令 $\mathbb{A}$ 为 $A^y(\ell)$ 的伴随矩阵,而 $\mathbb{A}_1$ 是它的前 m 行。定义 $\kappa=A_2/\sigma^2$,并令 $\alpha=(A_0,A_1,\mathbb{A}_1,\sigma^2,\kappa,p_{ij})$。似然函数为 $f(y^t|\varkappa^t,\alpha)=f(y^q|\varkappa^q,\alpha)\prod_{\tau=q+1}^{t}f(y_\tau|y^{\tau-1},\varkappa^{t-1},\alpha)$,其中,第一项是前 q 个观测值的密度函数,而后一项是 y_τ 的一步向前的条件密度。

前 q 个观测值的密度(参见因子模型情况下的推导)是正态分布,并以 $x^qA_0+\varkappa^qA_1$ 为均值,以 $\sigma^2\Omega_q$ 为方差。其中,$\Omega_q=W_q\Sigma_qW_q$,$\Sigma_q=\mathbb{A}\Sigma_q\mathbb{A}'+(1,0,0,\cdots,0)'\times$

$(1,0,0,\cdots,0)$，$W_q=\mathrm{diag}\{(1+\kappa\varkappa_j)^{0.5},j=1,\cdots,q\}$。使用推断误差分解的办法，我们可以得出 $f(y_\tau|y^{\tau-1},\varkappa^{t-1},\alpha)\propto\exp\{-(y_\tau-y_{\tau|\tau-1})^2/2\sigma^2(\varkappa_\tau)\}$，其中，$y_{\tau|\tau-1}=(1-A^y(\ell))y_t+A^y(\ell)(x_\tau'A_0+A_1\varkappa_\tau)$。因此，$y_t$ 是以均值为 $y_{t|t-1}$、方差为 $\sigma^2(\varkappa_\tau)$ 的条件正态。最后，$(y^t,\varkappa^t)$ 的联合密度为 $f(y^t|\varkappa^t,\alpha)\prod_{\tau=2}^t f(\varkappa_\tau|\varkappa_{\tau-1})f(\varkappa_1)$，而数据的似然函数为 $\int f(y^t,\varkappa_t|\alpha)\mathrm{d}\varkappa^t$。在第 3 章中，我们通过两步逼近的方法得到了 $(\alpha,\varkappa^t)$ 的估计：在第一步中，通过最大化似然函数得到 α_{ML}；在第二步中，以 α_{ML} 为条件推断 $\varkappa^t$。也就是说：

$$
\begin{aligned}
&f(\varkappa_t,\cdots,\varkappa_{t-\tau+1}|y^t,\alpha_{\mathrm{ML}})\\
&\quad=\sum_{\varkappa_{t-\tau}=0}^{1}f(\varkappa_t,\cdots,\varkappa_{t-\tau}|y^{t-1},\alpha_{\mathrm{ML}})\\
&\quad\propto f(\varkappa_t|\varkappa_{t-1})f(\varkappa_{t-1},\cdots,\varkappa_{t-\tau}|y^{t-1},\alpha_{\mathrm{ML}})f(y_t|y^{t-1},\varkappa^t,\alpha_{\mathrm{ML}})
\end{aligned}
\tag{11.22}
$$

其中，均衡因子通过 $f(y_t|y^{t-1},\alpha_{\mathrm{ML}})=\sum_{\varkappa_t}\cdots\sum_{\varkappa_{t-\tau}}f(y_t,\varkappa_t,\cdots,\varkappa_{t-\tau}|y^{t-1},\alpha_{\mathrm{ML}})$ 给出。因为样本的似然对数为 $\ln f(y_{q+1},\cdots,y_t|y^\tau,\alpha)=\sum_\tau\ln f(y_\tau|y^{\tau-1},\alpha)$，一旦 α_{ML} 被求出来，转换概率就可以通过 $f(\varkappa_t|y^t,\alpha_{\mathrm{ML}})=\int\cdots\int f(\varkappa_t,\cdots,\varkappa_{t-\tau+1}|y^t,\alpha_{\mathrm{ML}})\mathrm{d}\varkappa_{t-1}\cdots\mathrm{d}\varkappa_{t-\tau+1}$ 求出。注意，在这种情况下，α_{ML} 的不确定性并没有考虑在算式中。

为了构造参数的条件后验和非观测状态，假定 $g(A_0,A_1,\sigma^{-2})\propto\mathbb{N}(\bar{A}_0,\bar{\Sigma}_{A_0})\times\mathbb{N}(\bar{A}_1,\bar{\Sigma}_{A_1})\mathcal{I}_{(A_1>0)}\mathbb{G}(a_1^\sigma,a_2^\sigma)$，其中，$\mathcal{I}_{(A_1>0)}$ 为一个指标函数。进一步假设 $g((1+\kappa)^{-1})\sim\mathbb{G}(a_1^\kappa,a_2^\kappa)\mathcal{I}_{(\kappa>0)}$ 和 $g(\mathbb{A}_1)\sim\mathbb{N}(\bar{\mathbb{A}}_1,\bar{\Sigma}_{\mathbb{A}_1})\mathcal{I}_{(-1,1)}$，其中，$\mathcal{I}_{(-1,1)}$ 是静态指标。最后，我们令 $p_{12}=1-p_{11}=1-p_1$，$p_{21}=1-p_{22}=1-p_2$，$g(p_i)\propto\mathrm{Beta}(\bar{d}_{i1},\bar{d}_{i2})$，$i=1,2$，并假设所有的超参数都是已知的。

练习 11.21 令 $\alpha_{-\psi}$ 为除 ψ 之外的向量 α，并令 $A=(A_0,A_1)$。

(i) 假定前 q 个观测值来自低状态，证明参数的条件后验和非观测状态是：

$$
\left.\begin{aligned}
g(A|y^t,\varkappa^t,\alpha_{-A})&\sim\mathbb{N}(\tilde{A},\tilde{\Sigma}_A)\mathcal{I}_{A_1>0}\\
g(\sigma^{-2}|y^t,\varkappa^t,\alpha_{-\sigma^2})&\sim\mathbb{G}(a_1^\sigma+T,a_2^\sigma\\
&\quad+(\Sigma_q^{-0.5}y-\Sigma_q^{-0.5}xA_0+\Sigma_q^{-0.5}\varkappa A_1)^2)\\
g((1+\kappa)^{-1}|y^t,\varkappa^t,\alpha_{-K})&\sim\mathbb{G}(a_1^\kappa+T_1,a_2^\kappa+\mathrm{rss})\mathcal{I}_{(\kappa>0)}\\
g(\mathbb{A}_1|y^t,\varkappa^t,\alpha_{-\mathbb{A}_1})&\sim\mathbb{N}(\tilde{\mathbb{A}}_1,\tilde{\Sigma}_{\mathbb{A}_1})\mathcal{I}_{(-1,1)}|\Omega_q|^{-0.5}\\
&\quad\times\exp\{-(y^q-x^qA)'\Omega_q^{-1}(y^q-x^qA)/2\sigma^2\}\\
g(p_i|y^t,\varkappa^t,\alpha_{-p_i})&\sim\mathrm{Beta}(\bar{d}_{i1}+d_{i1},\bar{d}_{i2}+d_{i2}),i=1,2\\
g(\varkappa_t|y^t,\alpha_{-\varkappa-t})&\propto f(\varkappa_t|\varkappa_{t-1})f(\varkappa_{t+1}|\varkappa_t)\prod_\tau f(y_\tau|y^{\tau-1},\varkappa^\tau)
\end{aligned}\right\}
\tag{11.23}
$$

其中，T_1 是 T 时期元素的个数，$\varkappa_t=1$；d_{ij} 是状态 i 到状态 j 的实际转换数；$\mathrm{rss}=\sum_{t=1}^{T_1}\{[(1-\kappa x_t^{0.5})(y-x_t'A_0-\varkappa_tA_1)]/2\}$。

(ii) 求出 $\tilde{\mathbb{A}}_1$、$\tilde{\Sigma}_{\mathbb{A}_1}$、$\tilde{A}$ 和 $\tilde{\Sigma}_A$ 的正确形式。

(iii) 描述从正确的域中抽取 $\mathbb{A}_1$ 和 A 的方法。

近来,西姆斯(Sims,2001)以及西姆斯和扎(Sims and Zha,2004)都使用相似的设定来估计马尔科夫转换的 VAR 模型,其中转换可能发生在滞后动态期、同期效应,或两者皆有的状态中。为了验证他们的方法,考虑等式:

$$A_1(\ell)i_t=\bar{i}(\varkappa_t)+b(\varkappa_t)A_2(\ell)\pi_t+\sigma(\varkappa_t)e_t \tag{11.24}$$

其中,$e_t \sim$ i. i. d. $\mathbb{N}(0,1)$,i_t 是名义利率,π_t 为通货膨胀率,$\varkappa_t$ 具有转换的三种状态:

$$P=\begin{bmatrix} p_1 & 1-p_1 & 0 \\ (1-p_2)/2 & p_2 & (1-p_2)/2 \\ 0 & 1-p_3 & p_3 \end{bmatrix}$$

模型(11.24)对数据施加了如下限制:利息率的动态不依赖于状态;π_t 上的滞后分布形式在不同状态下是相同的,除了比例因子 $b(\varkappa)$;不存在从状态 1 跳到状态 3(反之亦然)而不经过状态 2 的可能性;最后,矩阵 P 的 9 个元素只依赖于 3 个参数。

令 $\alpha=[\text{vec}(A_1(\ell)),\text{vec}(A_2(\ell)),\bar{i}(\varkappa_t),b(\varkappa_t),\sigma(\varkappa_t),p_1,p_2,p_3]$。数据的边际似然以参数为条件(但并没有结合非观测状态),它可以通过数值计算和递归的方法获得。令 $\mathcal{F}_t$ 为在 t 时间的信息集。

练习 11.22 证明 $f(i_t,\varkappa_t|\mathcal{F}_{t-1})$ 为一个连续和离散密度的混合。求解数据边际 $f(i_t|\mathcal{F}_{t-1})$ 的形式以及更新密度 $f(\varkappa_t|\mathcal{F}_{t-1})$ 的形式。

一旦获得 $f(\varkappa_t|\mathcal{F}_t)$,我们可以计算:

$$f(\varkappa_{t+1}|\mathcal{F}_t)=\begin{bmatrix} f(\varkappa_t=1|\mathcal{F}_t) \\ f(\varkappa_t=2|\mathcal{F}_t) \\ f(\varkappa_t=3|\mathcal{F}_t) \end{bmatrix}'P$$

并且从中我们可以计算出 $f(i_{t+1},\varkappa_{t+1}|i_t,\pi_t,\cdots)$,这样递归就完整了。给定 α 上一个平面先验,后验量将与 $f(\alpha|i_t,\pi_t)$ 成比例,并很快得出参数的后验估计和状态。

练习 11.23 提供获取 $\varkappa_t$ 的平滑估计式。

更加复杂的 VAR 设定是可能的。例如,令 $y_t\mathcal{A}_0(\varkappa_t)=x_t'\mathcal{A}_+(\varkappa_t)+e_t$,其中,$x_t$ 包含所有 y_t 和 $e_t \sim$ i. i. d. $\mathbb{N}(0,I)$ 的滞后。假定 $\mathcal{A}_+(\varkappa_t)=\mathcal{A}(\varkappa_t)+[I,0]'\mathcal{A}_0(\varkappa_t)$。给定这一设定,存在两个概率:要么 $\mathcal{A}_0(\varkappa_t)=\bar{A}_0\Lambda(\varkappa_t)$ 且 $\mathcal{A}(\varkappa_t)=\bar{\mathcal{A}}\Lambda(\varkappa_t)$,要么 $\mathcal{A}_0(\varkappa_t)$ 是自由的且 $\mathcal{A}(\varkappa_t)=\bar{\mathcal{A}}$。在前者中,设定在同期改变,并且滞后系数是成比例的。在后者中,状态影响同期关系,但对滞后期没有影响。

等式(11.24)是一个双变量 VAR 等式。因此,只要我们能以 SUR 格式(我们已在第 10 章介绍过)保留系列的后验,上述想法就可以应用于每一个 VAR 等式。

11.3.2 一般马尔科夫转换设定

最后,我们考虑一个一般的马尔科夫转换设定,它是前两个的特例。目前,我们已允许 y_t 的均值和方差随状态而改变,但我们强迫动态独立于状态,除了规模效应外。这是一个很强的限制:事实上,它认为数据的自协方差在扩张和衰退时是不同的。

我们考虑一般的两个状态的马尔科夫转换模型如下：

$$y_t=\begin{cases}x'_tA_{01}+Y'_tA_{02}+e_{0t}, \text{ 如果 } \varkappa_t=0\\ x'_tA_{02}+Y'_tA_{12}+e_{1t}, \text{ 如果 } \varkappa_t=1\end{cases} \tag{11.25}$$

其中，x_t 为对于每个 t 的外生变量的 $1\times q_2$ 阶的向量；$Y'_t=(y_{t-1},\cdots,y_{t-q_1})$ 为一个滞后独立变量向量；$e_{jt},j=0,1$ 是独立同分布的随机变量，服从以 0 为均值、σ_j^2 为方差的正态分布。同时，$\varkappa_t$ 的转换概率的对角元素为 p_i。原则上，对于一些 i 来说，A_{ji} 的一些元素可能等于 0，所以模型也许会在不同的状态下有不同的动态。

为了识别，我们选取初始状态为衰退，那么 $A_{02}<A_{12}$ 为施加的限制。我们令 α_c 为不同状态下具有共同性质的参数，α_i 为与状态不同的参数，而 α_{ir} 为得到识别而限制的参数。那么模型(11.25)就可以写为：

$$y_t=\begin{cases}X'_{ct}\alpha_c+X'_{0t}\alpha_0+X'_{rt}\alpha_{0r}+e_{0t}, \text{ 如果 } \varkappa_t=0\\ X'_{ct}\alpha_c+X'_{1t}\alpha_1+X'_{rt}\alpha_{1r}+e_{1t}, \text{ 如果 } \varkappa_t=1\end{cases} \tag{11.26}$$

其中，$(X'_{ct},X'_{it},X'_{rt})=(x'_t,Y'_t)$，$(\alpha'_c,\alpha'_i,\alpha'_{ir})=(A'_{01},A'_{02},A'_{11},A'_{12})$。

为了构建未知量的条件后验，我们要假定共轭先验：$\alpha_c\sim\mathbb{N}(\bar{\alpha}_c,\bar{\Sigma}_c)$；$\alpha_i\sim\mathbb{N}(\bar{\alpha}_i,\bar{\Sigma}_i)$；$\alpha_{ir}\sim\mathbb{N}(\bar{\alpha}_r,\bar{\Sigma}_r)\mathcal{I}_{rest}$；$\bar{s}_i^2\sigma_i^{-2}\sim\chi^2(\bar{\nu}_i)$；$p_i\sim\text{Beta}(d_{i1},d_{i2})$，$i=1,2$，其中，$\mathcal{I}_{rest}$ 为指示识别限制是否满足的函数。通常我们假定超参数($\bar{\alpha}_c,\bar{\Sigma}_c,\bar{\alpha}_i,\bar{\Sigma}_i,\bar{\alpha}_r,\bar{\Sigma}_r,\bar{\nu}_i,\bar{s}_i^2,\bar{d}_{ij}$)是已知的，或者能从数据中估计出来。给定初始的 $\max[q_1,q_0]$ 个观测变量，构建参数和隐变量的后验分布。

给定这些先验，很直观地可以计算出条件后验。例如，$g(\alpha_c|x_t,y_t)$ 是均值为 $\tilde{\alpha}_c=\tilde{\Sigma}_c(\sum_{t=\min[q_1,q_0]}^T X_{ct}y'_{ct}/\sigma_t^2+\bar{\Sigma}_c^{-1}\bar{\alpha}_c)$、方差为 $\tilde{\Sigma}_c=(\sum_{t=\min[q_1,q_0]}^T X_{ct}X'_{ct}/\sigma_t^2+\bar{\Sigma}_c^{-1})^{-1}$ 的正态分布，其中，$y_{ct}=y_t-X_{it}\alpha_i-X_{rt}\alpha_{ir}$，并且它是正态的。

练习 11.24 令 T_i 为状态 i 下的观测数量。

(i) 证明 α_i 的条件后验是 $\mathbb{N}(\tilde{\alpha}_i,\tilde{\Sigma}_i)$，其中，$\alpha_i=\tilde{\Sigma}_i(\sum_{t=1}^{T_i}X_{it}y'_{it}/\sigma_t^2+\bar{\Sigma}_i^{-1}\bar{\alpha}_i)$，$\tilde{\Sigma}_i=(\sum_{t=1}^{T_i}X_{it}X'_{it}/\sigma_t^2+\bar{\Sigma}_i^{-1})^{-1}$，并且 $y_{it}=y_t-X_{ct}\alpha_c-X_{rt}\alpha_{ir}$。

(ii) 证明 α_r 的条件后验为 $\mathbb{N}(\tilde{\alpha}_r,\tilde{\Sigma}_r)$。那么 $\tilde{\alpha}_r$、$\tilde{\Sigma}_r$ 分别是什么？

(iii) 证明 σ_i^{-2} 的条件后验是 $(\bar{s}_i^2+\text{rss}_i^2)/\sigma_i^2\sim\chi^2(\nu_i+T_i-\max[q_1,q_2])$。写出 rss_i^2 的表达式。

(iv) 证明 p_i 的条件后验为 $\text{Beta}(\bar{d}_{i1}+d_{i1},\bar{d}_{i2}+d_{i2})$。

最后，潜变量 $\varkappa_t$ 的条件后验通常能计算出来。给定模型马尔科夫性质，我们仅关注子序列 $\varkappa_{t,\tau}=(\varkappa_t,\cdots,\varkappa_{t+\tau-1})$。定义 $\varkappa_{t(-\tau)}$ 为除去第 τ 个子序列的序列 $\varkappa_t$。那么 $g(\varkappa_{t,\tau}|y,\varkappa_{t(-\tau)})\propto f(y|\varkappa_t,\alpha,\sigma^2)g(\varkappa_{t,\tau}|\varkappa_{t(-\tau)},p_i)$，它是有 2^τ 个结果的离散分布。使用马尔科夫性质，有 $g(\varkappa_{t,\tau}|\varkappa_{t(-\tau)},p_i)=g(\varkappa_{t,\tau}|\varkappa_{t-1},\varkappa_{t+\tau},p_i)$，同时 $f(y^T|\varkappa_t,\alpha)\propto\prod_{j=t}^{t+\tau-1}(1/\sigma_j)\exp\{-e_j^2/2\sigma_j^2\}$。注意，$\varkappa_t$ 是相关的，所以最好选取 $\tau>1$.

练习 11.25 写出当 $\tau=1$ 时 $\varkappa_t$ 的条件后验部分。

在所有的马尔科夫转换设定中，选取合适的初始条件是很关键的。其中一种方法就是设定所有训练样本中的观测值为一种状态，获得参数的初始估计，并任意设参数的其他状态等于估计加或减一个很小的数(例如，0、1)。另外，我们也可以任意分割点,但必须在两个状态之间平分。

练习 11.26 假设如果$\varkappa_t=0$,$\Delta y_t=\alpha_0+\alpha_1\Delta y_{t-1}+e_t$,$e_t\sim$i. i. d. $\mathbb{N}(0,\sigma_e^2)$;如果$\varkappa_t=1$,$\Delta y_t=(\alpha_0+A_0)+(\alpha_1+A_1)\Delta y_{t-1}+e_t$,$e_t\sim$i. i. d. $\mathbb{N}(0,(1+A_2)\sigma_e^2)$。使用欧盟地区 GDP 增长的季度数据,构造 A_0、A_1、A_2 的后验估计。如果有截距转换的证据,则分别检验动态或者 Δy_t 的方差。

11.4 贝叶斯 DSGE 模型

贝叶斯模型的使用是为了估计和评价动态随机一般均衡(DSGE)模型,但并不代表新的理论方向。我们已反复提到了 DSGE 模型在至少两种意义上是错误的。

● 它们只提供了实际数据的 DGP 的近似代表。特别是,因为结构参数向量是典型地低维的,对于短期和长期都施加了强的限制。

● 驱动力数目少于内生变量的数目,所以模型生成的变量向量的协方差矩阵是奇异的。

这些特性使得用 GMM 或 ML 方法估计和检验 DSGE 模型很难处理。事实上,这些方法推论只有当模型是达到未知参数集的数据的 DGP 时才是(渐近)正确的。同时,随机奇异使得基于海赛矩阵的数值常规方法无法正常作用,例如,在寻找目标函数的最大值时。在第 4 章,我们描述了一种最低要求的方法,它只使用定性的约束来识别数据中的冲击,并且当模型在以上两种情况下是错误的时候,能检验理论和数据的匹配。

而贝叶斯方法很适当地处理了虚假模型。事实上,后验推断并不以模型是否为正确的 DGP 而转移,它一直是可靠的,甚至当内生变量向量的协方差矩阵是奇异的时候。我们不需要海赛矩阵来探测后验的开关。贝叶斯方法相对于其他方法具有另一种优势,就是能应用于宏观经济学。事实上,后验分布组合了关于参数和模型设定的不确定性。

因为对数线性 DSGE 模型是受非线性约束的状态空间模型,在简化形式和结构参数之间的映射上受到了约束。对于合理设定的先验分布,通过使用第 9 章描述的后验模拟的方法,可以得到结构参数的后验估计。给定映射的非线性,通常采用麦抽布里斯(Metropolis)算法或 MH 算法。同时,也可以用数值方法来计算边际似然率和贝叶斯因子;获取任何结构参数的函数(例如,脉冲响应、方差分解、ACF、转折点预测和预测)和检验对于先验设定的方差结果的灵敏度。一旦结构参数的后验分布确定了,任何有趣的推断练习都是微不足道的。

为了估计结构参数的后验以及利息的统计数值的后验,并且评估 DSGE 模型的质量,我们通常采用如下算法。

算法 11.3

(1) 构建一个 DSGE 经济的对数线性近似,并将其转化为一个状态空间模型。如果在估计和评估中的内生变量的向量维度超过了模型中驱动力向量的维度,就需要增加测试误差。

(2) 给定结构参数 θ 的条件先验。

(3) 执行先验分析，研究模型潜在结果的范围。

(4) 使用麦抽布里斯—哈斯廷算法，从 θ 的联合后验中抽取序列。检验收敛性。

(5) 使用从先验分布和卡尔曼滤波中抽样的方法来进行边际似然的数值计算。同时，计算任意替代或参考模型的边际似然率。计算贝叶斯因子或(相对的)预测拟合的其他度量。

(6) 通过在步骤(4)中抽样数据(在一个初始集被丢弃后)，构造经济利率的统计量。使用基于损失的方法来评估理论和数据之间的差异。

(7) 检验先验选择结果的灵敏度。

步骤(1)并不是必需的。后面我们就可以知道，如果用到非线性设定，应该做些什么。增加度量误差能帮助在计算上减少内生变量的协方差矩阵的奇异性，但并不是必需的步骤。

在步骤(2)中，先验分布一般以参数的标准值为中心，同时标准误差典型地反映了主观上的先验不确定性。正如我们在第 7 章讨论的那样，我们也可以指定客观的先验标准误差来涵盖存在的估计的范围。为了简便起见，参数向量的先验分布假定为每个变量单变量分布的积。在某些应用中，在一个固定的范围内选取漫散的先验量能避免对数据施加过多的约束。通常情况下，先验量的形式反映了计算的简便性。一般我们更偏爱共轭先验。对于存在于一个区间内的参数，经常选择缩短的正态或贝塔分布。

步骤(3)在逻辑上的后验分析较好，可用于评估模型是否会有在我们观测实际数据时产生有趣特性的可能性。我们已于第 7 章进行了准确的分析，其中，将数据的统计量和模型产生的统计范围进行比较。虽然这一步通常被省略，但它可以给模型的潜在结果提供有用的信息。

步骤(4)要求选取一个更新规则和一个转换函数 $\beta(\theta^{\dagger},\theta^{l-1})$，以满足第 9 章所介绍的规则条件，通过核模型和后验抽取，我们可以估计联合和边际分布，并且检验收敛性。特别地，我们需要以下步骤。

算法 11.4

(i) 给定 θ^0，从 $\mathfrak{P}(\theta^{\dagger},\theta^0)$ 中抽取 $\theta^{\dagger}$，并计算似然函数预测的误差分解，即估计 $f(y|\theta^0)$ 和 $f(y|\theta^{\dagger})$。

(ii) 评估在 θ^0 和 $\theta^{\dagger}$ 处的后验核，即计算 $\breve{g}(\theta^{\dagger})=f(y|\theta^{\dagger})g(\theta^{\dagger})$，$\breve{g}(\theta^0)=f(y|\theta^0)g(\theta^0)$。

(iii) 抽取 $\mathfrak{U}\sim\mathbb{U}(0,1)$。如果 $\mathfrak{U}<\min\{[(\breve{g}(\theta^{\dagger})/\breve{g}(\theta^0))][\mathfrak{P}(\theta^0,\theta^{\dagger})/\mathfrak{P}(\theta^{\dagger},\theta^0)],1\}$，令 $\theta^1=\theta^{\dagger}$；否则，令 $\theta^1=\theta^0$。

(iv) 重复步骤(i)～(iii) $\bar{L}+JL$ 次。丢弃前 $\bar{L}$ 次抽样，每 L 个抽样保留一个作为对照。另外，也可以通过使用 $\bar{L}+1$ 个不同的 θ^0 重复步骤(i)～(iii) J 次，并保留每轮中的最后一次抽样。通过第 9 章所描述的方法来检验收敛性。

(v) 用核方法来估计边际和联合后验。计算区域估计和置信集，并将它们与先验计算的值进行比较。

步骤(5)需要从先验中抽取参数，计算每个抽样的预测误差序列，并在抽样中平均。为了实现这一功能，我们可以使用改进的调和平均值，$\{(1/L)\sum_l[g^{\mathrm{IS}}(\theta^*)/$

$f(y|\theta^*)g(\theta^*)\}^{-1}$，它由盖尔芬德和戴伊(Gelfand and Dey，1994)提出。其中，θ^*为具有高后验概率的点，g^{IS}为密度函数，其尾部比 $f(y|\theta)g(\theta)$要薄，也可以如奇布(Chib，1995)提出的那样，直接使用贝叶斯理论。类似的计算可以用作其他模型，并且贝叶斯因子可以通过数值计算的方法得到。当参数空间的维度很大时，拉普拉斯近似可以减少计算量，并给出不同模型性质的更准确的形象。另一个方法就是结构模型，它套入一个考虑变量(例如，模型中的弹性价格可以通过对模型中一个参数施加粘性价格而求出)、一个非嵌套结构设定(例如，粘性工资模型)，或者一个更密集地参数表达的简化模型(例如，VAR 或 BVAR)。

在步骤(6)中，需要用损失函数来比较利息的统计量，因为 DSGE 模型是典型地具有低后验概率的。那么我们以后就会发现，后验奇异比率也许并不是在此情况下具有信息的。

在步骤(7)中，为了检验先验选择结果的稳健性，我们可以用 9.5 节中介绍的方法来重新衡量后验抽样。

11.4.1 *识别*

因为对数线性 DSGE 模型以理论参数和状态空间代表的参数之间的非线性映射为特征，所以不存在可以简单用来检验数据的信息内容的条件，所有用 DSGE 参数估计为中心的方法必须处理潜在的识别问题。我们已经在第 5 章和第 6 章学习了这一理论的一些方面。当处理经典脉冲反应配对和最大似然估计时，因为贝叶斯推断是基于似然准则的，所以模型结构在很大程度上决定参数是否被识别，以前所有的论据都适用于贝叶斯环境。然而，贝叶斯方法相对于其他经典方法，在识别问题上有两个重要优势：首先，它们可以使用其他数据集中的信息来减少识别不足的参数；其次，它们可以生成一致推断，甚至在识别问题下。

假设 $\theta=[\theta_1,\theta_2]$，$\Theta=\Theta_1\times\Theta_2$，并且似然函数并不含有 θ_2 的信息，即，$f(y|\theta)=f^*(y|\theta_1)$。贝叶斯理论的直接应用表明，$g(\theta|y)=g(\theta_1|y)g(\theta_2|\theta_1)\propto f^*(y|\theta_1)\times g(\theta_1,\theta_2)$。因此，对于 θ 的适当先验可以增加平坦似然函数的曲率。这有利于后验的最大化，如果需要的话，也有利于使用 MCMC 方法进行计算，并使得后验量更良好。然而，它并没有更新 $\theta_2|\theta_1$ 的先验。因此，θ 的先验和后验的比较可以表明数据含有的信息性(可识别参数的先验和后验是不同的，但不可识别参数的先验和后验则不是这样)。此外，不同扩散的先验分布序列可以用于评价识别问题的范围。事实上，不确定识别特征的参数的后验会变得越来越发散，同时可识别参数的后验几乎不会变化。

当参数 Θ 的空间不是随意变化的，即，$\Theta\neq\Theta_1\times\Theta_2$，因为稳定约束或限制需要模型的解来生成非虚构的时间序列，θ_2 的后验可以通过边际更新 θ_1，甚至当似然函数不含有任何信息时[参见抛尔(Poirier，1998)]。在这种情况下，先验和后验的比较将不含有潜在识别问题的信息，除非经济约束的参数的要求是已知的。但这在 DSGE 设置中几乎不可能，例如，定期稳态的特征值是模型参数的复杂函数。

完成识别的缺失通常仅限于课本中的例题。然而，部分或弱识别问题是非常普遍的。部分识别当函数在一些维度上形成脊的时候(参见例题 6.21)发生，而弱识别暗示了函数在一些或所有维度上是平坦的。这两种情况都很难在实际中探测。因为，对于第一种情况，无法区别其联合后验与联合先验（单变量后验可能会从单变量先验中移走）；而在第二种情况下，先验和后验区别的大小依赖于MCMC所采用程序的细节。

如同我们所提到的，良好的先验可以推导出好的后验分布，甚至当数据不含有参数信息时。因此，潜在不可识别参数包含真实的外部数据信息是很关键的，这些数据用于估计模型和有效地反映研究者在识别中所面对的客观不确定性。当这两个一般准则不成立时，贝叶斯推断可以掩饰识别问题之外的问题。事实上，一个充分紧的先验可能会让人产生参数估计是成功的和模型拟合数据很好这样的幻觉，所以创造了将之用于政治目的的先决条件。我们将展示，这种情况如何发生在例题6.21的模型中，该模型拥有一个同时具有平坦部分和脊部分的似然函数。

例题11.10 图11.3复制了图6.1中的第二个面板的似然函数，我们已在图6.1的第二个面板上展示了它，在β中有一个脊，δ数据从（$\delta=0.005,\beta=0.975$）运动到（$\delta=0.03,\beta=0.99$），并且当δ上的一个充分紧的先验被使用时，演示了这两个参数的联合后验。明显的是，似然函数具有一个对角线的脊，后验量看起来更好，因为δ位于范围（0.018，0.025）之外的概率是很低的。

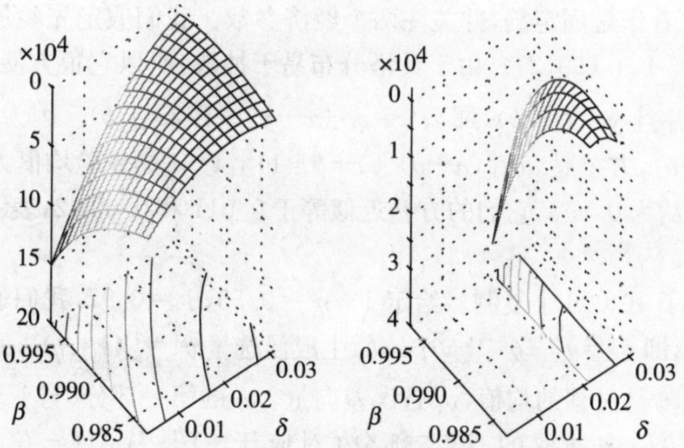

图11.3 似然分布和后验分布，RBC模型

同时，也可能存在一个合理的经济观点，认为一个先验限制了δ的支持，所以它们应当被清楚地描述。此外，当施加了边界约束时，先验量就合理地不包含信息来避免得出错误的结论。注意到，在标准校准情况下的中心估计不是最好的方法，因为这样的值很有可能与估计所用的数据一起被获得，使得先验量过于以数据为基础。

下一步，我们将展示一些例题，描述贝叶斯方法在DSGE模型推断中的实际应用问题。

例题11.11 第一个例题子很简单，我们从一个基本RBC模型中进行数据模拟，它的解被测试误差破坏。只要结构参数的先验设定是合理的，使用麦抽布里斯算法，我们检验一些关键参数的后验分布相对于模拟中我们使用的真实参数的位置，检验在什么时候这些宏观经济学数据中的样本是典型可行的。同时，我们也比较真实的和估计的矩，从而给出我们得到的拟合的一个经济度量。

当资本立刻贬值时，由独立同分布的技术扰动得出 RBC 模型的解，闲暇并不进入效用函数，并且后者在消费中是呈对数形式的：

$$K_{t+1}=(1-\eta)\beta K_t^{1-\eta}\zeta_t+v_{1t} \tag{11.27}$$

$$\mathrm{GDP}_t=K_t^{1-\eta}\zeta_t+v_{2t} \tag{11.28}$$

$$c_t=\eta\beta\,\mathrm{GDP}_t+v_{3t} \tag{11.29}$$

$$r_t=(1-\eta)\frac{\mathrm{GDP}_t}{K_t}+v_{4t} \tag{11.30}$$

我们已经加入了四个测量误差 v_{jt}，$j=1,2,3,4$ 来减少系统的奇异性，并且模拟投资者可能面对的典型情况。这里，β 是折现因子，$1-\eta$ 是在生产中资本占的份额。我们通过使用 $k_0=100.0$，$(1-\eta)=0.36$，$\beta=0.99$，$\ln\zeta_t\sim\mathbb{N}(0,\sigma_\zeta^2=0.1)$，$v_{1t}\sim\mathbb{N}(0,0.06)$，$v_{2t}\sim\mathbb{N}(0,0.02)$，$v_{3t}\sim\mathbb{N}(0,0.08)$，$v_{4t}\sim\mathbb{U}(0,0.1)$来模拟 1 000 个数据点，并只保留最后 160 个数据点来减少对初始条件的依赖性，以及匹配典型的样本大小。

我们把 σ_ζ^2 看作是固定的，并关注两个经济参数。我们假定先验量是$(1-\eta)\sim\mathrm{Beta}(4,9)$和 $\beta\sim\mathrm{Beta}(99,2)$。由于贝塔分布易于抽取，所以它很方便。事实上，如果 $x\sim\chi^2(2a)$并且 $y\sim\chi^2(2b)$，那么 $z=x/(x+y)\sim\mathrm{Beta}(a,b)$。因为 $\mathrm{Beta}(a,b)$的均值是 $a/(a+b)$，方差是 $ab/[(a+b)^2(a+b+1)]$，$1-\eta$ 的先验均值大约是 0.31，β 的先验均值大约为 0.99。它们的方差近似等于 0.011 和 0.000 2，表示充分宽松的先验分布。

我们抽取了 10 000 个复制。给定 $1-\eta^0=0.55$，$\beta^0=0.97$，我们通过使用反射随机游走过程，即 $\theta^\dagger=\bar{\theta}+(\theta^{l-1}-\bar{\theta})+v_\theta^l$，生成候选量 $\theta^\dagger=[(1-\eta)^\dagger,\beta^\dagger]$，其中，$\theta^{l-1}$ 是先前的抽取，$\bar{\theta}$ 是过程的均值，v_θ^l 是误差向量。v_θ 的第一部分（与 $1-\eta$ 一致）是从 $\mathbb{U}(-0.03,0.03)$ 中抽取的，第二部分（对应于 β）是从 $\mathbb{U}(-0.01,0.01)$ 和 $\bar{\theta}=[0.01,0.001]'$中抽取的。这些范围产生一个约为 75%的接受率。

因为我们对 $1-\eta$ 和 β 感兴趣，所以会自由挑选方程来估计它们。我们任意选取这些来决定消费和实际利率。假定一个正态似然，因为 $g(1-\eta,\beta)=g(1-\eta)g(\beta)$，我们计算出对于两个参数的每一个分别抽样的先验量。因为转换矩阵 $\mathfrak{P}(\theta^\dagger,\theta^0)$ 是对称的，在 $\theta^\dagger$ 和 θ^{l-1} 上的核的比率用来决定到底是接受还是拒绝候选。

我们丢弃前 5 000 个抽样。对于后 5 000 个抽样，每 5 个中保留 1 个来减少抽样中的序列相关性。检验麦抽布里斯算法的收敛性有两种方式：将抽样序列一分为二，并计算一个正态检验。计算每个参数估计的递归均值。在这两种情况下，序列在大约 2 000 个抽样后收敛。

图 11.4 表明了 $1-\eta$ 和 β 的边际密度，用 1 000 个从先验和后验中保留的抽样估计。这里有两个性质值得提出。首先，相较于 β 来说，数据含有更多关于 $1-\eta$ 的信息。其次，两个后验都是曲线单峰的，并大体上以真实参数值为中心。

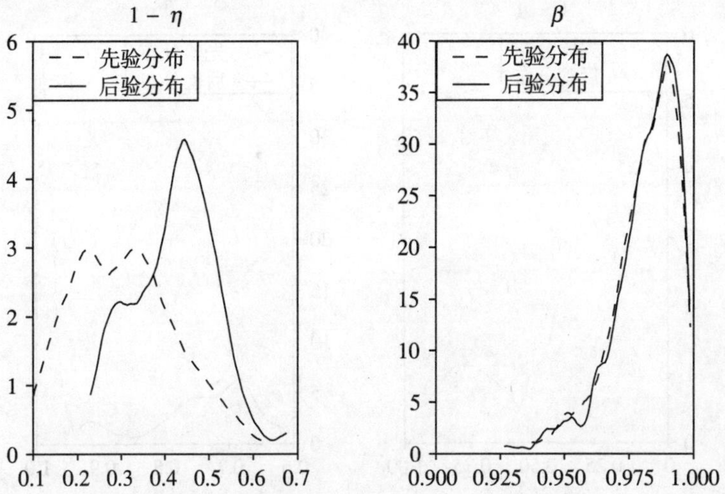

图 11.4 先验分布和后验分布，RBC 模型

使用 1 000 个后验抽样，我们可以计算三个统计量：消费的方差、实际利率和二者的协方差，并将后验 68％的置信与使用真实参数计算得出的统计量进行比较。表 11.2 显示，68％的后验范围包含了消费方差的实际值，但不包含实际利息或两者的协方差。同时，存在参数的后验结合，这种结合会使二者的方差变得很大。

表 11.2 方差和协方差

	真实值	68％范围的后验
Var(c)	40.16	[3.65, 5.10×10^{10}]
Var(r)	1.29×10^{-5}	[2.55×10^{-4}, 136.11]
Cov(c, r)	−0.009 2	[-0.15×10^{-5}, −0.011]

练习 11.27 使用与例题 11.11 中同样的步骤，调整转换矩阵 $\mathfrak{P}(\theta^{\dagger},\theta^{0})$ 或 σ_v^2 的范围来减少接受率至 50％左右。那么从正态分布中抽取候选而非均匀分布会产生什么样的结果？

练习 11.28 改变 β 和 $(1-\eta)$ 的先验参数，使得它们更加分散。后验量是否发生了改变？以什么形式变化？

例题 11.12 在本例题中，我们从一个含有消费偏好的 RBC 模型中进行数据模拟，同样假定在时期 1 资本贬值，而且闲暇不进入效用函数。我们假设 $u(c_t, c_{t-1})=\ln(c_t-\gamma c_{t-1})$，设 $\gamma=0.8$，并使用等式(11.27)～(11.30)给解加入同样的测量误差。当我们错误地假定不存在偏好(例如，我们以 $\gamma=0$ 为条件)时，我们对 β 和 $1-\eta$ 的后验形状感兴趣。这项实验是有趣的，因为它可以给出在模型的一些参数上使用一个教条(且错误)的先验所产生的结果的一些指示。

图 11.5 中的后验分布与图 11.4 中的非常不同，这一点也许并不奇怪。令人吃惊的是，错误的设定是如此巨大，以致真实参数的后验概率几乎为 0。

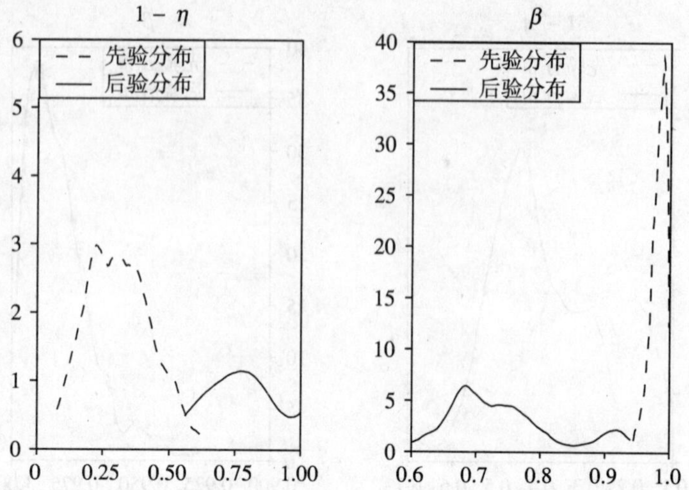

图 11.5　先验分布和后验分布,带有习惯持续的 RBC

练习 11.29　从含有生产函数 $f(K_t,\mathrm{ku}_t,\zeta_t)=(K_t\mathrm{ku}_t)^{1-\eta}\zeta_t$ 的 RBC 模型中模拟数据,其中,ku_t 是资本使用,并假设贬值率依赖于资本的使用,即 $\delta(\mathrm{ku}_t)=\delta_0+\delta_1\mathrm{ku}_t^{\delta_2}$,其中,$\delta_0=0.01,\delta_1=0.005,\delta_2=2$。假设你错误地忽视利用,并估计了一个如等式(11.27)~(11.30)那样的模型。评估由于设定错误所导致的扭曲。

例题 11.13　下一个例题考虑了一个标准的具有粘性价格和垄断竞争的新凯恩斯主义模型。这时,我们的工作加倍了。首先,我们需要知道这个模型相对于用于获取名义利率、产出缺口和通货膨胀的动态的未受约束的 VAR 模型有多好。其次,我们对获取一些重要结构参数的分布的定位感兴趣。例如,我们想知道,为了匹配实际动态情况,价格需要多少粘性,政策的滞后性是否是描绘数据特征的重要成分,以及模型是否具有一些内部增殖机制,或者,替代地,它是否完全依赖于外生变量来与数据的动态匹配。

我们使用的模型经济是第 2 章所考虑结构的简化形式,并且包含一个对数线性(在静态周围)的欧拉方程、一个新凯恩斯主义菲利普斯曲线和一个泰勒准则。我们假定在均衡状态下,消费等于产出,并直接使用欧拉方程中稳定状态的偏差产出。每个方程都有一个与之相关的冲击:存在一个独立同分布的政策冲击ϵ_{3t}、一个菲利普斯曲线中成本推动冲击ϵ_{2t},以及一个欧拉方程中任意需求冲击ϵ_{4t}。虽然后者的冲击对于估计来说是非必需的,明显需要对实际经济中观察到的产出、通货膨胀和利息率过程的复杂性进行匹配。等式为:

$$\mathrm{gdpgap}_t=E_t\,\mathrm{gdpgap}_{t+1}-\frac{1}{\varphi}(i_t-E_t\,\pi_{t+1})+\epsilon_{4t} \tag{11.31}$$

$$\pi_t=\beta E_t\pi_{t+1}+\kappa\,\mathrm{gdpgap}_t+\epsilon_{2t} \tag{11.32}$$

$$i_t=\phi_r\,i_{t-1}+(1-\phi_r)(\phi_\pi\,\pi_{t-1}+\phi_{\mathrm{gap}}\mathrm{gdpgap}_{t-1})+\epsilon_{3t} \tag{11.33}$$

其中,i_t 是名义利息率,π_t 是通货膨胀率,gdpgap_t 是产出缺口,$\kappa=(1-\zeta_{\mathrm{p}})\times(1-\beta\zeta_{\mathrm{p}})(\varphi+\vartheta_N)/\zeta_{\mathrm{p}}$ 是卡尔沃(Calvo)设定的粘度,ζ_{p} 是折现因子,β 是风险规避参数,φ 是风险规避系数,ϑ_N 是劳动供给弹性的逆,ϕ_r 是名义率的持续性,ϕ_π 和 ϕ_{gap}

度量了利息率对滞后的通货膨胀和产出缺口移动的反应。我们假定，ϵ_{4t} 和 ϵ_{2t} 是以 ρ_4 和 ρ_2 为持续量、以 σ_4^2 和 σ_2^2 为方差的 AR(1) 过程，其中，ϵ_{3t} 是 i. i. d. $(0,\sigma_3^2)$。

模型有 12 个参数，$\theta=(\beta,\varphi,\vartheta,\zeta_p,\phi_\pi,\phi_{gap},\phi_r,\rho_2,\rho_4,\sigma_2^2,\sigma_3^2,\sigma_4^2)$，其中，7 个为结构性参数，5 个为辅助性参数，我们需要求出它们的后验分布。我们主要关心 $(\zeta_p,\phi_r,\rho_2,\rho_4)$ 的后验分布。很容易发现，ζ_p 和 ϑ_N 不是独立可识别的，所以关于 ζ_p 的推断只有在这两个参数被仔细设定的情况下才有意义。我们使用的是美国 1948 年 1 月至 2002 年 1 月的季度去趋势数据。假定 $\beta\sim\text{Beta}(98,3)$，$\varphi\sim\mathbb{N}(1,(0.375)^2)$，$\vartheta_N\sim\mathbb{N}(2,(0.75)^2)$，$\zeta_p\sim\text{Beta}(9,3)$，$\phi_r\sim\text{Beta}(6,2)$，$\phi_\pi\sim\mathbb{N}(1.7,(0.1)^2)$，$\phi_{gap}\sim\mathbb{N}(0.5,(0.05)^2)$，$\rho_4\sim\text{Beta}(17,3)$，$\rho_2\sim\text{Beta}(17,3)$，$\sigma_i^{-2}\sim\mathbb{G}(4,0.1)$，$i=2,3,4$。

为了生成一个候选向量 $\theta^\dagger$，我们使用一个随机游走的含有小的均匀误差的麦抽布里斯算法（对于每个参数，我们设定范围，以便获得 40% 的接受率），并使用 CUMSUM统计量来检验收敛性：$(1/J)\sum_j(\theta_j^i-E(\theta_j^i))/\sqrt{\text{var}\theta_j^i}$，其中，$j=1,2,\cdots,JL+\bar{L}$，并且 $i=1,2,\cdots,12$。图 11.6 展示了统计量，并指出链最终收敛于大致 15 000 个抽样后。对于 ϕ_π 和 ϕ_{gap}，很难取得收敛性，而对于其他参数来说，很快就达到收敛（少于 10 000 次的重复抽样）。正如后面所示，由于二次抽样的不稳定性，关于 ϕ_π 和 ϕ_{gap}，会遇到不必要的困难。相反，它们看起来同数据中这些参数的近似不可识别性相关。图 11.7 表示了先验和后验分布（用核方法估计），它们是用最后 5 000 个抽样中每 5 个取 1 个的方法得到的。数据看上去在至少两种意义上是具有信息的。首先，后验分布通常比先验分布具有更小的散布性。其次，在一些情况下，整个后验分布会相对于先验进行转移。表 11.3 展示了一些先验和后验分布的统计量，以确定这些视觉上的印象。需要注意的是，除了在隔离的情况下，后验分布大体是对称的。

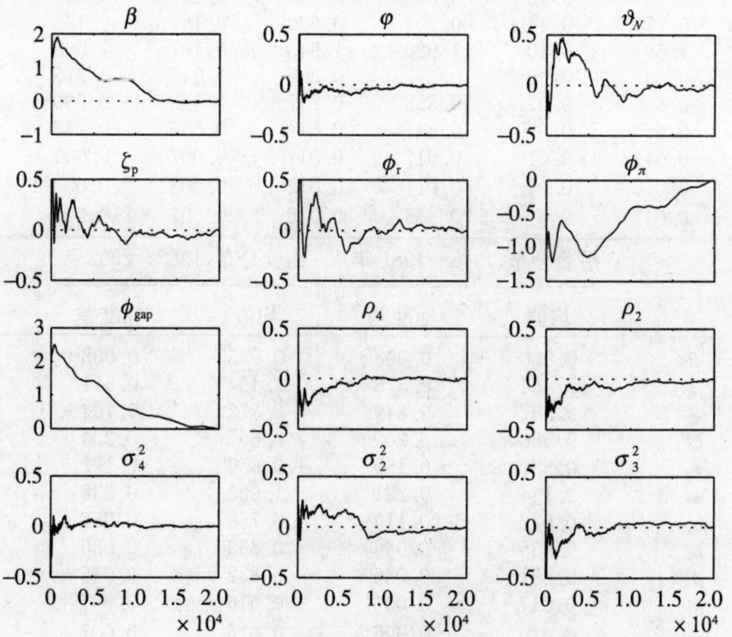

图 11.6 CUMSUM 统计量

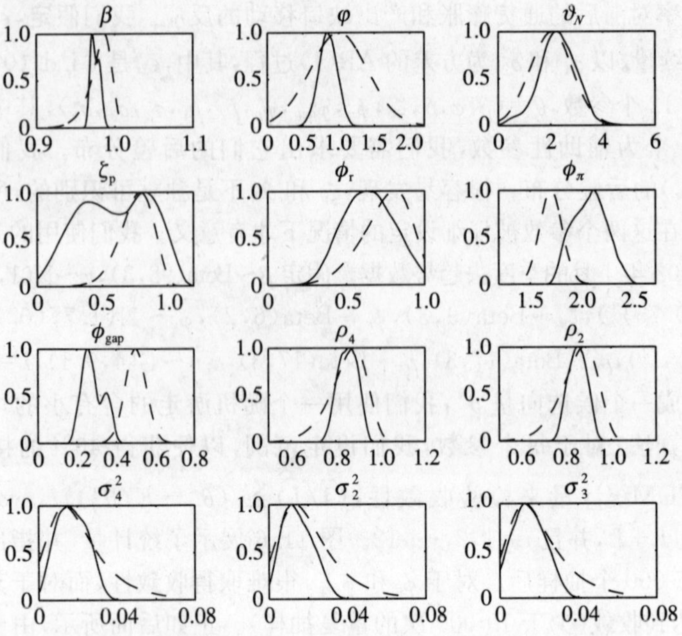

图 11.7　先验分布(冲击)和后验分布(固定),粘性价格模型

表 11.3　先验和后验分布统计量

	先验分布		后验分布,1948～2002 年				
	均值	标准差	中位数	均值	标准差	最小值	最大值
β	0.98	0.01	0.978	0.976	0.007	0.952	0.991
ϕ	0.99	0.37	0.836	0.841	0.118	0.457	1.214
ϑ_N	2.02	0.75	1.813	2.024	0.865	0.385	4.838
ζ_p	0.75	0.12	0.502	0.536	0.247	0.030	0.993
ϕ_r	0.77	0.14	0.704	0.666	0.181	0.123	0.992
ϕ_π	1.69	0.10	1.920	1.945	0.167	1.568	2.361
ϕ_{gap}	0.49	0.05	0.297	0.305	0.047	0.215	0.410
ρ_4	0.86	0.07	0.858	0.857	0.038	0.760	0.942
ρ_2	0.86	0.07	0.842	0.844	0.036	0.753	0.952
σ_4^2	0.017	0.01	0.017	0.017	0.007	0.001	0.035
σ_2^2	0.016	0.01	0.011	0.012	0.008	0.000 2	0.036
σ_3^2	0.017	0.01	0.015	0.016	0.007	0.001	0.035

	后验分布,1948～1981 年		后验分布,1982～2002 年	
	均值	标准差	均值	标准差
β	0.986	0.008	0.983	0.008
ϕ	1.484	0.378	1.454	0.551
ϑ_N	2.587	0.849	2.372	0.704
ζ_p	0.566	0.200	0.657	0.234
ϕ_r	0.582	0.169	0.659	0.171
ϕ_π	2.134	0.221	1.925	0.336
ϕ_{gap}	0.972	0.119	0.758	0.086
ρ_4	0.835	0.036	0.833	0.036
ρ_2	0.831	0.036	0.832	0.036
σ_4^2	0.017	0.006	0.016	0.007
σ_2^2	0.016	0.006	0.016	0.007
σ_3^2	0.013	0.007	0.014	0.007

到目前为止,我们考虑了利息的 4 个参数的后验,注意到,冲击是持续的(后验均值为 0.85),但并不存在 AR 参数在 1 附近的后验分布的堆积。这表示,尽管并没有充分的内部增殖性来复制数据的动态,但是并不需要像单位根那样的外生过程。

经济参数的后验分布是合理集中的。ζ_p 的后验均值,即控制价格的粘性参数,仅为 0.5。这意味着在价格变化上两个季度的平均时间——先验,是集中在三个季度的平均。然而,因为 ζ_p 的后验是双模态的,必须保持谨慎来对待后验均值作为定义度量的使用。参数 ϕ_r 度量政策持续性,具有一 0.7 的后验均值,意味着政策平滑的一些程度,但它并不是极端的。

注意到,k 的后验均值大约为 0.5,表示通货膨胀对产出缺口移动的适当的反应。与第 5 章获得的估计相比,均值效应稍稍强一些,甚至更低的值都有不可忽视的后验概率。

这些结论的大部分在将样本一分为二后都保留了。例如,在 1948～1981 年的样本上,ζ_p 具有 0.566 的后验均值;在 1982～2002 年的样本上,ζ_p 具有 0.657 的后验均值。然而,因为后验标准差为 0.22 左右,两个样本的区别在统计上是很小的。其他的参数同时也有稳定的后验量。特别是,将样本分割并不改变政策规定的系数,意味着利息率对于通货膨胀具有很强的反应。

后验分布的定义和形状在很大程度上独立于我们所选择的先验分布,因为先验分布主要是不含有信息的。例如,重新衡量抽取的先验,此先验是在所有 12 维原先验的 90%范围下抽取的,抽取的先验形成了与图 11.7 在量上十分相似的后验分布。

最后,通过比较它的 VAR(3)和 BVAR(3)的边际似然率,我们考察了模型的预测表现。此检验是比较两个模型的明尼苏达先验和标准参数(紧密性等于 0.1,线性滞后衰退和其他变量的权重等于 0.5),两者都包含一个常数。两种模型的贝叶斯因子都很小(阶为 0.19),意味着模型可以在预测意义上改进。注意到,两种方法都比我们的 DSGE 模型的参数更加紧密(30 个参数对比 12 个参数),贝叶斯因子考虑了模型的大小,而且不需要对参数数目进行调整。

练习 11.30 重复例题 11.13 中模型的估计,但把(11.33)式替换为:$i_t=\phi_r i_{t-1}+(1-\phi_r)(\phi_\pi \pi_t+\phi_{gap}\ \mathrm{gdpgap}_t)+\epsilon_{3t}$。比较结果。特别地,描述 ϕ_r、ρ_2 和 ρ_4 的后验分布是如何变化的。评估数据的概率,数据是从含有不可解变量的模型中生成的(即,评估 $\phi_\pi<1$ 的后验概率是多少)。(提示:设 ϕ_π 的先验定位为 1.0。)

练习 11.31 考虑例题 11.13 的模型,但将菲利普斯曲线替换为:$\pi_t=[\omega/(1+\omega\beta)]\pi_{t-1}+[\beta/(1+\omega\beta)E_t\pi_{t+1}]+[\kappa/(1+\omega\beta)]\times \mathrm{gdpgap}_t+\epsilon_{2t}$,其中,$\omega$ 是物价指数的程度。估计模型,并检验物价指数是否必须与数据匹配。(提示:对此模型中的参数设定要谨慎。)

练习 11.32 给例题 11.13 中的模型添加工资等式:$\Delta w_t=\beta E_t\ \Delta w_{t+1}+[(1-\zeta_w)(1-\zeta_w\beta)/\zeta_w(1+\varsigma_w\vartheta_N)][\mathrm{mrs}_t-(w_t-p_t)]+\epsilon_{2t}$,其中,$\zeta_w$ 是工资不改变的概率,ς_w 是生产中劳动力类型的替代弹性,mrs_t 是边际替代率。估计此模型,并检验工资粘性是否会给基本粘性价格模型增加拟合性。

11.4.3 一些应用建议

尽管目前我们考察的这些模型是小规模的，但是，它已经成为中央银行和国际机构在估计含有贝叶斯方法的大规模 DSGE 模型时的标准。当估计大规模模型时，需要特别谨慎，其理由如下。

首先，大规模模型，往往在表达上更明确且设定失误的可能性更小，而且更有可能存在识别问题。同时，估计中使用的变量并不含有研究者所关心的参数的信息。例如，试图通过不同国家的 CPI 通货膨的数据来求出进口和出口价格粘性的估计是非常普遍的。然而，这些变量的 CPI 通货膨胀的信息量很少。

其次，正如我们在第 6 章所见，一个小规模的 DSGE 模型的似然函数也许具有大的平坦部分或非常不稳定的表现。一个大规模的 DSGE 模型的似然函数通常包含两个特性，并且有时可能会出现多个峰会。后验分布的计算在这种情况下是很困难的，而先验量在做出可能推断上扮演了重要的角色。因此，先验分布的选取应该非常小心，并避免在延伸中方差结果的敏感性和使用相反方法的诱惑(即，设置先验量使得后验量具有很好的表现，并确信自己的直觉)。注意到，似然分布上的多峰意味着间断或者多重区域，并给出我们在检验中感兴趣的重要特性信息。此外，稳健性分析可以表明在这些问题上可能出现的审查者。

第三，从含有很大数目的摩擦和冲击的模型出发是通常情况，贝叶斯方法能用于甚至是在动态和概率性自然设定错误的模型。这意味着，表现在早期校准运动(例如，从含有一种科技冲击的竞争结构出发，添加政府冲击，引进非竞争市场，等等)中的序贯运动的种类可能在此被大量运用。摩擦和冲击对模型进行数据有趣特性的复制没有起到任何作用，所以我们应抛弃这些情况。这些分析能帮助我们给定一些黑箱冲击，此冲击在因子文献的一个有趣的经济内容中被估计。

第四，建立的模型几乎不能解释我们在标准数据库中得出的宏观序列。因此，数据转换，例如，去趋势或者去除异常点和其他平滑技术，譬如在稳定样本期间的选取或者是结构断裂的剔除，都是在考虑数据前模型所必需的。当我们对设计用于只捕获数据的周期属性和教义式选取一个趋势设定的模型感兴趣时，贝叶斯和标准经典模型都面临着任意性的问题，并且我们在第 3 章介绍的所有应用都不会变化。如果不仅一个趋势设定是被预期的，我们就可以给出不同方法上的先验来计算出每一设定的后验概率，并使用下一小节中介绍的方法来进行推断。

11.4.4 比较模型数据的质量

贝叶斯的结构参数估计是很简单的，但在不同的候选设定情况下，比较真实数据的结果和评价模型的优越性时并不很直观。两种方法都是可取的。宏观经济学家偏爱前者，因为它基于一些有趣的经济统计的信息分析。

例题 11.14 继续例题 11.13，我们对图 11.8 上的利息率冲击提出了一个 68%脉冲反应区间。这些反应在经济上是合理的，在图形上有三个突出特征。首先，冲击提高了利息率，并使得通货膨胀和产出缺口以很高的概率下跌。其次，反应在经历一定时期后逐渐消失。第三，尽管有设定的价格粘性，最大的通货膨胀效应是瞬间的。

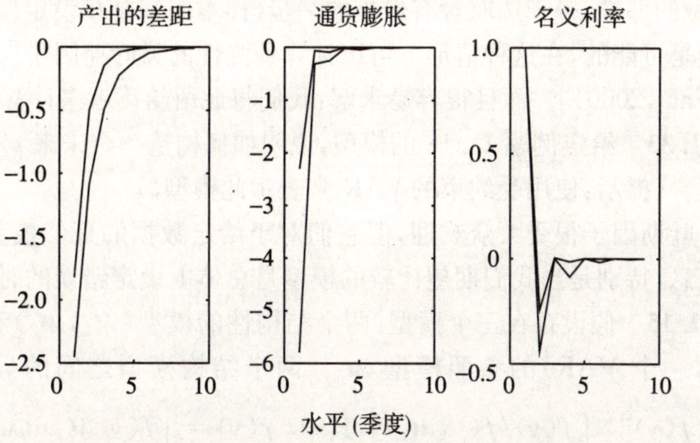

图 11.8 对货币政策冲击的反应,1948～2002

图 11.9 显示了在不同数据窗口估计模型所获得的反应区间,对于每一个样本的观测值都保持为常数。值得注意的是,在从 1970 年后期到 2000 年早期的移动中,68%后验置信区间的符号、形状和维度都没有变化。因此,货币政策冲击的传递属性在近 30 年里几乎没有发生变化。

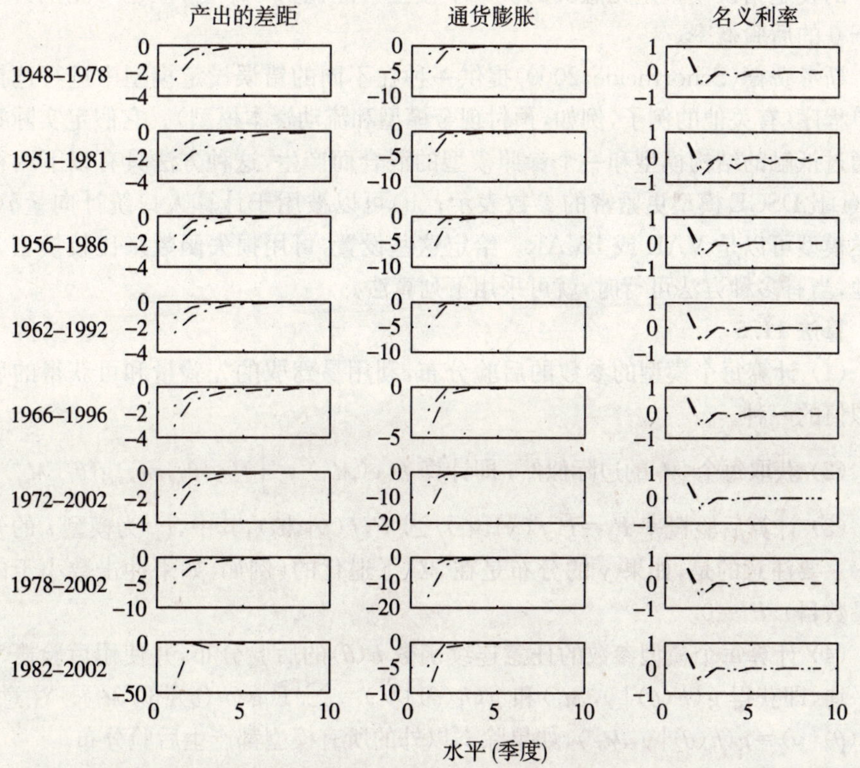

图 11.9 对货币政策冲击的反应,各种不同的样本

作为陈述不同的嵌套和非嵌套模型的经济统计量的另一种方法,我们可以计算不同设定的预测表现的度量情况。正如我们在第 9 章所见,边际似然是一步向前预测误差的乘积。因此，通过使用贝叶斯因子选取一个模型，正如我们在例题11.13中所做的那样，等于选取含有最小的一步（样本中）*MSE* 设定。明显地，样本外预测种类是可能的，在这种情形下可以计算预测性的贝叶斯因子［参见德容等人(DeJong et al.,2000)］。而且很容易求解：我们将此留给读者来计算。

练习 11.33 给定例题 11.13 的模型，说明如何构造一个未来 $y_{t+\tau}$，$\tau=1,2,\cdots$ 的预测密度。（提示：使用受约束的 *VAR* 来表示此模型。）

尽管贝叶斯因子很受大众欢迎，但它们对于给定数据的近似模型的质量并不含有很多信息，特别是当我们期望比较的模型是总体上设定错误的时候。

例题 11.15 假设存在三个模型：两个结构性的模型($\mathcal{M}_1$，$\mathcal{M}_2$)和一个密集参数化(例如，一个 VAR)的参照模型 $\mathcal{M}_3$。两个结构模型之间的贝叶斯因子是 $[f(y,\mathcal{M}_1)/f(y)]\times[f(y)/f(y,\mathcal{M}_2)]$，其中，$f(y)=\int f(y,\mathcal{M}_i)\mathrm{d}\mathcal{M}_i$。如果我们使用 0-1 损失函数，并假定每个模型的先验概率为 0.5，当贝叶斯因子超过 1，那么通过选取 $\mathcal{M}_1$ 来最小化后验风险。第三个模型的应用并不影响选择，因为它只进入了 $f(y)$的计算，而且 $f(y)$删除了贝叶斯因子。如果先验奇数不依赖于第三个模型，那么后验奇数率也不依赖它。当 $\mathcal{M}_1$ 和 $\mathcal{M}_2$ 设定错误的时间，它们相对于 $\mathcal{M}_3$ 具有更低的后验概率，但这并不影响我们所做的推断。因此，比较含有贝叶斯因子的设定错误模型是无意义的。一个模型可能比另一个好，但也可能是具有近似于 0 的后验概率。

斯考费德(Schorfheide,2000)提供一种在不同的错误设定模型中进行选择的简单程序（有关他的例子，例如，预付现金模型和流动资本模型）。它假定实际数据是通过抵触的结构模型和一个参照模型的混合而产生，这种方法具有以下两种特征：(i)比DSGE 模型更紧密的参数表示；(ii)可以被用于计算人口统计向量$h(\theta)$。这类模型可以是 VAR 或 BVAR。给定这些设置，可用损失函数来比较模型。特别地，当有多种方法可行时，就可采用下列算法。

算法 11.5

(1) 计算每个模型的参数的后验分布，利用易驾驭的先验量和可获得的后验模拟值的一种。

(2) 获取每个 $\mathcal{M}_i$ 的边际似然，即计算 $f(y|\mathcal{M}_i)=\int f(y|\theta_i,\mathcal{M}_i)g(\theta_i|\mathcal{M}_i)\mathrm{d}\theta_i$。

(3) 计算后验概率 $\widetilde{P}_i=\bar{P}_i f(y|\mathcal{M}_i)/\sum_i \bar{P}_i f(y|\mathcal{M}_i)$，其中，$\bar{P}_i$ 为模型 i 的先验概率。要注意的是，如果 y 的分布是在 $\mathcal{M}_i$ 下退化的（例如，如果冲击数小于内生变量数目），$\widetilde{P}_i=0$。

(4) 计算每个模型参数的任意连续函数 $h(\theta)$的后验分布，并使用后验概率进行平均，即获得 $g(h(\theta)|y,\mathcal{M}_i)$和 $g(h(\theta)|y_i)=\sum_i \widetilde{P}_i g(h(\theta)|y,\mathcal{M}_i)$。注意到，$g(h(\theta)|y)=g(h(\theta)|y,\mathcal{M}_{i'})$，如果除 i'以外的所有模型都产生后验分布。

(5) 设置损失函数 $\mathfrak{L}(h_T,h_i(\theta))$，并度量模型 i 之间的 $h(\theta)$ 和数据 h_T 的差异。因为在模型 $\mathcal{M}_i$ 上的最优预测是$\hat{h}_i(\theta)=\mathrm{argmin}_{h_i(\theta)}\int\mathfrak{L}(h_T,h_i(\theta))g(h_i(\theta)|y,\mathcal{M}_i)\mathrm{d}h_T$，我们可以通过使用$\hat{h}_i(\theta)$ 在全部后验分布 $g(h(\theta)\mid y)$ 下的风险来比较不同的模型，

即 $\min \mathfrak{R}(\hat{h}_i(\theta|y)) = \min\int \mathfrak{L}(h_T, \hat{h}_i(\theta))g(h(\theta)|y)\mathrm{d}h_T$。

因为 $\mathfrak{R}(\hat{h}_i(\theta|y))$ 度量了模型 $\mathcal{M}_i$ 预测 h_T 的良好性，如果模型具有更小的风险，它就优于其他模型。同样要注意到，模型比较是相对的，$g(h(\theta)|y)$ 考虑来自全部模型的信息。将步骤(5)更进一步，注意到，对于每一个 i，可选择 θ 来最小化 $\mathfrak{R}(\hat{h}_i(\theta|y))$。这一估计提供了后验风险更低的界限，而后验风险是通过在 h_T 表示的维度上的最优候选模型而得到的。

为了使算法 11.5 发挥作用，选定一个损失函数。我们已在第 9 章提出了一些观点。对于 DSGE 模型来说，最有用的内容如下所述。

(a) 二次损失函数：$\mathfrak{L}_2(h_T, h_i(\theta)) = [h_T - h(\theta)]'W[h_T - h(\theta)]$，其中，$W$ 是一个任意正定加权矩阵。

(b) 惩罚损失函数：$\mathfrak{L}_p(h_T, h(\theta)) = \mathcal{I}_{[g(h(\theta))|y) < g(h_T|y)]}$，其中，如果 $x_1 < x_2$，$\mathcal{I}_{[x_1 < x_2]} = 1$。

(c) χ^2 损失函数：$\mathfrak{L}_{\chi_2}(h_T, h_i(\theta)) = \mathcal{I}_{[\mathcal{Q}_{\chi_2}(h(\theta))|y) < \mathcal{Q}_{\chi_2}(h_T)|y)]}$，这里，$\mathcal{Q}_{\chi_2}(h(\theta)|y) = [h_T - E(h(\theta))|y]'\Sigma_{h(\theta)}^{-1}[h_T - E(h(\theta))|y]$，$\Sigma_{h(\theta)}^{-1}$ 是 $h(\theta)$ 的协方差矩阵，并且如果 $x_1 > x_2$，有 $\mathcal{I}_{[x_1 > x_2]} = 1$。

(d) 0－1 损失函数：$\mathfrak{L}(h_T, h(\theta), \epsilon) = 1 - \mathcal{I}_{\epsilon(h(\theta))}(h_T)$，这里，$\epsilon(h(\theta))$ 是 $h(\theta)$ 的 ϵ-邻域。

这里要提及这些损失函数的三个特性：首先，使用惩罚损失和 χ^2 损失函数，这两个 DSGE 模型是基于 $h_i(\theta)$ 的后验分布的高度进行比较的；其次，使用二次损失函数，是基于 $h_i(\theta)$ 和后验均值之间的加权距离进行比较的；最后，如我们已提到的，一个 0－1 损失函数意味着如果先验奇数超过 1，$\mathcal{M}_1$ 更优。

练习 11.34 (i) 证明 $\mathfrak{R}_2 = [h_T - E(h(\theta))|y]'W[h_T - E(h(\theta))|y] + \varrho_0$，其中，$\varrho_0$ 并不依赖于 $Eh(\theta)$。你如何选取最优的 W？

(ii) 证明如果 $g(\theta|y)$ 是正态的，并且 $\mathfrak{L}_2 = \mathfrak{L}_{\chi^2}$，最优预测是 $E(h(\theta)|y, \mathcal{M}_i)$。

(iii) 证明对于 $\mathfrak{L}_p$ 的损失函数的最优预测是 $g(h(\theta)|y, \mathcal{M}_i)$ 的模式。

当采用 $\mathfrak{L}_2$ 损失函数时，得到两个有趣的特殊情况。

练习 11.35［斯考费德(Schorfheide)］ 假设存在三个模型。假定 $\widetilde{P}_1 \xrightarrow{p} 1$，$E(h_i(\theta)|y, \mathcal{M}_i) \xrightarrow{p} \bar{h}_i(\theta)$，$\bar{h}_1(\theta) - \bar{h}_2(\theta) = \delta_\theta$，其中，$|\delta_\theta| > 0$。证明当 $T \to \infty$ 时，$\mathfrak{R}(\hat{h}_1(\theta)) \xrightarrow{p} 0$ 和 $\mathfrak{R}(\hat{h}_2(\theta)) \xrightarrow{p} \delta_\theta' W \delta_\theta$。假设当 $T \to \infty$ 时，$\widetilde{P}_{3,T} \to 1$ 和 $E(h_i(\theta)|y, \mathcal{M}_i) \xrightarrow{p} \bar{h}_i(\theta)$，证明 $E((h(\theta)|y) - (h(\theta)|y, \mathcal{M}_3)) \xrightarrow{p} 0$。

练习 11.35 得出几个有趣的结论。首先，如果对于所有的正定矩阵 W，模型 $\mathcal{M}_1$ 以概率 1 比模型 $\mathcal{M}_2$ 更好，使用 $\mathfrak{L}_2$ 的模型选取是一致的，并得出与后验奇异率在大样本中时同样的结果。以不同方式重申这些概念，在这些条件下，$\mathfrak{L}_2$ 模型的比较是基于相对的一步向前的预测能力。其次，如果两个模型都设定错误，那么它们的后验概率随着 $T \to \infty$ 趋向 0，而这些模型的秩只依赖于 $E(h(\theta)|y, \mathcal{M}_3) \approx E(h(\theta)|y)$ 和 $\hat{h}_i(\theta)$，$i = 1, 2$ 之间的差异性。如果 $\mathcal{M}_3$ 是经验模型，那么使用损失函数就等于进

行样本和从不同模型中获取的母体矩的比较。这意味着，当我们基于 $\mathfrak{L}_2$ 损失函数模型是高度设定错误而做出结论时，在模型预测和真实数据之间的非正式比较在贝叶斯的观点下是最优的。这一比较正如我们所做的最简单的校准练习。直觉上看，因为 $h(\theta)$ 的后验方差并不影响模型的秩，所以我们得到了这一出人意料的结果。这一结论并不在 $\mathfrak{L}_p$ 或 $\mathfrak{L}_{x^2}$ 损失函数下成立。

例题 11.16 在例题 11.13 的基础上，当 $h(\theta)$ 代表通货膨胀的持续性时，而此持续性是通过在零频率下的谱的高度得出的，我们计算与模型相关的风险。这一数值很大(227.09)，反映了模型无法生成在通货膨胀中的持续性。作为比较，例如，单变量 AR(1)模型生成的风险是 38.09。

11.4.5 *再议 DSGE 和 VAR 模型*

正如在第 10 章所述，使用 DSGE 模型来构建简化形式的 VAR 系数是可能的。因为它同时考虑了两个简化形式的后验估计和结构参数，所以这种方法是具有优势的。我们已经推导出在 10.2.5 节的 VAR 参数的后验估计。这里，我们描述取得结构参数的后验分布的方法。令 $f(y|\alpha,\Sigma_e)$ 为数据的似然函数，它以 VAR 参数为条件，令 $g(\alpha,\Sigma_e|\theta)$ 为 VAR 参数的先验，以 DSGE 模型参数为条件，并且 $g(\theta)$ 是 DSGE 参数的先验分布。这里的 $g(\alpha,\Sigma_e|\theta)$ 是由结构参数和模型细节的先验推出的简化形式参数的先验函数。VAR 的联合后验和结构参数是 $g(\alpha,\Sigma_e,\theta|y)=g(\alpha,\Sigma_e|\theta,y)g(\theta|y)$。

我们已经知道，$g(\alpha,\Sigma_e,\theta|y)$ 具有标准可逆的威夏特形式，那么它可以被轻松地分析或模拟计算出。$g(\theta|y)$ 的计算更加复杂，因为它的形式是未知的。这一分布的核是 $\breve{g}(\theta|y)=f(y|\theta)g(\theta)$，其中：

$$\begin{aligned} f(y|\theta) &= \int f(y|\alpha,\Sigma_e)g(\alpha,\Sigma_e,\theta)\mathrm{d}\alpha\,\mathrm{d}\Sigma_e \\ &= \frac{f(y|\alpha,\Sigma_e)g(\alpha,\Sigma_e|\theta)}{g(\alpha,\Sigma_e|y,\theta)} \end{aligned} \tag{11.34}$$

因为 (α,Σ_e) 的后验依赖于 θ 而且其只通过 y，所以 $g(\alpha,\Sigma_e|y,\theta)=g(\alpha,\Sigma_e|y)$，并且我们可以利用分子和分母都是标准逆的威夏特形式的事实来得到下式：

$$\begin{aligned} f(y|\theta) = & \frac{|(X^s)'(\theta)X^s(\theta)+X'X|^{-0.5m}|(T_s+T)\tilde{\Sigma}_e(\theta)|^{-0.5(T_s+T-k)}}{|(X^s)'(\theta)X^s(\theta)|^{-0.5m}|T_s\Sigma_e(\theta)|^{-0.5(T_s-k)}} \\ & \times\frac{(2\pi)^{-0.5mT}2^{0.5m(T_s+T-k)}\prod_{i=1}^{m}\Gamma((T_s+T-k+1-i)/2)}{2^{0.5m(T_1-k)}\prod_{i=1}^{m}\Gamma((T_s-k+1-i)/2)} \end{aligned} \tag{11.35}$$

这里，$\tilde{\Sigma}_e(\theta)=(1/(1+\kappa)T)\{(y^s)'y^s+y'y-[(y^s)'X^s+y'X][(X^s)'X^s+X'X]^{-1}\times[(X^s)'y^s+X'y]\}$ 和 $\bar{\Sigma}_e^s=(1/T_s)\{(y^s)'y^s+(y^s)'x^s[(x^s)'x^s]^{-1}(x^s)'y^s\}$，$T_s$ 是被加入实际数据中的 DSGE 模型的观测值数目。Γ 是伽玛函数，$X=(I\otimes \boldsymbol{X})$ 包含了 y 的所有滞后变量，上标“s”表示模拟数据，k 是每个 VAR 方程中的系数个数。

练习 11.36 考虑一种算法，使其可从 $g(\theta|y)$ 中推出序列。

11.4.6 *非线性设定*

目前，我们对 DSGE 模型关注的是，在一些关键点附近的(对数)线性化。正如在第 2 章所见，存在一些（对数）线性化的应用是不可取的；例如，当经济实验涉及区域的变化或者关系的剧烈扰动时。在这些情况下，我们可能想直接运用模型的非线性版本，并且考虑需要对本章算法的一些步骤进行修改。考虑如下模型：

$$y_{2t+1}=h_1(y_{2t},\epsilon_{1t},\theta) \tag{11.36}$$

$$y_{1t}=h_2(y_{2t},\epsilon_{2t},\theta) \tag{11.37}$$

其中，ϵ_{2t}是度量误差，ϵ_{1t}是结构性冲击，θ是结构参数向量，y_{2t}是状态向量，y_{1t}是控制向量。令 $y_t=(y_{1t},y_{2t})$，$\epsilon_t=(\epsilon_{1t},\epsilon_{2t})$，$y^{t-1}=(y_0,\cdots,y_{t-1})$和$\epsilon^t=(\epsilon_1,\cdots,\epsilon_t)$。对初始条件和冲击量进行积分，模型的似然函数可写作［参见费尔南德斯—比利亚韦尔德和鲁维奥—拉米雷斯（Fernandez-Villaverde and Rubio-Ramirez, 2003a, 2003b）］：

$$\mathfrak{L}(y^T,\theta)=\int\Big[\prod_{t=1}^{T}\int f(y_t\mid\epsilon^t,y^{t-1},y_{20},\theta)f(\epsilon^t\mid y^{t-1},y_{20},\theta)\mathrm{d}\epsilon^t\Big]f(y_{20},\theta)\mathrm{d}y_{20} \tag{11.38}$$

其中，y_{20}是初始状态。明显地，（11.38）式是很棘手的。然而，如果我们有从$f(y_{20},\theta)$中抽取的L个y_{20}的抽样和从$f(\epsilon^t\mid y^{t-1},y_{20},\theta)$中抽取的$L$个$\epsilon^{t|t-1}$抽样，其中，$t=1,\cdots,T$，那么可以将（11.38）式近似写为：

$$\mathfrak{L}(y^T,\theta)=\frac{1}{L}\Big[\prod_{t=1}^{T}\frac{1}{L}\sum_l f(y_t\mid\epsilon^{t|t-1},y^{t-1},y_{20}^l,\theta)\Big] \tag{11.39}$$

从$f(y_{20},\theta)$中进行抽样是很简单的，但从$f(\epsilon^t\mid y^{t-1},y_{20},\theta)$中抽样通常很复杂。费尔南德斯—比利亚韦尔德和鲁维奥—拉米雷斯建议使用$f(\epsilon^{t-1}\mid y^{t-1},y_{20},\theta)$作为$f(\epsilon^t\mid y^{t-1},y_{20},\theta)$的重要性抽样。我们将此方法归纳为以下算法。

算法 11.6

（1）从$f(y_{20},\theta)$中抽取y_{20}^l。从$f(\epsilon^t\mid y^{t-1},y_{20}^l,\theta)=f(\epsilon^{t-1}\mid y^{t-1},y_{20}^l,\theta)f(\epsilon_t\mid\theta)$中抽取$\epsilon^{t|t-1,l}L$次。

（2）设$\mathrm{IR}_t^l=f(y_t\mid\epsilon^{t|t-1,l},y^{t-1},y_{20}^l,\theta)/\sum_{l=1}^{L}f(y_t\mid\epsilon^{t|t-1,l},y^{t-1},y_{20}^l,\theta)$，并赋予每个抽样$\epsilon^{t|t-1,l}$权重。

（3）从$\{\epsilon^{t|t-1,l}\}_{l=1}^{L}$中以概率为$\mathrm{IR}_t^l$重抽样。将此次抽样称为$\epsilon^{t,l}$。

（4）对于每个$t=1,2,\cdots,T$，重复步骤（1）～（3）。

步骤（3）对于算法工作是很关键的。如果忽略了，那么只有一个极小量会渐近地维持，并且（11.38）式中的积分会随着$T\to\infty$而收敛。重新抽样能够阻止此情况的发生。注意到，这一步类似于我们在起源性算法中的应用：从具有可能性很高的候选中进行重新抽样，并且在每一步中创造新的分支。

明显地，算法 11.6 在计算上有一定要求：事实上，对于每一次重复，我们都需要解出模型来找到$f(y^t\mid\epsilon^t,y^{t-1},y_{20},\theta)$的表达式。在这一点上，只有最基础的 RBC 模型能通过非线性似然的方法进行估计，并且费尔南德斯—比利亚韦尔德和鲁维奥—拉米雷斯（Fernandez-Villaverde and Rubio-Ramirez, 2004）提到过一些收获。当进行贝叶斯分析时，算法 11.6 就必须插入到算法 11.3 的步骤（3）和步骤

(4)之间。这使得此方法对于目前所拥有的计算机来说要求太高。

11.4.7 *使用哪种方法?*

如果模型存在设定错误、参数化过紧以及比内生变量更少驱动力的特征,那么它在比较估计和评估上就做不了任何工作,这很令人惊奇。卢格—穆尔希亚(Ruge-Murcia,2002)就是最近的一个例子。尽管缺乏正式的例子,但对于应用研究者来说,还是存在一些有用的一般观点。

首先,在联合估计结构等式的系统时,存在着经济和统计上的优势。从经济角度来说,因为参数估计是通过施加所有模型的约束来实现的,这样就很具有吸引力。另一方面,当所有的可用信息都已用到时,统计效率就被增加了。当研究者并不想支持模型的所有细节时,联合估计可能会出现问题。毕竟,在经济上不合理的紧参数估计,是很难被证明和解释的。

设定错误,作为一个我们已在本书的多个章节里反复谈及的主题,对至少两种方法的全信息估计制造了麻烦。当冲击的数目少于内生变量的个数时,参数估计只能通过限制序列的个数来得到——将全信息方法本质性地转化为有限信息方法。此外,因为并不是所有的变量都具有利息参数的同样信息内容,我们就被迫要在没有经济和统计理论的指导下进行尝试。其次,如果模型不能考虑数据的 DGP(因为做出的假设或描述的行为关系的纯粹定性),全信息估计和检验就都存在问题。事实上,最大似然函数企图最小化模型等式和数据之间的最大差异。也就是说,它会选择在设定误差最大的维度上的最好的参数估计。因此,可能会生成要么从经济观点上看不合理,要么在参数空间的边界上不合理的估计。

对于这些问题,存在一些解决方法。增加测量误差可以消除系统的奇异性,但不能修正动态设定误差的问题。另一方面,增加序列相关的测量误差可以同时解决这两个问题,但这种方法缺乏经济基础。大体上说,我们应放弃模型是数据的一个好的表现的想法,无论是从经济还是从统计意义上来说,都是如此。我们在最后三章中描述的方法可以很好地对付这些问题。如果设定合理的话,先验在惩罚函数上扮演了重要角色,它使得全信息方法寻找一个区域的但是经济上有趣的问题的最大值。另外,它可以简化 ML 估计中的偏差和失真。然而,它仍然需要证明,电脑集中的 MCMC 方法具有良好的大小,以及我们在本书所研究的模型种类的功效性质。我们提供的简单例题子表明,还需要更多的工作。

另一种方法是使用更少的信息,所以在理论上对于模型对数据的近似质量要求较低。同时,系统的奇异性在矩向量上施加了约束。而矩向量是用于估计结构参数的,函数必须是线性独立的,否则估计的渐近协方差矩阵就不能很好地定义。然而,存在一些情况,此时模型是极端地奇异的(例如,存在冲击源和 10 个变量),并且有限信息步骤(譬如 GMM、SMM)或间接推断都可能荒谬地使用比 ML 更多的信息。我们也提到了,有限信息步骤可能会陷入逻辑上的不一致,无论它们何时要求对 DGP 的唯一部分进行近似。为了避免这些不一致性,研究者想要解释和不应解释的就应具有阻塞递归结构,但它几乎不是目前可行的 DSGE 模型的特征。

除了 DSGE 模型上设定的值得注意的步骤以外,我们可能也会偏爱模型仍太程序化从而不能可靠地代表数据的观点，并选取只采用了定性含义（与定量含义相反）的估计方法。这一步骤回避了奇异性和设定误差问题，因为定义推断可以被嵌入，正如我们在第 4 章中所见，作为结构 VAR 模型的识别驱动。如同德尔尼科勒和斯考费德（Del Negro and Schorfheide，2004）所介绍的那样，要么不正式要么更正式地结合 DSGE 和 VAR 模型，这种方法看起来是比较风格化模型和数据的最有前途的方法。

考虑到计算时，基于 VAR 的方法具有明显的优势。贝叶斯和 ML 估计是很费时的，尤其是在目标函数并不良好的时候（DSGE 模型的典型例子），同时 SMM 和间断推断可能会要求大量的计算机应用，并存在重要的识别问题。GMM 是强劲的竞争者，但它的严重的小样本问题可能会抹去由简化得到的收获。这使得 GMM（和模拟估计量）不适用于宏观经济学问题，因为样本通常都是稀缺、断裂或区域变化的，这会导致数据的时间序列异质。

同时要强调的是，结构参数的不同的小样本分布并不必须转化为研究者想要计算的有趣函数上的统计和经济上很大的不同。例如，卢格—穆尔西亚（Ruge-Murcia，2002）论述，ML、GMM、SMM 和间接推导都有一些不同的小样本偏差和明显不同的效率性质。但是，用这四种方法获取的估计的小样本脉冲反应区间在大小和形状上是相似的。

附录 统计分布

许多统计分布在蒙特卡洛和贝叶斯分析中都起着极其重要的作用。从这些分布中产生随机数列，一般都是从一些基本分布(均匀、正态或伽玛分布)中产生随机变量，然后得到这些随机变量的适当的函数。虽然许多统计和数学软件都有从大多数分布中抽取随机变量的程序，但有时我们需要可随时携带、更加灵活的随机数生成器，这些随机数生成器可以很容易地插入到最优化或复杂的蒙特卡洛模拟的计算程序中去。这里，我们给出一些分布的概率密度函数 $f(x)$，计算它的均值 $E(x)$、方差 $\text{var}(x)$以及模 x^*，指出怎样选择参数以获得非信息性分布，并描述一种或多种抽取随机变量的方法。额外的内容可以参阅哈斯廷斯和皮科克(Hastings and Peacock, 1982)、里普利(Ripley, 1987)、罗伯特和卡塞拉(Robet and Casella, 1999)。

均匀分布：$x \sim \mathbb{U}(a_1, a_2)$。

$f(x)=1/(a_2-a_1), x\in[a_1, a_2], a_2>a_1$。

$E(x)=\frac{1}{2}(a_1+a_2), \text{var}(x)=\frac{1}{12}(a_2-a_1)^2$；模不存在。

随机数生成器：$y=a_1+(a_2-a_1)z$，其中，$z\sim\mathbb{U}(0,1)$。

非信息性分布：$a_1\to-\infty, a_2\to\infty$。

正态分布(多变量)：$x\sim\mathbb{N}(\mu,\Sigma), x=(x_1,\cdots,x_m)'$，$\Sigma$ 是对称正定阵。

$f(x)=(\sqrt{2\pi})^{-0.5M}|\Sigma|^{-0.5}\exp\{-0.5(x-\mu)'\Sigma^{-1}(x-\mu)\}$。

$E(x)=\mu, \text{var}(x)=\Sigma, x^*=\mu$。

随机数生成器：$y=\mu+Pz, P'P=\Sigma$，其中，$z\sim\mathbb{N}(0,I_m)$；或 $z_i=\sum_{j=1}^{12}v_j-6$，其中，$v_j\sim\mathbb{U}(0,1), i=1,\cdots,m$。

非信息性分布：$\Sigma^{-1}\to 0$。

对数正态分布(单变量)：$\ln x\sim\mathbb{N}(\mu,\sigma^2)$。

$f(x)=(\sqrt{2\pi}\sigma x)^{-1}\exp\{-0.5(\ln x-\mu)^2/\sigma^2\}$。

$E(x)=\exp\{\mu+0.5\sigma^2\}, \text{var}(x)=e^{2\mu\sigma^2}(e^{\sigma^2}-1), x^*=e^{\mu-\sigma^2}$。

随机数生成器：$y=\exp(\mu+\sigma z)$，其中，$z\sim\mathbb{N}(0,1)$；或 $y=e^{\mu}\exp[\sigma(\sum_{i=1}^{12}z_i-6)]$，其中，$z_i\sim\mathbb{U}(0,1)$。

非信息性分布：$\sigma^{-2}\to 0$。

伽玛(Gamma)分布：$x\sim\mathbb{G}(a_1,a_2)$。

$f(x)=[a_2^{a_1}/\Gamma(a_1)]x^{a_1-1}\exp\{-a_2x\}$，$x>0$，$a_1$、$a_2>0$；$a_1$ 控制形状，a_2^{-1} 控制标度；用 $\Gamma(a_1)$ 表示参数为 a_1 的伽玛函数。

$E(x)=a_1/a_2$，$\mathrm{var}(x)=a_1/a_2^2$，$x^*=(a_1-1)/a_2$，$a_1\geqslant1$。

随机数生成器：$y=-(1/a_2)\ln(\prod_{i=1}^{a_1}z_i)$，其中，$z_i\sim\mathbb{U}(0,1)$。

非信息性分布：a_1、$a_2\to0$。

特例：$\mathbb{G}(0.5\nu,0.5)\equiv\chi^2(\nu)$；$\mathbb{G}(1,a_2)\equiv\mathrm{Exp}(a_2)$。

指数分布：$x\sim\mathrm{Exp}(a)$，$a>0$。

$f(x)=a\mathrm{e}^{-ax}$，$x\geqslant0$，a^{-1}控制标度。

$E(x)=a^{-1}$，$\mathrm{var}(x)=a^{-2}$，$x^*=0$。

随机数生成器：$y=-\ln(z)/a$，其中，$z\sim\mathbb{U}(0,1)$。

非信息性分布：$a\to0$。

开方(Chi-squared)分布：$x\sim\chi^2(\nu)$，自由度为 ν。

$f(x)=[2^{-0.5\nu}/\Gamma(0.5\nu)]x^{0.5\nu-1}\mathrm{e}^{-0.5x}$，$x\geqslant0$；$\Gamma(0.5\nu)$是参数为 0.5ν 的伽玛函数。

$E(x)=\nu$，$\mathrm{var}(x)=2\nu$，$x^*=\nu-2$，$\nu\geqslant2$。

随机数生成器：$y=\sum_{i=1}^{\nu}z_i^2$，其中，$z_i\sim\mathbb{N}(0,1)$。

非信息性分布：$\nu\to0$。

***F* 分布**：$x\sim\mathbb{F}(\nu_1,\nu_2)$。

$f(x)=\dfrac{\Gamma(0.5(\nu_1+\nu_2))\nu_1^{0.5\nu_2}\nu_2^{0.5\nu_1}}{\Gamma(0.5\nu_1)\Gamma(0.5\nu_2)}\dfrac{x^{0.5\nu_1-1}}{(\nu_1+\nu_2x)^{0.5(\nu_1+\nu_2)}}$，$x>0$；$\nu_1$、$\nu_2>0$ 表示自由度。

$E(x)=\nu_2/(\nu_2-2)$，其中，$\nu_2>2$；$\mathrm{var}(x)=2\nu_2^2(\nu_1+\nu_2-2)/[\nu_1(\nu_2-4)(\nu_2-2)^2]$，其中，$\nu_2>4$；$x^*=\nu_2(\nu_1-2)/\nu_1(\nu_2+2)$，其中，$\nu_1\geqslant2$。

随机数生成器：$y=\nu_2x_1/\nu_1x_2$，其中，$x_1\sim\chi^2(\nu_1)$，$x_2\sim\chi^2(\nu_2)$。

非信息性分布：ν_1、$\nu_2\to0$。

特例：当 $x\sim\mathbb{F}(\nu_1,\nu_2)$，$\nu_1x/(\nu_2+\nu_1x)\sim\mathrm{Beta}(0.5\nu_1,0.5\nu_2)$。

逆伽玛分布：$x\sim\mathbb{IG}(a_1,a_2)$。

$f(x)=[a_2^{a_1}/\Gamma(a_1)]x^{-a_1-1}\mathrm{e}^{-a_2/x}$，$x\geqslant0$，$a_1$、$a_2>0$。

$E(x)=a_2/(a_1-1)$，$a_1>1$，$\mathrm{var}(x)=a_2^2/(a_1-1)^2(a_1-2)$，其中，$a_1>2$，$x^*=a_2/(a_1+1)$。

随机数生成器：$y=1/z$，其中，$z\sim\mathbb{G}(a_1,a_2)$。

非信息性分布：a_1、$a_2\to0$。

特例：当 $x^{-1}\sim\mathbb{G}(a_1,a_2)$，$x\sim\mathbb{IG}(a_1,a_2)$；$\mathbb{IG}(0.5\nu,0.5)\equiv I\chi^2(\nu)$；$x_1^{-1}\sim\mathbb{G}(a_1,a_{21})$，$x_2^{-1}\sim\mathbb{G}(a_1,a_{22})$，$x_1^{-1}/(x_1^{-1}+x_2^{-1})\sim\mathrm{Beta}(a_{21},a_{22})$。

逆标度开方(Inverse scaled chi-squared)分布：$x\sim I\chi^2(\nu,\bar{s}^2)$。

$f(x)=[(0.5\nu)^{0.5\nu}/\Gamma(0.5\nu)]\bar{s}^{\nu}x^{-0.5\nu-1}\exp\{-\nu\bar{s}^2/2x\}$，$x\geqslant0$。

对 $\nu>2$，有 $E(x)=[\nu/(\nu-2)]\bar{s}^2$；对 $\nu>4$，有 $\mathrm{var}(x)=2\nu^2\bar{s}^4/(\nu-2)^2(\nu-4)$，

$x^*=\nu s^2/(\nu+2)$。

随机数生成器：$y=\nu\bar{s}^2/z$，其中，$z\sim\mathbb{G}(0.5\nu,0.5)$。

非信息性分布：$\nu\to 0$。

威夏特(Wishart)分布：$\Sigma\sim\mathbb{W}(\bar{\Sigma},\nu)$，$\mathrm{rank}(\Sigma)=q$，$\bar{\Sigma}$ 是 $m\times m$ 阶正定标度矩阵；$\nu>q+1$ 是自由度。

$f(\Sigma)=[2^{0.5\nu m}\pi^{0.25m(m-1)}\prod_{i=1}^{m}\Gamma(0.5(\nu+1-i))]^{-1}\ |\bar{\Sigma}|^{-0.5\nu}\ |\Sigma|^{-0.5(\nu+m-1)}\times\exp\{-0.5\mathrm{tr}(\Sigma^{-1}\bar{\Sigma})\}$，其中，“tr”表示矩阵的迹；$E(\Sigma)=\nu\bar{\Sigma}$。

随机数生成器：$y=z'z$，其中，z 是 $m\times 1$ 阶向量，服从 $\mathbb{N}(0,\bar{\Sigma})$。

非信息性分布：$v\to 0$。

特例：当 $\Sigma^{-1}\sim\mathbb{W}(\nu,\bar{\Sigma})$，$\Sigma\sim\mathbb{IW}(\nu,\bar{\Sigma}^{-1})$。

***t* 分布(单变量)：**$x\sim t(\nu,\mu,\sigma^2)$，$\nu$ 是自由度，μ 是定位，σ 是标度。

$f(x)=[\Gamma(0.5(\nu+1))]/[\sigma\sqrt{\nu\pi}\Gamma(0.5\nu)]\{1+(1/\nu)[(x-\mu)^2/\sigma]^2\}^{-0.5(\nu+1)}$。

当 $v>1$，有 $E(x)=\mu$；当 $v>2$，有 $\mathrm{var}(x)=\nu\sigma^2/(\nu-2)$，$x^*=\mu$。

随机数生成器：$y=\mu+\sigma z_1\sqrt{\nu/z_2}$，其中，$z_1\sim\mathbb{N}(0,1)$，$z_2\sim\chi^2(\nu)$。

非信息性分布：$\sigma^{-2}\to 0$。

特例：$t(\infty,\mu,\sigma^2)\equiv\mathbb{N}(\mu,\sigma^2)$，$t(1,\mu,\sigma^2)\equiv\mathbb{C}(\mu,\sigma^2)$；如果 $x\sim t(\nu_1,\mu,\Sigma)$，$(x-\mu)\Sigma^{-1}(x-\mu)/\nu_2\sim\mathbb{F}(\nu_1,\nu_2)$，其中，$\Sigma$ 是 $\nu_2\times\nu_2$ 阶矩阵。

贝塔(Beta)分布：$x\sim\mathrm{Beta}(a_1,a_2)$，$a_1>0$，$a_2>0$ 是先验大小。

$f(x)=[\Gamma(a_1+a_2)/\Gamma(a_1)\Gamma(a_2)]x^{a_1-1}(1-x)^{a_2-1}$，$0\leqslant x\leqslant 1$。

$E(x)=a_1/(a_1+a_2)$，$\mathrm{var}(x)=a_1a_2/(a_1+a_2)^2(a_1+a_2+1)$，$x^*=(a_1-1)/(a_1+a_2-2)$，$a_1>1$，$a_2>1$。

随机数生成器：$y=z_1/(z_1+z_2)$，其中，$z_1\sim\chi^2(2a_1)$，$z_2\sim\chi^2(2a_2)$，或 $z_1=-\ln\prod_{i=}^{a_1}1v_i$；$z_2=-\ln\prod_{i=1}^{a_2}v_i$，其中，$v_i\sim\mathbb{U}(0,1)$。

非信息性分布：a_1、$a_2\to 0$。

特例：$\mathrm{Beta}(1,1)\equiv\mathbb{U}(0,1)$。

威布尔(Weibull)分布：$x\sim\mathbb{WE}(a_1,a_2)$，$a_1$、$a_2>0$，$a_1$ 控制形状，a_2 控制标度。

$f(x)=(a_1/a_2^{a_1})x^{a_1-1}\exp\{-(x/a_2)^{a_1}\}$。

$E(x)=a_2\Gamma(1+a_1^{-1})$，$\mathrm{var}(x)=a_2^2(\Gamma(1+2/a_1)-\Gamma(1+a_1^{-1})^2)$；当 $a_1\geqslant 1$，$x^*=a_2(1-a_1^{-1})^{a_1^{-1}}$；否则，$x^*=0$。

随机数生成器：$y=a_2(-\ln z)^{1/a_1}$，其中，$z\sim\mathbb{U}(0,1)$。

非信息性分布：a_1，$a_2\to 0$。

特例：当 $x\sim\mathbb{WE}(1,a_2)$，$x\sim\mathrm{Exp}(a_2)$。

狄利克雷(Dirichlet)分布：$x\sim\mathrm{Dir}(a_1,\cdots,a_m)$，$a_j>0$，$\sum_{j=1}^{m}a_j=a_0$，$a_1$，$\cdots$，$a_m$ 是先验大小。

$f(x)=[\Gamma(a_0)/\prod_j\Gamma(a_j)]\prod_j x_j^{a_j-1}$。

$E(x_j)=a_j/a_0$；$\mathrm{var}(x_j)=a_j(a_0-a_j)/a_0^2(a_0-1)$；$x_j^*=(a_j-1)/(a_0-m)$。

随机数生成器：$y_j=z_j/\sum_{i=1}^{m}z_i$，其中，$z_j\sim\mathbb{G}(a_j,1)$。

非信息性分布：$a_j\to 0$。

特例：当 $x\sim \mathrm{Dir}(a_i,\cdots,a_m)$，$x_j\sim \mathrm{Beta}(a_j,a_0-a_j)$。

帕雷托(Pareto)分布：$x\sim \mathrm{Pa}(a_0,a_1)$，$a_1$、$a_0>0$。

$f(x)=a_1a_0^{a_1}/(x^{a_1+1})$，$x\geqslant a_0$。

当 $a_1>1$，有 $E(x)=a_1a_0/(a_1-1)$；当 $a_1>2$，有 $\mathrm{var}(x)=a_1a_0^2/(a_1-1)^2\times(a_1-2)$；$x^*=a_0$。

随机数生成器：$x\sim \mathrm{Exp}(z)$，其中，$z\sim \mathbb{G}(a_1,a_0)$。

非信息性分布：$a\to 0$。

柯西(Cauchy)分布：$x\sim \mathbb{C}(\mu,\sigma^2)$；$f(x)=(1/\pi\sigma)[(x-\mu)^2/\sigma^2+1]$；不存在矩；$x^*=\mu$。

随机数生成器：$y=\mu+\sigma z_1/z_2$，其中，$z_1\sim \mathbb{N}(0,1)$，$z_2\sim \mathbb{N}(0,1)$。

插值法

在实际应用中，往往存在需要使用不同频率数据序列的情况。例如，当我们在研究货币政策冲击的传递性时，我们可以得到每天的利率数据，却只能得到每季度或每年的 GDP 数据。对于低频数据，我们一般可以得到较长时段的信息，但观测值的数目一般都很少。另一方面，从纯经济理论的角度看，研究者往往喜欢掌握尽可能高频率的数据，因为这样我们就可以假设，人们是在几乎连续的时间上做决策的。而且，当我们想要考察冲击的影响时，用年度数据往往无法发现显著的反应，而用高频数据就会得到显著的反应结果。

许多序列没有高频数据，我们使用低频数据或一些代理指标，按需要的频率进行插值。例如，威尔科克斯 (Wilcox，1992)认为，季度消费数据存在很大的度量误差，因为实际上每 5 年才度量一次消费，其间都是用月度销售额作为代理指标进行平滑插值的。如果我们按照这种方法得到数据，或许也就不奇怪这种消费数据与标准永久收入理论中的消费数据比起来要平缓得多了。

正如我们在第 9 章中所提到的，我们可以用吉布斯抽样和所有可得到的信息，重新构建缺失数据。这种方法的缺点是丢失了信息流的递归性。也就是说，例如，在时间 t 上产生的值可能包含比在时间 $t+\tau$，$\tau>0$ 上的实际值更多的信息。在这种情况下，新息分析可能会有问题。为了解决这个问题，我们可以用递归算法产生数据，只使用到我们感兴趣的时间点上为止的信息。

用插值法将低频数据转变为高频数据，最普遍的方法是周—林法(Chow-Lin method)。假设我们要产生 T 个 y_t 的月度观测值，譬如 GDP，并且假设 y_t 与一组可观测的月度指标向量 x_t 相关(例如，利率、销售额或出口额)，线性回归关系为 $y_{t\mathrm{m}}=x_{t\mathrm{m}}\alpha+e_{t\mathrm{m}}$，其中，下标“m”是指月度频率。把 T 个观测值堆积起来，有 $y_{\mathrm{m}}=x_{\mathrm{m}}\alpha+e_{\mathrm{m}}$；这里，假设 $e_{\mathrm{m}}=\rho_{\mathrm{m}}e_{\mathrm{m}-1}+v_{\mathrm{m}}$，$v_{\mathrm{m}}\sim \mathrm{i.i.d.}(0,\sigma^2 I)$。因此，$e_{\mathrm{m}}$ 有零均值，协方差为 $\Sigma_e=(\sigma^2/(1-\rho_{\mathrm{m}}^2))\Omega_{\mathrm{m}}$，其中：

$$\Omega_{\mathrm{m}}=\begin{bmatrix} 1 & \rho_{\mathrm{m}} & \cdots & \rho_{\mathrm{m}}^{T-1} \\ \rho_{\mathrm{m}} & 1 & \cdots & \rho_{\mathrm{m}}^{T-2} \\ \cdots & \cdots & \cdots & \cdots \\ \rho_{\mathrm{m}}^{T-1} & \cdots & \cdots & 1 \end{bmatrix}$$

假设 y_t 的 $T/3$ 个季度观测值与 T 个月度观测值相关，它们之间的平均矩阵$\mathcal{Q}$具有以下形式：

$$\mathcal{Q}=\frac{1}{3}\begin{bmatrix}1 & 1 & 1 & 0 & \cdots & \cdots & \cdots & \cdots & \cdots & 0\\ 0 & 0 & 0 & 1 & 1 & 1 & \cdots & \cdots & \cdots & 0\\ \cdots & \cdots & \cdots & \cdots & \cdots & \cdots & \cdots & \cdots & \cdots & \cdots\\ 0 & 0 & 0 & \cdots & \cdots & \cdots & \cdots & 1 & 1 & 1\end{bmatrix}$$

y_t 的可观测季度值和 x_t 的可观测季度值通过等式 $y_q=\mathcal{Q}\ y_m=x_q\alpha+e_q$ 联系起来，其中，$E(e_q e_q')=\mathcal{Q}\ \Sigma_e\ \mathcal{Q}'$。因此，$y_m$ 具有较小方差的线性无偏估计可以通过下式得到：

$$\hat{y}_m=X_m\alpha_{q,GLS}+\hat{\Omega}_m\ \mathcal{Q}'(\mathcal{Q}\hat{\Omega}_m\ \mathcal{Q}')^{-1}e_{q,GLS} \tag{A.1}$$

其中，$\alpha_{q,GLS}$是通过使用季度数据计算得到的广义矩估计，$e_{q,GLS}=\mathcal{Q}\ y_m-x_q\alpha_{q,GLS}$，$\hat{\Omega}_m$ 是 Ω_m 的估计。为了维持信息流，我们可以使用(A.1)式的递归形式。

参考文献

Aadland, D. 2005. Detrending time aggregated data. *Economic Letters* 89:287-93.

Abdelkhalek, T., and J. M. Dufour. 1998. Statistical inference for CGE models with application to a model of the Moroccan economy. *Review of Economics and Statistics* 80:520-34.

Ahmed, S., B. Ickes, P. Wang, and B. Yoo. 1993. International business cycles. *American Economic Review* 83:335-59.

Albert, J., and S. Chib. 1993. Bayes inference via Gibbs sampling of autoregressive time series subject to Markov mean and variance shifts. *Journal of Business and Economic Statistics* 11:1-16.

Alesina, A., and R. Perotti. 1995. Fiscal expansions and adjustments in OECD countries. *Economic Policy* 21:207-48.

Altug, S. 1989. Time to build and aggregate fluctuations: some new evidence. *International Economic Review* 30:883-920.

Amemiya, T. 1985. *Advanced Econometrics*. Cambridge, MA: Harvard University Press.

Angeloni, I., A. Kashyap, B. Mojon, and D. Terlizzese. 2003. Monetary Transmission in the euro area: where do we stand. In *Monetary Transmission in the Euro Area* (ed. I. Angeloni, A. Kashyap, B. Mojon, and D. Terlizzese). Cambridge University Press.

Anderson, B., and J. Moore. 1979. *Optimal Filtering*. Engelwood Cliffs, NJ: Prentice Hall.

Anderson, T. W. 1971. *The Statistical Analysis of Time Series*. Wiley.

Anderson, T. W., and C. Hsiao. 1982. Formulation and estimation of dynamic models using panel data. *Journal of Econometrics* 18:47-82.

Anderson, T., and B. Sörenson. 1996. GMM estimation of stochastic volatility models: a Monte Carlo study. *Journal of Business and Economic Statistics* 14:328-52.

Andrews, D. 1991. Heteroskedasticity and autocorrelation consistent covariance matrix estimation. *Econometrica* 59:817-58.

Andrews, D., and C. Mohanan. 1992. An improved heteroskedasticity and autocorrelation consistent covariance matrix estimator. *Econometrica* 60:953-66.

Arellano, M., and S. Bond. 1991. Some tests of specification for panel data: Monte Carlo evidence and an application to employment equations. *Review of Economic Studies* 58:277-97.

Backus, D., P. Kehoe, and F. Kydland. 1994. Dynamics of the trade balance and the terms of trade: the *J*-curve? *American Economic Review* 84:84-103.

——. 1995. International business cycles: theory and evidence. In *Frontiers of Business Cycle Analysis* (ed. T. Cooley), pp. 331-56. Princeton University Press.

Bai, J. 1997. Estimation of multiple breaks one at a time. *Econometric Theory* 13:315-52.

Ballabriga, F. 1997. Bayesian vector autoregressions. ESADE.

Baltagi, B. 1995. *Econometric Analysis of Panel Data*. Wiley.

Barro, R., and X. Sala-i-Martin. 1992. Convergence. *Journal of Political Economy* 100: 223-51.

——. 2003. *Economic Growth*, 2nd edn. Cambridge, MA: MIT Press.

Barro, R., N. Mankiw, and X. Sala-i-Martin. 1995. Capital mobility in neoclassical models of growth. *American Economic Review* 85:103-15.

Basu, S., and J. Fernand. 1997. Returns to scale in U. S. production: estimates and implications. *Journal of Political Economy* 105:249-83.

Bauwens, L., M. Lubrano, and J. F. Richard. 1999. *Bayesian Inference in Dynamics Econometric Models*. Oxford University Press.

Baxter, M., and M. Crucini. 1993. Explaining saving-investment correlations. *American Economic Review* 83:416-36.

Baxter, M., and R. King. 1999. Measuring business cycles: approximate band-pass filters for economic time series. *Review of Economics and Statistics* 81:575-93.

Bayraktar, N., P. Sakellaris, and P. Vermeulen. 2003. Real vs. financial frictions to capital investment. AUEB Athens.

Beaudry, P., and F. Portier. 2002. The French Depression in the 1930's. *Review of Economic Dynamics* 5:73-99.

Bell, W. 1984. Signal extraction for nonstationary time series. *Annals of Statistics* 12:644-64.

Benassy, J. P. 1995. Money and wage contracts in an optimizing model of the business cycle. *Journal of Monetary Economics* 35:303-15.

Benhabib, J., and R. Farmer. 2000. The monetary transmission mechanism. *Review of Economic Dynamics* 3:523-50.

Berger, J. 1985. *Statistical Decision Theory and Bayesian Analysis*. Springer.

Berger, J., and R. Wolpert. 1998. *The Likelihood Principle*, 2nd edn. Hayward, CA: Institute of Mathematical Statistics.

Bernanke, B., J. Boivin, and P. Eliasz. 2005. Measuring the effects of monetary policy: a factor augmented VAR approach. *Quarterly Journal of Economics* 120:387-422.

Beveridge, S., and C. Nelson. 1981. A new approach to decomposition of economic time series into permanent and transitory components with particular attention to the measurement of the business cycle. *Journal of Monetary Economics* 7:151-74.

Binder, M., C. Hsiao, and H. Pesaran. 2005. Estimation and inference in short panel VAR with unit roots and cointegration. *Econometric Theory* 21:795-837.

Blanchard, O., and C. Kahn. 1980. The solution of difference equations under rational expectations. *Econometrica* 48:1305-11.

Blanchard, O., and D. Quah. 1989. The dynamic effect of aggregate demand and supply disturbances. *American Economic Review* 79:655-73.

Boldrin, M., and F. Canova. 2001. Inequality and convergence: reconsidering European regional policies. *Economic Policy* 32:205-53.

Boldrin, M., L. Christiano, and J. Fisher. 2001. Asset pricing lessons for modeling business cycles. *American Economic Review* 91:146-66.

Box, G., and G. Tiao. 1973. *Bayesian Inference in Statistical Analysis*. Wiley.

Braun, P., and S. Mittnik. 1993. Misspecifications in VAR and their effects on impulse responses and variance decompositions. *Journal of Econometrics* 59:319-41.

Brockwell, P., and R. Davis. 1991. *Time Series: Theory and Methods*, 2nd edn. Springer.

Bry, G., and C. Boschen. 1971. *Cyclical Analysis of Time Series: Selected Procedures and Computer Programs*. New York: NBER.

Burns, A., and W. Mitchell. 1946. *Measuring Business Cycles*. New York: NBER.

Burnside, C., and M. Eichenbaum. 1996. Small sample properties of GMM-based Wald tests. *Journal of Business and Economic Statistics* 14:294-308.

Burnside, C., M. Eichenbaum, and C. Evans. 1993. Labor hoarding and the business cycle. *Journal of Political Economy* 101:245-73.

Campbell, J. 1994. Inspecting the mechanism: an analytic approach to the stochastic growth model. *Journal of Monetary Economics* 33:463-506.

Campbell, J., A. Lo, and C. McKinley. 1997. *The Econometrics of Financial Markets*. Princeton University Press.

Canova, F. 1991. Source of financial crisis: pre and post-Fed evidence. *International Economic Review* 32:689-713.

——. 1992. An alternative approach to modelling and forecasting seasonal time series. *Journal of Business and Economic Statistics* 10:97-108.

——. 1993. Forecasting time series with common seasonal patterns. *Journal of Econometrics* 55:173-200.

——. 1993. Forecasting exchange rates with a Bayesian time-varying coefficient model. *Journal of Economic Dynamics and Control* 17:233-61.

——. 1994. Statistical inference in calibrated models. *Journal of Applied Econometrics* 9:S123-S144.

——. 1995a. Sensitivity analysis and model evaluation in simulated dynamic general equilibrium economies. *International Economic Review* 36:477-501.

——. 1995b. VAR models: specification, estimation, inference and forecasting. In *Handbook of Applied Econometrics* (ed. H. Pesaran and M. Wickens), chapter 2. Oxford: Blackwell.

——. 1995c. The economics of VAR models. In *Macroeconometrics: Tensions and Prospects* (ed. K. Hoover), pp. 30-69. New York: Kluwer.

——. 1998. Detrending and business cycle facts. *Journal of Monetary Economics* 41:475- 540.

——. 1999. Reference cycle and turning points: a sensitivity analysis to detrending and dating rules. *Economic Journal* 109:126-50.

——. 2002a. Validating two DSGE monetary models with VARs. CEPR Working Paper 3442.

——. 2002b. G-7 inflation forecasts. *Macroeconomic Dynamics* (in press).

——. 2004. Testing for convergence club: a predictive density approach. *International Economic Review* 45:49-77.

Canova, F., and M. Ciccarelli. 2003. Bayesian panel VARs: specification, estimation, testing and leading indicators. CEPR Working Paper 4033.

——. 2004. Forecasting and turning point prediction in a Bayesian panelVAR model. *Journal of Econometrics* 120:327-59.

Canova, F., and G. De Nicolò. 2002. Money matters for business cycle fluctuations in the G7. *Journal of Monetary Economics* 49:1131-59.

Canova, F., and J. Marrinan. 1993. Profits, risk and uncertainty in exchange rates. *Journal of Monetary Economics* 32:259-86.

——. 1996. Reconciling the term structure of interest rates with a consumption based I-CAP model. *Journal of Economic Dynamics and Control* 32:259-86.

Canova, F., and E. Ortega. 2000. Testing calibrated general equilibrium models. In *Inference Using Simulation Techniques* (ed. R. Mariano, R. Schuermann, and M. Weeks), pp. 400-36. Cambridge University Press.

Canova, F., and E. Pappa. 2003. Price differential in monetary unions: the role of fiscal shocks. CEPR Working Paper 3746. *Economic Journal* (in press).

Canova, F., and J. Pina. 2005. What VARs tell us about DSGE models? In *New Trends in Macroeconomics* (ed. C. Diebolt and C. Kyrtsou). Springer.

Canova, F., and L. Sala. 2005. Back to square one: identification in DSGE models. ECB Working Paper.

Canova, F., M. Finn, and A. Pagan. 1994. Evaluating a real business cycle model. In *Nonstationary Time Series Analysis and Cointegration* (ed. C. Hargreaves), pp. 225-55. Oxford University Press.

Carlin, B. P., A. E. Gelfand, and A. F. M. Smith. 1992. Hierarchical Bayesian analysis of change point problem. *Applied Statistics* 41:389-405.

Carlin, B., N. Polsom, and D. Stoffer. 1992. A Monte Carlo approach to nonnormal and nonlinear state-space modeling. *Journal of the American Statistical Association* 87: 493- 500.

Carter, C., and P. Kohn. 1994. On the Gibbs sampling for state space models. *Biometrika* 81: 541-53.

Casella, G., and E. George. 1992. Explaining the Gibbs sampler. *American Statistician* 46: 167-74.

Cecchetti, S. G., P. Lam, and N. Mark. 1993. The equity premium and the risk free rate: matching moments. *Journal of Monetary Economics* 31:21-45.

Chari, V., P. Kehoe, and E. McGrattan. 2000. Sticky price models of the business cycle: can the contract multiplier solve the persistence problem? *Econometrica* 68:1151-79.

——. 2005. Are structuralVARs useful guides for developing business cycle theories. Federal Reserve Bank of Minneapolis, Working Paper 631.

Chib, S. 1995. Marginal likelihood from the Gibbs output. *Journal of the American Statistical Association* 90:1313-21.

——. 1996. Calculating posterior distributions and model estimates in Markov mixture models. *Journal of Econometrics* 75:79-98.

Chib, S., and E. Greenberg. 1995. Understanding the Hastings-Metropolis algorithm. *The American Statistician* 49:327-35.

——. 1996. Markov chain Monte Carlo simulation methods in econometrics. *Econometric Theory* 12:409-31.

Cho, J., and T. Cooley. 1995. The business cycle with nominal contracts. *Economic Theory* 6: 13-33.

Christiano, L., and W. den Haan. 1996. Small sample properties of GMM for business cycle analysis. *Journal of Business and Economic Statistics* 14:309-27.

Christiano, L., and M. Eichenbaum. 1992. Current real business cycle theories and aggregate labor market fluctuations. *American Economic Review* 82:430-50.

Christiano, L., and T. Fitzgerald. 2003. The band pass filter. *International Economic Review* 44:435-65.

Christiano, L., M. Eichenbaum, and C. Evans. 1999. Monetary policy shocks: what have we learned and to what end. In *Handbook of Macroeconomics* (ed. J. Taylor and M. Woodford). Elsevier.

——. 2005. Nominal rigidities and the dynamic effects of a shock to monetary policy. *Journal of Political Economy* 113:1-45.

Christiano, L. , C. Gust, and J. Roldos. 2003. Monetary policy in a financial crisis. *Journal of Economic Theory* 119:64-103.

Ciccarelli, M. , and A. Rebucci. 2002. Has the transmission mechanism of monetary policy changed over time? *European Economic Review* (in press).

——. 2003. Measuring contagion with a Bayesian TVC model. ECB Working Paper 263.

Clark, P. 1973. Subordinated stochastic process model with finite variance for speculative prices. *Econometrica* 41:136-56.

Coddington, J. , and A. L. Winters. 1987. The Beveridge-Nelson decomposition of time series: a quick computation method. *Journal of Monetary Economics* 19:125-27.

Cogley, T. , and J. M. Nason. 1994. Testing the implications of long-run neutrality for monetary business cycle models. *Journal of Applied Econometrics* 9:S37-S70.

——. 1995a. The effects of the Hodrick and Prescott filter on integrated time series. *Journal of Economic Dynamics and Control* 19:253-78.

Cogley, T. , and J. M. Nason. 1995b. Output dynamics in real business cycle models. *American Economic Review* 85:492-511.

Cogley, T. , and T. Sargent. 2005. Bayesian prediction intervals in evolving monetary systems. NYU University.

Cooley, T. (ed.). 1995. *Frontiers of Business Cycle Research*. Princeton University Press.

Cooley, T. , and M. Dwyer. 1998. Business cycle analysis without much theory: a look at structural VARs. *Journal of Econometrics* 83:57-88.

Cooley, T. , and G. Hansen. 1989. The inflation tax in a real business cycle model. *American Economic Review* 79:733-48.

Cooley, T. , and LeRoy, S. 1985. A theoretical macroeconomics: a critique. *Journal of Monetary Economics* 16:283-308.

Cooley, T. , and E. Prescott. 1973. Estimation in the presence of stochastic parameter variation. *Econometrica* 44:167-84.

Corbae, D. , and S. Ouliaris. 2001. Extracting cycles from nonstationary data. IMF.

Corbae, D. , S. Ouliaris, and P. Phillips. 2002. Band spectral regression with trending data. *Econometrica* 70:1067-109.

Cumby, R. , M. Obstfeld, and J. Huizinga. 1982. Two step, two stage least square estimation in models with rational expectations. *Journal of Econometrics* 21:333-53.

Danthine, J. P. , and J. Donaldson. 1992. Non-Walrasian economies. Cahiers de Recherche Economique, Université de Lausanne, no. 9301.

Davidson, J. 1994. *Stochastic Limit Theory*. Oxford University Press.

Dedola, L. , and S. Neri. 2004. What does a technology shock do? A VAR analysis with model-based sign restrictions. CEPR Working Paper 4537. *Journal of Monetary Economics* (in press).

DeJong, D. , B. Ingram, and C. Whiteman. 1996. Beyond calibration. *Journal of Business and Economic Statistics* 14:1-10.

——. 2000. A Bayesian approach to dynamic macroeconomics. *Journal of Econometrics* 98: 203-23.

Del Negro, M. , and F. Schorfheide. 2004. Priors from general equilibrium models for VARs. *International Economic Review* 95:643-73.

Del Negro, M. , F. Schorfeide, F. Smets, and R. Wouters. 2005. On the fit of New-Keynesian models. *Journal of Business and Economic Statistics* (in press).

Den Haan, W., and A. Levin. 1996. Inference from parametric and nonparametric covariance matrix estimation procedures. UCSD.

Diebold, F., and R. Mariano. 1995. Predictive accuracy. *Journal of Business and Economic Statistics* 13:253-65.

Diebold, F., L. Ohanian, and J. Berkowitz. 1998. Dynamics general equilibrium economies: a framework for comparing models and data. *Review of Economic Studies* 68:433-51.

Doan, T. 2005. *Rats 6.1 Manual*. Estima, Il.

Doan, T., R. Litterman, and Sims, C. 1984. Forecasting and conditional projection using realistic prior distributions. *Econometric Reviews* 3:1-100.

Dotsey, M., R. King, and A. Wolman. 1999. State dependent pricing and the general equilibrium dynamics of money and output. *Quarterly Journal of Economics* 114:655-90.

Dridi, R., and E. Renault. 1998. Semiparametric indirect inference. University of Toulouse.

Dridi, R., A. Guay, and E. Renault. 2003. Indirect inference and calibration of dynamic stochastic general equilibrium models. University of Montreal.

Duffie, D., and K. Singleton. 1993. Simulated moments estimation of Markov models of asset prices. *Econometrica* 61:929-50.

Edge, R. 2002. The equivalence of wage and price staggering in monetary business cycle models. *Review of Economic Dynamics* 5:559-85.

Eichenbaum, M., and J. Fisher. 2003. Evaluating the Calvo model of sticky prices. Federal Reserve of Chicago Working Paper 02-23.

Eichenbaum, M., L. Hansen, and K. Singleton. 1988. A time series analysis of the representative agent models of consumption and leisure choice under uncertainty. *Quarterly Journal of Economics* 103:51-78.

Engle, R. 1974. Band spectrum regression. *International Economic Review* 15:1-11.

——. 1983. Wald, likelihood ratio and Lagrange multiplier tests in econometrics. In *Handbook of Econometrics* (ed. Z. Griliches and M. Intrilligator), volume II, pp. 775-826. Amsterdam: North-Holland.

Engle, R., D. Lilien, and R. Robins. 1987. Estimating time varying risk premia in term structures: the ARCH-M model. *Econometrica* 55:391-408.

Erceg, C., D. Henderson, and A. Levin. 2000. Optimal monetary policy with staggered wage and price contracts. *Journal of Monetary Economics* 46:281-313.

Evans, G., and L. Reichlin. 1994. Information, forecasts and the measurement of the business cycles. *Journal of Monetary Economics* 33:233-54.

Farmer, R. 1997. Money in a RBC model. *Journal of Money Banking and Credit* 29:568-611.

Fatas, A., and I. Mihov. 2001. Government size and the automatic stabilizers: international and intranational evidence. *Journal of International Economics* 55:2-38.

Faust, J. 1998. On the robustness of identified VAR conclusions about money. *Carnegie-Rochester Conference Series on Public Policy* 49:207-44.

Faust, J., and E. Leeper. 1997. Do long run restrictions really identify anything? *Journal of Business and Economic Statistics* 15:345-53.

Favero, C. 2001. *Applied Macroeconometrics*. Oxford University Press.

Fernandez-Villaverde, J., and J. Rubio-Ramirez. 2003a. Estimating dynamic equilibrium economies: a likelihood approach. Federal Reserve of Atlanta.

——. 2003b. Estimating dynamic equilibrium economies: linear vs. nonlinear likelihood. Federal Reserve of Atlanta.

——. 2004. Comparing dynamic equilibrium models to the data. *Journal of Econometrics* 123:153-87.

Fernandez-Villaverde, J., J. Rubio-Ramirez, and T. Sargent. 2005. A, B, C (and D's) for understanding VARs. NBER Technical Working Paper 308.

Ferson, W., and S. Foerster. 1994. Finite sample properties of GMM in tests of conditional asset pricing models. *Journal of Financial Economics* 36:29-55.

Fève, P., and F. Langot. 1994. The RBC models through statistical inference: an application with French data. *Journal of Applied Econometrics* 9:S11-S37.

Finn, M. 1998. Cyclical effects of government's employment and goods purchases. *International Economic Review* 39:635-57.

Fisher, S. 1977. Long term contracts, rational expectations and the optimal money supply rule. *Journal of Political Economy* 85:191-205.

Fruhwirth-Schnatter, S. 2001. MCMC estimation of classical and dynamic switching and mixture models. *Journal of the American Statistical Association* 96:194-209.

Fry, R., and A. Pagan. 2005. Some issues in using VARs for macroeconomic research. Australian National University.

Furher, J., J. Moore, and S. Schuh. 1995. Estimating the linear quadratic inventory model, ML vs GMM. *Journal of Monetary Economics* 35:115-57.

Gali, J. 1992. How well does the ISLM model fit postwar U. S. data? *Quarterly Journal of Economics* 107:709-38.

Gali, J. 1999. Technology, employment and business cycle: do technology shocks explain aggregate fluctuations? *American Economic Review* 89:249-71.

Gali, J., and M. Gertler. 1999. Inflation dynamics: a structural econometric analysis. *Journal of Monetary Economics* 44:195-222.

Gallant, R. 1987. *Nonlinear Statistical Models*. Wiley.

Gallant, R., and G. Tauchen. 1996. Which moments to match? *Econometric Theory* 12:657- 81.

Gallant, A. R., P. Rossi, and G. Tauchen. 1993. Nonlinear dynamic structures. *Econometrica* 61:871-908.

Gelfand, A. E., and D. K. Dey. 1994. Bayesian model choice: asymptotics and exact calculations. *Journal of the Royal Statistical Society* B 56:501-14.

Gelfand, A. E., and A. F. M. Smith. 1990. Sampling-based approaches to calculating marginal densities. *Journal of the American Statistical Association* 85:398-409.

Gelman, A., J. B. Carlin, H. S. Stern, and D. B. Rubin. 1995. *Bayesian Data Analysis*. London: Chapman & Hall.

Gertler, M., and S. Gilchrist. 1994. Monetary policy, business cycles and the behavior of small manufacturing firms. *Quarterly Journal of Economics* 109:309-40.

Geweke, J. 1989. Bayesian inference in econometric models using Monte Carlo integration. *Econometrica* 57:1317-39.

——. 1994. Comment to Jacquier, Polson and Rossi. *Journal of Business and Economic Statistics* 12:397-98.

——. 1995. Monte Carlo simulation and numerical integration. In *Handbook of Computational Economics* (ed. H. Amman, D. Kendrick, and J. Rust), pp. 731-800. Elsevier.

——. 1999. Computational experiment and reality. University of Iowa.

Geweke, J., and G. Zhou. 1996. Measuring the pricing error of the arbitrage pricing theory. *Review of Financial Studies* 9:557-87.

Giannone, D., L. Reichlin, and L. Sala. 2003. Tracking Greenspan: systematic and unsystematic monetary policy revisited. CEPR Working Paper 3550.

Giordani, P. 2004. An alternative explanation of the price puzzle. *Journal of Monetary Economics*. 51:1271-96.

Gomez, V. 1997. Three equivalent methods for filtering nonstationary time series. *Journal of Business and Economic Statistics* 17:109-66.

Gordin, M. 1969. The central limit theorem for stationary processes. *Soviet Math. Doklady* 1174-76.

Gordon, D., and E. Leeper. 1994. The dynamic impact of monetary policy: an exercise in tentative identification. *Journal of Political Economy* 102:1228-47.

Gourieroux, C., andA. Monfort. 1995. Testing, encompassing and simulating dynamic econometric models. *Econometric Theory* 11:195-228.

Gourieroux, C., A. Monfort, and E. Renault. 1993. Indirect inference. *Journal of Applied Econometrics* 8:S85-S118.

Gourinchas, J., and O. Jeanne. 2003. The elusive gains from international financial integration. *Review of Economic Studies* (in press).

Granger, C., and A. Anderson. 1978. An Introduction to Bilinear Time Series Models. Göttingen, Sweden: Vandenhoeck and Ruprecht.

Gregory, A., and G. Smith. 1989. Calibration as estimation. *Econometric Reviews* 9(1):57-89.

——. 1991. Calibration as testing: inference in simulated macro models. *Journal of Business and Economic Statistics* 9(3):293-303.

——. 1993. Calibration in macroeconomics. In *Handbook of Statistics* (ed. G. S. Maddala), volume 11, pp. 703-19. Elsevier.

Hall, A. 1992. Some aspects of generalized method of moment estimators. In *Handbook of Statistics* (ed. G. S. Maddala, C. R. Rao, and H. D. Vinod), volume 11, pp. 653-85. Elsevier.

Hamilton, J. 1989. A new approach to the economic analysis of nonstationary time series and the business cycle. *Econometrica* 57:357-84.

——. 1994. *Time Series Analysis*. Princeton University Press.

Hansen, L. P. 1982. Large sample properties of GMM estimators. *Econometrica* 50:1029-54.

——. 1985. A method for calculating bounds on the asymptotic covariance matrix of GMM estimators. *Journal of Econometrics* 30:203-31.

Hansen, L., and J. Heckman. 1996. The empirical foundations of calibration. *Journal of Economic Perspective* 10:87-104.

Hansen, L., and R. Hodrick. 1980. Forward exchange rates as optimal predictors of future spot rates: an econometric analysis. *Journal of Political Economy* 88:829-53.

Hansen, L., and R. Jagannathan. 1991. Implications of security market data for models of dynamic economies. *Journal of Political Economy* 99:225-62.

Hansen, L., and T. Sargent. 1979. Formulating and estimating dynamic linear rational expectations models. *Journal of Economic Dynamic and Control* 2:7-46.

——. 1982. Instrumental variables procedures for linear rational expectations models. *Journal of Monetary Economics* 9:263-96.

——. 1991. Two difficulties in interpreting vector autoregressions. In *Rational Expectations Econometrics* (ed. L. Hansen and T. Sargent). Boulder, CO: Westview Press.

——. 2005. *Recursive Linear Models of Dynamic Economies*. Princeton University Press.

Hansen, L., and K. Singleton. 1982. Generalized instrumental variables estimation of nonlinear rational expectations models. *Econometrica* 50:1269-86 (corrigenda, 1984).

——. 1988. Efficient estimation of linear asset pricing models with moving averages errors. University of Chicago.

Hansen, L. , J. Heaton, and A. Yaron. 1996. Finite sample properties of alternative GMM estimators. *Journal of Business and Economic Statistics* 14:262-81.

Hansen, L. , T. Sargent, and E. McGrattan. 1996. Mechanics of forming and estimating dynamic linear economies. In *Handbook of Computational Economics* (ed. H. Amman, D. Kendrick, and J. Rust). Elsevier.

Harvey, A. C. 1985. Trends and cycles in macroeconomic time series. *Journal of Business and Economic Statistics* 3:216-27.

——. 1991. *Time Series Models*. Deddington, U. K. : Philip Allan.

Harvey, A. C. , andA. Jeager. 1993. Detrending, stylized facts and the business cycles. *Journal of Applied Econometrics* 8:231-47.

Hastings, N. A. J. , and J. B. Peacock. 1982. *Statistical Distributions*. Wiley.

Hausman, J. 1978. Specification tests in econometrics. *Econometrica* 46:1251-71.

Hayashi, F. 2002. *Econometrics*. Princeton University Press.

Hayashi, F. , and C. Sims. 1983. Nearly efficient estimation in time series models with predetermined, but not exogenous instruments. *Econometrica* 51:783-98.

Hess, G. , and S. Iwata. 1997. Measuring and comparing business cycle features. *Journal of Business and Economic Statistics* 15:432-44.

Hodrick, R. , and E. Prescott. 1997. Post-war U. S. business cycles: an empirical investigation. *Journal of Money Banking and Credit* 29:1-16.

Holtz Eakin, D. 1988. Testing for individual effects in autoregressive models. *Journal of Econometrics* 39:297-307.

Holtz Eakin, D. , W. Newey, and H. Rosen. 1988. Estimating vector autoregression with panel data. *Econometrica* 56:1371-95.

Hsiao, C. 1989. *Analysis of Panel Data*. Cambridge University Press. Imbs, J. 2002. Why the link between volatility and growth is both positive and negative. LBS.

Ingram, B. , and B. S. Lee. 1989. Estimation by simulation of time series models. *Journal of Econometrics* 47:197-207.

Ingram, B. , and C. Whiteman. 1994. Supplanting the Minnesota prior. Forecasting macroeconomic time series using real business cycle priors. *Journal of Monetary Economics* 34: 497-510.

Ireland, P. 2000. Sticky price models and the business cycle: specification and stability. *Journal of Monetary Economics* 47:3-18.

——. 2004. A method for taking models to the data. *Journal of Economic Dynamics and Control* 28:1205-26.

Jacquier, E. , N. Polson, and P. Rossi. 1994. Bayesian analysis of stochastic volatility models. *Journal of Business and Economic Statistics* 12:371-417.

Jeffreys, H. 1966. *Theory of Probability*, 3rd edn. Oxford: Clarendon.

Judd, K. 1998. *Numerical Methods in Economics*. Cambridge, MA: MIT Press.

Judge, G. , R. Carter Hill, W. Griffiths, H. Lutkepohl, and T. Lee. 1985. *Theory and Practice of Econometrics*, 2nd edn. Wiley.

Judson, R. , and A. Owen. 1999. Estimating dynamic panel data models: a practical guide for macroeconomists. *Economic Letters* 65:145-50.

Kadiyala, R. , and S. Karlsson. 1997. Numerical methods for estimation and inference in

Bayesian VAR models. *Journal of Applied Econometrics* 12:99-132.

Kass, R., and A. Raftery. 1995. Empirical Bayes factors. *Journal of the American Statistical Association* 90:773-95.

Kass, R., and V. Vaidyanathan. 1992. Approximate Bayes factor and orthogonal parameters, with an application to testing equality of two binomial proportions. *Journal of the Royal Statistical Society* B 54:129-44.

Kauffman, S. 2003. Business cycle of European countries. Bayesian clustering of country-individual IP growth series. Oesterreichische Nationalbank.

Keane, M., and D. Runkle. 1992. On the estimation of panel data models with serial correlation when instruments are not strictly exogenous. *Journal of Business and Economic Statistics* 10:1-9.

Kilian, L. 1998. Small sample confidence intervals for impulse response functions. *Review of Economics and Statistics* 80:218-30.

Kilian, L., and V. Ivanov. 2005. A practitioner's guide to lag order selection for VAR impulse response analysis. *Studies in Nonlinear Dynamics and Econometrics* 9:1219-29.

Kim, C., and C. Nelson. 1998. Business cycle turning points: a new coincident index and tests of duration dependence based on a dynamic factor model with regime switching. *Review of Economic Studies* 80:188-201.

. 1999. State Space Models with Regime Switching. Cambridge, MA: MIT Press.

Kim, J. 2000. Constructing and estimating a realistic optimizing model of monetary policy. *Journal of Monetary Economics* 45:329-59

Kim, J., S. Kim, E. Schaumburg, and C. Sims. 2004. Calculating and using second order accurate solutions of discrete time dynamic equilibrium models. (Available at www. princeton. edu/～sims/.)

Kim, K., and A. Pagan. 1994. The econometric analysis of calibrated macroeconomic models. In *Handbook of Applied Econometrics* (ed. H. Pesaran and M. Wickens), volume I, pp. 356- 90. Oxford: Blackwell.

King, R., and C. Plosser. 1994. Real business cycles and the test of the Adelmans. *Journal of Monetary Economics* 33:405-38.

King, R., and S. Rebelo. 1993. Low frequency filtering and real business cycles. *Journal of Economic Dynamics and Control* 17:207-31.

King, R., and M. Watson. 1998. The solution of singular linear difference systems under rational expectations. *International Economic Review* 39:1015-26.

King, R., C. Plosser, and S. Rebelo. 1988a. Production, growth and business cycles. I and II. *Journal of Monetary Economics* 21:195-232 and 309-42.

——. 1988b. Appendix to "Production, growth and business cycle. I. The basic neoclassical models." University of Rochester, Working Paper.

King, R., C. Plosser, J. Stock, and M. Watson. 1991. Stochastic trends and economic fluctuations. *American Economic Review* 81:819-40.

Kiviet, J. 1995. On bias, inconsistency and efficiency of various estimators in dynamic panel data models. *Journal of Econometrics* 68:53-78.

Kiyotaki, N., and J. Moore. 1997. Credit cycles. *Journal of Political Economy* 105:211-48.

Klein, P. 2000. Using the generalized Schur form to solve a multivariate linear rational expectations model. *Journal of Economic Dynamics and Control* 24:1405-23.

Kocherlakota, N. 1990. On tests of representative consumer asset pricing models. *Journal of Monetary Economics* 26:285-304.

Koop, G. 1996. Bayesian impulse responses. *Journal of Econometrics* 74:119-47.

Koop, G., H. Pesaran, and S. Potter. 1996. Impulse response analysis in nonlinear multivariate models. *Journal of Econometrics* 74:119-47.

Koop, G., J. Osiewalski, and M. Steel. 2000. Modelling the sources of output growth in a panel of countries. *Journal of Business and Economic Statistics* 18:284-99.

Koopman, S. J. 1997. Exact initial Kalman filter and smoothing for nonstationary time series models. *Journal of the American Statistical Association* 92:1630-38.

Kuhn, T. 1970. *The Structure of Scientific Revolutions*. Chicago University Press.

Kurmann, A. 2003. ML estimation of dynamic stochastic theories with an application to New Keynesian pricing. University of Quebec at Montreal.

Kydland, F., and E. Prescott. 1977. Rules rather than discretion: the inconsistency of optimal plans. *Journal of Political Economy* 85:473-91.

——. 1982. Time to build and aggregate fluctuations. *Econometrica* 50:1345-70.

——. 1991. The econometrics of the general equilibrium approach to business cycles. *Scandinavian Journal of Economics* 93(2):161-78.

——. 1996. The computational experiment: an econometric tool. *Journal of Economic Perspective* 10:69-85.

Lahiri, K., and G. Moore. 1991. *Leading Indicators: NewApproaches and Forecasting Record*. University of Chicago Press.

Lam, P. 1990. The Hamilton model with general autoregressive component. *Journal of Monetary Economics* 26:409-32.

Leeper, E. 1991. Equilibria under active and passive monetary and fiscal policies. *Journal of Monetary Economics* 27:129-47.

Leeper, E., and C. Sims. 1994. Towards a modern macroeconomic model usable for policy analysis. In *NBER Macroeconomic Annual* (ed. J. Rotemberg and S. Fisher), volume 9, pp. 81-118.

Leeper, E., C. Sims, and T. Zha. 1996. What does monetary policy do? *Brookings Papers of Economic Activity* 2:1-78.

Lindé, J. 2005. Estimating New Keynesian Phillips curve: a full information maximum likelihood. *Journal of Monetary Economics* 52:1135-49.

Lindlay, D. V., and A. F. M. Smith. 1972. Bayes estimates of the linear model. *Journal of the Royal Statistical Association* B 34:1-18.

Lippi, M., and L. Reichlin. 1993. The dynamic effect of aggregate demand and supply disturbances: a comment. *American Economic Review* 83:644-52.

——. 1994. VAR analysis, non-fundamental representation, Blaschke matrices. *Journal of Econometrics* 63:307-25.

Ljung, L., and T. Söderström. 1983. *Theory and Practice of Recursive Identification*. Cambridge, MA: MIT Press.

Loeve, M. 1977. *Probability Theory*. Springer.

Long, J., and C. Plosser. 1983. Real business cycles. *Journal of Political Economy* 91:39-65.

Lucas, R. 1977. Understanding business cycles. *Carnegie Rochester Series on Public Policy* 5:7-29.

——. 1980. Two illustrations in the quantity theory of money. *American Economics Review* 70:1345-70.

——. 1985. *Models of Business Cycles*. Oxford: Blackwell.

Lukacs, E. 1975. *Stochastic Convergence*. Academic.

Lutkepohl, H. 1991. *Introduction to Multiple Time Series Analysis*, 2nd edn. Springer.

MacKinley, C., and M. Richardson. 1991. Using GMM to test mean-variance ef. ciency. *Journal of Finance* 44:511-27.

Maddala, G. S., and W. Hu. 1996. The pooling problem. In *Econometrics of Panel Data* (ed. L. Matyas and P. Sevestre). New York: Kluwer.

Maffezzoli, M. 2000. Human capital and international business cycles. *Review of Economic Dynamics* 3:137-65.

Malinvaud, E. 1980. *Statistical Methods in Econometrics*, 3rd edn. Amsterdam: North-Holland.

Mao, C. S. 1990. Hypothesis testing and finite sample properties of GMM estimators: a Monte Carlo study. Federal Reserve Bank of Richmond.

Maravall, A., and A. Del Rio. 2001. Time aggregation and the Hodrick-Prescott . lter. Bank of Spain.

Marcet, A. 1991. Time aggregation of econometric time series. In *Rational Expectations Econometrics* (ed. L. Hansen and T. Sargent). Boulder, CO: Westview Press.

——. 1992. Solving nonlinear stochastic models by parametrizing expectations: an application to asset pricing with production. Universitat Pompeu Fabra, Working Paper 5.

Marcet, A., and W. Den Haan. 1994. Accuracy in simulation. *Review of Economic Studies* 61:3-17.

Marcet, A., and G. Lorenzoni. 1999. The parametrized expectations approach: some practical issues. In *Computational Methods for the Study of Dynamic Economies* (ed. R. Marimon and A. Scott). Oxford University Press.

Marcet, A., and M. Ravn. 2001. The HP filter in cross country comparisons. LBS.

Marimon, R., and A. Scott (eds). 1999. *Computational Methods for the Study of Dynamic Economies*. Oxford University Press.

Martin, V., and A. Pagan. 2001. Simulation based estimation of some factor models in econometrics. In *Inference Using Simulation Techniques* (ed. R. Mariano, R. Schuermann, and M. Weeks). Cambridge University Press.

McCulloch, R., and R. Tsay. 1994. Statistical analysis of economic time series via Markov switching models. *Journal of Time Series Analysis* 15:521-39.

McGrattan, E. 1994. The macroeconomic effects of distortionary taxation. *Journal of Monetary Economics* 33:573-601.

McGrattan, E., R. Rogerson, and R. Wright. 1997. An equilibrium model of the business cycle with household production and fiscal policy. *International Economic Review* 38:267-90.

McLeish, R. 1974. Dependent central limit theorem and invariance principle. *Annals of Probability* 2:620-28.

Merha, R., and E. Prescott. 1985. The equity premium: a puzzle. *Journal of Monetary Economics* 15:145-61.

Merz, M. 1995. Search in labor markets and real business cycles. *Journal of Monetary Economics* 36:269-300.

Miller, M. 1976. *Elements of Graduation*. New York: Actuarial Society of America and American Institute of Actuaries.

Miranda, M., and P. Fackler. 2002. *Applied Computational Economics and Finance*, 2nd edn. Cambridge, MA: MIT Press.

Mittnik, S., and P. Zadrozky. 1993. Asymptotic distributions of impulse responses, step responses and variance decompositions of estimated linear models. *Econometrica* 61:857-71.

Morley, J., C. Nelson, and E. Zivot. 2003. Why are Beveridge-Nelson and unobservable component decompositions of GDP so different? *Review of Economics and Statistics* 86: 235- 43.

Morris, C. 1983. Parametric empirical Bayes inference: theory and applications. *Journal of the American Statistical Association* 78:47-59.

Murray, C. 2002. Cyclical properties of Baxter and King filtered time series. *Review of Economics and Statistics* 85:472-76.

Neiss, K., and P. Pappa. 2005. Persistence without too much stickiness: the role of factor utilization. *Review of Economic Dynamics* 8:231-55.

Nelson, C., and H. Kang. 1981. Spurious periodicity in appropriately detrended time series. *Econometrica* 49:741-51.

Nelson, C., and R. Starz. 1990. The distribution of the instrumental variable estimator and its *t*-ratio when the instrument is a poor one. *Journal of Business* 63:125-64.

Newey, W. 1990. Efficient instrumental variable estimation of nonlinear models. *Econometrica* 58:809-37.

Newey, W., and D. McFadden. 1994. Large sample estimation and hypothesis testing. In *Handbook of Econometrics* (ed. R. Engle and D. McFadden), volume IV, pp. 2111-245. Elsevier.

Newey, W., and K. West. 1987. A simple, positive semi-definite, heteroskedasticity and autocorrelation consistent covariance matrix. Econometrica 55:703-08.

——. 1994. Automatic lag selection in covariance matrix estimation. *Review of Economic Studies* 61:631-53.

Nickell, S. 1981. Biases in dynamic models with fixed effects. *Econometrica* 49:1417-26.

Obstfeld, M., and K. Rogoff. 1996. *Foundation of International Macroeconomics*. Cambridge, MA: MIT Press.

Ogaki, M. 1993. GMM: econometric applications. In *Handbook of Statistics* (ed. G. S. Maddala, C. R. Rao, and H. D. Vinod), volume 11, pp. 455-88. Elsevier.

Ohanian, L. 1997. The macroeconomic effects of war finance in the U. S.: World War II and the Korean War. *American Economic Review* 87:23-40.

Ohanian, L., A. Stockman, and L. Kilian. 1995. The effects of real and monetary shocks in a business cycle model with some sticky prices. *Journal of Money Banking and Credit* 27: 1210-40.

Osborn, D. R. 1995. Moving average detrending and the analysis of business cycles. *Oxford Bulletin of Economics and Statistics* 57:547-58.

Otrok, C. 2001. On measuring the welfare costs of business cycles. *Journal of Monetary Economics* 47:61-92.

Otrok, C., and C. Whiteman. 1998. Bayesian leading indicators: measuring and predicting economic conditions in Iowa. *International Economic Review* 39:997-1114.

Pagan, A. 1981. LIML and related estimators of single equations with moving averages. *International Economic Review* 22:719-30.

Pagan, A. 1994. Calibration and econometric research: an overview. *Journal of Applied Econometrics* 9:S1-S10.

Pagan, A., and D. Harding. 2002. Dissecting the cycle: a methodological investigation. *Journal of Monetary Economics* 49:365-81.

——. 2005. A suggested framework for classifying the modes of cycle research. *Journal of Applied Econometrics* 20:151-59.

Pagan, A., and J. Shannon. 1985. Sensitivity analysis for linearized computable general equilibrium models. In *New Developments in Applied General Equilibrium Analysis* (ed. J. Piggott and J. Whalley). Cambridge University Press.

Pagan, A., andY. Yoon. 1993. Understanding some failures of instrumental variable estimators. University of Rochester.

Pappa, P. 2003. New Keynesian or RBC transmission? The effects of fiscal shocks in labor markets. IGIER Working Paper 293.

Paulsen, C., and H. Tjostheim. 1985. On estimating the residual variance and the order in autoregressive time series. *Journal of the Royal Statistical Association* B 47:216-28.

Pesaran, H. 1995. Cross sectional aggregation of linear dynamic models: some new results. University of Cambridge.

Pesaran, H., and R. Smith. 1992. The interaction between theory and observation in economics. University of Cambridge.

——. 1995. Estimating long run relationships from dynamic heterogeneous panels. *Journal of Econometrics* 68:79-113.

Pesaran, H., R. Smith, and K. Im. 1996. Dynamic linear models for heterogeneous panels. In *Econometrics of Panel Data* (ed. L. Matyas and P. Sevestre). New York: Kluwer.

Pesaran, H., Y. Shin, and R. Smith. 1999. Pooled mean group estimation of dynamic heterogeneous panels. *Journal of the American Statistical Association* 94:621-34.

Pesaran, H., T. Schuermann, and S. Wiener. 2003. Modeling regional interdependences using a global error correction macroeconomic model. *Journal of Business and Economic Statistics* (in press).

Poirier, D. 1998. *Intermediate Statistics and Econometrics*. Cambridge, MA: MIT Press.

Press, W., B. Flannery, S. Teukolsky, and W. Vetterling. 1986. *Numerical Recipes*. Cambridge University Press.

Priestley, I. 1981. *Spectral Analysis and Time Series*. Academic.

Proietti, T., and A. Harvey. 2000. The Beveridge smoother. *Economic Letters* 67:139-46.

Quah, D. 1990. Permanent and transitory movements in labor income: an explanation for excess smoothness in consumption. *Journal of Political Economy* 98:449-75.

——. 1996. Regional convergence cluster across Europe. *European Economic Review* 40:951-58.

Rao, C. R. 1973. *Linear Statistical Inference and Its Applications*. Wiley.

——. 1975. Simultaneous estimation of parameters in different linear models and applications to biometric problems. *Biometrics* 31:545-54.

Ravn, M., and H. Uhlig. 2002. On adjusting the HP filter for the frequency of observations. *Review of Economics and Statistics* 84:371-75.

Ripley, B. 1987. *Stochastic Simulations*. Wiley.

Robert, C., and G. Casella. 1999. *Monte Carlo Statistical Methods*. Springer.

Robertson, J., and E. Tallman. 1999. Vector autoregressions: forecasting and reality. *Federal Reserve Bank of Atlanta*, Economic Review First quarter, pp. 4-18.

Roll, R., and S. Ross. 1980. An empirical investigation of the arbitrage pricing theory. *Journal of Finance* 35:1073-103.

Rose, A. 2004. A meta-analysis of the effects of common currencies on international trade. NBER Working Paper 10373.

Rosenblatt, M. (ed.). 1978. Dependence and asymptotic dependence for random processes. *Studies in Probability Theory*. Washington, DC: Mathematical Association of America.

Ross, S. 1976. The arbitrage theory of the capital asset pricing. *Journal of Economic Theory* 13:341-60.

Rotemberg, J. 1984. Monetary equilibrium model with transaction costs. *Journal of Political Economy* 92:40-58.

——. 2003. Stochastic technical progress, smooth trends and nearly distinct business cycles. *American Economic Review* 93:1543-59.

Rotemberg, J., and M. Woodford. 1997. An optimization based econometric framework for the evaluation of monetary policy. *NBER Macroeconomic Annual* 12:297-346.

Rozanov, Y. 1967. *Stationary Random Processes*. San Francisco, CA: Holden Day.

Ruge-Murcia, F. 2002. Methods to estimate dynamic stochastic general equilibrium models. UCSD Working Paper 2002-46.

Runkle, D. 1987. Vector autoregression and reality. *Journal of Business and Economic Statistics* 5:437-42.

Sala-i-Martin, X., G. Doppelhofer, and R. Miller. 2004. Determinants of long term growth: a Bayesian averaging of classical estimates (BACE) approach. *American Economic Review* 94: 567-88.

Sargent, T. 1979. A note on maximum likelihood estimation of rational expectations model of the term structure. *Journal of Monetary Economics* 5:133-43.

——. 1986. *Dynamic Macroeconomic Theory*. Cambridge, MA: Harvard University Press.

——. 1989. Two models of measurement and the investment accelerator. *Journal of Political Economy* 97:251-83.

Sargent, T., and L. Liungqvist. 2004. *Recursive Macroeconomic Theory*, 2nd edn. Cambridge, MA: MIT Press.

Schmitt-Grohe, S., and M. Uribe. 2004. Solving dynamic general equilibrium models using a second order approximation to the policy function. *Journal of Economic Dynamics and Control* 28:755-75.

Schorfheide, F. 2000. Loss function based evaluation of DSGE models. *Journal of Applied Econometrics* 15:645-70.

Serfling, R. 1980. *Approximation Theorems of Mathematical Statistics*. Wiley.

Shapiro, M., and M. Watson. 1988. Sources of business cycle fluctuations. *NBER Macroeconomic Annual* 3:111-48.

Shoven, J., and J. Whalley. 1984. Applied general equilibrium models of taxation and international trade: an introduction and survey. *Journal of Economic Literature* 22: 1007-51.

——. 1992. *Applying General Equilibrium*. Cambridge University Press.

Simkins, S. P. 1994. Do real business cycle models really exhibit business cycle behavior? *Journal of Monetary Economics* 33:381-404.

Sims, C. 1971. Discrete approximations to continuous time distributed lags in econometrics. *Econometrica* 71:545-63.

——. 1980. Macroeconomics and reality. *Econometrica* 48:1-48.

——. 1988. Bayesian skepticism on unit root econometrics. *Journal of Economic Dynamics and Control* 12:463-74.

Sims, C. 1996. Macroeconomics and methodology. *Journal of Economic Perspectives* 10: 105-20.

——. 2000. Drift and breaks in monetary policy. Princeton University.

——. 2001. Solving linear rational expectations models. *Computational Economics* 20:1-20.

——. 2002. Random Lagrange multipliers and transversality. (Available at www. princeton. edu/~sims/.)

Sims, C., and T. Sargent. 1977. Business cycle modeling without pretending to have too much a priori economic theory. In *New Methods in Business Cycle Research*, pp. 45-109. Federal Reserve Bank of Minneapolis.

Sims, C., and T. Zha. 1998. Bayesian methods for dynamic multivariate models. *International Economic Review* 39:949-68.

——. 1999. Error bands for impulse responses. *Econometrica* 67:1113-55.

——. 2004. Macroeconomic switching. Federal Reserve of Atlanta, Working Paper 2004-12.

Sims, C., J. Stock, and M. Watson. 1990. Inference in linear time series models with some unit roots. *Econometrica* 58:113-44.

Smets, F., and R. Wouters. 2003. An estimated stochastic DGE model of the euro area. *Journal of the European Economic Association* 1:1123-75.

Smith, A. F. M. 1973. A general Bayesian linear model. *Journal of the Royal Statistical Society* B 35:67-75.

——. 1993. Estimating nonlinear time series models using simulated vector autoregressions. *Journal of Applied Econometrics* 8:63-84.

Smith, A. F. M., and G. O. Roberts. 1993. Bayesian computation via the Gibbs sampler and related Markov chain Monte Carlo methods. *Journal of the Royal Statistical Society* B 55: 3-24.

Smith, R., and A. Fuertes. 2003. Panel time series. Birkbeck College.

Soderlin, P. 1994. Cyclical properties of a real business cycle model. *Journal of Applied Econometrics* 9:S113-S122.

Sorensen, B., L. Wu, and O. Yosha. 2001. Output fluctuations and fiscal policy: US state and local governments, 1978-1994. *European Economic Review* 45:1271-310.

Stock, J., and M. Watson. 1987. Testing for common trends. *Journal of theAmerican Statistical Association* 83:1996-107.

——. 1989. New index of coincident and leading indicators. *NBER Macroeconomics Annual* 4: 351-96.

——. 1991. A probability model of the coincident economic indicators. In *Leading Economic Indicators: New Approaches and Forecasting Records* (ed. K. Lahiri and G. Moore). Cambridge University Press.

——. 2002. *Econometrics*. Addison-Wesley.

Stock, J., and J. Wright. 2000. GMM with weak identi. cation. *Econometrica* 68:1055-96.

Stock, J., and M. Yogo. 2001. Testing for weak instruments in linear IV regression. NBER Technical Working Paper 0284.

Stock, J., J. Wright, and M. Yogo. 2002. A survey of weak instruments and weak identi. cation in generalized methods of moments. *Journal of Business and Economics Statistics* 20:518-29.

Stokey, N. and R. Lucas. 1989. *Recursive Methods in Economic Dynamics*. Cambridge, MA: Harvard University Press.

Stout, W. 1974. *a. s. Convergence*. Academic.

Swamy, P. 1970. Efficient inference in a random coefficients regression model. *Econometrica* 38:311-23.

Tamayo, A. 2001. Stock return predictability, conditional asset pricing models and portfolio selection. University of Rochester.

Tanner, M., and W. H. Wong. 1987. The calculation of posterior distributions by data augmentation (with discussion). *Journal of the American Statistical Association* 82: 528-50.

Tauchen, G. 1986. Statistical properties of GMM estimators of structural parameters obtained from financial market data. *Journal of Business and Economic Statistics* 4:397-425.

Tierney, L. 1994. Markov chains for exploring posterior distributions (with discussion). *Annals of Statistics* 22:1701-62.

Uhlig, H. 1994. Bayesian vector autoregression with stochastic volatility. *Econometrica* 65: 59-73.

——. 1999. A methods for analyzing nonlinear dynamic stochastic models easily. In *Computational Methods for the Study of Dynamic Economies* (ed. R. Marimon and A. Scott), pp. 114-42. Oxford University Press.

——. 2005. What are the effects of monetary policy? Results from an agnostic identi. cation procedure. *Journal of Monetary Economics* 52:381-419.

Wabha, G. 1980. Improper prior, spline smoothing and the problem of guarding against models errors in regression. *Journal of the Royal Statistical Association* B 40:364-72.

Waggoner, D., and T. Zha. 1999. Conditional forecasts in dynamic multivariate models. *Review of Economics and Statistics* 81:1-14.

Waggoner, D., and T. Zha. 2003. A Gibbs simulator for restricted VAR models. *Journal of Economic Dynamics and Control* 26:349-66.

Watson, M. 1986. Univariate detrending methods with stochastic trends. *Journal of Monetary Economics* 18:49-75.

——. 1989. Recursive solution methods for dynamic linear rational expectations models. *Journal of Econometrics* 41:65-89.

——. 1993. Measures of . t for calibrated models. *Journal of Political Economy* 101:1011-41.

——. 1994. Business cycle duration and postwar stabilization of the U. S. economy. *American Economic Review* 84:24-46.

——. 1995. VAR and cointegration. In *Handbook of Econometrics* (ed. R. Engle), volume IV. Elsevier.

Wei, Y. 1998. Can an RBC model pass the Watson test? *Journal of Monetary Economics* 42: 185-203.

West, K. 1995. Another heteroskedastic and autocorrelation consistent covariance matrix estimator. NBER Technical Working Paper 183.

West, K., and D. Wilcox. 1996. A comparison of alternative instrumental variables estimators of a dynamic linear model. *Journal of Business and Economic Statistics* 14:282-94.

White, H. 1982. Maximum likelihood estimation of misspecified models. *Econometrica* 50: 1- 25.

——. 1984. *Asymptotic Theory for Econometricians*. Academic.

White, H., and I. Domowitz. 1984. Nonlinear regression with dependent observations. *Econometrica* 52:143-61.

Whittle, P. 1980. *Prediction and Regulation*. University of Minnesota Press.

Wilcox, D. 1992. The construction of U. S. consumption data: some facts and their implications for empirical work. *American Economic Review* 82:922-841.

Wolman, A. 2001. A primer on optimal monetary policy with staggered price setting. *Federal Reserve Bank of Richmond*, *Economic Review*, Fall, 87/4, pp. 27-52.

Woodford, M. 2003. *Interest and Prices: Foundation of a Theory of Monetary Policy*.

Princeton University Press.

Wright, J. 2003. Detecting lack of identification in GMM. *Econometric Theory* 19:322-30.

Zellner, A. 1971. *Introduction to Bayesian Inference in Econometrics*. Wiley.

Zellner, A., and C. Hong. 1989. Forecasting international growth rates using Bayesian shrinkage and other procedures. *Journal of Econometrics* 40:183-202.

Zha, T. 1999. Block recursion and structural vector autoregressions. *Journal of Econometrics* 90:291-316.